제6판

민사소송법강의

박재완

民事訴訟法

박영사

제6판 서문

제6판에는 민사소송법 표준판례를 추가하였다. 엄밀하게 표현하면 「민사소송법 표준판례연구 개정판」(법학전문대학원협의회, 2023. 8)에 실린 454개의 판례 가운데 마지막 제9편(민사집행)을 제외한 제1편(총론)부터 제8편(간이소송절차)에 실린 1번부터 401번 판례 중 이 책에서 소개되지 않은 것들을 찾아서 모두 추가하였다. 표준판례들을 이번 기회에 보다 자세히 들여다보면서 느낀 점은 수가 지나치게 많다는 것이다. 표준판례를 만든 목적에 시험이 들어가서 어쩔 수 없었던 것 아닌가 하는 생각도 들지만, 목적을 교육으로 정리하고 수를 대폭 줄이는 것이 바람직할 것 같다. 같은 판시를 한 여러 판례들이 있는 경우에는 가장 먼저 판시한 판례를 표준판례로 소개하는 것이 적절할 것 같다. 영미의 경우, 하나의 판례에서 제시한 법리가 이후 발전을 거듭해 나가는 과정에서 후속 판례들이 아들들, 손자들… 식으로 계통을 형성해 나가면, 오랜 세월이 지나도 필요하고 적절한 경우에는 윗대 판례들이 그대로 소개된다. 우리도 지금부터라도 이런 방식을 취하면 좋지 않을까 생각된다.

제6판에서, 최근의 판례들을 보충하고 기존의 문장을 다듬었지만, 중점적으로 수정하거나 보완한 부분은 대위소송과 추심소송에서의 기판력의 확장, 소송상 화해의 성질과 효력, 병합형태의 착오의 처리방법 등이다.

대법원은 한때 대위소송에서의 기판력의 확장과 추심소송에서의 기판력의 확장을 달리 취급하였고, 이로 인하여 추심소송의 본질이 소송담당이 아니라는 견해도 강해지고, 대위소송에서의 기판력의 확장의 법리에도 의문을 제기하는 견해도 제기되는 등 혼란이 발생하였다. 필자는 대법원의 위와 같은 취급에 의문을 제시하였었다. 그러나 이러한 혼란은 대법원 2025. 10. 23. 선고 2021다252977 전원합의체 판결로 인하여 정리될 것으로 생각된다. 위 전원합의체 판결은 직접적으로는 추심소송을 갈음형 소송담당에서 병행형 소송담당으로 변경한 것이지만, 그 전제로서 추심소송이 소송담당임을 확인함과 아울러 본인소송에서 확정된 판결의 기판력이 소송담당자가 제기한 소송에 확장되는 것이 소송담당 제도의 일반법리임을 밝히고 있다.

소송상 화해의 성질과 효력에 대하여는 그동안의 연구성과를 반영하여, 소송상 화해에는 실체법적 부분(민법의 화해계약)과 절차법적 부분이 병존하는 점, 창설적 효력은 실체법적 부분에서 발생하는 것이고, 기판력은 절차법적 부분에서 발생하는 것인 점, 창설적 효력은 엄밀하게는 민법의 화해계약의 근본적인 효력인 확정적 효력이고, 이는 엄밀한 의미의 창설적 효력과는 별개의 것인데, 판례가 소송상 화해와 관련하여 확정적 효력 대신 창설적 효력이라는 용어를 사용함으로써 모든 소송상 화해(의 실체법적 부분)가 경개적이라는 오해가 발생하기도 한다는 점, 소송상 화해의 기판력도 확정판결과 같은 범위 특히 시간적 범위 안에서 작용하는 것이므로, 이러한 의미에서 소송상 화해에 관하여 무제한 기판력설을 취하여도 그 기판력은 무제한적이지 않다는 점, 형성력은 창설적 효력과는 다른 것이고, 소송상 화해에 형성력은 원칙적으로 인정되지 않는다는 점 등을 추가하였다. 소송상 화해와 관련하여 현재 발생하고 있는 혼란은 창설적 효력, 기판력, 형성력 등을 구분하지 않고 뭉뚱그려 접근하거나, 잘못된 용어를 사용하는 것에서 비롯된 것으로 생각된다. 제5판 2쇄에서는 이를 간략하게만 소개하였었다.

병합형태의 착오의 처리방법의 경우, 제5판에서는 병합형태의 착오가 발생한 경우의 심판방법을 추가하였었는데, 이번 제6판에서는 병합형태의 착오가 간과된 경우의 처리방법(상소로 인한 이심범위 등)을 추가하였다. 두 번째 쟁점에 대하여 제5판 2쇄에서는 간략하게만 소개하였었다. 위 두 쟁점은 서로 다른 쟁점으로서, 병합형태의 착오의 처리방법에 대한 논의는 위 두 쟁점에 대한 논의 모두가 이루어져야 완성될 수 있다. 대법원은 현재 위 두 쟁점 모두에 대하여 병합된 청구들의 상호관계의 객관적 성질에 따라서 처리하고 있으나, 이렇게 처리하면 처분권주의에 반하는 결과가 발생하는 경우가 많고 원고의 무책임한 소송수행이 조장되는 등의 문제가 발생한다. 필자는 첫 번째 쟁점에 대하여는 원칙적으로 병합된 청구들 모두를 각하하여야 하고, 두 번째 쟁점 중 이심의 범위는 원고의 의사, 즉 원고가 선택한 병합형태에 따라서 정해져야 한다는 입장을 취하였다. 근본적인 첫 번째 쟁점을 분석할 때 '병합형태의 착오가 발생한 경우 어떻게 심판할 것인가?'라는 질문이 아니라 '병합형태의 착오가 발생한 경우 병합형태는 무엇인가?'라는 답 자체를 제한하는 질문으로 시작하는 것도 병합형태의 착오의 처리방법과 관련하여 혼란을 발생시키는 주요원인 중 하나이다.

제6판이 나올 수 있도록 힘써 주신 박영사의 안종만 회장님, 안상준 대표님, 조성호 이사님, 이승현 차장님께 감사의 마음을 전한다. 주요 내용을 같이 토론하여 주고, 수정원고의 교정을 맡아준 처에게도 감사의 마음을 전한다.

2026년 2월

저 자

제5판 서문

3년 만에 개정판을 낸다. 처음에는 1년에 한 번씩 개정판을 내다가 제4판을 내면서 2년 후에 개정하기로 계획하였는데, 이런저런 사정으로 늦어졌다.

제5판에서는 그동안 개정된 법과 새로 나온 판례들을 보충하는 외에, 최근의 연구성과를 반영하여 채권자대위와 추심소송에서의 기판력의 확장, 청구병합에서의 병합형태의 착오의 처리방법 등을 수정하고 보완하였다. 학자들의 견해에 대해서도 마찬가지지만 특히 법원의 판례에 대한 이견을 제시할 때는 마음이 편하지 않다. 개개 판례의 판시를 대상으로 법리의 타당성을 세세하게 따지는 것이 힘에 부치기도 하여 앞으로는 제도개선 쪽으로 방향을 잡아볼까 하는 생각도 해본다.

제5판이 나올 수 있도록 힘써 주신 박영사의 안종만 회장님, 안상준 대표님, 조성호 이사님, 이승현 차장님께 감사의 마음을 전한다. 제5판의 교정도 도와준 오윤영 변호사의 변함없는 후의에도 감사한다.

2024년 2월

저 자

* *

2024년에는 재판상 화해의 효력과 병합형태의 착오가 간과된 경우의 효과에 관하여 연구하였었다. 제5판 2쇄를 발행하면서 그 결과를 간략하게 반영하였다. 분량 제약하에서 저자의 의도를 반영하기 위하여 최선을 다하여 주신 박영사 편집부 이승현 차장님께 감사의 마음을 전한다. 본격적인 수정은 제6판에서 하기로 한다.

2025년 3월

저 자

제4판 서문

2019년 연말에 그때까지 몇 년간 밀려 있던 여러 큰 일들을 일단락 지으면서 2020년은 모처럼 편안한 한 해가 될 것이라고 예상했었는데, 그 예상은 코로나 팬데믹으로 완전히 빗나가고 말았다. 큰 불행들은 대비하기 어렵고, 선진국들까지 허둥지둥 대는 것을 보면, 대처도 어려운 것 같다. 큰 불행들은 어떻든 그 존재만은 확실히 느낄 수 있지만 큰 행운들은 느끼지도 못한 채 지나쳐 버리고 있는지도 모른다.

제4판에서는 확인의 소의 소익과 사법보좌관의 결정·명령에 대한 항고 등에 관하여 보완하고, 새로운 판례들을 추가하였다. 해가 갈수록 해결되는 문제들보다 새로 생기는 문제들이 더 많아지는 것 같다.

제4판이 나올 수 있도록 힘써 주신 박영사의 안종만 회장님, 안상준 대표님, 조성호 이사님, 이승현 과장님께 감사의 마음을 전한다. 초판 이래 계속하여 교정을 도와주고 있는 오윤영 변호사의 변함없는 후의에도 감사한다.

2021년 2월

저 자

제3판 서문

제3판에서는, 오탈자를 수정하고 문장을 다듬기도 했지만, 주로 최근의 판례들을 보충하였다. 제2판을 낼 때 생각보다 많은 수정사항을 한꺼번에 반영하면서 애를 먹었던 터라, 제3판에 넣을 사항들은 눈에 띌 때마다 바로바로 원고를 작성하여 왔기 때문에 제3판 개정작업은 훨씬 순조로웠다. 교과서를 쓰고 고치는 작업의 중압감에서 벗어날 방법을 찾아낸 것 같아 기쁘다. 하지만, 내가 쓴 글을 많은 사람들이 본다는 중압감에서 벗어나기는 어려울 것이다.

제3판이 나올 수 있도록 힘써 주신 박영사의 안종만 회장님, 조성호 이사님, 이승현 과장님에게 감사와 존경의 마음을 전한다. 제3판도 꼼꼼하게 교정해 준 오윤영 변호사의 후의에도 감사한다.

2019년 7월

저 자

* *

제3판 2쇄를 발행하면서 새롭게 발견된 오탈자를 수정하고, 오해의 소지가 있는 내용을 고쳐 썼다(각주 442, 903, 904 참조).

2020년 3월

저 자

제2판 서문

성원에 힘입어 제2판을 낼 수 있게 되어 기쁘다.

법무부 민사소송법 개정 특별분과위원회가 2017년 개정민사소송법 해설서를 발간한 것을 계기로 소송능력, 법정대리 부분을, 최근 사망자 상대 소송 관련 논문을 쓴 것을 계기로 당사자능력흠결의 효과 부분을 많이 고쳤다. 민사소송법을 쉽게 설명한다는 이 책의 목표 때문에 살짝 고민했지만, 변호사시험이 판례에 지나치게 의존하는 점에 대응하기 위하여 제2판에는 초판보다 판례들을 추가하였다.

제2판이 나올 수 있도록 애써 주신 박영사의 안종만 회장님, 조성호 이사, 송병민 과장, 이승현 대리에게 감사와 존경의 마음을 전한다. 제2판도 꼼꼼하게 교정해 주고, 판례정리도 도와준 오윤영 변호사의 후의에도 감사한다.

2018년 7월

저 자

서 문

법원에서 학교로 적을 옮긴 것이 2006년의 일이다. 10년 이상의 세월이 훌쩍 지나갔다. 그 동안의 강의경험을 토대로 쉽고 짧은 민사소송법 책을 쓰고자 했다.

여러 대목에서 '쉬운'과 '짧은'이 충돌하는 바람에 어설픈 절충에 그치고 만 아쉬움은 남지만, 예상을 훌쩍 넘어 오랜 시간을 들인 과정이 끝나서 홀가분하다. '책을 쓴다'는 일이 얼마나 힘든 일인지 절감했고, 세상의 책들과 저자들이 달리 보인다.

책의 발간을 위해 격려와 노고를 아끼지 않으시고 오래 기다려주신 박영사 안종만 회장님, 조성호 이사님, 이승현, 송병민, 정병조 대리에게 감사와 존경의 마음을 전한다. 바쁘고 힘든 와중에도 흔쾌히 교정을 맡아준 제자들(김범수, 김연수, 오윤영(총괄), 이경문, 이솔, 최영식)도 고맙다. 부모님, 사랑하는 아내와 삼 남매에게도 고마움을 표한다. 아버님 생전에 책을 발간하지 못한 것이 많이 아쉽다.

2017년 4월

저 자

차 례

제1편 서 론

제 2 편 민사소송의 3요소

제1장 법 원

제2장 당 사 자

제 3 장 청구(소송물)

제 3 편 절 차

제 1 장 1심절차

제 1 절 소의 제기

제2절 심 리

제1관 일 반 론

제 2 관 법원의 역할

제 3 관 당사자의 역할

제4관 증 거

제2관 판결 외의 소송종료사유

제 2 장 상소절차

제 1 절 일 반 론

제2절 항 소

제3절 상 고

제4절 항 고

제3장 재심절차

제 4 장 복잡소송

제 1 절 청구의 복수

제 2 절 당사자의 복수

제 1 관 공동소송

제 2 관 당사자의 변경

제 3 관 소송참가

제 4 관 선정당사자

제 5 장 특수절차

《일러두기》

1. 본문과 각주에서 법조문과 판례를 인용할 때 밑줄, 방점 등은 필자가 추가하였다.
2. '[]'은 한 문장 이하를 생략하거나 적절히 변형하였다는 표시이고, '…'은 두 문장 이상을 생략하였다는 표시이다.
3. 본문에서 조문을 인용하는 경우 민사소송법은 조문만 기재하고, 민사소송규칙은 규칙이라고 표시하고, 그 외의 법령은 법령명을 그대로 기재하였다.

제 1 편

서 론

제1강 이 책의 내용과 구성

1. 이 책의 내용

이 책은 민사소송법에 관한 책이다. 민사소송법은 '민사소송'에 관한 법을 의미한다. 민사소송은 간단히 정의하자면 '민사사건을 처리하는 소송절차'라고 할 수 있는데, 민사사건은 사법상의 법률관계에서 발생한 분쟁을 말하고, 소송절차는 법률상의 분쟁을 국가기관인 법원이 해결하는 절차를 말한다. 결국 민사사건에 관하여 민사소송법은 절차법의 일반법이고, 민법은 실체법의 일반법이라고 할 수 있다.

2. 이 책의 구성

이 책은 제1편 서론, 제2편 민사소송의 3요소, 제3편 절차로 구성되어 있다. 제1편 서론에서는 민사소송과 민사소송법을 이해하기 위한 가장 기본적 사항으로 민사소송절차의 개요, 특징, 민사소송법의 법원(法源) 등을 다룬다.

제2편 민사소송의 3요소는 민법에 비교하면 민법총칙에 해당하는 부분이라고 할 수 있다. 민사소송의 3요소는 당사자, 청구, 법원을 말하는데 이들은 어떤 사람이 민사소송의 소를 제기하고자 하는 경우 결정하여야 할 사항들로서, 소장에 기재하여야 할 기본적인 사항이다.

제3편은 절차를 다루는데, 여기서는 가장 기본이 되는 1심 소송절차를 먼저 본 다음(제1장), 불복절차인 상소(제2장)와 재심(제3장), 복잡소송(제4장) 및 특수절차(제5장)를 차례로 본다.

3. 이 책의 서술방식

민법은 방대하기는 하지만 실체법적 법률관계를 대상으로 하고, 일상생활에서 일반인들이 직접·간접으로 실체법적 법률관계를 경험할 수 있는바, 이러한 점이 이해의 기반이 된다. 민사소송법의 경우 실제 소송은 한번도 해보지 않은 사람들이 대부분이고 또한 기술적인 법규정이 많아서, 이해가 어렵다. 이 점을 감안하여 가급적 이해하기 쉽게 설명하고자 노력하였다.

이 책은 로스쿨 학생들이나 법학과 학부생에 대한 강의를 염두에 두고 작성되었다. 대부분의 로스쿨이나 법학과에서 민사소송법 강의는 2개 학기에 걸쳐, 1주일에 3시간씩 시행된다. 이 책의 내용과 분량을 이러한 강의의 실제에 가급적 맞추기 위하여 조절하였다.

이 책은 민사소송에 관한 이론과 실무의 기본을 익히고, 절차의 흐름과 구조를 전반적으로 파악하는 것을 목적으로 하였다. 따라서 지나치게 기술적이거나 이론적인 부분은 간략히 서술하거나 생략하였다.

조문과 대법원 판례를 종종 본문에 기재하였다. 조문을 본문에 기재한 것은 성문법 국가인 우리나라에서 법조문이 논의의 출발점이 되기 때문이다. 법조인들끼리 어떤 논점에 대하여 열띤 논쟁을 벌이다가 막상 조문에 답이 나와 있음을 알고는 허탈해 하는 경우도 가끔 있다. 영국이나 미국 같은 판례법 국가에서는 판례 그 자체가 법의 일종이고, 모든 법원에 대하여 기속력을 가진다. 우리나라는 성문법 국가이기 때문에 판례의 위상이 영미와 같지는 않지만, 이는 어디까지나 이론상 그렇다는 것일 뿐, 그 실제 위상은 영미와 별반 다르지 않다.

4. 이 책 다음

이 책을 보는 이들이 찾고자 하는 모든 답이 이 책 안에 있지는 않을 것이다. 이 책과 같은 교과서로 해결되지 않는 문제를 만난 경우 — 사실 이 경우가 더 많을 것이다 — 에는 주석서, 논문 등을 보아야 한다. 주석서는 판례와 이론을 조문 순서에 따라 집대성한 것으로서 실무를 하든 학문을 하든 반드시 참조하여야 할 책이다. 실제 소송절차가 어떻게 운용되는지 궁금할 때에는 법원의 실무제요를 보는 것이 좋다. 실무제요는 절차에 관한 의문점이 생길 때 변호사들은 물론 법관들도 참조하는 책자이다.

일반인들의 경우에는 나홀로 소송을 진행하면서 실제 소송절차를 수행할 때 필요한 세세한 사항을 원하는 경우가 많을 것이다. 예컨대, 소장에 붙일 인지의 액수는 어떻게 계산하는지, 인지는 어떻게 구입하는지, 소장부본은 몇 부를 만들어야 하는지 등등. 이러한 사항들은 참으로 요긴한 것이긴 하나 전체적으로 고찰할 때 그다지 중요하지 않으므로 이 책에서는 거의 다루지 않았다. 이러한 사항을 알고 싶은 경우에는 요즘 많이 나와 있는 '나홀로 하는 ○○ 소송' 같은 제목의 책들을 권한다. 각급 법원의 홈페이지도 좋다.

제2강 민사소송의 개요와 특징

1. 민사소송의 개요

1) 판결절차, 집행절차, 보전절차

민사소송은 넓게는 판결절차, 집행절차, 보전절차를 모두 포함하지만, 좁게는 판결절차만을 의미하고, 이 책은 판결절차를 대상으로 한다.

집행절차는 국가가 권리자의 권리를 실현하여(만족시켜) 주는 절차를 말한다. 집행절차의 내용은 권리마다 달라지는데, 예컨대 금전지급청구권의 경우는 의무자의 재산을 압류하여 판 다음 매각대금을 권리자에게 지급하는 방식으로 진행된다. 그런데 문제는 국가가 알아서 집행절차를 진행해주는 것이 아니라 권리자가 신청하여야 한다는 점, 그리고 그러한 신청을 하기 위해서는 권리자의 권리를 인정하는 문서, 즉 판결이 필요하다는 점이다.

법원에 의하여 판결이 만들어지는 절차를 판결절차라고 하는바, 판결절차 역시 법원이 알아서 진행해 주는 것이 아니라 권리자의 신청이 있어야 진행된다.

권리자가 판결을 손에 넣기 전에, 예컨대 판결절차가 진행 중이거나 혹은 그 이전에 의무자가 그 재산을 빼돌리면, 권리자가 판결을 손에 넣어도 집행절차를 신청할 수 없게 된다. 보전절차는 가압류·가처분절차를 의미하는바, 법원이 의무자의 재산에 가압류·가처분을 하면 의무자는 그 재산을 빼돌릴 수 없게 된다. 보전절차 역시 권리자의 신청이 필요하다.

2) 판결절차의 개요

판결절차는 아주 간단히 말하면 '소의 제기→심리(변론)→판결'의 순서로 진행된다고 할 수 있다. 심리와 판결을 합쳐서 심판이라고 부르기도 한다. 조금 상세히 설명하면 아래와 같다.

판결절차는 법원에게 판결을 해달라고 요구하는 신청에서 시작된다. 판결을 구하는 신청을 특별히 '소(訴)'라고 하므로, 판결을 구하는 신청을 하는 행위를 소의 제기라고 한다.

소의 제기가 있으면 법원은 판결을 하기 위한 자료를 수집하는데, 이러한 과정을 심리라고 한다. 심리는 법원이 지정하는 기일의 진행을 통하여 이루어진다. 심리의 주요한 특징 중의 하나는 당사자가 자료제출에 관한 책임을 진다는 점이다. 이는 쉽게 말하면 법원이 알아서 해주지 않는다는 것을 의미한다. 당사자의 자료제출은 간단히 말하면 주장과 증명이다.[1)]

또 다른 주요한 특징은 자료수집과정이 기일에서 말로써, 즉 구두로 이루어진다는 점이다. 이는 심리가 서면심사에 의하여서는 안 된다는 의미와 함께 여러 정책적인 의미를 가지고 있다. 위와 같은 특징을 반영하여 법원의 심리를 구두변론 또는 변론이라고 부르기도 한다. 판결을 하기 위한 자료수집이 완료되면 법원은 자료수집과정을 종료한다. 이를 변론종결이라고 한다.

변론종결 이후에 법원은 수집된 자료를 검토분석하여 판결을 하게 되는데, 판결에서 판단의 대상이 되는 것은 소송요건과 본안이다. 소송요건은 소가 적법하다고 인정받기 위한 요건, 즉 소의 적법요건이다. 법원은 소송요건이 흠결되었다고 판단하는 경우 소를 각하하는 판결을 한다. 이를 소송판결이라고 한다. 소송요건이 갖추어졌다고, 즉 소가 적법하다고 인정되는 경우, 법원은 본안, 즉 원고가 주장하는 실체법적인 법률관계 내지 권리가 인정되는지 여부에 관한 판단을 한다. 이를 본안판결이라고 한다.[2)] 법원은 원고가 주장하는 권리가 인정되면, 예컨대 '피고는 원고에게 금 1,000만 원을 지급하라'는 식의 판결을 한다. 이를 청구인용판결 또는 간단히 인용판결이라고 한다. 법원이 원고가 주장하는 권리가 전혀 인정되지 않는다고 판단한 경우에는 '원고의 청구를 기각한다'라는 판결을 한다. 이를 청구기각판결 또는 간단히 기각판결이라고 한다. 물론 원고가 주장한 권리가 일부만 인정되고 나머지는 인정되지 않는 경우도 있다.[3)]

---

1) 주장을 사실자료의 제출, 증명을 증거자료의 제출이라고 하고, 사실자료와 증거자료를 합하여 소송자료라고 하는데, 왜 이렇게 딱딱한 용어가 쓰이고 있는지 가끔 의문이 들 때가 있다. 이 용어들은 아마도 아주 오래전 유럽에서 태어났을 것이다.

2) 본안판결은 소가 적법함을 전제로 하는 것인데, 소가 적법하다는 판단은 주문에 표시되지 않고, 본안전 항변이 없는 한 이유에도 표시되지 않는다.

3) 원고 승소판결, 원고 패소판결, 원고 일부 승소판결 등의 용어도 종종 쓰인다. 원고 패소판결은 소각하판결과 청구기각판결 중 어느 일방을 의미할 수도 있고, 둘 다를 의미할 수도 있다.

2. 민사소송의 특징

1) 사적자치의 원칙

사법상 법률관계에 적용되는 실체법인 민법의 세계에서 가장 근본적인 원칙은 사적자치의 원칙이라고 할 수 있다. 예를 들어 갑(甲)이 을(乙)에 대하여 원래 아무런 채무를 부담하고 있지 않았지만, 을에게 1억 원을 지급할 것을 약정할 수 있는데, 이렇게 한 번 약정한 이상 특단의 사정이 없는 한 갑은 을에게 1억 원을 지급할 채무를 부담하게 된다.

사법상 법률관계에 적용되는 절차법인 민사소송법의 경우에도 사적자치의 원칙이 적용된다. 이러한 점은 이후에 보다 자세히 보게 될 처분권주의와 변론주의라는 원칙에 잘 나타나 있다. 사적자치의 원칙이 민사소송에 적용된다는 것은 어떤 의미를 가지는 것일까.

우선 사적자치의 원칙은 당사자나 법원의 권한의 한계로 작용한다. 민사소송은 원고의 소제기가 있어야 개시되고, 법원이 소송절차에서 심리·판단하는 범위도 원고가 구하는 범위에 한정된다. 또한 상대방의 주장에 관하여 자백할지 말지 여부도 당사자가 선택할 수 있으나 일단 자백한 이후에는 마음대로 자백을 번복할 수 없다.

사적자치의 원칙이 민사소송, 즉 절차에서 적용됨으로 말미암아 민사소송의 결말이 실체법적 법률관계와 달라질 가능성이 생긴다. 예를 들어 아무런 권리가 없는 자가 2명을 상대로 연대채무를 부담한다고 주장하며 소를 제기한 경우 상대방 중 1명은 자백하고, 나머지 1명은 다툰다면, 무권리자가 상대방 중 1명에 대하여는 청구인용판결을 받고, 나머지 1명에 대하여는 청구기각판결을 받을 수도 있다.

이와 같이 민사소송에서는 당사자의 역할에 의하여 실재하는 실체법적 법률관계와 정반대의 결론이 도출될 수 있으며, 때로는 당사자간 상호모순되는 결론이 도출될 수도 있는데, 이러한 현상은 근본적으로 절차에 관하여 사적자치의 원칙이 적용됨으로 말미암아 발생한다는 점을 이해하여야 한다.

2) 형사소송, 행정소송, 가사소송과의 비교

법원은 민사소송의 대상인 민사사건뿐만 아니라 일체의 법률상 분쟁을 해결하는 절차, 즉 소송절차 전체를 다룬다. 소송절차는 그 대상인 법률상 분쟁의 성격에 따라 형사소송, 행정소송, 민사소송, 가사소송으로 크게 나눌 수 있다.

형사소송은 국가의 형벌권을 확정하는 절차로서 민사소송과는 가장 뚜렷이 구별된다.

행정소송은 공법상의 법률관계에서 발생하는 분쟁, 즉 행정사건을 해결하는 절차라는 점에서 사법상의 법률관계에서 발생하는 분쟁인 민사사건을 해결하는 절차인 민사소송과는 개념상으로는 명확하게 구별된다. 하지만 민사사건과 행정사건의 구별이 항상 쉽지만은 않다.[4]

민사소송에서 행정처분의 유무효나 적법 여부가 선결문제가 된 경우, 판례는 부당이득반환청구와 관련하여 행정처분의 하자가 취소사유에 불과하다면, 행정처분이 행정청이나 행정법원에 의하여 적법하게 취소되기 전에는 민사법원이 부당이득반환청구권을 인정할 수 없다고 하는 한편,[5] 불법행위에 기한 손해배상청구와 관련하여서는 행정처분의 하자가 취소사유에 불과하더라도 행정처분이 취소되기 전이라도 민사법원이 불법행위에 기한 손해배상청구권을 인정할 수 있다고 한다.[6] 판례가 부당이득반환청구와 불법행위에 기한 손해배상청구를 달리 취급하는 것은 민사법원과 행정법원의 권한배분, 행정행위의 공정력 및 부당이득반환청구와 불법행위에 기한 손해배상청구의 요건의 차이 때문이다.[7] 행정사건은 행정법원에 전속관할이 있다.[8]

---

4) 대법원은 최근 몇 년간 종전에는 민사사건으로 취급되던 사건들을 공법상 당사자소송의 대상이 되는 행정사건이라고 판단하여 오고 있다. 이러한 사건들의 하급심들은 종전 대법원 판례에 따라 민사사건으로 판단하였었다.

5) 대법원 1999. 8. 20. 선고 99다20179 판결.

6) 대법원 1972. 4. 28. 선고 72다337 판결.

7) 즉, 부당이득반환청구의 경우 법률상 원인 없음이 요건인데, 민사법원은 행정행위의 공정력 때문에 취소사유가 있는 행정처분이 적법하게 취소되기 전에는 법률상 원인이 없다고 판단할 수 없고, 또한 스스로 행정처분을 취소할 권한도 없는 반면, 불법행위에 기한 손해배상청구의 경우 그 요건은 위법성, 귀책사유(고의나 과실)이고, 행정처분이 실제 취소되었는지 여부는 불법행위의 성립에 문제되지 않으므로, 민사법원은 처분의 위법성, 귀책사유 유무를 판단하여 행정처분을 불법행위라고 판단할 수 있다.

8) 대법원 2009. 10. 15. 선고 2008다93001 판결.

가사소송의 경우 그 대상인 가사사건 역시 사법상의 법률관계에서 발생하는 분쟁이라는 점은 민사사건과 같으나, 민사사건은 재산적 법률관계에서 발생한 분쟁이고, 가사사건은 신분적 법률관계에서 발생한 분쟁이라는 점에서 차이가 있다. 형식적으로 가사사건은 민사사건 중 가사소송법 등이 가사사건으로 정하고 있는 사건이므로, 이러한 측면에서 가사소송은 특수민사소송이라고 할 수 있다. 가사소송법 2조는 가사사건은 가정법원의 전속관할로 한다고 규정하고 있다.

한편, 행정소송과 가사소송에는 물론 관련법이 인정하는 특칙이 있기는 하지만, 민사소송법의 규정이 준용되는 경우가 많고, 해석론도 민사소송과 공통되거나 민사소송의 해석론을 바탕으로 전개되는 경우가 많아서 행정소송과 가사소송의 이해에는 민사소송의 이해가 필수불가결하다.

제2강 민사소송의 개요와 특징

제3강 민사소송법의 법원(法源)

1. 실질적 민사소송법과 형식적 민사소송법

민사소송법은 실질적으로는 민사소송에 관련된 법규 전체를 말하지만, 형식적으로는 민사소송에 관한 일반법으로서 '민사소송법'이라는 제목을 단 단행법률을 의미하고, 이 책에서 별다른 언급 없이 민사소송법이라고 하면 후자를 말한다.

2. 민사소송법과 민법

1) 민법규정의 준용

민사소송법은 절차법의 일반법이고, 민법은 실체법의 일반법이라고 할 수 있다. 그런데 민사소송법은 민법과 달리 망라적이지 않다. 따라서 소송에서 발생하는 여러 가지 문제점들을 민사소송법의 규정만으로는 해결하는 것이 어렵거나 부적절하게 여겨지는 경우가 종종 발생한다.

이러한 상황에 대응하여 입법자는 민사소송법에 일정한 경우에는 민법의 규정을 준용하는 규정을 두고 있다. 대표적인 예가 민사소송법 51조이다.

> 제51조(당사자능력·소송능력 등에 대한 원칙) 당사자능력, 소송능력, 소송무능력자의 법정대리와 소송행위에 필요한 권한의 수여는 이 법에 특별한 규정이 없으면 민법, 그 밖의 법률에 따른다.

2) 민법규정의 유추적용

그런데 준용규정 역시 망라적이지 않아서, 준용규정을 포함한 민사소송법만으로 해결될 수 없는 절차법적 문제가 여전히 발생한다. 이러한 문제점을 해결하기 위한 방법의 하나로서 거론되는 것이 민법 규정의 유추적용, 즉 절차법적 문제점을 실체법인 민법규정에 의하여 처리하는 방법이다. 예컨대, 하자 있는 의사표시에 기한 소송행위(기망 등에 의한 소송행위)를 어떻게 취급할 것인가에 관하여는 민사소송법에 아무런 규정이 없다. 민법에는 기망에 의한 의사표시는 취소가 가능하다는 규정이 있다. 기망에 의한 소송행위도 엄연히 소송행위임이 분명하므로 민법 규정은 바로 적용되지 않는다. 그렇다면 민법 규정의 유추적용은 가능한가? 이 점에 관하여 전통적인 통설은 민법 규정의 유추적용을 부정한다(하자불고려설). 반면, 민법 규정의 유추적용을 인정하는 견해도 있다(하자고려설). 하자불고려설과 하자고려설의 대립 등에 관한 상세는 1심 절차에서 당사자의 역할을 다룰 때 살펴본다.

3. 민사소송법규의 종류

민사소송법의 여러 규정들은 그 효력의 성격에 따라 훈시규정과 효력규정으로 나눌 수 있다. 우선 훈시규정의 예로는 민사소송법 199조를 들 수 있다.

> 제199조(종국판결 선고기간) 판결은 소가 제기된 날부터 5월 이내에 선고한다. 다만, 항소심 및 상고심에서는 기록을 받은 날부터 5월 이내에 선고한다.

그런데, 실제 소가 제기된 이후 5월은커녕 1년이나 혹은 그 이상의 기간이 경과된 이후에 판결이 선고되는 경우도 종종 있다. 이런 판결들은 위 규정 위반으로 무효의 판결이 되는 것일까. 그렇지 않다. 위 규정은 권고적인 성격을 가지는 것에 불과하기 때문이다. 이러한 규정들을 훈시규정이라고 한다.

이에 반하여 어떤 규정은 그에 위반되는 소송행위를 무효로 만드는 것이 있는데 이를 효력규정이라고 한다. 민사소송법에서는 민법과 달리 취소가 가능한 소송행위는 원칙적으로 존재하지 않는다. 효력규정에는 강행규정과 임의규정이 있다. 강행규정에 위반되는 소송행위는 원칙적으로 무효가 된다. 민사소송법의 임의규정은 민법의 임의규정과는 다르다. 즉, 민법의 임의규정의 경우에는 당사자가 약정 등을 통하여 그 적용을 배제할 수 있지만, 민사소송법에서는 특별한 규정이 있는 경우에만 그것이 인정된다. 민사소송법에서 임의규정에 위반된 소송행위는 일응 무효가 되지만 일정한 조건을 충족하면 치유가 인정되어 그 이후에는 그 소송행위의 무효를 주장할 수 없게 된다.

이상은 소송법규위반이 소송행위에 미치는 영향에 관한 일반론인바, 특별한 규정이 있으면 그에 따른다.

4. 신의칙

신의칙 또는 신의성실의 원칙은 민법의 기본원칙이다. 민사소송법에서도 신의칙이 적용된다.

> 제1조(민사소송의 이상과 신의성실의 원칙) ① 법원은 소송절차가 공정하고 신속하며 경제적으로 진행되도록 노력하여야 한다.
> ② 당사자와 소송관계인은 신의에 따라 성실하게 소송을 수행하여야 한다.

민사소송에서 신의칙에 위반되는 경우로는 첫째, 소송상태의 부당형성,[9] 둘째, 선행행위와 모순되는 거동,[10] 셋째, 소송상 권능의 실효,[11] 넷째, 소송상 권능의 남용[12]이 거론된다. 동일한 상황이 위 각 경우에 중첩적으로 해당될 수 있다.

하지만, 지금도 민사소송에서 신의칙의 지위 내지 적용범위에 관하여는 견해의 대립이 있다. 예컨대, 소를 제기한 갑의 권리행사가 신의칙에 반하는 경우, 신의칙은 실체법 단계에 적용되어 갑의 실체법적인 권리행사가 금지되는 것인가, 아니면 절차법 단계에 적용되어 갑의 절차법적인 권리행사, 즉 소송상

9) 관할선택권의 남용 등이 대표적인 예로 거론된다. 대법원 2011. 9. 29.자 2011마62 결정은 변호사 갑과 을 사찰이, 소송위임계약으로 인하여 생기는 일체 소송은 전주지방법원을 관할법원으로 하기로 합의하였는데, 갑이 을 사찰을 상대로 소송위임계약에 따른 성공보수금 지급 청구 소송을 제기하면서 을 사찰의 대표단체인 병 재단을 공동피고로 추가하여 병 재단의 주소지를 관할하는 서울중앙지방법원에 소를 제기하는 것은 관할선택권의 남용이므로 관련재판적에 관한 규정이 적용되지 않는다고 하였다.

10) 대법원 1995. 1. 24. 선고 93다25875 판결은 항소심에서 피고의 추완항소를 받아들여 심리 결과 본안판단에서 피고의 항소가 이유 없다고 기각하자 추완항소를 신청했던 피고 자신이 이제 상고이유에서 그 부적법을 스스로 주장하는 것은 허용될 수 없다고 하였다.

11) 대법원 1996. 7. 30. 선고 94다51840 판결은 원고가 기망적인 방법으로 얻은 사위판결(詐僞判決)의 정본송달이 무효여서 항소기간의 도과는 문제되지 않지만 피고가 오랜 기간 사위판결의 존재를 알면서도 이를 방치한 경우 항소권이 실효될 수 있다고 하였다. 다만, 위 판결은 법리만을 인정하였을 뿐 결론적으로는 항소권의 실효를 인정하지 않았다.

12) 대법원 1974. 9. 24. 선고 74다767 판결(학교법인의 경영권을 다른 사람에게 양도하기로 하여 학교법인 이사직을 사임한 사람이 학교법인이나 현 이사로부터 돈을 받을 목적만으로 제기된 학교법인의 이사회결의의 부존재확인의 소는 소익 흠결로 부적법하다), 대법원 1991. 12. 13. 선고 90다카1158 판결(주식양도인이 양수인에게 주권을 교부할 의무를 이행하지 않고 그 후의 임시주주총회결의의 부존재확인의 소를 제기하는 것은, 주권교부의무를 불이행한 자가 오히려 그 의무불이행상태를 권리로 주장함을 전제로 하는 것으로서 부적법하다) 등.

권능의 행사 —여기서는 소를 제기할 권리, 즉 소권의 행사—가 금지되는 것인가? 혹은 둘 다 금지되는 것인가?

소송상의 권능의 행사가 일반적으로 신의칙에 반할 수도 있다는 점에 대하여는 이견이 없으나, 소송절차의 출발점이 되는 소의 제기행위, 즉 소권의 행사가 신의칙에 반하여 금지되는 경우도 있을 수 있는지에 관하여는 견해의 대립이 있다.

다수설은 소권의 행사가 신의칙에 반하여 금지되는 경우도 있다고 본다. 따라서 만약 소권의 행사가 신의칙에 위반된 경우에는 법원은 소를 각하한다. 이에 반하여 신의칙 위반으로 금지되는 것은 실체법적인 권리행사이고, 이렇게 봄으로써 충분하므로, 소를 각하할 것이 아니라 갑의 실체법적 권리를 부정, 즉 청구를 기각하여야 한다고 주장하는 소수설[13]이 있다. 소수설이 더 논리적이라고 생각한다.[14]

대법원 판례는 노동사건 등에서 다수설과 같은 입장을 취하지만,[15][16] 건물철거와 토지인도청구가 권리남용에 해당하는 경우에는 원고의 청구를 기각하여야 한다는 입장을 취하였다.[17] 대법원이 소권의 행사가 신의칙 위반에 해

---

13) 호문혁, 민사소송법(제13판), 법문사(2018)(이하 호문혁(13판)이라고 한다), 48~49면.

14) 소권의 행사 및 실체법적 권리의 행사 모두가 신의칙에 반한다면 법원은 소송요건의 부존재로 먼저 판단해야 하므로 소를 각하한다.

15) 대법원 2005. 10. 28. 선고 2005다45827 판결(이른바 실효의 원칙에 따라, 근로자가 사직원의 작성·제출이 자신이 아닌 그의 형에 의하여 이루어졌음을 이유로 의원면직의 무효확인을 구하는 사안에서, 근로자의 형이 사직원을 제출하게 된 경위 및 근로자가 아무런 이의 없이 퇴직금을 수령한 점 등 제반 사정에 비추어 볼 때, 의원면직일로부터 5년여가 경과한 후에 위와 같은 소를 제기하는 것은 신의칙 내지 금반언의 원칙에 반하는 것으로서 부적법하다고 한 원심의 판단을 수긍한 사례), 대법원 1992. 5. 26. 선고 92다3670 판결 등.

16) 노동사건 이외의 사건에 대하여는 대법원 1997. 12. 23. 선고 96재다226 판결(대법원 판결에 대한 같은 내용의 반복된 재심청구), 대법원 1988. 10. 11. 선고 87다카113 판결(퇴직한 이사, 감사에게도 후임자 취임시까지 주총결의 등 부존재확인을 구할 법률상 이익이 있지만, 이들의 공동소송참가가 소권남용에 해당한다고 본 사례), 대법원 1992. 7. 28. 선고 92다7726 판결(무효인 공정증서에 기한 강제경매의 집행정지를 시도하지 않았을 뿐 아니라 경락대금에서 배당까지 받은 채무자가 매수인의 소유권 취득을 부인하는 것은 신의칙에 반한다) 등이 있다. 대법원 2025. 4. 24. 선고 2022므15371 판결은 대리모가 제기한 친생자관계존재확인의 소가, 진실한 신분관계를 귀속시키는 것이 자녀의 복리에 현저히 반하게 되는 특별한 사정이 있는 경우, 예외적으로 소권남용에 해당할 수 있다고 하였다. 한편, 위 판결은 대리모계약과 그에 따른 친모의 친권포기 등의 합의는 모두 민법 제103조 위반으로 무효이고, 부제소합의로서도 무효라고 판시하였다.

17) 대법원 1992. 7. 28. 선고 92다16911(본소), 92다16928(반소) 판결.

당될 수도 있다는 점을 인정한다는 점에서 다수설과 같다고 평가하는 것이 일반적이다.

신의칙 위반이나 권리남용은 강행규정에 위배되는 것이므로 당사자의 주장이 없더라도 법원이 직권으로 판단할 수 있다는 것이 판례의 주류적 입장이지만,[18] 반대 취지의 판례도 있다.[19]

18) 대법원 1989. 9. 29. 선고 88다카17181 판결, 대법원 2015. 3. 20. 선고 2013다88829 판결, 대법원 2023. 9. 14. 선고 2023다248316 판결 등.
19) 대법원 2008. 9. 11. 선고 2007다73284 판결.

제 2 편

민사소송의 3요소

제4강 민사소송의 3요소

1. 3가지 사항

소장을 제출하고자 하는 자는 다음과 같은 사항을 정하여야 한다.

① 누가 누구를 상대로 소[20]를 제기할 것인가?

② 어떤 내용의 법률관계 내지 권리에 대하여 법원의 어떤 판결을 받고자 하는 것인가?

③ 어느 법원에 소를 제기할 것인가?

①은 당사자, 즉 원고와 피고에 관한 것이다. 즉, 소를 제기하고자 하는 자는 원고가 될 자와 피고가 될 자를 결정하여야 한다. ②는 청구에 관한 것이다. 소를 제기하고자 하는 자는 어떤 사법상의 법률관계 내지 권리에 기하여 소를 제기할 것인지를 특정하고, 나아가 그에 관하여 이행판결, 확인판결, 형성판결 중 어떤 판결을 구할 것인지를 정하여야 한다. ③은 법원에 관한 것이다. 우리나라에는 단 하나의 법원이 아니라 심급별로 또 지역별로 여러 법원이 존재하기 때문에 민사소송을 제기하고자 하는 자는 소를 제기할 법원을 정하여야 한다. 결국, 위 3가지 사항은 당사자, 청구 및 법원에 대한 것이다.

2. 민사소송의 3요소

위에서 본 당사자, 청구 및 법원을 민사소송의 3요소라고 한다. 민사소송법 교과서들은 이들을 먼저 다루고 난 다음 시간순으로 소송절차를 설명하고 있다. 민사소송의 3요소는 민법에 비교하면 민법총칙에 해당하는 부분이라고 할 수 있고, 절차 전반에 걸쳐 계속 문제되기 때문에, 이를 절차에 대한 설명과 분리하여 앞에서 미리 설명하는 것이, 절차를 단계별로 다루면서 필요할 때 설명

20) 일반사회에서는 '소송을 제기할 것인가'라는 표현을 더 많이 쓴다. 엄밀히 말하면, 소송은 일련의 절차를 전부 일컫는 것이고, 소는 그 일련의 절차의 시작을 의미한다. 소는 제기하는 것이고, 소송은 진행하는 것이다.

하는 것보다 이해에 도움이 되기 때문이다. 이 책도 같은 방식을 취하였다.

민사소송의 3요소는 각도를 달리하여 보면 소장에 기재하여야 할 기본사항이기도 하다. 제목을 바꾸어 이에 관하여 본다.

3. 소장의 기재사항

민사소송을 제기하고자 하는 자, 즉 원고는 원칙적으로 소장을 만들어서 법원에 제출하여야 한다.

> 제248조(소제기의 방식) ① 소를 제기하려는 자는 법원에 소장을 제출하여야 한다.

병원에서 진료를 받거나 동사무소에서 주민등록등본 등을 발급받기 위하여 어떤 서류를 작성하여 제출하지는 않는다. 국가기관이든, 사인이든 상대방에 대하여 어떤 요구를 할 때 통상은 말로써 할 수 있고, 서류의 작성이 요구되지는 않는다. 신청서 등의 작성이 요구되는 경우도 있지만 이는 단지 사무처리의 편의를 위한 것에 지나지 않는 경우가 많다. 그러나 민사소송에서는 다르다. 법에 의하여 소는 반드시 소장을 작성하여 제출하는 방식으로 제기하여야 한다. 그만큼 소제기가 중요한 행위이기 때문이다.

그러면 소장은 어떻게 작성하여야 하는 것일까? 법의 세계에서는 통상 법률규정이 있는 경우에는 그로부터 논의를 시작하는 것이 일반적이다. 관련 조문들은 다음과 같다.

> 제249조(소장의 기재사항) ① 소장에는 당사자와 법정대리인, 청구의 취지와 원인을 적어야 한다.
> ② 소장에는 준비서면에 관한 규정을 준용한다.
> 제274조(준비서면의 기재사항) ① 준비서면에는 다음 각호의 사항을 적고, 당사자 또는 대리인이 기명날인 또는 서명한다.
> 1. 당사자의 성명·명칭 또는 상호와 주소
> 2. 대리인의 성명과 주소
> 3. 사건의 표시
> 4. 공격 또는 방어의 방법
> 5. 상대방의 청구와 공격 또는 방어의 방법에 대한 진술
> 6. 덧붙인 서류의 표시
> 7. 작성한 날짜
> 8. 법원의 표시

그러나, 위 조문만으로는 실제 어떻게 소장을 작성하여야 할 것인지를 분명히 알기 어렵다. 실무에서는 법의 요구사항과 관련 이론, 판례 및 오랜 기간 축적된 관행에 따라 소장이 작성되고 있다. 따라서 실제 소장을 작성하는 방법은 이론적·학문적이라기보다는 실무적·관행적이라고 해야 할 부분이 많다. 이 책에서는 전자를 중점적으로 다룬다. 로스쿨제도가 도입되면서 실무교육이 강조되고 있는데, 실무교육을 서식교육과 혼동하는 경우도 있다. 물론 후자가 전자에 포함되기는 하지만 아주 쉬운 부분이고 비중도 적다. 실무교육에서 중요한 것은 이론을 바탕으로 한 응용능력인바, 한마디로 줄인다면 문제해결능력이라고 할 수 있다.

위 249조 1항은 소장에 반드시 적어야 할 사항, 즉 필수적 기재사항을 규정하고 있는데, 이에 따르면 민사소송을 제기하고자 하는 자는 언제나 당사자, 그리고 청구를 결정하여 이를 소장에 적어야 한다. 또한 위 조항에 '청구의 취지와 원인'이라고 기재되어 있는 것은 청구에 관하여 결론에 해당하는 '청구의 취지'와 그러한 결론을 뒷받침하는 근거에 해당하는 '청구의 원인'을 분리하여 적으라는 취지이다. 법원은 필수적 기재사항은 아니지만 위 274조 1항 8호에 기하여 소장에 기재된다. 결국, 당사자, 청구 및 법원은 소장에 기재하여야 할 주요사항이다. 이번 강의 끝의 「소장 예시」에서 위에서 말한 사항을 확인할 수 있다.

4. 소장, 답변서, 판결문의 상호관련성

민사소송에서 여러 종류의 서면이 작성되는데, 가장 중요한 것은 원고가 작성하는 소장, 피고가 작성하는 답변서, 법원이 작성하는 판결문이다. 소장에 관하여는 이미 보았다.

답변서는 민사소송을 제기당한 자, 즉 피고가 제출하는 최초의 준비서면을 의미한다. 소장 이외에 당사자가 소송에서 제출하는 문서는 대부분 변론의 준비를 위한 준비서면인바, 피고가 제출하는 최초의 준비서면만을 답변서라고 부른다. 답변서 이후의 서면은 원고가 제출하건 피고가 제출하건 모두 준비서면이라고 한다. 답변서에는 소장의 청구취지에 대응하는 답변취지와 청구원인에 대응하는 답변원인 및 민사소송법 274조의 사항을 기재하여야 한다. 따라서 답변서에는 당사자, 답변취지[21]와 답변원인,[22] 법원이 기재된다. 강의 끝의 「답변서 예시」에서 이를 확인할 수 있다.

> 규칙 제65조(답변서의 기재사항) ① 답변서에는 법 제256조 제4항에서 준용하는 법 제274조 제1항의 각호 및 제2항에 규정된 사항 외에 청구의 취지에 대한 답변과 청구의 원인에 대한 구체적인 진술을 적어야 한다.

판결문은 법원의 판결을 담은 문서를 의미한다. 판결 역시 문서로 하도록 되어 있다. 판결문에는 당사자, 주문, 청구취지 및 이유, 법원이 기재된다. 강의 끝에는 「판결문 예시」도 있다.

> 제206조(선고의 방식) 판결은 재판장이 판결원본에 따라 주문을 읽어 선고하며, 필요한 때에는 이유를 간략히 설명할 수 있다.
> 제208조(판결서의 기재사항 등)
> ① 판결서에는 다음 각호의 사항을 적고, 판결한 법관이 서명날인하여야 한다.
> 1. 당사자와 법정대리인
> 2. 주문
> 3. 청구의 취지 및 상소의 취지
> 4. 이유
> 5. 변론을 종결한 날짜. 다만, 변론 없이 판결하는 경우에는 판결을 선고하는 날짜
> 6. 법원

소장, 답변서, 판결문의 상호관련성을 살펴보면 다음과 같다. 소장의 당사자는 답변서와 판결문의 당사자로 연결된다. 소장의 법원 역시 답변서와 판결문의 법원으로 연결된다. 소장의 청구 역시 답변서와 판결문의 청구로 연결된다. 소장의 청구는 청구취지와 청구원인으로 분리되어 있으므로 조금 더 자세히 살펴보면, 소장의 청구취지는 답변서의 답변취지, 판결문의 주문과 연결되고, 소장의 청구원인은 답변서의 답변원인, 판결문의 이유와 연결된다. 판결문에는 주문과 아울러 청구취지가 기재되는바, 이는 법원이 내린 결론인 주문과 원고가 요구하는 결론인 청구취지를 비교하는 데 편의를 제공하기 위한 것이다. 판결문에 기재되는 청구취지는 소장의 청구취지와 같다. 이런 측면에서 청구취지는 원고가 원하는 판결의 주문이라고 할 수 있다.

---

21) 통상 소각하 또는 청구기각 판결을 구한다.
22) 답변취지와 같은 판결을 구하는 근거를 기재한다.

소장			답변서		판결문
당사자		⇒	당사자	⇒	당사자
청구	청구취지	⇒	답변취지	⇒	주문 / 청구취지
	청구원인	⇒	답변원인	⇒	이유
법원		⇒	법원	⇒	법원

당사자와 법원 부분은 원칙적으로 소장, 답변서, 판결문을 통하여 달라질 이유가 없다. 하지만 청구 부분은, 소장과 답변서의 경우 원고와 피고의 주장이 다른 경우에는 동일하지 않고, 상충·반대되는 경우가 종종 있고, 판결문의 경우 법원의 판단에 달려 있다.

5. 시 간

민사소송을 제기하고자 하는 원고의 입장에서 반드시 짚고 넘어가야 하는 또 다른 요소는 '시간'이다. 제소기간이 도과되면 소가 각하되고, 청구권의 소멸시효가 완성되면 피고의 소멸시효 항변에 의하여 청구가 기각될 수 있다. 소의 제기 외에 다른 소송행위, 예컨대 상소 등을 할 때도 시간은 반드시 점검해야 하는 요소이다. 피고의 입장에서는 방어를 위하여, 법원의 입장에서는 올바른 판결을 위하여 시간은 중요하다.

[서식] 소장 예시

소 장

원 고 김삼순
서울 성동구 행당동 11 센츄리오피스텔 405호
소송대리인 변호사 한승소
서울 서초구 서초동 100-1 성곡빌딩 303호
전화: 02-594-9900, 팩스: 02-594-9901
이메일 hanlaw@elepan.com

피 고 장도영
광주 서구 금호동 567 공간아파트 14동 708호
송달장소 서울 강남구 역삼동 11 럭셔리호텔 1층 중식당 소림사

대여금청구의 소

청 구 취 지

1. 피고는 원고에게 금 1억 원 및 이에 대한 2023. 10. 16.부터 이 사건 소장부본 송달일까지는 연 10%, 그 다음 날부터 다 갚는 날까지는 연 12%[23]의 각 비율에 의한 금원을 지급하라.
2. 소송비용은 피고의 부담으로 한다.
3. 제1항은 가집행할 수 있다.

라는 판결을 구합니다.

청 구 원 인

원고는 피고에게 2023. 3. 15. 1억 원을 이자는 연 10%, 변제기는 2018. 4. 15.로 정하여 대여하였습니다. 그런데, 피고는 2023. 10. 15.까지의 이자 및 지연손해금만을 지급한 외에는 일체의 원리금을 지급하지 아니하고 있습니다.

따라서, 피고는 원고에게 위 대여금 1억 원 및 이에 대한 청구취지 기재와 같은 지연손해금을 지급할 의무가 있습니다.

입 증 방 법

1. 갑 제1호증(차용증서)

첨 부 서 류

1. 위 입증방법 1통
1. 소장부본 1통
1. 소송위임장 1통
1. 납부서 1통

2024. 7. 10.

원고 소송대리인 변호사 한 승 소

서울중앙지방법원 귀중

---

23) 「소송촉진 등에 관한 특례법」 소정의 지연손해금률인바, 2019. 6. 1.부터는 연 12%이다.

[서식] 답변서 예시

답 변 서

사 건 2024가단34780 대여금
원 고 김삼순
피 고 장도영

답 변 취 지

1. 원고의 청구를 기각한다.
2. 소송비용은 원고의 부담으로 한다
라는 판결을 구합니다.

답 변 원 인

피고는 원고로부터 금 1억 원을 차용한 사실은 인정하나, 2023. 11. 15. 원금 및 지연손해금 전부를 변제하였습니다(을 제1호증 참조).

따라서, 원고의 이 사건 청구는 이유 없으므로 기각하여 주시기 바랍니다.

입 증 방 법

1. 을 제1호증(영수증)

첨 부 서 류

1. 위 입증방법 1통

2024. 8. 30.

피고 장 도 영

서울중앙지방법원 귀중

[서식] 판결문 예시

서 울 중 앙 지 방 법 원

판 결

사 건	2024가단34780 대여금
원 고	김삼순 서울 성동구 행당동 11 센츄리오피스텔 405호 소송대리인 변호사 한승소
피 고	장도영 광주 서구 금호동 567 공간아파트 14동 708호 송달장소 서울 강남구 역삼동 11 럭셔리 호텔 1층 중식당 소림사
변 론 종 결	2024. 11. 10.
판 결 선 고	2024. 11. 24.

주 문

1. 피고는 원고에게 금 1억 원 및 이에 대한 2023. 10. 16.부터 2024. 8. 9까지는 연 10%의, 그 다음 날부터 다 갚는 날까지는 연 12%의 각 비율에 의한 금원을 지급하라.
2. 소송비용은 피고의 부담으로 한다.
3. 제1항은 가집행할 수 있다.

청 구 취 지

주문과 같다.

이 유

갑 제1호증의 기재 및 변론 전체의 취지에 의하면, 원고가 피고에게 금 1억 원을 이자는 연 10%, 변제기는 2023. 4. 15.까지로 정하여 대여한 사실을 인정할 수 있고, 피고가 2023. 10. 15.까지의 이자 및 지연손해금을 지급한 사실은 원고가 자인하고 있다.

피고는 2023. 11. 15. 원금 및 그때까지의 지연손해금을 모두 변제했다고 항변하나, 을 제1호증의 기재는 믿을 수 없고 달리 이를 인정할 근거가 없다.

따라서, 피고는 원고에게 대여금 1억 원 및 이에 대하여 변제기 후로서 원고가 구하는 바에 따라 2023. 10. 16.부터 이 사건 소장부본 송달일임이 기록상 명백한 2024. 8. 9.까지는 약정이율인 연 10%의, 그 다음 날부터 다 갚는 날까지는 소송촉진 등에 관한 특례법에서 정한 연 12%의 각 비율에 의한 지연손해금을 지급할 의무가 있으므로, 이를 구하는 원고의 이 사건 청구는 이유 있어 이를 인용하기로 하여 주문과 같이 판결을 구한다.

판사 박 공 정 ______________

제 1 장 법 원

제 5 강 법원과 법원의 권한

1. 법원의 선택의 의미

법원의 선택은, 법원이 소장의 기재사항이기도 하지만, 원고의 입장에서는 어느 법원에 소장을 제출할 것인지, 즉 소를 제기할 것인지를 결정한다는 측면이 본질적으로 중요하다. 이를 위하여 두 가지를 검토하여야 한다.

① 어느 법원이 해당 소송을 처리할 적법한 권한을 가지는가?

② 권한이 있는 법원 중 자기에게 가장 유리한 곳은 어디인가?

①은 ②를 위한 전제가 된다고 할 것이다. 소제기부터 대리하는 변호사의 입장에서는 소송수행에 가장 유리한 법원—일반적으로는 자기 사무실에서 가장 가까운 법원이 될 것이나, 승소가능성이 높은 법원이 될 수도 있다—을 찾아낼 수 있어야 할 것이다. 하지만, ②는 사람마다 사건마다 각각 다른 사정에 따라 달라지므로 각자에게 맡길 수밖에 없다. 따라서 이하에서는 ①만 다룬다.

2. 재판권·관할권·사무분담

어느 법원이 해당 소송을 처리할 적법한 권한이 있는가의 문제는 '법원'을 어느 차원의 것으로 보느냐에 따라 다르다.

법원을 우리나라 국가 전체의 차원에서의 법원, 즉 사법부로 보는 경우에는 재판권이 문제된다. 우리나라 법원에 재판권이 없다면 외국 법원에 재판권이 있다는 것을 의미한다. 재판권이 없는 사건의 경우 법원은 소를 각하한다.[24]

---

24) 대법원 1998. 12. 17. 선고 97다39216 전원합의체 판결: 우리나라의 영토 내에서 행하여진 외국의 사법적 행위에 대하여는 [] 특별한 사정이 없는 한[,] 당해 국가를 피고로 하여 우리나라의 법원이 재판권을 행사할 수 있다.

국가 간의 차원에서 어느 국가의 법원이 재판권을 가지는가의 문제를 국제재판관할이라고 한다.[25]

법원을 우리나라에 설치된 각종·각급의 법원 중 어느 하나의 법원으로서 이해할 때에는 관할(권)이 문제된다. 즉, 1심 법원에 제소하여야 하는지 2심 법원에 제소하여야 하는지, 1심 법원 중 서울중앙지방법원에 제소하여야 하는지, 부산지방법원에 제소하여야 하는지의 문제는 관할의 문제다. 관할은 재판권이 있는 것을 전제로 검토되는 문제이므로, 관할이 없다는 것은 다른 법원에 관할이 있다는 것을 의미한다. 관할권이 없는 사건의 경우 법원은 사건을 관할권이 있는 법원으로 이송한다.

재판권 및 관할(권)이 있음을 전제로 특정 법원 내의 어떤 재판부가 사건을 처리할 권한이 있는지의 차원에서는 사무분담이 문제된다. 서울중앙지방법원에서 민사사건 1심을 담당하는 합의재판부는 하나가 아니라 여러 합의재판부가 있는데, 이들 중 어느 특정 합의재판부가 사건을 담당하는지의 문제는 사무분담의 문제다. 사무분담은 특정 법원내의 사건의 분담이라는 행정적인 차원의 개념이다. 사무분담에 이상이 있는 경우에는 재배당을 하게 되나 이송으로 해결하는 경우도 있다.

비유적으로 표현하자면, 재판권은 국가 간의 국경을 경계로 하고, 관할은 법원건물 간의 담을 경계로 하고, 사무분담은 동일한 법원건물 내의 벽을 경계로 하는 것이라고 할 수 있다.

3. 민사법원의 구성과 종류

재판권, 관할, 사무분담 중에서 일반적으로 문제되는 것은 관할이다. 관할을 설명하기 위하여는 우선 우리나라에서 민사소송을 다루기 위하여 설치되어

25) 대법원 2005. 1. 27. 선고 2002다59788 판결: 국제재판관할을 결정함에 있어서는 당사자 간의 공평, 재판의 적정, 신속 및 경제를 기한다는 기본이념에 따라야 할 것이고, 구체적으로는 소송당사자들의 공평, 편의 그리고 예측가능성과 같은 개인적인 이익뿐만 아니라 재판의 적정, 신속, 효율 및 판결의 실효성 등과 같은 법원 내지 국가의 이익도 함께 고려하여야 할 것이며, 이러한 다양한 이익 중 어떠한 이익을 보호할 필요가 있을지 여부는 개별 사건에서 법정지와 당사자와의 실질적 관련성 및 법정지와 분쟁이 된 사안과의 실질적 관련성을 객관적인 기준으로 삼아 합리적으로 판단하여야 할 것이다. 대법원 2008. 5. 29. 선고 2006다71908, 71915 판결도 같은 취지이다.

있는 법원, 즉 민사법원의 구성과 종류를 알아야 한다.

민사법원은 크게 일반법원과 전문법원(특별법원)[26]으로 나눌 수 있고, 일반법원은 지방법원, 고등법원, 대법원의 3심제로 구성되어 있다. 대법원은 전국에 하나만 있지만, 고등법원은 서울, 부산, 수원, 대구, 대전, 광주에 설치되어 있고,[27] 지방법원은 전국 주요 지역에 설치되어 있고, 본원과 지원, 시군법원 등으로 구성되어 있다. 「각급 법원의 설치와 관할구역에 관한 법률」에는 각급 법원의 명칭과 소재지가 규정되어 있다.[28] 이들 각급·각종 법원 간의 사건분담의 문제가 바로 관할의 문제다.

지방법원, 고등법원, 대법원에는 여러 재판부가 설치되어 있다. 지방법원의 경우 단독재판부와 합의재판부가 있는데 합의재판부에는 1심 사건을 담당하는 재판부(이를 단순히 '합의부'라고 부르기도 한다)와 단독재판부의 판결에 대한 항소사건을 담당하는 재판부(이를 '항소부'라고 부르기도 한다)가 있다. 각 법원에 설치되어 있는 재판부 사이의 사건분담의 문제가 바로 사무분담의 문제이다. 단독재판부와 합의부 사이의 사건분담의 문제는 특정 법원내의 사건분담의 문제이기는 하지만 우리 민사소송법은 이를 관할의 문제로 규정하고 있다. 이를 사무분담의 문제로 취급하는 나라도 있다.

26) 행정법원, 가정법원, 특허법원, 회생법원이 있다.
27) 이들 이외의 몇몇 도시에 고등법원 원외재판부가 설치되어 있는 경우도 있다.
28) 위 법의 별표 1 등.

제6강 관할의 종류

1. 토지관할

1) 의 의

소를 제기하고자 하는 자가 통상 대면하는 문제는 여러 지역의 1심 법원들 중 어느 법원에 제소하는가이다. 이것이 바로 토지관할의 문제다. 토지관할은 관할구역을 달리하는 개별 법원 사이에 전체 법원의 재판권의 분담관계를 정하여 놓은 것을 의미한다.

토지관할은 재판적이 인정되는 곳에 발생한다. 재판적은 특정인과 관련하여 모든 사건에 적용되는 보통재판적(민사소송법[29] 2조 내지 6조)과 특정 사건에 한하여 인정되는 특별재판적(7조 내지 24조)이 있다.

토지관할의 선택에서 출발점이 되는 것은 민사소송법 2조이다.

> 제2조(보통재판적) 소는 피고의 보통재판적이 있는 곳의 법원이 관할한다.

따라서 어떤 사람을 상대로 소를 제기하고자 하는 자는 먼저 그 사람의 보통재판적 소재지 관할법원을 알아보고, 나아가 특별재판적 소재지 관할법원도 알아본 다음 이들 법원 중 자신에게 가장 유리한 법원을 선택하면 된다.

2) 보통재판적

민사소송법은 보통재판적에 관하여 자연인(3조, 4조), 법인(5조), 국가(6조)별로 규정하고 있다. 자연인의 경우 주소지가 보통재판적이 되고, 법인은 주된 사무소 또는 영업소 소재지가 보통재판적이 된다.

> 제3조(사람의 보통재판적) 사람의 보통재판적은 그의 주소에 따라 정한다. 다만, 대한민국에 주소가 없거나 주소를 알 수 없는 경우에는 거소에 따라 정하고, 거소가 일정하지 아니하거나 거소도 알 수 없으면 마지막 주소에 따라 정한다.

---

29) 이하 괄호 안에서 인용조문을 기재할 때 민사소송법은 생략하고 민사소송규칙은 '규칙'이라고 표시한다.

> 제5조(법인 등의 보통재판적) ① 법인, 그 밖의 사단 또는 재단의 보통재판적은 이들의 주된 사무소 또는 영업소가 있는 곳에 따라 정하고, 사무소와 영업소가 없는 경우에는 주된 업무담당자의 주소에 따라 정한다.

따라서, 예를 들어 갑이 자연인 을을 상대로 민사소송을 제기하고자 할 때 을의 주소지가 서울 서초구 서초동이라면 이 지역을 관할하는 서울중앙지방법원이 보통재판적에 의한 관할법원이 된다. 「각급 법원의 설치와 관할구역에 관한 법률」 별표 3에는 각급 법원의 관할구역이 망라적으로 기재되어 있다.

3) 특별재판적

특별재판적은 특별한 규정이 있는 경우에 보통재판적 관할법원이 아닌 법원에도 관할이 생기도록 한다. 특별재판적은 소를 제기할 수 있는 법원의 범위를 크게 넓혀 준다. 민사소송법 7조 내지 24조가 대표적인 규정들이다.

피고의 주소지 관할법원에서 소송을 하도록 하는 2, 3조의 취지는 소극적 당사자인 피고의 이익을 보호하고자 하는 것이다. 이에 반하여 특별재판적은 소송경제·소송결과의 적절성을 높이는 데 그 취지가 있으므로, 특별재판적에 의한 관할법원이 원고에게 유리한 경우가 많다.

위 조문들 중 몇 가지 중요한 조문만을 본다. 보통재판적에 관한 2, 3조의 위 취지에도 불구하고 우리나라에서는 대부분 원고가 자기 주소지 관할법원에 소를 제기할 수 있다. 의무이행지를 특별재판적으로 인정하는 8조가 있기 때문이다. 예컨대, 서울 서초구 서초동[30]에 사는 갑이 부산 동래구 수안동[31]에 사는 을을 상대로 대여금청구를 하는 경우 보통재판적만이 인정된다면 갑은 을이 사는 부산에서 소송을 하여야 하지만, 8조 덕분에 갑은 자신이 사는 서울에서 소송을 할 수 있다. 이는 을의 대여금반환채무의 의무이행지가 갑의 주소이기 때문에 8조에 의하여 서울중앙지방법원이 관할법원이 되기 때문이다.

> 제8조(거소지 또는 의무이행지의 특별재판적) 재산권에 관한 소를 제기하는 경우에는 거소지 또는 의무이행지의 법원에 제기할 수 있다.

8조의 해석에서 중요한 것은 '의무이행지'의 해석이다. 의무이행지에 관하

30) 서울중앙지방법원이 관할법원이다.
31) 부산지방법원이 관할법원이다.

여는 민법 467조가 규정하고 있는바, 위 조문은 특정물인도채무는 채권 성립 당시 물건의 소재지를 의무이행지로, 그 외의 경우는 채권자의 현재 주소지를 의무이행지로 정하고 있다.[32] 어음·수표 지급지를 특별재판적으로 정하는 민사소송법 9조는 8조의 특칙이다.

> 민법 제467조(변제의 장소) ① 채무의 성질 또는 당사자의 의사표시로 변제장소를 정하지 아니한 때에는 특정물의 인도는 채권성립당시에 그 물건이 있던 장소에서 하여야 한다.
> ② 전항의 경우에 특정물 인도이외의 채무변제는 채권자의 현주소에서 하여야 한다. 그러나 영업에 관한 채무의 변제는 채권자의 현영업소에서 하여야 한다.

부동산에 대한 등기절차를 이행할 의무의 이행지는 해당 부동산의 관할등기소 소재지이다.[33]

사무소·영업소 소재지를 특별재판적으로 인정하는 12조도 자주 활용되는 조문이다. 상대방의 주소는 몰라도 사무소·영업소는 아는 경우가 많기 때문이다. 조문의 규정 내용상 사무소·영업소가 있는 사람을 피고로 하고, 또 청구가 그 사무소·영업소의 업무와 관련이 있는 경우에 한하여 위 조문이 적용되는 것은 분명하다.

> 제12조(사무소·영업소가 있는 곳의 특별재판적) 사무소 또는 영업소가 있는 <u>사람에 대하여</u> 그 사무소 또는 영업소의 업무와 관련이 있는 소를 제기하는 경우에는 그 사무소 또는 영업소가 있는 곳의 법원에 제기할 수 있다.

근무지를 특별재판적으로 정한 7조도 12조와 유사한 취지의 조문이다.

> 제7조(근무지의 특별재판적) 사무소 또는 영업소에 계속하여 근무하는 <u>사람에 대하여</u> 소를 제기하는 경우에는 그 사무소 또는 영업소가 있는 곳을 관할하는 법원에 제기할 수 있다.

이 밖에도 불법행위지 관련 18조 1항, 부동산 소재지 관련 20조 등도 중요한 조문들이다. 이러한 조문들을 해석할 때 유의하여야 할 점은 해당 조문의 인적적용범위, 즉 피고에게만 적용되는 것인지, 원고에게도 적용되는 것인지, 원피고 모두에게 적용되는 것인지의 점이다. 예컨대, 위 7조, 12조는 피고에 대

32) 이를 지참채무의 원칙이라고 한다.

33) 대법원 2002. 5. 10.자 2002마1156 결정: 부동산등기의 신청에 협조할 의무의 이행지는 성질상 등기지의 특별재판적에 관한 민사소송법(2002. 1. 26. 전부개정 전) 제19조에 규정된 '등기할 공무소 소재지'라고 할 것이므로, 원고가 사해행위취소의 소의 채권자라고 하더라도 사해행위취소에 따른 원상회복으로서의 소유권이전등기 말소등기의무의 이행지는 그 등기관서 소재지라고 볼 것이지, 원고의 주소지를 그 의무이행지로 볼 수는 없다.

하여만 적용이 있는 것이 조문(밑줄 친 부분)에 의하여 명백하다.

4) 관련재판적

토지관할은 민사소송법 25조에 의한 관련재판적에 의하여 인정될 수도 있다.

> 제25조(관련재판적) ① 하나의 소로 여러 개의 청구를 하는 경우에는 제2조 내지 제24조의 규정에 따라 그 여러 개 가운데 하나의 청구에 대한 관할권이 있는 법원에 소를 제기할 수 있다.
> ② 소송목적이 되는 권리나 의무가 여러 사람에게 공통되거나 사실상 또는 법률상 같은 원인으로 말미암아 그 여러 사람이 공동소송인으로서 당사자가 되는 경우에는 제1항의 규정을 준용한다.

관련재판적은 원고가 선택할 수 있는 관할법원의 범위를 크게 확장시켜 준다. 예컨대, 서울 서초구 서초동에 살고 있는 갑이 부산 동래구 수안동에 있는 자신의 토지를 무단점거하고 있는 을을 상대로 토지인도청구만을 하는 경우 부산지방법원만이 관할법원이 된다.[34] 그러나 갑은 을을 상대로 차임 상당의 불법행위에 기한 손해배상청구도 할 수 있는바, 이 손해배상청구의 관할법원에는 의무이행지인 서초동을 관할하는 서울중앙지방법원도 포함된다. 따라서 갑이 토지인도청구와 손해배상청구를 함께 하면 갑은 자신의 주소지를 관할하는, 즉 가까운 서울중앙지방법원에 소를 제기할 수 있다.

25조 1항은 청구의 객관적 병합에 관하여, 2항은 주관적 병합, 즉 공동소송에 관하여 관련재판적이 인정될 수 있음을 정하고 있다.[35] 25조 2항을 공동소송에 관한 65조와 비교하면 공동소송이 성립되는 모든 경우에 관련재판적이 인정되는 것이 아니라 65조 전문의 경우에만 관련재판적이 인정된다는 점을 알 수 있다. 25조 1항은 2조 내지 24조만을 규정하고 있으나 29조(합의관할), 30조(변론관할)에 관하여도 적용이 있다. 관련재판적은 전속관할에 관하여는 인정되지 아니한다(31조).

34) 피고의 보통재판적 관할법원이자(2, 3조) 부동산 소재지 관할법원(20조)이다.
35) 애초는 1항만 있었고 판례는 공동소송에는 관련재판적이 인정되지 않는다는 입장이었으나, 1990년 법개정으로 25조 2항이 추가되었다.

2. 사물관할

1심 등 소송을 다루는 지방법원의 단독재판부와 합의재판부 사이에서 소송물의 가액 등의 차이에 의하여 재판권의 분담관계를 정하여 놓은 것을 사물관할이라고 한다. 즉, 같은 유형의 사건들을 경중에 따라 단독재판부와 합의재판부에 배분하는 문제가 사물관할의 문제다.[36]

단독재판부와 합의재판부는 실제 별개의 법원으로 존재하는 것은 아니나 법이 양자 사이의 관계를 관할의 문제로 규정하고 있다.

실무상 단독재판부와 합의재판부의 사건분담은 사무분담의 형식으로 처리되는 부분도 있다. 예를 들어 원고는 소를 단독재판부에 제기하는지 합의재판부에 제기하는지 여부를 밝힐 필요가 없다. 소가 제기되면 법원이 단독사건은 단독재판부에, 합의사건은 합의재판부에 배당한다. 그리고 이러한 사건배당 직후 사물관할이 위반된 사실이 밝혀지면 법원은 바로 사건을 재배당한다.[37]

사물관할의 기준은 법원조직법 32조 1항 2호의 위임에 따라 민사 및 가사소송의 사물관할에 관한 규칙 2조가 규정하고 있다.

민사사건은 원칙적으로 단독재판부가 담당한다. 합의재판부는 위 조항 본문에 따라 소송목적의 값, 즉 소가가 일정액[38]을 초과하는 사건과 민사사건 및 민사소송 인지법 2조 4항이 규정하는 사건[39]을 담당한다. 다만, 위 조항 단서 1호 내지 4호에 따라 수표금/어음금청구사건, 금융기관이 원고인 대여금, 구상금, 보증금 청구사건, 교통사고나 산재사고를 원인으로 한 손해배상청구사건(채무부존재확인사건 포함), 재정단독사건[40]은 소가가 위 일정액을 초과하는 경우에도 단독재판부가 담당한다. 이러한 사건들은 대부분 사안이 정형적이고 난이도가 낮다는 등의 사정이 반영된 것이다.

---

36) 직분관할과의 차이에 유의하여야 한다.

37) 법관 등의 사무분담 및 사건배당에 관한 예규 14조.

38) 민사 및 가사소송의 사물관할에 관한 규칙 개정으로 2022. 3. 1.부터 위 '일정액'은 2억 원에서 5억 원으로 상향되었다. 이 금액은 경제상황을 반영하여 계속 바뀐다.

39) 재산권상의 소로서 그 소가를 산출할 수 없는 것과 비재산권을 목적으로 하는 소송.

40) 단독재판부가 심판하기로 합의재판부가 결정한 사건(민사 및 가사소송의 사물관할에 관한 규칙 2조 단서 4호).

지방법원 단독재판부의 판결에 대한 항소심사건은 지방법원 합의부(항소부)가 담당하고,[41] 지방법원 합의재판부의 판결에 대한 항소심사건은 고등법원이 담당하는[42] 것이 원칙이고, 이는 직분관할이다.[43] 다만, 1심사건을 담당하는 단독재판부와 합의재판부 사이의 사물관할의 기준이 상향 조정된 직후부터 일정 기간 동안은 항소심사건을 담당하는 지방법원 합의부와 고등법원 사이의 업무부담의 균형 등을 감안하여 항소심사건은 예외적으로 종전의 기준에 따라 분담되기도 한다.[44] 일정 기간이 지나면 항소심사건은 다시 원칙에 따라 분담된다.

소가는 민사소송법 26조 1항, 27조와 「민사소송 등 인지법」의 위임에 따른 「민사소송 등 인지규칙」에 따라 산정된다.

> 제26조(소송목적의 값의 산정) ① 법원조직법에서 소송목적의 값에 따라 관할을 정하는 경우 그 값은 소로 주장하는 이익을 기준으로 계산하여 정한다.
> 제27조(청구를 병합한 경우의 소송목적의 값) ① 하나의 소로 여러 개의 청구를 하는 경우에는 그 여러 청구의 값을 모두 합하여 소송목적의 값을 정한다.
> ② 과실(果實)·손해배상·위약금(違約金) 또는 비용의 청구가 소송의 부대목적(附帶目的)이 되는 경우에는 그 값은 소송목적의 값에 넣지 아니한다.

위 규칙은 소가는 소제기시를 기준으로 산정한다는 원칙을 규정하고(위 규칙 7조), 나아가 소송의 유형, 관련 물건, 권리의 종류에 따라 상세한 소가산정 기준을 제시한다. 예컨대 금전지급청구의 경우 청구금액이 바로 소가가 된다(위 규칙 12조 3호). 부동산에 대한 인도청구는 소유권에 기한 경우 물건가액의 2분의 1이 소가가 되는바(위 규칙 12조 5호 가), 부동산의 물건가액은 토지는 개별공시지가, 건물은 과세시가표준액의 2분의 1(위 규칙 9조 1항, 2항)이다. 임차권에 기한 부동산 인도청구의 소가도 물건가액의 2분의 1(위 규칙 12조 5호 나)이다. 한편 부동산 소유권확인청구의 소가는 물건가액이 소가가 된다(위 규칙 12조 1호, 10조 1항). 1개의 소로써 주장하는 수개의 청구의 경제적 이익이 동일하거나 중복되는

41) 법원조직법 32조 2항. 민사 및 가사소송의 사물관할에 관한 규칙 2조 단서 1호 내지 4호의 수표금/어음금청구사건 등은 제외된다(민사 및 가사소송의 사물관할에 관한 규칙 4조).

42) 법원조직법 28조 1호.

43) 헌법재판소 2022. 6. 30. 선고 2019헌바347, 420(병합) 전원재판부 결정.

44) 예컨대, 1심에서 사물관할을 구분하는 소가가 2022. 3. 1.부터 2억 원에서 5억 원으로 상향 조정되었으나, 항소심사건은 2025년 8월 현재에도 종전의 2억 원을 기준으로 분담된다(법원조직법 28조 2호, 민사 및 가사소송의 사물관할에 관한 규칙 4조). 따라서 현재 단독사건 중 소가가 2억 원을 초과하는 사건의 항소심은 고등법원이 담당한다.

때에는 중복되는 범위 내에서 흡수되고, 그중 가장 다액인 청구의 가액을 소가로 한다(위 규칙 20조).[45]

3. 변론관할

원고가 소를 제기한 법원은 원래 관할권이 없으나, 피고가 관할위반의 항변을 하지 아니하고 본안에 대하여 변론하거나 변론준비기일에서 진술한 경우 그 법원은 관할권을 가지게 된다. 이를 변론관할이라 한다. 민사소송법 30조가 규정하고 있다.

> 제30조(변론관할) 피고가 제1심 법원에서 관할위반이라고 항변하지 아니하고 본안에 대하여 변론하거나 변론준비기일에서 진술하면 그 법원은 관할권을 가진다.

변론관할은 임의관할에 관하여만 성립할 수 있다(31조). 토지관할뿐만 아니라 사물관할에도 적용이 있다. '본안에 대한 변론'에 준비서면 등의 진술간주는 포함되지 않는다는 것이 판례의 입장이다.[46] 원고 청구를 기각하는 판결을 구한다는 진술만을 한 경우라도 변론관할이 성립한다는 것이 통설의 입장이다.

4. 직분관할

담당직분의 차이를 표준으로 법원 사이의 재판권의 분담관계를 정하여 놓은 것을 직분관할이라고 한다. 1심, 2심 및 3심의 심급관할은 대표적인 직분관할이다. 판결절차를 담당하는 수소법원과 집행절차를 담당하는 집행법원 사이의 관계도 직분관할이다. 제소전 화해절차(385조), 증거보전절차(376조 1항 후문) 등은 단독재판부가 담당하도록 되어 있고, 법관의 제척·기피사건 등은 합의재판부가 담당하도록 되어 있는바(법원조직법 32조 1항 5호), 이들 역시 직분관할에 관한 것이다. 직분관할은 명문의 규정이 없어도 모두 전속관할이다.

---

45) 대법원 1998. 7. 27.자 98마938 결정은 상소장의 인지액 산정에 관하여 공동소송인들이 수개의 상소장을 제출하는 경우에는 상소장 별로 위 규정이 적용되고, 사후에 공동명의의 상소장으로 변경하여도 달리 취급되지 않는다고 하였다.

46) 대법원 1980. 9. 26.자 80마403 결정.

5. 합의관할

1) 의의와 요건

당사자의 합의에 의하여 생기는 관할을 합의관할이라고 하고 민사소송법 29조가 규정하고 있다.

> 제29조(합의관할) ① 당사자는 합의로 제1심 관할법원을 정할 수 있다.
> ② 제1항의 합의는 일정한 법률관계로 말미암은 소에 관하여 서면으로 하여야 한다.

합의관할을 성립시키는 합의, 즉 관할의 합의는 민사소송법이 그 요건과 효과를 규정하고 있으므로 그 성격은 소송행위에 해당한다. 사법상의 계약과 동시에 이루어지는 경우에도 사법상 계약의 무효·취소·해제에 의하여 영향을 받지 않는 것이 원칙이다. 그러나 관할의 합의 자체에 실체법상 하자가 있는 경우 민법의 규정이 유추적용된다는 것이 통설의 입장이다.

관할의 합의는 서면으로 1심법원의 관할(토지관할, 사물관할)에 대하여 하여야 하고, 29조가 '일정한 법률관계로 말미암은 소'라고 규정하고 있으므로 합의의 대상인 소송이 특정되어야 한다. 또한 법원도 특정되어야 한다.[47] 합의관할 역시 전속관할에 관하여는 성립할 수 없다. 관할의 합의는 소제기 이후에도 가능하지만, 관할은 제소시를 기준으로 정해지기 때문에 소제기 이후 관할의 합의가 성립하여도 관할권이 없어지게 되는 것은 아니다.

2) 부가적 합의와 전속적 합의

관할의 합의에는 원래의 관할법원 외에 다른 법원에도 관할을 인정하는 내용의 부가적 (관할의) 합의와 특정한 법원에만 관할을 인정하고 다른 법원에는 관할을 인정하지 아니하는 내용의 전속적 합의가 있다. 관할의 합의가 둘 중 어느 쪽에 해당하는지는 일차적으로 합의 문언에 따른다. 만약 합의 문언이 명백하지 아니한 경우에 관하여는 견해 대립이 있는바, 수개의 법정관할 중 하나

47) 대법원 1977. 11. 9.자 77마284 결정은 원고가 지정하는 법원을 관할법원으로 한다는 관할의 합의를 무효라고 하였다. 모든 법원을 관할법원으로 한다는 관할의 합의도 법원을 특정하였다고 볼 수 없을 것이다. 모든 법원에 관할이 없다는 합의는 부제소합의라고 볼 것이다. 주석 민사소송법(7판)(Ⅰ), 사법행정학회(2012)(이하 주석 민사소송법(7판)(Ⅰ)이라고 한다), 235면.

를 특정하는 내용의 합의는 전속적 합의이지만 그렇지 않은 경우에는 부가적 합의라는 것이 통설과 판례의 입장이다.[48] 이에 대하여 관할의 합의는 특단의 사정이 없는 한 전속적 합의로 볼 것이지만, 약관에 의한 관할의 합의는 부가적 합의로 보아야 한다는 견해도 있다. 전속적 합의가 있었다고 하여도 그에 의한 관할의 성격은 여전히 임의관할이다. 따라서, 전속적 관할의 합의에서 정해진 법원이 아닌 법원에 변론관할이 성립될 수 있고,[49] 재량이송도 가능하다.

3) 승계인에 대한 효력

관할의 합의는 당사자는 물론 일반승계인에게도 그 효력이 미친다. 특정승계인의 경우는 사안에 따라 다른바, 판례는 대출계약에 관할의 합의가 부가된 경우 대출금채권을 양수한 자에게도 관할의 합의의 효력이 미친다고 보았지만,[50] 근저당권이 설정된 부동산을 양수한 자는 양도인과 근저당권자 사이의 근저당권설정계약에 포함된 관할의 합의의 효력을 원칙적으로 받지 아니한다고 하였다.[51]

6. 지정관할

민사소송법 28조 1항은 일정한 경우에 상급법원이 관할법원을 지정하도록 하고 있는바, 위 조문에 따라 상급법원의 지정에 의하여 생기는 관할을 지정관할이라고 한다.

> 제28조(관할의 지정) ① 다음 각호 가운데 어느 하나에 해당하면 관계된 법원과 공통되는 바로 위의 상급법원이 그 관계된 법원 또는 당사자의 신청에 따라 결정으로 관할법원을 정

---

48) 대법원 1963. 5. 15. 선고 63다111 판결.

49) 대법원 1963. 5. 15. 선고 63다111 판결.

50) 대법원 2006. 3. 2.자 2005마902 결정: 관할의 합의는 소송법상의 행위로서 합의 당사자 및 그 일반승계인을 제외한 제3자에게 그 효력이 미치지 않는 것이 원칙이지만, 관할에 관한 당사자의 합의로 관할이 변경된다는 것을 실체법적으로 보면, 권리행사의 조건으로서 그 권리관계에 불가분적으로 부착된 실체적 이해의 변경이라 할 수 있으므로, 지명채권과 같이 그 권리관계의 내용을 당사자가 자유롭게 정할 수 있는 경우에는, 당해 권리관계의 특정승계인은 그와 같이 변경된 권리관계를 승계한 것이라고 할 것이어서, 관할합의의 효력은 특정승계인에게도 미친다고 할 것이다.

51) 대법원 1994. 5. 26.자 94마536 결정.

한다.

1. 관할법원이 재판권을 법률상 또는 사실상 행사할 수 없는 때
2. 법원의 관할구역이 분명하지 아니한 때

7. 전속관할과 임의관할

관할위반의 효과의 차이에 따라 관할을 분류하면 관할은 전속관할과 임의관할로 나뉘어진다. 전속관할은 법규가 정한 관할 규정의 공익성 때문에 오로지 법규에 정해진 법원에만 배타적으로 관할이 성립하는 경우의 관할을 의미하고,[52][53] 임의관할은 이러한 배타성이 인정되지 않는 경우의 관할을 의미한다. 어떤 경우에 전속관할이 되는가는 우선 명문의 규정이 있으면 그에 따른다. 민사집행법 21조가 대표적인 예이다.

민사집행법 제21조(재판적) 이 법에 정한 재판적은 전속관할로 한다.[54]

명문의 규정이 없는 경우에는 직분관할은 전속관할로, 토지관할·사물관할은 임의관할로 본다. 전속관할과 임의관할의 구분은 그 효과가 크게 차이가 난다는 점에서 중요하다. 전속관할의 경우는 합의관할이나 변론관할이 성립하지 않고(31조), 재량이송이 허용되지 않는다(35조 등). 전속관할위반의 흠을 간과한 판결은 부적법하여 상소대상이 되나, 확정되면 재심의 대상은 되지 아니한다.[55] 임의관할위반의 흠을 간과한 판결은 그 흠을 상소로 다투지 못하므로 결국 적법하다(411조).

제411조(관할위반 주장의 금지) 당사자는 항소심에서 제1심 법원의 관할위반을 주장하지 못한다. 다만, 전속관할에 대하여는 그러하지 아니하다.

---

52) 그러나, 전속관할 근거규정 자체에 의하여 하나의 법원이 아니라 수개의 법원에 전속관할이 있을 수 있다(예컨대, 민사집행법 278조, 284조 참조).

53) 전속관할과 관련된 별개의 근거규정들이 상충하는 경우에는 각 근거규정들의 취지 등 제반사정을 참작한 체계적 해석에 따라 조정되어야 한다. 대법원 2021. 2. 16.자 2019마6102 결정(파산관재인이 부인권을 행사하면서 원상회복으로서 배당이의의 소를 제기한 경우 채무자회생법에 따른 파산계속법원이 아니라 민사집행법에 따른 배당실시 집행법원이 속한 지방법원에 전속관할이 있다).

54) 이 조문에 '재판적'이라고 하고 있으므로 토지관할만이 전속관할이다.

55) 재심사유를 정한 451조 1항 각 호의 사유에 전속관할위반은 포함되어 있지 않다.

행정사건은 행정법원에 관할이 있고, 민사사건은 일반법원인 민사법원에 관할이 있는데, 두 법원 사이의 관계와 관련하여 행정사건은 행정법원에 전속관할이 있다.[56] 행정사건이 민사법원에 제기된 경우 민사법원은 행정법원에 사건을 이송하는 것이 원칙이다.[57] 반대로 민사사건이 민사법원의 전속관할에 속하는 것은 아니고, 민사사건을 행정소송절차로 진행한 것 자체가 위법한 것은 아니다.[58] 다만, 이러한 법리는 행정법원이 설치된 지역에 관한 것이고, 아직 행정법원이 설치되지 않은 지역의 경우 민사사건과 행정사건의 분담은 관할이 아닌 사무분담의 문제로 취급되고 있다는 점에 유의하여야 한다.[59][60][61]

---

56) 대법원 2009. 10. 15. 선고 2008다93001 판결. 행정소송을 담당하는 행정법원들 사이의 토지관할배분은 전속관할의 문제가 아니다(대법원 1994. 1. 25. 선고 93누18655 판결).

57) 대법원 2008. 7. 24. 선고 2007다25261 판결(피고(한전)가 한국방송공사로부터 수신료 징수 업무를 위탁받아 전기요금 고지행위와 결합하여 수신료를 징수할 권한이 있는지 여부를 다투는 쟁송은 공법상 당사자소송이다. 원고가 고의 또는 중대한 과실 없이 행정소송으로 제기하여야 할 사건을 민사소송으로 잘못 제기한 경우, 수소법원으로서는 그 행정소송에 대한 관할을 가지고 있지 아니하다면 … 행정소송으로서의 소송요건을 결하고 있음이 명백하여 행정소송으로 제기되었더라도 어차피 부적법하게 되는 경우가 아닌 이상 이를 부적법한 소라고 하여 각하할 것이 아니라 관할 법원에 이송하여야 한다), 대법원 1997. 5. 30. 선고 95다28960 판결, 대법원 2009. 9. 17. 선고 2007다2428 전원합의체 판결, 대법원 2017. 11. 9. 선고 2015다215526 판결, 대법원 2023. 6. 29. 선고 2021다250025 판결도 같은 취지이다.

원고가 항고소송으로 제기해야 할 사건을 민사소송으로 잘못 제기한 사안에 관한 것으로는 대법원 2022. 11. 17. 선고 2021두44425 판결(이송 이후 원고가 항고소송으로 소변경을 한 경우 항고소송 제기기간 준수 여부는 처음 제소한 때를 기준으로 판단한다)이 있다.

58) 대법원 2018. 2. 13. 선고 2014두11328 판결(행정사건의 심리절차는 행정소송의 특수성을 감안하여 행정소송법이 정하고 있는 특칙이 적용될 수 있는 점을 제외하고는 민사소송 절차와 큰 차이가 없으므로, 특별한 사정이 없는 한 민사사건을 행정소송 절차로 진행한 것 자체가 위법하다고 볼 것은 아니다).

59) 대법원 2020. 1. 16. 선고 2019다264700 판결: 이 사건 거부회신은 [] 거부처분에 해당하므로, 원고는 [] 민사소송이나 공법상 당사자소송을 제기할 것이 아니라, [] 항고소송을 제기하였어야 한다. 이 사건 제1심법원인 대전지방법원 합의부와 원심법원인 대전고등법원 합의부는 이 사건 소가 행정소송법상 항고소송일 경우의 제1심, 항소심 재판의 관할도 동시에 가지고 있으므로 관할위반의 문제는 발생하지 아니한다.

60) 대법원 2020. 4. 9. 선고 2015다34444 판결: 항고소송으로 제기하여야 할 사건을 민사소송으로 잘못 제기한 경우에 수소법원이 항고소송에 대한 관할도 동시에 가지고 있다면, [] 항고소송으로서의 소송요건 [흠결이] 명백하여 항고소송으로 제기되었더라도 어차피 부적법하게 되는 경우가 아닌 이상, [] 항고소송으로 소 변경을 하도록 석명권을 행사하여 행정소송법이 정하는 절차에 따라 심리·판단하여야 한다.

61) 대법원 2023. 9. 14. 선고 2020다238622 판결(법령에 비송사건임이 명확히 규정되어 있지 아니하여, 당사자가 착오로 비송사건을 민사소송으로 소를 제기한 경우, 수소법원은 석명을 구하여 당사자에게 비송사건으로 처리해 주기를 바라는 의사도 있음이 확인된다면 재배당

가사소송법 2조는 가사사건은 가정법원의 전속관할로 한다고 규정하고 있다. 따라서 가사사건이 민사법원에 제기된 경우 민사법원은 가정법원에 사건을 이송하여야 한다. 반대로 민사사건은 민사법원의 전속관할은 아니라는 것이 실무의 입장이다.

등을 거쳐 비송사건으로 심리·판단하여야 하고, 그 비송사건에 대한 토지관할을 가지고 있지 않을 때에는 관할법원에 이송하는 것이 타당하다).

제 7 강 조사와 이송

1. 관할의 조사

1) 직권조사

관할은 소송요건으로서 법원은 당해 사건에 관하여 관할이 없다고 판단하는 경우에는 사건을 관할이 있는 법원으로 이송하여야 한다. 민사소송법 32조는 법원은 관할위반 여부를 직권으로 판단할 수 있다고 규정하고 있다.

제32조(관할에 관한 직권조사) 법원은 관할에 관한 사항을 직권으로 조사할 수 있다.

전속관할위반 여부를 법원이 직권으로 판단할 수 있다는 점에 관하여는 이견이 없다. 그러나 임의관할위반 여부는 항변사항이라는 것이 다수설이나 직권조사사항이라는 견해도 있다. 임의관할위반이 항변사유인가 직권조사사항인가라는 문제와 임의관할의 경우 변론관할이 성립할 수 있다는 것은 별개 차원의 문제이므로 직권조사사항이라는 견해가 타당하다고 여겨진다. 실무도 같은 입장이다.

2) 기준시

가) 관할항정의 원칙

서울 서초구 서초동에 살고 있는 갑이 부산 동래구 수안동에 사는 을을 상대로 대여금청구의 소를 의무이행지인 서초동을 관할하는 서울중앙지방법원에 제기하였다. 소송이 진행되는 중에 갑이 광주 서구 금호동으로 이사하였다면 위 사건에 관하여 서울중앙지방법원에 관할이 있다고 할 수 있는가? 일반적으로 소송요건이 갖추어졌는지 여부는 변론종결시를 기준으로 판단한다. 관할도 소송요건이기는 하지만 민사소송법 33조는 관할이 있는지 여부는 소제기시를 기준으로 판단한다는 관할항정의 원칙을 규정하고 있다.

제33조(관할의 표준이 되는 시기) 법원의 관할은 소를 제기한 때를 표준으로 정한다.

따라서 비록 갑의 주소지가 광주 서구 금호동으로 이전되어도 위 소송에서 관할위반의 문제는 발생하지 않는다.

관할항정의 원칙이 소제기 이후 관할흠결이 치유되는 것까지 막는 것은 아니다.

나) 청구병합의 경우

어떤 사건이 단독사건인지 합의사건인지는 소가에 의하여 결정된다. 「민사소송 등 인지규칙」에 의하면 소가는 제소시를 기준으로 산정하므로, 소제기 이후에 소가산정의 요소가 변경되더라도 소가에는 영향을 미치지 아니한다. 예를 들어 토지인도청구소송에서 소가산정의 요소 중의 하나인 개별공시지가가 소제기 이후에 변동되어도 소가에는 영향을 미치지 아니한다. 이런 의미에서 사물관할에도 관할항정의 원칙이 적용된다.

한편, 민사소송법은 청구병합의 경우에는 소가를 합산하여 산정한다고 규정하고 있다. 따라서 제소 이후 청구병합으로 인하여 소가가 합산되는 경우에는 사건이 단독사건에서 합의사건으로 바뀌게 될 수도 있다.

> 제27조(청구를 병합한 경우의 소송목적의 값) ① 하나의 소로 여러 개의 청구를 하는 경우에는 그 여러 청구의 값을 모두 합하여 소송목적의 값을 정한다.

예컨대, 갑이 을을 상대로 4억 원의 대여금청구의 소를 제기하였다가 청구를 2억 원 확장하여 총 6억 원의 대여금청구를 하는 경우,[62] 사건은 단독사건에서 합의사건이 되어 원칙적으로 합의부로 이송되어야 한다.

다만, 위 규정이 적용되는 것은 원고가 청구병합을 하는 경우에 한한다. 따라서 갑이 을을 상대로 4억 원의 대여금청구를 하였는데, ① 을이 소가 2억 원의 반소를 제기한 경우, ② 제3자 병이 소가 2억 원의 독립당사자참가를 한 경우, ③ 갑이 별소로 제기한 2억 원의 대여금청구를 법원이 병합하더라도 사물관할위반의 문제는 발생하지 않는다.

위의 논의와 반대로 갑이 을을 상대로 6억 원의 대여금청구를 하였다가 2억 원 상당의 청구를 감축한 경우는 소송경제를 이유로 합의재판부가 단독재판부로 사건을 이송할 필요가 없다고 보는 것이 일반적이다.

---

62) 현재, 소가 5억 원 초과 사건이 합의부사건이 된다. 금원지급청구의 경우 청구금액 자체가 소가로 된다.

2. 이 송

1) 의 의

관할은 소송요건의 하나이지만 흠결된 경우 소가 제기된 법원은 소를 각하하지 아니하고 적법한 관할이 있는 법원으로 사건을 이송하여야 한다. 이송은 어느 법원에 제기된 소송을 그 법원의 재판에 의하여 다른 법원으로 이전하는 것을 말한다. 이송은 그 원인에 따라 관할위반으로 인한 이송과 편의이송으로 나뉜다.

2) 이송의 원인

가) 관할위반

민사소송법 34조 1항이 관할위반으로 인한 이송의 원칙적 근거조문이다.

> 제34조(관할위반 또는 재량에 따른 이송) ① 법원은 소송의 전부 또는 일부에 대하여 관할권이 없다고 인정하는 경우에는 결정으로 이를 관할법원에 이송한다.

위 조항의 '관할'에는 전속관할과 임의관할이 모두 포함된다. 토지관할위반이 가장 흔하게 발생하나, 이에 관하여는 이론적으로 별다른 문제가 없다. 사물관할이 위반된 경우에도 이송하여야 한다. 반소의 사물관할위반으로 인한 이송에 대하여는 269조 2항의 특칙이 있다.

> 제269조(반소)
> ② 본소가 단독사건인 경우에 피고가 반소로 합의사건에 속하는 청구를 한 때에는 법원은 직권 또는 당사자의 신청에 따른 결정으로 본소와 반소를 합의부에 이송하여야 한다. 다만, 반소에 관하여 제30조의 규정에 따른 관할권이 있는 경우에는 그러하지 아니하다.

전속관할에 관하여는 직분관할인 심급관할만을 보기로 한다. 1심법원에 제소할 사건을 항소심이나 상고심에 제소한 경우나 그 반대의 경우, 법원은 사건을 어떻게 처리하여야 할 것인가? 심급관할에 위반된 제소는 일반적으로 발생하기 어려우나 재심청구의 경우에는 가끔 발생한다. 그 중의 한 예로는 451조 3항 때문에 발생하는 경우를 들 수 있다.

> 제451조(재심사유)
> ③ 항소심에서 사건에 대하여 본안판결을 하였을 때에는 제1심판결에 대하여 재심의 소를 제기하지 못한다.

예컨대, 항소심법원이 본안판결인 항소기각판결을 선고하였다면 재심청구인은 항소심판결을 재심대상판결로 하여 항소심법원에 재심청구를 하여야 한다. 그런데, 만약 재심청구인이 위 조항을 모르거나 오해하여 1심판결을 재심대상판결로 선택하면, 그는 1심법원에 재심청구를 하게 된다. 이 경우 1심법원이 사건을 어떻게 처리하여야 하는지에 관하여 항소심법원으로 이송하여야 한다는 이송설과 재심청구를 각하하여야 한다는 각하설의 대립이 있는바, 이송설이 다수설이다. 판례는 이송설을 취하고 있다.[63] 이송설이 명백한 재심소장의 기재를 무시하는 점에서 약간 억지스럽기는 하지만 구체적 타당성을 고려할 때 타당하다.

나) 편의이송

편의이송의 근거조문은 민사소송법 35조, 34조 2항, 36조가 있다. 35조만을 보면 다음과 같다.

> 제35조(손해나 지연을 피하기 위한 이송) 법원은 소송에 대하여 관할권이 있는 경우라도 현저한 손해 또는 지연을 피하기 위하여 필요하면 직권 또는 당사자의 신청에 따른 결정으로 소송의 전부 또는 일부를 다른 관할법원에 이송할 수 있다. 다만, 전속관할이 정하여진 소의 경우에는 그러하지 아니하다.

대법원은 35조의 '현저한 손해 또는 지연을 피하기 위하여 필요'한 경우를 매우 엄격하게 해석하고 있다. 편의이송은 어느 경우나 법원이 직권으로 할 수도 있고, 당사자의 신청에 기하여 할 수도 있다. 따라서 당사자가 편의이송을 신청한 경우에 법원은 반드시 그에 대하여 응답을 하여야 하고, 신청을 기각한 결정에 대하여는 39조 1항에 기하여 즉시항고를 제기할 수 있다. 편의이송의 효과는 관할위반을 원인으로 한 이송의 효과와 같다.

3) 이송결정과 이송신청권

편의이송결정은 법원이 직권으로, 즉 당사자가 이송신청을 하지 않아도 할 수도 있고, 당사자의 이송신청에 기하여 할 수도 있다. 위 35조를 비롯한 편의

---

63) 대법원 1984. 2. 28. 선고 83다카1981 전원합의체 판결. 상세는 재심절차에서 다룬다.

이송의 근거조문들에는 모두 법원이 직권 또는 당사자의 신청에 따라 이송결정을 할 수 있다고 하고 있다.

관할위반을 원인으로 한 이송결정에 대하여 34조 1항은 법원이 직권으로 할 수 있다고 하고 있을 뿐, 관할위반을 원인으로 한 당사자의 이송신청에 기하여 할 수 있는지에 관한 언급이 없다. 이 점과 관련하여 대법원은 당사자에게는 관할위반으로 인한 이송신청권이 없다고 보고, 그럼에도 불구하고 당사자가 관할위반을 원인으로 한 이송신청을 하면 이를 직권발동을 촉구하는 것에 불과하다고 본다.[64] 따라서 이와 같은 신청에 대하여는 관할위반인 경우에는 직권을 발동하면, 즉 관할위반에 기한 이송결정을 하면 되지만, 관할위반이 아닌 경우에는 법원은 이에 대하여 응답할 필요가 없다. 당사자에게 관할위반에 기한 이송신청권을 인정하여야 한다는 견해도 있다. 판례의 입장이 조문에는 부합하지만 정당한 재판을 받기 위한 가장 기본적인 전제인 관할 유무에 대하여 당사자의 신청권이 없다고 보는 것은 지나치게 엄격한 입장이라고 할 것이다. 판례의 입장에 의하여도, 이송신청권이 명문에 의하여 인정되는 편의이송이나 반소제기에 의한 사물관할 위반의 경우에는, 이송신청의 기각결정이 가능하다.

4) 즉시항고

제39조(즉시항고) 이송결정과 이송신청의 기각결정에 대하여는 즉시항고를 할 수 있다.

위 조문의 이송신청의 기각결정은 당사자에게 이송신청권이 있는 경우의 이송신청의 기각결정만을 의미한다는 것이 판례의 입장이다. 즉, 판례는 관할위반이 아님에도 불구하고 당사자가 관할위반이라고 주장하며 이송신청을 한 경우 관할위반이 없는 경우에도 기각결정을 하여서는 안 되는데, 그럼에도 불구하고 법원이 기각결정을 한 경우에도 즉시항고를 제기할 수 없고, 그럼에도 불구하고 즉시항고가 제기된 경우 즉시항고는 부적법하여 각하되어야 한다고 본다.[65]

---

64) 대법원 1993. 12. 6.자 93마524 전원합의체 결정, 대법원 2018. 1. 19.자 2017마1332 결정.

65) 대법원 1993. 12. 6.자 93마524 전원합의체 결정: 소송당사자에게 관할위반을 이유로 하는 이송신청권이 있는 것이 아니[므로] 당사자가 관할위반을 이유로 한 이송신청을 한 경우에도 이는 단지 법원의 직권발동을 촉구하는 의미밖에 없는 것이고, 따라서 법원은 이 이송신청에 대하여서는 재판을 할 필요가 없고, 설사 법원이 이 이송신청을 거부하는 재판을 하였다고 하여도 항고가 허용될 수 없으므로 항고심에서는 이를 각하하여야 하고, 항고심에서 항고를 각하하지 아니하고 항고이유의 당부에 관한 판단을 하여 기각하는 결정을 하였다고

한편, 위 조항에 따라 즉시항고할 수 있는 이송결정에는 법원이 직권으로 한 것과 당사자의 신청에 기하여 한 것이 모두 포함된다. 따라서 법원이 당사자의 직권발동을 촉구하는 신청에 따라 직권으로 한 이송결정도 즉시항고의 대상이 된다. 하지만 이 때 항고심에서 즉시항고를 받아들여 이송결정을 취소하여도 이송을 신청한 당사자는 이에 대하여 재항고를 할 수 없는바, 이는 당사자에게 이송신청권이 인정되지 않기 때문이다.[66)]

5) 이송의 효과

대여금채권의 소멸시효가 완성되기 이전에 소를 제기하였으나, 관할위반이 있어 소멸시효가 완성된 이후 사건이 관할법원에 이송된 경우, 소제기로 인한 소멸시효중단의 효과는 어떻게 될까? 이송결정이 확정되면 민사소송법 40조 1항에 의하여 그 사건은 처음부터 이송받은 법원에 계속된 것으로 보게 된다. 이를 소송계속의 소급적 이전이라고 한다. 이로 인하여 제소시에 발생한 소멸시효중단의 효과가 그대로 유지된다.

> 제40조(이송의 효과) ① 이송결정이 확정된 때에는 소송은 처음부터 이송받은 법원에 계속(係屬)된 것으로 본다.

이송을 받은 법원은 자신에게 관할이 없는 경우에도 다시 사건을 다른 법원에 이송하거나 돌려보낼 수 없는바, 이를 이송결정의 구속력이라고 부른다.

> 제38조(이송결정의 효력) ① 소송을 이송받은 법원은 이송결정에 따라야 한다.
> ② 소송을 이송받은 법원은 사건을 다시 다른 법원에 이송하지 못한다.

이송결정의 구속력은 이송받은 법원에 대한 것이고, 따라서 즉시항고가 제기된 경우 이송결정의 당부를 판단하는 항고심법원에 대한 것은 아니다.

이송결정의 구속력은 이송결정이 전속관할에 위반된 경우에도 인정되는가? 대법원은 일반적으로 이를 긍정하나[67)] 심급관할의 경우에는 예외가 인정될 수

하여도 이 항고기각결정은 항고인에게 아무런 불이익을 주는 것이 아니므로 이 항고심결정에 대하여 재항고를 할 아무런 이익이 없는 것이어서 이에 대한 재항고는 부적법한 것이다.

66) 대법원 2018. 1. 19.자 2017마1332 결정(재항고 각하).

67) 대법원 2023. 8. 31. 선고 2021다243355 판결(요양급여비용청구권의 양수인이 건강보험공단을 상대로 양수금청구를 서울행정법원에 공법상 당사자소송으로 제기하였는데, 서울행정법원이 서울중앙지방법원으로 사건을 이송하는 결정이 확정된 사안에서, 이 사건 소가 공법상

있다는 입장을 취하고 있다. 즉, 심급관할을 위반한 이송결정의 효력은 상급심 법원에는 미치지 않는다는 것이 대법원의 입장이다.[68]

이송되기 이전에 애초에 소가 제기된 법원이 행한 소송행위의 효력은 어떻게 되는가? 예를 들어 파산사건이 A 법원에 신청되고 A 법원이 보전처분을 발령한 이후 관할위반이 밝혀져, 사건이 B 법원으로 이송된 경우 A 법원이 발령한 보전처분이 무효가 되어 B 법원이 새로이 보전처분을 발령하여야 하는가? 이에 관하여 학설은 관할위반으로 인한 이송의 경우에는 기존 법원의 소송행위가 실효된다고 봐야 한다는 견해와 37조 등의 내용에 비추어 볼 때 기존 법원의 소송행위는 언제나 실효되지 않는다고 보는 견해가 있다. 후자가 타당하다.

3. 관할위반을 간과한 판결

관할위반을 간과한 판결은 무효의 판결이 아니나 그 적법성이 문제된다. 임의관할위반을 간과한 판결은 재심은 물론 상소로도 다툴 수 없어 결국 적법하다. 전속관할위반을 간과한 판결은 상소로 다툴 수 있지만 재심으로 다툴 수는 없다.

4. 관할과 상소

상소와 관련하여 관할위반이 어떻게 처리되는지를 설명한다.

1) 하급심이 관할위반을 간과한 경우 상소심의 처리

항소심에서 1심판결이 전속관할에 위반된 사실을 간과한 것이 발견된 경우, 항소심법원은 1심판결을 취소하고 관할법원에 이송한다(419조). 즉, 법원은 결정이 아니라 판결로 이송한다. 물론 위와 같은 1심판결에 대하여 당사자는 항소할 수 있으나 전속관할위반을 항소이유로 삼지 않더라도 항소심법원은 직권으로 전속관할위반 여부를 조사하여야 한다. 임의관할위반은 상소사유가 되

당사자소송에 해당하여 행정법원에 전속관할이 있다고 하더라도, 이송결정의 기속력에 따라 서울중앙지방법원에도 이 사건 소송에 대한 관할권이 있다고 한 사례).

68) 대법원 1995. 5. 15.자 94마1059, 1060 결정.

지 아니하므로 항소심법원은 조사하지 않는다. 민사소송법 419조의 '관할'은 전속관할만을 의미한다.

> 제419조(관할위반으로 말미암은 이송) 관할위반을 이유로 제1심판결을 취소한 때에는 항소법원은 판결로 사건을 관할법원에 이송하여야 한다.

1심법원이 전속관할 흠결을 간과하였음이 상고심에서야 발견된 경우 상고심은 항소심판결을 파기하고 1심판결을 취소하고[69] 사건을 관할(1심)법원에 이송한다.

2) 상소장을 잘못된 법원에 제출한 경우

항소는 항소장을 1심법원에 제출함으로써 하는데, 만약 항소인이 항소장을 1심법원이 아닌 다른 법원에 제출하였다면, 항소장을 제출받은 법원은 사건을 어떻게 처리하여야 하는가? 항소장을 받은 법원은 통상 항소장을 1심법원으로 보낸다. 그런데 항소는 판결문정본을 송달받은 때로부터 2주 이내에 하여야 하는데(396조 1항), 1심법원에 항소장이 상소기간을 도과한 후에 도착하면, 항소는 적법한 것인지 여부가 된다.

만약, 항소장을 받은 법원이 1심법원에 이송결정을 할 수 있다면, 위 항소는 소송계속이전의 효과에 의하여 적법한 것으로 될 수 있다. 이에 관하여는 학설은 긍정하는 견해와 부정하는 견해가 대립하고 있다.[70] 판례는 부정한다.[71][72] 결국, 위와 같이 항소장을 제출받은 법원이 1심법원으로 항소장을 보내는 것은 이송이 아닌 단순한 소송기록송부에 불과하고, 또 법원에게 신속히 항소장을 1심법원으로 보낼 의무가 있는 것도 아니다.

3) 상소장에 상소법원을 잘못 기재한 경우

상소에는 판결에 대한 상소인 항소·상고와 결정 및 명령에 대한 상소인 항

69) 하급심 판결을 상급심이 취소하는 경우 항소심에서는 '취소'라는 용어를 사용하고(416조), 상고심에서는 '파기'라는 용어를 사용한다(436조).

70) 조수정, "원심법원 이외의 법원에 상소장이 제출된 경우에 있어서의 상소제기기간", 민사판례연구 XX, 박영사(1996. 10), 485면 이하, 488~492면.

71) 대법원 1981. 10. 13. 선고 81누230 판결.

72) 다만, 2개 이상의 법원이 한 건물에 있어 착오가 발생한 경우는 상소를 적법한 것으로 취급한 경우도 있다. 대법원 1996. 10. 25.자 96마1590 결정.

고가 있다. 판결에 대하여 상소하면서 상소법원을 잘못 지정하는 경우는 거의 없으나, 결정 및 명령에 대하여 상소하면서 상소법원을 잘못 지정하는 경우가 있다. 이는 결정 및 명령에 대하여 일반항고[73]가 허용되지 아니하고 대법원에 대한 특별항고만이 인정되는 경우가 있는데, 일반항고를 하여야 함에도 불구하고 특별항고를 하거나, 또는 그 반대의 경우가 가끔 발생하기 때문이다. 즉, 불복방법을 잘못 선택함으로써 항고를 담당할 법원을 잘못 기재하게 되는 경우가 가끔 발생한다. 판례는 이러한 경우 당사자의 착오 및 그로 인한 기재(표시)의 오류를 무시하고 적법한 종류의 항고가 제기된 것으로 취급한다.[74]

73) 특별항고가 아닌 항고를 일반항고라고 하고, 즉시항고가 아닌 항고를 통상항고라고 한다.

74) 대법원 1995. 7. 12.자 95마531 결정(판결경정신청 기각결정에 대하여 일반항고가 제기되면, 1심법원은 이를 특별항고로 선해하여 소송기록을 대법원으로 송부하여야 한다), 대법원 1997. 3. 3.자 97으1 결정(피고경정신청 기각결정에 대하여 특별항고가 제기되어 대법원에 소송기록이 송부된 사안에서 대법원이 이를 일반항고로 선해하여 항고심으로 이송한 사례) 등.

제8강 법 관

1. 법관의 제척·기피·회피

환자는 병원은 물론 병원의 특정한 의사를 선택할 수 있다. 그러나 원고는, 법원과 달리, 자기 사건을 담당할 법관을 선택할 수 없다. 어떤 사건을 담당할 법관은 해당 법원의 사무분담에 따라서 정해진다. 하나의 법원에 하나의 재판부밖에 없다면 법원의 선택이 곧 법관의 선택이 되나, 이러한 경우는 어디까지나 예외적이다.

만약 당사자가 사무분담에 따라 정해진 법관을 바꾸고 싶을 때에는 어떤 수단을 쓸 수 있을까? 또 만약 법관이 자신이 그 사건을 담당하는 것이 적절하지 않다고 생각하는 경우는 어떤 수단을 쓸 수 있을까? 이러한 문제와 관련된 주제가 법관의 제척, 기피 및 회피이다. 법관의 제척, 기피 및 회피는 법관의 공정성 내지 중립성을 확보하기 위한 제도이다.[75]

2. 제척과 기피

1) 사 유

가) 제척사유

사건을 담당하는 법관이 원고의 남편이라면 피고는 그 법관이 사건을 공정하게 처리하리라고 기대하기는 어려울 것이다. 이와 같이 법관에게 사건을 공정하게 처리하는 것을 도저히 기대하기 어려운 특수한 경우에는 별다른 조치 없이 당연히 해당 법관을 그 사건처리에서 배제하는 것을 제척이라고 한다. 제척사유는 민사소송법 41조가 규정하고 있다.

---

75) 법관의 제척, 기피 및 회피에 관한 규정은 사법보좌관, 법원사무관 등에 관하여도 준용된다. 사법보좌관은 법관의 업무 중 법원조직법 54조 2항, 사법보좌관규칙 2조에 규정된 업무를 담당할 수 있다. 소송절차의 경우 독촉절차, 소송비용액확정절차, 공시최고절차, 이행권고결정 등이, 보전절차의 경우 보전명령집행의 취소 등이, 집행절차의 경우 일정한 예외를 제외한 거의 대부분이 위 업무에 포함된다.

제41조(제척의 이유) 법관은 다음 각호 가운데 어느 하나에 해당하면 직무집행에서 제척된다.

1. 법관 또는 그 배우자나 배우자이었던 사람이 사건의 당사자가 되거나, 사건의 당사자와 공동권리자·공동의무자 또는 상환의무자의 관계에 있는 때[76)]
2. 법관이 당사자와 친족의 관계에 있거나 그러한 관계에 있었을 때
3. 법관이 사건에 관하여 증언이나 감정을 하였을 때
4. 법관이 사건당사자의 대리인이었거나 대리인이 된 때
5. 법관이 불복사건의 이전심급의 재판에 관여하였을 때. 다만, 다른 법원의 촉탁에 따라 그 직무를 수행한 경우에는 그러하지 아니하다.

41조가 정하고 있는 제척사유는 열거적인 것으로 해석된다. 따라서 41조 1호가 법관과 당사자가 혼인관계에 있는 것을 제척사유로 삼고 있지만, 법관과 당사자가 사실혼관계에 있는 경우는 제척사유가 될 수 없다.

실무상 자주 문제되는 제척사유는 41조 5호(전심관여)이다. 주로 '이전심급'과 '재판에 관여하였을 때'가 무엇을 의미하는 것인지가 문제된다. 이전심급은 해당 사건의 하급심을 의미한다. 즉, 어떤 사건이 항소심에 계속되어 있는 경우 1심에 관여한 법관은 항소심을 담당할 수 없고, 상고심에 계속되어 있는 경우 1심 또는 항소심에 관여한 법관은 상고심을 담당할 수 없게 된다.[77)78)] '재판에 관여하였을 때'에서 재판이란 하급심 절차 전부를 의미하는 것이 아니라 최종변론과 판결의 합의에 관여하는 것을 말하는 것이고 최종변론 전의 변론이나 증거조사 등에 관여한 경우 등은 포함되지 않는다.[79)] 판결 선고에만 관여한 경

---

76) 종중결의무효확인소송에서 법관이 종중원인 경우 당사자와 공동권리자·공동의무자인 관계에 있는 때에 해당한다(대법원 2010. 5. 13. 선고 2009다102254 판결).

77) 항소심판결이 대법원에서 파기환송된 경우 항소심판결에 관여한 법관은 파기환송된 사건에 관여하지 못하는바, 이는 436조 3항에 의한 것이다. 원래의 항소심은 파기환송심에 대하여 이전심급이 아니기 때문에 제척이 문제되지 않는다.

78) 판례에 따르면 재심사건에서 재심대상사건에 관여한 것(대법원 1971. 5. 11. 선고 71사27 판결, 대법원 1986. 12. 23. 선고 86누631 판결, 대법원 1988. 5. 10. 선고 87다카1979 판결, 대법원 2000. 8. 18. 선고 2000재다87 판결 등), 집행문부여에 대한 이의의 소에서 본안사건(판결사건)에 관여한 것(대법원 1969. 11. 4.자 69그17 결정), 본안사건에서 본안사건의 법관에 대한 기피신청 사건에 관여한 것(대법원 1991. 12. 27.자 91마631 결정)은 제척사유가 될 수 없고, 같은 내용의 다른 사건에 관여한 것(대법원 1984. 5. 15. 선고 83다카2009 판결, 대법원 1993. 6. 22. 선고 93재누97 판결)은 제척사유는 물론 기피사유도 될 수 없다.

79) 대법원 1971. 2. 23. 선고 70다2938 판결. 대법원 1997. 6. 13. 선고 96다56115 판결(최종변론과 판결의 합의에 관여하거나 종국판결과 더불어 상급심의 판단을 받는 중간적인 재판에 관여함을 말하는 것이고 최종변론 전의 변론이나 증거조사 또는 기일지정과 같은 소송지휘

우도 제척사유가 되지 아니한다.[80)]

나) 기피사유

법관이 사건을 공정하게 처리하는 것을 기대하기 어려운 경우는 단지 제척사유로 열거된 사유에 한정되지 않는다. 이러한 경우 당사자는 43조의 기피제도를 이용할 수 있다. 예컨대, 원고의 변호사(소송대리인)와 법관이 장인과 사위인 경우는 41조 각호에 해당되지 않아 제척사유는 아니지만, 기피사유에는 해당된다.

> 제43조(당사자의 기피권) ① 당사자는 법관에게 공정한 재판을 기대하기 어려운 사정이 있는 때에는 기피신청을 할 수 있다.

실무에서 기피신청은 대개 법관의 재판진행에 대한 불만 때문에 행해지는 경우가 많고, 판례상 법관에 대한 기피신청이 이유 있다고 인정된 예는 찾기 어렵다.[81)] 다만, 기피신청이 있는 경우 그 당부에 불구하고 사건이 재배당되는 경우는 종종 있다.

2) 신 청

기피의 경우 기피사유가 있다는 것만으로는 해당법관이 사건을 처리할 수 없게 되는 것이 아니고, 당사자의 신청에 따른 기피의 재판이 내려져야 한다. 43조가 당사자의 기피신청권을 명문으로 인정하고 있다. 제척의 경우 제척사유가 있으면 당연히 해당 법관이 사건을 취급할 수 없지만 해당 법관이 당사자와 달리 제척사유가 없다고 판단하여 계속 사건을 처리하는 경우에는 당사자는 제척신청을 할 수 있고, 이는 42조가 인정하고 있다. 제척결정은 직권으로 할 수도 있다. 기피와 제척의 위와 같은 차이를 기피의 재판은 형성적이고, 제척의

상의 재판 등에 관여한 경우는 포함되지 않는다).

80) 변론종결 당시 법관이 아닌 법관도, 변론종결 당시 법관이 판단하고 작성한 판결문을 이용하여 대신 선고할 수 있다.

81) 기피가 인용된 한 예로는 대법원 2019. 1. 4.자 2018스563 결정이 있다. 이 결정에서 대법원은 '법관에게 공정한 재판을 기대하기 어려운 사정이 있는 때'라 함은 우리 사회의 평균적인 일반인의 관점에서 볼 때, 법관과 사건과의 관계, 즉 법관과 당사자 사이의 특수한 사적 관계 또는 법관과 해당 사건 사이의 특별한 이해관계 등으로 인하여 법관이 불공정한 재판을 할 수 있다는 의심을 할 만한 객관적인 사정이 있고, 그러한 의심이 단순한 주관적 우려나 추측을 넘어 합리적인 것이라고 인정될 만한 때를 말한다고 판시하였다.

재판은 확인적이라고 표현한다.

> 제42조(제척의 재판) 법원은 제척의 이유가 있는 때에는 직권으로 또는 당사자의 신청에 따라 제척의 재판을 한다.

기피의 경우 43조 2항에 의하여 신청권이 제한되는 경우가 있다는 점에 유의하여야 한다.

> 제43조(당사자의 기피권)
> ② 당사자가 법관을 기피할 이유가 있다는 것을 알면서도 본안에 관하여 변론하거나 변론준비기일에서 진술을 한 경우에는 기피신청을 하지 못한다.

합의부의 법관에 대한 제척 또는 기피는 그 합의부에, 단독판사 등에 대한 제척 또는 기피는 그 법관에게 이유를 밝혀 신청하여야 하고, 그 이유와 소명방법은 신청일로부터 3일 이내에 서면으로 제출하여야 한다(44조 1항, 2항).

3) 소송절차의 정지

기피신청이나 제척신청이 있으면 재판부는 소송절차를 정지하여야 한다.

> 제48조(소송절차의 정지) 법원은 제척 또는 기피신청이 있는 경우에는 그 재판이 확정될 때까지 소송절차를 정지하여야 한다. 다만, 제척 또는 기피신청이 각하된 경우 또는 종국판결(終局判決)을 선고하거나 긴급을 요하는 행위를 하는 경우에는 그러하지 아니하다.

민사소송법이 위와 같은 규정을 두는 것은 만약 기피 또는 제척신청 대상 법관이 소송절차를 그대로 진행하였다가 이후 신청이 이유 있는 것으로 밝혀졌을 때 혼란이 발생할 것을 미연에 방지하기 위함이다.

다만, 48조 단서는 예외를 인정하고 있다. 예외사유 중 특히 중요한 것은 종국판결의 선고이다. 실무상 제척이나 기피신청은 최종 기일에서 재판부가 변론종결을 한 직후에 행해지는 경우가 많다.[82] 이러한 경우 재판부는 제척이나 기피신청에도 불구하고 판결을 선고할 수 있다. 판례는 48조 단서에 기하여 판결이 선고되면 기피신청은 신청의 목적을 상실하여 각하된다고 하였다.[83]

82) 재판이 불리하게 진행된다고 생각하여 불만이 누적되고 있다가 변론종결이 되어버리면, 지금까지의 불리한 진행에 비추어 볼 때 불리한 판결을 선고하기 위하여 법원이 변론종결을 한 것이라고 생각하여 불만이 폭발하게 된다.

83) 대법원 1991. 6. 14.자 90두21 결정, 대법원 2008. 5. 2.자 2008마427 결정 등.

만약, 48조 단서의 예외사유에 해당되지 않음에도 불구하고 재판부가 소송절차를 진행하였는데, 이후 제척이나 기피신청이 이유 있다는 재판이 확정되면, 재판부의 소송행위는 무효이다. 다만, 판결은 당연무효가 아니라 상소 또는 재심의 대상이 되고,[84] 판례는 변론종결 이전에 기피신청이 있었음에도 불구하고 재판부가 판결을 선고한 경우 당사자는 위 판결에 대하여 상소를 제기하여야 한다고 한다.[85]

그러나, 위와 달리 제척이나 기피신청이 이유 없다는 재판이 확정되면 48조에 위반된 재판부의 소송행위의 하자가 치유되는지에 관하여 학설의 견해는 대립한다. 판례는 예전에는 하자가 치유된다는 입장을 취하고 있다고 평가되었으나,[86] 이후 하자가 치유되지 않는 경우도 있을 수 있다는 입장을 분명하게 하였다.[87]

위의 논의와 구별하여야 될 또 다른 논점은, 48조 단서의 예외사유에 해당하는 재판부의 소송행위가 있은 후에 제척이나 기피가 이유 있다는 재판이 확정되면, 위 소송행위가 어떤 영향을 받는가 하는 점이다. 이에 관하여는 제척의 경우는 해당 소송행위가 무효가 되지만 기피의 경우는 아무런 영향을 받지 않는다는 견해, 제척이 인정되든 기피가 인정되든 해당 소송행위가 모두 영향을 받는다는 견해, 48조 단서에 기한 행위이므로 아무런 영향을 받지 않는다는 견해가 대립하고 있다.[88] 마지막 견해가 타당하다고 생각된다.

4) 심 판

제척 또는 기피신청이 있는 경우 원칙적으로 대상 법관이 소속된 법원의 합의부가 재판하고, 신청 대상이 된 법관은 재판에 관여할 수 없다(46조). 다만, 민사소송법 45조에 해당하는 경우에는 예외적으로 신청을 받은 법원 또는 법관이 각하할 수 있는바, 이를 간이각하제도라고 한다.

---

84) 민사소송법 424조 1항 2호는 '법률에 따라 판결에 관여할 수 없는 판사가 판결에 관여한 때'를 절대적 상고이유로 규정하고 있는바, 이에는 제척사유가 있는 법관이 판결에 관여한 경우, 기피의 재판이 확정된 경우도 포함되는 것으로 해석된다.

85) 대법원 2000. 4. 15.자 2000그20 결정.

86) 대법원 1978. 10. 31. 선고 78다1242 판결.

87) 대법원 2010. 2. 11. 선고 2009다78467, 78474 판결(소송절차를 정지하여야 함에도 기일을 진행하고 그 기일에 불출석하였음을 이유로 항소취하간주를 인정한 원심의 조치가 잘못되었다고 판시).

88) 한종열, "법관의 제척", 고시연구 21권 11호, 고시연구사, 125면 이하, 134면.

> 제45조(제척 또는 기피신청의 각하 등) ① 제척 또는 기피신청이 제44조의 규정에 어긋나거나 소송의 지연을 목적으로 하는 것이 분명한 경우에는 신청을 받은 법원 또는 법관은 결정으로 이를 각하한다.

제척 또는 기피신청을 인용한 결정에 대하여는 대상 법관은 물론 신청인의 상대방도 불복할 수 없지만, 기각 또는 각하한 결정에 대하여는 즉시항고를 제기할 수 있다(47조).

3. 회 피

법관 스스로가 제척 또는 기피사유가 있다고 판단하는 경우에는 자발적으로 사건처리에서 물러날 수 있다.

> 제49조(법관의 회피) 법관은 제41조 또는 제43조의 사유가 있는 경우에는 감독권이 있는 법원의 허가를 받아 회피할 수 있다.

민사소송에서 회피는 결정이 아닌 회피의 신청 및 허가로 이루어진다는 점에서 형사소송에서와 다르다. 회피의 허가는 법원장 등의 사법행정상의 처분이므로 허가 이후 법관이 소송행위를 하여도 적법·유효하다고 보는 것이 일반적이다. 실무에서는 재배당으로 처리된다.[89]

89) 법관 등의 사무분담 및 사건배당에 관한 예규(재판예규 제1732호, 2020. 2. 6. 개정), 제14조 제4, 10, 11호 참조.

제2장 당 사 자

제9강 당사자 일반론

1. 당사자론의 논점

소를 제기하고자 하는 자는 누가 누구를 상대로 소송을 할 것인가? 라는 질문에 답하여야 한다. 민법이 규율하는 실체법적 법률관계의 주체는 권리자와 의무자로 불리는데, 민사소송법이 규율하는 소송법적 권리관계의 주체는 원고와 피고로 불린다. 둘 모두를 일컬어 당사자라고 한다. 위 질문은 당사자의 선택에 관한 것이다.

당사자와 관련하여 제기되는 문제점을 보다 상세히 보면 다음과 같다. 망라적인 것은 아니다.

① 누구를 원고로 정하고, 누구를 피고로 정하여야 하는가? 가장 기본적인 질문이다. 통상은 실체법적 법률관계에서 권리자가 원고, 의무자가 피고가 된다. 보다 엄밀하게 표현하면, 자신이 권리자라고 주장하는 자가 원고가 되고, 원고에 의하여 의무자라고 주장되는 자가 피고가 된다. ⇨ 당사자의 개념, 당사자적격 관련

② 돈을 빌려준 사람이 빌려간 사람을 상대로 소를 제기하려고 하는데, 빌려간 사람이 이미 사망한 경우에는 누구를 피고로 하여야 하는가? 사망자인가 상속인인가? 후자라면, 소를 제기한 이후에 비로소 빌려간 사람이 사망한 사실을 알게 되었다면 피고를 상속인으로 바꿀 수 있는가? ⇨ 당사자능력 관련

③ 다른 사람의 권리를 주장하면서 소를 제기할 수 있는가? 예컨대, A가 여자친구 B로부터, 그녀가 그녀의 친구 C에게 1,000만 원을 빌려 주고 못받고 있다고 하면서 도와 달라고 하는 경우, A가 자신이 원고가 되어

C를 피고로 하여 'C는 B에게 1,000만 원을 지급하라'는 소를 제기할 수 있는가? ⇨ 당사자적격 관련

④ 미성년자는 민법상 단독으로 적법한 법률행위를 할 수 없는데, 소제기는 단독으로 유효적법하게 할 수 있는가? 불가능하다면 적법하게 소제기를 할 수 있는 방법은? 반대로, 피고로 삼으려는 자가 미성년자인 경우는 어떤가? ⇨ 소송능력 관련

⑤ 변호사를 선임하지 않고 원고 혹은 피고가 단독으로 법정에 나갈 수 있는가? 변호사가 아닌 자신의 친구 혹은 친척을 법정에 대신 나가게 할 수 있는가? 혹은 반드시 변호사를 선임하여야 하는가? ⇨ 변론능력, 소송상 대리 관련

⑥ 주식회사가 민사소송을 제기당한 경우 반드시 대표이사가 법정에 출석하여야 하는가? 담당직원을 법정에 출석시킬 수 있는가? ⇨ 소송상 대리 관련

민사소송의 3요소에서 당사자와 관련하여서는 일반론, 당사자의 능력·자격, 소송상 대리가 다루어진다. 일반론에서는 당사자의 개념, 당사자의 확정, 성명모용소송, 당사자표시정정을 다룬다. 당사자의 능력·자격에서는 당사자능력, 당사자적격, 소송능력, 변론능력을 차례로 다루는데, 당사자능력은 민법의 권리능력, 소송능력은 민법의 행위능력에 대응한다. 소송상 대리는 소송행위의 대리를 의미하는 것으로 민법의 대리, 즉 법률행위의 대리에 대응하는 것이다. 당사자능력, 소송능력, 소송상 대리는 각 대응하는 민법의 권리능력, 행위능력, 법률행위의 대리와 밀접한 관계가 있다.

2. 당사자의 개념

소장을 작성하는 자는 통상 실체법상 법률관계의 권리자를 원고로, 실체법상 법률관계에서 의무자를 피고로 적게 된다. 따라서 실체법상의 권리자가 원고이고, 의무자가 피고라고 속단하기 쉬우나, 이렇게 당사자를 정의하면 문제점이 발생한다.

우선, 현실의 소송절차에서 원고가 모두 승소하는 것은 당연히 아니다. 소송 결과 패소한 자는 실체법상 법률관계에서 권리자가 아닌 것으로 판명된 자

이다. 그렇다고 하여 이러한 패소자를 원고가 아니라고는 하기 어려울 것이다. 이 문제점은 자기가 실체법상 법률관계의 권리자라고 주장하는 자를 원고, 이러한 원고에 의하여 의무자라고 주장되는 자를 피고라고 보게 되면 해결되나, 이러한 방법만으로 설명하기 어려운 대목이 여전히 남아 있다.

파산절차의 개시로 파산관재인이 선임된 경우와 같이 어떤 재산의 권리자와 관리처분권자가 분리되어 각기 다른 사람에게 귀속되는 경우, 법률이 정하는 바에 따라 조금씩 차이가 있기는 하나, 파산관재인이 선임된 경우에는 파산관재인이 원고가 된다.

> 채무자 회생 및 파산에 관한 법률 제359조(당사자적격) 파산재단에 관한 소송에서는 파산관재인이 당사자가 된다.

이러한 경우까지를 모두 포섭할 수 있도록 당사자의 개념을 정의하면, 당사자는 자기의 이름으로 판결을 요구하는 사람과 그 사람에 의하여 상대방으로 지목된 사람이라고 할 수 있다. 이러한 당사자의 개념을 형식적 당사자개념이라고 부른다. 공허하지만 현재 타당성에 이견이 없는 이 형식적 당사자개념은 실체법상의 권리관계와의 관련 하에서 당사자 개념을 파악하는 실체적 당사자개념과 대비되는 것이다. 당사자의 개념이 문제되는 경우는 드물다. 형식적 당사자개념이 위와 같이 정립된 것이라는 점을 이해하는 것이 중요하다.

3. 당사자의 확정

'당사자의 확정'의 문제는 개별 소송에서 당사자, 즉 원고와 피고가 누구인지 확정하는 문제이다. 일단 당사자가 확정되고 난 뒤에야 그 확정된 당사자에게 당사자로서의 자격과 능력이 있는지, 대리인이 그 당사자로부터 제대로 수권을 받았는지 등을 검토할 수 있게 되므로 당사자의 확정은 당사자와 관련된 문제 중 가장 선행하여 해결되어야 할 문제라고 할 수 있다. 나아가 소송의 결과, 즉 판결의 효력은 당사자에게 미친다. 이 점에서 당사자의 확정은 소송의 전 과정에 걸쳐 중요한 문제라고 할 수 있다.

어떤 소송의 당사자, 즉 원고와 피고가 누구인지는 일응 소장의 당사자란인 원고란과 피고란을 보면 알 수 있다. 즉, 원고란에 기재된 자가 원고이고,

피고란에 기재된 자가 피고라고 할 수 있다. 이러한 입장을 소장의 기재 즉 표시를 기준으로 한다고 하여 표시설이라고 한다.

그런데, 예를 들어 원고란의 기재를 보았을 때 어떤 주식회사 자체가 원고로 기재된 것인지 아니면 그 주식회사의 대표이사 개인이 원고로 기재된 것인지 불분명하지만, 소장의 원고란 이외의 기재사항, 즉 청구취지나 청구원인을 보면 어느 쪽인지 판명되는 경우가 있다. 이와 같은 경우에 소장 중 당사자란만이 아니라 다른 기재사항까지 포함하여 소장 전체의 표시를 기준으로 당사자를 확정하는 입장을 실질적 표시설이라고 하고, 이 입장이 지금의 통설이자 판례의 입장이다. 소장의 당사자란만을 기준으로 하는 입장을 형식적 표시설이라고 하는데, 현재 단지 표시설이라고 하면 일반적으로 실질적 표시설을 의미한다.

당사자확정의 기준에 관한 또 다른 견해로는 원고나 법원이 당사자로 삼으려고 하는 자를 당사자로 보는 의사설, 실제 당사자로 소송수행을 한 자나 당사자로 취급된 자를 당사자로 보는 행위설 등이 있다.[90]

실제 당사자의 확정은 대부분의 사건에서 제기되지 않지만, 간혹 문제가 발생하기도 하는데, 그 대표적인 예가 성명모용소송과 사망자를 당사자로 한 소송 등이다. 전자는 일반론에서, 후자는 당사자능력에서 다룬다.

4. 성명모용소송

성명모용소송은 소장에 당사자로 기재된 자가 실제 소송수행을 한 자와 다른 경우 사건을 어떻게 처리할 것인지의 문제이다. 성명모용은 원고에 관해서도 피고에 관해서도 일어날 수 있으나 피고 측 성명모용이 일반적이다.

예컨대, 갑이 을을 상대로 소유권이전등기청구의 소를 제기하였는데, 갑의 사주를 받은 병이 을인양 행세하여 소장부본을 송달받고 법정에 출석하여 갑의 주장사실을 모두 자백하여 법원이 갑의 청구를 인용하는 판결을 선고한 경우, 을을 어떻게 구제할 것인가? 이 문제를 해결하기 위한 열쇠가 되는 것은 앞서 본 당사자확정의 기준이다.

통설·판례가 취하는 실질적 표시설에 따라 위와 같은 성명모용소송을 처리

90) 김홍엽, "소송 또는 심판상 당사자의 확정과 당사자표시정정 내지 당사자표시보정", 대법원 판례해설 제23호, 법원도서관, 1995, 601면 이하, 607면.

하면 다음과 같다. 우선, 소장의 기재에 따라서 당사자가 확정된다. 따라서 소장에 기재되어 있는 갑이 원고, 을이 피고이다. 법원이 병의 성명모용사실을 간과하고 판결을 한 경우, 그 판결은 당사자인 피모용자 을에게 미친다. 따라서 을은 상소나 재심으로서 구제를 받아야 한다.[91] 만약, 소송절차 진행 중에 성명모용이 있는 사실이 발견되면, 법원은 모용자 병을 절차에서 배제하고, 피모용자 을을 절차에 참가시키면 된다. 을은 자신의 필요에 따라 병의 행위를 무권대리행위로서 추인할 수도 있다 할 것이다. 성명모용은 대개는 피모용자 모르게 진행되므로 소송절차 진행 중 발각되는 것은 드물다.

행위설에 따르면 성명모용소송의 당사자는 실제 소송을 수행한 자, 즉 모용자 병이 된다. 따라서 판결의 효력이 을에게 미치지 않고, 을에 대하여 판결절차와 관련하여서는 보호책을 생각할 필요성이 적다. 갑이 위 판결에 기하여 등기명의를 이전받았다면 을은 등기말소청구를 할 수 있고, 위 판결은 을에게는 아무런 효력이 없기 때문에 그 기판력은 을의 등기말소청구에 미치지 않는다.

의사설에 따르면 피고 측 성명모용의 경우에는 원고의 의사에 따라 소장에 기재된 피모용자인 을이 피고가 되고, 판결의 효력이 피모용자에게 미치므로, 피모용자는 실질적 표시설과 마찬가지로 상소나 재심에 의하여 구제받아야 한다.[92]

이상의 설명은 모두 위 밑줄 친 부분과 같은 사안, 즉 통상적인 피고 측 성명모용소송을 전제로 한 것이다. 성명모용소송은 넓게는 부정한 수단을 이용하여 유리한 판결을 얻는 행위인 판결편취의 일종인바, 성명모용소송을 넓게 볼 때는 송달과정의 성명모용, 즉 자백간주를 이용한 판결편취[93]도 포함된다. 이 경우에 대하여 판례는 당사자가 피모용자인 을이라고 보는 것은 통상의 피고 측 성명모용소송과 같지만, 을에 대한 판결정본의 송달 자체를 무효로 보아 판결은 확정되지 않고, 언제나 상소의 대상이 된다고 한다. 만약 재심을 제기하면 재심대상판결이 아직 미확정이라는 이유로 각하된다.[94]

91) 상소기간이 도과되기 전이라면 상소를 제기할 수 있다는 의미이나, 실제 이러한 경우는 드물다.

92) 원고 측 성명모용을 어떻게 처리하여야 하는지는 의사설의 약점으로 거론되는 대목이다.

93) 통상의 성명모용소송과 달리 원고가 피고의 주소를 허위로 기재하였다는 점, 원고의 사주를 받은 자가 법정에 출석하여 자백 등을 하지 않은 점에서 차이가 있다.

94) 대법원 1971. 6. 22. 선고 71다771 판결.

5. 당사자표시정정

1) 의 의

당사자표시정정은 소장의 당사자란 기재에 오탈자 등 착오가 있는 경우에 이를 당사자의 동일성을 해치지 않는 범위 내에서 바로잡는 절차를 말한다. 쉽게 말하면 소장 당사자란의 기재, 즉 당사자표시를 고치는 것이다.

2) 범 위

당사자표시정정은 일반적으로 ❶ 오탈자가 있는 경우[95]에 이용된다. 그러나 판례는 오탈자의 범위를 넘어서는 경우에도 당사자표시정정을 허용하기도 한다.

우선, 판례는 ❷ 개인의 본명이나 단체의 정식 명칭 대신 별명 등을 기재한 경우도 당사자표시정정으로 바로잡을 수 있다고 한다.[96] 이 경우 당사자의 동일성은 유지되고, 판례의 입장에 의문을 제기하는 견해도 없다. 위 ❶, ❷는 당사자표시정정이 원래 예정하고 있는 이용범위라고 할 수 있고, 이러한 당사자표시정정은 상고심에서도 허용된다.

한편, 판례는 엄밀하게 볼 때에는 당사자의 동일성이 유지된다고 보기 어려운 경우에도 당사자표시정정을 허용하기도 한다. 이에 해당하는 것이 ❸ 사망자를 당사자로 기재한 경우(상속인과 사망자를 혼동한 경우이고 사망자는 당사자능력이 없다), ❹ 행정청이나 하부기관을 당사자로 기재한 경우(국가·지방자치단체와 행정청·하부기관을 혼동한 경우이고 행정청 등은 당사자능력이 없다),[97] ❺ 도산절차로 인한 당사자적격의 이전이 간과된 경우(채무자와 파산관재인·관리인을 혼동한 경우이고, 여기에는 도산절차가 진행 중이므로 채무자가 당사자적격을 상실한 것을 간과한 경우뿐만 아니라 도산절차의 종료로 파산관재인 등이 당사자적격을 상실한 것을 간과한 경우도 포함된다)[98]가 있다. 주로 피고로 기재된 자가 당사자능력 또는 당사자적격

95) 예컨대, 원고의 성명이 '홍길동'인데 '홍기동'이라고 기재한 경우를 들 수 있다.
96) 대법원 1999. 4. 27. 선고 99다3150 판결.
97) 대법원 2001. 11. 13. 선고 99두2017 판결.
98) 대법원 2013. 8. 22. 선고 2012다68279 판결은 원고가 회생절차가 이미 진행 중인 자를 피고로 하여 소를 제기하였고, 회생절차개시결정(관리인 불선임결정 포함) 등을 제출하였다면, 법원은 피고의 표시를 관리인으로 정정하라는 보정명령을 내려야 하는데도, 원심법원이 단

이 없는 경우가 문제되지만 원고측에 흠결이 있는 경우도 있다.[99] 이는 기본적으로 현행 민사소송법의 피고경정으로는 소멸시효중단 등 소제기의 효과를 애초의 소제기시로 소급시킬 수 없기 때문에 일어난 현상이다. 이와 같은 경우 대법원은 당사자표시가 잘못되었거나 애매하므로 당사자표시정정이 가능하다는 등의 논리를 구사하지만 실제 표시설의 관점에서는 당사자표시 자체는 문제가 없으므로 이는 당사자표시정정을 인정하여 소제기의 효과를 애초의 소제기시로 소급시키기 위한 의제적인 것이다.[100]

대법원은 ❸ 중 피고측 사망의 경우 당사자표시정정을 1심판결 선고시까지만 허용함에 반하여,[101] ❹, ❺의 경우에는 피고의 당사자능력이나 당사자적격의 흠결을 간과하고 선고된 항소심판결을, 항소심법원이 당사자표시정정을 하여 다시 심리할 수 있도록 파기환송함으로써, 1심판결 선고 이후 단계에서도 당사자표시정정을 허용한다.[102]

한편, 판례는 ❻ 법인인 단체와 자연인인 대표자 개인을 혼동한 경우에는 당사자표시정정을 허용하지 아니하고,[103] 피고 경정의 대상으로 삼고 있다.

소장에 기재된 자에게 ❸과 ❹의 경우 당사자능력이 없음에 반하여 ❺의 경우 당사자적격이 없다는 점에서 차이가 있다. ❸과 ❹는 소장에 기재된 자에게 당사자능력이 없다는 점은 같지만, ❸의 사망자는 사회적으로 실재한다고 할 만한 것이 전무함에 반하여, ❹의 행정청 등은 그렇지 않다는 점에서 차이

지 원고에게 피고의 당사자적격 유무를 밝히라고만 석명한 다음, 원고의 별다른 조치가 없자 피고의 당사자능력 흠결을 이유로 소를 각하한 원심판결을 파기하였다. 대법원 2016. 12. 29. 선고 2014후713 판결도 같은 취지이다.

99) 상세는 사망자 상대 소송 등에서 본다.

100) 상세는 박재완, "제소전 사망한 자를 피고로 한 소송에 관한 대법원 판례에 대한 고찰," 법학논총 제34집 제4호, 한양대학교 법학연구소(2017. 12), 431면 이하, 452~453면.

101) 상세는 사망자 상대 소송에서 본다.

102) 대법원 2002. 3. 29. 선고 2001다83258 판결(❹의 경우), 대법원 2013. 8. 22. 선고 2012다68279 판결(❺의 경우).

103) 대법원 1986. 9. 23. 선고 85누953 판결(원고 '주식회사 대표자 ***'을 '***(개인)'으로 정정하는 당사자표시정정신청을 불허), 대법원 1996. 3. 22. 선고 94다61243 판결(종중 대표 개인에서 종중으로의 당사자표시정정 불허), 대법원 2008. 6. 12. 선고 2008다11276 판결(회사 대표 개인에서 회사로의 당사자표시정정은 부적법하여 허용되지 않지만, 법원이 원고의 부적법한 당사자표시정정신청을 받아들이고 피고도 이에 명시적으로 동의하여 정정된 원고와 피고 사이에 변론이 진행된 다음 본안판결이 선고된 경우, 그 후에 당사자표시정정신청의 적법성을 문제 삼는 것은 소송경제나 신의칙에 반하여 허용되지 않는다).

가 있다고 볼 수도 있고, 이러한 차원에서 ❸을 당사자의 부존재라고 하면서 일반적인 당사자능력 흠결과 달리 취급하는 것이 일반적이다. ❸의 경우 사망자는 당사자능력을 회복할 가능성이 전무하지만, ❺의 경우 당사자적격이 다시 회복될 수도 있다는 점에서 차이가 있다.[104)]

3) 절 차

당사자표시정정 신청이 이유 있는 경우에는 재판부는 별도의 명시적인 결정을 할 필요 없이 이후의 소송절차에서 당사자의 표시를 정정하면 족하다. 재판부의 이러한 조치에 대한 불복은 판결에 대한 상소로써 한다.

반면, 당사자표시정정 신청이 이유 없는 경우에는 재판부는 반드시 불허결정을 하여야 한다. 재판부의 불허결정에 대한 불복은 항고 또는 판결에 대한 상소로써 한다.

104) 상세는 박재완, "제소전 사망한 자를 피고로 한 소송에 관한 대법원 판례에 대한 고찰," 법학논총 제34집 제4호, 한양대학교 법학연구소(2017. 12), 431면 이하, 453면 참조.

제10강 당사자능력

1. 의 의

돈을 빌려준 사람이 빌려 간 사람을 상대로 소를 제기하려고 하는데, 빌려 간 사람이 이미 사망한 경우에는 누구를 피고로 하여야 하는가? 사망자인가 상속인인가? 이 경우 상속인을 피고로 삼아야 한다. 이미 사망한 자는 당사자능력이 없기 때문에 피고로 삼을 수 없기 때문이다.

당사자능력은 소송절차에서 당사자, 즉 원고나 피고가 될 수 있는 일반적인 능력 내지 자격을 의미하는 것으로서 민법의 권리능력에 대응한다. 민법의 경우를 살펴보면, 자연인과 법인이 권리능력을 가지고, 비법인사단·재단과 조합의 권리능력 유무가 문제된다. 또한 권리능력이 없는 자가 한 법률행위는 무효가 된다. 민사소송법에서도 이와 마찬가지로 누가 당사자능력을 가지는지, 그리고 당사자능력이 흠결된 경우 어떤 효과가 발생하는지가 문제 된다.

2. 당사자능력이 인정되는 범위

민사소송법은 당사자능력에 관하여 원칙적으로 민법의 규정을 준용한다는 조문을 두고 있다.

> 제51조(당사자능력·소송능력 등에 대한 원칙) 당사자능력(當事者能力), 소송능력(訴訟能力), 소송무능력자(訴訟無能力者)의 법정대리와 소송행위에 필요한 권한의 수여는 이 법에 특별한 규정이 없으면 민법, 그 밖의 법률에 따른다.

위 조문에 따라 (민법의) 권리능력자는 (민사소송법의) 당사자능력자라고 할 수 있게 된다. 문제되는 경우를 차례로 살펴본다.

1) 자연인

민사소송법 51조가 민법의 규정을 준용하고 있으므로, 민법 3조에 의하여 권리능력이 인정되는 자연인은 살아있는 동안 당사자능력을 가진다. 자연인의 권리능력의 시기와 종기에 관하여 존재하는 각종 견해의 대립은 자연인의 당사자능력에 관하여도 그대로 적용된다. 즉, 민법 762조의 해석과 관련하여, 태아의 권리능력에 대한 정지조건설과 해제조건설의 대립은 당사자능력에 관하여도 존재한다. 판례는 정지조건설을 취하나, 통설은 해제조건설을 취하고 있다.[105)]

> 민법 제762조(손해배상청구권에 있어서의 태아의 지위) 태아는 손해배상의 청구권에 관하여는 이미 출생한 것으로 본다.

이미 사망한 자를 피고로 삼은 경우에는 형식논리만으로 해결하기 어려운 점이 있어 복잡한 논의가 있다. 아래에서 보다 상세히 본다.

2) 법 인

민법 34조에 의하여 권리능력이 인정되는 법인은 민사소송법에서도 당사자능력을 가진다. 법인이 당사자가 된다는 의미는 법인 자체가 그 이름으로 당사자가 될 수 있다는 것을 의미한다. 법인에는 사법인뿐만 아니라 국가, 지방자치단체 등의 공법인도 포함된다. 행정기관(행정청)은 행정소송에서는 당사자능력이 인정되나, 민사소송에서는 당사자능력이 인정되지 않는다.

따라서 도로가 사유지 위에 무단으로 개설된 경우 소유자는 불법행위에 기한 손해배상청구 또는 부당이득반환청구를 할 수 있는데, 상대방은 국도인 경우에는 국가, 즉 대한민국을 상대로, 지방도로인 경우에는 지방자치단체를 피고로 하여야 한다. 착오로 장관이나 시장 등 행정기관을 피고로 삼은 경우 공법인으로 바꾸는 당사자표시정정이 가능하다는 점은 앞서 보았다.

법인의 당사자능력이 시작되는 시점은 권리능력과 마찬가지로 설립등기시이다.

> 민법 제33조(법인설립의 등기) 법인은 그 주된 사무소의 소재지에서 설립등기를 함으로써 성립한다.

법인의 당사자능력의 종기에 관하여는 명문의 규정이 없다. 법인은 활동을 종료하면서 해산·청산의 일련의 과정을 밟게 되는데 그중 어느 시점에서 권리

---

105) 민법 1000조 3항(상속의 순위), 1001조(대습상속), 1064조(유증) 등의 해석에 관하여도 마찬가지이다.

능력이나 당사자능력이 소멸하는지에 관하여 논란이 있다. 청산절차가 진행된 끝에 종료되어 청산종결의 등기가 법인등기부에 경료된 경우라도 실제 청산사무가 종결되지 않은 경우에는 권리능력이, 따라서 당사자능력이 소멸하지 않는다고 하여 소위 청산사무 완료시설을 취하고 있다.[106)]

두 개의 법인이 합병되는 경우 흡수되는 법인은 합병으로 당사자능력을 상실한다. 흡수되는 법인의 권리의무는 흡수하는 법인이 포괄적으로 승계한다.

3) 비법인사단

현행법에 의하면 권리능력 및 당사자능력이 인정되는 법인이 되기 위하여는 설립등기를 필요로 한다. 설립등기를 하지 않았지만 법인으로서의 실체를 갖추고 있는 사단을 비법인사단이라고 한다. 비법인사단은 실제 생활에서 자주 접할 수 있다. 종중, 교회, 절, 자연부락 등이 판례가 비법인사단으로 보고 있는 예이다. 단순히 명칭이나 범주만으로 비법인사단인지 여부를 판별하여서는 안 된다.

민법에서 비법인사단의 권리능력은 인정되지 않지만 비법인사단이 구성원 개개인과 별개로 거래관계의 주체가 되고 있는 현실을 감안하여 사실상 법인과 동일한 취급을 받고 있다. 비법인사단은 권리능력이 인정되지 않으므로 위에서 본 민법 34조에 의하여서는 당사자능력이 인정되지 않지만, 민사소송법은 52조에서 비법인사단이 마치 법인처럼 그 자체가 소송의 당사자가 될 수 있다고 규정하고 있다.[107)]

> 제52조(법인이 아닌 사단 등의 당사자능력) 법인이 아닌 사단이나 재단은 대표자 또는 관리인이 있는 경우에는 그 사단이나 재단의 이름으로 당사자가 될 수 있다.

한편 판례는 위 방법 외에 비법인사단의 구성원 전원이 당사자가 되어 소송을 수행할 수도 있다고 한다. 고유필수적 공동소송이 성립하는 경우이다.[108)] 판례는 비법인사단은 비법인사단으로서의 권리능력 내지 당사자능력을 가진다

106) 대법원 1968. 6. 18. 선고 67다2528 판결. 청산종결등기시설도 있다.

107) 대법원 2018. 8. 1. 선고 2018다227865 판결: 노인요양원이나 노인요양센터는 일반적으로 [] 노인의료복지시설을 [가리키는 것으로서], 법인이 아님이 분명하고 대표자 있는 비법인 사단 또는 재단도 아니므로, 원칙적으로 민사소송에서 당사자능력이 인정되지 않는다.

108) 대법원 2005. 9. 15. 선고 2004다44971 전원합의체 판결.

라는 표현을 쓰기도 한다.[109)]

4) 조 합

조합에 관하여는 민법의 채권편의 조합 관련 규정과 물권편의 합유 관련 규정이 적용된다. 조합인지 여부 역시 명칭만 가지고 판단할 수 없다. 예를 들어 농업협동조합은 조합이 아니라 법인이다. 현실적으로 조합과 비법인사단의 구별은 애매모호한 경우가 많고, 정책적 고려하에 실질적인 조합에 법인격이 부여되는 경우도 있다.[110)]

이론상 비법인사단보다 단체성이 약한 조합의 당사자능력을 인정할 것인지 여부에 관하여는 찬반론이 대립하고 있다. 판례는 조합의 당사자능력을 부정하고 있다.[111)] 따라서 조합 관련 소송을 하려면 조합원 전원이 원고 또는 피고가 되어야 한다. 이 역시 필수적 공동소송이 성립되는 경우이다. 이로 말미암아 생기는 불편은 선정당사자 제도나 임의적 소송신탁을 통하여 일부 완화될 수 있다.

3. 당사자능력이 흠결된 경우의 효과

1) 소송행위의 유효요건·소송요건

당사자능력은 개별 소송행위의 유효요건이고, 소송요건이다.

당사자능력은 개별적 소송행위의 유효요건이므로 당사자능력이 없는 자의 소송행위는 무효이다. 당사자능력의 흠결로 무효인 소송행위라도 사후적으로 당사자능력을 취득한 자의 추인에 의하여 소급적으로 유효로 될 수 있다.[112)]

당사자능력은 소송요건이다. 따라서 원고나 피고가 당사자능력이 없다면

---

109) 대법원 1993. 3. 9. 선고 92다39532 판결, 대법원 1999. 1. 29. 선고 98다33512 판결, 대법원 2007. 7. 26. 선고 2006다64573 판결, 대법원 2008. 1. 31. 선고 2005다60871 판결 등 참조.

110) 대법원 2018. 4. 12. 선고 2016다39897 판결: 구 농어업경영체 육성 및 지원에 관한 법률[]은 영농조합법인의 실체를 민법상의 조합으로 보면서 [] 일정한 요건을 갖춘 조합체에게 특별히 법인격을 부여한 것이라고 이해된다. 따라서 영농조합법인에 대하여는 [위 법률] 등 관련 법령에 특별한 규정이 없으면 법인격을 전제로 한 것을 제외하고는 민법의 조합에 관한 법리가 적용된다. 그런데 [] 채권자가 조합원에 대하여 권리를 행사하는 경우에 관하여는 [위 법률] 등에 특별히 규정된 것이 없으므로 민법 중 조합에 관한 법리가 적용[된다.]

111) 대법원 1991. 6. 25. 선고 88다카6358 판결.

112) 정동현·유병현·김경욱, 민사소송법(제6판), 법문사(2017)(이하 '정동현·유병현·김경욱(6판)'이라고 한다), 198면.

소는 각하된다.[113)]

2) 단순한 당사자능력 흠결과 당사자의 부존재

당사자능력이 흠결된 경우는 그 정도에 따라 2가지 경우로 나눌 수 있다. 원고가 자신이 피고로 삼은 단체가 비법인사단으로서 당사자능력을 가진다고 생각하였지만 실은 그 단체가 조합이어서 당사자능력이 없는 경우, 피고는 당사자능력은 없지만 실체가 없는 것은 아니다.[114)] 이와 달리 원고가 피고로 삼은 자가 소제기 이전에 이미 사망한 경우에는 피고는 당사자능력이 없을 뿐만 아니라 실체가 없다. 즉, 존재하지 않는다.[115)] 전자의 경우를 단순히 당사자능력이 없는 경우라고 하고, 후자의 경우를 당사자가 부존재(비실재)하는 경우라고 한 다음, 양자를 달리 취급하는 것이 일반적이다. 교과서들은 대개 전자는 당사자능력에서, 후자는 당사자 일반론(사망자 상대 소송)에서 다룬다. 당사자능력이나 당사자의 존재 모두 소송요건으로서 직권조사사항이지만, 후자의 흠결 즉, 당사자의 부존재는 더 심각한 하자로서 더 강한 효과가 부여된다.

아래 3)에서 전자를, 4)에서 후자의 대표적인 예인 사망자 상대 소송을 살펴본다.

3) 단순한 당사자능력 흠결의 효과

당사자능력은 직권조사사항이므로 소제기 당시부터 당사자능력이 없는 경우에는 판결로 소를 각하하여야 한다. 소각하시 피고측에 당사자능력이 없는 경우에는 원고에게, 원고측에 당사자능력이 없는 경우에는 실제 소를 제기한 자에게 소송비용의 부담을 명하여야 한다.

다만, 국가나 지방자치단체가 아닌 행정청을 민사소송의 피고로 삼은 경우와 같이 당사자표시정정으로 흠결을 보정할 수 있는 경우[116)]에는 법원은 먼저

113) 판례는 비법인사단인 종중 또는 종중유사단체의 당사자능력 유무는 사실심 변론종결시를 기준으로 판단하여야 한다고 하였다(대법원 2020. 10. 15. 선고 2020다232846 판결).

114) 민사소송에서 국가가 아닌 행정청이나 국립학교를 각 당사자로 삼은 경우도 여기에 해당한다.

115) 당사자가 허무인이거나, 가공의 단체인 경우도 여기에 해당한다.

116) 대법원 1996. 10. 11. 선고 96다3852 판결(순천향교 수습위원회에서 순천향교로의 피고표시정정이 허용되어야 한다고 한 사례), 대법원 1999. 11. 26. 선고 98다19950 판결(전국운수노동조합 전북지부 정읍미화분회에서 전라북도 항운노동조합으로의 당사자표시정정을 허용한 사

보정을 명하여야 한다.[117)]

당사자능력 유무는 사실심변론종결시를 기준으로 판단하므로[118)] 소제기시에는 당사자에게 당사자능력이 없었더라도 변론종결 전에 당사자능력을 갖추면 하자가 치유된다.

당사자능력 유무에 대한 다툼이 있는 당사자도 그 다툼에 관하여서는 당사자능력을 가지는 것으로 처리된다. 예컨대, 1심판결에서 당사자능력을 부정당한 원고가 이를 다투면서 항소를 제기하였는데, 항소심법원도 같은 판단을 하는 경우 항소심법원은 항소를 각하하지 않고 기각하여야 한다.[119)]

당사자능력의 흠결을 간과한 판결은 상소로써 다툴 수 있다. 당사자능력의 흠결을 간과한 판결이 형식적으로 확정되었을 때 그 효력에 대하여 무효설,[120)] 유효하지만 소송능력 흠결에 관한 재심규정을 유추적용할 수 있다는 재심설,[121)] 비록 당사자능력은 없지만 실재하는 기관 등이 소송수행을 하여 판결을 받은 이상 당해 사건에 한하여는 그 기관 등을 당사자능력이 있는 것으로 취급하여 판결의 집행을 허용하여야 한다는 유효설[122)]이 대립한다. 유효설이 다수설이다. 무효설을 지지한다. 판례는 어떤 법인의 하부조직인 지부·분회·지회에 대한 승소확정판결의 효력이 법인에 미치지 않는다고 판시하였다.[123)]

4) 당사자의 부존재: 사망자 상대 소송

당사자의 부존재는 당사자대립주의라는 민사소송의 기본적 원칙과 밀접한

례).

117) 소송능력 등의 흠결에 대한 보정을 명하도록 규정한 민사소송법 59조의 유추적용에서 그 근거를 찾는 견해가 있다. 이시윤, 신민사소송법(제12판), 박영사(2018)(이하 '이시윤(12판)'이라고 한다), 153면.

118) 대법원 1991. 11. 26. 선고 91다31661 판결(종중이 비법인사단으로서의 실체를 갖추고 당사자로서의 능력이 있는지 여부는 사실심인 원심의 변론종결시를 기준으로 하여 그 존부를 판단하여야 할 것이고 종중이 계쟁 임야를 신탁하였다고 주장하는 때를 기준으로 하여 판단하여서는 안 되는 것이다). 대법원 1991. 11. 26. 선고 91다30675 판결 등.

119) 정동윤·유병현·김경욱, 민사소송법(제6판), 법문사(2017)(이하 '정동윤·유병현·김경욱(6판)'이라고 한다), 198~199면. 소송능력에 대한 다툼이 있는 경우와 같다.

120) 호문혁(13판), 233면.

121) 정동윤·유병현·김경욱(6판), 200면.

122) 이시윤(12판), 154면.

123) 대법원 2018. 9. 13. 선고 2018다231031 판결(법인의 재산에 대한 강제집행을 하기 위하여는 법인 자체에 대한 별도의 집행권원이 필요하다고 하였다).

관련이 있으므로 이를 우선 살펴본 다음, 당사자의 부존재의 대표적인 예인 사망자 상대 소송을 시간순으로 살펴본다.

가) 당사자대립주의

민사소송은 분쟁의 해결절차이고, 분쟁은 이해관계가 대립되는 자들 사이의 충돌이므로 기본적으로 적극적 당사자인 원고와 소극적 당사자인 피고가 대립되어 있을 것을 요구한다. 이를 당사자대립주의라고 한다. 당사자가 대립하는지 여부는 원고와 피고가 실제 존재하는지 그리고 이를 전제로 서로 다른 별개의 당사자인지 여부에 따라 결정된다.

당사자가 대립하는 구조가 허물어지는 경우는 ① 원고, 피고의 일방 혹은 전부가 부존재하는 경우, ② 원고와 피고가 동일한 당사자에 해당하는 경우로 구분할 수 있다. ①의 대표적인 예는 당사자가 소제기 이전에 이미 사망한 경우이다. ②의 예로는 교육감이 도를 대표하여 도지사가 대표하는 같은 도를 상대로 소를 제기한 경우를 들 수 있다.[124)]

당사자대립구조가 허물어지는 경우는 시간적으로 ① 소제기 당시부터 당사자 대립구조가 없는 경우, ② 소송계속 중에 당사자대립구조가 없어지는 경우로 나눌 수 있다. 아래에서 보는 바와 같이 당사자의 사망이 언제나 당사자의 부존재/당사자대립구조의 소멸로 연결되지는 않는다.

나) 사망자 상대 소송의 개요

피고(로 기재된 자)가 소 제기 이전에 이미 사망하였다면 어떤 효과가 발생하는가? 또, 소송진행 중에 피고가 사망하면 어떤가? 당사자능력은 소송요건이므로 위 두 경우 모두 원고의 소가 각하될 듯하지만, 사안에 따라 다르게 처리되고, 복잡하다.

이러한 일련의 문제들과 관련하여, 누가 당사자(피고)인가? 당사자(피고)가 사망자라면 상속인을 상대로 소송을 진행할 수 있는가? 있다면 그 절차는? 사망을 간과한 판결은 유효한가? 유효한 경우 나아가 적법한가? 사망으로 소송절차가 중단되는가? 중단된 경우 중단을 해소하는 방법은 무엇인가? 등등 사안별로 문제되는 세부 논점들이 달라진다. 원고(로 기재된 자)가 사망한 경우도 있다.

기본적으로 시간이 주요한 변수가 되므로 사망자를 상대로 한 소송은 통상

---

124) 대법원 2001. 5. 8. 선고 99다69341 판결.

소송단계에 따라 소제기 이전에 당사자(로 기재된 자)가 사망한 경우와 소송계속 중에 당사자가 사망한 경우로 나뉘어 고찰된다.

다) 소제기 이전에 당사자가 사망한 경우

B에게 돈을 빌려준 A가 대여금채권의 소멸시효의 완성이 임박한 것을 알고는 급히 B를 상대로 소를 제기하였는데, B가 제소전에 이미 사망한 경우(상속인은 C), B는 사망자이므로 당사자능력이 없을 뿐만 아니라, 당사자가 부존재하여 당사자대립구조가 없어서 소가 각하되어야 한다.[125)]

그러나, 판례는 A가 B의 사망사실을 몰랐던 경우 A의 B에 대한 제소를 실질적으로는 C에 대한 제소로 본다.[126)] 이 경우 A의 B에 대한 제소로 인한 소멸시효 중단의 효과는 C에게 미치며, A는 당사자표시정정으로 피고를 C로 바꾸어 C를 상대로 소송을 진행할 수 있다. 당사자표시정정은 당사자의 동일성이 유지되는 경우에만 가능하므로, 판례는 소장의 피고란에 비록 B가 적혀 있음에도 불구하고 C가 피고라고 보고, B에서 C로의 변경은 표시정정에 불과하다고 보는 것이다. 또한 판례는 당사자대립구조가 A와 C 사이에 존재한다고 본다.

판례의 입장에 찬성하는 견해도 있으나, 실질적 표시설을 취할 때는 애초의 피고는 표시대로 B이므로, B에서 C로의 변경은 당사자변경이 된다고 하고, 판례는 당사자확정의 기준을 일관성 없이 적용하여 일반적인 경우와 달리 이 경우에는 의사설[127)]을 취한다고 비판하는 견해도 있다. 이 견해는 나아가 위와 같은 사안에서는 피고 경정을 통하여 피고를 B에서 C로 바꾸어야 한다는 입장을 취한다.[128)] 이 입장을 취할 때 C에 대한 소멸시효 중단의 효과는 피고경정 신청서 제출시에 발생한다(265조).

---

125) 이와 같이 각하된 이후 A가 C를 상대로 다시 소를 제기하였는데, 그 사이에 소멸시효가 완성되면 A의 C에 대한 청구는 기각된다.

126) 대법원 1969. 12. 9. 선고 69다1230 판결, 대법원 2006. 7. 4.자 2005마425 결정(원고가 사망사실을 모르고 사망자를 피고로 표시하여 소를 제기한 경우에, 청구의 내용과 원인사실, 당해 소송을 통하여 분쟁을 실질적으로 해결하려는 원고의 소제기 목적 내지는 사망 사실을 안 이후의 원고의 피고 표시 정정신청 등 여러 사정을 종합하여 볼 때 사망자의 상속인이 처음부터 실질적인 피고이고 다만 그 표시를 잘못한 것으로 인정된다면, 사망자의 상속인으로 피고의 표시를 정정할 수 있다고 한 사례. 나아가, 제1순위 상속인이 상속포기한 경우는 제2순위 상속인이 실질적 당사자라고 판시하였다).

127) 실제 가지고 있었던 의사가 아니고, '만약 B의 사망사실을 알았었다면'이라는 가정 하에 추단되는 의사를 말한다.

128) 호문혁(13판), 231면, 정동현·유병현·김경욱(6판), 186~187면.

판례의 입장은 (실질적) 표시설과 맞지 않는 것은 사실이지만 소제기로 인한 소멸시효 중단이나 제소기간 준수의 효과를 애초부터 상속인에게 발생시키는 것이 바람직하다는 현실적인 요청을 고려하면 받아들일 수 있다.

판례의 입장에는 다음과 같은 주의할 점이 있다. 첫째, 판례의 주류가 상속인으로의 당사자표시정정을 인정하는 것은 1심판결 선고 이전까지이다.[129] 이에 반하여 통상의 당사자표시정정은 상고심에서도 가능하다. 이 점에서 판례가 당사자표시정정을 인정하는 것은 소멸시효의 완성 이전에 상속인을 정확히 파악하는 것이 어려울 수 있고, 그로 인한 부담을 원고에게만 지게 하는 것이 부적절하다는 점을 고려한 예외적 조치임을 알 수 있다.[130] 둘째, 판례는 당사자표시정정 없이 선고된 1심판결은 사망자를 상대로 한 판결로서 무효의 판결이라고 하고,[131] 이에 대한 상소도 사망자에 대한 상소라는 이유로 각하한다.[132][133]

129) 대법원 1971. 2. 9. 선고 69다1741 판결, 대법원 2015. 1. 29. 선고 2014다34041 판결.

130) 한편, 1심판결 선고 전까지 실질적 피고는 상속인이라고 하여 당사자표시정정을 인정하는 것과 당사자표시정정이 안 된 상태에서 1심판결이 선고되면 다시 사망자가 당사자라고 하는 것은 상호모순된다. 판례는 원고를 위하여 소제기로 인한 소멸시효의 중단 등의 효과를 애초의 소제기시로 소급시켜주기 위하여 표시설에 따라 사망자가 주된 피고이긴 하지만, 상속인을 잠재적·부차적인 피고로 파악하여 상속인으로의 피고표시정정을 인정하되, 그 시한을 1심판결선고시까지 한정하는 입장이라고 볼 수 있다. 상세는 박재완, "제소전 사망한 자를 피고로 한 소송에 관한 대법원 판례에 대한 고찰," 법학논총 제34집 제4호, 한양대학교 법학연구소(2017. 12), 431면 이하, 444면 참조.

131) 대법원 2014. 2. 27. 선고 2013다94312 판결은 "소외 1은 2008. 10. 18. 사망하여 … 원고가 2012. 5. 9. [그를] 상대로 [] 채권의 소멸시효 중단을 위하여 [] 제기한 []소에서 [받은 판결]은 이미 사망한 [자]를 상대로 한 무효인 판결에 해당[한다]"라고 하여 이 점을 명백히 하고 있다. 위 판결의 사안에서, 원고가 소멸시효 중단을 위하여 다시 상속인에 대하여 소를 제기하면서, 비록 상속인에 대한 제소 당시 소멸시효가 완성되었으나 일정한 경우 최초의 제소시로 시효중단의 소급을 인정하는 민법 170조 2항에 의하여 소외 1에 대한 소제기시 소멸시효 중단의 효과가 소급한다고 주장하였으나, 대법원은 소외 1에 대한 판결은 당연무효로서 그 효력이 상속인에게 미치지 않고, 소외 1에 대한 이러한 제소는 권리자의 의무자에 대한 권리행사에 해당하지 않으므로 거기에는 애초부터 시효중단의 효력이 없어 민법 170조 2항이 적용되지 않는다는 이유로 배척하였다.

132) 대법원 2000. 10. 27. 선고 2000다33775 판결: 피고는 이 사건 소 제기 이전인 1997. 8. 28.에 이미 사망하여 주민등록이 말소된 사실이 인정되므로, 이를 간과한 채 본안 판단에 나아간 원심판결은 당연무효라 할 것이다. 그러나 민사소송이 당사자의 대립을 그 본질적 형태로 하는 것임에 비추어 사망한 자를 상대로 한 상고는 허용될 수 없다 할 것이므로, 이미 사망한 피고를 상대방으로 하여 제기한 이 사건 상고는 부적법하다고 할 것이다.
위 판례 등을 근거로 대법원이 무효인 판결 일반에 대하여 상소를 인정하지 않는다고 보는 것이 일반적이다. 그러나 제소전에 사망한 피고를 상대로 한 소송에서 당사자표시정정이 1심판결 선고전까지만 인정된다는 특수성이 있고, 상소를 받아들인 판례도 있다는 점에서 의문

재심은 허용되지 않는다. 셋째, 판례는 원고가 피고로 기재된 자가 소제기 이전에 사망한 사실을 알고 있었던 경우에도 당사자표시정정을 인정한 바 있다.[134] 넷째, 판례는 원고가 소제기 이전에 사망한 경우에도 선행 절차의 당사자표시를 그대로 사용한 경우, 예컨대 재심대상판결의 원고가 사망하였는데 상속인이 재심을 제기하면서 사망자를 재심원고로 표시한 경우 등에는 예외적으로 당사자표시정정을 인정한다.[135] 다섯째, 당사자표시정정신청을 하여야 함에도 불구하고 착오로 수계신청이나 피고경정신청을 한 경우에도 당사자표시정정신청으로 선해하여 처리된다.[136] 여섯째, 소송대리인을 선임한 자가 사망하였는데 소송대리인이 이를 간과하고 사망자 명의로 소를 제기한 경우, 대법원은 소송계속 중에 당사자가 사망한 경우와 마찬가지로 취급한다.[137]

이 있다. 상세는 박재완, "제소전 사망한 자를 피고로 한 소송에 관한 대법원 판례에 대한 고찰," 법학논총 제34집 제4호, 한양대학교 법학연구소(2017. 12), 431면 이하, 437~438면.

133) 판례가 상속인을 실질적 피고라고 하여 1심판결 선고 이전까지 당사자표시정정을 허용하다가, 1심판결이 선고되면 그 판결은 사망자를 피고로 한 무효의 판결이라고 하는 것은 상호 모순된다. 판결은 사망자를 주된 피고로 보면서도, 제소의 효과를 소급시키기 위하여 상속인은 부차적인 피고로 보는 입장에 있다고 볼 수 있다. 박재완, "제소전 사망한 자를 피고로 한 소송에 관한 대법원 판례에 대한 고찰," 법학논총 제34집 제4호, 한양대학교 법학연구소(2017. 12), 431면 이하, 437~438면.

134) 대법원 2011. 3. 10. 선고 2010다99040 판결(원고가 채무자가 소제기 이전에 사망한 사실을 알면서도 상속인을 알 수 없어 채권의 소멸시효의 완성이 임박한 시점에 채무자를 피고로 기재하여 소를 제기하면서 소장에 채무자의 사망사실이 기재된 주민등록초본 등을 첨부하여 제출하였고, 소제기 직후 상속인을 확인하기 위한 사실조회를 신청하여 상속인을 알아 낸 다음 피고를 채무자에서 상속인으로 당사자표시정정을 한 사안).

135) 대법원 1979. 8. 14. 선고 78다1283 판결(재심), 대법원 1971. 4. 22.자 71마279 결정(항고), 대법원 1994. 12. 2. 선고 93누12206 판결(행정소송의 전치절차).

136) 대법원 1983. 12. 27. 선고 82다146 판결(피고표시정정신청 대신 수계신청을 한 사안), 대법원 2009. 10. 15. 선고 2009다49964 판결(피고표시정정신청 대신 피고경정신청을 한 사안) 등 참조.

137) 대법원 2016. 4. 29. 선고 2014다210449 판결. 이에 따르면 위의 경우 당사자의 사망으로 인한 소송중단과 수계에 관한 규정인 민사소송법 233조 1항이 유추적용되는데, 소송대리인이 있으므로 소송절차는 1심판결이 소송대리인에게 송달되었을 때 소송절차가 중단된다(소송대리인에게 상소제기에 관한 특별수권이 있는 경우에는 상소제기시에 중단). 이러한 수계신청은 1심단계로 한정되지 않는다는 점에서, 소송대리인을 선임하지 않은 원고가 제소 이전에 사망한 경우 상속인의 당사자표시정정이 1심판결 선고 이전까지로 한정되는 것과 대비된다.

라) 소송계속 중 당사자가 사망한 경우

(1) 일반적인 사건

(가) 상속인이 있는 경우

i) 기본사항

일반적인 사건, 즉 소송물이 일신전속적 권리관계가 아닌 사건의 경우, 실체법적으로 포괄승계가 일어나고 이에 따라 절차법적으로 당사자변경 중 당연승계가 발생한다. 즉, 당사자의 사망으로 별도의 아무런 조치가 없어도 즉시 상속인이 새로운 당사자가 된다. 합병의 경우도 마찬가지이다. 당사자대립구조는 상대방과 상속인 사이에 중단 없이 새롭게 성립하므로 소멸하지 않는다. 다만, 원래의 당사자의 사망으로 인하여 민사소송법 233조에 의하여 소송절차가 당연히 중단된다.

> 제233조(당사자의 사망으로 말미암은 중단) ① 당사자가 죽은 때에 소송절차는 중단된다. 이 경우 상속인·상속재산관리인, 그 밖에 법률에 의하여 소송을 계속하여 수행할 사람이 소송절차를 수계(受繼)하여야 한다.

상속인이 당사자가 되었지만 소송에 대하여 전혀 모르고 있는 경우도 있을 수 있기 때문에 그를 보호하기 위함이다. 사망자에게 소송대리인이 있었던 경우는 예외이다.

> 제238조(소송대리인이 있는 경우의 제외) 소송대리인이 있는 경우에는 제233조 제1항, 제234조 내지 제237조의 규정을 적용하지 아니한다.

소송대리인이 없어서 중단된 소송절차는 상속인들이 소송절차에 참여하면 해소된다. 상속인이 절차에 참여하여 소송중단을 해소하는 것을 소송수계라고 한다(233조). 만약 상속인이 소송수계를 하지 않는 경우에는 상대방도 수계신청을 할 수 있고, 법원이 속행명령을 내릴 수도 있다(241, 244조). 소송수계에 대한 상세는 소송절차의 정지에서 다룬다.

소송절차의 중단을 간과하고 변론을 진행하여, 이를 기초로 선고된 판결은 무효라는 견해도 있지만, 유효한 판결이나 상속인의 재판받을 권리를 침해한 점은 무권대리에 준하는 하자이므로 상소 또는 재심의 대상이 된다는 견해가 통설(위법설)이고, 판례도 같다.[138] 기본적으로 무효설은 판결에 기재된 명의대

---

138) 대법원 1995. 5. 23. 선고 94다28444 전원합의체 판결.

로 사망자가 당사자임을 전제로 하고, 위법설은 상속인이 당사자임을 전제로 한다. 위와 같은 하자는 상속인 등의 추인에 의하여 치유될 수 있고, 추인은 묵시적으로도 가능하다고 한다.[139)]

ii) 주의사항

주의할 점을 몇 가지 제시하면 다음과 같다. 첫째, 소송중단을 간과한 위법이 있는 판결의 경우 상소나 재심의 대상이 된다고 하였지만 소송중단 중에는 판결정본의 송달이 불가능하고, 실제 송달하여도 무효이므로 상소기간이 진행되지 않는다. 따라서 일반적으로는 그 판결은 확정되지 않으므로 재심이 아니라 상소로 다투어야 한다. 선고로 바로 확정되는 상고심판결은 예외이다. 소송중단 중에는 상소제기도 불가능하므로 상속인은 수계신청을 먼저 또는 동시에 하면서 상소를 제기하여야 하는 것이 원칙이나, 상소를 먼저 제기한 다음 상소심에서 수계신청을 하면 하자가 치유된다는 것이 판례의 입장이다.[140)]

둘째, 변론종결 이후에 당사자가 사망하여 그때 소송절차가 중단된 경우에는 소송절차 중단 중에도 판결의 선고는 가능하므로, 이와 같은 소송중단을 간과하고 판결이 선고되어도 그 판결에 무권대리에 준하는 하자가 있는 것은 아니다.[141)]

제247조(소송절차 정지의 효과) ① 판결의 선고는 소송절차가 중단된 중에도 할 수 있다.

변론종결 이후에 소송이 중단된 경우에도 판결정본의 송달이 불가능하고, 실제 송달하여도 무효이므로 상소기간이 진행되지 않는다는 점은 마찬가지이다. 다른 사유를 들어 상소나 재심을 제기하는 것은 별론이다.

셋째, 소송대리인이 있는 경우 소송절차가 중단되지 않는다고 하였지만, 이는 당사자의 사망으로 바로 중단되지 않는다는 의미에 그칠 뿐이다. 소송대리인이 있는 경우에도 소송대리인의 권한이 소멸하면 그 때 소송절차가 중단된다. 소송대리인의 권한은 심급대리의 원칙에 따라 해당 심급이 종료될 때, 즉

---

139) 예컨대, 대법원 1995. 5. 23. 선고 94다28444 전원합의체 판결은 항소심판결에 위와 같은 하자가 있는데, 상속인이 상고이유로서 이와 같은 하자를 주장하지 않고, 본안에 대하여만 다투는 상고이유서를 제출한 경우 상속인이 묵시적으로 위 하자를 추인한 것으로 보아야 한다고 판시하였다.

140) 대법원 1995. 5. 23. 선고 94다28444 전원합의체 판결, 대법원 1996. 2. 9. 선고 94다61649 판결.

141) 대법원 2007. 12. 14. 선고 2007다52997 판결.

통상의 경우 판결정본 송달시에 소멸하고, 이에 따라 소송절차가 중단된다.[142)] 판결정본의 송달이 유효하더라도 소송절차의 중단으로 인하여 상소기간은 진행하지 않는다.

> 제247조(소송절차 정지의 효과)
> ② 소송절차의 중단 또는 중지는 기간의 진행을 정지시키며, 소송절차의 수계사실을 통지한 때 또는 소송절차를 다시 진행한 때부터 전체기간이 새로이 진행된다.

만약 소송대리인에게 상소제기에 관한 특별수권이 부여되어 있는 경우에는 해당 심급의 판결정본 송달에도 불구하고 소송대리권이 소멸하지 않기 때문에 소송절차는 중단되지 않는다. 따라서 판결정본의 송달에 따른 상소기간도 진행되고, 상소기간 도과로 인하여 판결이 확정되는 사태도 발생할 수 있다.[143)] 상소제기에 관한 특별수권을 부여받은 소송대리인이 상소를 제기하면 그때 소송대리인의 권한이 소멸하고, 따라서 소송절차가 중단된다.

넷째, 상속인이 수인인 경우 판결의 효력은, 사망이 간과되어 수계가 모든 상속인에 대하여 이루어지지 않은 경우는 물론, 일부 상속인에 대하여만 수계가 일어난 경우에도 모든 상속인에게 미친다.[144)][145)][146)] 전자에 관하여는 앞의

---

142) 대법원 1996. 2. 9. 선고 94다61649 판결.

143) 대법원 1992. 11. 5.자 91마342 결정. 판례의 이러한 입장에 대하여 비판이 많다. 그 중 우리나라 민사소송법의 해석상 상소제기의 특별수권이 부여된 경우 소송대리인이 상소제기만 할 수 있을 뿐 다른 권한은 없으므로 소송대리권은 판결문 송달시에 소멸되는 것으로 보아야 하고, 따라서 그때 소송절차가 중단된다고 보는 견해가 특히 경청할 만하다고 생각된다. 오상현, 상소제기의 특별수권과 소송대리권의 소멸시기 — 대법원 2010. 12. 23. 선고, 2007다22859 판결 —, 법조 Vol. 692, 법조협회(2014. 5), 210면 이하, 239~241면 참조.

144) 대법원 1992. 11. 5.자 91마342 결정, 대법원 1996. 2. 9. 선고 94다61649 판결. 위 판례들은 소송대리인이 있는 사안에 대한 것이나, 그 취지를 고려하면 소송대리인이 없는 경우에도 같은 법리가 적용된다고 보아야 할 것이다. 특히 위 91마342 결정은 소송대리인을 선임하지 않은 당사자의 사망을 간과하고 선고된 판결의 효력에 관하여 무효설에서 취소설로 전환한 대법원 1995. 5. 23. 선고 94다28444 전원합의체 판결이 선고되기 이전의 것임에 유의할 필요가 있다.

145) 대법원 2023. 8. 18.자 2022그779 결정(가족관계등록부에 기록하는 범위는 2008. 1. 1. 당시 종전호적에 기재된 유효한 사항을 기준으로 하였으므로 2008. 1. 1. 전에 사망 등으로 제적된 사람들에 대하여는 가족관계등록부에 이기하지 않았다. 가족관계등록부로의 이기 범위에 위와 같은 한계가 있으므로, 2008. 1. 1. 이후 사망한 사람의 상속인 전원을 알기 위해서는 2008. 1. 1. 전 사망 등의 사유로 가족관계증명서로는 확인되지 않는 상속인이 있을 수 있기 때문에 가족관계증명서뿐만 아니라 제적등본까지 함께 확인하는 것이 원칙이다).

146) 대법원 1993. 2. 12. 선고 92다29801 판결: 소송의 목적이 공동상속인들 전원에게 합일확정

논의가 그대로 적용된다. 후자의 경우 상소심에서 누락된 상속인에 관한 수계가 가능한지가 문제되었는바, 이는 누락된 상속인에 관하여 적법한 상소가 제기되었는지에 따라 결정되고, 이는 다시 누가 상소인인지에 따라서 결정된다는 것이 판례이다. 1심 계속 중 당사자가 사망한 경우 1심판결 중 누락된 상속인에 대한 부분은, 상소가 제기되지 않았다면 소송절차가 중단된 상태로 1심에 사건이 계속 중이거나 혹은 확정되고,[147] 만약 항소가 제기되었다면 소송절차가 중단된 상태로 사건이 항소심에 계속 중에 있게 된다.[148] 이 경우 항소심에서 수계가 가능하다.[149][150]

다섯째, 실무상 당사자에게 소송대리인이 있어 사망으로 소송이 중단되지 않는 경우에도 수계절차가 행해지는 경우가 종종 있다.[151]

되어야 할 [필수적] 공동소송관계라고 인정되지 아니하는 이상 반드시 공동상속인 전원이 공동으로 수계하여야 하는 것은 아니[다].

147) 사망자에게 상소의 특별수권이 주어진 소송대리인이 있는 경우 누락된 상속인에 대하여도 사망시는 물론 판결정본송달시에도 소송절차가 중단되지 않고, 상소기간도 진행하기 때문이다.

148) 대법원 2010. 12. 23. 선고 2007다22859 판결.

149) 대법원 2010. 12. 23. 선고 2007다22859 판결은 일부 상속인 누락으로 당사자 표시가 잘못되었음에도 상속인들 모두에게 효력이 미치는 판결에 대하여 그 잘못된 당사자 표시를 신뢰한 상대방 당사자(그의 소송대리인 포함)나 사망자의 소송대리인이 그 잘못 기재된 당사자 모두를 상소인 또는 피상소인으로 표시하여 상소를 제기한 경우에는 상소를 제기한 자의 합리적 의사에 비추어 특별한 사정이 없는 한 누락된 상속인에게도 상소의 효력이 미치지만, 수계가 이미 이루어진 일부 상속인들이 상소를 제기한 경우에는 그렇지 않다고 하였다.

위 판결은 이러한 법리를 전제로 망인(원고)의 소송대리인이 제기한 항소의 효력이 누락된 상속인에게도 미치고, 따라서 그와 관련된 사건 부분이 항소심에서 중단된 채로 계속 중이므로 그 부분에 대한 수계신청이 가능하다고 하였다(실제 사안은 다소 복잡하다).

150) 대법원 2023. 8. 18.자 2022그779 결정은 위 대법원 2010. 12. 23. 선고 2007다22859 판결과 같은 법리를 적용하여, 금원지급청구소송의 1심 진행 중 피고가 사망하고, 피고의 소송대리인에게 상소제기의 특별수권이 있었고, 일부 상속인들에 관하여만 수계가 이루어진 후 원고가 위 일부 상속인들이 상속인 전원인 것을 전제로 한 상속분에 상응한 금액을 청구하는 것으로 청구를 변경하여 1심에서 일부인용 판결이 선고되고, 원고와 피고의 소송대리인이 항소하여 항소심에서 항소가 일부인용되고, 항소심판결에 대한 위 일부 상속인들의 상고가 기각되어 판결이 확정되었는데, 이후 집행단계에서 누락된 상속인들이 있음이 밝혀지자, 원고가 위 확정판결의 주문 등을 상대방은 상속인들 전부로, 인용금액은 진정한 상속분에 상응하는 액수로 바꾸어 달라는 판결경정신청을 한 사안에서, 1심에서 수계신청을 한 일부 상속인들에 대한 부분의 경우 위와 같은 경정은 판결내용을 실질적으로 변경하는 것이 아니므로 허용되어야 한다는 이유로 이 부분 경정신청을 기각한 원심결정을 파기하였고, 나머지 누락된 상속인들 대한 부분은 사건이 소송절차가 중단된 상태에서 항소심에 계속 중이므로 수계신청을 하여 심판 받아야 하고, 이들을 당사자와 주문에 반영하여 달라는 경정신청은 허용되지 않는다는 이유로 특별항고를 기각하였다. 특별항고를 기각한 부분의 타당성에 대하여는 검토가 필요하다.

㈏ 상속인이 없거나 존부불명인 경우

일반적인 사건이 진행되는 중 당사자가 사망하였는데, 상속인이 있는지 여부가 분명하지 않은 경우에는 어떻게 하여야 하는가? 판례는 당사자가 사망하였는데 상속인의 존부가 분명하지 않은 경우에는 상속재산관리인에게 소송을 수계시켜야 한다고 판시하였다.[152] 상속인이 없음이 분명한 경우도 마찬가지로 볼 것이다. 상속재산관리인에게 소송을 수계하도록 하는 방법은 사망자가 남긴 재산이 있는 경우에 효용이 있을 것이다.

⑵ 일신전속적 사건 등

이혼소송과 같이 소송물이 일신전속적 권리관계인 경우에는 사망자는 사망과 함께 당사자능력을 잃고, 사망자의 당사자지위를 당연승계할 사람도 없다. 따라서 당사자대립구조가 소멸한다. 사망으로 권리·의무의 혼동이 일어나는 경우도 같다. 이 경우 소송절차가 당연히, 즉 별다른 조치 없이 바로 종료된다.[153][154][155] 법원이 소송계속 중 당사자대립구조의 소멸을 모른 채 계속하여 소송을 진행하다가 뒤늦게 이를 알게 된 경우에는 판결로 소송이 종료되었다는 선언을 한다. 법원이 당사자대립구조의 소멸을 간과하고 선고한 판결은 무효의 판결이다.

---

151) 이를 일본에서는 수계유사적 처리라고 한다.

152) 대법원 2002. 10. 25. 선고 2000다21802 판결은 소송수계신청인이 유증을 받았다고 주장하였으나 방식 위배로 공정증서에 의한 유언이 무효이고, 호적상 상속인이 전혀 없는 사안에서 1심법원이 유언의 무효를 이유로 소송수계신청인의 청구를 기각하고, 항소심법원이 원고의 항소를 기각하였으나, 대법원은 항소심판결과 1심판결 모두 원고에게 수계신청권이 없음을 간과한 잘못이 있다는 이유로 항소심판결과 1심판결을 모두 파기/취소하고, 소송수계신청을 기각하고, 소송절차가 중단된 채 1심에 계속되어 있음을 명확히 하는 의미에서 사건을 1심으로 환송하였다.

153) 대법원 1994. 10. 28. 선고 94므246, 94므253 판결: 이혼소송과 재산분할청구가 병합된 경우, 배우자 일방이 사망하면 이혼의 성립을 전제로 하여 이혼소송에 부대한 재산분할청구 역시 이를 유지할 이익이 상실되어 이혼소송의 종료와 동시에 종료된다.

154) 대법원 2018. 5. 15. 선고 2014므4963 판결: 친생자관계존부 확인소송은 소송물이 일신전속적인 것이므로, 제3자가 친자 쌍방을 상대로 제기한 친생자관계 부존재확인소송이 계속되던 중 친자 중 어느 한편이 사망하였을 때에는 생존한 사람만 피고가 되고, 사망한 사람의 상속인이나 검사가 절차를 수계할 수 없다. 이 경우 사망한 사람에 대한 소송은 종료된다.

155) 대법원 2019. 2. 14. 선고 2015다255258 판결: 이사가 그 지위에 기하여 주주총회결의 취소의 소를 제기하였다가 소송 계속 중에 사망하였거나 사실심 변론종결 후에 사망하였다면, 그 소송은 이사의 사망으로 중단되지 않고 그대로 종료된다. 이사는 주식회사의 의사결정기관인 이사회의 구성원이고, 의사결정기관 구성원으로서의 지위는 일신전속적인 것이어서 상속의 대상이 되지 않기 때문이다.

마) 소제기 이후 소송계속 이전에 당사자가 사망한 경우

소제기 이후, 즉 소장 제출 이후이지만 소송계속 이전, 즉 소장부본 송달 이전에 당사자가 사망한 경우에 관하여는 소송계속 중 사망한 경우와 같이 취급하자는 견해와 원고 측 사망의 경우만 소송계속 중 사망한 경우와 같이 취급하자는 견해가 있다. 판례는 피고가 사망한 사안에서 소장 접수 전에 사망한 경우와 마찬가지로 취급하여야 하여야 한다는 이유로 소송수계신청을 배척하였고,[156] 원고가 사망한 경우도 마찬가지라는 입장이다.[157]

156) 대법원 2015. 1. 29. 선고 2014다34041 판결.

157) 대법원 2018. 6. 15. 선고 2017다289828 판결은 위 2014다34041 판결의 법리를 당사자적격의 상실에 그대로 적용하여 "파산선고 전에 채권자가 채무자를 상대로 이행청구의 소를 제기하거나 채무자가 채권자를 상대로 채무부존재확인의 소를 제기하였더라도, 만약 그 소장 부본이 송달되기 전에 채권자나 채무자에 대하여 파산선고가 이루어졌다면[,] 파산재단에 관한 소송에서 채무자는 당사자적격이 없으므로, 채무자가 원고가 되어 제기한 소는 부적법한 것으로서 각하되어야 하고[,] 이 경우 파산선고 당시 법원에 소송이 계속되어 있음을 전제로 한 원고의 파산관재인의 소송수계신청 역시 적법하지 않으므로 허용되지 않는다"고 판시하였다.

제11강 당사자적격

1. 의 의

다른 사람의 권리를 주장하면서 소를 제기할 수 있는가? 예컨대, A가 여자친구 B로부터, 그녀가 그녀의 친구 C에게 1,000만 원을 빌려 주고 못 받고 있다고 하면서 도와 달라는 부탁을 받은 경우, A가 자신이 원고가 되어 C를 피고로 하여 'C는 B에게 1,000만 원을 지급하라'는 소를 제기할 수 있는가?

불가능하다. A에게는 원고적격이 없기 때문이다. 이행의 소에서 원고로서의 당사자적격, 즉 원고적격을 가지는 자는 자기에게 심판대상이 되는 이행청구권이 있다고 주장하는 자에게 있다. 그런데, A는 위 대여금청구권의 권리자가 자신이 아닌 B에게 있다고 주장하고 있기 때문에 원고적격을 가질 수 없다.

만약 A가 위 대여금청구권이 자기에게 있다고 주장하는 경우는 원고적격을 가질 수 있다. 이 경우 'C는 A에게 1,000만 원을 지급하라'는 소를 제기하게 되는데, 제대로 심리가 이루어진다면 A의 청구는 기각될 것이다.

이와 같이 민사소송에서 당사자가 되려면 일반적으로 당사자가 될 수 있는 능력인 당사자능력 외에도 당해 소송과 관련하여 소송을 수행하여 판결을 받을 만한 자격 내지 지위, 즉 당사자적격을 갖추고 있을 것을 요구한다. 당사자적격은 소의 적법요건, 즉 소송요건이다. 당사자적격을 가지는 자를 정당한 당사자라고도 한다.

당사자적격은 소송결과의 정당성을 뒷받침하기 위하여 부실하거나 무익한 소송수행을 사전에 막기 위한 것이다. 위의 예를 들어 설명하면 자기의 권리를 주장하는 경우에만 원고적격을 인정함으로써 타인의 권리를 주장하면서 제소하는 것을 막겠다는 것이다. 타인의 권리를 주장하는 경우 소송수행이 부실해질 수 있기 때문이다. A가 소송 도중 B와의 사이가 틀어지면 엉망으로 소송을 수행할 수도 있는 것 아닌가?

2. 인정범위

1) 일반적인 경우

가) 기 준

당사자적격은 일반적으로는 당해 사건의 청구(소송물)인 실체법적 법률관계의 권리자와 의무자에게 인정된다. 실체법상 권리자나 의무자가 패소하게 되는 경우 그 불이익을 직접 받게 되므로 승소를 위하여 최선을 다하리라고, 한편으로는 패소한 경우에 그 책임을 돌릴 수 있다고 보는 것이다. 반면 연령, 지능, 지식 등의 특성과 당사자적격은 무관하다. 따라서 위 사안에서 B가 소송절차에 관하여 아무런 지식이 없고, A는 소송절차에 관하여 박식하더라도, 당사자적격은 B가 가진다.

나) 이행의 소

이행의 소에서 원고로서의 당사자적격, 즉 원고적격을 가지는 자는 자기에게 심판대상이 되는 이행청구권이 있다고 주장하는 자이다. 실제 이행청구권이 있는 자가 원고적격을 가지는 것은 아니다. 이행청구권이 실제 있는지 없는지 여부는 소송요건인 당사자적격이 아닌 본안의 문제이다. 원고적격이 없는 경우, 즉 자기에게 이행청구권이 있다는 주장이 없는 경우에는 법원에서 소를 각하하지만, 원고가 이행청구권이 있다고 주장하였으나 실제 원고에게 이행청구권이 없는 경우에는 청구를 기각한다. 피고로서의 당사자적격, 즉 피고적격을 가지는 자 역시 위와 마찬가지로 실체 이행의무가 있는 자가 아니라, 원고에 의하여 이행의무를 부담한다고 주장된 자이다.

주의할 점은 판례는 등기말소청구소송에서는 등기명의자에게 피고적격이 인정된다고 하면서 실제 등기명의자가 아닌 자를 상대로 등기말소청구를 하면, 비록 원고가 그 자에게 등기말소의무가 있다고 주장하였다 하더라도, 피고적격이 없다는 이유로 소를 각하한다는 것이다.[158] 다만, 등기명의인이 허무인 또는 실체가 없는 단체인 때에는 소유자가 실제 등기행위를 한 자를 상대로 등기의 말소를 구할 수 있다.[159]

---

158) 대법원 1974. 6. 25. 선고 73다211 판결, 대법원 1980. 10. 27. 선고 79다1857 판결 등도 같은 취지이다.

159) 대법원 1990. 5. 8. 선고 90다684, 90다카3307 판결, 대법원 2008. 7. 11.자 2008마615 결정,

또 한 가지 주의할 점은, A→B→C→D로 소유권이전등기가 경료된 경우 A가 B에게로의 소유권이전이 원인무효라고 주장하면서 소유명의를 회복하기 위하여 말소등기를 청구하는 경우 B, C, D 모두 등기명의자로서 피고적격을 가지지만, A 소유의 부동산에 B 명의의 근저당권설정등기가 경료되고, 근저당권이 B→C→D로 이전되어 근저당권이전의 부기등기가 경료된 경우 A가 근저당권설정등기가 원인무효라고 주장하면서 말소등기를 청구하는 경우 D만 피고적격을 갖는다는 점이다.

> 대법원 2000. 4. 11. 선고 2000다5640 판결
> 근저당권 이전의 부기등기는 기존의 주등기인 근저당권설정등기에 종속되어 주등기와 일체를 이루는 것이어서, 피담보채무가 소멸된 경우 또는 근저당권설정등기가 당초 원인무효인 경우 주등기인 근저당권설정등기의 말소만 구하면 되고 그 부기등기는 별도로 말소를 구하지 않더라도 주등기의 말소에 따라 직권으로 말소되는 것이며,[160] 근저당권 양도의 부기등기는 기존의 근저당권설정등기에 의한 권리의 승계를 등기부상 명시하는 것 뿐으로, 그 등기에 의하여 새로운 권리가 생기는 것이 아닌 만큼 근저당권설정등기의 말소등기청구는 양수인만을 상대로 하면 족하고 양도인은 그 말소등기청구에 있어서 피고 적격이 없[다].

이러한 차이는 부동산등기법이 소유권의 이전과 제한물권의 이전을 달리 취급하는 것에서 발생한 것이다.[161] 실무에서 변호사들도 종종 혼동한다.

다) 확인의 소

법률관계 또는 권리의 확인을 구하는 확인의 소에서는 확인의 이익을 가지는 자가 원고적격을 가지고,[162] 원고의 이익과 대립되는 이익을 가지는 자가

대법원 2019. 5. 30. 선고 2015다47105 판결 등.

160) 이 부분 판시는 근저당권 이전의 부기등기의 말소청구는 소익이 없다는 것이다. 따라서 위의 사안에서 A는 D를 피고로 삼아 주등기인 근저당권설정등기의 말소를 구하여야 한다.
다만, 근저당권설정등기 자체는 유효하지만 근저당권의 이전원인만이 무효이거나 취소된 경우에는 근저당권이전의 부기등기만의 말소를 구할 소익이 인정된다(대법원 2005. 6. 10. 선고 2002다15412, 15429 판결).

161) 가등기의 이전도 부기등기에 의하여 처리되므로 가등기에 관하여도 같은 법리가 적용된다. 대법원 1994. 10. 21. 선고 94다17109 판결 참조.

162) 대법원 2024. 11. 28. 선고 2023다245287 판결: 비법인사단인 교회의 교인총회 결의에 대하여 부존재 확인의 소를 제기할 수 있는 사람이 누구인지에 관하여 민법 등에 특별한 규정이 없으므로, 일반적인 확인의 소의 경우처럼 확인의 이익이나 법률상 이해관계를 가지는 사람은 누구든지 원고적격을 가진다. 교회에 확인의 이익이 인정되는 경우에는 교회 스스로 원고가 되어 교인총회 결의의 존재를 주장하는 교인 등을 상대로 그 결의의 부존재 확인의 소를 제기할 수도 있다.

피고적격을 가진다. 이처럼 확인의 소의 당사자적격에서는 확인의 이익이라는 개념이 결정적인 중요성을 가지는데, 이에 관하여는 청구 부분에서 보기로 한다.

어떤 단체의 구성원 간에 다툼이 생겨 대표자를 선출한 결의의 무효나 부존재에 관하여 확인의 소가 제기되는 경우 누가 피고적격을 가지는지에 관하여 학설은 현재 대표자라는 견해, 단체라는 견해, 둘 모두라는 견해가 대립하고 있으나, 단체에게 피고적격이 있다는 두 번째 견해가 다수설이다. 판례도 다수설과 같은 입장이다.[163]

라) 형성의 소

형성의 소의 당사자적격자는 일반적으로 법률규정이 정하고 있다. 법률규정이 없는 경우에는 원칙적으로 형성될 법률관계의 주체로 될 자 등 당해 청구와 관련하여 가장 강한 이해관계를 갖는 자가 당사자적격을 가진다.

2) 제3자 소송담당

위 일반적인 경우와 달리 실체법적 법률관계의 권리자와 의무자가 아닌 자에게도 당사자적격이 인정되는 경우가 있는바, 이를 제3자 소송담당이라고 한다. 제3자 소송담당은 어디까지나 예외적으로만 가능한 것으로서, 실체법적 법률관계의 관리처분권이 예외적으로 권리자·의무자가 아닌 자, 즉 제3자에게도(병행형) 혹은 제3자에게만 인정될 때(갈음형) 성립한다.

이와 같은 제3자 소송담당에는 그 성립원인에 따라서 법률의 규정에 의하여 당연히 제3자에게 관리처분권이 인정되는 경우에 성립하는 법정소송담당, 권리자나 의무자가 제3자에게 소송수행권을 수여함으로써 성립하는 임의적 소송담당, 법원의 허가에 의한 소송담당이 포함되는바, 아래에서 차례로 본다.

가) 법정소송담당

(1) 갈음형 법정소송담당과 병행형 법정소송담당

법정소송담당에는 권리자나 의무자가 아닌 제3자만 관리처분권을 갖고, 따라서 권리자나 의무자에게는 당사자적격이 없고 제3자만 당사자적격을 갖는 경우와, 권리자나 의무자도 여전히 관리처분권을 갖고 있어 권리자나 의무자도 당사자적격을 갖는 경우가 있다. 전자를 갈음형 법정소송담당, 후자를 병행형

163) 대법원 1973. 12. 11. 선고 73다1553 판결, 대법원 1982. 9. 14. 선고 80다2425 전원합의체 판결 등.

법정소송담당이라고 한다.

채권자대위소송이 병행형 법정소송담당에 해당한다고 보는 법정소송담당설이 통설이자, 판례의 입장이다. 판례는 채권자대위소송에서 피보전권리가 인정되지 않는 경우 원고적격의 흠결을 이유로 소를 각하한다. 이에 대하여 채권자대위권을 행사하여 소를 제기하는 것은 채권자가 민법이 인정하는 자신의 독자적이고 실체법적인 권리인 대위권에 관하여 소를 제기한 것으로 보아야 한다는 이유로 채권자대위소송을 제3자 소송담당으로 보는 것에 반대하는 소수견해(독자적 권리행사설 또는 고유적격설)도 있다.

추심소송은 갈음형 법정소송담당에 해당한다는 것이 통설, 판례였으나, 대법원은 대법원 2025. 10. 23. 선고 2021다252977 전원합의체 판결로 입장을 바꾸어 병행형 소송담당설을 취하였다. 위 전원합의체 판결로 추심소송의 성격이나 추심소송과 관련된 기판력의 확장 등에 관한 논란이 정리될 것으로 생각된다.[164]

또한, 회사대표소송, 질권의 행사 등도 병행형 법정소송담당에 해당한다.

갈음형 법정소송담당에 해당하는 경우로는, 파산절차나 회생절차에서 파산관재인이나 관리인이 선임된 경우를 들 수 있다. 유언집행자(민법 1093조 내지 1096조)도 갈음형 법정소송담당자에 해당된다고 보는 것이 판례[165]와 다수설의 입장이다.

⑵ 직무상 당사자

한편, 법정소송담당이 예외적으로 실체법상의 관리처분권의 소재와 무관하게 발생하는 경우도 있다. 예를 들어 인지청구, 친생부인, 혼인이나 이혼의 무효·취소 등의 소를 제기할 때 실체법상 법률관계가 있는 상대방이 피고적격을 가지나 이러한 자가 사망해버린 경우 검사를 상대로 소를 제기할 수 있다. 이 경우 검사를 직무상 당사자라고 한다.

---

164) 위 전원합의체 판결 중 대법관 이흥구, 이숙연의 보충의견 중 '새로운 법리가 추심명령 관련 재판 실무에 미치는 영향' 참조.

165) 대법원 2001. 3. 27. 선고 2000다26920 판결, 대법원 2010. 10. 28. 선고 2009다20840 판결(유언의 집행에 방해가 되는 다른 등기의 말소를 구하는 소송에 있어서는 유언집행자가 이른바 법정소송담당으로서 원고적격을 가진다고 할 것이고, [] 유언집행자가 있는 경우 그의 유언집행에 필요한 한도에서 상속인의 상속재산에 대한 처분권은 제한되며 그 제한 범위 내에서 상속인은 원고적격이 없다).

나) 임의적 소송담당

법이 명문으로 임의적 소송담당을 인정하는 경우도 있다. 선정당사자나 추심위임배서의 피배서인은 이 경우에 해당한다. 법적 근거가 없는 경우 임의적 소송담당을 어느 범위에서 인정하여야 할지에 관하여 견해가 대립하고 있다. 이러한 견해대립이 생기는 이유는 임의적 소송담당을 넓게 인정하는 것이 변호사대리의 원칙이나 소송신탁금지의 원칙과 충돌할 가능성이 있기 때문이다. 판례는 오랜 기간 아주 엄격한 입장을 취하여 조합의 업무집행조합원의 경우에만 임의적 소송담당을 인정하였으나,[166] 집합건물관리단으로부터 관리업무를 위임받은 위탁관리회사,[167] 집합건물관리단으로부터 공공부분 변경에 관한 업무를 위임받은 입주자대표회의[168]를 추가하였다.

다) 법원의 허가에 의한 소송담당

「증권관련 집단소송법」에 의한 증권관련 집단소송의 대표당사자, 소비자기본법에 의한 소비자단체소송의 소비자단체 등도 제3자 소송담당에 해당하는데, 관련법들은 이들의 소송수행에 관하여는 법원의 허가를 받도록 하고 있다.

3) 고유필수적 공동소송

실체법상 관리처분권이 수인에게 귀속되는 경우, 절차법에서는 그 수인 모두가 당사자가 되어야 하고, 한 명이라도 빠지는 경우에는 당사자적격이 인정되지 않는다. 이러한 경우를 필수적 공동소송이라고 한다. 복잡소송에서 자세히 본다.

3. 흠결의 효과

1) 소제기 단계부터 당사자적격이 흠결된 경우

당사자적격은 소송요건이다. 법원은 직권으로 당사자적격이 갖추어졌는지를 조사하고, 흠결된 경우에 소를 각하한다. 앞서 본 바와 같이 이행의 소에서 일반적으로는 원고가 자기에게 이행청구권이 있다고 주장하는 것 자체에 의하

---

166) 대법원 1984. 2. 14. 선고 83다카1815 판결, 대법원 2001. 2. 23. 선고 2000다68924 판결.
167) 대법원 2016. 12. 15. 선고 2014다87885 판결.
168) 대법원 2017. 3. 16. 선고 2015다3570 판결.

여 당사자적격이 충족되지만, 예외적인 경우, 즉 제3자 소송담당의 경우에는 원고의 주장이 아니라 실제 소송수행권이 부여될 근거가 있는지 여부에 따라서 당사자적격을 갖추었는지 여부가 결정된다. 예를 들어 법원이 채권자대위소송을 심리한 결과 원고인 채권자가 주장하는 채무자의 제3채무자 즉 피고에 대한 권리는 존재하지만, 원고의 채무자에 대한 권리는 존재하지 않는다고 판단한 경우 원고가 채권자대위를 할 근거가 없어 원고에게 원고적격이 인정되지 않는다는 이유로 원고의 소를 각하하여야 한다는 것이 통설, 판례[169]의 입장이다.

법원이 당사자적격이 흠결된 점을 간과하고 본안판결을 선고한 경우 상소기간 내라면 상소를 제기하여 잘못을 바로잡을 수 있다. 그러나 상소기간이 도과하여 위와 같은 판결이 확정되어버리면 그 확정판결은 재심의 대상은 되지 않지만, 실제 당사자적격자에게는 아무런 효력이 없다는 점에서는 무효의 판결이라고 보는 것이 통설의 입장이다.

2) 소송계속 중 당사자적격이 흠결된 경우

소송계속 중 당사자가 당사자적격을 상실하는 경우에 대하여 민사소송법은 경우에 따라 다른 취급을 한다. 원고가 파산선고를 받아 파산관재인이 선임된 경우는 당연승계의 방식에 의하여 처리된다. 원고의 채권자가 원고의 피고에 대한 소구채권에 대하여 추심명령을 받은 경우, 판례는 종전에는 원고가 원고적격을 상실한다고 보는 것을 전제로 특정승계의 방식에 의하여 처리하였으나, 대법원 2025. 10. 23. 선고 2021다252977 전원합의체 판결로 입장을 변경하여 추심소송을 병행형 소송담당이라고 보아 원고는 원고적격을 상실하지 않는다고 하였다. 추심채권자가 원고가 제기한 소송에 참가하고자 하는 경우에는 공동소송참가를 하여야 한다.[170]

169) 대법원 1988. 6. 14. 선고 87다카2753 판결.
170) 공동소송적 보조참가도 할 수 있다.

제 12 강 채권자대위

1. 채권자대위 관련 논점의 개요

중요하고도 복잡한 주제인 채권자대위와 관련된 논점들은 민법과 관련된 논점과 민사소송법과 관련된 논점으로 크게 나눌 수 있는바, 이번 강의에서는 후자를 전반적으로 조감해본다.

후자를 다시 대위소송의 본질(2.), 소송경합의 처리(3.) 및 기타 논점(4.)으로 편의상 나눈다. 대위소송의 본질은 가장 기본이 되는 논점이다. 소송경합의 처리에서 소송경합은 대위소송과 본인소송이, 혹은 여러 명의 채권자들이 제기한 대위소송들이, 동시에 계속 중이거나 일방의 판결이 이미 확정되어 있는 경우를 의미한다. 기타 논점에서는 피보전권리에 대한 확정판결이 있는 경우, 대위소송을 각하한 판결이 확정된 경우 및 소송참가를 다룬다.

2. 대위소송의 본질

대위소송의 성격 내지 본질에 관하여 법정소송담당설과 독자적 권리행사설이 대립하고, 법정소송담당설이 통설이고, 판례의 입장이라는 점은 앞서 보았다.

법정소송담당설은 대위소송은 채권자가 타인의, 즉 채무자의 실체법적 권리인 피대위권리를 행사하여 자신의 이름으로, 즉 자신이 당사자(원고)가 되어 소를 제기하는 것으로 파악하기 때문에 채권자대위로 인하여 중복제소, 기판력, 원고적격 등 소송법적 쟁점들이 문제된다고 보게 된다. 채권자대위의 요건 중 '채무자가 자신의 권리를 행사하지 않을 것'이라는 요건은 이들 쟁점에 관련된다. 실체법적 차원에서도 이 요건이 문제될 수 있는데, 실체법적 규율과 절차법적 규율이 중첩된다면 소송절차에서는 절차법적 규율에 따라 처리될 것이다.

반면 독자적 권리행사설은 대위소송은 채권자가 자신의 실체법적 권리인 대위권을 행사하여, 당연하지만 자신의 이름으로 소를 제기하는 것으로 보기 때문에 위와 같은 소송법적 쟁점들은 문제되지 않는다고 본다. '채무자가 자신의 권리를 행사하지 않을 것'이라는 요건은 본안요건으로서 흠결시 대위소송의 청구가 기각된다.

대위소송에서 채권자의 채무자에 대한 권리, 즉 피보전권리가 인정되지 않는 경우 법정소송담당설에 입각한 판례는 원고적격 흠결을 이유로 대위소송을 각하한다.[171)][172)]

> 대법원 1990. 12. 11. 선고 88다카4727 판결
> 직권으로 살피건대, 채권자대위소송에 있어서 대위에 의하여 보전될 채권자의 채무자에 대한 권리가 인정되지 아니할 경우에는 채권자 스스로 원고가 되어 채무자의 제3채무자에 대한 권리를 행사할 당사자 적격이 없게 되므로 그 대위소송은 부적법하여 각하할 수밖에 없다 할 것인바[], 원고의 위 김점도에 대한 소유권이전등기청구권이 인정되지 아니하는 이 사건에 있어서는 원고가 위 김점도에 대한 소유권이전등기청구권을 보전하기 위하여 위 김점도의 피고에 대한 소유권이전등기청구권을 대위청구하는 이 사건 소를 각하하여야 함에도 불구하고 원심이 이를 간과하고 본안에 관하여 심리판단한 것은 위법하므로 원심판결은 파기를 면할 수 없다.

법정소송담당설이 타당하고, 따라서 대위소송과 관련하여 소송경합이 발생하는 경우 소송법적 문제가 발생한다.

채권자대위의 요건 중 피대위권리를 제외한 요건들, 즉 피보전권리, 채무자의 권리 불행사, 보전의 필요성 모두를 원고적격의 요건으로 보는 견해가 유력하다.[173)] 하지만, 위 견해는 불필요한 혼란을 초래하고, 도출되는 결론이 적절하지 않는 경우도 있으므로 타당하지 않다. 판례의 실상이 위 견해와 부합한다고 보기도 어렵고, 판례가 채권자대위의 요건이 흠결되었다고 할 때, 반드시 원고적격흠결을 의미하는 것으로 읽을 필요가 있는지는 의문이다. 법정소송담당설을 취할 때 피보전권리가 흠결된 경우 원고적격이 흠결된 것으로 처리하는 것은 불가피하지만, 나머지 보전의 필요성, 본인의 권리 불행사는 중복제소금지의 원칙, 기판력의 법리, 소익 등으로 처리하는 것이 타당하다.[174)]

---

171) 대법원 1988. 6. 14. 선고 87다카2753 판결, 대법원 1991. 8. 27. 선고 91다13243 판결, 대법원 1994. 6. 24. 선고 94다14339 판결, 대법원 2005. 9. 29. 선고 2005다27188 판결.

172) 판례는 원심이 피보전권리가 인정되지 않을 때 본안판결, 즉 청구기각판결을 한 경우 과거에는 원심판결을 유지하기도 하였으나 현재는 일관되게 직권으로 파기하여 소를 각하한다.

173) 사법연수원 교재 민사실무 Ⅱ, 사법연수원(2019), 128면.

174) 이번 강의의 3. 2) 가) (2)와 4. 1) 및 제52강 4. 4) 참조.

3. 소송경합의 처리

1) 여섯 개의 영역

대위소송으로 인한 소송경합[175]은 아래 [별표(대위소송과 소송경합)]와 같이 ① 내지 ⑥의 여섯 영역으로 나눌 수 있다. 즉, 두 소송이 동시에 계속 중인 경우, 즉 중복제소상태에 있는 경우(①, ②, ③. 이하 '중복제소 사안'이라고 한다)와 두 소송 중 한 소송의 판결이 이미 확정되어 있는 경우(④, ⑤, ⑥. 이하 '기판력 사안'이라고 한다)로 나눌 수 있고, 다시 위 두 경우를 각 대위소송과 본인소송이 경합하는 경우(①, ②와 ④, ⑤)와 서로 다른 채권자가 제기한 대위소송들이 경합하는 경우(③, ⑥)로 나눌 수 있고, 다시 전자를 대위소송이 선행하는 경우(①, ④)와 본인소송이 선행하는 경우(②, ⑤)로 나눌 수 있다.

175) 소송경합은 원래 동일한 소송물에 대하여 복수의 소송이 동시에 계속 중인 상태, 즉 중복제소상태를 의미하지만, 여기서는 복수의 소송이 때를 달리하여 계속했던 경우도 포함한다.

[별표] 대위소송과 소송경합

<table>
<tr><th rowspan="2"></th><th colspan="2">대위소송과 본인소송의 경합</th><th rowspan="2">대위소송 간 경합</th></tr>
<tr><th>대위소송 선행</th><th>본인소송 선행</th></tr>
<tr><td rowspan="3">두 소송이 동시에 계속 중인 경우(중복제소 사안)</td><td>영역①</td><td>영역②</td><td>영역③</td></tr>
<tr><td>1. 독자적권리행사설: 대위소송의 청구를 기각(호문혁)

2. 법정소송담당설
가. 중복제소설(통설)
1) 다수설: 채무자가 대위소송이 계속 중인 사실을 알았는지 몰랐는지 불문 본인소송이 중복제소라는 견해
2) 소수설: 채무자가 안 경우에만 본인소송이 중복제소라는 견해(이시윤)
나. 원고적격흠결론(김홍엽): 본인의 별소제기는 원고적격흠결 및 중복제소금지위반이나 일반적인 소송요건인 중복제소금지위반으로 각하됨. 본인의 공동소송참가는 중복제소 아니나 원고적격흠결로 각하됨.</td><td>1. 독자적권리행사설: 대위소송의 청구를 기각(호문혁)

2. 법정소송담당설: 대위소송을 각하
가. 통설: 중복제소
나. 원고적격흠결론(오시영)</td><td>1. 독자적권리행사설: 중복제소 문제 발생 안 됨(호문혁)
2. 법정소송담당설: 후소인 대위소송이…
가. 다수설: 채무자의 지·부지 불문 중복제소
나. 소수설: 채무자가 먼저 계속된 대위소송의 존재를 안 경우 중복제소(이시윤)</td></tr>
<tr><td>판례: 중복제소설 중 다수설과 같음</td><td>판례의 주류는 중복제소설임. 단, 원고적격흠결론을 취한 오래된 판례 있음(69다1311)
92다30016, 92다32876, 2008다65839 판결 등을 소개하는 견해들도 있으나, 위 판결의 사안은 중복제소사안이 아님</td><td>판례: 다수설과 같음</td></tr>
<tr><td rowspan="3">한 소송의 판결이 이미 확정되어 있는 경우(기판력 사안)</td><td>영역④ (민소법 218조 3항)</td><td>영역⑤</td><td>영역⑥</td></tr>
<tr><td>1. 독자적 권리행사설: 기판력이 미치지 않음(호문혁)

2. 법정소송담당설: 기판력이 미침
(1) 언제나 미친다는 견해
(2) 채무자가 대위소송 안 경우 미친다는 견해(다수설)
(3) 채무자가 현실적으로 참가한 경우 미친다는 견해(이시윤)
(4) 채무자가 대위소송 안 경우 갈음형 소송담당으로 바뀌므로 기판력이 미친다고 설명하는 견해(김홍엽)</td><td>1. 독자적 권리행사설: 기판력은 미칠 여지가 없음. 대위소송 청구 기각(호문혁)

2. 법정소송담당설
가. 기판력(확장)이라는 견해(정동윤·유병현)
나. 반사적 효력이라는 견해(이시윤)

원고적격흠결을 명시적으로 주장하는 견해는 없음. 원고적격설 취한 판례를 소개하는 수준</td><td>1. 독자적 권리행사설: 기판력 미치지 않음(호문혁)

2. 소송담당설
가. 기판력설
나. 반사적효력설</td></tr>
<tr><td>판례: 다수설과 같음</td><td>판례: 과거에는 기판력의 법리를 적용하였으나(76다688), 현재는 확고하게 원고적격흠결론 채택(92다32876: 기판력이 작용하는 점을 부정하지는 않으나 기판력의 법리보다 원고적격의 법리를 선행시킴)</td><td>판례: 채무자가 선 대위소송 안 경우 후 대위소송에 기판력이 미침</td></tr>
</table>

2) 학설, 판례의 개관

각 영역별 학설, 판례의 개요는 위 [별표]에 기재된 바와 같다. 학설과 판례의 상세한 내용은 중복제소(제25강 2. 2) 가) (1) 참조), 기판력(제52강 4. 참조) 등에서 다루게 되므로 생략하고,[176] 전체적 흐름과 유의할 대목만 살펴보기로 한다.

가) 법정소송담당설

(1) 전통적 입장

법정소송담당설에 의하면 위 여섯 영역 모두에서 선행소송과 후행소송의 소송물은 모두 피대위권리로서 같고, 원고도 같지는 않지만 같은 것으로 취급할 수 있다. 따라서 법정소송담당설에 입각하는 경우 중복제소 사안, 즉 ①, ②, ③에는 모두 중복제소금지의 법리를, 기판력 사안, 즉 ④, ⑤, ⑥에는 모두 기판력의 법리를 적용하여 처리할 수 있다. 이러한 입장을 전통적 입장이라고 할 수 있다.

이 입장에 설 때 선행소송과 후행소송은 중복제소의 경우 소장부본 송달시, 즉 소송계속 발생시의 선후에 따라 결정되고, 기판력의 경우 판결확정시의 선후에 따라 결정된다.

주의할 점은 이 전통적 입장에 설 때도 각 영역별로 다시 입장 차이가 생긴다는 점이다. 우선, 영역 ①, ④는 채무자의 대위소송에 대한 지·부지가 문제된다는 점이 ②, ⑤와 다른 점이다. ①, ④의 전소가 대위소송이므로 원고가 타인의 권리를 행사한 경우이고, ②, ⑤의 전소는 채무자의 본인소송이므로 원고가 자신의 권리를 행사한 경우라는 차이가 반영된 결과이다. ①, ④에서는 전소 원고가 행사한 것이 타인의 권리이기 때문에 ②, ⑤와 달리 전소로 인한 효과, 즉 중복제소금지나 기판력 등을 채무자가 안 경우만으로 제한할 것인지가 논의된다. ③, ⑥은 ①, ④와 같다.

①과 ④를 서로 비교하여 보면, 채무자의 대위소송에 대한 지·부지가 문제되는 것은 동일하지만 통설/다수설, 판례가 ①에서는 채무자의 지·부지를 묻지 않고, ④에서는 채무자가 대위소송을 알았을 것을 요구하는 점에서 차이가 있

176) 학설과 판례의 더욱 상세한 소개는 박재완, "대위소송으로 인한 소송경합과 원고적격", 민사소송 제17권 제2호(2013), 111면 이하, 114~128면을 참조.

다. 중복제소 사안과 기판력 사안의 차이가 반영된 것이다. 채무자가 대위소송에 참가하는 것이 ①에서는 가능하지만, ④에서는 원천적으로 불가능하기 때문이다. ③은 ①과 같고, ⑥은 ④와 같다.

④와 ⑤를 서로 비교하여 보면, 반사적 효력이 ④에서는 전혀 언급되지 않지만 ⑤에서는 언급된다는 점이 다르다. ⑥에서도 반사적 효력이 언급된다. 이러한 차이는 기본적으로 기판력의 확장은 명문의 규정이 있는 경우에만 인정된다는 원칙과 제3자 소송담당으로 인한 기판력의 확장을 규정하는 민사소송법 218조 3항의 문언 때문에 발생한다.

> 제218조(기판력의 주관적 범위)
> ③ 다른 사람을 위하여 원고나 피고가 된 사람에 대한 확정판결은 그 다른 사람에 대하여도 효력이 미친다.

즉, 위 조항은 소송담당자('다른 사람을 위하여 원고나 피고가 된 사람')가 받은 확정판결이 본인('그 다른 사람')에게 효력이 미친다고 규정하고 있는바, 위 조항이 그 문언에 정확히 들어맞는 ④에 적용되고, 이 경우 작용하는 것이 기판력이라는 점에 이견이 없다. 그러나, 본인소송이 선행하는 ⑤는 위 조항의 문언에 비추어 볼 때 그 적용대상이 아니고, 나아가 기판력의 확장은 명문의 규정이 있는 경우에만 인정될 수 있다는 원칙을 고려하면 ⑤에서 작용하는 판결의 효력은 기판력이 아니라 반사적 효력이라는 견해가 있다. 이 견해는 ⑥에서 작용하는 것도 반사적 효력이라고 한다.[177] 그러나 ⑤, ⑥에서 작용하는 판결의 효력은 기판력이라는 견해도 있고, 판례도 같은 입장이다.

위와 같이 대위소송으로 인한 소송경합이 발생하는 경우에는 여섯 영역이 있는데, 비록 전통적 입장을 취하더라도 영역별로 학설, 판례의 내용에 차이가 있으므로, 문제를 정확히 해결하기 위하여는 사안이 어느 영역에 해당하는 것인지를 정확하게 파악하여야 한다.

(2) 원고적격흠결론

원고적격흠결론은 아주 단순히 말하면 채권자가 먼저 대위소송을 제기하면 채무자가 본인소송을 제기할 원고적격을 상실하고, 채무자가 먼저 본인소송을

177) 다만, 위 반사적 효력설이 이 대목에서, 즉 소송담당제도와 관련된 판결의 효력의 확장과 관련하여 인정하는 반사적 효력은 일반적인 반사적 효력과 다르고, 실질적으로는 기판력과 동일하다는 점에 유의하여야 한다.

제기하면 채권자가 대위소송을 제기할 원고적격을 상실한다는 견해이다.

원고적격흠결론의 내용에 관련하여서는 다음과 같은 점에 유의하여야 한다.

첫째, 원고적격흠결론을 주장하는 견해들이 ①부터 ⑥의 모든 영역이 아니라 위 [별표]의 밑줄 친 부분에서만 의견을 제시하고 있다. 즉, 원고적격흠결론이 전영역에 걸쳐 일관된 입장을 취하고 있는 것은 아니다.

둘째, 원고적격흠결의 근거를 본인소송이 선행하는 경우는 '채무자가 자신의 권리를 행사하지 않을 것'이라는 요건에서 찾고, 대위소송이 선행하는 경우는 대위권행사의 통지로 인한 채무자의 처분권한이 제한되는 것(민법 405조 2항 등)에서 찾아, 원고적격흠결의 근거가 영역별로 다르다. 원고적격흠결론이 언뜻 보기에는 동일한 권리는 두 번 행사될 수 없다는 요청에 부합하는 듯 보이기도 하지만, 절차법적 권리인 소권과 관련하여 위 요청을 실현하는 것은 중복제소 사안에서는 중복제소금지의 원칙이고, 기판력 사안에서는 기판력의 법리이다. 원고적격흠결론은 절차법적 권리인 소권에 대하여 실체법적으로 접근하는 점에서 근본적으로 문제가 있다.[178]

셋째, 원고적격흠결론을 취한다고 하여도 중복제소금지나 기판력의 법리가 경합적으로 적용되는 것을 인정하기도 한다(①의 학설, ⑤의 판례 밑줄 친 부분 참조).

넷째, 판례의 경우 ⑤에서는 원고적격흠결론을 취하나, 나머지 영역에서는 전통적 입장을 취하고 있다. 판례가 ②에서도 원고적격흠결론을 취하고 있다고 일반적으로 소개되고 있으나 과연 그런지 의문이 있고,[179][180] 한편 ⑤에서는 대법원이 기판력의 법리를 적용하여 처리한 원심판결을 직권으로 파기하여 원고적격흠결론을 적용하였다는 점에서 특히 강하게 원고적격흠결론을 취하고 있다고 할 수 있다.

원고적격흠결론이 주장하는 바와 같이 채권자대위로 인한 소송경합을 원고적격흠결로 처리하면 결론이 간결하다는 점이 장점이나, 이론상·실제상 문제점이 있고, 특히 소송참가와 관련하여 그 문제점이 두드러진다.[181] 따라서 중복제

---

178) 실체법에서도 동일한 권리의 거듭된 행사가 언제나 부정되는 것은 아닐 것이다.

179) 시험을 친다든지 하는 경우에는 일반적인 소개를 따르는 것이 안전할 것이다.

180) 상세는 제25강 2. 2) 가. (1) 참조.

181) 원고적격흠결론의 문제점에 대한 상세는 박재완, "대위소송으로 인한 소송경합과 원고적격", 민사소송 제17권 제2호(2013), 111면 이하, 128~144면 참조. 개요만 밝히면, 첫째 그 입

소금지와 기판력의 법리만을 적용하는 전통적 입장이 타당하다고 생각한다.

나) 독자적 권리행사설(고유적격설)

독자적 권리행사설은 모든 영역에서 중복제소, 기판력 및 원고적격은 문제되지 않는다고 본다. 주의할 점은 독자적 권리행사설은 '채무자가 자신의 권리를 행사하지 않을 것'이라는 요건을 본안요건으로 보기 때문에 변론종결시를 기준으로 그 충족여부를 판단한다는 점이다. 따라서 대위소송이 본인소송보다 뒤에 제기된 경우(②, ⑤)는 물론 먼저 제기된 경우(①)에도, 대위소송의 변론종결 이전에 본인소송이 제기되면 대위소송의 청구가 기각된다고 한다.

4. 기타 논점

1) 채권자와 채무자 사이에 피보전권리에 대한 확정판결이 있는 경우

채권자대위에서 채권자의 채무자에 대한 권리를 피보전권리라고 하고, 채무자의 자신의 채무자, 즉 제3채무자에 대한 권리를 피대위권리라고 한다. 기판력이나 중복제소금지가 작용하기 위하여는 소송물과 당사자가 동일하여야 한다. 채무자 본인소송과 대위소송의 소송물은 모두 피대위권리이다. 본인소송의 원고는 채무자, 피고는 제3채무자이고, 대위소송의 원고는 채권자, 피고는 제3채무자이므로, 두 소송의 원고가 다르지만 채권자대위의 법리에 의하여 동일한 것으로 취급된다. 따라서 본인소송과 대위소송에는 기판력이나 중복제소금지가 작용될 수 있다.

그러나 피보전권리에 대한 소송의 소송물은 피보전권리이고, 대위소송의 소송물은 피대위권리이므로, 서로 다르다. 피보전권리에 대한 소송의 원고는 채권자, 피고는 채무자이고, 대위소송의 원고는 채권자, 피고는 제3채무자이므로, 두 소송의 피고가 서로 다르고, 이들을 동일한 것으로 취급할 근거가 없다. 따라서 두 소송은 소송물도 다르고 당사자도 다르기 때문에 기판력이나 중복제소금지가 작용하지 않는다. 이 점을 전제로 주요 판례들을 소개한다.

론의 근거가 강하지 않다는 점, 둘째 소권이 경합적으로 행사된 경우에 대한 민사소송법의 일반적인 취급과 조화되지 않는 점, 셋째 그 적용결과가 전통적 입장의 적용결과와 모순·저촉되어 혼란이 발생할 가능성이 있는 점, 넷째 채권자평등주의에 입각한 현행 채권집행제도와 조화되지 않는 점, 다섯째 특히 소송참가제도와 관련하여 원고적격을 상실하게 되는 자의 지위가 너무 취약하게 되는 점 등의 문제점이 있다.

우선, 판례는 피보전권리에 대한 승소확정판결이 있는 경우에는 대위소송에서 피고인 제3채무자가 피보전권리를 다툴 수 없다고 한다.

> 대법원 2000. 6. 9. 선고 98다18155 판결[182)]
> 채권자대위권을 재판상 행사하는 경우에 있어서도 채권자인 원고는 그 채권의 존재사실 및 보전의 필요성, 기한의 도래 등을 입증하면 족한 것이지, 채권의 발생원인사실 또는 그 채권이 제3채무자인 피고에게 대항할 수 있는 채권이라는 사실까지 입증할 필요는 없으며, 따라서 채권자가 채무자를 상대로 하여 그 보전되는 청구권에 기한 이행청구의 소를 제기하여 승소판결이 확정되면 제3채무자는 그 청구권의 존재를 다툴 수 없다.

이러한 판례의 입장을 기판력의 부당한 확장이라고 비판하는 견해도 있다.[183)] 판시내용을 보면 판례가 기판력의 작용을 인정한 것이라고 보기는 어렵다. 판례는 대위소송을 채권집행절차에 준하는 것으로 취급한다고 할 수 있다. 즉, 추심금소송이나 전부금소송에서 제3채무자가 채권자의 집행채권의 존부를 다툴 수 없는바, 판례는 대위소송에서도 같은 입장을 취하고 있다고 할 수 있다. 다만, 피보전권리의 취득이 강행법규에 위반되어 무효인 경우에는 제3채무자가 확정판결에도 불구하고 피보전권리를 다툴 수 있다는 판례도 있다.[184)]

나아가 판례는 피보전권리에 대한 패소확정판결이 있는 경우에는 대위소송을 보전의 필요성이 없다는 이유로 각하하여야 한다고 한다.

---

182) 대법원 1995. 12. 26. 선고 95다18741 판결, 대법원 1998. 3. 27. 선고 96다10522 판결, 대법원 2003. 4. 11. 선고 2003다1250 판결, 대법원 2007. 5. 10. 선고 2006다82700, 82717 판결, 대법원 2014. 7. 10. 선고 2013다74769 판결도 같은 취지이다.

183) 이시윤, 신민사소송법(제9판), 박영사(2015)(이하 '이시윤(9판)'이라고 한다), 656면.

184) 대법원 2015. 9. 24. 선고 2014다74919 판결(피보전권리의 취득이 소송행위를 하게 하는 것을 주목적으로 이루어진 것으로서 신탁법 제6조가 유추적용되어 무효인 경우), 대법원 2019. 1. 31. 선고 2017다228618 판결(피보전권리의 취득이 토지거래허가에 관한 구 국토의 계획 및 이용에 관한 법률의 규정 위반으로 무효인 경우)이 있다.

위 2017다228618 판결은 기존의 선례들이 판결의 증명효에 근거한 것으로 이해하고 있고, 이런 이해에 찬성하는 견해(신병동, 채권자와 채무자 간에 확정판결이 있는 경우 채권자대위소송에서 제3채무자가 그 확정판결에 대해 다시 다툴 수 있는지, 법률신문 2021. 2. 1.자)와 반대하는 견해(윤진수, 채권자의 채무자에 대한 승소확정판결이 채권자대위소송에 미치는 영향, 법률신문 2020. 1. 20.자)가 있다. 후자가 타당하다. 나아가 전자는 제3채무자가 피보전권리를 다툴 수 있는 경우를 위 두 판결과 같이 강행법규위반에 한정할 필요가 없다고 하고, 후자는 위 두 판결과 기존 선례의 각 적용영역이 불명확하여 혼란을 피할 수 없다고 한다.

대법원 2002. 5. 10. 선고 2000다55171 판결[185]
채권자가 채권자대위권의 법리에 의하여 채무자에 대한 채권을 보전하기 위하여 채무자의 제3자에 대한 권리를 대위행사하기 위하여는 채무자에 대한 채권을 보전할 필요가 있어야 할 것이고, 그러한 보전의 필요가 인정되지 아니하는 경우에는 소가 부적법하므로 법원으로서는 이를 각하하여야 할 것인바, 만일 채권자가 채무자를 상대로 소를 제기하였으나 패소의 확정판결을 받은 종전 소유권이전등기절차 이행 소송의 청구원인이 채권자대위소송에 있어 피보전권리의 권원과 동일하다면 채권자로서는 위 종전 확정판결의 기판력으로 말미암아 더 이상 채무자에 대하여 위 확정판결과 동일한 청구원인으로는 소유권이전등기청구를 할 수 없게 되었고, 가사 채권자가 채권자대위소송에서 승소하여 제3자 명의의 소유권이전등기가 말소된다 하여도 채권자가 채무자에 대하여 동일한 청구원인으로 다시 소유권이전등기절차의 이행을 구할 수 있는 것도 아니므로, 채권자로서는 채무자의 제3자에 대한 권리를 대위행사함으로써 위 소유권이전등기청구권을 보전할 필요가 없게 되었다고 할 것이어서 채권자의 채권자대위소송은 부적법한 것으로서 각하되어야 한다.

판례가 위 경우 기판력이 작용한다고 보았다면 기판력 때문에 피보전권리의 존재를 부정하여야 하고, 따라서 이를 이유로 원고적격이 흠결된 것으로 설시하였을 것이다.[186] 위 경우는 선결관계에 해당하므로 기판력이 작용한다고 보는 견해도 있으나,[187] 가사 선결관계에 해당하여도 당사자가 동일하지 않으면 기판력이 작용하지 않는다고 볼 것이다.

판례의 위 두 입장의 결과는 앞서 본 피보전권리에 대한 소송과 대위소송 상호간에 기판력이나 중복제소금지가 작용하지 않는다는 원칙만을 적용한 결과와 배치된다는 점에서 특히 유의할 필요가 있다.

2) 대위소송을 각하한 판결이 확정된 경우

대위소송에서 피보전권리가 없다는 이유로 각하판결이 내려진 경우, 각하판결의 기판력은 본안판결과 달리 소송물(피대위권리)의 존부가 아닌 소송요건(피보전권리)의 부존재에 대하여 기판력이 발생하므로, 대위소송을 각하한 판결의 기판력은 채권자와 제3채무자 사이에 피보전권리가 부존재한다는 점에 발생한다.

185) 대법원 2003. 5. 13. 선고 2002다64148 판결.

186) 피대위권리 외의 채권자대위의 요건 모두를 원고적격의 요건이라고 보면, 보전의 필요성이 없는 경우 원고적격이 흠결된 것으로 귀착된다. 사법연수원 교재 민사실무 Ⅱ, 사법연수원(2019), 128면.

187) 정영환, 신민사소송법(초판), 세창출판사(2009), 1037면.

우선, 판례는 대위소송을 각하한 판결의 기판력이 채권자가 채무자를 상대로 피보전권리의 이행을 청구한 소송에 미치지 않는다고 하였다.

> 대법원 2014. 1. 23. 선고 2011다108095 판결
> 채권자가 채권자대위권을 행사하는 방법으로 제3채무자를 상대로 소송을 제기하였다가 채무자를 대위할 피보전채권이 인정되지 않는다는 이유로 소각하 판결을 받아 확정된 경우 그 판결의 기판력이 채권자가 채무자를 상대로 피보전채권의 이행을 구하는 소송에 미치는 것은 아니다.

이 경우는 전소인 대위소송의 확정판결의 기판력이 발생하는 권리관계가 후소인 채권자와 채무자 사이의 소송물이 되어 소송물의 동일성은 충족하지만, 피고가 전소는 제3채무자, 후소는 채무자로 다르고, 동일하게 취급할 근거가 없으므로 기판력이 작용하지 않는 것이다.

한편, 대위소송을 각하한 판결의 기판력이 작용하는 것으로 본 판례도 있다.

> 대법원 2001. 1. 16. 선고 2000다41349 판결[188]
> … 전소인 대법원 96다8802 판결은 소송판결로서 그 기판력은 소송요건의 존부에 관하여만 미친다 할 것이나, 그 소송요건에 관련하여 피고의 최순희에 대한 피보전채권이 없음이 확정된 이상, … 피고의 이러한 주장을 허용한다면 피고에게 최순희에 대한 피보전채권의 존재를 인정하는 것이 되어 전소판결의 판단과 서로 모순관계에 있다고 하지 않을 수 없으므로 이 사건에서 피고가 이러한 주장을 하는 것은 전소판결의 기판력에 저촉되어 허용될 수 없다고 할 것이다.

위 판례의 사안은 후소의 원고가 제3채무자, 피고가 채권자인 경우로서 비록 원·피고의 지위가 바뀌었으나 전·후소의 당사자가 동일하고, 전소판결의 기판력이 발생한 권리관계가 후소에서 다시 판단되는 경우이므로 기판력이 작용한다.

3) 소송참가

중복제소 사안인 영역 ①, ②, ③의 경우 소송참가가 문제된다. 즉, ①의 경우 채무자, 즉 본인이 대위소송에, ②의 경우 채권자가 본인소송에, ③의 경우 다른 채권자가 대위소송에 참가할 수 있는가? 참가할 수 있다면 구체적으로 어

188) A가 B에 대한 매매에 기한 소유권이전등기청구권을 피보전권리로 하여 C를 상대로 B에게 취득시효에 기한 소유권이전등기절차를 이행하라는 대위소송을 제기하였다가 피보전권리가 없다는 이유로 소가 각하되고 판결이 확정되었는데, 이후 C가 A를 상대로 건물철거 및 토지인도청구소송을 제기하자, A가 위 피보전권리가 있으므로 C의 청구에 응할 수 없다고 항변한 사안이다.

떤 방법으로 참가할 수 있는가? 등이 문제된다.

가장 많이 논의되는 것이 ①의 경우 채무자가 당사자참가인 공동소송참가를 할 수 있는지 여부이다. 공동소송참가는 첫째, 참가인에게 판결의 효력이 미치고, 둘째, 참가인이 적법하게 소를 제기할 수 있는 경우에 가능하다. 법정소송담당설을 취하는 견해들은 첫째 요건이 충족됨에 대하여는 의견이 일치하지만, 둘째 요건에 관하여는 견해가 갈린다. 다수설은 대위소송으로 채무자가 원고적격을 상실하지는 않지만, 채무자의 공동소송참가는 중복제소금지에 위반된다고 본다.[189] 이에 대하여 채무자의 공동소송참가는 단일 소송절차로 처리되므로 중복제소는 아니지만, 채권자가 먼저 대위소송을 제기하면 이를 알게 된 채무자가 원고적격을 상실한다고 보는 견해[190] 및 채무자가 원고적격을 상실하지 않고 채무자의 공동소송참가가 중복제소에 해당하는 것도 아니라고 보는, 즉 채무자의 공동소송참가가 가능하다는 견해도 있다.[191] 채무자의 공동소송참가를 인정하는 것이 타당하다. 대법원 2025. 10. 23. 선고 2021다252977 전원합의체 판결의 다수의견은 추심소송을 병행형 소송담당으로 변경하면서 채무자는 추심명령의 발령으로 원고적격을 상실하지 않는다고 하였고, 위 다수의견에 대한 대법관 이흥구, 이숙연의 보충의견은 채무자가, 추심명령의 발령은 물론 추심소송의 제기에 의하여도 원고적격을 상실하지 않는 것을 전제로, 추심소송에 공동소송참가를 할 수 있고, 이는 중복제소에 해당하지 않는다고 하였다. 대위소송도 병행형 소송담당이므로 같이 취급하여야 할 것이다. 법정소송담당설을 취하면서 채무자의 공동소송참가를 부정하는 입장을 취하면 결국 채무자는 보조참가만을 할 수 있는바, 이 보조참가는 공동소송적 보조참가가 된다.

독자적 권리행사설을 취하는 견해는 채무자의 보조참가가 가능하다고 한다.[192] 이 보조참가는 통상의 보조참가가 된다.

판례는 ③과 관련하여 어떤 채권자의 대위소송에 다른 채권자가 공동소송참가를 할 수 있다고 판시한 바 있다.

---

189) 이시윤(9판), 806면, 정동윤·유병현·김경욱, 민사소송법(제5판), 법문사(2016)(이하 '정동윤·유병현·김경욱(5판)'이라고 한다), 1016면.

190) 김홍엽, 민사소송법(제6판), 박영사(2016)(이하 '김홍엽(6판)'이라고 한다), 1091면.

191) 박재완, "대위소송으로 인한 소송경합과 원고적격", 민사소송 제17권 제2호(2013), 111면 이하, 141~142면을 참조.

192) 호문혁, 민사소송법(제7판), 법문사(2009)(이하 '호문혁(7판)'이라고 한다), 866면.

대법원 2015. 7. 23. 선고 2013다30301, 30325 판결
채권자대위소송이 계속 중인 상황에서 다른 채권자가 동일한 채무자를 대위하여 채권자대위권을 행사하면서 공동소송참가신청을 할 경우, 양 청구의 소송물이 동일하다면 민사소송법 제83조 제1항이 요구하는 '소송목적이 한쪽 당사자와 제3자에게 합일적으로 확정되어야 할 경우'에 해당하므로 참가신청은 적법하다. 이때 양 청구의 소송물이 동일한지는 채권자들이 각기 대위행사하는 피대위채권이 동일한지에 따라 결정되고, 채권자들이 각기 자신을 이행 상대방으로 하여 금전의 지급을 청구하였더라도 채권자들이 채무자를 대위하여 변제를 수령하게 될 뿐 자신의 채권에 대한 변제로서 수령하게 되는 것이 아니므로 이러한 채권자들의 청구가 서로 소송물이 다르다고 할 수 없다. 여기서 원고가 일부청구임을 명시하여 피대위채권의 일부만을 청구한 것으로 볼 수 있는 경우에는 참가인의 청구금액이 원고의 청구금액을 초과하지 아니하는 한 참가인의 청구가 원고의 청구와 소송물이 동일하여 중복된다고 할 수 있으므로 소송목적이 원고와 참가인에게 합일적으로 확정되어야 할 필요성을 인정할 수 있어 참가인의 공동소송참가신청을 적법한 것으로 보아야 한다.

위 판례의 사안에서는 일부청구 역시 논점이 되었다. 위 판례는 명시설의 입장을 공동소송참가에서도 일관되게 유지하고, 소송물이 중복되는 경우에만 공동소송참가가 가능하다고 하였으나(밑줄 친 부분), 소송경제를 고려한 유연한 운영이 필요한 경우도 있을 것이다.

제13강 소송능력

1. 소송능력의 개념

민법상 미성년자는 권리능력자이지만 행위능력자는 아니다. 즉, 미성년자는 실체법적으로 권리의무의 주체는 될 수 있지만 행위능력이 없기 때문에 단독으로 법률행위를 할 수 없다. 미성년자는 절차법적으로도 소송법률관계의 당사자가 될 수 있으나 단독으로 소송행위를 할 수 없다. 이와 같이 소송능력은 민법상의 행위능력에 대응하는 것으로서 단독으로 소송행위를 할 수 있는 능력을 의미한다.

2. 민법상 행위능력

민사소송법은 소송능력에 관하여 민법의 규정을 준용한다고 규정하고 있다.

> 제51조(당사자능력·소송능력 등에 대한 원칙) 당사자능력, 소송능력, 소송무능력자의 법정대리와 소송행위에 필요한 권한의 수여는 이 법에 특별한 규정이 없으면 민법, 그 밖의 법률에 따른다.

따라서 민사소송법상 소송능력을 이해하려면 반드시 민법상 행위능력을 이해하여야만 한다.

1) 제한능력자의 행위능력

민법상 권리능력자는 원칙적으로 행위능력을 가진다. 2011년 법개정(2011. 3. 7. 개정, 2013. 7. 1. 시행) 이전의 구 민법 하에서 행위능력이 없는 자들로는 미성년자, 금치산자, 한정치산자가 있었고, 이들을 '행위무능력자'라고 불렀다. 위 법개정에 의하여 금치산자·한정치산자 제도가 폐지되고 성년후견·한정후견 등의 제도가 도입됨에 따라 '행위무능력자'라는 용어는 '제한능력자'로 대체되었다. 현행 민법의 제한능력자에는 미성년자, 피한정후견인, 피성년후견인이 있는

데, 피한정후견인은 한정치산자에 대응하고, 피성년후견인은 금치산자에 대응하는 것이다.

주의할 점은 구 민법의 행위무능력자들은 모두 행위능력이 없다고 일의적으로 말할 수 있었으나, 현행 민법의 제한능력자들은 그렇지 않다는 점이다. 제한능력자의 행위능력 유무 내지 범위는 법규정과 가정법원의 결정을 모두 참작하여 판단된다.

우선, 미성년자는 원칙적으로 행위능력이 없다(민법 5조). 하지만, 권리만을 얻거나 의무만을 면하는 행위(민법 5조 1항 단서), 처분을 허락한 재산의 처분행위(민법 6조), 영업을 허락받은 경우 그 영업에 관한 행위(민법 8조), 결혼한 미성년자의 행위(혼인의제, 민법 826조의2), 근로계약의 체결 및 임금청구(근로기준법 67, 68조) 등은 미성년자가 단독으로 할 수 있다.

금치산자에 대응하는 피성년후견인은 원칙적으로 행위능력이 없다(민법 10조 1항). 하지만 가정법원이 예외적으로 행위능력이 인정되는 행위의 범위를 정할 수 있다(민법 10조 2항).[193] 다만 이 예외에 해당하지 않는 경우에도 일용품 구입 등 일상생활에 필요하고 그 대가가 과도하지 않은 행위는 피성년후견인이 단독으로 할 수 있다(민법 10조 4항).

한정치산에 대응하는 피한정후견인은 원칙적으로 행위능력이 있다. 하지만 가정법원이 예외적으로 행위능력이 인정되지 않는 행위의 범위를 정할 수 있다(민법 13조 1항, 4항 본문).[194] 다만 이 예외에 해당하는 경우에도 일용품 구입 등 일상생활에 필요하고 그 대가가 과도하지 않은 행위는 피한정후견인이 단독으로 할 수 있다(민법 13조 4항 단서). 구 민법은 미성년자에 대한 예외규정의 일부를 한정치산자에게 준용하였으나, 현행 민법은 그와 같은 규정을 두고 있지 않다.

특정후견[195]이나 임의후견은 행위능력과 무관하다.

---

193) 민법 10조 2항에 의하여 가정법원이 취소할 수 없는 행위의 범위를 정한 경우가 이에 해당한다.

194) 민법 13조 1항에 의하여 가정법원이 한정후견인의 동의를 받아야 하는 행위의 범위를 정한 경우가 이에 해당한다.

195) 가정법원이 피특정후견인에게 민법 959조의11 1항에 의하여 대리권을 수여한 경우, 피특정후견인은 행위능력을 잃지 않는다는 견해가 일반적이지만, 그 범위 내에서 피특정후견인의 행위능력이 제한되고 소송능력도 인정되지 않는다는 견해도 있다. 민사소송법 개정 특별분과위원회, 2017 개정 민사소송법 해설서, 법무부(2017. 12)(이하 '2017 개정 민사소송법 해설서'

2) 행위능력 흠결의 효과와 법정대리인

제한능력자에게 행위능력이 없는 경우,[196] 제한능력자가 단독으로 법률행위를 하면 그 법률행위는 유효하기는 하나 취소할 수 있는 행위가 된다. 이 경우 유효하고도 적법하게 법률행위를 하려면 제한능력자는 친권자 등 법정대리인의 동의를 받거나 법정대리를 받아야 한다.

구 민법상 법정대리인에는 친권자, 후견인, 특별대리인이 있고, 이들 모두에게 동의권(금치산자의 후견인은 제외) 외에도 대리권이 있었다. 현행 민법상 제한능력자의 법정대리인으로도 친권자, 후견인(미성년후견인, 성년후견인, 한정후견인),[197] 특별대리인이 있다. 주의할 점은 친권자, 미성년후견인, 성년후견인은 당연히 대리권을 가지나(민법 911조, 938조 1항), 한정후견인은 가정법원이 대리권을 부여한 경우에만 대리권을 가진다는 점이다(민법 959조의4).[198] 특별대리인은

라고 한다), 51면(정선주 집필부분), 호문혁(13판), 257면.

196) 법정대리인의 대리에 의하여만 행위가 가능한 경우를 '행위능력이 없는 경우', 법정대리인의 동의가 필요한 경우를 '행위능력이 제한되는 경우'라고 구분하는 경우도 있으나, 여기에서는 구분하지 않고 행위능력이 없는 경우라고 한다.

197) 특정후견인에게 대리권이 부여된 경우 피특정후견인이 그 범위에서 행위능력, 나아가 소송능력을 잃는다고 본다면 특정후견인도 여기에 포함될 수 있다. 반대로 특정후견인이 대리권이 부여된 경우에도 피특정후견인이 행위능력, 나아가 소송능력을 잃지 않는다고 본다면(이 견해가 일반적이다), 특정후견인의 소송행위와 피특정후견인의 소송행위가 경합하는 문제가 발생하게 된다. 2017 개정 민사소송법 해설서, 53면(정선주 집필부분), 지원림, 민법강의(제13판), 홍문사(2015)(이하 '지원림(13판)'이라고 한다), 89면.

198) 동의가 필요한 범위와 대리권이 인정되는 범위가 다를 수도 있다는 것이 민법학계의 다수설로 보인다(학설의 소개는 김성우, 성년후견실무, 박영사(2018. 4)(이하 '김성우, 성년후견실무'라고 한다), 111~112면 참조). 이에 따르면 동의가 필요하지 않아 피한정후견인에게 행위능력이 있어서 소송능력을 가지는 행위에 대하여, 한정후견인에게 소송행위에 대한 법정대리권이 부여될 수도 있는데, 이러한 경우 혼란을 피하기 위하여 독일 민사소송법과 같이 한정후견인이 소송행위를 대리하면 피한정후견인은 소송무능력자로 간주하는 규정을 둘 필요가 있다는 견해가 있다(2017 개정 민사소송법 해설서, 53면(정선주 집필부분)). 한편, 지원림 교수는 "한정후견인은 — 동의를 요하는 범위에서 — 동의권과 대리권 및 취소권을 가진다"고 하는바(지원림(13판), 88면), 동의권의 행사가 대리권의 행사에 비하여 피한정후견인의 자기결정권을 적게 침해하는 것이므로 이 견해가 타당하다고 생각한다. 서울가정법원 2018. 1. 17.자 2017브30016 결정([각공2018상, 209], 재항고기각으로 확정)도 "비록 동의권과 대리권이 기본적으로 구별되고 목적하는 취지가 다르다고 하더라도, 피한정후견인이 완전한 행위능력을 갖게 되는 부분에도 한정후견인에게 법정대리권을 부여하게 된다면, 피한정후견인의 행위능력을 다시 한 번 불필요하게 제한하게 되고, 후견제도의 이념인 '잔존능력의 존중'에도 위배되는 결과를 낳게 되므로, 법원이 한정후견인에게 부여한 동의권의 범위를 초과하는 사항에

이해상반의 상황에서[199][200] 선임되는데, 후견인에게 후견감독인이 있으면 특별대리인이 선임되지 않고, 후견감독인이 대리권을 가진다(민법 940조의6 3항, 959조의5 2항 2문).[201][202]

3) 민법의 경과규정

위 2011년 개정 민법의 부칙 2조는 다음과 같은 경과규정을 두고 있다.

> 제2조(금치산자 등에 관한 경과조치) ① 이 법 시행 당시 이미 금치산 또는 한정치산의 선고를 받은 사람에 대하여는 종전의 규정을 적용한다.
> ② 제1항의 금치산자 또는 한정치산자에 대하여 이 법에 따라 성년후견, 한정후견, 특정후견이 개시되거나 임의후견감독인이 선임된 경우 또는 이 법 시행일부터 5년이 경과한 때에는 그 금치산 또는 한정치산의 선고는 장래를 향하여 그 효력을 잃는다.

따라서 위 2011년 개정 민법의 시행일인 2013. 7. 1. 당시 이미 금치산·한정치산 선고를 받은 자에 대하여는 종전의 규정이 그대로 적용되지만, 5년 후인 2018. 7. 1.부터 그 금치산·한정치산 선고의 효력은 위 2항에 따라 소멸하여, 이들의 행위능력은 회복되었다. 따라서 이들의 행위능력을 제한하기 위하여는 새로이 성년후견개시·한정후견개시의 결정을 받아야 한다.

관하여 대리권을 부여하는 것은 부적법하다"고 판시한 바 있다. 행위능력과 관련된 법정대리는 행위능력을 보충하는 법정대리라는 점을 생각하면 본인의 행위능력과 법정대리권의 경합을 인정하는 위 민법학계의 다수설의 입장은 수긍하기 어렵다. 만약 현행 민법이 법정대리의 개념을 수정하여 위와 같은 경합을 인정하는 것이라면 혼란을 방지하기 위한 법 개정이 필요하고, 법 개정 이전에는 가정법원이 동의가 필요한 범위 내에서 대리권을 부여하는 것이 혼란을 피하기 위한 방법이 될 것이다.

199) 민법 921조(친권자와 자의 이해상반), 949조의3(미성년후견인과 미성년자, 성년후견인과 피성년후견인의 이해상반), 959조의3(한정후견인과 피한정후견인의 이해상반) 및 민법 64조(법인과 이사의 이해상반).

200) 대법원 2024. 7. 11. 선고 2023다301941 판결: 수인의 미성년자와 그 친권자가 공유물분할의 소의 당사자가 된 경우에는 미성년자마다 특별대리인을 선임하여 그 특별대리인이 미성년자를 대리하여 소송행위를 하여야 한다. 만약 친권자가 수인의 미성년자의 법정대리인으로서 소송행위를 하였다면 이는 민법 921조에 위반되어 미성년자들의 적법한 추인이 없는 한 무효라고 할 것이다.

201) 다만, 미성년후견감독인이나 성년후견감독인과 달리, 한정후견감독인은 자신이 피한정후견인을 대리할 수도 있고, 피한정후견인이 관련 행위를 하는 데 동의할 수도 있다(민법 959조의5 2항 2문).

202) 대법원 2018. 4. 12. 선고 2017다271070 판결: 영농조합법인과 대표이사의 이익이 상반되는 사항에 관하여는 대표이사에게 대리권(대표권)이 없고, 민법 제64조에 따라 법원이 선임하는 특별대리인이 영농조합법인을 대표하여야 한다.

3. 민사소송법상 소송능력

1) 민사소송법 개정

소송능력제도는 2011년 민법 개정에 의하여 큰 영향을 받았으나, 당시 민사소송법이 전혀 개정되지 않아 부조화가 발생하였다. 마침내 2016. 2. 3. 민사소송법이 개정되어 2017. 2. 4. 시행되었다. 소송능력과 관련된 민사소송법 규정들을 위 개정 민법에 부합하게 고치는 것이 주된 개정내용이다. 새롭게 제도를 신설하는 내용의 조문은 시행일 이후에만 적용되지만, 과거 규정의 합리적 해석을 성문화한 것으로 볼 수 있는 조문도 많다.

2) 소송무능력자

민사소송법상의 소송능력에 관한 논의는 앞에서 본 민법상의 행위능력에 관한 논의를 전제로 한다. 민사소송법의 당사자능력자는 원칙적으로 소송능력을 가진다. 즉, 단독으로 소송행위를 할 수 있다. 그러나 민법상 제한능력자에게 행위능력이 없는 경우 그 제한능력자는 민사소송절차에서 소송무능력자가 되어 단독으로 소송행위를 할 수 없다. 과거에는 '행위무능력자는 소송무능력자이다'라고 표현할 수 있었으나, 지금 그와 같은 표현은 부적절하다.

> 제55조(제한능력자의 소송능력) ① 미성년자 또는 피성년후견인은 법정대리인에 의해서만 소송행위를 할 수 있다. 다만, 다음 각 호의 경우에는 그러하지 아니하다.
> 1. 미성년자가 독립하여 법률행위를 할 수 있는 경우
> 2. 피성년후견인이 「민법」 제10조 제2항에 따라 취소할 수 없는 법률행위를 할 수 있는 경우
>
> ② 피한정후견인은 한정후견인의 동의가 필요한 행위에 관하여는 대리권 있는 한정후견인에 의해서만 소송행위를 할 수 있다.[203)]

세부적으로 보면 미성년자와 피성년후견인은 원칙적으로 소송무능력자이지만, 예외적으로 소송능력이 인정된다. 미성년자의 경우 단독으로 소송행위를 할

---

203) 기존 조문은 다음과 같다. 제55조(미성년자·한정치산자·금치산자의 소송능력) 미성년자·한정치산자 또는 금치산자는 법정대리인에 의하여서만 소송행위를 할 수 있다. 다만, 미성년자 또는 한정치산자가 독립하여 법률행위를 할 수 있는 경우에는 그러하지 아니하다.

수 있는 예외를 위 55조 1항 1호가 인정하고 있고, 그 범위는 기본적으로는 민법의 해석론에 따르지만, 소송절차의 안정을 도모하기 위한 추가적인 논의가 있다. 우선, 혼인으로 미성년자가 성년으로 의제된 경우나 법정대리인이 영업을 허락한 경우에는 미성년자에게 소송능력이 있다고 본다. 근로계약이나 임금청구에 관하여는 미성년자에게 소송능력이 있다고 보는 것이 통설이다. 미성년자가 임금청구의 소를 단독으로 제기할 수 있다고 판시한 판례도 있다.[204] 법정대리인이 처분을 허락한 재산에 관한 소송에 관하여는 미성년자의 소송능력을 부정하는 견해가 일반적이다. 권리만을 얻거나 의무만을 면하는 경우에 관하여도 미성년자의 소송능력을 부정하는 견해가 있다.[205]

피성년후견인의 경우 가정법원이 민법 10조 2항에 의하여 취소할 수 없는 것으로 정한 법률행위에 관하여는 위 55조 1항 2호에 따라 소송능력을 가진다. 다만, 위 55조 1항 2호가 민법 10조 2항만 인용하고 4항을 배제하였으므로 피성년후견인이 단독으로 하여도 취소할 수 없는 일용품 구입행위 등에 관하여는 피성년후견인에게 소송능력이 인정되지 않는다.[206]

피한정후견인은 원칙적으로 소송능력자이지만 가정법원이 한정후견인의 동의를 받도록 정한 행위에 관하여는 소송능력이 없다. 이러한 행위에 관하여는 그에 관한 '대리권'이 부여된 한정후견인의 대리에 의해서만 소송행위를 할 수 있다. 위 55조 2항의 '대리권'은 소송행위에 대한 대리권을 의미하는바, 이는 명시적으로 부여될 수도 있고, 해당 법률행위에 대한 실체법적인 대리권이 부여됨으로써 묵시적으로 부여될 수도 있다. 한편, 위 55조 2항은 이러한 경우 한정후견인의 동의를 받아 피한정후견인이 소송행위를 할 수 있는 가능성을 배제한다.[207] 가정법원이 한정후견인이 소송행위를 대리할 때 가정법원의 허가를 받도록 정한 경우에는 한정후견인은 그 제한에 따라야 할 것이다.[208]

---

204) 법정대리인의 동의가 있어야 하는지 여부에 관하여 찬반이 대립한다.

205) 김홍엽(6판), 173면.

206) 김경욱, 2015년 민사소송법 개정안의 주요내용과 쟁점, 민사소송 제19권 제2호, 한국민사소송법학회(2015. 11), 9면 이하, 17~18면, 2017 개정 민사소송법 해설서, 45면(정선주 집필부분).

207) 김경욱, 2015년 민사소송법 개정안의 주요내용과 쟁점, 민사소송 제19권 제2호, 한국민사소송법학회(2015. 11), 9면 이하, 22면, 2017 개정 민사소송법 해설서, 48, 50면(정선주 집필부분).

208) 김성우, 성년후견실무, 76면. 민사소송법 56조의 경우는 제외될 것이다.

3) 소송능력 흠결의 효과와 법정대리인

소송무능력자가 단독으로 소송행위를 하면 그 소송행위는 무효가 된다. 실체법에서 행위능력이 없는 자의 행위는 유효하지만 취소가 가능한 위법한 행위가 되는 것과는 차이가 있다.

소송무능력자가 유효하고도 적법한 소송행위를 하려면 법정대리인의 대리를 받아야 한다. 민법과 달리 민사소송법에서는 법정대리인이 소송무능력자가 단독으로 소송행위를 하는 것에 동의하여줄 권한은 없다. 즉, 절차법에서 법정대리인은 대리권을 가지나 동의권은 가지지 않는다.

민사소송법상 법정대리인에는 실체법상 법정대리인과 소송법상 특별대리인(소송상 특별대리인)이 있다. 전자는 앞서 보았던 민법상 법정대리인을 말한다. 구 55조와 달리 현행 55조가 1항에 미성년자와 피성년후견인을, 2항에 피한정후견인을 나누어 구분하는 이유는 한정후견인에는 대리권이 없는 경우가 있기 때문이다. 하지만, 개정된 55조 2항에 '대리권 있는 한정후견인'만이 명기되었다고 하여도 특별대리인과 후견감독인이 배제되었다고 보기는 어렵다. 소송법상 특별대리인은 민사소송법에 의하여 선임되는 특별대리인을 말한다.

법정대리인은 소송무능력자가 한 소송행위를 추인함으로써 그 소송행위를 소급적으로 유효하게 만들 수 있다. 추인은 소송능력을 회복 또는 취득한 소송무능력자도 할 수 있다. 추인은 상급심에서도 할 수 있다.

> 제60조(소송능력 등의 흠과 추인) 소송능력, 법정대리권 또는 소송행위에 필요한 권한의 수여에 흠이 있는 사람이 소송행위를 한 뒤에 보정된 당사자나 법정대리인이 이를 추인(追認)한 경우에는, 그 소송행위는 이를 한 때에 소급하여 효력이 생긴다.

4) 법 인

64조에 따르면 법인도 소송무능력자라고 할 수 있다. 따라서 법인의 대표자는 법인의 법정대리인이다.

5) 의사무능력자

민법상 의사무능력자도 소송능력이 없다. 다만 의사무능력자가 한 소송행위는 추인이 불가능한 절대적 무효로 본다. 의사무능력자의 소송행위의 유·무

효는 구체적 사안에 따라 개별적으로 판단된다.[209]

4. 소송무능력자의 소송수행

1) 실체법상 법정대리인이 있는 경우

소송무능력자에게 실체법상 법정대리인인 친권자, 후견인, 특별대리인이 있는 경우 이들이 소송법상으로도 법정대리인이 된다. 법정대리인은 소장의 필수적 기재사항 중의 하나이므로 반드시 소장에 기재되어야 한다. 소송무능력자 측에서 소송행위를 하는 경우는 물론, 반대로 소송무능력자를 상대로 소송행위를 하는 경우에도 마찬가지다.

2) 실체법상 법정대리인이 없는 경우

가) 실체법상 법정대리인의 선임

실체법상 법정대리인이 없는 소송무능력자가 소를 제기하고자 하거나, 상대방이 그러한 소송무능력자를 상대로 소를 제기하고자 할 때에는 우선 실체법상 법정대리인을 선임하여 그 자의 대리를 받는 방법이 있다. 이 경우는 위의 설명으로 돌아간다.

나) 소송법상 특별대리인의 선임

경우에 따라서는 실체법상 법정대리인을 선임할만한 여유가 없을 수가 있다. 이런 경우에 쓰이는 것이 앞서 본 소송법상 특별대리인 제도이다. 실체법상 법정대리인의 선임은 가정법원에 신청하지만, 소송법상 특별대리인의 선임은 수소법원(민사법원)에 신청한다. 소송법상 특별대리인 관련 조문인 62조도 2016년 법개정 때 개정되었는바, 특히 선임요건, 선임신청권에 관한 구 62조 1항, 2항이 아래와 같이 1항으로 합쳐졌다.

> 제62조(제한능력자를 위한 특별대리인) ① 미성년자·피한정후견인 또는 피성년후견인이 당사자인 경우, 그 친족, 이해관계인(미성년자·피한정후견인 또는 피성년후견인을 상대로 소송행위를 하려는 사람을 포함한다), 대리권 없는 성년후견인, 대리권 없는 한정후견인, 지방자치단체의 장 또는 검사는 다음 각 호의 경우에 소송절차가 지연됨으로써 손해를 볼 염려가 있다는 것을 소명하여 수소법원(受訴法院)에 특별대리인을 선임하여 주도록 신청할 수 있다.

209) 대법원 2002. 10. 11. 선고 2001다10113 판결.

1. 법정대리인이 없거나[210] 법정대리인에게 소송에 관한 대리권이 없는[211] 경우
2. 법정대리인이 사실상 또는 법률상 장애로 대리권을 행사할 수 없는 경우
3. 법정대리인의 불성실하거나 미숙한 대리권 행사로 소송절차의 진행이 현저하게 방해받는 경우

② 법원은 소송계속 후 필요하다고 인정하는 경우 직권으로 특별대리인을 선임·개임하거나 해임할 수 있다.

선임신청권자의 범위가 넓어졌으나, 과거와 마찬가지로 제한능력자 본인에게는 선임신청권이 인정되지 않는다. 현행 조문은 실체법상 법정대리인이 법률상 장애[212][213]뿐만 아니라 사실상 장애[214]로 인하여 대리권을 행사할 수 없는 경우에도 소송법상 특별대리인을 선임할 수 있음을 명백하게 하고, 나아가 대리권행사가 불성실하거나 미숙한 경우에도 선임이 가능하다는 점을 명기함으로써 선임요건을 대폭 확대하였다. 법원은 직권으로 소송법상 특별대리인을 선임, 개임 및 해임할 수 있다.

위 법개정 때, 명문의 규정이 없음에도 불구하고 의사무능력자를 위하여도 소송상 특별대리인을 선임할 수 있다는 기존의 통설·판례[215]의 입장이 명문화되어 62조의2가 신설되었다.

제62조의2(의사무능력자를 위한 특별대리인의 선임 등) ① 의사능력이 없는 사람을 상대로 소송행위를 하려고 하거나 의사능력이 없는 사람이 소송행위를 하는 데 필요한 경우 특별대리인의 선임 등에 관하여는 제62조를 준용한다. 다만, 특정후견인 또는 임의후견인도 특별대리인의 선임을 신청할 수 있다.

---

210) 미성년자에게 친권자도, 미성년후견인도 없는 경우를 예로 들 수 있다.

211) 한정후견인에게 소송행위에 대한 대리권이 없는 경우를 예로 들 수 있다.

212) 이해상반의 경우가 대표적이다.

213) 대법원 2015. 4. 9. 선고 2013다89372 판결: 도시 및 주거환경정비법에 따른 조합의 이사가 자기를 위하여 조합을 상대로 소를 제기하는 경우 그 소송에 관하여는 감사가 조합을 대표하므로(도시 및 주거환경정비법 제22조 제4항), 조합에 감사가 있는 때에는 조합장이 없거나 조합장이 대표권을 행사할 수 없는 사정이 있더라도 조합은 특별한 사정이 없는 한 민사소송법 제64조, 제62조에 정한 '법인의 대표자가 없거나 대표자가 대표권을 행사할 수 없는 경우'에 해당하지 아니하여 특별대리인을 선임할 수 없다. 나아가 수소법원이 이를 간과하고 특별대리인을 선임하였더라도 특별대리인은 이사가 제기한 소에 관하여 조합을 대표할 권한이 없다(피고에 대한 소가 부적법할 가능성이 많고, 따라서 원심은 피고의 대표자를 감사로 정정하는 조치를 취한 다음 본안판결을 하여야 한다는 취지로 파기환송).

214) 질병이나 장기출타 등을 의미한다.

215) 대법원 1993. 7. 27. 선고 93다8986 판결.

5. 소송능력의 취급

1) 원칙 — 개개의 소송행위의 차원

행위능력이 없는 자가 단독으로 법률행위를 하면 그 법률행위는 취소가 가능하다. 한편, 소송무능력자가 단독으로 소송행위를 하면 그 소송행위는 무효가 된다. 즉, 소송능력은 소송행위의 유효요건이다. 여기서 소송행위라고 함은 소송절차에서 행하는 개개의 소송행위 모두를 의미한다. 예를 들어 소송무능력자는 단독으로는 출석도 할 수 없어, 그가 단독으로 기일에 나가도 불출석으로 처리된다. 또한 소송무능력자는 단독으로 송달도 받을 수 없다. 소송무능력자가 한 주장·증명은 모두 무효이다. 소송무능력자는 단독으로 변호사를 선임할 수도 없다. 변호사 선임행위는 소송행위이기 때문이다.

소송능력의 존재는 당사자의 주장이나 이의를 기다리지 않고 법원이 직권으로 조사한다. 법원은 조사 결과 보정이 가능한 경우에는 보정을 명하고, 그렇지 않은 경우에는 소송무능력자의 신청을 배척하는 등으로 상황에 따라 적절한 처리를 한다.

> 제59조(소송능력 등의 흠에 대한 조치) 소송능력·법정대리권 또는 소송행위에 필요한 권한의 수여에 흠이 있는 경우에는 법원은 기간을 정하여 이를 보정(補正)하도록 명하여야 하며, 만일 보정하는 것이 지연됨으로써 손해가 생길 염려가 있는 경우에는 법원은 보정하기 전의 당사자 또는 법정대리인으로 하여금 일시적으로 소송행위를 하게 할 수 있다.

한편, 소송무능력자가 단독으로 한 소송행위도 사후추인에 의하여 소급적으로 유효하게 될 수 있다는 점은 앞서 보았다. 추인은 시기에 제한이 없어 상급심에서도 할 수 있다. 예외가 있지만, 추인은 원칙적으로 일괄적으로 해야 한다.[216)][217)]

2) 소제기 단계에서 소송능력이 흠결된 경우

가) 소송행위에 미치는 영향

원고의 소송능력이 소제기 단계에서부터 흠결된 경우에는 앞서 본 바에 따르면 소제기가 무효이다. 이러한 소를 방치하여 두는 것은 부적절하므로 소송

216) 대법원 1973. 7. 24. 선고 69다60 판결.

217) 대법원 2008. 8. 21. 선고 2007다79480 판결은 추인이 거절되면 소송행위는 확정적으로 무효로 귀착되므로, 이후 다시 이를 추인할 수 없게 된다고 판시하였다(무권대리인의 소송행위에 대한 추인의 효력이 문제된 사안).

능력을 소 전체의 적법요건, 즉 소송요건으로 취급하여 소를 각하한다. 피고가 소송능력이 없는 경우도 마찬가지다. 피고가 소송무능력자인데 법정대리인이 없는 경우에는 그에 대한 소장부본의 송달이 부적법하다는 것을 이유로 드는 것이 일반적이다.

위와 같은 경우에는 소의 제기를 유효한 것으로 취급한다. 소제기 외의 개별적 소송행위도 유효한 것으로 취급한다. 이와 달리 보는 경우에는 기일 소환을 위한 송달조차 불가능하여 소가 부적법하다는 판결도 못하게 되기 때문이다. 같은 이유로 소송능력 없이 소를 제기한 원고가 스스로 유효하게 소를 취하할 수 있다.

나) 소송능력의 흠결의 태양

소송능력이 소제기 단계에서 흠결되는 경우에는 소송무능력자가 단독으로 제소하거나 제소당한 경우, 법정대리인의 권한이 흠결된 경우는 물론 소송무능력자 단독으로 소송대리인을 선임하여 소를 제기한 경우도 포함된다.

다) 소송능력의 흠결과 판결의 효력 등

(1) 소각하 판결이 선고된 경우

법원이 원고나 피고가 소제기 단계에서부터 소송능력이 없다는 이유로 소각하 판결을 한 경우에 위 판결은 적법하고 유효한 판결이다. 원고가 소송능력이 없다고 판단된 경우 원고가 상소를 제기할 수 있을까? 가능하다고 보는 데 이견이 없다. 이를 부정한다면 원고가 자기에게 소송능력이 있는지 여부에 관하여 상소심의 판단을 받아볼 기회가 원천적으로 봉쇄되기 때문이다. 따라서 판결의 송달도 유효하다고 본다.

피고가 소송능력이 없다고 판단된 경우 피고가 상소를 제기할 수 있을까? 위와 마찬가지 이유로 소송무능력자인 피고도 상소를 제기할 수 있다. 다만, 상소의 이익이라는 별개의 차원의 상소요건이 충족되어야 한다.

(2) 본안판결이 선고된 경우

소제기 단계에서부터 소송능력이 흠결된 것을 간과하여 법원이 본안판결을 선고한 경우에는 그 판결은 당연무효의 판결은 아니지만 상소의 대상이 되는 위법한 판결이 된다. 이러한 판결의 송달도 유효한 것으로 취급된다. 따라서 위 판결에 대한 상소기간의 진행이 개시되고, 나아가 판결이 확정될 수도 있다. 판결 확정 후에는 위 판결을 대상으로 재심청구를 할 수 있다(451조 1항 3호).

소송능력제도가 소송무능력자를 보호하기 위한 것이라는 이유로 소송무능력자가 승소한 경우에는 소송무능력자는 물론 상대방도 소송능력의 흠결만으로는 상소나 재심청구를 제기할 이익이 없다는 것이 통설·판례의 입장이다.[218)]

3) 소송계속 중 소송능력이 흠결된 경우

소송계속 중 당사자에게 성년후견이 개시되거나 법정대리인의 권한이 소멸되는 등으로 소송능력의 흠결이 발생하는 경우, 소제기 자체는 유효하고도 적법한 행위이다. 따라서 소송능력 흠결을 이유로 소를 각하할 수는 없다. 민사소송법은 소송계속 중 소송능력이 흠결되면 소송절차가 중단되고 이후 수계절차를 밟아서 소송절차가 계속 진행되는 것으로 규정하고 있다.

> 제235조(소송능력의 상실, 법정대리권의 소멸로 말미암은 중단) 당사자가 소송능력을 잃은 때 또는 법정대리인이 죽거나 대리권을 잃은 때에 소송절차는 중단된다. 이 경우 소송능력을 회복한 당사자 또는 법정대리인이 된 사람이 소송절차를 수계하여야 한다.

소송절차의 중단 중에 행해진 개별적인 소송행위는 원칙적으로 무효이고, 소송중단을 간과하고 선고된 판결은 무효는 아니지만 상소나 재심의 대상이 되는 위법한 판결이다.

소송대리인이 있는 경우에는 238조에 의하여 소송절차가 중단되지 않는다.

> 제238조(소송대리인이 있는 경우의 제외) 소송대리인이 있는 경우에는 제233조 제1항, 제234조 내지 제237조의 규정을 적용하지 아니한다.

소송대리인의 소송대리에 의하여 당사자가 보호되기 때문이다. 비유적으로 표현하면 소송대리인의 소송대리권이 소송절차를 떠받치고 있는 것이다.

당사자에게 파산절차가 개시되면 소송대리인이 있어도 239조 전문에 의하여 소송절차가 중단된다. 당사자의 파산은 소송대리권 소멸사유(원인관계의 소멸)이기 때문이다.

> 제239조(당사자의 파산으로 말미암은 중단) 당사자가 파산선고를 받은 때에 파산재단에 관한 소송절차는 중단된다. 이 경우 「채무자 회생 및 파산에 관한 법률」에 따른 수계가 이루어지기 전에 파산절차가 해지되면 파산선고를 받은 자가 당연히 소송절차를 수계한다.

---

218) 대법원 1967. 2. 28. 선고 66다2569 판결, 대법원 1983. 2. 8. 선고 80사50 판결, 대법원 2000. 12. 22. 선고 2000재다513 판결 등 참조.

제14강 변론능력

1. 의 의

민사소송의 심리는 법정에서 (구두)변론이라는 방식을 통하여 진행된다. 변론은 변호사만이 할 수 있는 것인가? 이를 쉬운 질문으로 바꿔보면, 변호사를 선임하지 않고 원고 혹은 피고가 단독으로 법정에 나갈 수 있는가로 된다. 어려운 질문으로 바꿔보면 당사자에게도 변론능력이 인정되는가로 된다. 변론능력은 법정에 출석하여 현실적으로 소송행위, 즉 변론을 할 수 있는 능력을 의미한다.

2. 범 위

우리나라는 소송능력자는 원칙적으로 변론능력이 있다는 본인소송주의를 취하고 있다. 한편, 변호사에게만 변론능력이 있다는 원칙을 취하면 민사소송의 당사자는 반드시 변호사를 선임하여야 하고, 이를 변호사강제주의라고 한다. 변호사대리의 원칙은 변호사만이 소송대리인이 될 수 있다는 원칙으로서 변호사강제주의와 다르다.

우리나라는 본인소송주의를 취하고 있지만, 발언금지(135조 2항), 진술금지(144조)의 예외가 있다.

> 제135조(재판장의 지휘권)
> ② 재판장은 발언을 허가하거나 그의 명령에 따르지 아니하는 사람의 발언을 금지할 수 있다.
> 제144조(변론능력이 없는 사람에 대한 조치) ① 법원은 소송관계를 분명하게 하기 위하여 필요한 진술을 할 수 없는 당사자 또는 대리인의 진술을 금지하고, 변론을 계속할 새 기일을 정할 수 있다.
> ② 제1항의 규정에 따라 진술을 금지하는 경우에 필요하다고 인정하면 법원은 변호사를 선임하도록 명할 수 있다.
> (중략)
> ④ 소 또는 상소를 제기한 사람이 제2항의 규정에 따른 명령을 받고도 제1항의 새 기일까지 변호사를 선임하지 아니한 때에는 법원은 결정으로 소 또는 상소를 각하할 수 있다.

발언금지의 경우는 당해 기일에서만 당사자 본인의 변론능력이 상실되지만, 진술금지의 경우에는 발령기일 이후 모든 기일에서 당사자 본인의 변론능력이 상실된다. 진술금지의 경우 법원은 필요한 경우 변호사선임명령을 할 수 있다. 변호사선임명령에 불응하는 경우 소나 상소가 결정으로 각하된다. 선정당사자에게 변호사선임명령을 한 경우에는 선정자에게도 통지하여야, 그에 대한 불응을 이유로 소·상소를 각하할 수 있다.[219][220]

우리나라에서 변호사강제주의가 적용되는 절차로는 헌법재판, 증권관련집단소송, 소비자단체소송, 개인정보단체소송 등이 있다.

3. 효 과

변론능력이 없는 자의 소송행위는 무효이고, 이에 대하여는 추인이 불가능하다. 변론능력은 소송요건이 아니며, 변론능력 흠결을 간과하고 판결이 선고된 경우 판결은 유효하고도 적법하다. 변론능력은 당사자가 아닌 법원을 위한 제도이기 때문이다.

4. 진술보조인 제도

2016. 2. 3. 민사소송법 개정(2017. 2. 4. 시행)으로 진술보조 제도가 신설되었는바, 이는 변론능력의 보충을 취한 제도이다.

> 제143조의2(진술 보조) ① 질병, 장애, 연령, 그 밖의 사유로 인한 정신적·신체적 제약으로 소송관계를 분명하게 하기 위하여 필요한 진술을 하기 어려운 당사자는 법원의 허가를 받아 진술을 도와주는 사람과 함께 출석하여 진술할 수 있다.
> ② 법원은 언제든지 제1항의 허가를 취소할 수 있다.
> ③ 제1항 및 제2항에 따른 진술보조인의 자격 및 소송상 지위와 역할, 법원의 허가 요건·절차 등 허가 및 취소에 관한 사항은 대법원규칙으로 정한다.

민사소송규칙도 개정되었는바, 신설된 30조의2가 진술보조인의 자격 등을 정하고 있다.

---

219) 대법원 2000. 10. 18.자 2000마2999 결정.
220) 대법원 2023. 12. 14.자 2023마6934 결정은 변호사선임명령을 법원이 발령할 때 소송구조가 가능한지도 고려하여야 한다고 하였다.

제15강 소송상 대리(1): 임의대리

1. 소송상 대리의 개관

민사소송에서 법정대리와 임의대리를 모두 포괄하는 개념이 소송상 대리이다. 민법에서 대리에 임의대리와 법정대리가 있듯이 민사소송법에서도 대리에 법정대리와 임의대리가 있다. 임의대리가 본인의 의사에 의하여 대리권이 부여된 경우에 성립하고, 법정대리가 본인의 의사와 무관하게 법률의 규정에 의하여 대리권이 부여된 경우 성립하는 것은 민법이나 민사소송법이나 마찬가지이다. 소송행위의 대리인이라고 하면 대표적으로 떠올리게 되는 변호사는 임의대리인이다.

임의대리/임의대리인은 민사소송법전에서는 소송대리/소송대리인으로 표현되고 실무에서도 법전의 용어를 사용한다. 법정대리와 대비하였을 때에는 임의대리라는 용어가 더 적절하나, 여기에서는 두 용어를 모두 사용하되 상황이나 맥락에 더 적합한 용어를 택하기로 한다.

민법과 마찬가지로 민사소송법에서도 임의대리, 법정대리 모두에 관하여 공통적으로 대리인의 자격, 권한, 지위, 대리권의 발생과 소멸 등이 논의된다. 또한 민법에서 무권대리가 주요논점이 되듯이 민사소송법에서도 무권대리가 주요논점이 된다. 이하에서는 임의대리, 즉 소송대리에 관하여 본다.

2. 소송대리인(임의대리인)의 종류

1) 소송위임에 의한 소송대리인

민법에서 본인이 대리인을 선임하여 어떤 법률행위를 하게 할 수 있듯이, 민사소송법에서도 본인이 대리인을 선임하여 소송행위를 하게 할 수 있다. 다만, 민법과의 큰 차이는 원칙적으로 변호사만을 대리인으로 선임할 수 있다는 점이다. 변호사에는 개인변호사는 물론 법무법인, 유한법무법인, 법무조합 등도 포함된다. 일반적으로 말하는 로펌의 존재형식은 다양하다.

제87조(소송대리인의 자격) 법률에 따라 재판상 행위를 할 수 있는 대리인 외에는 변호사가 아니면 소송대리인이 될 수 없다.

소송행위의 처리를 대리인에게 맡기는 것을 소송위임이라고 한다. 민사소송법 87조는 소송위임은 원칙적으로 변호사에게만 할 수 있다고 규정하고 있는 것이다. 즉, 우리나라는 변호사대리주의를 취하고 있다.

변호사를 선임하는 데에는 비용이 든다. 당사자가 가족이나 직원을 대신 내보내는 것은 전혀 불가능한가? 이는 변호사대리주의의 예외를 물어보는 것인바, 예외가 있다.

가장 중요한 예외는 단독사건의 경우 일정한 범위 내에서 변호사가 아닌 당사자의 친족이나 직원을, 법원의 허가를 받아, 소송대리인으로 선임할 수 있다고 정하고 있는 민사소송법 88조이다. 그 구체적인 적용범위는 대법원규칙인 민사소송규칙(15조)과 「민사 및 가사소송의 사물관할에 관한 규칙」까지 보아야 파악할 수 있고, 자주 변한다. 현재 통상의 단독사건 중 소가 1억 원 이하의 사건이 적용대상이다.[221] 모든 재판부가 합의부인 상소심에는 위 예외의 적용이 없다.

제88조(소송대리인의 자격의 예외) ① 단독판사가 심리·재판하는 사건 가운데 그 소송목적의 값이 일정한 금액 이하인 사건에서, 당사자와 밀접한 생활관계를 맺고 있고 일정한 범위안의 친족관계에 있는 사람 또는 당사자와 고용계약 등으로 그 사건에 관한 통상사무를 처리·보조하여 오는 등 일정한 관계에 있는 사람이 법원의 허가를 받은 때에는 제87조를 적용하지 아니한다.
② 제1항의 규정에 따라 법원의 허가를 받을 수 있는 사건의 범위, 대리인의 자격 등에 관한 구체적인 사항은 대법원규칙으로 정한다.
③ 법원은 언제든지 제1항의 허가를 취소할 수 있다.

소액사건의 경우[222] 당사자는 일정한 범위 내의 친족을 법원의 허가 없이도 소송대리인으로 선임할 수 있다.

---

221) 민사소송규칙(2016. 9. 6. 개정, 2016. 9. 30. 시행) 15조 1항 2호. 수표·어음금 청구 사건, 금융기관이 원고인 사건, 교통사고·산재로 인한 손해배상청구사건, 재정단독사건은 소가에 관계없이 적용대상이 된다(규칙 15조 1항 1호).

222) 현재 소가 3천만 원 이하의 금전 기타 대체물이나 유가증권의 일정 수량의 지급을 목적으로 하는 제1심 민사사건을 의미한다. 소액사건 심판규칙 1조의2(2016. 11. 29. 개정, 2017. 1. 1. 시행).

> 소액사건심판법 제8조(소송대리에 관한 특칙) ① 당사자의 배우자·직계혈족 또는 형제자매는 법원의 허가없이 소송대리인이 될 수 있다.

이외에도 가사소송, 특허소송 등에서도 변호사가 아닌 자를 소송대리인으로 선임할 수 있는 예외가 인정된다.

예외적인 경우를 제외하고는 변호사만이 소송대리인이 될 수 있는데, 만약 변호사 자격이 없는 자가 소송대리인이 되면 어떤 효과가 발생할까? 즉, 변호사대리의 원칙을 위반한 소송대리인의 소송행위의 효력은 어떠한가? 이 점에 관하여는 위반행위는 무효이고, 추인이 가능하지만 변호사 자격이 없는 자에게 이익을 받을 목적이 있는 경우에는 추인이 불가능한 것으로 보는 것이 일반적인 견해다.

2) 법률상 소송대리인

위 87조의 '법률에 따라 재판상 행위를 할 수 있는 대리인'을 짧게 줄여서 통상 법률상 소송대리인이라고 한다. 즉, 본인이 직원 등에게 어떤 업무나 지위를 부여하면 법률에 의하여 당연히 그 직원 등에게 본인을 위하여 소송행위를 할 수 있는 권한, 즉 소송대리권이 부여되는 경우 그 직원 등을 법률상 소송대리인이라고 한다. 소송대리권은 법률의 규정에 의하여 부여되지만 어떤 업무나 지위를 부여하는 것은 본인의 의사에 달려 있어 소송대리권의 수여 여부는 궁극적으로 본인의 의사에 달려 있으므로 이 역시 임의대리, 즉 소송대리의 일종이다. 결국 소송대리인에는 소송위임에 의한 소송대리인과 법률상 소송대리인이 있는 것이다.

법률상 소송대리인은 변호사가 아니라도 될 수 있다. 법률상 소송대리인에는 지배인, 선장, 선박관리인, 국가소송수행자, 특수한 목적을 위하여 설립된 법인 등의 임원 등이 포함된다. 지배인의 소송대리권에 관하여는 상법 11조가, 선장에 관하여는 상법 749조가 규정하고 있다.

> 상법 제11조(지배인의 대리권) ① 지배인은 영업주에 갈음하여 그 영업에 관한 재판상 또는 재판외의 모든 행위를 할 수 있다.
> 제749조(대리권의 범위) ① 선적항 외에서는 선장은 항해에 필요한 재판상 또는 재판 외의 모든 행위를 할 권한이 있다.

실무에서 가장 자주 보는 유형의 법률상 소송대리인은 아마도 지배인일 것이다. 상법에서 규정하고 있는 지배인은 대표이사의 분신이라는 표현에서 알 수 있듯이 법상 회사 내에서 부사장 정도의 지위를 가짐에도 불구하고, 실제 실무에서 마주치는 지배인의 경우에는 그러한 실질을 가지지 않는 경우가 있다. 이러한 경우 법원이 지배인의 소송대리를 금하기도 한다.[223)]

「국가를 당사자로 하는 소송에 관한 법률」에 의하면, 국가, 즉 대한민국이나, 행정청이 당사자가 되는 경우 법무부장관이나 행정청의 장은 검사, 공익법무관 또는 관련 국가공무원을 소송수행자로 지정할 수 있다. 위 법은 지방자치단체에 대하여는 적용이 없다.

> 국가를 당사자로 하는 소송에 관한 법률 제3조(국가소송 수행자의 지정 및 소송대리인의 선임) ① 법무부장관은 법무부의 직원, 각급 검찰청의 검사(이하 "검사"라 한다) 또는 「공익법무관에 관한 법률」에서 정한 공익법무관(이하 "공익법무관"이라 한다)을 지정하여 국가소송을 수행하게 할 수 있다.
> ② 법무부장관은 행정청의 소관사무나 감독사무에 관한 국가소송에서 필요하다고 인정하면 해당 행정청의 장의 의견을 들은 후 행정청의 직원을 지정하여 그 소송을 수행하게 할 수 있다.
> 제5조(행정소송 수행자의 지정 및 소송대리인의 선임) ① 행정청의 장은 그 행정청의 직원 또는 상급 행정청의 직원(이 경우에는 미리 해당 상급 행정청의 장의 승인을 받아야 한다)을 지정하여 행정소송을 수행하게 할 수 있다.

농업협동조합, 수산업협동조합, 한국자산관리공사 등의 일정 범위 내의 임원 등에게도 관련 법률에 의하여 법률상 소송대리권이 인정된다.

3. 소송대리인의 권한

1) 소송위임에 의한 소송대리인의 권한

당사자가 변호사를 선임하였을 때 변호사는 소송절차에서 어떤 권한을 행사할 수 있을까? 변호사가 법정에 출석하여 주장과 증명을 할 수 있다는 것은 일반적인 상식에 해당한다. 만약 변호사가 당사자와 아무런 상의 없이 소를 취하하면서 민법상 화해계약을 체결하여 버렸다면 어떨까? 또 원고가 1천만 원의 대여금의 지급을 구하는 소를 제기하였는데, 원고의 변호사가 300만 원만 받기

---

223) 민사소송규칙 16조(법률상 소송대리인의 자격심사 등) 참조.

로 하는 내용의 소송상 화해를 해버린 경우, 이 재판상 화해는 유효한 것일까? 민사소송법은 이러한 경우에 관한 규정을 두고 있다.

민사소송법 90조 1항은 변호사가 일반적으로 할 수 있는 사항, 즉 일반사항을, 2항은 당사자로부터 특별한 권한을 따로 받아야 하는 사항, 즉 특별수권사항을 규정하고 있다.

> 제90조(소송대리권의 범위) ① 소송대리인은 위임을 받은 사건에 대하여 반소(反訴)·참가·강제집행·가압류·가처분에 관한 소송행위 등 일체의 소송행위와 변제(辨濟)의 영수를 할 수 있다.
> ② 소송대리인은 다음 각호의 사항에 대하여는 특별한 권한을 따로 받아야 한다.
> 1. 반소의 제기
> 2. 소의 취하, 화해, 청구의 포기·인낙 또는 제80조의 규정에 따른 탈퇴
> 3. 상소의 제기 또는 취하
> 4. 대리인의 선임

민사소송법 90조 1항의 일반사항은 범위가 넓다. 변호사는 기본적으로 일체의 소송행위를 할 수 있는바, 여기에는 본안절차, 즉 판결절차뿐만 아니라 보전절차와 집행절차에 관련된 소송행위도 포함되고, 부수적 내지 파생적 절차라고 할 수 있는 판결경정절차, 소송비용확정절차[224] 등도 포함된다. 본안절차의 소송행위에는 수임 받은 사항에 관한 소의 제기와 공격방어방법의 제출은 물론 소의 변경, 중간확인의 소의 제기, 상대방이 제기한 반소나 참가인의 청구에 대한 응소 등도 모두 포함된다.

일반사항에는 소송행위와 관련 있는 실체법상의 법률행위를 대리할 권한도 포함된다. 조문에는 비록 '변제의 영수'만이 규정되어 있지만 이에 한하지 않는다.

변호사를 선임하면서 일반사항의 일부에 관한 변호사의 권한행사를 제한할 수 있을까? 민법상의 책임 문제는 별론으로 하고, 민사소송법은 이러한 제한은 허용하지 아니한다. 다만, 소송대리인이 변호사가 아닌 경우에는 허용된다.

> 제91조(소송대리권의 제한) 소송대리권은 제한하지 못한다. 다만, 변호사가 아닌 소송대리인에 대하여는 그러하지 아니하다.

민사소송법 90조 2항에 규정된 사항들을 특별수권사항이라고 한다. 특별히

224) 대법원 2023. 11. 2.자 2023마5298 결정.

중대한 사항들이기 때문에 변호사가 반드시 당사자의 의사를 개별적으로 확인하라는 것이 위 규정의 취지이나, 실제 변호사 사무실에 비치되어 있는 소송위임계약서 양식에는 특별수권사항에 대한 권한까지 수여하는 것으로 되어 있는 경우가 많다.

90조 2항 1호에 따라 피고의 소송대리인이 반소를 제기하고자 하는 경우 특별수권을 받아야 한다. 원고의 소송대리인이 피고가 제기한 반소에 응소하는 것은 특별수권사항이 아니다. 2호에 따라 원고의 소송대리인은 특별수권을 받아야 소취하를 할 수 있으나, 원고의 소취하에 피고의 소송대리인이 동의하는 것은 특별수권사항이 아니다.[225] 2호의 소송상 화해나 청구의 포기·인낙에 대한 특별수권이 있으면 그에 필요한 실체법적 권리의 처분권한도 인정된다.[226] 3호에 따라 상소의 제기는 특별수권사항이고, 심급대리의 원칙 때문에 상대방의 상소에 대한 응소도 특별수권사항이 된다. 판례는 대법원에서 항소심으로 사건이 파기환송된 경우 환송전 원심 소송대리인의 소송대리권이 부활하지만,[227] 대법원에서 파기환송된 사건이 다시 상고로 대법원에 이심된 경우 과거 상고심 소송대리인의 소송대리권이 부활하지는 않는다고 하였다.[228] 재심대상사건의 소송대리인이 재심을 제기하려면 별도의 소송위임을 받아야 한다.[229] 3호에는 상소의 취하만 규정되어 있으나, 상소권의 포기, 불상소의 합의도 특별수권이 필요하다. 4호에 따라 소송대리인이 다른 사람에게 소송위임을 하기 위하여는 특별수권을 받아야 한다.[230]

2) 법률상 소송대리인의 권한

법률상 소송대리인의 권한의 범위는 개별 근거 규정이 정하는 바에 따르는데, 대개 법률상 소송대리인에게 일체의 소송행위를 할 수 있는 권한이 부여되어 있다. 「국가를 당사자로 하는 소송에 관한 법률」 7조에 의하면 국가소송수

225) 대법원 1984. 3. 13. 선고 82므40 판결.
226) 대법원 2000. 1. 31.자 99마6205 결정.
227) 대법원 1985. 5. 28. 선고 84후102 판결.
228) 대법원 1996. 4. 4.자 96마148 결정.
229) 대법원 1991. 3. 27.자 90마970 결정.
230) 소송대리인이 선임한 소송대리인을 통상 (소송)복대리인이라고 부르는데, 복대리인은 원래 소송대리인의 대리인이 아니라 본인, 즉 당사자의 소송대리인이다.

행자는 소송복대리인 선임을 제외한 일체의 소송행위를 할 수 있다.

소송위임에 의한 소송대리인의 일반사항과 특별수권을 정하고 있는 민사소송법 90조는 법률상 소송대리인에 대하여는 적용이 없다. 또 민법상의 책임 문제나 행정적인 징계 등의 문제를 별론으로 하고, 법률상 소송대리인의 소송상 권한은 제한할 수 없다.

> 제92조(법률에 의한 소송대리인의 권한) 법률에 의하여 재판상 행위를 할 수 있는 대리인의 권한에는 제90조와 제91조의 규정을 적용하지 아니한다.

국가소송수행자가 「국가를 당사자로 하는 소송에 관한 법률」 시행령과 시행규칙에 따른 절차를 거치지 않고 소송상 인낙을 한 경우에도 그 인낙이 유효하다는 취지의 판례가 있다.[231)]

4. 소송대리인의 지위

1) 소송대리인과 본인의 관계

소송대리인이 있는 경우 실제 소송행위는 소송대리인이 수행하지만 소송대리인은 어디까지나 제3자에 불과하다. 따라서 소송수행의 결과는 당사자 본인에게만 미친다. 소송대리인은 제3자이기 때문에 증인이 될 수 있다.

민사소송법 94조는 당사자 본인에게 경정권을 인정하고 있다. 경정권의 대상이 되는 것은 법문에도 나타나 있듯이 소송대리인의 사실상의 진술에 한한다. 당사자 본인이 소송무능력자인 경우에는 법정대리인에게 경정권이 인정된다.

> 제94조(당사자의 경정권) 소송대리인의 사실상 진술은 당사자가 이를 곧 취소하거나 경정(更正)한 때에는 그 효력을 잃는다.

2) 수인의 소송대리인

예를 들어 당사자가 수인의 변호사를 선임하면서 각 변호사들이 혼자서 독단적으로 행동하는 것을 막기 위하여 반드시 함께 소송행위를 하도록 하는 내용을 선임계약서에 포함시켜도 이러한 약정은 소송법상으로는 아무런 효력이 없다. 민사소송법 93조가 규정하는 소송대리인 개별대리의 원칙에 반하기 때문

---

231) 대법원 1995. 4. 28. 선고 95다3077 판결.

이다.[232]

> 제93조(개별대리의 원칙) ① 여러 소송대리인이 있는 때에는 각자가 당사자를 대리한다.
> ② 당사자가 제1항의 규정에 어긋나는 약정을 한 경우 그 약정은 효력을 가지지 못한다.

수인의 소송대리인이 상호 모순되는 소송행위를 한 경우에는 경우에 따라 달리 취급된다. 상호 모순되는 소송행위가 동시에 이루어진 경우에는 모든 소송행위가 무효가 된다. 시기를 달리하여 상호 모순되는 소송행위가 이루어진 경우에는, 먼저 행해진 소송행위가 철회 가능한 것이면 소송행위의 철회가 이루어진 것으로 취급되고, 만약 철회가 불가능한 것이면 뒤에 행해진 소송행위가 무효로 된다.

상대방이나 법원의 소송행위의 상대방이 되는 경우에는 수인의 소송대리인 중 1인에게만 하면 족하다. 따라서 소장, 준비서면 등의 송달은 수인 중 1인의 소송대리인에게만 하면 된다.

5. 소송대리권의 발생과 소멸

1) 소송대리권의 발생

민법상 법률행위의 대리권이 본인의 대리권의 수여에 의하여 발생하듯이 민사소송법상 소송행위의 대리권도 본인인 당사자의 소송대리권의 수여에 의하여 발생한다. 소송대리권의 수여행위는 그 기초가 되는 법률관계와는 구별된다. 따라서 소송대리권의 범위나 존속시기는 그 기초가 되는 법률관계의 그것과는 차이가 있을 수 있다.[233] 기초가 되는 법률관계는 일반적으로는 위임이지만, 이에 한하지 않고 고용 등이 여기에 해당될 수도 있다.

소송대리권의 수여는 소송행위이기 때문에 소송능력을 필요로 한다. 당사자가 소송능력자인 경우에는 당사자 본인이, 소송무능력자인 경우에는 법정대리인이 소송대리권을 수여할 수 있다.

---

232) 다만, 상법 12조(공동지배인)와 같이 실체법상 수인의 대리인이 공동대리를 하여야 하는 경우는 예외이다.

233) 대법원 1997. 12. 12. 선고 95다20775 판결.

2) 소송대리권의 소멸

가) 민법상 임의대리권 소멸사유

민법에서 대리권의 소멸사유는 127조와 128조가 규정하고 있다. 민법 127조는 법정대리와 임의대리 모두에 적용되고, 민법 128조는 임의대리에만 적용된다.

> 민법 제127조(대리권의 소멸사유) 대리권은 다음 각호의 사유로 소멸한다.
> 1. 본인의 사망
> 2. 대리인의 사망, 성년후견의 개시 또는 파산
>
> 제128조(임의대리의 종료) 법률행위에 의하여 수여된 대리권은 전조의 경우외에 그 원인된 법률관계의 종료에 의하여 소멸한다. 법률관계의 종료전에 본인이 수권행위를 철회한 경우에도 같다

따라서 민법상 임의대리권의 소멸사유는 ① 본인의 사망(민법 127조 1호), ② 대리인의 사망 등(민법 127조 2호), ③ 원인관계의 종료(민법 128조)이다.

나) 민사소송법상 소송대리권 소멸사유

민법의 대리에 관한 규정은 특별한 규정이 없으면 민사소송법의 대리에도 적용된다(51조). 아래에서 민법상 대리권 소멸사유가 민사소송법상 대리권 소멸사유가 되는지 여부 등을 살펴본다.

(1) 당사자의 사망

민법에서와 달리 당사자의 사망은 민사소송법에서는 소송대리권의 소멸사유가 아니다. 민사소송법이 특칙으로 95조, 96조를 두고 있기 때문이다.

> 제95조(소송대리권이 소멸되지 아니하는 경우) 다음 각호 가운데 어느 하나에 해당하더라도 소송대리권은 소멸되지 아니한다.
> 1. 당사자의 사망 또는 소송능력의 상실
> 2. 당사자인 법인의 합병에 의한 소멸
> 3. 당사자인 수탁자(受託者)의 신탁임무의 종료
> 4. 법정대리인의 사망, 소송능력의 상실 또는 대리권의 소멸·변경
>
> 제96조(소송대리권이 소멸되지 아니하는 경우) ① 일정한 자격에 의하여 자기의 이름으로 남을 위하여 소송당사자가 된 사람에게 소송대리인이 있는 경우에 그 소송대리인의 대리권은 당사자가 자격을 잃더라도 소멸되지 아니한다.
> ② 제53조의 규정에 따라 선정된 당사자가 그 자격을 잃은 경우에는 제1항의 규정을 준용한다.

위 조문들은 본인의 사망, 즉 당사자의 사망 외에도 그에 준하는 사유로 당사자의 소송능력의 상실, 법정대리인의 사망 등을 규정하고 있다.

위 조문들은, 당사자의 사망 등으로 인한 소송중단에 관한 조문들과 궤를 이루는 것이므로, 당사자의 사망 등의 사유가 소송계속 중에 발생한 경우에 적용된다고 할 것이다. 그러나, 대법원은 소송대리인을 선임한 원고가 제소 전에 사망한 것을 간과하고 소송대리인이 제소한 경우 소송대리권은 원고의 사망에 의하여 소멸하지 않는다고 하고, 나아가 소송계속 중 당사자의 사망 등으로 소송절차가 중단된 경우에 적용되는 소송수계에 관한 규정이 유추적용될 수 있다고 하였다.[234]

⑵ 소송대리인의 사망 등

민사소송법 등에 특칙이 없으므로 민법과 같이 소송대리인의 사망, 성년후견의 개시 또는 파산에 의하여 소송대리권이 소멸한다. 변호사가 자격을 상실한 경우에 관하여는 변론능력을 상실한다는 견해와 소송대리권이 소멸한다는 견해가 대립하고 있다.

⑶ 원인관계의 종료

원인관계의 종료도, 민사소송법 등에 특칙이 없으므로, 소송대리권의 소멸사유가 된다. 민사소송에서 가장 대표적인 원인관계의 종료는 변호사의 해임, 즉 소송위임의 해지이다. 위임인의 파산은 위임계약의 종료사유이므로(민법 690조),[235] 당사자의 파산은 원인관계의 종료에 해당한다.

다만, 원인관계의 종료에 기한 소송대리권의 소멸은 상대방 당사자에게 통지를 하여야 그 효력을 주장할 수 있다. 상세한 내용은 후술한다.

⑷ 사건의 종료

사건이 종료되는 경우에도 소송대리권은 소멸한다. 심급대리의 원칙상 해당심급의 판결을 송달받을 때까지 소송대리권이 존재한다고 본다. 하지만, 상소제기의 특별수권이 있으면 달라진다.

---

234) 대법원 2016. 4. 29. 선고 2014다210449 판결. 이 판결에 대한 보다 상세한 평가는 박재완, "제소전 사망한 자를 피고로 한 소송에 관한 대법원 판례에 대한 고찰," 법학논총 제34집 제4호, 한양대 법학연구소(2017. 12), 432면 이하, 451~452면 참조.

235) 소송대리인의 파산은 소송대리인의 사망 등에 해당한다.

다) 소송대리권 소멸의 통지

97조는 법정대리권의 소멸의 통지에 관한 63조를 준용하고 있다.

> 第97조(법정대리인에 관한 규정의 준용) 소송대리인에게는 제58조 제2항·제59조·제60조 및 제63조의 규정을 준용한다.
>
> 제63조(법정대리권의 소멸통지) ① 소송절차가 진행되는 중에 법정대리권이 소멸한 경우에는 본인 또는 대리인이 상대방에게 소멸된 사실을 통지하지 아니하면 소멸의 효력을 주장하지 못한다. 다만, 법원에 법정대리권의 소멸사실이 알려진 뒤에는 그 법정대리인은 제56조 제2항의 소송행위를 하지 못한다.

소송대리에만 소멸통지를 요구하는 입법례도 있지만, 우리나라 민사소송법은 소송대리와 법정대리 모두에 소멸통지를 요구하고 있어, 소송대리와 법정대리에 일관된 해석을 할 필요가 생긴다.

우선 ① 당사자의 사망은 소송대리권의 소멸사유가 아니기 때문에 소멸통지가 필요 없다.

② 소송대리인의 사망 등의 경우 소멸통지가 필요 없다고 보는데,[236] 이는 법정대리인의 사망 등과 균형을 잡기 위한 해석이다. 즉, 법정대리인이 사망한 경우 소멸통지가 필요 없다고 보는데, 이는 당사자는 소송능력이 없어 소송행위인 소멸통지를 할 수 없고, 법정대리인은 사망했기 때문에 소멸통지를 할 자가 없기 때문이다. 소송대리인이 사망한 경우 당사자나 법정대리인이 소멸통지를 할 수 있지만, 일관성 유지를 위하여 법정대리인이 사망한 경우와 같이 취급하는 것이다.

③ 원인관계의 소멸의 경우 소멸통지가 필요하다. 소멸통지는 법원이 아닌 상대방에게 하여야 한다.[237] 만약 해임된 원고의 변호사가 앙심을 품고 상대방에게 통지되기 전에, 소를 취하해버리면 어떨까? 위 원칙에 따라 위와 같은 소의 취하는 유효하다. 당사자가 해임신고서를 법원에 제출하거나, 변호사가 사임서를 법원에 제출하는 것은 상대방에 대한 통지가 아니다. 판례도 같은 입장이다.[238] 당사자의 파산은 원인관계의 소멸에 해당하는데, 파산개시결정은 공고되

---

236) 주석 민사소송법(1판)(Ⅰ), 619면.

237) 소멸통지를 한 사실을 법원에 서면으로 신고하여야 한다(규칙 13조 1항).

238) 대법원 1995. 2. 28. 선고 94다49311 판결, 대법원 2008. 4. 18.자 2008마392 결정 참조. 조문 구조가 같은 법정대리인에 관한 것으로 대법원 1968. 12. 17. 선고 68다1629 판결, 대법원 2006. 11. 23. 선고 2006재다171 판결, 대법원 2007. 5. 10. 선고 2007다7256 판결 등이 있다.

기 때문에 별도의 소멸통지가 필요 없다고 본다.[239] 이 같은 민사소송법의 입장은 민법의 대리권 소멸 이후의 표현대리에 관한 민법 129조 및 위임의 종료를 선의의 상대방에게 대항하지 못하게 하는 민법 692조와 같은 정책적 고려에서 나온 것이다. 다만, 민사소송법에서는 절차적 안정이 더 중시되어 민법과 달리 상대방의 선의나 무과실이 요구되지 않는다.[240] 대리권이 소멸된 소송대리인이 한 행위인지 상대방이 한 행위인지 여부도 묻지 않는다.[241] 하지만, 절차의 안정이나 상대방의 신뢰보호가 아무리 중요하다고 하더라도 소의 취하 등과 같은 소송행위마저 무제한적으로 인정되는 것은 곤란하다는 정책적 고려에서 2002년 법개정 때 민사소송법 63조 1항 단서가 추가되었다. 즉, 해임신고서나 사임서가 법원에 제출되는 등으로 소멸사유가 법원에 알려진 경우에는 상대방에게 통지가 있기 전이라도 56조 2항의 소송행위, 즉 소의 취하, 화해, 청구의 포기·인낙, 소송탈퇴 등에 관하여는 소송대리권의 소멸을 주장할 수 있다.

④ 사건의 종료로 인한 소송대리권의 소멸의 경우 소멸통지가 필요 없다.

239) 주석 민사소송법(1판)(Ⅰ), 614면.

240) 대법원 1998. 2. 19. 선고 95다52710 전원합의체 판결.

241) 대법원 1998. 2. 19. 선고 95다52710 전원합의체 판결.

제16강 소송상 대리(2): 법정대리

1. 법정대리인의 종류

민법과 마찬가지로 민사소송법에서도 법정대리는 본인의 의사와 무관하게 법률의 규정 등에 의하여 대리권이 부여된 경우에 성립한다. 민사소송법의 법정대리인에는 실체법상 법정대리인과 소송법상 특별대리인(소송상 특별대리인)이 있다.[242)]

실체법상 법정대리인으로 민사소송법이 규정하고 있는 것은 제한능력자를 위한 법정대리인이다. 이번 강의에서 이를 주로 다룬다. 여기에는 친권자, 후견인(미성년후견인, 한정후견인,[243)] 성년후견인) 및 특별대리인이 있다. 특별대리인은 이해상반의 상황에서 선임되는데 후견인에게 후견감독인이 있는 경우에는 특별대리인이 선임되지 않고, 후견감독인이 대리권을 가진다(민법 940조의6 3항, 959조의5 2항 2문).[244)]

법인 등의 대표자(민법상 법인의 이사[245)]·청산인[246)]·이사 등 직무대행자,[247)] 주식회사의 대표이사[248)][249)]·청산인[250)]·대표이사 등 직무대행자,[251)][252)] 국가의 법무부장관,[253)]

242) 민사소송법 181, 182조에 의하여 재소자 등을 위하여 송달 받을 권한이 있는 교도소장 등도 일종의 법정대리인이다.

243) 소송행위의 대리권이 부여된 한정후견인이다.

244) 친권자에게는 후견감독인이 있을 수 없다. 또한 미성년후견감독인이나 성년후견감독인과 달리, 한정후견감독인은 자신이 피한정후견인을 대리할 수도 있고, 피한정후견인이 관련 행위를 하는 데 동의할 수도 있다(민법 959조의5 2항 2문).

245) 수인의 이사는 원칙적으로 각자 법인을 대표한다(민법 59조).

246) 민법 82조.

247) 민법 52조의2. 직무대행자는 가처분명령에 다른 정함이 있거나 법원의 허가를 얻은 경우가 아니면 회사의 통상사무에 속하는 행위만 할 수 있다(민법 60조의2).

248) 상법 389조, 209조 1항.

249) 회사와 이사 간의 소송에서는 감사가 회사를 대표한다(상법 394조 1항).

250) 상법 542조, 255조.

251) 상법 408조. 대법원 1995. 12. 12. 선고 95다31348 판결: <u>민법상의 법인 [등의] 대표자를 선출한 결의의 무효 또는 부존재 확인을 구하는 소송에서 그 단체를 대표할 자는 의연히 [] 대상이 된 결의에 의해 선출된 대표자이나</u>, 그 대표자에 대해 직무집행정지 및 <u>직무대행자선임 가처분이 된 경우에는</u>, 그 가처분에 특별한 정함이 없는 한 그 대표자는 그 본안소송에서 그 단체를 대표할 권한을 포함한 일체의 직무집행에서 배제되고 직무대행자로 선임된 자가 대표

지방자치단체의 단체장(특별시장, 도지사, 군수 등)[254])는 민사소송법 64조에 의하여 위 소송무능력자를 위한 법정대리인에 준한다.

민사소송법에는 규정이 없으나, 부재자재산관리인[255])도 실체법상 법정대리인에 해당한다. 상속재산관리인,[256]) 유언집행자[257])에 관하여는 견해 대립이 있는데, 판례는 이들을 법정대리인이 아닌 소송담당자로 본다.

소송법상 특별대리인은 개개의 소송절차를 담당하는 법원이 당해 절차를

자의 직무를 대행하게 되므로, 그 본안소송에서 그 단체를 대표할 자도 [] 대표자 직무대행자로 보아야 한다(1심판결 송달 후 확정 전에 대표자에 대하여 직무집행정지 및 직무대행자선임의 가처분이 내려진 경우, 소송절차는 중단되고 직무대행자가 소송절차를 수계하여야 하는데, 이러한 과정 없이 대표자가 제기한 항소는 부적법하므로 원심으로서는 피고 측에게 [] 보정을 명하고 이에 응하지 않을 경우 항소를 각하하였어야 한다는 이유로, 본안판결을 선고한 원심판결을 파기환송한 사례), 대법원 2024. 4. 12. 선고 2023다313241 판결(원고가 이미 직무집행을 정지당한 대표자의 지위부존재확인소송을 제기하면서 그 대표자를 피고(단체)의 대표자로 기재하였는데, 1심법원은 이를 간과하고 원고 청구를 인용하였고, 항소심법원은 위 대표자에게 대표권이 없다는 이유로 피고의 항소를 각하한 사안에서, 대표권 흠결은 항소심에서도 추인으로 보정이 가능한 이상, 항소심법원은 보정을 명하였어야 한다는 이유로 파기환송한 사례).

252) 직무대행자는 가처분명령에 다른 정함이 있거나 법원의 허가가 얻은 경우가 아니면 회사의 상무에 속하는 행위만 할 수 있다(상법 408조 1항). 소송대리인의 선임이나 보수계약의 체결은 상무에 속하나(대법원 1989. 9. 12. 선고 87다카2691 판결), 청구의 인낙(대법원 1975. 5. 27. 선고 75다120 판결: 법원의 허가가 없는 경우 특별수권 흠결로서 재심사유에 해당한다), 항소의 취하(대법원 1982. 4. 27. 선고 81다358 판결)는 상무에 속하지 않는다.

253) 국가를 당사자로 하는 소송에서는 법무부장관이 국가를 대표한다.

254) 교육·학예에 관하여는 교육감이 대표한다.

255) 대법원 1968. 12. 24. 선고 68다2021 판결(부재자 재산관리인의 선임이 있는 경우에는 부재자를 위하여 그 재산관리인만이 또는 그 재산관리인에게 대하여서만 소송행위를 할 수 있[으므로,] 소송서류의 송달을 [] 재산관리인[에게] 하지 아니하고 부재자 본인 상대로 공시송달을 하였다 하여도 그 송달은 적법한 것이라 할 수 없[다]), 대법원 2008. 6. 26. 선고 2007다11057 판결(부재자의 재산관리인이 부재자의 대리인으로서 소를 제기하여 그 소송계속 중에 부재자에 대한 실종선고가 확정되어 그 소 제기 이전에 부재자가 사망한 것으로 간주되는 경우에도, 실종선고의 효력이 발생하기 전에는 실종기간이 만료된 실종자라 하여도 소송상 당사자능력을 상실하는 것은 아니므로, 실종선고가 확정된 때에 소송절차가 중단되어 부재자의 상속인 등이 이를 수계할 수 있을 뿐이고, 위 소 제기 자체가 소급하여 당사자능력이 없는 사망한 자가 제기한 것으로 되는 것은 아니다).

256) 대법원 2007. 6. 28. 선고 2005다55879 판결: 재산상속인의 존재가 분명하지 아니한 상속재산에 관한 소송에 있어서 정당한 피고는 법원에서 선임된 상속재산관리인이라 할 것이다.

257) 대법원 1999. 11. 26. 선고 97다57733 판결(유언의 집행에 방해가 되는 유증 목적물에 경료된 상속등기 등의 말소청구소송 또는 유언을 집행하기 위한 유증 목적물에 관한 소유권이전등기 청구소송에 있어서 유언집행자는 이른바 법정소송담당으로서 원고적격을 가진다), 대법원 2001. 3. 27. 선고 2000다26920 판결, 대법원 2010. 10. 28. 선고 2009다20840 판결.

진행하기 위하여 선임하는 법정대리인인바, 근거규정으로는 판결절차에 관한 민사소송법 62조(제한능력자를 위한 특별대리인)와 62조의2(의사무능력자를 위한 특별대리인), 증거보전절차에 관한 민사소송법 378조, 상속재산에 대한 집행절차에 관한 민사집행법 52조 2항 등이 있다. 소송법상 특별대리인은 실체법상 법정대리인인 특별대리인과 그 선임요건 및 절차가 전혀 다르다.

2. 법정대리인의 자격

법정대리인이 되기 위하여 변호사의 자격이 필요한 것은 물론 아니다. 실체법상의 법정대리인의 경우 민법 등에 그 자격에 관한 규정이 있다. 소송법상 특별대리인의 경우 소송능력자일 것이 요구될 뿐 별다른 특별한 자격이 요구되지는 않는다. 다만, 실제에 있어서는 통상 무능력자 본인과 특별한 관계에 있는 사람이나 변호사가 소송상 특별대리인이 된다.

3. 법정대리인의 권한

1) 개 요

법정대리인에게는 대리권과 추인권이 있고, 소송행위와 관련된 사법행위를 할 수 있는 권한이 있다. 민법상 법정대리인과 달리 민사소송법상 법정대리인에게는 동의권이 없다. 법정대리인의 경우도 소송대리인의 경우와 마찬가지로 일반사항과 특별수권사항이 있다. 민사소송법 51조는 법정대리인의 권한에 관하여 민사소송법 등에 특칙이 있는 경우 이외에는 민법이 정하는 바에 따른다고 규정하고 있는데, 법정대리에 관한 특칙으로는 56조, 62조 3항 등이 있다. 아래에서 실체법상 법정대리인과 소송법상 특별대리인으로 나누어서 본다.

2) 실체법상 법정대리인의 권한

가) 친권자

원칙적으로 일체의 소송행위가 가능하다.

나) 후견인

(1) 일반적인 경우

민법 950조는 미성년후견인과 성년후견인에 관하여 다음과 같이 규정하고 있다. 한정후견인에 관한 민법 959조의6은 민법 950조를 준용하고 있다. 친권자의 경우에는 이와 같은 규정이 없다.

> 민법 제950조(후견감독인의 동의를 필요로 하는 행위) ① 후견인이 피후견인을 대리하여 다음 각 호의 어느 하나에 해당하는 행위를 하거나 미성년자의 다음 각 호의 어느 하나에 해당하는 행위에 동의를 할 때는 <u>후견감독인이 있으면</u> 그의 동의를 받아야 한다.
> 5. 소송행위
>
> ② 후견감독인의 동의가 필요한 행위에 대하여 후견감독인이 피후견인의 이익이 침해될 우려가 있음에도 동의를 하지 아니하는 경우에는 가정법원은 후견인의 청구에 의하여 후견감독인의 동의를 갈음하는 허가를 할 수 있다.

2011년 개정 전 민법(2011. 3. 7. 개정, 2013. 7. 1. 시행 전의 것) 950조는 후견인이 친족회의 동의를 받도록 규정하고 있었으나, 현행 민법은 유명무실한 친족회 제도를 폐지하였고, 그에 따라 현행 민법 950조 등이 위와 같이 변경되었다. 현행 민법에 따르면 후견인은 후견감독인이 있는 경우에는 그의 동의를 받아야 소송행위를 할 수 있지만, 친권자에게는 이러한 제한이 없다. 후견감독인이 동의를 거부하는 경우 일정한 요건하에 후견인은 가정법원에 동의에 갈음하는 허가를 청구할 수 있다.

그런데, 민사소송법은 법정대리인의 권한에 대하여 아래와 같은 특칙을 두고 있다. 이 규정이 후견인에만 관련된 것이라는 점에 관하여는 이견이 없다.

> 제56조(법정대리인의 소송행위에 관한 특별규정) ① 미성년후견인, 대리권 있는 성년후견인 또는 대리권 있는 한정후견인이 상대방의 소 또는 상소 제기에 관하여 소송행위를 하는 경우에는 그 후견감독인으로부터 특별한 권한을 받을 필요가 없다.[258)]

응소도 소송행위에 해당하는데, 만약 응소에 관하여 후견감독인의 동의를 받아야 한다고 하면, 피고의 후견인이 후견감독인의 동의를 받지 않고 버틸 수도 있다. 위 규정은 이러한 부당한 응소거부를 막기 위한 특칙이다.

---

258) 2016. 2. 3. 개정되어 2017. 2. 4.부터 시행된 현행 조문인바, 그 취지는 동일하지만, 조문의 적용 대상이 후견인임을 명확하게 하고, 민법 개정에 따라 조문의 '친족회'를 '후견감독인'으로 바꾸었다.

(2) 특별수권사항

민사소송법 56조 2항에 따르면 후견인은 소의 취하 등에 관하여는, 후견감독인 또는 가정법원으로부터 특별한 권한을 받아야 한다.

> 第56條(법정대리인의 소송행위에 관한 특별규정)
> ② 제1항의 법정대리인이 소의 취하, 화해, 청구의 포기·인낙(認諾) 또는 제80조에 따른 탈퇴를 하기 위해서는 후견감독인으로부터 특별한 권한을 받아야 한다. 다만, 후견감독인이 없는 경우에는 가정법원으로부터 특별한 권한을 받아야 한다.

위 조항을 반대해석하면, 소의 취하 등 이외의 사항은 특별한 권한을 받을 필요가 없다는 것이 된다. 즉, 위 조항에서 정한 사항은 특별수권사항, 나머지는 일반 사항이라고 할 수 있다.[259] 법문상 '소'의 취하라고만 되어 있지만, 상소의 취하도 포함된다.

다) 실체법상 특별대리인

실체법상 특별대리인의 경우에는 친권자나 후견인의 경우와 달리 그 선임결정문에 기재된 바에 따른다. 선임결정문에 특별한 기재가 없으면 실체법상의 특별대리인은 선임된 사항과 관련하여 원칙적으로 일체의 소송행위를 할 수 있다고 보는 것이 일반적이다.

라) 법인 등의 대표자

법인 등의 대표자의 권한도 민사소송법 51조에 따라 민법 등에 따라 정해진다. 법인 등의 대표자는 그 법인 등의 목적인 사업의 수행에 필요한 일체의 행위를 할 수 있지만, 실체법에 제한이 있으면 소송행위도 그 한도에서 제한을 받는다.[260]

민법상 법인의 대표자는 법인의 일체의 사무에 관하여 모든 소송행위를 할

---

259) 위 조항 역시 2016. 2. 3. 개정되어 2017. 2. 4.부터 시행된 현행 조문인바, 친권자가 그 적용대상이 아님을 명백히 하였다. 과거 조문이 친권자에게 적용되는지 여부에 대하여 견해 대립이 있었고, 판례는 소극설을 취하고 있었다(대법원 1974. 10. 22. 선고 74다1216 판결).

260) 대법원 1980. 12. 9. 선고 80다584 판결(주식회사의 대표이사가 [] 주주총회의 특별결의 없이 제소전 화해를 하였다면 이는 소송행위를 함에 있어서 필요한 특별수권을 얻지 않고 한 셈이 되어 [] 재심사유에 해당되는 것이지만 전[혀] 대리권을 갖지 아니한 자가 소송대리를 한 대리권 흠결의 경우와는 달라서 [준재심의 제기에는 기간제한이 있다]), 대법원 1999. 10. 22. 선고 98다46600 판결(비법인사단(주택건설촉진법에 의하여 설립된 재건축조합)의 대표자가 사원총회의 결의 없이 성립시킨 조정조서는 소송행위에 필요한 특별수권을 흠결하여 재심의 대상이 되나 전면적으로 대리권이 흠결된 경우가 아니므로 준재심의 제기에는 기간제한이 있다고 한 사례).

수 있고,[261] 주식회사의 대표이사도 주식회사의 영업에 관하여 모든 소송행위를 할 수 있다.[262]

법인 등의 대표자의 자격 또는 소송행위를 함에 필요한 권한의 수여에 관하여는 서면(법인등기부초본, 상업등기부초본 등)으로 증명하여야 한다.

법인 등의 대표자의 대표권한 소멸에도 법정대리권 소멸의 통지에 관한 민사소송법 63조가 준용된다(64조). 법인의 대표자가 없거나 대표권을 행사할 수 없는 경우에는 소송법상 특별대리인의 선임을 신청할 수 있다.

마) 부재자재산관리인 등

부재자재산관리인 등의 권한은 법정대리권의 근거인 실체법에 따라 결정되지만, 소송무능력자를 위한 법정대리인에 관한 민사소송법 규정들이 성질에 반하지 않는 한 적용된다.[263][264]

3) 소송법상 특별대리인의 권한

소송법상 특별대리인은 그가 선임된 당해 소송에 한하여 권한이 있다. 소송법상 특별대리인은 후견인과 같은 권한이 있다.

> 제62조(제한능력자를 위한 특별대리인)
> ③ 특별대리인은 대리권 있는 후견인과 같은 권한이 있다. 특별대리인의 대리권의 범위에서 법정대리인의 권한은 정지된다.[265]

소의 제기에 관하여 견해 대립이 있으나 선임결정에 의한 일반적 수권으로

---

261) 민법 제60조(이사의 대표권에 대한 제한의 대항요건) 이사의 대표권에 대한 제한은 등기하지 아니하면 제삼자에게 대항하지 못한다.

262) 상법 389조, 209조 2항.

263) コンメンタール 民事訴訟法 第2版 Ⅰ, 日本評論社(2006), 299면.

264) 소송능력자인 본인의 소송행위와 법정대리인의 소송행위가 경합할 가능성이 있는바, 독일의 경우 본인을 소송무능력자로 보는 규정이 있고(독일 민사소송법 53조), 한편 아무런 규정이 없는 일본의 경우 각각의 소송행위가 유효하지만 실체법상 법정대리인이 적법하게 권리를 행사하는 경우 본인의 관리처분권이 제한된다면 법정대리인의 소송행위가 우선한다는 견해가 있다. コンメンタール 民事訴訟法 第2版 Ⅰ, 日本評論社(2006), 299면. 대법원 1968. 12. 24. 선고 68다2021 판결(부재자 재산관리인의 선임이 있는 경우에는 부재자를 위하여 그 재산관리인만이 또는 그 재산관리인에게 대하여서만 소송행위를 할 수 있[으므로,] 소송서류의 송달을 [] 재산관리인[에게] 하지 아니하고 부재자 본인 상대로 공시송달을 하였다 하여도 그 송달은 적법한 것이라 할 수 없[다])에 유의할 필요가 있다.

265) 2016. 2. 3. 개정(2017. 2. 4. 시행)으로 후문이 추가되었다.

가능하다는 것이 통설이고, 판례[266]도 같다. 응소의 경우 가능하다는 데 별다른 견해 대립이 없다. 상소의 제기에 관하여는 견해 대립이 있다.

후견인이 민사소송법 56조 2항에 의하여 특별수권을 받아야 하는 소의 취하 등의 경우 특별수권을 누구로부터 받아야 하는지가 문제되는데, 후견감독인이 있는 경우에는 후견감독인으로부터, 그렇지 않은 경우에는 선임결정을 한 수소법원으로부터 받으면 된다고 본다.[267]

2016년 법개정으로 추가된 위 62조 3항 후문에 따라 소송법상 특별대리인의 대리권의 범위 내에서 법정대리인의 권한이 정지된다.[268]

의사무능력자를 위한 특별대리인의 경우에는 62조의2 2항의 특칙이 있다.

> 제62조의2(의사무능력자를 위한 특별대리인의 선임 등)
> ② 제1항의 특별대리인이 소의 취하, 화해, 청구의 포기·인낙 또는 제80조에 따른 탈퇴를 하는 경우 <u>법원은 그 행위가 본인의 이익을 명백히 침해한다고 인정할 때에는 그 행위가 있는 날부터 14일 이내에 결정으로 이를 허가하지 아니할 수 있다</u>. 이 결정에 대해서는 불복할 수 없다.

판례는 법인을 위하여 선임된 소송법상 특별대리인은 법인의 대표자 등과 같은 권한을 가진다고 한다.[269]

4. 법정대리인의 지위

1) 법정대리인과 본인의 관계

법정대리인도 소송대리인과 마찬가지로 제3자이다. 따라서 소송수행의 결과는 당사자 본인에게만 미친다. 하지만 몇 가지 측면에서는 소송대리인과 달리 본인에 준하여 취급된다. 즉, 법정대리인은 증인이 될 수 없고 신문이 필요한 경우에는 당사자본인신문절차에 의하여야 한다(372조). 소송무능력자는 송달

---

266) 대법원 1983. 2. 8. 선고 82므34 판결.

267) 김용배, "특별대리인 제도: 민사소송법 제58조와 민법 제921조를 중심으로", 실무연구 Ⅵ, 서울가정법원(2000), 66면 이하, 81면.

268) 대법원 2011. 1. 27. 선고 2008다85758 판결은 "특별대리인이 선임된 후 소송절차가 진행되던 중에 법인의 대표자 자격이나 대표권에 있던 흠이 보완되었다면 특별대리인에 대한 수소법원의 해임결정이 있기 전이라 하더라도 그 대표자는 법인을 위하여 유효하게 소송행위를 할 수 있다"고 판시하였으나, 현행법상 그 판시가 유지될 수 있을지는 의문이다.

269) 대법원 2010. 6. 10. 선고 2010다5373 판결.

을 받을 수 없기 때문에 송달은 법정대리인에게 하여야 한다(179조). 법정대리인이 사망하거나 대리권을 상실하면 소송절차가 원칙적으로 중단된다(235조). 소송무능력자는 소송대리인을 선임할 수 없기 때문에 법정대리인이 소송대리인을 선임한다. 소송무능력자인 당사자 본인에게는 경정권도 없다.

2) 수인의 법정대리인

수인의 법정대리인의 법정대리권의 공동행사가 요구되거나 공동행사하는 것으로 정할 수 있는 경우가 있다(부모(민법 909조 2항), 회사의 공동대표자(상법 208조 1항, 389조 2항, 562조 3항), 수인의 성년후견인 및 한정후견인(민법 930조 2항, 959조의3 2항)). 이러한 경우에도 수동적 소송행위는 법정대리인이 각자 할 수 있다고 본다. 능동적 소송행위의 경우 공동행사의 방법이 문제되는데, 소·상소의 제기와 민사소송법 56조 2항의 행위는 명시적 공동을 요구하고, 그 외는 각자가 한 행위라도 다른 대리인이 묵인하면 공동으로 한 것으로 취급된다고 보는 것이 일반적이다(56조 2항 유추적용설). 수인의 법정대리인이 상호 모순되는 소송행위를 한 경우에 관하여는 견해가 대립하고 있으나, 당사자 본인에게 가장 유리한 내용의 소송행위가 유효하다는 것이 다수설의 입장이다.

5. 법정대리권의 발생과 소멸

1) 법정대리권의 발생

법정대리권의 발생에 관하여는 특별히 문제되는 것이 없다. 법률이 정한 요건이 발생한 경우 당연히 또는 법원의 선임결정 등에 의하여 법정대리권이 발생하게 된다.

2) 법정대리권의 소멸

가) 소멸사유

앞서 본 민법 127조는 임의대리뿐만 아니라 법정대리에도 적용된다.

> 민법 제127조(대리권의 소멸사유) 대리권은 다음 각호의 사유로 소멸한다.
> 1. 본인의 사망
> 2. 대리인의 사망, 성년후견의 개시 또는 파산

민법 127조는 민사소송법의 대리에도 준용되므로(51조), ① 당사자의 사망(민법 127조 1호), ② 법정대리인의 사망 등(민법 127조 2호)은 민사소송법상 법정대리권의 소멸사유이다. 나아가 ③ 법정대리인의 사임, 해임, 자격상실(친권상실 등) 및 당사자의 소송능력 회복(미성년자의 성년도달 등)도 법정대리권의 소멸사유이다.

소송법상 특별대리인의 경우에는 절차의 안정을 위하여 대리권 소멸사유가 발생한 것만으로 부족하고 반드시 법원의 해임결정이 있어야 된다고 보는 견해도 있다.[270] 2016년 법개정 때 신설된 민사소송법 62조 4항("특별대리인의 선임·개임 또는 해임은 법원의 결정으로 하며, 그 결정은 특별대리인에게 송달하여야 한다")은 이 견해에 입각한 것으로 판단된다.

나) 소멸통지

법정대리권의 소멸은 상대방에게 통지하여야 그 효력을 주장할 수 있다.[271]

> 제63조(법정대리권의 소멸통지) ① 소송절차가 진행되는 중에 법정대리권이 소멸한 경우에는 본인 또는 대리인이 상대방에게 소멸된 사실을 통지하지 아니하면 소멸의 효력을 주장하지 못한다. 다만, 법원에 법정대리권의 소멸사실이 알려진 뒤에는 그 법정대리인은 제56조 제2항의 소송행위를 하지 못한다.
> ② 제53조의 규정에 따라 당사자를 바꾸는 경우에는 제1항의 규정을 준용한다.

하지만 위에서 본 법정대리권의 소멸사유 중 ② 법정대리인의 사망 등의 경우는 소멸통지가 필요 없다. 이는, 예컨대 법정대리인이 사망한 경우 당사자는 소송능력이 없어 소송행위인 소멸통지를 할 수 없고, 법정대리인은 사망했기 때문에 소멸통지를 할 자가 없기 때문이다.[272]

문언상 명백하듯이 통지는 법원에 대한 것이 아니라 상대방에 대한 것이다.[273] 법정대리권의 소멸에 대한 상대방의 선의 여부나 과실 유무 등은 묻지 않고, 대리권이 소멸된 법정대리인이 한 행위인지 상대방이 한 행위인지 여부도 묻지 않는다.[274]

---

270) 김용배, "특별대리인 제도: 민사소송법 제58조와 민법 제921조를 중심으로", 실무연구 Ⅵ, 서울가정법원(2000), 66면 이하, 81면; 주석 민사소송법(1판)(Ⅰ), 353~351면.

271) 대표이사의 사임 등으로 인한 대표권의 소멸에 관한 것으로 대법원 1968. 12. 17. 선고 68다1629 판결, 대법원 2006. 11. 23. 선고 2006재다171 판결, 대법원 2007. 5. 10. 선고 2007다7256 판결 등이 있다.

272) 주석 민사소송법(1판)(Ⅰ), 357~358면.

273) 소멸통지를 한 사실을 법원에 서면으로 신고하여야 한다(규칙 13조 1항).

다만, 2002년 법개정으로 63조 1항 단서가 추가되어 법정대리권의 소멸이 법원에 알려진 경우에는 상대방에게 통지가 있기 전이라도 56조 2항의 소송행위, 즉 소의 취하, 화해, 청구의 포기·인낙, 소송탈퇴 등에 관하여는 법정대리권의 소멸을 주장할 수 있게 되었다.

선정당사자가 변경된 경우 63조 2항에 따라 1항이 준용된다. 여기의 선정당사자의 변경은, 기존 선정당사자의 선정을 취소하고 새로운 선정당사자를 선정한 경우와 기존 선정당사자의 선정을 취소하고 자신이 직접 소송을 수행하는 경우를 의미하고, 선정당사자의 사망이나 소송능력 상실 등은 해당되지 않는다.[275)]

다) 소송중단

법정대리권의 소멸은 소송절차의 중단사유이다. 소멸통지가 필요한 경우에는 소멸통지가 있어야 중단된다.

> 제235조(소송능력의 상실, 법정대리권의 소멸로 말미암은 중단) 당사자가 소송능력을 잃은 때 또는 법정대리인이 죽거나 대리권을 잃은 때에 소송절차는 중단된다. 이 경우 소송능력을 회복한 당사자 또는 법정대리인이 된 사람이 소송절차를 수계하여야 한다.

그러나 당사자에게 소송대리인이 있는 경우에는 예외이다(238조). 또한, 63조 2항이 적용되는 선정당사자의 변경의 경우 소송절차가 중단되지 않는다.[276)]

274) 대법원 1998. 2. 19. 선고 95다52710 전원합의체 판결(사임한 종중의 대표자가 소를 취하한 사안).

275) 주석 민사소송법(1판)(Ⅰ), 358면.

276) 주석 민사소송법(1판)(Ⅰ), 358면.

제17강 소송상 대리(3): 무권대리

1. 무권대리의 의의 및 범위

일반적으로 대리권이 없는 대리를 무권대리라고 하는데, 실제 소송을 수행한 변호사에게 소송위임이 아예 없거나 특별수권사항에 관하여 특별수권이 없는 경우, 법정대리인에게 자격이 없는 경우 등을 전형적인 예로 들 수 있다. 법인의 대표자도 법정대리인으로 취급되므로, 대표자 선정 결의가 무효이거나 해임되어 대표자의 권한이 소멸한 경우도 무권대리가 문제된다. 대리권을 서면으로 증명하지 못하는 경우나, 실제 송달을 받은 자에게 송달을 받을 권한이 없는 경우도 무권대리의 문제로 처리된다. 민법에서 문제되는 쌍방대리는 민사소송법에서도 문제된다. 변호사 대리의 원칙을 위반하여 변호사 자격이 없는 자가 소송대리인이 된 경우도 무권대리의 문제로서 논하여진다.

2. 무권대리의 취급

1) 소송행위에 미치는 영향

가) 개별 소송행위에 미치는 영향

무권대리인에 의한 소송행위는 무효이고, 무권대리인에 대한 소송행위도 무효이다. 하지만 당사자 본인이나 정당한 대리인에 의한 소급적인 추인이 가능하다.[277)]

> 제60조(소송능력 등의 흠과 추인) 소송능력, 법정대리권 또는 소송행위에 필요한 권한의 수여에 흠이 있는 사람이 소송행위를 한 뒤에 보정된 당사자나 법정대리인이 이를 추인(追認)한 경우에는, 그 소송행위는 이를 한 때에 소급하여 효력이 생긴다.
> 제97조(법정대리인에 관한 규정의 준용) 소송대리인에게는 제58조 제2항·제59조·제60조 및 제63조의 규정을 준용한다.

277) 대법원 2020. 6. 25. 선고 2019다246399 판결: 항소의 제기에 관하여 필요한 수권이 흠결된 소송대리인의 항소장 제출이 있었다고 하더라도 당사자 또는 적법한 소송대리인이 항소심에서 본안에 관하여 변론하였다면 이로써 그 항소제기 행위를 추인하였다고 할 것이[다.]

민법 133조에 의하면 민법상 무권대리의 추인에서는 제3자의 권리가 보호된다.

> 민법 제133조(추인의 효력) 추인은 다른 의사표시가 없는 때에는 계약시에 소급하여 그 효력이 생긴다. 그러나 제삼자의 권리를 해하지 못한다.

하지만 위 규정에 의하여 민사소송법상 무권대리의 추인에 있어서 상대방 당사자가 보호될 여지는 없다. 이러한 의미에서 민사소송법상 무권대리의 추인의 효과는 절대적이다.[278]

추인의 시기, 방법 등은 소송무능력자의 행위의 추인에서 설명한 바와 같다. 즉, 추인의 시기에 관하여는 별다른 제한이 없으며,[279] 묵시적으로도 할 수 있고,[280] 추인을 하는 경우에는 원칙적으로 무권대리에 의하여 행해진 소송행위 전부를 대상으로 하여야 한다.

나) 제소 단계부터 무권대리인 경우

제소 단계부터 무권대리가 개입된 경우에는 소송요건이 흠결된 것으로 보고 소 각하 판결을 한다. 무권대리를 간과한 판결은 당연무효의 판결이 아니고, 상소와 재심의 대상이 된다.

2) 변호사 자격이 없는 자의 소송행위

변호사대리의 원칙이 적용되는 경우인데, 변호사 자격이 없는 자가 소송대리인이 된 경우, 소송행위는 무효이나 추인이 가능하다고 보되, 다만 소송대리인이 된 자가 이익을 받을 목적을 갖고 있었던 경우에는 추인이 불가능한 절대적 무효라고 보는 것이 일반적 견해이다.

관련 문제를 추가로 보면, 변호사 자격은 있으나 징계로 인하여 업무정지 중에 있는 자가 소송대리인이 된 경우에는 당사자 본인이나 상대방의 이익이나 절차의 안정을 위하여 소송행위는 유효한 것으로 취급한다. 이 경우에는 법원

---

278) 대법원 1991. 11. 8. 선고 91다25383 판결.

279) 추인은 항소심에서도 할 수 있고(대법원 2024. 7. 11. 선고 2023다301941 판결), 상고심에서도 할 수 있다(대법원 2016. 7. 7. 선고 2013다76871 판결, 대법원 2019. 9. 10. 선고 2019다208953 판결).

280) 대법원 1980. 4. 22. 선고 80다308 판결(1심에서 미성년자 본인이 직접 선임한 소송대리인의 소송수행에 대하여, 항소심에서 친권자가 선임한 소송대리인이 아무런 이의제기 없이 1심 소송결과를 진술한 경우 묵시적 추인을 인정).

이 그러한 자의 소송관여를 배척함으로써 충분하다고 보는 것이다.

3) 쌍방소송대리

민법상 쌍방대리는 민법 124조가 규정하고 있다. 이에 따르면 쌍방대리에 의한 법률행위는 사전허가가 있으면 유효하다. 무권대리로서 사후에 추인의 대상도 될 수 있다.

> 민법 제124조(자기계약, 쌍방대리) 대리인은 본인의 허락이 없으면 본인을 위하여 자기와 법률행위를 하거나 동일한 법률행위에 관하여 당사자쌍방을 대리하지 못한다. 그러나 채무의 이행은 할 수 있다.

민사소송법에서도 쌍방대리의 문제는 위와 마찬가지로 처리될 수 있다.[281] 다만 제소전 화해에 관하여는 특칙이 있다.

> 제385조(화해신청의 방식)
> ② 당사자는 제1항의 화해를 위하여 대리인을 선임하는 권리를 상대방에게 위임할 수 없다.

그리고 변호사가 소송대리인이 되는 경우에 관하여도 변호사법 31조가 있으므로 변호사의 쌍방대리의 문제는 위 규정에 따라 처리된다. 위 규정의 적용범위는 일반적으로 관념되는 쌍방대리의 범위보다 넓다.

> 변호사법 제31조(수임제한) ① 변호사는 다음 각 호의 어느 하나에 해당하는 사건에 관하여는 그 직무를 수행할 수 없다. 다만, 제2호 사건의 경우 수임하고 있는 사건의 위임인이 동의한 경우에는 그러하지 아니하다.
> 1. 당사자 한쪽으로부터 상의(相議)를 받아 그 수임을 승낙한 사건의 상대방이 위임하는 사건
> 2. 수임하고 있는 사건의 상대방이 위임하는 다른 사건
> 3. 공무원·조정위원 또는 중재인으로서 직무상 취급하거나 취급하게 된 사건
>
> ② 제1항 제1호 및 제2호를 적용할 때 법무법인·법무법인(유한)·법무조합이 아니면서도 변호사 2명 이상이 사건의 수임·처리나 그 밖의 변호사 업무 수행 시 통일된 형태를 갖추고 수익을 분배하거나 비용을 분담하는 형태로 운영되는 법률사무소는 하나의 변호사로 본다.

---

281) 대법원 1990. 11. 23. 선고 90다4037, 4044 판결(제1심에서 피고를 대리하여 소송행위를 하였던 변호사가 항소심에서 원고의 소송복대리인으로 출석하여 변론을 한 경우라도 당사자가 그에 대하여 아무런 이의를 제기하지 아니하면 그 소송행위는 소송법상 완전한 효력이 생긴다).

위 규정에 위반한 경우의 소송행위의 효력에 관하여는 유효설(직무규정설), 절대무효설, 추인설, 이의설 등 여러 견해가 대립하고 있다. 판례의 주류는 상대방 당사자측에서 이의하지 않으면 유효하다는 이의설을 취하고 있다.[282)]

3. 무권대리의 조사 및 처리

대리권의 유무는 직권조사사항으로 보는 것이 통설과 판례[283)]이다. 법원은 대리인에게 대리권이 없다고 판단되는 경우 보정이 가능하면 기간을 정하여 보정을 명하고, 보정이 불가능하면 대리인의 소송관여를 배척하여야 한다. 보정을 위하여 소송절차가 지연되는 동안 손해가 발생할 염려가 있는 경우에는 법원은 일시적으로 대리인에게 소송행위를 하게 할 수 있다(59조, 97조).

무권대리인의 신청은 배척하고, 진술 등은 무시하면 된다. 무권대리인이 출석하여도 불출석의 제재는 피할 수 없다. 무권대리인이 제기한 소나 상소는 부적법하므로 소 각하 판결의 대상이 된다.

4. 표현대리

민사소송절차에서 민법의 표현대리에 관한 규정(민법 125조 내지 127조)이 유추적용되는지 여부에 관하여는 외관을 신뢰한 상대방의 보호를 중시하는 긍정설, 소송절차의 안정을 중시하는 부정설 및 일반적으로는 부정설을 취하되 당사자 본인에게 귀책사유가 있는 경우에 한하여 표현대리의 성립을 인정하는 절충설 등이 대립하고 있다. 학설의 논의는 주로 법인의 대표자가 해임 또는 사임하였음에도 불구하고 법인등기부의 기재가 변경되지 않고 있는 동안에 법인등기부의 대표자를 진정한 대표자로 믿고 그를 대표자로 기재하여 법인을 상대로 소송을 제기한 자를 보호할 것인지의 문제를 놓고 이루어지고 있다.

판례는 집행증서 중 강제집행수락의 의사표시를 소송행위로 보고, 이와 관

---

282) 대법원 1975. 5. 13. 선고 72다1183 전원합의체 판결, 대법원 1995. 7. 28. 선고 94다44903 판결, 대법원 2003. 5. 30. 선고 2003다15556 판결 등.

283) 대법원 1999. 2. 24. 선고 97다38930 판결: 소송대리권의 존부에 관하여 [자백간주]에 관한 규정이 적용될 여지가 없다.

련하여 표현대리가 성립할 수 있는지 여부가 문제된 사안에서 부정설을 일관되게 취하고 있다.[284] 다만, 사안에 따라서 실체법적인 차원에서는 추인이나 표현대리가 성립될 수 있다는 점에 유의하여야 한다.

284) 대법원 1983. 2. 8. 선고 81다카621 판결, 대법원 1984. 6. 26. 선고 82다카1758 판결, 대법원 1994. 2. 22. 선고 93다42047 판결.

제 3 장 청구(소송물)

제18강 소장의 청구 부분

1. 청구취지와 청구원인

소장의 청구 부분은 청구취지와 청구원인으로 나뉘어져 있다. 이는 판결에서 주문과 이유가 나뉘어 있는 것과 상응한다. 청구취지는 원고가 구하는 결론, 즉 원고가 바라는 판결의 결론, 즉 주문을 말하고, 청구원인은 청구취지를 뒷받침하는 근거를 말한다.

왜 소장의 청구 부분은 청구취지와 청구원인으로 나누어서 기재하도록 되어 있는 것일까? 일단 민사소송법이 이를 요구하고 있기 때문이다.

> 제249조(소장의 기재사항) ① 소장에는 당사자와 법정대리인, 청구의 취지와 원인을 적어야 한다.

왜 민사소송법이 이를 요구하고 있는지는 민사소송제도가 역사적으로 그렇게 형성되어 왔기 때문이라고 답할 수밖에 없다. 그 과정을 파악하기 위하여는 민사소송법이 계수된 과정을 거슬러 게르만법이나 로마법까지 올라가보아야 할 것이나, 이는 법제사의 연구대상이고, 이 책에서는 우리나라의 현재의 상황만을 고찰하고, 그것만으로도 충분하다.

소장의 청구 부분, 즉 청구취지와 청구원인은 어떻게 작성하여야 하는 것일까? 청구취지와 청구원인으로 나누어서 살펴본다.

2. 청구취지의 작성방법

원고가 청구취지를 기재하기 위하여는 ① 자신이 주장하고자 하는 실체법상의 권리(또는 법률관계)와 ② 구제형식을 정하여야 한다. ①을 흔히 '소송물인 권리관계'라고 부른다.[285] ②에는 확인, 이행, 형성의 3가지가 있다. 구제형식은 법원의 입장에서는 심판형식이 된다. '소송물' 혹은 '청구'는 대개는 ①만을 의미하지만, ①과 ②를 모두 합친 것을 의미할 때도 있다.

예를 들어 A가 B에게 1,000만 원을 빌려주었는데, B가 돈을 갚지 아니하여 민사소송을 제기하고자 한다고 가정한다. A는 우선 소송물인 권리관계를 위 대여금채권으로 정할 것이다. 이와 같이 소송물인 권리관계는 구체적인 실체법적 권리관계이다. 다음으로 A가 구제형식을 확인으로 정하면 청구취지는 "원고에게 피고에 대한 ○○○○. ○○. ○○.자[286] 1,000만 원의 대여금채권이 있음을 확인한다"라고 기재되고, 이행으로 정하면 청구취지는 "피고는 원고에게 1,000만 원을 지급하라"로 기재된다. 소송물인 권리관계가 형성권이 아니기 때문에 구제형식을 형성으로 정할 수는 없다.

원고는 확인과 이행의 두 구제형식 중 어느 것을 선택하여야 하는가? 이행을 선택하여야 한다. 이행의 소가 가능한데 확인을 선택하는 경우 확인의 소의 보충성이라는 원칙 때문에 원칙적으로 소가 각하되기 때문에 대부분의 사건에서 원고는 이행을 선택하게 된다.

구제형식은 원고가 지정하는 것이므로 법원이, 변경을 유도하는 석명을 할 수는 있어도, 임의로 바꿀 수 없다. 구제형식에 따라 소를(소송을) 확인의 소(확인소송), 이행의 소(이행소송) 및 형성의 소(형성소송)로 나눌 수 있고, 소에 대한 법원의 판결도 구제형식(심판형식)에 따라 확인판결, 이행판결, 형성판결로 나눌 수 있다.[287]

확인의 소는 소송물인 권리관계의 존부[288]에 대한 확인만을 구하는 것이고, 이행의 소는 소송물인 권리관계의 존재에 대한 확인 및 그에 대한 이행명령을 구하는 것이며, 형성의 소는 소송물인 권리관계(형성권)의 존재에 대한 확인 및 그에 기한 권리관계의 변동을 구하는 것이다. 특히 이행의 소에 대한 청구인용판결인 이행판결은 그에 기하여 강제집행절차를 진행할 수 있다는 점, 즉 집행

285) 소송물이론 중 실체법설에 입각한 것이다.

286) 대여금채권을 특정하기 위하여 대여일자를 금액과 함께 기재한다.

287) 물론 원고가 승소한 경우를 전제로 한 것이다.

288) 즉, 확인의 소에는 소송물인 권리관계의 존재에 대한 확인을 구하는 적극적 확인의 소와 그 부존재에 대한 확인을 구하는 소극적 확인의 소가 있다.

력이 있다는 점에서 확인판결과 차이가 있다.

3. 청구원인의 작성방법

1) 사실상 주장과 법률상 주장

흔히 소송은 1 법률을 대전제로 하고, 2 구체적 사실을 소전제로 하여, 3 구체적인 법률효과를 결론으로 도출하는 삼단논법의 과정이라고 한다. 청구취지에 기재되는 것이 3이라면, 청구원인에 기재되는 것은 1과 2, 즉 사실관계와 적용법률이 기재된다고 할 수 있다. 물론 청구원인에도 1과 2를 기재한 다음 결론으로서 3이 다시 기재되기는 한다. 달리 표현하면 청구원인에는 사실상 주장(사실관계에 대한 주장)과 법률상 주장(사실관계에 적용될 법률에 대한 주장, 법률적 관점이라고도 한다)이 기재되는 것이다.

사실상 주장은 특정한 법률상 주장을 전제로 하므로 양자는 불가분의 관계에 있다. 예컨대, 매매에 기한 소유권이전등기청구권에 대하여 민법은 아래와 규정한다.

> 민법 제563조(매매의 의의) 매매는 당사자 일방이 재산권을 상대방에게 이전할 것을 약정하고 상대방이 그 대금을 지급할 것을 약정함으로써 그 효력이 생긴다.
> 제568조(매매의 효력) ① 매도인은 매수인에 대하여 매매의 목적이 된 권리를 이전하여야 하며 매수인은 매도인에게 그 대금을 지급하여야 한다.

따라서 어떤 특정한 매매계약에 기하여 매도인에게 소유권이전등기를 청구하는 매수인은 사실상 주장으로서 자신과 피고가 특정한 내용의 약정을 하였다는 사실을 주장하고, 법률상 주장으로서 민법 563, 568조가 적용되어야 한다는 주장, 즉 원고와 피고 사이의 위 약정이 민법 563조의 매매이므로 민법 568조에 의하여 피고에게 소유권이전등기의무가 있다고 주장하여야 한다.

2) 요건사실

청구원인에서 사실상의 주장으로 기재되는 사실이 바로 요건사실이다. 즉, 청구원인에는 청구취지를 선택할 때 정한 소송물인 권리관계의 요건사실을 빠짐없이 기재하여야 한다. 예컨대, 앞에서 본 대여금청구의 예에서 A가 정한 대여금채권(원금)의 요건사실은 ① 소비대차계약의 체결, ② 금전의 지급(인도), ③

반환시기의 도래이다. 실무상 다음과 같이 기재된다.

원고는 ****. **. **. 피고에게 금 1억 원을 변제기 ####. ##. ##.로 약정하여 대여하였다.

위 요건사실이 앞서 본 청구원인에 모두 기재되어 있는지 의문이 들 수 있다. 청구원인에는 소비대차계약을 체결하였다는 말이나 금전을 지급(인도)하였다는 말이 없기 때문이다. 하지만, '대여하였다'라는 부분은 '소비대차계약을 체결하고 금전을 지급하였다'라는 요건사실을 압축하여 표현한 것이다.

이와 같이 청구원인에는 이론상의 요건사실을 곧이곧대로 기재하는 것이 아니라 적당한 방법으로 변형하여 간략하면서도 함축적으로 기재한다. 이러한 방법에 관하여는 실무상 관행이 존재한다. 따라서 실무에서 청구원인을 기재하는 방법을 배운다는 것은 이러한 실무상 관행을 익힌다는 것을 의미한다.

주의할 점은 민법에서 배우는 어떤 권리의 요건사실 전부가 원고가 청구원인에 기재하여야 하는 요건사실, 즉 청구원인사실이 되는 것은 아니라는 점이다. 주장·증명책임의 분배에 따라서 일부는 피고의 항변사실이 되기도 한다.

변호사로서 실무를 수행하기 위하여는 위와 같은 실무상 관행을 익히는 것이 필수적이다. 하지만, 이 부분이 실제 그다지 어려운 부분은 아니며 중요한 부분도 아니다. 궁극적으로 중요한 것은 정확하게 이론을 이해하고 이를 사실관계에 적용할 수 있는 능력, 즉 문제해결능력이다.

실무상 청구원인에 요건사실이 아닌 것을 기재하는 것은 자제하여야 하지만, 승패의 향방을 가늠할 수 없고, 사건발생의 경위, 경과 등 전체적인 제반상황이 승패에 영향을 미친다고 판단되는 경우에는 달리 판단할 수도 있다.

4. 주요 사건별 예시

1) 개 요

앞으로의 설명에 필요한 한도에서 주요 사건별로 청구취지, 청구원인의 작성례를 살펴본다. 첫째, 아래 작성례들이 통용되는 여러 방식 중의 하나에 불과할 뿐이라는 점, 둘째, 아주 간단한 사안을 전제로 한 것이고, 실제 소송에서 동기·방법·태양 등을 포함하여 훨씬 더 풍부한 내용으로 청구원인이 작성된다는 점에 유의하여야 한다.

2) 대여금청구

원금만을 청구하는 경우 청구취지는 다음과 같은 방식으로 기재된다.

【1】 피고는 원고에게 금 1억 원[289)]을 지급하라.

그러나 실제 원고가 원금만 청구하는 경우는 드물고, 일반적으로는 이자와 지연손해금을 함께 청구한다. 원고는 통상 자신이 받아낼 수 있는 최대한을 청구하고자 하기 때문이다. 이 경우의 청구취지는 다음과 같은 방식으로 기재된다.

피고는 원고에게 금 1억 원 및 이에 대한 ****. **. **.부터 이 사건 소장부본 송달일까지는 연 10%의, 그 다음날부터 다 갚는 날까지는 연 12%의 각 비율에 의한 금원을 지급하라.

원금의 요건사실은 앞에서 보았고, 이자의 요건사실은 ① 원본채권의 발생, ② 이자약정, ③ 목적물의 인도 및 인도시기이고, 지연손해금의 요건사실은 ① 원본채권의 발생, ② 반환시기(변제기) 및 그 도과, ③ 손해의 발생과 범위이다.

원금, 이자, 지연손해금을 모두 청구하는 경우의 청구원인을 예시하면 다음과 같다.

원고는 ****. **. **. 피고에게 금 10,000,000원을 이자 연 10%, 변제기 ****. **. **.로 약정하여 대여하였다.

뭔가 부족한 듯 보이지만 위 문장에는 원금, 이자, 지연손해금의 요건사실이 모두 기재되어 있다. '대여'는 소비대차계약의 체결 및 금전의 인도를 축약

289) '금 100,000,000원', '돈 1억 원' 등으로 기재할 수도 있다.

한 표현이다.

3) 소유권에 기한 건물인도청구

예컨대, 피고가 원고 소유의 건물을 아무 권원 없이 점유하고 있어, 원고가 소유권에 기한 방해배제청구권을 행사하여 건물의 인도를 청구하는 청구취지는 다음과 같다.

【2】 피고는 원고에게 별지 목록 기재 건물[290)]을 인도하라.

요건사실은 ① 원고가 건물의 소유자인 사실, ② 피고가 건물을 점유하고 있는 사실인바, 청구원인은 다음과 같다.

원고 소유의 별지 목록 기재 건물을 피고가 점유하고 있다.

4) 임대차 관련 사건

가) 개 요

임대차와 관련된 사건에는 임차인이 청구하는 사건으로는 임대차보증금반환청구가 있고, 임대인이 청구하는 사건으로는 임대차목적물반환청구(토지 또는 건물의 인도청구), 차임청구, 차임상당 손해배상 또는 부당이득반환청구 등이 있다.

나) 임대차목적물반환청구

건물에 대한 임대차계약이 종료한 경우 임대인은 임대차계약에 기한 목적물반환청구권을 행사하여 건물의 인도를 청구할 수 있다. 청구취지는 다음과 같이 기재된다.

【3】 피고는 원고에게 별지 목록 기재 건물을 인도하라.

요건사실은 ① 임대차계약의 체결, ② 임대차 목적물의 인도, ③ 임대차의

290) 토지, 건물 등 부동산의 표시는 통상 별지 목록을 이용한다.

종료(기간만료, 해지 등)이다. 청구원인의 예는 다음과 같다.

> 원고는 ****. **. **. 피고에게 이 사건 건물을 임대차보증금 4천만 원, 월차임 150만 원, 임대기간을 2년간으로 약정하여 임대하였다. 원고와 피고는 위 임대차기간이 만료되기 전인 ####. ##. ##. 상호합의하여 위 임대차계약을 해지하였다.

다) 임대차보증금반환청구

임대차계약이 종료한 경우 임차인은 임대인에게 보증금의 반환을 청구할 수 있다. 임차인이 먼저 보증금반환청구를 하는 경우도 있지만, 임대인의 목적물인도청구에 대하여 반소로써 제기하는 경우도 있다. 청구취지의 예는 다음과 같다.

> 【4】 피고는 원고에게 1억 원을 지급하라.

요건사실은 ① 임대차계약의 체결, ② 임대차보증금의 지급, ③ 임대차의 종료인바, 청구원인의 예는 다음과 같다.

> 원고가 ****. **. **. 피고로부터 별지 목록 기재 건물을 임대차보증금 1억 원, 월차임 200만 원, 임대차기간 2년으로 정하여 임차하고 그 임대차보증금을 지급하였는데, 위 임대차기간이 만료되었다.

5) 매매 관련 사건

가) 개 요

매매와 관련된 사건 중 계약의 이행을 구하는 것에는, 매도인이 청구하는 사건으로는 매대대금지급청구 등이 있고, 매수인이 청구하는 사건으로는 소유권이전등기청구, 목적물인도청구 등이 있다.

계약의 무효나 해제를 전제로 한 사건으로, 매도인이 청구하는 목적물반환청구(건물 또는 토지 등의 인도청구), 소유권이전등기말소청구 등이 있고, 매수인이 청구하는 매매대금반환청구 등이 있다.

나) 매매대금지급청구

예컨대, 원고가 피고에게 자기 소유의 건물을 1억 원에 매도한 경우, 청구취지는 다음과 같이 기재된다.

【5】 피고는 원고에게 금 1억 원을 지급하라.

요건사실은 '매매계약의 체결'만이다. 대여금청구에서는 반환시기 및 도과가 요건사실에 포함되는 점과 차이가 있다. 계약은 소비대차형과 매매형으로 구분되어, 전자의 경우는 의무자에 의한 일정기간 동안의 목적물의 사용 등이 계약의 본질적 요소이므로 반환시기 관련된 사항이 청구원인의 요건사실에 포함되기 때문이다. 아파트 매매계약의 경우 통상 매매대금을 계약금, 중도금, 잔금으로 나누어 계약금은 계약시, 잔금은 소유권이전등기서류 교부와 동시에, 중도금은 위 두 시기 사이에 지급하는 것으로 약정하는 경우가 흔한데, 이 경우도 마찬가지이다. 이 경우 지급시기가 도래하지 않았다는 등의 주장은 매수인의 항변사항이다.

청구원인의 예는 다음과 같다.

원고는 피고에게 ****. **. **. 별지 목록 기재 건물을 1억 원에 매도하였다.

다) 소유권이전등기청구

청구취지의 예는 다음과 같다.

【6】 피고는 원고에게 별지 목록 기재 건물에 관하여 ****. **. **. 매매를 원인으로 한 소유권이전등기절차를 이행하라.

소유권이전등기청구를 위하여는 밑줄 친 바와 같이 등기원인의 기재[291]가 필요하다는 점에 유의할 필요가 있다.

요건사실은 이 경우도 역시 '매매계약의 체결'뿐이다. 청구원인의 예는 다

291) 부동산등기관련 법령의 요구사항이다.

음과 같다.

원고는 피고로부터 ****. **. **. 별지 목록 기재 건물을 1억 원에 매수하였다.

라) 소유권이전등기말소청구

매도인이 소유권이전등기까지 넘겨주었는데, 이후 등기서류의 위조 등을 주장하면서 말소등기청구를 하는 경우의 청구취지는 다음과 같다.

【7】 피고는 원고에게 별지 목록 기재 건물에 관하여 서울동부지방법원 ****. **. **. 접수 제0000호로 마친 소유권이전등기의 말소등기절차를 이행하라.

요건사실은 ① 부동산이 원고의 소유인 사실, ② 피고 명의의 등기가 경료된 사실, ③ 피고 명의의 등기의 원인무효(등기서류의 위조, 등기원인의 무효·취소·해제)이다.[292] 등기서류의 위조를 주장하는 청구원인의 예는 다음과 같다.

원래 원고의 소유로 등기되어 있던 별지 목록 기재 부동산에 관하여 피고명의의 주문 기재 소유권이전등기가 경료되었다. 피고가 ****. **. ** 원고의 인감도장을 훔쳐서 소유권이전등기에 필요한 서류를 위조하여 위 소유권이전등기를 경료하였다.

만약 같은 매도인이 등기서류의 위조가 아니라 매매계약의 해제를 주장하면서 말소등기청구를 하는 경우 청구취지는 다음과 같다.

【8】 피고는 원고에게 별지 목록 기재 건물에 관하여 서울동부지방법원 ****. **. **. 접수 제0000호로 마친 소유권이전등기의 말소등기절차를 이행하라.

즉, 등기서류의 위조를 주장한 경우와 청구취지의 기재가 같다. 청구원인은

292) 소유권보존등기와 그에 터 잡은 소유권이전등기에 대한 말소등기청구의 요건사실은 ① 원고 측의 원시취득 사실, ② 피고 명의의 소유권보존등기와 그에 터 잡은 소유권이전등기 사실이고, 위 ③과 같은 등기의 원인무효사유는 별도로 필요하지 않다. 소유권보존등기 명의인이 원시취득자가 아니라는 점이 증명되면 그 보존등기의 추정력이 깨어지기 때문이다. 최진수, 요건사실과 주장증명책임(제5판), 진원사(2016)(이하 '최진수(5판)'이라고 한다), 136면.

등기서류의 위조 부분 대신 해제에 대한 부분이 들어가므로 당연히 달라진다.

매도인은 소유권이전등기말소청구가 아닌 진정명의회복을 위한 소유권이전등기청구를 할 수도 있다. 이는 소유명의가 매수인 이외의 자에게 이전되어 말소등기의 대상이 복수인 경우 절차적으로 훨씬 간편하게 매도인이 명의를 회복할 수 있게 해준다. 등기서류의 위조를 등기의 원인무효사유로 주장하는 경우의 청구취지는 다음과 같다.

【9】 피고는 원고에게 별지 목록 기재 건물에 관하여 진정한 등기명의의 회복을 원인으로 하는 소유권이전등기절차를 이행하라.

요건사실과 청구원인은 위에서 봤던 등기서류의 위조를 주장하는 경우와 동일하다. 특히 부동산이 원고의 소유인 점에 관하여는 '부동산에 대하여 원고 명의의 소유권이전등기가 경료되어 있었거나 법률의 규정에 의한 소유권취득이 있었을 것'이라고 주의적으로 자세히 설명하기도 한다.

6) 취득시효완성을 원인으로 한 소유권이전등기청구

청구취지의 예는 다음과 같다.

【10】 피고는 원고에게 별지 목록 기재 토지에 관하여 ****. **. **. 취득시효완성을 원인으로 한 소유권이전등기절차를 이행하라.

민법 245조 1항은 '20년간 소유의 의사로 평온, 공연하게 부동산을 점유하는 자는 등기함으로써 그 소유권을 취득한다'라고 규정되어 있으나, 점유의 자주·선의·평온·공연 및 계속은 법률상 추정되므로(민법 197조 1항, 198조), 결국 당해 부동산에 대한 특정시점에서의 점유와 그로부터 20년 후의 시점에서의 점유만 요건사실이 된다.[293] 하지만 실무상 청구원인에 위 민법 245조 1항의 요건부를 기재하는 경우가 일반적이다.

293) 최진수(5판), 222면.

7) 눈여겨 봐야할 대목

뒤에 다시 언급되지만, 위 예시들과 관련하여 특히 주의를 요하는 점은 다음과 같다. 이들은 소송물의 동일 여부에 관한 논의를 전개할 때 필수불가결한 고려요소들이다.

① 원칙적으로, 청구취지에는 소송물인 권리관계의 결론 부분만 기재된다. 이를 청구취지의 무색투명성이라고 부른다. 따라서 청구취지만으로는 소송물인 권리관계를, 특히 그 실체법적 성격을 정확하게 파악할 수 없다.

예컨대, 【1】, 【4】, 【5】를 비교하여 보면 소송물인 권리관계가 금전지급청구권이라는 것만 알 수 있을 뿐 그 정확한 성격, 예컨대 대여금채권인지, 임대차보증금반환채권인지, 매매대금채권인지를 알 수 없다. 하필 청구금액도 같아서 외견상으로는 같은 청구인지 다른 청구인지를 알 수 없다. 소송물인 권리관계가 무엇인지 정확하게 파악하려면 청구원인을 보아야 한다.

이러한 사정은 건물인도청구인 【2】와 【3】도 마찬가지이다. 물론 금전지급청구와는 달리 이 경우는 별지 목록에 기재된 건물이 다르다면 최소한 두 청구가 서로 별개의 것이라는 정도는 청구취지만으로도 알 수 있다. 하지만 건물이 같은 경우에는, 【2】가 물권적 청구권인 소유권에 기한 방해배제청구권이 행사된 경우이고, 【3】이 채권적 청구권인 임대차계약에 기한 목적물반환청구권이 행사된 경우인지는 역시 청구원인을 봐야 알 수 있다.

② 그러나, 소유권이전등기청구의 경우, 【6】, 【9】, 【10】과 같이 청구취지에 기재된 등기원인을 보면 소송물인 권리관계를 알 수 있다. 이는 등기관련법령이 이전등기의 경우 등기원인의 기재를 요구하고 있기 때문이다.

③ 【7】과 【8】을 비교하여 보면, 소유권이전등기말소청구의 경우 등기의 무효사유의 주장이 달라져도 청구취지는 동일하다. 청구취지에는 대상부동산과 말소대상 등기를 특정하기 위한 사항만 기재되기 때문이다.[294)]

---

294) 소유권이전등기 등에 대한 말소등기청구의 경우 청구취지에 등기원인을 기재할 필요가 없다. 위와 같은 말소·회복등기를 실행할 때에는 법원의 판결 자체가 등기원인으로 기재된다(사법연수원, 민사실무 Ⅰ(2016), 68면 참조). 다만 소급효 없는 후발적 실효사유에 기한 말소등기청구의 경우, 그 실효사유의 특정이 가능한 때에는 이를 말소등기원인으로 청구취지에 기재한다. 피담보채무변제를 조건으로 근저당권설정등기의 말소를 명하는 경우 근저당권의 소멸일자를 특정할 수 없으므로 결국 등기원인을 기재할 수 없다(사법연수원, 민사실무 Ⅱ

④ 【7】과 【9】를 비교하면, 등기서류의 위조주장에 기한 소유권이전등기말소청구와 같은 진정명의회복을 위한 소유권이전등기청구는 청구원인은 동일하지만 청구취지의 기재는 다르다.

⑤ 앞서 '2. 청구취지의 작성방법' 중에 예시된 확인의 소의 청구취지 기재(밑줄 친 부분)와 같이, 이행의 소에서와 달리 확인의 소의 청구취지에는 소송물인 권리관계의 실체법적 성격이 주문에 표시된다.

(2016), 103면 각주 86).

제19강 소송물과 소송물논쟁

1. 소송물의 의의와 역할

소송물인 권리관계를 청구 또는 소송물이라고 하기도 한다는 점은 앞서 보았다.[295] 소송물은 심판의 대상 또는 소송의 객체라고 불리기도 한다. 소송물은 청구취지 혹은 주문에 담긴 것이라고 표현된다.

제216조(기판력의 객관적 범위) ① 확정판결은 주문에 포함된 것에 한하여 기판력을 가진다.

소송물은 소송절차 전반을 통하여 중요한 의미를 가진다. 기본적으로는 해당 소송절차의 심판범위가 소송물에 따라 정해진다. 예컨대, 임대인인 원고가 임차인인 피고에게 건물인도청구를 하였는데, 사실적 관련성이 있다고 하여 차임상당 부당이득반환청구를 심리하여 판결을 하는 것은 불가능하다. 원고가 2억 원의 금전지급청구권 중 1억 원만 청구하였는데 2억 원의 지급을 명하는 판결을 하는 것도 불가능하다.[296] 어떤 소송에서 판결이 선고되고 난 다음 그 판결의 효력이 인정되는 범위도 소송물에 따라서 정해진다. 또한 소제기의 효과로서 시효중단과 기간준수의 효력이 인정되는 범위도 소송물에 따라서 정해진다. 중복제소금지나 재소금지의 효력이 인정되는 범위도 기본적으로는 소송물에 따라 결정된다.

소송물은 소송절차 전반에 영향을 미치는 중요한 개념인 만큼 소송물이 무엇인가 혹은 소송물의 동일성 여부를 어떻게 판단하는가라는 질문은 소송법의 가장 근본적인 논점 중의 하나이다. 다음 항에서는 위 논점에 관하여 살펴본다.

295) 엄밀하게는 원고가 주장한 '소송물인 권리관계의 존부'이다. 또 간혹 구제형식(심판형식)까지 포함한 것을 소송물이라고 하기도 한다는 점에 대해서는 앞서 보았다.
296) 일부청구의 소송물과 심판범위에 관한 상세는 후술한다.

2. 소송물에 대한 접근방법

소송물의 개념에 접근하는 방법은 소송물이 무엇으로 구성되어 있는가라는 측면에서 접근하는 방법과 소송물이 어떤 경우에 달라지는가라는 측면에서 접근하는 방법이 있다. 후자의 접근방법은 주로 소송물의 식별기준이라는 제목하에서 논의된다. 두 접근방법은 궁극적으로는 소송물의 개념을 정립하여 심판대상이나 판결의 효력이 미치는 범위 등을 확정하고자 하는 면에서 동일한 목적을 갖고 있고 일반적인 교과서들에서도 양자는 혼용되고 있다.

소송물을 파악하는 것은 일반적으로는 별로 어려운 문제가 아니다. 대개 실체법상의 권리(또는 청구권)를 소송물로 보면 된다. 하지만, 어려운 대목도 있다. 그 대표적인 소송물 논쟁을 아래에서 살펴본다.

3. 소송물논쟁

1) 청구권경합

소송물논쟁은 특히 청구권경합을 둘러싼 견해의 대립이다. 청구권경합은 동일한 목적을 추구하는[297] 2개 이상의 실체법적 권리가 상호 양립가능한 경우, 즉 청구권들이 상호 간에 택일적(선택적) 관계에 있는 경우를 말한다.

청구권 경합이 발생하는 경우로는 우선 동일한 사실관계에서 2개 이상의 실체법적 권리가 발생하는 경우를 들 수 있다. 예컨대, ❶ 동일한 교통사고를 원인으로 채무불이행에 의한 손해배상청구권과 불법행위에 기한 손해배상청구권이 발생하는 경우이다. 위 두 손해배상청구권 모두 동일한 교통사고에 기한 손해의 전보를 목적으로 하고, 한 손해배상청구권이 행사되어 손해가 전보되면 그 범위 내에서 다른 손해배상청구권도 소멸한다. 사실관계가 다르지만 청구권경합이 발생하는 경우도 있다. 예컨대, ❷ 돈을 차용하면서 어음을 발행한 경우이다. 즉, 이 경우 원인관계에서 발생하는 대여금채권과 어음관계에서 발생하는 어음금채권은 동일한 목적을 추구하기 때문에 대여금채권이 만족되어 소멸

297) 동일한 분쟁의 해결을 의미한다.

되면 어음금채권도 그만큼 소멸되고, 그 반대도 마찬가지이다.

2) 청구취지와 청구원인의 기재

청구권경합의 경우 경합하는 실체법적 권리들에 기한 청구취지의 기재는 동일하고, 청구원인은 상이하다. ❶의 경우 발생한 손해가 1억 원이라면 불법행위에 기한 손해배상을 청구하든 채무불이행에 기한 손해배상을 청구하든 청구취지는 '피고는 원고에게 1억 원을 지급하라'가 된다. 이는 청구취지의 무색투명성, 즉 청구취지에는 실체법적 권리관계가 표시되지 않기 때문이다. 청구원인은 실체법적 권리관계가 기재되기 때문에 당연히 상호 다르다. ❷도 마찬가지이다.

3) 소송물논쟁의 논점

소송물논쟁의 논점은 ① 법률상 주장이 달라지면 소송물이 달라지는가(실체법적 권리가 달라지면 소송물이 달라지는가)? ② 사실상 주장이 달라지면 소송물이 달라지는가(사실관계가 달라지면 소송물이 달라지는가)? 이다.

가) 법률상 주장과 소송물(실체법설과 소송법설)

①과 관련하여 실체법설(구소송물이론)과 소송법설(신소송물이론)이 대립한다.

실체법설은 실체법적 권리관계가 달라지면 소송물이 달라진다고, 바꿔 말하면 개개의 실체법적 권리관계가 각각 별도의 소송물을 구성한다고 보는 견해이다. 이 견해는 청구취지에 담긴 소송물은, 비록 청구취지에 표시되지는 않지만, 개개의 실체법적 권리관계라고 보고, 이를 파악하기 위하여는 청구원인에 기재된 법률상 주장을 보아야 한다고 한다.

실체법설은 ❶의 경우, 사실관계는, 즉 사실상 주장은 동일하지만, 법률상 주장이 상이하기 때문에, 즉 불법행위에 기한 손해배상청구권은 민법 750조를, 채무불이행에 기한 손해배상청구권은 민법 390조 본문을 주장하는 것이기 때문에 두 손해배상청구권은 별개의 소송물이 된다고 본다. 즉, 실체법설은 법률상 주장이 달라지면 소송물이 달라진다고 본다.

> 민법 제750조(불법행위의 내용) 고의 또는 과실로 인한 위법행위로 타인에게 손해를 가한 자는 그 손해를 배상할 책임이 있다.
> 제390조(채무불이행과 손해배상) 채무자가 채무의 내용에 좇은 이행을 하지 아니한 때에

는 채권자는 손해배상을 청구할 수 있다. 그러나 채무자의 고의나 과실없이 이행할 수 없게 된 때에는 그러하지 아니하다.

따라서, 원고가 불법행위에 기한 손해배상청구권을 행사하였다면, 소송물은 불법행위에 기한 손해배상청구권이므로, 이것만이 심판대상과 판결의 효력이 미치는 대상이 되고, 채무불이행에 기한 손해배상청구권은 심판대상이 될 수 없고, 따라서 판결의 효력도 미치지 않는다고 본다.

소송법설은, 실체법설은 소송물을 너무 좁게 파악하여 사건의 재발방지에 미흡하고, '소송물=실체법적 권리관계'라는 등식은 소송법적 개념인 소송물을 실체법에 의존시키는 것이라고 비판한다. 소송법설은 소송물을 소송법상 독자적인 차원에서 정립하기 위하여 '실체법적인' 법률상의 주장을 소송물의 식별기준에서 제거하고, '청구취지'를 소송물의 식별기준으로 삼아야 한다고 한다.

소송법설은 ❶의 경우, 불법행위에 기한 손해배상청구권과 채무불이행에 기한 손해배상청구권은 서로 법률상 주장을 달리하지만 청구취지가 동일하기 때문에 소송물이 동일하다고 한다. 부연설명하면 ❶의 경우 어느 법률상 주장에 기하여 손해배상청구를 하여도 소송물은 청구취지에 담겨 있는 소송법적인 차원의 단일한 '1억 원의 지급을 구할 수 있는 지위'이고, 두 법률상의 주장은 소송물의 요소 내지 식별기준이 아니라 단일한 소송물을 뒷받침하는 별개의 공격방어방법에 불과하다는 것이다. 즉, 소송물을 파악하는 과정에서 법률상 주장은 배제된다.

나) 사실상 주장과 소송물(일지설과 이지설)

2와 관련하여서는 소송법설 내에서 일지설과 이지설이 대립한다.

❷의 경우 경합하는 대여금청구권과 어음금청구권에 대하여, 소송법설은 청구취지가 동일한 이상 소송물이 동일하다는 견해와 사실상 주장, 즉 주장되는 사실관계가 다르기 때문에 소송물이 달라진다는 견해로 갈라진다. 전자는 청구취지만을 고려한다는 점에서 일지설(혹은 일원설)이라 불리고, 후자는 청구취지와 아울러 사실상 주장을 고려한다는 점에서 이지설(혹은 이원설)이라 불린다.

실체법설은 대여금청구권과 어음금청구권이라는 상이한 실체법적 권리가 주장되기 때문에, 즉 법률상 주장이 다르기 때문에 소송물이 다르다고 한다.

일지설은 청구취지만으로 소송물을 식별하여야 한다고 하면서도 청구의 대상이 대체물인 경우에는 사실상 주장을 참작하여야 한다고 한다. 예컨대 A가 B

에게 2015. 1. 15. 1억 원을 빌려주고, 2015. 3. 15. 추가로 1억 원을 빌려주었다면 청구권경합의 경우와는 달리 A는 B에게 합계 2억 원을 지급을 구할 수 있으므로 당연히 두 1억 원의 대여금청구는 서로 별개의 것이다. 이를 부인하는 것은 불가능하다. 일지설의 위 입장은 두 1억 원의 대여금청구의 청구취지는 같지만, 사실관계를 보충적으로 참조하면 혼란을 피할 수 있다는 정도의 의미일 뿐이다.

일지설과 이지설은 사실상 주장을 고려할 것인지에 관하여 대립하고 있는데, 일지설에 대하여는 소송물의 범위가 너무 넓어진다는 비판이, 이지설에 대하여는 사실관계의 이동을 판별하기가 어렵다는 비판이 제기된다.

이지설은 확인의 소에 대하여도 위 입장을 관철할 것인지 여부에 관하여 일관설, 즉 이 경우에도 청구취지와 사실관계를 모두 고려하여야 한다는 견해와 예외설, 즉 이 경우만은 청구취지만을 고려하여야 한다는 견해로 다시 나뉜다.[298][299]

4) 학설과 판례의 양상

학설은 소송법설이 다수설이나 판례는 실체법설을 취하고 있다.[300] 학설 중에는 상대적 소송물이론(소송진행 중에는 일지설, 소송종료 후에는 이지설을 취하는 견해 등),[301] 신실체법설(수정된 의미의 실체법상의 청구권의 주장을 소송물로 파악하는 견해로서 전통적 의미의 청구권경합의 경우에 청구권은 1개뿐으로 단지 청구법규의 경합에 지나지 않은 것으로 본다)[302]도 있으나 별로 중요하지 않다.

다만, 판례는 실체법설에 따를 경우 소송물의 범위가 좁아져서 그에 따른 결론이 구체적 타당성에 맞지 않을 경우에는 예외를 인정하기도 한다. 예컨대,

298) 절대권은 청구취지만을, 상대권은 모두 고려하여야 한다는 절충적인 견해도 있다.

299) 대법원 1987. 3. 10. 선고 84다카2132 판결은 “특정토지에 대한 소유권확인의 본안판결이 확정되면 그에 대한 권리 또는 법률관계가 그대로 확정되는 것이므로 변론종결전에 그 확인원인이 되는 다른 사실이 있었다 하더라도 그 확정판결의 기판력은 거기까지도 미치는 것이다”라고 판시하였다. 일관설을 취하게 되면 사실관계가 다른 이상 확인의 대상인 소송물이 달라진다고 보게 되므로 위 판시와 반대의 결론을 내리게 된다.

300) 대법원 1963. 7. 25. 선고 63다241 판결, 대법원 1989. 11. 28. 선고 88다카9982 판결(불법행위에 대한 손해배상청구권과 채무불이행에 기한 손해배상청구권은 별개의 소송물이다).

301) 이시윤(8판), 247~248면.

302) 이시윤(8판), 248면.

2의 경우 실체법설에 입각하면 대여금채권 등의 원인채권과 어음금채권은 별개의 소송물이지만, 이러한 입장을 곧이곧대로 관철하면 부당한 결과가 발생하기도 하므로, 판례는 원인채권을 행사한 경우[303] 어음금채권의 소멸시효가 중단되지는 않지만, 반대로 어음금채권을 행사한 경우에는 원인채권의 소멸시가 중단된다고 한다.[304][305]

303) 소의 제기, 압류, 가압류 등을 한 것을 의미한다.

304) 대법원 1999. 6. 11. 선고 99다16378 판결(원인채권의 지급을 확보하기 위한 방법으로 어음이 수수된 경우에 원인채권과 어음채권은 별개로서 채권자는 그 선택에 따라 권리를 행사할 수 있고, 원인채권에 기하여 청구를 한 것만으로는 어음채권 그 자체를 행사한 것으로 볼 수 없어 어음채권의 소멸시효를 중단시키지 못하는 것이지만[], 다른 한편, 이러한 어음은 경제적으로 동일한 급부를 위하여 원인채권의 지급수단으로 수수된 것으로서 그 어음채권의 행사는 원인채권을 실현하기 위한 것일 뿐만 아니라, 원인채권의 소멸시효는 어음금 청구소송에 있어서 채무자의 인적항변 사유에 해당하는 관계로 채권자가 어음채권의 소멸시효를 중단하여 두어도 채무자의 인적항변에 따라 그 권리를 실현할 수 없게 되는 불합리한 결과가 발생하게 되므로, 채권자가 어음채권에 기하여 청구를 하는 반대의 경우에는 원인채권의 소멸시효를 중단시키는 효력이 있다고 봄이 상당하고[], 이러한 법리는 채권자가 어음채권을 피보전권리로 하여 채무자의 재산을 가압류함으로써 그 권리를 행사한 경우에도 마찬가지로 적용된다고 할 것이다).

다만, 이미 시효로 소멸한 어음채권을 행사한 경우에는 원인채권의 소멸시효가 중단되지 않는다고 한 대법원 2007. 9. 20. 선고 2006다68902 판결(시효로 소멸한 어음채권을 피보전권리로 한 가압류가 문제된 사안)에 유의하여야 한다.

305) 어음금채권이 행사되었음에도 원인채권의 소멸시효가 중단되지 않는 것이 불합리한 것인지 여부에 대하여는 견해가 대립할 수 있으나, 이를 긍정할 때, 소송법설 중 일지설을 취하게 되면 어음금채권의 행사에 의하여 원인채권의 소멸시효가 중단되는 것은 자신의 소송물 식별기준상 당연한 것이므로 위 99다16378 판결과 같은 추가적인 논거의 제시가 불필요하다. 소송법설 중 이지설을 취하게 되는 경우에는 실체법설과 마찬가지의 입장에 처하게 된다.

제20강 소의 유형별 소송물의 동일 여부

1. 개 요

이번 강의에서는 소송물의 동일 여부가 문제되는 경우를 이행의 소, 확인의 소, 형성의 소로 나누어서, 판례의 입장을 위주로 살펴본다.

2. 이행의 소

1) 등기청구

가) 이전등기청구

소유권이전등기청구사건의 소송물은 이전등기청구권이다.[306] 매수인이 매도인에게 우선 매매를 원인으로 소유권이전등기를 청구하려고 하지만 증거가 부족한 경우 매수인은 시효취득을 원인으로 소유권이전등기를 청구하는 것을 고려할 수도 있다. 이와 같은 경우에 매매를 원인으로 하는 소유권이전등기청구와 취득시효 완성을 원인으로 하는 소유권이전등기청구는 별개의 소송물일까? 청구취지의 기재는 18강의 【6】, 【10】과 같다.

판례는 이전등기청구의 경우에는 원고가 주장하는 등기원인별로 별개의 소송물이 성립한다고 본다. 등기원인별로 당연히 실체법적 권리가 다르고, 판례는 실체법설을 취하기 때문이다.[307]

학설로는 소송법설 중 일지설에 입각하여 등기원인이 달라져도 소송물이 동일하다고 보는 견해도 있다.[308] 이전등기청구의 경우 등기원인의 기재에 의하여

306) 대법원 1987. 3. 24. 선고 86다카1958 판결: 소유권이전등기절차의 이행을 명한 확정판결의 기판력은 소송물인 그 이전등기청구권의 존부에만 미치고 소송물이 되어 있지 아니한 소유권의 귀속 자체에까지 미치는 것은 아니다. 원심이 다른 견해에서 원고가 소외 1 명의의 소유권이전등기의 말소를 구할 수 없는 이상 소유권의 확인도 구할 수 없다고 하여 이를 바탕으로 이루어진 이 사건 피고 등 등기명의인에 대하여 그 등기의 말소 이외에 소유권확인도 구할 수 없다고 한 판단은 판결의 기판력에 관한 법리를 오해한 위법을 저질렀다.

307) 대법원 1968. 3. 19. 선고 68다123 판결, 대법원 1997. 4. 25. 선고 96다32133 판결.

308) 이시윤(9판), 250면.

청구취지가 달라지는데, 이 견해는 등기원인의 기재는 청구취지의 본질적 요소가 아니라고 보는 것이다. 이지설에 입각하여 등기원인이 달라지는 경우 사실관계가 달라진다고 보아 등기원인이 달라지면 소송물이 다르다고 보는 견해도 있다.309)

판례는 1필지의 토지 중 특정 부분에 대한 이전등기청구와 지분에 대한 이전등기청구는 소송물이 다르다고 보았고,310) 1필지의 토지 전부에 대한 이전등기청구소송에서 원고가 전부는 아닌 일부를 매수하기는 하였으나 그 부분이 특정되지 않는다는 이유로 전부패소가 확정된 이후 원고가 매수한 부분을 특정하여 이전등기를 청구하는 것은 기판력에 반하지 않는다고 보았다.311)

나) 말소등기청구

(1) 물권적 말소등기청구

원인무효의 소유권이전등기가 경료된 경우, 정당한 소유자는 소유권에 기한 방해배제청구권을 행사하여 그에 대한 말소를 구할 수 있다. 원고가 주장할 수 있는 등기의 원인무효사유로는 등기서류의 위조 등 절차적 사유와 매매계약 등의 부존재, 무효, 취소, 해제 등 실체적 사유가 있다. 18강의 【7】, 【8】에서 알 수 있듯이 원인무효사유의 주장이 달라져도 청구취지는 어느 경우든 동일하다. 원인무효사유의 주장이 달라지는 경우에 말소등기청구의 소송물은 달라지는 것일까?

판례는 이 경우에는 원고가 주장하는 권리는 소유권에 기한 방해배제청구권인 말소등기청구권이라고 보고, 원인무효사유가 달라져도 소송물이 달라지지 않는다고 본다.

> 대법원 1981. 12. 22. 선고 80다1548 판결312)
> 말소등기청구사건의 소송물은 당해 등기의 말소등기청구권이고, 그 동일성 식별의 표준이 되는 청구원인, 즉 말소등기청구권의 발생원인은 당해 "등기원인의 무효"에 국한되므로,

---

309) 호문혁, 민사소송법(제12판), 법문사(2014)(이하 '호문혁(12판)'이라고 한다), 117~118면.

310) 대법원 1995. 4. 25. 선고 94다17956 전원합의체 판결: [원고가] 1필의 토지의 일부를 특정하여 매수하였다고 주장하면서 [] 그 부분에 대한 소유권이전등기청구소송을 제기하였으나, 목적물이 [그] 부분으로 특정되었다고 볼 증거가 없다는 이유로 청구가 기각되었고, [] 판결이 확정되자, 다시 [] 전체 토지 중 일정 지분을 매수하였다고 주장하면서 그 지분에 대한 소유권이전등기를 구하는 소를 제기한 경우, 전소와 후소는 그 각 청구취지를 달리하여 소송물이 동일하다고 볼 수 없으므로, 전소의 기판력은 후소에 미칠 수 없다.

311) 대법원 1992. 11. 24. 선고 91다28283 판결(전소에서는 그 부분을 매수하였는지 여부, 즉 권리관계의 존부에 대하여 실질적으로 판단이 되었다고 할 수 없으므로 전소는 매수부분에 관한 한 기판력이 생기지 아니한다).

312) 대법원 1993. 6. 29. 선고 93다11050 판결, 대법원 1999. 9. 17. 선고 97다54024 판결.

> 전소에서 한 사기에 의한 매매의 취소 주장과 후소에서 한 매매의 부존재 또는 불성립의 주장은 다같이 청구원인인 등기원인의 무효를 뒷받침하는, 독립된 공격방어방법에 불과하고, 후소에서의 주장사실은 전소의 변론종결 이전에 발생한 사유이므로 전소와 후소의 소송물은 동일하다.

즉, 판례는 개개의 원인무효사유는 공격방어방법에 불과하여 소송물의 동일성 여부에 영향을 주지 않는다고 본다. 소송법설을 취하는 견해들도 원인무효사유가 달라도 소송물이 동일하다고 본다. 일지설의 경우 청구취지가 동일하다는 것을 이유로,[313] 이지설의 경우 사실관계가 하나로 평가된다는 점을 이유로 든다.[314]

(2) 채권적 말소등기청구

말소등기청구소송에서 원고가 행사하는 것이 채권적 권리인 경우도 있고, 나아가 동일한 등기에 대한 채권적인 말소등기청구권과 위에서 본 물권적인 말소등기청구권이 동시에 경합하는 경우도 있다. 판례는 채권적 말소등기청구권과 물권적 말소등기청구권은 서로 별개의 소송물이 된다고 한다. 실체법설의 당연한 귀결이다.

> 대법원 1993. 9. 14. 선고 92다1353 판결
> 원고[는] 이 사건 후소에서, 전소에 있어서와 같이 소유권에 기한 방해배제청구권의 행사로서 [] 이 사건 각 등기의 말소등기청구를 하는 것이 아니라, 위 약정의 계약당사자로서 그 계약해제에 따른 계약상의 권리에 기하여 원상회복으로 담보물의 반환을 받기 위하여 직접 가등기 및 근저당등기의 말소등기청구를 하고 있는 것이라 할 것이므로, … 전소의 위 확정판결의 기판력이 이 사건 후소에 미칠 수 없는 것이라 할 것이다.

이러한 경합이 일어나는 경우로는 매매계약의 해제,[315] 명의신탁의 해지,[316] 피담보채무변제 등으로 인한 담보계약의 소멸[317][318][319] 등이 있다.[320]

---

313) 이시윤(9판), 250면.

314) 정동윤·유병현·김경욱(5판), 273면.

315) 대법원 1993. 9. 14. 선고 92다1353 판결.

316) 대법원 1980. 12. 9. 선고 79다634 전원합의체 판결, 대법원 2002. 5. 10. 선고 2000다55171 판결(명의신탁자는 명의수탁자에 대하여 신탁해지를 하고 신탁관계의 종료 그것만을 이유로 하여 소유 명의의 이전등기절차의 이행을 청구할 수 있음은 물론, 신탁해지를 원인으로 하고 소유권에 기해서도 그와 같은 청구를 할 수 있고, 이 경우 양 청구는 청구원인을 달리하는 별개의 소송이라 할 것이다).

317) 대법원 1994. 1. 25. 선고 93다16338 전원합의체 판결: 근저당권이 설정된 후에 그 부동산의 소유권이 제3자에게 이전된 경우에는 현재의 소유자가 자신의 소유권에 기하여 피담보채

다) 진정명의회복을 위한 이전등기청구

A 소유의 부동산에 관하여 원인무효의 등기가 A로부터 B에게 경료되고, 이후 등기명의가 C, D에게 순차적으로 이전된 경우, A가 등기명의를 회복하기 위하여는 B, C, D를 상대로 각 그들 명의의 등기의 말소를 구하는 것이 원칙적인 방법이다. 그러나 판례는 A가 D만을 상대로 소유권이전등기를 청구하여 등기명의를 회복하는 방법을 인정하고 이를 진정명의회복을 위한 이전등기라고 한다. 위 방법은 원인무효의 등기가 경료된 이후 등기명의를 취득한 자의 수가 많을 경우에 특히 효용이 있다.

문제는 말소등기청구와 진정명의회복을 위한 이전등기청구의 소송물이 동일한지 여부이다. 위와 같은 사안에서 A가 먼저 원칙적인 방법을 사용하여 말소등기청구를 하였다가 패소가 확정된 다음에 다시 D를 상대로 진정명의회복을 위한 이전등기청구를 하였을 때, 말소등기청구에서 패소가 확정된 판결(D를 피고로 한 판결)의 효력이 진정명의회복을 위한 이전등기청구에 미치는가의 형태로 실무에서 자주 문제된다. 청구취지는 18강의 【7】과 【9】와 같이 그 기재 내지 표시가 외형상 서로 다르다.

무의 소멸을 원인으로 그 근저당권설정등기의 말소를 청구할 수 있음은 물론이지만, 근저당권설정자인 종전의 소유자도 근저당권설정계약의 당사자로서 근저당권소멸에 따른 원상회복으로 근저당권자에게 근저당권설정등기의 말소를 구할 수 있는 계약상 권리가 있으므로 이러한 계약상 권리에 터잡아 근저당권자에게 피담보채무의 소멸을 이유로 하여 그 근저당권설정등기의 말소를 청구할 수 있다.

위 판례의 사안에서 소유권자와 담보권설정자가 달라져, 채권적 말소등기청구권자와 물권적 말소등기청구권자가 달라졌으나, 두 청구권이 동일인에게 귀속될 수 있다.

318) 대법원 1988. 9. 13. 선고 86다카1332 판결: 채무자가 제3자 명의로 신탁하여 소유권등기를 마친 부동산을 채권자에게 담보로 제공하고 채권자 명의로 가등기 및 이에 기한 소유권이전등기를 마쳤다가 그 후 그 피담보채무를 모두 변제함으로써 담보권이 소멸된 경우에, 채무자는 명의수탁자를 대위하여 위 부동산의 소유권에 터잡은 말소등기청구권을 행사할 수 있음은 물론, 담보설정계약의 당사자로서 담보권 소멸에 따른 원상회복으로 담보권자에게 담보물의 반환을 구할 수 있는 계약상 권리가 있으므로 이러한 계약상 권리에 터잡아 채권자에게 위 가등기등 담보권등기의 말소를 청구할 수 있다.

위 판례의 사안에서 명의신탁과 채권자대위가 개입되어 채권적 말소등기청구권자와 물권적 말소등기청구권자가 달라졌으나, 두 청구권이 동일인에게 귀속될 수 있다.

319) 대법원 1986. 9. 23. 선고 85다353 판결은 사기에 의한 의사표시취소를 원인으로 한 근저당권설정등기의 말소청구와 피담보채무의 부존재를 원인으로 한 근저당권설정등기의 말소청구는 별개의 소송물이라고 하였다. 전자의 소송물은 물권적 말소등기청구권, 후자의 소송물은 채권적 말소등기청구권으로 본 것으로 보인다.

320) 관련 판례에 대한 자세한 설명은 최진수(5판), 155~157면 및 292~294면 참조.

판례는 형식적으로 청구취지의 기재가 다르기는 하지만 진정명의회복을 위한 이전등기는 말소등기의 대용물이므로, 말소등기청구나 진정명의회복을 위한 이전등기청구의 소송물이 실질적으로 동일하다고 본다.[321] 학설로는, 소송법설 중 일지설에 입각하여 위 경우 청구취지가 실질적으로 동일하다는 이유로 소송물이 동일하다는 견해가 있고, 이지설에 입각하여 위 경우 청구취지가 다르므로 일단 소송물은 다르다고 봐야 하지만, 전소 확정판결의 증명력 등에 의하여 특별한 사정이 없는 한 후소의 청구가 기각되어야 한다는 견해가 있다.[322]

2) 인도청구

예를 들어 아파트의 소유자가 자신의 아파트를 임대하였는데, 임대차기간이 종료하여 아파트를 돌려받고자 하는 경우에는 소유권에 기한 방해배제청구권인 인도청구권을 행사할 수도 있고, 임대차계약에 기한 인도청구권을 행사할 수도 있다. 전자는 물권적 청구권이고, 후자는 채권적 청구권이다. 청구취지는 18강의 【2】와 【3】과 같이 서로 구별되지 않는다.

실체법설은 물권적 청구권을 행사한 경우와 채권적 청구권을 행사한 경우 상호 소송물이 다르다고 본다. 판례는 소유권에 기한 인도청구와 점유권에 기한 인도청구의 소송물도 다르다고 본다.[323] 소송법설은 일지설, 이지설을 불문하고 모두 소송물이 동일하다고 본다.

3) 금원지급청구

가) 차임상당 손해배상과 부당이득반환

소유자가 부동산을 임대한 경우, 임대차가 종료되면[324] 그 이후의 기간에 대하여 임대인은 차임상당의 금원의 지급을 구할 때, 불법행위에 기한 손해배

---

321) 대법원 2001. 9. 20. 선고 99다37894 전원합의체 판결. 다만, 다수의견과 달리 별개의견과 반대의견은 소송물이 다르다고 보았다.

322) 호문혁(12판), 712면.

323) 대법원 1996. 6. 14. 선고 94다53006 판결: 소유권에 기하여 미등기 무허가건물의 반환을 구하는 청구취지 속에는 점유권에 기한 반환청구권을 행사한다는 취지가 당연히 포함되어 있다고 볼 수는 없고, 소유권에 기한 반환청구만을 하고 있음이 명백한 이상 법원에 점유권에 기한 반환청구도 구하는지의 여부를 석명할 의무가 있는 것은 아니다.

324) 주택임대차보호법 또는 상가임대차보호법이 적용되는 경우 임대차보증금이 반환되어야 그 임대차가 종료된다. 대법원 2011. 7. 14. 선고 2010다82745 판결, 대법원 2023. 11. 9. 선고 2023다257600 판결.

상청구권을 주장할 수도 있고, 부당이득반환청구권을 주장할 수도 있다. 두 권리는 청구권경합 관계에 있으므로 두 권리의 관계는 소송물논쟁에 따라 처리된다. 판례는 실체법설에 입각하여 소송물이 다른 경우로 본다.[325][326][327] 소송법설은 일지설, 이지설을 불문하고 소송물이 동일하다고 본다.

나) 일부청구

일부청구는 주로 금원지급청구에서 문제된다.[328] 원고가 1,000만 원의 대여금 중 400만 원만을 청구하였다면 소송물은 400만 원의 대여금청구권일까 아니면 전체 1,000만 원의 대여금청구권일까? 이 점에 관하여는 언제나 400만 원만이 소송물이라는, 즉 일부청구에 의하여 소송물이 일부청구와 잔부청구로 나누어진다는 견해, 언제나 전체 1,000만 원이 소송물이라는 견해, 일부청구임을 명시한 경우에는 400만 원만이, 그렇지 않은 경우에는 전체가 소송물이 된다고 보는 명시설이 대립하고 있다. 판례는 명시설을 취한다.[329]

위 논점은 일부청구에 대한 판결이 확정된 이후 잔부청구를 하는 것이 기판력에 저촉되는 것인지, 일부청구에 기한 소송이 진행되는 중 별소로 잔부청구를 하는 것이 중복제소에 해당하는지, 일부청구 이후 청구확장을 하는 것이 청구변경에 해당하는 것인지, 일부청구하여 전부승소한 원고가 항소이익을 가

---

325) 대법원 1991. 3. 27. 선고 91다650, 667(반소) 판결(원고가 월 차임 상당의 불법행위에 기한 손해배상청구소송에서 패소확정된 이후 부당이득반환청구를 한 사안), 대법원 2013. 9. 13. 선고 2013다45457 판결(<u>부당이득반환청구권과 불법행위로 인한 손해배상청구권은 서로 실체법상 별개의 청구권으로 존재하고</u> 그 각 청구권에 기초하여 이행을 구하는 소는 소송법적으로도 <u>소송물을 달리 [하고,]</u> 손해배상청구의 소를 먼저 제기하는 바람에 과실상계 등의 법리에 따라 그 승소액이 제한되었다고 하여 제한된 금액에 대한 부당이득반환청구권의 행사가 허용되지 않는 것도 아니라고 한 사례.

326) 대법원 2014. 1. 16. 선고 2013다69385 판결: 사용자가 복직의무를 이행하지 아니한 것이 채무불이행 또는 불법행위를 구성하는 경우, [] 사용자의 채무불이행 또는 불법행위로 인한 손해배상청구권은 실체법상 근로계약에 기한 임금청구권과 별개의 청구권으로 존재하고 소송법적으로도 소송물을 달리[한다.]

327) 한편, 위 91다650, 667 판결, 2013다45457 판결, 2013다69385 판결들과 달리 전소에서 패소가 아니라 승소가 확정된 부분에 관하여도 다시 다른 청구권에 기한 소제기의 소익이 인정된다는 취지의 판례들(대법원 2012. 12. 13. 선고 2011다50080, 2011다50097(병합) 판결, 대법원 2024. 10. 31. 선고 2024다250729 판결도 있으나 그 타당성에 대하여는 검토가 필요하다.

328) 다른 유형의 사건에서 일부청구가 문제된 예로는 대법원 1993. 6. 25. 선고 92다33008 판결(소유권이전등기)이 있다.

329) 대법원 1989. 6. 27. 선고 87다카2478 판결, 대법원 1993. 6. 25. 선고 92다33008 판결, 대법원 2016. 7. 27. 선고 2013다96165 판결.

지는지 등의 여러 논점의 기본전제가 된다.

다음과 같은 점에 유의할 필요가 있다. 첫째, 일부청구에도 불구하고 소송물이 전체 청구권이라고 보는 경우에도 청구취지 확장 없이 전체에 대하여 판결할 수 있는 것은 아니다. 일부청구금액이 원고가 구한 이행명령의 상한이고 처분권주의의 원칙상 이를 넘어서 판결할 수는 없기 때문이다. 이에 따라 판단하지 않는 잔부청구에 대하여는 기각판결이 있는 것과 같은 것으로 취급한다. 따라서, 명시설을 취할 때 묵시적 일부청구에 대하여 본안판결이 확정된 이후 잔부청구에 대하여 다시 소가 제기된 경우 청구를 기각하여야 할 것이다.[330] 둘째, 명시설의 입장에 설 때, 어떤 경우에 명시적 일부청구가 성립하는지가 까다롭다. 묵시적 일부청구는 착오나 정보부재 등으로 청구권의 전체 금액을 제대로 파악하지 못한 경우에 주로 발생한다.[331][332] 전체 손해배상액을 사전에 알기 어려운 손해배상청구에서 자주 문제되므로 손해배상청구 쪽에서 추가로 기술한다.

다) 손해배상청구

(1) 손해3분설

일반의 관념과는 어긋나지만 판례는 인신에 발생한 손해를 적극적 손해(치

---

330) 대법원 1993. 6. 25. 선고 92다33008 판결, 대법원 2008. 12. 24. 선고 2008다6083 판결은 소익이 없다는 이유로 소를 각하하였다. 위 판례들은 묵시적 일부청구에 대한 판결확정 이후 잔부청구에 대하여 소가 제기된 사안을, 일부청구가 아닌 통상적인 청구(전부)인용 판결확정 이후 다시 동일한 청구에 대하여 소가 제기된 사안과 같이 취급한 것이다. 하지만 묵시적 일부청구를 전부 기각한 판결이 확정된 경우(모순금지설에 입각하면 이 경우는 후소법원은 잔부청구를 기각하여야 할 것이다) 등까지 포함하여 생각해보면, 위 판례들이 모순금지설에서 이탈하였거나, 모순금지설의 논리구조에 반하지 않는가 하는 의문이 있다. 반면, 대법원 1980. 9. 9. 선고 80다60 판결은 원고의 청구를 기각한 원심판결인 서울고등법원 1979. 12. 7. 선고 79나1918 판결을 확정시켰다.

331) 대법원 1982. 5. 25. 선고 82다카7 판결: 위 확정판결을 받은 전소에서 원고는 1980. 10. 7.부터 1981. 2. 27.까지 사이에 판매한 의약품 대금이 모두 1,500,000원이라고 주장하여 그 이행을 청구하고 있고, 이 금액이 같은 기간의 의약품대금 총액 3,093,778원의 일부임을 명시하지 아니하였음이 인정되므로, 결국 전소에서의 위 청구는 같은 기간에 발생한 의약품대금 채권 전부를 소송물로 한 것이라고 보아야 할 것이니 위 의약품 대금의 잔액청구인 이 소 청구는 전소의 위 확정판결의 기판력에 저촉된다고 볼 수밖에 없다.

332) 판례는 착오나 정보부재와 관련하여 원고에게 귀책사유가 없었어도 명시설의 예외를 인정하지 않는다. 즉, 대법원 1993. 6. 25. 선고 92다33008 판결은 "원고들이 [] 사실심 변론종결 당시까지 [] 소유권이전을 소구할 수 있는 공유지분의 범위를 정확히 알 수 없어 결과적으로 위 전소송에서 일부 공유지분에 관한 청구를 하지 못하[였]더라도, 이를 일부청구임을 명시한 경우와 마찬가지로 취급[할] 수는 없다"고 하였다.

료비 등), 소극적 손해(일실수익), 정신적 손해(위자료)로 3분하여 각각 별개의 소송물이 된다고 본다.[333] 이를 손해3분설이라고 한다. 위 모든 손해를 하나의 소송물로 파악하여야 한다는 손해1개설과 적극적 손해와 소극적 손해를 묶어서 재산적 손해라고 하고, 이와 정신적 손해가 각 소송물이 된다는 손해2분설도 있다.

(2) 명시적 일부청구 판단기준

판례는 일부청구임을 명시하는 방법으로는 반드시 전체 채권액을 특정하여 그 중 일부만을 청구하고 나머지에 대한 청구를 유보하는 취지임을 밝혀야 할 필요는 없으며, 일부청구하는 채권의 범위를 잔부청구와 구별하여 심리의 범위를 특정할 수 있는 정도의 표시를 하여 전체 채권의 일부로서 우선 청구하고 있는 것임을 밝히는 것으로 충분하다고 한다.[334]

판례의 기준에 의하면, 단순히 적극적 손해의 일부 항목을 빠뜨린 것만으로는 명시적 일부청구가 성립하지 않는다.[335] 예컨대, 교통사고로 골절치료비, 타박상치료비, 재건성형수술비 등을 지출하였는데, 이 중 재건성형수술비를 빠뜨리고 청구한 것만으로는 명시적 일부청구가 성립하지 않는다. 또한 치료비 산정기간을 특정한 것만으로도 명시적 일부청구가 성립하지 않는다.[336]

---

333) 대법원 1976. 10. 12. 선고 76다1313 판결, 대법원 1997. 1. 24. 선고 96다39080 판결, 대법원 1996. 8. 23. 선고 94다20730 판결, 대법원 2001. 2. 23. 선고 2000다63572 판결, 대법원 2002. 9. 10. 선고 2002다34581 판결.

334) 대법원 1986. 12. 23. 선고 86다카536 판결(원고가 개호비청구를 함에 있어서 15세가 끝날 때까지의 개호비로서 우선 청구하고 그 이후에도 계속 개호인이 필요함이 밝혀진다면 나머지 개호비를 추후에 청구하겠다고 한 사안), 대법원 1989. 6. 27. 선고 87다카2478 판결(원고가 재산적 손해 중 우선 금 4,000,000원을 청구하고 그 나머지는 추후에 청구하겠다고 한 사안), 대법원 2016. 7. 27. 선고 2013다96165 판결(원고가 향후치료비는 향후 소송에서 신체감정 결과에 따라 청구할 것이라고 밝힌 사안).

335) 대법원 1982. 11. 23. 선고 82다카845 판결: [] 동일한 불법행위로 인하여 입은 적극적 재산상 손해로서 그 치료비의 청구를 하려면 전 소송에서 원고가 적극적 재산상 손해 중 일부의 청구를 유보하고 그 이외의 일부만을 청구한다는 취지를 명시한 때에 한하여 그 청구권이 있다 할 것이고, 전 소송에서 일부청구라는 취지를 명시하지 아니하고 적극적 재산상 손해의 일부만을 청구하였다면 [기판력이] 청구하지 아니한 부분에까지 미치게 되어 나머지 부분에 대하여는 이를 청구할 수 없으므로, 일부청구 유보의 취지가 내심의 의사만으로 유보된 것인 때에는 전 소송의 확정판결의 기판력이 후소에 미친다.

336) 대법원 1988. 10. 11. 선고 87다카1416 판결: 갑의 부상으로 인한 후유장애의 정도가 그 치료의 필요성, 기간 등에 있어서 변론종결 당시 예상할 수 없었던 경우가 아닌 한 갑이 전소에서 최종사실심 변론종결일에 근접한 일자까지에 소요된 치료비임을 밝혀 치료비청구를 한

판례는 명시적 일부청구인지 여부를 판단할 때 손해3분설을 전제로 하여 각 손해별로 판단하고, 소장 등의 기재뿐만 아니라 소송의 경과, 채권의 특성 등도 함께 고려한다.[337]

명시적 일부청구가 성립하면 소제기로 인한 소멸시효중단의 효력은 명시된 일부청구에만 발생하는 것이 원칙이지만, 예외적으로 전체 청구에 발생할 수도 있다.[338][339][340]

⑶ 예측하지 못한 후유증

인신사고와 관련하여 일단 손해배상을 청구하였으나 나중에(사실심 변론종결

것만으로써는 이를 명시적 일부청구라고 볼 수 없다.

337) 위 대법원 2016. 7. 27. 선고 2013다96165 판결은 의료사고를 당한 원고가 병원을 상대로 조정신청을 하면서 조정신청서에 향후치료비는 향후 소송에서 신체감정 결과에 따라 청구하겠다고 기재하였는데, 조정불성립으로 사건이 소송으로 이행된 후 신체감정이 이루어지지 않은 상태에서 피고의 자백간주로 원고의 청구를 전부인용하는 판결이 선고되어 확정된 다음, 원고가 향후치료비(개호비)와 위자료의 지급을 구하는 후소를 제기한 경우, 향후치료비의 경우에는 전소의 적극적 손해배상의 청구가 명시적 일부청구에 해당되므로 전소판결의 기판력이 미치지 않지만, 위자료의 경우에는 전소의 위자료청구가 명시적 일부청구에 해당된다고 할 수 없어 전소판결의 기판력이 미친다고 하였다.

338) 대법원 1992. 4. 10. 선고 91다43695 판결: 원심은 … <u>신체의 훼손으로 인한 손해의 배상을 청구하는 사건에서는 그 손해액을 확정하기 위하여 통상 법원의 신체감정을 필요로 하기 때문에, 앞으로 그러한 절차를 거친 후 그 결과에 따라 청구금액을 확장하겠다는 뜻을 소장에 객관적으로 명백히 표시한 경우</u>에는, 그 소제기에 따른 시효중단의 효력은 [] 손해배상청구권 전부에 대하여 미친다는 이유로 [피고의 소멸시효항변을] 배척하였는바, 원심의 이러한 판단은 [옳다.]

339) 대법원 2020. 2. 6. 선고 2019다223723 판결: 채권 중 일부만을 청구하면서 소송의 진행경과에 따라 장차 청구금액을 확장할 뜻을 표시하였으나 [] 소송이 종료될 때까지 [] 청구금액을 확장하지 않은 [경우] 나머지 부분에 [] 시효중단의 효력이 발생하지 아니한다. 그러나 [] 소송이 계속 중인 동안에는 나머지 부분에 대하여 권리를 행사하겠다는 [채권자의] 의사가 표명되어 최고에 의해 권리를 행사하고 있는 상태가 지속되고 있는 것으로 보아야 하고, 채권자는 [] 소송이 종료된 때부터 6월 내에 민법 제174조에서 정한 조치를 취함으로써 나머지 부분에 대한 소멸시효를 중단시킬 수 있다. 대법원 2023. 10. 12. 선고 2020다210860(본소), 2020다210877(반소) 판결도 같은 취지이다.

340) 대법원 2021. 6. 10. 선고 2018다44114 판결은 "소장에서 [] 장차 청구금액을 확장할 뜻을 표시하였더라도 그 후 채권의 특정 부분을 청구범위에서 명시적으로 제외하였다면, 그 부분에 대하여는 애초부터 소의 제기가 없었던 것과 마찬가지이므로 재판상 청구로 인한 시효중단의 효력이 발생하지 않는다"고 판시하였다(1심에서 특정 부분을 명시적으로 제외하였다가 소멸시효 기간 도과 이후인 항소심 단계에서 청구를 확장한 사안에서 소멸시효의 중단을 부정).
한편, 대법원 2022. 5. 26. 선고 2020다206625 판결은 일견 위 2018다44114 판결의 판시와 배치되는 내용의 판시를 하고 있으나, 두 판결의 사안들이 같다고 보기 어려운 것으로 생각된다.

이후) 예측하지 못한 후유증이 발생하여 추가로 손해배상이 청구된 경우 이러한 청구와 기존의 청구 간의 관계를 어떻게 파악하여야 할지도 종종 문제된다. 이에 관하여 기존의 청구를 명시적 일부청구로 보고, 위와 같은 청구를 그 잔부청구로 보아야 한다는 명시설, 예측하지 못한 후유증에 기한 청구는 기판력의 시적 한계에 저촉되지 않는다는 시적 한계설, 위 두 청구는 별개의 소송물이라는 별개 소송물설 등이 대립하고 있다. 판례는 별개 소송물설을 취하고 있다.[341]

(4) 액수산정의 기초된 사정의 변화

예컨대, 장래의 차임 상당 손해배상을 명한 판결이 확정된 이후, 차임 상당액이 현저하게 변한 경우, 현재는 기존 소송의 원고는 정기금판결변경의 소(252조)를 이용할 수 있다. 기존의 소와 정기금판결변경의 소의 소송물이 동일한지 여부에 대하여 견해가 대립한다. 판례는 정기금판결변경의 소가 도입되기 이전에는 차액 상당의 추가청구를 인정하였다.[342][343]

라) 원금, 이자, 지연손해금

원금, 이자 및 지연손해금(흔히 '지연이자'라고 부른다)은 각각 별개의 소송물이 된다고 보는데 별다른 이견이 없다. 지연손해금의 법적 성격은 채무불이행에 기한 손해배상금이다.[344] 따라서 원고가 원금만 청구한 경우에 법원은 이자에 대

---

341) 대법원 1980. 11. 25. 선고 80다1671 판결(불법행위로 인한 적극적 손해의 배상을 명한 전 소송의 변론종결 후에 새로운 적극적 손해가 발생한 경우에 그 소송의 변론종결 당시 그 손해의 발생을 예견할 수 없었고 또 그 부분 청구를 포기하였다고 볼 수 없는 등 특별한 사정이 있다면 전소송에서 그 부분에 관한 청구가 유보되어 있지 않다고 하더라도 이는 전소송의 소송물과는 별개의 소송물이므로 전소송의 기판력에 저촉되는 것이 아니다), 대법원 2007. 4. 13. 선고 2006다78640 판결.

342) 대법원 1993. 12. 21. 선고 92다46226 전원합의체 판결: 전소의 사실심 변론종결 후에 전소 판결의 기초가 된 사정이 위와 같이 변경됨으로 말미암아 전소판결에서 인용된 임료액이 현저하게 상당하지 아니하게 된 경우에는, 일부청구임을 명시하지는 아니하였지만 명시한 경우와 마찬가지로 그 청구가 일부청구이었던 것으로 보아, 전소판결의 기판력이 그 일부청구에서 제외된 위 차액에 상당하는 부당이득금의 청구에는 미치지 않는 것이라고 해석함이 옳다고 생각되기 때문이다.

위 전원합의체 판결의 소송물은 부당이득반환청구권이지만 불법행위에 기한 손해배상청구권에도 같은 법리가 적용된다. 실제 위 전원합의체 판결은 불법행위에 기한 손해배상청구권이 소송물인 대법원 1971. 4. 30. 선고 71다430 판결의 법리를 변경한다는 점을 판시에 포함하고 있다.

343) 정기금판결변경 제도 도입 이후에도 추가청구가 가능할 수도 있다는 취지의 판례로는 대법원 2011. 10. 13. 선고 2009다102452 판결이 있다.

344) 원금과 지연손해금의 관계에 대하여, 대법원 2009. 6. 11. 선고 2009다12399 판결(금전채무불이행의 경우에 발생하는 원본채권과 지연손해금채권은 별개의 소송물이므로, 불이익변경에

하여 심판할 수 없고, 반대도 마찬가지이다. 원금청구권의 존부는 이자청구권이나 지연손해금청구권에 대하여 선결문제이기 때문에 원금에 대한 확정판결은 이자나 지연손해금청구에 선결관계로 인한 기판력을 가진다.[345] 반대로 이자나 지연손해금에 대한 확정판결은 원금청구에 아무런 기판력을 가지지 않는다.

4) 부당이득반환청구

부당이득반환청구의 경우 법률상 원인 없음을 뒷받침하는 개개의 사유는 공격방어방법에 불과하여 그에 관한 주장이 달라진다고 하여도 소송물이 달라지지 않는다고 보는 것이 일반적이고, 판례도 같다.[346]

3. 확인의 소

확인의 소에서는 청구취지에 법률상 주장이 표시된다는 점에서, 즉 실체법적 권리관계 자체가 그대로 청구취지에 기재된다. 실체법설은 물론 소송법설도 확인의 소에서는 청구취지에 기재되어 있는 실체법적 권리관계가 식별기준이 된다고 한다. 일지설의 입장에서는 확인의 소의 경우 다른 경우와 달리 실체법

해당하는지 여부는 원금과 지연손해금 부분을 각각 따로 비교하여 판단하여야 하고, 별개의 소송물을 합산한 전체 금액을 기준으로 판단하여서는 아니 된다), 대법원 2013. 10. 31. 선고 2013다59050 판결 등 참조.

345) 다만, 이행의 소의 소송물은 채권 자체가 아니라 청구권이므로 기판력의 작용은 기판력의 시간적 범위, 청구권들의 실체법적 요건들의 연결관계, 청구권들의 존부 상호간의 논리적·시간적 상호관계 등을 고려하여 실제 기판력이 작용하는 범위는 신중하게 판단하여야 한다. 석현수, 기판력 작용의 요건, 한양법학 제26권 제3집, 한양법학회(2015. 8), 129면 이하, 134~136면 참조.

346) 대법원 2008. 2. 29. 선고 2007다49960 판결(전부명령이 확정된 후 그 집행권원상의 집행채권이 소멸한 것으로 판명된 경우에는 [] 집행채무자는 집행채권자[가] 전부받은 채권 중 실제로 추심한 금전 부분에 관하여는 그 상당액을, 추심하지 아니한 부분에 관하여는 그 채권 자체를 양도하는 방법에 의하여 부당이득의 반환을 구할 수 있다[.] 그리고 위와 같은 부당이득반환청구에서 집행채무자가 집행채권 소멸의 원인으로 주장할 수 있는 사유가 여러 가지인 경우 이들은 법률상의 원인 없는 사유에 관하여 공격방법이 다른 데 지나지 않으므로 그 중 어느 사유를 주장하여 패소의 확정판결을 받은 경우에 다른 사유를 주장하여 다시 청구하는 것은 기판력에 저촉되어 허용될 수 없다), 대법원 2022. 7. 28. 선고 2020다231928 판결(부당이득반환청구에서 법률상의 원인 없는 사유를 계약의 불성립, 취소, 무효, 해제 등으로 주장하는 것은 공격방법에 지나지 않으므로, 그 중 어느 사유를 주장하여 패소한 경우에 다른 사유를 주장하여 청구하는 것은 기판력에 저촉되어 허용할 수 없다).

적 권리관계가 소송물 식별기준이 되는 것을 인정하게 되는 것이지만, 청구취지를 식별기준으로 한다는 일지설의 기본 입장은 그대로 유지되고 있다고 할 수 있다. 이지설은 확인의 소에서도 일관설, 즉 청구취지와 사실관계를 모두 고려하여야 한다는 견해와 예외설, 즉 이 경우만은 청구취지만을 고려하여야 한다는 견해로 다시 나뉜다.[347][348]

4. 형성의 소

1) 이혼청구

이혼사유를 규정한 민법 840조는 다음과 같다.

> 제840조(재판상 이혼원인) 부부의 일방은 다음 각호의 사유가 있는 경우에는 가정법원에 이혼을 청구할 수 있다.
> 1. 배우자에 부정한 행위가 있었을 때
> 2. 배우자가 악의로 다른 일방을 유기한 때
>
> (중략)
> 6. 기타 혼인을 계속하기 어려운 중대한 사유가 있을 때

원고가 주장하는 이혼사유가 달라질 때 소송물이 달라질까? 판례는 이를 긍정하여 민법 840조의 각 호별로 별개의 소송물이 성립한다고 본다.[349] 소송법설 중 일지설은 청구취지가 동일한 이상 어느 사유를 주장하더라도 소송물은 동일하다고 본다. 이지설은 각 이혼사유별로 주장되는 사실관계가 다르므로 소송물이 달라진다고 본다.

2) 재심청구

재심사유는 민사소송법 451조 1항 1호 내지 11호에 규정되어 있다. 판례는

347) 절대권은 청구취지만을, 상대권은 청구취지와 사실관계 모두를 고려하여야 한다는 절충적인 견해도 있다.

348) 대법원 1987. 3. 10. 선고 84다카2132 판결은 "특정토지에 대한 소유권확인의 본안판결이 확정되면 그에 대한 권리 또는 법률관계가 그대로 확정되는 것이므로 변론종결 전에 그 확인원인이 되는 다른 사실이 있었다 하더라도 그 확정판결의 기판력은 거기까지도 미치는 것이다"라고 판시하였다. 일관설을 취하게 되면 사실관계가 다른 이상 확인의 대상인 소송물이 달라진다고 보게 되므로 위 판시와 반대의 결론을 내리게 된다.

349) 대법원 1963. 1. 31. 선고 62다812 판결.

각 호별로 별개의 소송물이 성립한다고 본다. 일지설은 어느 사유를 주장하건 소송물은 하나라고 본다. 이지설은 각 사유별로 주장되는 사실관계가 다르므로 소송물이 달라진다고 본다.

3) 채권자취소소송

채권자취소소송에서 통상 원고는 통상 사해행위의 취소와 원상회복을 구하는바, 이는 형성의 소와 이행의 소가 병합하여 제기된 것이다. 두 소는 소송물을 달리하고, 별도로 제기될 수도 있다.[350] 채권자취소소송에서 피보전권리가 바뀌거나,[351] 취소대상 행위의 법적성질에 대한 주장이 달라져도[352] 소송물의 동일성은 유지된다. 판례는 가액배상청구의 소송물과 원물반환청구의 소송물 사이에 실질적인 동일성이 있는 것으로 취급하고,[353] 수인의 채권자가 제기

---

350) 대법원 2001. 9. 4. 선고 2001다14108 판결: 채권자가 민법 제406조 제1항에 따라 사해행위의 취소와 원상회복을 청구함에 있어 사해행위의 취소만을 먼저 청구한 다음 원상회복을 나중에 청구할 수 있으며, 이 경우 사해행위 취소 청구가 민법 제406조 제2항에 정하여진 기간 안에 제기되었다면 원상회복의 청구는 그 기간이 지난 뒤에도 할 수 있다.

351) 대법원 2003. 5. 27. 선고 2001다13532 판결은 피보전권리의 변경(추가) 전후로 제척기간 도과 여부가 문제된 사안에서 "채권자가 사해행위의 취소를 청구하면서 그 보전하고자 하는 채권을 추가하거나 교환하는 것은 그 사해행위취소권을 이유 있게 하는 공격방법에 관한 주장을 변경하는 것일 뿐이지 소송물 또는 청구 자체를 변경하는 것이 아니므로 소의 변경이라 할 수 없다"는 이유로 제척기간 도과는 문제되지 않는다고 하였다. 대법원 2012. 7. 5. 선고 2010다80503 판결도 같은 취지인바, 기판력이 미치는지 여부가 문제된 사안에서 "채권자가 보전하고자 하는 채권을 달리하여 동일한 법률행위의 취소 및 원상회복을 구하는 채권자취소의 소를 이중으로 제기하는 경우 전소와 후소는 소송물이 동일하다고 보아야 하고, 이는 전소나 후소 중 어느 하나가 승계참가신청에 의하여 이루어진 경우에도 마찬가지이다"라고 하였다.

352) 대법원 2005. 3. 25. 선고 2004다10985, 10992 판결: 채권자가 채무자의 어떤 금원지급행위가 사해행위에 해당된다고 하여 그 취소를 청구하면서 다만 그 금원지급행위의 법률적 평가와 관련하여 증여 또는 변제로 달리 주장하는 것은 그 사해행위취소권을 이유 있게 하는 공격방법에 관한 주장을 달리하는 것일 뿐이지 소송물 또는 청구 자체를 달리하는 것으로 볼 수 없다. 같은 취지의 원심의 판단과 원심이 이를 전제로 피고들의 제척기간 도과의 항변을 배척한 것은 정당한 것으로 수긍이 [간다.]

353) 대법원 2001. 6. 12. 선고 99다20612 판결(사해행위인 계약 전부의 취소와 부동산 자체의 반환을 구하는 청구취지 속에는 위와 같이 일부취소를 하여야 할 경우 그 일부취소와 가액배상을 구하는 취지도 포함되어 있다고 볼 수 있으므로 청구취지의 변경이 없더라도 바로 가액반환을 명할 수 있다), 대법원 2002. 11. 8. 선고 2002다41589 판결, 대법원 2006. 12. 7. 선고 2004다54978 판결(채권자가 일단 사해행위 취소 및 원상회복으로서 원물반환청구를 하여 승소 판결이 확정되었다면, 그 후 어떠한 사유로 원물반환의 목적을 달성할 수 없게 되었다고 하더라도 다시 원상회복청구권을 행사하여 가액배상을 청구할 수는 없으므로 그 청구는 권리보호의 이익이 없어 허용되지 않는다).

한 사해행위취소소송들은 서로 중복제소에 해당되지 않는다고 하였다.[354][355] 채권자취소소송에서 원상회복으로 채무자와 수익자 사이의 확정판결 등에 기하여 마쳐진 등기의 말소를 명하는 것은 위 확정판결의 기판력에 반하지 않는다.[356] 한편, 채권자가 사해행위취소 및 원상회복으로서 수익자 명의 등기의 말소를 청구하여 승소판결이 확정된 경우, 수익자 명의 등기를 말소하는 것이 불가능하게 되었다고 하여 다시 수익자를 상대로 원상회복청구권을 행사하여 가액배상을 청구하거나 원물반환으로서 채무자 앞으로 직접 소유권이전등기절차를 이행할 것을 청구할 수 없으므로, 그러한 청구는 소익이 없어 허용되지 않는다.[357]

---

354) 대법원 2014. 8. 20. 선고 2014다28114 판결: 채권자취소권의 요건을 갖춘 각 채권자는 고유의 권리로서 채무자의 재산처분 행위를 취소하고 그 원상회복을 구할 수 있는 것이므로 여러 명의 채권자가 동시에 또는 시기를 달리하여 사해행위취소 및 원상회복청구의 소를 제기한 경우 이들 소가 중복제소에 해당하지 아니할 뿐만 아니라, 어느 한 채권자가 동일한 사해행위에 관하여 사해행위취소 및 원상회복청구를 하여 승소판결을 받아 그 판결이 확정되었다는 것만으로는 그 후에 제기된 다른 채권자의 동일한 청구가 권리보호의 이익이 없게 되는 것은 아니다. 그러나 확정된 판결에 기하여 재산이나 가액의 회복을 마친 경우에는 다른 채권자의 사해행위취소 및 원상회복청구는 그와 중첩되는 범위 내에서 권리보호의 이익이 없게 된다.

355) 채권자취소 관련 판례의 상세한 소개는 최진수(5판), 381~448면 참조.

356) 대법원 2017. 4. 7. 선고 2016다204783 판결(확정된 화해권고결정에 기하여 등기가 경료된 사안).

357) 대법원 2006. 12. 7. 선고 2004다54978 판결, 대법원 2018. 12. 28. 선고 2017다265815 판결.

제21강 소익 일반론

1. 소익의 의의와 기능

소가 제기되면 법원은 원고의 실체법적인 권리의 존부와 무관하게 원고의 청구가 민사소송을 통한 권리구제를 받을 만한 자격이 있는지 여부를 심사하여 그러한 자격이 없다고 판단되는 경우에는 소가 부적법하다는 이유로 소각하 판결을 선고한다. 위와 같은 자격을 소익이라고 하는데, 청구적격, 소의 이익, 권리보호의 이익으로 불리기도 한다. 소가 적법하다고 인정받기 위한 요건을 소송요건이라고 하므로, 소익은 소송요건 중 청구와 관련된 것이라고 할 수 있다.

소익이라는 개념을 이용하여 일정한 사건을 구제대상에서 제외하는 근거는 권력분립의 원칙, 소송경제, 법적 안정성 등에서 찾을 수 있다. 각 근거의 경계가 분명한 것은 아니다.

일반적으로 소익은 이행의 소, 확인의 소, 형성의 소 모두에 공통되는 항목과 각 유형의 소에 특유한 항목으로 나뉘어서 논의된다. 전자를 권리보호의 자격, 후자를 권리보호의 이익이라고도 하는데, 양자 간의 경계 역시 모호하며 양자를 구분할 실익도 크지 않다.

이번 강의에서는 전자를, 다음 강의에서는 후자를 보기로 한다.

2. 모든 소에 공통된 소익(권리보호의 자격)

1) 소구할 수 있는 구체적 권리, 법률관계일 것[358)]

가) 소구가능성

원고가 구제받고자 하는 실체법적인 권리는 우선 법원의 재판을 통한 구제를 신청할 만한 것이어야 한다. 법원의 재판을 받는 궁극적인 목적은 원칙적으로는 강제집행에 의하여 권리의 실현, 즉 국가기관의 강제력에 의한 권리의 실

358) 아래의 소구가능성, 구체성, 법률성 등의 상호 경계 역시 명확한 것은 아니다.

현이므로, 원고의 권리가 이러한 강제집행의 대상으로 삼기에 적당하지 않거나 불필요한 경우에는 그러한 원고의 권리는 소구가능성을 흠결하였다는 이유로 소익이 부인된다.

자연채무는 소구가능성이 없는 대표적인 예이다. 일반적인 형성권은 그 행사에 의하여 법적효과가 발생한다. 형성권은 일반적인 형성권과 형성소권으로 나뉘는데, 일반적인 형성권을 행사하기 위하여 민사소송을 제기하는 경우, 소익이 인정되지 않는다. 예를 들어 매매계약을 체결한 자가 사기를 이유로 취소권을 행사하고자 하는 경우에는 사법행위로서 형성권을 행사하면 그 자체로 효력이 발생하기 때문에 매매계약을 취소를 구하는 민사소송을 제기하면 소익 흠결을 이유로 소가 각하된다. 취소권을 행사한 자는 취소권 행사의 결과가 상대방에 의하여 다투어지는 경우에 취소권의 행사에 의하여 발생한 권리, 예를 들어 매매대금반환청구권 등에 기하여 소를 제기하면 된다.

국가기관인 법원의 개입이 적당하지 아니한 영역에 관하여도 소구가능성이 부인된다. 약혼자를 상대로 결혼을 청구하는 것이나 종교단체 내부에서 순수한 종교적인 분쟁이 발생한 경우,[359] 분쟁이 고도로 정치적인 성격을 가진 경우를 예로 들 수 있다.

나) 구체적 사건일 것

소익이 인정되기 위해서는 분쟁이 구체적이어야 한다. 여기서 분쟁이 구체적이라는 것은 일반적인 의미와는 달리 분쟁이 법규 그 자체에 관한 것, 즉 법

---

359) 판례는 그 범위를 좁게 인정한다. 주요한 선례인 대법원 2005. 6. 24. 선고 2005다10388 판결은 "종교단체의 징계결의는 종교단체 내부의 규제로서 헌법이 보장하고 있는 종교자유의 영역에 속하는 것이므로 교인 개인의 특정한 권리의무에 관계되는 법률관계를 규율하는 것이 아니라면 원칙적으로 법원으로서는 그 효력의 유무를 판단할 수 없다고 할 것이지만, 그 효력의 유무와 관련하여 구체적인 권리 또는 법률관계를 둘러싼 분쟁이 존재하고 또한 그 청구의 당부를 판단하기에 앞서 위 징계의 당부를 판단할 필요가 있는 경우에는 그 판단의 내용이 종교 교리의 해석에 미치지 아니하는 한 법원으로서는 위 징계의 당부를 판단하여야 한다"고 판시하였다. 또, 대법원 2011. 5. 13. 선고 2010다84956 판결은 "교인으로서 비위가 있는 자에게 종교적인 방법으로 징계·제재하는 종교단체내부의 규제(권징재판)가 아닌 한, 종교단체 내에서 개인이 누리는 지위에 영향을 미치는 단체법상의 행위라 하여 반드시 사법심사 대상에서 제외할 것은 아니[라고]" 전제한 다음, 피고 종단이 종단의 중요보직자를 모욕했다는 이유로 종단 소속 승려인 원고를 제명(체탈도첩)하는 징계결의를 하고, 원고에게 명의신탁하였던 부동산의 환수를 위하여 처분금지가처분 및 부당이득반환청구를 한 사안에서, 징계결의의 당부가 피고 종단과 원고 사이의 명의신탁계약관계에 영향을 미치므로 원고의 징계결의무효확인의 소는 소익이 있다고 판시하였다.

규 자체의 효력이나 해석을 문제 삼는 것이 아니라는 것을 의미한다. 법규 그 자체에 관한 분쟁을 추상적 분쟁이라고 하고, 추상적 분쟁에는 원칙적으로 소익이 인정되지 않는다.[360]

다) 법률적 사건일 것

소익이 인정되기 위해서는 분쟁이 법률적 사건이어야 한다. 단지 사실의 존부에 관련된 분쟁에 관한 청구는 소익이 인정되지 않는다. 이 점과 관련하여 자주 거론되는 예는 토지, 건물 등의 관리대장상 명의자를 상대로 한 그 관리대장상 명의의 말소나 변경을 구하는 청구이다.[361] 그러나 대장상의 기재가 국가 등의 보상금의 지급기준이 되는 경우 등 예외적인 경우에는 관리대장상 명의의 변경, 말소를 구하는 청구에 소익이 인정된다는 점에 유의하여야 한다.[362] 족보 기재의 변경을 구하는 청구도 마찬가지의 의미에서 소익이 인정되지 않는다.

2) 제소금지사유가 없을 것

가) 법률상 제소금지사유

예컨대, 민사소송법 259조와 267조 2항에 위반된 청구는 소익이 인정되지 않는다.

> 제259조(중복된 소제기의 금지) 법원에 계속되어 있는 사건에 대하여 당사자는 다시 소를 제기하지 못한다.
> 제267조(소취하의 효과) ① 취하된 부분에 대하여는 소가 처음부터 계속되지 아니한 것으로 본다.
> ② 본안에 대한 종국판결이 있은 뒤에 소를 취하한 사람은 같은 소를 제기하지 못한다.

중복제소금지와 재소금지는 소익에 대한 특별규정이라고도 할 수 있다.

나) 계약상 제소금지사유

어떤 분쟁에 관하여 앞으로 민사소송을 제기하지 않겠다는 내용의 당사자의 합의를 부제소합의(부제소특약)라고 한다. 부제소합의에 대하여 현재의 통설과 판례는 그러한 합의를 사법상의 계약으로서 유효성을 인정하고 있다. 부제소합의가 사법상 계약이라는 것은 민법의 규정, 특히 법률행위의 하자에 관한

---

360) 대법원 1992. 8. 18. 선고 92다13875, 13882(병합), 13899(병합) 판결.
361) 대법원 1979. 2. 27. 선고 78다913 판결.
362) 대법원 1991. 11. 12. 선고 91다21244 판결, 대법원 1992. 2. 14. 선고 91다29347 판결, 대법원 1998. 6. 26. 선고 97다48937 판결 등.

규정이 적용된다는 점을 의미한다. 부제소합의는 약관규제의 법리에 의하여 무효로 될 수 있다.

판례는 부제소합의에 의하여 국민의 재판받을 권리가 침해되는 것을 방지하기 위하여[363] 부제소합의의 대상에 제한을 가하고 있는바, 부제소합의는 합의 당시 예견 가능하고, 당사자가 자유로이 처분할 권리가 있는, 특정한 사항에 관한 것이어야 하고,[364] 매매계약 등 주된 계약이 불공정행위로서 무효라면 부제소합의도 원칙적으로 무효라고 하였다.[365][366]

부제소합의가 사법상 계약이라는 것은 그 자체로는 소송절차에 직접적인 효력이 발생하지 않는다는 것을 의미한다. 통설에 따르면 부제소특약이 있음에도 불구하고 일방이 민사소송을 제기하면 상대방은 부제소특약이 있었다는 항변을 하여야 하고, 이 경우 법원은 소익이 없다는 이유를 소각하판결을 하게 된다.[367]

당사자가 어떤 분쟁을 중재절차에 의하여 해결하기로 하는 중재합의를 체결한 경우에도 소익이 인정되지 않는다. 중재합의의 방식에 관하여는 중재법 제8조가, 그 처리에 관하여는 중재법 9조가 규정하고 있다.

3) 특별구제절차가 없을 것

법이 어떠한 유형의 분쟁에 대하여 통상의 민사소송이 아닌 특별한 절차를 마련하고 있는 경우, 그 유형의 분쟁에 대하여 통상의 민사소송을 제기하는 것

---

363) 부제소합의의 존부 자체도 신중하게 판단하여야 한다. 대법원 2019. 8. 14. 선고 2017다217151 판결은 부제소합의는 [] 헌법상 보장된 재판청구권의 포기와 같은 중대한 소송법상의 효과를 발생시키는 것이[므로,] 표시된 문언의 내용이 불분명하[고,] 추단되는 당사자의 의사조차도 불분명하다면, 가급적 소극적 입장에서 [] 합의의 존재를 부정할 수밖에 없다고 하였다(자동차보험 구상금분쟁심의에 관한 상호협정에 의하여 구성된 심의위원회의 조정결정이 부제소합의인지 여부가 문제된 사안).

364) 대법원 2002. 2. 22. 선고 2000다65086 판결, 대법원 2019. 8. 14. 선고 2017다217151 판결.

365) 대법원 2011. 4. 28. 선고 2010다106702 판결.

366) 대법원 2025. 4. 24. 선고 2022므15371 판결은 대리모계약과 그에 따른 친모의 친권포기 등의 합의는 모두 민법 103조 위반으로 무효이고, 부제소합의로서도 무효라고 판시하였다.

367) 대법원 2013. 11. 28. 선고 2011다80449 판결은 부제소합의를 직권조사사항이라고 보았으나, 의문이다. 이 판결이 선례로 삼고 있는 대법원 1980. 1. 29. 선고 79다2066 판결은 (사법계약이 아닌) 소송계약인 불상소의 합의에 관한 것이다. 한편 대법원 2018. 5. 30. 선고 2017다21411 판결은 사법계약인 항소취하의 합의를 항변사항이라고 하였다.

이 허용되지 않는다고 보는 경우가 있다.

대표적인 예가 소송비용의 상환청구이다. 민사소송을 하게 되면 당사자는 인지, 송달료, 변호사선임비용 등 소송비용을 지출하게 된다. 이 소송비용은 어떻게 처리되는 것일까? 우선 법은 법원이 판결을 할 때 소송비용에 관하여 추상적으로 부담자를 정하는 판단을 함께 하게 한다. 이후 당사자가 법원에 구체적인 액수를 정하는 소송비용액확정신청을 하면 법원의 소송비용액확정결정을 하게 된다(110조). 당사자는 소송비용액확정결정에 따라 상대방으로부터 소송비용을 상환받고, 상대방이 불응하는 경우에는 강제집행을 진행할 수도 있다.

문제는 위와 같은 소송비용액확정절차에서 인정되는 소송비용은 여러 가지 정책적인 고려를 감안하여 책정된 액수로 법정되어 있고, 그 액수가 실제 거래상에서 접하게 되는 액수와는 거리가 먼 경우도 있다는 점이다. 변호사비용이 법정된 액수와 실제 거래상의 액수와의 차이가 큰 대표적인 예이다. 이와 같은 상황에서 어떤 당사자가 실제 자기가 지출한 액수만큼의 소송비용을 지급하라는, 또는 소송비용액확정절차에 따라 상환받는 액수를 제외한 부분을 지급하라는 민사소송을 제기하면 법원은 소익이 없다는 이유로 소를 각하하게 된다.[368]

판례는 가처분 (기입)등기의 말소도 가처분의 취소 등에 의하여만 가능하다고 하고 있다.[369][370][371]

---

368) 대법원 1987. 3. 10. 선고 86다카803 판결.

369) 대법원 1976. 3. 9. 선고 75다1923, 1924 판결(가처분등기): 가처분등기는 사법상의 권리보전을 위한 국가권력의 조력작용으로서 의무자를 제압하는 환경 형성적 효력이 있는 것이어서 동 등기기입이 되면 채권자라도 단독으로 그 집행을 제거할 수 없고 집행법원의 가처분결정의 취소나 집행취소의 방법에 의하여서만 말소될 수 있는 것이니 동 등기경료 후 가처분 목적물에 대한 소유권 취득자는 집행법원에 가처분결정의 취소나 집행취소 신청을 하여 그 결정을 받아 이를 원인증서로 하여야 하고 막바로 가처분등기 자체의 말소를 소구할 수 없고 이러한 이치는 가등기후에 한 가처분등기로서 가등기에 기하여 본등기를 한 권리자에게 대항할 수 없는 경우에도 마찬가지이다.

대법원 1998. 11. 27. 선고 97다41103 판결(가압류등기)은 원인무효의 가압류등기의 말소를 구하는 소를 소익이 없다는 취지로 각하한 원심판결을 파기하면서, 원고가 원인무효의 소유권이전등기의 말소도 함께 구하고 있으므로 원고가 가압류등기의 말소를 구하는 취지가 소유권이전등기말소에 대한 승낙의 의사표시를 구하는 것으로 선해할 수 있다고 판시하였다(다만, 타당성엔 의문이 있으나 가압류말소청구의 소익을 긍정한 대법원 1988. 10. 11. 선고 87다카2136 판결도 있다).

370) 한편, 대법원은 체납처분에 의한 압류등기의 말소청구를 허용한다(대법원 1991. 3. 27. 선고 90다8657 판결). 최진수, 요건사실과 주장증명책임(제7판), 진원사(2017)(이하 '최진수(7판)'이라고 한다), 207면 참조.

4) 원고의 승소판결이 없을 것

원고가 어떤 청구에 대하여 이미 승소확정판결을 받은 경우에는 그 판결에 의하여 강제집행을 진행할 수 있기 때문에 다시 그 청구에 대하여 판단하는 것은 아무런 의미가 없으므로, 위와 같은 청구는 소익이 없다.

다만, 이미 승소확정판결이 있는 경우라도, 판결원본이 멸실된 경우, 소멸시효의 중단이 필요한 경우, 판결 내용이 불특정한 경우에는 예외이다.[372][373][374]

기판력의 본질에 관한 모순금지설은 위와 같이 원고에게 승소확정판결이 있는 경우에 위와 같은 논리전개를 거쳐 소각하의 결론에 도달하지만, 반복금지설은 기판력 있는 판결이 있다는 그 자체가, 소익과는 별도의 소극적 소송요건에 해당한다고 본다.

5) 신의칙 위반이 아닐 것

통설, 판례는 신의칙 위반에 의하여 소권 자체가 소멸할 수 있다는 점을 인정하고 있다.

---

371) 대법원 2019. 5. 16. 선고 2015다253573 판결은 강제경매개시결정 기입등기가 법원의 촉탁에 의하여 말소된 경우, 강제경매 신청채권자는 말소된 기입등기의 회복등기절차 이행을 청구할 수는 없지만(소익 흠결), 기입등기 말소 당시 소유권이전등기를 경료하고 있던 사람을 상대로 기입등기의 회복절차에 대한 승낙청구의 소를 제기할 수 있다고 하였다.

372) 자세한 내용은 판결의 효력(2): 기판력 일반론 중 2. 기판력의 작용국면 1) 동일관계 참조.

373) 대법원 1996. 3. 8. 선고 95다22795, 22801 판결은 집행증서에는 기판력이 없기 때문에 집행증서가 작성되어 있는 청구권에 기하여 소를 제기하는 것은 소익이 있다고 하였다.

374) 대법원 2013. 5. 9. 선고 2012다108863 판결은 청구이의의 소는 집행권원이 가지는 집행력의 배제를 목적으로 하는 것으로서 판결이 확정되더라도 당해 집행권원의 원인이 된 실체법상 권리관계에 기판력이 미치지 않으므로, 집행증서가 작성되어 있는 채권에 관하여 제기된 채무부존재확인의 소는 청구이의의 소를 제기할 수 있다는 사정만으로 소익이 없는 것은 아니라고 하였다.

제22강 소의 유형별 소익

1. 이행의 소

1) 개 요

이행의 소는 현재 이행의 소와 장래 이행의 소로 나뉜다. 현재 이행의 소와 장래 이행의 소의 구별은 원고의 이행청구권에 관하여 원고가 주장한 이행기가 사실심 변론종결 전인지 아니면 후인지에 의하여 결정된다. 즉, 이행의 소는 원고가 주장하는 이행기가 변론종결 전이면 현재 이행의 소가 되고, 변론종결 후이면 장래 이행의 소가 된다. 소제기 당시에는 장래 이행의 소였다가 시간의 흐름에 따라 현재 이행의 소로 되는 경우도 당연히 생긴다.

2) 현재 이행의 소

현재 이행의 소에는 원칙적으로 소익이 인정된다. 현재 이행의 소는 기본적으로 이행기가 이미 도래했지만 피고가 이행을 하지 않고 있는 상황에서 청구권이 행사되었기 때문이다. 아래에서 현재 이행의 소에 관하여 예외적으로 소익이 문제되는 경우를 본다.

가) 판결의 집행과 관련된 사유

판결의 집행이 불가능하거나 이미 판결이 집행된 것과 마찬가지의 상태가 되었다는 등 판결의 집행과 관련하여 소익이 없다는 주장들에는 아래와 같은 것들이 있다.

아주 드물지만 피고 측에서 무자력의 항변을 하는 경우가 있다. 위 항변의 내용은 원고가 승소판결을 받아봤자 피고에게는 아무런 자력이 없어 갚을 수도 없고, 강제집행의 대상이 될 만한 재산도 없으므로 결국 원고의 소는 소익 흠결로 각하되어야 한다는 것이다. 강제집행절차가 사실상 불가능하다는 점만으로는 현재 이행의 소의 소익이 좌우되지는 않는다. 판결절차는 분쟁의 관념적 해결절차로서 권리의 실질적인 만족을 목표로 하는 강제집행절차와는 다르기 때문이다.[375]

다만, 이행을 구하는 아무런 실익이 없어 법률상 이익까지 부정되는 경우에는 소의 이익이 부정될 수도 있다.376)

원인무효의 등기가 순차로 경료된 경우 후순위 등기에 대한 말소청구가 패소 확정됨으로써 그 전순위 등기의 말소등기절차의 실행이 결과적으로 불가능하게 되더라도, 그 전순위 등기의 말소를 구할 소의 이익이 없다고는 할 수 없다.377) 나아가 후순위 등기와 그 전순위 등기의 말소를 함께 구하는 소송은 통상공동소송이므로, 그 소송에서 후순위 등기의 말소청구는 기각되고, 그 전순위 등기의 말소청구는 인용되는 경우도 있을 수 있다.378) 따라서 소유자가 제기한 전순위 등기의 말소청구소송에서, 후순위 등기의 말소가 가능한지 여부나 후순위 등기명의인에 대한 패소확정판결 유무는 따질 필요가 없는 것이 원칙이다.379) 다만, 위 소송에서 피고인 전순위 등기명의인이 후순위 등기명의인의 등기부취득시효 등으로 원고의 소유권(에 기한 방해배제청구권)이 소멸되었다고 항변하고, 이 항변이 이유 있는 경우 원고의 청구는 기각된다.380)

반면, 강제집행을 통하여 달성하려는 상태가 이미 실현된 경우나 청구의 목적물이 아예 멸실된 경우 등에는 원칙적으로 소익이 없다. 예를 들어 소유권이전등기청구소송 중 어떤 경위로 원고 앞으로 소유권이전등기가 경료된 경우, 말소등기청구소송 중 어떤 경위로 등기가 말소되어버린 경우,381) 철거나 인도청구

375) 대법원 2022. 1. 27. 선고 2018다259565 판결(이행의 소는 [] 이행판결을 받아도 집행이 사실상 불가능하거나 현저히 곤란하다는 사정만으로 [소익]이 부정되는 것은 아니다. 제3자를 위한 계약에서 제3자는 채무자(낙약자)에 대하여 계약의 이익을 받을 의사를 표시한 때에 채무자에게 직접 이행을 청구할 수 있는 권리를 취득하고[,] 요약자는 제3자를 위한 계약의 당사자로서 원칙적으로 <u>제3자의 권리와는 별도로</u> 낙약자에 대하여 제3자에게 급부를 이행할 것을 요구할 수 있는 권리를 가진다. 이때 낙약자가 요약자의 이행청구에 응하지 아니하면 특별한 사정이 없는 한 요약자는 낙약자에 대하여 제3자에게 급부를 이행할 것을 소로써 구할 이익이 있다).

376) 대법원 2016. 9. 30. 선고 2016다200552 판결: 의사의 진술로 아무런 법적 효과가 발생하지 않는 경우 의사진술을 명하는 [소의 이익]이 있다고 할 수 없다.

377) 대법원 1993. 7. 13. 선고 93다20955 판결, 대법원 1995. 10. 12. 선고 94다47483 판결, 대법원 1998. 9. 22. 선고 98다23393 판결, 대법원 2008. 6. 12. 선고 2007다36445 판결 등 참조.

378) 대법원 1991. 11. 8. 선고 91다15829 판결.

379) 대법원 1995. 10. 12. 선고 94다47483 판결.

380) 대법원 1995. 3. 3. 선고 94다7348 판결(등기부취득시효), 대법원 1991. 11. 8. 선고 91다15829 판결(토지수용). 이는 기판력의 작용이 아니므로 원고의 후순위 등기명의인에 대한 패소확정판결의 유무는 묻지 않는다.

381) 대법원 2003. 1. 10. 선고 2002다57904 판결(근저당권설정등기의 말소등기절차의 이행을 구

소송 중 대상 건물이 멸실되어 버린 경우가 여기에 해당한다. 등기청구사건에서 건물멸실로 등기부가 폐쇄된 경우에는 소익이 없다. 이와 달리 신등기부를 만들면서 구등기부를 폐쇄한 경우, 신등기부에 이기되지 못하고 폐쇄된 구등기부에 남아 있는 등기에 대한 말소등기청구는 소익이 없다. 하지만 구등기부에만 남아 있는 등기가 진정한 권리자의 권리실현을 위하여 말소가 필요한 것으로 밝혀지면, 결론적으로 위 등기도 신등기부에 이기되었어야 할 등기에 해당하는바, 이 경우 신등기부에 이기되었을 등기에 대한 말소청구는 소익이 있다.[382)383)]

취득시효 완성을 원인으로 하는 소유권이전등기청구권을 피보전권리로 하는 부동산처분금지가처분 등기가 마쳐진 후에 가처분채권자가 가처분채무자를 상대로 가처분의 피보전권리에 기한 소유권이전등기를 청구함과 아울러 가처분 등기 후 가처분채무자로부터 소유권이전등기를 넘겨받은 제3자를 상대로 가처분채무자와 그 제3자 사이의 법률행위가 원인무효라는 사유를 들어 가처분채무자를 대위하여 제3자 명의 소유권이전등기의 말소를 청구하는 경우, 가처분채

하는 소송 도중에 그 근저당권설정등기가 경락을 원인으로 하여 말소된 경우에는 더 이상 근저당권설정등기의 말소를 구할 법률상 이익이 없다), 대법원 2021. 1. 14. 선고 2019다296943 판결(말소등기는 어떤 등기의 등기사항 전부가 원시적 또는 후발적으로 실체관계와 불일치하게 된 경우에 해당 등기 전부를 법률적으로 소멸시킬 목적으로 행하여지는 등기를 말하므로, 이미 말소된 등기에 대하여는 그 말소를 구할 법률상 이익이 없다) 등.

382) 대법원 2016. 1. 28. 선고 2011다41239 판결.

383) 대법원 2017. 9. 12. 선고 2015다242849 판결: 등기관이 부동산등기법 제33조에 따라 등기기록에 등기된 사항 중 현재 효력이 있는 등기만을 새로운 등기기록에 옮겨 기록한 후 종전 등기기록을 폐쇄하는 경우, 새로운 등기기록에는 기록되지 못한 채 폐쇄된 등기기록에만 남게 되는 등기(이하 '폐쇄등기'라 한다)는 현재의 등기로서의 효력이 없고, 폐쇄된 등기기록에는 새로운 등기사항을 기록할 수도 없다. 따라서 폐쇄등기 자체를 대상으로 하여 말소등기절차의 이행을 구할 소의 이익은 없다.

그러나 … 새로운 등기기록에 옮겨 기록되지는 못하였지만 진정한 권리자의 권리실현을 위해서 말소등기를 마쳐야 할 필요가 있는 때에는 등기가 폐쇄등기로 남아 있다는 이유로 말소등기절차의 이행을 구하는 소의 이익을 일률적으로 부정할 수 없다.

폐쇄등기 자체를 대상으로 하는 것이 아니라, 원인 없이 이전된 진정한 권리자의 등기를 회복하는 데에 필요하여 '현재의 등기기록에 옮겨 기록되었을 위와 같은 이전 등기'를 대상으로 말소등기절차의 이행을 구하는 소는 특별한 사정이 없는 한 허용되어야 한다. 이러한 사건에서 말소등기절차의 이행을 명하는 판결이 확정되고 현재의 등기기록에 이미 기록되어 있는 등기 중 진정한 권리자의 등기와 양립할 수 없는 등기가 모두 말소되면, 등기관은 직권으로 위 말소등기절차의 이행을 명하는 판결에서 말소등기청구의 대상이 된 위 등기를 현재의 등기기록에 옮겨 기록한 다음 그 등기에서 위 확정판결에 기한 말소등기를 실행할 수 있다고 보아야 한다.

권자가 채무자를 상대로 본안의 승소판결을 받아 확정되면 가처분에 저촉되는 처분행위의 효력을 부정할 수 있다고 하여, 그러한 사정만으로 위와 같은 제3자에 대한 청구가 소의 이익이 없어 부적법하다고 볼 수는 없다.[384]

나) 소구채권의 압류 등

소구채권의 압류 등의 효과를 이해하기 위하여는 금전채권에 기한 강제집행에 대한 기초지식이 필요하다.

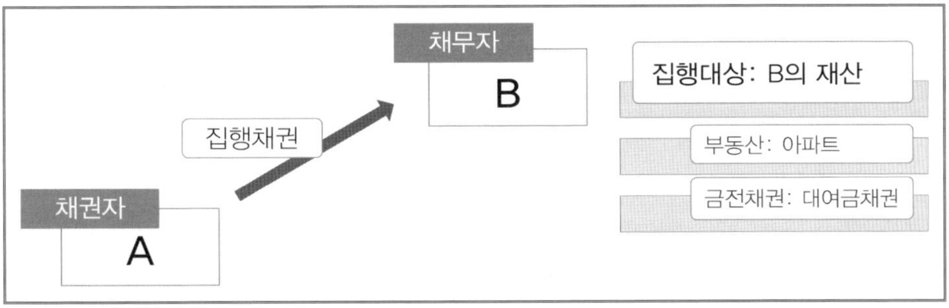

A가 B에게 매매대금지급청구소송에서 승소하여 판결이 확정된 경우, A는 B의 재산에 강제집행을 할 수 있다. 우선, B에게 아파트 한 채가 있다면 부동산 강제경매를 신청할 수 있다. 금전채권에 기한 강제집행은 기본적으로 압류 → 환가 → 배당의 구조를 갖는다. 강제경매의 압류는 강제경매개시결정을 등기부에 기입하는 방식으로 한다. 집행기관(집행법원)은 아파트를 매각하여(환가), 그 매각대금을 강제경매를 신청한 A와 절차에 참가하는 다른 채권자들에게 나누어 준다(배당).

B가 가지고 있는 금전채권, 예컨대 대여금채권에 대하여도 A는 강제집행을 할 수 있다. 금전채권에 대한 강제집행 역시 압류 → 환가 → 배당의 구조를 갖지만 금전채권의 특색이 반영되어 방법에 차이가 생긴다. 우선 금전채권에 대한 강제집행에는 아래 그림과 같이 제3채무자가 개입된다.

384) 대법원 2017. 12. 5. 선고 2017다237339 판결.

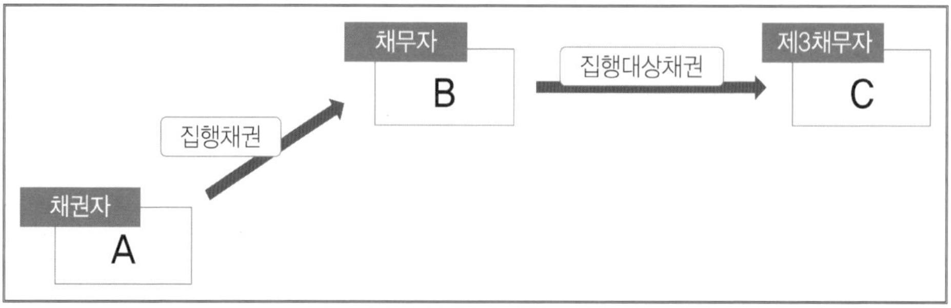

금전채권집행에서 압류는 압류명령을 발령함으로써 하는데, 제3채무자 C에게 압류명령이 송달된 때 그 효력이 발생한다. 환가는 통상 추심명령 혹은 전부명령을 발령함으로써 한다. 판례에 따르면 추심명령에 의하여 채무자 B의 집행대상채권에 대한 추심권능이 채권자 A에게 부여되는데,[385] 추심명령은 제3채무자에게 송달된 때 효력이 발생한다. 전부명령에 의하여 채무자 B의 집행대상채권 자체가 채권자 A에게 이전되는데, 전부명령은 전부명령이 확정된 때 효력이 발생한다.[386] 배당은 전부명령의 경우 실시되지 않고, 추심명령에서 채권자들이 경합하는 경우 실시된다.[387]

압류명령과 추심(전부)명령은 따로 신청할 수도 있지만 동시에 신청할 수도 있고, 실제로 통상 압류 및 추심(전부)명령의 형식으로 신청되고 발령된다. 압류명령·추심(전부)명령은 채권자에게 확정판결이나 가집행선고 있는 승소판결이 있는 경우에만 신청할 수 있다. 그 이전 단계에서 채권자는 집행대상채권을 가압류할 수 있다.

소구채권의 압류 등의 문제는 아래 그림과 같이 B가 C를 상대로 소를 제기하여 집행대상채권을 청구하고 있는데, A가 집행대상채권에 대하여 가압류명령, 압류명령, 추심명령 혹은 전부명령을 받으면 어떤 효과가 발생하는가 하는 문제이다. 집행대상채권이 바로 소구채권, 즉 소로써 구하고 있는 채권이다.

---

385) 국세체납으로 인한 압류에는 강제집행의 압류와 달리 추심명령의 효력까지 인정된다. 국세징수법 41조 2항은 국세체납으로 인한 압류의 효력에 관하여 "세무서장은 제1항의 통지를 한 때에는 체납액을 한도로 하여 체납자인 채권자를 대위(代位)한다"라고 규정한다.

386) 전부명령이 확정되기 위하여는 즉시항고가 제기되지 않거나 배척되어야 하는바, 즉시항고권자는 채권자와 제3채무자이므로 이들에게 모두 전부명령이 송달되어야 한다.

387) 전부명령을 이용하면, 집행채권자가 집행대상채권을 모두 차지할 수 있지만, 전부명령은 채권자의 경합이 없어야 유효하다.

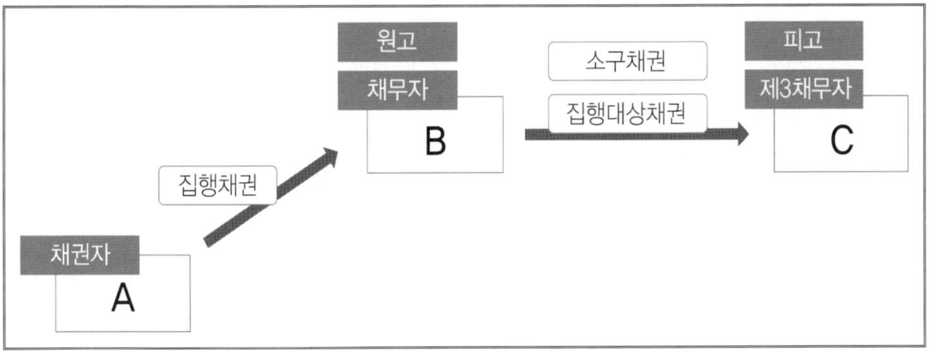

우선 소구채권이 가압류된 경우에는 학설의 견해가 다기하게 대립한다.388) 판례는 이러한 경우 원칙적으로 법원은 가압류를 무시하고 단순히, 즉 가압류의 해제를 조건으로 할 필요 없이, 청구인용판결을 할 수 있다는 입장이다.389) 소구채권에 대하여 압류명령만이 신청되어 발령된 경우는 위 가압류의 경우와 같다.

그러나 판례는 소구채권이 등기청구권인 경우에는 (가)압류의 해제를 조건으로 하여서만 청구를 인용할 수 있다고 본다.390) 통상적인 경우에는 집행절차

388) 각하설(원고가 추심권능을 상실한다는 견해), 조건부 이행판결설(원고가 추심권능을 상실하지 않지만 피고에게 과도한 부담을 지우지 않기 위하여 가압류해제를 조건으로 원고 청구를 인용하여야 한다는 견해), 무조건 이행판결설(즉시이행판결설) 등이 대립되는데, 무조건 이행판결설이 통설이다. 학설의 상세한 소개는 이백규, "압류된 채권양수인의 이행청구와 추심명령", 민사판례연구 XXIV(2002), 478면 이하, 494~499면 참조(다만, 위 논문의 저자는 조건부 이행판결설을 지지하고 있다. 499~505면).

389) 대법원 1989. 11. 24. 선고 88다카25038 판결 등: 채권가압류가 된 경우, 제3채무자는 채무자에 대하여 채무의 지급을 하여서는 안 되고, 채무자는 추심, 양도 등의 처분행위를 하여서는 안 되지만, 이는 이와 같은 변제나 처분행위를 하였을 때에 이를 가압류채권자에게 대항할 수 없다는 것이며, 채무자가 제3채무자를 상대로 이행의 소를 제기하여 채무명의를 얻더라도 이에 기하여 제3채무자에 대하여 강제집행을 할 수는 없다고 볼 수 있을 뿐이고 그 채무명의를 얻는 것까지 금하는 것은 아니라고 할 것이다.

390) 대법원 1992. 11. 10. 선고 92다4680 전원합의체 판결은 "소유권이전등기를 명하는 판결은 의사의 진술을 명하는 판결로서 이것이 확정되면 채무자는 일방적으로 이전등기를 신청할 수 있고 제3채무자는 이를 저지할 방법이 없으므로 [소유권이전등기청구권이 가압류된] 경우에는 가압류의 해제를 조건으로 하지 아니하는 한 법원은 이를 인용하여서는 안[된다]"고 하였고, 대법원 1994. 10. 25. 선고 93다55012 판결은 원고에 대하여 법원이 가압류의 해제를 조건으로 이전등기를 구하는지 여부에 관하여 석명을 구할 의무가 있는 것이 아니라고 판시하였다. 대법원 1999. 2. 9. 선고 98다42615 판결에 의하면 이전등기청구권에 대하여 가처분이 내려진 경우에도 같은 법리가 적용된다(다만, 대법원 2001. 10. 9. 선고 2000다51216 판결에 대하여는 주의를 요한다).

에서 피고의 방어가 가능하지만, 등기절차의 이행을 명하는 판결의 경우 집행절차가 없어서 그 단계에서의 피고의 방어가 불가능하기 때문이다.

소구채권에 대하여 추심명령이 발령된 경우 대법원은 과거에는 추심명령에 의하여 소구채권을 추심할 권능이 원고(B)로부터 원고의 채권자(A), 즉 추심권자에게 이전되고, 이로 인하여 원고(B)는 당사자적격을 상실하므로, 원고(B)의 소는 각하된다고 하였으나,[391)][392)] 대법원 2025. 10. 23. 선고 2021다252977 전원합의체 판결로 입장을 바꾸어 원고(B)는 당사자적격을 상실하지 않는다고 하였다.[393)]

소구채권에 대하여 전부명령이 발령된 경우에는 전부명령에 의하여 채권 자체가 원고(B)로부터 원고의 채권자(A), 즉 전부권자에 이전되므로 원고(B)의 청구는 기각된다. 즉, 채권이 양도된 경우와 같다.

이러한 법리는 전부명령의 효과가 발생한 시기가 소제기 이전인지 이후인지를 불문한다. 소제기 이후에 전부명령의 효과가 발생한 경우에는 전부권자의 참가승계신청 혹은 기존 당사자인 원·피고의 전부권자에 대한 인수승계신청이 가능하다.

다) 일부청구

어떤 청구권에 관하여 전부를 행사할 것인지 아니면 일부만 행사할 것인지는 원칙적으로 원고의 자유에 해당한다. 하지만 소액사건심판법의 특칙에 유의하여야 한다.

> 소액사건심판법 제5조의2(일부청구의 제한) ① 금전 기타 대체물이나 유가증권의 일정한 수량의 지급을 목적으로 하는 청구에 있어서 채권자는 소액사건심판법의 적용을 받을 목적으로 청구를 분할하여 그 일부만을 청구할 수 없다.

한편, 위 98다42615 판결은 또한 원고가 단순이행을 구하였음에도 해제조건부 인용판결을 할 수 있다고 판시한 점에서 위 92다4680, 93다55012 판결과 대비된다. 또, 대법원 1999. 6. 11. 선고 98다22963 판결은 가압류되어 있다는 사정은 피고가 항변할 사유이지 직권조사사항은 아니고, 피고가 항변하여 응소하지 않으면 가압류채권자에게 불법행위책임을 부담할 수 있다고 판시하였다. 상세한 판례 소개는 최진수(5판), 634~636면 참조.

391) 대법원 2000. 4. 11. 선고 99다23888 판결.

392) 대법원 2007. 11. 29. 선고 2007다63362 판결, 대법원 2009. 11. 12. 선고 2009다48879 판결, 대법원 2010. 11. 25. 선고 2010다64877 판결 등 참조.

393) A가 추심소송을 제기하면 중복제소가 문제 된다. 한편 A는 B가 제기한 소송에 공동소송참가 또는 공동소송적 보조참가를 할 수 있다. 대법원 2025. 10. 23. 선고 2021다252977 전원합의체 판결 중 대법관 이흥구, 이숙연의 보충의견 참조.

② 제1항의 규정에 위반한 소는 판결로 이를 각하하여야 한다.

일부청구한 이후, 청구취지를 확장하지 않고, 별소로 잔부청구를 제기하는 것이 중복제소나 소권남용 등에 해당하는지도 문제되나, 이는 중복제소금지에서 본다.

라) 등기청구 관련

가등기권자가 어떤 경위로 통상의 소유권이전등기를 경료하였어도 가등기에 기한 본등기청구를 할 이익을 반드시 상실하는 것은 아니다.

> 대법원 1988. 9. 27. 선고 87다카1637 판결
> 가등기에 기하여 본등기가 된 때에는 본등기의 순위가 가등기한 때로 소급함으로써 가등기후 본등기전에 이루어진 중간처분이 본등기보다 후순위로 되어 실효되는 것이므로 가등기권자가 가등기된 목적물에 관하여 소유권이전등기를 받고 있다 하더라도 가등기후 그 소유권이전등기전에 중간처분이 있는 경우에는 가등기권자는 그 순위보전을 위하여 가등기에 기한 본등기청구를 할 이익이 있다.

부동산소유권보존등기의 공유지분 일부만 원인무효인 경우 정당한 지분권자는 그 지분에 한하여 말소를 구할 수 있고, 다만, 이에 따라 지분의 말소를 명한 판결이 확정되면 그 집행은 등기기술상 지분말소등기의 방법이 아니라 원고와 다른 지분권자와의 공유/합유로 하는 경정등기로 이루어진다. 위와 같은 경우 정당한 공유지분권자가 말소등기를 명하는 판결이 아니라, 단독소유를 공유로 경정하여 달라는, 경정등기를 명하는 판결을 구하는 것은 허용되지 않는다.[394] 합유재산을 합유자 중 1인이 단독으로 소유권보존등기를 한 경우에는 다른 합유자가 그 소유권보존등기(전부)의 말소를 청구하여 이를 말소한 다음 다시 새로운 합유의 보존등기를 신청할 수 있다.[395]

마) 기 타

지적도 등의 관리에 관한 법령에 의하면 지적도의 등록사항에 잘못이 있는

---

394) 대법원 1995. 5. 9. 선고 94다38403 판결, 대법원 2017. 8. 18. 선고 2016다6309 판결(진정한 권리자는 소유권보존등기의 일부말소를 소로써 구하고 법원은 그 지분에 한하여만 말소를 명할 수 있으나, 등기기술상 소유권보존등기의 일부말소는 허용되지 않으므로, 그 판결의 집행은 단독소유를 공유로 또는 공유를 단독소유로 하는 경정등기의 방식으로 이루어진다[]. 이와 같이 일부말소 의미의 경정등기는 등기절차 내에서만 허용될 뿐 소송절차에서는 일부말소를 구하는 외에 경정등기를 소로써 구하는 것은 허용될 수 없다).

395) 대법원 2017. 8. 18. 선고 2016다6309 판결: 합유재산을 단독소유로 소유권보존등기 한 것은 등기기술상 경정등기의 방식으로 처리할 것도 아니[다].

경우 소관청에 그 정정을 신청할 수 있고, 그 정정으로 인접 토지의 경계가 변경되는 경우에는 인접 토지소유자의 승낙서를 제출하거나, 인접 토지소유자가 승낙하지 아니하는 경우에는 이에 대항할 수 있는 확정판결서 정본을 지적소관청에 제출하여야 한다.[396][397] 따라서 자기 소유가 아닌 토지의 지적도상 경계 정정에 대하여 그 토지소유자들을 상대로 승낙의 의사표시를 구하는 소나, 자기 소유 토지의 경계 정정에 따라 경계가 변경되는 인접 토지소유자가 아닌 사람을 상대로 토지의 경계 정정에 대한 승낙의 의사표시를 구하는 소는 모두 부적법하다.[398]

3) 장래 이행의 소

장래 이행의 소는 원고가 아직 이행기가 도래하지 않은 청구권을 행사하는 것이기 때문에 미리 청구할 필요가 있는 경우에만 소익이 인정된다.

> 제251조(장래의 이행을 청구하는 소) 장래에 이행할 것을 청구하는 소는 미리 청구할 필요가 있어야 제기할 수 있다.

가) 장래 이행의 소의 근거가 되는 청구권(대상적격)

민사소송법 251조가 적용되는 장래의 이행의 소를 제기할 수 있는 근거가 되는 청구권에는 ① 기한부 청구권뿐만 아니라, ② 정지조건부 청구권과, ③ 장래 발생할 청구권도 포함된다. ②는 사실심 변론종결시를 기준으로 정지조건이 아직 성취되지 아니한 청구권을 의미한다. ②와 관련하여 주의할 점은 동시이행의 청구는 현재 이행의 소라는 점이다. ② 중 정지조건이 원고 자신이 행하여야 할 의무의 이행인 경우를 선이행청구라고 한다. 원고가 자신이 설정하여 준 근저당권설정등기를 말소하기 위하여 자신이 먼저 피담보채무를 변제하여야 하는 경우가 선이행청구의 대표적인 예이다. ③은 향후 발생할 불법 또는 무단점유에 기한 손해배상청구권 내지 부당이득반환청구권, 장래의 채무불이행에 대한 손해배상청구권과 같이 기한이나 조건이 아니라 청구권 자체의 발생요건

---

396) 공간정보의 구축 및 관리 등에 관한 법률 84조 1항, 3항.

397) 대법원 1991. 10. 11. 선고 91다1264 판결: 지적공부를 기준으로 하여 그 지번에 해당하는 토지를 특정하고 그 면적과 경계를 확정하는 내용이라면 경계확정의 판결, 공유물분할의 판결, 지상물철거 및 토지인도의 판결 이외에 소유권확인의 판결도 포함된다.

398) 대법원 2016. 6. 28. 선고 2016다1793 판결.

이 아직 성취되지 아니한 청구권을 의미한다.

위 각 청구권 모두 변론종결 당시 청구권 발생의 기초관계가 성립되어 있어야 장래 이행의 소의 제기가 가능하다. ②에 관하여는 정지조건성취의 개연성이 인정되어야 한다고 보는 것이 일반적이다.

특히 ③에 관하여는 장래 이행의 소를 청구할 수 있는 범위도 문제된다. 일반적으로 변론종결 당시 존재하는 기초관계가 이후에도 계속될 것이 예상되는 시점까지만 장래 이행의 소가 인정될 수 있다. 판례는 변론종결 당시 불법점유, 무단점유나 채무불이행 등이 존속할 것이 확정적으로 예정되는 시점까지만 장래 이행의 소를 제기할 수 있다고 판시한 바 있다.[399)][400)]

나) 미리 청구할 필요

첫째, 미리 청구할 필요는 우선 미리 청구하지 않으면 큰 피해가 발생할 가능성이 있는 경우에 인정되는데, 청구권의 목적이 정기행위이거나 공연 등 대체불가능한 행위인 경우가 여기에 포함된다.

둘째, 기한의 도래 등을 기다렸을 때 임의이행을 기대하기 힘든 경우에도 미리 청구할 필요가 인정된다. 사전에 이행기나 조건을 포함하여 널리 채무의 존재를 다투고 있는 경우, 계속적·반복적 이행청구의 경우 기한 도래 등이 된 부분의 이행을 거부하고 있는 경우가 여기에 포함된다.

임의이행을 기대하기 힘든 경우는 전체적인 상황을 종합적으로 고찰하여 판단하는바, 그 고찰과정에서 분쟁과 밀접한 관련이 있는 제3자나 이론상으로는 별개의 소송물과 관련된 사정도 고려된다. 예컨대, 판례는 회사에 대한 장래 이행의 소인 명의개서청구와 관련하여 대주주의 태도를 고려하여 미리 청구할 필요가 있다고 판시한 바 있다.[401)] 주된 채무, 예컨대 원금반환채무를 다투는

399) 대법원 1987. 9. 22. 선고 86다카2151 판결, 대법원 1994. 9. 30. 선고 94다32085 판결.

400) 주로 도로무단개설 사안에서 문제된 쟁점이다. 위 대법원 1994. 9. 30. 선고 94다32085 판결이 피고의 점유종료일 또는 원고의 소유권 상실일까지 부당이득의 반환을 명한 원심판결을 정당하다고 판단한 이후 실무에서 위 밑줄 친 표현이 자주 사용되었으나, 대법원 2019. 2. 14. 선고 2015다244432 판결은 그 중 '원고의 소유권 상실일까지'라는 기재는 집행절차와 집행문 부여절차에 혼란을 가져오고, 확정판결의 집행력에 아무런 의미를 가지지 않으며, 장래 이행의 소의 소익에 연결되는 의무의 임의이행과 아무 관련이 없다는 등의 이유를 들어 이행판결의 주문 표시로서 바람직하지 않다고 판시하였다(반면, '피고의 점유 상실일까지'는 적절한 표현이라고 판시).

401) 대법원 1972. 2. 22. 선고 71다2319 판결.

경우, 종된 채무, 예컨대 이자나 지연손해금도 임의이행을 기대하기 힘든 것으로 인정된다.

다) 현재 이행의 소와 장래 이행의 소의 병합청구

예컨대, 대여원금을 청구하면서 장래의 지연손해배상금도 같이 청구하는 것과 같이 현재 이행의 소와 장래 이행의 소는 병합하여 청구하는 것도 가능하다. 원래의 목적물의 인도를 청구하면서 동시에 향후 목적물의 멸실 등으로 인도가 불가능한 경우에 대비하여 목적물의 멸실에 갈음하는 전보배상금의 청구(대상청구)를 하는 것도 가능한데, 이 경우도 현재 이행의 소와 장래 이행의 소가 병합되는 경우이다.

2. 확인의 소

1) 개 요

확인의 소는 대상적격과 확인의 이익이 인정되는 경우에만 소익이 인정된다. 이들은 확인의 소의 대상의 너무 넓어지는 것을 막는 기능을 하는데, 상호 밀접하게 관련이 있어 경계가 모호하거나 중첩되기도 한다.

2) 대상적격

확인의 소는 원칙적으로 현재의 권리 내지 법률관계만을 대상으로 한다. 사실관계는 확인의 소의 대상이 될 수 없으나 증서진부확인의 소의 경우는 예외이다.

법률관계라도 과거[402]나 미래[403]의 것은 원칙적으로 확인의 소의 대상이

402) 대법원 2022. 2. 10. 선고 2019다227732 판결(임차인이 임대인인 공공주택사업자를 상대로 제기한 임대차계약 갱신거절통보 등의 무효확인소송이 진행되는 중 임대차계약이 다른 사유로 적법하게 해지되었다면 위 무효확인은 과거에 대한 법률관계에 대한 것으로 확인의 이익이 없다).

403) 대법원 2021. 12. 30. 선고 2018다241458 판결은 행정처분이 내려지기 전에 그에 따라 발생하게 될 공법상 부담금납부의무의 부존재 확인을 구하는 것은 현존하는 권리·법률관계의 확인이 아닌 장래의 권리·법률관계의 확인을 구하는 것일 뿐만 아니라, 실질적으로 현행 행정소송법상 인정되지 않는 의무확인소송 또는 예방적 금지소송에 해당하므로 허용되지 않는다고 하였다. 원심판결은 사안의 의무가 사법상 의무이고, 확인의 이익도 있다고 보았으나, 위 판결은 사안의 의무가 공법상 의무이고, 확인의 이익도 없다고 하여 원심판결을 파기하였다.

아니다. 대표적인 예로는 과거 특정 시점을 기준으로 채무부존재확인을 구하는 경우를 들 수 있다.[404)]

다만, [1] 원고가 확인의 대상으로 과거 체결한 계약의 무효나 부존재라고 형식적으로는 과거의 법률관계를 기재하였더라도 원고의 주장 내용에 비추어 보면 그 진의가 현재의 법률관계의 확인을 구하는 것인 경우에는 확인의 소의 대상적격을 갖춘 것이라고 보아야 하고, 필요한 경우에는 석명을 하여야 한다고 판시한 바 있다는 점,[405)] [2] 신분적·사단적·행정적 법률관계 등에서 과거의 법률관계 자체의 확인을 구하는 것이 파생적 분쟁들을 일거에 해결하는 수단이 되는 경우에는 예외가 인정된다는 점,[406)] [3] 정년의 도달, 임용기간이나 징계기간의 도과 등으로 지위회복이 불가능하게 된 경우에도 해고나 면직/징계처분 등의 무효확인을 구할 소익이 있는지에 관하여 판례가 엇갈리고 있으나 소익을 인정하는 것이 타당하고, 위 상황은 [2]의 한 경우로 취급하는 것이 옳다는 점 등에 유의하여야 한다.

[3]을 조금 더 자세히 설명하면, 해고무효 등의 확인의 이익은 ① 지위회복, ② 법령(취업규칙, 인사규정, 정관 등 포함)상 인정되는 인사상 불이익의 제거[407)]

404) 대법원 1996. 5. 10. 선고 94다35565, 35572 판결.

405) 대법원 1966. 3. 15. 선고 66다17 판결: 원고의 청구취지가 [1963. 10. 1.자] 매매계약 무효확인을 구함에 있으나, 원고의 소지는 현재 원·피고 사이에 본건 부동산 매매계약이 존재하지 아니함을 주장하여 현재의 법률관계의 부존재를 주장하는 취지이므로, 원심은 마땅히 원고에 대하여 본건 부동산 매매계약관계의 부존재확인을 구함에 있는가를 석명, 심리하여야 할 것임에도 불구하고 만연히 본소를 각하하였음은 원고의 본소청구 취지를 잘못 이해하여 심리를 다하지 않은 위법이 있[다.]

406) 대법원 1995. 3. 28. 선고 94므1447 판결(일반적으로 과거의 법률관계는 확인의 소의 대상이 될 수 없으나, 혼인, 입양과 같은 신분관계나 회사의 설립, 주주총회의 결의 무효·취소와 같은 사단적 관계, 행정처분과 같은 행정관계와 같이 그것을 전제로 하여 수많은 법률관계가 발생하고 그에 관하여 일일이 개별적으로 확인을 구하는 번잡한 절차를 반복하는 것보다 과거의 법률관계 그 자체의 확인을 구하는 편이 관련된 분쟁을 일거에 해결하는 유효 적절한 수단일 수 있는 경우에는 예외적으로 확인의 이익이 인정된다고 하고, 사실혼관계에 있던 당사자 일방이 사망한 경우에도 사실혼관계의 존부를 확인할 이익을 인정한 사례), 대법원 2022. 3. 31. 선고 2019므10581 판결(같은 취지), 대법원 2024. 5. 23. 선고 2020므15896 전원합의체 판결(이혼으로 혼인관계가 해소된 이후에도 특별한 사정이 없는 한 혼인관계의 무효를 확인할 이익이 인정된다고 판시하면서, 가족관계등록부의 정정 요구를 위한 객관적 증빙자료를 확보할 필요가 있다는 점을 근거 중 하나로 들었다).

407) 사립학교법 54조의3(임명의 제한)과 같이 해당 징계를 받은 사실이 취업, 재임용 등에 대하여 불이익의 원인이 되는 경우 등을 의미한다. 대법원 1991. 6. 25. 선고 91다1134 판결, 대법원 2012. 6. 14. 선고 2011두29885 판결 등 참조. 급여, 퇴직금, 연금 등에 불이익이 있는

등, ③ 명예의 회복과 재취업 등에 대한 사실상[408] 장애의 제거, ④ 미지급 임금청구사건이나 손해배상청구사건 등의 선결문제의 해결 등에서 그 근거를 모색할 수 있다. 정년의 도달 등의 사유가 발생한 이후에는 해고의 유·무효는 과거의 법률관계가 되는데,[409] ①은 불가능하므로 확인의 이익의 근거가 될 수 없고, ②는 당연히 그 근거가 될 수 있다. 따라서 ②가 인정되지 않는 일반적인 경우 ③, ④가 확인의 이익의 근거가 될 수 있는지 여부가 관건인바, 우선 ③에 관하여 대법원 2000. 5. 18. 선고 95재다199 전원합의체 판결의 다수의견은 확인의 이익의 근거가 될 수 없다고 하였으나, 실효성 있는 권리구제의 측면에서 그 타당성에는 의문이 있다.[410] 가사 ③이 확인의 이익의 근거가 될 수 없더라도 ④에 의하여 확인의 이익이 있다고 보는 것이 상당하다. ④의 경우에는 확인의 소의 보충성이 문제되고, 이 점에 관하여도 판례가 엇갈리고 있지만, 뒤에서 보는 바와 같이 확인의 소의 보충성만으로 선결문제에 대한 확인의 이익을 부정하는 것은 부당하다고 생각된다.[411] 궁극적으로 [3]은 [2]의 한 유형으로 파악하는 것이 적절하다.[412] 확인의 이익 쪽에서 보다 자세히 본다.

당사자 사이의 권리관계의 존부뿐만 아니라 당사자와 제3자 사이 또는 제3자들 사이의 권리관계의 존부도 확인의 이익이 인정되는 경우에는 확인의 대상

경우도 포함된다.

408) 위 ②와 대비하여 법령상 근거가 없다는 것을 의미한다.

409) 그 이전에는 해고무효확인의 대상은 현재의 법률관계라고 할 수 있다. 대법원 1990. 11. 23. 선고 90다카21589 판결(징계면직처분의 무효확인을 구하는 것은 과거의 법률행위인 징계면직 그 자체의 무효확인을 구하는 것으로 볼 것이 아니라 그 징계처분의 무효임을 전제로 원고가 현재 피고의 직원인 신분관계를 계속 유지하고 있다는 확인을 내포한 청구로 이해하여야 할 것이므로 확인의 소로서의 요건을 갖추지 못하여 부적법하다고 할 수 없다) 등과 이민걸, 사립대학교 교수가 임용기간 만료후 직위해제·면직처분의 무효확인을 구할 이익이 있는지 여부, 민사판례연구 XXIII(2001), 413면 이하, 433면 참조.

410) ③이 확인의 이익의 근거가 된다는 견해로는 이민걸, 사립대학교 교수가 임용기간 만료후 직위해제·면직처분의 무효확인을 구할 이익이 있는지 여부, 민사판례연구 XXIII(2001), 413면 이하, 454~457면.

411) 대법원 2020. 8. 20. 선고 2018다249148 판결: 원고가 감사지위확인을 구한 소송에서 소송도중 원고의 임기가 만료된 경우에도 원고가 피고의 감사 지위에 있었는지 여부는 금전지급을 구하는 후속 소송에서 선결문제가 되어 심리·판단될 수도 있다. 그러나 이러한 사정은 이 사건 주위적 청구에 관한 확인의 이익을 전면적으로 부정할 이유가 되지 못한다.

412) 부당해고구제명령신청과 관련하여서는 대법원 2020. 2. 20. 선고 2019두52386 전원합의체 판결로 정년도달 등으로 원직에 복귀하는 것이 불가능한 경우에도 소익이 인정되는 것으로 정리되었다.

이 될 수 있다.[413)]

3) 확인의 이익

확인의 소는 확인의 이익이 갖추어져야 소익이 인정된다. 소익 중 가장 자주 문제되는 것이 확인의 이익이다. 당연히 소익에 관한 판례 중 상당수는 확인의 이익에 관한 것이다. 확인의 이익은 권리 또는 법률상 지위에, 현존하는 불안·위험이 있고, 이를 제거하는데 확인 판결을 받는 것이 가장 유효적절한 수단인 경우에 인정된다. 확인의 이익의 이러한 개념요소들은 서로 밀접하게 관련되어 있고, 대상적격과도 밀접하게 관련되어 있다. 확인의 이익은 확인의 소의 당사자적격과도 밀접하게 관련되어 있다.

가) 법률상 이익

확인의 이익은 원고가 법률상의 이익을 주장할 때에만 인정된다. 법률상 이익과 대비되는 개념은 사실상·경제적 이익이다. 회사와 제3자의 법률관계에 관하여 주주는 원칙적으로 아무런 법률상의 이익을 가지지 않는다. 물론 실제적으로는 회사와 제3자의 법률관계의 전개양상에 따라 주주가 큰 손실을 입을 수도 있지만, 이러한 손실은 어디까지나 사실상·경제적 이익에 관한 것일 뿐이다.[414)][415)][416)]

---

413) 대법원 2004. 3. 25. 선고 2002다20742 판결(물상보증인이 근저당권자의 채권에 대하여 다투고 있을 경우 그 분쟁을 종국적으로 종식시키는 유일한 방법은 근저당권의 피담보채권의 존부에 관한 확인의 소라고 할 것이므로, 근저당권자가 물상보증인을 상대로 제기한 확인의 소는 확인의 이익이 있어 적법하다), 대법원 2008. 2. 15. 선고 2006다77272 판결(재건축조합이 신축아파트 배정에서 우선배정권이 있는 조합원을 배제하고 동·호수 추첨을 마친 후 남은 세대를 위 조합원에게 배정한 경우, 그 동·호수 추첨 절차는 중대한 하자가 있어 무효이고, 위 조합원은 재건축조합을 상대로 동·호수 추첨 절차 등의 무효확인을 구할 이익이 있다).

414) 대법원 2022. 6. 9. 선고 2018다228462, 2018다228479(병합) 판결(주주는 직접 제3자와 [] 회사가 체결한 계약의 무효확인을 구할 이익이 없다. [회사가] 영업의 전부 또는 중요한 일부를 양도하는 계약을 체결한 경우에도 마찬가지이다. 주식회사의 채권자는 회사가 제3자와 체결한 계약이 자신의 권리나 법적 지위를 구체적으로 침해하거나 이에 직접적으로 영향을 미치는 경우에는 그 계약의 무효확인을 구할 수 있으나, 그 계약으로 인하여 회사의 변제 자력이 감소되어 그 결과 채권의 전부나 일부가 만족될 수 없게 될 뿐인 때에는 [] 직접 그 계약의 무효확인을 구할 이익이 없다).

415) 대법원 2017. 10. 31. 선고 2015다65042 판결은 담보목적 지상권이 설정된 경우 당사자의 약정에 따라 담보권의 존속과 지상권의 존속이 서로 연계되어 있을 뿐이고, 이러한 경우에도 지상권의 피담보채무가 존재하는 것은 아니어서 지상권설정등기에 관한 피담보채무의 범위 확인을 구하는 청구는 원고의 권리 또는 법률상의 지위에 관한 청구라고 보기 어려우므로,

나) 현존하는 불안

확인의 이익은 법률상 이익에 대한 현존하는 불안이 있어야 한다.[417)][418)] 불안은 원고의 법률상 이익이 부인당하고 있는 것만으로도 충분하다. 원고의 법률상 이익과 양립하지 않는 주장을 하는 경우에도 불안이 있는 것으로 된다.[419)] 하지만 불안은 현존하는 것이어야 한다.[420)]

현존하는 불안과 관련하여서는 몇 가지 유의할 점이 있다. 우선, 판례는 항소심에서부터 피고가 다투지 않는다고 하여 확인의 이익이 없다고 할 수 없다고 한 바 있다.[421)] 제소 이전에 피고가 다툰 적이 있다면 제소 이후부터 피고가 다투지 않는다고 하여, 단지 그 이유만으로 확인의 이익이 없다고 보기는

확인의 이익이 없어 부적법하다고 하였다.

416) 부존재확인을 구하는 결의가 법적 구속력이 없는 경우 확인의 이익을 부정한 것으로는 대법원 2016. 5. 12. 선고 2013다1570 판결이 있다.

417) 대법원 2019. 3. 14. 선고 2018다281159 판결은 미신고된 채권이 회생계획인가결정시에 면책된 경우, 그 채무(채권) 자체는 존속하지만 회생채권자는 통상의 소제기 권능을 상실하므로, 채무자의 법률상 지위에 현존하는 불안·위험이 없어 채무자는 면책된 채무 자체의 부존재확인을 구할 확인의 이익을 인정할 수 없다고 하였다.

418) 대법원 2022. 12. 15. 선고 2019다269156 판결은 보증보험계약이 체결된 후 보험금이 아직 지급되지 않은 상태에서 주계약의 채무자인 보험계약자(원고)와 주계약의 채권자인 피보험자(피고) 사이에 주계약에 따른 채무의 존부와 범위에 관하여 다툼이 있는 경우, 보험계약보다 주계약이 근본적이고, 주계약상의 당사자가 분쟁의 핵심당사자들이므로 보험계약자가 피보험자를 상대로 주계약에 따른 채무부존재확인을 구할 이익이 있다는 이유로 원심판결을 파기환송하였다. 원심판결은 피보험자가 보험계약자에게 아무런 청구를 하지 않고, 보험계약자의 주목적은 보험자로부터의 구상금청구를 면하기 위한 것이므로 현존하는 불안이 없고, 보험계약자와 피보험자 사이의 판결의 기판력은 보험자에게 미치지 않으므로 채무부존재확인이 불안제거의 적절한 수단도 아니라는 이유로 확인의 이익을 부정하였었다.

419) 대법원 2025. 6. 5. 선고 2024다202652 판결: 을이 위 주식에 관하여 주주명부에 주주로 기재되어 있다는 사정은 갑 회사에 대하여 주주권을 행사하는 것이 원칙적으로 가능함을 의미할 뿐이지 그것만으로 주주권 귀속에 관한 분쟁에 따른 법률상 위험까지도 제거된다고 볼 수 없고, 을이 갑 회사와 병을 상대로 주주권 확인을 구하는 것 외에 위와 같은 분쟁을 더 유효적절하게 해결할 다른 수단을 발견하기도 어려우므로, 갑 회사와 병이 위 주식에 관한 주주권 귀속을 다투는 이상 을이 갑 회사와 병을 상대로 위 주식에 관한 주주권이 을에게 있다는 확인을 구할 이익이 있다고 봄이 타당하다.

420) 대법원 2023. 6. 29. 선고 2021다277525 판결(원고는 피고의 공사대금채권이 변제 또는 소멸시효 완성으로 소멸하였다고 주장하고, 피고는 묘지사용관리권 양도계약(갱개계약) 체결로 소멸하였다고 주장하는 사안에서 현재 금전채무가 없다는 점에 대하여 당사자 사이에 다툼이 없다면 원고의 법적 지위에 현존하는 불안·위험이 없다고 판시하였다. 원고는 대법원 2017. 3. 9. 선고 2016다256968, 256975 판결을 원용하였으나, 위 판결은 사안이 다르다고 하였다).

421) 대법원 2009. 1. 15. 선고 2008다74130 판결.

어렵다. 따라서 확인의 소에서 답변서 부제출로 인한 무변론판결 등도 가능하다고 봐야 할 것이다.

현실적으로 상대방이 원고의 법률상 이익을 부인하는 행위를 하지 않아도, 원고의 권리에 대한 소멸시효의 완성이 임박한 경우나, 소유권보존등기를 위하여 확정판결이 필요한 경우 등에는 현존하는 불안이 있는 것으로 취급된다.[422] 예컨대, 미등기[423] 토지의 소유자가 소유권보존등기를 하려고 하는데 상대방으로 삼을 토지·임야대장 명의자가 없거나 누구인지 알 수 없는 경우[424] 국가가 다투지 않아도 국가를 상대로 소유권확인의 소를 제기할 수 있다.[425][426]

다) 불안제거의 적절한 수단

확인의 이익은 또한 확인의 소를 제기하는 것이 불안의 제거에 적절한 수단인 경우에만 인정된다. 이 요건에 의하여 법률상 이익에 현존하는 불안을 받고 있는 자가 확인의 소를 제기할 수 있는 경우가 제한되기도 하고, 확인의 소

---

422) 대법원 1979. 4. 10. 선고 78다2399 판결: 원고의 지위에 대한 불안은 피고의 부인, 침해 혹은 용납 안 되는 권리주장으로 말미암은 바가 흔하지만, [] 확인의 소에 의한 시효중단으로 원고의 법적 지위의 불안정이 제해지는 경우라든가, 공부의 기재가 틀려서 그 기재내용으로 소기의 목적을 이룰 수 없어 [] 재판상의 확정이 필요한 경우에는 관계자가 다투지 않아도 확인의 이익이 인정된[다].

423) 대법원 1995. 5. 9. 선고 94다39123 판결: 토지에 관하여 이미 제3자 명의로 소유권보존등기가 마쳐져 있고, 토지대장상으로도 그 제3자가 소유자로 기재되어 있는 경우에 그 토지의 정당한 소유자라고 주장하는 자는 [] 특별한 사정이 없는 한 위 등기명의자를 상대로 하여 자신의 소유임을 확정하는 내용의 등기말소 내지 소유권 확인 판결을 받아야 하고, 별도로 국가를 상대로 소유권 확인을 구할 이익은 없는바, 이는 제3자 명의로 소유권이전등기가 마쳐진 토지에 관하여도 마찬가지로 적용되는 법리이다.

424) 대법원 2019. 5. 16. 선고 2018다242246 판결: 토지대장상의 소유자 표시 중 주소 기재의 일부가 누락된 경우는 등록명의자가 누구인지 알 수 없는 경우에 해당[한다].

425) 대법원 2010. 11. 11. 선고 2010다45944 판결: 국가를 상대로 한 토지소유권확인청구는 그 토지가 미등기이고 토지대장이나 임야대장상에 등록명의자가 없거나 등록명의자가 누구인지 알 수 없을 때와 그 밖에 국가가 등기 또는 등록명의자인 제3자의 소유를 부인하면서 계속 국가 소유를 주장하는 등 특별한 사정이 있는 경우에 한하여 그 확인의 이익이 있다. 그리고 어느 토지에 관하여 등기부나 토지대장 또는 임야대장상 소유자로 등기 또는 등록되어 있는 자가 있는 경우에는 그 명의자를 상대로 한 소송에서 당해 부동산이 보존등기신청인의 소유임을 확인하는 내용의 확정판결을 받으면 소유권보존등기를 신청할 수 있는 것이므로 그 명의자를 상대로 한 소유권확인청구에 확인의 이익이 있는 것이 원칙이지만, 토지대장 또는 임야대장의 소유자에 관한 기재의 권리추정력이 인정되지 아니하는 경우에는 국가를 상대로 소유권확인청구를 할 수밖에 없다.

426) 관련 판례의 상세한 소개는 최진수, 요건사실과 주장증명책임(제9판), 진원사(2020)(이하 '최진수(9판)'이라고 한다), 267~269면 참조.

를 제기할 수 있는 경우라도 확인의 소의 내용이 제한되기도 한다. 이 요건과 관련하여 문제되는 점을 차례로 본다.

첫째, 자신의 권리의 존부 확인을 구하는 것이 제3자의 권리의 존부 확인을 구하는 것보다, 또 적극적 확인을 구하는 것이 소극적 확인을 구하는 것보다는 불안제거에 보다 적절한 수단이 된다. 예컨대, A가 자신의 부동산에 대한 소유권을 B가 부인하고 있다는 이유로 확인의 소를 제기하는 경우, 원칙적으로 A 자신이 소유권자라는 확인을 구하여야 한다.[427] 또한 A와 B가 서로 자신이 채무자 C에 대한 채권의 정당한 채권자라고 다투는 경우, A가 B를 상대로 자신이 채권자라는 적극적 확인을 구하는 것은 가능하지만,[428] A가 B를 상대로 B는 채권자가 아니라는 소극적 확인을 구하는 것은 불가능하다.[429]

둘째, 소송절차 내에서 재판을 받기로 예정되어 있는 사항, 예컨대 소송요건의 존부 등에 관하여는 별도로 확인의 소를 제기하는 것이 허용되지 않는다.[430]

셋째, 확인의 소는 이행의 소의 제기가 가능한 경우에는 제기할 수 없다. 이를 확인의 소의 보충성이라고 한다. 확인의 소의 보충성은 소송물인 권리관계는 동일한데 구제형식이 다른 경우, 예컨대 대여금청구권의 확인을 구하는 소와 대여금청구의 이행을 구하는 소 사이에서 논의되는 것이다. 하지만 확인의 소의 보충성은 어떤 소와 그 소송물의 선결문제에 대한 소 사이에서 논의되기도 한다. 전반적으로 판례가 엇갈리고 있는 상황인데, 다른 이유로 확인의 이익이 부정되는 것은 별론으로 하고, 확인의 소의 보충성만으로 선결문제에 대한 확인의 이익을 부정할 수는 없다고 생각된다. 대표적인 예가 근저당권설정등기말소청구의 소와 피담보채무부존재확인의 소의 관계인바,[431] 근저당권말소

427) 대법원 2016. 5. 24. 선고 2012다87898 판결: 토지의 일부에 대한 소유권의 귀속에 관하여 다툼이 있는 경우에 적극적으로 그 부분에 대한 자기의 소유권확인을 구하지 아니하고 소극적으로 상대방 소유권의 부존재 확인을 구하는 것은, 원고에게 내세울 소유권이 없더라도 피고의 소유권이 부인되면 그로써 원고의 법적 지위의 불안이 제거되어 분쟁이 해결될 수 있는 경우가 아닌 한 소유권의 귀속에 관한 분쟁을 근본적으로 해결하는 즉시확정의 방법이 되지 못하며, 또한 그러한 판결만으로는 토지의 일부에 대한 자기의 소유권이 확인되지 아니하여 소유권자로서 지적도의 경계에 대한 정정을 신청할 수도 없으므로, 확인의 이익이 없다.

428) 대법원 1988. 9. 27. 선고 87다카2269 판결.

429) 대법원 2004. 3. 12. 선고 2003다49092 판결.

430) 대법원 1982. 6. 8. 선고 81다636 판결: 확정판결에 종중 대표권의 흠결을 간과한 잘못이 있다면 바로 그 사유를 들어 재심의 소를 제기할 수 있으니 동 재심사유를 확정짓기 위하여 하는 종중결의 부존재 내지 무효확인의 소에는 소의 이익이 없다.

등기청구가 가능한 이상 선결문제인 피담보채무부존재확인의 소는 확인의 이익이 없다는 판례가 있다.[432)][433)] 하지만 위 판례는 예외적인 것으로 봐야 하고 판례의 주류는 위와 같은 경우 선결문제에 대한 확인의 이익을 부정하지 않는다.[434)] 주류적 입장을 지지한다.[435)] 정년이 도과되어버리는 등의 사정이 발생한 이후의 임금청구의 소와 해고무효확인의 소의 관계에 대하여 판례가 엇갈리는 바,[436)][437)][438)] 이 경우에도 확인의 이익을 긍정하는 쪽을 지지한다. 흔히 접합

---

431) 근저당권의 피담보채무부존재확인의 소는 실무상 근저당권에 기한 임의경매절차를 정지시키기 위하여 이용되는 경우가 많다. 임의경매절차를 정지시키기 위하여는 근저당권의 효력을 다투는 본안의 소를 제기하고 집행정지결정을 받아야 하는바(민사집행법 275조, 46조), 본안의 소로서 근저당권설정등기말소청구의 소나 피담보채무부존재확인의 소가 제기하거나, 두 소를 병합하여 제기한다. 최진수(9판), 407면 참조. 이러한 채무부존재확인의 소의 청구취지로는 단순한 '채무의 부존재'가 아니라 '근저당권의 피담보채무의 부존재'의 확인이 구하여지는 것이 일반적이지만, 그렇지 않은 경우도 있다. 집행권원에 근거하는 강제경매절차의 경우 청구이의의 소가 아닌 채무부존재확인의 소는 집행정지결정을 신청하기 위한 본안의 소가 될 수 없다(대법원 2015. 1. 30.자 2014그553 결정).

432) 대법원 2000. 4. 11. 선고 2000다5640 판결.

433) 근저당권이 말소되면 피담보채무부존재확인의 소는 과거의 법률관계의 존부에 관한 것으로서 확인의 이익이 없다고 한 대법원 2013. 8. 23. 선고 2012다17585 판결도 있다. 청구취지에서 단순히 채무의 부존재가 아닌 '근저당권의 피담보채무'의 부존재의 확인을 구하였고, 원·피고 사이의 배당이의소송에서 원고패소 판결이 확정되어 있는 등 사안의 특수성이 있다.

434) 대법원 1982. 11. 23. 선고 81다393 판결, 대법원 1994. 1. 25. 선고 93다9422 판결, 대법원 2003. 1. 10. 선고 2001다45201 판결 등. 관련 판례의 상세한 소개는 최진수(5판), 319~321면 참조.

435) 소송물의 측면에서나 분쟁의 종국적 해결의 측면에서 피담보채무부존재확인의 소의 확인의 이익은 당해 확인의 소 자체만으로 판단하여야 하고, 이 점은 채무부존재확인의 소가 단독으로 제기되든, 별소로 제기되든, 병합하여 제기되든 차이가 없다는 견해가 있고(최진수(9판), 409면 각주 1471), 타당하다고 생각된다.

436) 확인의 이익을 부정한 것으로는 대법원 1995. 4. 11. 선고 94다4011 판결, 대법원 2000. 5. 18. 선고 95재다199 전원합의체 판결, 대법원 2002. 11. 26. 선고 2002두1496 판결, 대법원 2022. 6. 16. 선고 2022다207967 판결 등이 있다. 특히 위 94다4100 판결은 "원고는 [] 해고처분에 대한 무효확인을 구하면서 아울러 [미지급] 임금을 구하고 있으므로 [] 해고무효확인의 소는 [] 지위[회복]을 목적으로 하는 것으로 보이는바, [] 원고가 원심 변론 종결 당시 [] 근로자로서의 지위를 상실한 이상 지위[회복]은 불가능하게 되었다 할 것이므로 이를 이유로 한 이 사건 해고무효확인의 소는 그 확인의 이익이 없다"라고 하여 확인의 이익을 지위회복에 한정하고 있다. 대법원 2022. 6. 16. 선고 2022다207967 판결은 이사보수청구권을 가진다고 하더라도 그것만으로 과거 이사 지위에 있었음에 대한 확인을 구할 이익이 곧바로 긍정되는 것은 아니라고 하였다.

437) 확인의 이익을 긍정한 것으로는 대법원 2010. 10. 14. 선고 2010다36407 판결, 대법원 2020. 8. 20. 선고 2018다249148 판결(원고가 [] 감사 지위에 있었는지 여부는 이를 전제로 한 원고의 다른 권리나 법률상 지위 등에 영향을 미칠 수 있다. 가령 감사는 [] 보수청구권을 가지므로[,] 원고는 피고를 상대로 [] 임기 중 보수를 지급받지 못한 데에 따른 손해배상청구 등을

수 있는 소유권에 기한 방해배제청구의 소와 소유권확인의 소 사이에서는 확인의 소의 보충성의 문제가 제기된 적이 없다.[439]

4) 증서진부확인의 소

사실관계에 대한 확인을 구할 수 있는 유일한 예외가 증서진부확인의 소이다.

> 제250조(증서의 진정여부를 확인하는 소) 확인의 소는 법률관계를 증명하는 서면이 진정한지 아닌지를 확정하기 위하여서도 제기할 수 있다.

확인의 대상은 법률관계를 직접 증명하는 서면의 진정 여부이다. 어음·수표, 매매계약서, 차용증 등이 법률관계를 증명하는 서면에 포함된다. 판례는 대

할 수 있다. 또한 원고의 손해가 [] 대표이사의 고의 또는 중대한 과실로 인한 것이라면 [] 대표이사 개인도 피고와 연대하여 손해배상책임을 지게 된다. 따라서 과거의 법률관계가 되었더라도 이 사건 주위적 청구의 소송물인 원고의 감사 지위 존부에 대하여 기판력 있는 확인판결을 받는 것은 [] 후속 분쟁을 보다 근본적으로 해결하는 유효·적절한 수단이 될 수 있다. [감사 지위 유무]는 [] 후속 소송에서 선결문제가 되어 심리·판단될 수도 있다. 그러나 이러한 사정은 [] 확인의 이익을 전면적으로 부정할 이유가 되지 못한다. 관련된 분쟁에서 동일한 쟁점에 대해 번번이 당사자의 주장과 증명, 법원의 심리와 판단을 거치도록 하는 것은 소송경제에 부합하지도 않는다), 대법원 2023. 2. 23. 선고 2022다207547 판결(갑이 을 주식회사가 운영하는 고등학교에서 재학 중 정학 2일의 징계를 받은 뒤 이에 불복하여 을 회사를 상대로 징계무효확인을 구하는 소를 제기하였다가 소송 중 학교를 졸업한 사안. 관련 법령에 따라 학교생활기록부가 준영구 보존되고, 정정에 객관적 증빙자료가 요구되는 점 등이 주요하게 고려되었다) 등이 있다.

438) 공무원의 해임처분 등에 관하여 정년도과 등의 이후에 무효확인의 이익과 취소를 구할 법률상 이익을 인정한 판례들도 다수 있다(대법원 2012. 2. 23. 선고 2011두5001 판결, 대법원 2014. 5. 16. 선고 2012두26180 판결 등). 취소 부분은 공정력과의 관계상 당연히 소익이 인정되어야 할 것이다(이민걸, 사립대학교 교수가 임용기간 만료후 직위해제·면직처분의 무효확인을 구할 이익이 있는지 여부, 민사판례연구 XXIII(2001), 413면 이하, 442면. 특히 각주 48의 최고재판소 소화 40. 4. 28. 판결 소개 참조).

439) 다른 상황에서 부정적인 입장을 취한 판례로는 대법원 2006. 3. 9. 선고 2005다60239 판결(아파트 단지 내 도로를 자동차로 출입, 통행 및 주차할 수 있음의 확인을 청구하는 부분은, 출입, 통행 및 주차에 대한 방해금지청구로서 확인청구의 목적을 직접 달성할 수 있는 이상 확인의 이익이 없다), 대법원 2019. 5. 16. 선고 2016다240338 판결(진정한 주주는 회사를 상대로 명의개서절차의 이행을 구할 수 있으므로 회사를 상대로 주주권 확인을 구할 수 없다) 등이 있고, 긍정적인 입장을 취한 판례로는 대법원 2008. 3. 20. 선고 2007두6342 전원합의체 판결(민사소송인 부당이득반환청구가 가능한 경우에도 행정처분의 무효확인을 구할 법률상의 이익이 있다), 대법원 2018. 2. 8. 선고 2016후328 판결(특허권 침해에 관한 민사소송이 계속 중이어서 그 소송에서 특허권의 효력이 미치는 범위를 확정할 수 있더라도 이를 이유로 침해소송과 별개로 청구된 권리범위확인심판의 심판청구의 이익이 부정되는 것은 아니다) 등이 있다.

차대조표 등 재무제표, 세금계산서는 물론 영수증[440]도 직접성이 없다는 이유로 포함되지 않는다고 보았다. 진정 여부는 성립의 진정을 의미하므로 내용의 진정 여부는 확인의 대상이 아니다.

증서진부확인의 소에 대하여도 일반적인 확인의 소와 마찬가지로 확인의 이익이 요구된다. 대상 서면에 의하여 증명되어야 하는 법률관계에 관하여 이미 다른 소송이 제기되어 있는 경우 증서진부확인의 소를 제기할 확인의 이익이 없고,[441] 소로써 확인을 구하는 서면의 진부가 확정되어도 서면이 증명하려는 권리관계 내지 법률적 지위의 불안이 제거될 수 없고, 그 법적 불안을 제거하기 위하여서는 당해 권리 또는 법률관계 자체의 확인을 구하여야 할 필요가 있는 경우도 마찬가지다.[442]

3. 형성의 소

법률규정에 따라 제기된 형성의 소는 원칙적으로 소익이 인정된다. 즉, 형성의 소는 법률의 근거가 있는 경우에만 인정된다.[443] 일반적으로 형성권의 행사는 소의 제기로 할 필요가 없으며, 형성권을 행사한 결과 발생한 법률관계에 기하여 소송을 제기하거나 공격방어방법을 제출하면 된다.

소송목적이 이미 실현된 경우, 사정변경에 의하여 원상회복이 불가능한 경우, 별도의 직접적 구제절차가 마련되어 있는 경우 등에는 소익이 인정되지 않는다.

440) 대법원 2007. 6. 14. 선고 2005다29290, 29306 판결: 임대차계약금으로 일정한 금원을 받았음을 증명하기 위하여 작성된 영수증은 특별한 사정이 없는 한 임대차 등 법률관계의 성립 내지 존부를 직접 증명하는 서면이 아니므로 증서의 진정 여부를 확인하는 소의 대상이 될 수 없다.

441) 대법원 2007. 6. 14. 선고 2005다29290, 29306 판결.

442) 대법원 1991. 12. 10. 선고 91다15317 판결(증서에 기재된 권리관계에 대하여 취소, 합의해제 등의 주장도 제기되고 있는 경우) 등.

443) 대법원 2000. 5. 26. 선고 2000다2375, 2382 판결.

제 3 편

절 차

제23강 절차편의 개요

1. 개 요

민사소송의 각론에 해당하는 절차편은 1심절차, 상소심절차, 재심절차, 복잡소송 및 특수절차로 나뉜다.

2. 1심절차

판결절차의 기본인 1심절차는 소의 제기→심리→판결의 순서로 구분할 수 있다. 판결은 소에 대한 응답인바, 1심판결이 선고된 이후 상소가 제기되지 않으면 1심판결이 그대로 확정되고, 판결절차는 1심절차만으로 끝난다. 판결이 확정되면 집행력이 발생한다. 즉, 판결이 확정되면 강제집행을 신청할 수 있게 된다. 또 확정판결에는 기판력이 인정되므로 과거의, 엄밀하게는 변론종결 이전의 사유에 기하여는 판결의 당부를 다툴 수 없게 된다.

3. 상소절차

판결절차가 항상 1심절차만으로 끝나는 것은 아니다. 1심판결에 대하여 불복이 있는 자는 항소를 제기할 수 있다. 항소가 제기되면 항소심절차가 진행되고, 항소심법원[444]이 불복의 당부 등을 판단하여 항소심판결을 선고한다. 항소심판결에 대하여 불복이 있는 자는 상고를 제기할 수 있다. 상고가 제기되면 상고심절차가 진행되고 대법원이 불복의 당부 등을 판단하여 상고심판결을 선고한다.

판결을 포함한 재판에 대하여 상급심법원에 시정을 구하는 불복신청을 상소라고 하는바, 1심판결에 대한 상소를 항소, 항소심판결에 대한 상소를 상고

444) 고등법원 또는 지방법원 항소부를 의미한다.

라고 한다. 상소가 제기되면 판결이 확정되지 않고, 따라서 집행력과 기판력은 발생하지 않는다. 대법원의 판결에 대하여는 상소가 불가능하므로 상고심이 상고기각판결 또는 상고각하판결을 하면, 이에 대하여는 더 이상 상소를 제기할 수 없고,[445] 판결이 확정된다. 하지만 상고심법원이 상고를 인용하는 경우 원심판결을 파기하여 통상 사건을 항소심법원에 다시 내려 보내고,[446] 다시 항소심절차가 진행된다. 환송 후 항소심의 판결에 대하여는 다시 상고를 제기할 수 있다.

결론적으로 판결에 대한 상소절차는 미확정판결에 대한 불복절차라고 할 수 있고, 여기에는 2심절차라고 할 수 있는 항소심절차와 3심절차라고 할 수 있는 상고심절차가 있다. 판결에 대하여 상소가 제기되지 않거나 불가능하게 되면 판결이 확정된다.

판결이 아닌 재판, 즉 결정과 명령에 대한 상소를 항고라고 하는바, 판결에 대한 상소절차를 다룬 뒤, 항고절차를 다룬다.

4. 재심절차

확정된 판결에는 기판력이 인정되기 때문에 사실심 변론종결 전[447]의 사유에 기하여는 다툴 수 없는 것이 원칙이지만, 법이 인정하는 사유가 있는 경우에는 재심을 제기하여 다툴 수 있다. 즉, 재심은 확정판결에 대한 불복수단이다. 재심은 제기기간에도 엄격한 제한이 따른다. 그만큼 재심은 예외적인 불복수단이다.

재심과 청구이의와의 구별에 유의할 필요가 있다. 변론종결 이후에 발생한 사유에 기하여는 (확정)판결 자체는 잘못된 것이 아니기 때문에 이를 시정할 필요는 없지만, 집행력을 배제하여 향후 강제집행을 신청하지 못하게 할 필요성은 있다. 이를 위한 제도가 청구이의이다. 청구이의는, 판결에 관하여는, 변론종결 이후의 사유에 기하여 확정판결의 집행력(만)을 배제하기 위한 제도이다.

양자는 일단 그 사유가 변론종결 이전의 것인지 이후의 것인지에 의하여

445) 상고의 적법요건, 즉 상고요건이 흠결되었다는 이유로 상고각하판결이 선고된 경우도 마찬가지이다.

446) 이를 환송이라고 한다.

447) 상고심은 사실심이 아니기 때문에, 1심에서 끝난 사건은 1심 변론종결시가, 항소심이나 상고심까지 진행된 사건은 항소심 변론종결시가 기준이 된다.

구별된다고 할 수 있다. 예컨대, 대여금청구사건의 판결이 확정되어 있는 경우 대여금을 변제했다는 사유에 대해 그 일시가 변론종결 이전이라면 재심의 제기를, 이후라면 청구이의의 제기를 검토하여야 한다. 청구이의는 변론종결 이후에 발생한 사유이기만 하면 제기할 수 있고 요건에 별다른 제한이 없지만, 재심은 변론종결 이전에 발생한 사유라는 것만으로는 제기할 수 없고 민사소송법 451조 1항 각호가 규정하는 사유가 있어야 한다. 실제 변론종결 전에 대여금을 변제했다는 사유만으로는 재심을 제기할 수 없다.

변론종결 이전의 사유가 재심사유에 해당하고, 그 사유에 기한 재심이 인용되면 확정판결이 취소되기 때문에 기판력은 물론 집행력까지 소멸하게 된다. 따라서 재심을 통하여 강제집행을 막을 수 있는 것은 당연하다. 청구이의의 상세는 민사소송법이 아닌 민사집행법이 다룬다.

5. 복잡소송

1심절차, 상소절차, 재심절차에 대한 설명은 모두 원칙적으로 1명의 원고가 1명의 피고를 상대로 1개의 청구(소송물)에 대하여 심판을 구하는 민사소송을 전제로 하여 진행된다. 하지만, 현실세계에서 하나의 소송절차에 심판대상인 청구가 2개 이상이거나(제1절 청구의 복수), 원고나 피고가 2명 이상이거나 다른 사람이 개입하는 경우(제2절 당사자의 복수)도 종종 있다. 복잡소송은 이러한 경우를 다룬다. 민사소송법 교과서들이 복잡소송을 설명하는 위치는 대개 1심절차 안, 그 중에서도 판결 등 소송종료 사유 이전이다. 이 책에서는 절차 편 막바지, 특히 재심절차 이후에 복잡소송을 다룬다.

6. 특수절차

특수절차에서는 소액사건 심판절차와 독촉절차를 다룬다.

7. 여론 — 집행정지(잠정처분)제도

재심절차는 확정판결에 대한 불복절차이고, 상소절차는 미확정판결에 대한 불복절차라는 점을 앞서 보았는바, 재심을 제기하거나 상소를 제기한 것만으로는 강제집행절차의 개시나 진행을 저지할 수 없다. 이를 위하여는 별도로 집행정지(잠정처분)제도를 이용하여야 한다.

즉, 재심의 경우, 확정판결에 기한 강제집행절차는 재심을 제기하였다고 하여 정지되지 않는다. 이를 위하여, 재심 제기와 별도로, 재심사건 담당법원에 잠정처분신청(집행정지신청)을 하여 인용결정을 받아야 한다. 인용결정문을 집행법원에 제출하면 집행법원이 강제집행절차를 정지하게 된다.

상소의 경우, 판결은 아직 미확정인 상태이므로 확정판결로서의 기판력은 발생하지 않지만, 원심법원이 가집행선고를 붙인 경우 원고는 가집행선고에 기하여 강제집행을 신청할 수 있다. 가집행선고부 판결에 기한 강제집행절차 역시 상소가 제기되었다고 하여 정지되지 않으므로 피고는 상소제기와 별도로 집행정지신청을 하여야 한다. 상소심법원 또는 기록이 원심법원에 있는 경우에는 원심법원에 신청하여야 한다. 인용결정문을 집행법원에 제출하여야 진행 중인 강제집행절차를 정지시킬 수 있는 것은 재심의 경우와 같다.

제 1 장 1심절차

제 1 절 소의 제기

제 24 강 소의 의의 등

1. 소의 의의와 유형

판결을 구하는 신청을 소라고 하고, 판결을 구하는 신청을 하는 행위를 소의 제기라고 함은 앞서 보았다. 판결은 법원이 소송절차를 거쳐서 하는 것이므로 소는 법원에 대한 신청이며, 소송절차(판결절차)의 개시원인이라고 할 수 있다.

판결을 구하기 위하여는 어느 법원에, 누구와의 사이에서, 어떤 실체법적 권리관계에 대하여 어떤 유형의 판결을 구하는지를 특정하여야 하므로, 법원, 당사자, 청구를 소의 3요소라고 한다.

소는 원고가 구하는 구제형식 내지 심판형식에 따라 이행의 소, 확인의 소, 형성의 소로 나뉜다.

1인의 원고가 1인의 피고를 상대로 1개의 소송물(청구)에 대하여 판결을 구하는 소를 단일의 소라고 하고, 단일의 소가 인적으로 혹은 물적으로 결합된 소를 병합의 소라고 한다. 어떤 소에 의하여 이미 개시된 소송절차를 이용하여 병합심리를 구하는 소를 소송중의 소라고 하고, 소송중의 소가 아닌 경우를 독립의 소(별소)라고 한다.

2. 소제기의 방식

1) 소장의 제출

소의 제기는 소장을 제출함으로써 하여야 한다(민사소송법 248조 1항). 즉, 소의 제기에는 서면주의가 적용된다. 소액사건은 예외이다(소액사건심판법 4, 5조).

> 제248조(소제기의 방식) ① 소를 제기하려는 자는 법원에 소장을 제출하여야 한다.
> ② 법원은 소장에 붙이거나 납부한 인지액이 「민사소송 등 인지법」 제13조 제2항 각 호에서 정한 금액에 미달하는 경우 소장의 접수를 보류할 수 있다.
> ③ 법원에 제출한 소장이 접수되면 소장이 제출된 때에 소가 제기된 것으로 본다.

소장은 원고나 대리인이 법원의 접수창구에 소장을 제출하는 지참제출이 원칙적인 방법이지만, 우편으로 송부하는 방식으로 제출할 수도 있다.

소장에는 당사자, 법정대리인, 청구취지와 청구원인을 반드시 적어야 하는 바, 이를 필수적 기재사항이라고 한다.

> 제249조(소장의 기재사항) ① 소장에는 당사자와 법정대리인, 청구의 취지와 원인을 적어야 한다.
> ② 소장에는 준비서면에 관한 규정을 준용한다.

위 249조 1항이 기재를 요구하는 청구의 원인에 관하여 권리근거규정의 요건사실 전부를 기재하여야 한다는 견해(이유기재설)와 소송물을 특정하기에 필요한 사항[448]만 기재하는 것으로 족하다는 견해(식별설)의 대립이 있다.

소장에는 원고 또는 대리인이 기명날인 또는 서명을 하여야 한다(249조 2항, 274조 1항). 민사소송규칙에 따르면 원고는 피고 수만큼의 소장부본을 함께 제출하여야 하고(규칙 48조 1항), 법정대리인(법인 등의 대표자 포함)의 자격을 증명하는 문서, 사건별로 주요 증거가 될 문서의 사본 등을 반드시 소장에 붙여야 한다(규칙 63조). 또한 원고는 소장에 「민사소송 등 인지법」에 따른 인지를 붙이고(민사소송 등 인지법 2조),[449][450] 관련 대법원 예규 등에 따른 소송서류의 송달비용을 예납하였다는 송달료납부서(116조, 규칙 19조 1항 1호, 송달료규칙 2, 3조, 송달료규칙의 시행에 따른 업무처리요령(재일 87-4) 별표 1)를 붙여야 하고, 필요한 경우에는 소가산정의 근거자료(민사소송 등 인지규칙 8조 1항)도 붙여야 한다.[451]

---

448) 예컨대, 대여금청구라면 대여일, 당사자, 금액은 소송물의 특정에 필요한 사항이지만, 변제기는 그렇지 않다.

449) 인지는 당사자가 소송절차를 이용하는 대가, 즉 재판수수료를 의미한다.

450) 변론종결 전 소취하, 청구의 포기·인낙, 화해 등의 경우 인지액의 1/2을 돌려받을 수 있다(민사소송 등 인지법 14조).

451) 금전지급청구는 지급을 구하는 액수가 소가산정의 기준이 되므로 필요하지 않으나, 부동산인도청구 등에는 부동산의 가액이 소가산정의 기준이 되는 경우에는 토지대장등본 등을 붙여

소장에는 준비서면에 관한 규정이 준용되므로(249조 2항) 원고는 위 필수적 기재사항 이외에 다른 사항, 예컨대 증거나 소송요건 등에 관한 사항(이를 임의적 기재사항이라고 한다)도 기재할 수 있고(274조의 준용), 이 경우 관련 서류를 첨부하여야 한다(275조의 준용).

소장에 필수적 기재사항이 기재되어 있는지 여부와 정당한 액수의 인지가 붙어 있는지 여부는 재판장의 소장심사의 대상이 된다. 즉, 흠결이 있는 경우 재판장은 우선 보정을 명하고, 원고가 이에 불응하는 경우 소장각하명령을 하게 된다(254조 1항).

이상은 통상적인 소송, 즉 종이소송 내지 off-line 소송을 전제로 한 것인바, 전자소송제도의 도입으로 소장제출도 전자소송시스템을 이용하여 할 수 있게 되었다. 전자소송제도가 도입된 이후 소권을 남용하여 청구가 이유 없이 명백한 소를 무수히 반복적으로 제기하는 사례가 발생하여[452] 이에 대한 대응으로 민사소송법이 개정(2023. 4. 18. 개정, 2023. 10. 19. 시행)되어 소장접수보류 제도가 신설되었다(248조 2, 3항). 따라서 소장이 제출되어도 인지부족으로 소장접수가 보류되면 소가 제기된 것으로 인정되지 않는다.[453][454]

2) 소제기의 간주

소장을 제출하지 않았지만, 소를 제기한 것으로 간주되는 경우가 있다. 이러한 경우에는 다른 절차의 개시신청이 소송절차의 개시신청, 즉 소의 제기로

야 한다.

452) 한 사람이 수십 번 이상 같은 내용의 소장을 제출하고 인지보정명령에도 불응하면서 소송구조신청을 남발하고, 관련 공무원에 대한 손해배상청구도 반복적으로 제기하는 등의 경우가 발생하였다.

453) 이 법개정 때 신설된 소권남용에 대한 대응책으로는 소장접수보류제도 외에도, 패소할 것이 분명한 경우 소송구조신청에 필요한 소송비용과 불복신청에 필요한 소송비용에 대하여 소송구조를 하지 아니하도록 한 것(128조 2항), 원고가 소권(항소권을 포함)을 남용하여 청구가 이유 없음이 명백한 소를 반복적으로 제기한 것에 대하여 법원이 무변론 소각하판결을 하는 경우에는 피고에 대하여 공시송달을 명령할 수 있는 근거를 마련한 것(194조 4항), 소권(항소권을 포함)을 남용하여 청구가 이유 없음이 명백한 소를 반복적으로 제기한 경우 법원이 500만원 이하의 과태료를 부과할 수 있도록 규정한 것(219조의2)이 있다.

454) 대법원 2024. 11. 5.자 2024카기172 결정: 접수를 보류할 수 있는 소장, 신청서 등에 형식적으로 법원의 접수인이 날인이 되었다고 하더라도 접수인의 날인이 업무상 착오 또는 오류에 의한 것이라면 그와 관계없이 접수를 보류할 수 있다.

간주되고, 시효중단 등의 효력은 다른 절차의 개시신청시에 발생한다. 우선, 독촉절차에서 채권자의 소제기신청 등이 있는 경우가 그러하다.

> 제472조(소송으로의 이행) ① 채권자가 제466조 제1항의 규정에 따라 소제기신청을 한 경우, 또는 법원이 제466조 제2항의 규정에 따라 지급명령신청사건을 소송절차에 부치는 결정을 한 경우에는 지급명령을 신청한 때에 소가 제기된 것으로 본다.
> ② 채무자가 지급명령에 대하여 적법한 이의신청을 한 경우에는 지급명령을 신청한 때에 이의신청된 청구목적의 값에 관하여 소가 제기된 것으로 본다.

제소전 화해절차에서 화해가 성립되지 않고, 당사자가 소제기신청을 한 경우도 같다.

> 제388조(소제기신청) ① 제387조의 경우에 당사자는 소제기신청을 할 수 있다.
> ② 적법한 소제기신청이 있으면 화해신청을 한 때에 소가 제기된 것으로 본다. 이 경우 법원사무관등은 바로 소송기록을 관할법원에 보내야 한다.

조정절차에서 조정이 성립되지 아니한 경우 등도 같다. 조정신청이 각하된 경우는 제외된다(민사조정법 36조).

> 민사조정법 제36조(이의신청에 의한 소송으로의 이행) ① 다음 각호의 1에 해당하는 경우에는 조정신청을 한 때에 소가 제기된 것으로 본다.
> 1. 제26조의 규정에 의하여 조정을 하지 아니하기로 하는 결정이 있는 때
> 2. 제27조의 규정에 의하여 조정이 성립되지 아니한 것으로 종결된 때
> 3. 제30조 또는 제32조의 규정에 의한 조정에 갈음하는 결정에 대하여 제34조 제1항의 규정에 의한 기간 내에 이의신청이 있는 때

제25강 소제기의 효과(1)

1. 소송계속의 발생

소가 제기되면 소송절차(판결절차)가 개시된다. 특정한 청구에 대하여 법원에 소송절차가 현실적으로 존재하는 상태를 소송계속이라고 한다. 따라서 소의 제기에 의하여 소송계속이 발생한다고 할 수 있다.

소송계속이 정확하게 언제 발생하는지에 관하여는 소장부본송달시라는 견해와 소제기시(소장접수시)라는 견해[455]가 대립하나 전자가 통설이고, 판례도 같은 입장이다. 소송계속을 원고·피고·법원이라는 3자 사이의 소송법률관계로 본다면, 통설의 입장을 이해하기 쉽다.

소송계속의 발생에 따른 가장 기본적인 효과는 법원이 소구된 청구에 대하여 심리·판단을 할 수 있다는 것이다. 그 이전 단계에서는 법원의 심판이 불가능하고, 그 이후 단계도 마찬가지이다.

또한 소송계속이 발생된 사건에 대하여는 다시 같은 소를 제기할 수 없게 된다. 이것이 중복제소금지인바, 항을 바꾸어 고찰한다.

455) 오상현, 소장송달 전에 사망한 사람을 당사자로 한 판결의 효력과 상소, 수계 — 대법원 2015. 1. 29. 선고, 2014다34041 판결 —, 법조 Vol. 713, 법조협회(2016. 2), 308면 이하, 319~322면. 오정후, 소송계속에 관하여, 법학 제54권 제1호, 서울대학교(2013. 3), 159면 이하, 서울중앙지방법원 파산부 실무연구회, 도산절차와 소송 및 집행절차, 박영사(2013. 8), 61면 각주 90 참조. 이 견해들은 ① 독일 민사소송법은 소의 제기는 소장의 송달로써 한다고 규정하고 있음에 반하여 우리나라 민사소송법은 소의 제기는 소장의 제출로써 한다고 규정하고 있는 점, ② 중복제소금지의 원칙을 적용할 때 소장제출의 선후에 의하여 결정하는 것이 자연스럽고 간명한 점, ③ 소장부본의 송달은 법원이나 피고 때문에 지연될 수도 있기 때문에 소장부본송달 지연에 대한 책임을 원고에게 부담시키기는 어렵다는 점, ④ 소장부본 송달 전에도 원고와 법원이 소송행위를 할 수 있는 점 등을 들고 있다. 일응 통설과 판례의 입장을 지지하지만, 위 근거들이 설득력이 있다는 사실은 부인하기 어렵다.

2. 중복제소금지

1) 의 의

동일한 사건에 대하여 다시 소를 제기하는 것은 허용되지 않는다. 이를 중복제소금지의 원칙이라고 한다. 민사소송법 259조가 이를 규정하고 있다.

> 第259조(중복된 소제기의 금지) 법원에 계속되어 있는 사건에 대하여 당사자는 다시 소를 제기하지 못한다.

동일한 사건에 대하여 2개(혹은 그 이상)의 소송절차를 허용하게 되면 절차의 중복으로 인한 당사자, 법원의 비용과 노력이 낭비될 뿐만 아니라 판결결과가 모순되는 상황이 발생할 수도 있기 때문이다. 중복제소금지의 원칙에 위반되는 경우 후소가 각하된다. 중복제소금지의 원칙은 소극적 소송요건이다.

2) 요 건

가) 동일한 사건

중복제소금지의 원칙이 적용되는 것은 전소와 후소가 동일한 사건인 경우이다. 동일한 사건이라고 하기 위하여는 당사자가 동일하고, 또 청구가 동일하여야 한다.

(1) 당사자의 동일

당사자가 동일하면 전소의 원고가 후소의 피고가 되고, 전소의 피고가 후소의 원고가 되어도 무방하다.

기판력이 확장되는 경우에도 당사자가 동일한 것으로 취급된다. 특히, 채권자대위소송이 문제된다. 기본적으로 채권자대위가 법정소송담당에 해당하는지 여부가 문제되는데, 이를 긍정하는 견해(법정소송담당설)가 통설·판례의 입장이나, 채권자가 대위소송을 제기하는 것은 대위권이라는 자기 고유의 실체법적 권리를 행사하는 것으로 보는 반대견해(독자적 권리행사설)도 있다.

전체적으로 보면, 법정소송담당설은 채권자대위에 의하여 중복제소가 문제된다고 보나, 문제되는 상황 등에 따라 견해가 다시 나뉜다(학설·판례의 전체적인 조감은 제12강 채권자대위 3.의 별표 참조). 상황별로 살펴보면 다음과 같다.[456] (a)

---

456) 상세는 박재완, "대위소송으로 인한 소송경합과 원고적격", 민사소송 제17권 제2호(2013),

우선, 전소가 채권자가 제기한 대위소송이고, 후소가 채무자가 제기한 본인소송인 경우, 다수설은 채무자가 대위소송이 계속 중인 사실을 알았는지 몰랐는지를 불문하고 본인소송이 중복제소에 해당한다고 보지만, 채무자가 안 경우에만 본인소송이 중복제소가 된다는 견해도 있다. 이와 달리, (b) 전소가 본인소송이고, 후소가 대위소송인 경우에는 대위소송이 중복제소라고 보는 데 견해가 일치된다. (c) 전소가 대위소송이고, 후소가 다른 채권자가 제기한 대위소송인 경우에는 (a)에서와 같은 견해의 대립을 이어받아 다수설은 채무자가 전소인 대위소송이 계속 중임을 알았는지 몰랐는지 불문하고 후소인 대위소송이 중복제소가 된다고 보고, 소수설은 채무자가 안 경우에만 후소인 대위소송이 중복제소가 된다고 본다.[457]

법정소송담당설을 취하는 견해들은 전통적으로는 원고적격은 문제삼지 않았지만, 근래에는 채무자가 소송을 먼저 제기하면 채권자가 대위소송을 제기할 원고적격을 상실하고, 채권자가 먼저 대위소송을 제기하고 이를 채무자가 알게 된 경우에는 채무자가 본인소송을 제기할 원고적격을 상실한다는 견해도 주장되고 있다. 즉, (a)에서 채무자가 대위소송이 제기된 사실을 안 경우에는 본인소송은 원고적격흠결도 문제되고, 중복제소도 문제되지만, 중복제소금지가 더 일반적 소송요건이므로, 본인소송은 중복제소금지 위반으로 각하된다는 견해가 있고,[458] (b)에서 대위소송이 원고적격 흠결로 각하되어야 한다는 견해[459]도 있다. (b)의 경우, 원고적격흠결설은 하나의 권리는 두 번 행사될 수 없다는 요청에 착안하여 채권자대위의 요건 중 본인의 권리 불행사를 원고적격으로 연결하고 있다고 할 것이다. 그런데, 절차법적인 권리인 소권과 관련하여 위와 같은 요청을 구현하는 것은 중복제소 사안에서는 중복제소금지의 원칙이고, 이미 하나의 소송에서 판결이 확정된 사안에서는 기판력이며, 또 이로써 충분하다고 할 수 있다. 즉, 특별한 사정이 없는 한, 본인에 의하여 소권이 거듭 행사된 경우[460]와 소송담당으로 인하여 소권이 거듭 행사된 경우를 달리 취급할 필요가

111면 이하, 114~121면 참조.

457) (a)는 제12강(채권자대위) 3.의 별표의 영역①, (b)는 영역②, (c)는 영역③과 같다. (a), (b), (c)의 견해 대립의 양상이 차이를 보이는 이유에 대하여는 제12강 3. 3) 참조.

458) 김홍엽, 민사소송법(제5판), 박영사(2015)(이하 '김홍엽(5판)'이라고 한다), 323면.

459) 오시영, "채권자대위소송과 추심소송에 있어 당사자적격에 대한 비교 검토", 민사소송 제15권 제2호(2011), 153면 이하.

없는 것이다. 원고적격흠결설은 절차법적인 권리인 소권에 대하여 실체법적인 시각으로 접근하고 있는 것으로서, 중복제소 사안에서나 이미 본인소송에서 판결이 확정된 사안에서나 타당하다고 보기 어렵다. (a)도 같다.

판례는 법정소송담당설을 취하는 견해들 중 전통적인 입장 즉, 중복제소금지의 원칙으로 처리하는 입장을 취하고 있고, (a), (c)에서 채무자의 인식 여부가 필요한지 여부에 대하여는 다수설과 같은 입장이다.[461][462]

다만, (b)의 경우 중복제소가 아닌 원고적격흠결을 이유로 각하한 대법원 1970. 4. 28. 선고 69다1311 판결도 있는데, 위 판결이 선례로 삼고 있는 대법원 1969. 2. 25. 선고 68다2352, 2353 판결은 중복제소 사안이 아니라 이미 본인소송에서 판결이 확정된 사안에 대한 것이다. 또한 언뜻 보기에는 위 69다1311 판결과 같은 입장을 취한 것처럼 보이는 이후의 판례들도 있고, 이를 거론하면서 판례가 원고적격흠결설을 취하고 있다고 소개하는 경우도 있으나, 이 판례들 역시 중복제소 사안에 대한 것은 아니다.[463] 판례는 본인소송의 판결이 이미 확정된 사안에서 원고적격흠결로 대위소송을 각하하고 있으므로, 위 69다1311 판결을 지지하면 (b) 즉, 본인소송이 대위소송보다 선행하는 경우 내에서 중복제소 사안과 이미 본인소송에서 판결이 확정된 사안의 사이에서 처리의 일관성을 도모할 수 있기는 하다. 하지만, 좀 더 시야를 넓혀 (a) 대위

460) 당연히 중복제소금지와 기판력으로 처리한다.

461) (a) 관련: 대법원 1974. 1. 29. 선고 73다351 판결, 대법원 1992. 5. 22. 선고 91다41187 판결, 대법원 1994. 2. 8. 선고 93다53092 판결, 대법원 1995. 4. 14. 선고 94다29256 판결. (b) 관련: 대법원 1981. 7. 7. 선고 80다2751 판결. (c) 관련: 대법원 1988. 9. 27. 선고 87다카1618 판결, 대법원 1998. 2. 27. 선고 97다45532 판결.

462) 한편, 어떤 채권자가 제기한 채권자취소소송 중에 다른 채권자가 동일한 행위의 취소를 구하는 채권자취소소송을 제기하는 것은 중복제소가 아니라는 것이 판례의 입장이다. 대법원 2003. 7. 11. 선고 2003다19558 판결, 대법원 2005. 3. 24. 선고 2004다65367 판결, 대법원 2014. 8. 20. 선고 2014다28114 판결 등.

463) 원고적격흠결을 이유로 대위소송을 각하한 것으로는 대법원 1992. 11. 10. 선고 92다30016 판결, 대법원 2009. 3. 12. 선고 2008다65839 판결(이상은 이미 본인소송에서 판결이 확정된 사안에 대한 것으로서, 기판력의 법리로 처리하였어야 할 것이다), 대법원 2016. 4. 12. 선고 2015다69372 판결(법정 외에서 합의가 성립되어 본인소송이 취하된 사안에 대한 것으로서. 이 판결의 타당성에 대하여는 큰 의문이 있다)이 있다.

한편, 대법원 2018. 10. 25. 선고 2018다210539 판결은 비법인사단인 본인이 제기한 소송에서 사원총회 결의가 없었다는 이유로 각하판결이 확정된 경우 본인이 권리를 행사한 것으로 볼 수 없다고 하였다.

소송이 본인소송보다 선행하는 경우와 (c) 전소와 후소가 모두 대위소송인 경우까지, 더 나아가 추심소송까지 고려한 일관성을 고려하고, 앞서 본 바와 같은 원고적격흠결설의 근본적인 문제점을 생각하면 위 69다1131 판결은 타당하다고 보기 어렵다.

독자적 권리행사설에서는 중복제소금지는 애초부터 문제될 수 없다. 다만, 독자적 권리행사설은 대위소송의 변론종결 당시 본인소송이 제기되어 있다면, 채권자의 대위청구가 실체법적 요건인 '채무자가 자신의 권리를 행사하지 않을 것'이라는 요건이 충족되지 않았음을 이유로 대위소송의 청구가 기각되어야 한다고 본다.

(2) 청구의 동일

(가) 소송물인 권리관계가 동일한 경우

소송물인 권리관계가 같고 구제형식까지 같다면 일반적으로 청구의 동일성이 인정된다. 청구권 경합의 경우에 대한 소송물이론의 대립은 중복제소에서도 마찬가지로 적용된다. 실체법설을 취하는 판례는 소송물인 권리관계를 실체법적 권리(의 주장)로 파악하므로, 실체법적 권리의 주장이 달라지는 경우, 소송물이 달라진다고 보아 중복제소금지는 문제되지 않는다고 본다(상세는 제19강 3. 소송물논쟁 참조).

소송물인 권리관계가 같은데 구제형식이 다른 경우, 예컨대 대여금채권의 이행청구와 같은 대여금채권의 확인청구 사이에 중복제소가 문제될 수 있는지에 관하여는, 중복제소가 아니라는 견해, 전소가 이행의 소인 경우에는 중복제소이나, 전소가 확인의 소인 경우에는 중복제소가 아니라는 견해, 언제나 중복제소라는 견해가 대립하고 있다. 이행청구와 확인청구의 차이, 구제형식이 달라지는 경우 동일한 '사건'이라고 볼 것인지 여부에 대한 견해 차이 등이 견해 대립의 전제가 된다.

위 논점은 확인의 이익, 그 중에서도 확인의 소의 보충성과 관련이 있다. 중복제소가 아니라는 견해는 동일한 권리에 기한 이행의 소와 확인의 소는 동일한 사건이 아니므로 중복제소는 문제되지 않지만, 확인의 소는 일반적으로 확인의 이익을 흠결하여 부적법한 것으로 본다. 다른 견해들의 경우 중복제소금지와 확인의 소의 보충성이 모두 문제된다고 본다.

판례는 중복제소가 아니라 확인의 소의 보충성으로 해결하여야 한다는 입장이다.[464] 전소가 이행의 소이고 후소가 소극적 확인의 소인 경우 후소는 원고청구기각을 구하는 의미밖에 없다고 할 것이다. 다만, 판례는 전소가 소극적 확인의 소이고 확인의 이익이 인정되는 경우 이행청구의 후소가 제기되어도 전소의 확인의 이익이 소멸되는 것은 아니라고 하였다.[465]

㈏ 선결적 법률관계와 항변

후소가 전소의 선결적 법률관계를 소송물로 하는 경우, 예컨대 소유권에 기한 등기말소청구소송 중에 제기된 소유권확인의 소는 중복제소가 아니다.

또한 전소의 항변의 근거가 되는 채권을 소송물로 하는 소를 제기하는 것도 중복제소에 해당하지 않는다. 다만, 상계항변에는 기판력이 인정되기 때문에 전소에서 제출된 상계항변의 자동채권을 소송물로 하는 소를 제기하는 것이 중복제소에 해당하는지, 또 반대로 이미 소를 제기한 채권을 자동채권으로 하여 후소에서 상계항변을 하는 것이 가능한지에 관하여는 견해가 대립하고 있는바, 상계항변은 궁극적으로 공격방어방법이라는 점을 중시하여 중복제소 등은 문제되지 않는다는 견해가 다수설이다.[466] 판례도 다수설과 같은 입장이다.[467]

㈐ 일부청구와 잔부청구

동일한 가분적 청구의 일부만을 먼저 청구하였다가 이후에 별소로 잔부청구를 하는 것이 중복제소에 해당하는지에 관하여는 견해의 대립이 있다. 이는 원래 하나였던 전체 청구가 일부청구에 의하여 일부청구와 잔부청구로 분리되는지 여부에 대한 견해의 대립을 전제로 한다.

---

464) 대법원 2001. 7. 24. 선고 2001다22246 판결: 채권자가 채무인수자를 상대로 제기한 채무이행청구소송(전소)과 채무인수자가 채권자를 상대로 제기한 원래 채무자의 채권자에 대한 채무부존재확인소송(후소)은 그 청구취지와 청구원인이 서로 다르므로 중복제소에 해당하지 않는다.

465) 대법원 1999. 6. 8. 선고 99다17401, 17418 판결.

466) 상계항변 제출 이후에 자동채권에 기한 별소가 제기된 경우 상계항변이 예비적이라면 중복제소가 문제되지 않는다는 견해도 있다. 또한 변론병합 등으로 가급적 단일절차로 진행하여야 한다는 견해가 있으나 부정설 즉 중복제소가 아니라는 입장을 전제로 한 것이라면 독자적 의의가 있는지는 의문이다.

467) 대법원 1965. 12. 1. 선고 63다848 판결, 대법원 1975. 6. 24. 선고 75다103 판결, 대법원 2001. 4. 27. 선고 2000다4050 판결(이상의 판결들의 사안은 모두 상계항변이 후행하는 경우이다), 대법원 2022. 2. 17. 선고 2021다275741 판결(상계항변이 선행하는 경우와 후행하는 경우 모두에 대하여 중복제소금지가 문제 되지 않는다고 판시하고 있으나, 실제 사안은 상계항변이 선행하는 경우인데, 중복제소금지 적용 여부보다는 1심에서 상계항변이 배척되어 상계항변에 기판력이 발생한 이후 항소심에서 상계항변을 철회할 수 있고, 이와 관련하여 소취하에 따른 재소금지의 제재가 따르지 않는다는 점이 핵심적 판시이다) 등.

기판력의 단계에서 잔부청구를 긍정하는 견해는 일부청구에 의하여 소송물이 분리되어 일부청구와 잔부청구의 소송물은 동일하지 않다고 보고, 잔부청구를 부정하는 견해는 일부청구에도 불구하고 소송물은 분리되지 않으므로 일부청구와 잔부청구의 소송물은 동일하다고 보고, 명시설은 명시 여부에 따라서 분리 여부가 결정된다고 본다.

일부청구에 의하여 소송물이 분리되는지 여부에 의하여 중복제소 여부를 따진다면, 소송물이 분리된다는 견해는 잔부청구가 중복제소에 해당하지 않는다고 보고, 소송물이 분리되지 않는다는 견해는 잔부청구가 중복제소에 해당한다고 볼 것이고, 명시설은 전소에서 일부청구임이 명시되지 않은 경우에만 잔부청구가 중복제소에 해당한다고 보게 될 것이다. 그러나, 기판력이 문제되는 경우와 달리 중복제소가 문제되는 상황에서는 원고가 전소의 청구를 확장함으로써 간단히 목적을 달성할 수 있다는 점과 관련하여 견해의 대립의 양상이나 내용이 달리 전개된다.

즉, 잔부청구가 중복제소에 해당하는지에 관하여는, 위와 같이 청구의 확장이 가능한 이상 원고가 별소로 잔부청구를 하는 것은 중복제소에 해당한다고 보는 견해, 원고가 별소로 잔부청구를 하는 것은 소권남용에 해당되나 이를 바로 각하하지 말고 단일절차로 병합하는 것을 시도하여야 한다는 견해 및 잔부청구는 중복제소도 소권남용에도 해당하지 않는다는 견해[468]가 대립하고 있다.

판례는 명시설을 취한다.[469]

나. 전소의 소송계속 중 후소의 제기

중복제소금지의 원칙에 위반되면 후소가 각하되는바, 전소와 후소를 판단하는 기준은 소송계속의 선후이다. 즉 소장접수시가 아니라, 소장부본의 송달시가 빠른 쪽이 전소가 된다.[470] 전소와 후소는 각 소제기의 방식을 묻지 않는다. 즉, 전소는 통상의 소, 청구변경, 당사자참가, 소송승계(참가승계, 인수승계) 등에

468) 이 견해는 일부청구에 의하여 원래 청구가 언제나 분리된다는 것을 전제로 하고, 가급적 변론을 병합하는 것이 바람직하다는 점을 인정한다.

469) 대법원 1985. 4. 9. 선고 84다552 판결, 대법원 1977. 3. 22. 선고 76다839 판결 등 참조. 한편, 대법원 1996. 3. 8. 선고 95다46319 판결은 명시적 일부청구 이후의 잔부청구는 소권남용이라고 판시하였으나, 방론에 불과하다. 이 판결의 문제점에 관하여는 문일봉, “일부청구와 중복제소금지”, 인권과 정의 242호(1996. 10), 109면 이하, 116~118면 참조.

470) 대법원 1994. 11. 25. 선고 94다12517, 94다12524 판결: 비록 소제기에 앞서 가압류, 가처분 등의 보전절차가 선행되어 있다 하더라도 이를 기준으로 가릴 것은 아니다.

의하여 제기될 수 있고, 후소도 마찬가지이다.[471]

전소는 부적법하여도 무방하다. 대법원은 대법원 2013. 12. 18. 선고 2013다202120 전원합의체 판결로 채무자가 제기한 이행의 소가 계속되어 있는 상태에서 추심채권자가 제기한 추심의 소는 중복제소가 아니라고 하여 위 원칙에 대한 중대한 예외를 인정하였었으나,[472] 대법원 2025. 10. 23. 선고 2021다252977 전원합의체 판결로 실질적으로 입장을 변경하여 위와 같은 추심의 소도 중복제소에 해당된다고 함으로써 다시 원칙으로 복귀하였다.[473][474] 위 2021다252977 전원합의체 판결에 따르면 소송계속의 선후에 따라 정해지는 후소가 중복제소로 각하되고, 추심명령의 발령시기는 문제되지 않는다.

후소의 변론종결시까지 취하, 판결의 확정 등으로 전소의 소송계속이 소멸되지 않은 경우 후소는 중복제소에 해당한다.[475][476][477]

3) 효 과

중복제소금지에 위반한 후소는 소송요건을 갖추지 못한 부적법한 소로서 각하를 면치 못한다. 중복제소금지에 위반하지 않는 것이 소극적 소송요건이다.

---

471) 소송계속 중 소송물의 승계인이 별소를 제기한 이후 기존 소송에 참가승계를 하면 별소가 소급하여 중복제소가 된다는 견해로는 주석 민사소송법(8판)(Ⅱ), 248면. 한편, 대법원 2017. 11. 14. 선고 2017다23066 판결은 승계인이 기존 소송에서 참가승계한 이후 별소를 제기한 사안에 대한 것이다.

472) 대법원 2013. 12. 18. 선고 2013다202120 전원합의체 판결.

473) 위 2021다252977 전원합의체 판결 중 대법관 이흥구, 이숙연의 보충의견 참조.

474) 위 2013다202120 전원합의체 판결은 추심소송을 갈음형 소송담당이라고 보아 채무자의 소송이 결국 각하될 운명에 있다는 점을 가장 중요한 논거로 삼았었는데, 위 2021다252977 전원합의체 판결에 의하여 추심소송은 병행형 소송담당으로 변경되어 이 논거가 사라지게 된 것이다. 위 2013다202120 전원합의체 판결도 추심소송의 본질에 관하여 소송담당설에서 이탈한 것은 아니었다는 점은 앞으로도 유의할 필요가 있다.

475) 대법원 2017. 11. 14. 선고 2017다23066 판결. 다만, 이 판결은 나아가 상고심 계속 중 항소심 판결[(원고 청구인용)]이 [원심 변론종결일 이후] 그대로 확정되었으므로 권리보호의 이익이 없고, 이 점에서도 소가 부적법하다고 하였다.

476) 대법원 2018. 10. 4.자 2017마6308 결정: 보전처분[의] 중복신청[도] 금지된다. 보전처분 신청이 중복신청에 해당하는지 여부는 후행 보전처분 신청의 심리종결 시를 기준으로 판단하여야 하고, 보전명령에 대한 이의신청이 제기된 경우에는 이의소송의 심리종결 시가 기준이 된다.

477) 대법원 2020. 4. 29. 선고 2016후2317 판결은 특허심판원에 계속 중인 심판에 대하여 동일한 당사자가 동일한 심판을 다시 청구한 경우, 후심판이 중복심판청구금지에 위반되는지는 후심판의 심결시를 기준으로 판단한다고 하였다.

중복제소금지위반을 간과한 판결은 확정 전에는 상소로 다툴 수 있지만, 중복제소금지는 재심사유가 아니기 때문에, 확정 이후에는 재심으로 다툴 수 없다. 따라서 후소의 판결이 먼저 확정되면 그 기판력이 오히려 전소에 미치고, 후소판결의 기판력에 반하는 전소판결은 확정 전에는 상소로, 확정 후에는 재심으로 다툴 수 있다. 기판력 위반은 재심사유이기 때문이다.

제26강 소제기의 효과(2)

1. 소제기의 기타 효과

소송계속과 중복제소금지 이외에도, 민사소송법, 민법 등의 규정이 소의 제기에 다양한 효과를 인정하고 있다. 여기에는 시효중단, 법률상 기간의 준수 및 「소송촉진 등에 관한 특례법」 소정의 법정이율의 적용(같은 법 3조, 소송촉진 등에 관한 특례법 제3조 제1항 본문의 법정이율에 관한 규정), 선의점유자의 악의의제(민법 197조 2항) 등이 포함된다.

2. 시효중단

1) 시효의 범위

소의 제기로 인하여 중단되는 시효에는 소멸시효와 취득시효 모두가 포함된다. 민법은 소멸시효와 관련하여 소의 제기, 즉 재판상의 청구가 시효중단사유가 될 수 있음을 명문으로 규정하고, 이를 취득시효에 준용한다.

> 민법 제168조(소멸시효의 중단사유) 소멸시효는 다음 각호의 사유로 인하여 중단된다.
> 1. 청구
> 2. 압류 또는 가압류, 가처분
> 3. 승인
>
> 민법 제247조(소유권취득의 소급효, 중단사유)
> ② 소멸시효의 중단에 관한 규정은 전2조의 소유권취득기간에 준용한다.

2) 시효중단의 시기 및 종기

민사소송법은 소의 제기로 인한 시효중단의 효력은 소송계속 발생시가 아닌 소 제기시에 발생한다.[478][479] 즉 소장부본의 송달시가 아닌 소장의 접수시

478) 대법원 2005. 11. 10. 선고 2005다41818 판결은 양수금청구의 소제기 이후 채권양도통지 이전에 소멸시효기간이 경과된 사안에서 채권양수인이 채권양도의 대항요건을 갖추지 못한 상태에서 채무자를 상대로 재판상의 청구를 한 경우에도 소멸시효 중단사유인 재판상의 청구에

에 발생한다.

> 第265条(소제기에 따른 시효중단의 시기) 시효의 중단 또는 법률상 기간을 지킴에 필요한 재판상 청구는 소를 제기한 때 또는 제260조 제2항·제262조 제2항 또는 제264조 제2항의 규정에 따라 서면을 법원에 제출한 때에 그 효력이 생긴다.

민법은 소의 제기로 중단된 시효는 판결이 확정된 때로부터 새로이 진행한다고 규정한다.

> 민법 제178조(중단후에 시효진행) ① 시효가 중단된 때에는 중단까지에 경과한 시효기간은 이를 산입하지 아니하고 중단사유가 종료한 때로부터 새로이 진행한다.
> ② 재판상의 청구로 인하여 중단한 시효는 전항의 규정에 의하여 재판이 확정된 때로부터 새로이 진행한다.

다만, 소가 취하 또는 각하되거나 청구가 기각된 경우에는 시효중단의 효력이 소급적으로 소멸된다. 나아가 이 경우 소 취하일 등으로부터 6월 내에 다시 소의 제기가 있는 경우 원래의 제소로 인한 시효중단의 효력이 부활한다.[480)481)482)]

해당한다고 하였다. 대법원 2018. 6. 15. 선고 2018다10920 판결도 같은 취지이다.

479) 대법원 2025. 5. 15. 선고 2024다317783 판결: 지급명령 사건이 법원의 직권에 의한 결정으로 소송절차에 회부된 경우에 지급명령에 의한 시효중단의 효과는 소송으로 이행된 때가 아니라 지급명령을 신청한 때에 발생한다.

480) 대법원 2017. 7. 18. 선고 2016다35789 판결은 인수참가 이후 원고가 탈퇴하였는데 소송목적인 권리의 양도가 부정되어 인수참가인에게 청구기각 또는 소각하판결이 확정된 경우, 탈퇴한 원고는 소송탈퇴시가 아니라 위 청구기각 또는 소각하 판결확정일로부터 6개월 이내에 다시 소를 제기하면 민법 170조의 적용을 받을 수 있다고 판시하였다.

481) 대법원 2009. 2. 12. 선고 2008두20109 판결: 채권양도 후 대항요건이 구비되기 전의 양도인은 채무자에 대한 관계에서는 여전히 채권자의 지위에 있으므로 채무자를 상대로 시효중단의 효력이 있는 재판상의 청구를 할 수 있고, 이 경우 [] 양도인의 청구가 기각됨으로써 [] 시효중단의 효과가 소멸된다고 하더라도, 양도인의 청구가 당초부터 무권리자에 의한 청구로 되는 것은 아니므로, 양수인이 그로부터 6월 내에 채무자를 상대로 재판상의 청구 등을 하였다면 [] 양도인의 최초의 재판상 청구로 인하여 시효가 중단된다.

482) 대법원 2019. 7. 25. 선고 2019다212945 판결: 채무자가 제3채무자를 상대로 금전[지급을] 구하는 소를 제기한 후 채권자가 [] 압류 및 추심명령을 받은 경우, 채무자[의 소가] 각하되더라도 [] 추심채권자가 [] 각하판결이 확정된 날로부터 6개월 내에 [] 추심의 소를 제기하였다면, 채무자[의] 재판상 청구로 인[한] 시효중단의 효력은 [] 유지된다.

위 판례가 밑줄 친 바와 같이 '소를 제기한 후'라고 한정하고 있는 것은 종전의 판례에 따르면 채무자가 소를 제기하기 전에 이미 추심명령이 발령되었다면 채무자의 소는 원고적격흠결로 부적법하기 때문이었다. 그러나 대법원 2025. 10. 23. 선고 2021다252977 전원합의체 판결은 입장을 변경하여 추심명령은 원고적격 상실 사유가 아니라고 보기 때문에 채무자가 추심명령을 받은 이후에 제기한 소도 적법하고, 따라서 시효중단의 효력도 발생한다. 또한 위 민법 제170조(재판상의 청구와 시효중단) ① 재판상의 청구는 소송의 각하, 기각 또는 취하의 경우에는 시효중단의 효력이 없다.
② 전항의 경우에 6월 내에 재판상의 청구, 파산절차참가, 압류 또는 가압류, 가처분을 한 때에는 시효는 최초의 재판상 청구로 인하여 중단된 것으로 본다.

3) 재판상 청구의 범위

시효중단사유가 될 수 있는 소의 제기, 즉 재판상 청구의 범위에 관하여 보면, 우선 구제형식(심판형식)은 불문하므로 이행의 소, 확인의 소, 형성의 소 모두가 시효중단사유가 될 수 있다.[483] 지급명령신청도 재판상 청구에 포함된다.[484] 판례는 한때 응소행위[485]나 행정소송[486]은 시효중단사유가 아니라고 하였으나 입장을 변경하였다.[487]

4) 시효중단의 대상

가) 청 구

소가 제기된 청구, 즉 소송물에 시효중단의 효력이 미치는 것은 당연하다.

전원합의체 판결에 의하면 추심명령의 시기를 묻지 않고 채무자는 원고적격을 상실하지 않는다.

483) 대법원 2023. 11. 9.자 2023마6582 결정: 파산신청[은] 채무자 회생 및 파산에 관한 법률 제32조[가 시효중단사유로] 규정하고 있는 [] 파산절차참가와 유사한 재판상 권리 실행방법에 해당[하므로] 민법 제168조 제1호[의] '청구'에 해당한다.

484) 대법원 2011. 11. 10. 선고 2011다54686 판결.

485) 대법원 1993. 12. 21. 선고 92다47861 전원합의체 판결: 민법 제168조 제1호, 제170조 제1항에서 시효중단사유의 하나로 규정하고 있는 재판상의 청구라 함은, 통상적으로는 권리자가 원고로서 시효를 주장하는 자를 피고로 하여 소송물인 권리를 소의 형식으로 주장하는 경우를 가리키지만, 이와 반대로 시효를 주장하는 자가 원고가 되어 소를 제기한 데 대하여 피고로서 응소하여 그 소송에서 적극적으로 권리를 주장하고 그것이 받아들여진 경우도 마찬가지로 이에 포함되는 것으로 해석함이 타당하다.
응소행위로 인한 시효중단의 효력은 피고가 현실적으로 권리를 행사하여 응소한 때에 발생하고, 원고의 소를 제기한 때로 소급하여 발생하지 않는다(대법원 2005. 12. 23. 선고 2005다59383, 59390 판결). 피고가 응소하여 권리를 주장하였으나 원고의 소가 각하되거나 취하되는 등의 사유로 본안에서 그 권리주장에 관한 판단 없이 소송이 종료된 경우, 민법 170조 2항을 유추적용하여 그때부터 6월 이내에 재판상의 청구 등 다른 시효중단조치를 취하면 응소시에 소급하여 시효중단의 효력이 발생한다(대법원 2010. 8. 26. 선고 2008다42416, 42423 판결, 대법원 2012. 1. 12. 선고 2011다78606 판결).

486) 대법원 1992. 3. 31. 선고 91다32053 전원합의체 판결.

487) 보조참가도 시효중단사유에 해당한다는 것으로는 대법원 2014. 4. 24. 선고 2012다105314 판결.

다만, 청구권경합의 경우 소송물이론의 대립이 시효중단과 관련하여서도 그대로 적용된다. 구소송물이론을 취하는 판례는, 예컨대 동일 교통사고에 관하여 불법행위에 기한 손해배상청구를 한 경우 채무불이행에 기한 손해배상청구권에는 시효중단의 효력이 미치지 않는다고 하였다.[488] 구소송물이론을 관철한다면 어음채권과 원인채권은 별개의 소송물이므로 어음채권을 행사하여 제소한 경우 원인채권에 대하여는 시효중단의 효력이 인정되지 않고, 반대의 경우도 마찬가지일 것이나, 판례는 어음수수의 목적 등을 고려하여 어음채권으로 소를 제기한 경우에는 원인채권에 대한 시효중단을 인정한다.[489][490]

나) 선결문제와 파생사건

소가 제기된 청구(소송물)가 아닌, 청구의 선결적 법률관계(예컨대 소유권에 기한 토지인도청구의 소가 제기된 경우 원고의 소유권의 존부)[491] 혹은 청구를 전제로 한 파생적 법률관계(예컨대 소유권확인의 소가 제기된 경우 이를 전제로 한 방해배제청구권의 존부, 부당이득반환청구권의 존부)에도 널리 시효중단의 효력이 인정된다.[492][493]

---

488) 대법원 2001. 3. 23. 선고 2001다6145 판결(공동불법행위자에 대한 구상금청구권과 사무관리로 인한 비용상환청구권), 대법원 2011. 2. 10. 선고 2010다81285 판결(부당이득반환청구권과 채무불이행으로 인한 손해배상청구권), 대법원 2014. 6. 26. 선고 2013다45716 판결(보험자대위에 기한 손해배상청구권과 양수금청구권), 대법원 2020. 3. 26. 선고 2018다221867 판결(공동불법행위로 인한 손해배상청구와 예금청구권) 등.

489) 대법원 1985. 4. 9. 선고 84다552 판결, 대법원 1999. 6. 11. 선고 99다16378 판결(원인채권의 지급을 확보하기 위한 방법으로 어음이 수수된 경우, 이러한 어음은 경제적으로 동일한 급부를 위하여 원인채권의 지급수단으로 수수된 것으로서 그 어음채권의 행사는 원인채권을 실현하기 위한 것일 뿐만 아니라, 원인채권의 소멸시효는 어음금 청구소송에 있어서 채무자의 인적항변 사유에 해당하는 관계로 채권자가 어음채권의 소멸시효를 중단하여 두어도 채무자의 인적항변에 따라 그 권리를 실현할 수 없게 되는 불합리한 결과가 발생하게 되므로, 채권자가 원인채권에 기하여 청구를 한 것이 아니라 어음채권에 기하여 청구를 하는 반대의 경우에는 원인채권의 소멸시효를 중단시키는 효력이 있다고 봄이 상당하고, 이러한 법리는 채권자가 어음채권을 피보전권리로 하여 채무자의 재산을 가압류함으로써 그 권리를 행사한 경우에도 마찬가지로 적용된다).

490) 대법원 2007. 9. 20. 선고 2006다68902 판결도 같은 취지이나, 이 판결은 어음채권이 이미 시효로 소멸한 이후 그 어음채권을 피보전권리로 하여 원인채권을 가압류한 경우에는 원인채권의 소멸시효가 중단되지 않는다고 판시하여 위 99다16378 판결의 적용범위를 한정하였다.

491) 대법원 1979. 7. 10. 선고 79다569 판결, 대법원 1995. 10. 13. 선고 95다33047 판결, 대법원 1997. 3. 14. 선고 96다55211 판결 등 참조.

492) 대법원 1978. 4. 11. 선고 77다2509 판결.

493) 대법원 2024. 10. 25. 선고 2024다233212 판결 등은 가압류 청구금액으로 채권의 원금만이

다) 일부청구

동일한 가분적 청구의 일부만을 먼저 청구한 경우 잔부청구에도 시효중단의 효력이 미치는지에 관하여는 견해의 대립이 있다. 이는 원래 동일한 청구가 일부청구에 의하여 원래 하나였던 전체 청구가 일부청구와 잔부청구로 분리되는지 여부에 대한 견해의 대립을 전제로 한다.

기판력의 단계에서 잔부청구를 긍정하는 견해는 일부청구에 의하여 소송물이 분리되어 일부청구와 잔부청구의 소송물은 동일하지 않다고 보고, 잔부청구를 부정하는 견해는 일부청구에도 불구하고 소송물은 분리되지 않으므로 일부청구와 잔부청구의 소송물은 동일하다고 보고, 명시설은 명시 여부에 따라서 분리 여부가 결정된다고 본다.

잔부청구에 시효중단의 효력이 미치는지는 위와 같이 일부청구에 의하여 소송물이 분리되는지 여부에 의하여 결정된다.

판례는 시효중단에 관하여도 명시설을 취한다.[494)][495)] 다만, 판례는 구체적 타당성을 고려하여 일정한 경우에는 예외를 인정하기도 한다.[496)]

기재되어 있는 경우, 이자나 지연손해금 등 부대채권에 대하여 시효중단의 효력이 발생하지 않는다고 하였다. 가압류의 소멸시효중단효과가 강한 점을 고려하면 원금의 일부만 기재된 경우 원금 차원에서 명시적 일부청구와 같이 취급하는 것을 수긍할 수 있다고 하더라도, 그 압류된 원금에서 파생하는 이자 등까지 같이 취급하여야 하는지는 의문이다. 같은 취지로 양창수, "가압류에 의한 소멸시효 중단의 효력이 가압류 신청상의 '청구채권'에만 미치고 그 지연손해금채권에는 미치지 않는가?", 법률신문(2025. 1. 18.) https://www.lawtimes.co.kr/news/204663 참조.

494) 대법원 1975. 2. 25. 선고 74다1557 판결: 원고는 1972. 11. 18. 이 사건 소를 제기함에 있어 양수채권 2,696,451원 중 우선 그 일부인 금 500,000원만의 지급을 구한다고 하였다가 1973. 9. 10.에 이르러 이 사건 채권 전액으로 그 청구를 확장하였음이 명백[한바,] 이[]와 같이 청구부분이 특정될 수 있는 경우에 있어서의 일부청구는 나머지 부분에 대한 시효중단의 효력이 발생하지 않는다고 할 것이며, 이 나머지 부분에 관하여는 소를 제기하거나 그 청구를 확장(청구의 변경)하는 서면을 법원에 제출한 때에 비로소 시효중단의 효력이 발생한다[].

495) 가압류의 경우 대법원 1969. 3. 4. 선고 69다3 판결, 대법원 1976. 2. 24. 선고 75다1240 판결 등은 채권자가 가분채권의 일부분을 피보전채권으로 기재하면 그 피보전채권 부분에 한하여 시효중단의 효력이 있다고 한다.

496) 대법원 1992. 4. 10. 선고 91다43695 판결: 한 개의 채권 중 일부에 관하여만 판결을 구한다는 취지를 명백히 하여 소송을 제기한 경우에는 소제기에 의한 소멸시효중단의 효력이 그 일부에 관하여만 발생하고, 나머지 부분에는 발생하지 아니하지만[], 비록 그중 일부만을 청구한 경우에도 그 취지로 보아 채권 전부에 관하여 판결을 구하는 것으로 해석된다면 그 청구액을 소송물인 채권의 전부로 보아야 하고, 이러한 경우에는 그 채권의 동일성의 범위 내에서 그 전부에 관하여 시효중단의 효력이 발생한다고 해석함이 상당하다. [] <u>원고는 위 소멸</u>

3. 법률상 기간의 준수

위 법률상 기간은 제척기간을 의미한다. 제척기간에는 권리의 행사를 위하여 반드시 소를 제기하여야 하는 경우가 있는바, 이러한 제척기간을 출소기간이라고 한다. 출소기간의 예로는 채권자취소권, 상속회복청구권, 점유회수청구권 등의 행사기간을 들 수 있다.

제척기간은 출소기간인 경우는 물론 그렇지 않은 경우에도 법원이 직권으로 판단하여야 한다.[497][498] 기간도과에 대한 증명책임은 권리의 상대방이 부담한다.[499] 출소기간이 도과된 경우 소가 각하되고, 그 외의 제척기간이 도과된 경우 원고의 청구가 기각된다.

시효중단의 시기 및 종기에 관하여 앞서 보았던 법리는 기간준수에 대하여도 적용된다고 보는 것이 일반적이다. 기간준수의 효력이 발생하는 대상은 소가 제기된 청구, 즉 소송물이다.[500] 청구권경합의 경우 소송물이론의 대립이 기간준수와 관련하여서도 그대로 적용된다. 채권자취소권에 관하여 유의할 판례들이 많다.[501]

시효기간이 경과하기 전에 이 사건 사고로 인한 손해의 배상을 구하는 소장을 제출하면서 앞으로 시행될 법원의 신체감정결과에 따라 청구금액을 확장할 뜻을 명백히 표시한 사실이 소장 기재 자체로 보아 명백한바, [] 원심[이 피고의 소멸시효항변을 배척한] 판단은 위 법리에 따른 것으로서 옳[다.]

497) 대법원 1996. 9. 20. 선고 96다25371 판결: 취소권은 추인할 수 있는 날로부터 3년 내에 행사하여야 한다고 규정하고 있는바, 이 때의 3년이라는 기간은 일반 소멸시효기간이 아니라 제척기간으로서 제척기간이 도과하였는지 여부는 당사자의 주장에 관계없이 법원이 당연히 조사하여 고려하여야 할 사항이다.

498) 대법원 2023. 12. 21. 선고 2023므11819 판결: 원고가 이혼일로부터 2년 내에 재산분할심판청구를 하였다면, 분할대상 재산을 특정하기 위한 증거신청을 출소기간 도과 후에 하였어도, 출소기간은 준수된 것이다.

499) 대법원 2000. 9. 29. 선고 2000다3262 판결, 대법원 2009. 3. 26. 선고 2007다63102 판결.

500) 대법원 2022. 11. 17. 선고 2021두44425 판결은 "원고가 행정소송법상 항고소송으로 제기해야 할 사건을 민사소송으로 잘못 제기하여 수소법원이 관할법원에 이송하는 결정을 하고 이송결정이 확정된 후 원고가 항고소송으로 소 변경을 한 경우, 그 항고소송에 대한 제소기간 준수 여부는 원칙적으로 처음에 소를 제기한 때를 기준으로 판단하여야 한다"고 판시하였다. 행정소송법 21조 1항, 4항, 37조, 42조, 14조 4항이 행정소송 사이의 소 변경이 있는 경우 처음 소를 제기한 때에 변경된 청구에 관한 소송이 제기된 것으로 보도록 규정하고 있는 것을 고려한 것이다.

501) 채권자취소권의 행사기간의 준수 여부와 관련하여 주의를 요하는 판례들로는 다음과 같은 것들이 있다. ① 대법원 2001. 9. 4. 선고 2001다14108 판결: 채권자가 민법 제406조 제1항에 따라 사해행위의 소와 원상회복을 청구함에 있어 사해행위의 취소만을 먼저 청구한 다음 원상회복을 나중에 청구할 수 있으며, 이 경우 사해행위 취소 청구가 민법 제406조 제2항에 정하여진 기간 안에 제기되었다면 원상회복의 청구는 그 기간이 지난 뒤에도 할 수 있다. ② 대법원 2005. 5. 27. 선고 2004다67806 판결: 공동저당권이 설정된 수 개의 부동산에 관한 일괄 매매행위가 사해행위에 해당함을 이유로 그 매매계약의 전부 취소 및 그 원상회복으로서 각 소유권이전등기의 말소를 구하다가 사해행위 이후 저당권이 소멸된 사정을 감안하여 법률상 이러한 경우 원상회복이 허용되는 범위 내의 가액배상을 구하는 것으로 청구취지를 변경하면서 그에 맞추어 사해행위취소의 청구취지를 변경한 데에 불과한 경우에는 하나의 매매계약으로서의 당해 사해행위의 취소를 구하는 소 제기의 효과는 그대로 유지되고 있다고 봄이 상당하다 할 것이므로 비록 취소소송의 제척기간이 경과한 후에 당초의 청구취지변경이 잘못 되었음을 이유로 다시 위 매매계약의 전부취소 및 소유권이전등기의 말소를 구하는 것으로 청구취지를 변경한다 해도 최초 소 제기시에 발생한 제척기간 준수의 효과에는 영향이 없다 할 것이다.

제 2 절 심 리

제 1 관 일 반 론

제 27 강 심리의 대상, 방법 및 흐름

1. 개 요

소의 제기와 판결 사이에 법원은 판결을 하기 위한 자료, 즉 소송자료를 수집하는데, 이러한 소송자료의 수집과정을 심리라고 부른다. 제2절은 심리를 일반론(제1관), 법원의 역할(제2관), 당사자의 역할(제3관), 증거(제4관)로 나누어서 다룬다. 위와 같은 구분은 심리에 대한 설명과 이해의 편의를 위하여 여러 가지 측면에서 고찰한 것에 따른 것일 뿐이고, 각 관의 내용은 상호 밀접한 관련이 있고, 중첩되기도 한다. 심리는 판단, 즉 판결과 밀접한 관련이 있으므로 심리에서 설명하는 내용은 판단에 대하여도 적용이 있다. 예컨대 심리의 대상은 판단의 대상이고, 심리의 원칙은 판단의 원칙이기도 하다. 심리와 판단을 합하여 심판이라고 하므로, 심리의 대상은 심판의 대상, 심리의 원칙은 심판의 원칙이 된다.

2. 심리의 대상

판결의 내용에 연관시켜 생각하면 심리는 소가 적법한지 여부와 원고의 청구가 정당한지 여부를 판단하기 위한 자료를 수집하는 과정이다. 소의 적법요건을 소송요건이라고 하고 원고의 청구의 당부는 결국 청구, 즉 소송물의 존부이므로 결국 심리의 대상은 소송요건과 소송물의 존부라고 할 수 있다. 흔히 소송요건에 대한 심판을 본안전 심판이라고 하고, 소송물의 존부에 대한 심판을 본안심판이라고 부르기도 한다.

1) 소송요건

가) 소송요건의 분류

소의 적법요건을 소송요건이라고 한다. 일반적인 소송요건을 살펴보면 다음과 같다. 우선 법원에 관한 소송요건으로는 재판권, 관할권 등이 있다. 당사자에 관한 소송요건으로는 당사자의 실존 및 특정, 당사자능력, 당사자적격, 원고가 소송비용의 담보를 제공할 필요가 있는 경우 담보를 제공한 점 등이 있다. 소송능력, 법정대리권, 소송대리권은 일반적으로는 소송요건이 아니지만, 소 제기에 관련된 경우에는 소제기의 무효사유로 되어 소송요건이 된다. 소송물에 관련된 소송요건으로는 소송물의 특정,[502][503][504] 소익(권리보호의 자격과 이익), 중복제소금지 위반이 아닌 점 등이 있다. 반복금지설을 취하면 소송물에 대하여 기판력이 있는 판결이 존재한다는 점이 (소극적) 소송요건이 되지만, 모순금지설에서는 그 자체로는 소송요건이 아니다.

특수한 유형의 소에 대한 소송요건, 즉 특수소송요건에는 병합청구나 다수당사자소송에 대한 병합요건, 장래 이행의 청구에 대한 미리 청구할 필요, 상소에 대한 상소요건, 출소기간의 준수 등이 있다.

나) 소송요건의 취급

소송요건이 갖추어져 있는지 여부는 일반적으로 법원의 직권조사사항이다. 하지만 피고의 항변이 있는 경우에만 법원이 판단할 수 있는 경우도 있다. 이

502) 소송물이 특정되지 않는 경우에는 심리의 대상이나 판결의 효력의 범위를 정할 수 없게 되기 때문이다.

503) 대법원 1981. 9. 8. 선고 80다2904 판결: 청구의 취지는 그 내용 및 범위가 명확히 알아볼 수 있도록 구체적으로 특정되어야 하고, [이]는 직권조사사항이라고 할 것이므로 [] 법원은 피고의 이의 여부에 불구하고 직권으로 [] 보정을 명하고, [] 응하지 않을 때에는 소를 각하하여야 한다. 대법원 2009. 11. 12. 선고 2007다53785 판결, 대법원 2014. 5. 16. 선고 2013다101104 판결도 같은 취지이다.

504) 판결의 주문도 마찬가지이다. 대법원 2019. 3. 14. 선고 2017다233849 판결은 "판결 주문은 명확하여야 하며 주문 자체로서 내용이 특정될 수 있어야 하므로, 주문은 어떠한 범위에서 당사자의 청구를 인용하고 배척한 것인가를 그 이유와 대조하여 짐작할 수 있을 정도로 표시되고 집행에 의문이 없을 정도로 이를 명확히 특정하여야 한다. 판결 주문이 특정되었는지 여부는 직권조사사항이"라고 하였다. 대법원 2020. 5. 14. 선고 2019므15302 판결(이혼판결의 양육비 관련 주문의 불특정을 이유로 파기환송)도 같은 취지이다.

러한 소가 부적법하여 각하되어야 한다는 항변을 본안전항변 또는 방소항변이라고 한다. 여기에는 부제소합의,[505] 소취하계약, 상소취하계약, 중재합의 등 성질상 사법계약인 소송상 계약(합의)에 기한 경우가 많다. 임의관할의 경우 항변사항이라고 보는 것이 통설이지만, 법원의 실무는 직권조사사항으로 본다. 증명책임은 직권조사사항의 경우는 원고에게, 항변사항의 경우 피고에게 있다.

소송요건이 갖추어져 있지 않은 경우 법원은 소를 각하하는 것이 원칙이다. 관할위반의 경우 이송결정을 하므로 예외이다. 소송계속 중 당사자능력, 당사자적격, 소송능력, 법정대리권 등의 소멸도 소송종료, 당사자변경, 소송중단 등의 사유가 되는 경우에는 예외라고 할 수 있다. 소송요건이 구비되어 있는지 여부를 판단하는 시점은 일반적으로는 사실심 변론종결시라고 보는 것이 판례이다.[506] 제소시에 소송요건이 구비되었지만 변론종결 이전에 불비된 경우에는 결국 소송요건이 흠결된 것으로 된다. 단, 관할의 경우는 제소시를 기준으로 판단한다. 판례는 소익이나 당사자적격과 관련하여 상고심 단계에서 발생한 사정변경을 반영하여 결론을 내린 적도 있다.[507]

소송요건 불비를 이유를 소각하판결을 하는 경우 심리는 변론을 열어서 하여야 하지만, 소송요건이 흠결되어 있고 보정이 불가능한 경우에는 예외가 인정된다.

> 제219조(변론 없이 하는 소의 각하) 부적법한 소로서 그 흠을 보정할 수 없는 경우에는 변론 없이 판결로 소를 각하할 수 있다.

이론상으로는 소송요건의 존부에 대한 심리는 소송물의 존부에 대한 심리보다 선행하여야 하지만, 실제 소송절차에서는 두 사항 모두에 대한 심리가 혼재 내지 병행된다. 이와 관련하여 소송요건의 존부에 대한 심리를 하지 않고 소송물의 존부에 대하여 심리하여 원고의 청구를 기각할 수 있는지 여부가 다투어진다. 즉, 본안판결 중 청구인용판결을 하고자 할 때에는 반드시 소송요건의 존부를 심리하여 소송요건이 갖추어졌다고 판단된 경우에만 이를 할 수 있

505) 대법원 2013. 11. 28. 선고 2011다80449 판결은 부제소합의를 직권조사사항이라고 보았으나, 의문이다.

506) 대법원 1977. 5. 24. 선고 76다2304 전원합의체 판결.

507) 대법원 1996. 2. 23. 선고 95누2685 판결(상고심 단계에서 소익이 소멸되었다고 판시), 대법원 2004. 7. 22. 선고 2002다57362 판결(상고심 단계에서 소익이 소멸되었다고 판시), 대법원 2007. 11. 29. 선고 2007다63362 판결(상고심 단계에서 당사자적격 흠결이 치유되었다고 판시).

지만, 청구기각판결의 경우, 원고의 패소라는 점에서는 소각하판결과 같으므로, 소송요건에 대한 심리를 생략하여도 된다는 견해가 있다. 그러나 통설과 판례는 반대 입장이다.[508)]

이론상으로는 소송요건 중 일반적인 것을 특수한 것보다 먼저, 추상적인 것을 구체적인 것보다 먼저 조사하여야 하지만 실제 큰 의미가 있는 것은 아니다.

2) 소송물의 존부: 본안

본안심판의 대상인 소송물, 즉 소송물인 권리관계가 무엇인지, 그 동일성 여부를 어떻게 식별하는지에 관하여는 소송물 부분에서 이미 다루었다. 소송물인 권리관계는 개별적이고 구체적인 사실관계에 일반적이고 추상적인 법규정이 적용된 결과 발생하는 법률효과이다. 따라서 소송물의 존부를 판단하기 위하여는 사실관계에 관한 자료와 법규정에 관한 자료가 필요하다. 민사소송에서 이러한 자료는 법원이 알아서 스스로, 즉 직권으로 수집하는 것이 아니라, 당사자들이 법원에 제출하여야 한다. 따라서 본안의 심리는 소송물인 권리관계의 존부를 둘러싸고 당사자들이 각자에게 유리한 자료를 제출하면서 공방을 벌이는 과정이라고 할 수 있다. 당사자들의 위와 같은 행위는 주장과 증명 등으로 나눌 수 있는데, 이에 관하여는 심리에서의 당사자들의 역할을 다룰 때 살펴본다.

3. 심리의 방법

1) 변 론

심리는 원칙적으로 변론 혹은 구두변론이라는 방식에 의하여 이루어져야만 하므로, 심리를 변론이라고도 한다. 즉, 심리는 법원이 일정한 일시에 일정한 장소, 즉 법정 등에 당사자 쌍방을 출석시켜 구두로 주장(사실자료의 제출)과 증명(증거자료의 제출)을 하게 하는 방식으로 실시되어야 하고, 이러한 방식을 변론이라고 한다. 법원이 정하는 일정한 일시를 기일이라고 한다. 따라서 심리는 '기일(변론기일, 구두변론기일)의 진행'에 의하여 이루어진다고 할 수 있다.

508) 판례는 과거에는 소각하판결을 하여야 할 사안에서 청구기각을 한 경우에 원고 패소라는 점에서는 결론이 동일하다는 이유로 원심을 유지한 경우가 간혹 있었으나, 요즘은 특단의 사정이 없는 한 원칙대로 처리한다.

변론은 넓게는 소송지휘, 증거조사, 판결선고 등 법원의 소송행위도 포함하지만, 좁게는 법원의 증거조사와 당사자의 소송행위만을 의미하고, 가장 좁게는 당사자의 소송행위만을 의미한다.

2) 심리의 제 원칙

심리는 직권진행주의, 구술심리주의, 직접심리주의, 처분권주의, 변론주의, 적시제출주의, 집중심리주의, 공개심리주의, 쌍방심리주의 등 여러 원칙에 따라 진행되어야 한다. 원칙들의 내용에 관하여는 후술한다.

4. 심리의 흐름

통상 1심의 소송절차는 소의 제기(소장의 제출) → 심리 → 판결의 순서로 진행되는바, 이를 보다 자세히 보면 다음과 같다. 넓게는 2)부터 5)까지가 심리라고 할 수 있는데, 5)가 중핵이다. 심리의 각 단계에 대한 상세는 후술한다.

1) 소의 제기

소가 제기됨으로써, 즉 소장이 제출됨으로써 소송절차가 개시된다. 사건배당을 통하여 담당재판부가 정해진다.

2) 소장심사

사건을 배당받은 담당재판부의 재판장은 소장심사를 행한다. 심사대상은 소장의 필요적 기재사항이 기재되어 있는지 여부, 적법한 인지가 첨부되어 있는지 여부이다. 하자가 있는 경우 재판장은 상당한 기간을 정하여 보정을 명하여야 한다. 재판장은 법원사무관 등으로 하여금 위 보정명령을 하게 할 수 있다(254조 1항).[509] 보정명령에 응하지 않은 경우 재판장은 소장각하명령을 하고(254조 2항), 이로써 사건은 종료된다.

소장각하명령에 대하여는 즉시항고로 다툴 수 있다(254조 3항). 인지보정명

509) 상소제기의 특별수권을 받은 소송대리인이 상소장을 제출한 경우 재판장은 소송대리인에게 인지보정을 명할 수 있다(대법원 2013. 7. 31.자 2013마670 결정, 대법원 2020. 6. 25. 선고 2019다292026, 292033, 292040 판결).

령이 부당하여도 이를 다툴 수 없고, 그 불응을 이유로 내려진 소장각하명령을 다투어야 한다. 소장각하명령 원본이 법원사무관 등에게 교부되어 소장각하명령이 성립하면,[510][511][512] 그 이후에 인지나 주소가 보정되어도 원심재판장은 재도의 고안을 할 수 없고, 항고심법원도 소장각하명령을 취소할 수 없다. 통상 항고심법원이 그 심리종결시까지의 사정변경을 고려하여 판단하는 것과 다르다.[513] 이러한 판례의 입장에 대하여 학설의 입장은 찬반으로 나뉜다.

소장각하명령을 할 수 있는 시기와 관련하여 소장부본 송달 이전까지만 할 수 있다는 견해와 소장송달 이후에도 변론개시 이전까지는 할 수 있다는 견해가 대립한다. 어느 입장을 취하든 소장각하명령을 할 수 있는 시기가 지나면 소장각하명령의 사유가 있어도 재판장이 소장각하명령을 할 수 없고, 재판부가 소각하판결을 하여야 한다. 판례는 전자의 입장을 취한다.[514][515]

---

510) 대법원 2013. 7. 31.자 2013마670 결정: 결정이나 명령과 같은 재판은 그 원본이 법원사무관등에게 교부되었을 때 성립한 것으로 보아야 하므로, 이미 각하명령이 성립한 이상 그 명령정본이 당사자에게 고지되기 전에 부족한 인지를 보정하였다 하여 위 각하명령이 위법한 것으로 되거나 재도의 고안에 의하여 그 명령을 취소할 수 있는 것은 아니다.

511) 대법원 2025. 7. 24.자 2021마6542 전원합의체 결정은 항소장각하명령이 전자문서로 작성된 경우에는 법관이 사법전자서명을 완료한 때 성립한다고 하였다.

512) 대법원 2015. 3. 3.자 2014그352 결정: 인지보정명령은 항고의 대상인 '소송절차에 관한 신청을 기각한 결정이나 명령'에 해당하지 아니하고, 또 불복할 수 있음을 정하는 별도의 규정도 없으므로, 그 명령에 대하여는 이의신청이나 항고를 할 수 없다. 뿐만 아니라 인지보정명령에 따른 인지를 보정하지 아니하여 소장이나 상소장이 각하되면 이 각하명령에 대하여 즉시항고로 다툴 수 있으므로, 인지보정명령은 소장 또는 상소장의 각하명령과 함께 상소심의 심판을 받는 중간적 재판의 성질을 가지는 것으로서 특별항고의 대상[에도] 해당하지 않는다.

513) 대법원 1968. 7. 29.자 68사49 전원합의체 결정(주소보정명령 관련), 대법원 1968. 7. 30.자 68마756 결정(인지보정명령 관련), 대법원 1996. 1. 12.자 95두61 결정(인지보정명령 관련).

514) 대법원 2020. 1. 30.자 2019마5599, 5600 결정은 항소심재판장의 항소장 각하명령은 항소장 송달 전까지만 가능하다고 하였다. 부연설명하면 이 결정은 독립당사자참가가 있은 사건에서 원고의 청구를 기각하고 참가인의 청구를 인용한 1심판결에 대하여 원고만 항소하였는데, 항소장부본이 참가인에게 송달되어 원고와 참가인 사이에 소송관계가 성립되면, 그 이후에는 피고에 대한 항소장부본이 송달되지 않고, 원고가 주소보정명령에 불응하여도 이를 이유로 원고의 항소장 전부에 대하여 항소심재판장이 각하명령을 할 수 없다고 한 것인데, 이는 합일확정을 위하여 원고의 항소가 본소 및 참가사건 모두에 미치는 독립당사자참가소송의 특수성이 반영된 결과이다. 독립당사자가참가소송의 특수성을 감안하면 피고에 대한 부분만 분리하여 항소장 각하명령을 하는 것도 불가능할 것이다.

515) 위 대법원 2020. 1. 30.자 2019마5599, 5600 결정이 선례로 삼고 있는 대법원 1981. 11. 26.자 81마275 결정의 경우 그 문언만 보면 위 두 견해 중 어느 견해를 취하고 있는지가 불분명하다.

3) 소장부본의 송달과 답변서의 제출

소장이 소장심사를 통과한 경우, 법원은 소장부본을 피고에게 송달한다. 소장부본이 적법하게 송달된 경우, 원고의 청구를 다투고자 하는 피고는 소장부본 송달일로부터 30일 이내에 답변서를 제출하여야 한다.

피고가 위 기한 내에 원고의 청구를 다투는 답변서를 제출하지 않으면 법원은 변론을 거치지 않고, 원고의 청구를 인용하는 판결을 할 수 있다(257조 1항). 반면, 피고가 원고의 청구를 다투는 답변서를 제출하는 경우 법원은 변론절차에 들어간다. 즉, 변론기일을 지정하여 심리에 착수한다.

피고에게 소장부본이 송달되지 않는 사유 중 대표적인 것은 원고가 소장에 기재한 피고의 주소가 잘못된 경우이다. 이 경우 재판장은 원고에게 주소보정명령을 발한다. 주소보정명령에 불응하는 경우 재판장은 소장각하명령을 하고,[516] 이로써 사건은 종료된다. 피고가 소재불명인 경우 원고는 공시송달신청을 할 수 있다.

4) 준비절차

재판장은 필요한 경우 변론절차에 앞서 사건을 준비절차에 부칠 수 있다. 준비절차는 변론절차가 집중적·효율적으로 진행될 수 있도록 하기 위하여 당사자의 주장과 증거를 정리하는 절차이다. 준비절차는 기일(준비기일)을 열어서 할 수도 있고, 서면(공방)에 의하여도 할 수 있다.

5) 변론절차

재판장은 변론기일을 열어서 당사자에게 주장·증명을 하게 함으로써 심리를 진행한다. 변론(기일)과 관련된 역할은 법원과 당사자 사이에, 또 원고와 피

---

516) 대법원 1997. 5. 19.자 97마600 결정: 법인인 소송당사자[인 경우 송달은] 그 대표자에게 [하여야] 하는 것이니 그 대표자의 주소, 거소에 하는 것이 원칙이고, [] 대표자의 주소지가 아닌 소장에 기재된 법인의 주소지로 발송하였으나 이사불명으로 송달불능된 경우에는, 원칙으로 되돌아가 [] 법인등기부등본 등에 나타나 있는 법인의 대표자의 주소지로 소장 부본 등을 송달하여 보고 그 곳으로도 송달되지 않을 때에 주소 보정을 명하여야 하므로, 법인의 주소지로 소장 부본을 송달하였으나 송달불능되었다는 이유만으로 그 주소 보정을 명한 것은 잘못이므로 그 주소 보정을 하지 아니하였다는 이유로 한 소장각하명령은 위법하다.

고 사이에 배분된다. 예컨대, 기일의 진행은 법원에게, 소송자료의 제출은 당사자에게 맡겨져 있는 식이다. 법원은 심리가 충분하게 이루어졌다고 판단하면 변론을 종결하고, 판결을 선고할 선고기일을 지정한다.

6) 판결의 선고

선고기일이 지정되면 법원은 기록을 검토하여 최종적인 결론을 내리고 판결문을 작성한다. 합의사건인 경우에 결론은 재판부 3인의 합의에 의하여 내려야 한다. 법원은 판결을 선고기일에 선고하여야 하는데, 선고는 판결문(판결원본)의 주문을 읽는 방법으로 한다. 필요한 때에는 이유를 간략히 설명할 수 있다.

제28강 심리의 제 원칙(1): 처분권주의

1. 심리의 제 원칙

심리는 직권진행주의, 구술심리주의, 직접심리주의, 처분권주의, 변론주의, 적시제출주의, 집중심리주의, 공개심리주의, 쌍방심리주의 등 여러 원칙에 따라 진행되어야 한다. 위 원칙들은 대부분 심리뿐만 아니라 판단, 즉 판결에도 적용된다. 즉, 위 원칙들은 심판의 원칙이다. 위 원칙들 중에서 처분권주의와 변론주의가 이론적으로나 실무상으로나 가장 중요하다. 민사소송절차의 개선과 관련하여 정책적으로 최근 강조되고 있는 것은 구술심리주의이다. 그 이전에는 집중심리주의가 강조되었었다. 이 책에서는 심리의 제 원칙을 처분권주의, 변론주의 및 기타로 나누어서 설명하기로 하고, 여기서는 처분권주의를 다룬다.

2. 처분권주의의 의의

민사소송법 203조는 처분권주의를 규정하고 있다.

제203조(처분권주의) 법원은 당사자가 신청하지 아니한 사항에 대하여는 판결하지 못한다.

소송절차의 개시, 심판의 대상, 종료에 대하여 당사자의 처분에 맡기는 입장을 처분권주의라고 한다. 변론주의와 함께 사적자치의 원칙이 민사소송절차에 반영되어 나타난 것이다. 처분권주의는 소송물에, 변론주의는 공격방어방법에 관련된다는 점에서 양자는 차이가 있다.

3. 소송절차의 개시와 종료

1) 개 시

위 원칙의 예외로는 소송비용부담의 재판, 가집행선고, 판결의 경정, 배상명령, 소송구조 등이 있다. 예컨대, 금전지급청구의 청구취지를 작성할 때 일반적으로 "1. 피고는 원고에게 1,000만 원을 지급하라. 2. 소송비용은 피고의 부담으로 한다. 3. 제1항은 가집행할 수 있다"라고 기재한다. 2항은 소송비용부담의 재판을, 3항은 가집행선고를 구하는 부분이다. 그런데, 2항과 3항은 원고가 청구취지에 기재하지 않아도 법원이 직권으로 심판한다. 이러한 의미에서 소송비용부담의 재판과 가집행선고는 처분권주의의 예외가 된다. 한편, 증권관련집단소송, 소비자단체소송, 개인정보단체소송에서는 소의 제기에 법원의 허가가 필요하다.

2) 종 료

소송절차는 법원의 판결에 의하여 종료하는 것이 예정되어 있는 것이지만, 당사자는 소의 취하, 청구의 포기·인낙, 화해, 상소권의 포기, 상소취하 등에 의하여 소송절차를 종료시킬 수도 있다.

행정소송, 가사소송, 회사관계소송, 증권관련집단소송 등에서는 위와 같은 당사자의 권능이 제한된다. 예컨대, 판결에 대세효가 인정되는 경우 이와 동일한 효과가 있는 당사자의 권능의 행사는 제한된다. 즉, 행정소송 중 항고소송, 회사관계소송에서는 청구인용판결에 대세효가 인정되므로 청구의 인낙이 허용되지 않고, 소비자단체소송, 개인정보단체소송에서는 청구기각판결에 대세효가 인정되므로 청구의 포기가 허용되지 않는다. 또한 가류, 나류 가사소송의 경우 명문의 규정으로 청구의 인낙이 금지된다(가사소송법 12조 단서). 주주대표소송의 경우 소의 취하, 청구의 포기·인낙, 화해에 법원의 허가가 필요하다(상법 403조 6항).

4. 심판의 대상

민사소송절차에서 법원은 당사자가 청구한 사항에 대하여만 심판할 수 있다. 질적인 측면과 양적인 측면으로 나누어 고찰한다.

1) 질적 동일

법원은 원고가 소를 제기한 소송물에 대하여만 판단할 수 있다.[517] 여기서

517) 대법원 1990. 11. 13. 선고 89다카12602 판결(원고가 갑을 대위하여 피고에게 건물에 관하여 갑 앞으로 명의신탁해지를 원인으로 한 소유권이전등기절차의 이행을 구하였는데, 원심법

의 소송물에는 소송물이론이 그대로 적용된다. 즉, 채무불이행에 기한 손해배상청구소송에서 불법행위에 기한 손해배상청구가 소송물인지 여부는 소송물이론에 따라 판단되는바, 판례는 실체법설을 취하므로 이를 부정한다.

처분권주의는 구제형식(심판형식) 및 심판의 순서에도 적용된다. 따라서 확인의 소를 제기하였는데 이행판결을 하는 것은 처분권주의에 위반되고, 예비적 병합이 있는 경우 법원은 주위적 청구에 대하여 먼저 판단하여야 한다.

공유물분할청구소송이나 토지경계확정청구소송 등 형식적 형성소송[518]에서 처분권주의는 구체적 분할의 방법이나 경계에 미치는 것은 아니고 '분할의 요구'나 '경계의 확정'에만 미친다. 예컨대, 어떤 공유토지를 '정북에서 정남으로 그은 선의 좌우로 분할하여 달라'는 공유물분할청구소송에서 법원은 위 분할방법 자체에는 구속되지 않는다.[519] 따라서 '정동에서 정서로 분할한다'라는 판결을 하여도 처분권주의에 반하는 것이 아니다.[520]

원이 위 청구취지 속에는 피고로부터 직접 원고 앞으로 같은 명의신탁해지를 원인으로 한 소유권이전등기절차의 이행을 구하는 취지가 포함되었다고 본 것은 처분권주의에 위반된다), 대법원 2012. 5. 17. 선고 2010다28604 전원합의체 판결(원고 소유의 토지에 국가가 위법한 방법으로 소유권보존등기를 경료한 이후 국가로부터 소유권이전등기를 받은 매수인의 등기부취득시효가 완성되었다는 이유로 원고의 국가에 대한 말소등기청구를 인용하고, 매수인에 대한 말소등기청구를 기각한 판결이 확정된 후, 원고가 국가를 상대로 국가의 불법행위로 인한 소유권 상실의 손해배상을 구한 소송에서 원심이 원고의 청구를 '소유권보존등기 말소등기절차 이행의무의 이행불능'으로 인한 손해배상청구라고 함부로 파악하고, 그 손해배상책임을 인정한 것은 물권적 방해배제청구권의 이행불능으로 전보배상청구권은 인정되지 않는다는 법리에 반할 뿐만 아니라 처분권주의에도 위반된다), 대법원 2020. 1. 30. 선고 2015다49422 판결(원고의 주위적 청구인 [] 금지 및 손해배상청구는 부정경쟁방지법상 영업비밀침해를 원인으로 하는 금지 및 손해배상청구와는 그 요건과 증명책임을 달리하는 전혀 별개의 소송물이[므로,] 원고의 주위적 청구에 부정경쟁방지법상 영업비밀침해를 원인으로 하는 청구가 포함되어 있다고 보기는 어렵다) 등.

518) 실질적으로 비송사건이다. 대법원 2022. 4. 14.자 2016마5394, 5395(병합), 5396(병합) 결정은 비송사건절차는 민사소송절차와 달리 직권탐지주의에 의하고 있고(비송사건절차법 11조), 다만, 사실인정에 민사소송과 같이 고도의 개연성이 필요하다는 점은 민사소송절차와 같다고 하였다.

519) 대법원 1991. 11. 12. 선고 91다27228 판결.

520) 토지경계확정소송에서 법원은 당사자가 주장하는 경계선에 기속되지 아니하고(대법원 1993. 11. 23. 선고 93다41792, 41808 판결), 특별한 사정이 없는 한 원고가 주장하는 경계가 인정되지 않더라도 청구의 전부 또는 일부를 기각할 수 없다(대법원 2021. 8. 19. 선고 2018다207830 판결). 토지경계확정소송에서 경계는 사적인 소유권의 경계가 아니라 지번과 지번의 경계이므로(대법원 1997. 7. 8. 선고 96다36517 판결), 소유권의 범위나 시효취득 여부 등은 심리대상이 아니고(대법원 1993. 10. 8. 선고 92다44503 판결), 인접한 토지의 경계가 불분

2) 양적 동일

가) 양적 상한

원고가 청구한 금액이나 분량을 초과하여 청구인용판결을 하는 것은 처분권주의에 위반된다.[521] 예컨대, 1,000만 원의 대여금청구권 중 600만 원만 청구하였는데, 법원이 700만 원을 인용하는 것은 처분권주의에 위반된다. 이는 일부청구의 소송물을 어떻게 파악할 것인지에 대하여 어떠한 견해를 취하여도 마찬가지이다.

위 법리의 적용은 일반적으로는 어렵지 않지만, 다음과 같은 경우는 주의를 요한다. 우선 인신사고에 기한 손해배상청구의 경우 위 양적 상한의 법리는 손해3분설에 따라 적극적 재산적 손해, 소극적 재산적 손해 및 정신적 손해별로 각각 판단하여야 한다. 이자나 지연손해금청구의 경우 이자 등의 총액이 아니라 원금, 이율, 기간의 모든 측면에서 원고가 구하는 범위를 넘어서는 안 된다는 것이 판례의 입장이다. 또한 손해배상청구소송에서 원고가 일부청구를 한 경우 과실상계를 할 때 전체 청구권의 액수에서 과실상계를 하여야 하는지 아니면 일부청구한 액수에서 과실상계를 하여야 하는지에 관하여, 전자를 기준으로 하여야 한다는 외측설, 후자를 기준으로 하여야 한다는 내측설(안분설) 및 원고의 의사를 기준으로 하여야 한다는 견해가 대립한다. 판례는 일부청구의 명시 여부를 불문하고 외측설을 취하므로,[522] 예컨대 원고가 1억 원의 손해배상청구권 중 5천만 원만 청구하였는데, 원고의 과실이 40%인 경우 법원은 1억 원에서 과실상계를 한 잔액(6천만 원)과 청구금액(5천만 원)을 비교하여 적은 금액인 5천만 원을 인용하여야 한다. 이와 달리 내측설을 취하게 되면 법원은

명하여 그 소유자들 사이에 다툼이 있다는 것만으로 소익이 인정된다(대법원 1993. 11. 23. 선고 93다41792, 41808 판결).

521) 대법원 2013. 3. 14. 선고 2010다42624, 42631 판결(유류분반환청구소송에서 법원은 유류분권리자가 특정한 대상과 범위를 넘어서 청구를 인용할 수 없다), 대법원 2014. 7. 10. 선고 2012다89832 판결(원고가 자신의 채무자에 대하여 금전채권인 피보전권리의 이행을, 제3채무자에 대하여 역시 금전채권인 피대위채권의 이행을 구하면서 연대하여 지급할 것을 구한 사안에서, 원심이 피고들의 각 채무가 연대채무 또는 부진정연대의 관계가 아니라고 판단한 것은 정당하지만, 연대하여 지급할 것을 구함에도 개별적인 지급책임을 인정한 것은 처분권주의에 반한다(다만, 이 판시의 타당성에 관하여는 추가적인 검토가 필요하다)) 등.

522) 대법원 1976. 6. 22. 선고 75다819 판결, 대법원 1994. 10. 11. 선고 94다17710 판결.

원고가 청구하고 있는 5천만 원에서 과실상계를 하여 3천만 원을 인용하여야 한다.

나) 일부인용

가분적 단일청구에서 원고 청구의 일부만 인용하고, 나머지는 기각하는 것은 처분권주의에 반하지 않는다. 원고가 위와 같은 분량적 일부만의 인용판결을 원한다고 보는 것이다.[523)]

원고의 단순인용청구에 대하여 피고의 동시이행항변이나 유치권항변 등을 인용하여 동시이행판결(상환이행판결)을 하는 것도 원칙적으로 처분권주의에 반하지 않는다. 예컨대 임대인이 임대차종료를 원인으로 건물인도를 청구한 경우 피고의 임대차보증금반환채권에 기한 동시이행항변이 이유 있는 경우 법원이 예컨대 "피고는 원고에게, 원고로부터 1,000만 원을 지급받음과 동시에, 별지 목록 건물을 인도하라"라고 판결하는 것은 처분권주의에 반하지 않는다.[524)][525)]

이에 반하여 원고의 단순인용청구에 대하여 원고에게 선이행의무의 이행을 조건으로 인용하는 것은, 경우에 따라 처분권주의 위반 여부가 달라진다. 예컨대, 근저당권설정등기말소청구소송에서 근저당권의 피담보채무가 아직 변제되지 않았다면 원고의 피담보채무의 변제의무가 피고의 말소등기의무보다 먼저 이행되어야 한다. 대법원은 원고가 피담보채무가 존재하였던 점을 인정하지만 피담보채무가 전부 소멸하였다고 주장하는 사안 등에서는 법원이 예컨대 "피고는 원고에게, 원고로부터 1,000만 원을 지급받은 다음, 근저당권설정등기의 말소등기절차를 이행하라"는 선이행판결을 할 수 있지만,[526)] 피담보채무가 아예

523) 대법원 2024. 11. 14. 선고 2023다311160 판결: 주위토지통행권이 있음을 주장하여 확인을 구하는 특정의 통로 부분이 [] 요건을 충족한다고 인정되지 아니할 경우에는 다른 토지 부분에 주위토지통행권이 인정된다고 할지라도 원칙적으로 그 청구를 기각할 수밖에 없는 것이지만, 이와 달리 원고가 통행권의 확인을 구하는 특정의 통로 부분 중 일부분[에] 주위토지통행권이 인정된다면, 원고에게 그 일부분에 대해서만 통행권의 확인을 구할 의사는 없음이 명백한 경우가 아닌 한 원고의 청구를 전부 기각할 것이 아니라 [일부] 인용함이 타당하다.

524) 대법원 1979. 10. 10. 선고 79다1508 판결. 한편, 대법원 1966. 9. 27. 선고 66다1183 판결은 매매를 원인으로 한 소유권이전등기청구사건에서 "원고가 피고에 대한 잔대금지급과 상환으로 하는 등기청구 인용은 감수할 수 없다는 반대의 의사를 표시한 경우 등 특단의 사정이 없는 이상 원고의 청구를 전부 배척할 수는 없"다고 하였다.

525) 대법원 1969. 11. 25. 선고 69다1592 판결: 물건인도청구소송에 있어서 유치권 항변이 인용되는 경우에는 그 물건에 관하여 생긴 채권의 변제와 상환으로 그 물건의 인도를 명하여야 한다.

발생하지 않았다고 주장하는 경우, 예컨대 원인무효의 근저당권설정등기가 경료되었다고 주장하는 경우에는 위와 같은 판결을 하는 것은 처분권주의에 반하는 것으로 본다.[527)]

판례는 한때 원고가 정기금지급을 청구하였는데, 정기금 현 가액의 일시금지급을 명할 수 있는지, 반대로 일시금지급을 청구하였는데 정기금지급판결을 할 수 있는지 여부에 대하여 정기금지급과 일시금지급 여부는 법원이 재량으로 선택할 수 있다고 하였다가, 입장을 바꾸어 오히려 원칙적으로 당사자가 정기금지급과 일시금지급을 선택할 수 있는 것이지만, 당사자가 일시금지급을 구하는 경우에도 일시금지급이 현저히 부적절하다고 볼 사정이 있는 경우에는 법원이 정기금지급판결을 할 수 있다는 입장을 취하고 있다.[528)]

5. 처분권주의 위반의 효과

처분권주의를 위반한 판결은 당연무효의 판결은 아니고 상소의 대상이 되는 위법한 판결이다. 확정된 이후에는 재심의 대상이 되지 않는다.

---

526) 대법원 1993. 4. 27. 선고 92다5249 판결, 대법원 1995. 7. 28. 선고 95다19829 판결, 대법원 1996. 11. 12. 선고 96다33938 판결, 대법원 2008. 4. 10. 선고 2007다83694 판결, 대법원 2023. 11. 16. 선고 2023다266390 판결, 대법원 2024. 11. 28. 선고 2024다271825 판결 등.

527) 대법원 1991. 4. 23. 선고 91다6009 판결.

528) 대법원 1995. 6. 9. 선고 94다30515 판결.

제29강 심리의 제 원칙(2): 변론주의

1. 의 의

소송자료의 제출책임을 당사자에게 맡기고, 당사자가 수집하여 변론에서 제출한 소송자료만을 재판의 기초로 삼아야 한다는 원칙을 변론주의라고 한다. 소송자료는 사실자료와 증거자료로 나뉘고, 사실자료의 제출은 사실의 주장을, 증거자료의 제출은 증명(證明)을 말한다. 결국 변론주의는 주장과 증명을 당사자가 하여야 한다는 원칙이다.

변론주의는 사실자료와 증거자료에 관련된 것이기 때문에 법률의 해석·적용에는 미치지 않는다. 다만, 당사자가 주장 또는 증명하는 사실은 특정의 법률효과 내지 법률규정을 전제로 하는 요건사실이라는 점에 유의하여야 한다. 사실 중 주요사실을 제외한 간접사실과 보조사실에는 적용이 없다. 증거에 대한 가치평가, 즉 증거의 신빙성 역시 법원의 자유심증의 대상이기 때문에 변론주의의 적용이 없다.

2. 변론주의의 3원칙

사실의 주장책임, 자백의 구속력, 증거의 제출책임을 변론주의의 3원칙이라고 한다.

1) 사실의 주장책임

주요사실은 당사자가 변론에서 주장하여야 하고, 당사자에 의하여 주장되지 아니한 사실은 판결의 기초로 삼을 수 없다.[529] 이 원칙은 주요사실에만 적

529) 예컨대, 판례는 "변론주의 원칙상 시효중단의 효과를 원하는 피고로서는 당해 소송 또는 다른 소송에서의 응소행위로서 시효가 중단되었다고 주장하지 않으면 아니 되고, 피고가 변론에서 시효중단의 주장 또는 이러한 취지가 포함되었다고 볼 만한 주장을 하지 아니하는 한, 위와 같은 피고의 응소행위가 있었다는 사정만으로 당연히 시효중단의 효력이 발생한다고 할 수는 없다"고 판시하였다(대법원 1995. 2. 28. 선고 94다18577 판결(취득시효), 대법

용되고, 간접사실이나 보조사실에는 그 적용이 없다. 판례는 취득시효의 기산일은 간접사실로,[530] 소멸시효의 기산일은 주요사실로 각 보고 있는바, 취득시효의 기산일이 제3자에게 미치는 영향을 고려할 때 이를 주요사실로 보아 자백이 성립되게 하는 것이 부적절하기 때문이다. 본래의 소멸시효의 기산일과 당사자가 주장하는 기산일이 서로 다른 경우에는 변론주의의 원칙상 법원은 당사자가 주장하는 기산일을 기준으로 소멸시효를 계산하여야 하는데, 이는 당사자가 본래의 기산일보다 뒤의 날짜를 기산일로 하여 주장하는 경우는 물론이고,[531] 특별한 사정이 없는 한 그 반대의 경우[532]에 있어서도 마찬가지다. 어떤(몇 년의) 시효기간이 적용되는지에 관한 주장은 단순히 법률의 해석이나 적용에 관한 의견의 표명에 불과하여 변론주의가 적용되지 않으므로 법원이 당사자의 주장에 구속되지 않고 직권으로 판단할 수 있다.[533] 과실, 인과관계 등 불확정개념이

원 1997. 2. 28. 선고 96다26190 판결(취득시효), 대법원 2003. 6. 13. 선고 2003다17927, 17934 판결(취득시효), 대법원 2010. 8. 26. 선고 2008다42416, 42423 판결(소멸시효)).

반면, 대법원 1983. 3. 8. 선고 82다카172 판결은 원고의 토지인도청구에 대하여 피고가 취득시효의 항변을 한 사안에서 원고의 소 제기로 인하여 시효중단을 직권으로 판단하여야 한다는 취지의 판시를 한 바 있으나 구체적 타당성을 감안한 예외적 판례로 볼 것이다.

530) 대법원 1982. 6. 22. 선고 80다2671 판결(부동산의 취득시효에 있어서 점유의 시기나 권원 등은 모두 취득시효의 요건사실인 점유기간이나 자주점유를 추정하는 징표 즉 간접사실로서 법원은 당사자의 주장에 구애됨이 없이 소송자료에 의하여 인정되는 바에 따라 진정한 점유의 시기와 권원을 인정하여야 한다), 대법원 1994. 4. 15. 선고 93다60120 판결("간접사실에 불과[한] 점유권원, 점유개시 시점과 그로 인한 취득시효 완성일을 달리 주장한다고 하더라도, 그러한 주장의 차이를 가지고 별개의 소송물을 구성한다고 할 수 없다"), 대법원 1994. 11. 4. 선고 94다37868 판결("점유개시 시기에 [대한] 자백은 법원이나 당사자를 구속하지 않는[다]") 등.

531) 대법원 1971. 4. 30. 선고 71다409 판결과 대법원 1999. 12. 28. 선고 99다58440, 99다58457 판결은 본래의 기산일보다 뒤의 주장된 기산일을 기준으로 계산하여야 한다고 하였다. 대법원 1983. 7. 12. 선고 83다카437 판결은 위와 같은 처리가 원칙이나, 당사자가 착오를 일으켰을 가능성이 있는 경우에는 법원에게 석명의무가 있다고 하였다.

532) 대법원 1995. 8. 25. 선고 94다35886 판결, 대법원 2006. 9. 22. 선고 2006다22852, 22869 판결, 대법원 2009. 12. 24. 선고 2009다60244 판결, 대법원 2017. 10. 26. 선고 2017다20111 판결, 대법원 2020. 10. 29. 선고 2018다214241 판결 등. 위 판결 중 위 94다35886을 제외한 나머지 판결들은 소멸시효중단의 항변이 이유 있는 경우, 원고가 아무런 주장을 하지 않았음에도 불구하고, 원심법원이 시효중단시점부터 다시 시효가 재진행하여 완성하였다고 판단한 것은 변론주의를 위반한 것이었다고 판시하였다. 즉, 이 경우 중단시점을 기산점으로 하는 별개의 소멸시효항변이 필요하다는 것이다. 위 94다35886판결의 경우 원심법원이 기록에 나타난 여러 사정을 감안하여 피고 주장 기산일보다 뒤의 일자를 기산일로 잡아 소멸시효완성을 인정하였는데, 기산점이 다른 두 기간은 동일한 것으로 평가할 수 없다는 이유로, 원심법원은 주장이 없는 사실을 인정하여 변론주의를 위반하였다고 하였다.

요건사실인 경우, 주요사실이 과실 등이라는 견해와 과실 등을 구성하는 구체적 사실이라는 견해의 대립이 있으나, 전자도 구체적 사실을 준주요사실이라고 하여 이를 주요사실과 같이 취급하므로 양자의 실질적인 차이는 없다.

또한 사실자료와 증거자료는 별개의 것이므로 증거자료의 제출이 사실자료의 제출로 인정되지 않는 것이 원칙이다. 예컨대, 대여금사건에서 증인이 피고가 모두 변제하였다고 진술하였으나, 막상 피고는 변제항변을 하지 않은 경우, 변제항변에 대한 증거자료의 제출, 즉 증명은 있으나, 사실자료의 제출, 즉 주장이 없으므로, 법원은 대여금청구권이 변제로 소멸하였다고 판단할 수 없다. 다만, 판례는 서증의 입증취지 등 여러 사정을 종합하여 당사자의 간접적인 주장이 있는 것으로 취급함으로써, 위 원칙을 탄력적으로 운용한다.[534]

2) 자백의 구속력

당사자 사이에 다툼이 없는 주요사실에 대하여는 당사자는 물론 법원도 구속된다. 따라서 법원도 자백이 성립된 사실에 반하는 사실인정을 하고, 그에 기하여 판결할 수 없다. 이 원칙 역시 주요사실에만 적용이 있다. 간접사실 등에도 자백의 성립을 인정하는 경우 법원의 사실인정을 현저하게 제약함으로써 불합리한 결과가 발생할 수 있기 때문이다.

3) 직권증거조사의 금지

당사자는 자신이 주장한 사실을 뒷받침하는 증거를 스스로 제출하여야 한다. 민사소송법은 보충적인 직권증거조사가 가능하다는 명문의 규정을 두고 있다. 따라서, 이 원칙은 위 두 원칙에 비하여 상당히 강도가 약한 것이다.

> 제292조(직권에 의한 증거조사) 법원은 당사자가 신청한 증거에 의하여 심증을 얻을 수 없거나, 그 밖에 필요하다고 인정한 때에는 직권으로 증거조사를 할 수 있다.

533) 대법원 2017. 3. 22. 선고 2016다258124 판결(당사자가 민법에 따른 소멸시효기간을 주장한 경우에도 법원은 직권으로 상법에 따른 소멸시효기간을 적용할 수 있다고 판시), 대법원 2023. 12. 14. 선고 2023다248903 판결.

534) 대법원 1980. 12. 9. 선고 80다2432 판결, 대법원 2002. 6. 28. 선고 2000다62254 판결, 대법원 2002. 11. 8. 선고 2002다38361, 38378 판결.

3. 변론주의의 예외

변론주의의 예외로는 직권탐지주의와 직권조사사항이 있다.

1) 직권탐지주의

직권탐지주의는 변론주의의 대척에 있는 입장으로서, 직권탐지주의가 적용되는 경우 소송자료의 수집을 당사자가 아닌 법원이 알아서 하게, 즉 직권탐지하게 된다. 직권탐지주의가 적용되는 영역에서는 변론주의의 3원칙 모두가 적용되지 않고, 나아가 공격방어방법의 실기가 인정되지 않고, 청구의 인낙·포기, 화해 등이 불가능해지는 등 처분권주의가 제한되는 경우도 있다.

직권탐지주의가 적용되는 영역으로 거론되는 것으로는 1 민사소송절차가 아닌 일정 소송절차, 예컨대 가사소송, 행정소송, 선거소송, 헌법재판 등의 절차와 2 민사소송절차 내의 일정 사항, 예컨대 재판권, 재심사유의 존재 등이 있다. 1과 관련하여 판례는 가사소송이나 행정소송의 직권탐지는 일정한 제약이 있는 것으로, 즉 기록에 나타난 사실에 한하여 적용이 있는 것으로 본다.[535] 2와 관련하여 외국법규, 알려지지 않는 경험칙, 전속관할, 당사자능력, 소송능력도 직권탐지주의의 영역으로 거론되기도 한다.

2) 직권조사사항

직권조사사항에 관하여는 상반되는 2가지 견해가 있다. 즉, 직권조사사항은 변론주의, 직권탐지주의와 같은 차원의 것으로서 양자의 중간적 영역이라는 견

535) 대법원 1990. 12. 21. 선고 90므897 판결(인사소송법[(1990. 12. 31. 법률 제4300호로 폐지되기 전의 것)]상 직권으로 증거를 조사하도록 규정되어 있다고 하여 이혼소송의 당사자가 주장하지도 않고 심리과정에서 나타나지도 아니한 독립한 공격방어방법에 대한 사실까지 법원이 조사하여야 하는 것은 아니므로 원심이, 청구인이 간통한 피청구인을 유서하였는지 여부를 조사, 심리하지 아니한 것이 위법하다고 할 수 없다), 대법원 1975. 5. 27. 선고 74누233 판결(행정소송법 9조에 의하여 법원은 필요한 경우에 직권으로 증거조사를 할 수 있고 또 당사자가 주장하지 않는 사실에 관하여도 판단할 수 있는 것이나 그렇다고 하여 법원은 아무런 제한이 없이 당사자가 주장하지 않는 사실을 판단할 수 있는 것은 아니고 당사자가 명백히 주장하지 않는 사실은 일건 기록에 나타난 사실에 관하여서만 직권으로 조사하고 그를 기초로 하여 판단할 수 있는 것이다).

해와 서로 작용하는 차원이 다른 별개의 것이라는 견해가 있다.

우선 전자의 견해의 설명에 의하면, 직권조사사항은 직권탐지주의와 달리 소송자료의 수집에 법원의 무제한적인 권한과 책임이 부여되지 않는다. 즉, 직권조사사항의 경우 제1원칙과 제3원칙은 후퇴한다. 직권조사사항인 경우의 효과에 대하여 "법원이 직권으로 문제 삼아 판단한다는 뜻이지, 판단의 기초될 사실에 관한 직권탐지와 증거에 관한 직권조사를 요하지 않는다"라거나, "직권조사사항이라도 항상 당사자의 주장이 없어도 먼저 이를 문제 삼아야 하는 것은 아니며 그 존부가 당사자의 주장이나 기타 자료에 의하여 의심스러운 경우에 비로소 문제 삼으면 족한 것이 대부분이다"라는 설명을 하는 것이 일반적이다. 한편, 변론주의의 제2원칙(자백의 구속력)은, 직권탐지주의에서 같이, 적용되지 않는다. 다수설인 이 견해에 따라 변론주의, 직권탐지주의 및 직권조사사항의 차이를 표로 나타내면 다음과 같다.

	변론주의	직권탐지주의	직권조사사항
사실의 주장책임	○	×	△
자백의 구속력	○	×	×
직권증거조사의 금지	○	×	△

하지만 두 번째 견해에 의하면 조사의 개시에 있어서는 당사자의 주장이 있어야 조사를 개시할 수 있는 사항, 즉 변론주의가 적용되는 사항과 당사자의 주장이 없어도 조사를 개시할 수 있는 사항, 즉 직권조사사항이 대비되고, 조사가 개시된 이후에 소송자료의 수집에 관하여는 변론주의와 직권탐지주의가 대비되는 것이므로, 특히 직권조사사항과 직권탐지주의는 기능하는 영역을 달리하는 것이 된다.[536)]

위와 같이 학설의 경우 논자에 따라서 직권탐지주의와 직권조사사항의 개념파악에 차이가 있고, 판례도 두 용어를 혼용하여 사용하는 경우도 있어, 현재 양자의 영역 구분이나 효과의 차이가 모호한 것이 현실이다. 이러한 상황에서는 일반적이고 추상적인 직권탐지주의와 직권조사사항의 각 개념구분에 의하여 실제 문제를 해결하려는 시도는 위험하고, 문제되는 개별 영역 및 사안에 따라 합리적인 결론을 도출하려는 자세가 필요하다.

536) 김홍엽(5판), 401면.

판례는, 당사자적격은 직권조사사항이므로 법원은 피고가 본안전항변을 철회하여도 심리를 하여야 하고,[537] 비법인사단의 대표자에게 적법한 대표권이 있는지 여부는 직권조사사항이므로, 법원으로서는 사실과 증거를 직권으로 탐지할 의무까지는 없다 하더라도 기록상 의심이 갈만한 사정이 엿보인다면 그에 관하여 심리·조사할 의무가 있지만,[538] 기록상 채권자취소소송의 제기기간이 도과되었다고 의심할 만한 사정이 발견되지 않는 경우까지 법원이 직권으로 추가적인 증거조사를 할 의무는 없다고 하였고,[539] 나아가 사실심에서 변론종결시까지 당사자가 주장하지 않던 직권조사사항인 소송대리권의 흠결을 상고심에서 비로소 주장하는 경우 그 직권조사사항에 해당하는 사항은 상고심의 심판범위에 포함된다고 한다.[540]

대표적인 직권조사사항으로는 소송요건, 상소요건이 거론된다. 원래 직권조사사항은 일본에서 소송요건에 관련된 소송자료의 수집에 직권탐지주의나 변론주의가 아닌 제3의 원칙 내지 방식이 있을 수 있는지를 둘러싼 논의에서 유래한 것이라고 한다. 본안에 관련된 사항으로는 제척기간, 과실상계,[541] 손익상계 등이 거론된다.

---

537) 대법원 1971. 3. 23. 선고 70다2639 판결.

538) 대법원 2011. 7. 28. 선고 2010다97044 판결, 대법원 2021. 11. 11. 선고 2021다238902 판결(원고는 실체가 고유 의미의 종중임에도 총회를 개최하면서 남자 종중원들에게만 소집통지를 하고 여자 종중원들에게는 소집통지를 하지 않은 것으로 보이므로, 위 총회에서 이루어진 대표자 선출 결의는 무효이고, 따라서 위 소는 적법한 대표자에 의해 제기된 것이 아니어서 부적법하다고 볼 여지가 상당한데도, 대표권의 적법성에 관한 심리, 조사 없이 본안으로 나아간 원심의 판단에는 법리오해 등 잘못이 있다), 대법원 2022. 4. 28. 선고 2021다306904 판결(원고 [집합건물관리단의] 대표자는 [원칙적으로] 구분소유자의 과반수 및 의결권의 과반수로써 선임[하고,] 구분소유자의 의결권은 [원칙적으로] 전유부분의 면적 비율에 따르도록 되어 있[는데,] 전체 전유부분 면적의 51% 이상을 가지고 있다는 [] 피고가 [답변서를] 통해 원고의 대표자[에] 대하여 원고를 대표할 권한이 없다는 취지의 주장을 하였[으므로] 원심으로서는 소외인이 [] 적법한 대표자인지 [] 더 심리·조사하였어야 한다).

539) 대법원 2001. 2. 27. 선고 2000다44348 판결.

540) 대법원 2009. 10. 29. 선고 2008다37247 판결.

541) 대법원 1996. 10. 25. 선고 96다30113 판결.

4. 석명권

1) 의 의

당사자의 법률상 주장이나 사실상 주장이 무슨 의미인지 불분명한 경우 법원은 당사자에게 그 의미를 물어보거나 분명하게 하라고 촉구할 수 있다. 이처럼 소송관계를 분명하게 하기 위하여 당사자에게 질문하고 증명촉구를 하고, 당사자가 간과한 법률적 사항을 지적하여 의견진술의 기회를 주는 법원의 권능을 석명권이라고 한다.

> 제136조(석명권(釋明權)·구문권(求問權) 등) ① 재판장은 소송관계를 분명하게 하기 위하여 당사자에게 사실상 또는 법률상 사항에 대하여 질문할 수 있고, 증명을 하도록 촉구할 수 있다.

석명권은 변론주의와 처분권주의의 형식적 적용에 의한 불합리를 시정 내지 보완하기 위한 제도이다. 석명권은 원칙적으로 법원의 권능일뿐 의무는 아니지만 예외적으로는 석명권의 행사가 법원의 의무가 되는 경우도 있고, 이 경우 석명권을 불행사하는 것은 상고이유, 즉 심리미진이 된다.

2) 석명권의 범위

석명에는 소극적 석명과 적극적 석명이 있다. 여기서 소극적·적극적이란 용어는 일반적인 의미와는 다르다. 당사자가 이미 주장하고 있는 특정한 법률효과에 관한 것을 소극적 석명, 그와 별개의 법률효과에 관한 것을 적극적 석명이라고 한다. 예컨대 새로운 청구나 공격방어방법의 제출[542]을 요구하는 것은 적극적 석명에 해당한다. 어떤 법률효과를 주장하는지가 불분명한 경우 분명하게 할 것은 촉구하는 것은 소극적 석명에 해당한다.

소극적 석명은 당연히 허용된다. 적극적 석명이 허용되는지 여부에 관하여 견해의 대립이 있지만, 판례는 원칙적으로 부정한다. 상세는 후술한다. 한편, 본인소송과 같은 경우에 소극적 석명을 일반적 의미에서 적극적으로 하는 것은 허용된다.

542) 피고가 변제항변만 하고 있는데, 소멸시효의 항변도 하도록 촉구하는 경우를 예로 들 수 있다.

3) 석명의 대상

가) 청구, 주장, 증명촉구

석명은 청구(소송물), 법률상 주장, 사실상 주장, 증명 등 모든 사항에 대하여 가능하다. 우선 청구와 관련하여 청구취지가 불분명하거나, 청구병합의 형태나 변경의 태양이 불분명한 경우 법원은 석명할 수 있다. 전혀 새로운 청구를 하라는 경우는 적극적 석명에 해당하여 원칙적으로 허용되지 않지만, 새로운 청구인지 여부는 소송물이론에 따라 달라질 수 있다. 예컨대, 원고가 불법행위에 기한 손해배상청구를 하였는데, 채무불이행에 기한 손해배상청구를 하라고 촉구하는 것은 소송물이론에 따라 평가가 달라진다. 판례가 취하는 실체법설에 의하면 적극적 석명에 해당한다. 판례가 예외적으로 새로운 청구로의 청구취지 변경에 대한 석명을 허용하는 대표적인 예가 토지임대차종료를 원인으로 하는 토지인도와 건물철거를 구하는 소송에서 피고의 건물매수청구권의 항변이 이유 있는 경우이다.[543] 판례는 이 경우는 오히려 매매대금지급과 상환으로 건물인도청구를 하도록 청구취지변경을 유도하는 것이 법원의 의무라고 하였다.

법률상 주장이나 사실상 주장이 불분명한 경우 이를 바로잡기 위한 석명은 허용된다. 당사자가 특정한 법률효과를 주장하면서 요건사실의 일부를 누락한 경우 이를 보충하라는 석명도 허용된다. 하지만, 전혀 별개의 새로운 공격방어방법의 제출을 유도하는 석명은 적극적 석명이므로 허용되지 않는다.

당사자가 주장은 하였지만 증명을 하지 않은 경우, 증명촉구는 당연히 허용된다는 것이 판례의 입장이다.[544] 증명촉구는 일반적으로 의무는 아니지만, 판례는 특히 손해배상청구소송에서 손해배상청구권의 존재는 인정되지만 손해액에 대한 증명이 부족한 경우, 원고가 증명하지 않겠다는 의사를 명백히 표시한 경우를 제외하고는,[545] 법원은 적극적으로 증명을 촉구하여야 한다고 하였다.[546]

나) 법률상 사항

민사소송법 136조 4항은 1990년 법개정 때 추가된 조항으로 법률상 사항에

---

543) 대법원 1995. 7. 11. 선고 94다34265 전원합의체 판결.
544) 대법원 1989. 7. 25. 선고 89다카4045 판결.
545) 대법원 1994. 3. 11. 선고 93다57100 판결.
546) 대법원 1997. 12. 26. 선고 97다42892, 42908 판결.

대한 지적의무를 인정하고 있다.

> 제136조(석명권(釋明權)·구문권(求問權) 등)
> ④ 법원은 당사자가 간과하였음이 분명하다고 인정되는 법률상 사항에 관하여 당사자에게 의견을 진술할 기회를 주어야 한다.

이 조항과 같은 조 1항과의 관계에 관하여, 4항은 1항의 석명의무를 강화하는 규정이라고 보는 견해와 4항의 의무는 불의타 방지를 목적으로 하는, 1항의 석명의무와는, 별개의 것이라는 견해가 대립하고 있다. 또한 1항의 법률상 사항과 4항의 법률상 사항의 관계에 대하여도 같은 것이라는 견해, 1항의 것은 사실상의 주장과 관련된 개개의 법률요건에 대한 법적 관점에 관한 것이고 4항의 것은 소송물이나 피고의 항변 자체의 근거가 되는 법적 관점이라는 견해, 당사자가 일정한 법률효과를 주장하는 경우 법률상 주장이 불분명한 경우는 1항이 적용되고 누락 또는 간과된 경우는 4항이 적용된다는 견해 등이 대립하고 있다.

위 견해 대립에서 알 수 있듯이 위 의무의 성격이나 내용은 약간 애매한 것이 현실이지만, 아래 두 가지의 사항이 위 의무와 관련하여 주로 논의된다. 첫째, 위 조항으로 인하여 신소송물이론이 강화되었는지 여부인바, 견해 대립이 있다. 이를 긍정하는 입장은 136조 4항이, 예컨대 불법행위에 기한 손해배상청구소송에서 채무불이행에 기한 손해배상청구에 대하여도 당사자에게 의견진술의 기회를 부여하면, 법원이 직권으로 판단할 수 있음을 인정하는 취지라고 본다. 하지만 부정적인 견해도 있다. 대법원 1995. 2. 10. 선고 94다16601 판결은 원고가 증여에 기한 소유권이전등기청구를 하였지만 환지약정에 기한 소유권이전등기청구인지 여부를 법원이 석명하여야 한다고 판시하였는바, 긍정설은 이 판례가 긍정설을 취한 것이라고 보지만, 부정설의 입장에서는 원고의 법률적 견해의 착오를 바로잡는 것에 불과하다고 본다.

둘째, 위 조항의 법률상 사항 지적의무가 불의타를 방지하기 위한 것이라고 보는 데에는 이견이 없다. 즉, 제소기간 도과, 당사자적격, 소익의 흠결로 소송요건이 흠결되었음에도 불구하고 원고가 전혀 이를 눈치채지 못하고 본안의 변론만 하고 있는 경우 아무런 지적도 하지 않은 채 변론을 종결하여 소각하판결을 하는 것은 위 조항에 반한다는 데에 의견이 일치하고, 판례도 같다.[547] 또한 판례는 원고가 제시하는 청구의 법적 근거가 제시되지 않거나 불명료한 경우,[548] 현저한 오류가 있는 경우[549] 등에는 법원은 위 조항에 따라 의견진술의 기회를 부여하여 청구의 법적 근거를 정리하여야 한다고 하였다.[550]

대법원이 최근 들어 석명의무와 법률상 사항 지적의무를 강조하고 있고 친절하게 사안의 정확한 해결방안을 제시해주는 경우도 있는데, 1990년 법개정의 취지에 부합하는 면도 있기는 하지만, 사건의 수뿐만 아니라 난이도가 점점 높아져 가고 사건적체가 심각한 상황에서, 오히려 법원이 중립을 지키면서 당사자주의에 따라 당사자가 자기가 맡은 책임을 다하도록 하는 방향이 장기적인 안목에서 바람직하다. 법원이 석명권한을 행사할 수 있는 것은 별론으로 하고,

547) 대법원 1994. 10. 21. 선고 94다17109 판결(가등기말소와 가등기이전의 부기등기 말소와 관련하여 피고적격과 소익 흠결에 대하여 아무런 의견진술의 기회를 주지 않고 소를 각하한 원심판결을 파기한 사례), 대법원 2022. 4. 14. 선고 2021다276973 판결(원심 변론종결 당시까지 원고의 대표자 지위는 전혀 쟁점이 되지 않았는데, 원고 대표자가 적법한 대표자가 아니라는 이유로 소를 각하[한] 원심판결을 파기한 사례), 대법원 2021. 12. 30. 선고 2017므14817 판결(인지청구 대신 소익이 없는 친생자관계존재확인청구를 한 사례), 대법원 2010. 2. 11. 선고 2009다83599 판결(자본감소의 효력이 발생한 후이므로 원고는 자본감소무효의 소를 제기하여야 함에도 불구하고 원칙적으로 소익이 없는 자본감소결의 무효확인의 소를 제기한 사안).

548) 대법원 2014. 1. 16. 선고 2013다69385 판결(퇴직금을 근로계약에 의하여 청구하는 것인지, 아니면 복직거부의 채무불이행 또는 불법행위에 기한 손해배상으로서 청구하는 것인지 불명확한 경우), 대법원 2009. 11. 12. 선고 2009다42765 판결(손해배상청구의 법률적 근거가 계약책임인지 불법행위책임인지 명시하지 않은 경우), 대법원 2022. 4. 28. 선고 2019다200843 판결(원고 보험회사가 청구의 법적 근거로 보험자대위와 구상권을 혼용한 경우), 대법원 2023. 7. 27. 선고 2023다223171(본소), 2023다223188(반소) 판결(손해배상을 구하면서 서면별로 이행이익의 배상을 주장하기도 하고, 신뢰이익의 배상을 주장하기도 하고, 액수도 다른 경우), 대법원 2024. 9. 27. 선고 2024다224645, 224652 판결(당사자들이 이 사건 계약이 동업계약에 해당한다고 주장하면서도 동업계약과 같은 조합계약에서 허용되지 않는 방식인 '계약의 해제 또는 해지'에 의한 계약 종료를 주장하는 경우), 대법원 2024. 12. 12. 선고 2021다300173 판결(원고가 투자자보호의무 등 위반 [주장]이 채무불이행으로 인한 손해배상청구만 하는 것인지 아니면 불법행위로 인한 손해배상청구도 하는 것인지 불명료한데도 불법행위로 인한 손해배상청구를 인용한 경우) 등.

549) 대법원 2023. 4. 13. 선고 2021다271725 판결(원고의 토지를 침범하여 피고가 설치한 담장의 철거 등을 명한 기존 확정판결의 집행을 용인하라는 취지의 예비적 청구에 관하여 원고가 사안과 아무런 관련이 없는 매연 등 생활방해에 관한 민법 217조를 근거로 제시한 사안에서, 이를 시정하지 않고 위 청구를 인용한 원심판결을 파기한 사례. 대법원은 원고의 주장을 실질적으로 민법 237조의 협력의무의 이행을 소구하는 것으로 선해할 수 있으므로 이에 관하여 의견진술의 기회를 부여하여야 한다고 하였다).

550) 약간 결이 다르지만, 대법원 2023. 10. 12. 선고 2020다210860(본소), 2020다210877(반소) 판결(중재신청으로 소멸시효가 중단되었다는 피고의 주장은 재판상청구(반소제기)로 소멸시효가 중단되었다는 주장이거나, 이러한 주장을 포함하는 것일 수도 있으므로 석명권을 행사하였어야 한다고 한 사례)도 법률상 사항 지적의무를 인정하였다.

청구나 주장이 애매하다면 소나 주장 자체를 각하할 수도 있을 것이고, 부족하다면 기각할 수도 있을 것이다. 이 대목은 법원이 아니라 당사자가 책임지는 것이 원칙일 것이다. 후견주의적 진행은 법원의 부담가중과 부실한 변론의 악순환의 원인이 될 수도 있다.

4) 석명권의 행사

제136조(석명권(釋明權)·구문권(求問權) 등) ① 재판장은 소송관계를 분명하게 하기 위하여 당사자에게 사실상 또는 법률상 사항에 대하여 질문할 수 있고, 증명을 하도록 촉구할 수 있다.

② 합의부원은 재판장에게 알리고 제1항의 행위를 할 수 있다.

③ 당사자는 필요한 경우 재판장에게 상대방에 대하여 설명을 요구하여 줄 것을 요청할 수 있다.

석명권은 재판장이 행사한다(136조 1항). 합의부원은 재판장에게 알리고 석명할 수 있다(136조 2항). 당사자는 상대방에게 직접 석명을 할 수는 없고, 재판장에게 대신 석명하여 달라고 요구하여야 한다(136조 3항).

법원의 석명권행사에 불응하는 경우 주장책임이나 증명책임을 다하지 않은 것으로 처리되는 불이익이 발생할 수 있고, 법원은 불분명한 주장 등을 결정으로 각하할 수도 있다.

제149조(실기한 공격·방어방법의 각하)

② 당사자가 제출한 공격 또는 방어방법의 취지가 분명하지 아니한 경우에, 당사자가 필요한 설명을 하지 아니하거나 설명할 기일에 출석하지 아니한 때에는 법원은 직권으로 또는 상대방의 신청에 따라 결정으로 이를 각하할 수 있다.

법원은 필요한 경우 석명처분을 할 수 있다. 석명처분은 사건파악을 위한 것이므로 그에 의하여 얻은 자료는 증거자료가 되지 않는 것이 원칙이지만, 당사자가 원용하면 증거자료가 될 수 있다.

제140조(법원의 석명처분) ① 법원은 소송관계를 분명하게 하기 위하여 다음 각호의 처분을 할 수 있다.

1. 당사자 본인 또는 그 법정대리인에게 출석하도록 명하는 일
2. 소송서류 또는 소송에 인용한 문서, 그 밖의 물건으로서 당사자가 가지고 있는 것을 제출하게 하는 일
3. 당사자 또는 제3자가 제출한 문서, 그 밖의 물건을 법원에 유치하는 일
4. 검증을 하고 감정을 명하는 일

5. 필요한 조사를 촉탁하는 일

② 제1항의 검증·감정과 조사의 촉탁에는 이 법의 증거조사에 관한 규정을 준용한다.

제 30 강 심리의 제 원칙(3): 기타 원칙들

1. 개 요

앞서 본 처분권주의와 변론주의는 사적자치의 원칙과 관련된 심리의 원칙들이다. 아래에서 공개심리주의, 쌍방심리주의, 구술심리주의, 직접심리주의, 적시제출주의, 집중심리주의, 직권진행주의에 관하여 살펴본다. 이들은 재판의 공정성·정당성과 관련된 원칙과 재판의 효율성·신속성과 관련된 원칙으로 나눌 수 있다. 전자에는 공개심리주의, 쌍방심리주의, 구술심리주의, 직접심리주의가, 후자에는 적시제출주의, 집중심리주의, 직권진행주의가 각 포함된다. 위와 같은 원칙의 분류는 당연히 개략적인 것에 불과하다.

2. 재판의 공정성·정당성과 관련된 원칙

1) 공개심리주의

소송절차의 심리와 판결은 공개되는 것이 원칙이다. 헌법의 요청이며, 법원조직법에도 명문의 규정이 있다.

> 헌법 제109조 재판의 심리와 판결은 공개한다. 다만, 심리는 국가의 안전보장 또는 안녕질서를 방해하거나 선량한 풍속을 해할 염려가 있을 때에는 법원의 결정으로 공개하지 아니할 수 있다.
>
> 법원조직법 제57조(재판의 공개) ① 재판의 심리와 판결은 공개한다. 다만, 심리는 국가의 안전보장, 안녕질서 또는 선량한 풍속을 해칠 우려가 있는 경우에는 결정으로 공개하지 아니할 수 있다.
>
> ② 제1항 단서의 결정은 이유를 밝혀 선고한다.
>
> ③ 제1항 단서의 결정을 한 경우에도 재판장은 적당하다고 인정되는 사람에 대해서는 법정 안에 있는 것을 허가할 수 있다.

공개심리주의는 당사자, 이해관계인은 물론 일반인에게 재판의 진행상황이나 결과를 알 수 있는 기회를 제공한다. 즉, 공개심리주의는 절차진행의 공정성과 결과의 정당성을 담보하는 근본적인 장치이다. 민사소송법 162조 내지 163

조의2에 규정된 소송기록 및 판결서의 열람 및 복사도 공개심리주의의 요청에 기한 것이다.[551][552]

2) 쌍방심리주의

심리에 있어서 당사자 양쪽에 평등하게 변론할 기회가 보장되어야 한다. 여기에는 당사자가 상대방의 변론내용을 알 수 있는 기회를 보장하는 것도 포함된다. 일방 당사자의 소송대리인이 재판부에게 전화를 걸어서 어떤 사정을 주장하는 것은 쌍방심리주의의 요청에 반한다. 쌍방심리주의는 필요적 변론사건에만 적용된다.

3) 구술심리주의

소송자료의 수집은 구술에 의하여 이루어져야 한다는 원칙을 구술심리주의라고 한다. 당사자의 본안의 신청(판결의 요구), 주장, 증명(공격방어방법의 제출)은 기일에 구술에 의하여 이루어져야 한다. 소장, 답변서, 준비서면을 작성하는 것은 이러한 기일에서의 구술변론을 보조 내지 준비하기 위한 것에 불과하다.

구술심리주의 역시 당사자, 이해관계인은 물론 일반인에게 재판의 진행상황이나 결과를 알 수 있는 기회를 제공하여 절차진행의 공정성과 결과의 정당성이 확보되도록 한다. 아무리 재판을 공개하여도 구술로 변론이 이루어지지 않으면 일반인은 물론 당사자도 재판의 진행상황을 제대로 알 수 없게 되기 때문이다.

구술심리주의는 최근 정책적으로 강조되고 있는 원칙이다.[553] 준비서면의

---

551) 미확정소송사건의 기록에 대하여 제3자가 자기가 당사자인 다른 소송절차에서 문서송부촉탁을 신청하자, 미확정소송사건 담당법원에 당사자가 한, 영업비밀이 담긴 부분에 대한 열람제한 등 신청(민사소송법 163조 1항 2호)이 정당하다고 한 예로는 대법원 2020. 1. 9.자 2019마6016 결정이 있다.

552) 민사소송법 163조는 사생활에 관한 중대한 비밀과 영업비밀을 보호하기 위한 열람 등의 제한을 규정하고 있는데, 민사소송법 개정(2023. 7. 11. 개정, 2025. 7. 12. 시행)으로 소송관계인의 생명 또는 신체에 대한 위해의 우려가 있는 경우 주소 등의 개인정보도 보호대상으로 추가되었다.

553) 이에 따라 민사소송규칙 28조 1항(변론은 당사자가 말로 중요한 사실상 또는 법률상 사항에 대하여 진술하거나, 법원이 당사자에게 말로 해당사항을 확인하는 방식으로 한다)과 70조의2(변론준비기일에서는 당사자가 말로 변론의 준비에 필요한 주장과 증거를 정리하여 진술하거나, 법원이 당사자에게 말로 해당사항을 확인하여 정리하여야 한다)가 신설되었다.

내용을 기일에서 진술할 때 "○○월 ○○일자 준비서면을 진술합니다"라는 식으로 하는 것이 우리나라 재판진행의 오랜 관행이었다. 구술심리주의가 원래 예정하는 바와는 거리가 한참 먼 이런 관행을 '구술변론의 형해화'라고 한다. 대법원은 이를 시정하기 위하여 민사소송규칙을 개정하는 등 다양한 시도를 하고 있다. 구술변론의 형해화가 발생한 원인인 고질적인 과중한 업무부담을 개선하지 않고는 근본적인 문제해결은 어렵다.

4) 직접심리주의

변론에 관여하지 않은 법관이 판결을 하는 경우, 그 법관은 결국 다른 법관이 진행한 변론의 결과물인 기록만으로 판결하는 것이 되므로, 구술심리주의가 형해화될 가능성이 있다. 따라서 변론에 직접 관여한 법관이 판결을 하여야 한다.

> 제204조(직접주의) ① 판결은 기본이 되는 변론에 관여한 법관이 하여야 한다.

위 조항은 '기본이 되는 변론에 관여한' 법관이 판결을 하도록 하고 있는바, 이는 변론을 종결한 기일의 변론을 의미한다. 그 이전의 변론에 참여하지 않은 법관이 판결을 하여도 무방하다.

직접심리주의는 심리의 진행 중 법관이 교체된 경우에도 작용한다. 한번 사건을 맡은 법관이 항상 판결도 하는 것이 이상적이겠지만, 현실적으로 법관이 교체되는 것은 피하기 어렵다. 이때에는 변론갱신이 필요하다.

> 제204조(직접주의)
> ② 법관이 바뀐 경우에 당사자는 종전의 변론결과를 진술하여야 한다.

단독판사가 교체된 경우는 물론이고, 합의부의 구성원 일부가 교체된 경우에도 변론의 갱신이 필요하다. 이송, 상소에 의하여 법관이 교체된 경우, 재심에서 본안을 심리하는 경우도 마찬가지이다. 변론준비기일이 열린 이후 변론기일에서 변론준비절차의 결과를 변론에 상정하는 절차를 밟아야 하는 것도 직접심리주의의 요청이다. 특히 증인신문의 경우 당사자는 재신문을 요청할 수 있다.[554)]

---

554) 다만, 대법원 1992. 7. 14. 선고 92누2424 판결은 법원이 소송상태에 비추어 재신문이 필요하지 아니하다고 인정하는 경우에는 [증거채부 기준에 관한 일반적 규정인 민사소송법 제290조]에 따라 재신문을 하지 아니할 수도 있다고 하였다.

제204조(직접주의)
③ 단독사건의 판사가 바뀐 경우에 종전에 신문한 증인에 대하여 당사자가 다시 신문신청을 한 때에는 법원은 그 신문을 하여야 한다. 합의부 법관의 반수 이상이 바뀐 경우에도 또한 같다.

3. 재판의 효율성·신속성을 위한 원칙

1) 직권진행주의

소송의 진행은 법원이 주도한다. 이를 직권진행주의라고 한다. 소송절차와 관련하여 당사자주의와 직권주의의 대립은 심판의 범위, 소송자료의 제출, 소송의 진행의 세 차원에서 나타나는데, 민사소송법은 앞의 둘에 관하여는 당사자주의를 택하여 심판의 범위에 관하여는 처분권주의를, 소송자료의 제출에 관하여는 변론주의를 취하고, 마지막 소송의 진행에 대하여는 직권주의를 택하여 직권진행주의를 취하고 있다.

직권진행주의에 따라 법원의 소송절차의 진행을 주재하는 권능을 소송지휘권이라고 한다. 소송지휘권은 법원에 속하고, 기일에서는 재판장이 행사한다.

제135조(재판장의 지휘권) ① 변론은 재판장(합의부의 재판장 또는 단독판사를 말한다. 이하 같다)이 지휘한다.

합의부사건의 경우 위 재판장의 소송지휘권 행사에 대하여 당사자는 이의신청을 할 수 있고, 이에 대하여는 합의부가 재판하여야 한다.

제138조(합의부에 의한 감독) 당사자가 변론의 지휘에 관한 재판장의 명령 또는 제136조 및 제137조의 규정에 따른 재판장이나 합의부원의 조치에 대하여 이의를 신청한 때에는 법원은 결정으로 그 이의신청에 대하여 재판한다.

재판장이 독립하여 소송지휘권을 갖는 경우도 있다. 기일지정, 소장심사, 공시송달명령 등이 그 예이다. 수명법관이나 수탁판사도 자신이 진행하는 절차에 대한 소송지휘권을 가진다.

직권진행주의에 따라 소송지휘에 해당하는 사항은 법원의 직권에 속하기 때문에 당사자에게는 신청권이 인정되지 않고, 사실상 당사자가 신청하더라도 이는 직권발동을 촉구하는 것에 불과하다. 하지만 당사자에게 신청권이 인정되는 경우도 있다. 편의이송, 중단된 소송의 수계 등이 그 예이다.

소송진행이 위법한 경우에는 당사자는 소송절차에 관한 이의권(책문권)을 행사할 수 있다.

> 제151조(소송절차에 관한 이의권) 당사자는 소송절차에 관한 규정에 어긋난 것임을 알거나, 알 수 있었을 경우에 바로 이의를 제기하지 아니하면 그 권리를 잃는다. 다만, 그 권리가 포기할 수 없는 것인 때에는 그러하지 아니하다.

위 이의권은 법원에 정당한 소송진행을 요구한다는 측면보다는 즉시 이의를 하여둠으로써 향후 그 위법을 주장할 수 있는 지위를 확보한다는 점에 주안점이 있는 권능이다. 이의권을 즉시 행사하지 아니하면 당사자는 이의권을 포기하거나 상실한 것으로 되어 소송진행의 위법을 향후 주장할 수 없게 된다. 물론 이의신청을 받은 법원이 소송진행의 위법을 인정하고 잘못을 시정할 수 있다. 그러나 법원이 이러한 시정조치를 이의신청을 인용하는 결정을 함으로써 하는 것은 아니다.

위 조문의 '소송절차에 관한 규정'은 임의규정만을 의미하므로 강행규정의 경우 이의권의 상실이나 포기는 인정되지 않는다. 송달 관련 규정은 일반적으로는(소장부본, 준비서면, 기일통지서의 송달 등) 임의규정으로 보지만 판결정본의 송달에 관련하여서는 강행규정으로 본다.[555)]

민사소송법이 위와 같은 조문을 두고 있는 것은 임의규정 위반으로 소송진행이 위법하다는 주장을 제한함으로써 소송절차를 안정시키고자 함이다.

2) 적시제출주의

공격방어방법의 제출시기에 관하여는 변론종결시까지 아무런 제한이 없는 수시제출주의, 일정한 순서에 따라 정해진 시기까지 제출하여야만 하는 동시제출주의 또는 법정순서주의 및 이들의 절충인 적시제출주의가 있다. 민사소송법은 적시제출주의를 취한다.

> 제146조(적시제출주의) 공격 또는 방어의 방법은 소송의 정도에 따라 적절한 시기에 제출하여야 한다.

적시제출주의를 구현하기 위한 개별적인 제도로는 재정기간제도(147조), 실기한 공격방어방법의 각하(149조 1항), 변론준비기일의 실권효(285조) 등이 있다.

555) 대법원 2020. 6. 11. 선고 2020다8586 판결.

일정 방소항변의 제출을 본안에 대한 변론 이전으로 제한하는 변론관할(30조), 소송비용의 담보제공신청의 시기제한(118조), 중재합의의 항변의 시기제한(중재법 9조 2항), 상고이유서의 제출시한 등도 적시제출주의의 구현을 위한 것이다. 종래부터의 실무의 운영은, 일의적이고 명확한 기준이 있는 경우 외에는 온정적이고 방만한 편이고,[556] 개선이 쉽지 않다.

3) 집중심리주의

미국의 소송절차는 소답(pleading),[557] 공판전 절차(pre-trial),[558] 공판(trial)의 순서로 진행된다. 미국에서는 공판 이전에, 공판을 위한 준비과정이라고 할 수 있는 소답과 공판전 절차를 통하여, 사건파악이 모두 이루어진 다음에 공판절차가 열리는데, 이는 사실인정을 원칙적으로 일반시민으로 구성되는 배심이 하기 때문이다. 즉, 배심원들에게 사건내용을 명확히 설명하고 판단사항을 제시할 수 있어야 배심원들이 제대로 된 판단을 할 수 있기 때문이다. 또한 배심원들을 오랜 기간 붙잡아 두거나 여러 번 소환하는 것은 비용이 많이 들 뿐만 아니라, 비효율적이기 때문에 공판절차가 개시되면 해당 사건은 연속적으로, 즉 집중적으로 심리된다. 일반적으로 미국의 경우 한 공판기일에 하나 또는 소수의 사건만 심리하고, 심리가 속행되는 경우 매우 가까운 일시로, 예컨대 그 다음날로 다음 기일이 지정되는 방식으로 절차가 진행된다. 또한 공판절차에서는 사실관계를 밝혀 줄 핵심적 증인에 대한 증인신문이 집중적으로 이루어진다. 증인 외의 서증 등 다른 증거는 공판전 절차에서 수집된다.

배심제도를 채택하지 않고, 사건부담이 엄청난 우리나라의 경우 한 변론기일에 많게는 수십 건의 사건이 지정되고, 기일이 속행되는 경우 다음 기일은 통상 2주 내지 1달 이후로 지정되고, 당사자의 주장·증명, 법원의 증거조사 등도 이렇게 지정되는 여러 변론기일을 통하여 점진적으로 이루어지는 것이 오랜

---

556) 대법원 1962. 4. 4. 선고 4294민상1122 판결(건물철거 및 대지인도 소송의 항소심 4차 변론기일에서야 제출된 유치권항변을 실기된 공격방어방법으로 각하), 대법원 2005. 10. 7. 선고 2003다44387, 44394 판결(환송 전 항소심에서 상계항변을 할 기회가 있었음에도 불구하고 환송 후 항소심에서 비로소 주장하는 상계항변은 실기한 공격방어방법에 해당한다).

557) 원고의 소장 제출, 피고의 답변서 제출, 원고의 준비서면 제출, 피고의 반박준비서면 제출 등의 순서로 서면에 의한 쌍방의 주장의 공방이 이루어진다.

558) 쟁점의 정리와 증거의 개시(discovery)가 행해진다.

관행이다.

대법원은 이러한 관행을 '구모델'[559]이라고 칭하고, 이를 시정하기 위하여 2001년부터 '신모델'을 추진하였다. 신모델의 추진은 요컨대 소송진행의 방식을 미국과 같이 바꾸는 것을 목표로 한 것이었고, 그 핵심적 방법은 그동안 전혀 이용되지 않았던 준비절차의 활용이었다. 신모델은 미국의 소답절차와 공판전 절차의 기능을, 준비절차, 즉 서면공방에 의한 준비절차와 쟁점정리기일(준비기일)이 수행하게 하고, 증인 외의 증거는 준비절차에서 모두 제출받고, 변론절차에 들어가서는 첫 기일에 모든 증인을 신문하고 변론을 종결하는 것을 절차진행의 원칙으로 하였다.

이러한 신모델의 추진은 2002년도 법개정에 반영되었다. 즉, 이전에는 합의부 절차에서만 준비절차가 가능하고, 준비절차를 거칠지 여부는 재판부의 재량사항이었으나, 단독재판부 절차에서도 준비절차가 가능하고, 원칙적으로 준비절차를 거치도록 하고, 변론기일은 1회만 여는 것으로 법이 개정되었다. 민사소송규칙도 개정되어 준비절차를 거친 경우 변론에 2일 이상이 소요되는 때에는 매일 변론기일을 지정하도록 하였다(규칙 72조 1항).

하지만, 구모델이 형성·유지된 근본적 원인은 법원의 엄청난 사건부담에서 찾을 수 있는데, 근본적으로 사건수가 일정 수준 이하로 줄어들지 않는 한 실제로 집중심리주의를 실현하기 어렵기 때문이다. 미국의 경우 공판전 절차와 공판절차를 대개 다른 법관이 수행하지만, 우리나라는 준비절차와 변론절차를 같은 법관이 수행하기 때문에, 사건 수의 감소 등이 전제되지 않은 상황에서는, 준비절차가 극히 형식적으로 또는 불완전하게 운용될 위험성이 있다. 신모델의 추진으로 서면공방이 대부분의 사건에서 이루어지게 되는 등의 변화도 생겼지만, 신모델은 전체적으로 볼 때 완전하게 정착되었다고 보기 어렵다.

한편, 2000년대 후반에 들어서 대법원이 구술심리주의의 강화를 중점적으로 추진하면서 준비절차보다는 변론절차의 중요성이 강조되었다. 이러한 과정에서 2008년에 준비절차를 다시 임의적인 것으로 되돌리는 법개정이 이루어졌다.

559) '병행관리방식'이라고도 한다.

제2관 법원의 역할

제31강 변론절차의 진행

1. 개 요

심리는 법원의 소송지휘에 따라 당사자들이 소송자료를 제출하는 과정이다. 심리의 주요 국면을 법원이 주된 역할을 하는 영역과 당사자가 주된 역할을 하는 영역으로 나누어서 설명한다. 심리에서의 법원의 역할은 변론절차의 진행, 준비절차의 진행 및 송달로 나눌 수 있는데, 이번 강의에서는 변론절차의 진행을 살펴본다. 변론은 기일을 열어서 진행하므로 결국은 변론절차의 진행에 대한 설명은 결국 기일의 진행에 대한 설명이 된다.

2. 기일의 지정

법원, 당사자, 그 밖의 소송관계인이 모여서 소송행위를 하기 위하여 정해진 시간을 기일이라고 한다. 기일에는 변론기일 외에도 그 목적에 따라 준비기일, 증거조사기일, 화해기일, 조정기일, 선고기일 등이 있다.

법원이 진행하는 변론기일 등 기일은 미리 재판장이 직권으로 지정한다. 수명법관이나 수탁판사가 진행하는 기일은 수명법관이나 수탁판사가 지정한다.

> 제165조(기일의 지정과 변경) ① 기일은 직권으로 또는 당사자의 신청에 따라 재판장이 지정한다. 다만, 수명법관 또는 수탁판사가 신문하거나 심문하는 기일은 그 수명법관 또는 수탁판사가 지정한다.

위 조항이 '당사자의 신청에 따라'라고 규정하고 있지만, 당사자에게 일반적으로 기일지정신청권이 있는 것은 아니다. 따라서 일반적인 기일지정신청, 즉 당사자들이 첫 변론기일을 빨리 지정하여 달라거나, 기일이 추정된 이후 감정

결과나 사실조회의 회보가 도착되었으니 새로운 변론기일을 지정하여 달라고 요청하는 기일지정신청에는 법원의 직권발동을 촉구하는 의미밖에 없다. 소송종료를 다투는 기일지정신청(규칙 67조)과 소취하간주를 막기 위한 기일지정신청의 경우 당사자에게 기일지정신청권이 인정된다.

기일은 장소와 일시를 밝혀서 지정한다. 장소는 대개 법정이지만, 법정 외의 장소를 지정하는 것도 가능하다. 일시의 경우 일반적으로는 평일의 일과시간 내로 정해지지만 필요한 경우에는 공휴일로 지정할 수 있다.

> 제166조(공휴일의 기일) 기일은 필요한 경우에만 공휴일로도 정할 수 있다.

3. 기일의 통지

법원은 지정된 기일을 당사자에게 통지하여야 한다. 통지는 기일통지서 또는 출석요구서를 송달함으로써 하는 것을 원칙으로 한다. 기일에 출석한 사람에게는 기일을 고지하는 것으로 통지할 수 있다. 민사소송규칙 45조에 따라 전화나 이메일 등에 의한 간이통지도 가능한데, 이 경우 불출석에 따른 제재의 부과는 불가능하다.

> 제167조(기일의 통지) ① 기일은 기일통지서 또는 출석요구서를 송달하여 통지한다. 다만, 그 사건으로 출석한 사람에게는 기일을 직접 고지하면 된다.
> ② 법원은 대법원규칙이 정하는 간이한 방법에 따라 기일을 통지할 수 있다. 이 경우 기일에 출석하지 아니한 당사자·증인 또는 감정인 등에 대하여 법률상의 제재, 그 밖에 기일을 게을리 함에 따른 불이익을 줄 수 없다.

당사자 등이 출석승낙서를 제출하면 기일통지서 등에 의한 송달이 있는 것으로 본다.

> 제168조(출석승낙서의 효력) 소송관계인이 일정한 기일에 출석하겠다고 적은 서면을 제출한 때에는 기일통지서 또는 출석요구서를 송달한 것과 같은 효력을 가진다.

적법한 기일통지가 있는 경우 이를 전제로 소취하의 간주 등 일정한 법적 효과가 발생한다. 기일통지가 없는 경우 기일을 실시할 수 없고, 그럼에도 불구하고 실시된 기일은 위법하다. 이는 대리권의 흠결에 준하여 상소나 재심의 사유가 된다. 기일통지가 없었으나 당사자가 임의로 출석하여 이의 없이 변론한

경우에는 하자가 치유된다.[560]

판결의 선고는 당사자가 불출석한 경우에도 할 수 있다는 점을 이유로, 적법하게 진행된 변론기일에서 변론이 종결되고 선고기일이 지정·고지되면 그 변론기일에 불출석한 자에게 선고기일의 통지가 없어도 그 선고기일에 선고된 판결은 유효·적법하다는 것이 판례이다.[561]

4. 기일의 실시

기일(변론)은 지정된 일시, 장소에서 재판장이 사건(사건번호와 사건명)과 당사자의 이름을 부름으로써 개시된다.

제169조(기일의 시작) 기일은 사건과 당사자의 이름을 부름으로써 시작된다.

기일이 개시되면 법원은 처분권주의와 변론주의에 따라 당사자에게 공방을 하게 한다. 즉, 법원은 당사자들에게 본안의 신청을 하고, 공격방어방법을 제출(주장, 증명)할 기회를 부여하고, 증거결정, 석명, 쟁점정리 등으로 절차를 제어하면서 소송자료를 수집한다. 당사자들의 본안의 신청, 공격방어방법의 제출 등에 대하여는 당사자의 역할 부분에서 본다.

법원은 당사자가 복수인 경우를 포함하여 수개의 소송물이 병합되어 심리의 대상이 된 경우 일부의 청구만에 대하여 변론을 실시할 수 있는바, 이를 변론의 분리라고 한다. 실무상 당사자가 복수인 경우 변론의 분리가 종종 이용된다. 청구가 아니라 쟁점을 한정하여 변론을 실시하는 것을 변론의 제한이라고 한다. 법원이 별개의 사건들을 하나로 합하여 변론을 실시하는 것을 변론의 병합이라고 하는데, 변론의 병합이 이루어지면 병합된 사건들은 그때부터 하나의 사건과 같이 취급된다. 별개의 사건들을, 변론을 병합하지 않고, 동시에 진행하는 것을 변론의 병행 또는 병행심리라고 한다. 과거 가압류이의나 가처분이의 사건을 판결절차에 의하도록 하던 때에 이들과 본안사건을 병합하는 것은 불가능하였으므로 병행심리를 하였다. 병행심리되는 사건들은 기일지정·통지, 서면의 제출, 조서의 작성 등 모든 절차가 별개로 행해져야 한다.

---

560) 대법원 1984. 4. 24. 선고 82므14 판결.
561) 대법원 2003. 4. 25. 선고 2002다72514 판결.

5. 변론의 종결 등

법원은 변론이 충분히 이루어졌다고 판단되는 경우, 즉 판결을 내릴 소송자료가 충분히 수집되었다고 판단되는 경우 변론을 종결하고 선고기일을 지정한다. 변론종결 이후 법원은 필요하다고 판단하면 변론을 재개할 수 있다.[562]

지정된 기일에서 변론을 개시하여 실시하였으나 그 기일에 변론을 종결할 수 없어, 즉 소송자료가 충분히 수집되지 않아 변론을 계속하기 위하여 새로운 기일을 지정하는 것을 변론의 속행이라고 한다. 지정된 기일에서 변론을 개시하였으나 실제로 실시하지는 않고 새로운 기일을 지정하는 것을 변론의 연기라고 한다. 지정된 기일을 개시하기도 전에 취소하고 새로운 기일을 지정하는 것을 기일의 변경이라고 한다. 첫 변론기일의 변경은 현저한 사유가 없어도 당사자들이 합의하면 가능하다.

> 제165조
> ② 첫 변론기일 또는 첫 변론준비기일을 바꾸는 것은 현저한 사유가 없는 경우라도 당사자들이 합의하면 이를 허가한다.

수회의 기일에 걸쳐 실시된 변론은 모두 하나로 취급되는데, 이를 변론의 일체성이라고 한다.

변론의 종결, 속행, 연기, 기일의 변경 등을 하는 경우 법원은 일반적으로 다음 기일을 지정하지만, 다음 기일을 지정하는 것이 불가능하거나 부적절한 경우[563]에는 다음 기일의 지정을 하지 않는 경우도 있다. 이를 기일의 추후지

---

562) 대법원 2010. 10. 28. 선고 2010다20532 판결은 변론재개신청을 받아들일지 여부는 원칙적으로 법원의 재량에 속하고, 당사자가 관건적 요증사실에 대하여 귀책사유 없이 주장·증명을 못하였거나, 법원이 석명의무 등을 위반하는 등 예외적인 경우에만 변론재개의무가 있는데, 이러한 예외적 요건 등을 갖추지 못하면, 변론이 재개되어 새로운 주장·증명을 제출할 경우 실기한 공격방어방법으로 각하당하지 아니할 가능성이 있다는 것만으로는 변론재개의무가 생긴다고 할 수 없다고 하였다(파기환송심 변론종결 이후 비로소 이전부터 제출할 수 있었던 소멸시효중단의 재항변을 제출하기 위한 변론재개신청이 있었던 사안). 대법원 2019. 9. 10. 선고 2017다258237 판결, 대법원 2019. 11. 28. 선고 2017다244115 판결, 대법원 2022. 4. 14. 선고 2021다305796 판결, 대법원 2024. 11. 14. 선고 2024다238392 판결도 변론재개의 기준에 관하여 같은 입장이고, 모두 변론재개의무를 부정하였다.

563) 원고와 일부 피고 사이의 변론은 종결하였지만 나머지 부분은 변론을 속행하였는데 분리판결을 하지 않는 것이 적절한 경우, 감정신청에 따라 감정인에게 감정을 명하였는데 감정에

정(추정)이라고 한다. 기일의 추후지정이 된 사유가 없어졌음에도 불구하고 법원이 방치하고 있는 경우 당사자는 직권발동을 촉구하는 의미에서 기일지정신청을 하게 된다.

6. 조서의 작성

법원사무관 등이 기일별로 기일의 경과를 기록한 서면을 (기일)조서라고 한다. 조서는 변론조서, 증인신문조서, 검증조서, 화해조서, 인낙조서 등 기일의 목적별로 다양한 종류가 있다. 조서의 작성을 위하여 법원사무관 등은 원칙적으로 기일에 참여하여야 하지만, 법원사무관 등이 변론을 녹음하거나 속기하는 경우, 그 밖에 특별한 사정이 있는 경우[564] 예외가 인정되고, 이때에는 기일이 끝난 뒤 재판장의 설명에 따라 조서가 작성된다(152조).

조서에는 민사소송법 153조의 형식적 기재사항(사건의 표시, 법관과 법원사무관 등의 성명, 출석한 당사자의 성명, 변론의 일시, 장소, 변론의 공개 여부)과 154조의 실질적 기재사항(화해, 청구의 포기·인낙, 소의 취하, 자백 등)이 기재되어야 한다. 변론방식에 관한 규정의 준수, 화해, 청구의 포기·인낙, 소의 취하와 자백 외의 사항의 기재는 생략할 수도 있다(155조). 변론의 전부나 일부가 녹음 또는 속기된 경우 녹음테이프나 녹취록은 조서의 일부가 된다(159조). 조서에는 작성권한자인 법원사무관 등이 기명날인 또는 서명할 뿐만 아니라 내용을 확인하는 취지에서 재판장도 기명날인 또는 서명하여야 한다(153조).

변론기일에 관한 조서는 기본조서, 증거조사에 관한 조서(증인신문조서, 검증조서 등), 증거목록으로 나누어, 기본조서에서 증거조사에 관한 조서나 증거목록의 기재를 인용하는 방식으로 작성된다. 화해조서, 인낙조서 등도 집행 등의 편의를 위하여 별도로 작성되는 것이 일반적이다.

조서는 관계인, 즉 당사자, 법정대리인, 증인 등이 신청하면 읽어주거나 보여주어야 한다(157조). 당사자나 이해관계를 소명한 제3자는 열람·복사를 신청할 수 있고, 일반 제3자도 일정한 요건 하에 열람을 신청할 수 있다(162조).

조서의 기재사항에 당사자 등의 이의가 있는 경우, 이의가 정당하면 그에

장기간의 불명확한 시일이 걸릴 것으로 예상되는 경우 등을 예로 들 수 있다.
564) 화해, 조정기일의 진행에 많이 활용된다.

따라 정정하나, 이의가 정당하지 않으면 이는 223조의 법원사무관 등의 처분에 대한 이의신청이 아니므로 이에 대한 기각결정을 할 수 없고,[565] 단지 조서에 그 취지를 기재하는 것으로 처리된다.

> 제164조(조서에 대한 이의) 조서에 적힌 사항에 대하여 관계인이 이의를 제기한 때에는 조서에 그 취지를 적어야 한다.

변론의 방식이 준수되었다는 것은 조서로만 증명할 수 있고, 다른 증거방법으로 증명하거나, 반증의 제출로 기재내용을 번복할 수도 없다. 자유심증주의의 한 예외이다. 조서가 무효이거나 없어진 경우에는 그러하지 아니하다.

> 제158조(조서의 증명력) 변론방식에 관한 규정이 지켜졌다는 것은 조서로만 증명할 수 있다. 다만, 조서가 없어진 때에는 그러하지 아니하다.

변론의 방식은 변론의 일시, 장소, 변론의 공개 여부, 법관, 당사자, 대리인의 출석 여부, 판결의 선고일과 선고 여부 등 변론의 외형적 사항을 의미하고, 주장, 자백, 소취하, 청구의 포기·인낙, 화해 등은, 비록 조서의 내용이 진실한 것으로 사실상 추정된다고 하더라도,[566] 이에 포함되지 않는다.

---

565) 대법원 1989. 9. 7.자 89마694 결정.

566) 대법원 1993. 7. 13. 선고 92다23230 판결: 변론조서의 기재는 변론의 방식에 관한 사항이 아니라고 하더라도 문서의 성질상 그 내용이 진실하다고 추정하여야 할 것인바[], 기록에 대조 검토하여 보면 위 피고가 단순히 원고의 주장사실을 자백한 것이 아니라 원고의 청구를 인낙한 것이라고 본 원심의 위 판단은 정당하고 거기에 소론과 같은 인낙에 관한 법리오해의 위법이 있다고 할 수 없다.

제32강 준비절차의 진행

1. 준비절차의 의의

변론기일에 앞서 변론이 효율적이고 집중적으로 실시될 수 있도록 당사자의 주장과 증거를 정리하는 절차를 준비절차라고 한다. 예외적으로 변론기일이 진행된 이후에도 실시될 수 있다.

> 제279조(변론준비절차의 실시) ① 변론준비절차에서는 변론이 효율적이고 집중적으로 실시될 수 있도록 당사자의 주장과 증거를 정리하여야 한다.
> ② 재판장은 특별한 사정이 있는 때에는 변론기일을 연 뒤에도 사건을 변론준비절차에 부칠 수 있다.

2. 준비절차의 개시

현행법에 따르면 준비절차는 재판장이 필요하다고 판단되는 경우 회부명령을 함으로써 개시된다. 합의부사건뿐만 아니라 단독사건에서도 준비절차를 열 수 있다. 준비절차와 변론절차의 담당자가 같은 우리나라에서는 특히 단독사건에서 준비절차를 거칠 실익은 한정적이다.

> 제258조(변론기일의 지정) ① 재판장은 제257조 제1항 및 제2항에 따라 변론 없이 판결하는 경우 외에는 바로 변론기일을 정하여야 한다. 다만, 사건을 변론준비절차에 부칠 필요가 있는 경우에는 그러하지 아니하다.

2002년 법개정 이전에는 합의사건에 대하여만 준비절차를 열 수 있었고, 준비절차 회부 여부가 임의적인 것이었으나, 2002년 법개정에 의하여 단독사건에 대하여도 준비절차를 열 수 있게 되었고, 모든 사건에서 준비절차를 거치는 것이 원칙적인 것으로 바뀌었다. 집중심리주의 강화를 목표로 한 신모델의 추진을 뒷받침하기 위한 것이었다. 그러나 2008년에는 준비절차의 회부가 다시 임의적인 것으로 바뀌었다. 구술심리주의 강화에 따라 준비절차보다 변론절차가 더 정책적 관심을 받게 된 결과이다. 준비절차는 상고심에서는 열 수 없지만, 항소심에서는 열 수 있다.

3. 준비절차의 실시

1) 담당기관과 권한

준비절차의 진행은 재판장이 담당하는 것이 원칙이지만, 수명법관이나 수탁법관이 담당하는 경우도 있다.

> 제280조(변론준비절차의 진행)
> ② 변론준비절차의 진행은 재판장이 담당한다.
> ③ 합의사건의 경우 재판장은 합의부원을 수명법관으로 지정하여 변론준비절차를 담당하게 할 수 있다.
> ④ 재판장은 필요하다고 인정하는 때에는 변론준비절차의 진행을 다른 판사에게 촉탁할 수 있다.

재판장 등은 당사자의 주장과 증거를 정리하기 위하여 필요한 행위, 즉 쟁점정리, 증거결정, 증거조사 등을 할 수 있다. 증인신문, 당사자신문 이외의 모든 증거조사를 준비절차에서 할 수 있다. 합의부 사건에서 증거결정은 합의부가 하여야 하는데, 준비절차에서는 합의부가 아닌 재판장 등만이 하므로, 이에 대하여 당사자는, 합의부가 증거결정을 하여 달라는 취지의, 이의신청을 할 수 있다. 이의신청에 대한 합의부의 결정에 대하여는 항고할 수 없다.

> 제281조(변론준비절차에서의 증거조사) ① 변론준비절차를 진행하는 재판장, 수명법관, 제280조 제4항의 판사(이하 "재판장등"이라 한다)는 변론의 준비를 위하여 필요하다고 인정하면 증거결정을 할 수 있다.
> ② 합의사건의 경우에 제1항의 증거결정에 대한 당사자의 이의신청에 관하여는 제138조의 규정을 준용한다.
> ③ 재판장등은 제279조 제1항의 목적을 달성하기 위하여 필요한 범위안에서 증거조사를 할 수 있다. 다만, 증인신문 및 당사자신문은 제313조에 해당되는 경우에만 할 수 있다.

2) 서면공방과 준비기일

준비절차의 주된 진행방법에는 서면의 공방과 준비기일의 실시가 있다.

> 제280조(변론준비절차의 진행) ① 변론준비절차는 기간을 정하여, 당사자로 하여금 준비서면, 그 밖의 서류를 제출하게 하거나 당사자 사이에 이를 교환하게 하고 주장사실을 증

> 명할 증거를 신청하게 하는 방법으로 진행한다.
> 第282조(변론준비기일) ① 재판장등은 변론준비절차를 진행하는 동안에 주장 및 증거를 정리하기 위하여 필요하다고 인정하는 때에는 변론준비기일을 열어 당사자를 출석하게 할 수 있다.

둘 중 하나만 실시할 수도 있고, 둘 다 실시할 경우에는 일반적으로 서면공방이 선행되나, 준비절차 회부와 동시에 준비기일지정을 할 수도 있다.

준비절차에 회부되는 사건은 대개 피고가 다투는 답변서를 제출한 사건들이므로, 순차적으로 원고가 답변서의 내용을 반박하는 준비서면을, 피고가 다시 재반박하는 준비서면을 제출하는 식으로 서면공방이 이루어진다. 서면공방의 회수는 재판장의 재량에 맡겨져 있으나, 서면공방의 기간은 법상 4개월을 넘지 못한다. 이 기간이 경과되면 재판장은 변론기일이나 준비기일을 지정하여야 한다(282조 2항).

신모델에서는 준비기일을 쟁점정리기일이라고 불렀는데, 구술심리주의가 강조되면서부터는 쟁점정리는 변론기일에 실시하는 것이 장려되고 있다. 준비기일은 비공개로 열린다는 점, 준비기일의 결과는 변론에서 상정하는 절차를 거쳐야 소송자료가 되는 점 등에서 변론기일과 차이가 있다. 판례는 당사자의 불출석으로 인한 소나 항소 취하의 간주와 관련하여 일반사건에서 준비기일의 불출석과 변론기일의 불출석을 통산하지 않고, 배당이의의 소의 첫 준비기일의 불출석은 첫 변론기일의 불출석으로 취급하지 않는다.

4. 준비절차의 종결

서면공방이나 준비기일이 제대로 실시되면 당연히 준비절차가 종결된다. 하지만 이들이 제대로 실시되지 않은 경우, 무작정 준비절차 단계에서 머무는 것은 무의미하므로 재판장은 준비절차를 종결하여야 한다.

> 第284조(변론준비절차의 종결) ① 재판장등은 다음 각호 가운데 어느 하나에 해당하면 변론준비절차를 종결하여야 한다. 다만, 변론의 준비를 계속하여야 할 상당한 이유가 있는 때에는 그러하지 아니하다.
> 1. 사건을 변론준비절차에 부친 뒤 6월이 지난 때
> 2. 당사자가 제280조 제1항의 규정에 따라 정한 기간 이내에 준비서면 등을 제출하지 아니하거나 증거의 신청을 하지 아니한 때

3. 당사자가 변론준비기일에 출석하지 아니한 때
② 변론준비절차를 종결하는 경우에 재판장등은 변론기일을 미리 지정할 수 있다.

준비절차를 연 경우 준비절차에서 제출하지 않은 공격방어방법은 실기된 것으로서 각하될 가능성이 있다. 특히 민사소송법은 준비기일을 연 경우에 관하여 명문의 규정을 두고 있다. 원론적으로는 이런 취지의 규정들이 엄정하게 실시될 필요가 있지만, 현실적으로는 저항이 있다.

제285조(변론준비기일을 종결한 효과) ① 변론준비기일에 제출하지 아니한 공격방어방법은 다음 각호 가운데 어느 하나에 해당하여야만 변론에서 제출할 수 있다.
1. 그 제출로 인하여 소송을 현저히 지연시키지 아니하는 때
2. 중대한 과실 없이 변론준비절차에서 제출하지 못하였다는 것을 소명한 때
3. 법원이 직권으로 조사할 사항인 때
② 제1항의 규정은 변론에 관하여 제276조의 규정을 적용하는 데에 영향을 미치지 아니한다.
③ 소장 또는 변론준비절차전에 제출한 준비서면에 적힌 사항은 제1항의 규정에 불구하고 변론에서 주장할 수 있다. 다만, 변론준비절차에서 철회되거나 변경된 때에는 그러하지 아니하다.

준비절차가 종결되면 변론절차가 진행된다. 준비기일의 결과는 변론기일에서 상정되어야 소송자료가 된다. 법상으로는 준비절차를 거친 경우 변론기일은 1회만 열고, 이때 모든 증인신문과 당사자본인신문을 하는 것이 원칙으로 되어 있다.

제287조(변론준비절차를 마친 뒤의 변론) ① 법원은 변론준비절차를 마친 경우에는 첫 변론기일을 거친 뒤 바로 변론을 종결할 수 있도록 하여야 하며, 당사자는 이에 협력하여야 한다.
② 당사자는 변론준비기일을 마친 뒤의 변론기일에서 변론준비기일의 결과를 진술하여야 한다.
③ 법원은 변론기일에 변론준비절차에서 정리된 결과에 따라서 바로 증거조사를 하여야 한다.
제293조(증거조사의 집중) 증인신문과 당사자신문은 당사자의 주장과 증거를 정리한 뒤 집중적으로 하여야 한다.

5. 실제 소송절차의 진행

신모델의 추진으로 원칙적으로 모든 사건에서 준비절차가 진행된 다음 변

론절차가 진행되는 방향으로 나아가다가 구술심리주의의 강화 및 2008년 법개정으로 실제 소송절차가 어떻게 진행될지 여부는 개별 재판부의 선택에 맡겨졌고, 서면공방은 대개 이루어지는 변화가 있기는 하지만, 전체적으로 볼 때 구모델과 신모델이 혼재하는 것이 현실이다. 당사자들과 대리인들은 개별 재판부의 소송지휘에 따르는 수밖에 없다. 법원의 과중한 업무부담이 해소되지 않고, 준비절차와 변론절차를 같은 재판부가 담당하는 상황이 계속되는 한 진정한 변화를 도모하기 어렵다.

제33강 송 달

1. 의 의

송달은 법원이 당사자와 그 밖의 이해관계인에게 소송과 관련된 서류를 법정의 방식에 따라 보내는 것을 말한다. 송달은 법이 정하는 상당히 엄격한 방식에 따라야 하는 점에서 방식에 제한이 없는 통지나 고지와 다르다. 따라서 어떤 서류를 송달하여야 한다고 법이 규정하는 경우 그 서류는 소송에서 중요한 의미를 갖는 것이라고 보면 된다. 송달은 또한 특정인을 상대로 한다는 점에서 불특정인을 상대로 한 공고와 다르다. 송달은, 이론만을 공부할 때는 그 느낌이 잘 안 올 수 있지만, 실무상 대단히 중요하다. 사안이 미묘한 경우가 많으므로 관련 법규정과 판례들의 내용을 전반적으로 그리고 정확히 파악하는 것이 필요하다.

2. 송달사무담당기관과 송달실시기관

미국과 같이 당사자가 송달을 하는 나라, 즉 당사자송달주의 또는 사송달주의(私送達)를 채택하는 나라도 있지만, 우리나라는 송달을 법원이 직권으로 하는 직권송달주의를 채택하고 있다.

> 제174조(직권송달의 원칙) 송달은 이 법에 특별한 규정이 없으면 법원이 직권으로 한다.

법원 내에서 송달사무는 법관이 아닌 법원사무관 등이 담당한다.

> 제175조(송달사무를 처리하는 사람) ① 송달에 관한 사무는 법원사무관등이 처리한다.
> ② 법원사무관등은 송달하는 곳의 지방법원에 속한 법원사무관등 또는 집행관에게 제1항의 사무를 촉탁할 수 있다.

송달을 실제 실시하는 송달실시기관은 송달의 방법에 따라 우편집배원, 집행관, 법원사무관 등, 법정경위 등이다. 앞의 둘이 원칙적, 뒤의 둘이 예외적 송달실시기관인데, 앞의 둘 중에서도 우편집배원이 가장 일반적인 송달실시기관이다. 예외적으로 법원사무관 등이 송달을 실시하는 경우에는 법원사무관 등은 송달사무담당기관과 송달실시기관을 겸하게 되는 것이다.

송달실시기관은 송달을 실시하였을 때 송달에 관한 사유, 즉 송달이 성공적으로 실시된 경우에는 송달의 일시, 장소, 수령자 등을, 송달불능의 경우에는 그 원인 등을 법원에 알려야 한다.

> 제193조(송달통지) 송달한 기관은 송달에 관한 사유를 대법원규칙이 정하는 방법으로 법원에 알려야 한다.

이를 위하여 우편집배원은 과거에는 송달통지서[567]를 작성·제출하였으나, 2007년경부터는 관련 업무가 전산화되었다(규칙 53조). 송달통지서의 기재가 송달에 관한 사유에 대한 유력한 증거가 되는 것은 사실이지만 변론의 방식에 대한 조서와 같은 증명력을 갖는 것은 아니다.

3. 송달의 방식과 요건

1) 개 요

민사소송법이 정하는 기본적인 송달의 방식은 교부송달, 발송송달(우편송달), 공시송달 등이 있는바, 아래에서 송달의 방식에 따라 송달의 요건(송달실시기관, 송달시기, 송달장소, 송달을 받을 자 등)을 설명하기로 한다. 교부송달, 그 중에서도 우편에 의한 교부송달이 가장 원칙적인 방식이고, 따라서 그 요건이 가장 기본적인 요건이라고 할 수 있다.

2) 교부송달

가) 의 의

소송서류를 송달을 받을 자에게 직접 교부하는 방식에 의한 송달을 교부송달이라고 한다.

> 제178조(교부송달의 원칙) ① 송달은 특별한 규정이 없으면 송달받을 사람에게 서류의 등본 또는 부본을 교부하여야 한다.
> ② 송달할 서류의 제출에 갈음하여 조서, 그 밖의 서면을 작성한 때에는 그 등본이나 초본을 교부하여야 한다.

567) 법원사무관 등의 경우에는 송달보고서가 작성, 제출된다.

교부송달의 가장 원칙적인 방법은 우편에 의한 교부송달이므로, 이를 먼저 본 다음, 예외적인 교부송달의 방식과 요건을 본다.

나) 우편에 의한 교부송달

⑴ 송달실시기관

교부송달은 우편에 의하는 것이 원칙이다. 즉 우편집배원이 송달실시기관이 된다(176조 2항). 하지만 교부송달은 집행관도 할 수 있고, 이 경우도 특별한 규정이 없는 한 아래에서 보는 요건이 모두 요구된다.

⑵ 송달서류

송달할 서류는 법이 정하고 있는바, 소송의 개시와 관련된 것(소장, 상소장 등), 소송의 종료와 관련된 것(소취하서, 상소취하서 등), 공격방어방법의 제출에 관련된 것(준비서면 등), 판결 등 중요 재판에 관련된 것(판결문 등), 기타 중요한 절차진행에 관련된 것(기일통지서, 참가신청서, 소송고지서 등)으로 분류할 수 있다.

송달은 송달할 서류의 원본이 아닌 등본 또는 부본을 보내는 것이 원칙이다(178조 1항). 판결의 경우 법에 따라 정본을 송달하여야 하지만(210조 2항), 판례는 판결이 아닌 결정이나 명령의 경우 그 결정이나 명령이 집행권원이 되는 등 성질에 의하여 또는 명문의 규정에 의하여 정본의 송달이 필요한 경우를 제외하고는 등본의 송달로 족하다고 한다.[568]

당사자가 송달이 필요한 서류를 제출하는 경우에는 특별한 규정이 없으면 송달받을 사람 수만큼의 부본을 함께 제출하여야 한다.

> 규칙 제48조(부본제출의무 등) ① 송달을 하여야 하는 소송서류를 제출하는 때에는 특별한 규정이 없으면 송달에 필요한 수의 부본을 함께 제출하여야 한다.

⑶ 송달을 받을 사람

원칙적으로 당사자가 송달을 받을 사람이 된다. 당사자가 소송무능력자인 경우에는 법정대리인에게 송달하여야 한다(179조). 따라서 법인 등에 대한 송달은 대표자에게 하여야 한다. 소송대리인이 있는 경우 소송대리인에게 송달하여야 하지만, 당사자에게 한 송달도 무효는 아니라는 것이 판례의 입장이다.[569] 법정대리인이나 소송대리인이 여러 명인 경우에는 그 중 1인에게만 하면 된다

---

568) 대법원 2003. 10. 14.자 2003마1144 결정.
569) 대법원 1964. 5. 12. 선고 63아37 판결.

(180조).[570)]

개별 규정에 의하여 송달을 받을 수 있는 자(법규상 송달영수인), 당사자 등이 송달영수인으로 신고한 자(신고된 송달영수인)도 송달을 받을 수 있다.

> 제181조(군관계인에게 할 송달) 군사용의 청사 또는 선박에 속하여 있는 사람에게 할 송달은 그 청사 또는 선박의 장에게 한다.
> 제182조(구속된 사람 등에게 할 송달) 교도소·구치소 또는 국가경찰관서의 유치장에 체포·구속 또는 유치(留置)된 사람에게 할 송달은 교도소·구치소 또는 국가경찰관서의 장에게 한다.
> 제184조(송달받을 장소의 신고) 당사자·법정대리인 또는 소송대리인은 주소등 외의 장소(대한민국안의 장소로 한정한다)를 송달받을 장소로 정하여 법원에 신고할 수 있다. 이 경우에는 송달 영수인을 정하여 신고할 수 있다.

전자의 경우 위 181, 182조에 의하여 송달을 받을 수 있는 교도소장 등은 일종의 법정대리인인데, 송달할 서류가 실제 당사자 등에게 전달되지 않아도 송달의 효력이 발생한다. 교도소장 등은 민사소송규칙에 따라 재감자 등에게 서류를 전달할 의무가 있다. 판례는 교도소에 수감되어 있는 자에 대한 송달을 교도소장에게 하지 않고 재감자의 수감전 주소 등에 한 것은 무효라고 보았는바,[571)] 재감자 본인 등이 단독으로 송달받을 수 없고, 나아가 송달장소도 잘못되었다는 취지이다. 교도소장이 아닌 재감자 본인에게 교도소로 송달이 실시되어 현실적으로 소송서류가 전달된 경우에는 송달이 유효하다는 견해도 있다.

(4) 송달장소

송달은 송달을 받을 사람의 주소 등(183조 1항 본문)에 하여야 한다. 법인의 대표자를 포함한 법정대리인에게 하는 송달은 본인의 영업소나 사무소에서도 가능하다(183조 1항 단서).[572)] 주소 등을 알지 못하는 경우 등에는 근무장소에 송

---

570) 민사소송규칙 49조가 정하는 예외가 있다. 즉, 공동대리인들이 송달을 받을 대리인 한 사람을 지정하여 신고한 때에는 지정된 대리인에게 송달하여야 한다.

571) 대법원 1982. 12. 28. 선고 82다카349 전원합의체 판결, 대법원 2009. 10. 8.자 2009마529 결정.

572) 대법원 1997. 5. 19.자 97마600 결정: 법인인 소송당사자[인 경우 송달은] 그 대표자에게 [하여야] 하는 것이니 그 대표자의 주소, 거소에 하는 것이 원칙이고, 법인의 영업소나 사무소에도 할 수 있으나, 법인의 대표자의 주소지가 아닌 소장에 기재된 법인의 주소지로 발송하였으나 이사불명으로 송달불능된 경우에는, 원칙으로 되돌아가 원고가 소를 제기하면서 제출한 법인등기부등본 등에 나타나 있는 법인의 대표자의 주소지로 소장 부본 등을 송달하여 보고 그 곳으로도 송달되지 않을 때에 주소 보정을 명하여야 하므로, 법인의 주소지로 소장

달할 수 있다(183조 1항 단서).

제183조(송달장소) ① 송달은 받을 사람의 주소·거소·영업소 또는 사무소(이하 "주소등"이라 한다)에서 한다. 다만, 법정대리인에게 할 송달은 본인의 영업소나 사무소에서도 할 수 있다.
② 제1항의 장소를 알지 못하거나 그 장소에서 송달할 수 없는 때에는 송달받을 사람이 고용·위임 그 밖에 법률상 행위로 취업하고 있는 다른 사람의 주소등(이하 "근무장소"라 한다)에서 송달할 수 있다.

1항의 영업소나 사무소는 송달을 받을 자 본인이 경영하는 영업소 등을 의미하므로, 예컨대 송달을 받을 사람을 고용한 자의 영업소나, 송달을 받을 자가 경영하는 별도의 법인격을 가진 법인의 영업소는 위 2항의 근무장소에 해당될 수는 있어도, 1항의 영업소나 사무소는 아니다.[573] 법인인 소송당사자의 대표자가 겸임하는 별개의 법인의 영업소도 마찬가지다.[574] 영업소나 사무소의 경우 명칭이나 등기 여부와는 무관하고, 영업이나 사무의 전부 또는 일부가 독립하여 계속적으로 행해지고 있는 곳이면 된다.[575] 한시적 기간에만 설치되거나 운영되는 곳이라고 하더라도 영업·사무의 내용 등에 비추어 볼 때 어느 정도 반복해서 송달이 이루어질 것이라고 객관적으로 기대할 수 있는 곳이라면 영업소 또는 사무소에 해당한다.[576]

2002년 법개정 때 추가된 2항의 근무장소는 보충적 송달장소이므로, 주소등에 송달을 시도하지 않고 바로 근무장소로 실시한 송달은 위법하다.[577] 근무는 현실적이고 지속적이어야 한다.[578]

당사자 등이 주소 등 외의 장소를 송달받을 장소로 신고할 수도 있다.

제184조(송달받을 장소의 신고) 당사자·법정대리인 또는 소송대리인은 주소등 외의 장소(대한민국안의 장소로 한정한다)를 송달받을 장소로 정하여 법원에 신고할 수 있다. 이 경우에는 송달 영수인을 정하여 신고할 수 있다.

부본을 송달하였으나 송달불능되었다는 이유만으로 그 주소 보정을 명한 것은 잘못이므로 그 주소 보정을 하지 아니하였다는 이유로 한 소장각하명령은 위법하다.

573) 대법원 1997. 12. 9. 선고 97다31267 판결, 대법원 2004. 7. 21.자 2004마535 결정.

574) 대법원 1993. 2. 9. 선고 92다47502 판결.

575) 대법원 2003. 4. 11. 선고 2002다59337 판결.

576) 대법원 2014. 10. 30. 선고 2014다43076 판결(도의원 선거사무소를 적법한 송달장소로 인정).

577) 대법원 2004. 7. 21.자 2004마535 결정, 대법원 2021. 9. 16. 선고 2021도2748 판결.

578) 대법원 2015. 12. 10. 선고 2012다16063 판결.

또한 당사자 등은 또한 송달장소의 변경이 있는 경우 이를 법원에 신고할 의무가 있고,[579] 당사자 등이 위 신고의무를 지키지 않은 경우, 법원이 달리 송달장소를 알 수 없는 경우[580]에는 후술하는 발송송달이 가능하다.

> 제185조(송달장소변경의 신고의무) ① 당사자·법정대리인 또는 소송대리인이 송달받을 장소를 바꿀 때에는 바로 그 취지를 법원에 신고하여야 한다.
> ② 제1항의 신고를 하지 아니한 사람에게 송달할 서류는 달리 송달할 장소를 알 수 없는 경우 종전에 송달받던 장소에 대법원규칙이 정하는 방법으로 발송할 수 있다.

원고와 같은 적극적 당사자의 경우에는 주소 등이 변경된 경우 이전 주소에서 송달을 받았는지 여부를 불문하고 새로운 주소를 신고하여야 하고, 피고와 같은 소극적 당사자의 경우에는 원고가 소장에서 기재한 자신의 주소에서 송달을 받은 이후 주소가 변경되었다면 새로운 주소를 신고하여야 한다.

송달장소가 아닌 곳에서는 송달을 할 수 없지만, 법원 안에서 당해 사건으로 출석한 자에게 법원사무관 등이 송달을 실시하는 경우(177조)와 조우송달의 경우(183조 3항, 4항)는 예외이다.

다) 예외 내지 변형

(1) 보충송달

민사소송법 186조 1항과 2항의 요건을 갖춘 경우에는 송달장소에서[581] 송

---

579) 대법원 2022. 1. 13. 선고 2019다220618 판결은 소송계속 중 당사자가 교도소에 수감된 경우 민사소송법 182조에 의하여 교도소장에게 송달하여야 하는데, 이 경우 송달장소뿐만 아니라 송달을 받을 자까지 변경된 경우이므로 당사자에게 송달장소 변경의 신고의무가 없다고 하였다(홍승면, 연도별 4개년 민사판례해설(2019. 7. 1.자 공보~2023. 6. 15.자 공보), 1553면 참조). 위 판결은 이를 전제로 항소의 추후보완이 가능하다고 하였다.

580) 대법원 2018. 4. 12. 선고 2017다53623 판결은 '달리 송달할 장소를 알 수 없는 경우'라 함은 상대방에게 주소보정을 명하거나 직권으로 주민등록표 등을 조사할 필요까지는 없지만, 적어도 기록에 현출되어 있는 자료로 송달할 장소를 알 수 없는 경우에 한한다고 하면서, 원고가 소장에 기재한 피고의 주소(이하 주소 ①이라고 한다)와 다른, 피고의 정확한 주소(이하 주소 ②라고 한다)가 증거서류에 기재되어 있음에도 불구하고, 1심법원이, 실제 피고의 주소가 아닌 주소 ①에 송달된 소송서류를 피고가 수령한 이후 주소불명을 사유로 주소 ①로 송달이 되지 않자, 기록에 현출되어 있는 정확한 주소인 주소 ②로의 송달을 시도해보지 않은 채 발송송달을 한 것은 무효라고 하였다(궁극적으로 대법원은 위와 같이 사정을 참작할 때 피고의 추완항소가 적법하다고 보았고, 주소 ①과 ②는 같은 빌라단지 내의 다른 호수이다).

581) 대법원 2001. 8. 31.자 2001마3790 결정, 대법원 2018. 5. 4.자 2018무513 결정(보충송달은 [민사소송법 183조 1항]에서 정하는 '송달장소'에서 하는 경우에만 허용되고 송달장소가 아닌 곳에서 사무원, 고용인 또는 동거자를 만난 경우에는 사무원 등이 송달받기를 거부하지 아니한다 하더라도 그 곳에서 사무원 등에게 서류를 교부하는 것은 보충송달의 방법으로서 부적

달을 받을 자를 만나지 못했을 때 그의 사무원, 피용자 또는 동거인, 즉 수령대행인에게 송달서류를 교부할 수 있고, 이로써 송달의 효력이 발생한다. 송달을 받을 자에게 서류가 전달되었는지 여부는 묻지 않는다. 이러한 경우의 교부송달을 보충송달이라고 한다.[582)]

> 第186조(보충송달·유치송달) ① 근무장소 외의 송달할 장소에서 송달받을 사람을 만나지 못한 때에는 그 사무원, 피용자(被用者) 또는 동거인으로서 사리를 분별할 지능이 있는 사람에게 서류를 교부할 수 있다.
> ② 근무장소에서 송달받을 사람을 만나지 못한 때에는 제183조 제2항의 다른 사람 또는 그 법정대리인이나 피용자 그 밖의 종업원으로서 사리를 분별할 지능이 있는 사람이 서류의 수령을 거부하지 아니하면 그에게 서류를 교부할 수 있다.

위 1항은 송달장소가 근무장소가 아닌 경우의 보충송달을, 2항은 송달장소가 근무장소인 경우의 보충송달을 각 규정하고 있는바, 1항과 2항은 송달을 받을 자를 대신하여 송달을 받을 수 있는 자의 범위와 이들이 서류의 수령을 거부할 수 있는지 여부를 다르게 규정하고 있다. 위 조항에 의하여 대신 송달을 받을 수 있는 자들은 송달에 국한된 일종의 법정대리인이다.

판례는 교도소에 수감되어 있는 자에 대한 송달을 교도소장에게 하지 않고 재감자의 수감전 주소 등에 한 것은 무효이고, 보충송달도 불가능하다고 본다.[583)]

위 조항의 송달을 받을 자에는 당사자는 물론 법정대리인, 소송대리인, 송달영수인이 모두 포함된다.[584)] 만나지 못한 사유는 묻지 않으므로 외출·여행으로 인한 부존재는 물론 면회불능이나 면회거절도 포함된다. 장기출타의 경우 보충송달이 가능하다는 판례가 있으나[585)] 출타의 사유나 기간에 비추어 해당 장소를 주소 등이라고 볼 수 없는 경우, 예컨대 유학, 해외파견 등의 경우에는 보충송달이 불가능하다고 봐야 할 것이다.

사무원, 피용자, 동거인에 해당하는지 여부, 사리를 분별한 지능이 있는지

법하다).

582) 대법원 2021. 12. 23. 선고 2017다257746 전원합의체 판결(보충송달도 [] 외국법원의 확정재판 등을 국내에서 승인·집행하기 위한 요건을 규정한 민사소송법 제217조 제1항 제2호의 '적법한 송달'에 해당한다).

583) 대법원 1982. 12. 28. 선고 82다카349 전원합의체 판결, 대법원 2009. 10. 8.자 2009마529 결정.

584) 대법원 1972. 12. 26. 선고 72다1408 판결.

585) 대법원 1991. 4. 15.자 91마162 결정.

여부 등에 관하여 많은 판례가 축적되어 있으며, 사안이 미묘한 경우가 많다. 예컨대, 동거인인지 여부와 관련하여 판례는 사실상 세대를 같이 하는지 여부를 기준으로 제시하면서, 임대인이나 임차인은 상호 동거인이 될 수 없다고 하는 한편,[586] 반드시 법률상 친족관계가 필요한 것은 아니라고 하여 이혼한 배우자도 실제로 생활을 같이 하는 경우 동거인이 된다고 하였다.[587] 또한 사리를 분별할 지능에 관하여 초등학교 3학년에 대하여 이를 인정한 경우도 있고,[588] 초등학교 2학년에 대하여 이를 부인한 경우도 있다.[589]

본인과 수령대행인 사이에 당해 소송에 관하여 이해의 대립 내지 상반된 이해관계가 있는 때에는 수령대행인이 소송서류를 본인에게 전달할 것이라고 합리적으로 기대하기 어려우므로 보충송달을 할 수 없다.[590]

(2) 유치송달

송달을 받을 자가 서류의 수령을 거부하는 경우에는 송달할 장소에 서류를 놓아둠으로써 송달의 효력이 발생한다. 이러한 교부송달을 유치송달이라고 한다.

> 제186조(보충송달·유치송달)
> ③ 서류를 송달받을 사람 또는 제1항의 규정에 의하여 서류를 넘겨받을 사람이 정당한 사유 없이 송달받기를 거부하는 때에는 송달할 장소에 서류를 놓아둘 수 있다.

근무장소 외의 송달장소에서 보충송달을 받을 자가 거부하는 경우에도 유치송달이 가능하다.

(3) 조우송달

송달장소가 아닌 곳에서 송달받을 자를 만난 경우에도 일정한 요건이 충족되면 교부송달을 할 수 있다. 이러한 교부송달을 조우송달(출회송달)이라고 한다.

> 제183조(송달장소)
> ③ 송달받을 사람의 주소등 또는 근무장소가 국내에 없거나 알 수 없는 때에는 그를 만나

586) 대법원 1978. 2. 28. 선고 77다2029 판결, 대법원 1983. 12. 30.자 83모53 결정.

587) 대법원 2000. 10. 28.자 2000마5732 결정.

588) 대법원 1968. 5. 7.자 68마336 결정.

589) 대법원 2005. 12. 5.자 2005마1039 결정.

590) 대법원 2016. 11. 10. 선고 2014다54366 판결은 추심금 소송의 소송서류, 판결정본을 피고회사(추심명령의 제3채무자)의 직원(추심명령의 채무자)이 보충송달 받아 피고회사의 대표이사에게 전달하지 않은 사안에서 보충송달이 무효이므로 항소기간이 진행되지 않는다고 판시하였다.

는 장소에서 송달할 수 있다.
④ 주소등 또는 근무장소가 있는 사람의 경우에도 송달받기를 거부하지 아니하면 만나는 장소에서 송달할 수 있다.

조우송달은 송달을 받을 자 본인에게, 그가 거부하지 않는 경우에 가능한 것이므로, 위 규정에 기초하여 보충송달이나 유치송달을 하는 것은 허용되지 않는다.[591)]

(4) 송달함 송달

민사소송법 188조가 규정하는 송달함 송달은 송달장소가 특별한 경우라고 할 수 있다. 송달함 송달은 법원사무관 등이 송달실시기관이 된다.

제188조(송달함 송달) ① 제183조 내지 제187조의 규정에 불구하고 법원안에 송달할 서류를 넣을 함(이하 "송달함"이라 한다)을 설치하여 송달할 수 있다.
② 송달함을 이용하는 송달은 법원사무관등이 한다.
③ 송달받을 사람이 송달함에서 서류를 수령하여 가지 아니한 경우에는 송달함에 서류를 넣은 지 3일이 지나면 송달된 것으로 본다.

(5) 특별송달(집행관송달)

실무상 집행관이 공휴일 또는 야간에 하는 교부송달을 특별송달이라고 부른다. 즉, 송달을 받을 자가 송달장소에 있음에도 불구하고 우편집배원의 근무시간인 평일의 주간에 자리를 비우는 등으로 송달이 실시되지 않는 경우, 당사자는 야간이나 공휴일에 송달을 실시할 것을 신청할 수 있다. 특별송달은 집행관이 실시하는 것이 원칙이다.

제190조(공휴일 등의 송달) ① 당사자의 신청이 있는 때에는 공휴일 또는 해뜨기 전이나 해진 뒤에 집행관 또는 대법원규칙이 정하는 사람에 의하여 송달할 수 있다.
② 제1항의 규정에 따라 송달하는 때에는 법원사무관등은 송달할 서류에 그 사유를 덧붙여 적어야 한다.
③ 제1항과 제2항의 규정에 어긋나는 송달은 서류를 교부받을 사람이 이를 영수한 때에만 효력을 가진다.

널리 집행관이 실시하는 송달이 집행관송달이므로 특별송달과 집행관송달은 엄밀하게는 서로 다르나, 실무상 동의어처럼 되어 있다.

---

591) 민사소송법 177조에 기하여 법정이나 법원사무관 등의 사무실에서 당해 사건으로 출석한 자에게 법원사무관 등이 직접 송달하는 경우에는 유치송달이 가능하다.

3) 발송송달(우편송달)

발송송달은 법원사무관 등이 송달서류를 등기우편으로 발송함으로써 실시하는 송달을 말하고,[592] 발신주의가 적용된다는 점이 특징이다.

> 제189조(발신주의) 제185조 제2항 또는 제187조의 규정에 따라 서류를 발송한 경우에는 발송한 때에 송달된 것으로 본다.

발송송달은 주소변경을 신고하지 않은 경우(185조 2항)와 보충송달이나 유치송달도 불가능한 경우(187조)에 가능하다.[593]

> 제187조(우편송달) 제186조의 규정에 따라 송달할 수 없는 때에는 법원사무관등은 서류를 등기우편 등 대법원규칙이 정하는 방법으로 발송할 수 있다.

전자의 발송송달은 해당 소송서류의 송달에 한정되나, 후자의 발송송달은 신고의무 불이행 이후의 모든 송달에서 가능하다. 화해권고결정, 조정에 갈음하는 결정, 이행권고결정의 송달은 발송송달로 할 수 없다(225조 2항 단서, 민사조정법 38조 2항 단서, 소액사건심판법 5조의3 3항 단서).

4) 공시송달

송달할 장소를 알 수 없는 경우 법원사무관 등이 송달서류를 보관하고 그 사유를 대법원 홈페이지에 게시하는 등으로 공시함으로써[594] 실시하는 송달을 공시송달이라고 한다.

---

592) 민사소송규칙 51조.

593) 대법원 2022. 3. 17. 선고 2020다216462 판결은 위 두 경우의 의미에 관하여 자세하게 설명하고 있다. 소송대리인이 선임되어 원고가 소장에 기재한 주소에 송달된 바가 없다면 위 주소를 민사소송법 185조 2항에서 정하는 '종전에 송달받던 장소'라고 볼 수 없고, 민사소송법 187조에 따른 발송송달에서 송달하여야 할 장소는 실제 송달받을 자의 생활근거지가 되는 주소, 거소, 영업소 등 송달받을 자가 소송서류를 받아 볼 가능성이 있는 적법한 송달장소를 말하는 것인데, 기록상 위 주소가 위 요건을 갖추었다고 보기도 어렵다는 것이 위 판결의 핵심적 판시이다. 위 판결은 해당 사안에서 발송송달로 이루어진 변론기일 통지가 모두 부적법한데, 반대로 이를 적법하다고 보고 항소취하간주로 소송이 종료되었다고 한 원심판결을 파기하였다.

594) 민사소송규칙 54조에 의하면 공시는 법원게시판 게시, 관보·공보 또는 신문 게재, 전자통신매체를 이용한 공시의 3가지 방법에 의한다. 대법원 홈페이지 게시는 전자통신매체를 이용한 공시에 해당한다.

제194조(공시송달의 요건) ① 당사자의 주소등 또는 근무장소를 알 수 없는 경우 또는 외국에서 하여야 할 송달에 관하여 제191조의 규정에 따를 수 없거나 이에 따라도 효력이 없을 것으로 인정되는 경우에는 법원사무관등은 직권으로 또는 당사자의 신청에 따라 공시송달을 할 수 있다.
② 제1항의 신청에는 그 사유를 소명하여야 한다.
③ 재판장은 제1항의 경우에 소송의 지연을 피하기 위하여 필요하다고 인정하는 때에는 공시송달을 명할 수 있다.
④ 원고가 소권(항소권을 포함한다)을 남용하여 청구가 이유 없음이 명백한 소를 반복적으로 제기한 것에 대하여 법원이 변론 없이 판결로 소를 각하하는 경우에는 재판장은 직권으로 피고에 대하여 공시송달을 명할 수 있다.
⑤ 재판장은 직권으로 또는 신청에 따라 법원사무관등의 공시송달처분을 취소할 수 있다.
제195조(공시송달의 방법) 공시송달은 법원사무관등이 송달할 서류를 보관하고 그 사유를 법원게시판에 게시하거나, 그 밖에 대법원규칙이 정하는 방법에 따라서 하여야 한다.

공시송달은 과거에는 재판장의 명령에 기하여 법원사무관 등이 실시하였으나 법이 개정되어 2015년 7월 1일부터는 법원사무관 등이 직권 또는 당사자의 신청에 따라 독자적으로 실시하게 되었다. 다만, 재판장은 법원사무관 등의 공시송달처분을 취소할 수 있고, 필요한 경우 공시송달명령을 할 수 있다.

주소 등을 알 수 없다는 사실, 즉 소재불명의 소명은 실무상 주민등록말소자등본이나 통반장 등의 불거주확인서, 송달불능사유가 기재된 집행관이 작성한 특별송달의 송달보고서 등에 의한다.

공시송달로 절차가 진행되는 경우 처음 실시하는 공시송달은 공시일로부터 2주가 지나야 효력이 발생하고, 두 번째부터의 공시송달은 공시일의 다음날부터 효력이 발생한다.

제196조(공시송달의 효력발생) ① 첫 공시송달은 제195조의 규정에 따라 실시한 날부터 2주가 지나야 효력이 생긴다. 다만, 같은 당사자에게 하는 그 뒤의 공시송달은 실시한 다음 날부터 효력이 생긴다.
② 외국에서 할 송달에 대한 공시송달의 경우에는 제1항 본문의 기간은 2월로 한다.
③ 제1항 및 제2항의 기간은 줄일 수 없다.

법이 개정되기 전의 법규정을 전제로, 판례는 공시송달의 요건이 갖추어지지 않았음에도 재판장의 공시송달명령에 기하여 실시된 이상 공시송달은 유효하다고 하였고,[595] 공시송달명령에는 불복할 수 없다고 보았다.[596] 여전히 재판

595) 대법원 1984. 3. 15.자 84마20 전원합의체 결정, 대법원 1986. 4. 8. 선고 85다카456 판결,

장에게 공시송달명령권이 유보되어 있고, 법원사무관 등의 공시송달에 대한 재판장의 감독권이 보장되어 있는 점, 법리를 변경한다면 재판장의 명령이 있는 경우와 아닌 경우를 달리 취급하여야 하므로 법리의 내용이 번잡해지는 점, 법원의 업무의 효율성을 높이기 위하여 법관 권한의 위임을 적절한 범위에서 확대할 필요가 있는데, 이러한 확대에 따라 일일이 기본적 법리를 변경하는 것은 부적절한 점 등을 고려할 때 법리의 변경은 필요하지 않다고 생각된다.

지급명령, 화해권고결정, 조정에 갈음하는 결정, 이행권고결정의 송달은 공시송달로 할 수 없다(462조 단서, 225조 2항 단서, 민사조정법 38조 2항 단서, 소액사건심판법 5조의3 3항 단서).

5) 기 타

가) 전자소송

민사소송 등에서의 전자문서 이용 등에 관한 법률 11조에 의하여 진행되는 전자소송의 경우, 송달을 받을 자가 전자소송에 의한 절차진행에 동의하였다면 전자적 송달로 송달할 수 있다.

> 민사소송 등에서의 전자문서 이용 등에 관한 법률 제11조(전자적 송달 또는 통지) ① 법원사무관등은 송달이나 통지를 받을 자가 다음 각 호의 어느 하나에 해당하는 경우에는 전산정보처리시스템에 의하여 전자적으로 송달하거나 통지할 수 있다.
> 1. 미리 전산정보처리시스템을 이용한 민사소송등의 진행에 동의한 등록사용자로서 대법원규칙으로 정하는 자인 경우
> 2. 전자문서를 출력한 서면이나 그 밖의 서류를 송달받은 후 등록사용자로서 전산정보처리시스템을 이용한 민사소송등의 진행에 동의한 자인 경우
> 3. 등록사용자가 국가, 지방자치단체, 그 밖에 그에 준하는 자로서 대법원규칙으로 정하는 자인 경우

전자적 송달은 법원사무관 등이 전자문서를 전자소송시스템에 등재하고, 그 사실을 송달을 받을 자에게 문자 등으로 통지하는 방법으로 한다. 전자적 송달의 경우 송달의 효력은 송달을 받을 자가 등재된 문서를 확인한 때에 발생

대법원 1991. 2. 27.자 91마18 결정 등.

반면, 대법원은 특허법 219조 1항의 공시송달이 요건을 구비하지 못한 경우 무효라고 보았다(대법원 2005. 5. 27. 선고 2003후182 판결, 대법원 2007. 1. 25. 선고 2004후3508 판결 등).

596) 대법원 1992. 10. 9. 선고 92다12131 판결.

하는 것이 원칙이지만(같은 조 4항 본문), 확인하지 않아도 등재사실 통지일로부터 1주가 지난 날에 송달된 것으로 간주된다(같은 조 4항 단서). 이 경우 등재사실 통지일로부터 1주가 지난 날을 기산할 때는 초일이 산입되지 않지만, 그 1주가 지난 날로부터 상소기간을 기산할 때는, 통상적 송달을 받았을 때와 달리 민법 157조 단서가 적용되어, 초일이 산입된다는 점에 유의하여야 한다.[597] 전자소송시스템에 장애가 있는 경우에 관하여는 특칙이 있다(같은 조 5항, 민사소송 등에서의 전자문서 이용 등에 관한 규칙 28조).

전자소송으로 진행되는 사건에서도 송달을 받을 자가 군관계인 등인 경우, 전자소송에 의한 절차진행에 동의하지 않은 경우, 대법원 규칙이 정하는 전자소송시스템의 장애나 기타 사유가 있는 경우 등에는 전자적 송달을 할 수 없다. 이 경우에는 전자문서를 출력하여 민사소송법에 의한 송달을 하여야 한다(민사소송 등에서의 전자문서 이용 등에 관한 법률 12조 1항). 위 전자문서의 출력은 법원사무관 등이 하는 것이 원칙이지만, 문서의 양이나 당사자가 상당히 많은 경우, 컬러출력이 필요한 경우 등에는 법원사무관 등이 당사자에게 출력서면을 제출하게 할 수 있다(민사소송 등에서의 전자문서 이용 등에 관한 규칙 29조 2항).

나) 간이통지

기일통지를 위한 송달은 간이한 방법으로 할 수 있다. 이를 간이통지라고 한다. 간이통지는 법원사무관 등이 이메일, 팩스 등으로 실시한다.

> 제167조(기일의 통지) ① 기일은 기일통지서 또는 출석요구서를 송달하여 통지한다. 다만, 그 사건으로 출석한 사람에게는 기일을 직접 고지하면 된다.
> ② 법원은 대법원규칙이 정하는 간이한 방법에 따라 기일을 통지할 수 있다. 이 경우 기일에 출석하지 아니한 당사자·증인 또는 감정인 등에 대하여 법률상의 제재, 그 밖에 기일을 게을리 함에 따른 불이익을 줄 수 없다.

다) 변호사에 대한 송달

소송대리인이 변호사인 경우에 관하여 민사소송규칙은 특칙을 두고 있다.

> 규칙 제46조(전화 등을 이용한 송달방법) ① 변호사인 소송대리인에 대한 송달은 법원사무관등이 전화·팩시밀리·전자우편 또는 휴대전화 문자전송을 이용하여 할 수 있다.
> 제47조(변호사 사이의 송달) ① 양쪽 당사자가 변호사를 소송대리인으로 선임한 경우 한

---

597) 대법원 2014. 12. 22.자 2014다229016 명령은 위 법리에 따라 하루 늦게 제출되었다는 이유로 상고장을 각하하였다.

쪽 당사자의 소송대리인인 변호사가 상대방 소송대리인인 변호사에게 송달될 소송서류의 부본을 교부하거나 팩시밀리 또는 전자우편으로 보내고 그 사실을 법원에 증명한 때에는 송달의 효력이 있다. 다만, 그 소송서류가 당사자 본인에게 교부되어야 할 경우에는 그러하지 아니하다.

라) 송달장소가 외국인 경우

송달장소가 외국인 경우 송달은 그 외국과 우리나라 사이에 조약이 있는 경우에는 그 조약에 따라 실시하고, 조약이 없는 경우에는 민사소송법과 국제민사사법공조법에 따라 실시한다.

제191조(외국에서 하는 송달의 방법) 외국에서 하여야 하는 송달은 재판장이 그 나라에 주재하는 대한민국의 대사·공사·영사 또는 그 나라의 관할 공공기관에 촉탁한다.

4. 송달의 하자

요건을 갖추지 못한 송달, 즉 위법한 송달은 원칙적으로 무효이다. 이 경우 추인이나 이의권의 포기·상실에 의하여 하자가 치유될 수 있다. 판결정본의 송달과 같이 불변기간의 기산점과 관련된 송달의 하자는 이의권의 포기·상실의 대상에서 제외된다.[598] 관련 규정을 강행규정으로 보는 것이다.

다만, 앞서 본 바와 같이 판례는 공시송달의 요건이 갖추어지지 않았음에도 실시된 공시송달은 유효한 것으로 보았다. 또한 판례는 판결편취와 관련하여 사위판결(정본)의 송달을 일반적으로 유효한 것으로 보고, 이를 전제로 재심을 구제수단으로 본다. 하지만, 자백간주에 의한 판결편취의 경우는 사위판결의 송달을 무효로 보고 상소를 구제수단으로 본다.

598) 대법원 1972. 5. 9. 선고 72다379 판결.

제 34 강 소송절차의 정지

1. 의의 및 효과

소송절차가 법률상 진행되지 않는 상태를 소송절차의 정지라고 한다. 민사소송법은 소송절차의 정지를 소송수행자의 변경이 수반되는 중단(233조 내지 244조)과 그 외의 경우인 중지(245, 246조)로 구분하여 규정하고 있다.

2. 소송절차의 중단

1) 중단사유

민사소송법이 중단사유로 규정하고 있는 소송수행자의 변경에는 당사자의 사망(233조), 합병(234조), 소송능력의 상실과 법정대리권의 소멸(235조), 수탁자의 임무종료(236조), 소송담당자의 자격상실(237조), 파산절차의 개시(239조)와 종료(240조) 등이 있다. 채권자대위와 같은 병행형 소송담당에는 위 237조가 적용되지 않는다고 보는 것이 통설이다.

위 중단사유 중 파산절차의 개시와 종료를 제외하고는 당사자나 사망자에게 소송대리인이 있었던 경우에는 소송절차가 중단되지 않는다.

> 제238조(소송대리인이 있는 경우의 제외) 소송대리인이 있는 경우에는 제233조 제1항, 제234조 내지 제237조의 규정을 적용하지 아니한다.

소송대리인으로 인하여 소송절차가 중단되지 않고, 또한 당사자가 바뀌는 경우에는 소송대리인은 새로운 당사자를 위한 소송대리인이 된다. 이 경우 소송대리권은 소멸하지 않는다. 위 조항은 이러한 법리에 따라 소송대리인에 의하여 새로운 당사자가 보호된다는 것을 전제로 하는 것이다.

2) 중단의 해소

중단은 수계신청(241조)과 법원의 속행명령(244조)에 의하여 해소된다. 즉,

수계신청에 의하여 절차가 재진행한다. 수계는 중단의 해소사유로서 당사자의 승계와는 다르므로 소송절차가 중단되지 않는 경우에는 중단을 해소하기 위한 수계도 필요하지 않다. 이 경우에는 엄밀하게는 기록의 표시를 현재의 당사자와 일치되도록 하기 위한 당사자표시정정이 필요하다고 할 것이나, 실무상으로는 수계신청이 이용되는 경우가 많다.599) 또한 당사자표시정정신청이나 수계신청이 없어도 법원이 직권으로 당사자표시를 정정할 수 있다고 보는 것이 일반적이다. 판례는 청구취지변경이 없어도 상속분에 따른 분할판결까지 할 수 있다고 보았다.600)

수계신청은 상속인 등 각 중단사유별로 법이 규정하고 있는 새로운 소송수행자들이 할 수 있고, 그들의 상대방도 할 수 있다(241조).601) 수계신청은 중단 당시의 법원에 하는 것이 원칙이다. 판결 선고 이후도 마찬가지이다.

> 제243조(수계신청에 대한 재판)
> ② 재판이 송달된 뒤에 중단된 소송절차의 수계에 대하여는 그 재판을 한 법원이 결정하여야 한다.

수계신청 없이 상소가 제기된 이후 원심법원 외에 상소심법원에도 수계신청을 할 수 있는지에 관하여는 견해 대립이 있다. 판례는 이를 긍정한다.602) 수계신청이 있으면 법원은 수계신청의 당부를 판단하지 않고 바로603) 상대방에게 통지하여야 한다.

> 제242조(수계신청의 통지) 소송절차의 수계신청이 있는 때에는 법원은 상대방에게 이를 통지하여야 한다.

---

599) 이를 일본에서는 수계유사적 처리라고 한다.

600) 대법원 1970. 9. 17. 선고 70다1415 판결.

601) 대법원 2023. 9. 21. 선고 2023므10861(본소), 2023므10878(반소) 판결(법원이 부적법한 소송수계신청을 받아들여 소송수계인을 당사자로 하여 판결을 선고하였다면, 마치 대리인에 의하여 적법하게 대리되지 아니하였던 경우와 마찬가지로 위법하다고 하면서, 이혼으로 인한 재산분할청구권은 파산재단에 속하지 아니하여 파산관재인이나 상대방이 절차를 수계할 이유가 없으므로, 재산분할을 구하는 절차는 수계의 대상이 아니라는 이유로 파산관재인의 수계신청을 받아들여 심판한 원심판결과 1심판결 모두를 파기 또는 취소하고 사건을 1심법원으로 환송하고, 재산분할청구부분에 관한 수계신청을 기각하였다).

602) 대법원 1980. 10. 14. 선고 80다623, 624 판결, 대법원 1995. 5. 23. 선고 94다28444 전원합의체 판결, 대법원 1996. 2. 9. 선고 94다61649 판결, 대법원 2003. 11. 14. 선고 2003다34038 판결, 대법원 2010. 12. 23. 선고 2007다22859 판결.

603) 주석 민사소송법(7판)(Ⅰ), 510면.

수계신청이 있는 경우 그 당부를 법원은 직권으로 조사하여 이유 없는 경우에는 법원은 기각결정을 하여야 한다. 이에 대하여는 통상항고가 가능하다.

> 제243조(수계신청에 대한 재판) ① 소송절차의 수계신청은 법원이 직권으로 조사하여 이유가 없다고 인정한 때에는 결정으로 기각하여야 한다.

수계신청이 이유 있는 경우에는 원칙적으로 명시적 인용결정 없이 소송절차를 속행할 수 있다.[604] 이 경우는 묵시적으로 수계신청을 인용하는 결정이 있는 것으로 볼 것이다. 그러나 위 243조 2항의 예외가 있고, 이 경우는 명시적 인용결정이 필요하다. 비록 법문은 '재판이 송달된 뒤에'라고 되어 있으나 보다 넓게 '변론종결 후에' 소송절차가 중단된 경우에 위 조항이 적용된다고 본다.[605]

수계신청을 인용한 결정에 대하여는 독립된 항고가 불가능하고, 상소로써 다투어야 한다.[606]

수계신청으로 인한 중단해소, 즉 절차의 재진행은 신청인과의 관계에서는 신청과 동시에 생기고 상대방과의 관계에서는 위 242조의 통지가 있은 때에 생긴다. 변론기일을 여는 것과 같이 쌍방에 대한 소송행위는 쌍방 모두에 대하여 중단이 해소된 후에 실시되어야 한다.[607]

중국판결 후에 소송절차가 중단된 경우에도 중단해소의 시기는 위와 같으나, 중단에 의하여 진행이 정지된 기간은 수계를 허용하는 결정이나 속행명령이 당사자에게 통지된 때부터 진행하기 때문에(247조 2항), 상소기간은 그때부터 진행한다. 다만, 수계허가결정이나 속행명령이 통지되기 전에도 상소를 제기할 수 있다.[608]

> 제247조(소송절차 정지의 효과)
> ② 소송절차의 중단 또는 중지는 기간의 진행을 정지시키며, 소송절차의 수계사실을 통지

604) 대법원 1969. 9. 30. 선고 69다1063 판결, 대법원 2006. 11. 23. 선고 2006재다171 판결.

605) 주석 민사소송법(7판)(Ⅰ), 515면.

606) 수계신청이 이유 있는 것으로 알고 절차를 속행하다가 이후 신청인이 실제 승계인이 아닌 자라고 밝혀진 경우 신청인에 대한 소를 각하하여야 한다는 견해와 수계신청을 인용한 결정을 취소하고 수계신청을 기각(또는 각하)하여야 한다는 견해가 대립하고 있다. 판례는 후자를 취한다. 대법원 1981. 3. 10. 선고 80다1895 판결.

607) 주석 민사소송법(7판)(Ⅰ), 510~511면.

608) 주석 민사소송법(7판)(Ⅰ), 511면.

한 때 또는 소송절차를 다시 진행한 때부터 전체기간이 새로이 진행된다.

상고심에서도 소송절차는 중단될 수 있는바, 판례는 소송중단사유가 상고이유서 제출기간 경과 이후에 생긴 경우, 상고심절차가 이 단계에 이르러 변론 없이 판결을 선고할 때에는 소송절차를 수계할 필요가 없다는 이유로 소송수계신청은 기각되어야 한다는 입장이다.[609][610]

3. 소송절차의 중지

민사소송법상 소송절차의 중지로는 일정한 사유가 있는 경우 소송절차가 당연히 중지되는 당연중지와 법원의 중지결정에 의하여 중지되는 재판중지가 있다.

> 제245조(법원의 직무집행 불가능으로 말미암은 중지) 천재지변, 그 밖의 사고로 법원이 직무를 수행할 수 없을 경우에 소송절차는 그 사고가 소멸될 때까지 중지된다.
> 제246조(당사자의 장애로 말미암은 중지) ① 당사자가 일정하지 아니한 기간 동안 소송행위를 할 수 없는 장애사유가 생긴 경우에는 법원은 결정으로 소송절차를 중지하도록 명할 수 있다.
> ② 법원은 제1항의 결정을 취소할 수 있다.

민사소송법 외의 법령에 의하여 소송절차가 중지되는 경우도 있는바, 법원이 위헌법률심판제청을 한 경우가 대표적인 예이다.

> 헌법재판소법 제42조(재판의 정지 등) ① 법원이 법률의 위헌 여부 심판을 헌법재판소에 제청한 때에는 당해 소송사건의 재판은 헌법재판소의 위헌 여부의 결정이 있을 때까지 정지된다. 다만, 법원이 긴급하다고 인정하는 경우에는 종국재판 외의 소송절차를 진행할 수 있다.

609) 대법원 2017. 3. 16. 선고 2014후1327 판결, 대법원 2015. 2. 26. 선고 2012다89320 판결(회생절차의 개시), 대법원 2014. 2. 27. 선고 2012두27794 판결(회사분할), 대법원 2006. 8. 24. 선고 2004다20807 판결(파산절차의 개시), 대법원 2001. 6. 26. 선고 2000다44928, 44935 판결(파산절차의 개시) 등. 대법원 2017. 11. 9. 선고 2014다49180 판결도 같은 취지로 보이나 상고이유서 제출기간 경과 이후에 소송중단사유가 있었는지 여부가 판결문상 분명하지 않다.

610) 일본 최고재판소 평성 9년 9월 9일 판결을 참조한 것인바, 일본과 우리나라의 상고심절차 상호간의 차이, 특히 우리나라에서는 상고심판결이 선고 없이 송달에 의하여 효력이 발생하는 경우도 있다는 점에 유의할 필요가 있다.

4. 소송절차정지의 효과

소송절차가 정지된 경우 이미 종결된 변론에 의한 판결선고를 제외하고는 일체의 소송행위를 할 수 없다. 기간은 진행될 수 없거나 진행이 정지되고, 정지가 해소되면 전체 기간이 새로이 진행된다.

> 제247조(소송절차 정지의 효과) ① 판결의 선고는 소송절차가 중단된 중에도 할 수 있다.
> ② 소송절차의 중단 또는 중지는 기간의 진행을 정지시키며, 소송절차의 수계사실을 통지한 때 또는 소송절차를 다시 진행한 때부터 전체기간이 새로이 진행된다.

따라서, 상소기간이 진행되는 중에 소송절차가 중단되면 상소기간의 진행도 중단되고, 이후 수계신청을 인용한 결정이 통지(송달)된 때로부터 다시 전체 기간이 진행된다.

제 3 관 당사자의 역할

제 35 강 본안의 신청과 공격방어방법의 제출

1. 개 요

변론에서의 당사자의 역할은 본안의 신청과 공격방어방법의 제출로 나눌 수 있다.

2. 본안의 신청

1) 의 의

첫 변론기일에서 재판장이 사건과 당사자를 부름으로써 기일이 개시되면 원고가 말로 본안의 신청을 하여야 한다. 본안의 신청은 원고가 소장의 청구취지와 같은 판결을 구하는 것을 말한다. 본안의 신청에 의하여 심리의 대상 내지 범위가 확정된다. 본안의 신청에 대한 법원의 답변이 판결이다.

원고의 본안의 신청에 대하여 통상 피고는 말로 청구기각 판결을 구하거나 소각하 판결을 구하는 신청을 한다. 이 피고의 반대신청이 본안의 신청인지 여부에 대하여는 견해 대립이 있다. 피고의 반대신청이 없어도 법원은 청구기각이나 소각하 판결을 할 수 있다.

2) 신청 일반론

일반적으로 신청은 당사자가 법원에게 일정한 소송행위를 하여 줄 것을 요구하는 것을 말하는데, 이는 본안의 신청과 소송상 신청으로 나뉜다. 본안의 신청에는 소, 상소, 반소 등이 포함된다. 소송상 신청은 본안의 신청을 제외한, 즉 소송절차의 개개의 부수적 사항에 관한 신청을 말한다. 관할지정신청, 기피신청, 증거신청 등이 그 예이다.

엄밀하게는 소송상 신청은 당사자에게 신청권이 있는 경우의 신청을 의미한다. 이 경우 소송상 신청에 대하여 법원은 반드시 응답할 의무가 있다. 따라서 소송상 신청이 이유 없는 경우에는 기각결정을, 부적법한 경우에는 각하결정을 하여야 한다. 당사자에게 신청권이 없음에도 당사자가 신청을 하는 경우, 법원의 직권발동을 촉구하는 의미밖에 없으므로, 법원은 응답할 필요가 없다.

신청은 특별한 규정이 있는 경우에는 그에 따라야 하므로, 예컨대 소는 소장을 제출함으로써 하여야 하지만, 일반적으로는 서면으로도 할 수 있고, 말로도 할 수 있다.

> 제161조(신청 또는 진술의 방법) ① 신청, 그 밖의 진술은 특별한 규정이 없는 한 서면 또는 말로 할 수 있다.
> ② 말로 하는 경우에는 법원사무관등의 앞에서 하여야 한다.
> ③ 제2항의 경우에 법원사무관등은 신청 또는 진술의 취지에 따라 조서 또는 그 밖의 서면을 작성한 뒤 기명날인 또는 서명하여야 한다.

3. 공격방어방법의 제출

1) 주장과 증명

본안의 신청에 의하여 법원의 심판의 대상이 된 소송물, 소송물인 권리관계는 개별적이고 구체적인 사실관계에 일반적이고 추상적인 법규정이 적용된 결과 발생하는 법률효과이다. 따라서 소송물의 존부를 판단하기 위하여는 사실관계에 관한 자료와 법규정에 관한 자료가 필요하다. 민사소송에서 이러한 자료는 법원이 알아서 스스로, 즉 직권으로 수집하는 것이 아니라, 당사자들이 법원에 제출하여야 한다. 당사자들의 제출행위는 다시 주장과 증명으로 나뉘고, 주장은 사실관계에 관한 주장(사실상의 주장)과 법규정에 관한 주장(법률상의 주장)으로 나뉜다. 증명은 사실상의 주장을 뒷받침하기 위하여 증거를 제출하는 것을 의미한다. 결국 심리는 소송물에 대한 당사자들의 주장과 증명에 의하여 이루어진다. 증명에 관하여는 증거 쪽에서 상세히 다룬다.

2) 사실상의 주장과 법률상의 주장

사실상의 주장은 특정한 법규정을 전제로 하는 것이기 때문에,[611] 사실상의 주장은 법률상의 주장과 불가분의 밀접한 관련이 있다.

하지만 사실관계에 관하여는 법원은 전혀 무지한 제3자적 입장에 있고, 당사자는 사적자치의 원칙에 의하여 그 형성 등의 자유 및 책임이 있는 반면, 법(규정)에 관하여는 당사자가 그 내용을 형성하거나 변경할 권한이 없고, 오히려 법원이 국가의 일부로서 그 정당한 해석·적용에 대한 권한과 책임을 지기 때문에 양자는 다르게 취급된다.[612]

예컨대, 자백의 구속력은 사실상의 주장에만 인정되고, 법률상의 주장에는 인정되지 않는다. 즉, 법률상 주장이 일치하여도 아무런 효과가 인정되지 않고, 법원도 당사자도 이에 구속되지 않는다. 현실적으로 존재하지 않는 법규정이 존재한다는 당사자의 주장이 일치하여도 그 법규정이 존재하는 것으로 취급되지 않는다. 어떤 법규정의 내용과 관련하여 A라는 해석과 B라는 해석이 대립하는데, 당사자가 A가 맞다고 일치하여 진술한 경우도 마찬가지이다.

또한 증명은 사실상의 주장에 관하여 요구되지만, 법률상의 주장에 관하여는 요구되지 않는 것이 원칙이다. 사실상의 주장이 부인된 경우 법원은 당사자가 제출한 증거에 의하여 주장된 사실관계가 인정되는지 여부를 판단하지만, 법률상 주장이 부인된 경우에는 법원이 스스로 그 주장된 법규정의 존부·내용 등을 스스로 조사하여 당부를 판단하게 된다. 당사자가 관련 자료를 제출할 수 있지만 이는 보조적인 것에 불과하다.

---

611) 청구원인과 관련하여서는 소송물이론의 대립이 있는 부분이고, 위 기재는 구소송물이론을 전제로 한 것이다. 신소송물이론, 특히 일지설은 동일한 법률효과를 발생시키는 여러 법규정들이 있는 경우에는 그 모든 규정들의 법률효과가 주장된 것으로 보는 셈이다.

612) 대법원 2002. 2. 26. 선고 2000다48265 판결은 "[] 주장책임의 정도는 요건사실[만] 변론에 현출되면 족하다고 할 것이고, 그 요건사실의 존재로 인하여 어떠한 법률효과가 발생하는지에 대해서까지 주장하여야만 하는 것은 아니라고 할 것이[다]"라고 하였다. 다만, 청구원인의 경우 판례가 취하는 구소송물이론에 따르면 소송물의 특정을 위하여 특정한 실체법적 권리의 주장, 즉 법률상 주장이 필요하고, 청구원인 단계에서 법률상의 주장이 정해지면 이에 따라 항변 이후 단계에서의 법률상 주장들도 연쇄적으로 정해진다는 점에 유의할 필요가 있다.

3) 사실상의 주장에 대한 답변: 부인, 부지, 자백, 침묵

변론주의에 따라 자백이 성립한 사실은 법원도 구속하기 때문에 사실상의 주장에 대한 상대방의 답변은 소송에서 중요한 의미를 가진다. 한 당사자의 사실상의 주장에 대하여 상대방은 통상 이를 부인하거나(부인) 시인한다(자백). 상대방이 모른다고, 즉 부지로 답변하는 경우 부인한 것으로 추정되므로(150조 2항), 자백이 성립하지 않는다. 상대방이 부인도, 자백도, 부지도 하지 않는 경우, 즉 침묵의 경우에는 변론 전체의 취지로 보아 그 사실상의 주장을 다툰 것으로 볼 수 있는 경우를 제외하고는 자백이 간주된다(150조 1항).

> 제150조(자백간주) ① 당사자가 변론에서 상대방이 주장하는 사실을 명백히 다투지 아니한 때에는 그 사실을 자백한 것으로 본다. 다만, 변론 전체의 취지로 보아 그 사실에 대하여 다툰 것으로 인정되는 경우에는 그러하지 아니하다.
> ③ 당사자가 변론기일에 출석하지 아니하는 경우에는 제1항의 규정을 준용한다. 다만, 공시송달의 방법으로 기일통지서를 송달받은 당사자가 출석하지 아니한 경우에는 그러하지 아니하다.

자백이 간주되는 경우로는 위 경우 외에도 상대방이 변론기일에 불출석하는 경우(150조 3항)와 답변서를 제출하지 않는 경우(257조 1항 본문)가 있다. 이들은 주로 피고가 아무런 대응을 하지 않는 경우에 해당되는바, 무변론판결제도가 도입된 현행법 하에서는 주로 후자가 활용된다.

사실상의 주장에 대하여 상대방의 답변에 의하여 자백이나 자백간주가 성립하지 않는 경우 그 사실상의 주장을 한 자가 증명하여야 한다.

주의할 점은 어떤 당사자의 사실상의 주장에 대하여 자백이 성립되거나 증명이 성공하여도 이는 사실관계가 그 당사자가 주장한 바와 같다는 점에 그치는 것이기 때문에 경우에 따라서는 그 당사자가 원하는 법률효과가 발생하지 않을 수도 있다는 점이다. 필요한 요건사실 전부를 주장하지 않는 경우나 법률상 주장에 오류가 있는 경우를 그 예로 들 수 있다.

4) 주장·증명책임의 분배

가) 법률요건분류설

좀 더 자세히 살펴보면, 소송에서 당사자들의 주장과 증명은 상호간의 공격방어의 형태를 띠게 되는데, 개별적인 공격방어를 하지 않았거나 하였더라도 실패했을 때의 책임, 즉 불리한 내용의 판결을 받을 위험이 원고와 피고에게 분배된다.

이러한 책임의 분배기준에 관하여 통설·판례는 법률요건분류설을 취하고 있다. 법률요건분류설의 기본적 입장은 각 당사자가 자기에게 유리한 법규의 요건사실의 주장·증명책임을 진다는 것이다. 어떤 소송물의 존부에 영향을 미치는 법규정들은 그 법률효과의 방향이 상반되거나 상이한바, 법률요건분류설은 이들을 어떤 권리를 발생하게 하는 권리근거규정과 반대규정으로 크게 나누고, 다시 후자를 다시 권리근거규정에 기한 권리의 발생을 애초부터 방해하는 권리장애규정,[613] 권리근거규정에 의하여 발생한 권리를 사후적으로 소멸하게 하는 권리소멸규정,[614] 권리근거규정에 의하여 발생한 권리의 행사를 일시적·잠정적으로 저지시키는 권리저지규정[615]으로 나눈 다음 권리근거규정은 원고가, 반대규정, 즉 권리장애규정, 권리멸각규정, 권리저지규정은 피고가 주장·증명책임을 부담한다고 한다.[616]

이상은 실체법상의 권리의 요건사실에 관한 것인바, 나아가 법률요건분류설은 소송요건에 관하여 직권조사사항의 경우는 원고가, 항변사항의 경우에는 피고가 주장·증명책임을 부담한다고 한다.

법률요건분류설은 법규의 구조, 형식에서 분배기준을 찾기 때문에 규범설이라고 부르기도 한다. 즉, 법률요건분류설을 취하는 경우 불법행위에 기한 손해배상청구권의 요건 중 고의·과실에 관하여는 원고가 주장·증명책임을 부담하나, 채무불이행에 기한 손해배상청구권의 요건 중 고의·과실에 관하여는 피고가 주장·증명책임을 부담한다. 이렇게 같은 손해배상청구권이지만 고의·과실의 주장·증명책임의 소재가 달라지는 것은 민법 750조와 390조의 조문 구조가 다르기 때문이다.

> 민법 제750조(불법행위의 내용) 고의 또는 과실로 인한 위법행위로 타인에게 손해를 가한 자는 그 손해를 배상할 책임이 있다.

---

613) 불공정한 법률행위, 통정허위표시 등 무효사유가 이에 해당한다.
614) 변제, 사기·강박에 의한 취소 등을 예로 들 수 있다.
615) 기한유예, 정지조건의 존재 등을 예로 들 수 있다.
616) 대법원 1997. 3. 25. 선고 96다42130 판결(약정금 청구소송에서 원고가 약정의 존재를 증명한 경우, 약정에 따른 채무의 불발생 또는 소멸은 피고의 항변사유이다).

민법 제390조(채무불이행과 손해배상) 채무자가 채무의 내용에 좇은 이행을 하지 아니한 때에는 채권자는 손해배상을 청구할 수 있다. 그러나 채무자의 고의나 과실없이 이행할 수 없게 된 때에는 그러하지 아니하다.

나) 청구원인·항변·재항변 등

법률요건분류설에 따르면, 통상적인 경우 원고가 권리근거규정에 기한 주장(권리근거규정의 요건사실에 관한 주장, 즉 사실상의 주장과 권리근거규정의 존부·내용 또는 해석·적용에 관한 주장, 즉 법률상의 주장)과 증명을, 피고가 반대규정에 기한 주장과 증명을 한다.[617] 예컨대, 1 대여금청구소송의 원고가 민법 계약 각칙편의 소비대차 관련 규정에 기하여 주장과 증명을 하고, 이에 대하여 2 피고가 민법 총칙의 소멸시효 관련 규정에 기하여 주장과 증명을 하는 식이다. 1을 청구원인단계, 2를 항변단계라고 부른다. 원고가 피고의 항변에 대하여 다시 재항변을 할 수 있다. 예컨대, 3 위 피고의 소멸시효의 항변에 대하여 원고가 소멸시효중단 관련 규정에 기하여 주장과 증명을 하는 식이다. 재재항변, 재재재항변 등이 계속될 수도 있다. 즉, 심리에서 당사자의 공방은 청구원인→항변→재항변→재재항변과 같은 순서로 진행된다.

5) 부인, 항변, 소송상 항변

원고의 본안의 신청에 대한 피고의 다툼은 본안요건이 흠결되었다거나, 소송요건이 흠결되었다는 주장을 내용으로 한다.

우선 본안 요건이 흠결되었다는 피고의 다툼은 항변과 부인으로 나눌 수 있다. 항변은 원고가 주장하는 권리근거규정에 기한 법률효과의 발생을 전제로 하여 반대규정, 즉 권리장애규정, 권리멸각규정, 권리저지규정에 기한 법률효과의 발생을 주장하는 것을 말한다. 사실상의 주장에 중점을 두어서 정의하면 권리장애사실, 권리멸각사실, 권리저지사실을 주장하는 것이 된다.[618] 부인은 권리근거규정의 요건사실에 대한 원고의 주장을 부인하는 등 권리근거규정에 기한 법률효과의 발생 자체를 부정하는 것을 말한다. 예컨대 대여금청구 사건에

617) 소극적 확인의 소는 반대로 된다.

618) 일반적으로 이러한 개념정의가 이용되는데 신소송물이론에 입각한 것으로 추측된다. 이러한 개념정의가 현재 우리 판례가 취하고 있는 구소송물이론과 정합성이 있는지는 의문이 있다. 대개의 경우 이러한 개념정의가 별다른 문제를 일으키지 않지만 권리항변의 경우는 다르다. 장기적 관점에 입각한 연혁적 검토가 필요한 대목이다.

서 피고가 원고로부터 돈을 빌린 사실 자체가 없다고 다투는 것은 부인에 해당하고, 돈을 빌렸으나 이미 갚았다고 다투는 것은 항변에 해당한다. 한편 피고가 원고로부터 돈을 받았으나 빌린 것이 아니라 증여받은 것이라고, 즉 소비대차계약에 기하여 받은 것이 아니라 증여계약에 기하여 받은 것이라고 다투는 경우, 피고가 원고의 청구원인으로 주장하는 사실 중 원고로부터 돈을 받은 부분은 다투지 않으나, 소비대차계약이 있었다는 부분은 다투는 것이 되어, 결국 피고의 다툼은 전체적으로 보았을 때 원고가 청구원인으로 주장하는 법률효과를 부인하는 것이 되어 항변이 아니라 부인이 된다. 이와 같은 피고의 다툼은 간접부인이라고 부르기도 한다.

피고의 항변에 대한 원고의 다툼이 재항변인지 부인인지 여부도 같은 기준에 따른다. 위와 같은 본안요건이 흠결되었다는 항변을 아래에서 보는 소송상 항변과 대비하여 본안의 항변이라고 한다. 협의의 항변은 본안의 항변을 의미한다.

소송요건이 흠결되었다는 피고의 다툼을 본안전 항변(방소항변)이라고 한다. 소익이나 당사자적격이 흠결되었다는 주장을 예로 들 수 있다. 소송요건은 원칙적으로 직권조사사항이므로 피고의 주장이 없더라도 흠결된 경우에는 이를 판단하여 소를 각하하여야 한다. 소송요건이 갖추어진 경우 이에 대하여 법원은 판결에서 판단하지 않지만 본안전 항변이 있는 경우에는 소송요건이 직권조사사항이든 항변사항이든 본안전 항변을 배척하는 판단을 한다. 본안전 항변과, 상대방의 증거신청을 채택하지 않아야 한다거나 증거의 내용을 믿지 않아야 한다는 취지의 다툼인 증거항변을 합하여 소송상 항변이라고 한다.

제36강 공방의 실제

1. 소송의 진행과 공방의 제 영역

원고의 청구원인을 출발점으로 하는 당사자의 공방은 당사자의 대응을 비롯한 여러 변수의 영향을 받고 다양한 영역에서 이루어진다.

피고가 소장부본을 송달받고도 아무런 대응을 하지 않는 경우, 즉 답변서를 제출하지도 않고 변론기일에 출석하지도 않는 경우가 있다. 현행법하에서는 피고가 소장부본송달일로부터 30일 이내에 답변서를 제출하지 않으면 법원이 무변론으로 청구인용판결을 선고한다. 하지만, 공시송달로 소장부본이 송달된 경우는 피고가 부인한 경우에 준하여 처리된다.[619]

소장만이 제출된 단계에서 피고가 다툰다는 것은 본안전 항변을 하거나, 본안에 대하여 부인 또는 항변을 하는 것을 의미한다. 따라서 당사자의 공방은 본안전 항변, 부인, 항변의 각 영역에서, 각 영역 안에서 사실관계 혹은 법리를 둘러싸고 이루어진다. 본안전 항변은 소송요건에, 부인은 권리근거규정에, 항변은 반대규정(권리장애규정, 권리멸각규정, 권리저지규정)에 관련된 것이다. 피고의 항변에 대하여 원고가 다시 부인하거나 재항변하면, 공방의 영역이 추가된다. 피고의 재재항변 등이 추가될 수 있다.

부인은 대개 청구원인의 사실상 주장에 대한 것인바, 이 경우에는 원고가 사실상 주장을 뒷받침할 증거를 제출하여야, 즉 증명하여야 하므로, 당사자 사이의 공방은 증명을 둘러싸고 벌어진다. 피고의 부인이 청구원인의 법률상 주장에 대한 것일 수도 있다. 그 예로는 피고가 원고가 주장하는 청구원인사실을 모두 인정하지만 원고가 주장하는 법리에 오류가 있다고 주장하는 경우를 들 수 있다.

피고가 우선적으로 부인을 하고, 부인이 통하지 않을 경우를 대비하여 항변을 하는 경우도 있다. 이러한 항변을 예비적 항변이라고도 한다.

619) 2002년 법개정 이전에는 피고가 일체 대응하지 않아도 법원은, 변론기일을 지정하여야 하였고, 피고가 첫 기일에 불출석하면 피고가 청구원인사실을 자백한 것으로 간주하여 원고청구인용판결을 하였다.

2. 주요 공통사항

공방의 내용은 사건별로 다양하지만, 일반적으로 자주 발생하는 공방들이 있는바, 이들 중에서 법률행위의 대리·대행 및 서증의 진정성립과 관련된 공방만을 살펴본다.

1) 대리·대행에 관련된 공방

A가 B의 건물을 매수하였는바, 매매계약을 B 본인이 아닌 대리인 C와 체결한 경우, C의 대리권이 쟁점이 되는 경우가 있다. 이때 C의 대리권이 없는 것으로 밝혀지는 경우에도 A가 사안에 따라서는 표현대리나 무권대리의 추인을 주장하면서 공방을 이어나갈 수 있다. 즉, 사건의 유형을 불문하고 대리에 의한 법률행위가 주장되는 경우에는 대리→표현대리→추인 식으로 일련의 공방이 발생할 수 있다.

대리에 준하여 취급되는 대행이 발생한 경우에는 본인이 직접 법률행위를 했다는 주장이 추가될 수 있다. 예컨대, 위의 예에서 C가 자신이 B인 것처럼 행세하면서 매매계약을 체결한 경우, A는 우선 B가 직접 매매계약을 체결하였다고 주장할 것이고, 실제 계약을 체결한 자가 C임이 밝혀진 경우에도 A는 사안에 따라서는 C에게 대행권한이 있었다고 주장하면서 공방을 이어나갈 수 있다. 즉, 직접 행위→대행→표현대리→추인 식으로 공방이 발생할 수 있다.

위와 같은 일련의 주장은 각각 독립한 공격방어방법이 되므로 변론주의의 적용이 있다. 예컨대, 당사자의 대리만 주장하고 표현대리는 주장하지 않은 경우 법원은 표현대리를 인정할 수 없다.[620)][621)] 그러나 이들이 소송물의 식별기준이 되는 것은 아니다.

---

620) 대법원 1983. 12. 13. 선고 83다카1489 전원합의체 판결은 "유권대리에 관한 주장 가운데 무권대리에 속하는 표현대리의 주장이 포함되어 있다고 볼 수 없으며, 따로이 표현대리에 관한 주장이 없는 한 법원은 나아가 표현대리의 성립 여부를 심리판단할 필요가 없다"고 하였다.

621) 대법원 1987. 9. 8. 선고 87다카982 판결, 대법원 1994. 10. 11. 선고 94다24626 판결, 대법원 1998. 2. 27. 선고 97다45532 판결 등은 본인이 직접 법률행위를 했다는 주장만 있고 대리에 관한 명시적 주장이 없어도, 증인신문이나 서증의 신청 등에 의하여 대리에 관한 간접적인 진술이 있는 경우에는 대리에 의한 법률행위가 있었다고 인정하여도 변론주의 위반이 아니라고 하였는바, 이는 직접행위와 대리행위 사이에 변론주의가 적용된다는 것을 전제로 한 것이다.

2) 서증의 성립인정에 관련된 공방

당사자 일방의 사실상의 주장을 상대방이 부인하여 증명이 필요하게 된 경우, 증명책임을 지는 자가 제출한 증거의 내용을 법원이 믿는지 여부, 즉 신빙성 유무에 승패가 달리게 된다. 일반적으로 신빙성을 증거력이라고 하지만, 서증의 경우 증거력을 실질적 증거력과 형식적 증거력으로 나누어 신빙성을 실질적 증거력이라고 하고, 실질적 증거력은 형식적 증거력이 인정되는 경우에만 판단한다. 형식적 증거력은 진정성립이 인정되는 경우에 인정되는데, 진정성립은 증거제출자에 의하여 문서의 작성자라고 주장된 자가 그의 의사에 기하여 문서를 작성한 것을 말한다.

서증이 제출되면 법원이 상대방에게 진정성립을 인정하는지 여부를 묻는바, 이를 인부라고 한다. 상대방이 진정성립을 인정하는 경우 당연히 형식적 증거력이 인정되지만, 부인하는 경우 서증제출자는 진정성립을 증명하여야 하고, 그 증명과정은 진정성립에 대한 추정규정에 큰 영향을 받는다.

예컨대, 원고가 제출한 피고 명의의 차용증에 대하여 피고가 진정성립을 부인한 경우, 피고가 차용증을 작성하는 것을 본 증인이 있다면 원고가 그에 대한 증인신문을 신청하여 진정성립을 증명하는 것도 물론 가능하지만, 차용증에 찍힌 인영이 피고의 도장에 의하여 현출된 것임을 인영감정을 통하여 증명하면 아래 조항에 의하여 진정성립이 추정된다.

> 제358조(사문서의 진정의 추정) 사문서는 본인 또는 대리인의 서명이나 날인 또는 무인(拇印)이 있는 때에는 진정한 것으로 추정한다.

'문서가 위조되었다' 혹은 '도장이 도용되었다'는 등의 증거항변이 제출되는 경우도 있는바, 이는 궁극적으로 진정성립을 부인하는 것이다. 상세는 서증의 조사로 미룬다.

3. 주요 사건별 피고의 항변 등[622)]

이 부분은 제18강의 '4. 주요 사건별 예시'와 궤를 이룬다. 피고는 민사소송

622) 이 부분은 신모델과 요건사실, 법원행정처(2004)(이하 신모델과 요건사실이라고만 한다) 제2편 사건유형별 중요검토사항을 참조하였다.

법에서 배우는 모든 소송요건과 관련하여 본안전 항변을 할 수 있고, 원고의 청구원인의 사실상 주장·법률상 주장의 모두에 대하여 부인할 수 있고, 청구원인이 받아들여질 경우를 전제로 하여 민법에서 배우는 모든 권리장애규정, 권리멸각규정, 권리저지규정에 기하여 항변할 수 있다. 따라서 실제 사건에서 발생하는 공방 모두를 일일이 소개하는 것은 불가능하고, 불필요하다. 하지만, 주요 사건별로 주로 등장하는 피고의 항변 등을 살펴보는 것은 나쁘지 않은 일이다.

1) 대여금

대여금사건은 기본 중 기본인 사건이므로 조금 상세히 본다.

대여금사건에서 피고가 하는 본안전 항변 등으로는, ① 장래 이행의 청구의 경우 미리 청구할 필요가 없어 소익이 없다는 주장 등이 있다.

본안전 항변 등이 주장 자체에서 이유 없는 경우도 있다. 예로, ② 원고는 대여금채권자가 아니므로 원고적격이 없어 소를 각하하여야 한다는 주장이나 ③ 피고에게 현재 아무런 재산이 없어 소익이 없으므로 소를 각하하여야 한다는 주장을 들 수 있다. 전자는 통상의 이행의 소에서는 원고가 자신이 대여금채권자라고 주장하는 것만으로도 원고적격이 인정되기 때문에, 후자는 강제집행절차가 사실상 불가능하다는 점만으로는 이행의 소의 소익이 좌우되지는 않기 때문에 모두 주장 자체에서 이유 없는 주장들이다. ④ 원고의 채권자가 원고의 대여금채권을 (가)압류하여 원고가 원고적격을 상실하거나 소익이 흠결되었다는 주장 역시 학설의 경우 견해 대립이 있지만, 판례에 따르면 원칙적으로 주장 자체에서 이유 없는 주장이다.

피고가 하는 본안의 항변 등으로는, ① 변제나 변제공탁을 하였다는 주장, ② 면책적 채무인수가 있었다는 주장, ③ 소멸시효가 완성되었다는 주장, ④ 상속포기/한정승인이 있었다는 주장, ⑤ 원고의 채권자가 원고의 대여금채권에 대하여 압류 및 전부명령을 받았다는 주장, ⑥ 반대채권으로 상계한다는 주장 등이 있다.[623] ⑦ 전소 확정판결의 기판력이 작용한다는 주장도 모순금지설에 의하면 일단 본안에 관한 주장이다. 확정판결이 청구기각판결인 경우 법원은 기판력을 이유로 청구기각판결을 하면 된다. 그러나 확정판결이 청구인용판결

623) 신모델과 요건사실, 177면.

인 경우 법원은 소익흠결을 이유로 소각하판결을 하여야 한다. 반복금지설은 소송물이 동일하므로 기판력이 작용한다는 주장을 일반적으로 본안전 항변으로 본다.

본안전 항변에서와 마찬가지로 본안에서도 주장 자체에서 이유 없는 항변을 하는 경우도 있다. 주장 자체에서 이유 없는 주장을 하게 되는 원인은 법에 대한 무지 혹은 순수한 악의인바, 상대방은 물론 법원도 이에 깜빡 넘어가는 경우가 있지만, 가끔은 응징이 가해지는 경우도 있다.

부인의 양상도 다양하여, 피고는 청구원인사실을 일체 부인할 수도 있고, 돈을 빌리긴 했지만 애초에 약정한 변제기가 아직 도래하지 않았다고 주장하는 경우, 돈을 빌린 것은 맞지만 액수가 적다고 주장하는 경우, 돈을 받은 것은 맞지만 증여로 받았다고 주장하는 경우 등이 있을 수 있다.

피고가 여러 항변을 하는 경우 법원이 청구를 기각할 때에는 어떤 항변을 이유로 하여도 상관없다. 피고가 판단의 순서를 붙여도 마찬가지이다. 하지만, 상계항변은 피고가 순서를 명시하지 않아도 마지막에 판단하여야 한다.

위 주장들은 다른 사건에서도 항변 등으로 제출될 수 있는 것들이다.

2) 소유권에 기한 인도청구

소유권에 기한 인도청구사건에서 피고가 하는 본안의 항변 등으로는 ① 임대차 등 적법한 권원에 기한 점유라는 주장, ② 필요비나 유익비 상환이 있을 때까지 유치권을 행사하겠다는 주장 등이 있다.[624][625]

3) 임대차 관련 사건

임대차목적물반환청구사건에서 피고가 하는 본안의 항변 등으로는 ① 묵시적 갱신 등에 의하여 아직 임대차가 종료되지 않았다는 주장, ② 임대차보증금반환과 동시에 목적물을 인도하겠다는 주장, ③ 필요비나 유익비 상환이 있을 때까지 목적물에 대하여 유치권을 행사하겠다는 주장, ④ 부속물매수대금의 지급과 동시에 목적물을 인도하겠다는 주장, ⑤ 토지임대차의 경우 건물매수청구권을 행사하였다는 주장 등이 있다.[626]

---

624) 신모델과 요건사실, 250면.
625) 위 주장이 인용되는 경우 동시이행판결이 선고된다.

임대차보증금반환청구사건에서 피고가 하는 본안전 항변 등으로는 원고의 채권자가 임대차보증금반환청구권에 대하여 압류 및 추심명령을 받아 원고에게 원고적격이 없다는 주장이 있고,[627] 본안의 항변 등으로는 ① 묵시적 갱신 등에 의하여 아직 임대차가 종료되지 않았다는 주장, ② 연체된 월차임, 손해배상금 등을 공제하겠다는 주장, ③ 목적물의 인도와 동시에 지급하겠다는 주장, ④ 원고의 채권자가 원고의 임대차보증금반환채권에 대하여 압류 및 전부명령을 받았다는 주장, ⑤ 반대채권으로 상계한다는 주장 등이 있다.[628]

4) 매매 관련 사건

매매대금지급청구사건에서 피고가 하는 본안의 항변 등으로는 ① 소유권이전등기의무의 이행과 동시에 지급하겠다는 주장, ② 강박 등 의사표시의 하자가 있어 매매계약을 취소한다는 주장, ③ 매도인의 채무불이행 등이 있어 계약을 해제한다는 주장 등이 있다.[629]

매매계약에 기한 소유권이전등기청구사건에서 피고가 하는 본안의 항변 등으로는 ① 매매대금지급과 동시에 이행하겠다는 주장, ② 강박 등 의사표시의 하자가 있어 매매계약을 취소한다는 주장, ③ 매수인의 채무불이행 등이 있어 계약을 해제한다는 주장 등이 있다.[630]

매매계약의 무효·취소 혹은 해제에 기한 소유권이전등기말소청구사건에서 피고가 하는 본안의 항변으로는 ① 실체관계에 부합하는 유효한 등기라는 주장, ② 무권대리나 무권한자에 의한 처분이 무효사유로 주장된 경우 추인이 있었다는 주장, ③ 의사표시의 착오가 무효사유로 주장된 경우 표의자에게 중대한 과실이 있었다는 주장, ④ 신의칙에 위반된다는 주장 등이 있다.[631][632]

---

626) 신모델과 요건사실, 253면.

627) 다만, 추심명령을 갈음형 소송담당에서 병행형 소송담당으로 변경한 대법원 2025. 10. 23. 선고 2021다252977 전원합의체 판결에 의하면 압류명령에 관하여서나 추심명령에 관하여서나 위 주장들은 모두 주장 자체에서 이유가 없다.

628) 신모델과 요건사실, 188면.

629) 신모델과 요건사실, 191면.

630) 신모델과 요건사실, 229면.

631) 최진수(7판), 181면.

632) 통정허위표시가 무효사유로 주장되고 제3자가 피고인 경우, 원고가 제3자의 악의에 대한 주장증명책임을 부담하므로 제3자의 악의는 청구원인에 포함된다. 최진수(7판), 34면, 182~183면 참조.

제 37 강 소송행위

1. 소송행위의 의의

소송행위란 소송주체의 행위로서 민법의 법률행위에 대응하는 것이다. 여기서 다루는 소송행위는 당사자, 즉 원고·피고의 소송행위이다. 소송주체는 당사자 외에도 법원이 있으나 국가기관인 법원의 소송행위는 이론적으로 당사자의 소송행위만큼 크게 문제되지 않으므로 문제되는 곳에서 개별적으로만 다루기로 한다.

법원의 행위는 모두 소송행위이므로 모두 민사소송법이 적용됨에 반하여, 당사자가 소송과 관련하여 행한 행위는 그것이 소송행위인 경우에는 민사소송법이, 법률행위인 경우에는 민법이 적용된다. 소송행위와 법률행위를 구별하는 기준, 혹은 소송행위란 어떤 행위인가라는 점에 관하여는 당사자의 어떤 행위의 주요효과가 소송에 영향을 미치는 경우 그 행위는 소송행위라는 견해(주요효과설)와 민사소송법, 즉 절차법에 요건과 효과가 규정되어 있어야 소송행위라고 할 수 있다는 견해(요건 및 효과설)가 대립하고 있는바, 후자가 통설의 입장이다. 예컨대, 소의 제기, 소의 취하 등에 관하여는 민사소송법에 그에 관한 규정이 있으므로 이들은 소송행위가 된다.

2. 소송행위의 종류

소송행위는 여러 기준에 의하여 분류할 수 있다.

1) 단독행위, 계약, 합동행위

법률행위와 마찬가지로 소송행위도 단독행위, 계약(합의), 합동행위로 나눌 수 있다. 소송행위는 통상 단독행위이다.

널리 소송과 관련된 당사자들의 계약을 그 성질이 법률행위인지 소송행위인지를 불문하고 소송상 계약이라고 부른다. 소송상 계약 중 법률행위인 사법계약과 소송행위인 소송계약을 구별하는 기준은 요건 및 효과설에 따르면 민사소송법에 그 요건 및 효과에 관한 명문의 규정이 있는지 여부이다. 따라서, 민사소송법에 명문의 규정이 있는 관할의 합의, 불항소의 합의, 소송비용에 관한 담보제공의 합의 등은 소송계약이고, 명문의 규정이 없는 소취하계약, 상소권포기계약, 상소취하계약 등은 사법계약이다.

소송상 계약 중 소송계약에는 그 근거규정에 따른 효과가 인정된다. 예컨대, 관할의 합의의 경우 그에 따라 관할이 변경된다.

소송상 계약 중 사법계약의 효력에 관하여는 견해가 대립한다. 소취하계약을 예로 들어 설명하면, 첫째, 소취하계약의 경우 일반적인 사법계약과 마찬가지로 원고가 소취하계약대로 소를 취하하지 않으면 피고가 원고를 상대로 소를 취하하라는 소송을 제기할 수 있고, 불이행으로 인한 손해배상도 구할 수 있다는 견해(의무이행소구설), 둘째, 일반적인 사법계약과 달리 해당 소송절차 내에서 피고가 소취하계약이 체결되었다는 항변을 하면 법원이 소익이 흠결되었다는 이유로 소를 각하함으로써 피고를 구제하면 된다는 견해(항변권발생설), 셋째, 소취하계약이 체결되면 소취하와 마찬가지로 소송이 바로 종료되고, 피고가 법원에 소취하계약이 체결되었음을 알리면 법원이 소송종료선언을 한다는 견해(소송계약설), 넷째, 기본적으로 소송계약설과 같은 입장을 취하고 나아가 피고가 손해배상도 구할 수 있다는 견해(발전적 소송계약설)[633] 등이 대립한다. 항변권발생설이 통설, 판례[634]의 입장이다.

의무이행소구설과 항변권발생설은 법률행위와 소송행위의 구별기준에 관한 요건 및 효과설로 연결되고, 소송계약설과 발전적 소송계약설은 명문의 규정이 없는 소송상 계약을 소송계약으로 보는 주요효과설과 연결된다. 결국 앞의 두 견해는 민사소송법에 명문의 규정이 없는 소송상 계약을 법률행위로 보고, 뒤의 두 견해는 이를 소송행위로 본다.

항변권발생설은 소송상 계약 중 사법계약이 체결된 사유를 항변사항, 즉 당사자가 주장하여야만 판단할 수 있는 사항이라고 보지만, 소송계약설과 발전적 소송계약설은 계약이 소송절차 내에서 체결된 경우는 직권조사사항이라고

633) 피고가 손해배상을 구할 수 있는 근거로서 원고에게 소를 취하할 공법상 의무가 발생한다고 본다.

634) 대법원 1965. 4. 13. 선고 65다15 판결, 대법원 1982. 3. 9. 선고 81다1312 판결.

보는데 이견이 없는 반면, 소송전·소송외에서 체결된 경우에는 직권조사사항이라고 보는 견해도 있지만, 대개 항변사항이라고 본다.[635]

2) 기타의 분류

소송행위는 그 효력 내지 기능의 측면에서 취효적 소송행위와 여효적 소송행위로 나눌 수도 있다. 취효적 소송행위는 법원에 대하여 일정한 내용의 재판을 요구하는 행위와 재판의 기초가 될 자료를 제공하는 행위를 말하는바, 이는 법원의 재판에 의하여 소기의 효과가 발생한다. 주장과 증명, 즉 공격방어방법의 제출이 대표적인 예이다. 이에 반하여 법원의 재판을 통하지 않고 직접 효과가 발생하는 것을 여효적 소송행위라고 한다.

소송행위는 시기와 장소에 따라 소송전·소송외의 소송행위와 변론에서의 소송행위(소송절차 내의 소송행위)로 나눌 수 있다. 관할의 합의, 소송대리권의 수여 등이 전자의 예이고, 변론에서 하는 본안의 신청, 공격방어방법의 제출 등이 후자의 예이다.

3. 소송행위의 규율

1) 소송행위의 기본적 특성

일반적으로 단독행위인 소송행위는 법원에 대한 공적인 행위이고, 연속하는 소송절차를 이루고 있는 것이므로 표시주의와 외관주의를 관철하여 소송절차의 안정을 확보할 필요성이 강하게 요청된다.[636] 이러한 소송행위는 법률행위와 비교할 때 기본적으로 적용법률을 달리 할 뿐만 아니라 여러 개별적인 차이점을 가진다.

2) 적용법률

법률행위에는 민법이, 소송행위에는 민사소송법이 적용된다. 그러나, 다른

---

635) 대법원 1965. 4. 13. 선고 65다15 판결 참조.

636) 대법원 1983. 4. 12. 선고 80다3251 판결(당사자의 소송행위는 일반 사법상의 행위와는 달리 내심의 의사보다 그 표시를 기준으로 하여 그 효력 유무를 판정할 수밖에 없는 것이므로, 소의 취하가 내심의 의사에 반한 것이라고 하더라도 이를 무효라고 볼 수는 없다).

사항들과 마찬가지로 소송행위와 관련하여서도 민법에 비하여 민사소송법은 망라적이지 않기 때문에 민사소송법 자체가 민법 규정을 준용하는 경우도 있고, 명문의 규정이 없는 경우에는 민법 규정의 유추적용이 논의된다. 표현대리, 의사표시의 하자 등이 민법 규정의 유추적용이 문제되는 부분인바, 통설·판례는 소극적이다. 상세는 문제되는 부분에서 보기로 한다.

3) 개별적 고찰

가) 인적 요건와 방식

유효한 소송행위가 되기 위하여는 당사자능력, 소송능력, 변론능력이 필요하고, 대리에 의한 경우에는 법정대리권, 소송대리권이 필요하다. 표현대리에 관한 민법 규정은 유추적용되지 않는다는 것이 통설·판례의 입장이다.

소송행위는 변론절차에서 말로 하는 것이 원칙이다. 그러나 소의 제기, 소의 취하 등 서면주의가 적용되는 경우가 있다.

나) 조건과 기한

소송행위에는 소송절차의 안정을 위하여 조건이나 기한을 붙일 수 없는 것이 원칙이다. 그러나 소송진행 중 판명되는 사실을 조건으로 하는 소송내적 조건은 붙일 수 있다. 그 예로는 예비적 청구나 예비적 주장(항변)을 들 수 있다.

다) 철 회

소송행위는 철회가 가능하지만, 소송행위를 한 당사자에게 불리하거나 상대방에게 일정한 소송상 지위가 형성되는 구속적 소송행위의 경우 철회가 제한된다. 구속적 소송행위란 자유로이 철회할 수 없는 경우를 말한다. 예컨대, 증거조사가 개시된 이후에는 증거신청을 철회할 수 없고, 자백의 취소는 일정한 요건을 갖추어야 한다. 판례는 소취하서가 제출된 이후에는 상대방에게 송달되기 이전이라도 철회할 수 없다고 하였다.[637]

---

637) 대법원 1997. 6. 27. 선고 97다6124 판결: 소의 취하는 원고가 제기한 소를 철회하여 소송계속을 소멸시키는 원고의 법원에 대한 소송행위이고 소송행위는 일반 사법상의 행위와는 달리 내심의 의사보다 그 표시를 기준으로 하여 그 효력 유무를 판정할 수밖에 없는 것인바, 원고들 소송대리인[의] 사무원의 착오로 원고들 소송대리인의 의사에 반하여 원고들 [일부가 아닌] 전원의 소를 취하하였다 하더라도 이를 무효라 볼 수는 없고, 적법한 소 취하의 서면이 제출된 이상 그 서면이 상대방에게 송달되기 전·후를 묻지 않고 [] 이를 임의로 철회할 수 없다.

라) 의사표시의 하자

소송행위에 관하여는 특히 하자 있는 의사표시에 기한 소송행위, 예컨대 기망에 의한 소송행위를 어떻게 취급할 것인가에 관하여는 민사소송법에 아무런 규정이 없다. 민법에는 기망에 의한 의사표시는 취소가 가능하다는 규정이 있다. 기망에 의한 소송행위도 엄연히 소송행위임이 분명하므로 민법 규정은 바로 적용되지 않는다. 그렇다면 민법 규정의 유추적용은 가능한가?

이 점에 관하여 전통적인 통설은 민법 규정의 유추적용을 부정하고 이를 하자불고려설이라고 한다. 반면, 소송행위를 일률적으로 취급하는 것은 부당하다고 보고, 소송행위 중 위에서 본 소송행위의 특질이 없는 경우에는 민법 규정의 유추적용을 인정하는 견해도 있는데, 이를 하자고려설이라고 한다. 하자고려설은 소송을 종료시키는 소의 취하, 청구의 포기·인낙 등은 뒤에 다른 절차가 연속되지 않고, 소송행위 중 소송계약은 법원의 관여 없이 이루어져 사법상 계약과 유사하기 때문에 이들에 대하여는 민법 규정을 유추적용하는 것이 바람직하다고 한다.

하자불고려설이 통설·판례의 입장이다.[638] 하자불고려설이 하자 있는 의사표시에 기한 소송행위에 대한 구제에 대하여 아무런 배려를 하지 않는 것은 아니다. 하자불고려설은 민법이 아니라 같은 민사소송법 내의 재심 관련 규정의 유추적용을 인정하여 소송행위에 재심사유에 해당하는 하자가 존재한다면 해당 소송행위는 무효라고 본다. 유죄의 확정판결이 필요한 재심사유의 경우 재심규정의 유추적용을 위하여 확정판결이 필요한지 여부에 관하여 학설은 대립하고 있으나, 판례는 필요하다는 입장이다.[639]

---

638) 대법원 1964. 9. 15. 선고 64다92 판결, 대법원 1997. 10. 10. 선고 96다35484 판결(민법상의 법률행위에 관한 규정은 민사소송법상의 소송행위에는 특별한 규정 기타 특별한 사정이 없는 한 적용이 없는 것이므로 소송행위가 강박에 의하여 이루어진 것임을 이유로 취소할 수는 없다 할 것이고[,] 소송위임행위도 [] 소송행위이므로 달리 볼 것이 아니다).

639) 대법원 1984. 5. 29. 선고 82다카963 판결: 소송행위가 사기, 강박 등 형사상 처벌을 받을 타인의 행위로 인하여 이루어졌다고 하여도 그 타인의 행위에 대하여 유죄판결이 확정되고 또 그 소송행위가 그에 부합되는 의사 없이 외형적으로만 존재할 때에 한하여 민사소송법 [제451조] 제1항 제5호, 제2항의 규정을 유추해석하여 그 효력을 부인할 수 있다고 해석함이 상당하므로 타인의 범죄행위가 소송행위를 하는 데 착오를 일으키게 한 정도에 불과할 뿐 소송행위에 부합되는 의사가 존재할 때에는 그 소송행위의 효력을 다툴 수 없다.

대법원 2001. 1. 30. 선고 2000다42939(본소), 2000다42946(반소) 판결도 같은 취지이다.

마) 하자와 치유

하자가 있는 법률행위는 하자의 정도에 따라 무효이거나 취소할 수 있는 행위가 됨에 비하여, 하자가 있는 소송행위는 무효인 것이 원칙이다. 무효인 소송행위라도 추인, 보정, 이의권의 포기·상실 등에 의하여 유효로 될 수 있다.

4) 소송계약의 경우

이상의 논의는 주로 소송단독행위에 관한 것인바, 소송계약에 관하여는 민법 규정의 유추적용을 인정하는 것이 통설의 입장이다. 이에 따르면 소송상 계약 중 사법계약에는 민법 규정이 당연히 적용되고, 소송계약에는 민법 규정이 유추적용된다.

4. 소송상 형성권의 행사

어떤 행위의 성질이 법률행위(사법행위)인지 소송행위인지 여부가 다투어지는 또 하나의 중요한 경우로 소송상 형성권의 행사가 있다. 소송상 형성권의 행사는 소송전·소송외 형성권의 행사에 대비되는 것이다.

일반적으로 취소권, 해제권, 상계권 등의 형성권의 행사는 법률행위이고, 소송에서 형성권을 행사했다는 주장을 하는 것(이하 이 항목에서 항변이라고 표시한다[640])은 소송자료의 제출, 즉 소송행위이다. 즉, 원칙적으로 형성권의 행사와 그에 기한 항변 등은 별개의 법률이 적용되는 별개의 행위이고 서로 영향을 주고받지 않는다.

문제는 구체적 타당성에 의문이 드는 경우가 있다는 점이다. 예컨대, A가 B를 상대로 제기한 1,000만 원의 대여금청구소송에서 B가 대여금채무를 인정하고 같은 액수의 매매대금채권을 자동채권으로 하여 상계권을 행사하고 그에 기하여 상계항변을 하였는데, 상계항변이 실기된 공격방어방법으로 각하되어 버리고 A의 청구를 인용한 판결이 선고·확정된 이후, B가 제기한 매매대금청구소송에서 A가, 대여금청구소송 중에 하였던 B의 상계권의 행사로 매매대금채권이 소멸하였다고 주장하는 경우이다. A의 주장을 선뜻 받아들이기 곤란한 이유는 그렇게 하는 경우 원래 A는 B로부터 1,000만 원을 받을 수 있고, B도

640) 원고가 청구원인으로서 형성권을 행사했다고 주장하는 경우도 있다.

A로부터 1,000만 원을 받을 수 있어 동등하였는데, 결론적으로 A는 1,000만 원을 받을 수 있지만, B는 못 받게 되는 불균형이 발생하기 때문이다. 불균형을 해결하기 위하여 A의 주장을 배척하기로 한다면 어떤 근거를 제시할 수 있을까?

이에 대한 논의는 형성권의 행사를 소송전·소송외 행사와 소송상 행사로 나누는 것에서 시작된다. 즉, 형성권은 일반적으로 소송전, 즉 소송이 진행되기 이전에 행사되거나,[641] 소송외, 즉 소송 진행 중이더라도 소송과 무관하게 별도로 행사되는[642] 것이 일반적이다. 이러한 형성권의 행사를 소송전·소송외 형성권의 행사라고 한다. 이와 달리 법정에서 진술로 형성권을 행사하거나, 준비서면 등에 형성권 행사의 의사표시를 담는 경우를 소송상 형성권의 행사라고 한다.

우선 형성권이 소송전·소송외에서 행사되었든 소송상 행사되었든 차이가 없으며, 소송상 행사된 경우에도 형성권의 행사와 그에 기한 항변은 별개의 병존하는 행위이므로 불균형의 해소는 불가능하다는 견해(병존설)가 있다. 즉 병존설은 위의 예에서 A의 주장을 받아들이는 견해이다.

병존설의 결론이 구체적 타당성에 어긋난다고 비판하면서 형성권이 소송상 행사된 경우에는 불균형을 해소할 수 있다는 견해로는 소송행위설, 양성설, 신병존설이 있다. 소송행위설은 형성권이 소송상 행사된 경우 법률행위는 존재하지 않고 하나의 소송행위, 즉 항변만이 존재할 뿐이라고 본다. 소송행위설은 형성권 행사의 효력[643]은 판결에 의하여 항변이 인용됨으로써 발생하는 것으로 본다. 양성설은 형성권이 소송상 행사된 경우 하나의 행위만이 존재할 뿐이지만 그 행위는 법률행위인 형성권의 행사와 소송행위인 항변의 성격을 겸하여 가진다고 본다. 양성설은 형성권 행사의 효력이 형성권이 소송상 행사되었을 때 발생하였다가 항변이 각하되는 등의 사유가 발생하였을 때 실효한다고 본다. 신병존설은 형성권이 소송상 행사된 경우에도 형성권의 행사라는 법률행위와 항변이라는 소송행위가 별도로 병존하는 것을 부인하는 것은 불가능하므로 병존설이 일반적으로 타당하지만 상계권의 경우에는 예외를 인정하는 여러 견해들을 말한다. 신병존설 내에서 예외의 근거로 제시되는 이유는 매우 다양하다.

641) 소송이 시작되기 이전에 피고가 내용증명우편으로 상계권을 행사한, 즉 상계의 의사표시를 한 다음, 소송에서 피고가 상계항변을 하는 경우를 예로 들 수 있다.

642) 소송이 시작된 이후 피고가 내용증명우편으로 상계권을 행사한 다음, 소송에서 상계항변을 하는 경우를 예로 들 수 있다.

643) 상계의 경우 채권의 소멸을 의미한다. 이는 사법적, 즉 실체법적 효력이다.

신병존설이 통설이다. 판례는 해제권이 소송상 행사된 경우 소 취하로 그 효력이 좌우되지 않는다고 하는 한편,[644] 소송상 상계항변은 통상 수동채권의 존재가 확정되는 것을 전제로 행하여지는 일종의 예비적 항변이므로 당해 소송에서 수동채권의 존재 등 상계에 관한 법원의 실질적 판단이 이루어지는 경우에 비로소 실체법적 효과가 발생한다고 판시하여,[645] 신병존설을 취하고 있는 것으로 판단된다.[646]

> 대법원 2013. 3. 28. 선고 2011다3329 판결
> 소송상 방어방법으로서의 상계항변은 수동채권의 존재가 확정되는 것을 전제로 하여 행하여지는 일종의 예비적 항변으로서 당사자가 소송상 상계항변으로 달성하려는 목적, 상호양해에 의한 자주적 분쟁해결수단인 조정의 성격 등에 비추어 볼 때, 당해 소송절차 진행 중 당사자 사이에 조정이 성립됨으로써 수동채권의 존재에 관한 법원의 실질적인 판단이 이루어지지 아니한 경우에는 그 소송절차에서 행하여진 소송상 상계항변의 사법상 효과도 발생하지 않는다고 봄이 타당하다.

소송상 형성권의 행사에서 주로 문제되는 형성권은 상계권이고, 상계항변에 대한 법원의 판단이 이루어지지 않는 원인으로는 앞서 본 실기된 공격방어방법의 각하 외에도 소의 취하 또는 각하가 있다. 소의 취하 또는 각하의 경우 앞서 본 예와 달리 A의 청구를 인용한 판결이 없기 때문에 원칙적으로 불균형이 발생하지 않는다.

---

644) 대법원 1982. 5. 11. 선고 80다916 판결.

645) 대법원 2014. 6. 12. 선고 2013다95964 판결, 대법원 2015. 3. 20. 선고 2012다107662 판결도 같은 취지이다.

646) 대법원 2015. 3. 20. 선고 2012다107662 판결은 피고의 소송상 상계항변에 대하여 원고가 소송상 상계의 재항변을 하는 것은 허용되지 않는다고 하였다. 위 판결은 피고의 소송상 상계항변이 이유 없는 경우에는 원고의 소송상 상계의 재항변에 대하여 판단할 필요가 없고, 피고의 소송상 상계항변이 이유 있는 경우에도 원고의 청구채권인 수동채권과 피고의 자동채권이 상계적상 당시에 대등액에서 소멸한 것으로 보게 될 것[인데, 원고의 소송상 상계항변 역시 예비적 항변이므로,] 이때에도 역시 원고의 소송상 상계의 재항변에 관하여 판단할 필요가 없게 된다고 하였다. 나아가 위 판결은 나아가 원고는 상계의 재항변의 자동채권에 기하여 청구의 추가 또는 별소를 제기할 수 있다고 하였다.

제38강 출석, 기간, 준비서면

1. 출 석

1) 출석과 불출석

당사자는 변론기일에 출석하여야 한다. 구술심리주의를 운용하기 위하여는 변론기일에 당사자가 출석하는 것이 불가결하므로 민사소송법은 당사자의 변론기일 불출석, 즉 기일의 해태에 대하여 소취하간주, 진술간주, 자백간주의 효과를 인정한다.

이와 같은 효과는 필요적 변론사건에서만 인정되고 임의적 변론사건에서는 인정되지 않는다. 필요적 변론사건인 판결절차의 경우 변론기일은 물론 준비기일, 법정에서 하는 증거조사기일[647]의 해태에도 인정된다. 판결선고기일은 제외된다. 결정으로 완결될 사건, 상고심사건은 임의적 변론사건이므로 인정되지 않는다.

당사자가 소송무능력자인 경우에는 법정대리인이 출석하여야 하고, 당사자 본인만 출석하면 불출석이 된다. 소송대리인이 있는 경우에는 당사자 본인과 소송대리인이 모두 결석한 경우에 불출석이 된다. 진술금지명령을 받는 등으로 변론능력이 없는 자는 실제 출석하여도 불출석이 된다. 보조참가인이 출석하고 피참가인이 불출석한 경우 피참가인에게 불출석의 효과가 발생하지 않는다.

시간적으로 출석 여부는 개별 사건의 호명부터 개별 사건의 기일의 종료까지를 기준으로 판단한다. 따라서 기일에 법정에 나온 당사자나 대리인이 임의퇴정하여 법원이 사건과 당사자를 호명할 당시 법정에 없어, 법원이 불출석으로 선언한 상태에서 기일을 종료해버리면 그 이후에 그 당사자가 법정에 돌아와도, 그 당사자는 불출석의 효과를 면할 수 없다.

출석 여부의 증명은 오로지 조서의 기재에 의하여만 가능하고, 조서에 쌍방 소송대리인의 불출석만 기재되어 있고 쌍방 당사자 본인들의 불출석이 기재

647) 대법원 1966. 1. 31. 선고 65다2296 판결.

되어 있지 않은 경우 불출석의 효과가 발생하지 않고,[648] 소송복대리인이 있는 경우에는 그에 대한 불출석의 기재까지 필요하다는 것이 판례의 입장이다.[649]

구술심리주의를 실현하기 위하여는 출석뿐만 아니라 진술하는 것도 요구되므로 당사자 등이 출석하였으나 변론하지 않는 경우, 즉 무변론도 불출석과 마찬가지로 취급된다. 무변론인지 여부는 변론기일의 실제 경과와 관련하여 개별적으로 판단하여야 한다. 기일이 변경되면 불출석이 불가능하므로 불출석의 효과는 아예 발생하지 않는다. 변론의 연기의 경우에는 약간 미묘하므로 아래에서 본다.

또한 원칙적으로 당사자가 적법한 기일통지를 받은 경우에 한하여 불출석의 효과가 발생한다. 첫 번째 변론기일에 대하여 당사자가 합의하여 기일변경신청을 한 경우 법원은 이를 허가하여야 하므로, 위와 같은 기일변경신청을 무시하고 진행한 첫 번째 변론기일의 경우 불출석의 효과가 발생하지 않는다.

2) 쌍방불출석: 소취하의 간주

가) 요건 및 효과

쌍방불출석, 즉 양쪽 당사자가 모두 기일에 2회 불출석하거나 변론하지 아니한 때에는 소취하가 간주된다. 상소심에서는 소취하가 아닌 항소취하가 간주된다.

> 제268조(양 쪽 당사자가 출석하지 아니한 경우) ① 양 쪽 당사자가 변론기일에 출석하지 아니하거나 출석하였다 하더라도 변론하지 아니한 때에는 재판장은 다시 변론기일을 정하여 양 쪽 당사자에게 통지하여야 한다.
> ② 제1항의 새 변론기일 또는 그 뒤에 열린 변론기일에 양 쪽 당사자가 출석하지 아니하거나 출석하였다 하더라도 변론하지 아니한 때에는 1월 이내에 기일지정신청을 하지 아니하면 소를 취한한 것으로 본다.
> ③ 제2항의 기일지정신청에 따라 정한 변론기일 또는 그 뒤의 변론기일에 양쪽 당사자가 출석하지 아니하거나 출석하였다 하더라도 변론하지 아니한 때에는 소를 취하한 것으로 본다.
> ④ 상소심의 소송절차에는 제1항 내지 제3항의 규정을 준용한다. 다만, 상소심에서는 상소를 취하한 것으로 본다.

위 조항들에 의하여 2회의 쌍방불출석이 있으면 법원은 새로운 기일을 지

648) 대법원 1965. 3. 23. 선고 65다24 판결, 대법원 1979. 9. 25. 선고 78다153, 154 판결, 대법원 1982. 6. 8. 선고 81다817 판결.
649) 대법원 1967. 12. 18. 선고 67다2202 판결.

정하지 않고 기일지정신청 유무를 기다렸다가 1월 이내에 기일지정신청이 없는 경우에는 소취하간주로 사건을 종결하고, 1월 이내에 기일지정신청이 있는 경우 새로운 기일을 지정하는데, 이후 1회라도 쌍방불출석이 있으면 역시 소취하간주로 사건을 종결한다.[650]

요건의 충족 여부가 종종 문제되고, 유의하여야 할 대목들이 많다. 즉, 쌍방불출석은 반드시 연속될 필요가 없으나, 1심과 항소심, 준비절차와 변론절차, 환송전 절차와 환송후 절차는 횟수산정에서 통산되지 않고,[651] 2회의 쌍방불출석 이후 기일지정신청에는 소송행위의 추후보완이 인정되지 않고,[652] 2회의 쌍방불출석 이후 법원이 기일지정신청을 기다리지 않고 새로운 기일을 지정한 경우 그 기일은 기일지정신청에 기한 기일과 마찬가지로 취급된다는[653] 것이 판례의 입장이다.

한편, 동일한 소가 유지되어야 함을 전제로, 소의 교환적 변경이 있는 경우 변경 전 쌍방불출석은 고려되지 않는다는 것이 통설의 입장이다. 또한 조문상으로 위 1항의 변론에는 본안의 변론과 본안전의 변론이 모두 포함된다.

나) 변론연기와의 관계

쌍방불출석은 원고와 피고가 모두 불출석한 경우, 원고가 불출석하고 피고가 출석하고도 변론하지 않은 경우 통상 성립하는데, 후자가 많다. 원고가 출석하고도 변론하지 않고, 피고가 불출석하거나 출석하고도 변론하지 않은 경우에도 쌍방불출석이 성립할 수 있으나 실제로 이런 상황이 발생하기는 어렵다.

쌍방불출석이 성립하기 위하여는 쌍방 당사자가 ① 불출석하거나 혹은 ② 출석하고도 변론하지 않아야 하는데, 판례는 ②에 해당하기 위하여는 재판장이 변론의 기회를 부여하였음에도 당사자가 변론을 하지 않아야 하고, 또 그러한 사실이 조서에 명백하게 기재될 것을 요구한다.[654] 쌍방불출석이 불출석에 대

---

650) 헌법재판소 2012. 11. 29. 선고 2012헌바180 전원재판부 결정(이 [조항은] 소송지연을 방지하기 위한 것으로서 [] 입법목적의 합리성이 인정되고, 소취하간주의 요건과 효과를 정함에 있어 입법재량의 범위를 일탈하였다고 볼 수 없[어,] 재판청구권을 침해하지 아니한다).

651) 대법원 1963. 6. 20. 선고 63다166 판결, 대법원 1973. 7. 24. 선고 73다209 판결(환송전 절차와 환송후 절차), 대법원 2006. 10. 27. 선고 2004다69581 판결(준비절차와 변론절차).

652) 대법원 1992. 4. 21. 선고 92마175 판결.

653) 대법원 2002. 7. 26. 선고 2001다60491 판결.

654) 대법원 1973. 3. 13. 선고 72다2299 판결, 대법원 1990. 2. 23. 선고 89다카19191 판결, 대법원 1993. 10. 26. 선고 93다19542 판결. 예외적인 판례로 대법원 1978. 8. 22. 선고 78다1091

한 제재라고 생각하면 이와 같이 엄격한 기준을 적용하는 것이 타당하다.

실무상 쌍방불출석이 성립한 경우에 변론연기조서가 작성되기도 한다. 이러한 경우 쌍방불출석과 변론연기와의 관계에 대하여 판례는, 원고와 피고 모두가 불출석한 경우, 재판장이 사건과 당사자를 호명하면 쌍방불출석이 성립하고 이후에는 변론연기는 불가능하며 가사 재판장이 변론을 연기하여도 이미 성립된 쌍방불출석에는 아무런 영향이 없다고 하고,[655] 나아가 원고가 불출석하고, 피고가 출석한 경우 조서에 피고가 변론할 기회를 부여받았음에도 불구하고 변론하지 않았다는 점이 명백히 기재되지 않은 채 변론이 연기되면 쌍방불출석이 성립하지 않는다고 한다.[656]

판례는 위와 같이 쌍방불출석의 경우 재판장이 변론을 연기하는 것은 잘못된 것이고 아무런 효력이 없다고 본다. 재판장의 사건·당사자의 호명에 의하여 일단 변론이 개시된다고 본다면 쌍방불출석을 변론연기의 한 원인으로 볼 여지도 있다고 할 것이다. 하지만 판례가 위와 같은 기준으로 쌍방불출석의 성립을 인정하고, 이후의 변론연기가 그 성립에 아무런 영향을 주지 않는다고 하는 이상 결론적으로 별 문제가 없다.

다) 쌍방불출석과 변론종결

1회 쌍방불출석이 있는 기일에 변론종결을 할 수 있는지 여부에 관하여는 견해가 대립한다. 조문의 문언상 불가능하다고 보아야 할 것이다. 2회 쌍방불출석 있는 기일에 변론종결을 할 수 있는지 여부에 관하여도 견해가 대립한다.

2회 쌍방불출석이 있은 이후 지정된 기일에서 3회째 쌍방불출석이 있는 경우에는 소취하간주의 효력이 발생하므로 변론종결이 불가능하다고 볼 것이다.

라) 특수한 경우

한편, 배당이의사건의 경우에는 첫 변론기일에 원고가 불출석하면 바로 소취하가 간주된다(민사집행법 158조). 첫 준비기일은 첫 변론기일이 아니라는 것이

판결(항소취하의 간주)이 있다.

655) 대법원 1976. 9. 28. 선고 76다1572 판결, 대법원 1979. 4. 24. 선고 78다2373 판결, 대법원 1980. 11. 11. 선고 80다2065 판결, 대법원 1982. 6. 22. 선고 81다791 판결(첫 변론기일이 아니라면 원고와 피고가 합의하여 기일변경신청을 한 경우도 마찬가지라고 판시).

656) 대법원 1990. 2. 23. 선고 89다카19191 판결(원고와 피고가 합의하여 기일변경신청서를 제출한 상황에서 출석한 피고의 동의를 얻어 기일을 연기한 사안), 대법원 1993. 10. 26. 선고 93다19542 판결(증인재소환을 위하여 기일을 연기한 사안).

판례의 입장이다.[657] 한편, 증권관련집단소송에서는 소취하간주 관련 규정의 적용이 배제된다.

3) 일방당사자의 불출석

가) 진술간주

일방만 출석하고 상대방이 변론기일에 불출석한 경우 법원은 변론을 연기할 수도 있고, 진행할 수도 있다. 변론을 진행하는 경우 법원은 불출석한 자가 제출한 서면 중 진술하지 않은 서면이 있으면 이를 진술한 것으로 보아야만 한다. 진술간주 없이 변론을 진행하는 것은 위법한 절차진행으로서 상소사유가 된다.[658]

> 第148조(한 쪽 당사자가 출석하지 아니한 경우) ① 원고 또는 피고가 변론기일에 출석하지 아니하거나, 출석하고서도 본안에 관하여 변론하지 아니한 때에는 그가 제출한 소장·답변서, 그 밖의 준비서면에 적혀 있는 사항을 진술한 것으로 보고 출석한 상대방에게 변론을 명할 수 있다.

위 조항은 주로 변론기일에 원고가 출석하고 피고가 불출석한 경우에 많이 활용되지만, 반대의 경우에도 적용됨은 조문상 명백하다. 물론 후자의 경우에는 대개 쌍방불출석으로 처리하는 것이 실무에서의 일반적인 소송지휘이다. 변론기일에는 첫 변론기일뿐만 아니라 이후의 속행기일도 포함되고, 단독사건, 합의사건 간에 차이가 없다.

일방이 출석하고, 상대방이 출석하였으나 '본안에 관하여 변론하지 아니한 때'에도 상대방이 불출석한 경우와 마찬가지인데, 단순히 변론연기를 신청하거나, 법관의 기피신청만을 하는 것은 위 '본안에 관하여 변론하지 아니한 때'에 포함된다는 것이 통설이다. 조문과 상응하지는 않지만, 소송요건흠결로 소가 부적법하다는 본안전 항변을 하는 경우에는 진술간주를 할 수 없다는 견해가 있다.[659]

진술간주에 의한 자백도 가능하다는 것이 통설, 판례의 입장이다.[660] 예컨

---

657) 대법원 2006. 11. 10. 선고 2005다41856 판결.

658) 대법원 2008. 5. 8. 선고 2008다2890 판결.

659) 주석 민사소송법(1판)(Ⅱ), 411면.

660) 대법원 2015. 2. 12. 선고 2014다229870 판결: 법원에 제출되어 상대방에게 송달된 답변서나 준비서면에 자백에 해당하는 내용이 기재되어 있는 경우라도 그것이 변론기일이나 변론준

대, 피고가 원고의 청구원인사실을 모두 인정하는 답변서를 제출하고 기일에 불출석하는 경우에는 법원이 위 1항에 의하여 변론을 진행하면 원고의 청구원인사실에 대한 자백이 성립된다. 그러나, 서증은 원본을 현실적으로 제출함으로써 신청하는 것이므로, 진술간주되는 서면에 서증이 첨부되어 있어도 서증이 제출된 것으로 간주되지는 않는다.[661)]

위 1항은 과거부터 있던 조항이나, 2002년 법개정에 의하여 2, 3항이 신설되어 진술간주에 의한 청구의 포기·인낙, 화해가 가능하게 되었다. 이 경우 서면에 대한 공증이 필요하다.

나) 자백간주

원고나 피고 중 일방만이 불출석한 경우에는 민사소송법 150조 3항, 1항에 따라 자백간주의 효과가 발생한다. 불출석한 당사자에 대한 기일통지가 공시송달에 의한 경우는 예외이다.

> 제150조(자백간주) ① 당사자가 변론에서 상대방이 주장하는 사실을 명백히 다투지 아니한 때에는 그 사실을 자백한 것으로 본다. 다만, 변론 전체의 취지로 보아 그 사실에 대하여 다툰 것으로 인정되는 경우에는 그러하지 아니하다.
> ③ 당사자가 변론기일에 출석하지 아니하는 경우에는 제1항의 규정을 준용한다. 다만, 공시송달의 방법으로 기일통지서를 송달받은 당사자가 출석하지 아니한 경우에는 그러하지 아니하다.

위 3항은 피고의 답변서 제출의무 및 무변론판결 제도가 없었던 2002년 법개정 이전에 피고의 무대응에 대한 대처수단으로 많이 활용되었다. 즉, 피고가 답변서도 제출하지 않고, 기일에도 출석하지 않은 경우 법원은 위 조항에 의하여 피고가 원고의 청구원인사실을 모두 자백한 것으로 간주하고 청구인용판결을 하였었다. 2002년 법개정 하에서는 무변론판결제도가 피고의 무대응에 대한 대처수단이다.

판례는, 피고가 원고청구기각 판결을 구하고 본안에 대해 사실상의 진술을 하지 않은 경우 자백간주의 효과가 발생한다고 판시한 바 있다.[662)]

비기일에서 진술 또는 진술간주 되어야 재판상 자백이 성립한다.

661) 대법원 1970. 8. 18. 선고 70다1240 판결, 대법원 1991. 11. 8. 선고 91다15775 판결.

662) 대법원 1955. 7. 21. 선고 4288민상59 판결.

4) 영상재판

법원은 당사자가 교통불편 등으로 직접 법원에 출석하기 어렵다고 인정하는 때에는 당사자의 신청을 받거나 동의를 얻어 비디오 등 중계장치에 의한 중계시설을 통하거나[663] 인터넷 화상장치를 이용하여[664] 변론기일을 열 수 있다(287조의2 2항).

> 제287조의2(비디오 등 중계장치 등에 의한 기일)
> ① 재판장·수명법관 또는 수탁판사는 상당하다고 인정하는 때에는 당사자의 신청을 받거나 동의를 얻어 비디오 등 중계장치에 의한 중계시설을 통하거나 인터넷 화상장치를 이용하여 변론준비기일 또는 심문기일을 열 수 있다.
> ② 법원은 교통의 불편 또는 그 밖의 사정으로 당사자가 법정에 직접 출석하기 어렵다고 인정하는 때에는 당사자의 신청을 받거나 동의를 얻어 비디오 등 중계장치에 의한 중계시설을 통하거나 인터넷 화상장치를 이용하여 변론기일을 열 수 있다. 이 경우 법원은 심리의 공개에 필요한 조치를 취하여야 한다.
> ③ 제1항과 제2항에 따른 기일에 관하여는 제327조의2 제2항 및 제3항을 준용한다.

증인신문 등은 2016년부터 영상재판으로 진행할 수 있었는데, 코로나 팬데믹의 영향으로 2021년 민사소송법이 개정되어 변론기일도 영상재판으로 진행할 수 있게 되었다.

변론준비기일, 심문기일의 경우, 법원은 상당하다고 인정하는 때에는 당사자의 신청을 받거나 동의를 얻어 영상재판으로 진행할 수 있다(287조의2 1항).

2. 기 간

1) 의의 및 종류

소송행위 등은 일정한 기간 내에 행해져야 한다. 법원의 소송행위 등에 필요한 기간을 직무기간이라고 하고, 당사자 등의 소송행위 등에 필요한 기간을 고유기간이라고 한다. 판결선고기간 등의 직무기간은 훈시규정에 불과하여 기간의 도과로 법원의 행위가 위법한 것으로 되지 않는다. 고유기간은 기간이 법률에 규정되어 있는 법정기간과 법원이 정하는 재정기간으로 나뉜다.

---

663) 중계시설은 법원의 시설이다. 따라서 당사자는 그곳으로 가야 한다.
664) '자신의 집 등에서 줌 등을 이용하여'의 취지이다.

법정기간은 다시 법이 불변기간이라고 명시하고 있는 불변기간과 그렇지 않은 통상기간으로 나뉜다. 판결에 대한 상소기간, 재심청구기간 등이 대표적인 불변기간이다. 명문의 규정이 없는 경우 상고이유서 제출기간 등을 불변기간으로 볼 수 있는지 여부에 대하여는 견해가 갈리는데, 판례는 부정설로 일관하고 있다.

불변기간은 소송행위의 추후보완이 가능하고, 부가기간을 붙일 수 있지만, 기간의 신축은 불가능하다. 통상기간은 반대이다.

2) 기간의 계산

민사소송에서 기간의 계산은 민법에 따른다(170조). 따라서 기간이 일, 주, 월 등으로 정해진 경우 초일불산입의 원칙이 적용되고(민법 157조), 말일이 토·일요일 혹은 공휴일인 경우 그 다음날 기간이 만료된다(민법 161조).

법정기간의 기산점은 법정되어 있고, 재정기간의 기산점은 법원이 정하지만, 법원이 이를 정하지 않은 경우에는 재판의 효력발생시가 기산점이 된다.

> 제171조(기간의 시작) 기간을 정하는 재판에 시작되는 때를 정하지 아니한 경우에 그 기간은 재판의 효력이 생긴 때부터 진행한다.

주의할 점은 기산점이 어떤 소송행위를 할 수 있는 시점과 반드시 일치하지 않는다는 점이다. 예컨대, 판결에 대한 상소기간의 경우 기산점인 판결정본 송달일 이전부터 가능하다는 명문의 규정이 있고, 판결선고시부터 가능하다고 본다.

> 제396조(항소기간) ① 항소는 판결서가 송달된 날부터 2주 이내에 하여야 한다. 다만, 판결서 송달 전에도 할 수 있다.

결정 등에 대한 항고에 관하여 위와 같은 명문의 규정이 없는바, 판례는 결정 등의 효력발생시점, 즉 결정의 고지일부터 항고가 가능하다고 보았었다가, 결정 등의 성립시점, 즉 결정원본이 법원사무관 등에게 교부된 때부터 가능하다는 것으로 입장을 변경하였다.[665] 전자문서로 작성된 결정 등은 법관이 사법전자서명을 완료한 때 성립한다.[666]

---

665) 대법원 2014. 10. 8.자 2014마667 전원합의체 결정.
666) 대법원 2025. 7. 24.자 2021마6542 전원합의체 결정.

소송절차의 중단이나 중지사유가 발생하면 기간이 진행될 수 없거나 이미 시작된 기간의 진행이 정지되며, 중단 등이 해소되면 전체 기간이 새로이 진행한다.

> 제247조(소송절차 정지의 효과) ① 판결의 선고는 소송절차가 중단된 중에도 할 수 있다.
> ② 소송절차의 중단 또는 중지는 기간의 진행을 정지시키며, 소송절차의 수계사실을 통지한 때 또는 소송절차를 다시 진행한 때부터 전체기간이 새로이 진행된다.

3) 기간의 신축과 부가기간

> 제172조(기간의 신축, 부가기간) ① 법원은 법정기간 또는 법원이 정한 기간을 늘이거나 줄일 수 있다. 다만, 불변기간은 그러하지 아니하다.
> ② 법원은 불변기간에 대하여 주소 또는 거소가 멀리 떨어진 곳에 있는 사람을 위하여 부가기간(附加期間)을 정할 수 있다.
> ③ 재판장·수명법관 또는 수탁판사는 제1항 및 제2항의 규정에 따라 법원이 정한 기간 또는 자신이 정한 기간을 늘이거나 줄일 수 있다.

법원은 법정기간 중 통상기간과 재정기간은 민사소송법 172조 1항에 의하여 신축할 수 있다. 신축이 명문의 규정에 의하여 전부 또는 일부 부정되는 경우가 있는바, 불변기간(위 1항 단서), 소송행위의 추후보완기간(173조 2항), 공시송달기간(196조 3항, 단축 불허)이 이에 해당한다. 상고이유서 제출기간은 명문의 규정은 없으나 단축하는 것은 허용되지 않는다고 본다.

기간의 신축, 특히 기간을 늘리는 신장은 기간이 만료된 후에는 원칙적으로 불가능하지만, 상고이유서의 제출기간 등에 관하여는 추가적인 논의가 있고 대법원은 예외를 인정하고 있다. 상세는 소송행위의 추후보완 쪽에서 본다.

불변기간의 경우에는 법원이 172조 2항에 의하여 법원 소재지와 당사자 등의 주소지 사이의 거리를 참작하여 부가기간을 붙일 수 있다. 따라서 불변기간이 일응 도과되었다고 판단되는 경우에도 부가기간이 붙어있는지 여부는 반드시 확인해 볼 필요가 있다. 부가기간이 붙은 경우에는 원래의 기간과 부가기간이 함께 불변기간이 된다. 부가기간은 불변기간이 도과된 이후에는 붙일 수 없다.

4) 소송행위의 추후보완

가) 기능: 상소, 재심과의 관계

불변기간이 도과된 경우에는 앞서 본 부가기간이 붙어 있는지 여부를 확인해봐야 하고, 부가기간이 붙어 있지 않다면 소송행위의 추후보완이 가능한지 여부를 검토해봐야 한다.

> 제173조(소송행위의 추후보완) ① 당사자가 책임질 수 없는 사유로 말미암아 불변기간을 지킬 수 없었던 경우에는 그 사유가 없어진 날부터 2주 이내에 게을리 한 소송행위를 보완할 수 있다. 다만, 그 사유가 없어질 당시 외국에 있던 당사자에 대하여는 이 기간을 30일로 한다.

소송행위의 추후보완은 기본적으로 송달이 유효한 것을 전제로 한다. 송달이 무효라면 기간이 진행될 수 없어 기간이 만료될 여지가 없기 때문이다. 예컨대 상고심판결이 아닌 판결정본의 송달이 무효인 경우, 상소기간이 진행되지 않기 때문에 판결에 대한 불복수단은 상소의 추후보완이 아니라 상소의 제기이다.[667] 요건이 흠결된 송달, 즉 부적법한 송달은 원칙적으로 무효이지만, 예외적으로 유효한 경우가 있고, 대표적인 경우가 요건이 흠결된 공시송달의 경우이다.

판결에 대한 상소의 추후보완은 확정판결에 대한 구제수단이라는 점에서 재심과 궤를 같이 하고, 미확정판결에 대한 구제수단인 상소와 다르다. 상소의 추후보완과 재심은 확정판결에 대한 구제수단이라는 점은 같지만, 그 요건과 효과가 다른 것이다.[668]

나) 추후보완의 대상

판례는 불변기간임이 법에 명시된 경우에 한하여 소송행위의 추후보완을 인정하여, 불변기간임이 명시되지 않은 상고이유서의 제출기간 등에 대하여는 소송행위의 추후보완을 인정하지 않는다.

학설의 경우 상고이유서의 제출기간 등에는 명문의 규정이 없어도 소송행위의 추후보완에 관한 규정이 적용 또는 유추적용되어야 한다는 견해가 다수설이다. 학설 중에는 상고이유서 제출기간 등에 소송행위의 추후보완이 인정될 수는 없지만, 당사자가 책임질 수 없는 사정이 있는 경우에는 기간도과 이후라도 기간의 신장으로 구제하여야 한다는 견해가 있고, 같은 입장을 취한 판례도 있다.[669][670] 재심의 제기가 가능하다는 점에 대하여는 별다른 이견이 없고 판

---

667) 대법원 1970. 7. 24. 선고 70다1015 판결.

668) 대법원 2011. 12. 22. 선고 2011다73540 판결.

669) 대법원 2024. 6. 27.자 2024마5813 결정(전자소송시스템상의 항고심으로의 기록송부, 항고심 사건번호 부여 등으로 인하여 민사집행법 15조 3항의 항고이유서 제출기간 내에 전자소송시스템으로 항고이유서를 제출하는 것이 불가능하였던 사안).

례도 같은 입장이다.671)

다) 추후보완의 사유

'당사자가 책임질 수 없는 사유', 즉 귀책사유가 없을 것이라는 요건을 둘러싸고 다툼이 많이 발생하고 판례가 많이 축적되어 있다. 천재지변 등의 불가항력뿐만 아니라 일반인의 주의와 능력에 비추어 기간준수를 기대하기 어려운 사유라는 것이 일반적·추상적 기준이 되지만, 실제 발생하는 문제의 양상이 다양하고, 판단이 어려운 경우가 많다. 결국 유사판례들의 사안과 결론을 비교형량하여 판단할 수밖에 없다.

공시송달의 경우 당사자가 송달을 실제 인식하는 경우는 없으므로 소송행위의 추후보완이 가장 많이 문제된다. 소장부본부터 판결정본까지 모두 공시송달로 송달되었다면 특별한 사정이 없는 이상 소송행위, 즉 상소의 추후보완이 인정된다는 것이 판례의 입장이다.672)673) 이와 달리, 판례는 애초에는 소장부본이나 기일소환장 등이 교부송달되어 소송이 진행되던 도중 소송서류의 송달불능으로 인하여 공시송달로 절차가 진행된 경우에는 당사자에게 스스로 소송진행상황을 조사할 의무가 있으므로 소송행위의 추후보완이 인정되지 않는다고 한다.674) 다만, 판례는 조정절차에 참여하였다고 하여 조정불성립으로 조정절차에서 이행된 소송절차의 진행상황을 조사할 의무가 있는 것은 아니라고 보았

---

670) 위 결정 이전에 대법원은 긍정한 적도 있고(대법원 1980. 6. 24. 선고 80다918 판결), 부정한 적도(대법원 2002. 6. 28. 선고 2002재다210 판결) 있다.

671) 대법원 1998. 12. 11. 선고 97재다445 판결(우체국 집배원의 배달 착오로 소송기록접수통지서를 송달받지 못하여 상고이유서를 제출하지 못한 사안).

672) 대법원 2013. 1. 10. 선고 2010다75044, 75051 판결(소장부본과 판결정본 등이 공시송달의 방법에 의하여 송달되었다면 특별한 사정이 없는 한 피고는 과실 없이 판결의 송달을 알지 못한 것이고, 이러한 경우 [] 추완항소를 할 수 있다).

673) 대법원 2011. 4. 28. 선고 2010다98948 판결.

674) 대법원 1998. 10. 2. 선고 97다50152 판결, 대법원 1987. 3. 10. 선고 86다카2224 판결, 대법원 2014. 10. 30. 선고 2014다211886 판결(소송의 진행 도중 통상의 방법으로 소송서류를 송달할 수 없게 되어 공시송달의 방법으로 송달한 경우에는 처음 소장부본의 송달부터 공시송달의 방법으로 소송이 진행된 경우와 달라서 당사자에게 소송의 진행상황을 조사할 의무가 있으므로, 당사자가 이러한 소송의 진행상황을 조사하지 않아 불변기간을 지키지 못하였다면 이를 당사자가 책임질 수 없는 사유로 말미암은 것이라고 할 수 없고, 또한 이러한 의무는 당사자가 변론기일에서 출석하여 변론을 하였는지 여부, 출석한 변론기일에서 다음 변론기일의 고지를 받았는지 여부나, 소송대리인을 선임한 바 있는지 여부를 불문하고 부담하는 것이다).

고,[675] 피고가 소장 기재 주소지에서 소액사건의 이행권고결정 등본을 적법하게 송달받고 답변서를 제출한 이후 교도소에 수감되었는데, 위 주소지로 변론기일통지서가 발송송달 되고, 판결정본이 공시송달된 경우, 공시송달은 유효하지만 피고에게는 송달장소 변경의 신고의무가 없어서 귀책사유가 없으므로 항소의 추후보완이 가능하다고 하였다.[676]

공시송달과 무관하게는, 소송대리인인 변호사, 변호사 사무실의 직원, 가족이 판결정본이 송달된 사실을 당사자에게 알려주지 않았거나, 실수로 상소장을 늦게 접수한 것 등이 당사자의 귀책사유인지가 문제되는데, 판례는 소송대리인 등의 귀책사유는 당사자의 귀책사유라고 본다.[677] 항소장을 우편으로 법원에 송부하였는데 예상보다 장기간이 소요되어 항소기간이 도과된 경우 당사자의 귀책사유가 있다고 보았다.[678]

라) 추후보완의 방법

귀책사유 없이 불변기간을 지킬 수 없었던 경우, 당사자[679]는 그 사유가 없어진 날로부터[680][681][682] 2주 이내에 본래 하고자 했던 소송행위를 할 수 있

---

675) 대법원 2015. 8. 13. 선고 2015다213322 판결([조정불성립으로] 사건이 종결된 후 피신청인의 주소가 변경되었음에도 피신청인이 조정법원에 주소변경신고를 하지 않은 상태에서 [] 조정이 소송으로 이행되었는데, 통상의 방법으로 변론기일통지서 등[을] 송달할 수 없게 되어 발송송달이나 공시송달의 방법으로 송달한 경우에는 [] 피신청인에게 소송의 진행상황을 조사할 의무가 있다고 할 수 없다).

676) 대법원 2022. 1. 13. 선고 2019다220618 판결.

677) 대법원 1984. 6. 14. 선고 84다카744 판결, 대법원 1999. 6. 11. 선고 99다9622 판결.

678) 대법원 1991. 12. 13. 선고 91다34509 판결.

679) 대법원 1999. 6. 11. 선고 99다9622 판결(당사자에는 당사자 본인뿐만 아니라 그 소송대리인 및 대리인의 보조인도 포함된다고 할 것이므로 피고 소송대리인의 직원이 원심판결 정본을 수령한 때 사유가 없어졌다고 한 사례).

680) 대법원 2021. 3. 25. 선고 2020다46601 판결([이는] 당사자나 소송대리인이 단순히 판결이 있었던 사실을 안 때가 아니고 나아가 그 판결이 공시송달의 방법으로 송달된 사실을 안 때를 가리키는 것이다. 그리고 다른 특별한 사정이 없는 한 통상의 경우에는 당사자나 소송대리인이 그 사건 기록을 열람하거나 또는 새로이 판결정본을 영수한 때에 비로소 그 판결이 공시송달의 방법으로 송달된 사실을 알게 되었다고 보아야 한다. 다만 피고가 당해 판결이 있었던 사실을 알았고 사회통념상 그 경위에 대하여 당연히 알아볼 만한 특별한 사정이 있었다고 인정되는 경우에는 그 경위에 대하여 알아보는 데 통상 소요되는 시간이 경과한 때에 판결이 공시송달의 방법으로 송달된 사실을 알게 된 것으로 추인하여 책임질 수 없는 사유가 소멸하였다고 봄이 상당하다고 할 것이지만, 이 경우 '당해 판결이 있었던 사실을 알게 된 것'과 더불어 '판결의 경위에 대하여 알아볼 만한 특별한 사정'이 인정되어야 한다).

681) 부정한 예로는 대법원 2013. 10. 17. 선고 2013다41318 판결(원고가 피고를 고소하면서 이

다. 예컨대 상소의 경우 상소를 제기하면 된다. 통상은 제목이나 내용에서 '추완상소'나 '상소추완신청'이라고 명기하지만 반드시 그러한 명시적인 문언이 필요한 것은 아니다. 추후보완의 신청은 본래의 소송행위의 부수적인 신청에 불과하기 때문에[683] 법원은 주문에서 본래의 소송행위에 대한 결론만 내리면 된다. 따라서 법원은 추후보완의 요건이 갖추어진 경우에는 본래의 소송행위의 당부를 판단하고, 추후보완의 요건이 갖추어지지 않은 경우에는 본래의 소송행위를 기간도과로 각하한다.

마) 잠정처분

확정판결에 대하여 상소의 추후보완을 하여도 그것만으로는 확정판결에 기

사건 제1심 판결문을 수사기관에 제출하여 그 판결문이 피고에 대한 수사기록에 편철되었다거나 그 후 피고가 수사기관으로부터 원고와의 대질신문을 받으면서 재판기일의 출석 여부 등에 관하여 질문을 받고 답변을 하였다는 사정만으로, [판결이] 공시송달의 방법으로 송달된 사실을 알았다고 단정하기는 어렵다), 대법원 2015. 6. 11. 선고 2015다8964 판결(피고가 원고를 상대로 제기한 별개의 소송에서 원고가 위 판결정본의 사본을 증거로 첨부하여 제출한 답변서가 피고가 신고한 송달영수인에게 송달된 경우, 송달영수인은 송달서류를 수령할 대리권만을 갖는 개별적인 임의대리인에 불과하므로 [] 소송당사자인 피고 본인이 그 무렵 제1심판결이 공시송달로 송달된 사실까지 알았다고 단정할 수는 없다), 대법원 2019. 9. 9. 선고 2019다217179 판결(제1심판결을 집행권원으로 하여 유체동산 압류집행을 하였다는 등의 사정만으로 피고가 압류집행 무렵에 제1심이 공시송달에 기하여 진행된 뒤 그 판결정본이 공시송달의 방법으로 송달된 사실까지 알았다고 단정할 수는 없다), 대법원 2022. 4. 14. 선고 2021다305796 판결(당사자가 다른 소송의 재판절차에서 송달받은 준비서면 등에 당해 사건의 제1심 판결문과 확정증명원 등이 첨부된 경우에는 그 시점에 제1심판결의 존재 및 공시송달의 방법으로 송달된 사실까지 알았다고 볼 것이지만, 다른 소송에서 선임된 소송대리인이 그 재판절차에서 위와 같은 준비서면 등을 송달받았다는 사정만으로 이를 당사자가 직접 송달받은 경우와 동일하게 볼 수는 없으므로, 다른 특별한 사정이 없는 한 피고 회사는 [] 소외[인으]로부터 이 사건 제1심 판결문을 이메일로 전달받음으로써 이를 알게 된 것이고, 그때로부터 2주 이내에 제기된 추완항소는 적법하다고 봄이 타당하다). 대법원 2021. 3. 25. 선고 2020다46601 판결(압류·추심명령의 제3채무자로부터 예금채권이 압류되었다는 내용과 압류·추심명령 사건번호와 채권자가 기재된 문자메시지를 받은 사정만으로는 제1심판결이 있었던 사실을 알았다거나 사회통념상 그 경위를 알아볼 만한 특별한 사정이 있었다고 보기 어렵다) 이 있다.

682) 긍정한 예로는 대법원 2001. 1. 30. 선고 2000다21222 판결(판결이 있었던 사실을 알게 된 후 그 대처방안에 관하여 변호사와 상담을 하거나 추완항소 제기에 필요한 해외거주증명서 등을 발급받은 경우), 대법원 2018. 9. 13. 선고 2018다25670 판결(원고[가 다른 소송의 피고로서 그] 소장에 첨부된 [판결]문 사본과 송달확정증명원을 송달받은 2018. 1. 6.에는 [판결]의 존재 및 [판결]이 공시송달의 방법으로 송달된 사실을 알게 되었거나, 그렇지 않더라도 [위] 소송에서 [판결절차가 공시송달로 진행되었다는] 내용의 답변서를 제출한 2018. 3. 26.에는 원고가 [판결]의 경위를 알아보기 위한 충분한 기간이 경과하였다고 보인다) 등이 있다.

683) 이와 달리 형사소송절차에서는 상소권회복신청이 상소와 별개의 독립한 신청이다.

한 집행이 정지되지 않으므로 민사소송법 500조에 따라 잠정처분(집행정지)신청을 하여야 한다.

> 제500조(재심 또는 상소의 추후보완신청으로 말미암은 집행정지) ① 재심 또는 제173조에 따른 상소의 추후보완신청이 있는 경우에 불복하는 이유로 내세운 사유가 법률상 정당한 이유가 있다고 인정되고, 사실에 대한 소명이 있는 때에는 법원은 당사자의 신청에 따라 담보를 제공하게 하거나 담보를 제공하지 아니하게 하고 강제집행을 일시정지하도록 명할 수 있으며, 담보를 제공하게 하고 강제집행을 실시하도록 명하거나 실시한 강제처분을 취소하도록 명할 수 있다.
> ② 담보없이 하는 강제집행의 정지는 그 집행으로 말미암아 보상할 수 없는 손해가 생기는 것을 소명한 때에만 한다.
> ③ 제1항 및 제2항의 재판은 변론없이 할 수 있으며, 이 재판에 대하여는 불복할 수 없다.
> ④ 상소의 추후보완신청의 경우에 소송기록이 원심법원에 있으면 그 법원이 제1항 및 제2항의 재판을 한다.

3. 준비서면

1) 의 의

준비서면은, 당사자가 변론에 앞서 자신이 하고자 하는 변론의 내용을 기재하여 법원에 제출하는 서면을 말한다. 당사자는 준비서면을 변론기일 전에 법원에 제출하여야 하고, 법원은 준비서면의 부본을 상대방에게 사전에 송달하여야 한다. 단독사건의 경우에는 예외가 인정될 수 있다.

> 제272조(변론의 집중과 준비) ① 변론은 집중되어야 하며, 당사자는 변론을 서면으로 준비하여야 한다.
> ② 단독사건의 변론은 서면으로 준비하지 아니할 수 있다. 다만, 상대방이 준비하지 아니하면 진술할 수 없는 사항은 그러하지 아니하다.

제출자가 자신의 변론을 미리 준비하게 할 뿐만 아니라 법원과 상대방에게 변론의 내용을 예고하여 변론의 실효성을 높이기 위한 것이 준비서면의 기능이다.

준비서면에는 통상의 준비서면, 답변서, 요약준비서면 등이 있다. 소장부본을 송달받은 피고가 최초로 제출하는 서면을 답변서라고 하는데, 이 역시 준비서면의 일종이다. 요약준비서면은 민사소송법 278조의 준비서면을 말한다.

> 제278조(요약준비서면) 재판장은 당사자의 공격방어방법의 요지를 파악하기 어렵다고 인정하는 때에는 변론을 종결하기에 앞서 당사자에게 쟁점과 증거의 정리 결과를 요약한 준

비서면을 제출하도록 할 수 있다.

2) 기재사항 및 첨부서류

준비서면의 기재사항은 민사소송법에 규정되어 있다. 가장 중요한 사항은 자신의 공격방어방법과 상대방의 공격방어방법에 대한 대응이라고 할 수 있다.

> 第274조(준비서면의 기재사항) ① 준비서면에는 다음 각호의 사항을 적고, 당사자 또는 대리인이 기명날인 또는 서명한다.
> 1. 당사자의 성명·명칭 또는 상호와 주소
> 2. 대리인의 성명과 주소
> 3. 사건의 표시
> 4. 공격 또는 방어의 방법
> 5. 상대방의 청구와 공격 또는 방어의 방법에 대한 진술
> 6. 덧붙인 서류의 표시
> 7. 작성한 날짜
> 8. 법원의 표시
>
> ② 제1항 제4호 및 제5호의 사항에 대하여는 사실상 주장을 증명하기 위한 증거방법과 상대방의 증거방법에 대한 의견을 함께 적어야 한다.

당사자는 준비서면에서 인용한 문서 중 자신이 가지고 있는 것은 그 등본이나 사본을 첨부하여야 하고, 외국어로 작성된 문서를 첨부할 때에는 번역문도 같이 첨부하여야 한다.

> 第275조(준비서면의 첨부서류) ① 당사자가 가지고 있는 문서로서 준비서면에 인용한 것은 그 등본 또는 사본을 붙여야 한다.
> ② 문서의 일부가 필요한 때에는 그 부분에 대한 초본을 붙이고, 문서가 많을 때에는 그 문서를 표시하면 된다.
> ③ 제1항 및 제2항의 문서는 상대방이 요구하면 그 원본을 보여주어야 한다.
> 第277조(번역문의 첨부) 외국어로 작성된 문서에는 번역문을 붙여야 한다.

준비서면인지 여부는 제목이 아니라 내용에 의하여 결정하는 것이다. 소장에 준비서면에 기재될 사항이 기재되는 경우, 그 소장은 준비서면이기도 하다.

3) 제출과 상대방에 대한 송달

당사자는 준비서면을 제출할 때 상대방 수만큼의 부본을 함께 제출하여야 한다. 준비서면의 제출 및 법원의 상대방에 대한 준비서면 부본의 송달은 변론

기일로부터 상대방이 준비하는 데 필요한 기간 이전에 이루어져야 한다.

> 제273조(준비서면의 제출 등) 준비서면은 그것에 적힌 사항에 대하여 상대방이 준비하는 데 필요한 기간을 두고 제출하여야 하며, 법원은 상대방에게 그 부본을 송달하여야 한다.

민사소송규칙은 새로운 공격방어방법이 담긴 경우에는 7일 이전에 송달되어야 한다고 정하고 있다.

> 규칙 제69조의3(준비서면의 제출기간) 새로운 공격방어방법을 포함한 준비서면은 변론기일 또는 변론준비기일의 7일 전까지 상대방에게 송달될 수 있도록 적당한 시기에 제출하여야 한다.

실제 준비서면이 변론기일 전날이나 심지어 변론기일 당일 제출되는 경우도 종종 있다. 법원은 준비서면에 담긴 공격방어방법을 실기된 공격방어방법으로 각하해버리고 변론을 종결할 수도 있지만, 실제로는 대개 필요에 따라 상대방의 검토 및 대응을 위하여 변론을 연기하거나 속행하게 된다.

4) 제출과 부제출의 효과

준비서면을 제출한 것만으로는 거기에 담긴 공격방어방법은 소송자료가 될 수 없고, 변론기일에서 당사자가 출석하여 준비한 내용을 진술하여야 비로소 소송자료가 된다.[684] 예컨대 준비서면에 소멸시효의 항변을 기재하였어도 변론기일에 이를 진술하지 않으면 법원은 소멸시효의 항변에 대하여 판단할 수 없다. 준비서면을 제출한 자가 변론기일에 출석하지 않은 경우 준비서면이 진술간주되는 경우도 있다.

> 제148조(한 쪽 당사자가 출석하지 아니한 경우) ① 원고 또는 피고가 변론기일에 출석하지 아니하거나, 출석하고서도 본안에 관하여 변론하지 아니한 때에는 그가 제출한 소장·답변서, 그 밖의 준비서면에 적혀 있는 사항을 진술한 것으로 보고 출석한 상대방에게 변론을 명할 수 있다.

준비서면으로 변론을 미리 준비하지 않으면 사실 주장에 제약이 생긴다. 즉, 준비서면에 담지 않은 사실은 상대방이 불출석하면 변론기일에서 주장할

---

684) 대법원 1983. 12. 27. 선고 80다1302 판결(준비서면에 취득시효완성에 관한 주장사실이 기재되어 있다 하더라도 그 준비서면이 변론기일에서 진술된 흔적이 없다면 취득시효완성의 주장에 대한 판단유탈의 위법이 있다 할 수 없다).

수 없다.

> 제276조(준비서면에 적지 아니한 효과) 준비서면에 적지 아니한 사실은 상대방이 출석하지 아니한 때에는 변론에서 주장하지 못한다. 다만, 제272조 제2항 본문의 규정에 따라 준비서면을 필요로 하지 아니하는 경우에는 그러하지 아니하다.

위 조항을 반대해석하면 준비서면에 담긴 사실은 상대방이 불출석한 경우에도 주장할 수 있고, 따라서 이 경우 민사소송법 150조 3항, 1항에 따라 자백이 간주될 수도 있다. 위 조항의 '사실'에 법률상 주장이 포함되지 않는다는 점에는 이견이 없으나, 증거신청이 포함되는지 여부에 관하여는 적극설, 소극설, 상대방이 예상가능한 증거신청은 포함되지 않는다는 절충설이 대립한다. 위 조항은 준비기일에는 적용되지 않는다.

이외에도 준비서면의 부제출에는 무변론판결(257조 1항), 준비절차의 종결(284조 1항 2호) 등의 효과가, 제출에는 준비기일로 인한 실권효의 배제(285조 3항), 소취하에 대한 피고의 동의권 발생(266조 2항) 등의 효과가 부여된다.

5) 준비서면 분량의 제한 등

2016. 8. 1. 민사소송규칙 개정(같은 날 시행)으로 준비서면을 비롯한 소송서류의 양식, 분량, 제출에 관한 정비가 이루어졌다.

이에 따라 소장, 답변서, 준비서면 등은 민사소송규칙 4조 2항의 양식을 따라야 한다.[685]

준비서면은 30쪽을 초과할 수 없게 되었다(규칙 69조의4 1항). 다만, 재판장과 당사자 사이에 준비서면의 분량 등에 관하여 합의가 이루어진 경우에는 그에 따른다(규칙 70조 4항). 요약준비서면을 작성할 때 이미 제출된 준비서면 등을 인용할 수 없게 되었다(규칙 69조의5).

항소심 재판장은 피항소인에게 항소인의 주장을 반박하는 준비서면의 제출을 명할 수 있게 되었고(규칙 126조의2 2항), 상고이유서와 답변서의 분량도 30쪽을 넘지 못하게 되었다(규칙 133조의2).

---

685) 크기는 A4용지여야 하고, 글자는 12포인트, 줄간격은 200% 또는 1.5줄 이상이어야 한다. 여백 등에 대한 정함도 있다.

제4관 증 거

제39강 증거 일반론

1. 개 요

심리 중 사실인정에 관련된 부분을 따로 증거라는 제목 하에서 다루는 것이 일반적이다. 대부분의 민사소송에서 결론은 사실관계에 따라서 결정되고, 순수하게 법리만이 문제되는 경우는 매우 적다. 따라서 사실관계의 확정, 즉 사실인정은 매우 중요하다. 일반적으로 사실인정은 증거에 의하여 이루어지기 때문에 심리 중 사실인정에 관한 절차는 곧 증거에 관한 절차라고 하여도 무방하다.

제4관 증거에서는 증거일반론, 증명의 대상과 불요증사실, 증거조사절차, 자유심증주의, 증명책임 등을 다룬다. 당사자의 입장에서 본다면, ① 어떤 사항들에 대하여 증거가 필요한 것인가? ② 증거가 필요하다면 어떤 것들을 어떻게 증거로 제출할 수 있는가? ③ 증거를 제출한 경우 법원이 어떤 방법으로 사실인정을 하는가? 라는 일련의 질문이 제기되는데, 증명의 대상과 불요증사실은 ①을, 증거조사절차는 ②를, 자유심증주의와 증명책임은 ③을 다룬다.

2. 증거신청의 실례

증거에서 다루는 내용들은 매우 세밀하고, 복잡하지만, 실제 일반 당사자의 입장에서는 ②가 가장 중요한 질문이다. 상세는 증거조사절차부분에서 볼 것이지만, 여기서는 간단한 실례를 통하여 숲을 조감해 보기로 한다.

1) 사 안

만 17세인 나는 아버지가 운전하는 차를 타고 가다가 교통사고를 당하였다. 상대방 차량이 중앙선을 침범한 것이 원인이었다. 아버지가 재빨리 방어운전을 한 덕분에 충돌 자체는 아주 가벼웠다. 안전벨트를 매고 있던 아버지는 아무 상처를 입지 않았으나 조수석에 안전벨트를 매지 않은 채 타고 있던 나는 목을 크게 다쳤다. 가해차량 운전자는 아버지가 운전을 잘못한 것이 사고원인이라고 주장하면서 책임을 부인하였고, 경찰조사에서도 마찬가지였다. 나는 개인적으로 사고원인에 대하여 조사한 결과 목격자를 찾아 그로부터 사실확인서를 받았고, 길 위의 낸 흔적에 대하여 사진도 찍었고, 사고원인감정을 전문가에게 의뢰하여 흡족한 내용의 감정서도 받아놓았다. 이런 자료들을 모두 제시하자 가해자는 책임을 인정하겠으니 만나서 액수를 절충하자는 내용의 이메일을 보내왔다. 그런데 막상 서로 만난 자리에서 액수 절충이 잘 되지 않자 가해자는 다시 책임을 부인하면서 소송을 제기하든 말든 알아서 하라고 하고는 자리를 떠났다. 나는 보이스레코더를 이용하여 협상 당시의 대화를 몰래 녹음하여 놓았다.

2) 문 제

나는 손해배상청구소송을 제기하였다. 다음과 같은 사람이나 물건에 관하여 어떤 증거신청을 할 수 있을까?

① 아버지
② 목격자
③ 목격자의 사실확인서
④ 사고현장 그 자체
⑤ 사고현장 사진
⑥ 경찰의 수사기록
⑦ 전문가
⑧ 전문가의 감정서
⑨ 협상과정의 녹음파일(mp3)
⑩ 가해자의 이메일

3) 해 답

위 질문에 대하여는 아래와 같은 해답을 제시할 수 있다. 다만 아래의 해답은 반드시 이론적인 것은 아니라는 점 및 전자소송으로 진행되는 사건의 경우 차이가 생긴다는 점에 유의하여야 한다. 전자소송의 도입으로 인한 변화에 관하여는 후술한다.

① 아버지

당사자본인신문을 신청하여야 한다. 아버지는 법정대리인이므로 당사자에 준하기 때문이다.

② 목격자

목격자는 제3자이고, 그가 경험한 사실을 알아보려고 하는 것이기 때문에 증인으로 신청한다.

③ 목격자의 사실확인서

문서는 서증으로 제출한다. '나', 즉 원고가 이미 갖고 있으므로 사실확인서를 제출하면 된다. 민사소송에서 제출되는 증거의 대부분은 서증 아니면 증인이다. 이론적으로도 서증은, 특히 서증의 진정성립, 즉 형식적 증거력은 매우 중요하다.

④ 사고현장 그 자체

사람의 오감의 대상이 되는 물건의 경우 검증의 대상이 된다. 실무상으로 현장검증신청이라고 한다. 법관이 사고현장을 직접 봐달라는 내용의 신청을 하는 것이다.

⑤ 사고현장 사진

통상 서증으로 제출하는데, 이 경우 엄밀한 의미에서 문서가 아닌 것을 문서와 같이 취급하는 것이므로 준문서라고 부른다. 이론적인 엄밀성을 취하면 사진에 대한 검증을 신청하여야 한다.

⑥ 경찰의 수사기록

이 역시 문서이므로 서증으로 제출하여야 한다. 문제는 문서가 원고의 수중에 없다는 점이다. 서증은 문서를 제출하는 방식으로 하여야 하는데, 이처럼 자기 수중에 없는 문서를 서증으로 제출하기 위하여는 먼저 법원에 문서제출명령신청, 문서송부촉탁신청 또는 서증조사신청을 하여야 한다. 사안과 같은 경우 문서송부촉탁이 통상적으로 이용된다. 원고가 먼저 문서송부촉탁신청을 하고, 법원이 이를 받아들여 경찰서에 수사기록(등본)을 송부하라는 촉탁을 하고, 이에 따라 경찰이 수사기록을 법원에 보내고, 원고는 도착한 수사기록 중 필요한 문서를 서증으로 제출하는 일련의 과정을 거치게 된다.

⑦ 전문가

전문가는 제3자이기는 하지만, 경험한 사실이 아니라 전문가로서의 의견을 물어보고자 하는 경우이기 때문에, 이 경우에는 감정을 신청하여야 한다. 감정의 경우 감정인은 감정을 실시하기에 앞서 선서를 하여야 하고, 감정을 실시한 결과, 즉 감정의견을 통상 감정회보 등의 제목이 붙은 서면으로 법원에 제출하여야 한다. 이 경우 감정회보 등의 서면이 서증이 되는 것이 아니다.

⑧ 전문가의 감정서

문서이기 때문에 서증으로 제출하여야 한다. 법원에 감정을 신청한 경우와 절차가 달라진다. 이렇게 법원의 개입 없이 당사자가 전문가에게 의뢰하여 받은 감정을 사(私)감정이라고 하고 이 경우 위와 같이 감정서가 서증으로 제출된다. 사감정에 의한 감정서의 신뢰성은 낮게 평가될 수 있다.

⑨ 협상과정의 녹음파일(mp3)

이론적으로는 검증의 대상이다. 하지만, 녹취록을 서증으로 제출하는 경우가 일반적이다.

⑩ 가해자의 이메일

이 역시 이론적으로는 검증의 대상이나, 민사소송법은 검증과는 별개의 '출력문서제출'이라는 간이한 증거조사방법을 인정하고 있다. 하지만, 실제에 있어서는 검증이나 출력문서제출보다는 서증이 이용된다. 즉, 이메일을 출력한 문서를 서증으로 제출하는 경우가 일반적이다.

3. 증거의 필요성

재판은 사실에 법규를 적용하여 결론을 도출하는 것이다. 재판을 하기 위하여는 사실관계의 확정과 법규의 존부·해석이 필요한데, 사실관계의 확정, 즉 사실인정 단계에서는 사실관계에 관한 주장과 그 주장의 근거가 되는 자료가 필요하다. 법관은 사실관계에 대하여 알지 못하는 제3자이기 때문이다. 이러한 사실관계에 관한 주장의 근거가 되는 자료를 증거라고 한다.

민사소송에서 사실인정의 근거를 좀 더 시야를 넓혀서 고찰하면, 민사소송에서 법관은 당사자 일방의 사실관계에 관한 주장을 그대로 받아들일 수 없고, ① 상대방이 그 주장을 인정하거나, ② 객관적으로 명백하다는 점이 인정되거나, 아니면 ③ 그 근거되는 자료, 즉 증거가 있는 경우에만 받아들여 이를 판결의 근거로 삼을 수 있다. ①을 자백한 사실, ②를 현저한 사실, ③을 증거에 의하여 인정되는 사실이라고 한다. 이와 같이 민사소송에서 사실인정이 모두 증거에 의하여 이루어지는 것은 아니다. 하지만 ①과 ②는 어디까지나 예외적인 위치에 있고, 민사소송의 사실인정은 원칙적으로 증거에 의한다.

민사소송에서 사실인정의 중요성은 아무리 강조해도 지나치지 않다. 실무에서 승패는 거의 대부분 사실인정 단계에서 판가름 난다. 민사소송의 사실인정에 증거를 요구하는 것은 재판결과의 객관성과 합리성을 높이기 위한 것이다. 재판결과의 객관성과 합리성을 높이기 위하여 민사소송법이 취하고 있는 또 다른 근본적인 수단으로는 증명책임의 분배가 있다.

4. 주요 개념들

본격적으로 증거에 관하여 배우기 전에 몇 가지 개념들을 익혀야 한다.

1) 증거의 의의: 증거방법·증거자료·증거원인

보통 '증거'라는 표현이 판결, 문헌, 토론과정 등에서 사용되면, 증거방법, 증거자료, 증거원인 중의 하나를 일컫는다. 따라서 단지 '증거'라고 하는 경우, 위 세 가지 중의 어느 것을 의미하는지를 분명하게 알 필요가 있다.

우선 증거방법은 증거조사의 대상이 되는 유형물 자체를 의미하고, 인증과 물증으로 분류된다. 민사소송법이 규정하는 증거방법 중 증인, 감정인, 당사자본인이 인증에, 문서, 검증물, 그 밖의 증거가 물증에 포함된다.

증거자료는 증거조사에 의하여 얻은 내용을 말한다. 인증인 증거방법을 우선 보면, 증인의 경우 증언이, 감정인의 경우 감정결과(감정의견)가, 당사자본인의 경우 당사자본인의 진술이 각 증거자료가 된다. 물증 중 문서의 경우 문서의 기재가, 검증물의 경우 검증결과가 각 증거자료가 된다.

증거원인은 법관의 심증형성의 원인이 된 자료 및 상황을 말한다. 즉, 법관이 사실인정의 근거로 채택한 증거자료와 변론의 전취지(변론 전체의 취지)를 의미한다. 변론의 전취지는 소송의 심리과정에 나타난 일체의 소송자료에서 개별적 증거자료를 제외한 것을 말하는바, 쉽게 표현하면 '전반적 분위기' 또는 '눈치, 코치'라고 할 수 있다.

앞의 설명을 표로 나타내어 보면 아래와 같다.

증거방법	증거자료	증거원인
증인	증언	채택된 경우
감정인	감정결과	상동
당사자본인	본인진술	상동
문서	문서의 기재	상동
검증물	검증결과	상동
		변론의 전취지

원고가 피고를 상대로 대여금청구를 한 사건에서 원고가 대여한 사실이 인정되는 경우, 판결문은 흔히 다음과 같이 기재된다.

> 갑 제1호증(차용증)의 기재, 증인 홍길동의 증언 및 변론의 전취지에 의하면 원고가 피고에게 1억 원을 빌려준 사실을 인정할 수 있고, 이에 반하는 을 제1호증(사실확인서)의 기재는 믿지 아니하고 달리 반증이 없다.

갑 제1호증(차용증), 을 제1호증(사실확인서)과 증인 홍길동은 증거방법이고, 갑 제1호증의 기재, 을 제1호증의 기재 및 증인 홍길동의 증언은 증거자료인데, 증거자료 중 을 제1호증의 기재는 법원이 채택하지 않았기 때문에 증거원인이 아니지만, 갑 제1호증의 기재와 증인 홍길동의 증언은 변론의 전취지와 함께 증거원인이다.

2) 증거능력과 증거력

가) 증거능력(증거적격)

증거능력은 증거조사의 대상이 될 자격을 의미한다. 증거능력 유무의 문제는 증거조사를 할 수 있는지 여부의 문제이다. 이에 반하여 뒤에 볼 증거력의 문제는 어떤 증거조사의 결과, 즉 증거자료를 믿을 수 있는지 여부의 문제이다. 몇 가지 법률상의 예외를 제외하고는 민사소송법에서는 원칙적으로 증거능력의 제한은 없다.

증거능력은 주로 그 수집 과정이 불법적인 경우와 증거조사절차가 법에 위반된 경우에 문제된다. 먼저 증거의 수집과정이 불법적인 경우, 즉 위법수집증거의 경우를 보면, 우선 법이 어떤 증거방법에 대하여 명문으로 증거능력을 제한하는 경우에는 당연히 증거능력을 인정할 수 없다. 대표적인 예로 통신비밀보호법 3, 4조를 들 수 있다.

> 통신비밀보호법 제3조(통신 및 대화비밀의 보호) ① 누구든지 이 법과 형사소송법 또는 군사법원법의 규정에 의하지 아니하고는 우편물의 검열·전기통신의 감청 또는 통신사실확인자료의 제공을 하거나 공개되지 아니한 타인간의 대화를 녹음 또는 청취하지 못한다. 다만, 다음 각호의 경우에는 당해 법률이 정하는 바에 의한다.
> 제4조(불법검열에 의한 우편물의 내용과 불법감청에 의한 전기통신내용의 증거사용 금지) 제3조의 규정에 위반하여, 불법검열에 의하여 취득한 우편물이나 그 내용 및 불법감청에 의하여 지득 또는 채록된 전기통신의 내용은 재판 또는 징계절차에서 증거로 사용할 수 없다.[686]

명문이 규정이 없는 경우 위법수집증거의 증거능력을 어떻게 취급할지에 관하여 다양한 학설이 제기되고 있는바,[687] 위법수집증거와 관련하여 가장 흔히 문제가 되었던 것은 대화의 일방이 상대방과 자신의 대화를 몰래 녹음하여 녹음테이프, 녹음파일 또는 녹취록을 증거로 제출하는 경우 이들의 증거능력이 있는지 여부인바, 대법원은 증거능력을 인정하고 있다. 이 경우 녹음된 것은 타인 간의 대화가 아니기 때문에 통신비밀보호법 4조, 3조의 적용대상이 아니다.[688] 대화가 아닌 전기통신(전화통화 등)을 녹음한 경우도 마찬가지이다.[689] 다만, 이 경우에 통신비밀보호법 규정이 유추적용이 인정되어야 한다는 견해도 있다.

> 대법원 1999. 5. 25. 선고 99다1789 판결
> 자유심증주의를 채택하고 있는 우리 민사소송법하에서 상대방 부지 중 비밀리에 상대방과의 대화를 녹음하였다는 이유만으로 그 녹음테이프가 증거능력이 없다고 단정할 수 없고, 그 채증 여부는 사실심 법원의 재량에 속하는 것이며, 녹음테이프에 대한 증거조사는 검증

686) 대화의 녹음의 경우 통신비밀보호법 14조 2항에 의하여 4조가 적용된다.

687) 긍정설, 부정설, 절충설로 크게 나눌 수 있고, 절충설은 원칙적으로 부정하는 입장과 원칙적으로 긍정하는 입장으로 또 나뉜다. 상세는 정선주, "민사소송에 있어 위법하게 수집된 증거방법의 증거능력", 민사소송법의 제문제: 경허 김홍규 박사 화갑기념 I, 삼영사(1992. 12), 245면 이하, 247~252면 참조.

688) 형사적으로 통신비밀보호법위반죄가 성립되지 않는다는 것으로는 대법원 2002. 10. 8. 선고 2002도123 판결, 대법원 2008. 10. 23. 선고 2008도1237 판결이 있다.

689) 대법원 2002. 10. 8. 선고 2002도123 판결. 통신비밀보호법은 전기통신에 관하여는 녹음이 아닌 '채록'이라는 용어를 쓴다(2조 7호).

의 방법에 의하여야 한다.[690)]

하지만, 제3자가 타인 간의 대화나 전기통신을 녹음한 경우에는, 대화 등의 당사자 모두의 동의가 없는 때에는 물론 일방의 동의가 있는 때에도 통신비밀보호법 4조, 3조에 의하여 증거능력이 부정된다.[691)]

증거조사절차가 법에 위반되어 증거능력이 문제되는 경우도 있다. 예를 들어 법정대리인은 본인에 준하여 취급되기 때문에 증인적격이 없으므로 증인신문을 할 수 없다. 하지만, 판례는 이러한 유형의 잘못을 소송절차에 대한 이의권의 대상으로 삼고, 상대방이 즉시 이의를 하지 않으면 증거능력의 하자는 치유된다고 보고 있다.

> 대법원 1977. 10. 11. 선고 77다1316 판결
> 당사자 본인신문의 방식에 의하여야 할 종친회 대표자를 증인으로 조사한데 대하여 지체없이 이의의 진술이 없었다면 그 증언을 채택하여 사실 인정을 하였다 하더라도 위법이라 할 수 없다.

한편, 권위 있는 기관이 아닌 개인에 대하여 감정촉탁을 하여 개인인 감정인으로부터 선서를 받지 않은 경우 판례는 예외적으로[692)] 엄격한 입장을 취하여 그 감정결과에 증거능력이 없다고 보고 있으나,[693)] 다만, 이러한 경우에도 그 감정결과를 담은 감정서가 서증으로 제출된 경우 증거능력이 인정된다고 한다.[694)]

---

690) 위 사건에서 실제로는 녹음테이프가 아닌 녹취록(녹취문)이 증거로 제출되었는바, 위 대법원 판례는 "원고들은 녹음테이프를 증거로 제출하지 않고 [] 녹취문[]을 증거로 제출하였고, [] 피고들이 부지로 인부하였으므로, 원심으로서는 녹음테이프 검증을 통하여 대화자가 진술한 대로 녹취되었는지 확인하였어야 할 것이기는 하나, [] 녹취문들은 오히려 피고들에게 유리한 내용으로 되어 있는 것으로 보아 그 녹취 자체는 정확하게 이루어진 것으로 보이고, 위 녹취문들의 진정성립을 의심할 만한 특별히 석연치 않은 점은 없다"고 판시하여, 녹취록의 진정성립은 녹취록의 작성자인 속기사가 녹음된 대로 녹취하였다는 점이 확인되면 인정되고, 이러한 확인은 녹음테이프에 대한 검증을 통하여 이루어지는 것이 원칙이나, 예외적인 경우도 있을 수 있다고 판시하였다.

691) 대법원 2002. 10. 8. 선고 2002도123 판결, 대법원 2021. 8. 26. 선고 2021다236999 판결, 대법원 2024. 1. 11. 선고 2020도1538 판결(피해아동의 부모가 피해아동의 가방에 녹음기를 넣어 수업시간 중 교실에서 피고인(초등학교 담임교사)이 한 발언을 녹음한 사안에서 수업시간 중 교사의 발언은 공개되지 않은 대화에 해당하고, 부모는 제3자에 해당한다는 이유로 녹음파일, 녹취록의 증거능력을 부정한 사례) 참조.

692) 이의권의 포기나 상실을 인정하는 것이 일반적이다.

693) 대법원 1982. 8. 24. 선고 82다카317 판결.

694) 대법원 2006. 5. 25. 선고 2005다77848 판결.

나) 증거력(증명력, 증거가치)

증거자료가 요증사실에 기여하는 정도를 증거력이라고 하는데, 쉽게 표현하면 증거력이 있고 없고의 문제는 증거를 믿느냐 믿지 않느냐의 문제, 즉 신빙성의 문제이다. 다만 문서의 경우는 증거력을 형식적 증거력과 실질적 증거력으로 나누어 고찰한다는 점에서 특색이 있다. 실질적 증거력의 문제는 위의 신빙성의 문제이다. 형식적 증거력에는 '진정성립'이라는 개념이 등장한다. 진정성립은 증거제출자에 의하여 문서의 작성자로 주장되어진 자가 그의 의사에 기하여 문서를 작성한 경우에 인정된다. 즉, 진정성립이 인정되지 않는 문서는 형식적 증거력이 없기 때문에 그 신빙성을 판단하기 이전 단계에서 사실인정의 근거로 삼을 수 없다. 일단 여기에서는 '진정성립'이 민사소송에서는 증거력 단계에서 문제되지만, 형사소송에서는 증거능력 단계에서 문제된다는 점만 지적해두고, 문서의 진정성립이나 형식적 증거력에 대하여는 서증 부분에서 자세히 보기로 한다.

3) 증거의 종류

가) 직접증거와 간접증거

증거에는 직접증거와 간접증거가 있다. 직접증거는 주요사실의 존부를 직접 증명하는 증거를 말하고, 간접증거는 간접사실이나 보조사실을 증명하는 증거를 말한다. 위에서 언급한 주요사실은 법률요건에 직접 해당하는 사실을 말하고, 간접사실은 주요사실의 존재를 추인하게 하는 사실, 즉 정황을 말하고, 보조사실은 증거능력이나 증거력, 즉 증거에 관계되는 사실을 말한다.

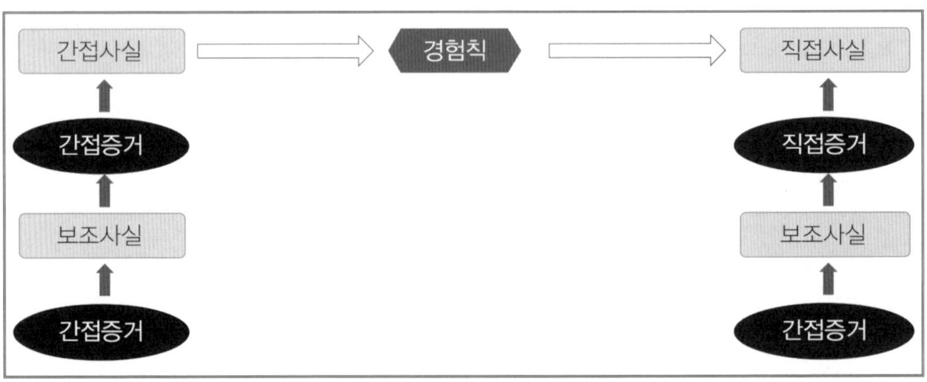

나) 본증, 반증, 반대사실의 증거

본증은 자기에게 증명책임이 있는 사실을 증명하기 위하여 제출하는 증거를 말하고, 반증은 상대방이 증명책임을 지는 사실을 부정하기 위하여 제출하는 증거를 말한다. 증명책임의 전환(법률상의 추정 등)이 성립되었을 때 이를 깨뜨리기 위하여 그 추정을 다투는 자가 제출하는 증거를 반대사실의 증거라고 하고 이는 본증이다.

4) 증명과 소명

증명은 법관이 요증사실의 존재에 대하여 확신을 얻은 상태 또는 법관으로 하여금 확신을 얻게 하기 위하여 증거를 제출하는 당사자의 노력을 말한다. 민사소송에서 사실인정은 원칙적으로 증명에 의한다. 그 확신의 정도와 관련하여 민사소송에서는 '고도의 개연성'이라는 표현을 쓰는바, 이는 형사소송에서 '합리적 의심이 없는 상태'라는 표현을 쓰고 있는 것과 대비된다. 소명은 증명에 비하여 저도의 개연성만이 요구되는 경우인데, 결정절차 등 법에 특별한 정함이 있는 경우에는 소명으로 족하다.

5) 엄격한 증명과 자유로운 증명

증거조사에 관한 법률규정의 준수여부를 기준으로 한 분류인바, 법률이 정한 절차에 따라 행하는 증명을 엄격한 증명이라 하고, 그에 따르지 않는 경우를 자유로운 증명이라 한다. 민사소송에서 본안의 사실, 즉 청구를 뒷받침하는 사실이나 배척하는 사실의 인정은 엄격한 증명을 요한다. 이에 반하여 직권조사사항, 외국법, 관습법, 경험칙, 소가산정의 근거 등은 자유로운 증명으로 족하고, 판결절차가 아닌 결정절차의 경우도 마찬가지다.

자유로운 증명으로 처리하는 예를 들어보면, 만약 법원이 소장에 첨부된 피고의 주민등록등본을 검토한 결과 관할권이 없다고 판단한 경우 관할 유무는 직권조사사항이므로, 위 주민등록등본을 서증으로 조사하는 절차를 밟을 필요 없이 관할이 없다는 사실의 근거로 삼을 수 있다. 이송결정의 결정문에는 '기록에 편철된 피고의 주민등록등본의 기재에 의하면 … '이라는 정도의 표현을 쓰게 된다.

제40강 증명의 대상과 불요증사실

1. 증명의 대상

1) 영역과 쟁점

민사소송은 간단히 말해 사실(관계)에 법을 적용하여 결론을 내리는 절차이다. 거칠게 얘기하면 사실은 원칙적으로 증명의 대상이 된다. 증명의 대상이 된다는 것은 그 존재를 인정하는데 증거가 필요하다는 것이고 나아가 기록에 그 증거가 나타나 있어야 한다는 것을 의미한다. 이에 반하여 역시 거칠게 얘기하면 법은 증명의 대상이 되지 않는다.

하지만 민사소송에서 사실을 세분하면 주요사실, 간접사실, 보조사실로 유형을 분류할 수 있다는 점을 앞서 보았는데, 앞서 본 원칙론이 모든 유형에 적용되는 것일까? 법의 경우도 통상의 법률 외에 지방자치법령, 관습법, 외국법도 포함되는데, 이러한 모든 유형의 법에 앞서 본 원칙론이 적용되는 것일까? 나아가 일종의 법이라고 볼 수도 있는 경험칙은 어떻게 취급하여야 하는 것일까?

이하에서는 사실과 법의 각 유형 내지 영역별로 그 존재를 인정하는데 증거가 필요한가라는 문제를 살펴본다. 증거의 필요 여부가 가장 기본적인 쟁점이나 자백의 대상이 되는지, 증거가 필요한 경우 반드시 엄격한 증명이 필요한지 여부도 쟁점이 된다.

2) 사 실

주요사실은 물론 간접사실, 보조사실도 다 증명의 대상이 된다. 즉 그 존재를 인정하는 데 증거가 필요하다.

그러나 자백의 대상이 되는 것은 주요사실뿐이다. 간접사실과 보조사실은 원칙적으로 자백의 대상이 되지 않는다. 그 이유로는 간접사실과 보조사실을 자백의 대상으로 삼는 경우에는 주요사실의 인정에 관한 법관의 자유심증이 저해되기 때문이라는 점이 제시된다. 서증의 진정성립은 성격상 보조사실에 불과하지만 그 기능적 중요성 때문에 자백의 대상이 된다.

3) 법

법은 원칙적으로 증명의 대상이 되지 않지만, 법관이 그 존재를 알기 어려운 외국법, 지방법령, 관습법, 실효된 법령 등은 증명의 대상이 된다. 자유로운 증명으로 족하다. 재판에 적용되어야 할 외국법의 존재 여부를 확정할 수 없는 경우 학설로는 국내법규적용설, 청구기각설, 조리설, 유사법규적용설 등이 대립하고 있으나, 판례는 조리설을 취하고 있다.[695]

간접사실로부터 주요사실을 추인하는 데 사용되는 경험칙은 사실인정 과정에 불가분적으로 결합되어 있다. 일반적으로 경험칙을 일반적인 경험칙(공지의 경험칙이라고 통상 표현한다)과 전문적인 경험칙(전문과학상의 경험칙)으로 구분한 다음 전자는 증거 없이 인정할 수 있으나 후자는 증거가 있어야 하지만, 자유로운 증명으로 족하다고 보고 있다. 또 어느 경우나 자백의 대상은 아니라고 본다.

경험칙이 일종의 법임은 분명하지만 경험칙 적용의 오류는 바로 사실인정의 오류로 직결된다. 경험칙의 취급은 특히 상고심, 즉 대법원의 운영에 크게 영향을 미친다. 항소심판결에 사실오인이 있다고 주장하면 그 자체로 상고심의 심사대상이 될 수 없다. 상고심은 법률심이기 때문에 법령위반을 이유로만 상고를 제기할 수 있기 때문이다. 하지만 항소심이 경험칙을 위반하여 사실오인을 하였다고 주장하거나 항소심의 사실인정에 경험칙 위반이 있다고 주장하면 이를 법령위반을 주장한 것이라고 볼 수 있을까? 이를 긍정한다면 대법원의 심사대상이 지나치게 넓어진다. 경험칙 위반으로 인한 사실오인이 적법한 상고이유가 될 수 있는지 여부에 관하여는 이를 긍정하는 법률문제설, 이를 부정하는 사실문제설, 절충설이 대립하고 있으나 법률문제설이 통설이고, 판례의 입장도 같다.[696] 우리나라 대법원이 처리하는 사건수가 많은 것은 바로 이 점 때문이

695) 대법원 2003. 1. 10. 선고 2000다70064 판결: 섭외적 사건에 관하여 적용될 외국법규의 내용을 확정하고 그 의미를 해석함에 있어서는 그 외국법이 그 본국에서 현실로 해석·적용되고 있는 의미·내용대로 해석·적용되어야 하는 것인데, 소송과정에서 적용될 외국법규에 흠결이 있거나 그 존재에 관한 자료가 제출되지 아니하여 그 내용의 확인이 불가능한 경우 법원으로서는 법원(法源)에 관한 민사상의 대원칙에 따라 외국 관습법에 의할 것이고, 외국 관습법도 그 내용의 확인이 불가능하면 조리에 의하여 재판할 수밖에 없다. 대법원 2000. 6. 9. 선고 98다35037 판결도 같은 취지이다.

696) 대법원 2019. 2. 21. 선고 2018다248909 전원합의체 판결은 일반육체노동자의 가동연한은 원칙적으로 [] 경험칙에 의하여 도출된다고 하고, 이를 기존의 60세에서 65세로 올리면서, 기

다. 사실심의 사실인정에 묵과할 수 없는 오류가 있을 수도 있는 현실과 대법원의 법률심으로서의 기능이 충돌하는 대목이다. 정책적으로는 사실문제설을 취하는 것이 타당하다고 생각하고, 사실인정의 오류의 문제는 하급심을 강화함으로써 대처하는 것이 좋다고 생각한다.

2. 불요증사실

1) 개 관

민사소송법 288조는 사실 중에서 자백한 사실과 현저한 사실을 증명의 대상에서 제외하고 있다.

> 제288조(불요증사실) 법원에서 당사자가 자백한 사실과 현저한 사실은 증명을 필요로 하지 아니한다. 다만, 진실에 어긋나는 자백은 그것이 착오로 말미암은 것임을 증명한 때에는 취소할 수 있다.

위 조문 중 자백한 사실은 재판상 자백을 의미한다. 민사소송법은 또한 일정한 요건이 충족되면 재판상 자백과 마찬가지로 취급하고 이를 자백간주라고 한다. 따라서 위 조문에 따라 증거가 필요 없는 사실은 재판상 자백이 성립된 사실, 자백간주된 사실 및 현저한 사실이라고 할 수 있다. 일반적인 교과서에서는 법률상 추정된 사실도 불요증사실에 포함하기도 한다. 이하에서 재판상 자백, 자백간주 및 현저한 사실에 관하여 살펴본다.

2) 재판상 자백

가) 의 의

통상 자백이라고 하면 재판상 자백을 일컫는 것인바, 이는 당사자가 당해 사건 법정에서 자기에게 불리한 사실을 인정하는 진술을 의미한다.

나) 요 건

자백은 당사자가 당해 사건의 법정에서 진술한 경우에만 성립한다.[697] 즉,

존의 60세를 채택한 원심판결에는 예외를 인정하기에 필요한 심리를 다하지 [아니한 등의] 잘못이 있다고 하였다.

697) 경매개시결정에 대한 이의의 재판절차에서 민사소송법상 재판상 자백이나 자백간주에 관한 규정이 준용되지 아니한다(대법원 2015. 9. 14.자 2015마813 결정).

법정이 아닌 곳에서는 물론 다른 사건의 법정에서 진술한 경우에는 자백이 성립하지 않는다. 자백은 당사자가 자기에게 불리한 사실을 인정하는 경우에만 성립한다. 자기에게 불리한 사실이 무엇인지에 관하여 증명책임설과 패소가능성설이 대립하고 있는바, 후자가 통설이고 판례의 입장도 같다.[698]

증명책임설은 상대방이 증명책임을 부담하는 사실을 불리한 사실이라고 보는 견해이고, 패소가능성설은 증명책임의 소재는 문제 삼지 않고 당사자에게 재판결과에 불리한 영향을 미치는 사실을 불리한 사실이라고 본다. 따라서 증명책임설에 의하면 자백이 성립하는 범위가 좁아진다.

패소가능성설과 증명책임설을 비교하면 다음과 같다. 대여금청구소송에서 피고가 대여금을 변제했다는 점에 관하여 진술이 일치하는 경우를 보면 우선 이 경우에는 원고의 자백이 문제된다. 원고가 일치된 진술을 번복하고 싶은 입장에 있기 때문이다. 원고의 입장에서 볼 때 대여금의 변제 여부는 상대방인 피고에게 증명책임이 있기 때문에, 이 경우 양 설 모두 자백의 성립을 인정한다. 따라서 어느 설을 취하나 원고가 진술을 번복하기 위하여는 자백취소의 요건, 즉 반진실과 착오라는 요건을 갖추어야 한다.

그러나 피고가 대여금을 변제하지 않았다는 점에 관하여 진술이 일치하는 경우에는 피고의 자백이 문제된다. 피고가 일치된 진술을 번복하고 싶은 입장에 있기 때문이다. 피고의 입장에서 볼 때 대여금의 변제 여부는 자신에게 증명책임이 있기 때문에 증명책임설에 의하면 자백이 성립하지 않지만, 패소가능성설에 의하면 자백이 성립한다. 즉, 두 설은 자백의 성립 여부에 차이를 보인다. 나아가 증명책임설을 취하면 자백이 성립하지 않기 때문에 피고는 진술을 번복하여 대여금을 변제하였다고 주장할 수 있으나, 이 점을 증명하여야 한다. 원래 자신에게 증명책임이 있기 때문이다. 반면 패소가능성설에 의하면, 자백이 성립하기 때문에, 진술을 번복하여 대여금을 변제하였다고 주장하기 위하여는 자백취소의 요건을 갖추어야 한다. 따라서 자신이 변제하였다는 점을 증명하는

698) 대법원 1977. 12. 27. 선고 77다1968, 1969 판결(피고가 채무의 일부를 변제하지 않았다는 진술이 일치된 경우 자백이 성립한다), 대법원 1993. 9. 14. 선고 92다24899 판결(원고들이 소유권확인을 구하고 있는 사건에서 원고들의 피상속인 명의로 소유권이전등기가 마쳐진 것이라는 점은 원래 원고들이 입증책임을 부담할 사항이지만 위 소유권이전등기를 마치지 않았다는 사실을 원고들 [자인한] 바 있고 이를 피고가 원용한 이상 이 점에 관하여는 자백이 성립한 결과가 되었다).

것만으로는 부족하고 나아가 전의 진술이 착오에 의한 것이었다는 점까지 증명하여야 한다. 즉, 이 경우 진술을 번복하기 위하여 피고가 해야 할 행위의 측면에서 보면 증명책임설을 취하면 반진실만 증명하면 되나, 패소가능성설을 취하면 반진실에 더하여 착오까지 증명하여야 한다. 우리나라의 판례는 반진실이 증명되었다고 하여 착오까지 추정되지는 않는다는 입장을 취하고 있으므로 두 설 중 어느 설을 취하느냐에 따라 차이가 발생할 여지가 커진다.

자백은 상대방의 사실상의 주장에 대한 것이므로 법률상 주장에 대하여는 성립하지 않는다. 즉, 상대방의 법률상 주장을 시인하는 진술을 권리자백이라고 하는데, 권리자백은 자백이 아니다.[699] 따라서 법규의 존부, 내용에 대한 자백, 사실에 대한 법적평가에 대한 자백은 인정되지 않는다. 다만 법률상 주장이 동시에 구체적인 사실상 주장을 포함하는 경우, 즉 법률적 용어를 사용하여 압축적으로 한 사실상의 주장에 대하여는 자백이 성립할 수 있지만,[700] 이는 사실에 대한 법적 추론의 결과에 대하여 의문의 여지가 없는 경우에 한정된다.[701]

---

699) 대법원 1998. 7. 10. 선고 98다6763 판결(법정변제충당의 순서를 정함에 있어 기준이 되는 이행기나 변제이익에 관한 사항 등은 구체적 사실로서 자백의 대상이 될 수 있으나, 법정변제충당의 순서 자체는 법률 규정의 적용에 의하여 정하여지는 법률상의 효과여서 그에 관한 진술이 비록 그 진술자에게 불리하더라도 이를 자백이라고 볼 수는 없다), 대법원 1990. 12. 11. 선고 90다7104 판결(이행불능에 관한 주장은 법률적 효과에 관한 진술을 한 것에 불과하고 사실에 관한 진술을 한 것이라고는 볼 수 없으므로 그 진술은 자유로이 철회할 수 있고 법원도 이에 구속되지 않는다).

700) 대법원 1989. 5. 9. 선고 87다카749 판결(소유권에 기한 이전등기말소청구소송에 있어서 피고가 원고 주장의 소유권을 인정하는 진술은 그 소전제가 되는 소유권의 내용을 이루는 사실에 대한 진술로 볼 수 있으므로 이는 재판상 자백이라 할 것이다), 대법원 1984. 5. 29. 선고 84다122 판결(법률용어를 사용한 당사자의 진술이 동시에 구체적인 사실관계의 표현으로서 사실상의 진술도 포함하는 경우에는 그 범위 내에서 자백이 성립하는 것이라 할 것인바, 원고 소송대리인의 "본건 토지가 [] 토지구획정리사업법 부칙 제2항 해당 토지인 사실은 다툼이 없다."란 진술 중에는 위 토지가 공공에 공용되는 하천임을 전제로 하는 사실상의 진술도 포함된 것으로 보이므로 그 취지의 자백이 인정된다).

701) 대법원 2007. 5. 11. 선고 2006다6836 판결: 소유권을 선결문제로 하는 소송에 있어서 피고가 원고 주장의 소유권을 인정하는 진술은 그 소전제가 되는 소유권의 내용을 이루는 사실에 대한 진술로 볼 수 있으므로 재판상 자백이라 할 것이나[], 이는 사실에 대한 법적 추론의 결과에 대하여 의문의 여지가 없는 단순한 법개념에 대한 자백의 경우에 한하여 인정되는 것이고, 추론의 결과에 대한 다툼이 있을 수 있는 경우에는 이른바 권리의 자백으로서 법원이 이에 기속을 받을 이유는 없다[]. 기록에 의하면, 원고(선정당사자) 및 선정자(이하 '원고등'이라 한다)가 소장에서 주장한 이 사건 건물이 원고등의 소유라는 주장은 원고등과 시공업자인 소외인 사이의 도급계약에 기한 소유권귀속의 문제는 거론되지 아니한 상태에서 단순히 이 사건 건물의 소유권보존등기가 원고등 명의로 되어 있으므로 원고등의 소유라는 주장에 불과

현저한 사실에 반하거나 강행법규 중 효력규정에 위반한 자백은 효력이 인정되지 않는다고 보는 것이 일반적이다.[702)]

자백은 진술의 일치를 요하는데, 당사자 중 어느 쪽이 먼저 진술하였는지는 묻지 않는다.[703)][704)] 또 진술이 부분적으로 일치하는 경우 그 일치 부분에 관하여 일부자백이 성립할 수 있다.[705)] 상대방의 주장에 단순히 침묵하거나 불분명한 진술을 하는 것만으로는 자백이 있다고 인정하기에 충분하지 않다.[706)]

다) 효 과

자백이 성립된 사실은 불요증사실이므로 상대방이 그에 대한 증명을 할 필요가 없다. 즉, 상대방의 증명책임이 배제된다.

법원은 자백된 사실이 진실에 반한다는 심증을 형성하여도 자백된 사실을

하고, 이 사건에서와 같이 시공업자의 건물의 원시취득이 문제되는 경우에는 이 사건 건물의 소유권의 귀속에 관한 피고들의 자백은 이른바 권리의 자백으로서 법원이 이에 기속을 받을 이유는 없다.

702) 윤경, 자백의 대상과 강행법규위반사실, 법조 제51권 제1호, 법조협회(2002), 111면 이하, 146~147면.

703) 대법원 2016. 6. 9. 선고 2014다64752 판결: 재판상 자백의 일종인 이른바 선행자백은 당사자 일방이 자진하여 자기에게 불리한 사실상의 진술을 한 후 상대방이 이를 원용함으로써 사실에 관하여 당사자 쌍방의 주장이 일치함을 요하므로 일치가 있기 전에는 전자의 진술을 선행자백이라 할 수 없고, 따라서 일단 자기에게 불리한 사실을 진술한 당사자도 그 후 상대방의 원용이 있기 전에는 자인한 진술을 철회하고 이와 모순되는 진술을 자유로이 할 수 있으며 이 경우 앞의 자인사실은 소송자료에서 제거된다.

704) 대법원 1997. 4. 22. 선고 95다10204 판결: 피고가 제1심에서 대상 토지의 소유권 일부 이전등기가 아무런 원인 없이 이루어졌다는 원고의 주장사실을 인정함으로써 자백이 성립된 후, 소변경신청서에 의하여 그 등기가 원인 없이 이루어졌다는 기존의 주장사실에 배치되는 명의신탁 사실을 주장하면서 청구취지 및 청구원인을 명의신탁해지를 원인으로 하는 소유권이전등기를 구하는 것으로 교환적으로 변경함으로써 원래의 주장사실을 철회한 경우, 이미 성립되었던 피고의 자백도 그 대상이 없어짐으로써 소멸되었고, 나아가 그 후 그 피고가 위 자백내용과 배치되는 주장을 함으로써 그 진술을 묵시적으로 철회하였다고 보여지는 경우, 원고들이 이를 다시 원용할 수도 없게 되었고, 원고들이 원래의 원인무효 주장을 예비적 청구원인 사실로 다시 추가하였다 하여 자백의 효력이 되살아난다고 볼 수도 없다.

705) 대법원 2018. 8. 1. 선고 2018다229564 판결: 당사자 일방이 한 진술에 잘못된 계산이나 기재, 기타 이와 비슷한 표현상의 잘못이 있고, 잘못이 분명한 경우에는 비록 상대방이 이를 원용하였다고 하더라도 당사자 쌍방의 주장이 일치한다고 할 수 없으므로 자백이 성립할 수 없다(보험회사가 교통사고의 피해자를 상대로 제기한 채무부존재확인소송에서, 보험회사가 피고가 일실수익을 100% 상실한 것으로 처리되는 입원기간의 말일이 실제 2006. 2. 8.인데 2016. 2. 8.이라고 진술하였고, 원고의 다른 주장 등에 비추어 볼 때 착오임이 분명한 사안).

706) 대법원 2021. 7. 29. 선고 2018다267900 판결, 대법원 2022. 4. 14. 선고 2021다280781 판결, 대법원 2022. 7. 14. 선고 2018다263069 판결.

근거로 판단하여야 한다. 이를 자백의 법원에 대한 구속력이라고 한다. 한편 자백한 당사자는 임의로 자백을 취소할 수 없는바, 이를 자백의 당사자에 대한 구속력이라고 한다.

자백의 취소는 일정한 요건이 충족되는 경우에만 인정된다. 즉, ① 상대방의 동의가 있는 경우,[707][708] ② 상대방의 범죄행위에 의하여 자백이 성립한 경우, ③ 자백이 진실에 반하고[709] 착오에 기한 경우(288조 단서)에 자백을 취소할 수 있는바, ③이 가장 일반적인 자백취소 사유이고, 판례는 진실에 반한다는 점이 증명된다고 하여 착오가 추정되지 않지만,[710] 착오는 변론의 전취지만으로도 증명될 수 있다[711]는 입장이다.

자백의 취소는 종전의 자백과 배치되는 사실을 주장함으로써 묵시적으로도 할 수 있다.[712]

3) 자백간주

가) 요 건

민사소송법상 재판상 자백이 성립한 경우와 동일하게 취급되는 경우는 150조 1항, 3항 및 257조 1항, 2항의 세 가지 경우이다.

> 제150조(자백간주) ① 당사자가 변론에서 상대방이 주장하는 사실을 명백히 다투지 아니한 때에는 그 사실을 자백한 것으로 본다. 다만, 변론 전체의 취지로 보아 그 사실에 대하여 다툰 것으로 인정되는 경우에는 그러하지 아니하다.
> ③ 당사자가 변론기일에 출석하지 아니하는 경우에는 제1항의 규정을 준용한다. 다만, 공시송달의 방법으로 기일통지서를 송달받은 당사자가 출석하지 아니한 경우에는 그러하지 아니하다.

---

707) 자백의 취소에 대하여 상대방이 아무런 이의를 제기하고 있지 않다는 점만으로는 동의하였다고 볼 수는 없다. 대법원 1987. 7. 7. 선고 87다카69 판결, 대법원 1994. 9. 27. 선고 94다22897 판결 등.

708) 대법원 1990. 11. 27. 선고 90다카20548 판결: 일단 자백이 성립되었다고 하여도 그 후 그 자백을 한 당사자가 종전의 자백과 배치되는 내용의 주장을 하고 이에 대하여 상대방이 이의를 제기함이 없이 그 주장 내용을 인정한 때에는 종전의 자백은 취소되고 새로운 자백이 성립된 것으로 보아야 한다.

709) 대법원 2004. 6. 11. 선고 2004다13533 판결(진실에 반한다는 사실에 대한 증명은 자백사실이 진실에 반함을 추인할 수 있는 간접사실의 증명에 의하여도 가능하다).

710) 대법원 1963. 2. 28. 선고 62다876 판결.

711) 대법원 1997. 11. 11. 선고 97다30646 판결, 대법원 2004. 6. 11. 선고 2004다13533 판결.

712) 대법원 1994. 9. 27. 선고 94다22897 판결.

제257조(변론 없이 하는 판결) ① 법원은 피고가 제256조 제1항의 답변서를 제출하지 아니한 때에는 청구의 원인이 된 사실을 자백한 것으로 보고 변론 없이 판결할 수 있다. 다만, 직권으로 조사할 사항이 있거나 판결이 선고되기까지 피고가 원고의 청구를 다투는 취지의 답변서를 제출한 경우에는 그러하지 아니하다.
② 피고가 청구의 원인이 된 사실을 모두 자백하는 취지의 답변서를 제출하고 따로 항변을 하지 아니한 때에는 제1항의 규정을 준용한다.

150조 1항은 과거는 물론 현재도 활용되고 있는바, 실무에서는 이 조항의 적용을 방지하기 위하여 준비서면 등의 말미에 '종전 주장에 반하는 사실은 모두 부인한다' 등의 문구를 기재하곤 한다.

150조 3항이 적용되는 경우는 과거에 자백간주가 성립하는 대표적인 경우였는바, 무변론판결이 도입되기 이전에는 피고가 답변서를 제출하지 않거나, 다투지 않는다는 취지의 답변서를 제출한 경우에도 일단 피고를 소환한 다음 피고가 기일에 불출석하면 위 규정을 적용하여 피고가 청구원인사실을 자백한 것으로 보고 판결을 하였다.[713)714)] 위 규정은 아래의 무변론판결 제도가 도입됨으로써 실제 활용될 여지가 많이 줄었다.

2002년 전문개정 때 신설된 257조 1항, 2항은 피고가 소장부본을 송달받은 날로부터 30일 이내에 답변서를 제출하지 않는 등 피고가 다툴 의사가 없다고 판단되는 경우, 법원이 변론기일을 열지 않고 바로 피고가 청구원인사실을 자백한 것으로 보고 판결을 선고할 수 있도록 하였다. 피고가 다툼이 없는 경우에는 굳이 변론기일을 진행할 필요가 없다는 의견이 반영된 것이다.

나) 효 과

자백간주의 효과는 자백, 즉 재판상 자백의 효과와는 차이가 있다. 자백간주의 경우 법원에 대한 구속력이 있다. 따라서 자백간주된 사실이 진실에 부합하지 않아도 법원은 이를 근거로 판단하여야 한다. 하지만 자백간주의 경우 당사자에 대한 구속력은 인정되지 않는다. 따라서 당사자는 언제든지 자백간주된

---

713) 거의 대부분 원고의 청구를 그대로 인용하는 판결을 한다.

714) 1심절차가 공시송달로 진행되어 원고의 청구를 기각하는 판결이 선고되고, 원고가 항소하였는데, 피고가 항소심에서 공시송달이 아닌 적법한 송달을 받고도 원고의 주장사실을 다투는 답변서 등을 제출하지 않고, 출석도 하지 않은 경우 민사소송법 150조에 의하여 피고가 원고의 청구원인사실을 자백한 것으로 간주된다. 즉, 공시송달로 이전 절차가 진행되거나 청구기각 판결이 선고되어도 피고가 청구원인 사실을 다툰 것으로 취급되지 않는다. 대법원 2013. 10. 31. 선고 2011다104079 판결, 대법원 2018. 7. 12. 선고 2015다36167 판결 참조.

사실에 대한 진술을 철회할 수 있다. 판결문 등에서 자백간주된 사실을 기재할 때 자백된 사실과 구별하기 위하여 "…사실은 원고가 자인하고 있고" 등의 표현을 쓰기도 한다.

4) 현저한 사실

민사소송법 288조 1항은 현저한 사실을 불요증사실로 규정한다. 현저한 사실은, 견해의 대립이 있지만 일반적으로 법관이 명확하게 인식하고 있고, 증거에 의하여 그 존부를 인정할 필요가 없을 정도로 객관성이 담보되어 있는 사실을 말한다. 현저한 사실에는 공지의 사실과 법관이 직무상 지득한 사실이 있는바, 양자는 증명을 요하지 않는 근거와 법관의 인식 경위에 차이가 있다.

공지의 사실은 통상의 지식과 경험을 가진 일반인이 믿어 의심하지 않을 정도로 알려진 사실을 말한다. 쉽게 말하면 누구나 아는 확실한 사실을 말한다. 대한민국은 북반구에 있는 사실, 또 6·25사변이 1950년에 일어났다는 사실 등을 예로 들 수 있다.

법관이 직무상 지득한 사실은 법관이 직무상의 경험을 통하여 알고 있는 사실로서, 명확한 기억을 갖고 있거나 기록을 조사하여 바로 알 수 있는 사실을 말한다. 예를 들어 대여금청구 사건에서 소송촉진 등에 관한 특례법 소정의 지연손해금은 소장부본이 송달된 날의 다음날부터 청구할 수 있는바, 소장부본 송달일은 당해 사건 기록에 편철되는 송달보고서에 의하여 법관이 알 수 있으므로 그에 관하여는 증거를 제출할 필요가 없다.

당해 사건뿐만 아니라 당해 사건과 밀접한 관련이 있는 사건에 관하여 현저한 사실이 성립할 수 있다. 예를 들어 가압류이의 사건에서 이의 대상이 되고 있는 가압류 사건에 관하여 언제 어떤 가압류결정이 있었는지도 현저한 사실로서 증명이 필요 없다.

더 나아가 법관이 소속한 법원의 다른 법관이 처리한 사건과 관련하여서도 현저한 사실로 처리되는 사실이 있을 수 있다. 그러나 다른 사건에서 인정된 사실을 현저한 사실로 처리할 수는 없다.[715]

---

715) 대법원 2010. 1. 14. 선고 2009다69531 판결([다른] 사건의 판결이 선고된 사실 자체를 넘어 그 판결에 나타난 사실관계까지 원심에 현저한 사실로 볼 수는 없다), 대법원 2019. 8. 9. 선고 2019다222140 판결 등.

판례는 손해배상청구사건에서 일실수익을 산정할 때 사용되는 고용형태별 근로실태조사보고서(구 직종별임금실태조사보고서), 한국직업사전의 각 존재와 그 기재 내용을 법관이 직무상 지득한 사실이라고 하였으나,[716] 그 타당성에는 의문이 있다. 판례는 통계청 작성의 한국인의 생명표에 의한 남녀별 각 연령별 기대여명도 법관이 직무상 지득한 사실이라고 한 바 있다.[717]

현저한 사실은 불요증사실로서 당사자에게 증명책임은 없지만, 주장책임까지 없는지 여부에 대하여 견해가 대립하고 판례도 엇갈리는바,[718] 주장책임까지 없다고 보기는 어려울 것이다.

716) 대법원 1996. 7. 18. 선고 94다20051 전원합의체 판결.

717) 대법원 1999. 12. 7. 선고 99다41886 판결.

718) 주장책임이 없다는 것으로는 대법원 1963. 11. 28. 선고 63다494 판결, 주장책임이 있다는 것으로는 대법원 1965. 3. 2. 선고 64다1761 판결이 있다.

제41강 증거조사절차(1): 일반론

1. 증거조사절차의 개요

민사소송의 증거조사절차는 민사소송법 제3장에 규정되어 있다. 제1절은 증거조사절차의 총론적인 사항을, 제2절에서 제7절은 각 증거방법, 즉 증인신문, 감정, 서증, 검증, 당사자신문, 그 밖의 증거별로 개별적인 사항을, 제8절은 증거보전에 관한 사항을 각 규정하고 있다. 민사소송규칙은 증거조사절차에 관하여 보다 상세한 보충적 규정을 두고 있다.

민사소송법과 민사소송규칙의 규정들은 조금 복잡다기하나, 기술적인 측면의 규정들이 대부분을 차지한다. 이러한 규정들의 내용과 구조를 알고 있어야 하지만, 우선은 소송을 수행하면서 증명이 필요할 때 적절한 개별적 증거조사절차를 선택할 수 있는 능력을 익히는 것이 더 중요하다.[719]

증거조사절차는 증거결정 → 증거조사의 실시 → 심증형성의 순서로 진행된다. 증거결정은 당사자의 신청에 기하여 또는 직권으로 한다. 증거조사실시는 법원이 주체가 되어서 하는데, 통상 변론기일이나 변론준비기일에서 하지만, 증거조사만을 위한 별도의 기일, 즉 증거조사기일에서 할 수도 있다. 증거조사의 실시에는 당사자의 참여기회가 보장되어야 하므로 당사자에게 증거조사가 실시되는 기일의 고지가 필요하다. 기일의 고지만으로 족하고 현실적인 참여가 반드시 있어야 하는 것은 아니다. 심증형성은 증거조사의 궁극적인 목표인바, 이는 법원이 어떤 요건사실이 존재한다고 판단한 상태를 의미한다. 증거조사에도 불구하고 심증형성이 되지 않을 때는 법원은 증명책임에 의하여 판단을 하여야 한다.

증거조사절차의 총론에 해당하는 이번 강의에서는 증거조사절차의 단초가 되는 증거결정과 증거보전을 살펴본다. 개별 증거방법별 증거조사절차는 서증(제42강), 증인신문(제43강) 및 기타(감정, 검증 등, 제44강)로 나누어서 후술한다.

---

719) 실제 소송에서는 증거를 입수하는 것이 더 중요할 것이다.

2. 증거결정

1) 증거신청 및 직권증거조사

증거조사절차는 법원이 증거결정, 즉 어떤 증거방법에서 대하여 증거조사절차를 개시하겠다는 결정에 의하여 시작된다. 증거채택결정이라고도 한다.

증거결정은 원칙적으로 어떤 증거방법에 대하여 증거조사를 하여 달라는 당사자의 신청, 즉 증거신청을 기다려서 한다. 사실의 주장은 물론 증명에 관하여도 변론주의가 적용되기 때문이다. 그러나 사실의 주장과 달리 사실의 증명에 관하여는 명문의 규정으로 변론주의의 적용이 완화되어 있다. 즉, 보충적이지만 직권증거조사가 가능하다.

> 제292조(직권에 의한 증거조사) 법원은 당사자가 신청한 증거에 의하여 심증을 얻을 수 없거나, 그 밖에 필요하다고 인정한 때에는 직권으로 증거조사를 할 수 있다.

다만, 손해배상청구권이 인정되는데, 손해액에 관한 당사자의 증명이 부족한 경우 직권증거조사를 해야 된다는 것이 판례의 입장이다.[720]

2) 증거신청의 방식

증거신청은 서면으로도 할 수 있고, 구두로도 할 수 있다. 증거신청을 할 때는 증명할 사실(증명사항), 증거(증거방법) 및 증거와 증명할 사실의 관계(입증취지)를 밝혀야 한다(289조, 규칙 74조). 증거신청은 기일, 즉 변론기일과 변론준비기일에서 할 수도 있고, 소정외에서도 할 수 있다.[721]

3) 증거신청의 철회

증거신청을 철회할 수 있는지 여부는 증거조사절차의 진행 정도에 따라 결정된다. 증거조사가 개시되기 전에는 철회가 가능하고,[722] 종료된 이후에는 불

720) 대법원 1986. 8. 19. 선고 84다카503, 504 판결, 대법원 1987. 12. 22. 선고 85다카2453 판결, 대법원 2016. 11. 24. 선고 2014다81511 판결(불법행위로 인하여 손해가 발생한 사실이 인정되는 경우 법원은 손해액에 관한 당사자의 주장과 증명이 미흡하더라도 [] 석명권을 행사하여 증명을 촉구하여야 하고, 경우에 따라서는 직권으로라도 손해액을 심리·판단하여야 한다).

721) 기일이 아닌데도 서면으로 증거신청을 할 수 있다는 의미이다.

722) 대법원 1971. 3. 23. 선고 70다3013 판결은 문서제출명령의 신청에 따른 문서제출명령이 있어도 해당 문서의 원본이 법원이 제출되기 전에는 문서제출명령신청을 철회할 수 있다고 하

가능하나, 개시 이후 종료 이전 단계에서는 상대방의 동의가 있으면 가능하다.

4) 증거결정의 기준

증거신청이 있다고 법원이 이를 모두 받아들이는 것은 아니다. 법원은 기본적으로 증거신청이 불필요하다고 판단될 때 증거를 조사하지 않는 결정, 즉 증거각하결정을 할 수 있다. 증거결정과 증거각하결정을 합하여 증거채부결정이라고 한다. 증거신청이 필요한지 여부의 판단은 법원의 재량에 맡겨져 있다.[723)]

> 제290조(증거신청의 채택여부) 법원은 당사자가 신청한 증거를 필요하지 아니하다고 인정한 때에는 조사하지 아니할 수 있다. 다만, 그것이 당사자가 주장하는 사실에 대한 유일한 증거인 때에는 그러하지 아니하다.

다만, 290조 단서는 유일한 증거인 경우를 위 원칙의 예외로 하고 있다. 유일한 증거는 본증이어야 하고, 주요사실에 대한 직접증거여야만 한다. 나아가 유일한 증거인지 여부는 쟁점별로, 심급을 통틀어서 판단한다. 290조 단서는 유일한 증거에 대한 증거신청을 각하할 수 없다는 의미이지, 그 내용을 반드시 믿어야 한다는 의미는 아니다.

증거가 불필요한 경우 이외에도 민사소송법이 정한 사유가 있는 경우, 즉 증거신청의 방식을 지키지 않은 경우, 조사에 장애가 있는 경우(291조) 및 실기한 공격방어방법에 해당하는 경우(149조 1항) 등에도 증거각하결정을 할 수 있다.[724)] 유일한 증거의 경우도 위와 같은 사유가 있는 때는 마찬가지인바, 특히

였다. 이는 문서제출명령신청이 서증을 신청하는 방식의 하나임을 기본전제로 한 판시이다.

723) 대법원 2017. 12. 28.자 2015무423 결정: 문서제출명령신청은 서증을 신청하는 방식 중의 하나이다[]. 법원은 [] 문서가 서증으로 필요한지를 판단하여 민사소송법 제290조 본문에 따라 그 신청의 채택 여부를 결정할 수 있다[].

724) 대법원 1999. 2. 26. 선고 98다52469 판결: 법원은 [실기한 공격방어방법을] 각하할 수 있고, 이는 독립된 결정의 형식으로 뿐만 아니라 판결이유 중에서 판단하는 방법에 의하여 할 수도 있으나, 법원이 [] 각하결정을 하지 아니한 채 [] 증거조사까지 마친 경우에 있어서는 더 이상 소송의 완결을 지연할 염려는 없어졌으므로, 그러한 상황에서 새삼스럽게 판결이유에서 [] 각하[할] 수 없고, 더욱이 실기한 공격방어방법이라 하더라도 어차피 기일의 속행을 필요로 하고 그 속행기일의 범위 내에서 공격방어방법의 심리도 마칠 수 있거나 공격방어방법의 내용이 이미 심리를 마친 소송자료의 범위 안에 포함되어 있는 때에는 소송의 완결을 지연시키는 것으로 볼 수 없으므로, 이와 같은 경우에도 각하할 수 없다고 보아야 한다(상계항변 및 관련 증거를 각하하지 아니한 원심의 조치가 정당하다고 판단한 사례), 대법원 2017. 5. 17. 선고 2017다1097 판결(실기한 공격·방어방법이란 당사자가 고의 또는 중대한 과실로 소송의 정도에 따른 적절한 시기를 넘겨 뒤늦게 제출하여 소송의 완결을 지연시키는 공격 또

유일한 증거에 대한 증거신청이 실기한 공격방어방법으로 각하될 수 있는지 여부에 관하여는 견해가 대립하나, 이를 긍정하는 것이 타당하다고 본다. 판례는 엇갈린다.[725)]

5) 증거결정의 방식

증거결정을 하거나 증거각하결정을 할 때, 특히 증거각하결정을 할 때 이유를 기재하여야 하는지 여부에 관하여는 필요설, 불요설 및 특별한 경우에 한하여 필요하다는 절충설 등의 견해가 있으나 판례는 불요설의 입장이다.

법원이 증거신청에 대하여 바로 판단하지 않고 보류하여 두는 경우도 있는바, 가끔 보류된 증거신청에 대하여 결정이 이루어지지 않은 채로 변론이 종결되는 경우도 있다. 이런 경우는 실제로는 증거결정이나 증거각하결정이 이루어졌지만 증거목록에 기재되지 않은 경우이다. 판례는 증거신청에 대하여 명시적인 판단을 할 필요가 없다는 입장이다. 즉 증거채부결정은 묵시적으로도 가능하다는 것이다.[726)] 실제로는 증거목록이 제대로 정리되지 않은 경우도 있을 것이다.

6) 증거결정에 대한 불복

원칙적으로 증거결정이나 증거각하결정에 대하여 불만이 있는 경우 판결에 대하여 상소를 제기하여 판결의 당부를 다투는 수밖에 없고, 독립된 불복은 불가능하다.

먼저 항고의 가능성을 보면, 증거결정은 신청을 배척한 결정이 아니기 때문에 불가능하다. 그리고 증거각하결정의 경우 필요적 변론을 거쳐서 한 결정이라는 등의 이유로 항고의 대상이 되지 않는다고 본다. 항고를 인정하는 명문의 규정이 있으면 당연히 그에 따른다.

소송절차에 관한 이의(151조)는 가능하기는 하지만 그 효과는 이의를 제기함으로써 증거결정이나 증거각하결정의 무효를 확보하여 두는 의미밖에 없고,

---

는 방어의 방법을 말한다) 등.

725) 대법원 1968. 1. 31. 선고 67다2628 판결(긍정), 대법원 1962. 7. 26. 선고 62다315 판결(부정).

726) 대법원 1989. 9. 7.자 89마694 결정, 대법원 1992. 9. 25. 선고 92누5096 판결.

이의를 법원이 받아들이지 않는 경우, 독립된 불복절차는 없다.

합의사건에서 합의부가 아니라 재판장이나 수명법관이 증거결정, 증거각하결정을 한 경우 합의부의 판단을 받기 위한 이의신청(286조, 151조)은 가능하지만, 이에 대한 합의부의 결정에 대한 독립적인 불복은 역시 불가능하다.

3. 증거보전

시간적인 측면에서 어떤 증거에 대하여 통상적인 증거조사절차로 조사하려다가는 증거조사가 불가능 또는 곤란하게 될 사정이 있는 경우, 즉 증거보전의 필요성이 있는 경우 소송절차와 별도로 실시하는 증거조사절차를 증거보전절차라고 한다. 아직 소를 제기하지 않았지만 소송이 진행되면 핵심적인 증인이 될 자가 암으로 곧 죽을 수 있다든지, 사고현장에 대한 현장검증이 결정적인 증거가 되는데 상대방이 이를 훼손하려고 한다든지 하는 경우에 증거보전절차를 이용할 수 있다.

> 제375조(증거보전의 요건) 법원은 미리 증거조사를 하지 아니하면 그 증거를 사용하기 곤란할 사정이 있다고 인정한 때에는 당사자의 신청에 따라 이 장의 규정에 따라 증거조사를 할 수 있다.

민사소송법 375조 내지 384조는 증거보전절차의 개시 및 신청의 요건, 신청의 방식, 관할 등을 규정하고 있다. 소제기 전 뿐만 아니라 소송계속 중에도 가능하다. 위 375조가 증거보전의 신청시기를 소제기 이전에 한정하고 있지 않기 때문이다. 다만, 소송계속 중에 신청하는 경우에는 신청요건, 즉 증거보전의 필요성이 문제될 수 있다. 증거보전절차는 법원이 직권으로도 개시할 수 있다.

> 제379조(직권에 의한 증거보전) 법원은 필요하다고 인정한 때에는 소송이 계속된 중에 직권으로 증거보전을 결정할 수 있다.

제 42 강 증거조사절차(2): 서증

1. 서증과 문서의 의의

서증은 문서를 증거방법으로 하는 증거조사를 말한다. 문서는 문자 등에 의하여 사상적 의미를 표현한 유형물을 말한다. 서증에서는 문서의 기재내용이 증거자료가 된다.

서증을 이해하기 위하여는 문서의 의의 내지 종류에 대하여 알아야 한다. 공무원이 직무상 작성한 문서를 공문서라고 하고, 그 이외의 문서를 사문서라고 한다. 사문서에 공무원이 직무상 어떤 사항을 부기한 경우 그 문서는 공사병존문서라고 한다. 동사무소 등에서 확정일자를 받은 임대차계약서가 대표적인 예다.

법률행위가 문서 자체에 의하여 행하여지는 경우, 예컨대 매매계약서, 차용증 등을 처분문서라고 하고, 처분문서 이외의 문서를 보고문서[727]라고 한다.

문서는 원본과 사본으로 나눌 수 있다. 요즘은 사본이라면 통상 전자복사기로 복사된 사본을 의미하지만 필사본 등도 사본에 포함된다. 등본은 원본 전부의 사본이고 초본은 원본 일부의 사본이다. 공증권한을 갖는 공무원이 원본과 동일하다고 공증한 등본을 인증등본이라고 한다. 정본은 사본 중 공증권한을 갖는 공무원이 특히 정본이라고 표시한 사본으로서 원본과 동일한 효력을 갖는다. 판결정본이 대표적인 예이다.

앞서 본 바와 같이 문서의 증거능력에는 별다른 제한이 없고, 그 증거력은 형식적 증거력과 실질적 증거력으로 나누어 고찰된다.

---

727) 회의록, 상업장부, 진단서, 일지 등. 판례는 판결문이 처분문서와 보고문서의 성격을 모두 가진다고 한다. 즉, 대법원 1980. 9. 9. 선고 79다1281 전원합의체 판결의 다수의견은 "판결서는 처분문서이기는 하지만 그것은 그 판결이 있었던가 또 어떠한 내용의 판결이 있었던가의 사실을 증명하기 위한 처분문서라는 의미일 뿐 판결서 중에서 한 사실판단을 그 사실을 증명하기 위하여 이용을 불허하는 것이 아니어서 이를 이용하는 경우에는 판결서도 그 한도 내에서는 보고문서"라고 하였다.

2. 서증에 대한 증거조사절차

1) 개 요

서증에 대한 증거조사는 서증신청/채택→조사의 순서로 진행된다. 서증에 대한 증거조사를 실시하기 위하여는 문서가 법원에 제출되어야 한다. 당사자가 수중에 있는 문서는 그 문서를 제출함으로써 서증신청을 한다. 만약 수중에 없는 문서인 경우라면 당사자는 문서의 소지자에게 문서를 법원으로 제출하게 한 다음 그 문서 중 서증으로 제출할 문서를 지정하는 방식으로 서증신청을 하여야 한다. 문서소지자로 하여금 법원에 문서를 제출하게 하는 방법으로는 문서제출명령, 문서송부촉탁, 서증조사가 있다. 문서제출명령은 문서소지자에게 제출의무가 있는 경우에 신청하고, 문서송부촉탁과 서증조사는 그렇지 않은 경우에 신청한다.

일반적으로 당사자가 어떤 문서를 서증으로 제출하는 경우 법원이 명시적으로 채부결정을 하지 않는다. 이는 통상 별다른 문제가 없기 때문에 제출된 모든 문서에 대한 서증신청을 채택하는 결정이 묵시적으로 이루어지기 때문이다. 하지만, 모든 서증신청이 채택될 수 있는 것은 아니고 법원은 서증신청을 각하할 수 있다. 민사소송규칙은 이에 관한 자세한 규정을 두고 있다.[728)]

위와 같은 과정을 거쳐 문서가 제출(또는 지정)되고, 서증신청이 채택된 경우 서증으로 제출된 문서에 대한 조사가 이루어진다. 서증에 대한 조사는 법원이 그 내용을 읽고, 상대방에게 성립의 인부 및 증거항변 등을 하게 함으로써 실시된다.

아래에서는 서증의 신청단계와 조사단계를 보다 자세히 보기로 한다.

---

728) 민사소송규칙 제109조(서증에 대한 증거결정) 당사자가 서증을 신청한 경우 다음 각호 가운데 어느 하나에 해당하는 사유가 있는 때에는 법원은 그 서증을 채택하지 아니하거나 채택결정을 취소할 수 있다.

1. 서증과 증명할 사실 사이에 관련성이 인정되지 아니하는 때
2. 이미 제출된 증거와 같거나 비슷한 취지의 문서로서 별도의 증거가치가 있음을 당사자가 밝히지 못한 때
3. 국어 아닌 문자 또는 부호로 되어 있는 문서로서 그 번역문을 붙이지 아니하거나 재판장의 번역문 제출명령에 따르지 아니한 때
4. 제106조 제1항의 규정에 따른 재판장의 증거설명서 제출명령에 따르지 아니한 때
5. 문서의 작성자 또는 그 작성일이 분명하지 아니한 경우로서 이를 밝히도록 한 재판장의 명령에 따르지 아니한 때

2) 서증의 신청

가) 자기가 소지하고 있는 문서의 경우

당사자가 자기가 소지하고 있는 문서를 증거로 제출하고자 하는 경우에는 그 문서를 제출하면서 서증신청을 하여야 한다. 이 경우 문서는 원본이어야 하는 것이 원칙이다.[729]

> 第355조(문서제출의 방법 등) ① 법원에 문서를 제출하거나 보낼 때에는 원본, 정본 또는 인증이 있는 등본으로 하여야 한다.

원본이 아니고 사본만 가지고 있는 경우 원칙적으로는 사본임을 밝히고 사본 자체를 서증으로 제출하여야 한다. 이 경우 그 사본이 355조가 규정한 정본이나 인증등본인 경우는 별론이지만, 그렇지 않다면 원칙적으로는 그러한 사본이 존재한다는 증거가치만 있을 뿐 원본이 제출된 경우와는 다르다.[730] 하지만 원본의 존재와 원본의 진정성립이 인정된다면 원본과 동일한 실질적 증거력이 부여될 수도 있다. 또한 사본만 가지고 있는 당사자가 사본을 원본에 갈음하여 제출하는 경우도 있을 수 있는바, 이 경우에는 상대방이 원본의 존재와 진정성립을 인정하고, 사본으로 원본을 갈음하는 데 이의가 없어야 원본이 제출된 경우와 동일한 효과가 생긴다.[731] 원본의 제출이 불가능하거나 비실제적인 상황에서는 원본의 제출이 요구되지 않지만, 서증의 신청인이 그 사유를 주장증명하여야 한다.[732][733]

원본은 과거에 존재하였다는 사실이 인정되면 족하고 반드시 현존하고 있을 필요는 없다.[734] 원본의 진정성립은 원본의 작성자를, 사본의 진정성립은 사본의 작성자를 각 기준으로 하여 판단하므로 양자는 다르다.

---

729) 원칙대로라면 서증을 신청할 때 법정에 원본을 지참하여 이를 법원, 상대방에게 제시하여야 할 것이지만, 실제는 특별히 문제되는 경우를 제외하고는 원본을 지참하지 않는 것이 실무이다.

730) 대법원 2002. 8. 23. 선고 2000다66133 판결.

731) 대법원 1992. 4. 28. 선고 91다45608 판결.

732) 대법원 2002. 8. 23. 선고 2000다66133 판결, 대법원 2010. 2. 25. 선고 2009다96403 판결.

733) 대법원 2023. 6. 1. 선고 2023다217534 판결(유언증서 관련 녹음파일에 위 서증 관련 법리를 그대로 적용한 사례).

734) 대법원 1992. 12. 22. 선고 91다35540, 35557 판결.

서증신청을 할 때는 소장, 답변서, 준비서면에 서증으로 제출할 문서를 기재하거나, 별도로 '서증목록' 등의 제목을 붙인 문서를 작성하여 제출하는 것이 일반적인 실무례이다. 이들 서면에 서증으로 제출할 문서를 표시할 때는 문서의 서증부호와 제목만을 기재하는 것이 일반적이다. 민사소송규칙상 문서의 작성자, 작성일자 등도 기재하여야 하지만, 통상의 경우에는 문서의 기재상 작성자와 작성일자가 명백하다고 보는 것을 전제로 한 것이다.

> 규칙 제105조(문서를 제출하는 방식에 의한 서증신청) ① 문서를 제출하여 서증의 신청을 하는 때에는 문서의 제목·작성자 및 작성일을 밝혀야 한다. 다만, 문서의 기재상 명백한 경우에는 그러하지 아니하다.

문서의 양이 방대하고 복잡한 경우에는 증거설명서를 제출하는 것이 바람직하다. 재판장은 증거설명서의 제출을 명할 수 있다.

> 규칙 제106조(증거설명서의 제출 등) ① 재판장은 서증의 내용을 이해하기 어렵거나 서증의 수가 방대한 경우 또는 서증의 입증취지가 불명확한 경우에는 당사자에게 서증과 증명할 사실의 관계를 구체적으로 밝힌 설명서를 제출할 것을 명할 수 있다.

서증신청을 할 때는 상대방의 수에 1을 더한 수의 사본을 함께 제출하여야 한다.[735] 위 사본들은 상대방에게 교부되고, 법원의 기록에 편철된다.

> 규칙 제105조(문서를 제출하는 방식에 의한 서증신청)
> ② 서증을 제출하는 때에는 상대방의 수에 1을 더한 수의 사본을 함께 제출하여야 한다. 다만, 상당한 이유가 있는 때에는 법원은 기간을 정하여 사본을 제출하게 할 수 있다.

서증부호는 원고의 서증이라면 '갑 제○호증', 피고의 서증이라면 '을 제○호증'의 방식으로 붙이고,[736] 필요한 경우는 가지번호(예컨대, 갑 제○호증의1)를 붙일 수도 있다. 서증부호를 부여하는 주체는 법원이므로 당사자가 서증을 제출하면서 붙인 서증부호는 서증채택 전까지는 제안적인 것에 불과하다.

나) 자기가 소지하고 있지 않은 문서의 경우

당사자가 자기가 소지하고 있지 않은 문서, 즉 상대방이나 제3자가 소지하고 있는 문서를 서증으로 제출하고자 하는 경우에는 문서제출명령, 문서송부촉

735) 서증신청시 제출하는 원본은 증거조사가 끝나면 반환하는 것이 원칙이나 353조의 예외가 있다.

736) 독립당사자참가인의 서증이라면 '병 제○호증'의 방식으로 붙인다.

탁 또는 서증조사를 먼저 신청하여 문서를 법원에 제출되게 한 다음, 그 문서들 중 서증으로 제출할 문서를 지정하여 서증신청을 한다.

문서제출명령은 문서소지인에게 문서제출의무가 있는 경우에 이용하고, 문서소지인에게 문서제출의무가 없는 경우에는 문서송부촉탁을 이용하는 것이 원칙이지만 문서소지인이 불응하는 경우 등에는 서증조사가 이용된다.

문서제출명령 등에 의하여 상대방이나 제3자가 제출(또는 송부)한 문서가 원본인 경우에는, 법원은 이를 돌려주어야 하므로, 당사자는 서증신청한 문서의 사본을 제출하여야 하나, 인증등본 등 사본인 경우에는 그러하지 아니하다(규칙 115조).

(1) 문서제출명령

(가) 문서제출명령의 대상과 거부사유

문서제출명령의 대상과 거부사유는 민사소송법 344조가 규정하고 있다.

> 제344조(문서의 제출의무) ① 다음 각호의 경우에 문서를 가지고 있는 사람은 그 제출을 거부하지 못한다.
> 1. 당사자가 소송에서 인용한 문서를 가지고 있는 때
> 2. 신청자가 문서를 가지고 있는 사람에게 그것을 넘겨 달라고 하거나 보겠다고 요구할 수 있는 사법상의 권리를 가지고 있는 때
> 3. 문서가 신청자의 이익을 위하여 작성되었거나, 신청자와 문서를 가지고 있는 사람 사이의 법률관계에 관하여 작성된 것인 때. 다만, 다음 각목의 사유 가운데 어느 하나에 해당하는 경우에는 그러하지 아니하다.
>   가. 제304조 내지 제306조에 규정된 사항이 적혀있는 문서로서 같은 조문들에 규정된 동의를 받지 아니한 문서
>   나. 문서를 가진 사람 또는 그와 제314조 각호 가운데 어느 하나의 관계에 있는 사람에 관하여 같은 조에서 규정된 사항이 적혀 있는 문서
>   다. 제315조 제1항 각호에 규정된 사항중 어느 하나에 규정된 사항이 적혀 있고 비밀을 지킬 의무가 면제되지 아니한 문서
>
> ② 제1항의 경우 외에도 문서(공무원 또는 공무원이었던 사람이 그 직무와 관련하여 보관하거나 가지고 있는 문서를 제외한다)가 다음 각호의 어느 하나에도 해당하지 아니하는 경우에는 문서를 가지고 있는 사람은 그 제출을 거부하지 못한다.
> 1. 제1항 제3호 나목 및 다목에 규정된 문서
> 2. 오로지 문서를 가진 사람이 이용하기 위한 문서

문서제출명령의 대상은 1항의 ① 인용문서(1항 1호), ② 인도·열람문서(1항 2호), ③ 이익문서와 법률관계문서(1항 3호) 및 2항의 ④ 일반문서(2항)로 나뉜다.

①과 관련하여 위 1항 1호의 '인용'은 당사자가 소송에서 증거로 또는 주장

을 명백하게 하기 위하여 언급한 것을 의미하고, 공문서도 인용되면 제출대상이 된다.[737][738][739] 당사자가 아닌 자는, 당사자가 인용한 문서를 소지하고 있어도, 위 1항 1호의 문서제출의무를 부담하지 않는다.[740] ②는 인도·열람을 구할 '사법상의 권리'가 있는 경우에만 인정된다. ③ 중 법률관계문서에 법률관계 자체가 기재된 문서 외에 법률관계의 생성/준비과정의 문서도 포함되는지 여부에 관하여 견해가 대립한다. ①, ②와 달리 ③의 경우에는 공무상 비밀이 기재된 경우(1항 3호 가), 형사처벌·치욕이 될 사항이 기재된 경우(1항 3호 나), 사인의 직무상 비밀이 기재된 경우(1항 3호 다)는 문서제출명령을 거부할 수 있다.

④가 문서제출명령의 대상이 됨으로써 문서제출의무가 일반화되었으나, 2항의 괄호 안의 공공기관 보관·관리문서[741]는 대상에 포함되지 아니하고,[742][743] 형사처벌·치욕이 될 사항이나 사인의 직무상 비밀이 기재된 경우(2항 1호) 및 자기이용문서인 경우(2항 2호)는 거부사유가 된다. 사인의 직무상 비밀이 기재되었음을 이유로 문서제출명령을 거부하기 위하여는 그 비밀이 보호가치가 있는 것이어야 한다.[744] 회사 등의 내부문서라도 문서에 담긴 정보의 성격, 즉 그 내용, 외부 개시 여부, 공익성 등을 참작할 때 자기이용문서에 해당되지 않을 수 있다.[745] 문서제출명령의 발령은 개인정보처리자가 개인정보를 제3자에게 제공

737) 대법원 2008. 6. 12.자 2006무82 결정.

738) 대법원 2017. 12. 28.자 2015무423 결정(인용문서는 당사자가 소송에서 문서 그 자체를 증거로서 인용한 경우뿐만 아니라 자기주장을 명백히 하기 위하여 적극적으로 문서의 존재와 내용을 언급하여 자기주장의 근거나 보조 자료로 삼은 문서도 포함한다).

739) 대법원 2017. 12. 28.자 2015무423 결정(인용문서에 해당하면, 그것이 같은 조 제2항에서 정하고 있는 '공무원이 그 직무와 관련하여 보관하거나 가지고 있는 문서'라도 특별한 사정이 없는 한 문서 제출의무를 면할 수 없[고, 그] 인용문서가 공공기관의 정보공개에 관한 법률 제9조에서 정하고 있는 비공개대상정보에 해당한다고 하더라도, 특별한 사정이 없는 한 그에 관한 문서 제출의무를 면할 수 없다).

740) 대법원 2024. 8. 29.자 2024무677 결정.

741) 문언상 사문서도 포함될 수 있어서 공문서보다는 넓은 개념이다.

742) 당사자가 행정관청으로부터 공공기관의 정보공개에 관한 법률에 따른 정보공개청구를 이용하여 입수하여 법원에 제출하라는 취지이다.

743) 대법원 2024. 8. 29.자 2024무677 결정(제보서, 제보자의 진술서), 대법원 2024. 4. 25.자 2023마8009 결정(소속 부서와 관련 위원회의 활동내역을 확인할 수 있는 회의록, 결재서류 등)은 금융감독원은 그 직원이 직무상 보관하거나 작성한 문서의 제출을 거부할 수 있다고 하였다.

744) 대법원 2015. 12. 21.자 2015마4174 결정, 대법원 2016. 7. 1.자 2014마2239 결정.

745) 대법원 2015. 12. 21.자 2015마4174 결정, 대법원 2016. 7. 1.자 2014마2239 결정(어느 문서

할 수 있는 '다른 법률에 특별한 규정이 있는 경우'에 해당하므로 개인정보보호법의 개인정보라는 이유만으로 문서제출명령을 거부할 수 없다.[746)]

344조 1항과 2항은 선택적인 관계에 있으므로 신청인은 1항과 2항을 선택적으로 주장할 수 있다.[747)] 전자적 형태로 되어 있는 정보나 문서에 대한 문서제출명령이 가능한 경우도 있다.[748)][749)] 법원은 전기통신사업자에게 통신사실확인자료를 제출할 것을 통신비밀보호법 13조의2, 민사소송법 294조에 근거한 문서송부촉탁(사실조회) 외에 문서제출명령으로도 명할 수 있다.[750)]

㈏ 절 차

문서제출명령신청의 신청과 심판에 대하여는 민사소송법 345조 내지 351조

가 오로지 문서를 가진 사람이 이용할 목적으로 작성되고 외부자에게 개시하는 것이 예정되어 있지 않으며 개시할 경우 문서를 가진 사람에게 심각한 불이익이 생길 염려가 있다면, 특별한 사정이 없는 한 위 규정의 자기이용문서에 해당한다. 여기서 어느 문서가 자기이용문서에 해당하는지는 문서의 표제나 명칭만으로 판단하여서는 아니 되고, 문서의 작성 목적, 기재 내용에 해당하는 정보, 당해 유형·종류의 문서가 일반적으로 갖는 성향, 문서의 소지 경위나 그 밖의 사정 등을 종합적으로 고려하여 객관적으로 판단하여야 하는데, 설령 주관적으로 내부 이용을 주된 목적으로 회사 내부에서 결재를 거쳐 작성된 문서일지라도, 신청자가 열람 등을 요구할 수 있는 사법상 권리를 가지는 문서와 동일한 정보 또는 직접적 기초·근거가 되는 정보가 문서의 기재 내용에 포함되어 있는 경우, 객관적으로 외부에서의 이용이 작성 목적에 전혀 포함되어 있지 않다고는 볼 수 없는 경우, 문서 자체를 외부에 개시하는 것은 예정되어 있지 않더라도 문서에 기재된 '정보'의 외부 개시가 예정되어 있거나 정보가 공익성을 가지는 경우 등에는 내부문서라는 이유로 자기이용문서라고 쉽게 단정할 것은 아니다).

746) 대법원 2016. 7. 1.자 2014마2239 결정.

747) 편집대표 민일영, 주석 민사소송법(8판) 제5권, 한국사법행정학회(2018. 10), 481면(호제훈 집필부분).

748) 긍정한 예로는 대법원 2023. 7. 17.자 2018스34 전원합의체 결정(휴대폰 통화내역 등 통신사실확인자료). 대법원 2023. 7. 28.자 2019마6212 결정(상동), 서울고등법원 2023. 8. 10.자 2023라20237 결정(디자인권 등에 대한 침해의 금지 및 손해배상소송에서 손해액을 확인하기 위한 거래내역 등의 정보가 데이터베이스에 포함되어 있기는 하나 이를 문서 형태로 보유하고 있는 것이 아닌 이상, 문서제출명령의 대상이 될 수 없고, 데이터베이스의 내용을 문서로 추출하여 제출할 의무를 부담하는 것 역시 허용될 수 없다는 취지의 항고인의 주장을 배척한 사례)이 있다.

749) 부정한 예로는 대법원 2010. 7. 14.자 2009마2105 결정(동영상 파일은 검증의 방법으로 증거조사를 하여야 하므로, 검증 목적물 제출명령의 대상이 될 수는 있지만, 문서제출명령의 대상이 될 수는 없다고 한 사례)가 있다. 위 결정은 또 사진은 그 형태, 담겨진 내용 등을 종합하여 감정·서증·검증의 방법 중 가장 적절한 증거조사 방법을 택하여야 하므로, 사진에 관한 구체적인 심리 없이 곧바로 문서제출명령을 한 것은 잘못이라고 하였다.

750) 대법원 2023. 7. 17.자 2018스34 전원합의체 결정(전기통신사업자는 통신비밀보호법 3조 1항 본문을 들어 이를 거부할 수 없다고 한 사례).

및 민사소송규칙 110, 111조가 상세하게 규정하고 있다. 특기할만한 점으로는 문서제출명령신청에 대한 결정에 대하여는 즉시항고가 인정된다는 점(348조), 문서제출명령신청을 하고자 하는 자가 문서소지인이 구체적으로 어떤 문서들을 소지하고 있는지 파악할 수 있게 하는 문서목록제출명령제도가 있다는 점(346조), 법원이 제3자에게 문서제출을 명하는 경우 제3자 또는 그가 지정하는 자를 심문하여야 하는 점(347조 3항), 법원은 문서제출명령의 대상이 되는지 판단하기 위하여 소지인에게 문서의 제시를 명할 수 있고, 이 경우 법원은 제시된 문서를 다른 사람이 보도록 하여서는 안 되는 점(347조 4항), 당사자나 제3자가 문서제출명령에 불응하거나 상대방의 사용을 방해하는 경우에 제재가 인정된다는 점(349조~351조) 등이다.

제출명령신청의 대상이 된 문서가 서증으로서 필요하지 않거나 대상 문서로 증명하고자 하는 사항이 청구와 직접 관련이 없는 경우, 신청을 받아들이지 않을 수 있다.[751)]

위 349조~351조는 증명방해에 대하여 명문의 규정으로 제재가 가해지는 예이다. 당사자의 문서제출명령 불응 등에 가해지는 제재는 법문상 법원이 '문서의 기재에 대한 상대방의 주장을 진실한 것으로 인정할 수 있다'는 것이다.

> 제349조(당사자가 문서를 제출하지 아니한 때의 효과) 당사자가 제347조 제1항·제2항 및 제4항의 규정에 의한 명령에 따르지 아니한 때에는 법원은 문서의 기재에 대한 상대방의 주장을 진실한 것으로 인정할 수 있다.
> 제350조(당사자가 사용을 방해한 때의 효과) 당사자가 상대방의 사용을 방해할 목적으로 제출의무가 있는 문서를 훼손하여 버리거나 이를 사용할 수 없게 한 때에는, 법원은 그 문서의 기재에 대한 상대방의 주장을 진실한 것으로 인정할 수 있다.

그 효과에 관하여 상대방이 주장하는 요증사실을 인정할 수 있다는 법정증거설, 문서의 특정이 곤란하고 다른 증거에 의한 증명이 현저히 곤란한 경우 상대방이 주장하는 요증사실을 인정할 수 있다는 절충설도 있지만 문언의 내용상 법원이 사실로 인정할 수 있는 것은 상대방이 주장하는 증거자료인 '문서의 기재'일 뿐이고, 실제 그 '문서의 기재'를 사실로 인정하는 경우 이를 바탕으로 요증사실을 사실로 인정할지 여부는 법관의 자유심증에 따른다는 자유심증설이 타당하다고 할 것이다. 판례도 같다.[752)] 당사자가 아닌 제3자가 문서제출명령에

751) 대법원 2016. 7. 1.자 2014마2239 결정.

불응하는 경우의 제재는 과태료이다.

(2) 문서송부촉탁

문서소지인에게 문서제출의무가 없는 경우 원칙적으로 문서송부촉탁[753]이 이용된다. 국가기관 등이 보관하고 있는 문서에 대하여 실제 문서송부촉탁이 많이 이용되고 손해배상사건에서 수사기관에 대하여 수사기록의 인증등본을 송부촉탁하는 것이 대표적인 예이다. 문서송부촉탁을 받은 자는 정당한 사유가 없는 한 협력하여야 하고, 불응하는 경우에는 그 사유를 법원에 통지하여야 한다(352조의2). 불특정한 일부에 대하여도 문서송부촉탁을 신청할 수 있다(규칙 113조).

> 규칙 제113조(기록 가운데 일부문서에 대한 송부촉탁) ① 법원·검찰청, 그 밖의 공공기관(다음부터 이 조문 안에서 이 모두를 "법원등"이라 한다)이 보관하고 있는 기록의 불특정한 일부에 대하여도 법 제352조의 규정에 따른 문서송부의 촉탁을 신청할 수 있다.
> ② 법원이 제1항의 신청을 채택한 때에는 기록을 보관하고 있는 법원등에 대하여 그 기록 가운데 신청인 또는 소송대리인이 지정하는 부분의 인증등본을 보내 줄 것을 촉탁하여야 한다.
> ③ 제2항의 규정에 따른 촉탁을 받은 법원등은 제114조 제2항에 규정된 사유가 있는 경우가 아니면 문서송부촉탁 신청인 또는 소송대리인에게 그 기록을 열람하게 하여 필요한 부분을 지정할 수 있도록 하여야 한다.

(3) 서증조사

서증조사는 문서소지인이 문서송부촉탁에 불응하는 경우[754] 등에 주로 이용된다. 서증조사는 엄밀한 의미에서는 법원 밖의 증거조사에 관한 297조를 근거로 한 것이므로 문서가 있는 곳에서 서증으로 제출할 문서가 지정되고 서증

---

752) 대법원 2007. 9. 21. 선고 2006다9446 판결, 대법원 2015. 6. 11. 선고 2012다10386 판결, 대법원 2015. 11. 17. 선고 2014다81542 판결(문서제출자가 상대방의 사용을 방해할 목적으로 그 문서를 훼손하였다면 법원은 훼손된 문서 부분의 기재에 대한 상대방의 주장을 진실한 것으로 인정할 수 있을 것이나(민사소송법 350조), 그러한 목적 없이 문서가 훼손되었다고 하더라도 문서의 훼손된 부분에 잔존 부분과 상반되는 내용의 기재가 있을 가능성이 인정되어 문서 전체의 취지가 문서를 제출한 당사자의 주장에 부합한다는 확신을 할 수 없게 된다면 이로 인한 불이익은 훼손된 문서를 제출한 당사자에게 돌아가야 한다), 대법원 1993. 6. 25. 선고 93다15991 판결(당사자가 문서제출명령에 따르지 아니한 경우에는 법원은 상대방의 그 문서에 관한 주장 즉, 문서의 성질, 내용, 성립의 진정 등에 관한 주장을 진실한 것으로 인정하여야 한다는 것이지 그 문서에 의하여 입증하고자 하는 상대방의 주장사실까지 반드시 증명되었다고 인정하여야 한다는 취지는 아니다).

753) 통상 문서의 인증등본을 보내달라는 인증등본송부촉탁을 한다.

754) 수사기밀, 사생활보호 등을 명목으로 수사기관이 문서송부촉탁에 불응하는 경우가 있다.

신청이 이루어져야 하지만(규칙 112조, 법원 밖에서의 서증조사에 관한 업무처리요령(재민 2004-5)), 실제에 있어서는 법원이 소지인에게 보관(소지)하고 있는 기록의 전체나 일부를 법원에 송부하게 하고, 이후 신청인이 변론기일에서 법원에 도착한 문서 중 서증으로 제출할 문서를 지정하는 식으로 절차가 진행되는 경우가 많다.[755] 이는 문서가 있는 장소에서 서증조사신청인이나 법원이 서증으로 삼을 문서를 특정하기 어렵기 때문에 발생하는 현상이다.

3) 서증의 조사

가) 일반적인 경우

(1) 일반론

서증에 대한 증거조사는 법원이 그 내용을 읽고, 상대방에게 성립의 인부(간략히 '인부'라고 하기도 한다) 및 증거항변 등을 하게 함으로써 실시된다.

성립의 인부는 서증으로 제출된 문서의 형식적 증거력을 인정하는지, 즉 진정성립을 인정하는지 여부에 대한 상대방의 답변을 말한다. 과거에는 실무상 법원은 제출된 모든 서증에 대하여 인부를 하게 하였으나, 현재는 소위 '필요적 인부문서'만 인부하게 하고 있다. 필요적 인부문서는 존부나 내용에 대하여 당사자 사이에 다툼이 있는 법률행위에 대한 처분문서와 같이 사건의 쟁점과 관련된 문서로서 인부가 필요하다고 판단되는 문서를 말한다.[756]

성립의 인부는 우선 ① 성립인정(진정성립을 인정하는 경우), ② 부인(진정성립을 부인하는 경우), ③ 침묵(진정성립 여부에 대하여 아무런 언급을 하지 않는 경우), ④ 부지(진정성립 여부에 대하여 모른다고 하는 경우로서 제3자가 작성한 문서에 대하여만 할 수 있다)로 나눌 수 있다. ③은 ①과 같이 취급되고, ④는 ②와 같이 취급된다. 자기가 작성한 문서에 대하여는 ④로 인부할 수 없다. 진정성립은 증거에 관련된 사실이므로 보조사실에 해당하나, 판례는 ①을 주요사실에 대한 자백과 같이 취급한다.[757]

---

755) 기록의 사본을 소지인으로부터 신청인이 교부받은 다음 일부에 대하여 서증신청을 하는 경우도 있다.

756) 사건관리방식에 관한 예규(재일 2001-2) 참조.

757) 대법원 1988. 12. 20. 선고 88다카3083 판결: 문서의 성립에 관한 자백은 보조사실에 관한 자백이기는 하나 그 취소에 관하여서는 다른 간접사실에 관한 자백의 취소와는 달리 주요사실의 자백취소와 동일하게 처리하여야 할 것이므로 문서의 진정성립을 인정한 당사자는 자유

진정성립이 부인된 경우, 서증의 신청인은 진정성립을 증명하여야 한다.

> 第357조(사문서의 진정의 증명) 사문서는 그것이 진정한 것임을 증명하여야 한다.

증명의 방법으로는 증인신청(예컨대, 부동산매매계약서 작성 과정을 주관한 공인중개사),[758] 감정(예컨대, 필적감정, 인영감정, 무인감정[759]), 검증(359조에 의하여 재판부가 직접 문서의 필체, 인영 등을 본인의 것과 대조) 등이 이용된다. 판례는 변론의 전취지만으로도 진정성립을 인정하는 것이 가능하다고 하지만, 언제나 그렇다는 취지는 아니다.[760]

나아가, 성립의 인부는 위와 같은 네 가지 기본유형뿐만 아니라 '인영부분 인정', '날인사실 인정(=인영부분 성립인정)' 등 진정성립에 대한 일종의 일부 자백에 해당하는 것들도 있는바, 이에 대한 정확한 이해는 문서, 특히 사문서의 형식적 증거력의 추정규정에 대한 이해가 선행되어야 한다.

⑵ 진정성립의 추정

민사소송법에는 공문서와 사문서에 대하여 각 아래와 같은 진정성립에 관한 추정규정을 두고 있다.

> 第356조(공문서의 진정의 추정) ① 문서의 작성방식과 취지에 의하여 공무원이 직무상 작성한 것으로 인정한 때에는 이를 진정한 공문서로 추정한다.
> ② 공문서가 진정한지 의심스러운 때에는 법원은 직권으로 해당 공공기관에 조회할 수 있다.
> ③ 외국의 공공기관이 작성한 것으로 인정한 문서에는 제1항 및 제2항의 규정을 준용한다.
> 第358조(사문서의 진정의 추정) 사문서는 본인 또는 대리인의 서명이나 날인 또는 무인(拇印)이 있는 때에는 진정한 것으로 추정한다.

롭게 이를 철회할 수 없다.

758) 대법원 1999. 4. 9. 선고 98다57198 판결: 증인의 증언에 의하여 [사문서의] 진정성립을 인정하는 경우 그 신빙성 여부를 판단함에 있어서는 증언 내용의 합리성, 증인의 증언 태도, 다른 증거와의 합치 여부, 증인의 사건에 대한 이해관계, 당사자와의 관계 등을 종합적으로 검토하여야 할 것이다.

759) 위 대법원 1999. 4. 9. 선고 98다57198 판결은 "과학적인 방법이라고 할 수 있는 무인 감정 결과를 배척하기 위하여는, 특별한 사정이 없는 한, 감정 경위나 감정 방법의 잘못 등 감정 자체에 있어서의 배척 사유가 있어야 한다"고 전제하면서 서증들의 무인이 서증제출자가 주장하는 작성자의 무인과 다르거나 감정불능이라는 무인감정결과를 믿지 않고 증인들의 증언에 의하여 진정성립을 인정한 원심판결을 파기하였다.

760) 대법원 1993. 4. 13. 선고 92다12070 판결: 사문서는 진정성립이 증명되어야만 증거로 할 수 있지만 증명의 방법에 관하여는 특별한 제한이 없고, 부지로 다투는 서증에 관하여 거증자가 성립을 증명하지 아니한 경우라 할지라도 법원은 다른 증거에 의하지 아니하고 변론의 전취지를 참작하여 그 성립을 인정할 수도 있다.

공문서의 경우 356조에 의하여 공문서라는 사실 자체에 의하여 진정성립이 추정되나, 위조 또는 변조 등의 특별한 사정이 있는 경우에는 추정이 번복된다.[761]

사문서의 진정성립의 추정은 약간 복잡하다. 우선 도장, 인영, 날인 등의 개념을 정확히 파악할 필요가 있다. 도장은 유형물 그 자체를 의미하고, 날인은 도장을 사용하는 행위, 즉 도장에 인주를 묻혀 종이 등에 찍는 행위를 의미하고, 인영은 도장에 의하여 종이 등에 현출된 자국을 의미한다.

358조가 '날인이 있는 때'라는 것은 위와 같은 의미의 날인, 즉 '도장을 사용하는 행위가 있는 때'를 의미하고, 엄밀히는 서증의 신청인이 주장하는 '문서의 작성명의인이 그 의사에 의하여 도장을 찍었을 때'를 의미한다. 358조의 내용을 간략히 표현하면 날인이 있는 경우 진정성립이 추정된다는 것이다.

사문서에 관하여는 진정성립과 관련된 또다른 중요한 추정이 있는바, 이는 판례에 의하여 인정된 것이다.

> 대법원 1989. 4. 25. 선고 88다카6815 판결
> <u>문서에 날인된 작성명의인의 인영이 그의 인장에 의하여 현출된 것이라면 특단의 사정이 없는 한 그 인영의 진정성립, 즉 날인행위가 작성명의인의 의사에 기한 것임이 추정되고</u> 일단 인영의 진정성립이 추정되면 민사소송법 제329조(현행 법 제358조와 같다)에 의하여 그 문서전체의 진정성립이 추정되나 이와 같은 추정은 날인행위가 작성명의인 이외의 자에 의하여 작성명의인의 의사에 기하지 않고 이루어진 것임이 밝혀진 경우에는 더 이상 유지될 수 없어 깨어지는 것이므로 문서제출자는 그 날인행위가 작성명의인으로부터 위임받은 정당한 권원에 의한 것이라는 사실까지 증명할 책임이 있다.

즉, 위 밑줄 친 부분을 보면 판례는 인영이 진정한 경우 날인을 추정하고 있다. 여기서 인영이 진정하다는 것은 해당 인영이 문서의 작성명의인의 도장에 의하여 현출된 것이라는 점을 의미한다.

따라서 사문서의 진정성립의 추정에는 인영의 진정에서 날인이 추정되는 단계와 날인에서 진정성립이 추정되는 두 단계가 있다. 따라서 '인영부분 인정'이라고 인부한 경우 위 두 단계의 추정을 모두 거쳐 문서의 진정성립이 추정되

761) 공문서가 위조되었을 가능성이 있다고 판단한 예로는 대법원 2018. 4. 12. 선고 2017다292244 판결을 들 수 있다. 위 판결에서 대법원은 매도증서에 있는 등기소의 등기제(登記濟) 부분은 공문서이지만, 매도증서에 행정구역, 면적이 잘못 기재되어 있는 점, 첩부된 인지금액이 상당하지 않은 점, 매수인의 매수경위에 의문이 있는 점 등을 참작하여 위조되었을 가능성이 있다고 판단하였다.

게 된다. 만약 '날인사실 인정(=인영부분 성립인정)'이라고 인부한 경우 2번째 단계의 추정만을 거쳐 문서의 진정성립이 추정된다.

문서의 진정성립은 주요사실이 아니라 보조사실이기 때문에 엄밀한 의미에서 법률상의 추정은 아니다. 추정이 성립된 이후 추정을 번복하기 위한 상대방의 증명이, 법관을 확신시킬 의무가 있다는 의미에서 본증인지 여부에 관하여, 판례에 의한 사문서의 첫 단계 추정에 대하여는 반증이라고 보는 것이 통설·판례의 입장이지만, 법률의 규정에 의한 공문서의 진정성립의 추정 및 사문서의 둘째 단계의 추정에 대하여는 본증이라는 견해와 반증이라는 견해가 대립하고 있고, 판례도 모호하다.[762)]

공증과 관련하여서는 공증인이 작성한 공정증서와 공증인이 사문서를 인증한 인증사서증서를 구분하여야 한다. 전자는 공문서이므로 공문서의 진정성립의 추정에 관한 위 356조가 적용된다.[763)] 후자의 경우 공사병존문서인바, 공증부분의 진정성립이 인정되면 사문서 부분의 진정성립이 추정된다.[764)]

(3) 진정성립을 둘러싼 공방

사문서의 진정성립을 둘러싼 공방은 위와 같은 추정을 전제로 이루어진다.

---

762) 반증이라는 견해는 대법원 2014. 9. 26. 선고 2014다29667 판결 등을, 본증이라는 견해는 대법원 2008. 11. 13. 선고 2007다82158 판결 등을 거론하고 있다. 다만, 위 2014다29667 판결은 사문서의 1단계 추정에 관한 것으로 볼 여지도 있다.

763) 대법원 1994. 6. 28. 선고 94누2046 판결은 "채무변제계약서(갑 제5호증)는 그 방식이나 취지가 단순히 사서증서를 인증한 것이 아니라 공증인가 충남합동법률사무소가 그 권한에 의하여 작성한 공정증서라고 보아야 할 것인바, [] 공증인이나 공증사무취급이 인가된 합동법률사무소의 구성원인 변호사가 촉탁인 또는 대리촉탁인의 신청에 의하여 자신이 직접 청취한 진술, 그 목도한 사실, 기타 실험한 사실을 기재한 공증에 관한 문서는 보고문서로서 공문서라 할 것이므로, 민사소송법 제327조 제1항에 의하여 그 진정성립이 추정된다고 볼 것이다"고 판시하였다. 위 밑줄 친 부분에서 원심은 공정증서를 인증사서증서로 오해하였음을 알 수 있다.

764) 대법원 1992. 7. 28. 선고 91다35816 판결: 공증인법에 규정된 사서증서에 대한 인증제도는 당사자로 하여금 공증인의 면전에서 사서증서에 서명 또는 날인하게 하거나 사서증서의 서명 또는 날인을 본인이나 그 대리인으로 하여금 확인하게 한 후 그 사실을 공증인이 증서에 기재하는 것으로서, 공증인이 사서증서의 인증을 함에 있어서는 공증인법에 따라 반드시 촉탁인의 확인이나 대리촉탁인의 확인 및 그 대리권의 증명 등의 절차를 미리 거치도록 규정되어 있으므로, 공증인이 사서증서를 인증함에 있어서 그와 같은 절차를 제대로 거치지 않았다는 등의 사실이 주장·입증되는 등 특별한 사정이 없는 한, 공증인이 인증한 사서증서의 진정성립은 추정된다.

인증사서증서와 달리 매도증서, 차용금증서, 저당권말소등기신청서에 등기소의 등기필(등기제)의 기재가 있어도 사문서 부분의 진정성립이 추정되지 않는다(대법원 1989. 9. 12. 선고 88다카5836 판결, 대법원 2018. 4. 12. 선고 2017다292244 판결).

즉, 상대방이 부인으로 인부한 경우 서증신청인은 감정 등에 의하여 인영의 진정을 증명하는 등으로 문서의 진정성립에 대한 추정을 성립시키려 한다.

인영의 진정을 상대방이 인정하거나 서증신청인이 증명한 경우라도 항상 문서의 진정성립이 추정되는 것으로 결론이 내려지는 것은 아니다. 이 경우 상대방은 인영은 진정한 것이지만 작성명의인이 아닌 다른 사람이 찍었다는 점을 주장·증명하여 1단계의 추정을 번복할 수 있고, 결국 문서의 진정성립이 추정되는 것을 막을 수 있게 된다. 위와 같은 주장과 관련하여 실무에서는 위조되었다거나 혹은 도장이 도용되었다는 표현이 사용되는데, 결국은 어느 표현이든지 다른 사람이 찍었다는 것을 의미하는 점에서 동일하다. 증거의 증거능력 및 증거력을 다투는 상대방의 진술을 증거항변이라고 하는바, 위 주장은 그 전형적인 예이다.

강박에 의하여 작성된 것이라는 증거항변이 제출되기도 하는바, 그 내용이 상대적 강박이 있었다고 주장하는 것이라면 문서의 진정성립은 인정하되, 문서에 담긴 의사표시를 강박을 이유로 취소한다는 항변을 하는 것으로 처리하는 것이 적절할 것이다. 반면 절대적 강박이 있었다고 주장하는 것이라면 문서의 진정성립까지 부정하는 것이므로 증거항변으로 처리하는 것이 적절하다고 본다. 통상의 경우는 전자에 해당할 것이다.

한편, 작성명의인이 아닌 다른 사람이 찍었다는 점이 인정된 경우라면, 서증신청인 측에서 그 다른 사람에게 작성명의인을 대리할 권한이 있었다는 점을 주장·증명하여야 한다.

실무상 인부의 내용으로는 원본이 존재하는지 여부, 수령하였는지 여부, 입증취지를 인정하는지 여부 등 위에서 언급한 내용 외의 것들도 포함되지만 상세한 내용은 다루지 않기로 한다.

나) 특수한 경우(위조, 변조, 백지문서)

문서가 위조되었다는 주장은 서증을 제출한 자의 상대방이 하는 경우가 일반적이고, 이에 대하여는 앞에서 보았다. 경우에 따라서는 서증을 제출하는 자가 그 문서가 위조문서라고 주장하는 경우도 있다. 이 경우 서증에 의하여야 한다는 견해와 검증에 의하여야 한다는 견해의 대립이 있으나, 서증으로 처리하는 것이 일반적이고, 제출자는 위조문서라는 점을 밝히고, 상대방은 위조된 점 인정 또는 위조인 점 부인 등으로 인부한다.

문서가 변조되었다는 증거항변에 관하여는 다음 판례에 유의하여야 한다.

대법원 1995. 11. 10. 선고 95다4674 판결
이 매매계약서는 원고와 피고 사이에 작성된 것이므로 피고가 부인한다고 하더라도 법원으로서는 의당 그 서증의 인부를 함에 있어서 피고의 인영날인 사실까지 부인하는지 여부를 석명하여 피고가 그 인영의 진정을 인정한다면 그 진정성립이 추정되는 것이므로 그 이후에 그 문서의 변조가 있었는지 여부에 관하여는 피고가 증명을 하여 밝혔어야 [한다.]

백지문서와 관련된 증거항변이 제출되는 경우도 있는바, 판례는 일반적 백지문서와 백지어음을 달리 취급한다.

대법원 2013. 8. 22. 선고 2011다100923 판결
일반적으로 문서의 일부가 미완성인 상태로 서명날인을 하여 교부한다는 것은 이례에 속하므로 그 문서의 교부 당시 백지상태인 공란 부분이 있었고 그것이 사후에 보충되었다는 점은 작성명의인이 증명하여야 한다.[765] 그러나 일단 문서의 내용 중 일부가 사후 보충되었다는 사실이 증명이 된 다음에는 그 백지부분이 정당하게 위임받은 권한에 의하여 보충되었다는 사실은 그 백지부분의 기재에 따른 효과를 주장하는 당사자가 이를 증명할 책임이 있다.
대법원 1984. 5. 22. 선고 83다카1585 판결
백지약속어음인 경우에 발행자가 수취인 또는 그 소지인으로 하여금 백지부분을 보충케 하려는 보충권을 줄 의사로서 발행하였는가의 여부의 점에 대하여는 발행인에게 보충권을 줄 의사로 발행한 것이 아니라는 점 즉 백지어음이 아니고 불완전어음으로서 무효라는 점에 관한 증명책임이 있다고 해석함이 상당하다

4) 전자소송

전자소송의 도입으로 인한 변화에 대하여는 후술한다.

3. 문서의 실질적 증거력

문서의 신빙성 여부, 즉 실질적 증거력은 원칙적으로 법관의 자유심증에 맡겨져 있다. 다만, 예외가 있는바, 판례는 처분문서의 형식적 증거력이 인정되면 처분문서의 기재 내용에 따른 법률행위의 존재 및 내용을 인정하여야 하고, 만약 법원이 처분문서의 기재를 믿지 않는 경우에는 그 이유를 판결문에 설시

765) 이러한 판시는 인영 부분 등의 진정성립이 인정된다면 다른 특별한 사정이 없는 한 당해 문서는 그 전체가 완성되어 있는 상태에서 작성명의인이 그러한 서명·날인·무인을 하였다고 추정할 수 있다는 것을 전제로 한 것이다. 대법원 2003. 4. 11. 선고 2001다11406 판결 등.

하여야 한다고 하였다.[766)767)] 관련 사건에서 확정된 판결문은 그 인정사실에 관하여는 특별한 사정이 없는 한 유력한 증거가 되므로 법원은 합리적인 이유를 제시하지 않고 이를 배척할 수 없으나,[768)] 당해 민사재판에서 제출된 다른 증거들의 내용 등에 비추어 확정판결의 사실판단을 그대로 따르기 어려운 경우에는 이를 배척할 수 있고, 이 경우에 구체적인 이유를 일일이 설시할 필요는 없다.[769)]

공문서의 경우 그 내용, 즉 기재에 추정력이 인정되기도 한다. 특히, 부동산 관련 공문서 중 일반적인 토지대장과 건축물관리대장의 기재와 같은 사실이 사실상 추정된다는 점에 별다른 다툼이 없다. 공증인이 작성한 공정증서도 같다.[770)] 부동산 등기부의 기재에 추정력이 인정된다는 점에 대하여는 다툼이 없으나 그 성격에 관하여는 법률상 추정설과 사실상 추정설이 대립하며, 전자가 다수설이다. 판례도, 부동산 등기부에 의한 추정이 법률상 추정이라고 명시적으

766) 대법원 2000. 1. 21. 선고 97다1013 판결: 처분문서의 진정성립이 인정되면 반증에 의하여 그 기재 내용과 다른 특별한 명시적 또는 묵시적 약정이 있었다는 사실이 인정되지 아니하는 한 법원은 그 문서의 기재 내용에 따른 의사표시의 존재와 내용을 인정하여야 하고, 합리적인 이유 설시도 없이 이를 배척하여서는 아니 된다.

767) 대법원 1988. 12. 13. 선고 87다카3147 판결(처분문서의 진정성립을 인정한다는 진술이 있었지만, 제반사정에 비추어 그 진술이 실질적으로 처분문서의 일부에 대하여만 진정성립을 인정한다는 취지였다면, 처분문서의 실질적 증거력도 그 일부에 한정된다).

768) 확정된 민사판결문에 대한 판례로는 대법원 1995. 6. 29. 선고 94다47292 판결, 대법원 1995. 10. 12. 선고 94다52768 판결, 대법원 2009. 9. 24. 선고 2008다92312, 92329 판결 등이 있다.

확정된 형사판결문에 대한 판례로는 대법원 1991. 1. 29. 선고 90다11028 판결, 대법원 1993. 1. 15. 선고 92다31453 판결, 대법원 1995. 1. 12. 선고 94다39215 판결, 대법원 1996. 5. 28. 선고 96다9621 판결, 대법원 1997. 9. 30. 선고 97다24276 판결 등이 있다. 이들은 그 표현이 확정된 민사판결이 있는 사안에 대한 판례들의 표현과 약간 다르지만 같은 법리를 판시한 것으로 보인다.

행정소송절차에서 확정된 형사판결문(대법원 1999. 11. 26. 선고 98두10424 판결)이나 가사판결문(대법원 2019. 7. 4. 선고 2018두66869 판결)이 있는 경우도 같다.

769) 대법원 1993. 3. 12. 선고 92다51372 판결, 대법원 1997. 3. 14. 선고 95다49370 판결, 대법원 2000. 2. 25. 선고 99다55472 판결, 대법원 2022. 7. 28. 선고 2019다202146 판결("더욱이 형사재판에서 유죄판결은 [] 합리적인 의심을 배제할 정도의 확신을 가지게 하는 증명이 있다는 의미가 있는 반면, 무죄판결은 그러한 증명이 없다는 의미일 뿐이지 공소사실의 부존재가 증명되었다는 의미는 아니다") 등.

770) 대법원 1994. 6. 28. 선고 94누2046 판결: [공정증서는] 그 보고 내용의 진실성을 담보하기 위하여 증서의 작성 이전에 반드시 촉탁인이나 대리촉탁인의 확인 및 그 대리권의 증명 등의 절차를 미리 거치도록 하고 작성 이후에는 열석자의 서명날인을 받도록 규정하고 있는 공증인법 [규정들]에 비추어 볼 때 신빙성 있는 반대 자료가 없는 한 함부로 그 증명력을 부정하고 그 기재와 어긋나는 사실인정을 할 수 없다.

로 밝히는 경우는 드물지만,[771] 법률상 추정설을 취하고 있다고 보는 것이 일반적이다. 부동산 등기부의 기재에 추정력을 인정하는 명문의 법률규정이 우리나라에는 없으므로 판례의 태도에 의문의 여지가 있다. 부동산 등기부의 추정력은 증명책임을 다룰 때 보다 자세히 본다. 부동산에 관한 공문서에는 토지대장, 건축물관리대장, 부동산 등기부 이외의 것도 있는바, 판례는 그 형성 및 관리 과정 등을 참작하여 추정력과 관련하여 다양한 취급을 하고 있다.[772] 판례가 부동산 등기부에 인정하는 추정력도 등기의 종류나 근거법령에 따라 그 내용이 달라진다.

771) 대법원 1978. 12. 26. 선고 77다2427 전원합의체 판결의 경우 소수의견에서 '법률상 추정설'이라는 용어를 사용하고 있다.

772) 예컨대, 토지대장의 경우 대법원 1993. 4. 13. 선고 92다44947 판결은 "1975. 12. 31. [] 전문 개정된 지적법이 시행되기 이전에 소관청이 아무런 법적 근거 없이 과세의 편의상 임의로 복구한 구 토지대장에 소유자 이름이 기재되어 있다 하더라도 그 소유자에 관한 사항은 권리추정력을 인정할 수 없다"고 한 반면, 대법원 2015. 7. 9. 선고 2013두3658, 3665 판결은 "[일제시대에 작성된] 구 토지대장상 미등기토지의 소유권이 '국'으로 이전된 것으로 등재되어 있다면 특별한 사정이 없는 한 그 무렵 기재대로 소유권이 이전되었다고 인정된다"고 하였다.

제43강 증거조사절차(3): 증인신문

1. 증인의 의의

증인은 과거에 경험한 것에 대해 법원에 진술할 것을 명령받은 제3자를 말한다. 당사자는 제3자가 아니므로 증인이 될 수 없다. 당사자는 아니지만 법정대리인은 당사자에 준하는 자로서 증인이 될 수 없고 당사자본인신문의 대상이 될 뿐이다. 회사의 대표이사는 법정대리인과 마찬가지로 취급된다. 형제자매, 부모 등을 비롯한 당사자의 친인척은 아무리 가까워도 기본적으로는 제3자이므로 증인이 될 수 있지만, 이들이 법정대리인인 경우는 다르다.

선정자, 소송대리인, 보조참가인도 증인이 될 수 있다. 공동소송인인 경우에는 공동소송인 간에 사건의 관련성이 있는지에 따라 결정된다. 판사의 경우 기본적으로 제3자이지만 일단 판사가 증인으로서 증언을 하고 나면 제척사유가 성립된다(41조 3호).

2. 증인의무

우리나라 재판권에 복종하는 사람은 누구든지, 즉 치외법권자가 아닌 사람은 누구나 법원이 증인으로서 채택하면 법정에 출석하여 증언할 의무가 있다.

> 법 제303조(증인의 의무) 법원은 특별한 규정이 없으면 누구든지 증인으로 신문할 수 있다.

이를 증인의무라고 하는데, 증인의무에는 출석의무, 진술의무(증언의무), 선서의무가 있다. 이 중 증언의무에 관하여 민사소송법은 형사처벌·치욕의 염려가 있거나 사인의 직무상 비밀이 문제되는 경우에 증언을 거부할 수 있다고 규정하고 있다.

> 제314조(증언거부권) 증인은 그 증언이 자기나 다음 각호 가운데 어느 하나에 해당하는 사람이 공소제기되거나 유죄판결을 받을 염려가 있는 사항 또는 자기나 그들에게 치욕이 될 사항에 관한 것인 때에는 이를 거부할 수 있다.

1. 증인의 친족 또는 이러한 관계에 있었던 사람
2. 증인의 후견인 또는 증인의 후견을 받는 사람

제315조(증언거부권) ① 증인은 다음 각호 가운데 어느 하나에 해당하면 증언을 거부할 수 있다.

1. 변호사·변리사·공증인·공인회계사·세무사·의료인·약사, 그 밖에 법령에 따라 비밀을 지킬 의무가 있는 직책 또는 종교의 직책에 있거나 이러한 직책에 있었던 사람이 직무상 비밀에 속하는 사항에 대하여 신문을 받을 때
2. 기술 또는 직업의 비밀에 속하는 사항에 대하여 신문을 받을 때

② 증인이 비밀을 지킬 의무가 면제된 경우에는 제1항의 규정을 적용하지 아니한다.

형사소송과 달리 민사소송에서는 재판장이 증언거부권을 고지할 의무가 없으므로, 적법하게 선서한 증인이 증언거부권을 고지받지 아니한 상태에서 허위 진술을 한 경우 위증죄를 면할 수 없다.[773)]

선서의무에 관하여도 선서능력이 부정되거나, 선서의무가 면제되거나 또는 선서거부권이 인정되는 등의 제한이 있다.

제322조(선서무능력) 다음 각호 가운데 어느 하나에 해당하는 사람을 증인으로 신문할 때에는 선서를 시키지 못한다.

1. 16세 미만인 사람
2. 선서의 취지를 이해하지 못하는 사람

제323조(선서의 면제) 제314조에 해당하는 증인으로서 증언을 거부하지 아니한 사람을 신문할 때에는 선서를 시키지 아니할 수 있다.

제324조(선서거부권) 증인이 자기 또는 제314조 각호에 규정된 어느 한 사람과 현저한 이해관계가 있는 사항에 관하여 신문을 받을 때에는 선서를 거부할 수 있다.

선서를 거부할 수 있는 증인이 선서를 거부하지 아니하고 증언을 한 경우 재판장이 선서거부권을 있음을 고지하지 아니하였다고 하여도 위법이 아니다.[774)] 다만, 증인과 당사자 사이의 친족관계 등이 있는지 여부를 확인하여 선

---

773) 대법원 2011. 7. 28. 선고 2009도14928 판결: 우리 입법자는 1954. 9. 23. 제정 당시부터 증언거부권 및 그 고지 규정을 둔 형사소송법과는 달리 그 후인 1960. 4. 4. 민사소송법을 제정할 때 증언거부권 제도를 두면서도 그 고지 규정을 두지 아니하였고, 2002. 1. 26. 민사소송법을 전부 개정하면서도 같은 입장을 유지하였다. 이러한 입법 경위 및 규정 내용에 비추어 볼 때, 이는 양 절차에 존재하는 목적·적용원리 등의 차이를 염두에 둔 입법적 선택으로 보인다. 더구나 민사소송법은 형사소송법과 달리, '선서거부권 제도'(324조), '선서면제 제도'(323조) 등 증인으로 하여금 위증죄의 위험에서 벗어날 수 있도록 하는 이중의 장치를 마련하고 있어 증언거부권 고지 규정을 두지 아니한 것이 입법의 불비라거나 증언거부권 있는 증인의 침묵할 수 있는 권리를 부당하게 침해하는 입법이라고 볼 수도 없다.

774) 대법원 1971. 4. 30. 선고 71다452 판결.

서거부권자로부터 선서거부의사 유무를 확인하는 것이 실무이다.[775)]

사인의 직무상 비밀은 증언의무의 거부사유만이 됨이 명백한데, 공무원의 직무상 비밀이 문제되는 경우에는 아래와 같이 민사소송법이 공무원을 증인으로 신문하는 데 동의가 있어야 한다고 규정하고 있어, 증언만을 거부할 수 있는지 출석까지 거부할 수 있는지가 논란이 된다. 해당 공무원이 일단 출석하여 증언만을 거부하는 것은 당연히 가능할 것이다.

> 제304조(대통령·국회의장·대법원장·헌법재판소장의 신문) 대통령·국회의장·대법원장 및 헌법재판소장 또는 그 직책에 있었던 사람을 증인으로 하여 직무상 비밀에 관한 사항을 신문할 경우에 법원은 그의 동의를 받아야 한다.
> 제305조(국회의원·국무총리·국무위원의 신문) ① 국회의원 또는 그 직책에 있었던 사람을 증인으로 하여 직무상 비밀에 관한 사항을 신문할 경우에 법원은 국회의 동의를 받아야 한다.
> ② 국무총리·국무위원 또는 그 직책에 있었던 사람을 증인으로 하여 직무상 비밀에 관한 사항을 신문할 경우에 법원은 국무회의의 동의를 받아야 한다.
> 제306조(공무원의 신문) 제304조와 제305조에 규정한 사람 외의 공무원 또는 공무원이었던 사람을 증인으로 하여 직무상 비밀에 관한 사항을 신문할 경우에 법원은 그 소속 관청 또는 감독 관청의 동의를 받아야 한다.

위 각 규정 중 305조와 306조의 경우 동의권자는 국가의 중대한 이익을 해치는 경우를 제외하고는 동의하여야 한다(307조). 304조의 경우는 이러한 제한이 없다.

공무원의 직무상 비밀에 관한 304~307조의 규정의 적용과 관련하여 우선 직무상 비밀인지 아닌지를 누가 판단하는가가 문제된다. 305, 306조와 관련하여서는 법원이 판단주체라고 일반적으로 본다. 304조에 관하여는, 이 문제를 논하는 견해가 드문데, 증인으로 될 자 본인이 판단한다는 견해가 있으나, 의문이다.

다음으로 305, 306조와 관련하여 국가의 중대이익 침해여부를 누가 판단하는가의 문제가 있는데, 동의기관이 판단한다고 보는 것이 일반적이다.

3. 증인신문절차의 진행 등

증인신문절차는 증인신청→증인채택(증거결정)→증인소환→증인신문의 순

775) 김양섭, "민사소송에서의 증언거부권 불고지 시 위증죄 성립여부," 대법원 판례해설 90호(2011년 하반기), 법원도서관(2012), 744면 이하, 764면 각주 32 참조.

서로 진행된다.

1) 증인신문절차의 방식

증인신문절차의 방식은 ① 증인신문사항 제출방식, ② 증인진술서 제출방식 및 ③ 서면에 의한 증언 방식의 세 가지가 있다. ①은 2002년 민사소송법 전면 개정 이전에 일반적으로 사용되었던 방식인바, 증인신문을 위하여 증인신문사항으로 제출하고 그에 따라 신문하는 방식이다. 이 방식에 의하는 경우 주신문사항에 대하여는 증인이 거의 대부분 긍정하기 때문에 주신문에 너무 시간이 많이 걸리고 실익도 없다는 문제점이 있었다.

이러한 이유로 2002년 민사소송법 전면 개정 때 ②가 도입되었다. ②에서는 증인이 진술할 사항을 정리한 증인진술서를 서증으로 제출하고, 주신문에서는 증인진술서의 핵심적 사항만을 신문함으로써 반대신문에 더 많은 시간과 노력을 투입할 수 있다. ②에서는 증인신문사항 제출이 면제될 수 있다. 현재의 원칙적인 방식이다.

서면에 의한 증언(310조)은 공시송달 사건과 같이 단순한 사건에서 서면의 제출로 증언을 갈음하는 제도이다. 증인은 증언은 물론 출석조차 하지 않는다.

2) 증인의 소환과 불출석 증인에 대한 제재

증인신문신청이 채택되면 증인을 소환하여야 한다. 법원의 소환을 받은 증인이 정당한 사유 없이 불출석하는 경우 과태료와 소송비용 부담의 제재를 받고, 과태료를 부과받은 후 다시 정당한 사유 없이 불출석하면 7일 이내의 감치에 처해진다(311조). 법원은 불출석한 증인의 구인을 명할 수도 있다(312조 1항).

3) 증인신문의 방식

민사소송법과 민사소송규칙에는 증인신문의 방식 등에 관한 규정들이 있는바, 주요한 것들을 보면 다음과 같다.

증인신문의 순서에 관하여 민사소송법 327조가 규정하고 있다.

> 제327조(증인신문의 방식) ① 증인신문은 증인을 신청한 당사자가 먼저 하고, 다음에 다른 당사자가 한다.
> ② 재판장은 제1항의 신문이 끝난 뒤에 신문할 수 있다.

③ 재판장은 제1항과 제2항의 규정에 불구하고 언제든지 신문할 수 있다.
④ 재판장이 알맞다고 인정하는 때에는 당사자의 의견을 들어 제1항과 제2항의 규정에 따른 신문의 순서를 바꿀 수 있다.
⑤ 당사자의 신문이 중복되거나 쟁점과 관계가 없는 때, 그 밖에 필요한 사정이 있는 때에 재판장은 당사자의 신문을 제한할 수 있다.
⑥ 합의부원은 재판장에게 알리고 신문할 수 있다.

증인신문은 법원이 아니라 당사자가 먼저 한다(327조 1항, 2항). 증인신청을 한 당사자가 처음하는 신문을 주신문, 상대방 당사자가 이어서 하는 신문을 반대신문이라고 한다. 반대신문에 이어 증인신청을 한 당사자가 다시 신문하는 경우 재주신문이 되고, 이에 이어 상대방 당사자가 다시 신문하게 되면 재반대신문이 된다. 327조 1항은 증인신청을 한 당사자와 상대방 당사자가 번갈아가면서 신문하도록 하고 있는데, 이를 교호신문이라고 한다. 재반대신문부터는 재판장의 허가가 필요하다. 재판부가 327조 2항에 따라 신문하는 것이 보충신문, 3항에 따라 신문하는 것을 개입신문이라고 한다.

민사소송법은 수인의 증인을 한 기일에 신문할 때 따로따로 신문, 즉 격리신문하여야 한다고 규정하고 있지만(328조), 민사소송규칙은 격리신문을 예외적인 것으로 후퇴시키고 있다(규칙 98조).

증인신문은 개별적이고 구체적으로 하여야 한다(규칙 95조 1항). 질문은 짧고 답변이 길어야 한다는 의미이다. 유도신문은 반대신문에서는 허용되는 반면(규칙 92조 2항), 주신문의 경우는 원칙적으로 허용되지 않지만 예외가 있다(규칙 91조 2항 본문 및 단서).

당사자는 증인신문의 진행과 관련하여 이의를 신청할 수 있으나 이의신청에 대한 법원의 결정에 대하여 불복은 불가능하다.

규칙 제97조(이의신청) ① 증인신문에 관한 재판장의 명령 또는 조치에 대한 이의신청은 그 명령 또는 조치가 있은 후 바로 하여야 하며, 그 이유를 구체적으로 밝혀야 한다.
② 법원은 제1항의 규정에 따른 이의신청에 대하여 바로 결정으로 재판하여야 한다.

4) 영상재판

증인이 교통사정 등으로 인하여 법정에 직접 출석하기 어렵거나, 당사자와 대면진술시 정신의 평온을 현저하게 잃을 우려가 있는 경우 법원은 비디오 등에 의한 중계시설을 통하거나[776] 인터넷화상장치를 이용하여[777] 증인을 신문할 수 있다(327조의2). 영상재판으로 진행된 증인신문은 증인이 법정에 출석하여 이루어진 증인신문으로 본다(327조의2 2항).

감정인신문, 감정증인신문, 당사자본인신문도 영상재판으로 진행할 수 있다(339조의3, 340, 373조).

776) 중계시설은 법원의 시설이다. 따라서 증인은 그곳으로 가야 한다.
777) '자신의 집 등에서 줌 등을 이용하여'의 취지이다. 이 부분은 2021년 법개정으로 추가되었다.

제44강 증거조사절차(4): 기타

1. 감 정

특별한 학식과 경험을 가진 자에게 전문적 지식 또는 그 지식을 이용한 판단을 소송상 보고시켜 법관의 판단능력을 보충하기 위한 증거조사를 감정이라고 한다.

감정은 민사소송에서 종종 활용된다. 특정 유형의 사건들에서는 통상적으로 특정 유형의 감정이 이용되기도 한다. 인신사고와 관련된 손해배상사건의 신체감정, 토지인도나 건물철거 사건의 측량감정, 공사대금사건의 하자보수비감정, 기성고감정 등을 예로 들 수 있다. 모든 유형의 사건에서 일반적으로 이용되는 감정으로는 문서의 진정성립을 증명하기 위한 인영감정, 필적감정을 예로 들 수 있다.

증인신문은 증인을 대상으로 하고, 감정은 감정인을 대상으로 하는바, 기본적으로 증인에게 묻는 것은 사실이고, 감정인에게 묻는 것은 의견이다. 증인에게 출석의무, 선서의무, 진술의무가 부과되는 것과 유사하게, 감정인에게는 출석의무, 선서의무, 감정의견보고의무가 부과된다. 증인과 감정인을 비교하면 아래 표와 같다.

	증 인	감정인
진술대상/대체성	과거 경험한 사실 대체성 없음	전문적 경험·지식에 따른 판단 대체성 있음
능력에 대한 제한	특별한 제한 없음	결격사유(334조 2항) 기피가능(336조)
지정/선정	당사자가 지정	법원이 지정
불출석에 대한 제재	감치, 구인 가능	감치, 구인 불가능. 단, 소송비용부담, 과태료부과는 가능
자연인/법인	자연인만 가능	법인, 단체도 가능

감정절차는 신청→채택→감정인 지정→출석, 선서, 감정명령→감정의 시행→감정서 제출의 순서로 진행된다.

감정인은 통상 법원이 지정한다. 감정을 신청한 당사자는 감정인을 지정할 필요가 없고, 지정하여도 법원은 이에 구속되지 아니한다. 감정절차를 진행하는 법원은 필요하다고 인정하는 경우 감정촉탁을 할 수 있다. 감정촉탁은 공신력이 있는 단체나 기관에 감정을 의뢰하는 것으로서 선서가 요구되지 않는다.

> 제341조(감정의 촉탁) ① 법원이 필요하다고 인정하는 경우에는 공공기관·학교, 그 밖에 상당한 설비가 있는 단체 또는 외국의 공공기관에 감정을 촉탁할 수 있다. 이 경우에는 선서에 관한 규정을 적용하지 아니한다.
> ② 제1항의 경우에 법원은 필요하다고 인정하면 공공기관·학교, 그 밖의 단체 또는 외국 공공기관이 지정한 사람으로 하여금 감정서를 설명하게 할 수 있다.
> ③ 제2항의 경우에는 제339조의3을 준용한다.

감정인이 감정을 마치면 그 결과를 통상 감정서에 담아 법원에 제출한다. 즉, 재판장은 감정인으로 하여금 서면 또는 말로써 의견을 진술하게 할 수 있고(339조)[778] 선택은 재판장의 재량에 맡겨져 있으나, 통상 서면으로 진술하게 하는 것이다. 감정의 경우 감정결과가 증거자료로 되는 것이기 때문에 감정서는 서증이 아니고, 당사자가 감정서를 다시 서증으로 제출할 필요도 없다. 실무에서 가끔 당사자가 감정서를 서증으로 제출하기도 하나 무익한 행위이다. 감정서가, 즉 감정결과가 도착하면 법정에서 법원이 그 사실을 고지하고 통상 감정을 신청한 당사자가 감정결과를 이익으로 원용하지만, 당사자의 원용이 없어도 법원은 감정결과를 증거로 쓸 수 있다.

당사자가 감정결과가 부적절하다고 판단하는 경우[779]의 대응책으로는 감정인신문신청,[780] 감정보완신청, 재감정신청 등이 있다.[781]

---

778) 감정인이 법정에 직접 출석하기 어려운 사정이 있거나, 외국에 거주하는 경우 법원은 비디오 등 중계시설 또는 인터넷 화상장치를 이용하여 감정인을 신문할 수 있다(339조의3).

779) 대법원 2014. 10. 15. 선고 2012다18762 판결(감정인의 감정 결과는 그 감정방법 등이 경험칙에 반하거나 합리성이 없는 등의 현저한 잘못이 없는 한 이를 존중하여야 한다. 또한 법원은 감정인의 감정 결과 일부에 오류가 있는 경우에도 그로 인하여 감정사항에 대한 감정 결과가 전체적으로 서로 모순되거나 매우 불명료한 것이 아닌 이상, 감정 결과 전부를 배척하여야 할 것이 아니라 그 해당되는 일부 부분만을 배척하고 나머지 부분에 관한 감정 결과는 증거로 채택하여 사용할 수 있다).

780) 감정인으로 하여금 이미 서면으로 제출하였던 감정의견에 대한 추가·보충의견을 말로써 진술하도록 법원에 신청하는 것이다.

당사자가 법원에 감정을 신청하지 않고 임의로 전문가에게 감정을 의뢰하는 경우를 사감정(私鑑定)이라고 하는바, 이는 여기서 말하는 감정이 아니다. 사감정을 한 경우에는 그 감정서를 서증으로 제출하여야 한다.

특별한 학식과 경험을 가졌기 때문에 알게 된 과거의 구체적 사실을 법원에 진술하는 증인을 감정증인이라고 하는바,[782] 감정증인도 증인이기 때문에 그에 대한 신문은 증인신문의 방법에 따라야 한다. 340조는 이러한 취지를 규정한 것이다.

> 제340조(감정증인) 특별한 학식과 경험에 의하여 알게 된 사실에 관한 신문은 증인신문에 관한 규정을 따른다. 다만 비디오 등 중계장치 등에 의한 감정증인신문에 관하여는 제339조의3을 준용한다.

동일인이 (감정)증인과 감정인의 두 가지 자격을 함께 갖는 경우, 예컨대 부상자를 치료한 의사가 감정인이 되어 치료 당시의 상황과 아울러 후유장애 등에 대한 감정의견도 진술하여야 하는 경우, 증인선서와 감정인선서를 모두 받아야 함이 원칙이나 실무에서는 증인선서만을 받는 경우가 많다.[783]

감정인신문, 감정증인신문은 영상재판으로 진행할 수 있다(339조의3, 340조).

2. 검 증

법관이 오관의 작용에 의하여 직접적으로 사물의 성질이나 상태를 검사하여 그 결과를 증거자료로 하는 증거조사를 검증이라고 한다(364~366조). 사건이나 사고의 현장을 법관이 직접 봐 달라는 현장검증, 녹음테이프나 영상물을 법관이

---

781) 상반되는 감정결과가 있는 경우에 관하여 대법원 2023. 4. 27. 선고 2022다303216 판결은 "각 감정결과의 감정 방법이 적법한지 여부를 심리·조사하지 않은 채 어느 하나의 감정 결과가 다른 감정 결과와 상이하다는 이유만으로 그 감정 결과를 배척할 수는 없[고, 어떤] 감정 결과를 증거로 채용하여 사실을 인정하기 위해서는 다른 증거자료가 뒷받침되지 않는 한, 각 감정기관에 대하여 감정서의 보완을 명하거나 증인신문이나 사실조회 등의 방법을 통하여 정확한 감정의견을 밝히도록 하는 등 적극적인 조치를 강구하여야 [하고,] 이러한 법리는 전문적인 학식과 경험이 있는 사람이 작성한 감정의견이 기재된 서면이 서증의 방법으로 제출된 경우에[도] 마찬가지로 적용[된다.]"고 판시하여 신중한 취급을 요구하고 있다.

782) 주석 민사소송법(1판)(Ⅴ), 320면(치료한 부상자의 부상의 정도·병상에 관하여 신문을 받은 외과의, 자동차 사고 때 승객 1인으로 사고차에 타고 있었기 때문에 그 당시의 상황을 신문받은 기계공학과 교수 등이 예로 소개되어 있다).

783) 주석 민사소송법(1판)(Ⅴ), 321면.

직접 청취 또는 시청하여 달라는 녹음테이프 등의 검증 등을 예로 들 수 있다.

3. 당사자본인신문

당사자본인, 즉 원고나 피고를 신문하여 그 진술을 증거자료로 하는 증거조사를 당사자본인신문이라고 한다(367~373조). 법정대리인은 당사자본인에 준하기 때문에 증인신문이 아닌 당사자본인신문의 대상이 된다. 법인 등의 대표자도 마찬가지이다. 당사자본인신문은 과거에는 다른 증거조사로 심증을 형성하기 부족한 경우에 보충적으로만 할 수 있었으나, 2002년 법개정으로 바뀌었다.

당사자본인신문과 증인신문은 진술을 증거자료로 한다는 점에서 공통점이 있는 한편, 자기의 사건에 관하여 신문하느냐 남의 사건에 관하여 신문하느냐의 점에서는 차이점이 있다. 이러한 점을 고려하여 민사소송법은 증인신문절차에 관한 규정의 상당수를 당사자본인신문절차에 준용하지만(373조), 다르게 취급하는 규정도 두고 있다. 후자의 예로는 당사자본인이 정당한 사유 없이 불출석하거나 선서나 진술을 거부하는 경우 적용되는 369조가 있다.

> 제369조(출석·선서·진술의 의무) 당사자가 정당한 사유 없이 출석하지 아니하거나 선서 또는 진술을 거부한 때에는 법원은 신문사항에 관한 상대방의 주장을 진실한 것으로 인정할 수 있다.

또, 당사자본인이 선서하고도 거짓말을 하는 경우 위증죄로 처벌되는 것은 아니지만, 과태료부과의 대상이 된다.

> 제370조(거짓 진술에 대한 제재) ① 선서한 당사자가 거짓 진술을 한 때에는 법원은 결정으로 500만원 이하의 과태료에 처한다.
> ② 제1항의 결정에 대하여는 즉시항고를 할 수 있다.
> ③ 제1항의 결정에는 제363조 제3항의 규정을 준용한다.

당사자본인신문은 영상재판으로 진행할 수 있다(373조).

4. 그 밖의 증거

1) 규 정

그 밖의 증거는 도면·사진, 녹음테이프, 비디오테이프, DVD 등의 영상녹화물, 컴퓨터 하드디스크 등을 말한다. 민사소송법 374조는 이에 대한 증거조사에 대하여 규정하고 있다.

> 제374조(그 밖의 증거) 도면·사진·녹음테이프·비디오테이프·컴퓨터용 자기디스크, 그 밖에 정보를 담기 위하여 만들어진 물건으로서 문서가 아닌 증거의 조사에 관한 사항은 제3절 내지 제5절의 규정에 준하여 대법원규칙으로 정한다.

위 조항에 말하는 '제3절 내지 제5절의 규정'은 감정(제3절), 서증(제4절), 검증(제5절)에 관한 규정이므로, 결국 위 조항은 그 밖의 증거는 감정, 서증, 검증에 준하여 적절한 방법으로 조사하라는 취지이다. 위 조항의 위임에 따라 만들어진 것이 민사소송규칙 120조 내지 122조이다.

> 규칙 제120조(자기디스크등에 기억된 문자정보 등에 대한 증거조사) ① 컴퓨터용 자기디스크·광디스크, 그 밖에 이와 비슷한 정보저장매체(다음부터 이 조문 안에서 이 모두를 "자기디스크등"이라 한다)에 기억된 문자정보를 증거자료로 하는 경우에는 읽을 수 있도록 출력한 문서(다음부터 이 조문 안에서 "출력문서"라고 한다)를 제출할 수 있다.
> ② 자기디스크등에 기억된 문자정보를 증거로 하는 경우에 증거조사를 신청한 당사자는 법원이 명하거나 상대방이 요구한 때에는 자기디스크등에 입력한 사람과 입력한 일시, 출력한 사람과 출력한 일시를 밝혀야 한다.
> ③ 자기디스크등에 기억된 정보가 도면·사진 등에 관한 것인 때에는 제1항과 제2항의 규정을 준용한다.
> 제121조(음성·영상자료 등에 대한 증거조사) ① 녹음·녹화테이프, 컴퓨터용 자기디스크·광디스크, 그 밖에 이와 비슷한 방법으로 음성이나 영상을 녹음 또는 녹화(다음부터 이 조문 안에서 "녹음등"이라 한다)하여 재생할 수 있는 매체(다음부터 이 조문 안에서 "녹음테이프등"이라 한다)에 대한 증거조사를 신청하는 때에는 음성이나 영상이 녹음등이 된 사람, 녹음등을 한 사람 및 녹음등을 한 일시·장소를 밝혀야 한다.
> ② 녹음테이프등에 대한 증거조사는 녹음테이프등을 재생하여 검증하는 방법으로 한다.
> ③ 녹음테이프등에 대한 증거조사를 신청한 당사자는 법원이 명하거나 상대방이 요구한 때에는 녹음테이프등의 녹취서, 그 밖에 그 내용을 설명하는 서면을 제출하여야 한다.
> 제122조(감정 등 규정의 준용) 도면·사진, 그 밖에 정보를 담기 위하여 만들어진 물건으로서 문서가 아닌 증거의 조사에 관하여는 특별한 규정이 없으면 제3절 내지 제5절의 규정을 준용한다.

약간 복잡한 위 민사소송규칙의 규정들은 요지는 다음과 같다. 규칙 120조는 워드프로세서로 작성한 파일이나 이메일처럼, 문자정보가 담긴 컴퓨터 하드디스크 등(자기디스크 등)은 '출력문서조사'로 조사하도록 규정하고 있다. 출력문서조사는 서증이 아니고, 위 조항에 의하여 창설된 별도의 간이한 검증이다. 규칙 121조는 녹음테이프나 DVD 등(녹음테이프 등)은 검증으로 조사하되 그 방법은 너무도 당연하지만 '재생'이라는 취지의 규정이다. 규칙 122조는 특히 준문서라고 부르기도 하는 도면과 사진에 대한 것인데, 이들은 감정, 서증, 검증으로 조사하라고 규정하고 있다.

2) 실 제

그 밖의 증거들에 대한 증거조사의 실제는 위 규정들과 괴리가 생기는 경우도 있다. 녹음테이프의 경우는 녹취록을 서증으로 제출하는 경우가 흔하다. 또 문자정보가 저장된 하드디스크의 경우에도 출력문서를 서증으로 제출하는 경우가 종종 있다. 도면·사진도 마찬가지이다.

이렇게 그 밖의 증거들이 서증으로 제출된 경우 진정성립의 판단방법과 관련하여 판례는 녹음테이프는 검증으로 조사하는 것이 원칙이지만, 만약 녹취록을 서증으로 제출한 경우 진정성립은 검증에 의하여 대화자의 진술대로 녹취되었는지를 판단하는 것이 원칙이라고 판시한 바 있다.[784]

대부분의 경우 소송수행자는 해당 지역의 관행과 소송지휘에 따르면 된다. 소송의 결과가 좌우되는 상황이라면 물론 다르다.

5. 사실조회(조사의 촉탁)

공공기관 등에게 그 업무에 속하는 사항에 대한 조사 또는 보관 중인 문서의 송부를 촉탁함으로써 증거를 수집하는 절차를 사실조회라고 한다. 법조문으로는 조사의 촉탁이라고 한다.

> 제294조(조사의 촉탁) 법원은 공공기관·학교, 그 밖의 단체·개인 또는 외국의 공공기관에게 그 업무에 속하는 사항에 관하여 필요한 조사 또는 보관중인 문서의 등본·사본의 송부를 촉탁할 수 있다.

동사무소나 구청에 사건 관련 토지의 분필 경위나 당사자의 주소전출입 내역 등에 대한 사실조회를 하는 것을 예로 들 수 있다. 사실조회의 경우 그 결과가 증거자료로 된다.

---

784) 대법원 1999. 5. 25. 선고 99다1789 판결.

2002년 법개정에 의하여 개인에 대하여도 사실조회가 가능하게 되었고, 사실조회에 의하여 문서의 송부를 촉탁할 수 있다는 것이 명백하게 되었다. 사실조회를 자유로운 증명이라고 보는 것이 일반적인바, 이는 서증, 감정, 증인신문이 원칙적인 증거조사의 방법이라는 의미이다. 예컨대, 조사할 사항이 촉탁 상대방이 용이하게 조사할 수 있는 사항이 아니라 특별한 지식과 경험을 필요로 하는 사항이거나 촉탁 상대방의 전문적 의견을 구하는 경우에는 조사의 촉탁이 아니라 감정(촉탁)에 의하여야 한다.

전화 등 통신, 금융거래, 과세자료 등의 정보에 대한 사실조회도 가능하고, 실제 과거에는 위 조문에 근거한 사실조회가 이용되었으나, 정보유출에 대한 책임을 우려한 제출거부 등의 사례가 있어서 위 정보들에 대한 사실조회에 대하여는 개별법에 특별규정이 마련되어 있다(통신비밀보호법 13조의2, 금융실명거래 및 비밀보장에 관한 법률 4조 1항, 국세기본법 81조의13 1항).

> 통신비밀보호법 제13조의2(법원에의 통신사실확인자료제공) 법원은 재판상 필요한 경우에는 민사소송법 제294조 또는 형사소송법 제272조의 규정에 의하여 전기통신사업자에게 통신사실확인자료제공을 요청할 수 있다.

6. 전자소송의 도입(전자문서)

전자소송의 도입으로 전자문서라는 개념이 도입되었는바, 그 개념은 민사소송 등에서의 전자문서 이용 등에 관한 법률 2조 1호가 규정하고 있다.

> 민사소송 등에서의 전자문서 이용 등에 관한 법률 제2조(정의) 이 법에서 사용하는 용어의 뜻은 다음과 같다.
> 1. "전자문서"란 컴퓨터 등 정보처리능력을 가진 장치에 의하여 전자적인 형태로 작성되거나 변환되어 송신·수신 또는 저장되는 정보를 말한다.

위 조문은 애초부터 컴퓨터 등에 의하여 작성된 문서파일은 물론 스캐너 등에 의하여 변환된 파일(전자화문서)도 전자문서에 포함시키고 나아가 과감하게 문자정보가 아니라 음성이나 영상정보를 담은 것도 전자문서에 포함시키고 있다. 나아가 위 법은 전자문서를 민사소송법의 문서로 본다.[785] 이로써 전통적인 문서뿐만 아니라 그 밖의 증거도, 전자적 형태를 취한다면, 전자소송에서는

785) 민사소송 등에서의 전자문서 이용 등에 관한 법률 5조 2항.

문서가 된다.[786)]

> 민사소송 등에서의 전자문서 이용 등에 관한 법률 제5조(전자문서에 의한 민사소송등의 수행)
> ② 이 법에 따라 작성·제출·송달·보존하는 전자문서는 다른 법률에 특별한 규정이 있는 경우를 제외하고 제3조 각 호의 법률에서 정한 요건과 절차에 따른 문서로 본다.

이로 인하여 소송행위와 관련하여 서면주의가 적용될 때 전자문서는 '서면'으로 취급된다. 이 점은 별 문제점이 없다.

나아가 위 조문대로라면 증거절차와 관련하여도 전자문서는 민사소송법의 '문서'가 된다. 위 법은 전자문서에 대한 증거조사절차에 대하여 아래와 같이 규정한다.

> 민사소송 등에서의 전자문서 이용 등에 관한 법률 제13조(증거조사에 관한 특례) ① 전자문서에 대한 증거조사는 다음 각 호의 구분에 따른 방법으로 할 수 있다.
> 1. 문자, 그 밖의 기호, 도면·사진 등에 관한 정보에 대한 증거조사: 전자문서를 모니터, 스크린 등을 이용하여 열람하는 방법
> 2. 음성이나 영상정보에 대한 증거조사: 전자문서를 청취하거나 시청하는 방법
>
> ② 전자문서에 대한 증거조사에 관하여는 그 성질에 반하지 아니하는 범위에서 「민사소송법」 제2편 제3장 제3절부터 제5절까지의 규정을 준용한다.

대법원 규칙인 민사소송 등에서의 전자문서 이용 등에 관한 규칙에는 상세 규정들이 있다. 이들은 증거조사절차에 관한 민사소송법과 민사소송규칙의 규정들을 전자소송에 맞게 변용한 규정들이다. 예컨대, 전자문서에 대한 증거조사의 신청은 전자소송시스템에 전자문서를 등재(업로드)하고 기일에서 그 취지를 진술하는 방식으로 한다고 규정하고 있다(위 규칙 31조 1항 참조). 전자소송의 이용률이 높아졌으므로 이러한 규정들을 숙지할 필요가 있다.

위 법 및 규칙들의 조항들과, 그 밖의 증거에 관한 민사소송법 374조 및 민사소송규칙 관련 조항들의 이론적인 상호관계는 매우 모호하다.[787)]

---

786) 법원행정처가 발간한 해설서에 의하면 음성·영상정보를 담은 전자문서의 경우도 증인 등 목록이 아닌 서증 등 목록에 기재해야 한다. 법원행정처, 민사전자소송실무편람(2014. 3), 455면.

787) 법원행정처, 민사전자소송실무편람(2014. 3.), 450~451면에 따르면 민사소송 등에서의 전자문서 이용 등에 관한 법률과 규칙의 규정들이 기존의 민사소송법과 민사소송규칙을 대체한다는 견해, 병존한다는 견해, 전자소송의 경우는 전자가, 그 외에는 후자가 적용된다는 견해 등이 성립될 수 있다고 한다.

제45강 자유심증주의

1. 자유심증주의와 증명책임의 적용단계

필요한 증거조사가 다 마쳐진 이후의 단계에서 법원은 어떻게 사실인정을 하는 것인가? 이 단계에 적용되는 것이 자유심증주의와 증명책임이다. 즉, 증거조사를 마치면 증거조사의 결과와 변론 전체의 취지를 참작하여 자유로운 심증으로 당사자가 주장한 사실이 인정되는지 여부를 판단한다.

> 제202조(자유심증주의) 법원은 변론 전체의 취지와 증거조사의 결과를 참작하여 자유로운 심증으로 사회정의와 형평의 이념에 입각하여 논리와 경험의 법칙에 따라 사실주장이 진실한지 아닌지를 판단한다.

법원이 어떤 사실이 존재한다고 판단한 경우 심증이 형성되었다고 한다. 어떤 정도가 되어야 심증이 형성되었다고 할 것인지, 즉 심증형성을 위한 증명의 정도에 관하여는 고도의 개연성설이 통설·판례의 입장이다. 여기까지가 자유심증주의의 영역이다.

어떤 사실에 대하여 심증형성이 되지 않는 경우에 법원은 증명책임에 의하여 판단한다. 즉, 법원은 어떤 사실에 대하여 심증형성이 되지 않는 경우 그 사실에 대하여 증명책임을 부담하는 자에게 불리한 판단을 내리게 된다. 증명책임은 주장책임과 원칙적으로 일치하므로, 이는 결국 주장책임을 지는 자의 사실상의 주장을 배척하는 결과가 된다.

증거조사절차가 마쳐진 이후 단계의 사실인정과정을 자유심증주의와 증명책임으로 나누어서 고찰하되, 이번 강의에서는 자유심증주의만을 보고, 증명책임은 다음 강의에서 본다.

2. 자유심증주의

1) 의 의

민사소송법은 위 202조를 둠으로써 자유심증주의를 취하고 있다. 자유심증주의는 법관이 사실인정을 함에 있어서 법규화된 증거법칙의 제약을 받지 않는다는 원칙인바, 법정증거주의와 대비된다. 자유심증주의가 사실인정에 관한 법관의 자의적 판단을 인정하는 것은 아니다.

자유심증주의는 사실인정에 특별한 법칙이 없다는 내용의 법칙이라서 일견 이상한 느낌이 들 수도 있지만, 역사적으로 이상한 방법으로 사실인정이 이루어지기도 하였던 점을 생각해보면 그 의의를 파악할 수 있다. 즉, 아주 오랜 옛날에는 신의 시련(ordeal)을 견뎌내는지 여부를 기준으로 한 적도 있었는데, 이는 진실한 자는 신이 보호하고, 신이 보호하는 자는 능히 불길 위를 무사히 통과하거나, 끓는 물속에서 돌을 무사히 건져내거나 할 수 있다는 생각이 그 근거였다. 한편 어떤 지역에서는 여성이 자신이 강간을 당한 사실을 증명하기 위하여는 남자 4명의 증언이 필요하다는 식의 증거법칙이 2000년대 초반까지 있었다. 자유심증주의는 이러한 불합리로부터의 탈피를 의미한다.

2) 사실인정의 근거: 증거조사의 결과와 변론 전체의 취지

민사소송법 202조는 법원이 어떤 사실을 인정할 때 증거조사의 결과, 즉 증거자료와 변론 전체의 취지를 근거로 하여야 한다는 점을 밝히고 있다. 자유심증주의 하에서는 증거능력에 일반적인 제한이 없고, 어떤 사실을 인정할 때 특정 증거방법에 의하여야 한다는 제한도 없다. 증거력 또한 법관이 자유롭게 평가하고, 원칙적으로 어떤 이유로 증거력을 부여하였는지 또 부여하지 않았는지를 명시할 필요도 없다. 물론 뒤에서 보는 바와 같은 예외가 있다.

판례는 당사자 상호 간에 증거공통의 원칙을 인정하고 있다.[788] 즉, 원고가 제출한 증거를 피고 주장사실을 뒷받침하는 근거로 삼을 수 있고, 그 반대도 마찬가지이다. 통설도 판례와 같은 입장이다. 반드시 원용이 필요하다는 견해도 있으나 제출과 원용을 구별할 실익은 크지 않다.

증거공통의 원칙은 반대 당사자 사이뿐만 아니라 공동소송인 사이에서도 문제될 수 있는바, 실무는 공동소송인 사이에서도 증거공통의 원칙이 적용된다고 본다.[789] 학설 중에는 공동소송인 간에 이해관계가 공통되는 경우에만 증거

788) 대법원 2004. 5. 14. 선고 2003다57697 판결.

789) 김진기, "공동소송인간의 증거공통의 원칙", 재판자료 제25집, 법원도서관(1985), 246면 이하, 256~257면.

공통의 원칙이 적용된다는 견해도 있으나, 이해관계가 상반되는 반대 당사자 사이에 증거공통의 원칙의 적용된다면 공동소송인 간의 증거공통의 원칙이 적용되는 범위를 위와 같이 제한할 필요는 적다.

변론 전체의 취지와 관련하여서는 변론 전체의 취지만으로 사실인정을 할 수 있는지가 문제되고, 이 점에 관하여는 보충적 증거원인설과 독립적 증거원인설이 대립하고 있으나, 전자가 다수설·판례의 입장이다.[790] 다만, 판례는 문서의 진정성립이나 자백취소의 요건으로서의 착오에 관하여는 예외를 인정하고 있다.

3) 자유심증주의의 예외

가) 명문의 규정이 있는 경우

우선 법이 명문으로 증거능력과 증거력에 관하여 제한을 가하는 경우가 있다. 증거능력의 경우 불법감청에 의한 증거에 대하여 일반적으로 증거능력을 부정하는 통신비밀보호법 규정을 예로 들 수 있다. 민사소송법 89조 1항이나 299조 1항은 일정한 범위 내에서 증거방법을 제한하는 규정들이다.

> 제89조(소송대리권의 증명) ① 소송대리인의 권한은 서면으로 증명하여야 한다.
> 제299조(소명의 방법) ① 소명은 즉시 조사할 수 있는 증거에 의하여야 한다.

증거력에 관하여도 법이 특별한 규정을 두는 경우가 있다. 변론조서의 증거력에 관한 158조와[791] 문서의 진정성립에 대한 추정규정이 여기에 해당한다.

> 제158조(조서의 증명력) 변론방식에 관한 규정이 지켜졌다는 것은 조서로만 증명할 수 있다. 다만, 조서가 없어진 때에는 그러하지 아니하다.

나) 처분문서와 판결문의 증거력

판례는 진정성립이 인정된 처분문서와 민사·형사를 불문하고 확정된 판결문의 기재에 강력한 증거력을 인정하고 있다.[792][793]

---

790) 대법원 1983. 7. 12. 선고 83다카308 판결.

791) 158조의 법정증거력은 변론의 방식의 준수에 한하여 인정되지만, 변론의 내용이 변론조서에 기재된 경우에는 특별한 사정이 없는 한 그 내용이 진실하다는 점이 사실상 추정된다. 대법원 1993. 7. 13. 선고 92다23230 판결(자백 또는 인낙과 관련된 진술내용), 대법원 1997. 10. 10. 선고 97다22843 판결(당사자의 주장), 대법원 2001. 4. 13. 선고 2001다6367 판결(자백) 등 참조.

다) 증명방해

상대방의 증명활동을 방해하는 증명방해에 관하여 명문의 규정이 있는 경우와 명문의 규정이 없는 경우가 있다. 전자로는 문서제출명령에 불응한 경우 등에 관한 제재규정을 들 수 있다.

> 제350조(당사자가 사용을 방해한 때의 효과) 당사자가 상대방의 사용을 방해할 목적으로 제출의무가 있는 문서를 훼손하여 버리거나 이를 사용할 수 없게 한 때에는, 법원은 그 문서의 기재에 대한 상대방의 주장을 진실한 것으로 인정할 수 있다.

증명방해에 관하여는 명문의 규정이 있는 경우나 없는 경우 모두에 관하여 증명방해의 경우 증명책임이 전환된다는 증명책임전환설,[794] 증명책임의 전환은 인정되지 않고 증명방해행위를 참작하여 사실인정을 하여야 한다는 자유심증설, 원칙적으로 자유심증설에 의할 것이나 증거편재현상이 심각한 경우 등에 한하여 증명책임전환을 인정하자는 절충설이 대립하고 있다. 판례는 자유심증설을 채택하고 있다.

> 대법원 1993. 11. 23. 선고 93다41938 판결[795]
> 피고가 문서제출명령에 불구하고 제출명령받은 문서를 제출하지 아니하였다고 하더라도, 그렇다고 하여 문서제출의 신청에 문서의 표시와 문서의 취지로 명시된 위 문서들의 성질·내용·성립의 진정에 관한 원고의 주장을 진실한 것으로 인정할 수 있음은 별론으로 하고, 그 문서들에 의하여 증명하려고 하는 원고의 주장사실이 바로 증명되었다고 볼 수는 없다.

위 350조가 단지 상대방의 주장이 아니라 '그 문서의 기재에 관한' 상대방의 주장을 진실한 것으로 인정할 수 있다고 하고 있는 점에 비추어 민사소송법이 증명책임전환설을 전제하고 있는 것으로 보기는 어렵다.

라) 증거계약의 경우

당사자들이 증거에 관하여 어떤 약정을 한 경우, 어떤 효과가 부여되는지

792) 대법원 1971. 10. 25. 선고 71다1976, 1977 판결(처분문서), 대법원 1989. 3. 28. 선고 87다카2832, 87다카2833 판결(판결문) 등 참조.

793) 형사재판에서 무죄로 결론난 것이 공소사실의 부존재가 증명되었음을 의미하는 것은 아니다(대법원 2015. 10. 29. 선고 2012다84479 판결).

794) 증명방해의 경우 자유심증주의의 예외로서 상대방의 주장사실을 진실한 것으로 인정할 수 있다는 법정증거설도 있다.

795) 대법원 1995. 3. 10. 선고 94다39567 판결, 대법원 1999. 4. 13. 선고 98다9915 판결, 대법원 2010. 5. 27. 선고 2007다25971 판결, 대법원 2010. 7. 8. 선고 2007다55866 판결.

가 문제된다. 특정한 사실에 관하여 다투지 않기로 하는 내용의 자백계약은 일반적으로 유효하다고 보고 있다. 어떤 사실에 대한 증명책임의 소재를 정하는 증명책임계약도 일반적으로 유효하다고 보고 있으며, 판례도 같은 취지이다.[796]

어떤 사실에 대한 증거방법을 제한하는 계약이나, 어떤 사실의 확정을 전문가의 감정이나 판단에 맡기는 중재감정계약은 유효하기는 하나, 이들 증거계약이 직권증거조사까지 배제하는 것은 아니고, 특히 중재감정계약의 경우 특별한 사정이 있으면 전문가의 판단을 법원이 채택하지 않을 수 있다.[797] 어떤 증거의 신빙성을 진실한 것으로 하는 증거력계약은 법관의 증거력 판단을 제약하는 것이므로 무효라고 본다.

4) 증명의 정도

어느 정도가 되어야 법원이 어떤 사실이 존재한다고 판단할 수 있는지, 즉 심증형성을 할 수 있는지에 관하여는 통설, 판례는 고도의 개연성설을 취하고 있다. 고도의 개연성이 있다는 것은 통상인이라면 의심을 품지 않을 정도라는 것을 의미한다.[798]

판례는 오래전부터 채무불이행이나 불법행위로 인한 손해배상책임은 인정되나, 사안의 성질상 손해액수의 증명이 어려운 경우 '증명도의 완화'를 인정하여 고도의 개연성이 아닌 상당한 개연성으로 증명이 된 것으로 취급하였다.

> 대법원 2009. 8. 20. 선고 2008다19355 판결[799]
> 불법행위로 인한 손해배상청구소송에 있어, 재산적 손해의 발생사실은 인정되나 그 구체적인 손해액수를 입증하는 것이 사안의 성질상 곤란한 경우, 법원은 증거조사의 결과와 변론 전체의 취지에 의하여 밝혀진 당사자들 사이의 관계, 불법행위와 그로 인한 재산적 손해가 발생하게 된 경위, 손해의 성격, 손해가 발생한 이후의 제반정황 등의 관련된 모든 간접사실들을 종합하여 상당인과관계 있는 손해의 범위인 수액을 판단할 수 있다.

2016년 법개정으로 신설된 민사소송법 202조의2는 이러한 종래의 판례를 반영한 것이다.[800][801][802]

---

796) 대법원 1997. 10. 28. 선고 97다33089 판결.
797) 대법원 1994. 4. 29. 선고 94다1142 판결, 대법원 2007. 4. 12. 선고 2004다39467 판결.
798) 대법원 2010. 10. 28. 선고 2008다6755 판결.
799) 대법원 1992. 4. 28. 선고 91다29972 판결, 대법원 2004. 6. 24. 선고 2002다6951, 6968 판결 등도 같은 취지이다.

제202조의2(손해배상 액수의 산정) 손해가 발생한 사실은 인정되나 구체적인 손해의 액수를 증명하는 것이 사안의 성질상 매우 어려운 경우에 법원은 변론 전체의 취지와 증거조사의 결과에 의하여 인정되는 모든 사정을 종합하여 상당하다고 인정되는 금액을 손해배상 액수로 정할 수 있다.

800) 대법원 2020. 3. 26. 선고 2018다301336 판결: 민사소송법 202조의2는 종래의 판례를 반영[한 것으로서,] 특별한 정함이 없는 한 채무불이행이나 불법행위로 인한 손해배상뿐만 아니라 특별법에 따른 손해배상에도 적용되는 일반적 성격의 규정이다. 손해가 발생한 사실이 인정되나 구체적인 손해의 액수를 증명하는 것이 매우 어려운 경우에는 법원은 손해배상청구를 쉽사리 배척해서는 안 되고, 적극적으로 석명권을 행사하여 증명을 촉구하는 등으로 구체적인 손해액에 관하여 심리하여야 한다. 그 후에도 구체적인 손해액을 알 수 없다면 손해액 산정의 근거가 되는 간접사실을 종합하여 손해액을 인정할 수 있다.

801) 독점규제 및 공정거래에 관한 법률 57조에 같은 취지의 규정이 있는바, 대법원 2016. 11. 24. 선고 2014다81511 판결은 위 규정은 "손해가 발생한 것은 인정되나 손해액을 증명하기 위하여 필요한 사실을 증명하는 것이 해당 사실의 성질상 극히 곤란한 경우에는 증명도·심증도를 경감함으로써 손해의 공평·타당한 분담을 지도원리로 하는 손해배상제도의 이상과 기능을 실현하려는 취지이다"라고 판시하였다. 위 판결은 나아가 손해배상청구권이 인정되지만 손해액에 대한 당사자의 주장과 증명이 미흡한 경우 법원이 직권증거조사, 석명권의 행사(증명촉구) 등을 하여 손해액을 인정하여야 한다는 판례의 법리는 위와 같은 법규정을 적용하여 손해액을 인정하는 경우에도 적용되고, 가격담합으로 인한 손해배상청구사건에서 손해액 산정을 위하여 필요한 가상 경쟁가격이나 초과가격은 성질상 증명이 극히 곤란한 경우에 해당하는바, 원고가 주장하는 가상 경쟁가격 등이 합리성과 객관성이 없더라도, 법원이 직권증거조사, 석명권의 행사를 통하여 상당한 가상 경쟁가격을 인정하여야 한다고 판시하였다.

같은 취지의 표시광고법 11조와 관련된 것으로는 대법원 2023. 4. 27. 선고 2021다262905 판결이 있다.

802) 대법원 2018. 4. 12. 선고 2017다229536 판결: 재산상 손해의 발생이 인정되는데도 증명곤란 등의 이유로 그 손해액의 확정이 불가능하여 그 배상을 받을 수 없는 경우에 이러한 사정을 위자료의 증액사유로 참작할 수 있다.

제46강 증명책임

1. 증명책임 분배의 기준

어떤 사실에 대하여 심증형성이 되지 않는 경우, 법원은 증명책임에 따라 판단한다. 증명책임에 따라 판단한다는 것은 증명책임을 부담하는 자에게 불리한 판단, 즉 어떤 사실이 존재하지 않는다는 판단을 하는 것을 말한다. 따라서 증명책임이란 심증형성이 되지 않는 경우, 즉 어떤 사실이 존재하는지 여부가 불명인 경우 그 사실이 존재하지 않는 것으로 취급되는 불이익 내지 위험이라고 정의할 수 있다.[803)]

증명책임은 주장책임과 같은 기준에 의하여 분배되기 때문에[804)] 심증형성이 되지 않는 경우 증명책임에 따라 판단한다는 것은 다시 주장책임을 지는 자의 주장사실이 존재하지 않는다고 판단하는 것으로 연결된다. 이와 같은 이유로 심증형성이 되지 않는 경우 법원은 판결문에 주장책임 및 증명책임을 지는 자의 주장사실을 인정할 증거가 없다는 식으로 설시하게 된다.[805)] 반대로 심증형성이 되는 경우에는 어떤 증거들에 의하여 주장사실이 인정된다는 식으로 설시한다.[806)]

증명책임의 분배기준에 관한 통설·판례의 입장은 법률요건분류설이다. 법률요건분류설은 각 당사자가 자기에게 유리한 법규의 요건사실에 대하여 증명책임을 진다는 입장인데, 법규의 구조·형식에서 분배기준을 찾기 때문에 규범

803) 이를 객관적 증명책임이라고 하고, 객관적 증명책임(불이익 내지 위험)을 면하기 위하여 당사자가 증거를 제출하여야 하는 책임을 주관적 증명책임이라고 한다. 객관적 증명책임은 직권탐지주의에서도 문제된다.

804) 이를 '주장책임의 분배는 증명책임의 분배에 따른다'고 표현한다. 다만, 법률이 어느 사실에 대한 증명책임에 관하여 특별규정을 둔 관계로 양자가 일치하지 않는 경우도 있다(예, 무권대리인의 책임에 관한 민법 135조 1항). 최진수(5판), 5~6면.

805) 예컨대, 원고가 증명책임을 지는 청구원인사실에 대하여 심증형성이 되지 않는 경우, "원고는 이 사건 청구원인으로 …라고 주장하나, 이를 인정할 증거가 없다"라는 식으로 기재한다.

806) 예컨대, "갑 제1호증의 기재, 증인 ○○○의 증언 및 변론 전체의 취지에 의하면 … 한 사실이 인정된다"라는 식으로 기재한다.

설이라고 부르기도 한다.

법률요건분류설은 권리근거규정은 원고가, 반대규정, 즉 권리장애규정,[807)] 권리멸각규정,[808)] 권리저지규정[809)]은 피고가 증명책임을 부담한다고 한다. 이상은 실체법상의 권리의 요건사실에 관한 것인바, 나아가 법률요건분류설은 소송요건에 관하여 직권조사사항의 경우는 원고가, 항변사항의 경우에는 피고가 증명책임을 각 부담한다고 한다.

법률요건분류설을 취하는 경우 불법행위에 기한 손해배상청구권의 요건 중 고의·과실에 관하여는 원고가 증명책임을 부담하나, 채무불이행에 기한 손해배상청구권의 요건 중 고의·과실에 관하여는 피고가 증명책임을 부담한다. 이렇게 같은 손해배상청구권이지만 불법행위에 기한 것인지 채무불이행에 기한 것인지에 따라 고의·과실의 증명책임의 소재가 달라지는 것은 민법 750조와 민법 390조의 조문 구조가 다르기 때문이다. 이와 같은 점 때문에 법률요건분류설은 규범설로 불리기도 한다.

> 민법 제750조(불법행위의 내용) 고의 또는 과실로 인한 위법행위로 타인에게 손해를 가한 자는 그 손해를 배상할 책임이 있다.
> 민법 제390조(채무불이행과 손해배상) 채무자가 채무의 내용에 좇은 이행을 하지 아니한 때에는 채권자는 손해배상을 청구할 수 있다. 그러나 채무자의 고의나 과실없이 이행할 수 없게 된 때에는 그러하지 아니하다.

어떤 법률관계가 존재하지 않는다는 확인을 구하는 소극적 확인의 소의 경우에도 주장책임과 증명책임의 소재는 일치한다. 즉, 주장책임과 증명책임 일치의 원칙은 소극적 확인소송에 있어서도 타당하다. 다만, 소극적 확인소송에 있어서도 원고가 어떠한 권리 또는 법률관계의 부존재를 소송물로 삼고 있는지는 특정하여야 하므로 그 한도에서 필요한 권리관계의 주장은 채무자인 원고가 하여야 한다. 예컨대, 불법행위로 인한 손해배상채권 부존재확인소송에서 원고는 어떠한 권리침해행위에 기한 손해배상채권의 부존재를 대상으로 하는가를 밝힐 필요가 있고, 손해배상채권의 발생장애사유 또는 소멸사유를 주장하여야 한다.

---

807) 애초부터 권리의 발생을 막는 사유로서, 불공정한 법률행위, 통정허위표시 등 무효사유가 이에 해당한다.
808) 일단 발생한 권리를 소멸시키는 사유로서, 변제, 사기·강박에 의한 취소 등을 예로 들 수 있다.
809) 권리 자체를 소멸시키는 것은 아니나 그 행사를 제한하는 사유로서, 기한유예, 정지조건의 존재 등을 예로 들 수 있다.

그러나 이 경우에 있어서도 손해배상채권의 발생요건 사실은 피고에게 주장책임이 있고, 원고에게 그 반대사실의 주장책임이 있는 것은 아니다.[810] 배당이의의 소,[811] 청구이의의 소[812] 등도 마찬가지다.

증명책임의 분배기준에 관한 법률요건분류설이 증거편재현상이 심하게 나타나는 현대형 소송, 즉 공해소송, 의료과오소송, 제조물책임소송 등에서 부당한 결과를 초래한다는 비판이 제기되고 있다. 이러한 비판의 일환으로 아예 증명책임의 분배기준 자체를 바꾸어야 한다는 위험영역설,[813] 증거거리설[814] 등도 제기된 바 있다. 물론 분배기준 자체는 바꾸지 않고 위 문제를 해결하고자 하는 입장도 있는바, 이러한 입장들은 증명책임의 전환, 증명책임의 완화, 증명도의 완화 등을 동원하여 문제를 시정하고자 한다.

2. 증명책임의 전환

법률요건분류설에 기한 증명책임의 일반적인 분배기준을 법이 명문으로 변경함으로써 증명책임을 전환시킨 경우가 있다. 민법 759조, 자동차손해배상 보장법 3조, 환경정책기본법 44조 2항 등이 그 예이다. 한편, 해석에 의하여 증명책임의 전환이 시도되는 경우도 있는바, 증명방해에 대한 증명책임전환설을 예로 들 수 있다.

3. 증명책임의 완화

1) 증명책임의 완화의 의의

증명책임의 완화는 증명책임의 일반원칙에 따른 부담을 완화시켜주는 것으로서 증명책임의 분담이라고 하기도 한다. 증명책임의 완화에 증명책임의 전환이 수반되기도 하지만 전체적으로 고찰할 때 증명책임의 전환 외에 다른 작용

810) 사법연수원, 요건사실(2006), 8면.

811) 대법원 2007. 7. 12. 선고 2005다39617 판결 등.

812) 대법원 2010. 6. 24. 선고 2010다12852 판결.

813) 증거가 누구의 지배영역에 속하느냐를 기준으로 하자는 견해.

814) 증명의 난이도, 금반언, 실체법의 입법취지 등을 종합적으로 고려하여 증명책임을 분배하자는 견해.

이 포함되므로, 증명책임의 전환과 증명책임의 완화는 다르다. 또 증명책임의 완화는 증명도의 완화와도 다르다. 증명책임이 완화되는 경우로는 명문의 규정에 의한 법률상 추정과 판례에 의한 일응의 추정이 거론된다.

2) 추정 일반론

정황, 즉 간접사실에서 주요사실을 추단하는 것을 추정이라고 한다. 현실적으로 사실인정과정에서 주요사실을 뒷받침하는 직접증거가 없는 경우가 종종 있기 때문에 추정은 자주 활용된다. 간접사실로부터 주요사실을 추정하는 과정에 경험칙이 작용한다.

이러한 일반적인 추정을 사실상 추정이라고 하고, 사실상 추정이 이용된 경우 판결문 등에는 간접증거에 의하여 인정되는 간접사실에 비추어 볼 때 주요사실이 '추인'된다는 표현을 사용한다.

이러한 일반적인 추정, 즉 사실상 추정은 추정에 이용되는 간접사실이 다양하고 비정형적이어서, 이를 법칙화 내지 공식화되었다고 하기는 어렵다.

그러나 법이 명문으로 어떤 특정한 간접사실이 인정되면 어떤 주요사실이 증명된 것으로 취급하는 경우가 있고, 또 판례가 그와 같은 취급을 하는 경우도 있다. 전자는 법률상 추정이라고 하고, 후자는 일응의 추정 또는 표현증명이라고 한다.

3) 법률상 추정

법률규정에 의한 추정을 법률상 추정이라고 한다. 일반적인 사실상 추정에서 간접사실과 주요사실 사이에는 경험칙이 작용하지만 법률상 추정에서는 명문의 추정규정이 작용한다.

법률상 추정이 인정되는 경우 원래 주요사실에 대하여 증명책임을 지는 자는 추정규정이 정하고 있는 간접사실을 증명하면 추정규정에 의하여 주요사실이 증명된다. 간접사실이 주요사실보다 증명하기 쉽기 때문에 증명책임이 완화된다(증명주제의 선택에 의한 증명책임의 완화).

한편 원래 주요사실에 대하여 증명책임을 부담하는 자가 간접사실을 증명하고, 나아가 추정규정에 의하여 일단 주요사실이 추정되면, 이제는 반대당사자가 주요사실의 반대사실[815]에 대하여 증명책임을 부담하게 된다(반대사실의 증명). 이 단계에서는 증명책임의 전환이 발생하는 것이다. 즉, 법률상 추정에는 증명책임의 전환이 수반된다. 반대사실의 증명의 성격은 주요사실에 대한 증명책임의 소재를 기준으로 하든, 법관을 확신시킬 책임의 여부를 기준으로 하든 본증이다.[816]

법률상 추정에는 법률상 사실추정과 법률상 권리추정이 있다. 전자의 예로는 점유의 계속에 관한 민법 198조, 혼인 중 포태한 자를 부의 친생자로 추정하는 민법 844조 등을 들 수 있다. 후자의 예로는 귀속이 불명한 재산을 부부의 공유로 추정하는 민법 830조 등의 경우가 거론된다. 법률상 권리추정의 경우 추정되는 권리를 뒷받침할 수 있는 사실까지 추정된다.

가장 흔히 접하게 되는 법률상 추정은 부동산 등기부에 관한 것이다. 명문의 규정이 없으므로 등기부의 추정력을 법률상 추정력이라고 할 수 있는지 의문이 있으나 이를 긍정하는 것이 일반적이고, 판례도 같다.

법률규정이 추정이라는 용어를 사용하고 있어도 반드시 위에서 말한 법률상 추정에 해당하지 않는 경우가 있고, 이를 유사추정이라고 한다. 유사추정에는 잠정적 진실,[817] 의사추정,[818] 증거법칙적 추정[819]이 있다.

---

815) 원래의 주요사실이 A이면 반대사실은 not A이다. 예컨대, 원래의 주요사실이 '원고가 피고에게 대여하였다'라면 '원고가 피고에게 대여하지 않았다'가 반대사실이고, 원래의 주요사실이 '피고가 원고에게 변제하였다'라면 '피고가 원고에게 변제하지 않았다'가 반대사실이다.

816) 대법원 1998. 8. 21. 선고 98다8974 판결(민법 제30조[의 동일한 위난으로 인한 동시사망의 추정은] 법률상 추정으로서 이를 번복하기 위하여는 동일한 위난으로 사망하였다는 전제사실에 대하여 법원의 확신을 흔들리게 하는 반증을 제출하거나 또는 각자 다른 시각에 사망하였다는 점에 대하여 법원에 확신을 줄 수 있는 본증을 제출하여야 한다).

817) 전제사실이 없는 무전제의 추정이다. 요건사실의 전부 또는 일부가 무전제로 추정되거나 다른 요건사실에 기하여 추정되는 것으로서, 단순한 증명책임전환규정이다. 민법 197조 1항(점유는 자주·선의·평온·공연한 점유로 추정), 상법 47조 2항(상인의 행위는 영업을 위하여 하는 것으로 추정) 등을 예로 들 수 있다.

818) 구체적인 사실로부터 사람의 내심의 의사를 추정하는 것이 아니고, 법규가 의사표시의 내용을 추정하는 것으로서, 법률행위의 해석규정에 해당한다. 기한은 채무자의 이익을 위한 것으로 추정하는 민법 153조 1항을 예로 들 수 있다.

819) 이는 문서의 진정성립이 추정의 대상인 것으로서, 법률상의 추정은 주요사실에 해당하는 것이라는 점에서 차이가 있다. 즉, 증거법칙적 추정의 경우 주요사실 차원에서는 증명책임의 전환의 효과가 생기지 아니한다.

4) 일응의 추정(표현증명)

법률상 추정규정은 없지만 법원이 일정한 경우 법률상 추정과 유사한 효과를 인정하는 경우가 있다. 즉, 추정규정이 아니라 판례에 의하여 특정한 간접사실이 인정되는 경우 주요사실이 증명된 것으로 취급되는 경우가 있는바, 이를 일응의 추정 또는 표현증명이라고 한다.[820] 영미와 독일의 판례법에서 발달한 법리이다.

일응의 추정이 적용되는 대표적인 예가 공해소송에서의 인과관계의 증명이다. 예컨대, 대법원 판례는 수질오염으로 인한 공해소송에서 인과관계의 증명에 관하여 피고의 공장 등에서 배출된 원인물질이 원고의 피해물건에 도달하여 피해가 발생하였다는 사실, 즉 폐수 등의 배출, 도달, 피해의 발생을 원고가 증명하면 인과관계가 일응 증명된 것으로 취급하고, 이 경우 원인물질이 무해하다는 사실, 즉 원인물질의 무해성 등[821]을 피고가 증명하지 않는 한 책임을 면하지 못한다고 하고 있다.

대법원 1984. 6. 12. 선고 81다558 판결[822][823]
수질오탁으로 인한 공해소송인 이 사건에서 (1) 피고공장에서 김의 생육에 악영향을 줄 수

---

820) 일반적으로 일응의 추정은 고도의 개연성이 있는 경험칙을 이용하여 간접사실로부터 주요사실을 추정하는 경우를 말한다.

821) 전혀 다른 원인에 의하여 피해가 발생하였다는 사실 등.

822) 대법원 1991. 7. 23. 선고 89다카1275 판결(대기오염), 대법원 2002. 10. 22. 선고 2000다65666, 65673 판결(발전소 온배수배출로 인한 양식장 피해), 대법원 2004. 11. 26. 선고 2003다2123 판결(수질오염), 대법원 2012. 1. 12. 선고 2009다84608, 84615, 84622, 84639 판결(매립지 침출처리수로 인한 어장 피해), 대법원 2019. 11. 28. 선고 2016다233538, 233545 판결(고속도로 매연, 제설제로 인한 과수원 피해), 대법원 2020. 6. 25. 선고 2019다292026, 292033, 292040 판결(지하수오염) 등도 같은 취지이다.

823) 판례는 의료사고의 경우도 같은 접근방식을 취하고 있다. 대법원 1995. 2. 10. 선고 93다52402 판결(환자가 치료 도중에 사망한 경우[,] 피해자측에서 일련의 의료행위 과정에 있어서 저질러진 일반인의 상식에 바탕을 둔 의료상의 과실 있는 행위를 입증하고 그 결과와 사이에 일련의 의료행위 외에 다른 원인이 개재될 수 없다는 점, 이를테면 환자에게 의료행위 이전에 그러한 결과의 원인이 될 만한 건강상의 결함이 없었다는 사정을 증명한 경우에 있어서는, 의료행위를 한 측이 그 결과가 [] 전혀 다른 원인으로 말미암은 것이라는 입증을 하지 아니하는 이상, 의료상 과실과 결과 사이의 인과관계를 추정[하는 것이 타당하다]) 등 참조. 다만, 대법원 2004. 10. 28. 선고 2002다45185 판결은 "의사의 과실로 인한 결과발생을 추정할 수 있을 정도의 개연성이 담보되지 않는 사정들을 가지고 막연하게 중한 결과에서 의사의 과실과 인과관계를 추정함으로써 결과적으로 의사에게 무과실의 입증책임을 지우는 것까지 허용되는 것은 아니"라고 하였다.

> 있는 폐수가 배출되고 (2) 그 폐수 중 일부가 유류를 통하여 이 사건 김양식장에 도달하였으며 (3) 그 후 김에 피해가 있었다는 사실이 각 모순 없이 증명된 이상 피고공장의 폐수배출과 양식 김에 병해가 발생함으로 말미암은 손해간의 인과관계가 일응 증명되었다고 할 것이므로, 피고가 (1) 피고 공장폐수 중에는 김의 생육에 악영향을 끼칠 수 있는 원인물질이 들어 있지 않으며 (2) 원인물질이 들어 있다 하더라도 그 해수혼합률이 안전농도 범위내에 속한다는 사실을 반증을 들어 인과관계를 부정하지 못하는 한 그 불이익은 피고에게 돌려야 마땅할 것이다.

일반적으로 원인물질의 유해성 역시 인과관계라는 주요사실을 뒷받침하는 간접사실로서 통상 피해자인 원고가 증명책임을 부담하지만, 판례는 공해사건의 특수성을 감안하여 원인물질의 유해성에 관하여 가해자인 피고에게 증명책임을 부과하고 있는 것이다.

통설은 이러한 판례들에서 법원이 일응의 추정이론을 받아들인 것으로 보고 있다.[824] 주의할 점은 첫째, 일응의 추정이론은 주요사실에 관하여는 증명책임의 전환을 인정하지 않는다는 점,[825] 둘째, 일응의 추정이론이 적용되는 주영역은 증명의 대상이 되는 주요사실이 과실, 인과관계 등 불확정개념인 경우라는 점, 셋째 일응의 추정이론은 법률에 과실, 인과관계 등 불확정개념이 요건으로 규정된 경우 과실, 인과관계 그 자체가 주요사실이 된다고 보는 전통적인 견해에 입각해 있다는 점이다. 위 세 가지 점은 상호 밀접하게 관련되어 있다.

일응의 추정이론의 특징은 위와 같은 판례들을 증명책임에 관련된 전통적인 통설의 입장들, 즉 증명책임의 분배기준에 관한 법률요건분류설이나 불확정개념이 법률요건인 경우 불확정개념 그 자체를 주요사실로 보는 견해를 그대로 유지하면서 설명하고자 한다는 점이다.

일응의 추정이론의 이러한 특징은 전통적인 견해에 대한 반론에 입각하여 보면 이해하기 쉽다. 불확정개념이 법률요건인 경우 불확정개념들은 사실이 아니라 법적평가에 불과하므로 주요사실이 될 수 없고, 불확정개념의 판단근거가 되는 구체적 사실, 즉 전통적인 견해에 따르면 간접사실들이 주요사실이 된다는 견해가 있는바, 이 견해에 입각하여 위 판례들을 고찰하면 판례는 주요사실

---

824) 위 판례들이 일응의 추정이론을 받아들인 것이 아니라 단지 가해행위에 관한 증명도를 완화한 것에 불과하다는 견해도 있다.

825) 증명책임의 소재는 주요사실에 관한 것이므로 증명책임의 전환은 주요사실의 증명책임이 전환될 때 발생한다.

에 해당하는 원인물질의 유해성에 관하여 피고에게 증명책임을 부담시키고 있으므로 결국 증명책임의 전환을 인정한 것이 된다.

주의할 점은 전통적인 견해나 반대견해나 위 판례가 타당한 것으로 인정한다는 점에서는 같지만, 판례가 인과관계의 증명책임을 전환하고 있는지 여부에 대하여 입장을 달리하고 있다는 점이다.

일응의 추정이론에 의할 경우, A가 판례가 정하는 간접사실을 증명하여 일응의 추정이 성립되면, 반대당사자 B는 ① A가 증명한 간접사실에 대한 반증을 제출하거나, ② 일응의 추정에 의하여 추정된 주요사실에 대한 반증을 제출하거나, ③ A가 증명한 간접사실과 주요사실 사이의 일응의 추정과정을 단절시킬 수 있는 별개의 간접사실, 즉 특단의 사정을 증명하는 방법으로 대응하여야 한다.

①의 경우는 사실상 추정, 법률상 추정에서도 마찬가지의 대응방법이 가능하므로 특별한 점이 없다. ②의 대응방법은 일응의 추정이 적용되는 영역은 주요사실이 과실, 인과관계 등 불확정개념인 경우이므로 사실상 불가능하여 별 문제되지 않는다. ③의 대응방법을 간접반증이라고 하고, 일응의 추정이론에서 가장 주요하게 취급된다.

간접반증의 성격에 관하여 흔히 '주요사실에 대하여는 반증, 간접사실에 대하여는 본증'이라는 표현이 자주 쓰인다. 이는 전통적 견해에 입각한 표현인바, 우선 '주요사실에 대하여는 반증'이라는 표현은 증명책임의 소재와 관련된 것이다. 즉, 증명책임은 주요사실의 증명책임의 소재가 어느 당사자에 있는가의 문제이므로 주요사실에 대하여 반증이라는 표현은 주요사실 차원에서 증명책임의 전환이 없다는 의미에서 쓰인 것이다.

'간접사실에 대하여는 본증'이라는 표현은 간접사실의 존부에 관하여 누구에게 법관을 확신시킬 책임을 부담하는지와 관련된 것이다. 증명책임을 지는 자가 법관에게 어떤 사실이 존재한다는 확신을 가지게 하여야 하고 이를 본증이라고 함에 반하여, 반대당사자는 그 확신을 흔드는 증명활동만 하면 되고 이를 반증이라고 한다. 통상의 경우는 간접사실에 관하여도 주요사실의 증명책임을 부담하는 자가 본증의 부담을 지지만, 일응의 추정의 경우는 별개의 간접사실, 즉 특단의 사정에 관하여는 반대당사자가 본증의 부담을 진다.

4. 부동산등기의 추정력[826)]

1) 등기의 추정력의 의의

실무에서 부동산등기의 추정력은 자주 문제되므로 별도의 항목으로 이를 간략히 설명한다.

부동산 등기부의 기재에 추정력이 인정된다는 점에 대하여는 다툼이 없으나 그 성격에 관하여 법률상 추정설과 사실상 추정설이 대립하는데, 전자가 다수설이고, 판례도 법률상 추정설을 취하고 있다고 보는 것이 일반적이라는 점은 앞서 본 바 있다.[827)][828)]

법률상 추정설을 취하는 다수설·판례는 부동산등기에 의한 추정을 법률상의 권리추정으로 보고, 등기의 기재로부터 권리 또는 법률관계가 추정되고, 나아가 그 권리 또는 법률관계를 뒷받침할 수 있는 사실관계도 추정된다고 한다.

2) 등기의 종류

부동산에 관한 등기에는 등기에 관한 일반법인 부동산등기법에 기한 등기와 등기에 관한 여러 특별조치법[829)]에 기한 등기가 있다. 전자를 일반등기라고, 후자를 특별조치법에 의한 등기(이하 '특조법에 의한 등기'라고 한다)라고도 한다. 일반등기 중 이전등기 등은 공동신청에 의하여 경료되고, 보존등기는 단독신청에 의하여 경료된다. 특조법에 의한 등기에는 보존등기도 있고 이전등기도 있는바, 어느 쪽이든 권리자가 보증서, 확인서 등의 서류를 첨부하여 단독으로 신

826) 이 항목의 내용은 주로 이홍훈, "등기의 추정력", 재판자료 제43집, 법원도서관(1988)을 간략하게 정리한 것이다.

827) 대법원 1992. 10. 27. 선고 92다30047 판결(지분이전등기가 경료된 경우 그 등기는 적법하게 된 것으로서 진실한 권리상태를 공시하는 것이라고 추정되므로, 그 등기가 위법하게 된 것이라고 주장하는 상대방에게 그 추정력을 번복할 만한 반대사실을 입증할 책임이 있다).

828) 대법원 2002. 9. 24. 선고 2002다26252 판결(확정판결에 기하여 소유권이전등기가 마쳐진 경우, 기판력이 미치지 아니하는 타인이 등기의 추정력을 번복하기 위해서는 일반적으로 등기의 추정력을 번복함에 있어서 요구되는 입증의 정도를 넘는 명백한 증거나 자료를 제출하여야 하고, 법원도 그러한 정도의 입증이 없는 한 확정판결에 기한 등기가 원인무효라고 단정하여서는 아니 될 것이다).

829) 분배농지소유권이전등기에 관한 특별조치법, 일반농지의 소유권이전등기 등에 관한 특별조치법, 임야소유권이전등기에 관한 특별조치법, 부동산소유권이전등기 등에 관한 특별조치법, 수복지구내 소유자미복구토지의 복구등록과 보존등기 등에 관한 특별조치법 등이 있다.

청한다.

일반등기와 특조법의 등기는 추정력에 차이가 있고, 각종 특별조치법은 토지소유권을 둘러싼 법률관계를 조속히 안정시키기 위한 정책적 목적을 갖고 있으므로[830] 그 등기에 일반등기보다 강한 추정력이 인정된다. 일반등기 중 이전등기 등과 보존등기 사이에도 추정력에 차이가 있다.

3) 추정력이 미치는 범위

가) 권리의 추정

부동산에 관한 등기가 있는 경우 등기된 물권에 추정력이 부여된다. 소유권이전등기의 경우 소유권의 취득이 추정되고, 말소등기의 경우 말소된 권리의 소멸 내지 부존재가 추정된다. 소유권보존등기의 경우 소유권이 진실하게 보존되어 있음이 추정된다. 등기부가 폐쇄된 경우도 마찬가지이다. 물권의 취득 변동에 관한 등기가 아닌 가등기[831]나 예고등기에는 이러한 추정력이 인정되지 아니한다.

나) 등기원인의 추정

학설의 경우는 부정설과 긍정설이 대립하고 있지만 판례는 등기가 있는 경우 등기원인도 추정된다고 본다.[832]

다) 절차의 적법추정

등기가 있는 경우 부동산등기법 등에 따른 적법한 절차에 의하여 등기가 경료되었다는 점이 추정된다.[833] 여기서 적법한 절차라고 함은 부동산등기법에 의하여 요구되는 서류의 제출 등은 물론 다른 법에 기하여 물권을 취득하기 위한 절차까지 포함된다. 경락허가결정에 의한 소유권이전등기가 경료되어 있는 경우 법원의 적법한 경매절차가 있었음이 추정되고, 농지에 관한 소유권이전등

830) 우리나라의 등기제도는 1935년부터 시작되었으나 등기에 대한 인식결여, 소유권 관련 증거의 부재, 6·25 사변으로 인한 등기부 등의 멸실 등으로 인하여 미등기 부동산이 많고 등기된 부동산의 경우도 실상을 제대로 반영하지 못하는 경우가 많았다. 특조법은 이러한 배경 하에서 등기를 촉진함으로써 부동산거래의 안정성을 높이고자 만들어졌다.

831) 대법원은 의용 민법과 의용 부동산등기법에 기한 가등기는 물론 현행 민법과 부동산등기법에 기한 가등기의 추정력을 부정한다. 대법원 2018. 11. 29. 선고 2018다200730 판결 참조.

832) 대법원 1977. 6. 7. 선고 76다3010 판결.

833) 대법원 1957. 10. 21. 선고 4290민상251, 252 판결, 대법원 2009. 9. 24. 선고 2009다37831 판결.

기가 경료되어 있는 경우 농지매매증명 등이 구비되었다고 추정된다.

라) 인적범위

제3자가 타인 간의 거래에 관한 등기의 무효를 주장하는 경우는 물론 물권변동의 당사자가 등기의 무효를 주장하는 경우에도 등기의 추정력이 인정된다.

4) 추정력의 복멸방법

가) 일반등기

일반등기의 경우 소유권이전등기와 소유권보존등기는 각 그 복멸방법에 차이가 있다.

먼저 소유권이전등기의 추정력이 복멸되는 경우를 보면 다음과 같다. 소유권이전등기의 추정력을 복멸하는 방법은 등기의 실체적 무효(등기원인의 무효, 부존재 또는 소멸) 또는 절차적 무효를 증명[834]하는 것이다.[835]

실체적 무효와 관련하여 판례는 명의자가 등기원인의 태양이나 과정을 다소 다르게 주장한다고 하더라도 등기의 추정력은 번복되지 않는다고 보았다.[836]

등기가 절차적으로 무효인 대표적인 사유는 등기관계서류가 위조된 경우이다. 그 이외에도 소유권이전등기는 공동신청에 의하므로 전 소유자의 사망 이후에 이루어진 등기라는 점이 밝혀진 경우에는 추정력이 인정되지 않는다.[837] 그러나 전 소유자가 사망 전에 등기원인행위를 했다는 점이 인정되는 경우에는 다르다.[838] 전 소유자가 허무인인 것이 밝혀진 경우도 등기의 추정력은 복

834) 엄밀하게는 "등기절차가 적법하게 진행되지 아니한 것으로 볼 만한 의심스러운 사정이 있음을 [증명]"하는 것이다. 대법원 2003. 2. 28. 선고 2002다46256 판결.

835) 최진수(7판), 241면.

836) 예컨대, 등기원인으로 기재된 매매가 실제 있었던 것은 아니지만 등기경료 당시 증여 등의 다른 원인행위가 있었고 등기절차를 밟으면서 형식적으로 매매가 있었던 것으로 처리한 경우 등에 추정력이 번복되지 않는다는 취지이다. 대법원 1993. 5. 11. 선고 92다46059 판결, 대법원 2000. 3. 10. 선고 99다65462 판결, 대법원 2005. 9. 29. 선고 2003다40651 판결 등 참조.

다만, 위 법리는 등기원인의 태양이나 과정을 다소 다르게 주장하는 경우에만 적용될 뿐, 이를 무한정 확대하여 추상적으로만 주장하는 경우에는 적용되지 않는다. 예컨대 등기원인인 토지수용은 없었지만 다른 원인으로 소유권을 취득하였거나 양도받았을 수도 있다고만 주장하는 경우에는 추정력이 번복된다(대법원 2001. 8. 21. 선고 2001다23195 판결).

837) 대법원 2018. 11. 29. 선고 2018다200730 판결: 사망자 명의로 신청하여 이루어진 이전등기는 일단 원인무효의 등기라고 볼 것이어서 등기의 추정력을 인정할 여지가 없으므로, 그 등기의 유효를 주장하는 자가 현재의 실체관계와 부합함을 증명할 책임이 있다.

838) 대법원 1997. 11. 28. 선고 95다51991 판결: 사망자 명의의 등기신청에 의하여 경료된 등기

멸된다.[839]

소유권보존등기의 추정력은, 토지의 사정명의자와 보존등기명의자가 다르다는 점이 밝혀지거나,[840] 건물의 원시취득자와 보존등기명의자가 다르다는 점이 밝혀지는[841] 등의 경우에 복멸된다.

동일한 부동산에 관하여 소유권보존등기가 두 번 이상 경료되어 있는 중복보존등기의 추정력은 경우에 따라 다르다. 우선 동일인 명의로 중복보존등기가 경료되어 있는 경우에는 언제나, 즉 실체관계에 부합된다고 하여도, 시간적으로 뒤에 경료된 보존등기가 무효가 된다.[842] 보존등기명의인이 서로 다른 경우에는 시간적으로 앞선 보존등기에 추정력의 우위가 인정된다. 즉, 후순위 보존등기명의인이 선순위 보존등기의 추정력을 복멸시킬 책임을 지게 되는바, 이 점은 후순위 보존등기명의인이 자신의 등기가 실체관계에 부합한다는 점을 증명하여도 마찬가지이다.[843]

나) 특조법에 의한 등기

특조법에 의한 등기는 일반등기보다 강력한 추정력이 인정된다. 우선 사정명의인이 따로 있는 소유권보존등기에도 추정력이 인정된다.[844] 또한 사망자로부터의 이전등기에도 추정력이 인정된다.[845]

특조법에 의한 이러한 강력한 등기의 추정력을 복멸시키기 위한 대표적인 방법은 특조법에 기한 등기를 경료할 때 첨부했던 보증서나 확인서가 허위 내지 위조되었다는 점을 증명하는 것이다. 그 밖에 무자격 보증인이 관여하였거나[846]

는 원인무효의 등기로서 등기의 추정력을 인정할 여지가 없다고 하겠으나, 등기원인이 이미 존재하고 있으나 아직 등기신청을 하지 않고 있는 동안에 등기권리자 또는 등기의무자에 관하여 상속이 개시된 경우 피상속인이 살아 있다면 그가 신청하였을 등기를 상속인이 부동산등기법 제47조의 규정에 따라 신청하는 때에는 그 등기를 무효라고 할 수 없으므로, 사망한 등기의무자로부터 경료된 등기라고 하더라도 등기의무자의 사망 전에 그 등기원인이 이미 존재하는 등의 사정이 있는 경우에는, 그 등기는 위와 같은 절차에 따라 적법하게 경료된 것으로 추정되어 그 등기의 추정력을 부정할 수 없다.

839) 대법원 1985. 11. 12. 선고 84다카2494 판결.

840) 대법원 1995. 4. 28. 선고 94다23524 판결.

841) 대법원 1966. 3. 22. 선고 66다64, 65 판결.

842) 대법원 1981. 8. 25. 선고 80다3259 판결.

843) 대법원 1979. 12. 26. 선고 79다1555 판결.

844) 대법원 1987. 10. 13. 선고 86다카2928 전원합의체 판결.

845) 대법원 1982. 4. 27. 선고 81다카1036 판결.

846) 대법원 2010. 11. 11. 선고 2010다45944 판결(특조법에 의한 등기를 신청한 종중의 대표자

신청할 자격이 없는 자가 특조법에 의한 등기를 신청하였다는[847] 등의 절차상의 위법을 증명하는 방법도 있다. 또한 특조법에 의한 이전등기도 전 등기명의인으로부터 소유권을 승계취득한 것을 원인으로 한 것이므로 전 등기명의인이 무권리자이기 때문에 그로부터의 이전등기가 원인무효로서 말소되어야 할 경우라면 등기의 추정력이 번복된다.[848] 나아가, 일반등기인 소유권보존등기가, 사정명의인이 따로 있는 것이 밝혀져 원인무효로 말소되어야 할 경우, 위 보존등기를 기초로 마친 소유권이전등기는 비록 특조법에 의한 것이라도 원인무효로서 말소되어야 할 것이므로 추정력이 번복된다.[849]

가 보증인이 된 경우).

847) 대법원 2010. 11. 11. 선고 2010다45944 판결.

848) 대법원 1990. 11. 9. 선고 90다카16723 판결, 대법원 2018. 1. 25. 선고 2017다260117 판결(특조법에 의한 이전등기가 터잡고 있는 일반의 보존등기가 사정명의인이 따로 있었음이 밝혀져 원인무효인 사안).

849) 대법원 1992. 9. 22. 선고 91다42852 판결, 대법원 2018. 1. 25. 선고 2017다260117 판결.

제3절 판 결

제1관 판 결

제47강 판결의 의의, 종류, 절차

1. 소송종료사유의 개관

소송절차는 소에 의하여 개시된다. 소는 법원에 대하여 판결을 하여 달라는 신청이므로 소에 의하여 개시된 소송절차는 원칙적으로 판결에 의하여 종료된다. 엄밀하게는 판결의 확정이 소송종료원인이다. 하지만 판결만이 소송종료사유인 것은 아니다. 소송절차는 당사자의 행위에 의하여 종료되는 경우도 있다. 소의 취하, 청구의 포기·인낙, 화해가 성립되는 경우 소송절차는 종료된다. 또한 당사자대립구조가 소멸하는 경우 소송절차는 당연히 종료된다. 따라서 소송절차는 법원의 행위인 판결, 당사자의 행위인 소의 취하 등 및 당사자 대립구조의 소멸에 의하여 종료된다고 할 수 있다.

제1관은 판결을 다루고 제2관은 당사자의 행위에 의한 소송종료를 다룬다. 제1관에서는 세부적으로 판결의 의의, 종류, 절차, 효력, 하자 등을 다루는데, 그중에서 판결의 효력에 포함되어 있는 기판력의 중요성은 이론·실무를 불문하고 압도적이다.

2. 판결의 의의(판결과 재판)

판결은 재판의 일종이다. 재판은 널리 법원의 판단 또는 의사표시로서 소송법상 일정한 효과가 발생하는 법원의 소송행위를 말한다. 재판에는 판결 이외에 결정과 명령이 포함된다. 판결, 결정, 명령은 재판의 주체와 성립절차에 따른 구분인데, 심리방식, 고지방식, 불복방법, 기속력 유무, 집행력 발생시기 등에서 차이가 있다. 아래 표는 그러한 차이를 정리한 것이다.

	판 결	결 정	명 령
주 체	법원(재판부)	법원(재판부)	재판장·수명법관·수탁판사
심리방식	필요적 변론	• 임의적 변론 • 변론을 거치는 경우에도 결정과 명령의 형식으로 재판	
성립 및 효력 발생	판결문에 의한 선고로 성립 및 효력 발생	• 재판서 작성 없이 기일에서 조서의 기재로 대용 가능(154조 5호) • 재판서를 작성한 경우 재판서 원본이 사무관 등에게 교부되었을 때 성립(전자문서로 작성된 경우에는 법관의 사법전자서명이 완료된 때[850]) • 적절한 방법으로 고지하는 것으로 족하고 고지시에 효력발생	
재판서의 요건	• 판결의 이유 기재가 필요함(208조 2항) • 서명날인(208조 1항)	• 재판서를 작성한 경우에도 이유 기재 생략 가능(224조 1항 단서) • 기명날인(224조 1항 단서)	
고지방식	송달	송달을 요하지 아니하고 적절한 방식으로 고지	
불 복	항소, 상고	항고/이의신청	
대 상	중요사항(소송의 종국적·중간적 판단사항)	소송절차의 부수적·파생적 사항, 집행·보전사건, 비송사건 등	
기속력	기속력 있음	• 재도의 고안 가능(446조) • 소송지휘에 관한 결정·명령은 언제든지 취소 가능(222조)	
집행력 (내용적 효력)	• 확정되어야 발생 • 가집행선고의 경우는 예외	• 고지 즉시 집행력 발생(221조 1항) • 예외적으로 확정되어야 집행력이 발생하는 경우도 있음	

850) 대법원 2025. 7. 24.자 2021마6542 전원합의체 결정.

3. 판결의 종류

1) 소송판결과 본안판결

앞서 본 바와 같이 1심의 경우 소의 적법요건, 즉 소송요건이 갖추어지지 않은 경우 법원이 원고의 소를 각하하는 판결을 하는데, 이를 소송판결이라고 한다. 소송요건이 갖추어진 경우 법원은 원고의 청구의 당부를 판단하는 본안판결을 하는데,[851] 본안판결에는 청구인용판결과 청구기각판결이 있다. 상소심 절차에서 상소의 적법요건이 갖추어지지 않은 경우 상소심 법원은 상소를 각하하는 판결, 즉 상소각하판결을 하는바, 이 역시 소송판결에 해당한다. 상소심에서 본안은 원심판결의 당부이다. 소송판결은 변론을 거치지 않고도 할 수 있는 경우가 있다(219조, 413조, 425조). 소송종료선언도 넓은 의미에서 소송판결에 해당한다.

2) 종국판결과 중간판결

가) 종국판결

판결은 또한 종국판결과 중간판결로 나눌 수 있다. 종국판결은 계속된 사건, 즉 청구 내지 소송물의 전부 또는 일부를 그 심급으로서 완결하는 판결(198조)을 말하는바 앞서 본 소송판결과 본안판결은 모두 종국판결에 해당한다. 종국판결은 완결범위에 따라서 사건 전부를 완결하는 전부판결과 사건의 일부만을 완결하는 일부판결로 나뉜다.

일부판결은 재판부가 의식적으로 사건의 일부만을 완결할 의도로 하는 경우인바, 이 경우 완결되지 아니한 나머지 사건에 대하여 하는 판결을 잔부판결이라고 한다.

반면 재판부가 사건 전부를 완결할 의도로 판결하였지만 실제 일부에 대하여만 판결을 하는 경우도 있는바, 이를 판결누락(재판의 탈루라고 하기도 한다)이라고 하며, 이 때 완결되지 아니한 나머지 사건에 대하여 하는 판결을 추가판결이라고 한다(212조). 판결누락은 소송물에 대하여 판단하지 아니한 것으로서

851) 본안판결을 한다는 것은 소가 적법하다는 판단을 전제로 하는 것이다. 소가 적법하다는 판단은, 본안전 항변이 제출된 경우 등에, 판결 이유에 기재되기는 하지만, 주문에는 표시되지 않는다.

소송물이 아니라 이를 뒷받침하는 공격방어방법에 대한 판단을 하지 아니한 것을 의미하는 판단누락(판단유탈이라고 하기도 한다)과 대비된다. 원칙적으로 판결누락에 대한 구제수단은 추가판결이고, 판단누락에 대한 구제수단은 상소이다. 하지만 일부판결이 불가능한 경우의 판결누락은 상소에 의하여 구제되어야 한다는 것이 판례의 입장이다.

판결누락은 판결 주문의 기재를 기준으로 판단한다. 어떤 청구에 대한 판단이, ① 판결의 주문에도 이유에도 없다면 당연히 판결누락이고,[852] ② 주문에는 있지만 이유에는 없는 경우에는 판결누락이 아니고,[853] ③ 주문에는 없지만 이유에는 있는 경우에는 판결누락이 된다는 것[854]이 판례의 입장이다. 주문이나 이유에 판단이 있는지 여부는 청구취지까지 참작하여야 한다.[855] ③의 경우에는 착오로 보아 추가판결이 아니라 판결경정으로 시정하면 된다는 견해도 있다.[856]

다만, 판례는 주문의 기재를 기준으로 판결누락 여부를 판단하면서도 일부의 청구에 대하여 판단을 누락한 것이 아니라 착오로 표현을 잘못한 것이라고 볼 수 있는 경우에는 판결경정의 대상이 된다고 보고,[857] 나아가 일부판결이

---

852) 대법원 1996. 2. 9. 선고 94다50274 판결(1심에서 원금 및 지연손해금 청구에 대하여 원고 청구를 일부 인용한 판결이 선고된 후 항소심 진행 중 지연손해금청구의 확장이 있었는데, 항소심판결에서 확장된 지연손해금청구에 대하여 주문은 물론 이유에서도 아무런 판단도 없는 경우).

853) 대법원 2002. 5. 14. 선고 2001다73572 판결, 대법원 2003. 5. 30. 선고 2003다13604 판결.

854) 대법원 2004. 8. 30. 선고 2004다24083 판결, 대법원 2005. 5. 27. 선고 2004다43824 판결, 대법원 2007. 8. 23. 선고 2006다28256 판결, 대법원 2008. 11. 27. 선고 2007다69834, 69841 판결, 대법원 2009. 5. 28. 선고 2007다354 판결, 대법원 2013. 6. 14. 선고 2013다8830, 8847 판결.

855) 대법원 2003. 5. 30. 선고 2003다13604 판결: 청구를 기각하는 판결의 경우 주문에 청구 전부에 대한 판단이 기재되어 있는지 여부는 청구취지와 판결이유의 기재를 참작하여 판단하여야 할 것이다. 앞서 본 바와 같이 3필지의 토지에 대한 피고 명의의 각 소유권이전등기의 말소청구를 하는 이 사건에서, 제1심판결의 주문에 '원고의 청구를 기각한다.'는 기재가 있다고 하여도 청구취지에 3필지의 토지 중 1필지 토지에 관한 피고 명의의 소유권이전등기 말소청구의 기재가 누락되어 있고, 판결이유에도 나머지 2필지의 토지에 관한 설시만 있고 1필지의 토지에 관하여는 아무런 설시가 없다면, '원고의 청구를 기각한다.'는 주문을 청구 전부에 대한 판단이라고 볼 수는 없[다]. 따라서 [판결누락된] 말소청구는 제1심에 계속중이라고 보아야 할 것이므로 적법한 상고의 대상이 되지 아니하여 이 부분에 관한 상고는 부적법하여 각하를 면할 수 없다.

856) 이시윤(9판), 602면 각주 3 참조.

857) 대법원 1999. 10. 22. 선고 98다21953 판결(항소심에서 교환적으로 변경된 청구를 기각하면서 항소기각 주문을 낸 경우), 대법원 2000. 5. 12. 선고 98다49142 판결(항소심에서 피고인수

불가능한 경우, 예컨대 선택적 병합, 예비적 병합, 필수적 공동소송, 독립당사자참가 등이 있는데 일부판결이 내려진 경우 추가판결이 아니라 상소에 의하여 구제받아야 한다고 한다.

나) 중간판결

중간판결은 종국판결을 하기에 앞서 소송의 진행 중 당사자 간에 쟁점으로 된 사항에 대하여 미리 정리, 판단하여 종국판결을 용이하게 하고 이를 준비하는 판결을 말한다(201조). 실무에서 거의 활용되지 않고 있는바, 중간판결이 선고되면 그 사실 자체가 뉴스거리가 될 정도이다.

> 제201조(중간판결) ① 법원은 독립된 공격 또는 방어의 방법, 그 밖의 중간의 다툼에 대하여 필요한 때에는 중간판결(中間判決)을 할 수 있다.
> ② 청구의 원인과 액수에 대하여 다툼이 있는 경우에 그 원인에 대하여도 중간판결을 할 수 있다.

중간판결은 이후 종국판결이 내려질 것을 예정하고 있다. 재판부가 중간판결을 한 이후 종국판결을 할 때에는 중간판결의 내용을 전제로 판단하여야 하고, 중간판결을 변경하거나 반하는 내용의 판단을 할 수 없다.[858] 중간판결에 기판력과 집행력 등은 없지만 기속력이 있기 때문이다. 당사자도 중간판결을 위한 변론종결 이전에 제출할 수 있었던 공격방어방법을 제출할 수 없다. 하지만, 중간판결을 위한 변론종결 후의 사정변경이 있는 경우에는 다르다. 중간판결은 독립적인 상소의 대상이 아니므로 중간판결에 불복이 있는 경우 중간판결의 내용을 전제로 종국판결이 선고되면 종국판결에 대하여 상소하면서 중간판결의 내용을 다투어야 한다(392조 본문).

참가인이 소송에 인수참가하고 항소인인 피고가 소송에서 탈퇴하여 판결이유에서 원고의 피고인수참가인에 대한 청구에 관한 판단을 하여 이를 인용하면서도 주문에서 피고의 항소를 기각한다고 표시한 경우), 대법원 2011. 9. 8. 선고 2011다17090 판결(청구의 추가적 변경을 교환적 변경으로 착각하는 바람에 원심이 기존의 청구와 추가된 청구를 각하하면서 주문에서 '제1심판결을 취소하고 원심에서 확장된 부분을 포함하여 이 사건 소를 각하한다'고 하지 않고, '원심에서 교환적으로 변경된 이 사건 소를 각하한다'고 한 경우).

858) 대법원 2011. 9. 29. 선고 2010다65818 판결.

4. 1심판결 관련 절차

1심 절차 중 판결과 관련된 부분을 간략히 소개하면 다음과 같다.

1심 법원은 충분히 심리되었다고 판단하면 변론을 종결하고, 판결을 선고할 기일, 즉 선고기일을 지정한다. 법원은 선고기일 이전에 기록을 정밀하게 검토하여 판결의 내용을 확정하고 이에 따라 판결문을 작성한다. 담당재판부가 합의재판부인 경우에는 3인의 합의를 거쳐서 판결의 내용을 확정하여야 하는바, 의견이 갈리는 경우에는 다수결에 의한다.

판결문을 작성해야 하는 이유는 판결은 서면, 즉 판결문에 의하여 하도록 되어 있기 때문이다. 판결문의 체제가 전체적으로 볼 때 소장의 체제와 연결되어 있다는 점은 앞서 본 바와 같다. 소장의 청구부분은 청구취지와 청구원인으로 구성되는바, 소장의 청구취지에 대응하는 부분이 판결문의 주문이고, 소장의 청구원인에 대응하는 부분이 판결문의 이유이다. 판결문의 주문은 법원이 당해 사건에 대하여 내린 결론에 해당하고, 이유는 그 결론을 뒷받침하는 사유를 의미한다. 다만, 판결문에는 주문 밑에 청구취지를 기재하는바, 이는 원고가 어떤 청구를 하였고 그에 대하여 법원이 어떤 결론을 내렸는지 판결문만으로 알 수 있도록 하기 위한 것이다. 판결문에는 판사가 서명날인하여야 한다.

법원이 민사소송사건에서 내리게 되는 결론을 간략히 살펴보면 다음과 같다. 우선, 법원은 소송요건이 갖추어지지 않았다고 판단되는 경우에는 소송판결, 즉 원고의 소를 각하하는 소각하판결(간단히 각하판결이라고도 한다)을 한다. 소송요건이 갖추어졌다고 판단되는 경우에는 본안판결을 하는바, 본안판결에는 원고의 청구를 인용하는 청구인용판결(간단히 인용판결이라고도 한다)과 원고의 청구를 기각하는 청구기각판결(간단히 기각판결이라고도 한다)이 있다. 한 사건에서 소각하판결, 청구인용판결, 청구기각판결이 섞여서 선고되는 경우도 있다.

또한 법원은 판결할 때 위와 같이 소의 적법 여부나 청구의 당부뿐만 아니라 소송비용의 부담과 가집행선고에 관하여도 판단한다. 법원은 일반적으로 소송비용은 패소자의 부담으로 하고, 일반적인 이행의 소에서 청구가 인용되는 부분에 대하여는 가집행선고를 붙인다. 실무에서 일반적으로 소장의 청구취지에 이들에 관한 부분이 포함되지만, 원고가 청구하지 않더라도 법원은 직권으로 이들에 대하여 판단한다.

선고기일에서 재판장은 이미 작성된 판결원본의 주문을 낭독하는 방법으로 판결을 선고하고, 필요한 경우에는 이유를 간략히 설명할 수도 있다(206조). 판결은 선고에 의하여 성립하고, 그 기속력 등이 발생한다(205조). 기판력 등은 판결이 확정된 때에 발생한다.

판결이 선고된 이후 법원사무관 등은 재판부로부터 교부받은 판결원본을 이용하여 판결정본을 만들어 당사자에게 송달하여야 하는바, 당사자는 판결정본 송달일로부터 2주 이내에 항소를 제기할 수 있다. 판결이 선고되면 판결정본이 송달되기 전이라도 항소제기가 가능하다. 2주 이내에 항소가 제기되지 않으면 1심판결은 확정되고 이로써 소송절차는 완전히 종료되지만, 항소가 제기되면 항소심절차가 진행된다.

법원이 심리가 무르익었다고 판단하여 변론을 종결하였으나, 기록을 검토한 결과 심리가 불충분하여 결론을 내릴 수 없는 경우에는 변론을 재개하여 새로운 변론기일을 지정한다.

제48강 판결의 효력(1): 기판력 외의 효력

1. 개 요

판결의 효력으로는 기속력, 형식적 확정력, 기판력(실질적 확정력), 집행력, 형성력 등이 있다. 여기에서는 기판력 외의 효력을 살펴본다.

2. 기속력

1) 기속력의 의의 및 범위

법원은 일단 판결을 선고하고 나면 이후 판결이 잘못된 것으로 판명되더라도 스스로 판결을 철회하거나, 변경할 수 없다. 이와 같이 판결을 한 법원이 스스로가 자신이 한 판결에 구속되는 효력을 기속력(자박력 또는 불가철회성이라고도 한다)이라고 한다. 기속력은 선고와 동시에 발생한다(205조). 결정이나 명령에 대하여 항고가 제기된 경우 재도의 고안이 가능하고(446조), 특히 소송지휘에 관한 결정·명령의 경우에는 언제든지 취소·변경할 수 있는 것(222조)과 대비된다.

기속력은 판결을 한 법원이 아니라 같은 사건에 대한 일련의 절차 내에서 다른 법원에 대한 구속력을 의미하는 경우도 있다. 예컨대, 이송결정은 이송받은 법원을 구속하기 때문에 이송받은 법원이 이송을 받지 않거나 다른 법원으로 다시 이송하는 것은 원칙적으로 불가능하다(38조). 다른 예로는 대법원의 파기환송판결의 기속력(436조 2항), 사실심 법원의 사실판단의 대법원에 대한 기속력(432조) 등이 있다.

2) 판결의 경정

기속력 때문에 판결을 선고한 법원은 판결이 잘못되었다고 판단되는 경우에도 판결을 변경하거나 취소할 수 없지만, 판결의 내용을 실질적으로 변경하지 아니한 범위 내에서 이를 고치는 것, 즉 판결의 경정은 할 수 있다.

제211조(판결의 경정) ① 판결에 잘못된 계산이나 기재, 그 밖에 이와 비슷한 잘못이 있음이 분명한 때에 법원은 직권으로 또는 당사자의 신청에 따라 경정결정을 할 수 있다.

판결문의 당사자 이름에 오탈자가 있는 경우, 예컨대 원고의 이름이 '홍길동'인데 '홍기동'으로 기재된 경우 법원은 직권으로 또는 당사자의 신청에 기하여 이를 바로 잡는 결정, 즉 경정결정을 할 수 있다. 또한 지급을 명한 금액이 10,000,000원인데, 착오로 1,000,000원이라고 기재된 경우나 등기절차의 이행을 명한 판결에서 대상 부동산의 면적이나 지번이 잘못된 기재된 경우도 마찬가지이다. 별지 목록을 빠뜨린 경우 혹은 부실한 도면이 첨부된 경우 이를 보충하거나 교체하기 위한 경정도 가능하다. 경정은 오류가 당사자의 과실로 발생한 경우에도 가능하고,[859] 오류가 명백한지 여부를 판단할 때 법원은 판결 이후에 제출된 자료도 참작할 수 있다.[860]

위와 같은 경우 판결이 경정되지 아니하면 집행절차가 제대로 진행되지 아니한다. 판결의 경정의 제도적 취지는 오탈자 등으로 인하여 발생하는 판결의 집행에 대한 지장을 제거하기 위함이다. 여기서의 집행에는 등기절차의 이행을 명한 판결에 기한 등기절차경료 등 광의의 집행도 포함된다.[861] 따라서 판결의 경정이 가능한지 여부는 잘못된 기재가 집행에 미치는 영향을 고려하여야 한다.[862][863] 또한 판결의 내용을 실질적으로 변경하는 내용의 판결의 경정은 당

859) 대법원 1983. 4. 19.자 83그7 결정(판결의 오류는 그것이 법원의 과실로 인하여 생긴 경우뿐만 아니라 당사자의 청구에 잘못이 있어 생긴 경우도 포함[한]다). 대법원 1990. 5. 23.자 90그17 결정, 대법원 1994. 5. 23.자 94그10 결정, 대법원 2023. 8. 18.자 2022그779 결정 등.

860) 대법원 2000. 5. 24.자 98마1839 결정(감정인의 착오에 기한 토지면적 산정에 기하여 화해조서가 작성되었는데, 화해조서에 대한 준재심 사건에서 감정인이 착오를 인정하는 증언을 한 사안), 대법원 2020. 3. 16.자 2020그507 결정(토지분할을 간과하고 분할 전 토지에 대한 소유권이전등기를 명하는 판결이 선고된 후에 토지분할이 표시된 토지대장이 제출된 사안). 다만, 위 결정들은 '상대방에게 불이익이 없거나 다툴 수 있는 기회가 있었던 경우'여야 한다고 하였다.

861) 대법원 2012. 2. 10.자 2011마2177 결정. 대법원 2022. 12. 1.자 2022그18 결정(판결의 경정은 [] 강제집행이나 가족관계등록부의 정정 또는 등기의 기재 등 이른바 광의의 집행에 지장이 없도록 하자는 데 취지가 있다).

862) 대법원 1996. 5. 30.자 96카기54 결정: 상고심 판결의 당사자 표시 중 등기의무자 및 등기권리자의 주소가 실제 주소와 다르게 표시된 경우, 집행을 위하여는 채무명의인 원심판결에 대한 판결경정 신청을 원심법원에 청구하는 것은 몰라도 채무명의도 아닌 상고심 판결상의 주소 표시를 경정할 필요는 없을 뿐만 아니라, 판결에 표시된 등기의무자의 주소가 등기부상의 주소와 다르거나 등기권리자의 주소가 판결 전후에 변경되었음에도 이를 정정신청하지 아니하여 판결상의 주소와 실제 주소가 다르게 되었다 하더라도 주민등록표 등에 의하여 동일

연히 허용되지 않는다. 판결의 경정에 의하여 시정할 수 없는 집행의 장애가 있다면 결국 다시 소를 제기하는 수밖에 없다.[864]

판결의 경정은 법원이 직권으로 또는 당사자의 신청에 기하여 한다. 상소가 제기된 이후는 물론 판결확정 이후에도 할 수 있다. 판결의 경정은 대상판결을 한 법원이 하는 것이 원칙이나,[865] 기록이 상급심에 있는 경우는 상급심 법원이 판결경정을 한다. 다만, 하급심에서 이미 확정된 부분에 대하여는 상급심 법원이 판결경정을 할 수 없다는 것이 판례의 입장이다.[866]

판결의 경정은 결정의 형식으로 하는 것이 원칙이지만, 상급심 법원이 하

인임을 소명하면 등기가 가능하므로, 그 주소가 다르다 하여 경정을 하지 않으면 안 될 이유도 없다.

863) 대법원 2022. 3. 29.자 2021그713 결정(특별항고 기각)은 개인정보보호법의 제정을 계기로 등록의 의사표시를 명하는 판결서를 제외한 민사·행정·특허·도산사건의 판결서에 당사자의 성명·주소만 기재할 뿐 주민등록번호를 기재하지 않는 점, 주민등록번호는 민사집행규칙, 민사소송규칙, 재판사무시스템을 이용한 개인정보 관리사무 처리지침의 관련 규정에 의하여 집행절차에서 취급되는 점 등을 근거로 판결문에 피고의 주민등록번호를 추가하여 달라는 경정신청을 배척하였고, 이행권고결정에 관한 대법원 2022. 12. 1.자 2022그18 결정(특별항고 기각)도 같은 취지이다.

한편, 대법원 2017. 8. 21.자 2017그614 결정(특별항고 인용)은 이행권고결정(에 첨부된 소장)에 피고의 주민등록번호 뒷자리가 누락되었고, 주소가 주민등록초본상 주소와 일치하지 않아 강제집행을 할 수 없다는 이유로 원고가 경정신청을 한 사안에서 당사자의 동일성이 인정된다면 경정신청이 인용되어야 한다고 하였다.

홍승면, 연도별 4개년 민사판례해설(2019. 7. 1.자 공보~2023. 6. 15.자 공보), 2896면은 위 2022그18 결정을 평석하면서 주민등록번호의 오기에도 불구하고 원고가 실제 강제집행을 할 수 있었다는 점이 위 사건에서 대법원이 특별항고를 기각한 주된 이유이고, 만약 실제 강제집행에 지장이 있었다면 경정신청을 인용하였을 가능성이 있으므로, 위 결정이 주민등록번호에 관해서는 경정결정이 허용되지 않는다는 취지는 아니라고 보았다.

864) 대법원 1999. 4. 12.자 99마486 결정.

865) 대법원 2002. 4. 22.자 2002그26 결정(원고 청구를 전부 기각한 1심판결의 청구취지 중 토지의 표시를 정정하여 달라고 원고가 1심법원에 한 판결경정신청의 취지를, 위 1심판결을 취소하고 원고 청구를 전부 인용한 항소심판결의 주문 중 토지의 표시를 정정하여 달라는 신청으로 선해하여 사건을 항소심법원으로 이송한 사안).

866) 대법원 1970. 8. 31.자 70카25 결정, 대법원 1987. 9. 2.자 87카55 결정, 대법원 1992. 1. 29.자 91마748 결정(1심에서 확정된 부분에 대한 항소심법원의 경정결정을 파기한 사안), 대법원 2007. 5. 10.자 2007카기35 결정(항소심에서 조정이 성립된 부분에 관하여 대법원에 조정조서 경정신청을 한 사안에서 사건을 항소심법원으로 이송한 사례), 대법원 2008. 10. 21.자 2008카기172 결정(원고가 통상공동소송인 관계에 있는 피고들에 대하여 상고를 제기하였다가, 그 중 일부에 대한 상고를 취하하였고, 이후 상고취하로 확정된 부분에 관하여 대법원에 판결경정신청을 한 사안에서 사건을 항소심법원으로 이송한 사례)도 같은 취지이다.

급심 판결을 경정할 때 자신의 판결의 일부로 행하기도 하는바, 이는 위법이 아니다.[867]

직권 또는 당사자의 신청을 인용한 경정결정에 대하여는 즉시항고가 가능하다. 하지만 당사자의 경정신청을 기각한 결정에 대하여는 즉시항고가 불가능하고, 특별항고만이 가능하다.[868]

> 제211조(판결의 경정)
> ③ 경정결정에 대하여는 즉시항고를 할 수 있다. 다만, 판결에 대하여 적법한 항소가 있는 때에는 그러하지 아니하다

판결의 경정결정은 원래의 판결과 일체가 되어 판결선고시에 소급하여 효력이 발생한다. 따라서 경정결정이 있어도 상소기간은 영향을 받지 않는다. 즉, 원래의 판결선고시부터 상소가 가능하고, 원래의 판결정본 송달시로부터 2주가 경과하면 상소기간이 만료된다. 다만, 경정결정에 의하여 상소의 추후보완이 가능한 경우도 있다. 판례는 엄격한 입장을 취하여 경정결정에 의하여 자신이 보다 불리해졌다는 것만으로는 추후보완의 사유가 충족되지 않는다는 입장을 취하고 있으므로,[869] 특히 판결에 위산으로 인한 금액 착오 등이 있는 경우에는, 원고·피고를 불문하고, 상소로 다툴 기회를 박탈당하지 않도록 주의할 필요가 있다.

확정판결과 동일한 효력이 있는 화해, 조정, 청구의 포기·인낙 조서도 경정의 대상이 된다.[870] 결정과 명령에 대하여도 성질에 반하지 않는 한 판결에 관한 규정이 준용되므로 경정이 가능하다(224조).

3. 형식적 확정력

법원의 종국판결이 당사자의 통상적인 불복 수단으로 다툴 수 없게 된 상태를 판결의 형식적 확정이라고 하고, 이러한 취소불가능성을 형식적 확정력이

---

867) 대법원 1967. 10. 31. 선고 67다982 판결.

868) 대법원 1991. 3. 29.자 89그9 결정.

869) 대법원 1997. 1. 24. 선고 95므1413, 1420 판결.

870) 대법원 1984. 3. 27.자 84그15 결정(화해조서), 대법원 2011. 10. 13.자 2011그181 결정(조정조서), 대법원 1994. 5. 23.자 94그10 결정(인낙조서).

라고 한다. 판결이 형식적으로 확정되면, 기판력, 집행력, 형성력 등이 발생한다.

판결이 확정되는 가장 기본적인 사유는 상소의 제기 없이 상소기간이 만료하는 것이다. 상소가 제기된 이후 상소가 취하되거나(취하간주를 포함), 각하(상소각하판결 또는 상소장각하명령의 확정)되는 경우 판결이 확정되는바, 그 시기는 상소기간 만료시로 소급한다.[871] 상소가 제기된 이후 상소기각판결이 확정되면 판결이 확정되나, 대법원의 상고기각판결은 불복이 불가능하므로 일반적인 상고기각판결은 선고와 동시에, 상고이유서 부제출을 이유로 하거나 심리불속행을 이유로 하는 상고기각판결의 경우는 판결정본 송달시에 확정된다.

상소를 일체 하지 않기로 하는 불상소의 합의가 판결선고 이전에 이루어진 경우에는 판결선고와 동시에,[872] 판결선고 이후에 이루어진 경우에는 합의가 성립된 때에 판결이 확정된다. 불상소의 합의가 아니라, 비약상고의 합의(390조 1항 단서)가 이루어진 경우에는 상고만이 가능하다는 점을 제외하고는 일반적인 경우와 같은바, 예컨대 상고의 제기 없이 상고기간이 도과하면 판결이 확정된다.

상소권의 포기에 의하여도 판결은 확정되는바, 상소제기기간만료 전에 상소의 이익이 있는 자가 모두 상소권을 포기하면 그때에 판결이 확정된다.

상소불가분의 원칙에 의하여 상소심에 이심되었지만 상소심의 심판대상이 아닌 부분이 확정되는 시점에 관하여는 복잡한 논의가 있는바, 여기서는 단순병합의 경우 심판대상이 되지 아니한 부분은 항소심 단계에서부터 상소심판결 선고시에 분리확정된다는 것이 판례의 입장이라는 점만 지적하여 둔다.

4. 집행력

집행력은 좁은 의미로는 강제집행절차에 의하여 판결(의 이행명령)의 내용을 실현할 수 있는 효력을 의미한다. 이러한 의미의 집행력은 이행판결에만 인정된다. 하지만 판결의 내용은 강제집행절차 이외의 방법으로도 실현될 수도 있다. 즉, 이행판결이라도 등기절차의 이행을 명한 확정판결[873]의 경우 강제집행

871) 대법원 2017. 9. 21. 선고 2017다233931 판결(항소취하가 있으면 소송은 처음부터 항소심에 계속되지 아니한 것으로 보게 [되나,] 항소취하는 소의 취하나 항소권 포기와 달리 제1심 종국판결이 유효하게 존재하므로, 항소기간 경과 후에 항소취하가 있는 경우에는 항소기간 만료 시로 소급하여 제1심판결이 확정된다).

872) 대법원 2007. 11. 29. 선고 2007다52317, 52324 판결.

기관의 개입이 없어도 원고가 확정판결을 첨부하여 단독으로 등기신청을 함으로써 그 내용을 실현할 수 있다. 이와 같이 강제집행 이외의 방법에 의하여 판결에 내용에 적합한 상태를 실현할 수 있는 효력까지 포함한 판결의 내용을 실현할 수 있는 효력을 광의의 집행력이라고 하고, 이러한 효력은 확인판결, 형성판결에도 인정된다.

집행력은 확정판결 또는 가집행선고부 종국판결에 인정된다. 집행력의 범위는 기판력의 그것과 같다.[874]

5. 형성력

형성판결이 확정되면 판결의 내용대로 법률관계가 변경되는바, 이를 판결의 형성력이라고 한다. 형성력에 의한 법률관계 변동의 효과는 당사자뿐만 아니라 일반 제3자에게도 미친다.

6. 법률요건적 효과

판결의 선고·확정 등이 어떤 법규정이 정하는 요건이 되는 경우가 있다. 예컨대, 판결이 확정되면 소구채권에 대한 소멸시효가 다시 진행하고(민법 178조 2항), 소멸시효기간은 일률적으로 10년이 된다(민법 165조 1항). 또한 상소심에서 원심의 본안판결을 바꾸는 판결을 선고하면 원심이 한 가집행선고는 효력을 상실한다(215조 1항). 이러한 경우를 판결에 법률요건적 효과가 있는 경우라고 한다. 법률요건적 효과는 반사적 효력과 함께 판결의 실체법적 효과라고도 불린다.

7. 반사적 효력

판결을 받은 당사자와 실체법상 특수한 의존관계에 있는 제3자에게 판결의 효력이 이익 또는 불이익하게 영향을 미칠 수 있다고 주장하는 견해가 있는바,

---

873) 등기절차의 이행을 명하는 판결에는 가집행선고를 붙일 수 없다.
874) 일본에는 양자를 달리 보는 견해도 있다.

이 견해는 위와 같은 판결의 효력을 반사적 효력이라고 부른다.[875] 반사적 효력을 부정하는 견해도 있다. 판례도 부정한다. 기판력의 본질을 소송법적 차원에서 찾는 이상 반사적 효력은 인정하기 어려울 것이다.

반사적 효력을 긍정하는 견해는 다음과 같은 경우를 거론한다. 즉, ① 채권자가 주채무자를 상대로 제기한 주채무 이행청구에서 패소(청구기각)가 확정된 이후, 채권자가 보증인을 상대로 제기한 보증채무 이행청구에서 보증인은 위 패소판결을 원용하여 이행을 거절할 수 있고, ② 공유자는 다른 공유자가 공유물반환 또는 방해배제청구를 하여 제3자에 대하여 승소판결이 확정된 경우, 이 승소판결을 제3자에 대하여 원용할 수 있고, ③ 채무자 본인이 제3채무자를 상대로 제기한 소송에서 패소판결이 확정된 이후, 채권자가 대위소송을 제기하는 경우 제3채무자는 위 패소판결을 원용할 수 있다는 것이다.

반사적 효력을 긍정할지 여부에 관하여 판단을 내리기에 앞서 주의를 촉구하고 싶은 대목이 있다. 우선 반사적 효력을 긍정하는 입장에 서고자 할 때, 첫째, 반사적 효력을 긍정하는 견해들 사이에서도 그 인정범위에 차이가 있는 점, 둘째, 반사적 효력은 그 이익을 받고자 하는 자가 전소판결을 원용하여야 하므로 이 점에서 직권조사사항인 기판력과 차이가 있는 점, 셋째, 기판력은 판결의 내용이 청구인용이든 청구기각이든 불문하고 작용함에 반하여, 반사적 효력은 청구인용의 경우에만 발생하거나 혹은 반대의 경우에만 발생하는 경우도 있을 수 있다는 점(위 ①의 경우 반사적 효력이 인정된다는 견해는 반대로 채권자가 주채무자를 상대로 승소한 경우에는 반사적 효력이 인정될 수 없다는 입장을 취한다) 등에 유의하여야 한다.

반대로 반사적 효력을 부정하는 입장에 서고자 할 때에는, 반사적 효력을 긍정하는 견해들이 반사적 효력이 인정된다고 보는 경우의 일부를, 판례나 반사적 효력을 부정하는 견해들은 이를 기판력이 인정(확장)되는 경우로 파악하고 있다는 점을 주의하여야 한다(위 ③).

---

875) 반사적 효력을 법률요건적 효력에 포함시키는 견해도 있다.

제49강 판결의 효력(2): 기판력 일반론

1. 기판력의 의의

판결이 형식적으로 확정되면 판단의 대상이 된 청구, 즉 소송물에 대한 법원의 판단에 구속력이 발생하여, 이후 별개의 후속 소송절차에서 당사자는 기존의 판단에 반하는 주장을 할 수 없고(불가쟁),[876] 법원은 기존의 판단에 반하는 판단을 할 수 없는바(불가반),[877] 이러한 판결의 효력을 기판력 혹은 실질적 확정력이라고 한다. 기판력을 배제하기 위하여는 재심의 소를 제기하여 승소하는 수밖에 없다.

이러한 기판력을 인정하는 근거에 대하여는 법적안정성설, 절차보장설, 이원설 등이 주장되고 있다.

기판력이라는 판결의 효력의 성격에 관하여, 과거에는 기판력을 실체법적인 효력으로 파악하여 확정판결에 의하여 당사자 사이의 실체법적 권리관계가 확인 내지 변경된다는 실체법설, 추상적인 실체법적 권리관계가 확정판결에 의하여 비로소 구체적으로 형성된다는 구체적 법규설도 있었으나 현재는 기판력은 실체법과는 무관한 소송법적인 효력이라고 본다(소송법설). 자칫하면 실체법설적인 사고에 빠지기 쉬우므로 주의를 요한다.[878]

소송법설을 취하는 견해는 다시 재판의 통일을 위하여 후소법원은 전소법원의 판단과 모순되는 판단을 할 수 없다는 효력을 기판력으로 파악하는 모순

876) 이를 기판력의 소극적 작용이라고 한다.

877) 이를 기판력의 적극적 작용이라고 한다.

878) 대법원 2019. 10. 17. 선고 2014다46778 판결은 물건의 인도를 명한 판결이 확정된 이후 원고가 피고를 상대로 판결확정일 이후부터 인도시까지 불법행위에 기한 손해배상청구를 한 사안에서, "[] 인도판결이 확정되면 점유자는 [] 상대방에 대하여 소송에서 더 이상 물건에 대한 인도청구권의 존부를 다툴 수 없[다.] 그러나 [위 확정판결]의 효력이 실체적 법률관계에 영향을 미치는 것은 아니므로, 점유자가 그 [] 효력으로 [] 물건을 인도해야 할 실체적 의무가 생긴다거나 정당한 점유권원이 소멸하여 그때부터 그 물건에 대한 점유가 위법하게 되는 것은 아니다. 나아가 [] 그 판결의 효력은 [] 인도청구권의 존부에만 미치고, [] 불법점유를 원인으로 한 손해배상청구 소송에 미치지 않는다"라는 이유로 불법행위의 성립요건을 심리하지 않고 판결확정만을 이유로 손해배상청구를 인용한 원심을 파기환송하였다.

금지설, 분쟁해결의 일회성의 요청 때문에 후소법원에 대하여 다시 변론, 증거조사, 재판 등을 하는 것을 금지하는 구속력으로 파악하는 반복금지설이 대립하고 있다. 판례는 모순금지설을 취하고 있으나 다수설은 반복금지설을 취하고 있다.

모순금지설과 반복금지설의 차이는 일반적으로 다음과 같이 설명된다.[879] 첫째, 소송물이 동일한 경우 전소에서 승소한, 즉 청구인용판결을 선고받은 원고가 판결확정 이후 다시 같은 소를 제기하면 두 설 모두 소를 각하하지만 각기 다른 이유를 제시한다. 모순금지설은 후소법원은 전소와 모순 없이 같은 결론을 내려야 하므로 청구인용판결을 선고하여야 하지만, 이미 확정된 전소의 청구인용판결이 있으므로 다시 청구인용판결을 할 필요는 없다는 이유로, 즉 권리보호의 이익이 없다는 이유로 원고의 소를 각하하여야 한다는 입장을 취한다. 반면 반복금지설은 어떤 소송물에 기판력이 있는 판단이 있다는 것 자체가 소극적 소송요건이기 때문에 후소법원은 소를 각하하여야 한다는 입장을 취한다.

둘째, 소송물이 동일한 경우 전소에서 패소한, 즉 청구기각판결을 선고받은 원고가 판결확정 이후 같은 소를 제기하면 두 설은 다른 결론을 제시한다. 모순금지설은 후소법원은 전소법원과 모순 없이 같은 판단을 하여야 하므로 청구기각판결을 선고하여야 하고, 이 경우에는 원고가 승소한 경우와는 달리 권리보호의 이익 흠결은 문제될 것이 없다는 입장을 취한다. 반복금지설은 원고가 승소한 경우와 마찬가지로 이 경우에도 소송물에 대하여 기판력 있는 판단이 있으므로 소를 각하하여야 한다는 입장을 취한다.

셋째, 전소의 소송물이 후소의 선결문제인 경우 모순금지설은 선결문제에 대하여 후소법원은 전소법원의 판단에 반하는 판단을 할 수 없다고 하고, 반복금지설도 이 경우는 모순금지설과 같은 입장을 취한다.

반복금지설은, 소송물이 동일한 경우 모순금지설이 첫째의 경우는 소를 각하하고, 둘째의 경우는 청구를 기각함으로써 입장이 일관되지 않다고 비판하고, 모순금지설은 반복금지설로는 셋째의 경우를 잘 설명하기 어렵다고 비판한다. 이러한 상호비판을 감안하여 소송물이 동일한 경우에는 반복금지의 기능이, 그 이외의 경우에는 모순금지의 기능이 작용한다는 절충설도 있다.

일응 모순금지설을 지지한다. 모순금지설과 반복금지설의 차이는 분명하게

879) 모순금지설의 내용을 달리 파악하는 견해도 있다.

인식할 필요성이 있는바, 기판력의 작용국면에서 부연하여 설명하기로 하고, 여기에서는 기판력은 소송법적 효력이고, 그 범위가 한정되어 있다는 점과 모순금지설에 의하는 경우 기본적으로는 본안판단 단계에서 작용한다는 점을 강조하고 싶다.

즉, 기판력은 소송법적 효력이기 때문에 그 내용이 실체법적 권리관계와 다를 수 있는바, 판결이 확정되면 법원의 판단의 내용이 실체법적 권리관계의 실제 내용과 다르더라도 기판력, 즉 당사자에 대한 불가쟁의 효력과 후소법원에 대한 불가반의 효력은 의연히 인정된다.

하지만, 기판력은 객관적·시간적·주관적인 면에서 한계를 가지는 것으로 법상 인정되는 범위 내에서만 인정된다. 예컨대, 기판력은 원칙적으로 전소 당사자 사이에만 인정되는 것이므로 전소의 당사자가 아닌 자가 후소 당사자인 경우에는 기판력이 미치지 않고 따라서 위와 같은 경우 실제의 실체법적 권리관계를 주장할 수 있고, 후소법원도 전소법원의 판단에 반하는 판단을 할 수 있다.

반복금지설은 특히 소송물이 동일한 경우 기판력의 존재를 소극적 소송요건으로 파악하여 기판력이 소송요건을 판단하는 단계, 즉 본안전 단계에 직접 작용한다고 본다. 하지만, 모순금지설에 의하면, 기판력은 원칙적으로 본안 단계에 작용하는 것이므로 소송요건과 무관하고, 기판력이 미치는 경우 후소법원은 기판력이 미친다는 것을 이유로 전소법원과 같은 내용의 판단을 하여야 하고, 결론이 다른 경우는 물론 같은 경우도, 후소의 소송절차에서 당사자가 행한 변론(증명, 자백 등)을 토대로 판단하여서는 안 된다. 모순금지설이 소송물이 동일하고 전소에서 원고가 승소한 경우에 소를 각하하는 것은, 기판력의 부존재를 소송요건으로 보기 때문이 아니라, 일단 본안 단계에서 기판력의 작용으로 후소법원은 청구인용판결을 하여야 하지만, 더 나아가 그렇게 하는 경우 권리보호의 이익이라는 소송요건이 흠결되는 결과가 되기 때문이다.

2. 기판력의 작용국면

기판력은 전소의 소송물(청구)에 대한 전소법원의 판단에 발생하고, 이러한 기판력은 후소법원의 판단을 구속한다. 일반적으로 기판력이 작용하는 국면을 동일관계, 선결관계, 모순관계로 나누어서 설명하는바, 이는 기판력이 작용하는 국면을 전소의 소송물과 후소의 판단대상 중 기판력이 작용하는 부분의 관계에 따라 구분한 것이다. 이들은 기본적인 형태일 뿐이고, 기판력은 이들 기본적인 형태가 복합되는 경우에도 작용한다. 이하에서 이들 기본적인 작용국면을 살펴본다.

1) 동일관계

전소의 소송물과 후소의 소송물이 같은 경우 기판력이 작용한다. 전소에서 원고의 승패는 불문한다.

A가 B를 상대로 제기한 대여금청구소송과 B가 A를 상대로 제기한 대여금채무부존재확인청구소송은 동일관계이다. 두 소송의 구제형식은 다르지만 소송물은 대여금채권으로서 동일하다. 소송물은 더 정확하게 표현하면 소송물인 권리관계의 존부인바, 위 두 소송의 소송물은 모두 대여금채권의 존부로서 동일하다. 대여금청구소송에서 A의 승소판결이 확정된 이후 B가 대여금채무부존재확인소송을 제기하여도 모순관계가 아닌 동일관계이다.

A가 B를 상대로 소유권확인소송을 제기했다가 판결이 확정된 이후, 다시 A가 B를 상대로 소유권확인소송을 제기한 경우는 동일관계의 대표적인 예이다. 이 예에서 전소와 후소의 소송물은 모두 엄밀하게 표현하면 'A의' 소유권'의 존부'이고, 따라서 동일하다. 만약 후소가 B가 A를 상대로 제기한 소유권확인소송인 경우는 후소의 소송물은 'B의' 소유권'의 존부'이다. 따라서 전소가 A의 소유권확인소송이고, 후소가 B의 소유권확인소송이라면 전소의 소송물은 A의 소유권의 존부이고, 후소의 소송물은 B의 소유권의 존부이므로 서로 상이하다. 이 경우 뒤에서 보는 모순관계가 문제된다. 후소가 B가 A를 상대로 제기한 소유권부존재확인소송이라면 전소와 후소의 소송물은 모두 'A의' 소유권'의 존부'로서 동일하다.

동일관계라도, 판결원본이 멸실된 경우, 판결내용이 불특정하나 판결경정의 대상이 되지 않는 경우, 시효중단이 필요한 경우[880][881][882][883] 등은 예외적으로

---

880) 대법원 2018. 4. 24. 선고 2017다293858 판결은 "확정된 승소판결에는 기판력이 있으므로 당사자는 그 확정된 판결과 동일한 소송물에 기하여 신소를 제기할 수 없는 것이 원칙이나, 시효중단 등 특별한 사정이 있는 경우에는 예외적으로 신소가 허용된다고 할 것인바, 이러한

신소의 제기가 허용된다.[884)]

경우에 신소의 판결이 전소의 승소확정판결의 내용에 저촉되어서는 아니 되므로, 후소법원으로서는 그 확정된 권리를 주장할 수 있는 모든 요건이 구비되어 있는지 여부에 관하여 다시 심리할 수 없다[]"라는 법리를 전개한 다음, A의 B에 대한 양수금청구를 인용한 판결이 확정된 후 A로부터 채권을 전전양도받은 자가 소멸시효의 완성을 차단하기 위하여 피고를 상대로 다시 소를 제기한 경우, 후소법원은 A가 채권양도의 대항요건을 갖추었는지 여부에 관하여 심리할 수 없다고 판시하였다.

881) 이러한 경우 확정된 전소확정판결의 기판력은 전소 변론종결 시를 기준으로 작용하고, 전소판결확정 이후 10년(판결이 확정된 채권의 소멸시효기간)이 경과하였다는 이유만으로 시효중단을 위한 재소가 부적법한 것은 아니다. 소익 유무는 소멸시효기간 경과가 임박하였는지 여부에 의하여 판단된다.

대법원 2019. 1. 17. 선고 2018다24349 판결: 판결의 기판력은 후소의 변론종결 시를 기준으로 발생하므로, 전소의 변론종결 후에 발생한 변제, 상계, 면제 등과 같은 채권소멸사유는 후소의 심리대상이 된다. 따라서 채무자인 피고는 후소 절차에서 위와 같은 사유를 들어 항변할 수 있고 심리 결과 그 주장이 인정되면 법원은 원고의 청구를 기각하여야 한다. 이는 채권의 소멸사유 중 하나인 소멸시효 완성의 경우에도 마찬가지이다. [] 시효중단을 위한 후소를 심리하는 법원으로서는 전소 판결이 확정된 후 소멸시효가 중단된 적이 있어 그 중단사유가 종료한 때로부터 새로이 진행된 소멸시효기간의 경과가 임박하지 않아 시효중단을 위한 재소의 이익을 인정할 수 없다는 등의 특별한 사정이 없는 한, 후소가 전소 판결이 확정된 후 10년이 지나 제기되었다 하더라도 곧바로 소의 이익이 없다고 하여 소를 각하해서는 아니 되고, 채무자인 피고의 항변에 따라 원고의 채권이 소멸시효 완성으로 소멸하였는지에 관한 본안판단을 하여야 한다(대법원은 소를 각하한 1심판결을 유지한 원심판결은 위법하지만, 원고만이 상고하였으므로 불이익변경금지의 원칙에 따라 상고를 기각하였다).

882) 대법원은 2018년에 시효중단을 위한 재소를 허용하는 것이 타당한지 여부를 전원합의체를 열어 검토하였으나 이를 허용하여 온 기존의 법리를 유지하였다(대법원 2018. 7. 19. 선고 2018다22008 전원합의체 판결).

대법원은 나아가 시효중단을 위한 이행소송은 다양한 문제를 야기하므로 시효중단을 위한 후소로서 이행소송 외에 '재판상의 청구'가 있다는 점에 대하여만 확인을 구하는 형태의 '새로운 방식의 확인소송'이 허용된다고 하였다(대법원 2018. 10. 18. 선고 2015다232316 전원합의체 판결).

883) 대법원 2022. 4. 14. 선고 2020다268760 판결은 "채권자가 시효중단을 위한 신소를 제기하면서 확정판결에 따른 원금과 함께 원금에 대한 확정 지연손해금 및 이에 대한 지연손해금을 청구하는 경우, 확정 지연손해금에 대한 지연손해금채권은 [] 전소의 소송물인 원금채권이나 확정 지연손해금채권과는 별개의 소송물이므로, 채무자는 확정 지연손해금에 대하여도 이행청구를 받은 다음 날부터 지연손해금을 별도로 지급하여야 하되 그 이율은 신소에 적용되는 법률이 정한 이율을 적용하여야 한다"고 하였다.

884) 위와 같이 설명하는 것이 일반적이지만, 엄밀하게 볼 때 판결원본 멸실과 주문 불특정의 경우는 원칙적으로 동일관계라고 보기 어렵다.

대법원 2018. 10. 18. 선고 2015다232316 전원합의체 판결: 학설상 기판력의 예외로서 승소확정판결이 있음에도 다시 소를 제기할 수 있는 사례로 판결원본이 멸실되어 집행문을 부여받을 수 없게 된 경우, 판결 내용이 특정되지 아니하여 집행을 할 수 없는 경우 등이 소개되고 있으나, 이는 엄밀히 말하면 기판력의 예외라고 볼 수 없다. 판결원본이 존재하지 않는다

2) 선결관계

전소와 후소의 소송물이 동일하지 않아도 전소의 소송물(인 권리관계)이 후소의 선결문제(선결적 법률관계)인 경우 기판력이 작용한다. 이 경우 후소법원은 전소 확정판결의 기판력에 구속되어 선결적 법률관계에 대하여 전소법원과 모순된 판단을 할 수 없다. 이 경우를 선결관계라고 한다. 선결관계에 대한 기판력의 작용효과에 대하여는 모순금지설이나 반복금지설이나 차이를 보이지 않는다.

대표적인 경우가 전소에서 A가 B를 상대로 자기 소유 토지의 소유권확인 청구소송을 제기하였는데, 후소에서 A가 B를 상대로 소유권에 기한 토지인도 청구소송을 제기한 경우이다. 전소의 소송물은 해당 토지의 '소유권'이고, 후소의 소송물은 해당 토지에 대한 '인도청구권'으로서 양자는 상이하다. 하지만 후소의 소송물인 인도청구권은 전소의 소송물인 소유권에 기한 것이므로 위 두 소송은 기판력의 작용의 차원에서는 선결관계에 해당하게 된다.[885)][886)][887)][888)]

면 기판력이 미치는 범위를 사후적으로 확인할 방법이 없고, 전소 판결의 내용이 특정되지 아니한 경우에는 기판력의 범위 또한 특정할 수 없어, 이를 특정한 후소의 소송물이 전소의 그것과 같다고 볼 수 없기 때문이다(이기택 대법관의 보충의견 중에서).

885) 대법원 1994. 12. 27. 선고 94다4684 판결.

886) 선결관계에서 기판력은, 기판력의 시간적 범위, 청구권들의 실체법적 요건들의 연결관계, 청구권들의 존부 상호간의 논리적·시간적 상호관계에 영향을 받아 복잡미묘하게 작용하므로, 주의를 요한다.

887) 대법원 1976. 12. 14. 선고 76다1488 판결은 원고의 원금지급청구를 기각한 판결이 확정된 이후 원고가 다시 원금 및 지연손해금지급청구를 한 사안에서 "한편 확정판결의 기판력은 사실심의 최종변론종결당시의 권리관계를 확정하는 것이므로 [지연손해금지급청구] 중 위 확정판결의 사실심의 변론종결시 후의 부분은 그 선결문제로서 [원금]에 대한 피고의 지급의무의 존재를 주장하게 되어 논리상 위 확정판결의 기판력의 효과를 받게 되는 것이라고 할 것이나, 그 외의 부분(변론종결당시까지의 부분)의 청구는 위 확정판결의 기판력의 효과를 받을 리가 없[다]"고 판시한 바 있다.

위 판결의 판시의 적용범위를 검토하여, 대여금원금청구를 기각한 판결이 확정된 후, 지연손해금청구는 선결관계로 기판력이 작용하지만, 이자청구는 선결관계로 기판력이 미치지 않는다는 견해로는 석현수, 기판력작용의 요건, 한양법학 제26권 제3집, 한양법학회(2015. 8), 129면 이하, 134~136면 참조.

888) 배당이의소송의 판결이 확정된 후에 이와 내용상 배치되는 부당이득반환청구소송을 다시 제기하는 것은, 배당이의소송의 본안판결에서 판단된 배당수령권의 존부가 부당이득반환청구권의 성립 여부를 판단하는 데에 있어서 선결문제가 된다고 할 것이므로, 허용되지 않는다(대법원 2000. 1. 21. 선고 99다3501 판결). 배당이의의 소의 원고와 피고 사이의 전소에서 원고 채권의 존부에 대한 판결이 확정되었다면, 그 판결의 기판력은 원고 채권의 존부를 선결문제로 하는 배당이의의 소에 미친다(대법원 2012. 7. 12. 선고 2010다42259 판결).

선결관계와 구별하여야 될 것은 전소와 후소가 그 역의 관계에 있는 경우이다. 즉, 여기서 선결관계라고 일컫는 것은 전소의 소송물이 후소의 선결문제인 경우를 의미하는 것이지 그 반대의 경우, 즉 후소의 소송물이 전소의 선결문제인 경우를 의미하는 것은 아니다. 반대의 경우의 예로는 A가 B를 상대로 소유권에 기한 토지인도청구소송을 제기하여 판결이 확정된 이후 A가 B를 상대로 소유권확인소송을 제기한 경우를 들 수 있다. 전소 확정판결의 기판력은 전소의 선결문제에는 발생하지 않기 때문에 위 반대의 경우에는 기판력이 작용할 여지가 없다.

3) 모순관계

전소와 후소의 소송물이 동일하지 않더라도 후소의 소송물이 전소에서 확정된 법률관계와 모순되는 정반대의 사항인 경우에는 기판력이 작용한다. 모순관계에서의 '모순'은 전소 소송물에 대하여 전소법원이 내린 결론과 후소의 청구취지를 대비시킴으로 판단된다. 모순관계가 성립하는지 여부를 판단할 때에는 특히 전소 소송물의 선결관계에 기판력이 발생하지 않는다는 점을 고려하여야 한다.

대표적인 예는 전소에서 A가 B를 상대로 소유권확인소송을 제기하여 승소가 확정된 이후, 후소에서 B가 A를 상대로 소유권확인소송을 제기한 경우이다. 전소의 소송물은 'A의' 소유권'의 존부'이고 후소의 소송물은 'B의' 소유권'의 존부'이므로 서로 다르다. 하지만, 후소법원이 B의 소유권을 인정하는 것은 소유권의 대세적 효력과 일물일권주의에 반한다. 전소 확정판결이 A를 소유권자로 인정하고 있기 때문이다.

반면, 전소에서 어떤 소송물, 즉 소송물인 권리관계의 존재가 인정되고, 후소에서 그 소송물의 부존재가 주장된다고 하여 모순관계가 인정되는 것은 아니다. 즉, 전소에서 A가 B를 상대로 소유권확인소송을 제기하여 A의 승소판결이 확정된 이후 B가 A를 상대로 소유권부존재확인소송을 제기하였다면 전소와 후소의 소송물은 모두 'A의' 소유권'의 존부'로서 동일하다. 즉, 이 경우는 동일관계에 해당한다. 정반대의 경우도 마찬가지이다.

A, B 사이의 확정판결로 A에게 소유권이전등기가 경료된 경우, B가 A를 상대로 위 소유권이전등기가 원인무효라고 주장하면서 말소를 청구하는 경우

모순관계가 성립한다고 보는 것이 일반적이다.[889][890]

B가 A를 상대로 한 소유권이전등기의 말소등기청구를 인용한 판결이 확정되어 말소등기가 실행된 이후 A가 B를 상대로 소유권이전등기를 청구하는 경우, 우선 말소된 소유권이전등기의 등기원인을 다시 등기원인으로 하여 소유권이전등기청구를 하는 경우에는 모순관계가 성립한다. 하지만 다른 등기원인을 근거로 소유권이전등기청구를 하는 경우에는 모순관계가 성립하는지 여부, 즉 기판력이 미치는지 여부에 관하여 학설이 대립하고 있고, 판례의 주류는 모순관계의 성립을 부정한다.

> 대법원 1995. 6. 13. 선고 93다43491 판결[891]
> 확정판결의 기판력은 소송물로 주장된 법률관계의 존부에 관한 판단 그 자체에만 미치는 것이고 전소와 후소가 그 소송물이 동일한 경우에 작용하는 것이므로, 부동산에 관한 소유권이전등기가 원인무효라는 이유로 그 등기의 말소를 명하는 판결이 확정되었다고 하더라도 그 확정판결의 기판력은 그 소송물이었던 말소등기청구권의 존부에만 미치는 것이므로, 그 소송에서 패소한 당사자도 전소에서 문제된 것과는 전혀 다른 청구원인에 기하여 상대방에 대하여 소유권이전등기청구를 할 수 있다.

모순관계가 인정되는 경우 모순금지설은 후소를 기각한다. 반복금지설은 후소를 각하한다는 견해와 기각한다는 견해로 나뉜다.[892]

4) 복합적인 경우

선결관계와 모순관계가 결합된 경우의 예로는 전소에서 A가 B를 상대로 소유권확인청구를 하였고, 후소에서 B가 A를 상대로 소유권에 기한 인도청구를 한 경우를 들 수 있다. 기판력은 후소의 항변단계에 작용하는 경우도 있는바, A가 B를 상대로 임차권확인청구를 하여 승소가 확정된 이후 B가 A를 상대로 소유권에 기한 인도청구를 하고 A가 임차권의 항변을 한 경우가 그 예이다.

---

889) 대법원 1969. 4. 22. 선고 69다195 판결.

890) 대법원 1995. 3. 24. 선고 93다52488 판결(이 사건의 경우 가등기에 기한 소유권이전등기절차의 이행을 명한 전소 판결의 기판력은 소송물인 소유권이전등기청구권의 존부에만 미치고 그 등기청구권의 원인이 되는 채권계약의 존부나 판결이유 중에 설시되었을 뿐인 가등기의 효력 유무에 관한 판단에는 미치지 아니한다고 할 것이고, 따라서 [] 가등기만의 말소를 청구하는 것은 [] 기판력에 저촉된다고 볼 수 없는 것이다).

891) 대법원 1997. 11. 14. 선고 97다32239 판결도 같은 취지이다.

892) 김용진, 기판력과 진정명의회복등기청구소송, 고시연구 31권 4호(통권 361호), 고시연구사(2004. 4), 154면 이하, 160~161면 참조.

3. 기판력이 있는 재판

기판력은 확정된 종국판결에 발생한다. 중간판결에는 기판력이 없다. 종국판결이 소송판결이면 문제가 된 소송요건의 존부(흠결)에 기판력이 발생한다. 결정·명령이라도 실체관계를 종국적으로 해결하는 것에는 기판력이 생긴다. 조서 등에 확정판결과 동일한 효력이 있다고 법률이 정하고 있는 경우에는 확정판결과 동일한 효력에 기판력까지 포함되는지 여부가 문제된다. 판례는 청구의 인낙·포기조서, 화해조서에 기판력을 인정한다. 외국법원의 확정판결은 민사소송법 217조의 요건을 구비하면 기판력이 인정된다.

4. 기판력의 취급

앞서 본 바와 같이 반복금지설은 특히 동일관계의 경우 후소의 소송물에 대한 기판력의 부존재를 소송요건으로 보지만, 모순금지설은 기판력이 본안에 작용하는 것으로서 소송요건과 무관하다고 본다. 한편 위와 같은 논의와 무관하게 기판력은 직권조사사항이라는 점에 이견이 없다.[893)]

후소에서 전소의 기판력에 반하는 판결이 선고된 경우 그 판결은 당연무효는 아니지만 위법하므로 상소 또는 재심(451조 1항 10호)의 대상이 된다.

893) 대법원 1992. 5. 22. 선고 92다3892 판결.

제 50 강 판결의 효력(3): 기판력의 시간적 범위

1. 기판력의 범위 개관

전소와 후소가 기판력이 작용하는 관계에 있는 경우에도 기판력은 일정한 범위 내에서 작용한다.[894] 즉, 기판력은 소송물에 대하여 법원이 행한 일정시점의 판단으로서, 일정한 사항에 대하여, 일정한 사람에게 미친다.

아래에서 기판력의 범위를 시간적 범위, 객관적 범위, 주관적 범위의 순서로 살펴본다. 각 범위에서 핵심적 기준은 시간적 범위의 경우 변론종결시, 객관적 범위의 경우 주문(에 포함된 것), 주관적 범위의 경우 당사자이다. 이번 강의에서는 시간적 범위를 본다.

2. 표준시

판결은 사실심 변론종결시까지 제출된 자료에 기초한 것이기 때문에 기판력의 기준시점, 즉 표준시는 사실심 변론종결시이다. 1심판결이 항소 없이 그대로 확정된 경우 표준시는 1심의 변론종결시이고, 항소심판결이 상고 없이 그대로 확정된 경우 표준시는 항소심의 변론종결시이고, 상고심에서 판결이 확정되는 경우 상고심은 변론을 열지 않기 때문에 표준시는 항소심 변론종결시이다. 무변론판결이 그대로 확정되는 경우 표준시는 선고시가 된다. 확정판결과 동일한 효력이 있는 조서에 기판력이 인정되는 경우 표준시는 조서가 작성된 때이다.

3. 표준시 이전의 사유: 차단효 내지 실권효

기판력은 표준시, 즉 변론종결 당시의 소송물(인 권리관계)에 발생하고, 나아가 당사자는 변론종결시까지 공격방어방법을 제출할 수 있다. 따라서 당사자는

894) 기판력의 범위가 기판력의 작용국면에 영향을 주기도 한다.

전소 판결이 확정되어 기판력이 발생하면 후소에서 표준시 이전의 사유를 공격방어방법으로 제출할 수 없고, 후소법원도 그러한 공격방법을 받아들여 전소의 소송물에 대하여 전소법원과 다른 판단을 할 수 없다. 이를 기판력의 차단효 내지 실권효라고 한다. 예컨대, 대여금청구소송에서 원고의 청구를 인용하는 판결이 확정된 이후, 피고가 변론종결 이후 변제하였다면 이를 근거로 청구이의의 소를 제기할 수 있지만, 변론종결 이전에 변제하였지만 변제항변을 전혀 하지 않았거나, 변제항변은 하였지만 증거(예컨대 영수증)를 제출하지 않았다가 뒤늦게 이를 발견한 때에는 이러한 사정을 근거로 청구이의의 소를 제기할 수 없다(민사집행법 44조 2항).

기판력의 차단효의 대상은 공격방어방법이다. 공격방어방법에 대한 차단효는 공격방어방법이 표준시 전에 제출되었는지 여부, 제출하지 못한 데 대한 과실 유무 등에 영향을 받지 않는다.[895]

주의할 점은 기판력 자체의 대상(객관적 범위)[896]과 기판력의 차단효의 대상(시간적 범위)이 다르다는 점이다. 전자는 소송물이고 후자는 공격방어방법이다. 예컨대, 변론종결 전에 발생한 사실관계는 기판력의 대상은 아니지만, 기판력의 차단효의 대상은 된다.[897] 기판력이 소송물에 발생하기 때문에 변론종결 전의

---

895) 예컨대, 매매 대상 토지가 토지거래허가구역 내에 있다는 이유로 매매계약에 기한 소유권이전등기청구를 기각한 전소 판결이 확정되었으나, 사실은 전소 변론종결일 이전에 위 토지에 대한 토지거래허가구역 지정이 해제되었던 경우, 위 토지가 토지거래허가구역에서 해제되어 이 사건 매매계약이 확정적으로 유효하게 되었다는 사정은 이 사건 전소의 변론종결 전에 존재하던 사유이므로 전소 원고가 그러한 사정을 알지 못하여 전소에서 주장하지 못하였다고 하더라도 후소에서 새로이 주장하여 다시 소유권이전등기를 청구하는 것은 기판력에 반한다(대법원 2014. 3. 27. 선고 2011다49981 판결).

896) 정확히 표현하면 기판력이 발생하는 대상이다.

897) 대법원 2001. 2. 9. 선고 2000다61398 판결은 임대차보증금의 지급을 명하는 판결이 확정된 사안에서, "확정판결의 기판력은 소송물로 주장된 법률관계의 존부에 관한 판단의 결론 자체에만 미치고 ① 그 전제가 되는 법률관계의 존부에까지 미치는 것은 아니라고 할 것인바, 임대차보증금은 임대차 종료 후에 임차인이 임차목적물을 임대인에게 반환할 때 연체차임 등 모든 피담보채무를 공제한 잔액이 있을 것을 조건으로 하여 그 잔액에 대하여서만 임차인의 반환청구권이 발생하고, 또 ② 임대차보증금의 지급을 명하는 판결이 확정되면 변론종결 전의 사유를 들어 당사자 사이에 수수된 임대차보증금의 수액 자체를 다투는 것은 허용되지 아니한다 하더라도, ① 임대차보증금 반환청구권 행사의 전제가 되는 연체차임 등 피담보채무의 부존재에 대하여 기판력이 작용하는 것은 아니다. … 임대인은 별소로 그 임대차보증금에서 아직 공제되지 아니한 연체차임 등의 지급을 구하거나 위 연체차임 등의 채권으로 임차인이 임대인에 대하여 가지고 있는 다른 채권과 상계를 할 수도 있음은 물론, 위와 같은 임대

공격방어방법이 차단되는 것이다. 다만, 서술의 효율성 등을 위하여 문헌들이 이 같은 차이를 정확하게 표현하지 않는 경우가 종종 있다는 점에 유의하여야 한다.

4. 표준시 이후의 사유

표준시 이후의 사유, 즉 변론종결 이후의 사정변경에는 차단효가 미치지 않는다. 변론종결 이후의 사정변경은 사실, 즉 사실관계의 변경을 의미한다.[898] 새로운 증거가 나왔다는 등 증거자료의 변경은 여기에 해당하지 않는다.[899] 기존의 사실관계에 대한 새로운 법적 평가 또는 그와 같은 법적 평가가 담긴 다른 판결이 존재한다는 등의 사정도 여기에 해당하지 않는다.[900] 차단효가 미치지 않는다는 것은 전소에서 패소하였던 원고가 사정변경에 기초하여 새로이 소송을 제기하여 승소할 수 있고, 혹은 패소하였던 피고가 청구이의나 채무부존재확인의 소송을 제기하여 승소할 수 있다는 것을 의미한다.

사실의 변경이 아닌 법의 변경은 기판력에 영향을 미치지 않는다. 전소 판결이 적용한 판례, 법률의 변경(법률에 대한 위헌결정 포함), 기초로 삼은 판결이나 행정처분의 변경은 기판력에 영향을 미치지 않는다.[901] 다만, 판결의 기초가

차보증금에 관한 확정판결이 있다 하여 그 임대차보증금의 성질이 달라진다고 볼 것은 아니므로, 아직 반환하지 아니한 임대차보증금에서 위 연체차임 등을 공제하고 이를 반환할 수도 있다"고 판시하였다.

위 ②가 기판력의 차단효에 대한 판시이고, 위 두 ①은 소송물의 전제가 되는 법률관계의 예로서 항변의 근거가 된 권리관계에 기판력이 발생하지 않는다는 판시이다.

898) 대법원 2014. 1. 23. 선고 2013다64793 판결(전소에서 피담보채무의 변제로 양도담보권이 소멸하였음을 원인으로 한 소유권이전등기청구가 기각되었다고 하더라도, 장래 잔존 피담보채무의 변제를 조건으로 한 소유권이전등기청구는 기판력에 저촉되지 아니한다). 위 판결은 원고가 잔존 피담보채무의 변제와 상환으로 소유권이전등기를 청구한 것에는 위와 같은 선이행판결을 구하는 취지가 포함되어 있다고 하였다.

899) 대법원 2001. 1. 16. 선고 2000다41349 판결.

900) 대법원 2016. 8. 30. 선고 2016다222149 판결은 아파트 건축주인 갑이 점유자인 을을 상대로 소유권에 기한 방해배제청구권을 행사하여 아파트 인도청구(1차 인도청구)를 하였는데, 갑이 건축업자 겸 분양업자인 병에게 해당 아파트를 대물변제하였고, 병이 다시 을에게 매도(분양)하였다는 을의 항변이 받아들여져 갑의 청구가 기각되고 판결이 확정되었는데, 이후 병이 을을 상대로 을과 병 사이의 매매계약무효확인청구소송을 제기하여 승소하고 판결이 확정되자, 갑이 다시 을을 상대로 아파트 인도청구(2차 인도청구)를 한 사안에서, 2차 인도청구는 1차 인도청구소송의 확정판결의 기판력에 저촉된다고 하였다.

된 판결, 행정처분의 변경은 재심사유가 되는 경우가 있다(451조 1항 8호). 한편, 판례, 법률의 변경은 재심사유가 아니다. 법률에 대한 위헌결정은 형사소송절차에서는 재심사유이지만(헌법재판소법 47조 4항, 3항), 민사소송절차에서는 재심사유가 아니다.[902]

5. 표준시 이후의 형성권 행사

취소권, 해제권 등 일반적인 형성권에 관하여, 표준시, 즉 변론종결 이전에 형성권 행사의 요건이 모두 갖추어졌으나 형성권을 행사하지 않았다가 변론종결 이후에 비로소 형성권을 행사하면서 청구이의나 채무부존재확인소송을 제기할 수 있는지 여부에 관하여 견해가 대립하고 있는바,[903][904] 이를 부정하는 견해가 통설이다. 판례도 같다.

> 대법원 1979. 8. 14. 선고 79다1105 판결
> 무릇 권리 또는 법률관계의 존부에 관한 판결이 확정한 때에는 … 기판력이 발생하는 것이고 따라서 … 변론종결전에 이미 발생하였던 취소권(또는 해제권)을 그 당시에 행사하지 않음으로 인하여 취소권자(또는 해제권자)에게 불리하게 확정되었다 할지라도 확정후 취소권(또는 해제권)을 뒤늦게 행사함으로써 동 확정의 효력을 부인할 수는 없게 되는 것이다.

다만, 형성권 중 상계권, 임대차 관련 건물매수청구권이나 지상권 관련 지상물매수청구권 등의 경우에 관하여는 추가적인 논의가 있다.

우선 상계권의 경우 학설은 변론종결 이후의 상계권의 행사가 언제나 차단효의 대상이 된다는 견해(실권설), 언제나 차단효의 대상이 되지 않는다는 견해

---

901) 대법원 2019. 8. 29. 선고 2019다215272 판결은 이행판결의 주문에서 그 변론종결 이후 기간까지의 급부의무의 이행을 명한 이상 그 확정판결의 기판력은 그 주문에 포함된 기간까지의 청구권의 존부에 대하여 미[치고,] 법률이나 판례의 변경은 전소 변론종결 후에 발생한 새로운 사유에 해당한다고 할 수 없[으므로,] 승소판결이 확정된 후 소송촉진 등에 관한 특례법의 변경으로 [] 지연손해금 이율이 달라졌다고 하더라도[,] 확정판결의 효력이 달라지는 것은 아니[어서] 변경된 [] 이율을 적용[할] 수 없다고 하였다.

902) 다만, 당해사건이 확정된 이후 헌법소원이 인용된 경우에는 헌법재판소법 75조 7항에 의한 재심청구가 가능하다.

903) 이를 부정하는 견해는 무효사유와의 균형을 근거로 들고, 긍정하는 견해는 형성권의 행사기간이 보장되어야 한다는 것을 근거로 든다.

904) 이 쟁점이 문제되는 상황을 정확히 이해하여야 하는바, 방점이 찍힌 부분에 특히 유의하면서 읽을 필요가 있다.

(비실권설) 및 상계권자가 자동채권의 존재를 알았던 경우에는 차단된다는 견해(제한적 실권설)가 대립하고 있다. 판례는 비실권설을 취하고 있다.

> 대법원 1966. 6. 28. 선고 66다780 판결[905)]
> 채무명의인 확정판결의 변론종결전에 상대방에 대하여 상계적상에 있는 채권을 가지고 있었다 하여도 변론종결 이후에 비로소 상계의 의사표시를 한 때에는 그 청구이의의 원인이 변론종결 이후에 생긴 때에 해당하는 것으로서 당사자들이 그 변론종결전에 상계적상에 있은 여부를 알았던 몰랐던 간에 적법한 이의의 사유가 된다.

건물 소유를 목적으로 하는 토지임대차 관계에서 인정되는 임차인의 건물매수청구권(민법 643조, 283조 2항), 지상권 관계에서 인정되는 지상권자의 지상물매수청구권(민법 283조 2항)에 대하여도 학설이 대립하고 있는바, 판례는 변론종결 이후의 위 형성권들의 행사가 기판력에 의하여 차단되지 않는다는 입장이다.[906)]

한정승인의 경우 판례는 한정승인을 하고도 변론종결 전까지 그 사실을 주장하지 아니하였어도, 판결 확정 이후 한정승인에 기하여 청구이의의 소를 제기할 수 있다고 본다.[907)][908)] 통설도 같은 입장이다. 이와 달리 변론종결 전 상속포기는 기판력에 의하여 차단된다.[909)]

판례는, 한정승인의 항변이 받아들여져 책임재산이 상속재산으로 명시된 판결이 선고·확정된 경우, 이후 상속인의 고유재산에 집행이 개시되면 피고는

---

905) 대법원 1998. 11. 24. 선고 98다25344 판결, 대법원 2005. 11. 10. 선고 2005다41443 판결.

906) 대법원 1994. 9. 23. 선고 93다37267 판결, 대법원 1995. 12. 26. 선고 95다42195 판결.

907) 대법원 2006. 10. 13. 선고 2006다23138 판결: 채권자가 피상속인의 금전채무를 상속한 상속인을 상대로 그 상속채무의 이행을 구하여 제기한 소송에서 채무자가 한정승인 사실을 주장하지 않으면 책임의 범위는 현실적인 심판대상으로 등장하지 아니하여 주문에서는 물론 이유에서도 판단되지 않으므로 그에 관하여 기판력이 미치지 않는다. 그러므로 채무자가 한정승인을 하고도 채권자가 제기한 소송의 사실심 변론종결시까지 그 사실을 주장하지 아니하여 책임의 범위에 관한 유보가 없는 판결이 선고되어 확정되었다고 하더라도, 채무자는 그 후 위 한정승인 사실을 내세워 청구에 관한 이의의 소를 제기할 수 있다. 대법원 2009. 5. 28. 선고 2008다79876 판결도 같은 취지이다.

908) 대법원 2022. 7. 28. 선고 2017다286492 판결은 개인채무자가 면책결정이 확정되었는데도 파산채권자가 제기한 소송의 사실심 변론종결 시까지 면책 사실을 주장하지 아니하여 면책된 채무 이행을 명하는 판결이 선고되어 확정된 경우, 그 후 면책된 사실을 내세워 청구이의의 소를 제기할 수 있다고 판시하였는데, 면책의 효과에 관한 책임소멸설에 입각하여 한정승인에 관한 위 2006다23138 판결과 같은 법리가 적용된다고 본 것이다.

909) 대법원 2009. 5. 28. 선고 2008다79876 판결: 채무의 상속에 따른 책임의 제한 여부만이 문제되는 한정승인과 달리 상속에 의한 채무의 존재 자체가 문제되어 그에 관한 확정판결의 주문에 당연히 기판력이 미치게 되는 상속포기의 경우에는 적용될 수 없다.

제3자이의의 소를 제기할 수 있다고 하고,[910] 한편 원고가 변론종결 전의 단순승인사유를 제출하여 책임재산의 범위가 유보되지 않은 판결을 구하는 것은 허용되지 않는다고 하였다.[911]

6. 정기금판결변경의 소

1) 의 의

예컨대, 도로를 무단으로 개설하였다는 이유로 국가나 지방자치단체가 토지소유자에게 점유종료일 등까지 차임 상당 부당이득 월 100만 원을 반환하라는 판결이 확정되었는데, 이후 해당 지역 부동산 가격의 상승으로 월 차임 상당액이 1,000만 원으로 오른 경우 토지소유자는 국가 등을 상대로 차액 상당액의 지급을 구하는 추가소송을 제기할 수 있다는 것이 판례의 입장이었다.

> 대법원 1993. 12. 21. 선고 92다46226 전원합의체 판결[912]
> 토지의 소유자가 [점유자]를 상대로 [] 점유자가 토지를 인도할 때까지 [] 토지의 임료에 상당하는 부당이득금의 반환을 청구하여, 그 청구의 전부나 일부를 인용하는 판결이 확정된 경우에, [] 변론종결 후에 토지의 가격이 현저하게 앙등하[는 등으로] 당사자간의 형평을 심하게 해할 특별한 사정이 생긴 때에는, 토지의 소유자는 [] 새로 소를 제기하여 []차

---

910) 대법원 2005. 12. 19.자 2005그128 결정: 상속채무의 이행을 구하는 소송에서 피고의 한정승인 항변이 받아들여져서 원고 승소판결인 집행권원 자체에 '상속재산의 범위 내에서만' 금전채무를 이행할 것을 명하는 이른바 유한책임의 취지가 명시되어 있음에도 불구하고, 상속인의 고유재산임이 명백한 임금채권 등에 대하여 위 집행권원에 기한 압류 및 전부명령이 발령되었을 경우에, 상속인인 피고로서는 [] 제3자이의의 소를 제기하거나, 그 채권압류 및 전부명령 자체에 대한 즉시항고를 제기하여 불복하는 것은 별론으로 하고, 청구에 관한 이의의 소에 의하여 불복할 수는 없다고 보아야 [한다.]

911) 대법원 2012. 5. 9. 선고 2012다3197 판결: 채권자와 상속인 사이의 전소에서 [] 한정승인이 인정[된] 때에는 그 채권자가 상속인에 대하여 새로운 소에 의해 [] 변론종결시 이전에 존재한 법정단순승인 등 한정승인과 양립할 수 없는 사실을 주장하여 [] 책임의 범위에 관한 유보가 없는 판결을 구하는 것은 허용되지 아니한다. [] 전소의 소송물은 직접적으로는 채권[]의 존재 및 그 범위이지만 한정승인의 존재 및 효력도 이에 준하는 것으로서 심리·판단되었을 뿐만 아니라 한정승인이 인정된 때에는 주문에 책임의 범위에 관한 유보가 명시되므로 한정승인의 존재 및 효력에 대한 전소의 판단에 기판력에 준하는 효력이 있[기] 때문이다. 그리고 이러한 법리는 [] 상속인으로부터의 한정승인의 주장이 받아들여[진] 경우와 채권자 스스로 위와 같은 판결을 구[한] 경우 모두에 [] 적용된다.

912) 위 전원합의체 판결의 소송물은 부당이득반환청구권이지만 불법행위에 기한 손해배상청구권에도 같은 법리가 적용된다. 위 전원합의체 판결은 불법행위에 기한 손해배상청구권이 소송물인 대법원 1971. 4. 30. 선고 71다430 판결의 법리를 변경하였다.

> 액에 상당하는 부당이득금의 반환을 청구할 수 있다고 봄이 상당하다. … 전소의 사실심 변론종결후에 전소판결의 기초가 된 사정이 위와 같이 변경됨으로 말미암아 [] 임료액이 현저하게 상당하지 아니하게 된 경우에는, 일부청구임을 명시하지는 아니하였지만 명시한 경우와 마찬가지로 그 청구가 일부청구이었던 것으로 보아, 전소판결의 기판력이 []차액에 상당하는 부당이득금의 청구에는 미치지 않는 것이라고 해석함이 옳다.

지금은 위와 같은 경우 토지소유자는 2002년 법개정 때 신설된 민사소송법 252조의 정기금판결변경의 소를 이용할 수 있다.[913] 법개정 이후에는 기존 판례에 따른 추가소송이 불가능하다고 보는 견해도 있지만, 현 단계에서는 굳이 추가소송이 불가능하다고 보는 것이 적절한지는 의문이 있고, 대법원 판례도 추가청구의 가능성 자체를 부정하지 않는 것으로 파악된다.[914]

> 제252조(정기금판결과 변경의 소) ① 정기금(定期金)의 지급을 명한 판결이 확정된 뒤에 그 액수산정의 기초가 된 사정이 현저하게 바뀜으로써 당사자 사이의 형평을 크게 침해할 특별한 사정이 생긴 때에는 그 판결의 당사자는 장차 지급할 정기금 액수를 바꾸어 달라는 소를 제기할 수 있다.

정기금판결변경의 소는 확정판결의 변경을 목적으로 하는 형성의 소이다.

2) 요 건

위 조문이 단지 '정기금의 지급'이라고 하고 있으므로 손해배상청구나 부당이득반환청구 외에 부양료나 양육비 청구 등의 경우도 가능하다. 즉, 정기금의 법적 성격은 묻지 않는다. 정기금을 현재가치로 환산한 일시금의 지급을 명한

---

913) 월 차임액 등의 현저한 변경에 대처할 현실적 필요가 있었던 점, 위 전원합의체 판결의 이론적 근거에 대한 비판이 제기되었던 점(전원합의체 판결의 다수의견은 추가청구가 가능하다는 근거로 현저한 사정변경이 있는 경우에는 비록 원고가 전소에서 실제 명시적 일부청구를 하지는 않았지만 명시적 일부청구를 한 것으로 취급하는 것이 상당하다는 점을 제시하였다. 그러나 별개 의견은 다수의견이 제시하는 근거는 부자연스럽고 차라리, 변론종결 후 사정변경이 있는 것으로 보아 추가청구가 기판력의 시적범위에서 벗어나는 것으로 보면 된다고 하였다. 하지만 다수의견이 기판력의 시적범위 이론을 채택하지 않았던 것을 보면 월 차임의 증가를 변론종결 후 사정변경이라고 보는 것에도 문제가 있다는 것을 시사한다) 등을 반영하여 독일 민사소송법의 제도를 도입한 것이다.

914) 대법원 2011. 10. 13. 선고 2009다102452 판결은, 비록 기판력 저촉을 이유로 원고의 청구를 기각한 항소심판결을 유지하였지만, 정기금판결변경의 소 제도가 도입된 이후에도 기존 판례에 의한 추가청구의 가능성을 인정하고, 변론종결시를 현저한 사정변경 유무를 판단할 기준시로 삼고 있다. 또한 대법원 2009. 12. 24. 선고 2009다64215 판결도 추가청구를 정기금판결변경을 구한 취지로 선해하기는 했지만, 정기금판결변경을 구하지 않고 추가청구를 하였다는 이유로 소를 각하하지는 않았다.

판결에는 적용이 없다는 견해가 통설이나, 유추적용을 인정하는 견해도 있다. 인낙조서, 화해조서 등에 대하여도 정기금판결변경의 소를 제기할 수 있다.

정기금판결에 대한 변경의 요건은 '판결확정 후'의 '액수산정의 기초가 된 사정'의 '현저한' 변경인바, 여기에는 위와 같은 액수상승의 사정뿐만 아니라 액수하락의 사정도 포함된다.[915] 국가 등이 무단 도로개설지를 확대한 경우 '액수산정의 기초가 된 사정'이 변경된 것이 아니라 별개의 부당이득반환청구권이 발생한 것이고 이는 추가소송의 사유가 된다.[916] 판결확정 후의 사정변경 없이 단순히 종전 확정판결의 결론이 위법·부당하다는 등의 사정을 이유로 본조에 따라 정기금의 액수를 바꾸어 달라고 하는 것은 허용될 수 없다.[917]

3) 절 차

정기금판결변경의 소는 1심판결 법원의 전속관할에 속한다(252조 2항). 정기금판결에 대한 변경의 소는 당사자 또는 민사소송법 218조 1항에 의하여 확정판결의 기판력이 미치는 제3자만 제기할 수 있다.[918] '장차' 지급할 액수만 바꾸어 달라고 하고 있으므로 변경의 소 제기 이후만 변경을 구할 수 있다고 보는 것이 통설·판례의 태도이다.[919]

---

915) 정기금판결변경제도가 신설되기 이전에는 이러한 사유는 청구이의의 사유가 된다고 보았다.

916) 정기금판결변경제도가 이용될 액수상승의 사유가 발생한 경우와 추가소송이 가능한 별개의 소송물이 발생한 경우의 구별은 애매한 경우가 있을 수 있고, 액수하락의 사유가 발생한 경우와 청구이의의 사유가 발생한 경우의 구별도 애매한 경우가 있을 수 있다.

917) 대법원 2016. 3. 10. 선고 2015다243996 판결(토지에 대한 차임 상당 부당이득반환청구소송의 확정판결에 계쟁 토지를 '대지'가 아닌 '도로'로 보고 정기금청구부분의 차임을 산정한 잘못이 있어도, 그러한 사정은 판결확정 전의 사정에 불과한 것이고, 판결확정 이후의 사정이라고는 볼 수 없다).

918) 대법원 2016. 6. 28. 선고 2014다31721 판결: 토지의 소유자가 소유권에 기하여 토지의 무단 점유자를 상대로 차임 상당의 부당이득반환을 구하는 소송[]의 소송물은 채권적 청구권인 부당이득반환청구권이므로, 소송의 변론종결 후에 토지의 소유권을 취득한 사람은 민사소송법 제218조 제1항에 의하여 확정판결의 기판력이 미치는 변론을 종결한 뒤의 승계인에 해당한다고 볼 수 없다. 따라서 [] 토지의 새로운 소유자가 토지의 무단 점유자를 상대로 다시 부당이득반환청구의 소를 제기하지 아니하고, 토지의 전 소유자가 앞서 제기한 부당이득반환청구소송에서 내려진 정기금판결에 대하여 변경의 소를 제기하는 것은 부적법하다.

919) 대법원 2009. 12. 24. 선고 2009다64215 판결: 피고들의 점유 부분이 전소의 변론종결 당시와 동일하다면, 원고의 이 사건 청구 중 <u>이 사건 소 제기일 전까지의 기간에 해당하는 부분은 확정판결이 있었던 전소와 소송물이 동일하여 그 확정판결의 기판력이 미친다</u>고 할 것이어서, 그 중 <u>전소의 확정판결에서 원고가 승소한 부분(전소에서 원고의 청구가 인용된 금액</u>

정기금을 감액하여 달라는 소를 제기한 경우, 그 소의 제기로 전소 판결의 집행이 당연히 정지되지 않는다. 전소 판결의 집행을 정지시키기 위하여는 집행정지결정(501, 500조)을 받아 집행정지신청을 하여야 한다.

에 해당하는 부분)에 해당하는 부분은 권리보호의 이익이 없고, 이를 초과하는 부분은 전소의 확정판결의 기판력에 저촉되는 것이어서 받아들일 수 없는 것이고, 원고의 이 사건 청구 중 이 사건 소 제기일 이후의 기간에 해당하는 부분은 앞서 본 정기금 판결의 변경을 구하는 취지라고 봄이 상당하다고 할 것인데, 원심이 유지한 제1심판결이 인정한 바와 같이 전소의 변론종결일 이후 원심변론종결 당시까지 사이에 피고들 점유토지의 공시지가는 약 2.2배 상승하였고 ㎡당 연임료는 약 2.9배 상승한 것에 불과하다면, 전소의 확정판결이 있은 후에 그 액수 산정의 기초가 된 사정이 현저하게 바뀜으로써 당사자 사이의 형평을 크게 침해할 특별한 사정이 생겼다고 할 수 없고, 따라서 원고로서는 그 연임료 상당액의 증액지급을 구할 수 없다.

위 두 줄로 밑줄 친 부분에서 알 수 있듯이 위 판결의 청구취지는 정기금판결변경이 아니라 추가청구의 형식인바, 굳이 위 판결과 같이 정기금판결변경의 소로 볼 필요가 있는 것인지 의문이 있다.

제 51 강 판결의 효력(4): 기판력의 객관적 범위

1. 조 문

기판력의 객관적 범위에 관하여는 민사소송법 216조가 규정하고 있다.

> 제216조(기판력의 객관적 범위) ① 확정판결(確定判決)은 주문에 포함된 것에 한하여 기판력(旣判力)을 가진다.
> ② 상계를 주장한 청구가 성립되는지 아닌지의 판단은 상계하자고 대항한 액수에 한하여 기판력을 가진다.

216조 1항이 기판력은 주문에 포함된 것에 한하여 발생한다고 하고 있으므로 반대해석을 하면 이유 중의 판단에는 기판력이 발생하지 않는다. 2항은 상계항변의 경우 기판력이 발생할 수 있다고 규정하여 1항의 예외를 인정한다.

2. 주문에 포함된 것

주문에 포함된 것은 본안판결의 경우 소송물, 즉 소송물인 권리관계[920]를 의미한다. 예컨대 대여금청구소송에서는 대여금청구권이 주문에 포함된 것이다. 이는 결국 청구취지에 담긴 것과 같다. 청구취지에는 소송물인 권리관계와 구제형식(심판형식)이 담기는데 기판력을 판단할 때에는 구제형식은 문제삼지 않는다. 기판력은 일반적으로는 본안판결의 기판력을 의미하는바, 소송물이 무엇인지 또는 어떤 기준으로 동일성 여부를 판단하는지에 관하여 소송물이론이 전개되고, 판례는 원고가 주장한 실체법상의 권리가 다르면, 즉 법률상의 주장이 다르면 소송물이 달라진다는 구소송물이론을 취하고 있다는 점은 앞서 소송물에 관한 부분에서 보았다. 제3장 청구 중 소송물의 의의와 소송물의 동일 여부에 관한 제19강, 제20강의 내용 대부분은 기판력과 관련한 논의에 기초한 것이다.[921]

소송판결의 경우 부존재한다고 판단된 해당 소송요건(의 존부)이 주문에 포

920) 엄밀하게는 원고의 '소송물인 권리관계의 존부에 관한 주장'을 의미한다.
921) 중복을 피하기 위하여 다시 제19강, 제20강의 내용을 다루지 않을 뿐, 불가결한 내용이다.

함된 것이다. 예컨대 피보전권리가 없다는 이유로 대위소송을 각하한 판결이 확정되면, 피보전권리의 존부에 기판력이 발생한다.[922] 당사자가 소송요건의 흠결을 보완하여 다시 소를 제기한 경우에는 기판력의 제한을 받지 않는다.[923]

3. 이유 중의 판단

판결의 주문이 아닌 이유 중에서 판단된 사항, 즉 사실인정, 법률판단, 선결적 법률관계, 항변 등에는 기판력이 발생하지 아니한다.

> 대법원 1970. 9. 29. 선고 70다1759 판결
> 이 사건에 있어서 원고가 반소원고가 되고 피고를 상대로 한 소론의 63다955(62나732, 733)사건이 피고에게 공유지분에 관한 소유권이전등기의 말소등기를 명한 것으로서 그 판결이 확정되었다 하더라도 이 판결의 기판력은 그 주문에 포함된 소유권 일부 이전등기의 말소등기를 이행하라는 부분에 대하여서만이 발생한다 할 것이고, 그 판단의 전제가 되는 부분 즉 피고는 이 사건 임야를 대리할 권한이 없는 원고의 부 소외 송영훈으로부터 매수한 것이라는 사실인정이나 피고가 이 사건 임야에 대한 공유지분권(소유권)을 취득한 것이 아니라는 법률적 판단 부분에까지 그 기판력이 미친다고는 할 수 없다.

선결적 법률관계에 대한 전소법원의 판단에 기판력과 같은 구속력을 인정할지, 즉 쟁점효를 인정할지 여부에 대하여는 견해가 대립하고 있는바, 판례는 부정적이다.

> 대법원 2002. 9. 24. 선고 2002다11847 판결
> 확정판결의 기판력은 소송물로 주장된 법률관계의 존부에 관한 판단의 결론에만 미치고 그 전제가 되는 법률관계의 존부에까지 미치는 것은 아니므로, 계쟁 부동산에 관한 피고 명의의 소유권이전등기가 원인무효라는 이유로 원고가 피고를 상대로 그 등기의 말소를 구하는 소송을 제기하였다가 청구기각의 판결을 선고받아 확정되었다고 하더라도, 그 확정판결의 기판력은 소송물로 주장된 말소등기청구권이나 이전등기청구권의 존부에만 미치는 것이지 그 기본이 된 소유권 자체의 존부에는 미치지 아니[한다.]

---

922) 대법원 2001. 1. 16. 선고 2000다41349 판결.

923) 대법원 2023. 2. 2. 선고 2020다270633 판결(구 민주화보상법 제18조 제2항은 "이 법에 의한 보상금 등의 지급결정은 신청인이 동의한 때에는 [] 재판상 화해가 성립된 것으로 본다."라고 정하고 있었으나, 헌법재판소[가] 이 사건 선행소송에서 각하판결이 확정된 후 [위 조항] 중 불법행위로 인한 정신적 손해에 관한 부분은 [] 헌법에 위반된다는 결정[을] 선고[한 사안]), 대법원 2003. 4. 8. 선고 2002다70181 판결(종전 소송에서 당사자능력의 흠결을 이유로 소각하 판결을 받은 자연부락이 그 후 비법인사단으로서 당사자능력을 갖춘 것으로 볼 여지가 있다고 한 사례).

항변에 대하여도 기판력이 발생하지 않는다. 예컨대, 임대차목적물 인도청구소송에서 임대차보증금반환청구권에 기한 동시이행의 항변이 배척되거나 인용되었다고 하여도 임대차보증금반환청구권의 존부나 그 액수에는 기판력이 발생하지 않는다. 소송물은 임대차목적물 인도청구권이기 때문이다.[924][925]

하지만, 상계항변은 216조 2항에 해당되는 경우 기판력이 있다. 상계항변이 인용된 경우는 물론 상계항변이 배척된 경우도 기판력이 발생한다. 상계항변이 배척된 때 기판력이 발생하는 것은 자동채권이 존재하지 않는다는 이유로 상계항변이 배척된 경우에 한하고, 상계항변이 각하되거나, 상계가 성질상 허용되지 아니하거나[926] 혹은 상계부적상으로 상계항변이 배척된 경우에는 기판력이 발

---

924) 위 동시이행의 항변이 인용된 경우, 판결의 주문은 '피고는 원고에게, 원고로부터 ○○○원을 지급받음과 상환으로, 임대차목적물을 인도하라'라는 식이 되는바, 임대차보증금의 지급을 명한 부분이 나오므로 임대차보증금반환청구권의 존부에 기판력이 발생하는 것처럼 오해하기 쉽다. 그러나 기판력이 발생하는 주문에 포함된 것은 결국 청구취지에 포함된 것임을 떠올리면 오해를 피할 수 있을 것이다.

925) 대법원 1975. 5. 27. 선고 74다2074 판결: 본건 [] 확정판결은 [상환이행]판결인 바, [] 동시이행관계에 있는 <u>반대채권의 존재 및 액수 등에 대하여서는 기판력이 생길 여지가 없다</u> 하겠으나 본건 소유권이전등기청구에 <u>위 동시이행의 조건이 붙어 있다는 점에 관하여는 기판력이 미친다.</u> 대법원 2021. 8. 12. 선고 2021다215497 판결도 같은 취지.

대법원 1996. 7. 12. 선고 96다19017 판결: 제소전화해의 내용이 채권자 등은 대여금 [] 지급과 상환으로 채무자에게 [] 가등기의 말소등기절차를 이행할 것을 명하고, 채무자는 가등기담보등에관한법률 소정의 청산금 지급과 상환으로 채권자 등에게 [] 본등기절차를 이행할 것[을] 명하고 있는 경우, 그 제소전화해는 가등기말소절차 이행이나 소유권이전의 본등기절차 이행을 대여금 또는 청산금의 지급을 그 조건으로 하고 있는 데 불과하여 그 기판력은 가등기말소나 소유권이전의 본등기절차 이행을 명한 <u>화해내용이 대여금 또는 청산금 지급의 상환이 조건으로 붙어 있다는 점에 미치는 데 불과</u>하고, <u>상환이행을 명한 반대채권의 존부나 그 수액에 기판력이 미치는 것이 아니다.</u>

대법원 2001. 2. 9. 선고 2000다61398 판결: 확정판결은 주문에 포함한 것에 한하여 기판력이 있는 것이므로, 확정판결의 기판력은 소송물로 주장된 법률관계의 존부에 관한 판단의 결론 자체에만 미치고 그 전제가 되는 법률관계의 존부에까지 미치는 것은 아니라고 할 것인바, 임대차보증금은 임대차 종료 후에 임차인이 임차목적물을 임대인에게 반환할 때 연체차임 등 모든 피담보채무를 공제한 잔액이 있을 것을 조건으로 하여 그 잔액에 대하여서만 임차인의 반환청구권이 발생하고, 또 임대차보증금의 지급을 명하는 판결이 확정되면 변론종결 전의 사유를 들어 당사자 사이에 수수된 임대차보증금의 수액 자체를 다투는 것은 허용되지 아니한다 하더라도, 임대차보증금 반환청구권 행사의 전제가 되는 연체차임 등 피담보채무의 부존재에 대하여 기판력이 작용하는 것은 아니다.

926) 대법원 1975. 10. 21. 선고 75다48 판결: 자동채권을 부정하여 그 항변을 배척하는 것과 자동채권의 성립은 인정되나 성질상 상계를 허용할 수 없다 하여 상계항변을 배척하는 것과는 그 형식면에서는 같을지라도 전자의 경우엔 기판력이 있다 할 것이므로 양자는 판결의 효력이 다른 것이다.

생하지 않는다. 또한 기판력이 발생하기 위하여는 수동채권이 소구채권이거나 혹은 그와 동일시할 수 있는 경우여야 한다.

> 대법원 2005. 7. 22. 선고 2004다17207 판결
> 상계 주장에 관한 판단에 기판력이 인정되는 경우는, 상계 주장의 대상이 된 수동채권이 소송물로서 심판되는 소구채권이거나 그와 실질적으로 동일하다고 보이는 경우(가령 원고가 상계를 주장하면서 청구이의의 소송을 제기하는 경우 등)로서 상계를 주장한 반대채권과 그 수동채권을 기판력의 관점에서 동일하게 취급하여야 할 필요성이 인정되는 경우를 말한다고 봄이 상당하므로 만일 상계 주장의 대상이 된 수동채권이 동시이행항변에 행사된 채권일 경우에는 그러한 상계 주장에 대한 판단에는 기판력이 발생하지 않는다고 보아야 할 것인바, 위와 같이 해석하지 않을 경우 동시이행항변이 상대방의 상계의 재항변에 의하여 배척된 경우에 그 동시이행항변에 행사된 채권을 나중에 소송상 행사할 수 없게 되어 민사소송법 제216조가 예정하고 있는 것과 달리 동시이행항변에 행사된 채권의 존부나 범위에 관한 판결 이유 중의 판단에 기판력이 미치는 결과에 이르기 때문이다

상계항변의 기판력은 상계로 실제 대항한 액수에 한하여 발생한다. 이는 상계항변이 인용된 경우, 배척된 경우[927]는 물론 일부 인용된 경우[928]도 마찬가지이다.

상계항변에 기판력이 발생하는 경우, 상계항변이 배척된 경우는 물론 상계항변이 인용된 경우에도 결국 자동채권이 부존재한다는 점[929]에 기판력이 발생한다.

---

927) 예컨대, 원고의 수동채권(소구채권)이 2,500만 원이고, 피고의 상계항변의 자동채권이 3,000만 원인데, 피고의 자동채권이 부존재한다는 이유로 상계항변이 배척되어 원고 청구 전부인용판결이 확정된 경우 상계항변의 기판력은 자동채권 3,000만 원 전부가 아니라 그 중 상계로 대항하였던 2,500만 원에 대하여만 발생한다.

928) 예컨대, 원고의 수동채권(소구채권)이 2,500만 원이고, 피고의 상계항변의 자동채권이 3,000만 원인데, 자동채권이 1,000만 원만 존재한다는(즉, 2,000만 원은 부존재한다는) 이유로 상계항변이 1,000만 원 부분만 인용되어, 피고는 원고에게 1,500만 원을 지급하라는 판결이 선고되어 확정된 경우, 상계항변의 기판력은 상계항변이 인용된 1,000만 원과 자동채권 부존재로 판단된 2,000만 원 중 상계로 대항한 부분에 포함되는 1,500만 원에만 발생하고, 나머지 500만 원 부분에는 발생하지 않는다. 대법원 2018. 8. 30. 선고 2016다46338, 46345 판결 참조. 다만, 위 판결은 이러한 법리를 자동채권이 일부만 존재한다는 이유로 상계항변이 일부 인용된 경우 "[자동채권]이 부존재한다는 판단에 대하여 기판력이 발생하는 전체 범위는 [] 상계를 마친 후의 수동채권의 잔액을 초과할 수 없다고 보아야 한다"라고 표현하고 있다. 지연손해금의 처리에 관하여는 위 판결 전문 참조.

929) 자동채권이 상계로 소멸하기 때문이다.

제52강 판결의 효력(5): 기판력의 주관적 범위

1. 개 요

기판력은 '당사자+α'에게 미친다. 기판력은 원칙적으로 당사자에게 미치고 이것이 원칙이다. 이를 기판력의 상대성이라고 한다. 따라서 당사자가 아닌 자, 즉 소송대리인, 법정대리인, 보조참가인 등에게는 기판력이 미치지 않고, 공동소송인 상호간은 물론 한 공동소송인과 상대방 사이의 판결의 기판력이 다른 공동소송인에게 작용하지 않는다.[930)]

그러나 예외적으로 당사자가 아닌 자, 즉 위의 'α'에게 기판력이 미치는 경우도 있다. 'α'에는 당사자와 동일시할 수 있는 제3자와 일반 제3자가 있다.

민사소송법 218조는 당사자와, 당사자와 동일시할 수 있는 제3자, 즉 변론종결 후의 승계인, 목적물 소지인 및 소송담당에서의 본인에게 기판력이 미친다는 점을 규정하고 있다. 80조 단서와 82조 3항의 소송탈퇴자도 당사자와 동일시할 수 있는 자에 해당한다.[931)]

제218조(기판력의 주관적 범위) ① 확정판결은 당사자, 변론을 종결한 뒤의 승계인(변론

930) 대법원 2010. 12. 23. 선고 2010다58889 판결(원고가 이 사건 종중을 상대로 이 사건 부동산의 소유권에 기하여 제기한 분묘굴이 및 토지인도 등 청구가 인용되고 그 [1심]판결이 그대로 확정되었다고 하더라도, [그 기판력은] 판결이유 중에서 판단되었을 뿐인 소유권에 관하여 생기는 것은 아니고, 나아가 그 효력 또한 원고와 이 사건 종중 사이에만 미칠 뿐 이 사건 종중의 종중원으로서 단순한 공동소송인의 관계에 있을 뿐인 피고에게는 미치지 아니한다고 할 것이다).

931) 대법원 1995. 5. 12. 선고 93다44531 판결(실체법적으로 법인격남용이 인정되는 경우라도 [] 절차의 명확성과 안정성을 중시하는 소송절차 및 강제집행절차에 있어서는 [그에 기한] 기판력 및 집행력의 확장은 허용되지 않는다), 대법원 2002. 10. 11. 선고 2002다43851 판결(강제집행절차에 있어서는 [] 절차의 명확·안정을 중시하여야 하므로, 그 기초되는 채무가 판결에 표시된 채무자 이외의 자가 실질적으로 부담하여야 하는 채무라거나, 그 채무가 발생하는 기초적인 권리관계가 [] 승계되었다고 하더라도, 판결에 표시된 채무자 이외의 자가 판결에 표시된 채무자의 포괄승계인이거나, 그 판결상의 채무 자체를 특정하여 승계하지 아니한 한, [] 판결에 표시된 채무자에 대한 판결의 기판력 및 집행력의 범위를 그 채무자 이외의 자에게 확장하여 승계집행문을 부여할 수는 없다).

한편, 대법원 2016. 2. 18. 선고 2014다29742 판결은 법인격 부인의 법리가 적용되는 경우 법인에 대하여 소멸시효 중단의 조치를 취한 이상 법인과 별개로 피고들의 원고에 대한 채무가 시효로 소멸하였다고 보기는 어렵다고 하였다.

> 없이 한 판결의 경우에는 판결을 선고한 뒤의 승계인) 또는 그를 위하여 청구의 목적물을 소지한 사람에 대하여 효력이 미친다.
> ② 제1항의 경우에 당사자가 변론을 종결할 때(변론 없이 한 판결의 경우에는 판결을 선고할 때)까지 승계사실을 진술하지 아니한 때에는 변론을 종결한 뒤(변론 없이 한 판결의 경우에는 판결을 선고한 뒤)에 승계한 것으로 추정한다.
> ③ 다른 사람을 위하여 원고나 피고가 된 사람에 대한 확정판결은 그 다른 사람에 대하여도 효력이 미친다.
> ④ 가집행의 선고에는 제1항 내지 제3항의 규정을 준용한다.

한편, 기판력은 일반 제3자 모두 혹은 그 중 일정 범위의 자들에게 미치는 경우도 있다. 전자의 예로는 가사소송, 회사관계소송,[932][933] 행정소송을 들 수 있고, 후자의 예로는 증권관련 집단소송에서 제외신고를 하지 않은 구성원 등을 들 수 있다.

아래에서는 당사자와 동일시할 수 있는 제3자에 관하여 살펴보기로 하되, 소송탈퇴는 제외한다.

2. 변론종결 후의 승계인

1) 제도적 취지

변론종결 후의 승계인에게 기판력이 미치게 하는 것은 패소한 당사자가 제3자에게 소송물인 권리관계를 처분함으로써 기판력 있는 판결을 무력화시키는 것을 방지하기 위한 것이다. 이러한 목적은 논리적이라기보다는 다분히 정책적인 것이므로, 변론종결 후의 승계인에 해당되는지 여부를 판단할 때 형식적으로 같거나 비슷하다고 평가될 수 있는 사안들 사이에 결론이 달라질 수 있다.

변론종결 전의 승계인에게는 기판력을 비롯한 판결의 효력이 미치지 않으므로, 이들에게 판결의 효력이 미치게 하려면 가처분 등을 활용하여야 한다. 위와 같은 논의는 채권양도 등 실체법상 특정승계의 경우에 한하고, 사망 등 실체법상 포괄승계가 발생하는 경우에는 당사자 지위의 당연승계가 일어나 변론

---

932) 상법 제190조(설립무효의 판결 또는 설립취소의 판결은 제3자에 대하여도 그 효력이 있다. 그러나 판결확정전에 생긴 회사와 사원 및 제3자간의 권리의무에 영향을 미치지 아니한다) 참조. 상법 380조에 의하여 위 규정은 주총결의무효 및 부존재확인의 소에 준용된다.

933) 대법원 1988. 4. 25. 선고 87누399 판결(이사회결의무효확인소송이 제기되어 승소확정판결을 받은 경우 그 판결의 효력에 관하여는 주주총회결의무효확인소송 등과는 달리 상법 190조가 준용될 근거가 없으므로 대세적 효력은 없다).

종결 전의 승계인은 당사자로서 판결의 효력을 받는다.

변론종결 후의 승계인인지 여부가 문제되는 상황은, 크게 후소법원이 판결을 함에 있어서 전소 판결의 기판력에 구속되는지 여부가 문제되는 경우와 변론종결 후의 승계인에 대하여 집행을 할 수 있는지 여부가 문제되는 경우[934]로 나눌 수 있다.

변론종결 후의 승계인의 유형으로는 크게 소송물인 실체법상 권리의무를 승계한 경우와 당사자적격을 승계받은 경우가 있다. 아래에서 차례로 살펴본다.

2) 소송물인 실체법상 권리의무를 승계한 경우

소송물인 실체법상 권리의무를 승계한 경우는 소송물인 물권 또는 채권 자체가 승계된 경우를 말하는바, 소유권확인소송에서 판결이 확정되고 난 이후 소유권을 이전받은 자, 채권의 이행을 청구하는 소송에서 판결이 확정되고 난 이후에 채권을 양수받은 자가 여기에 해당된다.[935] 채무가 승계된 경우 면책적 승계의 경우는 여기에 해당하나, 중첩적 승계의 경우는 해당하지 않는다. 중첩적 채무승계의 경우 원래의 채무자에 대하여도 기존 판결을 여전히 집행할 수 있기 때문에, 기존 판결이 무력화될 우려가 없기 때문이다.[936]

여기서 말하는 실체법상 권리의무의 승계는 원칙적으로, 피승계인이 원고이든 피고이든, 혹은 승소자이든 패소자이든 불문하고,[937] 승계가 포괄승계이든

934) 의사표시를 명하는 판결의 경우, 반대의무의 이행 등과 같은 조건이 부가되지 않은 이상, 판결 확정시에 의사표시가 있는 것으로 간주되므로, 단순히 소유권이전등기절차의 이행을 명한 판결이 확정된 이후에 등기권리자의 지위가 승계된 경우에는 부동산등기법의 규정에 따라 등기절차를 이행할 수 있을 뿐이고 원칙적으로 승계집행문이 부여될 수 없다고 한 대법원 2017. 12. 28.자 2017그100 결정에 유의하여야 한다.

935) 채권양도의 합의가 이루어진 때가 아니라 대항요건이 갖추어진 때를 기준으로 판단한다(대법원 2020. 9. 3. 선고 2020다210747 판결).

936) 중첩적 승계와 시효중단의 효과에 관련된 것으로는 대법원 2023. 12. 7. 선고 2020다225138 판결(상법 제42조 제1항에 기한 [상호를 속용하는] 영업양수인의 책임은 [] 법정 책임으로서, [] 영업양수인은 [] 영업상 채무를 중첩적으로 인수하게 된다. … 채권자가 영업양도인을 상대로 소를 제기하여 확정판결을 받아 소멸시효가 중단되거나 소멸시효 기간이 연장된 뒤 영업양도가 이루어졌다면 [그] 효과는 [] 영업양수인에게 미치지만, 채권자가 영업양도가 이루어진 뒤 영업양도인을 상대로 소를 제기하여 확정판결을 받았다면 영업양도인에 대한 관계에서 소멸시효가 중단되거나 소멸시효 기간이 연장된다고 하더라도 [그 효과는] 영업양수인에게 미치지 않는다)이 있다.

937) 다만, 소송물이 물권인 경우에는 해당 물권 자체에 대하여 특정한 상대방을 관념하기 어렵고, 소송물이 채권인 경우 중첩적 채무승계인은 변론종결 후의 승계인이 아니라는 점은 이미 보았다.

특정승계이든 불문하고, 그 방법 여하, 즉 계약인지 경매인지 등을 불문한다.

3) 당사자적격이 승계된 경우

여기서 말하는 당사자적격은 통상 계쟁물, 즉 분쟁의 대상이 된 목적물에 대하여 어떤 소송이 제기되면 당사자가 될 지위를 의미하는 것으로서[938] 당사자의 능력·자격에서 말하는 당사자적격과 일치하지 않는다. 예컨대, 피고 측을 보면, 예외가 없는 건 아니지만 어떤 부동산에 대한 등기절차의 이행을 청구하는 경우에는 그 부동산의 등기명의인을, 어떤 물건의 점유의 이전을 청구하는 경우에는 그 물건의 점유자를, 어떤 건물의 철거를 구하는 경우에는 그 건물의 소유권자(처분권자)가 각 피고가 된다. 원고 측을 보면 소유권에 기한 방해배제청구권의 행사로서 하는 등기말소청구소송, 인도청구소송 등의 소송에서 소유권자가 원고가 된다.

위와 같은 상황에서 변론종결 후에 피고 측에서 등기명의, 점유 혹은 소유권이 승계된 경우,[939] 혹은 원고 측에서 소유권이 승계된 경우 당사자적격 혹은 분쟁당사자지위가 승계되었다고 표현한다.

가) 피고 측 당사자적격의 승계

우선 피고 측에서 당사자적격이 승계된 경우를 보면 판례는 소송물이 물권적 청구권인 경우에 한하여 승계인에게 판결의 효력이 미친다고 본다.

> 대법원 1991. 1. 15. 선고 90다9964 판결[940]
> 건물명도소송에서의 소송물인 청구가 물권적 청구 등과 같이 대세적인 효력을 가진 경우

---

938) 동일 사건에 다시 소송이 제기된다면 당사자가 될 사람이라고 표현하기도 한다.

939) 대법원 2015. 1. 29. 선고 2012다111630 판결: 어떤 부동산에 대하여 점유이전금지가처분이 집행된 이후에 제3자가 <u>가처분채무자의 점유를 침탈하는 등의 방법으로 가처분채무자를 통하지 아니하고 부동산에 대한 점유를 취득한 것이라면,</u> 설령 점유를 취득할 당시에 점유이전금지가처분이 집행된 사실을 알고 있었다고 하더라도, 실제로는 가처분채무자로부터 점유를 승계받고도 점유이전금지가처분의 효력이 미치는 것을 회피하기 위하여 채무자와 통모하여 점유를 침탈한 것처럼 가장하였다는 등의 특별한 사정이 없는 한 제3자를 민사집행법 제31조 제1항에서 정한 '채무자의 승계인'이라고 할 수는 없다.

940) 대법원 1956. 6. 28.자 4289민재항1 결정(건물철거청구를 인용한 판결이 확정된 후 건물을 양수한 자는 변론종결 후의 승계인에 해당한다), 대법원 1963. 9. 27. 선고 63마14 판결(소유권이전등기말소청구를 인용한 판결이 확정된 이후 소유권이전등기를 경료한 자, 담보권설정등기를 경료한 자는 변론종결 후의 승계인에 해당한다), 대법원 1994. 12. 27. 선고 93다34183 판결(근저당권설정등기말소청구사건의 사실심 변론종결일 후에 그 부동산의 소유권을 경락취득한 자 또는 이를 전득한 자는 [] 확정판결의 효력이 미치는 변론종결 후의 승계인이라 할

에는 그 판결의 기판력이나 집행력이 변론종결 후에 그 재판의 피고로부터 그 건물의 점유를 취득한 자에게도 미치나 그 청구가 대인적인 효력밖에 없는 채권적 청구만에 그친 때에는 위와 같은 점유승계인에게 위의 효력이 미치지 아니한다.

이에 대하여 소송물이 채권적 청구권이든, 물권적 청구권이든 불문하고 변론종결 후 승계인에게 기판력이 미친다는 견해와 원고가 물권적 청구권도 행사할 수 있었던 경우에 한하여 소송물이 채권적 청구권인 경우에도 변론종결 후 승계인에게 기판력이 미친다는 견해도 있다.

'변론종결 후'의 승계인지 여부가 다투어지는 경우도 있다. 등기말소청구소송에서 변론종결 전에 매매계약이 체결되고, 변론종결 후에 등기명의가 이전된 경우에는 등기명의를 이전받은 자는 변론종결 후의 승계인인바, 등기명의의 이전시가 기준이 되기 때문이다. 판례는 등기말소청구소송에서, 변론종결 전에 가등기를 마친 다음 변론종결 후에 본등기가 마친 자는 변론종결 후의 승계인에 해당하지 않는다고 하는 한편,[941] 건물철거소송에서 변론종결 전 건물에 대하여 가등기를 마친 다음 변론종결 후에 본등기를 마친 자는 변론종결 후의 승계인에 해당한다고 하였다.[942] 두 판례의 결론이 일응 상반된 듯이 보이나, 등기말소청구소송에서는 등기의 순위보전적 효력이 직접적으로 영향을 미치고, 건물철거소송에서는 건물의 소유권자(처분권자)의 지위를 실제로 언제 취득하였는지가 중요하다는 점을 고려하면 이해가 가능하다. 판례는 또한 변론종결 전에 1차 승계가 있은 후 변론종결 후 다시 2차 승계가 있는 경우 2차 승계인은 1차 승계인을 승계한 것이기 때문에 변론종결 후의 승계인이 아니라고 하였다.[943]

승계인이 고유의 방어방법을 가지고 있는 경우, 형식설과 실질설의 대립이 있다. 이러한 경우의 예로는 동산인도판결의 변론종결 후 승계인이 선의취득자인 경우, 통정허위표시를 원인으로 한 등기말소청구소송의 변론종결 후 승계인이 선의인 경우 등을 들 수 있다. 변론종결 후의 승계인에 대하여 집행을 하고자 하는 경우에는 집행문부여기관, 즉 판결법원의 사무관 등에게 신청하여 승계집행문을 받아야 한다.[944][945] 형식설은 승계집행문 부여기관은 형식적인 사

것이다) 등도 같은 취지이다.

941) 대법원 1970. 7. 28. 선고 69다2227 판결.

942) 대법원 1992. 10. 27. 선고 92다10883 판결.

943) 대법원 1967. 2. 23.자 67마55 결정 등.

944) 대법원 1972. 7. 25. 선고 72다935 판결(승계집행문을 받아 즉시 집행할 수 있음에도 원고

항만 심사하고 실체적인 사항은 승계 여부만 심사할 수 있기 때문에 변론종결 후 승계라고 인정되면 일단 승계집행문을 부여하여야 하고, 이에 대하여 고유의 방어방법을 가지고 있는 승계인이 청구이의 혹은 집행문부여에 대한 이의로 다투어야 한다는 입장이다. 실질설은 승계집행문 부여기관이 승계인의 고유의 방어방법에 대하여도 심사할 수 있고, 승계인이 고유의 방어방법을 갖추었다고 인정되면 원고의 승계집행문부여신청을 거절하여야 하고, 이에 대하여 원고가 승계집행문부여의 소를 제기하여야 한다는 입장이다. 형식설이 다수설이다. 판례가 실질설을 취하고 있다고 소개되기도 하나[946] 의문이 있다.

나) 원고 측 당사자적격의 승계

원고가 소유권자로서 소를 제기하였는데, 변론종결 후 소유권이 승계된 경우 승계인에게는 기판력이 미치지 않는다고 보는 것이 판례의 입장이다.

> 대법원 1984. 9. 25. 선고 84다카148 판결[947]
> 토지소유권에 기한 물권적 청구권을 원인으로 하는 토지인도소송의 소송물은 토지소유권이 아니라 그 물권적 청구권인 토지인도청구권이므로 그 소송에서 청구기각된 확정판결의 기판력은 토지인도청구권의 존부 그 자체에만 미치는 것이고 소송물이 되지 아니한 토지소유권의 존부에 관하여는 미치지 아니한다 할 것이므로 그 토지인도소송의 사실심 변론종결 후에 그 패소자인 토지소유자로부터 토지를 매수하고 소유권이전등기를 마침으로써 그 소유권을 승계한 제3자의 토지소유권의 존부에 관하여는 위 확정판결의 기판력이 미치지 않는다 할 것이고 또 이 경우, 위 제3자가 가지게 되는 물권적 청구권인 토지인도청구

가 승계인을 상대로 신소를 제기하는 것은 소익이 없다).

945) 대법원 2022. 3. 17. 선고 2021다210720 판결은 주택임대차보호법이 적용되는 사건에서 임대차보증금반환을 명한 판결이 확정된 경우, 변론종결 후 임차주택을 양수한 자는 민사소송법 218조 1항의 변론종결 후의 승계인에 해당한다고 판시한 다음, 이미 임차인이 양수인을 상대로 임대차보증금의 반환을 구하는 소를 제기하여 양수인과 사이에 임대인 지위의 승계 여부에 대해 상당한 정도의 공격방어 및 법원의 심리가 진행됨으로써 사실상 승계집행문 부여의 소가 제기되었을 때와 큰 차이가 없다면 예외적으로 소익이 인정될 수 있다고 하였다. 신의칙의 적용으로 예외적으로 소송관계의 부적법함을 당사자는 물론 법원도 문제 삼을 수 없게 된 예에 해당하나, 위 판결의 적용범위는 극히 제한된 경우에 한정되어야 할 것이다.

946) 대법원 1980. 11. 25. 선고 80다2217 판결(명의신탁 해지를 원인으로 한 소유권이전등기를 명하는 확정판결의 변론 종결 후에 그 청구목적물을 매수하여 등기를 한 제3자는 변론종결 후의 승계인에 해당하지 아니하는 것이다)이 거론된다.

947) 대법원 1999. 10. 22. 선고 98다6855 판결(건물인도청구에서 원고의 패소가 확정된 이후 원고로부터 건물의 소유권을 특정승계 받은 자는 변론종결 후 승계인이 아니다), 대법원 2020. 5. 14. 선고 2019다261381 판결(토지소유권에 기한 가등기말소청구소송에서 청구기각된 확정판결의 기판력은 위 소송의 변론종결 후 토지소유자로부터 근저당권을 취득한 제3자가 근저당권에 기하여 같은 가등기에 대한 말소청구를 하는 경우에는 미치지 않는다)도 같은 취지이다.

권은 적법하게 승계한 토지소유권의 일반적 효력으로서 발생된 것이고 위 토지인도소송의 소송물인 패소자의 토지인도청구권을 승계함으로써 가지게 된 것이라고는 할 수 없으므로 위 제3자는 위 확정판결의 변론종결후의 승계인에 해당한다고 할 수도 없다.

4) 추정승계인

민사소송법 218조 2항은 당사자가 변론을 종결할 때까지 승계사실을 진술하지 않으면 변론을 종결한 뒤에 승계한 것으로 추정한다고 규정하고 있다. 변론종결시까지 승계사실에 대한 진술이 없는 경우 변론종결 후 승계로 추정된다는 취지이다. 위 규정의 효과는 추정일 뿐 간주가 아니므로, 변론종결 전의 승계라는 점을 주장·증명하여 기판력을 배제하는 것은 당연히 가능하다.[948] 변론종결 전의 승계사실을 진술하여야 하는 자가 누구인지에 관하여 승계인이라는 견해와 피승계인이라는 견해가 대립하는바, 후자가 다수설이다.

3. 목적물 소지인

민사소송법 218조 1항의 '청구의 목적물을 소지하는 자'에서 청구의 목적물은 특정물 인도청구권의 대상인 특정물을 의미하는바, 여기의 인도청구권은 물권적 청구권과 채권적 청구권을 불문한다. 창고업자, 수치인, 운송인 등이 여기에 해당한다. 임차인, 질권자, 전세권자 등은 자기 고유의 이익을 가지기 때문에 여기에 해당하지 않는다. 당사자의 소지기관(법인의 임직원), 점유보조자(동거가족 등)[949]도, 이들의 소지는 본인이 직접 소지하는 것과 같기 때문에, 여기에 해당하지 않는다.[950] 소지의 시기는 변론종결 전후를 묻지 않는다는 점에서 또한 변론종결 후의 승계인과 다르다.

---

948) 대법원 2005. 11. 10. 선고 2005다34667, 34674 판결은 "[후행소송에서] 기판력의 배제를 원하는 당사자 일방이 변론종결 전에 [] 승계가 이루어진 사실을 [증명]한다면, 종전소송에서 당사자가 [] 진술을 하였는지 여부와 상관없이, [] 민사소송법 제218조 제2항의 추정은 깨어진다"라고 하였다. 다만, 위 판결의 판시는 증명책임의 소재에 관한 것이지, 진술의 주체에 관한 것은 아니라고 볼 것이다. 주석 민사소송법(9판)(Ⅱ), 904면 각주 56(김윤종 집필부분) 참조.

949) 처의 경우 독립된 점유권원 유무를 기준으로 삼아야 한다는 견해와 원칙적으로 독립된 공동점유자라는 견해가 있다.

950) 대법원 2001. 4. 27. 선고 2001다13983 판결: 회사의 직원으로서 위 건물부분에 대한 점유보조자에 불과할 뿐 독립한 점유주체가 아닌 피고들은, 위 회사를 상대로 한 명도소송의 확정판결에 따른 집행력이 미치는 것은 별론으로 하고, 소유물반환청구의 성질을 가지는 퇴거청구의 독립한 상대방이 될 수는 없는 것이다.

4. 소송담당에서의 본인

1) 민사소송법 218조 3항 등

민사소송법 218조 3항은 소송담당자가 소송을 수행하여 받은 판결의 기판력이 본인에게 미친다는 취지의 규정이다. 독일에는 없고, 일본과 우리나라에는 있는 조문이다. 우리나라에서 어떤 제도가 소송담당이라고 본다면 이 조문 때문에 기판력의 확장을 부인하기 어렵게 된다.

소송담당으로 인하여 기판력의 확장이 문제되는 상황은 (a) 소송담당자가 수행한 소송이 선행소송(판결이 확정된 소송)이고 본인이 수행하는 소송이 후행소송(현재 계속 중인 소송)인 경우, (b) 본인이 수행한 소송이 선행소송이고, 소송담당자가 수행하는 소송이 후행소송인 경우, (c) 선행소송과 후행소송 모두 소송담당자가 수행한 또는 수행하는 소송인 경우로 나눌 수 있다.

이 중 (a)는 위 218조 3항이라는 명문의 규정에 의하여 기판력이 확장된다. (b)와 (c)에 대하여는 명문의 규정이 없으나, 대법원은 대위소송과 관련하여 선행소송과 후행소송이 실질적으로 동일한 소송이라는 이유로 기판력의 확장을 긍정하고 있다. (b)에서 기판력이 확장되는 이유는 궁극적으로 소송담당제도의 본질에서 찾을 수 있다. 즉, 본인소송의 판결확정으로 본인이 할 수 없게 된 주장을 소송담당자도 할 수 없는 것은 소송담당의 개념 자체에서 발생하는 효과라고 봐야 할 것이다. 굳이 명문의 규정을 찾는다면 218조 1항의 '당사자'가 (b)에서 소송담당제도의 효과 때문에 소송담당자를 포함하는 것으로 확장된다고 하여야 할 것이다.[951] (c)의 기판력의 확장은 (a)와 (b)의 결합으로 발생한다. 따라서 (c)의 기판력의 확장은 민사소송법 218조 3항이라는 명문의 규정((a) 부분)과 소송담당제도의 본질((b) 부분)에 기하여 발생한다.

2) 대위소송과 기판력의 확장

가장 논의가 많은 부분은 대위소송인바, 기본적으로 대위소송이 소송담당에 해당하는지에 관하여 견해가 대립하나 통설과 판례는 이를 긍정한다(소송담당설). 위 대위소송이 소송담당에 해당하는지라는 질문은 민사소송법 218조 3항

---

951) 박재완, "추심소송과 기판력의 확장", 법학논총 제39집 제4호, 한양대학교 법학연구소(2022. 12), 199면 이하, 210면 각주 40(伊藤眞 교수의 비공식적 견해).

의 적용대상에 대위소송이 포함되는지라는 질문과 동일하다. 통설이자 판례인 소송담당설을 취하는 경우 대위소송으로 기판력의 문제가 제기되면 기판력의 법리만으로 해결하는 것이 전통적인 입장이나 최근에는 원고적격흠결론이 제기되고 있다. 다만 원고적격흠결로 처리한다고 하여도 이와 별도로 기판력의 법리가 적용된다는 점에 유의하여야 한다. 대위소송은 소송담당이 아니고 채권자 자신의 독자적인 실체법적 권리를 행사하는 것이라는 견해(독자적 권리행사설/고유적격설)에 서면 대위소송으로 인하여 기판력의 문제가 제기될 여지가 없다. 이러한 기본적인 견해나 입장의 차이가 아래와 같이 대위소송으로 인하여 기판력이 문제되는 상황별로 조금씩 다른 양상을 보이며 전개된다(학설·판례의 전체적인 조감은 제12강 채권자대위 3.의 별표 참조). 대위소송으로 인하여 기판력이 문제되는 상황은 (a) 대위소송이 선행소송이고 본인소송이 후행소송인 경우, (b) 본인소송이 선행소송이고 대위소송이 후행소송인 경우, (c) 선행소송과 후행소송이 모두 대위소송인 경우로 나눌 수 있다.[952)]

가) (a) 대위소송이 선행소송이고 본인소송이 후행소송인 경우

(a)에서 쟁점은 대위소송의 확정판결의 기판력이 현재 계속 중인 본인소송에 작용하는지 여부이다. 소송담당설을 취하는 견해는, (i) 통상의 다른 소송담당과 같이 언제나 기판력이 작용한다는 입장, (ii) 채무자가 어떤 경위로든 대위소송을 알게 된 경우에 한하여 기판력이 작용한다는 입장 및 (iii) 채무자가 현실적으로 대위소송에 참가한 경우에 한하여 기판력이 작용한다는 입장으로 나뉜다. (ii)가 다수설의 입장이다. 소송담당설에 설 때, (a)에서의 기판력의 확장에 관하여 218조 3항이라는 명문의 근거가 있는 것이 된다. 이러한 218조 3항이 적용되는 경우이기 때문이라서 그런지 원고적격흠결로 처리하여야 된다는 입장은 제시되지 않는다. 독자적 권리행사설은 기판력이 작용하지 않는다는 입장이다. 판례는 다수설과 같은 입장이다.

> 대법원 1975. 5. 13. 선고 74다1664 전원합의체 판결[953)]
> 채권자가 채권자대위권을 행사하는 방법으로 제3채무자를 상대로 소송을 제기하고 판결을 받은 경우에는 채권자가 채무자에 대하여 민법 405조 1항에 의한 보존행위 이외의 권리행사의 통지, 또는 민사소송법 77조에 의한 소송고지 혹은 비송사건절차법 84조 1항에

---

952) (a)는 제12강(채권자대위) 3.의 별표 영역 ④, (b)는 영역 ⑤, (c)는 영역 ⑥과 같다. (a), (b), (c)의 견해대립의 양상이 차이를 보이는 이유에 대하여는 제12강 3. 3)을 추가적으로 참조.

953) 위 전원합의체 판결 이전에는, 기판력이 작용하지 않는다는 것이 대법원의 입장이었다.

의한 법원에 의한 재판상 대위의 허가를 고지하는 방법 등을 위시하여 어떠한 사유로 인하였던 적어도 채권자대위권에 의한 소송이 제기된 사실을 채무자가 알았을 경우에는 그 판결의 효력은 채무자에게 미친다고 보는 것이 상당하다 할 것이다.

나) (b) 본인소송이 선행소송이고 대위소송이 후행소송인 경우

(b)에서 쟁점은 본인소송의 확정판결의 기판력이 현재 계속 중인 대위소송에 작용하는지 여부이다. 소송담당설을 취하는 견해는 (i) 기판력이 작용한다는 견해와 (ii) 판결의 효력이 작용하나 이는 기판력은 아니고 반사적 효력이라는 견해로 나뉜다. 이렇게 견해가 나뉘는 것은 위 상황이 218조 3항이 규정하고 있는 상황이 아니기 때문이다. 작용하는 판결의 효력이 기판력이라는 견해는 두 소송은 당사자는 달라도 실질적으로 동일한 소송이라는 점 또는 소송담당제도의 당연한 결과라는 점 등을 근거로 제시하고,[954] 반사적 효력설이라는 견해는 명문의 규정이 없는 이상 기판력의 확장은 인정될 수 없다고 본다. 위 상황에서 채무자 본인의 인식 여부 등은 전혀 거론되지 않는바, (a)와 달리 선행소송이 채무자 본인이 제기한 것이기 때문이다. 독자적 권리행사설은 기판력이 작용할 여지가 없으나 채무자 본인이 이미 권리를 행사한 이상 채권자대위소송에서는 청구기각판결이 선고되어야 한다는 입장을 취한다. 판례는 기판력이 작용하는 것을 인정하면서도, 채무자가 본인이 이미 권리를 행사한 이상 채권자는 채권자대위소송을 제기할 원고적격을 상실하므로 원고적격 흠결로 소를 각하하여야 한다고 본다.[955]

대법원 1993. 3. 26. 선고 92다32876 판결[956][957]
원심이 위와 같이 전소의 기판력에 저촉된다고 한 판단 자체에는 위법이 없다. 그러나 원

954) 대법원 1979. 3. 13. 선고 76다688 판결. 김홍엽, 민사소송법(제10판), 박영사(2021), 934~935면; 한충수, 민사소송법(제3판), 박영사(2021), 641면.

955) 선행소송인 본인소송이 소송계속 중인 경우에는 원고적격 흠결을 문제 삼지 않고 대위소송을 중복제소로 각하한다. 대법원 1974. 1. 29. 선고 73다351 판결, 대법원 1981. 7. 7. 선고 80다2751 판결, 대법원 1992. 5. 22. 선고 91다41187 판결, 대법원 1995. 4. 14. 선고 94다29256 판결 등 참조.

956) 대법원은 이 판결에서 기판력의 법리를 적용하여 청구를 기각한 원심판결을 원고적격 흠결을 간과하였다는 이유로 파기하여 소를 각하하였다. 위 판결 이전에는 원고적격흠결을 문제 삼지 않고 기판력의 법리로 해결하기도 하였다(대법원 1979. 3. 13. 선고 76다688 판결).

957) 다만, 대법원은 비법인사단인 본인 명의로 제기된 제3채무자에 대한 소가 사원총회 결의가 없었다는 이유로 각하되어 판결이 확정된 경우에는, 채무자가 스스로 제3채무자에 대한 권리를 행사하였다고 볼 수 없으므로 채권자가 원고적격을 상실하지 않는다고 하였다(대법원 2018. 10. 25. 선고 2018다210539 판결).

> 심이 판시한 것처럼 소송물이 동일하다고 본다면 이 사건에서 원고가 채권자 대위소송으로서의 대위요건을 갖추었는가 하는 점을 살펴 볼 필요가 있다. 채권자 대위권은 채무자가 제3채무자에 대한 권리를 행사하지 아니하는 경우에 한하여 채권자가 자기의 채권을 보전하기 위하여 행사할 수 있는 것이기 때문에, 채권자가 대위권을 행사할 당시 이미 채무자가 그 권리를 재판상 행사하였을 때에는 설사 패소의 확정판결을 받았더라도 채권자는 채무자를 대위하여 채무자의 권리를 행사할 당사자적격이 없는 것이다. 그렇다면 이 사건의 경우 원고는 채무자인 피고 동아실업주식회사의 권리를 행사할 당사자적격이 없다고 보아야 할 것이다. 원심판결은 이 점 잘못을 저지르고 있어 파기를 면치 못할 것이[다.]

(b)에서 거론되는 반사적 효력은 일반적인 반사적 효력과는 차이가 있다. 우선, 일반적인 반사적 효력 자체를 부정하는 견해도, 소송담당설을 취할 때, 이 경우에는 판결의 효력이 확장된다는 것을 부정하지 않으며 다만 이를 반사적 효력이 아닌 기판력으로 파악한다. 반사적 효력설도 (b)에서 작용하는 반사적 효력의 내용이, 일반적인 반사적 효력과 달리, 기판력과 실질적으로 동일하다고 보는 것으로 파악된다. 또한 일반적인 반사적 효력과 소송담당에서 논의되는 반사적 효력이 다르다는 것을 명시적으로 지적하는 견해도 있다.[958)][959)]

(b)에서 소송담당설이 기판력설과 반사적 효력설로 나뉘는 것은 218조 3항의 문언 때문인데, 기판력설이나 반사적 효력설이나 그 효력의 실질에 관하여는 아무런 차이가 없는 반면, 그 궁극적 근거는 소송담당제도 자체에 있으므로,[960)] 기판력설과 반사적 효력설의 차이는 명칭을 어떻게 붙여야 하는가의 차이만 있을 뿐이다. 불필요한 혼란을 방지하기 위하여 기판력설이 타당하다고, 즉 (b)에서 확장되는 판결의 효력은 기판력이라고 부르는 것이 타당하다고 생각된다.[961)]

다만, 기판력의 확장을 위하여 반드시 명문의 근거가 있어야 한다는 입장을 고수하고 이를 위 결론과 조화시킨다면, 민사소송법 218조 1항의 '당사자'가

---

958) 상세는 박재완, "추심소송과 기판력의 확장", 법학논총 제39집 제4호, 한양대학교 법학연구소(2022. 12), 199면 이하, 207~209면 참조.

959) 伊藤眞, 民事訴訟法 第7版, 有斐閣, 2020, 605~611면 참조. 伊藤眞 교수는 일반적인 반사적 효력을 '반사효'라고 부르고, 위 소송담당의 법리에 의한 판결효의 확장을 '반사적 효력'이라고 부르고 있다. 다만, 일본에서도 우리나라에서도 용어가 혼용되어 사용되고 있다.

960) 伊藤眞, 民事訴訟法 第7版, 有斐閣, 2020, 605면: 소송담당자가 소송물인 권리관계에 대한 당사자적격(소송수행권)을 본인 대신 행사하는 이상, 본인이 당해 권리관계에 대하여 더 이상 할 수 없는 주장은 소송담당자도 할 수 없는 것이 소송담당의 소송법상 효과이다.

961) 박재완, "추심소송과 기판력의 확장", 법학논총 제39집 제4호, 한양대학교 법학연구소(2022. 12), 199면 이하, 207면.

소송담당제도의 효과 때문에 (b)와 관련하여 소송담당자를 포함하는 것으로 확장된다고 할 수도 있을 것이다.[962)]

다) (c) 선행소송과 후행소송이 모두 대위소송인 경우

(c)에서 쟁점은 선행 대위소송의 확정판결의 기판력이 현재 진행 중인 대위소송에 작용하는지 여부이다. 소송담당설을 취하는 견해는 (i) 채무자가 대위소송이 제기된 사실을 어떠한 경위로든 알았던 경우에는 기판력이 미친다는 견해와 (ii) 기판력이 아니라 반사적 효력이 미친다는 견해로 다시 입장이 나뉜다. 즉, 여기에서는 채무자의 대위소송에 대한 인식 유무가 문제된다. 독자적 권리행사설은 기판력이 작용할 여지가 없다고 본다. 판례는 위 (i)과 같은 입장이다.

> 대법원 1994. 8. 12. 선고 93다52808 판결
> 어느 채권자가 채권자대위권을 행사하는 방법으로 제3채무자를 상대로 소송을 제기하여 판결을 받은 경우, 어떠한 사유로든 채무자가 채권자대위소송이 제기된 사실을 알았을 경우에 한하여 그 판결의 효력이 채무자에게 미치므로, 이러한 경우에는 그 후 다른 채권자가 동일한 소송물에 대하여 채권자대위권에 기한 소를 제기하면 전소의 기판력을 받게 된다고 할 것이지만, 채무자가 전소인 채권자대위소송이 제기된 사실을 알지 못하였을 경우에는 전소의 기판력이 다른 채권자가 제기한 후소인 채권자대위소송에 미치지 않는다.

(c)의 기판력의 확장은 (a)의 기판력의 확장과 (b)의 기판력의 확장의 결합으로 발생한다. 따라서 만약 다수설, 판례와 달리 (a)에서 채무자의 대위소송에 대한 인식 여부를 불문하고 기판력이 확장된다는 입장을 취하면, 이에 따라 자동적으로 (c)에서 채무자의 대위소송에 대한 인식 여부를 불문하고 기판력이 확장된다고 보아야 한다. (c)의 기판력의 확장에 관한 명문의 근거가 있는지에 관한 논의는 (a)의 논의와 (b)의 논의를 합하면 된다. (b)에서 본 바와 같은 이유로 (c)에서도 기판력설이 타당하다.

3) 추심소송과 기판력의 확장

추심소송의 본질에 관하여도 소송담당설이 통설, 판례[963)]의 입장이다. 추심소송과 관련하여 기판력의 확장이 문제되는 경우도 대위소송에서와 마찬가지로

---

962) 최건호, "확정판결의 기판력과 유사필수적 공동소송", 저스티스 제86호, 한국법학원, 2005, 40면 이하, 57면 각주 60에 담긴 伊藤眞 교수의 견해 참조.

963) 대법원 1988. 12. 13. 선고 88다카3465 판결, 대법원 2000. 4. 11. 선고 99다23888 판결, 대법원 2008. 9. 25. 선고 2007다60417 판결 등.

(a) 추심소송이 선행소송이고 본인소송이 후행소송인 경우, (b) 본인소송이 선행소송이고 추심소송이 후행소송인 경우, (c) 선행소송과 후행소송이 모두 추심소송인 경우로 나눌 수 있다.

대위소송에서 기판력의 확장은 민사소송법 218조 3항과 소송담당제도의 본질에 근거하여 발생하는 것이므로, 추심소송을 소송담당이라고 본다면 (a), (b), (c)에서 기판력의 확장은 대위소송에서의 (a), (b), (c)와 각각 같다고 하여야 한다.

다만, (a)의 경우 대위소송과 달리 추심소송에서는 채권자가 집행권원을 가지고 있다는 등의 이유로 채무자의 추심소송에 대한 인식 여부를 불문하고 기판력이 확장된다는 견해가 통설이므로, 이에 따르면 (a)는 물론 (c)에서도 채무자의 추심소송에 대한 인식 여부를 불문하고 기판력이 확장된다고 보아야 한다.

판례도 같은 입장이다. 즉, 대법원은 대법원 2020. 10. 29. 선고 2016다35390 판결에서 소송담당으로 인한 기판력의 확장을 (a)에서만 인정하고, (b), (c)에서는 부정하였으나, 대법원 2025. 10. 23. 선고 2021다252977 전원합의체 판결로 (a), (b), (c) 모두에서 인정하는 것으로 입장을 변경하였다.

위 전원합의체 판결은 추심소송을 갈음형 소송담당이라고 한 선례들을 변경하면서 추심소송을 병행형 소송담당이라고 한 것으로서, 위 2016다35390 판결을 명시적인 변경의 대상으로 삼지는 않았으나, 실질적으로 변경하였다.[964] 위 2016다35390 판결은 별다른 근거 없이 대위소송과 추심소송을 달리 취급한 문제점이 있었고,[965] 이러한 문제점을 바로 잡은 위 전원합의체 판결은 타당하다. 아래에서 조금 자세히 살펴본다.

우선 (a)와 관련하여 위 전원합의체 판결은 민사소송법 218조 3항에 의하여 기판력의 확장을 인정하고, 대위소송에서와 달리 이러한 확장은 무제한적이라고 보았다.[966] 나아가 위 전원합의체 판결은 이러한 법리는 위 2016다35390 판결도 인정하였던 것이라고 하였다.

(b)와 관련하여 위 2016다35390 판결은 명문의 규정이 없다는 이유로 소송

---

964) 대법관 이흥구, 이숙연의 보충의견 참조.

965) 상세는 박재완, “추심소송과 기판력의 확장”, 법학논총 제39집 제4호, 한양대학교 법학연구소(2022. 12), 199면 이하, 205~226면 참조.

966) 위 전원합의체 판결에 채무자의 인식 여부가 문제 되지 않는다는 점이 명시되어 있지 않으나, 아무런 단서나 유보 없이 기판력의 확장을 인정하고 있으므로, 무제한적 기판력의 확장을 인정한 것으로 볼 수 있다.

담당으로 인한 기판력의 확장을 부정하고, 대신 변론종결 후의 승계인의 법리에 의한 기판력의 확장을 인정하였으나, 위 전원합의체 판결은 소송담당으로 인한 기판력의 확장을 인정하였다.[967] 이 부분이 위 전원합의체 판결의 가장 중요한 대목으로서 향후 소송담당 관련 논의에 큰 역할을 할 것이다. 나아가 위 전원합의체 판결처럼 추심소송을 병행형 소송담당이라고 보게 되면 추심채권자를 본인의 승계인으로 볼 수 없으므로 변론종결 후의 승계인의 법리가 적용될 수 없다. 애초에 위 2016다35390 판결이 효과의 명칭이나 범위를 불문하고 본인이 기판력의 제한으로 이미 할 수 없게 된 주장을 소송담당자가 할 수 있다고 인정하는 것 자체가 소송담당설의 입장에서는 정당화하기 어려운 명제였고,[968] 이를 시정한 위 전원합의체 판결은 타당하다.

(c)와 관련하여 위 전원합의체 판결은 한 추심채권자가 제기한 추심소송에서 확정된 판결의 기판력이 채무자를 통하여[969] 다른 추심채권자가 제기한 추심소송에 확장된다고 하고, 후소 원고의 추심명령이 선행 추심소송의 변론종결일 이전에 있었는지 여부는 문제 되지 않는다고 하였다. 위 2016다35390 판결은 추심소송에서 확정된 판결의 기판력이 그 변론종결일 이전에 추심명령을 받았던 다른 추심채권자에게는 확장되지 않고, 변론종결일 이후에 추심명령을 받았던 다른 추심채권자에게는 변론종결 후의 승계인의 법리에 의하여 확장된다고 하였다. 그러나, 추심소송을 갈음형 소송담당이라고 보더라도 추심채권자들 상호간의 관계를 승계인과 피승계인으로 보는 것은 어려운 것이었고,[970] 위 전원합의체 판결처럼 추심소송을 병행형 소송담당이라고 보면 입론의 여지가 없다. 위 2016다35390 판결이 기판력의 확장을 부정한 가장 중요한 이유는 아무래도 위 민사집행법 249조 3항, 4항이 기판력을 확장하는 창설적 규정이라고 보았기 때문일 것이다. 하지만 공동소송참가의 일반론, 특히 일반적 요건과 민사집행법 249조 전체를 고려하여 생각해 보면 위 민사집행법 249조 3항, 4항은

967) 대법원 2022. 6. 30. 선고 2021다239301 판결 중 "구분소유자가 부당이득반환 소송을 제기하여 판결이 확정되었다면 그 부분에 관한 효력도 [집합건물] 관리단에게 미친다고 보아야 한다"는 부분을 선례로 인용하였다.

968) 상세는 박재완, "추심소송과 기판력의 확장", 법학논총 제39집 제4호, 한양대학교 법학연구소(2022. 12), 199면 이하, 204~226면 참조.

969) (a)의 법리와 (b)의 법리의 결합을 의미하는 것이다.

970) 상세는 박재완, "추심소송과 기판력의 확장", 법학논총 제39집 제4호, 한양대학교 법학연구소(2022. 12), 199면 이하, 206~210면 참조.

확인적 규정이라고 보아야 할 것이다.[971)]

결국, 위 전원합의체 판결이 (a), (b), (c) 모두에서 기판력의 무제한적 확장을 인정한 것은 타당하다고 생각된다.[972)]

4) 소송담당에서의 기판력의 확장과 원고적격

소송담당과 관련하여 논리적으로 볼 때 원고적격이 가장 먼저 등장하는 대목은 ① 어떤 제도가 소송담당에 해당하는지 여부를 판단할 때인데, 이 문제는 (a)의 문제, 즉 대위소송이나 추심소송에 민사소송법 218조 3항이 적용되는지 여부의 문제와 동일하다. 원고적격이 등장하는 다음 대목은 ② 본인의 원고적격 상실 여부로서 이는 어떤 소송담당이 병행형인지, 갈음형인지의 문제인데, 이는 ①에서 어떤 제도가 소송담당이라고 판단된 것을 전제로 하는 것이다. 그런데 이 단계에서 어떤 소송담당이 갈음형이라고 보게 되면, 당사자적격이 없는 자가 받은 확정판결의 효력은 당사자적격자에게 미치지 않는다는 법리와 결합하여, 본인소송에서 소송담당자가 제기한 소송으로의 기판력 확장의 범위가 마치 일식현상이 일어난 것처럼 축소되는 경우가 생길 수도 있다. 주의할 점은 갈음형 소송담당이라고 하여도 본인이 당사자적격이 있을 때 확정된 판결은 기판력이 인정되고, 이 기판력은 소송담당의 법리에 의하여 소송담당자에게 확장된다는 점이다. 또한 ③ 어떤 소송담당이 병행형인 경우에도 본인소송의 소제기나 판결확정에 의하여 소송담당자가 원고적격을 상실하게 된다고 보는 경우에는 소송담당자가 제기한 소송의 본인소송으로의 기판력의 확장범위가 역시 위와 같은 이유로 축소되는 경우가 발생하게 된다.

어떤 제도에 대하여 소송담당설을 취할 때, ①의 경우 원고적격에 대한 논의가 반드시 수반되어야 하지만, ②, ③의 경우 원고적격에 대한 논의가 반드시 필요한 것은 아니다. 즉, ②에서 반드시 갈음형 소송담당이라고 본다든지,

---

971) 상세는 박재완, "추심소송과 기판력의 확장", 법학논총 제39집 제4호, 한양대학교 법학연구소(2022. 12), 199면 이하, 213~222면 참조.

972) 다만, 위 2016다35390 판결의 사안은 추심채권자가 제3채무자를 상대로 제기한 추심소송에서 화해권고결정(피고가 원고에게 원고 청구액의 일부를 지급하고, 원고가 나머지 청구를 포기한다는 내용)이 확정된 사안이었고, 이러한 화해권고결정(포기부분)의 기판력이 다른 추심채권자가 제기한 추심소송에 확장되지 않는 이유로, 위와 같은 기판력 확장의 법리에 우선하여 원고였던 추심채권자가 포기한 것은 피압류채권 자체가 아니라 자신의 추심권능이라는 점을 들었는바, 이 부분 판시는 타당한 것이다.

③에서 반드시 본인의 소제기 등에 의하여 소송담당자가 원고적격을 상실한다고 볼 필요는 없다.[973] ②, ③의 원고적격에 대한 논의는 ①의 원고적격에 대한 논의에 비하여 부차적이고 정책적인 고려가 가능한 부분이다. 따라서 ②, ③에서 원고적격의 법리를 적용하는 입장을 취하더라도 그로 말미암아 발생하는 기판력 확장의 일식현상적 축소[974]를 근거로 민사소송법 218조 3항과 소송담당제도로 인하여 발생하는 근본적인 기판력 확장을 부정하는 것은 본말이 뒤바뀐 것으로서 적절하지 않다고 생각된다.

973) 예컨대, 대위소송과 추심소송 모두에 대하여 갈음형이라는 견해와 병행형이라는 견해가 대립하고 있다. 대위소송의 경우 일본의 통설, 판례는 갈음형이라고 보았으나, 최근 일본 민법 개정으로 병행형으로 되었다. 또한, 추심소송의 경우 갈음형 소송담당이라는 것이 오랜 동안 우리나라의 통설, 판례였으나, 대법원 2022. 11. 24. 선고 2018두67 전원합의체 판결(토지소유자 등의 사업시행자에 대한 손실보상금 채권에 관한 압류 및 추심명령이 있어도 토지소유자는 원고적격을 상실하지 않는다)에 이어 대법원 2025. 10. 23. 선고 2021다252977 전원합의체 판결로 인하여 추심소송은 병행형 소송담당이 되었다.

974) 이 점도 위 2016다35390 판결이 ⒝와 ⒞에서 대위소송과 추심소송을 달리 취급한 주요 근거였다(박재완, "추심소송과 기판력의 확장", 법학논총 제39집 제4호, 한양대학교 법학연구소 (2022. 12), 199면 이하, 222~226면 참조). 위 대법원 2025. 10. 23. 선고 2021다252977 전원합의체 판결이 추심소송을 갈음형 소송담당에서 병행형 소송담당으로 변경한 것은 이 점에 의한 혼란을 바로 잡는데 도움이 될 것이다.

제 53 강 판결의 하자

1. 일반론

판결에 하자가 있는 경우 일반적으로는 그 판결은 (당연)무효는 아니고 위법할 뿐이다. 즉, 일반적인 경우 하자 있는 판결은 일응 유효하고, 다만, 상소나 재심에 의하여 취소될 수 있다. 즉, 하자는 상소사유나 재심사유가 된다. 개별소송행위가 요건을 갖추지 못한 경우 원칙적으로 무효인 것과 다르다.

그러나 경우에 따라서는 판결이 무효인 경우도 있는바, 여기에는 판결이 아예 부존재하는 경우와 존재하지만 무효인 경우(협의의 판결의 무효)가 포함된다. 판결의 무효와 관련하여서는 통상 사위판결(판결의 편취)이 함께 다뤄져, 사위판결을 무효라고 볼 것인지, 어떤 구제수단을 인정할 것인지 등이 논의된다.

아래에서 판결의 부존재, 무효의 판결 및 사위판결(판결의 편취)에 관하여 차례로 살펴본다.

2. 판결의 부존재(비판결)

법관의 판결이라고 볼 수 없거나, 선고되었다고 볼 수 없는 경우를 판결의 부존재 또는 비판결이라고 한다. 법관이 아닌 자의 판결이나, 초고상태의 판결을 예로 들 수 있다. 비판결은 아무런 효력이 없고, 원칙적으로 상소의 대상이 되지 아니하고, 상소가 제기되어도 그 상소는 각하되어야 한다. 다만 예외적으로 법원에서 판결정본을 송달한 경우, 외관제거를 위한 상소는 허용하여야 한다는 견해도 있다.

3. 판결의 무효

어떤 판결이 외관은 갖추었지만 그 내용에 있어서 묵과할 수 없는 중대한 하자가 있는 경우 그 판결은 무효이다. 치외법권자에 대한 판결, 소제기 이전에 이미 사망한 자를 당사자로 한 판결, 심판대상이 아닌 부분에 대한 판결(소 취하·인낙 등의 간과, 상소심의 불복범위가 아닌 부분에 대한 판결), 주문 자체가 국내법상 인정되지 않는 법률효과를 내용으로 하는 판결,[975] 판결경정에 의하여 시정될 수 없는 정도로 내용이 불명확한 판결 등을 예로 들 수 있다.

무효인 판결은 그 존재가 인정되는 이상 해당 심급을 완결시키고 판결법원을 구속하는 기속력이 인정되고, 형식적 확정력도 인정되므로 다시 판결해달라는 신청은 받아들여지지 않는다. 따라서 무효인 판결에 아무런 효력이 없는 것은 아니다. 다만, 판결의 내용적 효력인 기판력, 집행력, 형성력은 발생하지 않는다.

상소 및 재심의 허용 여부에 대하여 재심은 허용되지 않지만 형식적으로 확정되기 전에는 외관제거를 위한 상소는 허용되어야 한다는 견해[976]와 상소 및 재심이 모두 허용된다는 견해가 대립한다. 전자가 일반론으로서 타당하다. 즉, 무효인 판결도 상소의 대상적격이 있다고 하는 것이 타당하다.

판례는 무효인 판결에 대한 재심을 허용하지 않는다.[977] 판례가 무효인 판결에 대하여 상소제기를 허용하지 않는다고 소개하면서, 아래와 같은 소제기 이전에 당사자가 사망한 것을 간과하고 선고된 판결에 대한 상소를 각하한 판례를 근거로 제시하는 경우가 종종 있으나, 판례가 무효인 판결 일반에 대하여 상소를 허용하지 않는다고 할 수 있을지는 의문이다.[978]

---

975) '강행법규나 사회질서에 반하는'이라는 표현을 쓰기도 한다.

976) 가처분신청 이전에 채무자가 기재된 자가 사망한 것을 간과하고 내려진 가처분결정은 무효이고, 상속인이 일반승계인으로서 가처분이의신청을 할 수 있다고 한 대법원 2002. 4. 26. 선고 2003다30578 판결이 무효인 판결에 대한 상소의 대상적격을 인정하여야 할 근거로 제시되기도 한다. 그런데, 위와 같은 경우 채무자로 기재된 자가 가처분신청 이전에 사망한 이상 상속인을 일반승계인이라고 보기는 어려우므로 위 판결의 타당성에 대하여는 의문이 있다. 제3자이의의 소가 적법한 구제수단이라고 생각된다.

977) 대법원 1994. 12. 9. 선고 94다16564 판결. 이 판례는 당사자가 소송계속 중 사망하여 소송절차가 중단된 경우, 소송중단을 간과하고 선고된 판결이 무효임을 전제로, 무효인 판결에 대해 재심이 허용되지 않는다고 판시하였다. 이후 대법원이 대법원 1995. 5. 23. 선고 94다28444 전원합의체 판결로 소송중단을 간과한 판결은 무효가 아니라 취소대상일 뿐이라고 입장을 바꾸었다. 따라서 이 판례의 위 판시는 그 중 무효의 판결에 대하여는 재심이 허용되지 않는다는 부분만 의미가 있다.

978) 즉, 대상적격흠결 외에도 상소이익의 흠결 등에 기하여도 상소가 각하될 수 있는데, 거론된 대법원 판결 등이 명백하게 무효인 판결은 상소의 대상적격이 없다는 이유로 상소를 각하한 것은 아닌 점, 판결의 무효사유는 위에서 본 바와 같이 다양하기 때문에 거론된 대법원 판결 등만으로 대법원이 무효인 판결에 대하여 일반적으로 상소제기를 허용하지 않는다고 보기는 어려운 점(예컨대, 치외법권자를 피고로 한 판결은 무효인데, 이에 대하여 피고가 상소

대법원 2000. 10. 27. 선고 2000다33775 판결[979)980)]
당사자가 소제기 이전에 이미 사망하여 주민등록이 말소된 사실을 간과한 채 본안 판단에 나아간 원심판결은 당연무효라 할 것이나, 민사소송이 당사자의 대립을 그 본질적 형태로 하는 것임에 비추어 사망한 자를 상대로 한 상고는 허용될 수 없다 할 것이므로, 이미 사망한 자를 상대방으로 하여 제기한 상고는 부적법하다.

4. 사위판결(판결의 편취)

1) 의 의

당사자가 상대방이나 법원을 기망하여 부당한 내용의 판결을 받은 경우를 판결의 편취라고 하고, 편취된 판결을 사위판결이라고 한다. 판결의 편취에 해당되는 경우로는 ① 법정에 피고가 아닌 다른 사람이 출석하여 자백 등 변론을 하게 하여 승소판결을 받은 경우(성명모용소송. 통상 피고의 주소는 제대로 기재되었으나 그 주소에서 피고가 아닌 다른 사람이 소송서류를 송달받은 경우가 상정됨),[981)] ② 소취하의 합의를 하여 피고를 불출석하게 한 다음 소취하를 하지 않고 승소판결을 받은 경우(취하합의 후 불출석 유도), ③ 피고의 주소를 알고 있음에도 소재불명으로 속여 공시송달로 승소판결을 받은 경우(공시송달에 의한 판결편취), ④ 피고의 주소를 허위로 적은 다음 그 주소에서 원고 또는 그 하수인이 소장을 송달받아 결국 피고가 답변서를 제출하지 못하게 하여 무변론 승소판결을 받은

를 제기할 수 없다고 보기는 어려울 것이다), 소제기 이전에 피고가 사망한 것을 간과하여 판결이 무효인 사안의 경우 대법원은 상속인은 당사자가 아니고, 1심판결 선고 이후에는 당사자표시정정으로 당사자가 될 수 없고, 수계신청도 불가능한 것으로 보고 있으므로, 판결에 다른 무효사유가 있는 경우와는 다른 점이 있는 점(대법원 1994. 6. 28. 선고 94다17048 판결, 대법원 2016. 4. 29. 선고 2014다210449 판결은 상고를 각하하지 않고 항소심판결과 1심판결을 파기 및 취소하고 소를 각하하였는바(원고 115 부분), 이들은 원고가 소제기 이전에 사망한 사안에 대한 것이다) 등을 고려할 때 판례가 무효인 판결의 상소의 대상적격을 부정하는 입장이라고 단정하기는 어렵다고 생각된다. 보다 상세한 논증은 박재완, "제소전 사망자를 상대로 한 판례의 흐름", 법학논총 제34집 제4호, 한양대 법학연구소(2018. 12), 432면 이하, 442~445면 참조.

979) 다만, 소송종료선언을 할 수 있는 경우에는 소송종료선언을 한다(대법원 1991. 5. 24. 선고 90다18036 판결).

980) 이외에도 판례는 이미 확정되어 심판대상이 아닌 부분에 대하여 선고된 판결에 대한 상소를 부적법하다고 각하하기도 하고(대법원 1995. 1. 24. 선고 94다29065 판결, 대법원 2002. 12. 26. 선고 2002므852 판결), 상소를 받아들이기도 한다(대법원 2020. 3. 26. 선고 2018다221867 판결). 후자의 입장이 타당하다고 본다.

981) 다른 사람이 출석하여 인낙한 경우도 여기에 해당한다.

경우(자백간주에 의한 판결편취), ⑤ 원고가 소장에 피고의 대표자로 권한 없는 허위의 대표자를 기재한 경우(참칭대표자소송) 등이 있다.[982]

2) 구제책

사위판결의 피해자, 즉 피고의 구제책과 관련하여 논의되는 논점은 다음과 같다. 첫째, 사위판결은 당연무효인가? 둘째, 사위판결에 대하여 청구이의의 소를 제기할 수 있는가? 셋째, 피고가 원고를 상대로 부당이득반환청구나 불법행위에 기한 손해배상청구를 할 수 있는가? 첫째와 둘째 논점은 구제책 중 소송법과 관련된 것(소송법상 구제책)이고, 셋째 논점은 실체법과 관련된 것(실체법상 구제책)이다. 아래에서 차례로 본다.

가) 사위판결의 효력

(1) 일반론

사위판결이 당연무효인지 여부는 가장 기본적인 논점이다. 사위판결 일반에 대하여 사위판결은 피고의 정당한 재판을 받을 권리를 침해하여 당연무효라는 견해(무효설)와 사위판결은 당연무효는 아니고 재심(혹은 상소의 추후보완)의 대상이 되는 위법한 판결일뿐이라는 견해(재심설)가 대립하고 있다. 후자가 통설이다. 판례도 기본적으로는 재심설을 취한다.

재심설을 취하는 경우에도 사위판결의 유형에 따라 재심사유가 달라지고, 이에 따라 재심제기기간에 대한 제한 유무도 달라지며, 특히 판례는 일정한 경우 상소로 구제받아야 된다는 입장을 취하고 있으므로 아래에서 사위판결의 유형별로 구제책을 보다 상세히 살펴보기로 하되, 그에 앞서 항을 바꾸어 재심설의 의미에 대하여 먼저 살펴보기로 한다.

(2) 재심설의 의미

㈎ 기판력의 긍정

재심설에 입각하면 사위판결은 재심으로 취소되지 않는 이상 기판력을 갖기 때문에 피고의 구제책에 제약을 가한다. 예컨대, 사위판결에 기하여 원고가 소유권이전등기를 경료한 이후, 피고가 위 등기의 말소등기를 청구하면 전소의 청구와 후소의 청구가 모순관계에 있게 되어 피고의 청구는 사위판결의 기판력

982) 이외에 실체법적 권리가 없음에도 불구하고 소송을 제기하여 증거위조 등의 방법으로 승소판결을 받은 경우(소송사기) 등이 함께 논의되기도 한다.

에 반하여 기각된다. 사위판결에 기하여 원고가 금전을 지급받은 다음, 피고가 위 금전에 대하여 부당이득반환청구를 하는 경우도 마찬가지이다. 위와 같은 경우 피고는 먼저 재심으로 사위판결을 취소하는 것이 필요하다.

무효설은 사위판결의 기판력을 부정하기 때문에 재심을 제기할 필요가 없다는 입장이다.

㈏ **확정판결: 판결정본송달의 유효**

재심설은 또한 사위판결이 확정판결이라는 점을 전제로 하고 있다. 판결이 확정되기 위하여는 상소기간이 만료되어야 하고,[983] 상소기간이 만료되려면 상소기간이 진행되어야 하고, 상소기간이 진행되려면 판결정본의 송달이 유효하여야 한다. 재심설은 결국 판결의 편취가 있어도 판결정본의 송달이 유효하다는 입장이다. 통상 판결의 편취가 있는 경우 피고는 판결정본도 자신이 실제 송달받지 못하기 때문에 상소기간 내에 피고가 상소를 제기하는 경우는 극히 드물다. 따라서 재심설에 입각하면 통상 사위판결은 확정판결이 되는 것이다. 하지만 예외적으로 상소기간이 도과되기 전에 피고가 상소를 제기하였다면 이러한 상소는 당연히 적법하고도 유효하다. 재심설이 이러한 상소까지 불가능하다고 하는 것은 아니다.

만약, 사위판결이 유효라고 보더라도 위와 달리 판결정본의 송달이 무효라고 한다면 사위판결은 확정될 수 없고, 나아가 기판력도 발생하지 않는다. 이런 입장을 취하게 되면 우선, 피고는 사위판결에 대하여 상소를 제기할 수 있다. 왜냐하면 판결은 선고에 의하여 효력이 발생하고 상소는 판결정본 송달 이전인 선고시부터 할 수 있기 때문이다. 이 경우 재심은 확정판결에 대하여만 제기할 수 있기 때문에 사위판결에 대한 재심청구는 불가능하다. 또한 상소와 별도로 피고는 먼저 재심을 제기할 필요 없이 바로 부당이득반환청구를 할 수 있다. 판결의 편취의 제 유형 중 판결정본의 송달의 유·무효가 문제되는 것은 위 ③ 공시송달에 의한 판결편취와 ④ 자백간주에 의한 판결편취, 특히 후자이다.

㈐ **상소의 추후보완과 재심**

재심설은 상소의 추후보완이 사위판결에 대한 구제수단이 될 수 있음을 인정한다. 상소의 추후보완은 상소와 달리 상소기간이 일단 만료된 것을 전제로

983) 상고심판결은 일반적으로 선고에 의하여 확정되므로 그 예외이다.

한 구제수단이기 때문에 역시 이 점을 전제로 한 재심과 궤를 같이 한다.

재심과 상소의 추후보완이 병존가능한지 여부에 대하여 특히 재심의 보충성(451조 1항 단서)과 관련하여 논의가 있다. 반대견해도 있으나 통설은 병존을 인정하고 재심의 보충성을 판단할 때 상소의 추후보완은 고려하지 않는다. 판례도 같다.

> 대법원 2011. 12. 22. 선고 2011다73540 판결
> 당사자가 상대방의 주소 또는 거소를 알고 있었음에도 불구하고 소재불명 또는 허위의 주소나 거소로 하여 소를 제기한 탓으로 공시송달의 방법에 의하여 판결(심판)정본이 송달된 때에는 민사소송법 제451조 제1항 제11호에 의하여 재심을 제기할 수 있음은 물론이나 또한 같은 법 제173조에 의한 소송행위 추완에 의하여도 상소를 제기할 수도 있다…
> 추완상소와 재심의 소는 독립된 별개의 제도이므로 추완상소의 방법을 택하는 경우에는 추완상소의 기간 내에, 재심의 방법을 택하는 경우에는 재심기간 내에 이를 제기하여야 하는 것으로 보이는 점을 고려하면, 공시송달에 의하여 판결이 선고되고 그 판결정본이 송달되어 확정된 이후에 추완항소의 방법이 아닌 재심의 방법을 택한 경우에는 추완상소기간이 도과하였다 하더라도 재심기간 내에는 재심의 소를 제기할 수 있다고 보아야 할 것이다.

(3) 유형별 고찰

(가) 성명모용소송(①)

재심에 의하여 구제받아야 한다는 것이 통설·판례이다.[984] 451조 1항 3호, 즉 대리권의 흠결을 재심사유로 삼아야 한다.

> 제451조(재심사유) ① 다음 각호 가운데 어느 하나에 해당하면 확정된 종국판결에 대하여 재심의 소를 제기할 수 있다. 다만, 당사자가 상소에 의하여 그 사유를 주장하였거나, 이를 알고도 주장하지 아니한 때에는 그러하지 아니하다.
> 3. 법정대리권·소송대리권 또는 대리인이 소송행위를 하는 데에 필요한 권한의 수여에 흠이 있는 때. 다만, 제60조 또는 제97조의 규정에 따라 추인한 때에는 그러하지 아니하다.

이는 모용자를 무권대리인으로 보는 것이다. 민사소송법이 무권대리를 재심사유로 삼고 있는 것은 무권대리인에 대한 판결정본의 송달도 유효한 것으로 보겠다는 취지로 봐야 할 것이다.

대리권이 전면적으로 흠결된 경우에 해당하기 때문에 재심제기기간의 제한이 없다(457조).

984) 대법원 1964. 3. 31. 선고 63다656 판결.

㈏ 취하합의 후 불출석 유도(②)

위 ㈎와 같다.

㈐ 공시송달에 의한 판결편취(③)

재심에 의하여 구제받아야 한다는 것이 통설·판례[985]이다. 1960년 법개정 때 신설된 451조 1항 11호를 재심사유로 삼아야 한다는 데 대하여 이견이 없다.[986]

> 11. 당사자가 상대방의 주소 또는 거소를 알고 있었음에도 있는 곳을 잘 모른다고 하거나 주소나 거소를 거짓으로 하여 소를 제기한 때

재심에 의하여 구제받아야 한다는 것은 공시송달에 기한 판결정본의 송달이 유효하다는 것을 전제로 한 것이고, 그 근거로는 비록 요건은 갖추어져 있지 않았지만 공시송달은 재판장의 명령, 즉 재판에 기한 것이므로 공시송달에 기한 판결정본의 송달을 무효로 보기는 어렵다는 점이 제시되었었다. 2015년 법개정으로 재판장의 명령 없이 법원사무관 등이 독자적으로 공시송달을 실시할 수 있게 되었지만, 여전히 재판장에게 공시송달명령권이 유보되어 있고, 법원사무관 등의 공시송달에 대한 재판장의 감독권이 보장되어 있는 점(민사소송법 194조 3, 5항), 위 451조 1항 11호가 존재한다는 점 등을 고려할 때 법리의 변경은 필요하지 않다.

위 재심사유에 기한 재심청구에는 재심기간의 제한이 따른다는 것이 판례의 입장이다.

> 대법원 1992. 5. 26. 선고 92다4079 판결
> 당사자가 상대방의 주소 또는 거소를 알고 있었음에도 불구하고 소재불명이라 하여 공시송달로 소송을 진행하여 그 판결이 확정되고 그 상대방 당사자가 책임질 수 없는 사유로 상소를 제기하지 못한 경우에는 선택에 따라 추완상소를 하거나 민사소송법 제422조 제1항 제11호의 재심사유가 있음을 이유로 재심의 소를 제기할 수 있다고 하더라도 재심의 소를 선

985) 대법원 1974. 6. 25. 선고 73다1471 판결(원고가 피고의 주소를 알고 있었음에도 불구하고 허위의 주소로 하여 소를 제기하여 판결을 받은 경우라도 그 판결이 재판장의 공시송달명령에 의하여 송달되고 그 항소기간이 도과되었다면 [] 그 판결은 형식상 확정되었다 할 것이[다]), 대법원 1985. 7. 9. 선고 85므12 판결(피청구인의 주거지를 알면서도 허위의 주소를 표시하여 공시송달의 방법으로 절차가 진행되고 판결이 선고된 경우, 민사소송법 451조 1항 11호 소정의 재심사유에 해당한다).

986) 11호는 우리나라에만 있고, 일본이나 독일에는 없는 조항이다. 1960년 법개정 때 공시송달이나 자백간주에 기한 판결편취에 대한 재심이 가능한지 여부가 논의된 끝에 11호가 신설되었다고 알려져 있다.

택하여 제기하는 이상 같은 법 제426조 제3, 4항 소정의 제척기간 내에 제기하여야 [한다.]

학설은 판례의 입장을 지지하는 견해가 일반적이나 11호의 내용이나 그 입법경위를 참작하면 11호를 3호의 특칙으로 보고 3호와 마찬가지로 재심기간의 제한이 없다고 보는 것이 타당하다고 생각된다.[987)]

㈑ 자백간주에 의한 판결편취(④)

11호에 기한 재심에 의하여 구제받아야 한다는 것이 다수설의 입장이다. 하지만 판례는 이 경우 판결정본의 송달을 무효로 보아 상소로 구제받아야 한다는 입장이다.

대법원 1971. 6. 22. 선고 71다771 판결[988)]
소장에 피고 아닌 자의 주소를 피고의 주소로 기록한 후 그 피고 아닌 자가 피고인 양 가장하여 그 소송서류를 수령하고 변론기일에 불출석 함으로써 내린 판결이 그 피고 아닌 자에게 송달된 것이라면 피고에게 송달의 효력이 발생할 수 없으므로 피고가 위 판결에 의하여 넘어간 이전등기의 말소청구를 하고 또 재심청구를 하였다가 각 취하하였으므로 그 각 제소 당시에 위 판결이 선고된 사실을 알고 있었다고 가정하여도 피고에게 그 판결의 송달이 없는 한 그 항소기간은 진행할 수 없다 할 것이다.

판례에 의하면 판결정본의 유효한 송달이 있기 전에는 언제까지나 피고가 상소를 제기할 수 있다. 재심에 의하여야 한다는 다수설은 재심기간의 제한이 있다는 입장이다. 이에 대하여 11호에 기한 재심청구에 재심기간의 제한이 없다는 견해도 있다는 점은 앞서 보았다. 11호에 기한 재심도 가능하고 상소도 가능하다는 견해도 있다.

㈒ 참칭대표자소송(⑤)

원고가 소장에 피고의 대표자로 권한 없는 허위의 대표자를 기재한 경우, 판례는 3호의 재심을 구제수단으로 인정한다.

대법원 1999. 2. 26. 선고 98다47290 판결
참칭대표자를 대표자로 표시하여 소송을 제기한 결과 그 앞으로 소장부본 및 변론기일소환장이 송달되어 변론기일에 참칭대표자의 불출석으로 [자백간주] 판결이 선고된 경우, 이는 적법한 대표자가 변론기일소환장을 송달받지 못하였기 때문에 실질적인 소송행위를 하지 못한 관계로 위 [자백간주] 판결이 선고된 것이므로, 민사소송법 제422조 제1항 제3호

---

987) 상세는 박재완, "하자 있는 송달과 재심 —공시송달을 중심으로—", 민사소송 제15권 제2호(2011. 12. 30), 213면 이하, 228~234면 참조.
988) 대법원 1981. 3. 24. 선고 80다2220 판결도 같은 취지이다.

소정의 재심사유에 해당한다.

㈓ 여론(①과 ④의 교착)

판례는 ①(성명모용소송)에 대하여는 재심이, ④(자백간주에 의한 판결편취)에 대하여는 상소가 구제수단이라고 한다. 다만, 판례에 의하면 ①의 재심이나 ④의 상소에는 기간제한이 없다. 통설/다수설은 ①에 대하여는 3호의 재심, ④에 대하여는 11호의 재심을 구제수단이라고 한다. 통설/다수설에 따르면 ①의 재심에는 기간제한이 없으나, ④의 재심에는 기간제한이 있다.

그러면, ①과 ④ 유형이 교착된 경우, 예컨대 원고가 피고의 주소를 허위로 기재하고, 원고의 하수인이 그 주소에서 소송서류를 송달받고 법정에 출석하여 변론한 경우 어떻게 처리하여야 하는지가 문제된다.

11호의 문언을 보면 ④와 ③을 달리 취급하기는 어렵다. ④에 11호를 적용하면서 11호의 재심에 재심제기기간의 제한이 따르는 것으로 하는 경우 피고의 구제가 사실상 불가능한 경우가 많을 것이다. 판결의 편취에 공통되는 점은 기본적으로 피고의 절차적 권리가 보장되지 않았다는 점이고, 편취의 수단이나 태양의 차이는 비본질적인 것이므로 판결의 편취는 기본적으로 동일하게 취급되는 것이 옳다고 할 것이다. 판결의 편취는 기본적으로 3호에 기한 재심이 구제수단이라고 봄이 타당하다. 따라서 ①과 ④의 교착상황에 대하여는 3호의 재심을 인정하는 것이 옳다. ③과 ④는 조문의 문언상 11호에 의한 재심이 구제수단이지만, 11호는 3호의 특칙으로 보고, 재심제기기간의 제한이 없다고 봄이 타당하다.

나) 사위판결과 청구이의

판결에 대한 청구이의의 소를 제기할 수 있는 사유는 변론종결 이후에 생긴 사유에 한하고, 판결의 편취행위는 모두 변론종결 이전에 발생한 것이므로 사위판결에 대한 청구이의의 소는 원칙적으로 불가능하다. 하지만, 판례는 엄격한 요건 하에 사위판결에 기한 집행 자체가 권리남용에 해당할 수 있다고 하고, 이러한 경우 청구이의의 소 제기가 가능하다고 한다. 이 논점을 다루는 학설도 대체로 판례의 입장을 지지한다.

> 대법원 1984. 7. 24. 선고 84다카572 판결
> 청구에 관한 이의의 소를 규정한 것은 부당한 강제집행이 행하여지지 않도록 하려는데 있다 할 것으로 판결에 의하여 확정된 청구가 그 판결의 변론종결 후에 변경소멸된 경우 뿐만 아니라 판결을 집행하는 자체가 불법인 경우에는 그 불법은 당해 판결에 의하여 강제집

행에 착수함으로써 외부에 나타나 비로소 이의의 원인이 된다고 보아야 하기 때문에 이 경우에도 이의의 소를 허용함이 상당하다 할 것이다.

실체관계에 반한다는 것만으로는 청구이의의 소의 제기가 인정되지 않으므로, 제반사정에 비추어 볼 때 사위판결에 기한 집행을 권리남용으로 평가할 수 있는지가 결정적인 쟁점이 되는데, 대법원은 엄격한 입장을 취하고 있다.[989][990]

청구이의의 소는 사위판결에 기한 집행을 사전적으로 막기 위한 것이다. 이미 집행이 이루어진 부분에 대하여는 부당이득반환청구나 불법행위에 기한 손해배상청구로 구제받아야 한다.

다) 부당이득반환청구와 불법행위에 기한 손해배상청구

사위판결에 기하여 이미 집행이 이루어진 경우 부당이득반환청구나 불법행위에 기한 손해배상청구 등이 구제수단이다.

다만, 재심설에 입각하면 사위판결에 기판력이 인정되기 때문에 사위판결을 재심으로 취소한 다음에 부당이득반환청구 등을 하여야 하는지에 관하여, 이를 긍정하는 재심필요설, 이를 부정하는 재심불요설, 일반적으로는 재심필요설이 타당하지만 절차적 기본권이 침해된 경우 등에는 재심을 먼저 제기할 필요가 없다는 등의 절충설이 대립하고 있다.

판례는 부당이득반환청구에 대하여 재심필요설[991]을 취한다. 다만, 자백간

---

989) 대법원 2014. 5. 29. 선고 2013다82043 판결: 확정판결의 내용이 실체적 권리관계에 배치되는 경우 그 판결에 의하여 집행할 수 있는 것으로 확정된 권리의 성질과 그 내용, 판결의 성립 경위 및 판결성립 후 집행에 이르기까지의 사정, 그 집행이 당사자에게 미치는 영향 등 제반 사정을 종합하여 볼 때, 그 확정판결에 기한 집행이 현저히 부당하고 상대방으로 하여금 그 집행을 수인하도록 하는 것이 정의에 반함이 명백하여 사회생활상 용인할 수 없다고 인정되는 경우에는 그 집행은 권리남용으로서 허용되지 않는다고 할 것이다[]. 이때 확정판결의 내용이 실체적 권리관계에 배치될 여지가 있다는 사유만으로는 그 판결금 채권에 기초한 강제집행이나 권리행사가 당연히 권리남용에 해당한다고 보기 어려우며[], 확정판결의 내용이 실체적 권리관계에 배치된다는 점은 확정판결에 기한 집행이 권리남용이라고 주장하며 그 집행의 불허를 구하는 원고가 주장·증명하여야 할 것이다.

대법원 2018. 3. 27. 선고 2015다70822 판결: 피고들이 위와 같은 일부 추심 후에 이 사건 전소를 제기하였다는 사정만으로는, 이 사건 전소 확정판결에 기초한 집행이 현저히 부당하고 정의에 반함이 명백하여 사회생활상 용인할 수 없다는 등의 특별한 사정이 있다고 보기 어렵다.

990) 대법원 1997. 9. 12. 선고 96다4862 판결, 대법원 2001. 11. 13. 선고 99다32899 판결 등이 청구이의를 인용한 예이다.

991) 대법원 1995. 6. 29. 선고 94다41430 판결, 대법원 2000. 5. 16. 선고 2000다11850 판결, 대법원 2001. 11. 13. 선고 99다32905 판결 등.

주에 기한 판결편취의 경우 사위판결은 미확정판결이므로 재심이 불필요하다고 본다. 미확정판결은 재심대상이 아니므로 판례의 입장을 더 엄밀하게 말하자면 위 사위판결에 대하여 재심의 제기는 불가능하다는 것이다.[992]

판례는 나아가 불법행위에 기한 손해배상청구에 대하여는 재심불요설을 취한다.[993] 부당이득반환청구의 경우 '법률상 원인이 없을 것'이 요건이고 사위판결에도 기판력이 인정되므로 부당이득반환청구는 취소되지 않은 사위판결의 기판력에 반한다고 할 것이나 불법행위는 부당이득과 요건이 다르다는 점을 생각하면 판례의 입장을 이해할 수 있다. 다만, 불법행위가 성립하는 범위에 대하여는 청구이의의 경우와 마찬가지로 매우 엄격한 기준을 적용한다.[994]

한편, 재심필요설을 전제로 할 때, 재심의 소를 제기하면서 재심청구에 부당이득반환청구 등을 병합할 수 있는지 여부에 관하여도 견해가 대립한다. 판례는 부정적이다.[995]

992) 대법원 1978. 5. 9. 선고 75다634 전원합의체 판결.

993) 대법원 1995. 6. 29. 선고 94다41430 판결 등 참조. 특히 위 판결의 이유 중 부당이득반환청구와 불법행위에 기한 손해배상청구를 받아들이지 않는 이유의 차이에 유의할 필요가 있다.

994) 대법원 1995. 12. 5. 선고 95다21808 판결.

995) 대법원 1971. 3. 31. 선고 71다8 판결.

제54강 가집행선고와 소송비용의 부담에 관한 재판

1. 개 관

원고가 피고에게 대여금 2,000만 원의 지급을 구하는 소를 제기하였는데, 1심법원이 원고의 청구 중 1,000만 원은 인용하고 나머지 1,000만 원은 기각하는 경우의 주문은 통상 다음과 같다.

1. 피고는 원고에게 1,000만 원을 지급하라.
2. 원고의 이 사건 나머지 청구를 기각한다.
3. 소송비용은 이를 2분하여 그 1은 원고의, 나머지는 피고의 각 부담으로 한다.
4. 제1항은 가집행할 수 있다.

위 주문 중 3항은 소송비용의 부담에 관한 재판이고, 4항은 가집행선고인바, 이들은 소의 적법여부나 청구의 인용 여부에 대한 것이 아니라는 의미에서, 종국판결의 부수적 재판이라고 한다. 이들은 통상 청구취지에 포함되지만, 청구취지에 적지 않아도 법원이 직권으로 판단한다.

2. 가집행선고

1) 의 의

가집행선고는 미확정의 종국판결에 미리 집행력을 주는 형성적 재판이다. 1심법원이 원고의 청구를 인용하고 또 가집행선고까지 하면, 1심판결에 즉시 집행력이 발생하여, 원고는 1심판결에 기하여 강제집행을 할 수 있다. 1심에서 승소한 자의 신속한 권리실현을 도모하고 남상소를 방지하는 것이 가집행선고 제도의 목적이다.

가집행선고부 판결의 집행력은 상소의 제기만으로는 정지되지 않는다. 이는 피고가 상소를 제기한 것만으로는 가집행선고부 판결에 기한 강제집행을 막을 수 없다는 것을 의미한다. 피고는 상소의 제기와는 별도로 집행정지절차를 밟아야 한다.

2) 요건 및 절차

213조는 가집행선고의 요건과 절차에 관하여 규정하고 있다.

> 제213조(가집행의 선고) ① 재산권의 청구에 관한 판결은 가집행(假執行)의 선고를 붙이지 아니할 상당한 이유가 없는 한 직권으로 담보를 제공하거나, 제공하지 아니하고 가집행을 할 수 있다는 것을 선고하여야 한다. 다만, 어음금·수표금 청구에 관한 판결에는 담보를 제공하게 하지 아니하고 가집행의 선고를 하여야 한다.
> ② 법원은 직권으로 또는 당사자의 신청에 따라 채권전액을 담보로 제공하고 가집행을 면제받을 수 있다는 것을 선고할 수 있다.
> ③ 제1항 및 제2항의 선고는 판결주문에 적어야 한다.

가) 재산권의 청구에 관한 판결

판결이 아닌 결정이나 명령은 원칙적으로 확정되지 않아도 집행력(내용적 효력)이 인정되기[996] 때문에 가집행선고를 할 수 없다. 물론 결정이나 명령도 확정되어야 집행력이 발생하는 예외가 있다. 결정이나 명령의 집행력 발생시기는 불복수단인 상소의 집행정지효력 유무 및 집행정지의 방법 등과 함께 종합적으로 고찰할 필요가 있다.

213조 1항의 '판결'은 종국판결을 의미하므로 중간판결에는 가집행선고를 붙일 수 없다. '재산권의 청구'에 관한 판결에만 붙일 수 있으므로 비재산권에 관한 판결, 예컨대 이혼판결 등에는 가집행선고를 붙일 수 없다.

이행판결에만 가집행선고를 붙일 수 있는지 여부는 문언상 명확하지 않고, 견해가 대립하고 있는데 형성판결과 확인판결에도 붙일 수 있다고 보는 입장이 통설이다. 판례는 이행판결에만 가집행선고를 붙일 수 있다는 입장이다.[997] 이행판결이 아닌 경우에도 가집행선고를 붙이도록 법이 정하는 경우[998] 등은 당연히 예외이다.

이행판결이라도 등기절차의 이행을 명하는 판결 등의 의사진술을 명하는

---

996) 원심재판의 집행정지에 관한 448조는 원심재판인 결정이나 명령에 즉시 집행력이 발생함을 전제로 한 규정이다.

997) 대법원 1966. 1. 25. 선고 65다2374 판결.

998) 민사집행법의 잠정처분과 관련된 민사집행법 47조 2항, 48조 3항 등을 예로 들 수 있다.

판결에는 가집행선고를 붙이지 못한다는 것이 통설이고, 실무도 같지만 반론도 있다. 형성청구와 이를 전제로 한 이행청구가 병합된 경우, 이행청구권은 형성판결이 그 효력을 발생해야, 즉 확정되어야 그 법적 효과가 발생하고 그 이후에야 집행이 가능하므로 이러한 이행판결에는 가집행선고를 붙일 수 없다. 사해행위취소청구와 가액배상청구가 병합된 경우, 이혼청구와 재산분할청구가 병합된 경우 등을 예로 들 수 있다.[999)]

나) 가집행선고를 붙이지 아니할 상당한 이유가 없을 것

애초에는 법원이 필요성을 인정하는 경우에 가집행선고를 붙인다는 규정이 있었으나 1990년 법개정 때 현행법과 같이 원칙적으로 가집행선고를 붙이는 것으로 바뀌었다. 분쟁을 신속하게 처리하고자 하는 것이 입법취지이다. 상당한 이유란 피고에게 회복할 수 없는 손해가 발생할 위험이 있는 경우를 말한다. 금전지급을 명하는 판결의 경우 상당한 이유가 인정되기 어렵고 실무상 거의 예외 없이 가집행선고가 붙는다. 건물의 철거나 인도를 명하는 판결의 경우 위요건의 흠결을 이유로 가집행선고가 붙지 않을 수도 있다.

다) 절 차

213조는 가집행선고의 절차(직권에 의한 가집행선고, 담보제공명령, 가집행면제선고)에 관하여도 규정하고 있다. 가집행선고는 일반적으로 법원이 직권으로 붙이지만, 상소심에서 원심판결 중 심판대상이 아닌 부분에 대하여 가집행선고를 붙일 때에는(406조, 435조), 당사자의 신청이 있어야 한다. 가집행선고는 인용된 부분의 전부뿐만 아니라 일부에 대해서도 할 수 있다.

213조 1항에 따라 원고에게 담보제공명령을 할지 여부는 법원의 재량에 맡겨져 있다. 상소심에서 판결이 변경될 가능성이 있는 경우에는 원고에게 담보제공을 명한다. 213조 2항의 가집행면제선고는 피고를 위한 것인데, 실무상 거의 활용되지 않는다. 가집행선고, 담보제공명령, 가집행면제선고 등은 모두 판결주문에 적어야 한다.

---

999) 대법원 1998. 11. 13. 선고 98므1193 판결(민법상의 재산분할청구권은 이혼을 한 당사자의 일방이 다른 일방에 대하여 재산분할을 청구할 수 있는 권리로서 이혼이 성립한 때에 그 법적 효과로서 비로소 발생하는 것이다. 따라서 당사자가 이혼이 성립하기 전에 이혼소송과 병합하여 재산분할의 청구를 하고, 법원이 이혼과 동시에 재산분할을 명하는 판결을 하는 경우에도 이혼판결은 확정되지 아니한 상태이므로, 그 시점에서 가집행을 허용할 수는 없다). 이와 같은 경우 지연손해금은 판결확정일 다음날부터 발생한다.

3) 효 과

이행판결에 가집행선고가 붙으면 즉시 집행력이 발생한다. 가집행선고 있는 미확정판결 자체가 집행권원이 된다(민사집행법 24조). 원고는 가집행선고 있는 판결에 의한 집행, 즉 가집행을 통하여 권리의 만족까지 얻을 수 있다. 즉, 가집행은 만족집행이라는 점에서 확정판결에 기한 본집행과 같고, 보전집행, 즉 가압류·가처분과 다르다.

그러나 본집행과 달리 가집행에 의한 권리의 만족 내지 집행의 효력은 본안판결이 확정될 때까지는 잠정적이다. 그 이전에 가집행선고가 실효되면 그 집행의 효력도 실효된다. 따라서 상급심은 이와 같이 잠정적인 성격의 가집행으로 인한 변제는 무시하고 결론을 내려야 한다. 가집행으로 인한 변제에는 가집행인 강제집행절차에 의한 변제와 가집행을 면하기 위한 변제가 포함된다.[1000)]

가집행으로 인한 변제는 판결이 확정되면 비로소 그 효력이 발생하고, 이는 변론종결 이후의 사유로서 청구이의의 사유가 된다. 즉, 1심에서 가집행선고부 청구인용판결이 내려지고, 상소심에서 피고에 의하여 가집행으로 인한 변제가 이루어진 경우 다른 사정이 없는 한 상소심 법원은 위 변제를 무시하고 원심의 결론을 유지, 즉 항소를 기각한다.[1001)] 이 판결이 그대로 확정되면 변제의 효과도 비로소 발생한다. 원고가 청구인용판결이 그대로 확정된 것을 기화로 강제집행을 하는 경우에는 피고는 청구이의의 소를 제기하면 된다.[1002)]

1000) 대법원 1982. 12. 14. 선고 80다1101, 1102 판결.

1001) 대법원 2020. 1. 30. 선고 2018다204787 판결.

1002) 대법원 1995. 6. 30. 선고 95다15827 판결: 가집행이 붙은 제1심판결을 선고받은 채무자가 선고일 약 1달 후에 그 판결에 의한 그때까지의 원리금을 추심 채권자에게 스스로 지급하기는 하였으나 그 제1심판결에 대하여 항소를 제기하여 제1심에서 인용된 금액에 대하여 다투었다면, 그 채무자는 제1심판결이 인용한 금액에 상당하는 채무가 있음을 스스로 인정하고 이에 대한 확정적 변제행위로 추심 채권자에게 그 금원을 지급한 것이 아니라, 제1심판결이 인용한 지연손해금의 확대를 방지하고 그 판결에 붙은 가집행 선고에 기한 강제집행을 면하기 위하여 그 금원을 지급한 것으로 봄이 상당하고, 이와 같이 제1심판결에 붙은 가집행선고에 의하여 지급된 금원은 확정적으로 변제의 효과가 발생하는 것이 아니어서 채무자가 그 금원의 지급 사실을 항소심에서 주장하더라도 항소심은 그러한 사유를 참작하지 않으므로, 그 금원 지급에 의한 채권 소멸의 효과는 그 판결이 확정된 때에 비로소 발생한다고 할 것이며, 따라서 채무자가 그와 같이 금원을 지급하였다는 사유는 본래의 소송의 확정판결의 집행력을 배제하는 적법한 청구이의사유가 된다.

다만 이상의 논의가 통하는 것은 상소심에서의 변제가 가집행으로 인한 변제인 경우이다. 만약 상소심에서의 변제가 가집행으로 인한 변제가 아니라 확정적인 변제라면 상소심은 이를 결론에 반영하여야 한다. 따라서 원심판결에 가집행선고가 붙어 있고, 상소심에서 변제가 있는 경우 그 변제가 가집행으로 인한 것인지 확정적인 것인지에 따라 상소심의 결론이 달라진다. 변제의 성격은 궁극적으로 피고가 채무를 다투고 있는지 여부에 따라 결정된다.[1003]

4) 불복과 집행정지

미확정판결에 대한 불복수단은 상소인바, 민사소송법은 가집행선고에 대하여는 독립하여 불복할 수 없다고 규정하고 있다(391조, 425조). 따라서 본안판결에 대하여 불복이 있는 경우에 한하여 본안판결과 함께 가집행선고에 대하여 다툴 수 있다. 판례는 본안판결에 대한 상소가 이유 있는 경우에만 가집행선고를 시정할 수 있다는, 즉 본안판결을 유지하면서 가집행선고만을 취소하는 것은 불가능하다는 입장이다.[1004] 타당성에 대하여는 약간의 의문이 있다.

가집행선고에 대하여 본안판결과 함께 상소를 제기한 것만으로는 가집행선고에 기한 집행을 저지할 수 없다. 이를 위하여는 별도로 집행정지신청(잠정처분신청)을 하여야 한다(501조, 500조). 보다 엄밀히 말하자면, 위 신청을 하여 법원으로부터 집행정지결정을 받은 다음 그 결정문을 집행정지문서(민사집행법 49조 2호)로서 집행법원에 제출하여야 한다.

> 제501조(상소제기 또는 변경의 소제기로 말미암은 집행정지) 가집행의 선고가 붙은 판결에 대하여 상소를 한 경우 또는 정기금의 지급을 명한 확정판결에 대하여 제252조 제1항의 규정에 따른 소를 제기한 경우에는 제500조의 규정을 준용한다.
> 제500조(재심 또는 상소의 추후보완신청으로 말미암은 집행정지) ① 재심 또는 제173조에 따른 상소의 추후보완신청이 있는 경우에 불복하는 이유로 내세운 사유가 법률상 정당한 이유가 있다고 인정되고, 사실에 대한 소명이 있는 때에는 법원은 당사자의 신청에 따라 담보를 제공하게 하거나 담보를 제공하지 아니하게 하고 강제집행을 일시정지하도록 명할 수 있으며, 담보를 제공하게 하고 강제집행을 실시하도록 명하거나 실시한 강제처분을 취소하도록 명할 수 있다.
> ② 담보 없이 하는 강제집행의 정지는 그 집행으로 말미암아 보상할 수 없는 손해가 생기

1003) 위 판결 중 밑줄 친 부분 참조.

1004) 대법원 1979. 12. 11. 선고 79다1731 판결, 대법원 1981. 10. 24. 선고 80다2846, 2847 판결, 대법원 1994. 4. 12. 선고 93다56053 판결, 대법원 2010. 4. 8. 선고 2007다80497 판결 등.

는 것을 소명한 때에만 한다.
③ 제1항 및 제2항의 재판은 변론 없이 할 수 있으며, 이 재판에 대하여는 불복할 수 없다.
④ 상소의 추후보완신청의 경우에 소송기록이 원심법원에 있으면 그 법원이 제1항 및 제2항의 재판을 한다.

5) 실 효

가) 실효의 원인

제215조(가집행선고의 실효, 가집행의 원상회복과 손해배상) ① 가집행의 선고는 그 선고 또는 본안판결을 바꾸는 판결의 선고로 바뀌는 한도에서 그 효력을 잃는다.

본안판결이 변경되면, 예컨대 항소심이 원고의 청구를 인용한 1심판결을 취소하면 당연히 가집행선고가 실효한다. 본안판결과 별도로 가집행선고가 변경될 수도 있다. 이는 215조 3항의 문언에 비추어 봐도 명백하다. 하지만 앞서 본 바와 같이 대법원 판례는 본안판결을 변경하지 않으면서 가집행선고만을 변경하는 것은 불가능하다는 입장이다.

나) 실효의 효과

(1) 집행에 미치는 영향

가집행선고가 실효되면, 가집행선고 있는 판결의 집행력은 즉시 소멸한다. 원고는 집행신청을 할 수 없고, 이미 집행절차가 진행 중인 경우 피고는 상소심판결문(본안판결이 변경된 경우)이나 가집행선고를 변경하는 결정문을 집행정지·취소문서(민사집행법 49조 1호)로 집행법원에 제출하여 집행절차를 정지·취소시킬 수 있다. 다만, 가집행선고가 실효되기 전에 개시된 집행절차에 기한 매각의 효력은 가집행선고의 실효로 영향을 받지 않는다.[1005)]

1심판결이 항소심판결에 의하여 취소된 다음, 상고심판결에 의하여 항소심판결이 취소되는 경우, 1심판결에 붙은 가집행선고의 효력은 소멸하였다가 다시 부활한다는 것이 판례의 입장이다.[1006)]

(2) 가지급물반환신청

피고가 가집행으로 인하여 변제를 하고 난 이후 본안판결이 변경되는 경우

1005) 대법원 1990. 12. 11. 선고 90다카19098(본소), 19104(참가), 19111(반소) 판결, 대법원 1993. 4. 23. 선고 93다3165 판결 등. 이들은 채무자가 위와 같은 집행정지, 취소절차를 밟지 않아서 집행절차가 매각까지 진행된 사안에 대한 판례들이다.
1006) 대법원 1993. 3. 29.자 93마246, 247 결정.

가집행선고가 실효될 뿐만 아니라 피고는 원상회복과 가집행으로 인한 손해의 배상을 구할 수 있다. 원상회복과 손해배상을 구하는 방법으로는 별도의 소송을 제기하는 방법도 있으나 가집행선고 있는 판결에 상소하면서, 상소가 이유 있는 경우 원상회복과 손해배상을 명하여 달라는 취지의 예비적 반소[1007]를 제기하는 방법으로도 할 수 있다. 후자가 민사소송법 215조 2, 3항이 규정하는 가지급물반환신청이다.

> 제215조(가집행선고의 실효, 가집행의 원상회복과 손해배상)
> ② 본안판결을 바꾸는 경우에는 법원은 피고의 신청에 따라 그 판결에서 가집행의 선고에 따라 지급한 물건을 돌려 줄 것과, 가집행으로 말미암은 손해 또는 그 면제를 받기 위하여 입은 손해를 배상할 것을 원고에게 명하여야 한다.
> ③ 가집행의 선고를 바꾼 뒤 본안판결을 바꾸는 경우에는 제2항의 규정을 준용한다.

위 규정의 원상회복은 부당이득반환이고, 손해배상은 무과실의 불법행위책임에 기한 것이다. 가지급물반환신청은 상소심에서 제기되는 예비적 반소이지만 일반적인 경우와 달리 원고의 동의가 요구되지 않는다고 본다. 항소심에서 청구의 교환적 변경이 이루어져 구청구에 기한 가집행선고부 1심판결이 실효된 경우 피고는 항소심에서 바로 가지급물반환신청을 할 수 있고, 반드시 별소를 제기하지 않아도 된다.[1008]

판례는 가지급물반환신청은 사실심 변론종결 전에 하여야 하는 것이 원칙이므로, 관련 사실관계에 다툼이 없어 사실심리가 필요하지 않은 경우를 제외하고는 상고심에서는 허용되지 않는다고 하고,[1009] 또 가지급물반환신청을 항소심에서 할 수 있었으나 하지 않았던 경우에는 상고심에서 뒤늦게 할 수 없다고 한다.[1010]

1007) 대법원 2011. 8. 25. 선고 2011다25145 판결, 대법원 2023. 4. 13. 선고 2022다293272 판결 등은 "가지급물 반환신청은 [] 본안판결의 취소·변경을 조건으로 하는 예비적 반소에 해당한다."고 하였다.

1008) 대법원 2011. 8. 25. 선고 2011다25145 판결, 대법원 2023. 4. 13. 선고 2022다293272 판결.

1009) 대법원 2000. 2. 25. 선고 98다36474 판결.

1010) 대법원 2003. 6. 10. 선고 2003다14010, 14027 판결.

3. 소송비용의 부담에 관한 재판

1) 개 관

민사소송에서 승소한 자가 자신이 지출한 소송비용을 상대방으로부터 상환받을 수 있을까? 궁극적으로 가능하지만 민사소송법이 정한 절차에 따라서 상환받아야 하고, 금액 역시 민사소송법이 정한 범위에 한정된다. 그 절차는 본안판결의 부수적 재판인 소송비용의 부담에 관한 재판의 단계와 소송비용액확정결정의 단계로 이루어져 있다. 즉, 소송비용의 상환은 해당 소송의 절차 내에서 이루어지는 것으로서, 불법행위 등의 명목으로 소송비용의 상환을 구하는 별도의 소제기는 부적법하다.[1011]

아래에서 소송비용의 부담에 관한 재판과 소송비용액확정결정에 대하여 본 다음, 판결 이외의 사유로 소송절차가 종료된 경우의 소송비용의 상환에 대하여 본다.

2) 소송비용의 부담에 관한 재판

가) 시기 및 방법

1심법원은 원칙적으로 종국판결을 할 때 부수적 재판으로서 1심 전체의 소송비용의 부담에 관한 재판을 반드시 하여야 한다.

> 제104조(각 심급의 소송비용의 재판) 법원은 사건을 완결하는 재판에서 직권으로 그 심급의 소송비용 전부에 대하여 재판하여야 한다. 다만, 사정에 따라 사건의 일부나 중간의 다툼에 관한 재판에서 그 비용에 대한 재판을 할 수 있다.

누락한 경우에 관하여는 212조 2, 3항이 정하고 있다.[1012]

1011) 대법원 1987. 3. 10. 선고 86다카803 판결, 대법원 1987. 6. 9. 선고 86다카2200 판결, 대법원 1987. 6. 9. 선고 86다카2200 판결, 대법원 2000. 5. 12. 선고 99다68577 판결.

1012) 대법원 2022. 4. 5.자 2020마7530 결정(소송비용의 부담에 관한 주문에 '보조참가로 인한 부분'을 특정하지 않은 채 패소한 당사자가 부담한다는 취지만 기재되어 있더라도, 피참가인이 전부 승소한 경우에는 당연히 패소한 당사자가 보조참가로 인한 소송비용까지도 부담하는 것으로 볼 수 있다. 그러나 피참가인이 일부 승소하였음에도, 주문에 '보조참가로 인한 부분'이 특정되지 않은 채 피참가인과 상대방 당사자 사이의 소송비용 부담 비율만 기재되어 있다면, 여기에는 보조참가로 인하여 생긴 부분까지 당연히 포함되었다고 볼 수 없어 이에 관한 소송비용의 재판이 누락된 경우에 해당[한다]).

> 제212조(재판의 누락)
> ② 소송비용의 재판을 누락한 경우에는 법원은 직권으로 또는 당사자의 신청에 따라 그 소송비용에 대한 재판을 한다. 이 경우 제114조의 규정을 준용한다.
> ③ 제2항의 규정에 따른 소송비용의 재판은 본안판결에 대하여 적법한 항소가 있는 때에는 그 효력을 잃는다. 이 경우 항소법원은 소송의 총비용에 대하여 재판을 한다.

상소가 제기된 경우 결론이 상소각하나 상소기각이면 위 조문들에 따라 해당 심급의 상소비용만에 대하여 재판하면 된다. 하지만, 본안판결을 변경하는 경우에는 그때까지의 모든 심급의 소송비용, 즉 소송총비용에 대하여 재판하여야 한다. 상급법원에서 환송 또는 이송된 사건을 하급법원이 사건을 완결하는 재판을 하는 경우도 같다.

> 제105조(소송의 총비용에 대한 재판) 상급법원이 본안의 재판을 바꾸는 경우 또는 사건을 환송받거나 이송받은 법원이 그 사건을 완결하는 재판을 하는 경우에는 소송의 총비용에 대하여 재판하여야 한다.

소송비용의 부담에 관한 재판은 부담액을 정하는 방법으로도 할 수 있지만[1013] 이는 거의 이용되지 않고, 실무상 부담의 비율을 정하는 방법으로 하는 것이 일반적이다. 예컨대, '소송비용은 이를 5분하여 그 1은 원고의, 나머지는 피고의 각 부담으로 한다'는 식이다.

법원이 '소송비용은 각자 부담한다'라고 한 경우 당사자들은 각자 지출한 비용을 스스로 부담하여야 하므로 상호간 소송비용의 상환을 구할 수 없게 된다. 이 방식은 화해나 조정으로 사건을 종결하거나, 상소심에서 쌍방의 상소를 모두 배척하는 경우에 주로 이용된다.

어떤 기준에 의하여 소송비용의 부담을 정하는 것인지는 항을 바꾸어 본다.

나) 소송비용부담의 기준

법원은 소송비용을 당사자, 즉 통상 원고나 피고 중 패소자에게 부담시킨다. 이것이 원칙이다.

> 제98조(소송비용부담의 원칙) 소송비용은 패소한 당사자가 부담한다.

하지만 법원은 소송비용의 발생이나 증가에 귀책사유가 있는 경우 등에는 승소자에게 부담시킬 수도 있다(99조, 100조).

1013) 110조 1항 참조.

일방이 전부 승소, 타방이 전부 패소한 경우가 아니라, 쌍방이 각 일부승소, 일부패소한 경우에는 법원이 제반사정을 참작하여 적절한 부담의 비율을 정하는바, 청구가 인용된 산술적 비율에 엄밀하게 구애되지 않고, 경우에 따라서는 일방에게 전부 부담시킬 수도 있다.

> 제101조(일부패소의 경우) 일부패소의 경우에 당사자들이 부담할 소송비용은 법원이 정한다. 다만, 사정에 따라 한 쪽 당사자에게 소송비용의 전부를 부담하게 할 수 있다.

당사자가 아닌 제3자에게 소송비용을 부담시키는 경우도 있는바(107조, 108조), 무권대리인이 소를 제기하였다가 소가 각하된 경우가 대표적인 예이다.

> 제108조(무권대리인의 비용부담) 제107조 제2항의 경우에 소가 각하된 경우에는 소송비용은 그 소송행위를 한 대리인이 부담한다.

공동소송인들에게는 소송비용을 평등부담시키는 것이 원칙이나,[1014] 여기에도 예외가 있다(102조).

> 제102조(공동소송의 경우) ① 공동소송인은 소송비용을 균등하게 부담한다. 다만, 법원은 사정에 따라 공동소송인에게 소송비용을 연대하여 부담하게 하거나 다른 방법으로 부담하게 할 수 있다.
> ② 제1항의 규정에 불구하고 법원은 권리를 늘리거나 지키는 데 필요하지 아니한 행위로 생긴 소송비용은 그 행위를 한 당사자에게 부담하게 할 수 있다.

소송참가로 인한 소송비용의 부담에 관하여는 103조가 규정하고 있다.

다) 불 복

소송비용의 부담에 관한 재판에 대하여는 본안과 독립하여 상소하지 못한다(391조). 본안에 관한 상소가 이유 없는 경우 소송비용의 부담에 관한 불복만을 별도로 판단하여 이를 받아들이는 것은 불가능하다.[1015] 한편, 소송대리인 등 제3자가 소송비용 부담의 재판을 받은 경우 제3자는 즉시항고나 재항고로 다툴 수 있다.[1016]

1014) 주문이 '소송비용은 피고들이 부담한다'인 경우 피고들이 소송비용액을 균등부담하게 된다.
1015) 대법원 1970. 3. 24. 선고 69다592 판결, 대법원 1981. 7. 7. 선고 80다2185 판결, 대법원 1998. 9. 8. 선고 98다22048 판결, 대법원 1998. 11. 10. 선고 98다42141 판결, 대법원 2007. 9. 6. 선고 2007다34135 판결, 대법원 2024. 10. 25. 선고 2024므11526, 11533 판결 등.
1016) 대법원 2016. 6. 17.자 2016마371 결정.

3) 소송비용액확정절차

가) 소송비용액확정결정

법원이 위와 같이 소송비용의 부담에 관한 재판을 하여도 바로 일방 당사자가 상대방으로부터 소송비용을 지급받을 수 있는 것은 아니다. 소송비용의 부담에 관한 재판이 확정되면 1심법원[1017]에 소송비용액확정신청을 하여 소송비용액확정결정을 받아야 한다.[1018] 확정 전이라도 소송비용액확정신청은 소송비용의 부담에 관한 재판에 가집행선고가 있는 경우에도 할 수 있다(110조 1항).

1심법원은 상대방이 신청인에게 부담할 액수만을 결정하는데,[1019] 상대방이 111조에 기한 최고에 응하여 신청인이 부담할 액수에 관한 자료를 제출한 경우에는 쌍방 부담액 중 대등액을 상계하여 액수를 산정한다(112조).

소송비용액확정결정에 대하여는 즉시항고가 가능한데(110조 3항), 현재 소송비용액확정절차는 사법보좌관에게 위임되어 있으므로, 사법보좌관의 결정에 대하여 불복이 있는 경우에는 사법보좌관의 처분에 대한 이의신청을 하여야 한다(사법보좌관규칙 2조 1항 1호, 4조 1항).[1020]

소송비용액확정결정이 내려졌는데도 상대방이 지급하지 않으면 신청인은 위 결정을 집행권원으로 하여(민사집행법 56조 1호) 강제집행을 할 수 있다.

나) 소송비용

당사자가 소송에서 지출한 비용 중 법령이 정한 범위 내의 것만이 소송비

1017) 1심수소법원으로서, 단독판사가 한 판결의 경우에는 1심단독판사가, 합의부가 한 판결의 경우에는 1심합의부가 각 전속관할을 가진다(대법원 2008. 6. 23.자 2007마634 결정). 상소심 판결이 그 액수를 정하지 않은 경우에도 1심법원이 소송비용액확정결정을 한다(대법원 2008. 3. 31.자 2006마1488 결정).

1018) 대법원 2023. 12. 21.자 2023마6918 결정: 개인파산절차에서 채무자에게 면책결정이 이루어지면 그를 상대로 소송비용액확정을 구할 소익이 없다.

1019) 대법원 2020. 7. 17.자 2020카확522 결정, 대법원 2008. 5. 7.자 2008마482 결정(소송비용상환의무가 재판에 의하여 확정된 경우에, 소송비용액 확정절차에서는 상환할 소송비용의 수액을 정할 수 있을 뿐이고, 그 상환의무 자체의 존부를 심리·판단할 수는 없[다]. 따라서 [] 소송비용액 확정절차 외에서 [] 변제, 상계, 화해 등에 의하여 소송비용부담에 관한 실체상의 권리가 소멸되었다고 하더라도 이러한 사유는 [] 청구에 관한 이의의 소를 제기할 사유가 [될 뿐,] 소송비용액 확정절차에서 심리·판단할 대상은 될 수 없다[]).

1020) 합의부가 판결한 사건에 대한 사법보좌관의 소송비용액확정결정에 대하여 사법보좌관의 처분에 대한 이의신청이 제기되었을 때 합의부가 아닌 단독판사가 인가하면 전속관할 위반이라는 것으로는 대법원 2010. 4. 16.자 2010마357 결정, 대법원 2008. 6. 23.자 2007마634 결정.

용으로 산정된다. 소송비용에는 재판비용과 당사자비용이 있다.

재판비용에는 인지대,[1021] 송달료, 증거조사 관련 비용(증인 등에 대한 여비 등) 등이 포함된다. 법원은 재판비용을 당사자에게 예납할 것을 명할 수 있고, 이에 불응하는 경우 관련 절차를 진행하지 않을 수 있다(116조). 예납명령의 상대방은 원칙적으로 해당 소송행위로 이익을 받는 당사자인데, 민사소송규칙에 상세한 정함이 있다(규칙 19조).

당사자비용은 당사자가 소송수행을 위하여 자신이 지출하는 비용으로서 변호사보수, 당사자 자신의 여비 등이 여기에 포함된다. 변호사보수가 역시 가장 중요한데, 소송비용에 포함되는 것은 변호사보수의 소송비용산입에 관한 규칙, 특히 3조의 별표에서 정한 범위 내의 것이다(109조 1항).[1022]

피고는 소장 등에 의하여 원고의 청구가 이유 없음이 명백하거나 원고가 우리나라에 주소 등을 두지 아니한 때에는 원고에게 소송비용에 대한 담보제공명령을 내려줄 것을 법원에 신청할 수 있다(117조 내지 126조).

4) 판결 이외의 사유로 소송절차가 종료된 경우

가) 화해의 경우

우선, 화해조항에 소송비용의 부담에 관하여 아무런 정함이 없으면 화해비용을 포함한 전체 소송비용은 당사자들이 각자 부담한다. 즉, 당사자들은 상호 소송비용의 상환을 구하지 못하게 된다(106조). 화해조항에 '소송비용은 각자 부

1021) 인지대(인지액)은 당사자가 소송절차를 이용하는 대가, 즉 재판수수료를 의미한다는 것이 통설이고, 일본의 民事訴訟費用等に関する法律 3조, 8조는 소의 제기 등의 신청을 하는 경우 수수료를 납부하여야 하고, 수수료는 소장 등의 신청서에 인지를 붙이는 방법으로 납부하는 것이 원칙이라고 규정함으로써, 이 점이 명시되어 있다. 김광욱, 민사소송 인지제도에 관한 연구, 한양대학교 대학원 석사학위논문(2018. 2), 8면.

1022) 대법원 2020. 4. 24.자 2019마6990 결정(당사자가 보수계약에 의하여 현실적으로 지급한 것뿐만 아니라 사후에 지급하기로 약정한 것까지 포함되고, 제3자가 지급한 경우에도 당사자가 지급한 것과 동일하다고 볼 수 있는 사정이 인정되면 [] 산입[될] 수 있다), 대법원 2022. 1. 27.자 2021마6871 결정(변호사보수 관련 부가가치세는 원칙적으로 산입되지만, 세무처리(세액공제, 환급 등)에 따라 달라질 수 있다), 대법원 2023. 11. 2.자 2023마5298 결정(본안소송을 위임받은 변호사가 당사자를 대리하여 소송비용액 확정신청을 하면서 당사자로부터 그 대가를 별도로 지급받거나 지급받기로 하였다면, [] 그 대가 역시 [] 포함될 수 있다), 대법원 2023. 11. 9.자 2023마6427 결정(보수지급 및 수액에 관하여 명시적인 약정을 하지 않은 경우에도 보수지급의 묵시적 약정이 있는 것으로 보아야 한다).

담한다'라고 정해지는 경우가 종종 있는바, 이는 위 원칙을 확인하는 의미에서 기재한 것이다.

화해조항에 소송비용부담의 원칙이 정해진 경우에는 소송비용을 상환받기 위하여 앞서 본 본안판결의 부수적 재판으로 소송비용의 부담비율이 정해진 경우와 같이 소송비용액확정절차를 거쳐야 한다(113조). 1심법원이 아닌 화해 성립 당시 소송이 계속된 법원이 관할법원이다.[1023]

나) 그 외의 경우

청구의 포기·인낙, 소의 취하[1024][1025] 등으로 소송이 종료된 경우 소송종료 당시 소송이 계속되었던 법원이 당사자의 신청에 따라 부담자와 부담액수를 결정한다.

> 제114조(소송이 재판에 의하지 아니하고 끝난 경우) ① 제113조의 경우 외에 소송이 재판에 의하지 아니하고 끝나거나 참가 또는 이에 대한 이의신청이 취하된 경우에는 법원은 당사자의 신청에 따라 결정으로 소송비용의 액수를 정하고, 이를 부담하도록 명하여야 한다.
> ② 제1항의 경우에는 제98조 내지 제103조, 제110조 제2항·제3항, 제111조 및 제112조의 규정을 준용한다.

1023) 대법원 1992. 11. 30.자 90마1003 결정(항소취하로 소송이 종료된 경우 항소심 소송비용확정결정은 항소심법원이 관할법원이다).

1024) 대법원 2020. 7. 17.자 2020카확522 결정: 소의 취하는 처음부터 소송계속이 없었던 것으로 간주되는 것이므로 그 소는 원칙적으로 원고에게 무익한 것[이었던] 셈이 되어 피고가 채무를 이행하였기 때문[이라는] 등의 특별한 사정이 없는 한 패소[자]에 준하여 [] 원고가 소송비용의 부담자가 되는 것이 원칙이다.

1025) 대법원 2022. 10. 14.자 2020마7330 결정([민사조정신청사건]이 소송으로 이행되지 않은 채 조정신청의 취하 등으로 종료되는 경우 민사소송법에서 정하는 소송비용부담 및 확정절차에 관한 조항을 민사조정절차에 유추적용할 수 있고, [따라서] 변호사보수도 산입될 수 있[고, 법원은] 변호사보수[를] 감액할 수 있다).

제2관 판결 외의 소송종료사유

제55강 판결 외의 소송종료사유의 개요

1. 설명의 대상

소송절차는 법원의 행위인 판결 외에도 당사자의 행위인 소의 취하 등 및 당사자 대립구조의 소멸에 의하여 종료된다. 당사자 대립구조의 소멸은 당사자 능력에서 이미 다루었으므로(제10강 3, 4) 재론하지 않는다. 제2관에서는 당사자의 행위에 의한 소송종료사유를 다루는데, 개별적인 사유, 즉 소의 취하, 청구의 포기·인낙, 화해를 다루고 난 다음, 구제수단이라고 할 수 있는 기일지정신청과 소송종료선언을 다룬다. 기일지정신청과 소송종료선언은 당사자 대립구조의 소멸과도 관련이 있다.

2. 뒤에 남는 것

소가 취하되면 소송계속은 소급적으로 소멸하고 소송행위도 실효된다. 소의 취하 전에 선고된 판결도 실효된다. 따라서 소가 취하되면 판결이나 판결에 갈음하는 어떤 것도 남지 않는다. 반면 청구의 포기·인낙, 화해의 경우 판결은 아니지만 (확정)판결과 마찬가지의 효력을 가지는 조서(포기조서, 인낙조서, 화해조서)가 남게 된다. 이 점이 소의 취하와 청구의 인낙 등과의 큰 차이점이다.

변론기일에서[1026] 청구의 인낙 등이 이루어지면 법원사무관 등은 이를 담은 조서를 작성한다. 즉, 청구의 인낙 등의 경우, 법원사무관 등은 변론기일조서에 청구의 인낙 등이 이루어졌다는 기재를 하고, 별도의 조서로 인낙조서 등을 작성한다.[1027] 청구의 포기·인낙의 경우 조서의 제목을 '포기조서' 또는 '인

1026) 변론준비기일에서도 가능하다.

1027) 별도의 조서를 만드는 것이 원칙이지만 변론조서에 청구의 인낙 등을 기재하여도 인낙조

낙조서'로 붙이고, 조서의 본문에 '원고가 청구를 포기하였다'는 기재 또는 '피고가 청구를 인낙하였다'는 기재를 하고, 바로 아래 '청구의 표시'라는 제목 하에 소장의 청구취지와 청구원인[1028]을 기재한다. 이 강의 끝에 인낙조서의 실례(「인낙조서의 예시」)가 있는바, 이는 제4강에서 소장, 답변서, 판결의 실례를 든 사안을 전제로 청구의 인낙이 성립한 경우를 가정하여 작성된 것이다.

소송상 화해의 경우 조서의 제목을 '화해조서'로 붙이고, 조서의 본문에 '원고와 피고가 화해하였다.'는 취지를 기재하고, 바로 아래 '화해조항'이라는 제목 하에 소송상 화해의 내용을 기재한다. 이어서 청구의 인낙 등과 같이 '청구의 표시'라는 제목 하에 소장의 청구취지와 청구원인을 기재한다. 강의 끝에는 화해조서의 실례(「화해조서의 예시」)도 있는바, 이 역시 제4강의 위 사안을 전제로 작성된 것이다.

인낙조서와 화해조서의 차이점에 유의할 필요가 있다. 특히 판결의 경우 기판력이 발생하는 부분은 주문인바, 청구의 포기·인낙의 경우 조서에 위와 같이 기재된 청구취지가 주문에 대응하는 부분이고, 소송상 화해의 경우 위와 같이 기재된 화해조항이 주문에 대응하는 부분이다.

3. 주된 논점

소의 취하 등과 관련된 주된 논점은 소의 취하 등의 법적 성격과 소의 취하 등에 다툼이 있는 경우 당사자의 구제수단인바, 양자는 서로 표리의 관계에 있다. 당사자의 구제수단과 관련하여 특히 기일지정신청이 가능한지 여부가 문제된다. 한편 당사자가 소의 취하 등에도 불구하고 소송이 아직 종료되지 않았다고 주장하지만, 법원이 소송이 종료되었다고 판단하는 경우 비록 일반적인 명문의 규정은 없으나[1029] 판례는 법원이 판결로 소송종료선언을 하여야 한다고 하고 있다. 기일지정신청과 소송종료선언에 대하여는 소의 취하 등에 관하여 개별적으로 고찰한 이후 살펴본다.

서 등의 효력에는 지장이 없다.

1028) 소변경이 있는 경우 그에 따라 기재한다.

1029) 소의 취하에 관하여는 민사소송규칙에 명문의 규정이 있다.

[서식] 인낙조서의 예시

서 울 중 앙 지 방 법 원

인 낙 조 서

사 건 2024가단34780 대여금
원 고 김삼순
서울 성동구 행당동 11 센츄리오피스텔 405호
소송대리인 변호사 한승소
피 고 장도영
광주 서구 금호동 567 공간아파트 14동 708호
송달장소 서울 강남구 역삼동 11 럭셔리 호텔 1층 중식당 소림사
판 사 박 엄 정 기 일: 2024. 11. 10.
법원 사무관 오 참 여 장 소: 제202호 법정
원고 및 원고 소송대리인 한승소 각 출석
피 고 출석

피고는 이 사건 청구를 인낙하였다.

청구의 표시*

1. 청구취지

피고는 원고에게 금 1억 원 및 이에 대한 2023. 10. 16.부터 이 사건 소장부본 송달일까지는 연 10%, 그 다음 날부터 다 갚는 날까지는 연 12%의 각 비율에 의한 금원을 지급하라.

2. 청구원인

원고는 피고에게 2023. 3. 15. 1억 원을 이자는 연 10%, 변제기는 2023. 4. 15.로 정하여 대여하였습니다. 그런데, 피고는 2023. 10. 15.까지의 지연손해금만을 지급한 외에는 일체의 원리금을 지급하지 아니하고 있습니다. 따라서, 피고는 원고에게 위 대여금 1억 원 및 이에 대한 청구취지 기재와 같은 이자 및 지연손해금을 지급할 의무가 있습니다.

법원 사무관 오 참 여
판 사 박 엄 정

* 청구의 표시에 소장의 청구취지와 청구원인을 기재하는바, '별지 소장 기재와 같다'라고 기재하고 소장을 첨부하는 경우도 있다.

[서식] 화해조서의 예시

서 울 중 앙 지 방 법 원

화 해 조 서

사 건 2024가단34780 대여금
원 고 김삼순
서울 성동구 행당동 11 센츄리오피스텔 405호
소송대리인 변호사 한승소
피 고 장도영
광주 서구 금호동 567 공간아파트 14동 708호
송달장소 서울 강남구 역삼동 11 럭셔리 호텔 1층 중식당 소림사
판 사 박 엄 정 기 일: 2024. 11. 10.
법원 사무관 오 참 여 장 소: 제202호 법정
원고 및 원고 소송대리인 한승소 각 출석
피 고 출석

원고와 피고는 다음과 같이 화해하였다.

화해조항

1. 피고는 원고에게 금 5천만 원을 2024. 12. 31.까지 지급하되, 만일 위 기한을 넘길 때에는 2025. 1. 1.부터 다 갚는 날까지 연 12%의 비율에 의한 금원을 가산하여 지급한다.
2. 원고의 나머지 청구는 포기한다.
3. 소송비용은 각자의 부담으로 한다.

청구의 표시

1. 청구취지

피고는 원고에게 금 1억 원 및 이에 대한 2023. 10. 16.부터 이 사건 소장부본 송달일까지는 연 10%, 그 다음날부터 다 갚는 날까지는 연 12%의 각 비율에 의한 금원을 지급하라.

2. 청구원인

원고는 피고에게 2023. 3. 15. 1억 원을 이자는 연 10%, 변제기는 2023. 4. 15.로 정하여 대여하였습니다. 그런데, 피고는 2023. 10. 15.까지의 지연손해금만을 지급한 외에는 일체의 원리금을 지급하지 아니하고 있습니다. 따라서 피고는 원고에게 위 대여금 1억 원 및 이에 대한 청구취지 기재와 같은 이자 및 지연손해금을 지급할 의무가 있습니다.

법원 사무관 오 참 여
판 사 박 엄 정

제 56 강 소의 취하

1. 의 의

원고가 제기한 소의 전부 또는 일부를 철회하는 법원에 대한 단독적 소송행위를[1030] 소의 취하라고 한다. 원고는 자신의 청구에 대한 판결을 받기 위하여 소를 제기한 것이다. 소를 제기한 이후 여러 가지 사정에 의하여, 예컨대 승소할 가능성이 없다거나, 승소하여도 피고에게 아무런 재산이 없어 실익이 없다거나 하는 등의 경우, 원고가 소송절차를 진행하는 것을 그만둘 수 있을까? 원칙적으로 가능한바, 원고는 소를 취하하면 된다. 하지만 원고가 소를 취하한다고 하여 언제나 소송이 종료되는 것은 아니다. 일정한 경우에는 피고의 동의가 필요하다. 그리고 1심에서 본안판결이 선고되고 난 다음에 원고가 소를 취하할 때는 이후 다시 같은 소를 제기하지 못하는 재소금지의 제재가 따른다.

소의 취하와 특히 구별하여야 할 것이 상소의 취하이다. 상소심에서 소를 취하하는 것과 상소를 취하하는 것은 경우에 따라서는 하늘과 땅만큼 차이가 있다. 예컨대, 10억 원의 대여금청구의 소를 제기한 원고가 1심에서 9억 원을 인용하는 판결을 선고받은 다음, 나머지 1억 원을 더 받기 위하여 항소를 제기한 경우, 항소심 진행 중 1심에서 인용된 9억 원으로 만족하기로 하였다면, 원고는 항소를 취하하여야 한다. 항소가 취하되면 9억 원을 인용한 1심판결이 확정된다. 피고가 이후 9억 원을 지급하지 않으면 원고는 위 확정판결에 기하여 강제집행을 할 수 있다. 반면 원고가 착오로 소를 취하하면 위 1심판결은 실효되어 버리고 만다. 재소금지의 원칙 때문에 원고는 다시 위 대여금청구의 소를 제기할 수도 없고, 착오를 이유로 소의 취하를 취소하는 것도 불가능하다.

1030) 따라서 소의 취하와 실체법적 권리는 원칙적으로 무관하다. 대법원 1994. 12. 13. 선고 94다15486 판결(원고가 명의수탁자에 대한 소유권이전등기청구를 손해배상청구로 교환적으로 변경하여 승소확정판결을 받았다고 하여도, 원고가 [그] 손해배상금을 아직 수령하지 않고 있는 이 사건에서 원고가 위와 같은 확정판결을 받았다는 것만으로는 원고에게 위 아파트에 대한 권리를 포기할 의사가 있었던 것으로 추단할 수는 없고, 또 위 확정판결로 인하여 그 권리를 당연히 상실하게 된다고도 볼 수 없을 것이다) 참조.

2. 요건 등

1) 방법·시기

266조는 소취하의 방법·시기 등에 관하여 규정하고 있다.

> 제266조(소의 취하) ① 소는 판결이 확정될 때까지 그 전부나 일부를 취하할 수 있다.
> ② 소의 취하는 상대방이 본안에 관하여 준비서면을 제출하거나 변론준비기일에서 진술하거나 변론을 한 뒤에는 상대방의 동의를 받아야 효력을 가진다.
> ③ 소의 취하는 서면으로 하여야 한다. 다만, 변론 또는 변론준비기일에서 말로 할 수 있다.
> ④ 소장을 송달한 뒤에는 취하의 서면을 상대방에게 송달하여야 한다.
> ⑤ 제3항 단서의 경우에 상대방이 변론 또는 변론준비기일에 출석하지 아니한 때에는 그 기일의 조서등본을 송달하여야 한다.
> ⑥ 소취하의 서면이 송달된 날부터 2주 이내에 상대방이 이의를 제기하지 아니한 경우에는 소취하에 동의한 것으로 본다. 제3항 단서의 경우에 있어서, 상대방이 기일에 출석한 경우에는 소를 취하한 날부터, 상대방이 기일에 출석하지 아니한 경우에는 제5항의 등본이 송달된 날부터 2주 이내에 상대방이 이의를 제기하지 아니하는 때에도 또한 같다.

소의 취하는 서면으로, 즉 소취하서를 제출함으로써 하는 것이 원칙이나, 변론기일이나 준비기일에서 구두로도 할 수 있다(266조 3항). 소의 취하는 판결이 확정될 때까지 가능하다(266조 1항).[1031] 따라서 1심판결이 선고된 뒤에는 물론 2심판결이 선고된 뒤에도 할 수 있고, 상고심 계속 중에도 할 수 있다. 상고심에서 상고기각 판결이 선고되어 판결이 확정된다면 그 이후에는 소취하가 불가능하겠지만, 상고심에서 판결이 파기된 이후 파기환송심이 진행 중이라면 가능하다. 1심에서 본안판결이 선고되었다면 재소금지의 제재가 따르므로 주의를 요한다.

상대방이 본안에 관하여 응소한 뒤에는 피고의 동의가 있어야 소취하의 효력이 발생한다(266조 2항).[1032] 기일변경에 동의하거나 이송신청을 한 것만으

1031) 보전명령(가압류·가처분명령)신청은 그 발령 이후에도 보전명령 자체가 존속하는 한 집행 여부에 관계없이 어느 단계에서든 취하할 수 있고, 보전명령에 대한 이의신청의 취하는 이의신청에 대한 재판이 있기 전까지만 가능하다(편집대표 민일영, 김능환, 주석 민사소송법(8판) (Ⅳ), 한국사법행정학회(2018. 10), 329면(오영준 집필부분) 참조).

보전명령 또는 이의신청에 대한 판결이 확정되면 그 이후에는 보전명령신청을 취하할 수 없다는 취지의 판례가 있으나(대법원 1979. 9. 27.자 79마259 결정), 이는 변론을 거친 경우 판결로 보전명령을 할 수 있었던 과거의 제도를 전제한 것으로서 현재에는 타당성이 없다고 보인다.

1032) 보전명령신청, 보전명령에 대한 이의신청의 취하에는 상대방의 동의가 필요하지 않다. 비

로는 본안에 관하여 응소한 것이 아니다. 주위적으로 각하판결을 구하고 예비적으로 기각판결을 구한 경우에도 피고의 동의가 필요하지 않다는 것이 판례의 입장이다.[1033]

원고가 소취하서를 제출하여 소를 취하한 경우, 소장부본이 피고에게 송달된 이후라면, 피고에게 원고가 소를 취하하였음을 알리고 동의가 필요한 경우 동의 여부를 묻기 위하여 법원은 피고에게 소취하서를 송달한다(266조 4항). 만약 원고가 기일에 출석하여 구두로 소를 취하한 경우, 피고가 같이 출석하였다면 법원은 아무런 조치를 취할 필요가 없으나, 피고가 출석하지 않았다면 원고가 소를 취하하였다는 기재가 담긴 조서의 등본을 피고에게 송달한다(266조 5항).

피고는 소취하서를 송달받은 날 등으로부터 2주 이내에 동의 여부를 표시하여야 한다. 위 기간 이내에 피고가 아무런 의사표시를 하지 않으면 피고가 소취하에 동의한 것으로 간주된다(266조 6항).

본소가 취하된 경우에는 피고는 원고의 동의 없이 반소를 취하할 수 있다(271조). 고유필수적 공동소송의 경우 원고 측이 수인이라면 반대견해도 있으나 원고 전원이 소를 취하하여야 하고, 피고 측이 수인이라면 피고 전원이 원고의 소 취하에 동의하여야 한다.[1034] 독립당사자참가의 취하에 대하여는 원고와 피고가 모두 동의하여야 한다.

2) 요 건

가) 소송물과 소의 취하

민사소송에서는 원칙적으로 모든 소송물에 대하여 소를 취하할 수 있다. 직권탐지주의가 적용되는 가사소송, 행정소송에서도 마찬가지이다. 하지만 법원의 허가가 있어야 소를 취하할 수 있는 경우도 있는바, 주주대표소송, 증권관련 집단소송이 그 예이다.

송사건의 취하도 같다(대법원 2023. 11. 2. 선고 2023므12218 판결). 편집대표 민일영, 김능환, 주석 민사소송법(8판)(Ⅳ), 한국사법행정학회(2018. 10), 329면(오영준 집필부분) 참조.

1033) 대법원 1968. 4. 23. 선고 68다217, 218 판결.

1034) 대법원 2007. 8. 24. 선고 2006다40980 판결(고유필수적 공동소송에서는 원고들 일부의 소 취하 또는 피고들 일부에 대한 소취하는 특별한 사정이 없는 한 그 효력이 생기지 않는다).

나) 소송행위의 일반적 요건

소의 취하는 소송행위이므로 소송행위의 유효요건을 갖추어야 한다. 원고가 소를 취하하려면 소송능력이 있어야 한다. 하지만 소송무능력자가 단독으로 소를 제기한 경우에는 소의 취하도 단독으로 할 수 있다. 소의 취하는 특별수권사항이므로 대리인은 특별수권을 받아야 한다(56조 2항, 90조 2항 2호). 소의 취하에 대한 동의가 특별수권사항인지 여부는 견해 대립이 있으나 판례는 부정적이다.[1035]

다) 소의 취하와 민법의 규정

소의 취하는 소송행위이므로 조건을 붙일 수 없다.[1036] 민법의 의사표시의 하자에 관한 규정이 유추적용될 수 있는지 여부, 특히 착오나 사기·강박을 이유로 소 취하의 의사표시를 취소할 수 있는지 여부가 문제된다. 다수설과 판례는 이를 부정하고,[1037] 대신 민사소송법의 재심규정의 유추를 인정한다(이러한 입장을 하자불고려설, 반대입장을 하자고려설이라고 한다). 이 경우 재심사유를 주장함에 있어서는 제척기간의 적용이 있다고 보는 점에는 견해가 일치하지만 확정판결이 필요한지 여부에 대하여 학설이 대립한다. 판례는 필요하다는 입장이다.[1038] 반면 소의 취하에 위 민법 규정이 유추적용된다는 견해도 있다.

3. 효 과

소가 취하되면 소송계속이 소급적으로 소멸하고, 일정한 경우 다시 같은 소를 제기하지 못하는 재소금지의 효과가 발생한다.

> 제267조(소취하의 효과) ① 취하된 부분에 대하여는 소가 처음부터 계속되지 아니한 것으로 본다.

1035) 대법원 1984. 3. 13. 선고 82므40 판결.

1036) 대법원 1967. 10. 31. 선고 67다204 판결(항소취하 관련).

1037) 대법원 1997. 6. 27. 선고 97다6124 판결: 원고들 소송대리인[의] 사무원의 착오로 원고들 소송대리인의 의사에 반하여 원고들 [일부가 아닌] 전원의 소를 취하하였다 하더라도 이를 무효라 볼 수는 없고, 적법한 소취하의 서면이 제출된 이상 그 서면이 상대방에게 송달되기 전·후를 묻지 않고 [] 이를 임의로 철회할 수 없다.

1038) 대법원 1984. 5. 29. 선고 82다카963 판결(가처분신청·집행취소), 대법원 2001. 1. 30. 선고 2000다42939, 42949 판결(소취하). 단 대법원 1985. 9. 24. 선고 82다카312, 313, 314 판결(소취하)은 불요설을 취하였다고 보는 견해가 있다.

② 본안에 대한 종국판결이 있은 뒤에 소를 취하한 사람은 같은 소를 제기하지 못한다.

1) 소송계속의 소급적 소멸

소가 취하되면 취하된 부분의 소송계속은 소급적으로 소멸한다. 따라서 소가 취하된 이후에 취하된 부분에 대하여 선고되는 판결, 청구의 포기·인낙, 소송상 화해는 당연무효이다. 상급심에서 소가 취하된 경우 취하된 부분에 대한 하급심의 판결도 실효된다.

소송 중에 행해진 개별적인 소송행위도 소의 취하에 의하여 모두 실효된다. 따라서 소제기 이후에 취하가 있기 전에 행해진 개별적인 신청 등은 모두 실효된다. 다만 소송행위 중 독립된 소의 제기에 해당하는 신청은 실효되지 않는다. 반소나 중간확인의 소의 제기, 독립당사자참가가 그 예이다.

소 제기 이후에 취하가 있기 전에 소송과 관련하여 행해진 사법행위, 특히 형성권의 행사가 소의 취하에 의하여 어떠한 영향을 받는지가 문제된다. 이 점에 관하여는 심리 중 소송행위를 다룰 때(제37강 4.) 이미 보았다. 즉 형성권 중에서는 상계권이, 형성권의 행사에 기한 주장, 항변 등에 대한 판단을 하지 않게 된 사유 중에서는 실기된 공격방어방법의 각하가 특히 문제되는데, 소송상 상계권의 행사에 대하여 판례와 통설이 신병존설을 취하고 있음을 이미 보았다.

다만, 상계항변이 실기된 공격방어방법으로 각하된 경우와 달리 소가 취하되거나 각하된 경우는 병존설의 입장을 취하여도 당사자 사이에 형평이 문제되지 아니하므로 위 두 경우를 반드시 같이 취급할 필요는 없다. 병존설에 입각할 때, 상계항변이 실기된 공격방어방법으로 각하되면, 전소판결에 의하여 전소 원고의 청구권은 인정되고 후소 판결에 의하여 전소 피고의 청구권은 부정되는 불균형이 발생하지만, 소가 취하되면, 전소 판결에 의하여 전소 원고의 청구권이 인정되지 않고 후소 판결에 의하여 전소 원고의 청구권과 피고의 청구권이 모두 부정되기 때문이다.[1039] 이러한 점에 착안하여 상계항변이 실기된 공격방어방법으로 각하된 경우에는 신병존설을 취하지만 소가 취하된 경우에는 병존설을 취하는 입장도 있다.[1040][1041]

1039) 전소 원고가 본안 판결 후에 소를 취하한 경우도 결론적으로 마찬가지이다.

1040) 정동윤·유병현·김경욱(6판), 481면.

1041) 재소금지의 원칙으로 인하여 오히려 신병존설을 취하면 불균형이 발생할 수도 있으므로,

소가 취하되어도 제소시기에 이미 성립한 관련재판적에는 영향이 없다. 예컨대 원고가 A, B 두 청구를 병합하여 소를 제기하였고, A 청구에 기하여 B 청구에 대하여 관련재판적이 인정된 경우, A 청구가 취하되어도 남은 B 청구에 대한 관할까지 소멸되는 것은 아니다.

소제기로 인한 시효중단과 기간준수의 효과는 소의 취하로 소멸한다. 다만 시효중단의 경우 민법 170조 2항의 특칙이 있다.

> 민법 제170조(재판상의 청구와 시효중단) ① 재판상의 청구는 소송의 각하, 기각 또는 취하의 경우에는 시효중단의 효력이 없다.
> ② 전항의 경우에 6월내에 재판상의 청구, 파산절차참가, 압류 또는 가압류, 가처분을 한 때에는 시효는 최초의 재판상청구로 인하여 중단된 것으로 본다.

2) 재소금지

본안에 대한 종국판결, 즉 청구기각이나 청구인용 판결이 선고된 이후에 소를 취하한 사람은 다시 같은 소를 제기하지 못한다(267조 2항). 이를 소의 취하에 의한 재소금지의 효과라고 한다.

가) 요 건

(1) 본안판결 후의 취하

본안 판결이 선고되어야 하므로 소각하판결이 선고된 경우에는 재소금지의 효과가 발생하지 않는다. 소송종료선언도 본안판결이 아니다. 청구의 교환적 변경은 소취하와 신청구의 제기가 병합된 것이므로 1심에서 본안판결이 선고된 뒤에 청구를 교환적으로 변경하면 구청구는 취하한 것이 되어 재소금지의 효과가 발생한다.[1042]

중복제소상황에서 전소에 대한 본안판결이 선고된 이후 전소가 취하된 경우, 후소에 대하여 재소금지의 효과가 발생한다는 점에는 별다른 이견이 없다. 중복제소 상황에서 후소에 대한 본안판결이 선고된 이후 후소가 취하된 경우, 전소에 대하여 재소금지의 효과가 발생하는지 여부에 대하여 견해 대립이 있으나 판례는 이를 긍정한다.[1043] 그러나, 위 두 경우 모두에서 새로운 권리보호이

소취하의 경우에도 신병존설을 일관한다면 필요한 경우 A에게 재소금지와 관련된 권리보호이익의 변경을 인정하여야 할 것이다.

1042) 대법원 1987. 6. 9. 선고 86다카2600 판결, 대법원 1987. 11. 10. 선고 87다카1405 판결 등.

익이 발생할 수도 있다. 예로는 본안판결이 승소판결이고 중복제소상황을 해소하기 위하여 취하가 이루어진 경우를 들 수 있다.[1044)]

(2) 같은 소

재소금지의 효과에 의하여 금지되는 것은 '같은 소'를 제기하는 것인바, 같은 소에 해당하기 위하여는 당사자, 청구 및 권리보호이익이 동일하여야 한다.

재소금지의 효과가 전소 원고에게는 미치지만, 전소 피고에게는 미치지 않는 것은 당연하다. 문제는 전소 원고의 승계인인바, 전소 원고의 일반승계인에게는 재소금지의 효과가 당연히 미치나 특별승계인에 대하여는 견해의 대립이 있다. 판례는 특별승계인에게도 재소금지의 효과가 일단 미친다고 보지만, 필요한 경우 권리보호의 이익의 측면에서 구제한다. 권리보호의 이익과 같은 요건이 없는 기판력 쪽과는 이론 구성이 다르다.[1045)]

선정당사자가 소를 취하하면 선정자에게 재소금지의 효과가 미친다. 대위소송이 제기된 사실을 어떤 경위로든 알게 된 채무자에게는 재소금지의 효과가 미친다는 것이 다수설이고 판례[1046)]이다. 소송담당자의 소취하의 경우 본인의 재소를 판례와 같이 일률적으로 막을 필요는 없다는 반대견해가 있다.[1047)] 이 견해가 타당하기는 하나, 판례가 일률적으로 본인의 재소를 막고 있는지는 의문이 있다.[1048)]

1043) 대법원 1967. 3. 7 선고 66다2663 판결, 대법원 1967. 7. 18. 선고 67다1042 판결.

1044) 대법원 2021. 7. 29. 선고 2018다230229 판결. 주석 민사소송법(9판)(Ⅲ), 406~407면(오영준 집필부분) 참조.

1045) 대법원 1981. 7. 14. 선고 81다64, 65 판결은 "민사소송법[은] 재소금지의 규정을 두고 있는바, [] 소를 취하한 자에는 변론종결 후의 특정승계인도 포함되는 것이나[,] 동일한 소라함은 당사자와 소송물인 권리관계가 동일할 뿐 아니라 [] 권리보호의 이익도 같아야 하는 것으로 해석되는바, 원고의 전소유자인 소외 1이 피고를 상대로 제기한 전소와 본건 소는 소송물인 권리관계는 동일하다 할지라도 위 전소의 취하 후에 본건 토지에 대한 소유권을 양수한 원고는 그 소유권을 침해하고 있는 피고에 대하여 그 배제를 구할 새로운 권리보호의 이익이 있다고 할 것이니 위 전소와 후소인 본건 소는 동일한 소라고 할 수 없[다]"고 판시하였다. 위와 같은 사안에서 기판력이 문제되는 경우 판례는 승계를 부정한다. 재소금지의 경우에는 기판력과 달리 권리보호이익의 동일이라는 요건이 있으므로 굳이 승계를 부정할 필요가 없다.

1046) 대법원 1981. 1. 27. 선고 79다1618, 1619 판결, 대법원 1996. 9. 20. 선고 93다20177, 20184 판결. 채권자가 채무자와 제3채무자를 상대로 제기한 소송에서 채권자에게 대위자격이 없음에도 채무자가 청구를 인낙하고, 제3채무자에 대한 승소판결이 있은 후 소가 취하된 경우 채무자에게 재소금지의 효과가 있다는 것으로는 대법원 1995. 7. 28. 선고 95다18406 판결.

1047) 호문혁, 민사소송법(13판), 박영사, 2016, 762면.

1048) 대법원 2021. 5. 7. 선고 2018다259213 판결은 선행 추심소송의 원고(1심에서 승소)가 항

반대로 본인의 소취하로 발생한 재소금지의 효과는 원칙적으로 소송담당자에게 미친다고 보아야 할 것이다. 물론 예외적으로 새로운 권리보호의 이익이 발생할 수 있다.[1049)]

청구, 즉 소송물이 동일한 경우에는 재소금지의 효과가 미치는 것이 당연하나,[1050)] 취하된 청구가 후소의 선결문제인 경우 반대로 후소의 청구가 전소의 선결문제인 경우 재소금지의 효과가 미치는지가 문제된다.

취하된 청구가 후소의 선결문제인 경우, 예컨대 대여원금청구가 취하된 이후 이자지급을 청구하는 후소가 제기된 경우에 대하여는 같은 소에 해당한다는 것이 다수설의 입장이나, 위와 같은 경우 전소의 본안판결이 확정된 경우 기판력이 미치는 것은 당연하지만 재소금지의 효과를 인정하는 것은 부당하다는 반대견해도 있다. 기판력의 시간적 범위를 감안하면 소를 취하한 경우가 청구기각의 판결이 확정된 경우보다 더 불리하게 취급되는 것은 부당하므로 반대견해가 타당하다. 그러나 판례는 다수설과 같은 입장이다.[1051)]

후소의 청구가 전소의 선결문제인 경우에 관하여도 학설은 대립하고 있다.

소심에서 소를 취하한 이후 발령된 추심명령에 기한 후행 추심소송이 재소금지에 반하는지 여부에 대하여 권리보호의 이익이 다르다는 이유로 이를 부정하였다. 추심소송에서 원고인 추심채권자가 소를 취하하는 동기로는 피압류채권의 부존재로 패소할 가능성을 염려한 것일 수도 있을 수 있으나 채무자의 변제로 인한 집행채권의 소멸 등으로 자기가 추심권능을 행사할 실익이 없어진 것일 수도 있다. 전자의 경우에도 일정한 경우 새로운 권리보호의 이익이 인정될 수 있겠지만(대법원 1998. 3. 13. 선고 95다48599, 48605 판결 참조), 특히 후자의 경우에는 채무자나 다른 추심채권자에게 재소금지의 제재를 가하는 것은 부적절하다고 생각되며, 이러한 측면에서 일정한 경우에만 재소금지원칙이 적용될 수 있다고 본 위 판결은 타당하다고 생각된다. 일본의 경우, 절차적 보장이 충분하지 않다는 이유로, 추심소송의 원고가 소취하를 할 수는 있지만 채무자에게는 재소금지의 효력이 미치지 않는다는 견해도 있다(伊藤眞 외 4인 編集, 条解民事執行法, 弘文堂, 2019, 1354면). 기판력과 달리 재소금지와 관련하여서는 이러한 정책적 고려를 할 여지가 더 있고, 또 할 필요성이 있다고 생각된다.

1049) 대법원 2022. 6. 30. 선고 2021다239301 판결은 "관리단의 [] 소송은 구분소유자 공동이익을 위한 것으로 구분소유자가 자신의 공유지분권에 관한 사용수익 실현을 목적으로 하는 소송과 목적이 다르다. 구분소유자가 부당이득반환청구 소송을 제기하였다가 [] 소를 취하하였더라도 관리단이 부당이득반환청구의 소를 제기한 것은 특별한 사정이 없는 한 새로운 권리보호이익이 발생한 것으로 [] 재소금지 규정에 반하지 않는다"라고 판시하였다. 결론의 당부를 떠나서 원칙과 예외를 바꾸어 설시한 것이 아닌가 하는 의문이 있다.

1050) 대법원 1991. 1. 15. 선고 90다카25970 판결(전소가 소유권에 기한 [인]도청구소송이고 후소가 약정에 의한 [인]도청구소송인 경우 소송물을 달리하여 재소금지의 원칙에 저촉되지 않는다).

1051) 대법원 1989. 10. 10. 선고 88다카18023 판결.

재소금지의 효과가 미친다는 판례가 있다.[1052)][1053)] 그러나, 이 경우도 기판력의 범위와의 균형을 고려하면 재소금지의 효과가 미치지 않는다고 보는 것이 옳다고 생각된다.

같은 소에 해당하기 위하여는 권리보호의 이익이 동일하여야 한다는 점에 관하여는 이견이 없다. 예컨대, 소유권의 방해배제청구소송에서 1심 본안판결이 선고된 이후 피고가 침해행위를 중지하여 원고가 소를 취하하였는데, 이후 피고가 다시 침해행위를 한 경우 등에는 재소가 허용된다.[1054)][1055)] 이 권리보호의 이익은 소권이 부당하게 박탈당하는 것을 방지하기 위하여 사정변경이 있는 경우에는 재소를 허용하기 위하여 고안된 개념으로 소익과는 다른 것이다.

나) 효 과

소의 제기가 재소금지의 효과에 반하는 경우에는 소는 부적법한 것으로서 각하된다. 재소금지의 효과가 미치는지 여부는 직권조사사항으로서 피고가 재

1052) 대법원 1958. 3. 6. 선고 4290민상784 판결: 자경농지를 원인으로 하는 토지인도 청구에는 당연히 그 경작권의 확인청구도 포함되었다 할 것이므로 위의 토지인도청구의 소를 제기하여 본안판결을 받은 후 그 소를 취하한 자는 이후 경작권확인 청구의 소를 제기하지 못한다.

1053) 대법원 2023. 3. 16. 선고 2022두58599 판결은 후소가 전소의 소송물을 전제로 하는 경우는 물론 선결적 법률관계에 해당하는 경우 모두 '같은 소'에 해당한다고 풀이하는 것이 타당하다고 하면서도 권리보호의 이익이 다르면 '같은 소'라 할 수 없다고 하였다. 다만, 위 판결은 해당 사안의 전소(업무정지처분취소소송)과 후소(과징금부과처분취소소송)는 같은 소에 해당하지 않는다고 하였다.

1054) 대법원 1993. 8. 24. 선고 93다22074 판결(전소취하의 전제 약정을 불이행한 사안).

1055) 권리보호이익이 다르다고 인정한 판례로는 대법원 1981. 7. 14. 선고 81다64, 65 판결(이 건 토지의 전소유자가 피고를 상대로 한 전소와 본건 소는 소송물인 권리관계는 동일하다 할지라도 위 전소의 취하 후에 이 건 토지를 양수한 원고는 그 소유권을 침해하고 있는 피고에 대하여 그 배제를 구할 새로운 권리보호의 이익이 있다고 한 사례), 대법원 1993. 8. 24. 선고 93다22074 판결(전소 취하의 전제 약정을 불이행한 사안), 대법원 1997. 12. 23. 선고 97다45341 판결(매매에 기한 이전등기청구를 항소심에서 토지거래허가절차이행청구로 변경하였다가 토지거래허가가 나자 다시 매매에 기한 이전등기청구로 변경한 사안), 대법원 1998. 3. 13. 선고 95다48599, 48605 판결(건물공유자 A, B가 공동으로 건물인도청구를 하여 1심에서 청구인용판결을 받았는데, 항소심 진행 중 A가 B에게 자신의 지분을 전부 양도한 후 소를 취하하고, B가 양수받은 지분에 기한 건물인도청구를 추가하는 청구변경을 한 사안), 대법원 2021. 7. 29. 선고 2018다230229 판결(본안에 대한 종국판결이 있은 뒤에 '원고는 소를 취하하고, 피고는 이에 동의한다.'는 내용의 화해권고결정이 확정되어 소송이 종결된 경우 재소금지의 효과가 발생하지만, 대여금채권의 양수인이 양도인이 제기한 선행 대여금청구소송에 승계참가신청을 하면서 기존에 자신이 제기한 후행 대여금청구소송을 소취하로 종료시키기 위하여 위 화해권고결정에 이의신청을 하지 않았던 경우라면 양수인의 승계참가신청은 권리보호의 이익이 다르다고 한 사안) 등이 있다.

소에 동의하였다고 하여 하자가 치유되지 않는다. 청구의 포기가 허용되지 않는 소송의 경우 재소금지의 효과가 발생하지 않는다.

4. 소취하계약

원고와 피고가, 원고가 소를 취하하기로 하는 약정하는 것을 소취하계약이라고 한다.

소취하계약에 따라서 원고가 소를 취하하고 피고가 동의하면 그에 따라 소송이 종료될 것이므로 별다른 문제가 생기지 않는다. 소취하계약에 따라 원고가 소를 취하하였는데 피고가 동의하지 않는 경우 원고가 청구를 포기하여 소송을 종료시킬 의무까지는 없다.[1056]

문제는 소취하계약에도 불구하고 원고가 소를 취하하지 않는 경우 피고에게 어떤 구제수단이 인정될 것인가 하는 점이다. 이는 소취하계약의 성질과 관련이 있는바, 이에 관하여도 심리 중 소송행위를 다룰 때 이미 보았다(제37강 소송행위 2. 1)). 즉, 판례와 통설은 항변권발생설을 취하고 있는바, 이에 따르면 소취하계약은 사법계약이지만 피고가 별도의 소송으로 원고에게 소를 취하할 것을 청구하거나 손해배상을 청구하는 것은 허용되지 않고, 대신 피고가 소취하계약이 있었음을 항변하면 법원은 원고의 소를 권리보호의 이익이 흠결된 부적법한 것으로서 각하함으로써 피고를 구제한다.[1057]

대법원은 화해권고결정에 '원고는 소를 취하하고, 피고는 이에 동의한다'는 화해조항이 있고, 이러한 화해권고결정에 대하여 양 당사자가 이의하지 않아 확정되었다면, 그 화해권고결정의 확정으로 당사자 사이에 소취하계약이 성립한 것으로 볼 수 있고, 본안에 대한 종국판결이 있은 뒤에 이러한 화해권고결정이 확정되어 소송이 종결된 경우에는 소의 취하와 마찬가지로 재소금지의 효과가 발생한다고 하였다.[1058]

1056) 대법원 1984. 8. 21. 선고 83다카1624 판결.

1057) 대법원 2013. 7. 12. 선고 2013다19571 판결은 피고가 원고에게 일정 금원을 지급함과 동시에 원고가 소를 취하하기로 약정한 사안에서 조건부 소취하계약이 이루어진 경우 조건이 성취되지 않으면 권리보호의 이익이 부정되지 않는다고 하였다.

1058) 대법원 2021. 7. 29. 선고 2018다230229 판결. 위 판결의 판시에 대한 비판적 견해로는 호문혁, 화해권고결정의 오용과 남용, 법률신문 2023. 12. 3.자.

5. 소의 취하간주

소의 취하가 간주되는 경우가 있는바, 당사자 쌍방이 2회 이상 불출석한 이후 1월 내에 기일지정신청이 없거나, 그 이후 기일에서 다시 불출석한 경우(268조 2항, 3항)(상세는 제38강 출석, 기간, 준비서면 1. 2)), 피고경정신청이 허가된 경우(261조 4항) 등이 그 예이다.

6. 소의 취하와 관련하여 이견이 있는 경우

두 가지의 경우를 상정할 수 있는바, 첫째는 법원이 소의 취하로 소송이 종료된 것으로 취급하고 있는데 당사자가 소의 취하가 잘못된 것이므로 소송이 계속되어야 한다고 주장하는 경우이고, 둘째는 반대로 법원이 소송을 계속하여 진행하고 있는데 당사자가 소의 취하로 소송이 종료되었다고 주장하는 경우이다.

첫째의 경우, 당사자는 민사소송규칙 67조가 정하는 바에 따라 기일지정신청을 할 수 있다. 이 기일지정신청은 같은 소송절차 내에서의 불복신청이다. 기일지정신청 외에 별도의 소송으로 소취하의 무효나 부존재확인을 구하는 것은 불가능하다는 것이 다수설, 판례의 입장이다. 법원은 기일지정신청이 이유 없는 경우 소송종료선언을 하고, 이유 있는 경우에는 절차를 속행한다.

둘째의 경우, 법원은 당사자의 주장이 이유 있는 경우에는 소송종료선언을 하고, 당사자의 주장이 이유 없는 경우에는 절차를 속행한다.

상세한 사항은 기일지정신청과 소송종료선언을 다룰 때 본다.

제 57 강 청구의 포기·인낙

1. 의의 및 법적 성질

1) 의 의

청구의 포기는 변론기일 또는 변론준비기일에서 원고가 자기의 소송상의 청구가 이유 없음을 자인하는 법원에 대한 의사표시를 말하고, 청구의 인낙은 피고가 변론기일 또는 변론준비기일에서 스스로 원고의 청구가 이유 있다고 승인하는 법원에 대한 의사표시를 말한다.

청구의 포기·인낙이 이루어지면 소송상 화해가 이루어진 때와 마찬가지로 조서가 작성되고 그로써 소송이 종료된다. 그리고 조서는 확정판결과 같은 효력을 갖는다. 이는 소의 취하에 의하여 이미 그 이전에 선고된 판결들까지도 모두 실효하여 버리고 아무 것도 남지 않게 되는 것과 대조를 이룬다.

청구의 포기·인낙에 대한 구제수단으로 민사소송법은 준재심을 인정한다(461조, 220조). 이는 소송상 화해의 경우도 마찬가지이다. 이 역시 소의 취하에 대하여는 민사소송규칙에 따라 기일지정신청이 인정되는 것과 대조된다.

재판상 자백은 개개의 사실상 주장에 대한 것이지만, 청구의 포기·인낙은 청구 자체를 대상으로 하는 것으로서 양자는 서로 다르다. 청구의 포기·인낙은 일종의 권리자백에 해당하나 그 효력을 인정하는 명문의 규정이 있으므로 일반적인 권리자백과 다르다.

2) 법적 성질

청구의 포기·인낙에서 다퉈지는 주요한 논점은 법적 성질과 구제수단인바, 두 논점은 서로 밀접한 관계에 있다. 우선 법적 성질에 관하여 보면 학설로는 사법행위설, 소송행위설 및 사법행위와 소송행위의 성질을 겸유한다는 양성설이 있다. 청구의 포기·인낙에 착오나 사기·강박 등의 민법상 의사표시의 하자가 있는 경우 사법행위설이나 양성설은 민법 규정의 적용을 인정하여 준재심에 의하지 아니하고 바로 기일지정신청을 할 수 있다고 본다. 하지만 소송행위설은 민법 규정의 적용을 인정하지 않고 청구의 포기·인낙에 대하여 원칙적으로 준재심에 의한 구제만을 인정할 뿐이다. 소송행위설이 통설이고, 판례[1059]의 입장이다.

2. 요건 등

1) 요 건

가) 당사자에 관한 요건

당사자가 청구의 포기·인낙을 유효하게 하려면 당사자능력, 소송능력을 갖추어야 하고, 대리인의 경우 특별수권이 있어야 한다. 의사무능력자를 위한 소송법상 특별대리인의 청구의 포기·인낙이 본인의 이익을 명백히 침해하는 경우 법원은 불허가 결정을 할 수 있다(62조의2). 필수적 공동소송의 경우 공동소송인 전원이 하여야 한다. 독립당사자참가가 있는 경우 원고의 청구의 포기나 피고의 청구의 인낙은 참가인이 다투는 한 효력이 없고, 참가인의 포기·인낙도 마찬가지이다.

나) 청구에 관한 요건

청구, 즉 소송물에 대하여 당사자의 처분권이 인정되어야만 청구의 포기·인낙이 가능하다. 직권탐지주의에 의하는 소송, 예컨대 가사소송에서는 청구의 포기·인낙이 불가능하다. 본안판결에 대세효가 인정되는 경우, 예컨대 회사관계소송의 청구인용판결, 소비자단체소송의 청구기각판결의 경우에는 전자와 같은 청구의 인낙이나 후자와 같은 청구의 포기가 허용되지 않는다.[1060] 주주대표소송에서와 같이 청구의 포기·인낙에 법원의 허가가 필요한 경우도 있다.

1059) 대법원 1957. 3. 14. 선고 4289민상439 판결, 대법원 2022. 3. 31. 선고 2020다271919 판결("청구의 인낙은 [소송행위로서,] 실체법상 채권·채무의 발생 또는 소멸의 원인이 되는 법률행위라 볼 수 없다"고 한 다음, 주채무자와 연대보증인이 채권자를 상대로 제기한 차용금채무 및 연대보증채무 부존재확인소송에서 채권자가 주채무자의 청구를 인낙한 경우, 남아 있는 연대보증인과 채권자 사이의 소송에서 주채무자의 인낙으로 주채무가 소멸하여 결국 연대보증채무가 부종성으로 인하여 소멸하였다고 본 원심판결을 파기하였다).

1060) 대법원 2004. 9. 24. 선고 2004다28047 판결(주주총회결의의 부존재·무효를 확인하거나 결의를 취소하는 판결이 확정되면 당사자 이외의 제3자에게도 그 효력이 미쳐 제3자도 이를 다툴 수 없게 되므로, 주주총회결의의 하자를 다투는 소에 있어서 청구의 인낙이나 그 결의의 부존재·무효를 확인하는 내용의 화해·조정은 할 수 없고, 가사 이러한 내용의 청구인낙 또는 화해·조정이 이루어졌다 하여도 그 인낙조서나 화해·조정조서는 효력이 없다).

청구의 포기의 경우에는 별다른 문제가 없으나 청구의 인낙의 경우에는 그 대상인 청구취지 자체가 강행법규나 사회질서에 반하는 내용의 것인 경우에는 청구의 인낙이 무효로 된다.[1061] 반면, 청구취지 자체에 그와 같은 문제가 없다면 청구원인이 강행법규나 사회질서에 반하는 내용의 것이라도 청구의 인낙은 유효하다(소송행위설).[1062]

소송요건이 갖추어지지 않은 경우 청구의 포기·인낙이 가능한지 여부에 대하여 견해 대립이 있다. 다수설은 이를 불가능하다고 보지만, 청구의 포기는 가능하지만 청구의 인낙은 불가능하다는 견해, 흠결된 소송요건이 관할, 중복제소, 소익 등 공익적 성격이 약한 것인 경우에는 청구의 인낙이 가능하다는 견해도 있다.[1063] 다수설에 의하면 소송요건이 흠결된 경우 청구의 포기나 인낙이 있어도 법원은 소를 각하하여야 한다.

예비적 청구에 대한 인낙이 가능하다는 견해도 있으나 판례는 불가능하다고 본다.[1064]

2) 시기와 방식

청구의 포기·인낙은 소송계속 중에는 어느 때나 할 수 있고, 상고심에서도 할 수 있다. 상급심에서 청구의 포기·인낙이 이루어지면 이전의 하급심 판결은 원칙적으로 실효한다.

청구의 포기·인낙은 변론기일 또는 준비기일에서 구술로 하는 것이 원칙이나 서면의 진술간주에 의하여도 가능하다. 자백간주의 경우와 달리 의사표시에 대한 공증이 필요하다.

1061) 예컨대, A와 B가, B가 Z를 살해하는 대가로 A가 B에게 1억 원을 지급하기로 하는 살인청부계약을 한 이후, A가 B를 상대로 소장의 청구취지에는 'B는 Z를 살해하라'라고 기재하고 청구원인에는 위 살인청부계약을 기재하여 소를 제기한 경우, B가 청구를 인낙하더라도 이는 무효이다. 위와 같은 소가 제기된 경우에 재판부가 청구인용판결을 하여도 주문 자체가 강행법규나 사회질서에 반하는, 즉 국내법상 인정되지 않는 법률효과를 내용으로 한 것이므로, 그 판결이 무효인 것과 같다. 인낙의 경우 판결의 주문에 대응하는 것은 인낙조서 중 청구취지이다.

1062) 예컨대, 위와 같은 사안에서 B가 A를 상대로 소장의 청구취지에는 'A는 B에게 1억 원을 지급하라'고 기재하고 청구원인에는 위 살인청부계약을 기재하여 소를 제기한 경우, A가 청구를 인낙하면, 이는 유효하다.

1063) 소송요건이 흠결된 것을 간과한 인낙조서는 무효라고 한 일본 최고재판소 판결이 있다.

1064) 대법원 1995. 7. 25. 선고 94다62017 판결.

제148조(한 쪽 당사자가 출석하지 아니한 경우) ① 원고 또는 피고가 변론기일에 출석하지 아니하거나, 출석하고서도 본안에 관하여 변론하지 아니한 때에는 그가 제출한 소장·답변서, 그 밖의 준비서면에 적혀 있는 사항을 진술한 것으로 보고 출석한 상대방에게 변론을 명할 수 있다.
② 제1항의 규정에 따라 당사자가 진술한 것으로 보는 답변서, 그 밖의 준비서면에 청구의 포기 또는 인낙의 의사표시가 적혀 있고 공증사무소의 인증을 받은 때에는 그 취지에 따라 청구의 포기 또는 인낙이 성립된 것으로 본다.

청구의 포기·인낙은 무조건적이어야 하고 조건부 인낙은 무효이다. 가분적 청구에 대하여는 일부 포기나 인낙도 가능하다.

3. 효 과

청구의 포기·인낙이 있는 경우 조서가 작성되고, 조서가 작성됨으로써 소송은 종료한다. 조서가 작성되기 전에는 재판상 자백에 준하여 상대방의 동의를 얻거나 착오를 이유로 철회할 수 있다는 것이 다수설이다.

포기조서는 청구기각의, 인낙조서는 청구인용의 확정판결과 동일한 효력이 있다.

제220조(화해, 청구의 포기·인낙조서의 효력) 화해, 청구의 포기·인낙을 변론조서·변론준비기일조서에 적은 때에는 그 조서는 확정판결과 같은 효력을 가진다.

인낙조서에는 집행력과 형성력이 인정된다. 통설·판례는 포기조서와 인낙조서에 기판력도 인정한다.

통설·판례가 취하는 소송행위설의 입장에서는 포기조서나 인낙조서가 작성된 이후에는 판결의 당연무효사유가 없는 한 준재심에 의하여 구제받아야 하고, 인낙조서상의 의무가 불이행되었다고 하여 해제로 인낙 자체를 실효시키거나 손해배상을 청구하는 것은 불가능하다고 한다.[1065)]

1065) 대법원 1957. 3. 14. 선고 4289민상439 판결.

제 58 강 화해(재판상 화해)

1. 의 의

널리 법정에서 이루어지는 화해를 재판상 화해 또는 단지 화해(이하, 특별한 사정이 없는 한 '화해'라고만 한다)라고 한다. 화해에는 소송상 화해와 제소전 화해가 있는바, 전자는 소가 제기된 권리관계, 즉 소송물에 대하여 이루어지는 화해를 말하고 후자는 소가 제기되지 않은 권리관계에 대하여 이루어지는 화해를 말한다.

제소전 화해는 소송절차가 아닌 화해조서의 작성만을 목적으로 하는 별도의 절차, 즉 제소전 화해절차에서 이루어지는 것이 원칙이지만, 제소전 화해절차가 아닌 소송절차에서 이루어진 화해의 내용에 소송물 이외의 권리관계에 대한 것이 포함되는 경우가 종종 있는바, 이러한 경우 소송물 이외의 권리관계에 대한 부분은 성질상 제소전 화해에 해당한다.

실제 화해가 이루어진 것은 아니지만 법원의 화해권고결정은 확정되면 재판상 화해와 같은 효력을 가진다(231조). 또한 민사조정법에 의한 임의조정이 성립되거나 조정에 갈음하는 결정이 확정된 때도 같다. 이러한 경우를 간주화해라고 한다.

소송진행 중 화해가 성립되면 화해조서가 작성되고 이로써 소송은 종료된다. 화해조서는 확정판결과 같은 효력이 인정된다.

> 제220조(화해, 청구의 포기·인낙조서의 효력) 화해, 청구의 포기·인낙을 변론조서·변론준비기일조서에 적은 때에는 그 조서는 확정판결과 같은 효력을 가진다.

법정에서 이루어지는 화해의 성질에 대하여는 재판상 화해는 민법의 화해와 동일하다는 사법행위설, 민법의 화해가 아니라 소송종료를 목적으로 하는 소송행위(합의 또는 합동행위)라고 하는 소송행위설, 민법의 화해의 성질과 소송행위의 성질을 겸유하고 있다는 양성설(양행위경합설), 외견상 하나의 행위로 보이기도 하지만, 실제로는 소송행위와 사법행위(민법의 화해)가 각각 별개로 존재한다고 보는 병존설 등의 견해가 있다. 양성설이 현재의 다수설이다. 판례는 소

송행위설을 취하고 있다는 것이 일반적인 평가이다.[1066)][1067)]

성질에 대한 견해의 대립은 화해에 대한 불복수단의 범위와 관련되어 있다. 민사소송법은 화해에 대한 불복수단으로 화해조서에 대한 준재심을 인정하고 있다. 양성설도 준재심이 불복수단임을 부인할 수 없다.

> 제461조(준재심) 제220조의 조서 또는 즉시항고로 불복할 수 있는 결정이나 명령이 확정된 경우에 제451조 제1항에 규정된 사유가 있는 때에는 확정판결에 대한 제451조 내지 제460조의 규정에 준하여 재심을 제기할 수 있다.

견해의 대립은 준재심 외에 다른 불복수단, 즉 기일지정신청이나 무효확인의 소가 가능한지 여부를 두고 발생한다. 소송행위설은 이를 부정하고, 양성설은 인정한다. 소송행위설과 양성설의 차이를 표로 구성하여 보면 다음과 같다.

<table>
<tr><th colspan="2"></th><th>소송행위설</th><th>양성설</th></tr>
<tr><td colspan="2">조건, 기한</td><td>붙일 수 없음</td><td>붙일 수 있음</td></tr>
<tr><td colspan="2">실체법적 사유로
인한 무효, 취소</td><td>인정되지 아니함</td><td>인정됨</td></tr>
<tr><td rowspan="2">다투는
방법</td><td>실체법적 하자가
있는 경우</td><td>다툴 수 없음</td><td>다툴 수 있음
→ 무효확인의 소 또는
기일지정신청</td></tr>
<tr><td>재심사유가 있는
경우</td><td>다툴 수 있음
→ 준재심</td><td>좌동</td></tr>
<tr><td colspan="2">기판력</td><td>무제한 기판력
(★ 당연무효의 경우는
예외)</td><td>제한적 기판력
(★ 실체법적 하자가 있는
경우는 예외)</td></tr>
</table>

아래에서 소송상 화해와 제소전 화해로 나누어서 살펴본다.

1066) 대법원 1962. 2. 15. 선고 4294민상914 전원합의체 판결, 대법원 1962. 5. 31. 선고 4293민재6 판결, 대법원 2000. 3. 10. 선고 99다67703 판결, 대법원 2002. 12. 6. 선고 2002다44014 판결.

1067) 대법원 1994. 7. 29. 선고 92다25137 판결(갑과 을 등 사이에 제1화해가 성립한 후에 갑과 을 사이에 다시 제1화해와 모순·저촉되는 제2화해가 성립하였다 하여도 제1화해가 조서에 기재되어 확정판결과 동일하게 기판력이 발생한 이상 제2화해에 의하여 제1화해가 당연히 실효되거나 변경되고 나아가 제1화해조서의 집행으로 마쳐진 을 명의의 소유권이전등기 등이 무효로 된다고 볼 수는 없다). 대법원 1995. 12. 5. 선고 94다59028 판결도 같은 취지이다. 이러한 경우 결국은 제2화해 내용의 해석문제라는 것으로는 주석 민사소송법(9판)(Ⅱ), 934면(김윤종 집필부분).

2. 소송상 화해

1) 의 의

소송상 화해는 소송계속 중 변론기일 등에서 양쪽 당사자가 소송물인 권리관계의 주장을 서로 양보하여 소송을 종료시키기로 하는 합의를 말한다.

2) 요건 등

가) 당사자에 관한 요건

소송상 화해가 유효하고도 적법하게 성립하기 위하여는 당사자에게 소송능력이 있어야 한다. 대리인이 소송상 화해를 하고자 하는 경우에는 특별수권이 필요하다. 의사무능력자를 위한 소송법상 특별대리인의 화해가 본인의 이익을 명백히 침해하는 경우 법원은 불허가결정을 할 수 있다(62조의2). 필수적 공동소송에 해당하는 공동소송인들은 전원이 일치하여 소송상 화해를 하여야 한다.

나) 소송물에 관한 요건

소송상 화해가 성립되기 위하여는 화해의 대상인 권리관계가 사적 이익에 관한 것이고, 당사자가 자유로이 처분할 수 있는 것이어야 한다.[1068] 이 요건이 흠결된 소송상 화해는 무효이다. 행정소송, 가사소송,[1069] 회사관계소송, 소비자단체소송, 개인정보단체소송, 증권관련집단소송 등에서는 소송상 화해가 허용되지 않거나 제약된다. 형성소송의 판결과 같은 내용으로 소송상 화해를 한 경우 형성판결을 받은 것과 같은 효력이 생기지 않는 것이 원칙이다.[1070][1071][1072]

1068) 이를 화해의 대상이 변론주의에 의하여 심판되는 권리관계여야 한다고 표현하기도 한다.

1069) 이혼이나 파양은 협의이혼과 협의파양이 가능하므로 예외이다.

1070) 법률관계의 형성·변경을 목적으로 하는 형성의 소는 법률상 명문의 규정이 있어야 제기할 수 있고 그 형성판결이 확정됨에 따라 형성력이 발생하며, 이러한 형성판결의 효력을 개인 사이의 합의로 창설할 수 없기 때문이다.

1071) 대법원 2012. 9. 13. 선고 2010다97846 판결(근저당권설정등기말소청구를 인용한 확정판결에 대한 재심소송에서 재심대상판결인 위 확정판결을 취소한다는 취지의 조정이 성립된 경우 이러한 조정은 당연무효이므로 위 확정판결에 기한 등기가 원인무효라고 할 수 없다), 대법원 2013. 11. 21. 선고 2011두1917 전원합의체 판결(공유물분할의 소송절차 또는 조정절차에서 공유자 사이에 [] 조정이 성립하였다고 하더라도 협의에 따른 새로운 법률관계가 창설되는 것은 아니고, [] 토지의 분필절차와 지분이전등기절차를 마침으로써 비로소 그 부분에 대한 [] 소유권을 공유자들이 취득하게 된다고 보아야 한다), 대법원 2022. 6. 7.자 2022그534 결정(청구이의의 소에서 집행권원에 기한 강제집행을 불허한다는 화해권고결정이 확정되어도 집행권원의 집행력은 소멸하지 않으므로 그 정본은 민사집행법 제49조 제1호의 집행취소서류

청구의 포기·인낙과는 달리 소송요건이 흠결된 경우에도 소송상 화해는 가능하다는 데 이견이 없다.

소송이 진행되던 중 화해가 성립될 때 화해조항에 소제기가 된 권리관계, 즉 소송물 이외의 권리관계가 포함될 수도 있고, 이러한 경우 제소전 화해에 해당한다고 함은 앞서 본 바와 같다. 종종 소송물 이외의 권리관계에 대하여 과연 화해가 이루어졌는지 여부, 예컨대 화해조항에 흔히 들어가는 '나머지 청구는 포기한다'라는 부분에서 말하는 나머지 청구에 소송물이 아닌 다른 권리도 포함된 것인지 여부가 다투어질 때가 있는바, 판례는 엄격한 입장, 즉 그 소송물 이외의 권리가 명시되어야만 한다는 입장을 취하고 있고, 타당하다.

> 대법원 2007. 4. 26. 선고 2006다78732 판결[1073]
> 소송절차 진행 중에 사건이 조정에 회부되어 조정이 성립한 경우 소송물 이외의 권리관계에도 조정의 효력이 미치려면 특별한 사정이 없는 한 그 권리관계가 조정조항에 특정되거나 조정조서 중 청구의 표시 다음에 부가적으로 기재됨으로써 조정조서의 기재내용에 의하여 소송물인 권리관계가 되었다고 인정할 수 있어야 한다.

소송상 화해가 성립된 경우 작성되는 화해조서에는 앞서 본 바와 같이 '화해조항'과 '청구의 표시'가 기재되는바, '청구의 표시'에는 소장의 '청구취지'와 '청구원인'이 기재된다.[1074] 화해조항 자체가 강행법규나 사회질서에 반하는 경우에는 판결의 주문 자체가 강행법규나 사회질서에 반하는 경우와 마찬가지로 소송상 화해는 무효가 된다는 점에 이론이 없다.[1075] 이와 달리 화해조항 자체는 문제가 없으나 소위 '화해의 내용이 강행법규나 사회질서에 반하는' 경우,

---

에 해당되지 않는다. 다만 위 정본은 부집행합의가 담긴 민사집행법 제49조 제6호의 집행취소서류로 볼 수 있으나, 이를 매각허가결정이 있은 뒤에 제출한 때에는 매수인의 동의를 받아야 집행취소의 효력이 생긴다), 대법원 2023. 11. 9. 선고 2023다256577 판결(형성소송인 청구이의의 소에서는 형성판결의 효력을 당사자 사이의 합의로 창설할 수 없으므로, [] 청구이의의 소에서 [] 조정이 확정되었더라도 확정판결과 동일한 효력인 기판력이 생긴다고 볼 수 없다).

1072) 이혼소송, 배당이의소송 등은 예외로 보는 것이 타당하다. 이혼소송의 경우 협의이혼과 이혼조정신청이 가능하고, 배당이의소송의 경우 배당기일에서 합의에 의한 배당이의의 종결이 가능하다.

1073) 조정에 관한 판례이나 재판상 화해에 관하여도 마찬가지이다. 대법원 2013. 3. 28. 선고 2011다3329 판결도 같은 취지이다.

1074) 청구취지나 청구원인이 변경된 경우에는 변경된 것을 기재한다.

1075) 인낙조서의 청구취지 자체가 강행법규나 사회질서에 반하는 경우와 궤를 같이한다. 판결의 주문에 대응하는 것은 화해조서의 경우 화해조항이고, 인낙조서의 경우 청구취지이다.

엄밀하게 말하면 화해조서의 '청구의 표시'에 기재된 '청구원인'이 강행법규나 사회질서에 반하는 경우[1076]에는 소송행위설과 양성설은 입장을 달리한다. 즉, 양성설은 소송상 화해가 무효라고 보지만, 소송행위설은 유효라고 본다.[1077]

다만, 화해조항이 판결의 주문처럼 간결하게 작성되지 않고, 계약서처럼 장황하게 작성된 경우, 위와 같은 법리는 화해조항 중 예상되는 분쟁의 판결의 주문에 상응하는 부분과 그 이외의 부분으로 나누어, 전자를 위 '화해조항 자체'로 보고, 후자를 '화해의 내용'으로 보고 적용하여야 할 것이다.[1078]

화해조항 자체에 기재되는 이행의무의 발생에 조건을 붙이는 것이 가능하다는 점에 대하여는 이견이 없다. 즉, 화해조항으로 소유권이전등기의무를 당사자 일방, 예컨대 피고에게 부과하는 경우 원고가 매매대금을 먼저 지급할 것을 조건으로 붙일 수 있다. 즉, "피고는 원고에게, 원고로부터 1억 원을 지급받은 다음, 소유권이전등기절차를 이행하라"라는 식의 화해조항은 적법유효하다. 다만, 소송상 화해 자체의 성립이나 효력의 발생에 조건 특히 해제조건을 붙일 수 있는지에 관하여는 양성설은 이를 긍정하지만, 소송행위설은 부정한다. 그런데, 판례는 기본적으로 소송상 화해를 소송행위로 보면서도 실효조건부 화해의 유효성을 인정하고 있다고 평가된다.[1079] 소송행위는 조건과 친하지 않은 점 등을 고려할 때 이를 부정하는 것이 타당하다. 화해조항 자체에 해제조건이 붙은 경우 이는 실체법적인 권리의무에 대한 것이라고 선해하는 것이 타당하다.[1080]

1076) 청구원인에 명시되지 않은 사정까지 포함할 때 강행법규 등에 반하는 경우도 포함한다.

1077) 대법원 1975. 11. 11. 선고 74다634 판결, 대법원 1987. 10. 13. 선고 86다카2275 판결, 대법원 2002. 12. 6. 선고 2002다44014 판결.

1078) 박재완, "재판상 화해의 기판력과 창설적 효력", 법학논집 제29권 제2호(통권 제88호), 이화여자대학교 법학연구소(2024. 12), 520면 이하, 552~553면.

1079) 대법원 1965. 3. 2. 선고 64다1514 판결(화해조항 자체로서 일정한 경우 그 화해의 효력을 상실시킬 수 있는 조건이 있을 때에는 그 조건성취로써 그 화해의 효력은 당연히 실효된다 할 것이며 그 실효의 주장은 재심에 의한 판결에 의하지 아니하고서도 당사자는 언제나 소송외에서도 주장할 수 있다고 해석하여야 할 것이다), 대법원 1993. 6. 29. 선고 92다56056 판결 등. 판례의 입장을 재판상 화해의 사법행위 부분과 소송행위 부분을, 그리고 기판력과 기판력의 차단효를 명확하게 구분하지 않고 설시한 것으로 보면 달리 평가할 여지도 있으나, 관련 판례들의 표현이 강한 편이다.

1080) 박재완, "재판상 화해의 기판력과 창설적 효력", 법학논집 제29권 제2호(통권 제88호), 이화여자대학교 법학연구소(2024. 12), 520면 이하, 550~551면.

반대견해도 있지만, 소송상 화해는 원칙적으로 소송물인 권리관계에 대한 주장을 상호 양보하여야 한다고 보는 것이 통설의 입장이다. 하지만 화해의 대상으로 소송물 이외의 권리관계가 포함될 수도 있으므로 원고가 소송물인 청구를 전부 포기하는 대신 소송물 이외의 권리를 인정받는 식의 화해도 가능하다. 실무에서는 원고가 청구의 전부를 포기하고 대신 피고가 소송비용의 부담에서 양보하는 내용의 화해도 인정된다.

3) 시기와 방식

소송상 화해는 소송계속 중이면 어느 때나 가능하고 상고심에서도 가능하다. 원칙적으로 기일에서 구술로 이루어져야 하지만 2005년 법개정 때 청구의 포기·인낙과 마찬가지로 서면의 진술간주로도 가능하게 되었다(148조 3항).

4) 효 과

가) 소송종료효와 집행력

소송진행 중 소송상 화해가 성립되면 화해조서가 작성되고 이로써 소송은 종료된다. 화해조서는 확정판결과 같은 효력이 인정된다. 화해조서에 집행력이 있다는 점에 관하여는 이론이 없다(민사집행법 56조 5호).

나) 기판력

화해조서에 기판력이 없다는 견해도 있으나 소수견해이고 통설은 기판력을 인정한다. 통설은 다시 화해에 의사표시의 착오나 사기·강박 등 실체법적 하자가 있는 경우에도 기판력이 인정되는지 여부에 관하여 견해가 나뉘어, 화해조서의 기판력은 실체법적 하자에 아무런 영향을 받지 않는다는 견해(무제한 기판력설)와 실체법적 하자가 있으면 화해조서의 기판력은 인정되지 않는다는 견해(제한적 기판력설)가 대립하고 있다. 즉, 화해조서 성립 전의 사유로 화해조서의 효력을 다투는 방법으로, 무제한 기판력설은 법이 인정하는 준재심만을 인정하는 반면, 제한적 기판력설은 그 사유가 재심사유에 해당하는 경우에는 준재심을, 실체법적 하자에 해당하는 경우에는 기일지정신청, 무효확인의 소 등을 인정한다. 무제한 기판력설에 따르면 실체법적 하자가 있어도 화해조서의 효력을 다툴 방법이 없게 된다. 다만, 무제한 기판력설도 판결의 당연무효사유가 있는 경우는 예외로 취급한다. 제한적 기판력설이 다수설의 입장이지만, 판례는 무제한 기판력설을 취하고 있다.[1081] 화해의 법적 성질에 대한 양성설은 제한적 기판력설과, 소송행위설은 무제한 기판력설과 연결된다.[1082]

무제한 기판력설의 '무제한'은 위와 같은 의미의 것으로서, 소송상 화해조서의 기판력이 시간적, 객관적, 주관적 범위의 차원에서 확정판결의 기판력보다 넓거나 강하다는 의미의 것은 아니다. 예컨대, 소송상 화해가 성립된 이후 화해조항에 따른 의무를 이행하지 않았음을 근거로 한 해제권의 행사는 표준시 이후의 사정변경에 기한 것이므로 소송상 화해의 기판력에 의하여 차단되지 않는다.[1083][1084] 이는 확정판결의 경우와 같다.[1085] 확정판결에서 현재이행이 아니라 장래이행이 명해진 경우에도 그 기판력의 표준시는 변론종결시이므로,[1086] 화해조항에 장래이행이 포함된 경우 그 기판력의 표준시는 조서작성시이다.

1081) 대법원 2000. 3. 10. 선고 99다67703 판결.

1082) 이러한 연결성은 절대적인 것이 아니다.

1083) 대법원 1994. 12. 9. 선고 94다17680 판결(부동산에 관한 소유권이전등기가 제소전 화해조서의 집행으로 이루어진 것이라면 제소전화해가 이루어지기 전에 제출할 수 있었던 사유에 기한 주장이나 항변은 그 기판력에 의하여 차단되므로 그와 같은 사유를 원인으로 제소전화해의 내용에 반하는 주장을 하는 것은 허용되지 않는다 할 것이나, 제소전화해가 이루어진 이후에 새로 발생한 사실을 주장하여 제소전화해에 반하는 청구를 하여도 이는 제소전화해의 기판력에 저촉되는 것은 아니라고 할 것이다), 대법원 2015. 3. 20. 선고 2012다53505 판결(C는 이 사건 조정에 불구하고 이 사건 조정 후에 발생한 원고의 이 사건 반대급부에 관한 채무불이행을 원인으로 하여 이 사건 매매계약을 해제할 수 있으며, 이러한 C의 법정해제권의 행사가 [] 기판력에 저촉된다고 할 수 없다) 등 참조. 반대 취지의 대법원 2012. 4. 12. 선고 2011다109357 판결의 타당성에는 의문이 있다. 상세는 박재완, "재판상 화해의 기판력과 창설적 효력", 법학논집 제29권 제2호(통권 제88호), 이화여자대학교 법학연구소(2024. 12), 520면 이하, 546~547면 참조.

1084) 창설적 효력에 의하여 화해 전후로 해제권의 범위가 달라졌을 가능성이 있으나, 이는 실체법적 차원의 것으로서 기판력의 작용과는 별개의 것이다.

1085) 대법원 2014. 1. 23. 선고 2012다72957 판결은 매매를 원인으로 한 소유권이전등기청구를 인용한 판결이 확정된 이후 매도인이 매수인의 매매대금지급의무 불이행을 이유로 해제권을 행사하는 것이 기판력에 의하여 차단되는지 여부가 쟁점이 된 사안에서, 변론종결 이전에 동시이행관계에 있는 반대채권의 이행기가 도래한 것만으로는 해제권 행사의 요건이 변론종결 이전에 갖추어졌다고 볼 수 없다고 전제한 다음, 이행제공과 최고 등이 변론종결 이후에 있었으므로 해제권은 변론종결 이후에 발생한 것이라는 이유로, 잔대금지급채무의 이행기가 변론종결 이전이므로 "매도인의 잔대금지급채무 지체를 이유로 한 계약해제"는 종전 소송의 변론종결 이전에 주장할 수 있었던 방어방법이라는 이유로 기판력의 차단효가 미친다고 한 원심판결을 파기하였다.

1086) 대법원 1998. 5. 26. 선고 98다9908 판결.

다) 창설적 효력

한편 판례는 화해에 창설적 효력을 인정하고 있는바,[1087] 이는 화해의 법적 성질에 관하여 판례가 취하는 소송행위설과는 맞지 않는다는 비판이 있다. 이러한 점에 착안하여 판례의 입장을 실체법적 소송행위설이라거나[1088] 수정된(제한적) 소송행위설[1089]이라고 부르기도 한다.

판례가 인정하는 창설적 효력은 엄밀하게는 민법상 계약인 화해(계약)의 확정적 효력을 의미하는 것이다. 판례나 문헌에서 오래전부터 또 흔하게 이 둘은 같은 것처럼 사용되고 있으나, 엄밀하게는 서로 다른 것이다. 화해(계약)의 확정적 효력의 근거는 화해(계약) 자체의 근거조문인 민법 731조인 반면, 창설적 효력은 민법 732조에 규정되어 있는데, 이 규정은 화해(계약)에 의하여 확정된 법률관계와 반대되는 확증이 나타난 경우에 적용된다.[1090]

확정적 효력 대신 창설적 효력이라는 용어를 쓰면, 화해(계약)이 이루어지면 언제나 그 전후의 법률관계의 동일성이 소멸되어 기존에 가능한 항변, 담보 등이 모두 소멸한다는 오해가 발생할 수도 있다. 실제 화해(계약)의 내용은 당사자가 정하는 바에 따라 경개적일 수도 있고, 변경적일 수도 있고, 또 기존의 항변, 담보 등의 존속, 소멸 여부 등은 개별적, 구체적으로 당사자의 의사를 해석하여 판단하여야 한다. 대법원도 같은 입장을 취하되 창설적 효력이 미치는 범위는 당사자가 서로 양보를 하여 확정하기로 합의한 사항에 한한다는, 즉 권리관계의 일부만 창설되었다는 표현을 쓰고 있다.[1091][1092]

1087) 대법원 1977. 6. 7. 선고 77다235 판결은 "제소전 화해는 재판상 화해로서 확정판결과 동일한 효력이 있으며, 당사자 간의 사법상의 화해계약이 그 내용을 이루는 것이면 화해는 창설적 효력을 가지는 것이니 화해가 이루어지면 종전의 법률관계를 바탕으로 한 권리의무관계는 소멸해 버리는 것이다"라고 판시하였다. 대법원 2001. 4. 27. 선고 99다17319 판결, 대법원 2017. 4. 13. 선고 2016다274966 판결도 같다.

반면, 대법원 1982. 4. 13. 선고 81다531 판결은 "재판상 화해는 순수한 소송행위로서 확정판결과 같은 기판력[이] 있으며, 창설적 효력을 가지는 것이므로 제소전 화해가 이루어지면 종전의 법률관계를 바탕으로 한 권리의무 관계는 소멸하여 버린다."라고 위 밑줄 친 부분은 빼고 판시를 하였고, 대법원 2008. 2. 1. 선고 2005다42880 판결, 대법원 2011. 9. 29. 선고 2011다48902 판결 등도 같다. 위 77다235 판결 등의 판시방법이 적절한 것으로 생각된다.

1088) 강현중, "재판상 화해에 관한 판례의 동향", 법학논총 제14집, 국민대학교 법학연구소(2002. 2), 59면 이하, 64~65면.

1089) 김홍엽, 민사소송법(제12판), 박영사(2024), 793면.

1090) 박재완, "재판상 화해의 기판력과 창설적 효력", 법학논집 제29권 제2호(통권 제88호), 이화여자대학교 법학연구소(2024. 12), 520면 이하, 544면

창설적 효력은 실체법적인 화해(계약)의 효력이기 때문에 강행법규에 반할 수는 없다.[1093]

창설적 효력을 형성력과 같은 것으로 설명하는 견해도 있으나,[1094] 창설적 효력은 형성력과 서로 무관한 별개의 것이다.[1095] 앞서 본 바와 같이 소송상 화해에 형성력은 원칙적으로 인정되지 않는다. 또한 기판력도, 통설, 판례인 소송법설에 의하면 실체법적 법률관계에 아무런 영향을 미치지 않으므로, 실체법적인 권리관계의 변경을 내용으로 하는 창설적 효력과는 무관하다.

5) 화해권고결정

당사자들이 자발적으로 화해를 하지 않지만, 화해로 사건을 마무리하는 것이 적절한 경우, 재판부는 화해권고결정을 할 수 있다. 화해권고결정은 확정되면 화해와 같은 효력을 갖는다.

> 제225조(결정에 의한 화해권고) ① 법원·수명법관 또는 수탁판사는 소송에 계속중인 사건에 대하여 직권으로 당사자의 이익, 그 밖의 모든 사정을 참작하여 청구의 취지에 어긋나지 아니하는 범위안에서 사건의 공평한 해결을 위한 화해권고결정(和解勸告決定)을 할 수 있다.

1091) 대법원 2001. 4. 27. 선고 99다17319 판결, 대법원 2022. 1. 27. 선고 2019다299058 판결.

1092) 화해(계약)는 계약이지만 그로 인한 의무가 채권적인 것으로 귀결되지 않는다. 대법원 2012. 5. 10. 선고 2010다2558 판결은 "소유권에 기한 물권적 방해배제청구로서 소유권등기의 말소를 구하는 소송이나 진정명의 회복을 원인으로 한 소유권이전등기절차의 이행을 구하는 소송 중에 그 소송물에 대하여 화해권고결정이 확정되면 상대방은 여전히 물권적인 방해배제의무를 지는 것이고, 화해권고결정에 창설적 효력이 있다고 하여 그 청구권의 법적 성질이 채권적 청구권으로 바뀌지 아니한다"고 하였다.

1093) 대법원 2022. 1. 27. 선고 2019다299058 판결은 제소전 화해가 있다고 하더라도 화해의 대상이 되지 않은 종전의 다른 법률관계까지 소멸하는 것은 아니라고 한 다음 "임차인은 임대차기간 만료일에 임대인으로부터 임대차보증금을 반환받음과 동시에 점포를 임대인에게 인도한다."라는 내용의 제소전 화해를 한 경우 임차인의 계약갱신요구권은 화해 당시 분쟁의 대상으로 삼지 않은 사항으로서 화해의 창설적 효력이 미치지 않으므로, 임차인은 계약갱신요구권을 행사할 수 있다고 하였다.

위 판결의 결론은 타당하지만, 위와 같은 판시에서 더 나아가 화해조항에 갱신요구권의 소멸에 관한 내용이 있다면, 강행법규에 반함에도 불구하고, 창설적 효력이 인정될 수도 있는 듯이 판시한 점, 하급심에서 다투어졌던 기판력에 대하여 아무런 판시를 하지 않은 점은 아쉬운 대목이다. 위 판결의 사안상 갱신요구권 행사기한이 조서작성 이후 도래하였으므로 임차인의 갱신요구권의 행사는 기판력에 의하여 차단되지 않는다고 보는 것이 타당하다고 생각된다.

1094) 이시윤, 신민사소송법(제16판), 박영사(2016), 597면.

1095) 박재완, "재판상 화해의 기판력과 창설적 효력", 법학논집 제29권 제2호(통권 제88호), 이화여자대학교 법학연구소(2024. 12), 520면 이하, 542~543면.

화해권고결정은 당사자에게 송달하여야 하는바,[1096] 당사자는 송달일로부터 2주 이내에 이의신청을 할 수 있다. 위 기간은 불변기간이다(226조). 이의신청은 서면으로 하여야 한다(227조). 적법한 이의신청이 제기되지 않으면 화해권고결정은 확정되고 화해와 같은 효력을 가진다(231조 1호).

반면, 화해권고결정에 대하여 적법한 이의신청이 제기되면 재판부는 다시 소송절차를 진행하여야 한다(232조 1항). 이의신청을 한 당사자는 해당 심급의 판결이 선고될 때까지는(232조 1항) 이의신청을 취하할 수 있으나, 상대방의 동의를 받아야 한다(228조 1항). 이의신청취하의 방식에 대하여는 소취하에 관한 266조 3항 내지 6항의 규정이 준용되므로(228조 2항), 이의신청의 취하는 기일에서 구술로도 할 수 있다. 이의신청취하로 화해권고결정은 확정된다(231조 3호).

이의신청이 부적법하고, 그에 대한 각하결정이 확정된 경우(231조 2호), 이의신청권이 포기된 경우(229조)에도 화해권고결정은 확정된다(231조 2호, 3호).

화해권고결정제도는 2002년 민사소송법개정 때 도입되었는바, 화해권고결정은 민사조정법에 의한 조정에 갈음하는 결정[1097]과 실질적으로 차이가 없다.

3. 제소전 화해

민사소송법 385조 내지 389조는 제소전 화해절차에 관하여 규정하고 있다. 제소전 화해절차는 어떤 청구에 대하여 화해를 성립시키는 절차이다. 즉, 제소전 화해의 신청은, 판결을 내려달라는 소의 제기와 달리, 화해를 성립시켜 화해조서를 작성하여 달라는 신청이다.

1096) 별도의 결정문을 작성한 경우에는 결정문 정본을, 그렇지 않은 경우 결정내용을 적은 조서의 정본을 송달한다(225조 2항).

1097) 민사조정법 제30조. 실무상으로 흔히 이를 '강제조정결정'이라고 한다. 연혁적으로 '강제조정'이라는 용어는 당사자의 이의신청조차 허용되지 않았던 일본의 20세기 초반의 조정제도에서 연유한 것이다. 조정절차에서 당사자들의 합의에 의하여 조정이 성립하는 경우를 흔히 임의조정이라고 한다. 민사조정법에 의한 조정절차는 소송절차와 별개의 절차이므로 당사자들은 소송을 제기하지 않고 조정을 신청할 수 있다. 소송절차 진행 중 법원은 필요하다고 판단하는 경우 항소심 판결선고 전까지 소송계속 중인 사건을 결정으로 조정에 회부할 수 있고(민사조정법 6조), 화해는 회부결정이 필요하지 않다. 조정사건은 조정전담판사가 담당하는 것이 원칙이지만(조정전담판사는 스스로 처리하거나 상임조정위원 또는 조정위원회에게 맡길 수 있다), 소송사건을 조정에 회부한 법원은 직접 처리할 수도 있고(민사조정법 7조 3항), 이를 수소법원조정이라고 한다.

제소전 화해는 청구의 취지·원인과 다투는 사정을 밝혀 상대방의 보통재판적이 있는 곳의 지방법원에 서면 또는 구술로 신청한다(385조 1항). 현실적으로 다툼이 있어야 하는지에 관하여는 견해의 대립이 있다. 제소전 화해절차는 단독판사의 소관이다.

담당재판부는 화해기일을 열어 화해의 성립 여부를 확인한다. 제소전 화해절차에서 화해가 반드시 성립하는 것은 아니다. 화해가 성립하면 화해조서가 작성된다(386조). 제소전 화해의 효력은 소송상 화해의 효력과 같다.

화해가 성립되지 않거나, 신청인이나 상대방이 화해기일에 불출석하여 재판부가 화해가 성립되지 않은 것으로 처리한 경우, 그 취지가 조서에 기재되고, 조서 등본은 당사자에게 송달되어야 한다(387조). 당사자는 조서등본이 송달된 날로부터 2주의 불변기간 이내에 소제기신청을 할 수 있고, 이 경우 제소전 화해신청 때 소가 제기된 것으로 본다. 조서등본이 송달되기 이전에도 소제기신청을 할 수 있다(388조).

제소전 화해는 탈법행위에 이용되거나 경제적 약자의 법적 지위를 약화시키는데 종종 이용되었기 때문에 입법론적으로 아예 제도 자체가 폐지되어야 한다거나 적어도 그 효력을 제한적으로 해석하여야 한다는 견해가 강하다.

4. 병존설에 입각한 재판상 화해

1) 판례의 입장에 대한 재평가

이상의 서술은 현재의 학설 대립의 양상과 판례의 입장을 전제로 이루어진 것이다. 판례는 소송행위설을 취하고 있다고 일반적으로 평가받고 있으나, 실제로는 병존설을 취하고 있다고 보는 것이 타당하다.[1098] 재판상 화해에 조건을 붙일 수 있다거나, 창설적 효력이 있다는 것은 재판상 화해에 사법행위, 즉 민법의 화해의 측면이 있는 것을 인정하는 것이기 때문이다. 양성설은, 실체법적 하자가 있는 경우 소송법적 효력 특히 기판력을 부인하고자 하는 의도는 이해되지만, 실체법과 소송법의 체계적 분리를 생각하면 부자연스러운 것이 아닐

1098) 이하의 내용의 상세는 박재완, "재판상 화해의 기판력과 창설적 효력", 법학논집 제29권 제2호(통권 제88호), 이화여자대학교 법학연구소(2024. 12), 520면 이하, 523~527면, 532~540면, 543~545면, 546~549면 참조.

수 없다. 병존설이 사실적인 차원에서 실상에 부합하고, 그러한 실상에 따라 실체법적 행위와 소송법적 행위를 분리하여 고찰할 수 있게 해주기 때문에 타당하다고 생각된다. 사법행위설이나 소송행위설은 어느 한 쪽에만 논의를 집중한 것이 문제라고 할 수 있다.

2) 재판상 화해의 구조

병존설에 따르면 재판상 화해는 소송종료를 목적으로 하는 소송행위 부분과 민법의 화해(계약)인 사법행위 부분으로 구성되고, 이들은 각 절차법과 실체법의 적용을 받는다. 기판력, 소송종료효, 집행력은 소송행위 부분에서 발생하고, 창설적 효력은 사법행위 부분에서 발생한다.

재판상 화해의 기판력은 확정판결의 기판력과 같은 것이므로, 그 성격은 실체법적 권리관계와 무관한 소송법적 효력이고, 객관적, 주관적, 시간적 범위 내에서만 작용한다. 특히 공격방어방법에 대한 기판력의 차단효는 표준시인 조서작성시를 기준으로 작용한다. 장래이행의무가 화해조항에 포함된 경우도 표준시는 조서작성시이다. 따라서 무제한 기판력설을 취하더라도 재판상 화해의 기판력이 실제 무제한인 것은 아니다.

재판상 화해의 창설적 효력은 민법의 화해 부분에서 발생하는 실체법적 효력으로서, 소송법적 부분에서 발생하는 기판력, 형성력과 다른 것이다. 기판력은 소송법적 효력으로서 실체법적 법률관계와는 무관하다(소송법설). 확정판결 중 형성판결의 형성력은 실체법적 법률관계를 변동시키지만, 재판상 화해에는 형성력이 원칙적으로 인정되지 않는다.

확정판결의 경우에는 확정판결로 인하여 실체법적 권리관계는 아무런 변화가 없는 반면 재판상 화해의 경우는 실체법적 권리관계에 변화가 생긴다. 재판상 화해에서 실체법적 권리관계의 변화는 재판상 화해의 소송법적 효력인 기판력에 의하여 발생하는 것이 아니라 실체법적 효력인 창설적 효력(확정적 효력)에 의하여 발생하는 것이다.

3) 재판상 화해와 민법의 적용

병존설에 의하면 재판상 화해 중 사법행위는 민법의 화해(계약)이므로 여기에는 민법의 규정이 원칙적으로 그대로 적용된다.

민법 총칙의 의사표시의 무효, 취소에 관한 규정들이 화해(계약)에 모두 적용된다는 것이 통설, 판례의 입장이다. 다만 착오는 민법 733조에 따라 화해당사자의 자격 또는 화해의 목적인 분쟁 이외의 사항에 착오가 있는 경우로 제한된다. 무제한 기판력설에 의하면 재판상 화해의 경우에는 조서작성 전 사유에 기한 무효나 취소의 주장은 기판력에 의하여 차단된다. 민법 733조 단서에 의하여 허용되는 착오를 이유로 한 취소의 주장도 차단된다. 이를 병존설에 따라 표현하면, 재판상 화해 중 사법행위 부분이 위 규정들에 따라 무효이거나 취소되더라도, 소송법적 효력인 기판력에 의하여 차단되어 소송행위 부분은 아무런 영향을 받지 않아 집행력이나 소송종료효는 그대로 유지된다는 것이다.

해제에 관한 민법 규정도 화해(계약)에 모두 그대로 적용된다는 것이 통설이다. 따라서 약정해제권을 유보할 수 있고, 일방 당사자의 채무불이행이 있으면 법정해제권이 발생한다. 앞서 본 바와 같이 재판상 화해 이후 화해에 따른 의무를 불이행하였음을 이유로 해제한다는 주장은 조서작성 이후에 생긴 사유를 주장하는 것이므로 화해조서의 기판력에 의하여 차단되지 않는다. 다만, 위 해제의 주장이 기판력에 의하여 차단되지 않는다고 하여 언제나 받아들여지는 것은 아니다. 실체법적으로 해제권의 행사가 가능한지는 화해의 창설적 효력을 고려하여, 즉, 민법의 화해(계약)에 의하여 해제권 관련 계약내용이 어떻게 변경되었는지를 고려하여 판단하여야 한다.

제59강 기일지정신청과 소송종료선언

1. 개 관

앞서 당사자의 행위에 의한 소송종료사유인 소취하, 청구의 포기·인낙, 화해에 관하여 살펴보았다. 소취하 등이 있고, 이에 따라 법원이 소송이 종료되었다고 보고 소송절차를 진행하지 않는 경우 이견이 있는 당사자는 어떻게 대처할 수 있을까?

앞서의 논의를 간략하게 정리하면 다음과 같다. 우선 민사소송법이 준재심 규정을 두고 있으므로, 준재심 규정이 적용되는 경우, 즉 청구의 포기·인낙이나 화해조서에 재심사유가 있는 경우에 당사자는 각 조서에 대하여 준재심을 청구할 수 있다. 그러나 소취하는 준재심 규정이 명문으로 정한 적용대상에서 아예 제외되어 있고, 청구의 포기·인낙, 화해에 실체법적 하자가 있는 경우도 준재심 규정의 적용대상이 아니다. 이러한 경우 당사자가 준재심을 청구할 수 없는 것은 명백하나 기일지정신청[1099]이 가능한지 및 그 근거가 무엇인지에 관하여 견해가 대립하고 있다. 견해대립의 양상은 소취하, 청구의 포기·인낙, 화해별로 상이하였다.

이곳에서는 민사소송절차에서 종종 이용되는 기일지정신청에 관하여 종합적으로 살펴보고, 기일지정신청과 밀접한 관련이 있는 소송종료선언에 대하여도 살펴본다.

2. 기일지정신청

민사소송의 심리는 기일에서 이루어지므로 기일지정신청은 간단히 말하면 심리를 시작 또는 계속하여 달라는 신청이다. 기일지정신청에는 일반적인 기일지정신청과 소송종료와 관계있는 기일지정신청이 있다.

1099) 기일지정신청 외에 무효확인소송도 논의된다. 기일지정신청은 당해 절차 내에서의 구제수단이고, 무효확인소송은 당해 절차 외에서의 구제수단이다.

1) 일반적인 경우

예컨대, 소를 제기하였는데 법원이 별다른 이유 없이 기일을 지정하여 심리를 진행하지 않는 경우, 법원이 감정결과를 보기 위하여 기일을 추정[1100]한 이후 감정결과가 도착하고 상당한 시일이 경과되었는데도 다시 심리를 진행하지 않는 경우, 실무상 당사자들은 기일지정신청을 한다. 이러한 기일지정신청은 소송종료와는 무관하다.

기일의 진행은 법원의 직권에 속하는 것이므로, 당사자들에게는, 비록 답답하기는 하겠지만, 이러한 기일지정신청을 할 권한이 없다. 즉, 이러한 기일지정신청은 단지 법원의 직권발동을 촉구하는 의미를 가질 뿐이다. 법원은 기일지정신청에 대하여 답변할 의무가 없다.

이러한 기일지정신청이 있는 경우, 법원은 여러 사정을 고찰하여 기일을 지정하는 것이 적절하다고 판단하는 경우 기일을 지정하여 심리를 진행하지만, 그렇지 않은 경우에는 아무런 조치를 취하지 않는다.

2) 소송종료와 관계있는 경우

가) 소취하 등

우선, 소취하의 경우 민사소송법에는 아무런 규정이 없지만 민사소송규칙에는 기일지정신청에 관한 명문의 규정이 있다.

> 규칙 제67조(소취하의 효력을 다투는 절차) ① 소의 취하가 부존재 또는 무효라는 것을 주장하는 당사자는 기일지정신청을 할 수 있다.
> ② 제1항의 신청이 있는 때에는 법원은 변론을 열어 신청사유에 관하여 심리하여야 한다.
> ③ 법원이 제2항의 규정에 따라 심리한 결과 신청이 이유 없다고 인정하는 경우에는 판결로 소송의 종료를 선언하여야 하고, 신청이 이유 있다고 인정하는 경우에는 취하 당시의 소송정도에 따라 필요한 절차를 계속하여 진행하고 중간판결 또는 종국판결에 그 판단을 표시하여야 한다.

즉, 위 규정에 따르면 당사자는 소의 취하가 부존재 또는 무효라고 주장하여 기일지정신청을 할 수 있다. 이러한 기일지정신청이 있는 경우 법원은 변론을 열어 신청사유에 관하여 심리하여야 하는데, 그 결과 이유 있는 경우에는

1100) 추후지정의 줄임말로서 기일을 '나중에 정한다'는 의미이다.

기일을 지정하여 심리를 진행하여야 하고, 이유 없는 경우에는, 기일지정신청을 각하하는 것이 아니라, 판결로 소송종료선언을 하여야 한다. 즉, 위 규정은 당사자에게 신청권을 인정하고 법원의 응답의무를 인정한다.

위 규정은 기왕에 판례가 형성한 법리를 1983년경 명문화한 것이다. 판례는 소송행위에는 민법의 의사표시의 하자에 관한 규정이 유추적용될 수 없다는 하자불고려설의 입장에 서서 소취하에 실체법적 하자가 있는 경우에는 기일지정신청권을 인정하지 않았는바, 위 규정 중 '부존재 또는 무효' 부분은 판례의 입장이 그대로 반영된 것이다.

소취하가 소송행위로서 일반적 유효요건을 갖추지 못하여, 즉 소송능력이나[1101] 대리권을 갖추지 못하는 등으로 무효인 경우에도 위 규정에 따른 기일지정신청을 할 수 있다. 위와 같은 경우, 소취하는 그대로 무효인 소송행위가 되지만, 청구의 포기·인낙, 화해의 경우 준재심규정이 적용되어 결과적으로 준재심으로 다투어야 되는 유효한 행위가 되는 경우도 있다는 점에 유의하여야 한다. 예컨대, 대리권이 흠결된 경우 소취하는 무효이지만, 청구의 포기·인낙, 화해는 유효하다.

한편, 소취하가 일반적 유효요건을 갖추었지만 재심규정이 유추적용되어 무효인 경우, 예컨대 소취하의 원인이 된 사기나 강박이 재심사유(451조 1항 5호)에까지 해당되는 것으로 평가될 수 있는 경우 기일지정신청을 할 수 있다는 것이 다수설·판례가 취하는 하자불고려설의 입장이다.

위와 같은 법리는 상소의 취하(규칙 128조, 135조), 소와 상소의 취하간주(규칙 68조)에도 적용된다.

종국판결이 선고된 뒤 소송기록 송부 이전에 이루어진 소취하에 대하여 기일지정신청이 있는 경우 그 절차에 관한 특별한 정함이 있다(규칙 67조 4항, 5항).

나) 청구의 포기·인낙, 화해

청구의 포기·인낙, 화해(이하 청구의 포기 등이라고 한다)에 재심사유가 있으면 준재심으로 구제받을 수 있다.

청구의 포기 등에 대하여 실체법적 하자가 있는 경우 기일지정신청이 가능한지 여부는 법적 성질을 어떻게 파악할 것인지, 그리고 소송행위에 민법 규정

1101) 다만, 소송무능력자가 소를 제기한 경우 스스로 그 소를 유효하게 취하할 수 있다.

의 유추적용을 인정할 것인지에 달려있다. 우선 청구의 포기 등을 사법행위로 보거나 소송행위와 사법행위 모두에 해당한다는 양성설을 취하면 청구의 포기 등에 민법 규정이 적용되므로 기일지정신청을 인정하게 된다. 청구의 포기 등을 소송행위로 보는 경우에도 민법 규정의 유추적용을 인정하는 하자고려설을 취하면 기일지정신청을 인정하게 된다.

판례는 청구의 포기 등을 모두 소송행위로 파악하고 나아가 하자불고려설을 취하여 실체법적 하자가 있는 경우에 기일지정신청을 인정하지 않는다. 다만, 판례는 청구의 포기 등에 판결의 당연무효사유가 있는 경우에는 기일지정신청을 인정한다. 이 경우 절차는 소취하에 대한 기일지정신청의 경우와 같이 진행된다.

> 대법원 2000. 3. 10. 선고 99다67703 판결[1102][1103]
> 재판상의 화해를 조서에 기재한 때에는 그 조서는 확정판결과 동일한 효력이 있고 당사자간에 기판력이 생기는 것이므로 확정판결의 당연무효 사유와 같은 사유가 없는 한 재심의 소에 의하여만 효력을 다툴 수 있는 것이나, 당사자 일방이 화해조서의 당연무효 사유를 주장하며 기일지정신청을 한 때에는 법원으로서는 그 무효사유의 존재 여부를 가리기 위하여 기일을 지정하여 심리를 한 다음 무효사유가 존재한다고 인정되지 아니한 때에는 판결로써 소송종료선언을 하여야 한다.

학설의 경우 청구의 포기·인낙은 소송행위라고 보는 견해가 통설이고, 화해는 양성설을 취하는 견해가 다수설이다. 하자불고려설과 하자고려설을 비교

1102) 대법원 1990. 3. 17.자 90그3 결정은 "재판상의 화해를 조서에 기재한 때에는 그 조서는 확정판결과 동일한 효력이 있고 당사자간에 기판력이 생기는 것이므로 확정판결의 당연무효 사유와 같은 사유가 없는 한 재심의 소에 의해서만 효력을 다툴 수 있고 그 효력을 다투기 위하여 기일지정신청을 함은 허용되지 않는다(당원 1962. 2. 15. 선고 4294민상914 판결 참조). 기록에 의하여 살펴보면, 이 사건에서 특별항고인이 주장하는 기일지정신청사유는 화해조서의 내용대로 이행이 되지 아니하여 화해조서는 실효되었다는 것이고 화해조서의 당연무효 사유를 주장하고 있는 것은 아니므로 원심이 이 사건 기일지정신청을 부적법하다 하여 각하한 조치는 정당하고 소론과 같이 법률해석을 그르치거나 당원 판례에 반하는 법률해석을 한 위법이 없다"고 판시하여 화해조서에 대하여 당사자가 당연무효사유를 주장하지 아니하면서 한 기일지정신청을 각하하고, 나아가, 물론 특별항고는 기각하였지만, 이러한 각하결정에 대한 특별항고의 제기를 인정하였다.

1103) 대법원 2001. 3. 9. 선고 2000다58668 판결(조정에 갈음하는 결정과는 달리 이의신청이 허용되지 않는 조정조서에 대하여 조정 자체가 성립된 바 없는데도 조정이 성립된 것처럼 조정조서가 작성되어 조정이 무효라는 취지의 이의신청서가 제출된 경우, 이러한 이의신청은 이 사건 조정조서의 당연무효 사유를 주장하며 한 기일지정신청으로 보아 처리하는 것이 상당하다).

하면 전자가 다수설이다.

다) 종 합

이상의 논의를 종합하여 표로 나타내면 다음과 같다.

	취 하	인 낙	화 해	판 결
성 질	소송행위	소송행위 (판례/통설)	• 판례: 소송행위 • 다수설: 양성설	소송행위
법상 불복수단	기일지정신청	준재심	준재심	상소, 재심
판 례	기일지정신청 (무효, 부존재)	준재심, 기일지정신청 (판결의 당연무효 사유)	준재심, 기일지정신청 (판결의 당연무효 사유)	
하자고려설의 입장	기일지정신청사유로 실체법적 하자 인정	좌동/양성설 등을 취하여도 가능	좌동/양성설 등을 취하여도 가능	

3. 소송종료선언

종국판결로서 계속 중이던 소송이 유효하게 종료되었음을 선언하는 것으로서 기일지정신청과 함께 판례를 통하여 발전된 것이다. 소취하 등과 관련하여서는 앞서 본 바와 같이 민사소송규칙에 명문화되었다. 소송판결에 해당하고, 상소로 불복할 수 있다.

소송종료선언은 기일지정신청이 이유 없을 때뿐만 아니라, 법원이 확정판결, 소취하, 당사자대립구조의 소멸 등으로 인한 소송종료를 간과하고 소송을 진행한 경우에도 쓰인다.

제 2 장 상소절차

제 1 절 일 반 론

제 60 강 상소의 의의와 종류 등

1. 상소 부분의 개요

제3편 제2장은 상소, 즉 항소, 상고 및 항고에 관한 것이다. 우선 일반론에서 모든 상소에 공통되는 사항, 즉 상소의 의의와 종류 등, 상소요건, 상소의 효력을 살펴본 다음(제1절), 항소(제2절), 상고(제3절) 및 항고(제4절)에 관하여 개별적으로 살펴본다.

2. 상소의 의의와 종류

1심판결에 불만이 있는 원고나 피고는 항소를 제기하여 다투어야 한다. 항소는 상소의 일종인바, 널리 미확정의 재판에 대하여 상급법원에 그 취소·변경을 구하는 불복신청을 상소라고 한다.

상소는 통상 판결에 대한 것과 결정·명령에 대한 것으로 나뉘는데, 전자의 경우 1심판결에 대한 상소를 항소, 항소심판결에 대한 상소를 상고라고 한다. 1심판결에 대하여 예외적으로 바로 대법원에 비약상고를 할 수 있다. 결정·명령에 대한 상소를 항고라고 한다.[1104]

1104) 뒤에서 보겠지만 항고도 항소와 상고에 대응하여 최초의 항고, 재항고로 나뉜다.

3. 상소권의 포기

상소권은 포기할 수 있다(394, 425, 443조). 민사소송법 395조는 상소권의 포기의 시기, 방식, 절차 등에 관하여 규정하고 있다.

> 제395조(항소권의 포기방식) ① 항소권의 포기는 항소를 하기 이전에는 제1심 법원에, 항소를 한 뒤에는 소송기록이 있는 법원에 서면으로 하여야 한다.
> ② 항소권의 포기에 관한 서면은 상대방에게 송달하여야 한다.
> ③ 항소를 한 뒤의 항소권의 포기는 항소취하의 효력도 가진다.

위 조문에서 명백하듯이 상소권의 포기는 상소 이전에도, 이후에도 할 수 있다. 상소 이후에 한 상소권의 포기는 상소취하의 효력도 가지므로(395조 3항), 이 경우 법원은 별도로 상소를 각하할 필요가 없다. 하지만 상소권의 포기는 상소권이 발생한 이후에만 가능하고 그 이전에는, 예컨대 판결의 경우는 판결의 선고 전에는 할 수 없다는 것이 통설이다. 다만, 판례는 판결선고 이전에 상대방으로부터 상소포기서를 교부받아서 판결선고 후에 이를 제출하면 유효한 상소권의 포기라고 하였다. 상소기간도과 이후에는 상소권의 포기를 논할 의미가 없다.[1105)]

상소권의 포기는 상대방의 동의 없이 할 수 있다. 판결의 효력이 제3자에게 미치는 경우에는 제3자의 소송참가를 보장하기 위하여 상소권의 포기가 허용되지 않는다. 상소권의 포기는 후견인 등 법정대리인과 소송대리인의 특별수권사항이라고 본다. 증권관련 집단소송에서 상소권의 포기는 법원의 허가가 필요하다(증권관련 집단소송법 38조).

상소권의 포기는 서면으로 상소제기 이전에는 원심법원에, 상소제기 이후에는 소송기록이 있는 법원에 하여야 한다. 따라서 상소제기 이후 소송기록이 원심법원에 있을 때 원심법원에 상소권의 포기서를 제출하면 즉시 그 효력이 발생한다.[1106)]

적법하게 상소할 수 있는 자가 모두 상소권을 포기하면 판결이 확정된다.[1107)]

1105) 주석 민사소송법(7판)(Ⅲ), 111면.
1106) 대법원 2006. 5. 2.자 2005마933 결정.

상소권의 포기는 법원에 대한 소송행위(단독행위)이지만, 상소권포기의 합의는 당사자 사이에 체결되는 사법행위인 소송상 합의(계약)이다. 상소권포기의 합의에도 불구하고 상소가 제기된 경우 상대방은 상소권포기의 합의가 있었다는 점을 들어 항변할 수 있고, 상소심법원은 상소를 각하한다(사법계약설 중 항변권발생설). 상소권포기의 합의는 사법계약이므로 민법의 규정이 적용된다.[1108]

4. 불상소의 합의

1) 의의 및 성격

1심판결이 선고된 이후 당사자는 항소심절차만을 생략하는 합의, 즉 비약상고의 합의를 할 수 있다.

> 제390조(항소의 대상) ① 항소(抗訴)는 제1심법원이 선고한 종국판결에 대하여 할 수 있다. 다만, 종국판결 뒤에 양 쪽 당사자가 상고(上告)할 권리를 유보하고 항소를 하지 아니하기로 합의한 때에는 그러하지 아니하다.
> ② 제1항 단서의 합의에는 제29조 제2항의 규정을 준용한다.

항소심절차뿐만 아니라 상고심절차도 생략하기로 하는 합의를 불상소의 합의라고 한다.[1109][1110] 불상소의 합의는 민사소송법 390조를 근거로 한다고 보는 것이 일반적이다. 즉, 비약상고의 합의는 불상소의 합의를 전제로 한 것으로서 390조는 불상소의 합의까지 암묵적으로 규정하고 있다고 보는 것이다. 비약상고의 합의는 민사소송법에 그 근거가 있는 것이므로 그 성격은 소송행위인 소송상 합의이다. 불상소의 합의도 390조에 암묵적으로 규정되어 있다고 보면 불상소의 합의도 소송행위인 소송상 합의가 된다.

1107) 대법원 2006. 5. 2.자 2005마933 결정은 상대방이 전부 승소하여 항소의 이익이 없는 경우에는 항소권을 가진 패소자만 항소포기를 하면 비록 상대방의 항소기간이 만료하지 않았더라도 제1심판결은 확정된다고 판시하였다.

1108) 대법원 1987. 6. 23. 선고 86다카2728 판결은 상소권포기의 합의 이후 실제 상소권 포기서가 제출되기 전에 상소권포기의 합의를 해제하였다면 적법유효한 상소제기가 가능하다고 판시하였다.

1109) 불항소의 합의라는 용어가 쓰이는 경우도 있는바, 비약상고의 합의와 같은 의미로 쓰일 때도 있고, 불상소의 합의와 같은 의미로 쓰일 때도 있으므로 주의를 요한다.

1110) 항소심진행 중에 상고심절차를 생략하기로 하는 내용의 불상소합의도 가능하다.

2) 요 건

민사소송법 390조 2항이 관할의 합의에 관한 규정을 준용한다고 하고 있으므로 불상소의 합의와 비약상고의 합의는 서면으로 하여야 한다.[1111] 합의의 대상이 구체적인 일정한 법률관계에 관련되어야 하고 당사자가 임의로 처분할 수 있는 권리관계여야 한다는 것도 관할의 합의의 경우와 같다. 또한 쌍방이 모두 불상소하여야 하고 일방만이 불상소하는 내용의 합의는 공평에 어긋나 효력이 없다.[1112] 390조 1항에 의하면 비약상고의 합의는 1심판결 선고 이후에 가능하지만, 불상소의 합의는 1심판결 선고 이전에도 가능하다.

3) 효 과

불상소의 합의는 소송행위이므로 합의시에 바로 소송법상 효과가 발생한다. 비약상고의 합의도 마찬가지이다. 예컨대, 1심판결선고 이전에 불상소의 합의가 있으면 1심판결은 선고와 동시에 확정된다.[1113] 1심판결선고 이후에 항소심 진행 중 불상소의 합의가 있으면 1심판결은 합의시 확정된다. 불상소의 합의를 무시한 상소는 부적법한 것으로서 각하된다. 반대견해도 있지만 불상소의 합의가 있었는지 여부는 직권조사사항이라는 것이 다수설이고 판례도 같다.[1114]

5. 상소의 제한

상소는 국민의 재판을 받을 권리의 일환으로 충실하게 보장되어야 하지만, 상소제기를 무제한으로 허용하는 것은 분쟁의 장기화 내지 증대를 초래하여 사회전체적으로 볼 때 비효율적이다. 현행법이 상소를 제한하는 여러 장치를 두고 있는 것도 이 때문이다.

가장 중요한 것은 상고의 제한이다. 우리나라가 입법을 참조하는 대부분의

1111) 대법원 2007. 11. 29. 선고 2007다52317, 52324 판결(당사자 쌍방이 소송 계속 중 작성한 서면에 불상소 합의가 포함되어 있는지 여부를 판단할 때는 표시주의와 외관주의에 철저하게 따라야 하고, 애매한 경우에는 합의의 존재를 부정할 수밖에 없다).

1112) 대법원 1987. 6. 23. 선고 86다카2728 판결.

1113) 대법원 1987. 6. 23. 선고 86다카2728 판결.

1114) 대법원 1980. 1. 29. 선고 79다2066 판결.

선진국들은 상고허가제를 채택하고 있고, 이것이 정도이다. 한때 우리나라도 1980년대에 상고허가제를 채택한바 있으나 1990년 민사소송법개정 때 폐지되었다. 현재 우리나라는 심리불속행제도(상고심절차에 관한 특례법 4조)로 상고를 제한하고 있는바, 상세는 상고 부분으로 미룬다. 소액사건의 경우 심리불속행제도의 대상은 아니지만, 상고이유가 극히 제한된다.

> 소액사건심판법 제3조(상고 및 재항고) 소액사건에 대한 지방법원 본원 합의부의 제2심판결이나 결정·명령에 대하여는 다음 각호의 1에 해당하는 경우에 한하여 대법원에 상고 또는 재항고를 할 수 있다.
>
> 1. 법률·명령·규칙 또는 처분의 헌법위반여부와 명령·규칙 또는 처분의 법률위반여부에 대한 판단이 부당한 때
> 2. 대법원의 판례에 상반되는 판단을 한 때

재항고사건에도 심리불속행제도가 적용되고, 그 사유가 상고보다 제한된다(상고심절차에 관한 특례법 7조, 4조 2항).

「소송촉진 등에 관한 특례법」은 채무자가 금전채무이행청구에 대하여 항쟁하는 것이 타당하다고 인정되지 않는 경우 소장부본 송달일 이후의 지연손해금을 연 12%로 부과하도록 하고 있는바(소송촉진 등에 관한 특례법 3조, 소송촉진 등에 관한 특례법 제3조 제1항 본문의 법정이율에 관한 규정), 이 역시 상소를 억제하고자 하는 제도이다.

특히 절차의 신속성이 요구되는 집행절차에는 매각허가결정에 대한 항고를 제기할 때 매각대금의 1/10에 해당하는 현금 등을 공탁하게 하는 등(민사집행법 130조)의 제도가 있다.

제 61 강 상소요건

1. 의 의

소의 적법요건을 소송요건이라고 함은 앞서 배웠다. 상소의 적법요건을 상소요건이라고 한다. 소송요건이 흠결되면 소가 각하되고, 상소요건이 흠결되면 상소가 각하된다. 소송요건과 같이 상소요건도 원칙적으로 직권조사사항이다. 1심법원은 소가 적법하면 본안에 대하여 판단하는바, 본안에 대하여는 원고의 청구를 인용하거나 기각한다. 상소심법원도 상소가 적법하면 상소심의 본안에 대하여 판단하는바, 상소심의 본안에 대하여는 상소인의 상소를 인용하거나 기각한다. 상소를 인용한다는 것은 원심재판을 취소하고 상소인이 구하는 내용의 재판을 하는 것이다. 다만, 일정한 경우, 예컨대 절대적 상고이유가 있는 때에는 원심법원의 결론과 상소심법원의 결론이 같은 경우에도 원심재판을 취소하여야 한다.

주의할 점은 소송요건과 상소요건은 별개의 것이라는 점이다. 특히 소송요건의 구비 여부가 상소심의 본안이 될 수 있다. 예컨대, 1심법원이 원고 청구인용판결을 하고, 이에 대하여 피고가 원고의 소가 소송요건을 갖추지 못해 부적법하다고 주장하면서 상소(항소)한 경우, 상소(항소)요건이 갖추어졌고, 피고의 주장이 맞는 경우 항소심법원은 피고의 상소(항소)를 인용, 즉 1심판결을 취소하고 (원고의) 소를 각하한다. 만약 상소(항소)요건이 갖추어지지 않은 경우 소가 아닌 (피고의) 상소(항소)가 각하된다.

상소요건은 적극적 요건과 소극적 요건으로 나뉜다. 전자에는 방식의 준수, 기간의 준수, 대상적격, 상소당사자적격, 상소의 이익이 들어간다. 후자로서는 상소권의 포기와 불상소합의가 논의되는바, 이들에 관하여는 앞서 보았으므로 적극적 요건들에 대하여만 살펴본다.

2. 방식의 준수

1) 서면주의와 원심법원 제출주의

소와 마찬가지로 상소에도 서면주의가 적용된다. 즉, 상소는 상소장의 제출로 하여야 한다(397조 1항, 425조, 445조).

상소장은 원심법원에 제출하여야 한다(397조 1항, 425조, 445조). 상소장이 원심법원이 아닌 다른 법원, 예컨대 상소심법원 등에 제출되는 경우 견해 대립이 있으나 판례는 여러 법원이 한 건물에 있는 경우와 같은 매우 이례적인 사안에서 인정한 예외를 제외하고는[1115] 기간준수의 효력이 발생하지 않는 것으로 보고, 이송도 인정하지 않는다.[1116]

2) 필수적 기재사항

소장과 마찬가지로 상소장에도 필수적 기재요건이 있다. 즉, 상소장에는 당사자와 법정대리인, 상소대상인 재판(원심재판)의 표시 및 그에 대한 상소의 취지를 기재하여야 한다(397조 2항, 425조, 443조). 이들은 원심 또는 상소심 재판장의 상소장심사의 대상이다. 위에서 말하는 상소의 취지는 범위를 불문하고 원심판결의 취소를 구한다는 취지를 말한다. 즉, 위 상소의 취지는 원심판결의 취소를 구하는 범위, 즉 불복범위[1117]와 다르다. 불복범위는 실무상 상소장의 상소취지[1118]에 기재되지만, 반드시 이를 상소장에 기재하여야 하는 것은 아니다.[1119] 원심판결의 취소를 구하는 점이 인정되는 이상, 취소를 구하는 범위가 기재되지 않거나 불명확하여도 상소장각하명령의 대상이 되지는 않는다.

1115) 대법원 1996. 10. 25.자 96마1590 결정.

1116) 대법원 1984. 4. 28.자 84마251 결정, 대법원 1985. 5. 24.자 85마178 결정, 대법원 1992. 4. 15.자 92마146 결정, 대법원 2010. 12. 9. 선고 2007다42907 판결.

1117) 항소심절차에 관하여는 407조가 '변경을 청구하는 한도', 415조가 '불복의 한도'라고 표현하고 있다.

1118) 항소장의 항소취지 또는 상고장의 상고취지.

1119) 대법원 1988. 4. 25. 선고 87다카2819, 2820 판결.

3) 상소이유서

판결에 대한 상소절차에서 상소이유서의 제출은 상고에서만 요구되고, 항소에서는 요구되지 않았지만, 2024. 1. 16. 민사소송법 개정(2025. 3. 1. 시행)으로 항소에서도 요구된다.[1120] 상고인은 상고기록접수통지를 받은 날로부터 20일 이내에 상고이유서를 대법원에 제출하여야 하고(427조), 이를 어기면 변론 없이 상고기각판결이 선고된다(429조). 항소인은 항소기록접수통지를 받은 날로부터 40일 이내에 항소이유서를 항소심법원에 제출하여야 하고(402조의2 1항), 이를 어기면 항소심법원은 결정으로 항소를 각하한다(402조의3 1항). 위 민사소송법 개정이 항소심의 속심적 구조와 상응하는지는 의문이 있다.

항고이유서의 경우 최초의 항고에는 항소의 규정이 준용되고, 재항고에는 상고의 규정이 준용되므로, 위 민사소송법 개정 이후부터는 최초의 항고에서부터 항고이유서 제출이 요구된다.

4) 상소의 종류의 선택

상소의 종류는 개별 재판의 종류에 맞게 선택하여야 하므로, 예컨대 판결에 대하여는 항소를 하여야지 항고를 하여서는 안 되지만, 가급적 적법한 것으로 선해하여 처리한다. 판결보다는 결정·명령에 대한 상소 때 자주 착오가 발생한다.

재판의 형식에 착오가 있는 경우를 위식의 재판이라고 한다. 예컨대, 판결로 판단하여야 될 사항을 결정이나 명령으로 판단한 경우이다. 위식의 재판도 유효라는 것이 통설·판례[1121]인데, 그에 대한 불복방법에 관하여는 실제 행해진 재판의 형식에 따라 불복하여야 한다는 주관설, 정당한 재판의 형식에 따라 불복하여야 한다는 객관설, 어느 쪽도 무방한 것으로 봐야 한다는 선택설로 입장이 나뉜다. 440조는 주관설 또는 선택설에 입각한 것으로 볼 수 있다. 선택설을 취하는 견해도 불복할 수 없는 재판은 형식 여하를 불문하고 불복이 허용되지 않는다고 한다.

1120) 400조 3항, 402조의2, 402조의3이 신설되었다.
1121) 대법원 1957. 12. 26. 선고 4289민상346 판결.

3. 기간의 준수

상소기간의 제한이 있는 경우에는 상소제기기간이 도과하기 전에 상소를 제기하여야 한다.

우선, 항소와 상고는 판결정본이 송달된 날부터 2주 이내에 제기하여야 하고, 이 기간은 불변기간이므로 소송행위의 추완이 가능하다(396조, 425조). 항소와 상고는 판결정본이 송달되기 전이라도 판결의 선고 이후에는 가능하다(396조 단서, 425조). 판결정본의 송달이 무효인 경우, 예컨대 소송중단기간 중의 판결정본이 송달된 경우 등에는, 상소기간의 진행이 시작조차 되지 않으므로 상소기간이 만료되지 않는다.

항고의 경우 통상항고는 상소기간의 제한이 없고, 즉시항고와 특별항고는 결정·명령이 고지된 날로부터 1주 이내에 제기하여야 하는바, 이 역시 불변기간이다(444조, 449조). 화해권고결정과 같은 명문의 규정(226조 단서)이 있는 경우를 제외하고, 일반적으로 결정·명령의 고지 이전에 항고제기가 가능한지에 관하여 대법원은 예전엔 부정적이었으나,[1122] 입장을 바꾸어 결정·명령의 원본이 법원사무관 등에게 교부되어 성립되면[1123] 고지 이전이라도 항고가 가능하다고 판시하였다.[1124]

상소장을 원심법원이 아닌 다른 법원에 제출하면 기간준수의 효과가 발생하지 않는다는 점은 앞서 보았다. 의무사항은 아니지만, 다른 법원이 상소장을 원심법원에 보내주는 경우가 있는바, 이 경우 상소장이 원심법원에 도착할 때 기간준수의 효과가 발생한다.

1122) 또한 항고 이후 결정 등이 고지되어도 하자가 치유되지 않는다고 하였다. 대법원 1998. 3. 9.자 98마12 결정 참조.

1123) 결정·명령이 전자문서로 작성된 경우에는 법관이 사법전자서명을 완료한 때 성립한다(대법원 2025. 7. 24.자 2021마6542 전원합의체 결정).

1124) 대법원 2014. 10. 8.자 2014마667 전원합의체 결정.

4. 대상적격

1) 종국적 판결

상소의 대상이 되는 것은 종국적 재판이다. 아래에서 주로 판결을 위주로 설명한다. 중간판결 등 중간적 재판은 종국판결이 선고되면 종국판결과 함께 상소하여야 하고, 따로 상소할 수 없다(392조). 환송판결도 심급을 이탈시키는 판결이므로 이에 대하여도 상소가 가능하고,[1125] 이송판결도 마찬가지이다. 종국적 판결의 부수적 재판인 가집행선고와 소송비용 부담의 재판은 본안의 재판과 독립하여 상소할 수 없다(391조, 425조, 443조).

2) 무효인 판결

무효인 판결에 대하여 외관을 제거하기 위한 상소는 허용된다고 볼 것이다. 판례는 무효인 판결 중 당사자의 사망으로 인한 대립구조의 흠결을 간과한 판결이나 소송계속이 없거나 심판대상이 아닌 부분에 대한 판결에 대한 상소는 대립구조가 흠결되었다거나 상소의 이익이 없다는 등의 이유를 들어 각하한다.[1126][1127]

3) 판결누락

판결이 없는 상태에서는 상소가 당연히 불가능한바,[1128] 이 점과 관련하여 주로 법원이 모든 당사자의 모든 청구에 대하여 전부 판결하는 것을 의도하였으나 일부 사항에 대하여 판결을 하지 않은 판결누락(재판탈루)이 문제된다.

판결누락에 대한 처리는 일부판결이 가능하였던 경우인지 여부에 따라 달

1125) 대법원 1981. 9. 8. 선고 80다3271 전원합의체 판결. 다만, 환송판결은 재심과 관련하여서는 종국적 판결로 취급되지 않는다. 즉 환송판결은 재심의 대상이 아니다. 대법원 1995. 2. 14. 선고 93재다27 판결.

1126) 대법원 2000. 10. 27. 선고 2000다33775 판결(제소 이전 사망자에 대한 상소), 대법원 1995. 1. 24. 선고 94다29065 판결(심판대상이 아닌 부분에 대한 판결에 대한 상소).

1127) 한편, 상소와 관련된 것은 아니지만 판례는 이미 사망한 자를 상대로 신청한 가처분결정에 대하여 외관제거를 위한 가처분이의를 인정한 바 있다.

1128) 소취하나 상소취하간주는 그 규정상 요건의 성취로 법률에 의하여 당연히 발생하는 효과이고 법원의 재판이 아니므로 상소의 대상이 아니다. 대법원 2019. 8. 30. 선고 2018다259541 판결 참조(항소취하간주).

라진다. 일부판결이 가능하였던 경우에는 당사자는 추가판결(212조)로 구제받아야 하고 누락된 부분에 대한 상소는 불가능하다. 누락된 부분을 대상으로 한 상소는 대상적격 흠결로 각하된다.[1129] 하지만 일부판결을 하는 것이 불가능하였던 경우라면(예컨대 선택적 병합, 예비적 병합, 필수적 공동소송, 독립당사자참가 등) 당사자는 추가판결이 아니라 상소에 의하여 구제받아야 한다.

판결누락을 판단하는 기준이 문제되는바, 판례는 판결누락 여부는 판결문의 주문과 이유 중 주문의 기재에 의하여 판단한다는 입장이다. 즉, ① 판결의 주문과 이유 모두에 기재가 없다면 당연히 판결누락이고, ② 주문에는 기재가 있지만 이유에는 기재가 없는 경우에는 판결누락이 아니고,[1130] ③ 주문에는 기재가 없지만 이유에는 기재가 있는 경우에는 판결누락이 된다는 것[1131]이 판례의 입장이다. 판례는 주문에 기재가 있는지 여부를 판단할 때 청구취지의 기재를 참작한다.[1132] ③의 경우에는 착오로 보아 추가판결이 아니라 판결경정으로 시정하면 된다는 견해도 있다.

이러한 판례의 입장은 절차보장을 위한 것으로 이해된다. 다만, 판례는 아주 예외적이지만, 주문의 표현에 착오가 있는 것으로 볼 수 있는 경우에는 이를 선해하여 전부판결로 보고, 이에 대한 판결경정도 인정한다.[1133][1134] 위와

1129) 대법원 2017. 12. 5. 선고 2017다237339 판결.

1130) 대법원 1968. 5. 28. 선고 68다508 판결, 대법원 1991. 10. 11. 선고 91다14604 판결, 대법원 2002. 5. 14. 선고 2001다73572 판결, 대법원 2003. 5. 30. 선고 2003다13604 판결 등.

1131) 대법원 1981. 12. 22. 선고 80후25 판결, 대법원 2004. 8. 30. 선고 2004다24083 판결, 대법원 2005. 5. 27. 선고 2004다43824 판결, 대법원 2007. 8. 23. 선고 2006다28256 판결, 대법원 2008. 11. 27. 선고 2007다69834, 69841 판결, 대법원 2009. 5. 28. 선고 2007다354 판결, 대법원 2013. 6. 14. 선고 2013다8830, 8847 판결 등 참조. 한편 대법원 1984. 4. 25.자 84마118 결정, 대법원 1984. 4. 25.자 84마148 결정도 같은 취지이나 그 사안은 결정문에 주문이 아예 없는 경우이다.

1132) 대법원 1968. 5. 28. 선고 68다508 판결(교통사고로 사망한 자의 유족들이 제기한 손해배상청구소송에서 1심판결 이유에 사망자의 위자료청구권을 상속한 부분에 대한 기재가 없지만, 청구취지에 위 위자료청구권이 합산된 금액이 기재되어 있고, 주문에 일부 인용된 금액을 제외한 '나머지 청구를 기각한다'는 기재가 있다면, 위 위자료청구권은 주문의 나머지 청구를 기각하는 부분에서 판단된 것이라고 한 사례), 대법원 2003. 5. 30. 선고 2003다13604 판결(3필지의 토지에 대한 소유권이전등기말소청구사건에서 1심판결상 '원고의 청구를 기각한다.'는 주문의 기재가 있으나 청구취지에 1필지에 관한 기재가 누락되어 있고, 판결이유에도 그 토지에 관하여는 아무런 설시가 없는 경우 판결누락이라고 본 사례).

1133) 대법원 1999. 10. 22. 선고 98다21953 판결.

1134) 대법원 1995. 2. 28. 선고 94다32252, 32269(반소) 판결("원고의 예비적 청구는 본소청구에

같은 판례의 입장에 대하여 명백한 착오로 인한 것이라면 판결경정으로 해결하여야 한다고 반대하는 견해도 있다.[1135]

위에서 거론된 사안들은 대개 청구병합이나 공동소송에 관한 것이었는바, 기본적으로는 판례의 입장에 찬성하지만,[1136] 단일청구의 일부나, 지연손해금 등 부대청구의 전부나 일부를 기각하면서 주문에 '나머지 청구를 기각한다'는 기재를 누락한 정도는 판결경정의 대상으로 봐도 무방할 것이다.

5. 상소당사자적격

원심의 당사자가 상소당사자적격을 가진다. 즉, 1심의 원·피고에게 항소당사자적격이 있고, 항소심의 항소인·피항소인에게 상고당사자적격이 있다. 소송승계가 있으면 승계인에게도 상소당사자적격이 있다. 당사자의 사망 등으로 소송절차가 중단된 경우, 중단 중에 제기된 상소는 부적법하므로, 상소를 제기하기 위하여 미리 또는 동시에 수계신청을 하는 것이 필요하다. 수계신청이 부적법한 경우 상소도 부적법하게 된다.[1137] 다만 위와 같이 수계신청 없이 제기된

대한 예비적 청구로서 본소에 포함된다고 볼 수 있고, 또 원심이 그 이유에서 예비적 청구에 대하여 이유가 없다고 하여 배척하고 있음이 분명하므로, 원심의 제1심판결을 취소하고 본소청구를 기각한다는 주문에는 본소청구에 대한 예비적 청구도 기각한다는 취지가 포함되어 있다고 못볼 바 아니라 할 것이다"), 대법원 2000. 5. 12. 선고 98다49142 판결("승계인이 소송에 인수참가하고 그 전 당사자가 소송에서 탈퇴한 경우, 전 당사자와 상대방 사이의 소송은 인수참가인과 상대방 사이의 소송이 되는 것이므로, 이러한 경우 원심으로서는 원고의 피고인수참가인에 대한 청구에 관하여 재판하여야 할 것인데, 원심판결은 그 이유에서 원고의 피고인수참가인에 대한 청구에 관하여 판단을 하여 이를 인용하면서도 그 주문에서는 피고의 항소를 기각한다는 표시만을 하였으나, 이는 원고의 피고인수참가인에 대한 청구를 인용할 것을 잘못 표현한 것이 명백한 경우에 해당하므로 그 판결의 주문을 바로 잡는 판결경정을 하면 된다"), 대법원 2011. 9. 8. 선고 2011다17090 판결("원심이 기존의 청구와 추가된 청구를 모두 판단하면서도 원고의 청구변경의 취지를 교환적 변경인 것으로 단정하여 그 주문에서 '원심에서 교환적으로 변경된 이 사건 소를 각하한다'고 기재한 것은 '제1심판결을 취소하고 원심에서 확장된 부분을 포함하여 이 사건 소를 각하한다'고 할 것을 잘못 기재한 것임이 명백하나, 이는 판결의 경정사유에 불과하고 원심판결을 파기할 사유는 아니라고 할 것이다") 등 참조.

1135) 이시윤(9판), 602면 각주 3 참조.

1136) 판결경정대상으로 보게 되면 누락된 부분에 대한 상소기간은 경정결정 이전의 원래의 판결정본 송달시부터 진행되고 상소기간을 도과시킨 당사자의 구제는 소송행위의 추완에 의하게 되는 반면, 판결누락으로 보게 되면 추가판결문의 송달시부터 상소기간이 진행되는 차이점이 있다.

1137) 대법원 1971. 2. 9. 선고 69다1741 판결.

상소는 부적법하지만 수계신청은 상소심에서 할 수도 있고, 수계신청이 받아들여지면 하자가 치유된다.[1138]

독립당사자참가인, 공동소송참가인 등에게도 상소당사자적격이 있다. 이들은 참가와 동시에 상소를 제기할 수 있다. 보조참가인도 피참가인을 위하여 상소를 제기할 수 있으나 상소당사자가 되는 것은 아니다.

6. 상소의 이익

1) 의의 및 판단기준

상소이익의 판단기준에 대하여는 형식적 불복설(당사자의 신청과 판결의 주문을 비교하여 주문이 청구취지(신청)보다 양적이나 질적으로 불리한지 여부를 기준으로 하는 견해), 실질적(실체적) 불복설(당사자가 상급심에서 원재판보다 실체법상 유리한 판결을 받을 수 있는 지 여부를 기준으로 하는 견해), 절충설(원고는 형식적 불복설, 피고는 실질적 불복설을 기준으로 하는 견해), 신실질적 불복설(판결의 기판력과 그 외의 효력이 미치는지 여부를 기준으로 하는 견해) 등이 대립하고 있다.

실질적 불복설이 말하는 '실체법상 유리한 판결'이 무엇인지가 문제되나, 일응 실질적 불복설을 취하는 견해는 전부승소한 당사자라도 상급심에서 청구취지확장 등(원고의 경우)이나 반소제기(피고의 경우)로 원심판결보다 더 유리한 판결을 받을 수 있다면 상소를 제기할 수 있다고 본다.[1139] 이에 반하여 형식적 불복설은 전부승소한 당사자는 원칙적으로 상소를 제기할 수 없다는 입장이다. 형식적 불복설이 통설이자 판례의 입장이다. 다만, 통설·판례도 일정한 경우에는 예외를 인정한다. 신실질적 불복설과 형식적 불복설은 실제 도출하는 결론은 같으나, 형식적 불복설이 예외로 파악하는 것을 신실질적 불복설은 원칙의 일부로 파악한다. 아래에서 형식적 불복설에 입각하여 상소의 이익을 개별적으로 살펴본다.

1138) 대법원 1963. 12. 12. 선고 63다703 판결, 대법원 1980. 10. 14. 선고 80다623, 624 판결, 대법원 1996. 2. 9. 선고 94다61649 판결.

1139) 상소의 이익의 판단기준시를 형식적 불복설은 상소제기시로, 실질적 불복설은 항소심 변론종결시로 각 잡는다.

2) 개별적 고찰

가) 청구의 전부 인용 또는 기각

청구가 전부 인용 또는 기각되면 일방 당사자가 전부승소한 경우에 해당하므로 전부승소한 당사자는 상소의 이익이 없다. 청구가 전부 인용된 경우 피고만 상소할 수 있고, 원고는 청구취지의 확장이나 청구변경을 하기 위하여 상소할 수 없다. 청구가 전부 기각된 경우 원고만 상소할 수 있고, 피고는 반소를 제기하기 위하여 상소할 수 없다.

다만, 형식적 불복설을 취하는 통설·판례도 원심판결의 확정으로 발생하는 기판력에 의하여 별소의 제기가 차단되는 경우에는 예외를 인정한다. 명시하지 않은 일부청구[1140][1141]와 청구이의의 소가 그 예이다.

본안에 관하여 전부승소 하였으면서도 소송비용을 부담하라는 재판을 받은 때에는 상소의 이익이 없다. 다만 판결경정의 대상인 경우도 있을 것이다.

나) 청구의 일부 인용, 일부 기각

원고, 피고 모두 상소할 수 있다. 청구의 예비적 병합이 있었는데, 주위적 청구가 기각되고 예비적 청구가 인용된 경우 원고는 주위적 청구 기각에 대하여, 피고는 예비적 청구 인용에 대하여 각 상소의 이익이 있다. 예비적 선택적 공동소송에서 주위적 피고에 대하여는 청구기각, 예비적 피고에 대하여는 청구인용의 판결이 났을 때, 원고와 예비적 피고에게 각 상소의 이익이 있다.

원고가 단순이행을 구하였는데 피고의 동시이행항변이 인용된 경우, 원고에게는 상소의 이익이 있다. 원고가 스스로 동시이행을 구하였다면 동시이행의무로 인정된 것이 원고의 신청보다 큰 경우에는 원고에게 상소의 이익이 있다.

다) 소 각하

원고에게 상소의 이익이 있다. 피고가 청구기각판결을 구하였는데 소각하판결에 내려졌다면, 이는 피고에게도 불리한 판결이므로 피고도 상소할 수 있다.

라) 주문과 이유

형식적 불복설은 승패를 기판력이 생기는 판결주문만을 기준으로 판단하므

1140) 대법원 1997. 10. 24. 선고 96다12276 판결.

1141) 대법원 1994. 6. 28. 선고 94다3063 판결(재산상 손해에 관하여 전부 승소하고 위자료에 관하여 일부 패소한 원고가 항소한 뒤 항소심에서 재산상 청구를 확장할 수 있다고 한 사안).

로, 승소한 당사자는 판결 이유 중의 판단에 불만이 있어도 상소의 이익이 없다. 예컨대, 대여금청구소송에서 피고가 변제항변과 소멸시효항변을 하였는데 소멸시효항변이 채택되어 원고 청구가 전부 기각된 경우, 피고가 변제항변으로 채권이 소멸되었다는 판단을 받기 위하여 항소를 제기할 수 없다.

이 원칙에 대한 중대한 예외가 상계항변이 관련된 경우인바, 상계항변은 이유에 기재되지만 기판력이 발생하는 경우가 있기 때문이다. 예컨대, 원고의 소구채권 그 자체를 부정하여 원고의 청구를 전부 기각한 판결과 소구채권의 존재를 인정하면서도 상계항변을 받아들인 결과 원고의 청구를 전부 기각한 판결은 민사소송법 216조에 따라 기판력의 범위를 서로 달리하고, 후자의 판결은 비록 원고 청구를 전부 기각한 판결이지만 이에 대하여 피고는 상소의 이익이 있다.[1142)]

한편, 금액 등 양적인 측면에서는 전부 승소하였으나 법원이 원고가 구하지 않은 다른 실체법적 권리에 기하여 판결하였을 때 원고가 상소할 수 있을까? 예컨대, 불법행위에 기한 손해배상청구를 하였음에도 불구하고 계약불이행에 기하여 원고의 청구를 인용한 경우, 원고가 불법행위에 기한 손해배상청구를 인용하여 달라고 상소할 수 있는가? 구소송물이론은 처분권주의 위반을 이유로 상소의 이익을 인정하고, 신소송물이론은 실체법적 권리는 공격방어방법에 불과하다는 이유로 상소의 이익을 부정한다. 판례는 구소송물이론에 입각하고 있다.[1143)]

마) 1심에서 불복하지 않은 당사자의 상고의 이익

판례는, 1심에서 원고의 피고에 대한 청구가 일부 인용된 경우, ① 원고만 항소를 제기하고 피고는 항소나 부대항소를 제기하지 않았다면, 피고는 1심에서 청구인용된 부분에 관하여 상고의 이익이 없고,[1144)][1145)] ② 피고만 항소를 제기하고 원고는 항소나 부대항소를 제기하지 않았다면, 원고는 1심에서 청구

1142) 대법원 2018. 8. 30. 선고 2016다46338, 46345 판결.

1143) 대법원 1992. 3. 27. 선고 91다40696 판결(원고가 매매를 원인으로 소유권이전등기청구를 하였는데 양도담보약정에 기한 소유권이전등기절차의 이행을 명한 사안).

1144) 대법원 1992. 12. 8. 선고 92다24431 판결, 대법원 2009. 10. 29. 선고 2007다22514, 22521 판결, 대법원 2014. 2. 13. 선고 2013다212509 판결.

1145) 같은 사안에서 1심에서 원고가 승소한 부분은 항소심의 심판대상이 아니고 항소심판결 선고시에 확정되므로, 원고의 상고 중 이 부분에 대한 것은 상고의 이익이 없어 부적법하다는 것으로는 대법원 2008. 3. 14. 선고 2006다2940 판결.

기각 된 부분에 관하여 상고의 이익이 없다고 하였다.

한편, 판례는 위와 같은 경우 항소심의 심판대상이 아닌 부분에 대하여는 항소심이 판결을 한 바 없으므로 상고가 부적법하다고 판시한 경우도 있다.[1146][1147] 논리적으로 이 같은 처리가 더 타당하다. 항소심이 심판대상이 아닌 부분에 대하여 판단하였다면 상고의 이익을 인정하여야 할 것이다.[1148]

1146) 대법원 1998. 5. 22. 선고 98다5357 판결(원고의 청구를 일부 기각하는 제1심판결에 대하여 피고는 항소하였으나 원고는 항소나 부대항소를 하지 아니한 경우, 제1심판결의 원고 패소 부분은 [] 항소심에 이심은 되었으나, [] 심판 대상은 되지 않았다 할 것이고, 따라서 항소심이 피고의 항소를 일부 인용하여 제1심판결의 피고 패소 부분 중 일부를 취소하고 그 부분에 대한 원고의 청구를 기각하였다면, 이는 제1심에서의 피고 패소 부분에 한정된 것이며 제1심판결 중 원고 패소 부분에 대하여는 항소심이 판결을 한 바 없어 이 부분은 원고의 상고대상이 될 수 없다 할 것이므로, 원고의 상고 중 상고의 대상이 되지 아니한 부분에 대한 상고는 부적법하여 이를 각하하여야 한다), 대법원 2015. 10. 29. 선고 2013다45037 판결.

1147) 항소심판결이 변경판결인 경우, 외형적으로는 항소심법원이 심판대상이 아닌 부분에 대하여 판결을 한 듯 보이지만 실질적으로는 심판대상인 부분에 대하여만 판결을 한 것이다. 대법원 2002. 2. 5. 선고 2001다63131 판결(항소심에서의 변경판결은 실질적으로는 [] 일부취소의 판결과 동일한 것인데 다만 주문의 내용이 복잡하게 되는 것을 피하고 주문의 내용을 알기 쉽게 하기 위한 편의상의 요청을 좇은 것에 불과한 것이므로, 원고 일부 승소의 제1심판결에 대하여 아무런 불복을 제기하지 않은 피고는 항소심이 변경판결을 한 경우에도 마찬가지로 제1심판결에서 원고가 승소한 부분에 관하여는 상고를 제기할 수 없다), 대법원 2003. 9. 26. 선고 2001다68914 판결.

1148) 대법원은, 원고의 청구를 전부 기각한 1심판결에 대하여 원고가 항소하면서 그 중 일부만을 불복범위로 삼았는데, 항소심법원이 원고의 불복범위가 아닌 부분에 대하여도 인용판결을 하여 피고가 상고한 사안에서 피고의 상고를 인용하여 항소심판결을 취소하고 소송종료를 선언한 바 있다(대법원 1994. 12. 23. 선고 94다44644 판결, 대법원 2001. 4. 27. 선고 99다30312 판결). 직권으로 판단하여 원심판결을 파기한 경우도 있다.

제62강 상소의 효력

1. 확정차단과 이심

미확정재판에 대한 불복수단인 상소는 재판이 확정되는 것을 막는 효력이 있다. 이를 상소의 확정차단의 효력이라고 한다. 명문의 규정도 있다.

> 제498조(판결의 확정시기) 판결은 상소를 제기할 수 있는 기간 또는 그 기간 이내에 적법한 상소제기가 있을 때에는 확정되지 아니한다.

판결의 효력 중 확정되어야 발생하는 기판력, 집행력 등은 상소가 제기되면 발생하지 않는다. 다만, 원심판결에 가집행선고가 있는 경우, 원심판결 선고시에 집행력이 발생하고, 상소를 제기한 것만으로는 가집행선고부 원심판결에 기한 집행이 정지되지 않으므로, 수소법원에 강제집행정지신청을 하여 강제집행정지결정을 받은 다음, 그 결정문을 집행법원에 집행정지서류로 제출하여야 한다는 점은 앞서 보았다. 결정이나 명령은 판결과 달리 원칙적으로 고지만 되면 확정되기 이전이라도 집행력을 가지는데, 결정 등에 대한 상소, 즉 항고에 집행정지효력이 있는지 여부는 항고의 종류에 따라 다른바, 상세는 항고 부분에서 본다.

상소제기 이후에 상소가 취하되거나 상소가 부적법 각하되는 경우에는 상소기간 만료시에 소급하여 확정차단의 효력이 소멸한다.

상소는 상급심에 구제를 요청하는 것이므로 상소가 제기되면 사건이 원심에서 상급심으로 옮겨진다. 이를 상소의 이심의 효력이라고 한다. 정확하게 언제 이심의 효력이 발생하는지에 대하여는 상소제기시설과 기록송부시설이 대립하고 있는바, 판례는 기록송부시설을 취하고 있다. 위 견해의 대립은 상소제기 이후 기록이 송부되기 전에 사건(예컨대 강제집행정지결정, 상소장 각하명령, 판결경정결정 등)을 처리할 권한이 근본적으로 원심법원에 있는지 아니면 상소심법원에 있는지에 대한 견해 차이에서 비롯된다.

상소의 효력과 관련하여 특이하고도 어려운 대목은 한 개의 판결에 대한 상소의 효력, 즉 확정차단과 이심의 효력은 불가분적이라는 상소불가분의 원칙이다. 항을 바꾸어 살펴본다.

2. 상소불가분의 원칙

1) 의 의

원고가 1억 원의 대여금청구를 하였는데, 1심법원이 전부 인용하였다. 피고가 항소하면서 자신은 3천만 원에 한하여 책임이 있다는 이유로 1심판결 중 7천만 원 부분의 취소를 구하여 현재 항소심절차가 진행 중이다. 상소의 효력인 확정차단과 이심의 효력이 피고가 취소를 구하는 7천만 원 부분에 미치는 것은 의문의 여지가 없다. 그러면 피고가 다투지 않고 있는 3천만 원 부분은 확정된 것일까?

위 3천만 원 부분도 아직 확정되지 않았다. 상소불가분의 원칙 때문이다. 이는 확정차단과 이심의 효력은 상소인의 불복(불복신청)의 범위에 관계없이 하나의 원심판결 전부에 대하여 불가분으로 발생한다는 원칙을 말한다. 위의 예에서 피고가 1억 원 전부의 취소를 구하였다면 원심판결 전부에 대하여 상소의 효력이 미친다는 점에 의문이 없을 것이다. 따라서 상소불가분의 원칙은 상소인이 원심판결의 일부에 대하여 불복하는 경우 문제된다.

상소심은 상소인의 불복범위 내에서만 심판하므로, 상소불가분의 원칙이 있다는 것은 곧 상소의 효력이 미치는 범위와 상소심의 심판범위가 일치하지 않을 수도 있다는 점을 의미한다.

명문의 규정은 없으나, 상소장에 불복범위를 명시하지 않아도 되는 점, 불복이 없는 부분에 관하여도 상소법원이 가집행선고를 할 수 있다고 하는 규정이 있는 점(406조, 435조) 등에 의하여 간접적으로 민사소송법이 위 원칙을 취하고 있음을 알 수 있다.

2) 적용범위

가) 개 요

상소불가분의 원칙의 적용범위는 크게 다음과 같은 두 차원에서 논의된다.

[1] 한 개의 판결이란 무엇인가?

[2] 심판대상이 아닌 부분은 분리확정되는가? 된다면 그 시기는 언제인가?

1은 상소에 의하여 애초에 상소불가분의 효력이 미치는 범위에 관련된 것이다. 상소불가분의 원칙의 시작점에 관한 것이라고 할 수 있다.

2는 1을 전제로 하여 일단 상소불가분의 효력으로 확정이 차단되고 이심되었으나 심판대상이 되지 않은 원심판결의 일부가 나머지 부분, 즉 심판대상이 된 부분과 분리되어 확정되는지, 즉 분리확정되는지, 그리고 만약 분리확정된다면 그 시기는 언제인지에 관련된 것이다. 상소불가분의 원칙의 종료점에 관한 것이라고 할 수 있다.

나) 한 개의 판결

(1) 판 결

일단 판결이 있어야 하므로 판결이 없는 경우에는 상소불가분의 원칙이 적용될 여지가 없다. 따라서 재판의 누락의 경우에는 원칙적으로 상소불가분의 원칙이 적용되지 않는다.

판결에는 1심판결은 물론 항소심판결도 포함된다. 즉, 항소심단계에서는 물론 상고심단계에서도 상소불가분의 원칙이 적용된다.

(2) 한 개의 판결

한 개의 판결이라고 하기 위해서는 한 개의 판결문에 의하여 판결이 선고되어야 한다. 즉, 동시에 선고되어야 한다. 별개의 판결문에 의하여 선고된 판결들, 즉 동시에 선고되지 않은 판결들은 한 개의 판결이라고 할 수 없고, 따라서 상소불가분의 원칙이 적용될 여지가 없다.

그러나 한 개의 판결문에 의하여 판결이 선고되었다고 하여, 즉 동시에 선고되었다고 하여 상소불가분의 원칙의 적용과 관련하여 모두 한 개의 판결로 취급되는 것은 또 아니다. 아래에서 한 개의 판결문으로 선고된 것을 전제로 하여 ① 가분적 단일청구인 경우, ② 청구의 객관적 병합의 경우, ③ 당사자가 복수인 경우를 각 살펴본다. 기본적으로 쟁점이 되는 것은 위의 각 경우 상소인이 원심판결의 일부만에 대해 불복하면 나머지 부분도 확정차단·이심되는지 여부이다.

① 가분적 단일청구의 경우 이 경우에는 상소불가분의 원칙의 적용이 있다.[1149] 즉, 상소인이 가분적 단일청구의 일부분만 불복범위로 삼아도 상소의

1149) 대법원 2003. 4. 11. 선고 2002다67321 판결, 대법원 2013. 7. 11. 선고 2011다18864 판결.

효력은 전체 단일청구에 미친다. 앞서 본 예가 여기에 해당한다.

② 청구의 객관적 병합의 경우 이 경우는 다시 단순병합의 경우와 그 외의 경우(예비적 병합이나 선택적 병합의 경우, 본반소의 경우)로 나눌 수 있다. 우선, 단순병합의 경우 상소불가분의 원칙이 적용된다는 것이 통설이고, 판례도 같다.[1150]

단순병합 이외의 경우 중 예비적 병합이나 선택적 병합의 경우 단순병합의 경우보다 설명되어야 할 내용이 다소 복잡하나 궁극적으로 상소불가분의 효력이 미치는바, 상세는 복잡소송에서 살펴본다.

본반소의 경우, 반소가 단순반소라면 단순병합과 같이,[1151] 예비적 반소라면 예비적 병합과 같이 취급된다.

③ 당사자가 복수인 경우 이 경우는 다시 통상공동소송의 경우와 그 외의 경우, 즉 필수적 공동소송, 예비적·선택적 공동소송, 독립당사자참가 등의 경우로 나눌 수 있다.

통상공동소송의 경우 공동소송인 독립의 원칙에 따라 상소불가분의 원칙이 적용되지 않는다는 것이 통설과 판례[1152]의 입장이다. 예컨대, 원고가 주채무자와 보증인을 상대로 대여금청구를 한 경우 1심판결에서 원고의 청구가 모두 인용되고 주채무자만 상소하였다면, 보증인에 대한 1심판결은 확정되므로 1심판결에 가집행선고가 없어도 원고는 1심판결에 기하여 보증인을 상대로 집행할 수 있다.

통상공동소송 이외의 경우에는 일반적으로 합일확정의 필요성 때문에 상소불가분의 원칙이 적용되나 예외도 있다. 상세는 복잡소송에서 살펴보기로 한다.

1150) 대법원 1966. 6. 28. 선고 66다711 판결: 가옥명도와 손해배상을 청구하여 손해배상청구만 기각이 된 경우 그 패소부분만 항소하였다면 승소한 가옥명도청구 부분은 불복항소의 대상이 되어 있지 아니하므로 항소심의 심판범위는 될 수 없으나 승소부분도 패소부분과 함께 항소심에 이심되고 그 확정이 차단되므로 일정한 제한하에서라면 항소심에서 그 청구부분에 대하여도 변경할 수 있는 것이다.

1151) 대법원 2008. 6. 26. 선고 2008다24791, 24807 판결.

1152) 대법원 2012. 9. 27. 선고 2011다76747 판결: 부진정연대채무의 관계에 있는 채무자들을 공동피고로 하여 이행의 소가 제기된 경우 공동피고에 대한 각 청구는 법률상 양립할 수 없는 것이 아니므로 그 소송은 민사소송법 제70조 제1항에 규정한 본래 의미의 예비적·선택적 공동소송이라고 할 수 없고, 따라서 거기에 필수적 공동소송에 관한 민사소송법 제67조는 준용되지 않는다고 할 것이어서 상소로 인한 확정차단의 효력도 상소인과 그 상대방에 대해서만 생기고 다른 공동소송인에 대한 관계에는 미치지 않는다.

이상에서 상소불가분의 원칙이 적용되는 한 개의 판결이 성립되는 경우를 살펴보았다. 가분적 단일청구의 경우, 단순병합의 경우, 통상공동소송만 주로 살펴보고, 이외의 경우는 복잡소송으로 미룬 셈이다. 위 3가지 경우 중 통상공동소송의 경우에만 상소불가분의 원칙이 적용되지 않았다.

상소불가분의 원칙이 적용되고, 상소인의 불복범위가 한 개의 원심판결의 일부인 경우 그 부분은 상소심의 심판대상이 되고 상소의 효력이 당연히 미친다. 심판대상이 아닌 부분에도 상소의 효력이 미치는바, 상소의 효력이 미친다고 하는 것은, 미확정이라는 의미이므로 가집행선고가 없는 이상 원심판결 중 심판대상이 아닌 부분에 집행력이 발생하지 않는다. 또한 상소의 효력이 미친다고 하는 것은 그 부분이 상소심에 계속되어 있다는, 즉 이심되어 있는 것을 의미하므로 상소인이 불복범위를 그 부분으로 확장할 수 있고, 상대방도 부대상소를 제기하여 그 부분을 심판대상으로 삼을 수 있다.

상소불가분의 원칙이 적용되지 않는 경우, 예컨대 통상공동소송의 경우에는 확정차단과 이심의 효력이 미치지 않는다. 상소인이 불복한 부분과 별개의 부분은 확정이 차단되지 않고, 이심되지 않는다. 즉, 원심판결 중 그 부분은 확정되므로, 가집행선고가 없어도 집행할 수 있고, 한편 이심된 바도 없으며 불복범위의 확장이나 부대상소도 불가능하므로 상소심의 심판대상이 될 수 없다.

다) 심판대상이 아닌 부분의 분리확정

한 개의 판결에 해당되어 상소불가분의 효력이 일단 작용한 경우, 그 이후 심판대상이 아닌 부분이 심판대상인 부분과 분리확정되는지, 만약 분리확정된다면 그 시기는 언제인지에 관하여 견해의 대립이 있다.

학설은 분리확정된다는 견해와 분리확정되지 않는다는 견해로 크게 나뉘고, 전자는 다시 항소심 단계에서부터 분리확정된다는 견해, 상고심 단계에서만 분리확정된다는 견해로 나뉜다. 항소심 단계에서 분리확정된다는 견해는 다시 항소심판결선고시에 분리확정된다는 견해와 항소심변론종결시에 분리확정된다는 견해로 나뉜다. 상고심 단계에서 분리확정된다는 견해 역시 상고심판결시에 분리확정된다는 견해와 항소심변론종결시에 대응하는 상고이유서 제출기간만료시에 분리확정된다는 견해로 나뉜다. 누가 상소하였는지, 상소심판결에서 어떤 판결이 선고되었는지 등은 원칙적으로 문제되지 않는다.

예컨대, 원고가 A, B, C 청구를 (단순)병합하여 소를 제기했는데, 1심판결에서 원고의 청구가 전부 인용되었고, 피고가 B, C에 대하여 불복하면서 항소를 제기하였으나 항소가 전부 기각되었고, 피고가 다시 C에 대하여 불복하면서 상고를 제기하여 상고가 인용되어 C 부분이 파기환송되어 현재 항소심에 사건이 계속되어 있는 경우를 예로 들어 각 견해의 차이를 보면 다음과 같다.

1심판결 중 청구 A에 관한 부분의 경우, 우선 항소심 단계에서부터 분리확정이 된다는 견해는 항소심판결선고시 또는 항소심 변론종결시에 분리확정된다고 하고, 상고심 단계에서부터 분리확정된다는 견해는 상고심판결선고시 또는 상고이유서 제출기간만료시에 확정된다고 하고, 반면 분리확정되지 않는다는 견해는 현재까지 분리확정되지 않고 파기환송심에 계속 중이라고 본다.

1심판결 중 청구 B에 관한 부분의 경우 항소심 단계에서부터 분리확정된다는 견해와 상고심 단계에서부터 분리확정된다는 견해는 모두 상고심판결선고시 또는 상고이유서 제출기간만료시에 확정된다고 하고, 반면 분리확정되지 않는다는 견해는 분리확정되지 않고 파기환송심에 계속 중이라고 본다.

판례는 항소심 단계에서부터 분리확정되고, 심급 단계 내에서는 판결선고시, 즉 항소심의 경우에는 항소심판결선고시, 상고심의 경우는 상고심판결선고시에 분리확정된다는 입장이다.[1153][1154]

1153) 항소심 단계에 관한 것으로 대법원 1994. 12. 23. 선고 94다44644 판결(수개의 청구를 모두 기각한 제1심판결에 대하여 원고가 그중 일부의 청구에 대하여만 항소를 제기한 경우, 항소되지 않았던 나머지 부분도 항소로 인하여 확정이 차단되고 항소심에 이심은 되나 원고가 그 변론종결시까지 항소취지를 확장하지 아니하는 한 나머지 부분에 관하여는 원고가 불복한 바가 없어 항소심의 심판대상이 되지 아니하므로 항소심으로서는 원고의 수개의 청구 중 항소하지 아니한 부분을 다시 인용할 수는 없다)이 있고, 대법원 2001. 4. 27. 선고 99다30312 판결, 대법원 2004. 6. 10. 선고 2004다2151, 2168 판결, 대법원 2006. 4. 27. 선고 2006두2091 판결, 대법원 2013. 7. 11. 선고 2011다18864 판결, 대법원 2020. 3. 26. 선고 2018다221867 판결 등도 같은 취지이다.

상고심 단계에 관한 것으로 대법원 1960. 9. 22. 선고 4293민상104, 105 판결(상고심에서 원판결 중 불복신청이 없는 부분과 상고이유가 없다는 이유로 파기되지 않는 부분 및 파기자판으로서 사건이 완결된 부분은 그 판결선고와 동시에 확정되고 다만 원판결을 파기하여 원심으로 환송 또는 이송한 부분만이 소송절차가 계속된다), 대법원 2001. 12. 24. 선고 2001다62213 판결, 대법원 2007. 1. 11. 선고 2005다67971 판결(예비적 청구만이 상고심의 심판대상인 경우 주위적 청구부분은 예비적 청구에 관한 파기환송판결의 선고와 동시에 확정된다), 대법원 2020. 3. 26. 선고 2018다221867 판결 등이 있다.

1154) 한편, 대법원 2006. 4. 14.자 2006카기62 결정은 심판대상이 아닌 부분이 상고이유서 제출기간만료시에 분리확정된다고 판시하였으나, 방론에서 판시한 것인데다가, 선례인 위 대법원 1960. 9. 22. 선고 4293민상104, 105 판결, 대법원 2001. 12. 24. 선고 2001다62213 판결, 대법

상소불가분의 효력이 미쳐서 일단 확정차단 및 이심되었지만 이후 분리확정되는 부분은 그 분리확정시에 기판력, 집행력 등이 발생한다. 또한 분리확정 이후에는 그 부분에 대한 상소가 불가능하다. 위 사안에서 항소심판결선고 이후 피고가 청구 A에 관한 1심판결 부분을 다투며 상고를 제기한다면 그 상고는 부적법한 것으로서 각하되는바, 청구 A는 항소심의 심판대상이 아니므로 상고의 대상이라고 할 항소심판결이 없기 때문이다.[1155] 항소심이 착오로 청구 A에 대하여 판결을 한 경우에는, 청구 A에 관한 상고를 부적법하다고 본 판례도 있고,[1156] 적법하다고 본 판례도[1157] 있다. 후자가 타당하다고 본다.

원 2007. 1. 11. 선고 2005다67971 판결과 상치되고, 항소심 단계에 관한 판례들과의 일관성도 없어 의문이다.

1155) 대법원 1998. 5. 22. 선고 98다5357 판결: 원고의 청구를 일부 기각하는 제1심판결에 대하여 피고는 항소하였으나 원고는 항소나 부대항소를 하지 아니한 경우, 제1심판결의 원고 패소 부분은 피고의 항소로 인하여 항소심에 이심은 되었으나, 항소심의 심판 대상은 되지 않았다 할 것이고, 따라서 항소심이 피고의 항소를 일부 인용하여 제1심판결의 피고 패소 부분 중 일부를 취소하고 그 부분에 대한 원고의 청구를 기각하였다면, 이는 제1심에서의 피고 패소 부분에 한정된 것이며 제1심판결 중 원고 패소 부분에 대하여는 항소심이 판결을 한 바 없어 이 부분은 원고의 상고대상이 될 수 없다 할 것이므로, 원고의 상고 중 상고의 대상이 되지 아니한 부분에 대한 상고는 부적법하여 이를 각하하여야 한다. 대법원 1995. 5. 26. 선고 94다1487 판결, 대법원 2002. 2. 5. 선고 2001다63131 판결(항소심이 변경판결을 한 사안), 대법원 2003. 9. 26. 선고 2001다68914 판결(항소심이 변경판결을 한 사안), 대법원 2009. 10. 29. 선고 2007다22514, 22521 판결, 대법원 2017. 12. 28. 선고 2014다229023 판결 등도 같은 취지이다.

1156) 대법원 1995. 1. 24. 선고 94다29065 판결(제1심에서 주위적 청구를 기각하고 예비적 청구를 인용한 판결에 대하여 피고만이 항소한 때에는, 이심의 효력은 사건 전체에 미치더라도 원고로부터 부대항소가 없는 한 항소심의 심판대상으로 되는 것은 예비적 청구에 국한되는 것임에도 불구하고, 원심은 심판의 대상으로 되지 않은 주위적 청구에 대하여도 제1심과 마찬가지로 원고의 청구를 기각하는 판결을 하였으나, 원심이 위와 같은 무의미한 판결을 하였다고 하여 원고가 그에 대하여 상고함으로써 주위적 청구부분이 상고심의 심판대상으로 되는 것은 아니므로, 원고의 주위적 청구부분에 관한 상고는 심판의 대상이 되지 않은 부분에 대한 상고로서 불복의 이익이 없어 부적법하다), 대법원 2002. 12. 26. 선고 2002므852 판결(항소심이 심판의 대상이 아닌 주위적 청구인 입양무효확인청구에 대하여도 판단하여 이 부분을 배척하는 취지의 판결을 하였다고 하더라도, 원고가 그에 대하여 상고함으로써 입양무효확인 청구 부분이 상고심의 심판대상이 되는 것은 아니므로, 이 부분에 관한 원고의 상고는 심판대상이 되지 않은 부분에 대한 상고로서 불복의 이익이 없어 부적법하다).

1157) 대법원 2020. 3. 26. 선고 2018다221867 판결(환송 후 원심이 ① 환송전 원심판결 선고시 확정된 부분과 ② 대법원의 파기환송판결 선고시 확정된 부분에 대하여 심판한 사안에서 대법원이 ①은 피고의 상고이유의 주장을 받아들여, ②는 직권판단하여 각 파기하였다).

제2절 항 소

제63강 항소의 의의, 구조 및 제기

1. 항소의 의의

1심판결의 취소·변경을 구하기 위한 상소를 항소라고 한다. 예컨대, '피고는 원고에게 1,000만 원을 지급하라'는 소를 제기한 원고가 '이 사건 청구를 기각한다'라는 1심판결을 선고받은 경우, 원고는 '1심판결을 취소한다. 피고는 원고에게 1,000만 원을 지급하라'는 판결을 선고하여 달라는 항소를 제기할 수 있다. 반대로 원고가 승소한 경우, 즉 '피고는 원고에게 1,000만 원을 지급하라'는 1심판결이 선고된 경우, 피고는 '1심판결을 취소한다. 이 사건 청구를 기각한다'라는 판결을 선고하여 달라는 항소를 제기할 수 있다.

항소심절차는 1심이 단독재판부인 경우 지방법원 합의부(항소부)가, 1심이 합의재판부인 경우 고등법원이 각 담당한다. 사물관할이 조정되어 단독사건의 범위가 넓어질 때 일시적으로 단독사건 중 고액의 사건에 대한 항소심을 고등법원이 담당하게 되는 경우가 생기기도 한다.

2. 항소심의 구조

항소심은 사실심이기 때문에 법령위반뿐만 아니라 사실오인도 당연히 불복의 사유로 삼을 수 있다. 상고심과 다른 점이다.

항소심에서 새로운 소송자료를 제출할 수 있는 정도에 따라 항소심의 구조는 복심제, 사후심제, 속심제로 나뉜다. 복심제에서는 새로운 소송자료를 무제한으로 제출할 수 있고, 사후심제에서는 새로운 소송자료를 제출할 수 없고, 속심제에서는 일정한 제약 하에서 새로운 소송자료를 제출할 수 있다. 우리 민사소송법은 절충적인 속심제를 취하고 있다.[1158] 상고심은 사후심이다. 항소심도 사후심화하는 것이 바람직하다.

항소심절차는 필요적 변론절차이므로 항소심의 심리는 반드시 변론에 의하여 행해져야 한다. 항소심은 원고의 청구에 대하여 전면적으로 재심판한다는 점도 상고심과 다른 점이다.[1159] 상고심은 상고이유만을 재심판한다.

3. 항소의 제기

1) 항소심의 당사자

1심판결의 당사자가 항소심의 당사자가 된다. 즉, 1심의 원·피고가 항소인과 피항소인이 될 수 있다. 항소를 제기한 자가 항소인, 그 상대방이 피항소인이 된다. 변론종결 후의 승계인도 항소를 제기할 수 있다. 소송절차가 중단된 경우에는 적법한 상소제기를 위하여 수계신청이 필요하다.

당사자참가를 할 수 있었던 제3자는 참가와 동시에 항소를 제기할 수 있다. 보조참가인은 피참가인이 항소권을 포기하지 않는 한 항소할 수 있으나 항소심의 당사자인 항소인이 되는 것은 아니다.

2) 항소의 기간 및 제기방식

항소의 제기는 항소장을 1심판결정본 송달일로부터 2주 이내에 1심법원에 항소장을 제출함으로써 한다. 항소장의 필수적 기재사항은 다음과 같다.

> 제397조(항소의 방식, 항소장의 기재사항) ① 항소는 항소장을 제1심 법원에 제출함으로써 한다.
> ② 항소장에는 다음 각호의 사항을 적어야 한다.
> 1. 당사자와 법정대리인
> 2. 제1심판결의 표시와 그 판결에 대한 항소의 취지

1158) 대법원 1996. 4. 9. 선고 95다14572 판결은 항소심은 속심이라는 것을 명시하고 있다. 나아가 위 판결은 이를 전제로 항소심에서는 1심에서의 당사자의 주장이 그대로 유지되므로, 항소심에서 항소이유로 특별히 지적하거나 그 후의 심리에서 다시 지적하지 않는다 하더라도 법원은 제1심에서의 주장을 받아들일 수 있음은 당연하고, 이를 들어 직접주의나 변론주의의 원칙에 어긋난다거나 불의타를 가한 것이라 할 수는 없다고 하였다.

1159) 민사소송법 개정(2024. 1. 16. 개정, 2025. 3. 1. 시행)과 민사소송규칙 개정(2025. 1. 23. 개정, 2025. 3. 1. 시행)으로 항소이유서 제출이 강제되고, 항소심의 심리가 항소이유를 중심으로 진행되게 되었다. 위 '중심으로'는 민사소송규칙의 표현인바, 상고심 심리에 관한 민사소송법 431조의 '상고이유에 따라'라는 표현을 쓴다.

위의 항소의 취지는 그야말로 1심판결에 대해 항소심재판을 구한다는 취지 그 자체를 의미하고, 불복범위와 다르다.[1160] 불복범위는 항소심 변론종결시까지 명확하게 하면 되고, 반드시 서면에 의할 필요도 없다는 것이 판례이다.[1161] 하지만, 실제로는 심리범위와 인지계산 등을 위해서라도 불복범위는 항소장 제출 단계부터 명확하게 할 필요성이 있다. 실무상 항소장에 '항소취지'란을 두고 여기에 불복범위에 기재하는 이유는 이 때문이다.

민사소송법 개정(2024. 1. 16. 개정, 2025. 3. 1. 시행)으로 400조 3항, 402조의2, 402조의3이 신설되어, 항소심에서도 항소이유서 제도가 도입되었다. 즉, 항소심 법원이 원심법원으로부터 항소기록을 송부 받으면 바로 그 사유를 당사자에게 통지하여야 하고(400조 3항), 항소장에 항소이유를 적지 아니한 항소인은 항소기록 접수의 통지를 받은 날부터 40일 이내에 항소이유서를 제출하도록 하되, 항소인의 신청이 있는 경우 항소심법원은 결정으로 1회에 한하여 위 기간을 1개월 연장할 수 있고(402조의2), 항소인이 법정기간 내에 항소이유서를 제출하지 아니하면 직권조사사항이 있거나 항소장에 항소이유가 기재된 경우를 제외하고는 항소심법원은 결정으로 항소를 각하한다(402조의3). 항소심의 속심적 구조와의 조화가 문제 된다.

위 법개정을 뒷받침하기 위하여 2025. 1. 23. 민사소송규칙이 개정(2025. 3. 1. 시행)되었다. 개정규칙은 항소인이 항소이유서에 기재할 항소이유를 제시하고,[1162] 항소심의 심리가 항소이유를 중심으로 진행될 수 있도록 하기 위한 항

1160) 대법원 2011. 10. 27.자 2011마1595 결정: 민사소송법 제425조, 제397조에 의하면, 상고의 제기는 상고장을 원심법원에 제출하여야 하고 상고장에는 당사자와 법정대리인 및 원심판결을 표시하고 그 판결에 대하여 상고하는 취지를 기재하면 족한 것이다[]. 한편 상고장에 불복신청의 범위를 기재하지 아니한 때에는 상고법원의 심리범위 및 상고장에 붙일 인지액을 확정하기 위하여 불복신청의 범위를 명확히 할 필요가 있으므로 상고인에게 그 보정을 명하여야 할 것이다. 그러나 불복신청의 범위는 상고장의 필요적 기재사항이 아니므로, 상고인이 위 보정명령에 불응한다고 하더라도 이는 상고장 각하[]사유에 해당하지 아니[한다.] 이러한 경우 재판장은 상고인이 패소한 부분 전부에 관하여 불복하는 것으로 처리하여 인지 등을 붙이도록 할 것이다.

1161) 대법원 1988. 4. 25. 선고 87다카2819, 2820 판결.

1162) 민사소송규칙 제126조의2(항소이유서) ① 항소인은 다음 각 호 가운데 어느 사유를 항소이유로 삼는지 항소이유서에 적어 제출하여야 한다.

1. 제1심 판결이 전속관할에 관한 규정에 어긋나거나 제1심 판결의 절차가 법률에 어긋난 때
2. 제1심 판결 중 사실을 잘못 인정하거나 법리를 잘못 적용한 부분이 있는 때
3. 제1심 판결의 이유를 밝히지 아니하거나 이유에 모순이 있는 때

소심법원의 권한과 당사자의 협력의무 등을 정하고 있다.[1163][1164]

3) 재판장의 항소장심사

소장에 대하여 재판장이 심사하였던 것과 마찬가지로, 항소장도 재판장이 심사한다. 우선 항소장에 대하여 1심재판장이 일차적으로 심사한다.

> 제399조(원심재판장등의 항소장심사권) ① 항소장이 제397조 제2항의 규정에 어긋난 경우와 항소장에 법률의 규정에 따른 인지를 붙이지 아니한 경우에는 원심재판장은 항소인에게 상당한 기간을 정하여 그 기간 이내에 흠을 보정하도록 명하여야 한다. 원심재판장은 법원사무관등으로 하여금 위 보정명령을 하게 할 수 있다.
> ② 항소인이 제1항의 기간 이내에 흠을 보정하지 아니한 때와, 항소기간을 넘긴 것이 분명한 때에는 원심재판장은 명령으로 항소장을 각하하여야 한다.
> ③ 제2항의 명령에 대하여는 즉시항고를 할 수 있다.

필수적 기재사항 기재 여부, 인지 첩부 여부, 항소기간 도과 여부 등이 심사대상이 된다. 항소권의 포기 등이 있었는지 여부도 심사대상이 된다.[1165]

심사결과 하자가 있으면 1심재판장은 보정명령을 하고, 항소인이 보정명령에 불응하는 경우 항소장각하명령을 한다. 이에 대한 즉시항고는 최초의 항고이다. 기록이 항소심에 송부되기 전 단계이므로 1심재판장은, 항소심재판장

---

4. 그 밖에 제1심 판결을 정당하지 아니하다고 인정하여 취소하거나 변경해야 할 사유가 있는 때

1163) 항소심법원은 항소인이 정당한 사유 없이 제출기간을 넘겨 항소이유서에 기재되지 않은 새로운 주장을 제출한 때에는 결정으로 그 주장을 각하할 수 있고(규칙 126조의2 4항), 피항소인에게 상당한 기간을 정하여 항소이유서에 기재된 항소인의 주장에 대한 답변서를 제출하게 할 수 있다(규칙 126조의3). 항소인은 부득이한 사유가 없으면 항소이유서 제출과 함께 증거를 일괄하여 신청하여야 하고, 해당 증거가 소송을 현저하게 지연시키지 아니하는 증거, 다시 증거조사를 하는 것이 부득이하다고 인정되는 증거, 그 밖에 항소의 당부에 관한 판단을 위하여 반드시 필요하다고 인정되는 증거 중 어디에 해당하는지와 그에 관한 구체적인 사유를 명시하여야 한다(규칙 127조의4).

1164) 민사소송규칙 제127조의3(항소심의 변론) 항소법원은 항소이유서에 기재된 쟁점을 중심으로 변론이 집중되도록 함으로써 변론이 가능하면 속행되지 않도록 하여야 하고, 당사자는 이에 협력하여야 한다. 위 '중심으로'는 상고심 심리에 관한 민사소송법 431조의 '상고이유에 따라'와 표현이 다르다.

1165) 대법원 2006. 5. 2.자 2005마933 결정: 민사소송법 제399조 제2항에 의하면, '항소기간을 넘긴 것이 분명한 때'에는 원심재판장이 명령으로 항소장을 각하하도록 규정하고 있는바, 그 규정의 취지에 비추어 볼 때 항소권의 포기 등으로 제1심판결이 확정된 후에 항소장이 제출되었음이 분명한 경우도 이와 달리 볼 이유가 없으므로, 이 경우에도 원심재판장이 항소장 각하명령을 할 수 있는 것으로 봄이 상당하다 할 것이다.

을 대행한 것이 아니라, 자신의 권한으로 항소장각하명령을 하였기 때문이다.[1166][1167]

1심재판장의 심사에서 항소장이 각하되지 않으면 항소장을 포함한 항소기록이 항소심법원으로 송부된다(400조). 항소심재판장은 다시 항소장을 심사한다.

> 제402조(항소심재판장등의 항소장심사권) ① 항소장이 제397조 제2항의 규정에 어긋나거나 항소장에 법률의 규정에 따른 인지를 붙이지 아니하였음에도 원심재판장이 제399조 제1항의 규정에 의한 명령을 하지 아니한 경우, 또는 항소장의 부본을 송달할 수 없는 경우에는 항소심재판장은 항소인에게 상당한 기간을 정하여 그 기간 이내에 흠을 보정하도록 명하여야 한다. 항소심재판장은 법원사무관등으로 하여금 위 보정명령을 하게 할 수 있다.
> ② 항소인이 제1항의 기간 이내에 흠을 보정하지 아니한 때, 또는 제399조 제2항의 규정에 따라 원심재판장이 항소장을 각하하지 아니한 때에는 항소심재판장은 명령으로 항소장을 각하하여야 한다.
> ③ 제2항의 명령에 대하여는 즉시항고를 할 수 있다.

보정명령과 항소장각하명령 등은 1심재판장의 심사 때와 같지만, 항소장부본의 송달불능에 기한 주소보정명령 불응이 항소장각하명령의 사유가 되는 점은 다르다.[1168] 위 3항의 즉시항고는 항소심의 명령에 대한 것이므로 대법원에 대한 재항고이다.

4) 항소제기의 효과

상소 일반론에서 본 바와 같이 항소제기에는 확정차단과 이심의 효력이 있고, 그 효력에는 상소불가분의 원칙이 적용된다.

1166) 이심의 시기에 관한 기록송부시설의 입장이다.

1167) 대법원 2023. 7. 14.자 2023그585(본소), 2023그586(반소) 결정(민사소송법 제446조(재도의 고안)에 따라 제1심법원이 항소장 각하명령에 관한 항고에 정당한 이유가 있다고 인정하여 재판을 경정한 경우, 그로 인해 불이익을 받는 상대방 당사자는 그 경정재판에 대하여 다시 즉시항고로 불복할 수 있다). 이 결정의 타당성에 대하여는 의문이 있다. 위 결정은 공평의 원칙과 민사소송법이 판결경정결정에 즉시항고를 인정하고 있다는 점을 근거로 들고 있으나, 재도의 고안으로 인한 경정과 판결의 경정은 성격이 상이하여 유추적용이 적당한 관계라고 보기 어렵다. 위 결정의 판시대로라면, 판결경정신청을 받아들인 1심법원의 판결경정결정에 즉시항고가 제기되었다가 재도의 고안으로 1심법원이 판결경정결정을 취소하고, 판결경정신청을 기각한다는 결정을 한 경우, 이 결정에 대하여 판결경정신청인의 즉시항고가 인정되어야 할 것이다. 현재의 대법원 판례는 판결경정신청 기각결정에 대하여는 특별항고만이 가능하다는 입장이다.

1168) 대법원 2021. 4. 22.자 2017마6438 전원합의체 결정(종전의 법리가 가혹하다는 견해가 있었지만 다수견해는 이를 유지하였다).

제64강 항소심의 심리

1. 심리방법

항소심절차에는 특별한 규정이 없으면 1심절차에 관한 규정이 준용된다(408조). 항소심의 심리도 변론을 통하여 한다. 다만, 항소가 부적법하고 보정이 불가능한 경우에는 변론을 열지 않고 판결로 항소를 각하할 수 있다(413조). 항소심에서 심리가 시작될 때 당사자는 1심의 변론의 결과를 진술하여야 하는바, 이를 변론의 갱신이라고 한다(407조 2항).

항소심법원은 항소인이 주장하는 특정의 항소이유에 구속되지 않고 소의 적법 여부나 청구의 당부를 전면적으로 재심판한다. 이 점이 상고이유에 국한하여 심판하는 상고심과 다른 점이다. 속심주의 하에서는 제한적으로 새로운 주장·증명이 가능하다. 항소심의 구조에서 본 바와 같이 항소심은 사실심이므로 원심의 소송자료와 항소심에서 제출된 소송자료를 토대로 새롭게 사실인정과 법률판단을 한다.

그런데, 민사소송법 개정(2024. 1. 16. 개정, 2025. 3. 1. 시행)으로 항소심에서도 항소이유서 제도가 도입되고(400조 3항, 402조의2, 402조의3), 민사소송규칙 개정(2025. 1. 23. 개정, 2025. 3. 1. 시행)으로 항소심의 심리가 항소이유를 중심으로 진행되게 되었다.[1169] 상고심 심리에 관한 민사소송법 431조는 '상고이유에 따라'라는 표현을 쓴다.

2. 심판대상

1심법원은 소의 적법여부(본안전 단계)와 소송물의 존부, 즉 청구의 당부(본

1169) 민사소송규칙 제127조의3(항소심의 변론) 항소법원은 항소이유서에 기재된 쟁점을 중심으로 변론이 집중되도록 함으로써 변론이 가능하면 속행되지 않도록 하여야 하고, 당사자는 이에 협력하여야 한다.

민사소송규칙은 위 '중심으로'라는 표현을, 상고심 심리에 관한 민사소송법 431조의 '상고이유에 따라'라는 표현을 쓴다.

안 단계)를 심판한다. 소의 적법 여부를 심판한다는 것은 소의 적법요건, 즉 소송요건이 갖추어져 있는지 여부를 심판한다는 것으로서, 소송요건이 갖추어져 있지 않은 경우에는 소각하판결을 한다. 소송요건이 갖추어진 경우, 즉 소가 적법한 경우에는 이를 전제로 본안, 즉 소송물의 존부를 판단하여 청구를 인용하거나 기각하는 판결을 한다.

항소심법원은 항소의 적법 여부(본안전 단계)와 항소심의 본안인 불복의 당부, 즉 1심판결이 정당한지 여부(본안 단계)를 심판한다(414조, 416조 등). 항소의 적법 여부를 심판한다는 것은 항소의 적법요건, 즉 항소요건이 갖추어져 있는지 여부를 심판한다는 것으로서, 항소요건이 갖추어져 있지 않은 경우에는 항소각하판결을 한다. 항소요건이 갖추어진 경우, 즉 항소가 적법한 경우에는 이를 전제로 본안, 즉 불복의 당부를 판단하여 항소를 인용하거나 기각하는 판결을 한다. 소의 적법 여부가 항소의 본안이 되는 경우가 있다. 1심법원이 소송요건이 구비되었다고 판단하여 청구인용판결을 하였는데, 피고가 소가 각하되어야 된다고 주장하면서 항소하고, 심리결과 소송요건이 흠결된 경우 항소심법원은 항소를 인용하는(1심판결을 취소하고 소를 각하하는) 판결을 하여야 한다.

3. 심판범위

1) 원 칙

항소심의 변론은 항소인의 불복범위에 한한다.

> 제407조(변론의 범위) ① 변론은 당사자가 제1심판결의 변경을 청구하는 한도안에서 한다.

판결도 마찬가지다.

> 제415조(항소를 받아들이는 범위) 제1심판결은 그 불복의 한도안에서 바꿀 수 있다. 다만, 상계에 관한 주장을 인정한 때에는 그러하지 아니하다.

즉, 항소심은 불복범위 내에서만 심판하는 것이 원칙이다. 즉, 항소인의 불복범위가 항소심의 심판범위이다. 이 점은 상고심과 같다.

원고나 피고가 1심판결 전부에 대하여 불복하는 경우도 있지만, 일부에 대하여만 불복하는 경우도 있다. 예컨대, 1,000만 원의 대여금청구 전부를 1심법원이 인용하였는데, 피고가 자신이 1,000만 원이 아니라 400만 원만 책임이 있다고 생각하는 경우 '1심판결 중 400만 원을 초과하여 지급을 명한 부분을 취소한다. 취소부분에 해당하는 원고의 청구를 기각한다'라는 판결을 구할 수 있다. 이러한 경우 항소심은 피고가 취소를 구하는 부분, 즉 600만 원 부분만 심판한다. 이와 같은 불복범위는 소장의 청구취지에 대응하는 항소취지에 기재된다.

불복범위는 항소인이 변론종결 전까지 변경할 수 있다. 불복범위는 항소장 등의 상소취지에 기재하는 것이 일반적이지만, 반드시 서면에 의할 필요는 없다.

심판범위가 아닌 부분은 항소심이 판결할 수 없고 판결하여도 무효가 된다. 다만, 항소심은 심판범위가 아닌 부분에 대하여도 당사자의 신청에 기하여 가집행선고를 할 수 있다.

> 제406조(가집행의 선고) ① 항소법원은 제1심판결 중에 불복신청이 없는 부분에 대하여는 당사자의 신청에 따라 결정으로 가집행의 선고를 할 수 있다.
> ② 제1항의 신청을 기각한 결정에 대하여는 즉시항고를 할 수 있다.

위에서 '원칙'이라고 했던 것은 예외가 있기 때문인바, 부대항소, 항소심에서의 소변경 등, 상계항변 등이 이에 관련되는바, 아래에서 본다.

2) 예 외

가) 부대항소

(1) 의의 및 기능

예컨대, 1,000만 원의 대여금청구에 대하여 1심법원이 400만 원을 인용하고 나머지를 기각하는 판결을 선고하고, 원고가 1심판결 중 패소부분에 불복하여 항소한 경우를 가정한다. 이 경우 항소심의 심판범위는 항소인인 원고의 불복범위인 600만 원 부분에 한정된다. 하지만, 피항소인인 피고는 자신이 패소한 부분인 400만 원 부분을 취소하여 달라는 신청을 할 수 있다. 이와 같이 피항소인이 항소인의 항소에 편승하여 자기에게 유리하게 항소심의 심판범위를 확장시키는 신청을 부대항소라고 한다.

> 제403조(부대항소) 피항소인은 항소권이 소멸된 뒤에도 변론이 종결될 때까지 부대항소(附帶抗訴)를 할 수 있다.

부대항소는 위와 같이 1심판결이 판단한 범위뿐만 아니라 1심판결이 판단한 범위를 넘어서도 가능하다는, 즉 부대항소로서 청구의 추가적 변경이나 반소제기도 할 수 있다는 것이 통설·판례의 입장이다. 통설·판례의 입장을 뒤집어서 말하면 피항소인이 항소심에서 한 청구의 추가적 변경이나 반소제기는 부대항소를 전제로 한다는 것이다.

이와 같이 부대항소는 심판범위를 항소인의 불복범위 이상으로 확대한다. 즉, 불이익변경금지의 원칙을 배제하는 효과를 가진다.

(2) 성 질

부대항소는 상대방의 항소에 종속성을 가진다. 부대항소가 항소에 종속성을 가진다는 것은 항소인의 항소가 취하되거나 각하될 때 부대항소도 실효된다는 것을 의미한다.

> 제404조(부대항소의 종속성) 부대항소는 항소가 취하되거나 부적법하여 각하된 때에는 그 효력을 잃는다. 다만, 항소기간 이내에 한 부대항소는 독립된 항소로 본다.

부대항소는 항소가 아니므로 항소의 이익(불복의 이익)을 필요로 하지 않는다는 비항소설이 통설·판례이다.[1170] 이에 따르면 1심에서 전부승소한 당사자도 부대항소로서 항소심에서 청구의 추가적 변경이나 반소제기를 할 수 있다.

(3) 시 기

부대항소는 1심판결이 선고된 때로부터 항소심 변론종결시까지 할 수 있는바(403조), 항소기간 도과 전후는 묻지 않는다. 따라서 항소기간이 도과되기 이전에는 항소도 부대항소도 가능하다. 항소기간이 도과되기 전에 제기된 부대항소는 항소의 이익이 있는 경우라면 항소에 종속되지 않는다(404조 단서). 이를 독립부대항소라고 한다.

(4) 방 식

부대항소의 방식에는 항소에 관한 규정이 적용된다(405조).[1171] 판례에 의하면 피항소인이 하는 청구의 추가적 변경이나 반소의 제기는 부대항소에 해당하고, 부대항소장을 제출하지 않고 청구취지변경신청서 등을 제출하여도 부대항소를 한 것으로 의제된다.

1170) 대법원 1967. 9. 19. 선고 67다1709 판결, 대법원 1995. 6. 30. 선고 94다58261 판결, 대법원 2003. 9. 26. 선고 2001다68914 판결.

1171) 대법원 2022. 10. 14. 선고 2022다252387 판결(피항소인인 피고가 항소기간이 지난 뒤에 '항소장'과 '항소이유서'를 제출하여 1심판결보다 자신에게 유리한 판결을 구한 경우 피고가 부대항소를 제기한 것으로 봄이 상당하다).

나) 청구의 변경과 반소

(1) 항소심에서의 가능성

청구의 변경에 관한 규정은 항소심에도 준용된다(408조, 262조). 민사소송법은 항소심에서의 반소제기에 관하여 특칙을 두고 있다.

> 제412조(반소의 제기) ① 반소는 상대방의 심급의 이익을 해할 우려가 없는 경우 또는 상대방의 동의를 받은 경우에 제기할 수 있다.
> ② 상대방이 이의를 제기하지 아니하고 반소의 본안에 관하여 변론을 한 때에는 반소제기에 동의한 것으로 본다.

따라서 항소심에서도 원고는 청구의 변경을 할 수 있고, 피고는 반소를 제기할 수 있다. 항소심에서 청구의 변경이나 반소제기가 있는 경우에는 그 역시 항소심의 심판범위에 포함되나, 항소심법원이 이 부분에 대하여 판단할 때는 1심판결의 당부를 판단하는 것이 아니라 1심으로서, 즉 최초로 판단하는 것이다. 방만하게 운영되는 것이 현실이나, 엄격하게 운영하는 것이 바람직하다.

(2) 항소의 이익, 부대항소와의 관련성

(가) 항소인인 원고의 청구의 변경, 피고의 반소제기

원고에게 항소의 이익이 있는 경우 적법하게 항소할 수 있고, 항소의 이익이 있는 원고는 청구의 변경도 할 수 있다.

판례는 원고가 1심에서 전부 승소한 경우 항소의 이익이 없으므로 청구의 확장을 비롯한 추가적 변경을 할 수 없다는 입장이다. 이 경우 항소는 부적법하고, 청구의 변경도 허용되지 않는다. 묵시적 일부청구를 했던 경우와 같이 예외적으로 전부 승소한 원고에게 항소의 이익이 있는 경우는 다르다.[1172)]

1172) 대법원 1997. 10. 24. 선고 96다12276 판결: 가분채권에 대한 이행청구의 소를 제기하면서 그것이 나머지 부분을 유보하고 일부만 청구하는 것이라는 취지를 명시하지 아니한 경우에는 그 확정판결의 기판력은 나머지 부분에까지 미치는 것이어서 별소로써 나머지 부분에 관하여 다시 청구할 수는 없으므로, 일부청구에 관하여 전부 승소한 채권자는 나머지 부분에 관하여 청구를 확장하기 위한 항소가 허용되지 아니한다면 나머지 부분을 소구할 기회를 상실하는 불이익을 입게 되고, 따라서 이러한 경우에는 예외적으로 전부 승소한 판결에 대해서도 나머지 부분에 관하여 청구를 확장하기 위한 항소의 이익을 인정함이 상당하다.

대법원 1994. 6. 28. 선고 94다3063 판결도, 불법행위에 기한 손해배상사건에서 손해3분설의 특수성을 함께 거론하고 있으나, 기본적으로는 묵시적 일부청구였음을 근거로 하고 있다.

위 두 판례의 판시를 종합하면, 청구병합의 경우 항소이익 및 항소심에서의 청구확장의 가능성을 기본적으로 청구별로 따지는 것이 판례의 입장임을 알 수 있다. 지나치게 엄격한 감이 있다.

피고의 반소제기는, 항소심에서의 반소제기에 대하여 원고의 동의가 원칙적 허용요건으로 되어 있는 점 외에는 원고의 청구의 변경에 준한다.

㈏ **피항소인인 원고의 청구의 변경, 피고의 반소제기**

피항소인의 청구의 변경이나 반소제기의 경우 부대항소와의 관계가 문제된다. 즉, 근본적으로 피항소인이 청구의 변경이나 반소제기를 위하여 부대항소를 (제기)하여야 하는지 여부가 문제되고, 만약 이를 긍정하는 경우에는 부대항소를 별도로 혹은 명시적으로 하는 것이 반드시 필요한지 여부, 항소의 이익이 없는 1심의 전부승소자도 청구의 변경이나 반소제기를 할 수 있는지 여부가 문제된다. 한편, 부대항소를 하여야 한다고 보는 것은 결국 항소인이 항소를 취하하면 피항소인의 청구의 변경이나 반소제기는 부대항소가 실효됨으로써 같이 실효되기 때문에 항소심이 판단할 수 없다고 보는 것으로 연결된다.

판례는 항소심 계속 중 피항소인인 원고가 부대항소로서 청구의 확장을 할 수 있다거나,[1173] 피항소인인 원고가 청구의 확장을 하면 부대항소가 있는 것으로 의제된다고 한다.[1174] 또한 부대항소의 성격에 관하여 비항소설에 입각하여 1심에서 전부 승소한 피항소인도 추가적 변경을 할 수 있다고 한다.[1175]

1173) 대법원 2003. 9. 26. 선고 2001다68914 판결: 원고의 청구가 모두 인용된 제1심판결에 대하여 피고가 지연손해금 부분에 대하여만 항소를 제기하고, 원금 부분에 대하여는 항소를 제기하지 아니하였다고 하더라도 제1심에서 <u>전부 승소한 원고가 항소심 계속중 부대항소로서 청구취지를 확장할 수 있는 것이므로,</u> 항소심이 원고의 부대항소를 받아들여 제1심판결의 인용금액을 초과하여 원고 청구를 인용하였더라도 거기에 불이익변경금지의 원칙이나 항소심의 심판범위에 관한 법리오해의 위법이 없다.

1174) 대법원 1980. 7. 22. 선고 80다982 판결: <u>피고만이 항소를 한 경우에도, 상대방이 항소심에서 청구취지의 확장을 한 경우엔 부대항소가 있는 것으로 의제된다</u> 할 것이므로[,] 이 청구취지의 확장에 따라 제1심보다 항소심의 인용액이 늘어났다고 하여서 불이익변경금지 원칙에 어긋난다고 볼 수 없[다.]

대법원 1967. 9. 19. 선고 67다1709 판결, 대법원 1980. 7. 22. 선고 80다982 판결, 대법원 1993. 4. 27. 선고 92다47878 판결, 대법원 1995. 6. 30. 선고 94다58261 판결 등 참조. "부대항소를 한 것으로 의제된다"는 표현이 더 일반적이나, 결국 같은 취지이다.

1175) 대법원 1992. 12. 8. 선고 91다43015 판결, 대법원 1979. 8. 31. 선고 79다892 판결(원고가 제1심에서 금원의 수령과 동시에 소유권이전등기의 말소를 구하여 승소판결을 받았는데 이에 대하여 피고만이 항소를 제기한 경우 항소심에서 원고가 금원 수령과의 동시이행부분을 철회한 것을 부대항소로 보아 등기말소 청구만을 인용하는 변경 판결을 한 것은 불이익변경금지의 원칙에 위배되지 아니한다), 대법원 2003. 9. 26. 선고 2001다68914 판결(원고의 청구가 모두 인용된 제1심판결에 대하여 피고가 지연손해금 부분에 대하여만 항소를 제기하고, 원금 부분에 대하여는 항소를 제기하지 아니하였다고 하더라도 제1심에서 전부 승소한 원고가 항소심 계속중 부대항소로서 청구취지를 확장할 수 있는 것이므로, 항소심이 원고의 부대항소

결국 판례는 피항소인의 청구의 확장을 포함한 추가적 변경을 위하여는 부대항소의 제기가 필요하지만,[1176] 별도로 혹은 명시적으로 부대항소를 하지 않아도 부대항소가 있는 것으로 의제된다고 보고 있는 것이다. 통설도 판례의 입장에 찬성한다. 별도로 부대항소를 하지 않는 것이 실무이다. 이에 대하여 항소심에서 피항소인이 하는 청구취지 확장 등의 허용근거를 명확하게 하기 위하여 부대항소를 별도로 하게 하여야 한다는 소수견해가 있다.

통설·판례 및 위 반대견해는 피항소인의 청구의 추가적 변경에 부대항소의 제기가 필요하다는 입장을 전제로 한다는 점에서 공통된다. 따라서 통설·판례 및 위 반대견해는 항소가 취하·각하되는 경우 피항소인의 청구의 추가적 변경이나 반소가 실효된다는 결론에 이르게 될 것이다.

과거 판례는 피항소인의 청구의 변경은 부대항소와 무관하다고 보았었다.[1177]

> 대법원 1963. 1. 24. 선고 62다801 판결[1178]
> 민사소송법 제378조[1179]에 의하면, 제1심의 소송절차중 소의 제기에 관한 규정은 특별한 규정이 없으면 [항]소심의 소송절차에 이를 준용한다고 규정하고 있으며, [항]소심에 있어서의 청구 또는 청구원인의 변경에 관하여 특별한 규정이 없으므로, 제1심의 이에 관한 민사소송법 제235조[1180]의 규정은 당연히 [항]소심에 있어서의 청구변경에 준용된다 할 것이요, 따라서, 원고는 피고의 [항]소에 대한 부대[항]소의 제기에 의하지 아니하고 청구를 확장할수 있다 할것이니」, 이와 반대의 견해를 가지고 원고의 [항]소심에 있어서의 청구의 변경(확장)을 비난하는 논지는 이유없다.

이상의 추가적 변경의 경우와 달리, 교환적 변경의 경우, 판례는 부대항소 관련 문제는 전혀 제기되지 않는다고 본다.[1181] 판례의 입장에 대하여 비판적

를 받아들여 제1심판결의 인용금액을 초과하여 원고 청구를 인용하였더라도 거기에 불이익변경금지의 원칙이나 항소심의 심판범위에 관한 법리오해의 위법이 없다) 등.

1176) 다만, 추가적 변경에 관한 판례들은 청구의 확장에 관한 것들이지만, 별개의 청구를 추가하는 경우도 마찬가지의 입장을 취할 것이다.

1177) 일본에서는 위 전제되는 명제에 반대하여 항소심에서의 청구변경은 부대항소와 무관하다는 견해도 유력하게 주장되고 있다.

1178) 대법원 1969. 10. 28. 선고 68다158 판결도 같은 취지이다.

1179) 현행법 408조.

1180) 현행법 262조.

1181) 대법원 1995. 1. 24. 선고 93다25875 판결(원고의 청구를 인용한 1심판결에 대하여 피고만 항소하였고, 항소심에서 원고가 교환적 변경을 한 이후 피고가 항소취하를 한 사안에서, 교환적 변경이 적법하게 이루어졌다면 구청구에 대한 1심판결은 실효되고, 항소심은 신청구에 대하여 사실상 1심으로서 심판하는 것이므로 피고의 항소취하는 그 대상이 없어 아무런 효력이

인 견해도 있다.[1182)]

피고의 반소제기는 원고의 청구의 변경에 준한다.

다) 상계항변

상계항변이 항소심에서 처음 판단되어 415조 단서가 적용되는 경우에도 항소심의 심판범위가 불복범위와 달라지는바, 상세는 아래에서 불이익변경금지의 원칙을 다룰 때 본다.

발생할 수 없다고 판시).

1182) 임호영, 항소심에서 청구의 교환적 변경이 이루어진 뒤에 한 항소취하의 효력, 재판과 판례 7집, 대구판례연구회(1998), 505면 이하, 511~513면. 이 견해는 위 93다25875 판결의 결론은 소송경제의 면에서 수긍 가는 점이 있지만 항소취하의 자유, 부대항소의 종속성 등과 부합하지 않는다고 한다.

제65강 항소심의 판결

1. 일반론

1) 개 요

항소심에서 부대항소나 청구변경이 없는 일반적인 경우 항소심법원은 다음과 같이 판결한다.

항소심법원은 항소요건이 갖추어지지 않은 경우에는 항소각하판결을 한다. 1심 또는 항소심 재판장이 하는 항소장각하명령은 그 예외이다.[1183]

항소요건이 갖추어진 경우 항소심법원은 본안판결을 하고, 본안판결에는 항소기각판결과 항소인용판결이 있는바, 원칙적으로, 심판범위 내에서 소에 대하여 전면적으로 재심판한 다음[1184] 그 결론을 1심판결의 결론과 대조하여, 일치하는 경우에는 항소기각판결을, 일치하지 않는 경우에는 항소인용판결을 한다.

항소기각판결의 주문은 '이 사건 항소를 기각한다'이다. 항소심법원이 항소인용판결을 하는 경우 일단 1심판결을 취소한 다음 ① 자판(심판범위 내의 소에 대하여 항소심법원이 스스로 소각하, 청구인용 또는 청구기각의 판결을 하는 것을 말한다), ② 환송(1심법원으로 돌려보내는 것을 말한다), ③ 이송(관할권이 있는 법원으로 이송하는 것을 말한다) 중 하나의 조치를 취한다. 이 중 자판이 가장 일반적인바, 1심법원의 청구인용판결에 대한 피고의 항소를 인용하는 경우 항소인용판결의 주문은 '제1심판결을 취소한다. 원고의 청구를 기각한다'가 된다. '피고의 항소를 인용한다'와 같은 주문은 존재하지 않는다.

아래에서 항소기각판결과 항소인용판결에 대하여 자세히 본다.

1183) 민사소송법 개정(2024. 1. 16. 개정, 2025. 3. 1. 시행)으로 항소심에서도 항소이유서의 제출이 강제되고, 항소이유서를 제출하지 않으면 항소가 결정으로 각하되게 된다.

1184) 민사소송법 개정(2024. 1. 16. 개정, 2025. 3. 1. 시행)과 민사소송규칙 개정(2025. 1. 23. 개정, 2025. 3. 1. 시행)으로 항소이유서 제출이 강제되고, 항소심의 심리가 항소이유를 중심으로 진행되게 되었다.

2) 항소기각판결

항소를 기각할지 인용할지 여부는 1심판결이 정당한지 여부에 달려 있다.

> 제414조(항소기각) ① 항소법원은 제1심판결을 정당하다고 인정한 때에는 항소를 기각하여야 한다.
> ② 제1심판결의 이유가 정당하지 아니한 경우에도 다른 이유에 따라 그 판결이 정당하다고 인정되는 때에는 항소를 기각하여야 한다.

위 2항의 내용을 보면 알 수 있듯이 1심판결의 정당성은 결론을 기준으로 판단한다. 결론은 통상 주문을 의미한다. 예컨대, 대여금청구사건에서 변제항변이 인용되어 1심법원이 청구기각판결을 하고 원고가 항소하였는데, 항소심 심리결과 변제항변은 이유 없으나 소멸시효항변이 이유 있는 경우 청구기각이라는 결론은 1심판결과 항소심법원의 판단이 동일하므로 항소심법원은 항소를 기각하여야 한다.

다만, 상계항변이 관련된 경우는 예외로서 결론은 상계항변의 기판력까지 포함한다. 상세는 후술한다.

또한 후술하는 바와 같이 결론이 정당해도 항소를 기각할 수 없는 경우가 있다.

3) 항소인용판결: 원판결의 취소와 자판·환송·이송

항소인용판결은 공통적으로 1심판결을 취소하는 부분을 포함한다. 위에서 본 바와 같이 1심판결이 정당하지 않은 경우, 즉 1심판결의 결론이 정당하지 아니한 경우, 그 정당하지 않은 1심판결을 없애기 위하여 항소심법원은 1심판결을 취소하여야 한다.

> 제416조(제1심판결의 취소) 항소법원은 제1심판결을 정당하지 아니하다고 인정한 때에는 취소하여야 한다.

그리고 항소심법원은 스스로 1심판결에 갈음하는 판결을 한다. 이를 자판이라고 한다. 항소심에서는 자판이 원칙인바, 환송이 원칙인 상고심과 대비된다.

결론이 정당하여도 1심판결을 취소하여야 하는 예외가 있다.

> 제417조(판결절차의 위법으로 말미암은 취소) 제1심판결의 절차가 법률에 어긋날 때에 항

소법원은 제1심판결을 취소하여야 한다.

위 조문에서 말하는 '판결의 절차가 법률에 어긋날 때'는 판결의 성립과정에 관한 규정[1185] 위반이 있는 경우를 말한다. 결론이 정당하므로 항소심법원은 결국은 같은 내용의 판결을 다시 하게 된다.

1심판결을 취소하고 자판하는 경우의 기본적인 주문례는 다음과 같다.

1심판결의 내용	항소인	항소심판결의 주문
청구 전부 인용	피고	제1심판결을 취소한다. 원고의 청구를 기각한다.
청구 전부 기각	원고	제1심판결을 취소한다. 피고는 원고에게 1,000만 원을 지급하라.
청구 일부 인용, 일부 기각	피고	제1심판결 중 피고 패소부분을 취소한다. 위 취소부분에 대한 원고의 청구를 기각한다.
청구 일부 인용, 일부 기각	원고	제1심판결 중 원고 패소부분을 취소한다. 피고는 원고에게 500만 원을 지급하라.

지금까지 항소를 인용하는 방법으로는 1심판결을 취소하는 방식만을 보았으나, 1심판결을 변경하는 방식으로도 항소인용판결을 할 수 있다. 취소판결은 민사소송법의 조문내용에 부합하고, 집행범위를 명확히 하는 장점이 있으나 경우에 따라 판결주문의 내용이 복잡해지는 단점이 있다. 변경판결의 장단점은 위와 정반대이다.

항소심법원이 자판이 아닌 환송이나 이송을 하는 경우도 있다. 우선, 1심이 소각하판결을 하였으나 잘못된 것인 경우 민사소송법 418조가 적용된다.

제418조(필수적 환송) 소가 부적법하다고 각하한 제1심판결을 취소하는 경우에는 항소법원은 사건을 제1심 법원에 환송(還送)하여야 한다. 다만, 제1심에서 본안판결을 할 수 있을 정도로 심리가 된 경우, 또는 당사자의 동의가 있는 경우에는 항소법원은 스스로 본안판결을 할 수 있다.

위 조문의 요건을 갖추지 않은 경우에도 항소심법원이 환송할 수 있는지 여부에 대하여는 견해가 대립하고 있으나 부정설이 다수설이다. 판례는 1심판

1185) 204, 205, 206, 208조 등.

결을 취소하는 경우 반드시 사건을 1심으로 환송하여야 하는 것은 아니라고 한다.[1186)]

전속관할위반의 경우 항소심법원은 반드시 사건을 관할권이 있는 법원으로 이송하여야 한다.

> 제419조(관할위반으로 말미암은 이송) 관할위반을 이유로 제1심판결을 취소한 때에는 항소법원은 판결로 사건을 관할법원에 이송하여야 한다.

임의관할위반은 항소심에서 주장할 수 없다(411조).

2. 불이익변경금지의 원칙

1) 의 의

항소심법원은 당사자의 불복범위(항소와 부대항소) 내에서만 1심판결을 변경(취소·변경)할 수 있고, 1심판결 중 불복이 없는 부분은 이익으로도 불이익으로도 변경할 수 없다. 이를 불이익변경금지의 원칙이라고 한다.[1187)]

> 제415조(항소를 받아들이는 범위) 제1심판결은 그 불복의 한도안에서 바꿀 수 있다. 다만, 상계에 관한 주장을 인정한 때에는 그러하지 아니하다.

위 개념정의에서 알 수 있듯이 불이익변경금지의 원칙은 불이익한 변경의 금지뿐만 아니라 이익이 되는 변경의 금지도 포함한다. 예컨대, 3,000만 원의 대여금청구사건에서 1심법원이 1,000만 원을 인용하고, 2,000만 원을 기각하고, 원고만이 패소한 2,000만 원 중 1,000만 원에 대하여 불복하여 항소하고 피고는 항소도 부대항소도 하지 않은 경우, 항소심은 전체적으로 고찰하면 총 3,000만 원 중 1,000만 원부터(초과) 2,000만 원(이하)까지의 구간 안에서만 1심판결을 변경할 수 있다. 0원부터 1,000만 원까지(이하)와 2,000만 원(초과)부터 3,000만 원까지의 각 구간에 대하여는 항소인인 원고의 불복범위가 아니고, 피항소인인 피고가 항소는 물론 부대항소도 제기하지도 않았기 때문에 피고의 불복범위도 아니기 때문이다.

따라서, 심리결과 항소심법원이 대여금액수가 500만 원이라고 판단한 경우

1186) 대법원 2013. 8. 23. 선고 2013다28971 판결, 대법원 2020. 12. 10. 선고 2020다255085 판결.
1187) 대법원 1983. 12. 27. 선고 83다카1503 판결.

1심판결의 원고 승소 부분 중 500만 원을 취소하여 이 부분 청구를 기각하는 것은 항소인에게 불이익한 변경으로서 불가능하므로, 결국 항소심법원은 항소를 기각할 수밖에 없다. 반대로 항소심법원이 대여금액수가 2,500만 원이라고 판단한 경우 1심판결 중 원고 패소 부분 2,000만 원 중 1,500만 원을 취소하여 이 부분 청구를 인용하는 것은 항소인의 불복범위를 넘는 변경 즉, 구하지도 않은 이익을 주는 변경으로서 역시 불가능하므로, 결국 항소심법원은 원고 패소 부분 중 1,000만 원만 취소하고 이 부분 청구만을 인용할 수밖에 없다.

2) 이익과 불이익의 판단기준: 주문과 이유

불이익변경금지의 원칙의 적용에 있어서 이익과 불이익의 판단은 판결의 결론, 즉 주문을 기준으로 한다. 판결의 이유를 변경하는 것은 불이익변경금지의 원칙과 아무런 상관이 없다. 따라서 대여금청구사건의 1심법원이 대여금채권이 애초에 발생하지 않았다는 이유로 청구기각판결을 선고하여 원고가 항소한 경우, 항소심법원이 대여금채권은 발생하였으나 변제로 소멸하였다고 인정하여 항소기각판결을 하였다면 불이익변경금지원칙의 위반은 전혀 문제되지 않는다. 청구가 병합된 경우 불이익변경금지의 원칙은 청구별로 적용되므로, 불이익변금지에 해당하는지 여부는 청구별로 판단하여야 하고 청구들 전체의 합산금액 등을 기준으로 판단하면 안 된다.[1188]

다만, 상계항변이 관련되는 경우는 예외이다. 판결의 결론을 기준으로 한다는 것은 궁극적으로 기판력 등 판결의 효력을 기준으로 한다는 의미인바, 통상적으로 기판력 등은 주문에 포함된 것에 발생하므로, 판결의 결론은 판결의 주문만에 의하여 판단된다.[1189] 하지만, 상계항변은 이유 중에 있는 것이지만 기

1188) 재산적 손해배상과 위자료에 관한 것으로 대법원 1980. 7. 8. 선고 80다1192 판결, 대법원 1990. 6. 22. 선고 89다카27901 판결 등이 있고, 원금과 지연손해금에 관한 것으로 대법원 2009. 6. 11. 선고 2009다12399 판결, 대법원 2013. 10. 31. 선고 2013다59050 판결(청구이의) 등이 있다.

1189) 동시이행판결과 관련하여 유의할 판례로는 대법원 2005. 8. 19. 선고 2004다8197, 8203 판결(불이익하게 변경된 것인지 여부는 기판력의 범위를 기준으로 하나, 동시이행판결에 있어서는, 반대급부이행청구에 관하여 기판력이 생기지 않지만, 원고가 반대급부를 제공하지 아니하고는 집행을 할 수 없으므로 원고만 항소한 경우 반대급부의 내용이 원고에게 불리하게 변경된 경우에는 불이익변경금지 원칙에 반하게 된다), 대법원 2022. 8. 25. 선고 2022다211928 판결(일방 당사자의 금전채권에 기한 동시이행 주장을 받아들인 판결에 대하여 동시이행 주장을 한 당사자만 항소한 경우, 항소심이 제1심판결에서 인정된 금전채권에 기한 동시이행

판력이 인정되므로, 판결의 결론을 판단할 때에는 이유 중에 있는 상계항변의 기판력까지 고려하여야 한다. 상세는 후술한다.

3) 소각하판결에 대하여 원고만이 항소한 경우

1심법원이 소각하판결을 하고 원고만 항소하였는데, 심리결과 소는 적법하지만 청구가 기각되어야 한다고 판단되는 경우 항소심법원은 어떻게 판결하여야 하는지에 관하여, 항소를 기각하여야 한다는, 즉 소각하판결을 유지하여야 한다는 견해, 항소심법원은 1심판결을 취소하여 환송하여야 하고, 1심법원이 청구기각을 하여야 한다는 견해, 항소심법원이 1심판결을 취소하여 자판으로 청구기각판결을 하여야 한다는 견해, 민사소송법 418조에 따라 원칙적으로 1심판결을 취소하여 환송하여야 하지만 같은 조 단서의 요건이 충족되면 예외적으로 청구기각판결을 할 수도 있다는 견해가 대립하고 있다.

위와 같은 대립은 항소인인 원고에게 소각하판결과 청구기각판결 중 어느 쪽이 유리하다고 볼 것인지에 대한 시각차에서 발생하고, 또한 418조와 불이익변경금지의 원칙에 관한 규정 중 어느 쪽을 우선시킬 것인가 하는 점에도 관련되어 있다. 항소를 기각하여야 한다는 견해는 소각하판결이 더 유리한 판결이므로 이를 유지하여야 한다는 입장이고, 나머지 견해들은 궁극적으로 원고의 청구가 기각되어야 한다는 입장이다.

판례는 항소를 기각하여야 한다는 견해를 취하고 있다.

> 대법원 1983. 12. 27. 선고 82누491 판결[1190]
> 원고는 위 유니레버사의 위 기술도입계약의 해지통고는 무효이고 따라서 그 유효임을 전제로 한 피고의 이 사건 처분으로 인하여 그 이익이 침해되었음을 이유로 이 사건 처분의 취소를 구하는 터이므로 이를 구할 법률상 이익이 있다고 할 것인데도 불구하고 그 이익이 없다고 한 원심의 판단은 잘못이라 할 것이나 앞에서 본 바와 같이 이 사건 청구가 이유 없는 바에야 원고만이 불복 상고한 이 사건에 있어 원심의 소 각하 판결을 파기하여 청구를 기각함은 원고에게 불이익한 결과가 되므로 원심판결을 유지하기로 한다.

주장을 공제 또는 상계 주장으로 바꾸어 인정하면서 그 금전채권의 내용을 항소인에게 불리하게 변경하는 것은 불이익변경금지 원칙에 반한다), 대법원 2024. 6. 13. 선고 2024다231391 판결(반대의무 이행 또는 이행제공은 집행개시의 요건으로서 집행에 관한 이의신청의 사유이고, 반대의무의 불이행 등은 청구이의의 사유가 될 수 없다)이 있다.

1190) 대법원 2019. 1. 17. 선고 2018다24349 판결도 같은 취지이다.

4) 불이익변경금지의 원칙의 예외

불이익변경금지의 원칙은 직권조사사항,[1191] 직권탐지주의가 적용되는 절차에는 적용이 없고, 법원이 직권으로 하는 소송비용부담의 재판이나 가집행선고에 대하여도 적용이 없다.

실질상 비송사건인 형식적 형성소송에도 불이익변경금지의 원칙이 적용되지 않는다. 예비적·선택적 공동소송과 독립당사자참가소송의 경우 합일확정의 필요성 때문에 불이익변경금지의 원칙이 적용되지 않을 수 있다.

불이익변경금지의 원칙과 관련하여 가장 문제되는 것은 상계항변이다. 항을 달리하여 본다.

5) 상계항변과 불이익변경금지

가) 상계항변의 기판력 관련

우선 상계항변이 있는 경우에는 판결의 결과를 판단할 때 상계항변의 기판력까지 고려하여야 하기 때문에 다음과 같은 3가지 점에서 일반적인 경우와 차이가 생긴다.

① 일반적인 경우에는 항소심법원은, 자신의 결론(주문)이 이유는 다르나 1심의 결론(주문)과 같으면 항소를 기각하지만, 상계항변이 관련되면 사정이 달라질 수 있다. 예컨대, 대여금청구사건에서 피고가 대여사실을 부인하고 예비적으로 상계항변을 하였는데, 1심법원이 피고의 예비적 상계항변을 받아들여 청구기각판결을 하자, 피고가 항소하고, 항소심법원이 대여사실이 인정되지 않는다고 판단하는 경우, 항소심법원은 1심판결을 취소하고 새로운 이유를 들어, 즉 대여사실이 인정되지 않는다는 이유로 청구기각판결을 하여야 한다.

이유는 다음과 같다. 위 사안에서 판결의 결론을 비교할 때 상계항변의 기판력까지 고려하여야 하므로, 1심판결의 결론과 항소심법원의 결론(항소심법원이 내리고자 하는 결론)에는 차이가 있는 것이다. 따라서 불이익변경금지의 원칙만

1191) 대법원 1995. 7. 25. 선고 95다14817 판결([불이익변경금지의 원칙은] 법원이 당사자의 신청과는 관계없이 직권으로 조사하여야 할 사항에는 그 적용이 없는 것이므로, 항소심이 원고들이 불복하지 않은 청구에 대하여도 확인의 이익의 유무를 조사하여 원고들의 청구를 각하한 조치는 정당하[다]).

위배되지 않는다면 항소를 인용하여야 한다. 또한 1심판결에 의하면 항소인인 피고가 자동채권을 행사하는 것이 기판력에 의하여 저지되지만, 항소심법원의 결론에 의하면 그렇지 않으므로, 후자가 항소인에게 더 유리하여 불이익변경금지의 원칙도 문제되지 않는다.

② 일반적인 경우 이유의 변경은 불이익변경금지의 원칙과 상관없으므로 항소심법원은 항소를 기각하면서 이유를 변경할 수 있으나, 상계항변이 관련되면 사정이 달라질 수 있다. 예컨대, 대여금청구사건에서 1심법원이 예비적 상계항변을 받아들여 청구기각판결을 하고 원고가 항소하였는데, 항소심법원이 대여사실이 인정되지 않아 청구기각판결을 하여야 하는 것으로 판단하는 경우, 항소심법원은 1심과 같은 이유를 들어 항소를 기각하여야 한다.[1192]

이유는 다음과 같다. 상계항변의 기판력까지 고려하면 1심판결의 결론과 항소심법원이 내리고자 하는 결론은 다른 것이나, 위 ①과 달리 이번에는 1심판결의 결론이 항소인인 원고에게 더 유리한 것이기 때문에 1심판결을 취소하는 것은 불이익변경금지의 원칙에 반한다. 통상 항소를 기각할 때 이유를 변경할 수 있으나, 위 사안에서는 이유를 변경하는 것이 항소인인 원고에게 불리하여 불이익변경금지의 원칙에 반하므로 할 수 없다.

③ 특히 상계항변이 배척된 경우에는 배척된 사유에 따라서 기판력 발생 여부가 달라지기 때문에 유의하여야 한다.[1193]

나) 민사소송법 415조 단서

예컨대, 1,000만 원의 대여금청구사건에서 피고가 1,000만 원 모두 변제하였다고 항변하였으나 400만 원만 변제한 것으로 인정되어 1심법원이 600만 원을 인용하고 나머지는 기각하자 원고만 항소하였는데, 피고가 추가로 1,000만 원을 자동채권으로 삼아 상계항변을 하였고, 항소심법원이 변제항변은 모두 이유 없지만 상계항변이 이유 있다고 판단하는 경우, 항소심법원은 어떻게 판단하여야 할까?

우선 항소인인 원고의 불복범위인 400만 원 부분은 당연히 항소심법원의

1192) 이시윤, 신민사소송법(제12판), 박영사(2018), 886면.

1193) 대법원 1975. 10. 21. 선고 75다48 판결: 상계항변에서 들고 나온 자동채권을 부정하여 그 항변을 배척하는 것과 그 자동채권의 성립은 인정되나 성질상 상계를 허용할 수 없다 하여 상계항변을 배척하는 것은 얼핏 보아 그 형식 면에서는 같을지라도 전자의 경우엔 기판력이 있다 할 것이므로 [] 위 양자는 판결의 효력이 다르[다.]

심판대상이 된다. 위 사안에서 항소심법원은 상계의 기판력까지 고려하여야 하는데, 1심판결의 결론과 항소심법원의 결론이 다르고, 후자가 항소인인 원고에게 유리하므로, 1심판결을 취소하고, 상계항변을 받아들여 원고의 청구를 기각하여야 한다.

600만 원 부분은 항소인인 원고의 불복범위가 아니므로 원칙적으로 항소심법원의 심판대상이 아니다. 그러나 민사소송법 415조 단서라는 예외가 있다.

> 제415조(항소를 받아들이는 범위) 제1심판결은 그 불복의 한도안에서 바꿀 수 있다. 다만, 상계에 관한 주장을 인정한 때에는 그러하지 아니하다.

'상계에 관한 주장을 인정한 때'는 항소심에서 비로소 상계항변이 인용된 경우를 의미한다. 위 사안은 이에 해당하기 때문에 600만 원 부분은 항소심의 심판대상이 된다. 1심법원의 결론은 청구인용이나 항소심법원의 결론은 청구기각이므로 결론이 다른데다가, 불이익변경금지의 원칙도 적용되지 않기 때문에, 항소심법원은 이 부분 1심판결을 취소하고 상계항변을 받아들여 원고의 청구를 기각하여야 한다. 결국 전체적으로 항소심법원 1심판결 전부를 취소하고, 상계항변을 받아들여 원고의 청구 전부를 기각하여야 한다.

또, 위 415조 단서에 의하여 불이익변경금지의 원칙의 예외가 인정되는 것은 청구가 기각되는 원고의 불이익이 자동채권이 소멸되는 피고의 불이익에 의하여 상쇄되기 때문이다. 즉, 위 415조 단서는 상계항변의 출혈성, 이에 따라 상계항변이 실질적으로 독립된 별개의 청구로서의 성질을 갖는다는 점을 근거로 한 것이고, 따라서 이러한 경우에만 적용된다.[1194]

따라서 위와 같은 사안에서 원고는 항소하지 않고 피고만 항소하고, 피고가 항소심에서 예비적으로 자동채권 1,000만 원에 기하여 상계항변을 추가하였는데, 항소심법원이 1심법원과 달리 변제항변은 모두 이유가 없지만, 상계항변은 이유 있다고 판단하는 경우, 우선 항소인인 피고의 불복범위인 600만 원(청구인용) 부분은 피고의 상계항변을 인용하여 1심판결을 취소하여야 한다. 400만 원(청구기각) 부분은 불복범위가 아니므로 심판할 수 없을 뿐만 아니라, 이 부분을 심판하여 상계항변을 인용하여 원고의 청구를 기각하는 것은 항소인인 피고에게 불이익하고 이러한 불이익을 상쇄할 원고의 불이익도 없으므로 불이익변

1194) 주석 민사소송법(7판)(Ⅲ), 208~209면 참조.

경금지의 원칙의 예외를 인정할 여지도 없다. 결국 항소심법원은 피고의 항소를 인용하면 된다(피고 패소부분 취소 및 그 부분 원고 청구 기각).

3. 청구변경이 있는 경우

항소심에서 청구의 추가적 변경이 있는 경우, 즉 가분적 단일청구의 청구취지가 확장되거나 새로운 청구가 추가되는 경우 그 부분도 항소심의 심판대상이 된다. 항소심은 추가된 부분에 대하여는 실질상 1심으로서, 즉 처음으로 판단한다. 반소가 제기된 경우도 마찬가지다. 이러한 경우 항소심법원은 1심판결에 대한 항소에 대한 판단과 함께 추가된 청구에 대한 판단을 함께 하여야 한다.

예컨대, 1,000만 원의 대여금청구사건의 1심에서 청구가 전부 인용되어 피고가 항소하였는데, 원고가 청구금액을 2,000만 원으로 확장한 경우, 항소심이 2,000만 원 전부를 인용하고자 하면, 주문은 '피고의 항소를 기각한다. 당심에서의 청구취지 확장에 따라 피고는 원고에게 1,000만 원을 지급하라'가 된다.[1195] 반대로 위의 예에서 항소심이 2,000만 원을 모두 기각하고자 하는 경우, 주문은 '제1심판결을 취소한다. 원고의 청구(당심에서 확장된 부분 포함)를 모두 기각한다'가 된다.

다만, 앞서 본 바와 같이 피항소인이 추가적 청구변경을 하는 경우 판례는 이를 부대항소로 본다. 이는 항소취하 등의 경우 추가적 청구변경이 실효한다는 취지이다. 피항소인이 반소제기를 한 경우도 같다. 항소인이 한 추가적 변경은 부대항소가 아니므로 항소취하 등의 영향을 받지 않는다.

항소심에서 교환적 변경이 있으면 1심판결은 실효하고 새로운 청구만이 항소심의 심판대상이 된다.[1196][1197] 이미 실효된 판결에 대하여는 법원은 항소를 기각하거나 인용할 수 없으며, 하여도 무효이고, 항소인 역시 항소취하를 할 수 없고, 하여도 무효이다. 판례에 의하면 교환적 변경의 새로운 청구는 피항소인

1195) 변경주문례를 이용하여 '당심에서 확장된 청구를 포함하여 제1심판결을 다음과 같이 변경한다. 피고는 원고에게 2,000만 원을 지급하라'는 주문을 낼 때도 있다.

1196) 대법원 1980. 11. 11. 선고 80다1182 판결(항소심에서 청구가 교환적으로 변경된 경우에는 구 청구는 취하되고 신 청구가 심판의 대상이 되는 것이므로 원심판결이 그 주문에서 이미 취하된 구 청구를 인용한 제1심 판결을 취소하였음은 잘못이다).

1197) 실무에서는 청구취지나 주문 등에 청구변경이 있었다는 취지를 적절한 방법으로 기재한다.

인 원고가 이를 한 경우에도 부대항소로 취급되지도 않는다.[1198]

4. 판결 이외의 종료 사유

1) 소취하 등

항소심에서도 소취하, 청구의 포기·인낙, 화해가 가능하다. 아래에서 항소의 취하에 관하여 자세히 본다.

2) 항소의 취하

가) 의 의

소의 취하에 대응하는 것이 항소의 취하이다. 둘다 법원에 대한 소송행위이고, 소의 취하는 소의 제기 자체를, 항소의 취하는 항소의 제기 자체를 각 철회하는 행위이다. 항소를 취하하면 1심판결이 확정되고, 소를 취하하면 1심판결이 실효된다.

1,000만 원의 대여금을 청구한 원고가 500만 원만 1심에서 인용받아 항소하여 항소심절차 진행 중 500만 원에 만족하고자 하는 경우에는 항소를 취하하면 된다. 잘못하여 소취하서를 제출하면 500만 원을 인용한 1심판결이 실효되고, 재소금지 때문에 다시 제소하지 못한다. 착오로 인한 소취하의 취소 등도 허용되지 않는데, 당사자가 항소를 취하하라고 했는데, 변호사나 혹은 사무직원이 착오로 소취하서를 제출한 경우가 그 예이다.

항소심에서 당사자 쌍방이 불출석하는 경우 소의 취하가 아니라 항소의 취하가 간주된다(268조 4항).

나) 요건 등

항소의 취하는 소의 취하와 달리 상대방의 동의를 필요로 하지 않는다. 방식에 관하여는 소의 취하에 관한 민사소송법 266조 3항 내지 5항이 준용된다. 따라서 항소의 취하는 서면 또는 변론기일에서 구두로 할 수 있다. 조건부 항소취하는 허용되지 않는다.[1199]

항소의 취하는 항소제기 후 항소심판결선고시까지 할 수 있다(393조 1항).[1200]

1198) 제74강의 4. 3) 중 나) (2) 및 라) 참조.
1199) 대법원 1967. 10. 31. 선고 67다204 판결.

상소불가분의 원칙 때문에 일부 취하는 허용되지 않는다. 실무상 항소취지를 감축하는 것은 항소의 일부 취하가 아니라 불복범위의 감축이고, 따라서 항소인은 항소심변론종결시까지 다시 불복범위를 확장할 수 있다.[1201]

다) 효 과

항소의 취하로 항소는 소급적으로 실효하여 항소심절차는 종료하고, 1심판결은 항소기간 만료시에 소급하여 확정된다.[1202] 항소를 취하하는 항소인은 1심판결을 확정시키고 항소심절차를 종료시킴으로써 소송을 전체적으로 마무리하려는 기대를 갖는 것이 일반적이다. 상대방, 즉 피항소인이 부대항소를 한 경우, 위 기대에는 부대항소가 항소취하에 의하여 실효하리라는 기대까지 포함된다. 그러나 앞서 본 바와 같이 통설·판례에 따르면 항소인이 한 추가적 변경과 반소는 부대항소로서 한 것이 아니므로 항소취하에 의하여 아무런 영향을 받지 않고, 교환적 변경은 피항소인이 한 경우에도 부대항소와 무관하므로 위와 같은 기대는 달성되지 않는다. 따라서 이와 같은 경우에도 당사자가 위와 같은 기대를 달성하기 위하여는 소취하나 화해 등 다른 수단을 강구하여야 한다.

항소를 취하하였어도 항소기간이 남아있다면 다시 항소할 수 있다.[1203] 이는 항소권의 포기와 다른 점이다. 잘못된 항소취하를 다투는 방법은 소취하의 경우와 같다.

라) 항소취하의 합의

당사자는 항소를 취하하기로 하는 합의를 할 수 있다. 명문의 규정이 없기 때문에 그 성질은 소송상 합의 중 사법계약에 해당한다. 항소취하의 합의가 있었음에도 불구하고 항소인이 항소를 취하하지 않는 경우 피항소인이 항소취하

1200) 대법원 1995. 3. 10. 선고 94다51543 판결(항소심의 종국판결이 [] 상고심에서 파기되어 사건이 다시 항소심에 환송된 경우에는 먼저 있은 종국판결은 그 효력을 잃고 그 종국판결이 없었던 것과 같은 상태로 돌아가게 되므로 새로운 종국판결이 있기까지는 항소인은 피항소인이 부대항소를 제기하였는지 여부에 관계 없이 항소를 취하할 수 있다).

1201) 대법원 2017. 1. 12. 선고 2016다241249 판결(항소의 취하는 항소의 전부에 대하여 하여야 하고 항소의 일부 취하는 효력이 없으므로 병합된 수개의 청구 전부에 대하여 불복한 항소에서 그 중 일부의 청구에 대한 불복신청을 철회하였다 하더라도 그것은 단지 불복의 범위를 감축하여 심판의 대상을 변경하는 효과를 가져오는 것에 지나지 아니하고, 항소인이 항소심의 변론종결시까지 언제든지 서면 또는 구두진술에 의하여 불복의 범위를 다시 확장할 수 있는 이상 항소 그 자체의 효력에 아무런 영향이 없다).

1202) 대법원 2016. 1. 14. 선고 2015므3455 판결.

1203) 대법원 2016. 1. 14. 선고 2015므3455 판결.

의 합의가 있었음을 항변하고 주장·증명에 성공하면 항소심법원은 항소의 이익이 없다는 이유로 항소를 각하하는 판결을 한다.[1204] 성질 및 효과에 관하여는 소취하의 합의에 관한 논의가 그대로 적용될 수 있다.

1204) 대법원 2018. 5. 30. 선고 2017다21411 판결: 당사자 사이에 항소취하의 합의가 있는데도 항소취하서가 제출되지 않는 경우 상대방은 이를 항변으로 주장할 수 있고, 이 경우 항소심법원은 항소의 이익이 없다고 보아 그 항소를 각하함이 원칙이다. … [항소취하의 합의가 있은 후에] 항소심에서 청구의 교환적 변경 신청이 있는 경우 그 시점에 항소취하서가 법원에 제출되지 않은 이상 법원은 특별한 사정이 없는 한 [] 청구변경의 요건을 갖추었는지에 따라 허가 여부를 결정하면 된다. 항소심에서 청구의 교환적 변경이 적법하게 이루어지면, 청구의 교환적 변경에 따라 항소심의 심판대상이었던 제1심판결이 실효되고 항소심의 심판대상은 새로운 청구로 바뀐다. 이러한 경우 항소심은 제1심판결이 있음을 전제로 한 항소각하 판결을 할 수 없[다.]

제 3 절 상 고

제66강 상 고

1. 상고의 의의와 특징

항소심판결의 취소·변경을 구하기 위한 상소를 상고라고 한다. 환송 또는 이송을 명하는 항소심판결도 상고의 대상이 된다. 예외적으로 비약상고의 합의가 있는 경우 1심판결이 상고의 대상이 된다. 상고심절차는 대법원이 담당한다.

상고는 판결에 대한 상소라는 점에서 항소와 공통점이 많고 상고심절차에는 특별한 규정이 없는 한 항소심절차에 관한 규정이 준용된다.

> 제425조(항소심절차의 준용) 상고와 상고심의 소송절차에는 특별한 규정이 없으면 제1장의 규정을 준용한다.

하지만, 상고는 항소와 여러 면에서 차이가 있다. 상고심은 법률심이고 사후심이지만, 항소심은 사실심이고 속심이다. 상고심의 심리는 상고이유에 따라, 그리고 서면으로 이루어진다. 상세는 다음 항에서 절차를 다룰 때 본다.

2. 상고심의 절차

1) 상고의 제기

상고심에서 항소심의 규정이 준용되므로 상고의 당사자, 기간, 제기방식, 재판장의 상고장심사, 상고제기의 효과 등은 항소의 그것과 같다. 예컨대, 상고도 상고장을 원심법원에 제출함으로써 한다. 상고장에 대하여 원심재판장과 상고심재판장이 각 심사하고 보정이 불가능한 흠이 있거나 보정명령에 불응하는 경우 상고장각하명령이 내려진다는 점도 같다.

원심재판장의 상고장심사를 통과하면 상고장을 포함한 상고기록이 상고심법원에 송부된다. 상고심법원에 상고기록이 접수되면 당사자에게 그 사유가 통지된다.

> 제426조(소송기록 접수의 통지) 상고법원의 법원사무관등은 원심법원의 법원사무관등으로부터 소송기록을 받은 때에는 바로 그 사유를 당사자에게 통지하여야 한다.

상고가 제기되면 확정차단과 이심의 효력이 생기는데 상고심에서도 상소불가분의 원칙이 적용된다.

2) 상고이유서의 제출

상고심의 심리는 상고이유에 따라 이루어진다(431조). 상고이유를 상고장에도 적을 수 있지만, 그렇지 않은 경우에는 상고이유서를 소송기록접수통지일로부터 20일 이내에 제출하여야 한다.

> 제427조(상고이유서 제출) 상고장에 상고이유를 적지 아니한 때에 상고인은 제426조의 통지를 받은 날부터 20일 이내에 상고이유서를 제출하여야 한다.

위 기간 내에서 상고이유서를 제출하지 않으면 상고가 기각된다.

> 제429조(상고이유서를 제출하지 아니함으로 말미암은 상고기각) 상고인이 제427조의 규정을 어기어 상고이유서를 제출하지 아니한 때에는 상고법원은 변론 없이 판결로 상고를 기각하여야 한다. 다만, 직권으로 조사하여야 할 사유가 있는 때에는 그러하지 아니하다.

위 427조의 기간은, 이를 불변기간이라고 한 명문의 규정이 없기 때문에 불변기간이 아니므로 소송행위의 추완이 불가능하다는 것이 판례의 입장이다.[1205] 기간의 부준수로 인한 타격이 워낙 크기 때문에 소송행위의 추완을 인정하는 견해가 다수설이다.[1206] 학설 중에는 소송행위의 추후보완이 인정될 수는 없지만, 당사자가 책임질 수 없는 사정이 있는 경우에는 기간도과 이후라도 기간의 신장으로 구제하여야 한다는 견해가 있고, 같은 입장을 취한 판례도 있다.[1207][1208]

1205) 대법원 1981. 1. 28.자 81사2 결정.

1206) 소송행위의 추완 규정을 적용 또는 유추적용하자는 입장이다.

1207) 대법원 2024. 6. 27.자 2024마5813 결정(전자소송시스템상의 항고심으로의 기록송부, 항고심 사건번호 부여 등으로 인하여 민사집행법 15조 3항의 항고이유서 제출기간 내에 전자소송시스템으로 항고이유서를 제출하는 것이 불가능하였던 사안).

1208) 위 결정 이전에 대법원은 긍정한 적도 있고(대법원 1980. 6. 24. 선고 80다918 판결), 부정

상고이유서를 기간 내에 제출한 경우 제출된 상고이유서에 기재된 상고이유만 심리의 대상이 된다. 물론 직권조사사항의 경우는 다르다. 기간 도과 후에 제출된 상고이유서에 기재된 상고이유는 직권조사사항이 아닌 한 기간 내에 제출된 상고이유를 보충하는 한도에서만 참작된다.[1209)]

상고이유서가 제출되면 그 부본이 상대방에게 송달되고, 상대방은 답변서를 제출할 수 있다.

> 第428조(상고이유서, 답변서의 송달 등) ① 상고이유서를 제출받은 상고법원은 바로 그 부본이나 등본을 상대방에게 송달하여야 한다.
> ② 상대방은 제1항의 서면을 송달받은 날부터 10일 이내에 답변서를 제출할 수 있다.
> ③ 상고법원은 제2항의 답변서의 부본이나 등본을 상고인에게 송달하여야 한다.

상고이유서에는 상고이유를 직접 구체적으로 명시하여야 한다. 원심이 사실을 오인하고 법리해석을 잘못하여 판결에 영향을 미친 위법이 있다고만 기재하는 등[1210)] 원심판결의 어떤 점이 법령에 어떻게 위반되었는지를 구체적이고 명시적으로 기재하지 않은 경우,[1211)] 판례위반을 주장하면서도 어떤 판례인지 명시하지 않은 경우,[1212)] 상고이유서 자체에는 독자적 기재가 없고 다른 문헌을 인용한 경우[1213)] 등에 대하여 판례는 상고이유서를 제출하지 않은 것으로 취급하였다.

3) 상고심의 심판

가) 심판방법

(1) 심리방법

상고심은 필요적 변론의 원칙이 적용되는 절차가 아니므로 원칙적으로 서면에 의하여 심리한다.

> 第430조(상고심의 심리절차) ① 상고법원은 상고장·상고이유서·답변서, 그 밖의 소송기

한 적도(대법원 2002. 6. 28. 선고 2002재다210 판결) 있다.

1209) 대법원 1996. 2. 9. 선고 95재다229 판결, 대법원 2006. 12. 8. 선고 2005재다20 판결.

1210) 대법원 1991. 5. 28. 선고 91다9831 판결.

1211) 대법원 2001. 3. 23. 선고 2000다29356, 29363 판결, 대법원 2024. 5. 17. 선고 2018다262103 판결.

1212) 대법원 1998. 3. 27. 선고 97다55126 판결.

1213) 대법원 1987. 10. 13. 선고 87다카702 판결.

> 록에 의하여 변론없이 판결할 수 있다.
> ② 상고법원은 소송관계를 분명하게 하기 위하여 필요한 경우에는 특정한 사항에 관하여 변론을 열어 참고인의 진술을 들을 수 있다.[1214]

430조 2항은 2002년도 개정 때 신설된 조항이다. 「대법원에서의 변론에 관한 규칙」에 세부사항이 규정되어 있다.

상고심의 심리는 상고이유에 따라 이루어진다.

> 제431조(심리의 범위) 상고법원은 상고이유에 따라 불복신청의 한도 안에서 심리한다.

상고심은 법률심이기 때문에 직권조사사항 등의 예외를 제외하고는 사실인정은 하지 않는다. 항소심법원이 적법하게 확정한 사실은 상고심법원을 기속하므로(432조), 상고심은 사실인정을 하지 않고 원심의 사실인정을 전제로 판단을 한다.

상고심은 사후심이다. 따라서 상고심에서는 새로운 주장을 하거나 증거를 제출할 수 없고, 청구변경, 반소제기도 원칙적으로 불가능하다. 직권조사사항은 예외이다.[1215]

(2) 소부와 전원합의체

우리나라 상고심 사건의 거의 대부분은 대법관 3명 내지 4명으로 구성되는 소부에서 처리된다. 소부는 법원조직법 7조 1항에 따라 소속 대법관 전원의 의견이 일치되는 경우에만, 일정 범위의 사건만을 처리할 수 있다.

전원합의체 사건이 늘고는 있지만 전체 사건에서 차지하는 비율은 아직 미미하다. 현상황 하에서는 불가피한 현상이다.

나) 심판대상

(1) 상고요건과 상고심의 본안

상고심법원은 상고의 적법 여부(본안전 단계)와 상고심의 본안인 불복의 당부, 즉 상고이유[1216]가 정당한지 여부(본안 단계)를 심판한다(436조). 상고의 적법여부를 심판한다는 것은 상고의 적법요건, 즉 상고요건이 갖추어져 있는지 여

1214) 최근 민사소송규칙 개정으로 대법원이 참고인으로부터 의견서를 제출받을 수 있게 되었다(규칙 134조의2).

1215) 대법원 2019. 6. 13. 선고 2019다205947 판결(제척기간을 도과하였는지 여부는 [] 직권조사사항이므로[,] 사실심 변론종결시까지 주장하지 아니하였다 하더라도 상고심에서 이를 새로이 주장·증명할 수 있다), 대법원 2014. 9. 25. 선고 2013다215232 판결(기판력 있는 확정판결의 존부).

1216) 엄밀한 의미에서는 상고이유에 관한 주장을 말한다.

부를 심판한다는 것으로서, 상고요건이 갖추어져 있지 않은 경우에는 상고각하 판결을 한다. 상고요건이 갖추어진 경우, 즉 상고가 적법한 경우에는 이를 전제로 본안, 즉 불복의 당부를 판단하여 상고를 인용하거나 기각하는 판결을 한다. 소나 항소의 적법 여부가 상고의 본안이 되는 경우가 있다. 상고심의 판결에서 보다 자세히 본다.

(2) 상고이유

(가) 법령위반

상고심은 법률심이기 때문에 법률문제만을 심판한다.[1217] 따라서 법령위반만을 불복사유로 삼을 수 있다.

> 제423조(상고이유) 상고는 판결에 영향을 미친 헌법·법률·명령 또는 규칙의 위반이 있다는 것을 이유로 드는 때에만 할 수 있다.

하지만 실제에 있어서는 상고심에서도 항소심판결의 사실인정의 당부가 다투어지고, 사실인정이 잘못되었다는 이유로 항소심판결이 파기되는 경우가 비일비재하다. 이런 사태가 발생하는 이유는 상고인들이 사실인정을 다투고자 할 때 단순히 사실오인이라고 주장하는 것이 아니라, 항소심판결의 사실인정과정에 채증법칙이나 경험칙 위반이 있다고 주장하여 법령위반을 주장하는 형식을 취하고 있고, 현재로서는 이러한 경우도 적법하게 법령위반을 주장한 것으로 처리되고 있기 때문이다. 이러한 현상은 바람직하지 못하나 근본적인 문제가 흔히 그렇듯이 해결하기 어렵다.

(나) 민사소송법상 상고이유의 구조

상고이유는 민사소송법 423조와 424조에 규정되어 있다.

> 제423조(상고이유) 상고는 판결에 영향을 미친 헌법·법률·명령 또는 규칙의 위반이 있다는 것을 이유로 드는 때에만 할 수 있다.
> 제424조(절대적 상고이유) ① 판결에 다음 각호 가운데 어느 하나의 사유가 있는 때에는

1217) 대법원 2011. 1. 13. 선고 2010다69940 판결(의사표시와 관련하여, 당사자에 의하여 무엇이 표시되었는가 하는 점과 그것으로써 의도하려는 목적을 확정하는 것은 사실인정의 문제이고, 인정된 사실을 토대로 그것이 가지는 법률적 의미를 탐구 확정하는 것은 이른바 의사표시의 해석으로서, 이는 사실인정과는 구별되는 법률적 판단의 영역에 속하는 것이다. 그리고 어떤 목적을 위하여 한 당사자의 일련의 행위가 법률적으로 다듬어지지 아니한 탓으로 그것이 가지는 법률적 의미가 명확하지 아니한 경우에는 그것을 법률적인 관점에서 음미, 평가하여 그 법률적 의미가 무엇인가를 밝히는 것 역시 의사표시의 해석에 속한다).

상고에 정당한 이유가 있는 것으로 한다.
1. 법률에 따라 판결법원을 구성하지 아니한 때
2. 법률에 따라 판결에 관여할 수 없는 판사가 판결에 관여한 때
3. 전속관할에 관한 규정에 어긋난 때
4. 법정대리권·소송대리권 또는 대리인의 소송행위에 대한 특별한 권한의 수여에 흠이 있는 때
5. 변론을 공개하는 규정에 어긋난 때
6. 판결의 이유를 밝히지 아니하거나 이유에 모순이 있는 때
② 제60조 또는 제97조의 규정에 따라 추인한 때에는 제1항 제4호의 규정을 적용하지 아니한다.

423조는 판결에 영향을 미친 법령위반이, 그리고 그것만이 법률심인 상고심의 상고이유가 될 수 있음을 규정한다. 유의할 점은 단순히 법령위반이 아니라 판결에 영향을 미친 법령위반이라고 규정되어 있다는 점이다. 판결에 영향을 미친다는 것은 판결 결과, 즉 주문에 영향을 미치는 것을 의미한다. 423조의 상고이유를 일반적 상고이유라고 한다.

424조가 규정한 사유들은 절대적 상고이유라고 한다. 일반적 상고이유와의 차이점은 판결에 영향을 미치는 것이 불필요하다는 점이다. 위 사유들은 중대한 절차상의 과오에 해당하기 때문에 판결결과에 대한 영향 여부를 불문하고 적법한 상고이유로 되고, 따라서 위 사유들이 인정되는 이상 원심판결의 결론이 결과적으로 정당하여도 파기를 면할 수 없다.

한편 재심사유도 상고이유로 삼을 수 있음은 조문상 명백하다.

제451조(재심사유) ① 다음 각호 가운데 어느 하나에 해당하면 확정된 종국판결에 대하여 재심의 소를 제기할 수 있다. 다만, 당사자가 상소에 의하여 그 사유를 주장하였거나, 이를 알고도 주장하지 아니한 때에는 그러하지 아니하다.
1. 법률에 따라 판결법원을 구성하지 아니한 때
2. 법률상 그 재판에 관여할 수 없는 법관이 관여한 때
3. 법정대리권·소송대리권 또는 대리인이 소송행위를 하는 데에 필요한 권한의 수여에 흠이 있는 때. 다만, 제60조 또는 제97조의 규정에 따라 추인한 때에는 그러하지 아니하다.

(중략)

9. 판결에 영향을 미칠 중요한 사항에 관하여 판단을 누락한 때

(이하 생략)

문제는 451조 1항 각 호의 재심사유들이 적법한 상고이유가 되기 위하여

판결에 영향을 미칠 것이 요구되는지 여부인바, 451조 1, 2, 3호의 사유들은 절대적 상고이유인 424조 1, 2, 4호의 사유들과 동일하므로 같이 취급하여야 한다.

451조 9호의 사유, 즉 판단누락과 424조 6호 중 '판결의 이유를 밝히지 아니한 때', 즉 소위 이유불비와의 관계에 관하여, 통설은 전자를 후자의 한 유형으로 보나, 소수설은 판단누락은 이유불비와 달리 일반적 상고이유에 해당한다고 본다. 다만, 451조 9호 자체가 판결에 영향을 미칠 것을 요구하고 있으므로 통설이나 소수설이나 판단누락이 적법한 상고이유가 되기 위하여는 판결에 영향을 미칠 것이 요구된다고 보는 점에 있어서는 같고, 그 구성만을 달리하고 있을 뿐이다.[1218][1219]

451조의 나머지 사유들, 즉 4 내지 8호와 10, 11호에 대하여는 견해가 어지럽게 대립하고 있다.

(3) 개별적 고찰

특히 설명이 필요한 중요한 사항들만 보면 아래와 같다.

(가) 일반적 상고이유

법령위반의 '법령'에는 조문이 명시하고 있는 헌법, 법률, 명령, 규칙뿐만 아니라 조약, 관습법과 심지어 경험칙까지 들어간다. 우리나라가 판례법국가는 아니지만, 원심의 판단이 대법원판례에 저촉된다고 주장하는 경우 결국은 법령위반을 주장하는 것이 되어 적법한 상고이유가 된다.

사실인정의 잘못은 상고이유가 될 수 없다. 원심이 신빙성이 없는 증거자료를 근거로 사실인정을 하였다는 주장은 대표적으로 사실인정의 잘못을 상고이유로 삼은 예이다. 하지만, 실제에 있어서는 채증법칙위반이나 경험칙위반이라는 주장을 하면 법령위반을 주장한 것으로 되고, 따라서 표현만 고치면 사실

1218) 대법원 2019. 9. 26. 선고 2017두48406 판결: 판결에 당사자가 주장한 사항에 대한 구체적·직접적인 판단이 표시되어 있지 않더라도 [] 전반적인 취지에 비추어 주장을 인용하거나 배척하였음을 알 수 있는 정도라면 판단누락이라고 할 수 없다. 설령 실제로 판단을 하지 않은 부분이 있더라도 주장이 배척될 것임이 분명한 때에는 판결 결과에 영향이 없어 판단누락의 잘못을 이유로 파기할 필요가 없다. 대법원 2022. 11. 30. 선고 2021다287171 판결도 같은 취지이다.

1219) 직권조사사항에 관한 당사자의 주장은 직권발동을 촉구하는 의미밖에 없어 그 주장에 대하여 판단하지 아니하였다 하더라도 판단유탈의 상고이유로 삼을 수 없다는 것으로는 대법원 1994. 11. 8. 선고 94다31549 판결(소송대리권의 존부), 대법원 1999. 4. 27. 선고 99다3150 판결(소송행위의 추후보완사유의 존부) 등.

상 사실인정의 잘못을 다툴 수 있다. 사실인정과 관련된 재심사유를 상고이유로서 주장할 수 있음은 당연하다.

(나) 절대적 상고이유

절대적 상고이유 중 가장 중요한 것은 대리권의 흠에 관한 민사소송법 424조 1항 4호이다. 대리권이 아예 없거나 특별수권이 없는 전형적인 무권대리뿐만 아니라 소송무능력자가 단독으로 소송을 수행한 경우, 법인 등을 대표할 권한이 흠결된 경우, 성명모용소송의 경우, 당사자의 사망으로 인한 소송중단을 간과하고 판결이 선고된 경우 등에도 위 조항이 적용된다. 적법한 추인이 이루어지면 대리권의 흠을 상고이유로 삼을 수 없다(424조 2항).

같은 항 6호 중 판결의 이유를 밝히지 아니한 때를 이유불비 또는 이유불명시라고 하고, 이유에 모순이 있는 때를 이유모순이라고 부른다. 이유불비나 이유모순은 208조 2항 위반을 의미한다.[1220]

> 제208조(판결서의 기재사항 등)
> ② 판결서의 이유에는 주문이 정당하다는 것을 인정할 수 있을 정도로 당사자의 주장, 그 밖의 공격·방어방법에 관한 판단을 표시한다.

어느 경우나 주문이 있는 것을 전제로 하므로, 판결누락(재판누락 또는 판결의 탈루)과는 다르다. 통설에 따르면 이유불비에는 앞서 본 판단누락과 아울러 이유가 전혀 없는 경우가 포함된다.

(다) 재심사유

민사소송법 451조 1항 4 내지 7호의 사유를 상고이유로 주장할 때에는 451

1220) 대법원은 판결에 이유를 기재하도록 하는 법률의 취지는 [] 재판과정에서 이루어진 사실인정과 법규의 선정, 적용 및 추론의 합리성과 객관성을 검증하려고 하는 [것이므로, 이유의] 기재가 누락되거나 불명확한 경우에는 [451]조 1항 6호의 상고이유가 된다고 한다. 대법원 2005. 1. 28. 선고 2004다38624 판결(가처분이의사건에 대한 판결을 하면서 그 판결의 이유에서 피보전권리의 존부에 대하여 본안판결의 이유를 인용한 원심판결을 파기하고, 위와 같은 경우에는 이유가 전혀 없는 정도에 해당한다고 보아 당사자의 주장이 없어도 직권으로 판단할 수 있다고 한 사례. 다만, 현행 민사집행법 하에서는 가압류·가처분이의사건에 대하여 결정의 형식으로 재판하는데, 변론을 거치지 않은 경우에는 이유의 요지만 적을 수 있다는 점에 유의하여야 한다), 대법원 2021. 2. 4. 선고 2020다259506 판결(공시송달로 진행된 사건에 대하여 208조 2항의 예외를 인정하는 같은 조 3항은 항소심에는 적용되지 않는다고 한 사례. 같은 조 3항에 따르면, 청구원인에 대하여 답변서의 부제출 또는 피고의 불출석으로 자백간주가 이루어진 사건(1, 2호), 공시송달로 진행된 사건(3호)의 1심판결의 이유에는 소송물의 특정에 필요한 사항과 상계항변에 대한 판단에 관한 사항만 간략하게 표시할 수 있다) 참조.

조 2항의 사유, 즉 유죄판결이 확정된 점 등도 아울러 주장하여야 한다.[1221)]

451조 1항 단서는 상소에 대하여 재심이 보충성을 가짐을 선언하고 있다. 예컨대, 항소심판결에 판결결과에 영향을 미친 판단누락이 있는 경우 이를 상고이유로 삼아 상고할 수 있으므로, 상고하지 않고 판결이 확정된 이후에 이를 근거로 재심청구를 하는 것은 불가능하다.

(4) 소액사건의 상고이유

소액사건심판법에 다음과 같은 특칙이 있다.[1222)]

> 소액사건심판법 제3조(상고 및 재항고) 소액사건에 대한 지방법원 본원 합의부의 제2심판결이나 결정·명령에 대하여는 다음 각호의 1에 해당하는 경우에 한하여 대법원에 상고 또는 재항고를 할 수 있다.
> 1. 법률·명령·규칙 또는 처분의 헌법위반여부와 명령·규칙 또는 처분의 법률위반여부에 대한 판단이 부당한 때
> 2. 대법원의 판례에 상반되는 판단을 한 때

다) 심판범위

상고심도 항소심과 마찬가지로 불복범위 내에서만 심판하는 것이 원칙이다.

> 제431조(심리의 범위) 상고법원은 상고이유에 따라 불복신청의 한도 안에서 심리한다.

즉, 상고인의 불복범위가 상고심의 심판범위이다(425조, 407조, 415조). 상고인의 불복범위는 상고취지에 기재된다. 상고심은 심판범위가 아닌 부분에 대하여 당사자의 신청에 기하여 가집행선고를 할 수 있다.

> 제435조(가집행의 선고) 상고법원은 원심판결중 불복신청이 없는 부분에 대하여는 당사자의 신청에 따라 결정으로 가집행의 선고를 할 수 있다.

상고심에서도 피상고인의 부대상고가 가능하고, 부대상고가 제기된 부분도 상고심의 심판범위가 된다. 판례는 상고인의 상고이유서제출기간만료일 이내에

1221) 대법원 1966. 1. 31. 선고 65다2236 판결, 대법원 1977. 6. 28. 선고 77다540 판결, 대법원 1988. 2. 9. 선고 87다카1261 판결도 같은 취지.

1222) 대법원 2023. 10. 18. 선고 2019다266386 판결(소액사건에 적용되는 법령의 해석에 관한 대법원 판례가 명확하지 않고, 그 법령이 적용되는 다수 사건이 하급심에 계속되는 등 특별한 사정이 있는 경우에는 소액사건에 관한 상고이유 중 '대법원 판례에 상반되는 판단을 한 때'의 요건을 갖추지 아니하였더라도 법령해석의 통일이라는 대법원의 본질적 기능에 비추어 실체법의 해석과 적용에 관하여 판단할 수 있다). 대법원 2024. 3. 12. 선고 2023다290485 판결, 대법원 2025. 5. 15. 선고 2022다235009 판결 등도 같은 취지.

부대상고가 제기되고 부대상고이유서가 제출되어야 한다고 한다.[1223]

사후심인 상고심에서는 청구변경, 반소제기 등이 불가능하다.

직권조사사항이 있는 경우에는 불복범위가 아닌 부분에 대하여도 판단할 수 있다.

> 제434조(직권조사사항에 대한 예외) 법원이 직권으로 조사하여야 할 사항에 대하여는 제431조 내지 제433조의 규정을 적용하지 아니한다.

라) 심리불속행

현재, 미국 연방대법원은 1년에 100건 내외의 사건을 처리한다. 반면 우리나라의 대법원은 1년에 수만 건의 사건을 처리하고 있다. 대부분의 선진국들은 상고허가제를 채택하여 상고의 제기를 제한하고 있다. 우리나라는 1981년 상고허가제를 채택하였다가 1990년 폐지하였다. 변호사업계의 요구 때문이었다는 것이 정설이다. 이후 상고사건의 폭증에 대응하여 1994년 심리불속행제도가 도입되었다. 「상고심절차에 관한 특례법(이하 이 강의 끝까지 '상고심법'이라고 한다)」의 제정에 의하여 도입된 이 제도는 주장된 상고이유가 중대하지 않은 경우 본안심리를 하지 않고 상고를 기각하는 제도이다.

심리불속행의 사유, 뒤집으면 속행의 사유는 상고심법 4조 1항, 3항에 규정되어 있는바, 1항 5호의 중대한 법령위반이 가장 근본이 되는 사유이다. 심리불속행은 소부에서 심판하는 경우에만 가능하며, 상고기록이 대법원에 접수된 때로부터 4개월 이내에만 가능하다(상고심법 6조).

심리불속행으로 상고가 기각되는 경우 판결이유를 기재하지 않아도 되고, 판결의 선고도 필요 없다. 판결의 효력은 상고인에게 판결정본이 송달된 때 발생한다(상고심법 5조). 특히 판결의 선고 없이 송달만 이루어지는 대목이 당사자나 소송대리인에게 극도의 반감을 사고 있다.

심리불속행제도는 민사소송, 가사소송, 행정소송의 상고사건(상고심법 2조), 민사소송, 가사소송, 행정소송의 재항고 및 특별항고(상고심법 7조)에 적용된다. 소액사건의 상고사건에는 적용이 없다. 대법원판결에 대한 재심사건에는 적용

1223) 대법원 1968. 9. 17. 선고 68다825 판결, 대법원 1979. 7. 24. 선고 79다633, 851 판결, 대법원 1980. 6. 24. 선고 80다801, 1415 판결, 대법원 1987. 2. 10. 선고 85누29 판결, 대법원 1990. 1. 25. 선고 89누1889 판결, 대법원 1990. 7. 27. 선고 89누6341 판결, 대법원 1995. 2. 3. 선고 94다27113 판결, 대법원 1997. 11. 28. 선고 97다38299 판결 등도 같은 취지.

이 없으나 재심사건에 대한 상고사건에는 적용이 있다.

마) 상고심의 판결

(1) 개 요

상고심에서 부대상고나 직권조사사항 등이 없는 일반적인 경우 상고심법원은 다음과 같이 판결한다.

상고심법원은 상고요건이 갖추어지지 않은 경우에는 상고각하판결을 한다. 원심 또는 상고심 재판장이 하는 상고장각하명령은 그 예외이다.

상고요건이 갖추어진 경우 상고심법원은 본안, 즉 상고이유가 정당한지 여부를 심리하여 본안판결을 하는바, 본안판결에는 상고기각판결과 상고인용판결이 있다.

(2) 상고기각판결

상고이유가 정당하지 않은 경우 상고기각판결을 한다. 일반적 상고이유가 정당하다고 인정받기 위하여는 법령위반이 판결결과에 영향을 미친 것이어야 하므로 원심판결의 이유가 틀렸으나 결론이 정당한 경우는 상고가 기각되는 것은 항소심과 같다. 상고기각판결의 주문은 '이 사건 상고를 기각한다'와 같이 기재된다.

상고이유서를 기간 내에 제출하지 않는 경우에도 판결로 상고가 기각된다.(429조). 형식적으로는 기각의 본안판결이지만 실질적으로는 각하의 소송판결이다. 심리불속행제도에 따라 심리불속행되는 경우에도 판결로 상고가 기각된다(상고심법 4조). 심리불속행 상고기각판결의 성격에 관하여는 본안판결과 소송판결의 중간적 성격을 갖는다는 견해와 본안판결이라는 견해가 대립하고 있다. 위 각 경우 모두 판결의 선고와 이유 기재가 요구되지 않고, 판결정본이 당사자에게 송달되고, 판결정본이 상고인에게 송달됨으로써 판결의 효력이 발생한다(상고심법 5조).

(3) 상고인용판결

상고심법원이 상고인용판결을 하는 경우 일단 원심판결을 파기[1224]한 다음 ① 자판, ② 환송, ③ 이송 중 하나의 조치를 취한다. 항소심은 자판이 일반적이지만, 상고심에서는 환송이 가장 일반적이다. 민사소송법상 상고심법원은 원

1224) 항소심법원은 '취소'하지만 상고심법원은 '파기'한다. 용어의 차이일 뿐이다.

심판결을 파기하는 경우 원칙적으로 환송 또는 이송하여야 한다.

> 제436조(파기환송, 이송) ① 상고법원은 상고에 정당한 이유가 있다고 인정할 때에는 원심판결을 파기하고 사건을 원심법원에 환송하거나, 동등한 다른 법원에 이송하여야 한다.

다만, 일정한 경우에는 상고심도 자판을 하여야 한다.

> 제437조(파기자판) 다음 각호 가운데 어느 하나에 해당하면 상고법원은 사건에 대하여 종국판결을 하여야 한다.
> 1. 확정된 사실에 대하여 법령적용이 어긋난다 하여 판결을 파기하는 경우에 사건이 그 사실을 바탕으로 재판하기 충분한 때
> 2. 사건이 법원의 권한에 속하지 아니한다 하여 판결을 파기하는 때

상고심에서 환송 또는 이송받은 법원은 민사소송법 436조에 따라 재판하여야 한다. 특히 상고심법원의 파기환송(이송)판결에는 기속력이 있다.

> 제436조(파기환송, 이송)
> ② 사건을 환송받거나 이송받은 법원은 다시 변론을 거쳐 재판하여야 한다. 이 경우에는 상고법원이 파기의 이유로 삼은 사실상 및 법률상 판단에 기속된다.
> ③ 원심판결에 관여한 판사는 제2항의 재판에 관여하지 못한다.

이 기속력의 성질에 관하여는 중간판결설, 기판력설, 특수효력설이 대립하고 있고, 특수효력설이 통설의 입장이다.

우리나라는 판례법국가는 아니지만 당해사건에서는 상고심의 판단에 기속력이 인정되지 않으면 사건종결이 어려워질 수도 있다. 파기한 상고심 이후 당해사건을 담당하는 법원이라면 하급심법원은 물론 다시 사건을 맡게 되는 상고심법원, 즉 재상고심법원도 기속력을 받는다. 다만, 대법원 전원합의체에는 작용하지 않는다.[1225)]

기속력이 발생하는 사항 중 사실상의 판단은 상고심법원이 예외적으로 하게 되는 사실인정, 즉 직권조사사항, 재심사유 등에 관련된 사실상의 판단을 의미한다. 기속력이 발생하는 법률상 판단에는 순수한 법률판단은 물론 사실인정

1225) 대법원 2001. 3. 15. 선고 98두15597 전원합의체 판결: 대법원은 법령의 정당한 해석적용과 그 통일을 주된 임무로 하는 최고법원이고, 대법원의 전원합의체는 종전에 대법원에서 판시한 법령의 해석적용에 관한 의견을 스스로 변경할 수 있는 것인바(법원조직법 제7조 제1항 제3호), 환송판결이 파기이유로 한 법률상 판단도 여기에서 말하는 '대법원에서 판시한 법령의 해석적용에 관한 의견'에 포함되는 것이므로 대법원의 전원합의체가 종전의 환송판결의 법률상 판단을 변경할 필요가 있다고 인정하는 경우에는 그에 기속되지 아니[한다.]

과정에 경험칙위반이 있다는 판단도 포함된다. 파기의 이유로 명시되지 않았으나 명시된 부분과 논리적·필연적으로 관계에 있는 부분에는 기속력이 인정된다.[1226] 그러나, 부수적인 부분은 그렇지 않다.[1227]

환송판결의 기속력은, 그러나 환송판결 이후 추가적인 소송자료의 제출 등으로 인하여 환송판결의 전제가 되었던 사실관계가 변경되는 경우,[1228] 환송판결 이후 법령이 변경되는 경우 등에는 더 이상 작용하지 않는다.[1229]

바) 판결 이외의 종료사유

상고심에서도 소의 취하, 청구의 포기·인낙, 화해가 가능하다. 상고의 취하, 상고권의 포기도 가능하다.

1226) 대법원 1991. 10. 25. 선고 90누7890 판결, 대법원 2012. 3. 29. 선고 2011다106136 판결(대위소송에서 [피보전권리]가 존재하는지는 소송요건으로서 법원의 직권조사사항이므로, 환송판결이 구 특조법에 의하여 경료된 등기의 추정력이 번복되는 경우인지에 관해서만 판단하였더라도, 그 판단은 [피보전채권의 존재을 비롯한] 소송요건을 구비하였다는 판단을 당연한 논리적 전제로 하고 있으므로, 환송판결의 기속력은 甲의 청구가 소송요건을 구비한 적법한 것이라는 판단에 대하여도 미친다).

1227) 대법원 1997. 4. 25. 선고 97다904 판결(상고법원으로부터 사건을 환송받은 법원은 그 사건을 다시 재판함에 있어서 상고법원이 파기이유로 한 사실상 및 법률상의 판단에 기속을 받는 것이나, 환송판결의 기속력은 파기이유와 논리적·필연적 관계가 없는 부분에 대하여도 미치는 것은 아니라 할 것이므로, 환송 후 원심이 환송판결에서 파기이유로 하지 않은 부분에서 부수적으로 지적한 시효이익의 포기의 점에 대하여 더 심리를 하지 않고, 환송 전 원심판결과 같은 판단을 하였다고 하더라도 위법하다고 할 수는 없다). 대법원 2008. 2. 28. 선고 2005다11954 판결도 같은 취지이다.

1228) 대법원 1980. 10. 27. 선고 79다1264 판결, 대법원 1983. 11. 8. 선고 82누73 판결, 대법원 1982. 12. 14. 선고 80다1072 판결, 대법원 1987. 1. 30.자 86프2 결정, 대법원 1989. 6. 27. 선고 87다카2542 판결, 대법원 1992. 9. 14. 선고 92다4192 판결, 대법원 1995. 10. 13. 선고 95다33047 판결, 대법원 2012. 1. 12. 선고 2010다87757 판결.

1229) 파기환송 후 환송판결의 기속적 판단의 기초가 된 법률조항이 위헌결정으로 효력을 상실한 경우도 같다(대법원 2020. 11. 26. 선고 2019다2049 판결).

제4절 항 고

제67강 항 고

1. 일반론

1) 의 의

결정과 명령(이하 이 절에서는 특별한 경우 외에는 결정과 명령을 포괄하여 결정이라고만 한다)에 대한 상소를 항고라고 한다. 절차법은 실체법과 달리 기술적인 내용이 많아 이해하기가 쉽지 않은바, 민사소송법은 절차법의 일반법임에도 불구하고 이러한 특성에서 자유롭지 않다. 특히 항고는 이런 특성이 가장 심하게 드러나는 영역 중의 하나이다. 항고와 관련한 업무를 처리하는 경우에는 반드시 조문, 판례 및 문헌에서 근거를 확인하는 작업이 필수적이다.

2) 종 류

가) 일반항고

항고에는 일반항고와 특별항고가 있다. 일반항고는 우선 통상항고와 즉시항고로 나눌 수 있다. 항고는 원칙적으로 법률에 근거가 있어야 한다. 통상항고의 경우 일반적 근거규정인 민사소송법 439조가 있고, 즉시항고의 경우 개별적인 근거규정들이 있다.[1230)]

통상항고의 경우 항고제기의 기간 제한이 없으나 즉시항고는 그 제한이 있고(444조), 통상항고의 제기에는 집행정지효가 없으나 즉시항고에는 있다(447조).

일반항고는 다시 최초의 항고와 재항고로 나눌 수 있다. 최초의 항고는 항

1230) 다만, 대법원 2011. 5. 2.자 2010부8 결정은 명시적인 근거가 없음에도 법원의 직권에 의한 소송비용 담보제공 재판에 불복할 경우 민사소송법 121조에 따라 즉시항고를 제기할 수 있다고 하였는데, 직권에 의한 소송비용 담보제공 재판을 추가하는 법개정 때 불복수단이 정비되지 않은 점 등을 고려한 것이다.

소에, 재항고는 상고에 대응한다. 재항고는 결국 대법원에 대한 항고로서 최초의 항고에 대한 항고법원의 결정에 대한 항고는 물론 항소심법원, 즉 고등법원이나 지방법원 항소부의 결정에 대한 항고도 여기에 포함된다. 최초의 항고에는 항소에 관한 규정들이, 재항고에는 상고에 관한 규정들이 준용된다(443조).

나) 특별항고

불복신청을 할 수 없는 결정에 대한 항고를 특별항고라고 한다. 대법원이 처리한다(449조). 특별항고와 일반항고는 상급심법원에 원심재판의 취소·변경을 구하는 불복수단이라는 점에서는 공통점이 있지만, 일반항고는 일반적인 불복수단에 해당하는 반면, 특별항고는 일반적인 불복수단이 없거나, 그러한 불복수단을 다 거친 경우에 인정되는 비상구제수단인 점에서 서로 차원을 달리 한다.

2. 일반항고

1) 일반항고의 대상

결정 중에서 성질상 불복할 수 있고 법률이 인정하는 경우에만 일반항고의 대상이 된다.

가) 일반항고의 대상인 결정

소송절차에 관한 신청을 기각한 결정(439조), 방식을 어긴 결정(440조),[1231] 법률상 개별적으로 항고가 허용되어 있는 결정(예컨대 집행절차에 관한 집행법원의 재판에 대한 즉시항고를 인정하는 민사집행법의 각 규정 등)이 일반항고의 대상이 된다.

이 중에서 민사소송법 439조가 정하는 소송절차에 관한 신청을 기각한 결정이 가장 기본적인 일반항고의 대상이다.

> 第439조(항고의 대상) 소송절차에 관한 신청을 기각한 결정이나 명령에 대하여 불복하면 항고할 수 있다.

조문상 기각결정이라고 되어 있으나 여기에는 각하결정도 포함된다. 인용

1231) 법률상 근거가 없이 행하여진 위법한 결정, 예컨대 상소나 재심의 소가 제기되어 있지 않은데 집행정지결정에 대하여는, 원래 집행정지결정에 대하여는 불복이 불가능하지만, 민사소송법 440조의 유추적용에 의하여 항고가 가능하다고 보는 견해가 있다. 주석 민사소송법(8판)(Ⅵ), 440면(한승 집필부분).

결정은 위 조문의 대상이 아님이 명백하다. 인용결정에 대하여 신청인이 항고하는 것은 생각하기 어려우므로 결국 인용결정에 대하여 상대방이 항고할 수 없다는 것이다. 인용결정에 대하여 불복을 인정하는 명문의 규정이 있는 경우는 그 예외가 된다. 조문의 '신청'은 신청권이 있는 자의 신청을 의미한다. 따라서 직권발동을 촉구하는 의미의 신청을 기각한 결정은 일반항고의 대상이 아니다. 기각된 신청이 '소송절차에 관한' 것이 아니라면 일반항고의 대상이 아님은 조문상 당연하다.[1232)]

중간적 재판(392조 본문, 425조), 필요적 변론을 거친 재판(증거신청을 배척한 결정 등)은 일반항고의 대상이 아니다.

법원, 즉 재판부의 결정이 아닌 재판장의 명령의 경우, 독립한 재판기관으로서 한 것만이 일반항고의 대상이 되고, 합의부의 대표자로서 변론을 지휘하면서 한 것은 일반항고의 대상이 되지 않는다. 후자에 대하여는 민사소송법 138조에 따라 이의신청을 할 수 있을 뿐이다.

> 제138조(합의부에 의한 감독) 당사자가 변론의 지휘에 관한 재판장의 명령 또는 제136조 및 제137조의 규정에 따른 재판장이나 합의부원의 조치에 대하여 이의를 신청한 때에는 법원은 결정으로 그 이의신청에 대하여 재판한다.

수소법원의 재판이라면 일반항고의 대상이 되지만, 수명법관이나 수탁판사가 이를 한 경우에는 바로 일반항고를 제기할 수 없고 일단 수소법원에 대한 이의신청(준항고)을 거쳐야 한다.

> 제441조(준항고) ① 수명법관이나 수탁판사의 재판에 대하여 불복하는 당사자는 수소법원에 이의를 신청할 수 있다. 다만, 그 재판이 수소법원의 재판인 경우로서 항고할 수 있는 것인 때에 한한다.
> ② 제1항의 이의신청에 대한 재판에 대하여는 항고할 수 있다.
> ③ 상고심이나 제2심에 계속된 사건에 대한 수명법관이나 수탁판사의 재판에는 제1항의

1232) 대법원 1983. 4. 19.자 83그6 결정(판결경정신청을 이유 없다고 기각한 결정에 대하여는 항고를 할 수 없고 이에 대하여는 민사소송법 제420조 소정의 특별항고가 허용될 뿐이므로 신청인이 특별항고임을 명시하지 않았다고 하더라도 이를 특별항고로 다루어야 한다). 대법원 1984. 3. 27.자 84그15 결정, 대법원 1986. 11. 7.자 86마895 결정, 대법원 1995. 7. 12.자 95마531 결정 등도 같은 취지. 다만, 이러한 일련의 결정의 논리전개와 대법원 2012. 3. 15.자 2011그224 결정(민사집행법 제241조 제1항에 의한 채권자의 특별현금화명령 신청을 기각한 결정에 대한 채권자는 특별항고가 아니라 같은 조 제3항에 의하여 즉시항고로써 다툴 수 있다고 판시)의 논리전개를 비교할 필요가 있다.

규정을 준용한다.

수소법원의 재판에 대한 항고가 즉시항고인 경우에 이의신청도 즉시항고기간 내에 하여야 한다고 볼 것이다.[1233)]

나) 일반항고의 대상이 아닌 결정

우선 명문으로 불복이 금지된 결정과 해석상 불복할 수 없는 결정은 일반항고의 대상이 아니다. 전자의 대표적인 예가 판결에 대한 상소제기, 재심청구·상소의 추완을 하면서 한 잠정처분신청(집행정지신청)에 대한 결정이다(501조, 500조 3항). 후자의 대표적인 예로는 청구이의나 제3자이의의 소를 제기하면서 한 잠정처분신청에 대한 결정이 있다.[1234)]

항고 이외의 불복방법이 인정되는 결정도 일반항고의 대상이 아니다. 화해권고결정, 이행권고결정, 조정에 갈음하는 결정에 대하여는 이의신청이, 가압류·가처분 결정에 대하여는 가압류·가처분 이의 또는 취소가 인정되므로 이들에 대한 일반항고는 불가능하다.

끝으로 대법원의 상급심법원은 없기 때문에 대법원의 결정은 일반항고의 대상이 아니다. 특별항고의 대상도 아니다.

2) 최초의 항고의 절차

가) 항소심 규정의 준용

최초의 항고에는 항소심에 관한 규정이 준용된다(443조 1항).

나) 당사자

항고는 편면적 절차이므로, 항고장에 피항고인을 표시하거나 항고장을 상대방에게 송달하여야 하는 것은 아니다. 원심결정에 의하여 불이익을 받는 당사자 또는 제3자가 항고권을 가진다.

1233) 주석 민사소송법(8판)(Ⅲ), 682면.

1234) 대법원 2004. 2. 3.자 2003그86 결정: 민사집행법 제46조 제2항 전단은 "제1항의 이의를 주장한 사유가 법률상 정당한 이유가 있다고 인정되고, 사실에 대한 소명이 있을 때에는 수소법원은 당사자의 신청에 따라 판결이 있을 때까지 담보를 제공하게 하거나 담보를 제공하게 하지 아니하고 강제집행을 정지하도록 명할 수 있다"고 규정하고 있고, 이 규정은 같은 법 제275조에 의하여 담보권을 실행하기 위한 경매절차에 준용되고 있는바, 이러한 강제집행 정지결정에 대하여는 민사소송법 제500조 제3항을 유추적용하여 불복신청을 할 수 없고(대법원 2001. 2. 28.자 2001그4 결정 등 참조), 앞서 본 특별항고이유를 주장하여 대법원에 특별항고를 할 수 있을 뿐이다.

다) 항고의 제기

(1) 방식과 기간

항고는 원심법원에 항고장을 제출함으로써 한다(445조).[1235] 통상항고에는 제기기간의 제한이 없지만, 즉시항고에는 제한이 있다. 위 기간은 불변기간이므로 소송행위의 추완이 가능하다.

> 제444조(즉시항고) ① 즉시항고는 재판이 고지된 날부터 1주 이내에 하여야 한다.
> ② 제1항의 기간은 불변기간으로 한다.

판례는 과거의 입장을 바꾸어 결정·명령의 원본이 법원사무관 등에게 교부되어 성립되면 고지 이전이라도 항고가 가능하다고 판시하였다.[1236]

(2) 항고이유서

2024년의 민사소송법 개정(2024. 1. 16. 개정, 2025. 3. 1. 시행) 이전에는, 최초의 항고에서는 항고이유서를 제출할 필요가 없었고, 이 점이 재항고, 민사집행법의 항고와 다른 점이었으나, 위 법 개정으로 항소이유서 제도가 도입됨에 따라 최초의 항고에서도 항고이유서의 제출이 필요하게 되었다.

(3) 항고제기의 효력

(가) 이 심

항고가 제기되면 사건은 항고심으로 이심된다.

(나) 집행정지효

결정은 고지된 때 집행력이 발생하는 것이 원칙이다. 예외적으로 즉시항고기간이 도과되는 등으로 확정된 때 집행력이 생기는 경우도 있다. 통상항고의 경우 위와 같이 고지에 의하여 발생한 집행력이 항고의 제기로 정지되지 않으므로 별도로 집행정지처분이 필요하다.

> 제448조(원심재판의 집행정지) 항고법원 또는 원심법원이나 판사는 항고에 대한 결정이 있을 때까지 원심재판의 집행을 정지하거나 그 밖에 필요한 처분을 명할 수 있다.

하지만, 즉시항고의 제기에는 집행정지효가 인정된다.

> 제447조(즉시항고의 효력) 즉시항고는 집행을 정지시키는 효력을 가진다.

1235) 대법원 1984. 4. 28.자 84마251 결정.

1236) 대법원 2014. 10. 8.자 2014마667 전원합의체 결정.

(다) 재도의 고안

항고가 제기된 후 원심법원이 자신의 결정이 잘못되었다고 판단하는 경우에는 스스로 이를 바로잡을 수 있다. 이를 재도의 고안이라고 한다.

> 제446조(항고의 처리) 원심법원이 항고에 정당한 이유가 있다고 인정하는 때에는 그 재판을 경정하여야 한다.

일반항고에서만 가능하고 특별항고에서는 불가능하다.[1237] 반대견해도 있지만, 적법한 항고에만 가능하다는 것이 통설, 판례[1238]의 입장이다.

재도의 고안이 이루어지면 항고절차가 종료된다. 재도의 고안으로 이루어진 새로운 결정이 항고의 대상이 되는 것이라면, 그에 대한 별도의 항고제기가 가능하다.[1239] 새로운 결정이 취소되면 원래의 항고절차가 부활한다는 것이 판례의 입장이다.[1240]

라) 항고심의 심판

항고심에는 성질에 반하지 않는 한 항소심의 규정이 준용되기 때문에, 항고심도 속심이다. 따라서 항고심에서도 제한적으로 새로운 주장과 증명이 가능하다.

항고심절차는 결정으로 완결하는 절차이므로 변론을 열지 여부는 법원의 재량이다(134조 1항 단서). 변론기일 대신 심문기일을 열 수도 있다(134조 2항).[1241]

1237) 대법원 2001. 2. 28.자 2001그4 결정.

1238) 대법원 1967. 3. 22.자 67마141 결정(재항고기간이 도과된 이후 재항고가 제기된 경우 재도의 고안에 의한 결정은 위법하다고 판시).

1239) 다만, 대법원 2023. 7. 14.자 2023그585(본소), 2023그586(반소) 결정은 민사소송법 제446조(재도의 고안)에 따라 제1심법원이 항소장 각하명령에 관한 항고에 정당한 이유가 있다고 인정하여 재판을 경정한 경우, 그로 인해 불이익을 받는 상대방 당사자는 그 경정재판에 대하여 다시 즉시항고로 불복할 수 있다고 하였다. 이 결정의 타당성에 대하여는 의문이 있다. 위 결정은 공평의 원칙과 민사소송법이 판결경정결정에 즉시항고를 인정하고 있다는 점을 근거로 들고 있으나, 재도의 고안으로 인한 경정과 판결의 경정은 성격이 상이하여 유추적용이 적당한 관계라고 보기 어렵다. 위 결정의 판시대로라면, 판결경정신청을 받아들인 1심법원의 판결경정결정에 즉시항고가 제기되었다가 재도의 고안으로 1심법원이 판결경정결정을 취소하고, 판결경정신청을 기각한다는 결정을 한 경우, 이 결정에 대하여 판결경정신청인의 즉시항고가 인정되어야 할 것이다. 현재의 대법원 판례는 판결경정신청 기각결정에 대하여는 특별항고만이 가능하다는 입장이다.

1240) 대법원 1967. 3. 22.자 67마141 결정은 위법한 재도의 고안에 의한 결정을 파기함과 아울러 재항고를 기간도과를 이유로 각하하였다.

1241) 대법원 2020. 6. 11.자 2020마5263 결정: 항고사건을 심리할 때 변론을 열거나 이해관계인을 심문할 것인지 여부를 결정하는 것은 항고법원의 자유재량에 속하므로[,] 특별한 사정이

항고심의 심판범위 역시 당사자의 불복범위로 한정된다. 항고심은 원칙적으로 원심결정의 당부를 판단한다.

항고심의 재판은 결정의 형식으로 한다. 항고심의 결정의 내용 역시 항고각하(항고장각하명령 포함), 항고기각, 항고인용(원심결정취소 및 환송·이송·자판)으로 나눌 수 있다. 항고심법원이 항고를 인용할 때 자판을 할 수 있다는 것이 판례인바,[1242] 항소심에서는 자판이 원칙이라는 점에 비추어 보면 당연한 내용이기는 하나, 자판하는 결정의 내용·관련 후속조치 등에 따라서 개별적으로 판단하여야 할 것이다.

3) 재항고

가) 재항고의 대상

항고심법원의 결정, 고등법원 또는 지방법원 항소부[1243]의 결정이 재항고의 대상이 된다.

> 제442조(재항고) 항고법원·고등법원 또는 항소법원의 결정 및 명령에 대하여는 재판에 영향을 미친 헌법·법률·명령 또는 규칙의 위반을 이유로 드는 때에만 재항고(再抗告)할 수 있다.

항고심법원의 결정은 최초의 항고에 대한 결정을 의미한다. 우선 항고각하나 항고기각결정의 경우는 재항고의 대상이 된다. 그러나 항고인용결정의 경우에는 그 내용이 항고에 적합한 경우에 한하여 재항고의 대상이 된다.

나) 재항고의 절차

(1) 상고심 규정의 준용

재항고에는 상고심에 관한 규정이 준용되고(443조 2항), 상고심절차에 관한 특례법도 준용된다(상고심절차에 관한 특례법 7조).

(2) 재항고의 제기

(가) 재항고권자

항고각하결정이나 항고기각결정에 대하여는 항고인만이 재항고할 수 있다.

없는 한 [] 서면심리만으로 결정에 이르렀다고 하여 이를 위법하다고 할 수 없다.

1242) 대법원 2008. 4. 14.자 2008마277 결정.

1243) 대법원 2004. 4. 28.자 2004스19 결정(항소법원인 서울가정법원 합의부의 법원사무관 등이 한 처분에 대한 이의신청이 이유 없다고 하여 이를 기각한 위 법원의 결정에 [대한 항고는 재항고이다]).

항고인용결정의 경우에는, 그 결정이 항고에 적합한 경우, 상대방이나 제3자가 재항고할 수 있다.

재항고가 즉시항고에 해당하는 경우에는 기간의 제한이 있다. 재항고가 즉시항고인지 통상항고인지는 항고심결정의 성질과 내용에 따라 결정된다. 최초의 항고가 즉시항고인데, 항고심법원이 항고를 각하하거나 기각한 경우에는 재항고도 즉시항고이다.[1244] 최초의 항고가 즉시항고인데 항고가 인용된 경우에는 그 내용에 따라 판단하여야 한다.

(나) 재항고이유서

상고에서와 같이 재항고에서는 재항고이유서를 제출하여야 한다. 재항고이유는 '재판에 영향을 미친 법령위반'으로 상고이유와 같다(442조). 특별항고이유의 범위는 더 좁다(449조).

(3) 재항고심의 심판

재항고심은 사후심이다. 새로운 주장과 증명은 불가능하고, 상고심과 마찬가지로 서면심리를 원칙으로 한다. 재항고심 역시 상고심과 같이 재항고이유에 따라 불복범위 내에서 심리한다.

결정의 내용 역시 재항고각하(재항고장각하명령 포함), 재항고기각, 재항고인용(원심결정취소 및 환송·이송·자판)으로 나눌 수 있다. 「상고심절차에 관한 특례법」이 준용되므로 심리불속행으로 인한 재항고기각결정도 가능하다.

3. 특별항고

1) 특별항고의 대상

불복신청을 할 수 없는 결정에 대한 항고를 특별항고라고 하고, 대법원이 처리한다(449조). 결정에 대한 통상의 불복신청은 일반항고인바, 일반항고가 불가능한 결정 모두가 특별항고의 대상이 되는 것은 아니라는 점은 일반항고의 대상을 볼 때 이미 보았다.

1244) 대법원 2007. 7. 2.자 2006마409 결정(기피신청에 관한 각하 또는 기각 결정에 대하여는 즉시항고를 할 수 있고, 이 즉시항고를 항고심이 각하, 기각하였으면 그에 대한 재항고는 즉시항고로서의 성격을 가진다고 한 다음, 항고기각결정 송달일로부터 1주가 도과된 이후 제기된 재항고를 각하한 사례).

중요한 대목만 부연하자면, 기본적으로 법이 명문으로 불복을 금지하거나 해석상 불복이 금지되는 결정이 특별항고의 대상이 된다. 전자에는 이미 보았던 판결에 대한 상소제기, 재심청구·상소의 추완을 하면서 한 잠정처분신청(집행정지신청)에 대한 결정 이외에 관할지정결정, 증거보전의 결정, 지급명령신청 각하결정 등이 포함된다. 후자에는 청구이의나 제3자이의의 소를 제기하면서 한 잠정처분신청에 대한 결정, 판결이나 화해조서에 대한 경정신청기각결정 등이 포함된다.

일반항고의 대상이 되지 않는 결정 중 직권발동을 촉구하는 의미의 신청을 기각 또는 각하한 결정,[1245] 중간적 재판의 성질을 가지는 결정,[1246] 대법원의 결정 등은 특별항고의 대상도 되지 않는다.

2) 특별항고의 절차

특별항고에는 민사소송법의 상고심 규정이 준용된다.

> 제450조(준용규정) 특별항고와 그 소송절차에는 제448조와 상고에 관한 규정을 준용한다.

특별항고는 기간의 제한이 있어 재판이 고지된 날부터 1주 이내에 제기되어야 한다.

> 제449조(특별항고) ① 불복할 수 없는 결정이나 명령에 대하여는 재판에 영향을 미친 헌법위반이 있거나, 재판의 전제가 된 명령·규칙·처분의 헌법 또는 법률의 위반여부에 대한 판단이 부당하다는 것을 이유로 하는 때에만 대법원에 특별항고를 할 수 있다.
> ② 제1항의 항고는 재판이 고지된 날부터 1주 이내에 하여야 한다.
> ③ 제2항의 기간은 불변기간으로 한다.

상고심의 규정이 준용되므로 특별항고에는 특별항고이유서가 제출되어야 한다. 특별항고이유는 위 밑줄 친 사유에 한정되므로 재판이 법률에 위반되었다는 사유만으로는 특별항고를 제기할 수 없다.[1247]

1245) 예컨대, 관할위반을 원인으로 한 이송신청을 기각한 결정(대법원 1993. 12. 6.자 93마524 전원합의체 결정), 부동산인도명령에 대해 즉시항고를 제기하면서 한 강제집행정지(잠정처분) 신청을 기각한 결정(대법원 2004. 10. 14.자 2004그69 결정) 등이 있다.

1246) 인지보정명령(대법원 2015. 3. 3.자 2014그352 결정), 변론재개결정, 기일지정명령(대법원 2008. 5. 26.자 2008마368 결정), 위헌법률심판제청신청기각결정(대법원 1993. 8. 25.자 93그34 결정), 집행정지결정(잠정처분)을 발하기 위한 담보제공명령(대법원 2001. 9. 3.자 2001그85 결정) 등.

특별항고에서는 재도의 고안이 인정되지 않는다는 것이 판례의 입장이라는 점은 앞에서 보았다. 특별항고의 제기에는 집행정지효가 인정되지 않는다.

특별항고의 심판방법은 기본적으로 일반항고와 같다. 특별항고에 「상고심절차에 관한 특례법」도 준용되므로 심리불속행에 의한 특별항고기각도 가능하다.

4. 민사집행법의 항고

민사집행법은 민사집행 및 보전처분절차에 민사소송법의 규정을 준용한다(민사집행법 23조). 민사집행법의 즉시항고에 관한 규정은 민사소송법의 특별규정에 해당한다.

> 민사집행법 제15조(즉시항고) ① 집행절차에 관한 집행법원의 재판에 대하여는 특별한 규정이 있어야만 즉시항고(即時抗告)를 할 수 있다.
> (중략)
> ③ 항고장에 항고이유를 적지 아니한 때에는 항고인은 항고장을 제출한 날부터 10일 이내에 항고이유서를 원심법원에 제출하여야 한다.
> (중략)
> ⑤ 항고인이 제3항의 규정에 따른 항고이유서를 제출하지 아니하거나 항고이유가 제4항의 규정에 위반한 때 또는 항고가 부적법하고 이를 보정(補正)할 수 없음이 분명한 때에는 원심법원은 결정으로 그 즉시항고를 각하하여야 한다.
> ⑥ 제1항의 즉시항고는 집행정지의 효력을 가지지 아니한다. 다만, 항고법원(재판기록이 원심법원에 남아 있는 때에는 원심법원)은 즉시항고에 대한 결정이 있을 때까지 담보를 제공하게 하거나 담보를 제공하게 하지 아니하고 원심재판의 집행을 정지하거나 집행절차의 전부 또는 일부를 정지하도록 명할 수 있고, 담보를 제공하게 하고 그 집행을 계속하도록 명할 수 있다.

우선, 위 1항에 의하여 집행절차에서는 특별한 규정이 있는 경우에만 즉시항고가 가능하고, 통상항고는 인정되지 않는다.

민사소송법의 즉시항고에는 집행정지효가 인정되지만, 위 6항에 의하여 민사집행법의 즉시항고에는 집행정지효가 인정되지 않는다. 6항 단서는 이에 따라 잠정처분에 관하여 규정하고 있다. 아래는 민사소송법과 민사집행법의 항고의 집행정지효 유무의 차이를 정리한 표이다.

1247) 대법원 2008. 1. 24.자 2007그18 결정, 대법원 2008. 8. 21.자 2007그49 결정, 대법원 2015. 3. 3.자 2014그352 결정.

[항고의 집행정지효 유무]

	민사소송법	민사집행법
통상항고	• 없음 • 집행정지처분(448조)	• 해당사항 없음 • 즉시항고만 인정됨
즉시항고	• 있음 • 민소 447조 cf) 보전처분에 대한 민집 286조 7항에 유의	• 없음 • 민집 15조 6항 본문 • 집행정지처분: 15조 6항 단서

위 3항에 따라 민사집행법의 즉시항고가 최초의 항고인 경우에도 항고이유서의 제출이 강제된다. 제출처와 제출기간도 민사소송법과 달라, 원심법원에 항고장제출일로부터 10일 이내에 제출하여야 한다.

민사집행법의 즉시항고가 인정되는 경우 항고심의 결정에 대한 재항고에 대하여 민사소송법이 적용되는지, 민사집행법이 적용되는지에 관하여 견해의 대립이 있다. 재항고의 경우 어느 법을 적용하더라도 재항고이유서의 제출이 필요하지만 제출처, 제출기간이 달라지게 된다. 이 점에 대하여 판례가 민사집행법이 적용된다는 입장을 밝혔고, 민사집행규칙이 이러한 판례의 입장을 명문화하였다.

> 민사집행규칙 제14조의2(재항고) ① 집행절차에 관한 항고법원·고등법원 또는 항소법원의 결정 및 명령으로서 즉시항고를 할 수 있는 재판에 대하여는 재판에 영향을 미친 헌법·법률·명령 또는 규칙의 위반을 이유로 드는 때에만 재항고(再抗告)할 수 있다.
> ② 제1항의 재항고에 관하여는 법 제15조의 규정을 준용한다.

항고이유서 제출의 필요 여부에 관한 민사소송법과 민사집행법의 차이를 표로 정리하면 아래 표와 같다.

[항고이유서 제출의 필요 여부 등]

	민사소송법	민사집행법
최초의 항고	• 필요 없음 • 민소 443조 1항: 항소 규정 준용 cf) 2024년 법개정으로 2025. 3. 1.부터 필요한 것으로 변경됨. 민소 402조의2 1항(기록접수통지서 수령일로부터 40일 이내에 항소법원에 제출)	• 필요함 • 민집 15조 3항(항고장 제출일로부터 10일 이내에 원심법원에 제출)

	민사소송법	민사집행법
재항고	• 필요함 • 민소 443조 2항: 상고 규정 준용; 민소 427조(기록접수통지서 수령일로부터 20일 이내에 상고법원에 제출)	• 필요함 • 민집규 14조의2 및 판례: 민사집행법 준용(재항고장 제출일로부터 10일 이내에 원심법원에 제출)

위와 같은 판례와 민사집행규칙, 특히 민사집행규칙의 입장에 대하여 법률이 아닌 규칙의 개정으로 대응한 점 등에 대한 강한 비판이 있다. 민사집행법에 포함되어 있기는 하지만, 보전처분절차 중 가압류·가처분결정 절차는 가압류·가처분결정의 집행절차와 달리 판결절차에 대응하는 것이므로, 가압류·가처분결정에 대한 항고, 재항고에 대하여는 민사소송법이 준용된다.

5. 사법보좌관의 결정·명령과 항고

항고의 대상인 결정·명령을 법관 대신 사법보좌관이 하는 경우, 그에 대한 원칙적인 불복수단은 사법보좌관의 처분에 대한 이의신청이다(사법보좌관규칙 4조 1항).[1248] 사법보좌관의 결정·명령이 원래[1249] 즉시항고나 특별항고의 대상인 경우에는 사법보좌관의 처분에 대한 이의신청은 사법보좌관의 결정·명령을 고지 받은 날로부터 7일의 불변기간 이내에 하여야 한다(같은 조 3항). 이의신청을 받은 사법보좌관은 지체 없이 기록을 법관에게 송부하여야 하는데(같은 조 5항),[1250] 기록을 송부 받은 법관은 ① 이의신청이 방식위배, 기간도과 등으로 부적법한 경우 이의신청을 결정으로 각하하고(같은 조 6항 2호),[1251] ② 이의신청이 이유 있는 경우 사법보좌관의 처분을 경정하고(같은 조 6항 3호),[1252] ③ 이의신청이 이유 없는 경우 ❶ 원래 특별항고의 대상인 경우 이의신청을 결정으로 각하하고, ❷ 그 외의 경우에는 사법보좌관의 처분을 인가하고,[1253] 이의신청사

1248) 즉시항고장을 제출한 경우에도 이의신청서로 선해하는 것이 실무이다.
1249) 법관이 하는 경우를 의미한다.
1250) 다만, 사법보좌관도 재도의 고안을 할 수 있다.
1251) 이 각하결정은 원래 해당법률에 규정된 불복신청에 대한 각하재판으로 보는데(같은 조 6항 2호), 이에 대하여 원래 해당법률에서 정한 절차에 따라 불복할 수 있다(같은 조 7항).
1252) 법관의 경정처분에 대하여 해당법률에서 정한 절차에 따라 불복할 수 있다(같은 조 7항).

건을 항고법원에 송부한다(같은 조 6항 5호). 이의신청사건을 송부 받은 항고법원은 법관이 한 인가처분에 대한 항고 또는 즉시항고사건으로 절차를 진행한다(같은 조 9항).[1254] **3** 사법보좌관의 처분에 대한 이의신청서를 제출할 때에는 항고제기에 필요한 인지를 붙이지 않는데(같은 조 4항), 법관이 (**2**에서) 사법보좌관의 처분을 인가하는 경우 인지의 보정을 명하고 이의신청인이 불응하는 경우에는 해당법률에 규정된 절차에 따라 이의신청을 각하한다(같은 조 6항 6호).[1255] 이러한 일련의 처리과정은 항고와 관련하여 사법보좌관이 원래 항고의 대상인 결정·명령을 하는 경우에도 법관에 의한 재판을 받을 권리를 보장하기 위한 것이다. 법관에 의한 재판을 받을 권리가 침해될 염려가 없는 경우 등에는 법관의 결정·명령 등에 대한 원래의 불복수단으로 사법보좌관의 결정·명령 등에 불복할 수 있다(사법보좌관규칙 3조).

1253) 인가결정에 대하여 따로 불복할 수 없다(같은 조 8항).

1254) 항고이유서 제출, 보증제공 기한 준수 여부 등은 이의신청 자체를 항고로 보고 판단한다. 2014년 사법보좌관규칙의 개정으로 보증제공 등이 이의신청사건을 송부 받은 법관의 보정명령 대상에서 삭제되었기 때문이다. 반대취지의 대법원 2009. 4. 10.자 2009마519 결정은 개정 전 규정에 근거한 것이다.

1255) 이 이의신청각하에 대하여 해당법률에서 정한 절차에 따라 불복할 수 있다(같은 조 7항).

제 3 장　재심절차

제 68 강　일반론과 적법요건

1. 재심 일반론

1) 재심의 의의

재심은 이미 확정된 판결에 중대한 하자가 있는 경우 그 판결을 취소하고 사건에 대하여 다시 심판하는 절차를 말한다. 재심은 확정판결을 대상으로 한다는 점에서 미확정판결을 대상으로 하는 상소와 다르다. 재심은 그 사유가 변론종결 이전에 이미 존재하였던 것이라는 점에서 변론종결 이후에 발생한 사유에 기하여 제기되는 청구이의와 다르다.

재심은 비상구제수단이라고 불리는데, 그 이유는 판결이 확정되면 기판력이 발생하여 변론종결 이전에 존재하였던 사유에 기하여 판결에 불복하는 것은 불가능한 것이 원칙이고, 재심은 판결에 중대한 하자가 있는 경우에만 인정되기 때문이다. 게다가 재심의 제기에는 기간제한이 있다. 따라서 재심을 제기하고자 하는 경우에는 재심사유가 있는지, 기간제한에 걸리지는 않는지 등에 관하여 면밀히 검토하여야 한다.

재심은 확정판결을 취소하여 그 집행력, 기판력 등을 제거·배제할 수 있는 수단이다. 이러한 점에서 재심은 소송법적 법률관계의 변경을 구하는 소송상 형성의 소에 해당한다. 재심이 제기된 것만으로는 확정판결의 집행력이 정지되지 않으므로 재심의 소를 제기한 자는 별도로 민사소송법 500조의 집행정지신청을 하여 법원의 집행정지결정을 받아, 이를 집행법원에 제출하여야 한다(500조).

2) 재심의 구조

재심절차는 확정판결의 취소를 구하는 단계와 본안소송의 재심판을 구하는 단계라는 두 단계의 구조를 가지고 있다. 첫 번째 단계에서는 재심의 소의 적법요건이 갖추어졌는지 여부와 재심사유가 있는지 여부를 심판하고, 두 번째 단계에서는 재심대상판결의 대상을 다시 심판한다.

재심의 소가 부적법한 경우에는 재심의 소를 각하한다. 재심의 소가 적법하나 재심사유가 인정되지 않는 경우 재심청구를 기각한다. 재심의 소가 적법하고 재심사유가 인정되는 경우 재심대상판결을 취소하고 재심판한다. 다만, 재심판의 결론이 원래의 결론과 동일한 경우에는 민사소송법 460조에 따라 재심청구를 기각한다.

3) 재심의 소송물

재심의 소송물에 관하여는 이원설(소송상 형성소송설)과 일원설(본안소송설)이 대립하고 있는데, 전자가 통설의 입장이다. 이원설은 확정판결의 취소요구와 구소송의 소송물이 재심의 소송물이라는 견해이다. 확정판결의 취소요구의 사유, 즉 재심사유별로 별개의 소송물이 되는지에 관하여는 다시 구소송물이론과 신소송물이론의 대립이 있다. 판례는 이원설을 취하고 있고, 재심사유별로 별개의 소송물이 된다고 본다.[1256]

이에 반하여 일원설은 재심이 2단계 구조를 가지고는 있으나 확정판결의 취소요구부분은 독립된 소송물식별기준은 아니고 재심판을 구하는 전제조건에 불과하다는 입장이다.

2. 재심의 소의 적법요건

1) 당사자적격

재심대상인 확정판결의 당사자는 당연히 재심소송의 당사자적격이 있다. 뿐만 아니라 민사소송법 218조에 의하여 기판력이 확장되는 당사자와 동일시할 수 있는 제3자, 즉 변론종결 후의 승계인, 목적물 소지인 및 소송담당에서의 본인에게도 재심소송의 당사자적격이 있다.

나아가 기판력이 제3자에게 확장되고 그 제3자가 판결의 취소에 대하여 고

1256) 대법원 1962. 5. 24. 선고 4292행재3 판결, 대법원 1982. 12. 28. 선고 82무2 판결, 대법원 1992. 10. 9. 선고 92므266 판결, 대법원 1993. 9. 28. 선고 92다33930 판결.

유의 이익을 가지는 경우 제3자에게도 당사자적격이 인정된다. 이 경우 제3자는 독립당사자참가의 방식에 의하여 확정판결의 당사자를 공동피고로 삼아야 한다고 보는 것이 일반적이다.

필수적 공동소송인들의 일부가 재심의 소를 제기하면 나머지 공동소송인들도 재심소송의 당사자가 된다. 재심을 제기하고자 하는 상대방 측이 필수적 공동소송인들인 경우에는 그들 모두를 상대로 재심의 소를 제기하여야 한다. 재심 이전의 소송에 보조참가를 한 자도 재심의 소를 제기할 수 있으며, 보조참가신청을 함과 동시에 재심의 소를 제기할 수도 있다.

판례는 당사자의 채권자가 채권자대위권을 행사하여 재심의 소를 제기할 수 없다는 입장이다.[1257)]

2) 대상적격

가) 확정된 종국판결

확정된 종국판결이 재심의 대상이다(451조 1항). 미확정의 판결이나 중간판결은 재심의 대상이 아니다. 전부판결뿐만 아니라 일부판결도, 본안판결뿐만 아니라 소송판결도 재심의 대상적격이 있다. 판례는 미확정판결에 대하여 재심을 제기하였는데, 이후 판결이 확정되어도 하자가 치유되는 것은 아니라고 한다.[1258)]

판결의 확정 여부가 문제되는 경우는 외형적으로, 즉 기록상으로 판결정본이 송달되고 그로부터 상소기간이 도과되어 있는 경우인바, 판결정본의 송달이 유효한지, 소송중단이 있었는지 등에 대한 검토가 필요하다. 상소기간은 유효한 판결정본의 송달이 있어야 진행되고, 소송절차의 중단에 의하여 상소기간의 진

1257) 대법원 2012. 12. 27. 선고 2012다75239 판결: 채권을 보전하기 위하여 대위행사가 필요한 경우는 실체법상 권리뿐만 아니라 소송법상 권리에 대하여서도 대위가 허용되나, 채무자와 제3채무자 사이의 소송이 계속된 이후의 소송수행과 관련한 개개의 소송상 행위는 그 권리의 행사를 소송당사자인 채무자의 의사에 맡기는 것이 타당하므로 채권자대위가 허용될 수 없다. 같은 취지에서 볼 때 상소의 제기와 마찬가지로 종전 재심대상판결에 대하여 불복하여 종전 소송절차의 재개, 속행 및 재심판을 구하는 재심의 소 제기는 채권자대위권의 목적이 될 수 없다.

1258) 대법원 1980. 7. 8. 선고 80다1132 판결: 재심은 확정된 종국판결에 대하여서만 제기할 수 있는 것이요, 확정되지 아니한 판결에 대한 재심의 소는 부적법한 것이고, 판결확정전에 제기한 재심의 소가 부적법하다는 이유로 각하되지 아니하고 있는 동안에, 판결이 확정되었다고 하더라도, 그 재심의 소는 적법한 것으로 되는 것이 아니라고 할 것이[다.]

행이 정지되기 때문이다. 이는 판결 자체의 무효 여부와는 별개의 차원의 문제이다.[1259)]

> 제247조(소송절차 정지의 효과)
> ② 소송절차의 중단 또는 중지는 기간의 진행을 정지시키며, 소송절차의 수계사실을 통지한 때 또는 소송절차를 다시 진행한 때부터 전체기간이 새로이 진행된다.

자백간주에 의한 판결편취에 기한 사위판결은 판결정본의 송달이 무효이기 때문에 확정판결이 아니고, 따라서 재심의 대상이 아니라는 것이 판례의 입장이다.

당사자가 변론종결 이전에 사망한 것을 간과한 판결에 대한 상소기간이 기록상 도과되어 있는 경우에도, 그 판결이 확정되었는지 여부는 사안에 따라 다르다. 우선 사망자에게 소송대리인이 없었던 경우에는 사망시로부터 소송절차가 중단되기 때문에 판결의 선고, 판결정본의 송달을 하여서는 안 된다. 사망을 간과하여 판결이 선고되고 판결정본이 송달된 경우, 판결정본의 송달은 무효이므로 판결은 확정될 수 없다. 즉 이 판결은 재심의 대상이 될 수 없다. 이 경우 판결은 사망을 간과하여 위법하나 무효는 아니라는 것이 판례의 입장이다(위법설).

사망자에게 소송대리인이 선임되어 있었던 경우, 사망시에 소송절차가 중단되지 않지만 판결정본이 소송대리인에게 송달되면(이는 유효한 송달이다), 상소제기의 특별수권이 없는 한, 그 때부터 소송절차가 중단되고, 상소기간은 진행되지 않는다. 따라서 이 경우 판결은 확정될 수 없으므로 재심의 대상이 될 수 없다. 선고와 동시에 확정되는 상고심판결은 예외이다. 또한 위 경우 판결은 사망(엄밀하게는 사망에 의한 소송중단)을 간과한 것이 아니므로, 사망과 관련하여서는 아무런 하자가 없다. 다른 사정을 들어 상소를 제기하는 것은 물론 가능하다.

중간판결은 재심의 대상이 아니다. 중간판결에 재심사유가 있는 경우에는 결국 그를 전제로 한 종국판결을 재심대상으로 삼아야 한다. 환송판결은 상소의 대상이 되는 종국판결이기는 하지만, 재심과 관련하여서는 형식적으로는 종국판결이나 실질적으로는 중간판결의 성질을 가지므로 재심의 대상이 아니라는 것이 판례의 입장이다.[1260)]

1259) 상세는 제53강 판결의 하자 4. 및 제10강 당사자능력 3. 참조.
1260) 대법원 1995. 2. 14. 선고 93재다27, 34(반소) 전원합의체 판결.

상급심에 의하여 취소(파기)된 판결도 재심의 대상이 될 수 없다. 예컨대 항소심판결이 상고심에서 파기환송되어 다시 항소심에서 판결이 선고되어 확정된 경우 원래의 항소심판결, 즉 환송전 항소심판결은 재심의 대상이 될 수 없다.

또한 당연무효의 판결도 재심의 대상이 아니다. 확정된 재심판결도 재심의 대상이 될 수 있다.[1261)]

나) 심급을 달리하는 수개의 확정판결

예컨대 1심판결에 대한 항소기각의 항소심판결과 상고기각의 상고심판결이 차례로 있는 경우 1심판결, 항소심판결, 상고심판결은 모두 확정판결이다. 원칙적으로 재심사유가 있다면 각각 재심의 대상이 될 수 있다. 하지만 다음과 같은 점에 주의하여야 한다.

우선 1심판결과 항소심판결 사이에서는 항소심은 사실심이자 소송물에 대하여 전면적으로 재심판을 한다는 점 때문에 항소심판결이 항소기각판결인 경우 항소심판결만이 재심의 대상이 된다.[1262)]

> 제451조(재심사유)
> ③ 항소심에서 사건에 대하여 본안판결을 하였을 때에는 제1심판결에 대하여 재심의 소를 제기하지 못한다.

조문상 본안판결로 되어 있지만, 항소심판결이 항소인용판결인 경우 1심판결은 이미 취소된 것이므로 당연히 대상적격이 없다. 항소심판결이 항소각하판결인 경우에는, 재심사유가 있다면, 항소심판결과 1심판결 모두 재심의 대상이 될 수 있다.

상고심판결의 상고기각판결과 하급심판결 사이는 위와 다르다. 법률심인 상고심에서는 직권조사사항 등의 예외적인 경우를 제외하고는 원심의 사실인정은 심판의 대상이 되지 않으므로 하급심판결도 재심의 대상이 될 수 있다고 보

1261) 대법원 2015. 12. 23. 선고 2013다17124 판결: 원래의 확정판결을 취소한 재심판결에 대한 재심의 소에서 원래의 확정판결에 대하여 재심사유를 인정한 종전 재심법원의 판단에 재심사유가 있어 종전 재심청구에 관하여 다시 심리한 결과 원래의 확정판결에 재심사유가 인정되지 않을 경우에는 재심판결을 취소하고 종전 재심청구를 기각하여야 하며, 그 경우 재심사유가 없는 원래의 확정판결 사건의 본안에 관하여 다시 심리와 재판을 할 수는 없다.

1262) 민사소송법 개정(2024. 1. 16. 개정, 2025. 3. 1. 시행)과 민사소송규칙 개정(2025. 1. 23. 개정, 2025. 3. 1. 시행)으로 항소이유서 제출이 강제되고, 항소심의 심리가 항소이유를 중심으로 진행되게 되었다. 위 '중심으로'는 민사소송규칙의 표현인바, 상고심 심리에 관한 민사소송법 제431조는 '상고이유에 따라'라는 표현을 쓴다.

는 것이 일반적이다.

심급을 달리하는 수개의 확정판결이 재심의 대상이 되는 경우에는 후술할 병합심리 등에 관한 민사소송법 453조 2항에 유의하여야 한다.

다) 기 타

기판력이 인정되는 청구의 포기·인낙조서, 화해조서, 조정조서, 조정에 갈음하는 결정, 화해권고결정은 준재심의 대상이 되나, 집행력만 인정되고 기판력은 인정되지 않는 지급명령이나 이행권고결정은 준재심의 대상이 아니다. 중재판정은 중재판정취소라는 별도의 불복절차가 인정되기 때문에 재심의 대상이 아니다.

3) 재심기간

가) 재심사유를 안 날로부터 30일 이내

> 第456조(재심제기의 기간) ① 재심의 소는 당사자가 판결이 확정된 뒤 재심의 사유를 안 날부터 30일 이내에 제기하여야 한다.
> ② 제1항의 기간은 불변기간으로 한다.

위 1항에 따라 재심의 소는 재심사유를 안 날로부터 30일 이내에 제기하여야 한다. 재심기간 도과 여부는 재심사유별로 판단한다. 조문과 같이 판결이 확정된 뒤 재심사유가 있음을 알게 되면 알게 된 때로부터 기산하나, 재심사유가 있음을 알게 된 이후 판결이 확정되면[1263] 판결확정일부터 기산한다.[1264]

재심사유가 있음을 알게 된 날은 재심사유마다 다르다. 판결법원구성의 위반, 판단누락 등은 본인 또는 대리인이 판결을 송달받은 때 안 것으로 본다. 대리인이 안 경우 특별한 사정이 없는 한 당사자도 안 것으로 본다.[1265] 다만, 법인의 대표자의 배신적 권한남용이 있는 경우 다른 임원이 안 때가 기산점이 된다.[1266] 재심사유 중 가벌행위에 기초한 것들의 경우는 가벌행위에 대한 유죄판

1263) 판결확정 전에 재심사유를 이미 알고 있었던 경우를 의미한다.

1264) 대법원 1991. 11. 12. 선고 91다29057 판결: 원심이 판시한 바와 같이 재심대상 판결의 정본이 원고들 소송대리인에게 송달된 후 원고들이 상고를 제기하지 아니한 채 상고기간이 경과함으로써 재심대상판결이 확정되었다면, 민사소송법 제426조 제1항에 규정된 30일의 재심제기의 기간은 재심대상판결이 확정된 날로부터 기산하여야 되는 것이라고 해석함이 상당하다.

1265) 대법원 1982. 8. 24. 선고 81사11 판결.

1266) 대법원 2016. 10. 13. 선고 2014다12348 판결.

결이 확정되었음을 안 때 또는 유죄판결이 불가능함을 안 때가 기산일이 된다(451조 2항).

이 재심기간은 불변기간이므로 소송행위(재심청구)의 추완이 가능하다.

나) 판결확정 후 5년 이내

> 제456조(재심제기의 기간)
> ③ 판결이 확정된 뒤 5년이 지난 때에는 재심의 소를 제기하지 못한다.
> ④ 재심의 사유가 판결이 확정된 뒤에 생긴 때에는 제3항의 기간은 그 사유가 발생한 날부터 계산한다.

판결확정일로부터 5년이 지나면 재심을 제기할 수 없다. 다만 재심사유가 판결확정 이후에 발생한 경우, 예컨대 가벌행위에 대한 유죄판결이 판결확정일로부터 5년 이후에 확정된 경우에는 그때부터 5년을 기산한다. 이 재심기간과 위 가)의 재심기간 중 어느 하나가 먼저 도과되면 재심을 제기할 수 없게 된다. 이 재심기간은 위 가)와 달리 불변기간이 아니므로 소송행위(재심청구)의 추완이 불가능하다.

다) 재심기간의 적용배제

재심사유 중 기간제한의 대상이 아닌 경우가 있다.

> 제457조(재심제기의 기간) 대리권의 흠 또는 제451조 제1항 제10호에 규정한 사항을 이유로 들어 제기하는 재심의 소에는 제456조의 규정을 적용하지 아니한다.

위 조문의 '대리권의 흠'은 451조 1항 3호의 대리권의 흠결의 모든 경우가 아니라 그 중 대리권이 전면적으로 흠결된 경우만을 의미한다. 따라서, 예컨대 특별수권을 받지 않은 경우는 재심기간의 제한이 있다.[1267)]

4) 재심의 보충성

> 제451조(재심사유) ① 다음 각호 가운데 어느 하나에 해당하면 확정된 종국판결에 대하여 재심의 소를 제기할 수 있다. 다만, 당사자가 상소에 의하여 그 사유를 주장하였거나, 이를 알고도 주장하지 아니한 때에는 그러하지 아니하다.

재심사유는 상소의 사유도 될 수 있는바, 같은 사유에 기하여 상소를 제기하였거나 제기할 수 있었던 경우에는 재심을 제기할 수 없다. 이를 재심의 보

1267) 대법원 1968. 12. 3. 선고 68다1981 판결, 대법원 1993. 10. 12. 선고 93다32354 판결, 대법원 1994. 6. 24. 선고 94다4967 판결, 대법원 1999. 10. 22. 선고 98다46600 판결 등도 같은 취지.

충성이라고 한다.

> 대법원 1991. 11. 12. 선고 91다29057 판결
> 민사소송법 제422조 제1항 단서에 의하면 당사자가 상소에 의하여 재심사유를 주장하였거나 이를 알고 주장하지 아니한 때에는 재심의 소를 제기할 수 없는 것으로 규정되어 있는바, 여기에서 "이를 알고 주장하지 아니한 때"라고 함은 재심사유가 있는 것을 알았음에도 불구하고 상소를 제기하고도 상소심에서 그 사유를 주장하지 아니한 경우뿐만 아니라, 상소를 제기하지 아니하여 판결이 그대로 확정된 경우까지도 포함하는 것이라고 해석하여야 할 것이다.

보충성이 흠결된 경우 반대견해도 있으나 통설은 재심의 소를 각하하여야 한다고 하고, 판례도 같다.

가벌행위에 기한 재심의 경우에는 유죄확정판결이 있었다는 점까지 상소이유로 주장하였거나 주장할 수 있었던 경우에만 보충성의 원칙이 적용된다는 점에 유의할 필요가 있다.

> 대법원 1988. 2. 9. 선고 87다카1261 판결[1268)]
> 이 사건에서 원고는 피고와의 관계에서 증거가 되는 사실에 관하여 제1심증인이 위증하였다고 하여 그 대여금 사건이 확정된 이후인 1986. 2. 17 위증고소를 하였던 바 그해 3. 28 검찰에서 위증사실의 일부에 대하여 확정판결이 있었기 때문에 그 사건과 포괄일죄의 관계에 있어 후의 위증 피의사건에 대하여 공소권이 없음을 이유로 불기소처분 하였음이 기록상 명백하다. 그렇다면 원고가 이러한 사실을 상소에 의하여 이미 주장하였다고 할 수 없는 것이다.

위 조항의 '상소'에 상소의 추완은 포함되지 않는다.[1269)] 소액사건에 대한 상고의 경우 상고이유가 제한되어 있으므로 재심의 보충성이 적용되지 않는다고 보는 것이 일반적이다.

1268) 대법원 2006. 10. 12. 선고 2005다72508 판결도 같은 취지.

1269) 대법원 2011. 12. 22. 선고 2011다73540 판결: 위 단서 조항은 재심의 보충성에 대한 규정으로서, 당사자가 상소를 제기할 수 있는 시기에 재심사유의 존재를 안 경우에는 상소에 의하여 이를 주장하게 하고, 상소로 주장할 수 없었던 경우에 한하여 재심의 소에 의한 비상구제를 인정하려는 취지인 점, 추완상소와 재심의 소는 독립된 별개의 제도이므로 추완상소의 방법을 택하는 경우에는 추완상소의 기간 내에, 재심의 방법을 택하는 경우에는 재심기간 내에 이를 제기하여야 하는 것으로 보이는 점을 고려하면, 공시송달에 의하여 판결이 선고되고 그 판결정본이 송달되어 확정된 이후에 추완항소의 방법이 아닌 재심의 방법을 택한 경우에는 추완상소기간이 도과하였다 하더라도 재심기간 내에는 재심의 소를 제기할 수 있다고 보아야 할 것이다.

5) 재심사유의 주장

재심은 민사소송법 451조 1항 각 호의 사유가 있는 경우에만 제기할 수 있다. 주장하는 재심사유가 위 각 호의 사유가 아닌 경우 재심의 소는 각하된다.[1270)][1271)]

사실인정 자체와 관련된 재심사유는 상고심판결에 대한 재심사유가 될 수 없다.

> 대법원 2000. 4. 11. 선고 99재다746 판결[1272)]
> 상고심에는 직권조사 사항이 아닌 이상 사실인정의 직책은 없고 다만, 사실심인 제2심법원이 한 증거의 판단과 사실인정의 적법 여부를 판단할 뿐이고, 사실심에서 적법하게 확정한 사실은 상고심을 기속하는 바이므로, 재심사유 가운데 사실인정 자체에 관한 것, 예컨대 민사소송법 제422조 제1항 제6호의 서증의 위조·변조에 관한 것이나 제7호의 허위진술에 관한 것 등에 대하여는 사실심의 판결에 대한 재심사유는 될지언정 상고심 판결에 대하여서는 재심사유로 삼을 수 없다.

법정재심사유의 주장이 있으나 증명이 되지 않는 경우는 재심청구가 기각된다.

상고의 경우 법령위반 일체가 적법한 상고이유가 되지만, 재심의 경우 법이 정하는 특정한 사유만 재심사유가 되므로 적법한 재심사유의 주장이 없다는 이유로 재심의 소가 각하될 수도 있다는 점에 유의하여야 한다. 다만, 가급적 적법한 재심사유의 주장이 있는 것으로 선해하는 것이 실무이다.

6) 재심의 이익

상소에서와 마찬가지로 전부승소자는 재심의 소를 제기할 이익이 없다.[1273)]

1270) 대법원 1987. 12. 8. 선고 87재다24 판결, 대법원 1996. 10. 25. 선고 96다31307 판결.

1271) 실무상 재심원고가 주장한 사유 중 일부는 적법한 재심사유이고, 나머지는 그렇지 않은 경우 일부 각하의 주문을 내지 않는 경우가 종종 있다.

1272) 대법원 2006. 4. 14. 선고 2005재다242 판결도 같은 취지.

1273) 대법원 1993. 4. 27. 선고 92다24608 판결.

제69강 재심사유

1. 재심사유 일반론

재심사유는 민사소송법 451조 1항 1호 내지 11호에 규정되어 있다.

재심사유에 관한 위 각 호는 열거적이다. 즉, 위 사유만이 적법한 재심사유가 될 수 있다. 1, 2, 3, 9호의 사유는 절대적 상고이유와 같기 때문에 판결에 영향을 미쳤는지 여부는 불문한다. 나머지 사유들은 판결에 영향을 미칠 가능성이 있어야 한다고 본다.

4호 내지 7호의 사유는 모두 가벌행위에 기초한 재심사유들이고 451조 2항의 요건, 즉 유죄확정판결 등을 필요로 한다.

> 제451조(재심사유)
> ② 제1항 제4호 내지 제7호의 경우에는 처벌받을 행위에 대하여 유죄의 판결이나 과태료부과의 재판이 확정된 때 또는 증거부족 외의 이유로 유죄의 확정판결이나 과태료부과의 확정재판을 할 수 없을 때에만 재심의 소를 제기할 수 있다.

'증거부족 외의 이유로 유죄의 확정판결이나 과태료부과의 확정재판을 할 수 없을 때'란 사망, 심신장애, 사면, 공소시효의 완성으로 유죄판결이 불가능한 경우를 말한다. 수사기관에서 기소유예처분이 내려진 경우는 포함되나, 피의자 소재불명으로 인한 기소중지처분,[1274] 무혐의처분이 내려진 경우는 포함되지 않는다.

1항 4호 내지 7호의 각 사유와 2항의 요건의 관계에 대하여 후자는 전자에 기한 재심의 적법요건이라는 적법요건설과 후자와 전자가 합쳐져서 재심사유를 구성한다는 합체설이 대립하는바, 2항의 요건이 실제 갖추어지지 않은 상태에서 재심의 소가 제기된 경우 적법요건설은 각하하고, 합체설은 재심청구를 기각한다. 적법요건설이 통설이다. 판례도 적법요건설을 취하고 있다.[1275]

1274) 대법원 1959. 7. 23. 선고 4291민상444 판결, 대법원 1989. 10. 24. 선고 88다카29658 판결.

1275) 대법원 1989. 10. 24. 선고 88다카29658 판결, 대법원 1981. 1. 27. 선고 80다2510 판결, 대법원 1994. 7. 14.자 93모66 결정, 대법원 1990. 8. 14. 선고 89다카6812 판결.

주문의 여하보다는 실제 더 중요한 재심기간의 적용에 있어서 합체설은 유죄확정판결 등이 이루어진 시점을 기준으로 삼는다. 적법요건설은 이론구성으로 볼 때는 가벌행위를 기준으로 삼는 것이 자연스럽지만, 적법요건설을 취하는 논자들도 합체설과 같은 결론을 내리고, 판례도 같다.

위 각 호의 사유를 주장하지 않는 경우 재심의 소가 각하되는 점, 사실인정 자체에 관한 사유들은 상고심판결에 대한 재심사유로 주장할 수 없는 점, 재심은 상소에 대하여 보충성을 가지는 점 등은 앞에서 보았다. 실제 재심사건을 다루게 될 경우에는 유의해야 할 다른 판례 등도 많이 있지만, 아래에서 각 재심사유들에 대하여 중요한 사항을 위주로 살펴본다.

2. 개별적 검토

1) 1호

1. 법률에 따라 판결법원을 구성하지 아니한 때

절대적 상고이유 중 민사소송법 424조 1호와 같다. 합의부가 2인으로 구성된 경우, 변론에 관여하지 않은 법관이 판결에 관여한 경우 등이 여기에 해당한다.[1276] 대법원이 판례변경을 하면서 전원합의체가 아닌 소부에서 하는 경우도 여기에 해당한다.[1277]

다만, 판례변경이 있었는지 여부에 관하여 대법원은 신중한 입장을 취하고 있다는 점에 유의하여야 한다.[1278] 대법원은 심리불속행 판결은 판례변경에 해당될 여지가 없다고 본다.[1279]

1276) 주석 민사소송법(9판)(Ⅴ), 761~762면.

1277) 대법원 2000. 5. 18. 선고 95재다199 전원합의체 판결, 대법원 2011. 7. 21. 선고 2011재다199 전원합의체 판결.

1278) 대법원 2009. 7. 23. 선고 2009재다516 판결(판결은 1차적으로 개별적인 사건에 법적인 해결을 부여하는 것을 지향하는 것이고, 대법원 판결에서의 추상적·일반적 법명제의 설시도 기본적으로 당해 사건의 해결을 염두에 두고 행하여지므로, 그 설시의 위와 같은 '의미'는 당해 사건의 사안과의 관련에서 이해되어야 한다), 대법원 2011. 7. 21. 선고 2011재다199 전원합의체 판결(종전 대법원판결들이 선언한 법리의 적용 범위와 한계를 분명히 하고 그 법리가 적용되지 않는 경우에 적용할 새로운 법리를 표시한 것일 뿐[인 경우는] 종래 대법원이 표시한 의견을 변경한 경우에는 해당하지 않는다).

1279) 대법원 1997. 6. 13. 선고 97재다94 판결.

2) 2호

> 2. 법률상 그 재판에 관여할 수 없는 법관이 관여한 때

절대적 상고이유 중 민사소송법 424조 2호와 같다. 판결의 선고에만 관여한 경우는 포함되지 않는다. 법관에게 제척사유가 있거나 기피신청을 인용한 결정이 확정된 경우, 법관이 상급심에서 파기된 원심판결에 관여한 경우 등이 여기에 해당한다.[1280]

3) 3호

> 3. 법정대리권·소송대리권 또는 대리인이 소송행위를 하는 데에 필요한 권한의 수여에 흠이 있는 때. 다만, 제60조 또는 제97조의 규정에 따라 추인한 때에는 그러하지 아니하다.

대리권의 흠에 관한 3호는 절대적 상고이유 중 민사소송법 424조 4호와 같다. 가장 중요한 재심사유이다. 단순히 대리인에게 대리권이 없는 경우나 특별수권이 없는 경우뿐만 아니라 소송무능력자가 단독으로 소송을 수행한 경우, 판결의 편취 중 성명모용소송, 소송중단을 간과한 판결, 법인 대표자의 자격 흠결 등 당사자의 절차적 권리가 보장되지 않은 경우에 널리 3호가 적용되는 점,[1281] 추인하면 그 사유를 주장할 수 없게 되는 점도 같다.

판례는 판결의 편취 중 자백간주에 의한 것은 상소에 의하여 구제받아야 하고, 공시송달에 의한 것은 11호의 재심에 의하여 구제받아야 한다는 입장임은 판결의 무효에서 본 바와 같다.

일반적인 경우와 달리 재심에서는 대리권의 흠이 있다는 점에 대한 증명책임은 재심원고에게 있다.[1282] 3호의 목적은 본인의 보호이므로 상대방은 3호만을 주장하여 재심을 제기할 수 없다.[1283]

1280) 주석 민사소송법(9판)(Ⅴ), 761~763면.

1281) 대법원 1998. 12. 11. 선고 97재다445 판결(우체국 집배원의 배달 착오로 소송기록접수통지서를 송달받지 못하여 상고이유서 제출기간 내에 상고이유서를 제출하지 못함으로써 상고가 기각된 경우 3호의 재심사유에 해당한다).

1282) 대법원 1996. 12. 23. 선고 95다22436 판결, 대법원 1999. 2. 9. 선고 98다38739 판결.

1283) 대법원 2000. 12. 22. 선고 2000재다513 판결: 민사소송법에서 법정대리권 등의 흠결을 재

전면적인 대리권의 흠이 있는 경우 재심기간의 제한을 받지 않는다.

4) 5호

5. 형사상 처벌을 받을 다른 사람의 행위로 말미암아 자백을 하였거나 판결에 영향을 미칠 공격 또는 방어방법의 제출에 방해를 받은 때

경범죄처벌법위반이나 질서벌의 대상에 그치는 경우에는 5호의 적용이 없다는 것이 통설이다. 가벌행위가 문서위조·변조죄나 위증죄에 해당하는 경우에는 6호와 7호가 적용된다. 다른 사람에는 상대방 당사자와 제3자가 포함되는데, 제3자에는 상대방의 소송대리인, 법정대리인 등뿐만 아니라 재심원고 자신의 대리인 등도 포함된다.[1284)]

5호가 적용되기 위하여는 가벌행위와 판결결과 사이에 인과관계가 있어야 한다는 점은 조문상 명백하다. 판례는 가벌행위가 소송행위의 간접적인 원인에 불과한 경우에는 5호가 적용되지 않는다고 하고,[1285)] 가벌행위로 인하여 단지 착오를 유발한 정도만으로는 부족하고 소송행위가 외형적으로만 존재한다고 볼 수 있는 경우에 한하여 5호가 적용된다고 보고,[1286)] 또한 다른 사람이 자신의 대리인인 경우는 그가 단순히 형사처벌을 받았다는 점만으로는 부족하고 대리인의 배임행위에 소송상대방 또는 그 대리인이 통모하여 가담한 경우와 같이 소송행위의 효과를 본인에게 귀속시키는 것이 절차적 정의에 반한다고 볼 사정이 있어야 한다고 하여,[1287)] 엄격한 입장을 취하고 있다.

조문상 자백한 경우와 공격방어방법의 제출이 방해된 경우가 기재되어 있는바, '공격방어방법'에는 주장, 부인, 항변뿐만 아니라 증거방법도 포함된다. 항소취하 등에도 5호가 적용될 수 있다.[1288)]

심사유로 규정한 취지는 원래 그러한 대표권의 흠결이 있는 당사자측을 보호하려는 데에 있으므로, 그 상대방이 이를 재심사유로 삼기 위하여는 그러한 사유를 주장함으로써 이익을 받을 수 있는 경우에 한하고, <u>여기서 이익을 받을 수 있는 경우란 위와 같은 대표권 흠결 이외의 사유로도 종전의 판결이 종국적으로 상대방의 이익으로 변경될 수 있는 경우를 가리킨다.</u>

1284) 대법원 2012. 6. 14. 선고 2010다86112 판결.

1285) 대법원 1979. 5. 15. 선고 78다1094 판결.

1286) 대법원 1984. 5. 29. 선고 82다카963 판결.

1287) 대법원 2012. 6. 14. 선고 2010다86112 판결.

1288) 대법원 2012. 6. 14. 선고 2010다86112 판결.

5) 6호

6. 판결의 증거가 된 문서, 그 밖의 물건이 위조되거나 변조된 것인 때

6호는 7호와 함께 상고심판결에 대한 재심사유는 될 수 없다고 보는 것이 일반적이다. 판결의 증거가 되었다고 하기 위하여는 확정판결의 사실인정의 근거로 채택되어 있어야, 즉 이유에 해당 문서 등이 증거로 기재되어 있어야 한다.[1289] 문서 등의 일부만 증거로 채택된 경우, 채택되지 아니한 나머지 부분과 관련하여 유죄확정판결이 있어도 6호의 재심사유는 성립되지 않는다.

문서 등이 사실인정의 근거로 채택된 이상 반드시 직접적인 자료일 필요는 없고, 간접적인 자료라도 무방하지만, 재심사유가 되기 위하여는 판결결과에 영향을 미칠 것이 요구되는 점과 관련하여 법원이 위조문서 등을 참작하지 않았더라면 당해 판결과는 다른 판결을 하였을 개연성이 있어야 한다.[1290]

문서는 공문서·사문서를 불문하고, 위조·변조에는 허위공문서작성, 공정증서원불실기재 등이 포함되나, 사문서의 무형위조는 포함되지 않는다.[1291] 그 밖의 물건으로는 공인, 사인, 경계표 등이 있다.

1289) 대법원 1981. 11. 24. 선고 81다카327 판결: 민사소송법 제422제 제1항 제7호 소정의 '판결의 증거된 때'라 함은 증인 등의 허위진술이 판결주문에 영향을 미치는 사실인정의 자료로서 판결서에 기재되어 있는 경우를 말한다고 할 것이므로, 증인 등의 허위진술이 없었더라면 판결주문이 달라질 수 있는 경우라고 할지라도 동 허위진술이 증거로서 채용되어 판결서에 기재되지 아니하였다면 재심사유가 되지 아니한다.

1290) 대법원 1997. 7. 25. 선고 97다15470 판결: 민사소송법 제422조 제1항 제6호 소정의 '판결의 증거로 된 문서 기타 물건이 위조나 변조된 것인 때'라 함은, 그 위조된 문서 등이 판결주문의 이유가 된 사실인정의 직접적 또는 간접적인 자료로 제공되어 법원이 그 위조문서 등을 참작하지 않았더라면 당해 판결과는 다른 판결을 하였을 개연성이 있는 경우를 말하고, 그 위조문서 등을 제외한 나머지 증거들만 가지고도 그 판결의 인정 사실을 인정할 수 있거나 그 위조문서 등이 없었더라면 판결주문이 달라질 수도 있을 것이라는 일응의 개연성이 있지 아니하는 경우 또는 위조문서 등이 재심대상 판결이유에서 가정적 또는 부가적으로 설시한 사실을 인정하기 위하여 인용된 것이고 주요사실의 인정에 영향을 미치지 않는 사정에 관한 것이었을 때에는 재심사유가 되지 않으며, 여기에서 말하는 '위조'에는 형사상 처벌될 수 있는 허위공문서작성이나 공정증서원본불실기재가 포함된다.

1291) 대법원 1974. 6. 25. 선고 73다2008 판결, 대법원 2006. 5. 26. 선고 2004다54862 판결.

6) 7호

7. 증인·감정인·통역인의 거짓 진술 또는 당사자신문에 따른 당사자나 법정대리인의 거짓 진술이 판결의 증거가 된 때

7호 역시 사실심판결에 대하여만 재심사유가 된다고 보는 것이 일반적이다. 증인·감정인·통역인의 거짓 진술은 형법의 위증죄, 허위감정·허위통역죄의 처벌대상이고, 당사자나 법정대리인의 거짓진술은 민사소송법 370조, 372조에 따라 과태료의 대상이다.

6호에서와 마찬가지로, 거짓진술이 확정판결의 증거로 채택되어야 하고, 나아가 재심사유가 되기 위하여 판결결과에 영향을 미칠 것이 요구된다. 거짓진술은 대상판결의 소송절차에서 행해진 것이어야 한다는 것이 판례의 입장이나[1292] 반대견해도 있다.

7) 8호

8. 판결의 기초가 된 민사나 형사의 판결, 그 밖의 재판 또는 행정처분이 다른 재판이나 행정처분에 따라 바뀐 때

판결의 기초가 되었다는 것은, 확정판결에 법률적 구속력을 미치거나 또는 확정판결의 사실인정의 자료가 된 재판 등이 그 후 다른 재판이나 행정처분에 의하여 확정적이고 또한 소급적으로 변경된 경우를 말하는 것이다.[1293] 그 중 확정판결의 사실인정의 자료가 된 재판 등이 변경된 경우는 원칙적으로 사실심판결에 대한 재심사유가 될 뿐이다.[1294] 6, 7호와 달리 반드시 확정판결의 이유에 증거로 기재되는 것은 요구되지 않는다.[1295] 6, 7호와 마찬가지로 재심사유

1292) 대법원 1997. 3. 28. 선고 97다3729 판결: 민사소송법 제422조 제1항 제7호 소정의 "증인의 허위진술이 판결의 증거로 된 때"라 함은 증인이 직접 재심의 대상이 된 소송사건을 심리하는 법정에서 허위로 진술하고 그 허위진술이 판결주문의 이유가 된 사실인정의 자료가 된 경우를 가리키는 것이지, 증인이 재심대상이 된 소송사건 이외의 다른 민·형사 관련사건에서 증인으로서 허위진술을 하고 그 진술을 기재한 조서가 재심대상판결에서 서증으로 제출되어 이것이 채용된 경우는 위 제7호 소정의 재심사유에 포함될 수 없다.

1293) 대법원 2001. 12. 14. 선고 2000다12679 판결.

1294) 대법원 2007. 11. 15.자 2007재마26 결정.

1295) 대법원 1991. 7. 26. 선고 91다13694 판결: 민사소송법 제422조 제1항 제8호에서 말하는

가 되기 위하여 판결결과에 영향을 미칠 것이 요구된다.[1296][1297]

재판에는 민·형사판결, 가사판결, 가압류·가처분결정, 비송결정 등도 포함된다. 재판의 변경은 상소·재심은 물론 이의신청에 의하여 바뀐 경우를 모두 포함한다. 행정처분의 변경에는 재판에 의한 경우는 물론 행정처분에 의한 변경도 포함되나, 불기소처분 이후에 유죄판결이 확정된 것은 포함되지 않는다.[1298]

법령의 변경,[1299] 판례의 변경,[1300] 법률에 대한 위헌결정 등은 8호에 해당되지 않는다.

8) 9호

9. 판결에 영향을 미칠 중요한 사항에 관하여 판단을 누락한 때

9호의 사유를 통상 판단누락[1301]이라고 한다. 중요한 재심사유이다. 판결이

재심사유인 "판결의 기초로 된 민사나 형사의 판결 기타의 재판이 다른 재판에 의하여 변경된 때"라 함은 그 확정판결에 법률적으로 구속력을 미치거나 또는 그 확정판결에서 사실인정의 자료가 된 재판이 그 후 다른 재판에 의하여 변경된 경우를 말하고, "확정판결에서 사실인정의 자료가 된 재판"인 여부의 인정에 있어서는 그 재판이 확정판결에서 증거로 인용되어 거시되었는가 하는 형식적인 점만으로 판단할 것이 아니고, 그 재판이 확정판결의 사실인정에 영향을 미치는 것인지를 따져서 판단하여야 한다. 대법원 1996. 5. 31. 선고 94다20570 판결, 대법원 2005. 6. 24. 선고 2003다55936 판결도 같은 취지이다.

1296) 대법원 1991. 7. 26. 선고 91다13694 판결, 대법원 2024. 10. 8. 선고 2022다217056 판결(사실인정의 자료가 되었다고 하는 것은 변경 전 재판내용 등이 확정판결 주문에 영향을 미치는 사실인정의 자료가 된 경우를 의미하므로, 변경 전 재판내용 등을 제외한 나머지 증거들에 의하여도 판결 주문에 아무런 영향도 미치지 않는 경우에는 위 재심사유에 해당되지 않는다) 등.

1297) 대법원 2019. 10. 17. 선고 2018다300470 판결: 재심사유는 그 하나하나의 사유가 별개의 청구원인을 이루는 것이므로, 여러 개의 유죄판결이 재심대상판결의 기초가 되었는데 이후 각 유죄판결이 재심을 통하여 효력을 잃고 무죄판결이 확정된 경우, 어느 한 유죄판결이 효력을 잃고 무죄판결이 확정되었다는 사정은 특별한 사정이 없는 한 별개의 독립된 재심사유라고 보아야 한다. 재심대상판결의 기초가 된 각 유죄판결에 대하여 형사재심에서 인정된 재심사유가 공통된다거나 무죄판결의 이유가 동일하다고 하더라도 달리 볼 수 없다.

1298) 대법원 1998. 3. 27. 선고 97다50855 판결: 검사의 불기소처분이 재심대상 판결에 법률적으로 구속력을 미치는 것이 아님은 의문의 여지가 없고, 다음 검사의 불기소처분에는 확정재판에 있어서의 확정력과 같은 효력이 없어 일단 불기소처분을 한 후에도 공소시효가 완성되기까지 언제라도 공소를 제기할 수 있는 것이므로, 일단 불기소처분되었다가 후에 공소가 제기되었다고 하여 종전의 불기소처분이 '소급적'으로 변경된 것으로 보기 어렵고, 나아가 그 기소된 형사사건이 유죄로 확정되었다 하여도 이는 마찬가지이다.

1299) 대법원 1983. 6. 14. 선고 83사6 판결.

1300) 대법원 1987. 12. 8. 선고 87다카2088 판결.

1301) 과거에는 판단'유탈'이라고 하였다.

유에 민사소송법 208조 2항에 따라 공격방어방법에 대한 판단을 기재하여야 함에도 불구하고 이를 기재하지 않은 경우를 의미한다.

> 제208조(판결서의 기재사항 등)
> ② 판결서의 이유에는 주문이 정당하다는 것을 인정할 수 있을 정도로 당사자의 주장, 그 밖의 공격·방어방법에 관한 판단을 표시한다.

9호가 적용되기 위하여는 판결결과에 영향이 있어야 하는 것임은 조문상 명백하고, 따라서 판단이 실제 누락되어도 판결결과에 영향이 없는 경우에는 9호의 판단누락은 아니다.[1302] 또한 당사자가 주장하거나, 직권조사사항의 경우에는 조사를 촉구한 바가 있어야 한다.[1303]

판례는 전체적으로 고찰하여 판단이 있다고 볼 수 있는 경우에는 판단누락이 아니라고 하여 9호의 적용범위를 엄격히 제한하고 있다.[1304] 판례는 나아가 판단이 있는 이상 그 내용에 잘못이 있다고 하여도 판단누락이 될 수 없다고 하고,[1305] 심리불속행으로 상고가 기각된 경우에는 9호의 적용이 있을 수 없다고 한다.[1306]

다만, 판례는 상고이유서가 기간 내에 제출되었음을 간과하고 상고이유서 부제출을 이유로 상고가 기각된 경우,[1307] 무효인 상고기록접수통지서의 송달

1302) 대법원 2008. 7. 10. 선고 2006재다218 판결, 대법원 2019. 10. 17. 선고 2018다300470 판결.

1303) 대법원 2004. 9. 13.자 2004마660 결정.

1304) 대법원 1998. 2. 24. 선고 97재다278 판결: 민사소송법 제422조 제1항 제9호가 정하는 재심사유인 '판결에 영향을 미친 중요한 사항에 관하여 판단을 유탈한 때'라고 함은 당사자가 소송상 제출한 공격방어방법으로서 판결에 영향이 있는 것에 대하여 판결 이유 중에 판단을 명시하지 아니한 경우를 말하고, 판단이 있는 이상 그 판단에 이르는 이유가 소상하게 설시되어 있지 아니하거나 당사자의 주장을 배척하는 근거를 일일이 개별적으로 설명하지 아니하더라도 이를 위 법조에서 말하는 판단유탈이라고 할 수 없다.

1305) 대법원 1983. 6. 28. 선고 82후1 판결: 위 확정판결은 상고이유에 대하여 판단하고 있음이 분명하니 여기에 판단유탈이란 있을 수 없고 그 판단이 있는 이상 그 당부를 들어 판단유탈이란 이유로 재심청구를 할 수 없음은 재심의 제도상 당연한 귀결이라 할 것이므로 형식을 판단유탈이란 이름을 들고 실은 판단의 당·부당을 다투는 본건 재심청구는 상표법 제52조 제2항에서 준용하는 민사소송법 제422조 소정의 재심사유에 해당되지 아니[한다.]

1306) 대법원 1996. 2. 13. 선고 95재누176 판결, 대법원 1997. 5. 7. 선고 96재다479 판결, 대법원 2007. 3. 30. 선고 2006재후29 판결.

1307) 대법원 1998. 3. 13. 선고 98재다53 판결, 대법원 2000. 1. 7.자 99재마4 결정(재항고이유서), 대법원 2006. 3. 9. 선고 2004재다672 판결(우편집배원의 송달일자 착오기재), 대법원 2003. 11. 28. 선고 2003재다675 판결.

에 기하여 상고이유서 부제출을 이유로 상고가 기각된 경우[1308]에는 9호에 의한 구제를 인정한다.

일반적인 경우 판단누락은 판결정본을 송달받은 때 알게 되는 것이므로, 하급심의 판단누락은 상소에 의하여 구제받을 수 있고, 재심은 상소에 대한 보충적 제도이기 때문에, 특별한 사정이 없는 한, 하급심판결에 대하여는 판단누락에 기한 재심의 소를 제기할 수 없다. 따라서 판단누락은 주로 상소로 다툴 수 없는 상고심판결에 대한 재심사유로 된다.

판단누락과 절대적 상고이유 중 이유불비와의 관계에 대하여는 상고를 다룰 때 보았다.

9) 10호

10. 재심을 제기할 판결이 전에 선고한 확정판결에 어긋나는 때

조문에는 '전에 선고한'이라고 되어 있지만, '전에 확정된'이라고 해석해야 한다. 즉 어떤 확정판결이 재심대상판결보다 뒤에 선고되었어도 먼저 확정된 경우에는 10호가 적용된다. 10호는 기판력의 저촉을 해소하기 위한 규정이므로, 기판력이 미치는 경우에만 적용된다. 동일한 내용의 다른 사건의 판례와 어긋난다는 주장은 10호에 기하여 할 수 없다. 10호에 기한 재심에는 재심기간의 제한이 없다(457조). 심리불속행으로 상고를 기각한 판결은 10호의 재심대상이 될 수 없다.[1309] 10호에 기한 재심에도 재심의 보충성원칙의 적용이 있다.[1310]

10) 11호

11. 당사자가 상대방의 주소 또는 거소를 알고 있었음에도 있는 곳을 잘 모른다고 하거나 주소나 거소를 거짓으로 하여 소를 제기한 때

11호는 공시송달에 의한 판결편취에 적용되는 재심사유이다. 조문의 기재만을 보면 자백간주에 기한 판결편취에도 11호의 적용이 있다고 볼 수도 있고, 실제 그와 같은 입장을 취하는 견해도 있지만, 판례는 상소가 그에 대한 구제

1308) 대법원 2013. 1. 16. 선고 2012재다370 판결.
1309) 대법원 1997. 5. 7. 선고 96재다479 판결 등.
1310) 주석 민사소송법(7판)(Ⅶ), 88면.

수단이라고 한다.

11호와 5호의 관계가 문제되는바, 판례는 두 재심사유가 병존할 수 있다고 본다.[1311]

11호와 3호는 서로 무관하다고 보는 것이 통설·판례의 입장이지만, 11호가 3호의 특칙이라고 보는 견해도 있다. 11호에 기한 재심청구에는 재심기간의 제한이 있다는 것이 통설·판례의 귀결이다.[1312] 제11호를 제3호의 특칙으로 보는 견해는 11호에 기한 재심청구에 재심기간의 제한이 없다고 본다.[1313]

3. 특별법상의 재심사유

특별법에 의하여 재심이 가능한 예로는 헌법소원이 인용된 경우(헌법재판소법 75조 7항), 사해대표소송의 경우(상법 406조), 항고소송의 판결에 의한 처분의 취소 등으로 피해를 입은 제3자가 귀책사유 없이 참가하지 못한 경우(행정소송법 31조, 38조) 등을 들 수 있다.

1311) 대법원 1997. 5. 28. 선고 96다41649 판결.

1312) 대법원 1992. 5. 26. 선고 92다4079 판결: 당사자가 상대방의 주소 또는 거소를 알고 있었음에도 불구하고 소재불명이라 하여 공시송달로 소송을 진행하여 그 판결이 확정되고 그 상대방 당사자가 책임질 수 없는 사유로 상소를 제기하지 못한 경우에는 선택에 따라 추완상소를 하거나 민사소송법 제422조 제1항 제11호의 재심사유가 있음을 이유로 재심의 소를 제기할 수 있다고 하더라도 재심의 소를 선택하여 제기하는 이상 같은 법 제426조 제3, 4항 소정의 제척기간 내에 제기하여야 [한다.]

1313) 상세는 박재완, "하자 있는 송달과 재심(공시송달을 중심으로)", 민사소송 제15권 제2호 (2011. 11), 213면 이하, 228~234면 참조.

제70강 재심의 절차

1. 적용법규

재심의 절차에는 재심대상인 확정판결과 같은 심급의 절차에 관한 규정이 준용된다.

제455조(재심의 소송절차) 재심의 소송절차에는 각 심급의 소송절차에 관한 규정을 준용한다.

2. 재심의 소의 제기

1) 재심소장

재심의 소에도 서면주의가 적용된다(455조, 248조). 재심소장의 필수적 기재사항은 다음과 같다.

제458조(재심소장의 필수적 기재사항) 재심소장에는 다음 각호의 사항을 적어야 한다.
1. 당사자와 법정대리인
2. 재심할 판결의 표시와 그 판결에 대하여 재심을 청구하는 취지
3. 재심의 이유

2) 관 할

재심의 소는 재심대상인 확정판결을 한 법원에 제기하여야 한다. 재심사건의 관할은 전속관할이다.

제453조(재심관할법원) ① 재심은 재심을 제기할 판결을 한 법원의 전속관할로 한다.

항소심이 본안판결, 즉 항소기각판결이나 항소인용판결을 한 경우에는 앞서 본 바와 같이 항소심판결만이 재심대상적격이 있다. 당사자가 착오로 1심판결을 재심대상판결로 선택하면, 그는 당연히 재심소장에 재심대상판결을 1심판결로 기재하고, 재심소장은 1심법원에 제출하게 된다. 이는 엄밀하게 말하자면 관할법원을 잘못 선택한 것이 아니라 재심대상판결을 잘못 선택한 것이고, 따

라서 재심의 소가 각하되어야 한다. 하지만 판례는 이를 관할위반의 재심의 소로 보고 사건을 항소심법원으로 이송하여야 한다고 한다.

> 대법원 1984. 2. 28. 선고 83다카1981 전원합의체 판결
> 항소심에서 본안판결을 한 경우에는 제1심판결에 대하여 재심의 소를 제기하지 못하므로 그 경우 항소심판결이 아닌 제1심판결에 대하여 제1심법원에 제기된 재심의 소는 재심대상이 아닌 판결을 대상으로 한 것으로서 재심의 소송요건을 결여한 부적합한 소송이며 단순히 재심의 관할을 위반한 소송이라고 볼 수는 없으나, 항소심에서 본안판결을 한 사건에 관하여 제기된 재심의 소가 제1심판결을 대상으로 한 것인가 또는 항소심판결을 대상으로 한 것인가의 여부는 재심소장에 기재된 재심을 할 판결의 표시만 가지고 판단할 것이 아니라 재심의 이유에 기재된 주장내용(재심사유가 항소심판결에 관한 것인지 여부)을 살펴보고 재심을 제기한 당사자의 의사를 참작하여 판단할 것이다.

판례는 재심소장의 표시에도 불구하고 재심대상판결은 항소심판결이라고 판단하여야 한다고 한다. 무리가 있는 논증이지만, 재심기간의 제한으로 인한 불이익이 심대한 점을 고려하면 판례의 입장은 충분히 수긍할 수 있고, 학설도 판례의 입장을 지지한다. 이송을 하여야 한다는 것은 결국 위 사안에서 재심소장이 1심법원에 제출된 때를 기준으로 재심기간 준수 여부를 판단한다는 것이다.

판례는 또한 사실인정에 관한 재심사유에 기하여 재심을 제기할 때에는 재심대상이 될 수 없는 상고심판결을 재심대상판결로 선택한 나머지 상고심법원에 재심의 소를 제기한 경우도 위와 같은 방식으로 처리한다.[1314)]

> 대법원 1984. 4. 16. 선고 84사4 판결
> 원고가 항소심판결에서 증거로 원용된 소유권증명이 위조된 것이라고 주장하면서 상소기각판결을 재심대상판결로 기재하여 재심의 소를 제기한 경우에는 그 재심사유가 항소심판결에 관한 것임이 그 주장자체나 소송자료에 의하여 분명하니 재심원고의 의사는 항소심판결을 대상으로 한 것으로서 다만 재심소장에 재심을 할 판결의 표시를 잘못 기재하여 제출하였다 할 것이므로 재심관할 법원인 항소심법원에 이송함이 상당하다.

한 사건에 수개의 재심대상판결이 있는 경우에는 특칙이 있다.

> 제453조(재심관할법원)
> ② 심급을 달리하는 법원이 같은 사건에 대하여 내린 판결에 대한 재심의 소는 상급법원이 관할한다. 다만, 항소심판결과 상고심판결에 각각 독립된 재심사유가 있는 때에는 그러하지 아니하다.

1314) 대법원 1994. 10. 15.자 94재다413 결정도 같은 취지이다.

우선 위 조항의 본문에 따라 수개의 재심대상판결에 대하여 동시에 재심의 소를 제기하고자 할 때에는 상급심법원에 하급심판결에 대한 재심청구까지 병합하여 제기하여야 한다. 만약 하급심판결에 대한 재심의 소가 하급심법원에 제기된 경우에는 하급심법원은 상급심법원에 사건을 이송하여야 한다. 상급심판결에 대한 절차가 이미 종료된 경우에는 그렇지 않다.

1심법원과 항소심법원 사이에서는 별다른 문제가 없다. 항소심법원과 상고심법원 사이에서는 위 조항의 단서의 적용이 있다. 즉, 항소심판결의 재심사유와 상고심판결의 재심사유가 각각 독립적인 경우에는 본문의 적용이 없다.

3. 심 판

1) 개 요

재심절차에는 재심대상인 확정판결의 심급의 절차에 관한 규정이 준용되므로 재심대상이 1심판결인 경우에는 1심 절차에 따라, 항소심판결인 경우에는 항소심 절차에 따라, 상고심 판결인 경우에는 상고심 절차에 따라 심리가 진행된다.

재심절차는 확정판결의 취소를 구하는 단계와 본안의 재심판을 구하는 단계라는 두 단계의 구조를 가지고 있고, 첫 단계에서는 재심의 소의 적법요건이 갖추어졌는지 여부와 재심사유가 있는지 여부를 심판하고, 둘째 단계에서는 재심대상판결의 대상을 재심판한다는 점은 앞서 보았다. 즉, 재심사건을 담당하는 법원은 재심의 소의 적법요건, 재심사유의 존부 및 본안에 대하여 심판한다.

2) 확정판결의 취소단계

재심의 소가 적법하기 위하여는 앞선 재심사유 외에도 일반적인 소로서의 적법요건도 갖추어야 한다. 재심의 소가 부적법한 경우에는 재심의 소가 각하된다.

재심사유별로 소송물이 되기 때문에 재심원고가 주장한 재심사유만이 심판의 대상이 되고, 주장된 재심사유가 인정되지 않는 경우에는 재심청구가 기각된다. 재심원고는 재심사유의 주장을 변경할 수 있고(459조 2항), 재심피고는 자신의 재심사유에 기한 반소를 제기할 수 있고(455조, 412조), 부대재심도 제기할 수 있다.

유의할 점은 확정판결의 취소는 당사자의 처분의 자유가 허용될 수 없는 영역에 속하므로 주장된 재심사유의 존부는 직권탐지주의에 의하여 심리된다고 보는 것이 통설·판례의 입장이라는 점이다. 따라서 재심사유의 존부와 관련하여서는 당사자의 자백, 청구의 포기·인낙, 화해 등이 인정되지 않는다. 하지만, 재심의 소를 취하하는 것은 가능하다.

> 대법원 1992. 7. 24. 선고 91다45691 판결
> 재심의 소는 확정판결에 대하여 그 판결의 효력을 인정할 수 없는 흠결이 있는 경우에 구체적 정의를 위하여 법적 안정성을 희생시키면서 확정판결의 취소를 허용하는 비상수단으로서, 소송제도의 기본목적인 분쟁해결의 실효성과 정의실현과의 조화를 도모하여야 하는 것이므로 재심사유의 존부에 관하여는 당사자의 처분권을 인정할 수 없고, 재심법원은 직권으로 당사자가 주장하는 재심사유 해당사실의 존부에 관한 자료를 탐지하여 판단할 필요가 있고, 따라서 재심사유에 대하여는 당사자의 자백이 허용되지 아니하며 [자백간주]에 관한 민사소송법 제139조 제1항은 적용되지 아니한다고 할 것이다.

3) 본안의 재심판

재심사유가 있는 경우 재심재판부는 본안에 대하여 다시 심판한다. 본안에 대하여 처음부터 다시 심리하는 것은 아니고, 기존의 심리(변론)을 속행하는 방식을 취한다. 변론의 갱신이 요구된다. 기존 심급이 사실심이면 새로운 자료의 제출도 가능하다.

본안소송의 재심판 역시 불복범위 내에서만 할 수 있다.

> 제459조(변론과 재판의 범위) ① 본안의 변론과 재판은 재심청구이유의 범위안에서 하여야 한다.

재심재판부는 심리 결과 재심대상판결이 부당한 경우에는 불복범위 내에서 이를 취소하고 대신하는 판결을 한다. 재심에도, 부대재심 등이 없는 한, 불이익변경금지의 원칙이 적용된다.[1315] 반면, 재심대상판결이 정당한 경우에는 재심사유가 있는 경우라도 재심청구를 기각하는 판결을 한다.

1315) 대법원 2003. 7. 22. 선고 2001다76298 판결: 재심은 상소와 유사한 성질을 갖는 것으로서 부대재심이 제기되지 않는 한 재심원고에 대하여 원래의 확정판결보다 불이익한 판결을 할 수 없다.

> 제460조(결과가 정당한 경우의 재심기각) 재심의 사유가 있는 경우라도 판결이 정당하다고 인정한 때에는 법원은 재심의 청구를 기각하여야 한다.

재심대상판결이 원래의 변론종결시를 기준으로 할 때는 부당하지만, 그 이후의 사유로 인하여 결론적으로 정당한 경우 재심대상판결을 취소하여야 한다는 견해와 위 조문에 기하여 재심청구를 기각하여야 한다는 견해가 대립하고 있다. 판례는 후자의 입장이고, 이 경우 기판력의 표준시가 재심판결의 변론종결시로 변경된다고 한다.[1316]

> 대법원 1993. 2. 12. 선고 92다25151 판결
> 위 재심판결은 재심대상판결에 재심사유는 인정된다고 하면서도 그 재심대상판결의 변론종결 후인 1986. 4. 30. 재심피고인 위 김영희로부터 이 사건 피고들에게로 이 사건 각 부동산에 관한 소유권이전등기가 경료되어 위 김영희의 원고에 대한 소유권이전등기의무가 이행불능이 되었다는 이유로 재심의 청구를 기각하였는바, 이처럼 재심사건에서 법원이 재심사유는 있다고 인정하면서도 재심대상판결의 변론종결 후의 사유를 이유로 재심청구를 기각한 경우에는 그 기판력의 표준시는 재심대상판결의 변론종결시가 아니라 재심판결의 변론종결시로 보아야 할 것이[다.]

재심청구에 통상의 민사소송, 특히 재심청구가 인용되는 것을 전제로 재심대상판결의 청구에 다른 청구를 병합할 수 있는지에 관하여 견해가 대립하나 통설은 이를 긍정한다. 판례는 반대이다.[1317]

한편, 판례는 재심사건에 독립당사자참가는 할 수 있다고 보지만, 이러한 독립당사자참가는 재심사유가 인정되어 본안소송이 부활되는 단계를 위하여 참가하는 것이므로, 재심의 소가 각하되거나 재심청구가 기각되는 경우에는 부적법하게 된다고 한다.[1318]

4) 중간판결

재심재판부는 확정판결의 취소 단계와 본안의 재심판 단계를 분리하여 전 단계를 먼저 심판할 수도 있다.

1316) 전자의 입장을 취하면 당연히 재심판결시가 표준시가 된다.

1317) 대법원 1971. 3. 31. 선고 71다8 판결, 대법원 1997. 5. 28. 선고 96다41649 판결, 대법원 2009. 9. 10. 선고 2009다41977 판결.

1318) 대법원 1981. 7. 28. 선고 81다카65, 66 판결, 대법원 1994. 12. 27. 선고 92다22473, 22480 판결.

제454조(재심사유에 관한 중간판결) ① 법원은 재심의 소가 적법한지 여부와 재심사유가 있는지 여부에 관한 심리 및 재판을 본안에 관한 심리 및 재판과 분리하여 먼저 시행할 수 있다.
② 제1항의 경우에 법원은 재심사유가 있다고 인정한 때에는 그 취지의 중간판결을 한 뒤 본안에 관하여 심리·재판한다.

5) 재심판결에 대한 불복

재심판결에 대하여 상소 및 재심으로 불복할 수 있다. 예컨대, 항소심판결이 재심대상판결인 경우, 재심판결의 결론 여하를 불문하고 상고로 다툴 수 있다. 또한 재심대상판결이 대법원판결인 경우 재심판결에 대하여 상소로 다툴 수 없으나, 재심사유가 있다면, 예컨대 판결법원구성의 위법, 대리권흠결 혹은 판단누락 등의 사유가 있다면 재심으로 다툴 수 있다.

제71강 준재심

1. 의 의

민사소송법 461조에 기한 조서에 대한 재심의 소나 결정·명령에 대한 재심신청을 준재심이라고 한다.

> 제461조(준재심) 제220조의 조서 또는 즉시항고로 불복할 수 있는 결정이나 명령이 확정된 경우에 제451조 제1항에 규정된 사유가 있는 때에는 확정판결에 대한 제451조 내지 제460조의 규정에 준하여 재심을 제기할 수 있다.

2. 준재심의 소

1) 대 상

220조의 조서, 즉 청구의 포기·인낙조서와 화해조서가 준재심의 소의 대상이 된다. 화해조서에는 소송상 화해조서와 제소전 화해조서가 모두 포함된다. 화해조서와 동일한 효력을 갖는 조정조서, 확정된 화해권고결정, 조정에 갈음하는 결정도 같다. 준재심의 대상이 되기 위하여는 조서에 기판력이 인정되어야 한다.[1319]

2) 절 차

준재심의 소의 소송절차에는 확정판결에 대한 재심의 소송절차에 관한 규

1319) 대법원 2009. 5. 14. 선고 2006다34190 판결: 민사소송법 제461조에 의하여 준용되는 같은 법 제451조의 재심은 확정된 종국판결에 재심사유에 해당하는 중대한 하자가 있는 경우에 그 판결의 취소와 이미 종결된 소송을 부활시켜 재심판을 구하는 비상의 불복신청방법으로서 확정된 종국판결이 갖는 기판력, 형성력, 집행력 등 판결의 효력의 배제를 주된 목적으로 하는 것이다. 그러므로 기판력을 가지지 아니하는 확정된 이행권고결정에 설사 재심사유에 해당하는 하자가 있다고 하더라도 이를 이유로 민사소송법 제461조가 정한 준재심의 소를 제기할 수는 없고, 청구이의의 소를 제기하거나 또는 전체로서의 강제집행이 이미 완료된 경우에는 부당이득반환청구의 소 등을 제기할 수 있을 뿐이다.

정이 준용된다. 재심의 제기는 소의 방식으로, 재판은 판결의 방식으로 하여야 한다.

다만, 조서는 확정판결과 성립절차가 다르기 때문에 재심사유 중 일부, 즉 민사소송법 451조 1항 2호, 3호, 5호, 10호 등만 준용된다고 본다. 그리고 재심대상판결이 정당한 경우 재심사유가 인정됨에도 불구하고 재심청구를 기각하여야 한다는 460조 역시 준용되지 않는다. 화해조서 등을 취소하는 경우에는 재심재판부는 본안에 대하여 판단하여야 한다.[1320]

3. 준재심의 신청

1) 대 상

실질적으로 종국적 재판의 성질을 가지는 결정·명령은 준재심의 신청의 대상이 될 수 있다.

> 대법원 2004. 9. 13.자 2004마660 결정
> 민사소송법 제461조는 … 준재심의 대상을 '즉시항고로 불복할 수 있는 결정이나 명령'으로 한정하고 있으나, 이는 대표적인 사례를 든 것에 불과하고, 따라서 종국적 재판의 성질을 가진 결정이나 명령 또는 종국적 재판과 관계없이 독립하여 확정되는 결정이나 명령에 해당하는 경우라면 독립하여 준재심을 신청할 수 있지만, 담보권실행을 위한 경매개시결정에 대하여는 즉시항고를 할 수 있다는 취지의 규정도 없고, 경매개시결정에 대하여는 즉시항고에 의하여 상급심의 판단을 받지 아니하더라도 매각허가결정에 대한 즉시항고로써 다툴 수 있는 것이므로, 이와 같은 경매개시결정은 종국적 재판의 성질을 가진 결정이나 명령 또는 종국적 재판과 관계없이 독립하여 확정되는 결정이나 명령에 해당하지 아니하므로 준재심의 대상에 해당하지 아니한다.

소장이나 상소장 각하명령, 소송비용에 관한 결정, 과태료의 결정, 매각허가결정, 추심명령·전부명령 등을 예로 들 수 있다. 판례는 재항고이유서가 제출된 것을 간과하고 그 부제출을 이유로 한 재항고기각결정이 준재심의 대상이 된다고 보았다.[1321]

1320) 제소전 화해신청절차에서 작성된 화해조서를 취소하는 경우에는 제소전 화해신청을 각하한다(대법원 1998. 10. 9. 선고 96다44051 판결).

1321) 대법원 2000. 1. 7.자 99재마4 결정: 재항고이유서 제출기간 내에 제출된 재항고이유서에 사건번호가 잘못 기재되어 있었던 관계로 재항고이유서가 사건의 기록에 편철되지 아니하여, 준재심대상결정이 재항고장에 재항고이유의 기재가 없고 재항고이유서 제출기간 내에 재항고

2) 절 차

준재심의 신청의 절차에도 확정판결에 대한 재심의 소송절차에 관한 규정이 준용된다. 재심의 제기는 신청의 방식으로, 재판은 결정의 방식으로 하여야 한다.

이유서를 제출하지 아니하였다는 이유로 재항고이유에 관하여 판단하지 않고 재항고를 기각한 경우, 준재심대상결정은 결정에 영향을 미칠 중요한 사항에 관하여 판단을 유탈하였으므로 이는 민사소송법 제431조, 제422조 제1항 제9호에 해당하는 준재심사유가 된다.

제 4 장 복잡소송

제 72 강 복잡소송의 개요

지금까지 이 책의 내용은 주로 1명의 원고가 1명의 피고를 상대로 1개의 청구를 하는 민사소송을 전제로 한 것이었다. 제4장 복잡소송은 하나의 소송절차에 심판대상인 청구가 2개 이상이거나(제1절 청구의 복수), 원고나 피고가 2명 이상이거나 다른 사람이 개입하는 경우(제2절 당사자의 복수)를 의미한다.

예컨대, A가 B에게 1억 원을 대여한 이후 추가로 2억 원을 대여한 경우를 전제로 할 때, 이 장의 주요 논점은 다음과 같다. 망라적인 것은 아니다.

1 A가 B를 상대로 1억 원의 대여금청구소송과 2억 원의 대여금청구소송을 각각 제기하는 것은 당연히 가능한데, 합계 3억 원을 지급하라는 하나의 소를 제기할 수 있는가? [청구의 병합]

2 A가 B에게 먼저 1억 원의 대여금청구의 소를 제기한 다음, 그 소송절차에서 2억 원의 대여금청구까지 추가로 심판하여 달라고 할 수 있는가? [청구의 변경]

3 C가 B의 1억 원의 대여금채무를 연대보증하였던 경우, 1억 원의 대여금채무와 관련하여 A가 주채무자인 B와 연대보증인인 C를 모두 피고로 삼아 하나의 소를 제기할 수 있는가? 아니면 반드시 B와 C 모두를 피고로 삼아 하나의 소를 제기하여야만 하는가? [공동소송]

4 A가 B를 상대로 제기한 1억 원의 대여금청구소송이 진행되던 중, A가 위 대여금청구권을 G에게 양도하였다. G가 실체법적으로 A의 대여금청구권을 승계받음으로써, 절차법적으로도 당연히 A의 소송당사자(원고)의 지위를 승계하는가? 당연히 승계하지 않지만 승계할 수 있는가? 있다면 그 방법은? 아니면 당연히 승계하지도 않고, 승계할 방법도 없는가? [당사자변경 중 소송승계(특정승계)]

5 위 4의 사안에서 소송계속 중 G가 채권을 양수한 것이 아니라 A의 사

망으로 상속받은 것이라면 어떻게 되는가? [당사자변경 중 소송승계(당연승계)]

소장에 소송의 3요소인 당사자, 청구, 법원이 기재되고, 이는 소를 제기하려는 자가 판단하여야 할 사항이라는 점과 관련하여 생각하면, 위 각 질문들은 소장에 기재되는 내용 중 당사자, 청구에 관련되는 것들인데, 다음과 같은 질문으로 바꿔 볼 수 있다.

[1]−1 소장의 청구 부분(청구취지와 청구원인 부분)에 위 각 대여금청구권 중 하나만 기재할 수 있는가? 아니면 둘 다 기재할 수 있는가?

[2]−1 애초에는 소장의 청구 부분에 1억 원의 대여금청구권만 기재하여 소를 제기하였으나, 소송진행 중 청구 부분의 기재를 2억 원의 대여금청구권까지 추가하는 것으로 변경할 수 있는가?

[3]−1 소장의 당사자 중 피고 부분에 B 1명이 아닌 B와 C 2명 모두를 기재할 수 있는가? 아니면 거꾸로 반드시 B와 C 2명 모두를 기재하여야 하는가?

[4], [5]−1 애초에는 소장의 당사자 중 원고 부분에 A로 기재하였는데, 대여금채권자가 G로 바뀌었을 때, A를 G로 바꿀 수 있는가? 바꿀 수 있다면 그 방법은?

제 1 절 청구의 복수

제 73 강 청구의 병합

1. 의 의

임대인이 임차인에게 임대차목적물 인도청구권과 차임 상당의 부당이득반환청구권을 가지는 경우, 위 두 권리는 별개의 청구, 즉 별개의 소송물이 된다. 임대인은 위 두 청구에 기하여 소를 제기할 수 있다.

임대인은 우선 위 두 청구에 기하여 별개의 소를, 즉 별소를 제기할 수 있다. 별개의 소를 제기한다는 것은 외형적으로는 각 청구별로 별개의 소장을 법원에 접수하는 것을 의미한다. 소장별로 별개의 (소송)사건이 성립하므로,[1322] 각 사건은 사건배당 단계에서부터 별개의 사건으로 취급되고, 별개의 사건으로 심판된다. 소장별로 다른 법원에 접수한 경우와, 같은 법원에 접수하여 다른 재판부에 배당된 경우는 물론 같은 재판부에 배당된 경우도 마찬가지이다.

이와 같이 청구별로 별개의 사건이 되면, 법원은 기일의 지정·진행을 별개로 하여야 하고, 판결도 별개로 하여야 한다. 당사자도 주장·증명행위, 서면제출, 기일에의 출석 등을 모두 별개로 하여야 한다. 중복되는 내용이 있으므로 다른 사건의 변론내용을 재판부가 알아서 참조하여 달라는 요구는 허용되지 않는다. 따라서 소송불경제 및 판결의 모순·저촉이 발생할 우려도 있다.

이를 피하기 위하여는 두 청구에 기하여 하나의 소를 제기하면 된다. 하나의 소를 제기한다는 것은 외형적으로는 두 청구 모두를 담은 하나의 소장을 접수하는 것을 의미한다. 이 경우 청구의 병합, 그 중에서도 원시적 병합이 발생한다.[1323] 청구의 병합은 원고가 피고에 대하여 하나의 소송에서 여러 개의 청

1322) 우선, 소장의 접수번호를 기초로 만들어지는 사건번호부터 달라진다. 소장의 접수번호는 접수되는 소장마다 별도로 부여되기 때문이다.
1323) 원시적 병합이며 단순병합이다.

구를 하는 소송형태를 말한다. 소의 객관적 병합이라고도 한다.[1324] 한편, 하나의 소송에서 여러 개의 청구를 하는 행위나 그 청구들 자체를 병합청구라고 한다.

청구가 복수인지 아니면 단지 공격방어방법이 복수인지 문제되는 경우가 있는데, 전자라면 청구의 병합의 요건을 갖추어야 하므로 구별의 필요가 있다.

2. 발생원인

청구의 병합은 우선 당사자의 행위에 의하여 발생한다. 당사자의 행위에 의한 청구의 병합은 원시적 병합과 후발적 병합으로 나뉜다. 원시적 병합은 애초부터 수개의 청구에 기하여 하나의 소를 제기한 경우, 즉 애초부터 수개의 청구를 하나의 소장에 담아 소를 제기한 경우에 발생한다. 후발적 병합은 이미 진행 중인 기존의 소송에 심판대상으로 새로운 청구가 추가됨으로써 발생한다. 청구의 변경, 반소, 중간확인의 소가 여기에 해당한다.

청구의 병합은 또한 법원의 행위인 변론의 병합에 의하여 발생할 수도 있다.

3. 요 건

청구의 병합의 요건은 소송절차의 공통, 관할의 공통 및 청구 사이의 관련성이다. 이들은 우선 원시적 병합의 요건이지만 후발적 병합이나 변론의 병합에서도 요구되므로, 결국 모든 청구의 병합의 요건이다.

1) 소송절차의 공통

우선, 수개의 청구가 같은 종류의 절차에 의하여 심판될 수 있는 경우에만 청구의 병합이 가능하다.

> 제253조(소의 객관적 병합) 여러 개의 청구는 같은 종류의 소송절차에 따르는 경우에만 하나의 소로 제기할 수 있다.

민사사건에 행정사건, 가사사건은 원칙적으로 병합할 수 없다. 반대도 마찬가지이다. 행정소송이나 가사소송에는 직권탐지주의가 적용되기 때문이다. 민사

1324) 당사자가 복수인 경우는 소의 주관적 병합이라고 한다.

본안사건과 가압류·가처분사건이나 비송사건도 병합할 수 없다. 그러나 명문의 규정이나 해석에 의하여 이러한 원칙의 예외가 인정되기도 한다.[1325] 예컨대, 행정소송법은 당해 행정사건에 그와 일정한 관계가 있는 손해배상·부당이득반환·원상회복 등 청구소송 즉, 관련청구를 병합할 수 있다고 규정한다.[1326] 재심사건에 통상의 민사사건을 병합할 수 있는지 여부에 대하여 통설은 이를 긍정하지만, 판례는 부정한다.[1327] 판례는 제권판결에 대한 불복의 소에 불법행위에 기한 손해배상청구를 병합하는 것은 가능하지만,[1328] 제권판결에 대한 취소판결의 확정을 조건으로 한 수표금청구는 병합할 수 없다고 하였다.[1329][1330]

2) 관할의 공통

소가 제기된 법원에 병합된 청구 모두에 대한 관할권이 있어야 한다. 민사소송법 25조 1항의 관련재판적 때문에 이 요건은 별 어려움 없이 충족된다. 다만, 다른 법원의 전속관할에 속하는 청구에는 관련재판적이 성립되지 않는다.[1331]

1325) 일정한 경우 민사본안사건에 집행사건인 간접강제신청을 병합하는 것이 가능하다는 것으로 대법원 1996. 4. 12. 선고 93다40614, 40621 판결, 대법원 2013. 11. 28. 선고 2013다50367 판결, 대법원 2014. 5. 29. 선고 2011다31225 판결 등이 있다.

1326) 행정소송법 10조 1항 1호, 44조 2항.

1327) 대법원 1997. 5. 28. 선고 96다41649 판결.

1328) 대법원 1989. 6. 13. 선고 88다카7962 판결.

1329) 대법원 2013. 9. 13. 선고 2012다36661 판결: 제권판결 불복의 소와 같은 형성의 소는 그 판결이 확정됨으로써 비로소 권리변동의 효력이 발생하게 되므로 이에 의하여 형성되는 법률관계를 전제로 하는 이행소송 등을 병합하여 제기할 수 없는 것이 원칙이다(대법원 2004. 1. 27. 선고 2003다6200 판결 참조). 또한 제권판결에 대한 취소판결의 확정 여부가 불확실한 상황에서 그 확정을 조건으로 한 수표금 청구는 장래 이행의 소의 요건을 갖추었다고 보기 어려울 뿐만 아니라, 제권판결 불복의 소의 결과에 따라서는 수표금 청구소송의 심리가 무위에 그칠 우려가 있고, 제권판결 불복의 소가 인용될 경우를 대비하여 방어하여야 하는 수표금 청구소송의 피고에게도 지나친 부담을 지우게 된다는 점에서 이를 쉽사리 허용할 수 없다고 할 것이다.

판례의 입장에 서더라도 법률상 근거가 있는 경우, 예컨대 사해행위취소와 같은 경우는 물론 예외일 것이다.

1330) 통설은 제권판결에 대한 불복의 소, 중재판정취소의 소의 경우, 이들에 기한 사건은 통상의 소송절차라는 이유로 통상의 민사사건을 병합할 수 있다고 본다.

1331) 행정사건, 가사사건은 행정법원이나 가정법원이 설치되어 있는 지역에서는 행정법원과 가정법원의 전속관할에 속하는 사건들이기도 하다.

3) 청구 사이의 관련성

청구 사이의 관련성은 원칙적으로 청구병합의 요건이 아니다. 다만, 아래와 같은 몇 가지 점에 유의하여야 한다.

청구 사이의 일정한 관련성이 명문의 규정에 의하여 청구병합의 요건으로 요구되는 경우가 있다. 예컨대, 앞서 본 바와 같이 행정소송법은 당해 행정사건에 그와 일정한 관계가 있는 손해배상청구 등 관련청구를 병합할 수 있다고 규정하고 있으므로, 이 경우 관련성은 당연히 청구병합의 요건이다. 통상 소송절차의 공통에서 논해지는[1332] 이러한 관련성이 흠결된 경우 청구들은 단일절차에 의하여 심판될 수 없다. 또한 민사소송법은 원시적 병합에 관하여는 아무런 관련성을 요구하지 않지만, 후발적 병합, 즉 청구의 변경에 관하여는 구청구와 신청구 사이에 사실적인 관련성, 즉 청구기초의 동일성을 요구하고 있다.[1333]

뒤에서 보는 병합형태의 선택과 관련하여 요구되는 청구 사이의 관련성이 청구병합의 요건인지 여부는, 이러한 관련성이 없는 경우 법원이 사건을 어떻게 처리하여야 하는지 여하에 따라 달라진다. 결론적으로 이러한 관련성은 청구병합의 요건은 아니라고 보는 것이 타당하다고 생각된다. 이러한 관련성은 청구(권리)들이 법률적·경제적으로 동일 목적, 즉 동일한 분쟁의 해결을 추구한다는 차원의 관련성을 의미한다. 이러한 차원에서 청구들 상호간의 관계를 분류하면, 우선 아무런 관련성이 없어 상호 독립적인 경우가 있고, 이 경우가 일반적이다. 관련성이 있는 경우는, 청구들 상호간 양립가능성 여부에 따라 다시 나뉘는데, 양립가능성이 있는 경우에 청구들은 택일적(경합적)인 관계에 있고, 양립가능성이 없는 경우에 청구들은 배타적인 관계에 있다고 한다. 독립적인 청구들을 병합할 때에는 단순병합을, 택일적인 청구들을 병합할 때에는 선택적 병합을, 배타적인 청구들을 병합할 때에는 예비적 병합을 선택하는 것이 원칙이다.

1332) 이러한 관련성은 독일이나 일본의 문헌에서는 '병합이 금지되지 않을 것'이라는 별도의 요건에서 논해지기도 한다.

1333) 청구변경의 요건이 흠결된 경우 청구변경이 불허된다.

4. 형 태

청구의 병합은 원고가 병합된 청구들에 대하여 법원에 요구하는 심판방법에 따라 단순병합, 예비적 병합, 선택적 병합으로 나뉜다.

1) 단순병합

단순병합은 병합된 각 청구에 대하여 무조건적으로, 즉 다른 청구들의 인용, 배척(기각 혹은 각하) 여부와 무관하게 심판해 줄 것을 요구하는 병합형태이다. 즉, 단순병합은 A와 B의 두 청구를 병합하면서 'A and B'의 방법으로 심판할 것을 요구하는 병합형태이다. 단순병합은 수개의 청구 사이의 관계가 독립적인 경우에 가능하다. 원고가 피고에게 매매대금청구와 대여금청구를 하나의 소로써 구하는 경우를 예로 들 수 있다. 대여금반환청구소송에서 통상 대여금의 반환과 아울러 이자와 지연손해금도 같이 청구하는바, 이 경우 대여금청구, 이자청구, 지연손해금청구가 단순병합된 것이다.

2) 선택적 병합

선택적 병합은 A와 B의 두 청구가 있는 경우 법원에 'A or B'의 방법으로 심판할 것을 요구하는 병합형태이다. 즉, 선택적 병합은 택일적인 관계에 있는 수개의 청구에 대하여 어느 하나가 인용되는 것을 해제조건으로 하여 다른 청구에 대하여 심판을 구하는 병합형태이다. 정지조건부가 아니라 해제조건부이기 때문에 모든 청구에 대하여 유효한 심판청구가 있고, 따라서 시효중단 등의 효력은 모든 청구에 대하여 바로 발생한다. 법조경합관계의 경우나 선택채권이 행사된 경우에는 택일적 관계가 성립하지 않는다. 구소송물이론도 이를 단일청구로 본다.

3) 예비적 병합

예비적 병합은 A와 B의 두 청구가 있는 경우 법원에 '1st A, 2nd B'의 방법으로 심판할 것을 요구하는 병합형태이다. 상호 배타적인 관계에 있는 수개의 청구에 대하여 순위를 붙여서 선순위 청구가 인용되는 것을 해제조건으로 하여 후순위 청구의 심판을 구하는 병합형태이다.

배타적인 수개의 청구가 성립하는 경우는 동일한 법률적·경제적 분쟁의 해결이 상이한 방향으로 도모될 수 있는 경우이다. 예컨대 매매계약의 유·무효가 다투어지는 경우 매수인은 매매계약이 무효라면 매매대금의 반환을 구할 수 있고, 매매계약이 유효라면 목적물의 소유권이전등기를 구할 수 있으나, 두 청구가 동시에 만족되는 것은 불가능하다.[1334)]

예비적 병합은 원칙적으로 수 개의 청구가 배타적인 관계에 있는 것, 즉 청구들 사이의 양립불가능성이 요건이다. 양립불가능성이 없는 청구들에 대한 예비적 병합도 가능한지 즉, 부진정 예비적 병합이 허용되는지에 관하여는 아래 세 가지 경우가 논의된다.

첫째, 택일적인 관계에 있는 수 개의 청구들에 대한 예비적 병합을 본다. 통상 부진정 예비적 병합이라고 하면 이를 일컫는다. 학설로는 허용된다는 견해(긍정설),[1335)] 합리적 필요성이 있는 경우 허용된다는 견해(제한적 긍정설)[1336)] 및 허용되지 않는다는 견해(부정설)[1337)]가 대립하고 있다. 판례도 엇갈린다.[1338)] 판례는 오랫동안 부진정 예비적 병합이 허용되는 것으로, 즉 긍정설 또는 제한적 긍정설을 취하여 왔고, 실무 역시 이러한 판례에 따라 운영되어 왔다. 그러나 "병합의 형태가 선택적 병합인지 예비적 병합인지는 당사자의 의사가 아닌

1334) 이러한 경우에는 두 청구의 상대적인 가치나 승소 여부는 사실관계나 전체 경제상황에 따라 달라지고 변동도 가능하므로, 어느 쪽을 우선적으로 심판받을 것인지는 권리자가 판단하는 것이 적절하다. 법원이 선택을 하는 것은 부적절하기 때문에 이 경우 선택적 병합은 불가능하다.

1335) 호문혁, 민사소송법 제13판, 법문사(2016), 809~810면, 문일봉, "선택적 병합과 청구권경합", 법조 제48권 제3호, 법조협회(1999), 112면 이하, 145면, 강현중, 민사소송법 제5판, 박영사(2002), 359면.

1336) 곽승구/범경철, "양립 가능한 청구의 예비적 병합 허용여부", 법학논집 제24권 제3호, 이화여자대학교 법학연구소(2020), 113면 이하, 129면, 김동현, "부진정 예비적 병합의 개념과 심판방법", 안암법학 제54호, 안암법학회(2017), 277면 이하, 302면, 김홍엽, 민사소송법 제10판, 박영사(2021), 989면.

1337) 이시윤, 신민사소송법 제16판, 박영사(2023), 705~706면.

1338) 긍정설을 취한 것으로는 대법원 1959. 10. 15. 선고 4291민상793 판결, 대법원 1966. 7. 26. 선고 66다933 판결, 대법원 2002. 9. 4. 선고 98다17145 판결 등이 있고, 제한적 긍정설을 취한 것으로는 대법원 2002. 2. 8. 선고 2001다17633 판결, 대법원 2002. 10. 25. 선고 2002다23598 판결, 대법원 2007. 6. 29. 선고 2005다48888 판결, 대법원 2021. 4. 15. 선고 2020다293438 판결 등이 있고, 부정설을 취한 것으로는 대법원 2014. 5. 29. 선고 2013다96868 판결, 대법원 2022. 5. 12. 선고 2020다278873 판결 등이 있다.

병합청구의 성질을 기준으로 판단하여야 한다"고 판시한 대법원 2014. 5. 29. 선고 2013다96868 판결이 선고됨으로써 대법원의 입장이 부정설로 사실상 변경된 것으로 추측되기도 하였으나, 이후에 선고된 대법원 2021. 4. 15. 선고 2020다293438 판결이 제한적 긍정설을 취하였으므로, 대법원의 입장이 정리된 것이 아님을 알 수 있다. 부진정 예비적 병합의 경우에는 당사자의 의사대로 심판하여도 처분권주의나 소송경제 등의 측면에서 별다른 문제가 발생하지 않는 점, 제한적 긍정설이 요구하는 '합리적 필요성이 있는 경우'는 너무 모호하고 유동적이어서 심판의 초기부터 정립되어야 할 병합형태를 정할 기준으로 삼기에는 부적절한 점을 고려할 때 긍정설이 타당하다고 생각된다.[1339)]

둘째, 독립적인 관계에 있는 수 개의 청구들에 대한 예비적 병합을 본다. 판례는 부정설을 취한 것도 있고,[1340)] 제한적 긍정설을 취한 것도 있다.[1341)] 학설도 갈린다. 부정설을 취한 판례는 그 처리방법에 관하여 법원이 단순병합으로 보정을 명하여야 한다고 하고, 부정설을 취하는 견해들도 대개 같은 입장이다. 부정설이 타당한 것으로 생각되지만, 보정에 불응한다면 결국 예비적 청구부분의 소만 조건부 청구로서 각하하는 것이 타당하다고 생각된다. 뒤에서 병합형태의 착오를 다룰 때 보다 자세히 본다.

셋째, 본래 급부의 이행청구와 대상청구(본래 급부의 변론종결 후 집행불능이나 이행불능을 원인으로 한 전보배상청구)[1342)]를 병합한 경우를 본다. 선택적 병합이 없는 독일에서 부진정 예비적 병합은 이를 일컫는 것이라고 한다. 이러한 부진

1339) 상세는 박재완, "병합형태의 착오," 일감법학 제56호, 건국대학교 법학연구소(2023. 12), 79면 이하, 88~89면.

1340) 대법원 2008. 12. 11. 선고 2005다51495 판결(논리적으로 전혀 관계가 없어 순수하게 단순병합으로 구하여야 할 수 개의 청구를 선택적 또는 예비적 청구로 병합하여 청구하는 것은 부적법하여 허용되지 않는다), 대법원 2015. 12. 10. 선고 2015다207679, 207686, 207693 판결.

1341) 대법원 2021. 5. 7. 선고 2020다292411 판결(논리적으로 양립할 수 있는 수 개의 청구라고 하더라도, 주위적으로 재산상 손해배상을 청구하면서 그 손해가 인정되지 않을 경우에 예비적으로 같은 액수의 정신적 손해배상을 청구하는 것과 같이 수 개의 청구 사이에 논리적 관계가 밀접하고, 심판의 순위를 붙여 청구를 할 합리적 필요성이 있다고 인정되는 경우에는, [] 부진정 예비적 병합 청구의 소도 허용된다), 대법원 2023. 3. 16. 선고 2022다279658 판결(주위적 청구로 청구이의, 예비적 청구로 집행채무자로서 상환 당한 대체집행 비용 상당액의 부당이득반환청구를 한 사안).

위 판결들의 사안에서 청구들의 관계가 예외를 허용할 정도인지에 관하여는 의문이 있다.

1342) 대상청구의 경우 청구취지 자체에 본래 급부의 집행불능 등이 조건으로서 기재된다.

정 예비적 병합이 허용된다는 점에 아무런 이견이 없으며 판례도 같은 입장이다.[1343] 주의할 점은 이 경우는 원고의 의사가 위 첫째, 둘째에서와 다르다는 점이다. 즉, 이 경우 원고는 주위적 청구의 인용이 아니라, 기각 또는 각하를 해제조건으로 예비적 청구에 대한 심판을 구한다.[1344][1345]

5. 심판절차

1) 소가산정

단순병합은 병합된 청구의 각 소가를 합산하는 것이 원칙이다.[1346] 선택적 병합과 예비적 병합은 중복청구의 흡수의 법리가 적용된다.

2) 병합요건의 심사

앞서 본 청구병합의 요건은 각 청구의 일반적인 소송요건과 별개의 소송요건으로, 법원의 직권조사사항이다.

일반적으로 병합요건이 흠결된 경우에는 변론을 분리하여 각 청구를 별개의 소송절차로 처리하여야 한다는 분리심판설이 통설의 입장이다.[1347] 분리심

1343) 대법원 1975. 7. 22. 선고 75다450 판결.

1344) 대법원 1975. 7. 22. 선고 75다450 판결: 대상청구는 본래적 급부청구의 현존함을 전제로 하여 이것이 판결 확정 후에 이행불능 또는 집행불능이 된 경우에 대비하여 전보배상을 미리 청구하는 경우로서 양자의 경합은 현재의 급부청구와 장래의 급부청구와의 단순병합에 속한다.

1345) 대법원 2011. 8. 18. 선고 2011다30666 판결은 "이러한 대상청구를 본래의 급부청구에 예비적으로 병합한 경우에도 본래의 급부청구가 인용된다는 이유만으로 예비적 청구에 대한 판단을 생략할 수는 없다"라고 하였다. 이 부분 판시는 타당하다.

다만, 위 판결의 사안상 원고는 본래의 급부청구에 변론종결 전과 후 모두에 관하여 전보배상청구를 병합하고자 하였을 수도 있는데, 이렇게 보면 위 판결의 사안에서 원고는 두 개의 예비적 병합 즉, 진정한 예비적 병합과 부진정 예비적 병합을 모두 한(본래의 급부청구에 대상청구를 단순병합하여 이 모두를 주위적 청구로 하고, 나아가 변론종결 전 이행불능을 원인으로 한 전보배상청구를 예비적으로 병합한) 것이다. 원심판결의 잘못은 부진정 예비적 병합 부분을 간과한 것이다.

1346) 하지만 다른 청구의 수단인 청구의 소가와 이자 등 부대청구의 소가는 소가산정에 반영되지 않는다.

1347) 이시윤, 신민사소송법 제16판, 박영사(2023), 707면, 김홍엽, 민사소송법 제10판, 박영사(2021), 991면, 정동윤/유병현/김경욱, 민사소송법 제9판, 법문사(2022), 1002면, 주석 민사소송법(8판)(Ⅱ), 188면(강영수 집필부분), 新堂幸司, 新民事訴訟法 第3版, 弘文堂, 2004, 685頁, Friedrich Stein/Martin Jonas, Kommentar zur Zivilprozessordnung 22. Auflage Band 4 § 260,

판설은 병합요건을 갖추지 못하였다는 것은 병합할 수 없다는, 즉 단일절차로 심판할 수 없다는 것이므로, 소 전체를 부적법한 것으로 취급하여 각하하여야 하는 것은 아니고, 각 청구에 대하여 별소가 제기된 것으로 취급하면 된다는 입장이다.[1348] 한편, 단순병합의 경우에는 분리심판 하여야 하지만, 선택적 병합 및 예비적 병합의 경우 여러 개의 청구의 불가분성에 비추어 소 전체를 판결로 각하하여야 한다는 견해가 있다.[1349]

다만 분리심판설도, 선택적 병합이나 예비적 병합의 경우 일부의 청구에 관하여 다른 법원에 전속관할 위반이 있다면 병합된 청구 전부를 이송할 수 있다고 한다.[1350] 전속관할의 경우 관련재판적의 적용이 부정되지만, 전속관할이 있는 법원에 다른 법원에 임의관할이 있는 사건에 대한 관련재판적이 성립될 수 있는 것을 전제로 한 것이다. 위 전제의 입장은 타당하다.

병합요건흠결로 인한 분리심판과 통상의 변론분리는 서로 다르다. 관련재판적의 성립과 소가산정의 합산이나 흡수는 병합요건이 충족됨을 전제로 한 것이다. 따라서 병합요건흠결로 인하여 분리심판하는 경우에는 청구별로 관할의 충족 여부를 검토해야 하고, 인지액도 각 청구별로 산정하여야 하므로, 관할흠결로 인한 이송, 인지의 보충이 필요할 수 있다. 반면, 통상의 변론분리는, 병합이 적법하지만, 법원이 편의에 따라 하는 것이므로 이러한 문제가 발생하지 않는다.[1351] 병합요건이 흠결된 경우 분리심판설을 취하면서도 단순병합의 경우 변론분리까지는 필요 없다는 견해도 있는데, 소송경제를 위하여 이러한 처리가 가능하다고 보더라도 병합요건이 흠결된 이상, 관할흠결로 인한 이송의 필요성이나 인지 보충의 필요성까지 부정되어서는 안 될 것이다.

Mohr Siebeck, 2008, 290, Rn. 27.

1348) 鈴木正裕, "訴訟内訴え提起の要件と審理(一)," 法学教室 No. 41, 有斐閣, 1984, 53頁 이하, 56頁.

1349) 송상현/박익환, 민사소송법 신정7판, 박영사(2014), 605면, 한종렬, 한국민사소송법 상, 대왕사(1985), 311면.

1350) 주석 민사소송법(8판)(Ⅱ), 185면(강영수 집필부분).

1351) 鈴木正裕, 訴訟内訴え提起の要件と審理(一)," 法学教室 No. 41, 有斐閣, 1984, 53頁 이하, 56頁 注 2, Thomas Rauscher/Peter Wax/Joachim Wenzel, Munchener Kommentar zur Zivilprozessordnung 3. Auflage Band 1 § 260, C. H. Beck, 2008, p. 1,445, Rn. 48.

3) 변론분리와 일부판결

병합된 청구는 통상 일체로 심판된다. 변론분리와 일부판결은 단순병합의 경우 가능하나, 선택적 병합과 예비적 병합의 경우 불가능하다.

4) 판단의 요부, 순서, 누락

단순병합의 경우 법원은 병합된 청구 전부에 대하여 판단한다. 법원은 일부의 청구에 대하여만 판결을 선고한 다음, 이후 나머지 청구에 대하여 판결할 수 있다. 이를 잔부판결이라고 한다. 착오로 일부의 청구에 대하여만 판결한 경우 법원은 나머지 청구에 대하여 판결하여야 하고, 이를 추가판결이라고 한다.

선택적 병합의 경우 병합된 청구 중 하나가 이유 있으면 그 청구를 인용하고, 나머지 청구는 판단하지 않는다.[1352][1353] 모든 청구가 이유 없으면 모두를 판단하여 기각한다. 예비적 병합에서 주위적 청구가 이유 있으면 이를 인용하고, 예비적 청구는 판단하지 않는다.[1354] 주위적 청구가 이유 없고, 예비적 청구가 이유 있는 경우에는 반드시 주위적 청구를 기각하고, 예비적 청구를 인용한다. 주위적 청구와 예비적 청구가 모두 이유 없는 경우 두 청구를 다 기각한다.

선택적 병합이나 예비적 병합에서 위 기준에 따라 판단이 필요한 청구에 대하여 법원이 판단하지 않은 경우, 상소로 구제받아야 한다는 견해와 법원이 추가판결을 하여야 한다는 견해가 대립하나 전자가 통설이고,[1355] 판례도 같은 입장이다.[1356] 통설과 판례는 위 경우는 엄밀하게는 판단누락이 아니라 판결의 누락이지만, 청구들이 불가분적으로 결합되어 있으므로 예외적으로 처리하여야 한다는 점을 근거로 든다. 판례는 나아가 상소로 다투지 않아 예비적 청구에

1352) 판단하여도 무효이다.

1353) 선택적 청구 중 하나에 대하여 일부만 인용하고 다른 선택적 청구에 대하여 아무런 판단을 하지 아니한 것은 위법하다는 것으로는, 대법원 2016. 5. 19. 선고 2009다66549 전원합의체 판결이 있다.

1354) 판단하여도 무효이다. 다만, 주위적 청구가 일부 인용되고 일부 기각되는 경우, 일부 기각된 부분의 범위 내에서 예비적 청구를 판단하여 달라는 취지의 예비적 병합도 가능하다.

1355) 예비적 병합의 경우 위와 같은 견해에 더하여 상소는 물론 별소를 제기하는 것도 가능하다는 견해도 있다.

1356) 대법원 2000. 11. 16. 선고 98다22253 전원합의체 판결.

대한 판단을 누락한 판결이 확정되면 이후 예비적 청구에 기하여 다시 소를 제기하는 것은 소익을 흠결하여 부적법하다고 하였다.[1357]

5) 병합형태의 착오

가) 의의

일반적으로 병합된 청구들이, 단순병합의 경우 [1] 독립적인 관계에 있는 것을, 선택적 병합의 경우 [2] 택일적인 관계에 있는 것을, 예비적 병합의 경우 [3] 배타적인 관계에 있는 것을 각 전제로 한다. 따라서 통상 청구들이 [1] 독립적인 관계에 있는 경우 청구들에 대하여 원고는 ❶ 단순병합을 하고, 법원은 ❶-1 단순병합으로 심판하고, [2] 택일적인 관계에 있는 경우, 원고는 청구들에 대하여 ❷ 선택적 병합을 하고, 법원은 ❷-1 선택적 병합으로 심판하고, [3] 배타적인 관계에 있는 경우, 원고는 청구들에 대하여 ❸ 예비적 병합을 하고, 법원은 ❸-1 예비적 병합으로 심판한다.

병합형태의 착오는 원고가 병합형태를 잘못 잡은 것을 말하는데, 이는 엄밀하게 표현하면, 심판방식에 대한 원고의 의사와 병합형태별로 일반적으로 전제되는 청구들의 성질(관계)이 부합하지 않는 것을 의미한다. 즉, 청구들의 성질이 [1]인데 ❷, ❸의 방식으로 심판을 구한, 즉 독립적인 관계에 있는 청구들에 대하여 원고가 선택적 병합을 하거나 예비적 병합을 한 경우, 청구들의 성질이 [2]인데 ❶, ❸의 방식으로 심판을 구한, 즉 택일적인 관계에 있는 청구들에 대하여 원고가 단순병합을 하거나 예비적 병합을 한 경우, 청구들의 성질이 [3]인데, 원고가 ❶, ❷의 방식으로 심판을 구한, 즉 배타적인 관계에 있는 청구들에 대하여 단순병합을 하거나 선택적 병합을 한 경우를 말한다.

나) 논점

병합형태의 착오와 관련된 논점은 법원이 병합형태의 착오가 발생한 것을 인지하였을 때의 심판방법과 법원이 병합형태의 착오가 발생한 것을 간과하고 판결을 선고한 경우의 효과로 나눌 수 있다. 후자 관련 세부논점들 중에서는 상소제기로 인한 이심의 범위가 가장 중요하다.

아래에서 항을 바꾸어 전자를 살펴보고, 후자에 관하여는 상소심에서 보기

1357) 대법원 2002. 9. 4. 선고 98다17145 판결.

로 한다.

다) 병합형태의 착오가 발생한 경우의 심판방법

병합형태의 착오의 처리방법에 관하여는 통일적인 처리방법이 논의되기보다는 몇몇 사안을 전제로 원고가 통상 이용되는 병합형태가 아닌 다른 병합형태를 선택하는 것이 허용되는가라는 식으로 개별적으로 논의되어 왔다. 대표적인 경우가 부진정 예비적 병합의 허용성에 관한 논의이다. 이러한 개별적인 접근방법의 문제점은 질문 자체가 답변의 내용이나 효과를 제약한다는 점이다. 특히 허용되지 않는다는 답변은 밑에서 보는 것처럼 불완전한 것이다. 병합형태의 착오가 발생한 경우 병합형태는 무엇인가라는 질문도 마찬가지이다. 아래는 통일적인 처리방법에 관한 것이다.

법원이 병합형태의 착오를 인지한 경우에는 법원은 보정을 명하게 될 것인데, 원고가 응하는 경우에는 아무런 문제가 없다. 병합형태의 착오가 있는 경우 보정을 명하면 된다는 것은 타당하지만, 이는 이론적으로 궁극적인 해결책이 아니다.

실제 풀어야 할 문제는 원고가 보정에 불응하는 경우 법원이 병합형태의 착오가 발생한 상태에서 즉, 청구취지를 그대로 둔 상태에서 어떻게 병합청구에 대하여 심판하여야 하는가이다. 이것이 병합형태의 착오에 관한 가장 근본적인 논점이다.

청구들의 성질을 고려할 필요가 없다는 의사설[1358]에 서면, 법원은 원고의 의사에 따라 심판하여야 한다.[1359] 이와 달리 청구들의 성질을 고려하여야 한다는 입장에 서게 되면 원고가 선택한 병합형태는 원칙적으로 부적법하여 허용되지 않는다. 그런데 원고가 선택한 병합형태는 허용되지 않는다고 하는 것만으로는 문제가 완전히 해결되지 않는다. 원고가 법원의 보정명령에 응하지 않은 경우에 법원이 병합청구들을 어떻게 심판하여야 하는지까지 논의되어야 한다. 이에 관한 견해로는 원고의 의사는 무시하고 청구들의 성질에 따라 심판하여야 한다는 성질설,[1360] 청구들을 분리심판하여야 한다는 분리심판설,[1361] 청구취지

1358) 伊東乾, 民事訴訟法研究, 酒井書店(1968), 73~75頁.

1359) 이에 따르면 청구들의 성질이 ①, ②, ③인지 여하를 고려하지 않고, 원고의 의사가 ❶이면 법원은 ❶-1로 심판하고, 원고의 의사가 ❷면 법원은 ❷-1로 심판하고, 원고의 의사가 ❸이면 법원은 ❸-1로 심판하게 된다.

1360) 택일적 청구들에 대한 부진정 예비적 병합에 대하여 부정설을 취한 대법원 2014. 5. 29.

불특정 등을 이유로 소를 각하하여야 한다는 각하설[1362]이 있다. 다만, 위 각 입장을 취하면서도 일정한 경우에는 의사설에 따른 예외가 인정될 수도 있다.

성질설은 병합형태의 착오가 발생하는 대부분의 경우에서 처분권주의와 관련하여 문제가 발생하므로 이를 일반적 처리방법으로 삼기는 어렵다.[1363] 분리심판설도 일정한 경우 처분권주의와 관련하여 문제가 생길 뿐만 아니라 절차를 불필요하게 불안정하게 하므로 마찬가지이다.[1364] 결국 병합형태의 착오를 처리할 일반적 처리기준으로서는 각하설이 적합하다.[1365]

다만, 각하설을 취하는 경우에도 부진정 예비적 병합 중 택일적 청구들을 예비적으로 병합한 경우에는 의사설을 취하여도 처분권주의나 소송경제와 관련하여 별다른 문제가 없으므로 예외를 인정하는 것이 타당하다.

선고 2013다96868 판결, 대법원 2022. 5. 12. 선고 2020다278873 판결 등과 이를 지지하는 학설이 이를 취하고 있다고 할 수 있다. 이에 따르면 원고의 의사가 ❶, ❷, ❸인지 여하를 무시하고, 청구들의 성질이 ①이면 법원은 ❶−1로 심판하고, 청구들의 성질이 ②면 법원은 ❷−1로 심판하고, 청구들의 성질이 ③이면 법원은 ❸−1로 심판하게 된다.

1361) 병합형태의 착오에 관한 탁월한 선행연구인 문일봉, "선택적 병합과 청구권경합," 법조 제48권 제3호, 법조협회(1999), 112면 이하, 137면은 배타적 청구들에 대하여 선택적 병합을 한 경우는 병합이 허용되지 않으므로 분리심판하여야 한다고 한다. 다만, 독립적 청구들에 대하여 선택적 병합을 한 경우에는 변론분리까지는 필요 없이 단순병합으로 취급하면 된다고 한다.

1362) 박재완, "병합형태의 착오," 일감법학 제56호, 건국대학교 법학연구소(2023. 12), 79면 이하, 97~99면.

1363) 일부만 예를 들면, 우선, 원고가 각 1억 원의 독립적 청구 A, B에 대하여 선택적 병합을 한 경우, 성질설에 따르면, 법원은 A, B 두 청구를 단순병합으로 심판하여야 한다. 이 경우 원고는 청구취지에서 1억 원을 구하고 있을 뿐인데, 법원이 2억 원을 지급하라는 판결을 선고하여야 할 수도 있다. 또 이 경우 원고가 인지의 추가납부에 불응하면 소 전부를 각하하거나 두 청구 중 하나에 관한 소를 각하하여야 할 것인데, 후자의 경우 각하될 소의 선택을 법원이 한다면 이 역시 원고와 법원의 역할분담의 차원에서의 처분권주의에 반한다고 볼 수 있다.

또, 원고가 배타적 청구 A, B에 대하여 선택적 병합을 한 경우, 성질설에 따르면 법원은 A, B 두 청구를 예비적 병합으로 심판하여야 하는데, 원고가 주위적 청구 및 예비적 청구가 어느 것인지를 정해주지 않았으므로, 결국 법원이 이를 정하여야 할 것이다. 그런데 이러한 판단은 원고가 하는 것이 적절하다.

1364) 절차공통에서 요구되는 관련성은 병합형태를 불문하고 요구되는 것이고, 이 관련성이 흠결된 경우 원고가 바로잡을 방법도 없는 반면, 절차의 공통과 관할의 공통은 갖추어졌는데, 병합형태에서 요구되는 관련성이 흠결된 경우, 원고가 병합형태를 변경함으로써 이를 바로잡을 수 있고, 각 청구를 개별적으로 보면 원고가 병합형태를 변경하기 전과 후를 불문하고 해당 재판부가 각 청구를 심판하는 것이 가능한데, 이런 상황에서 만약 원고가 선택하는 병합형태에 따라 단일절차로 진행할 수 있는지 여부가 달라진다면 절차가 불안정해진다.

1365) 상세는 박재완, "병합형태의 착오," 일감법학 제56호, 건국대학교 법학연구소(2023. 12), 79면 이하, 91~100면.

독립적 청구들에 대하여 예비적 병합을 한 경우, 예비적 청구 부분의 소만 조건부청구로서 부적법하다고 보면 예비적 청구 부분만 각하하는 처리가 가능하고, 또 이로써 충분하다고 할 수 있을 것이다.[1366] 다만, 이 경우에 주위적 청구가 인용된다면 예비적 청구 부분의 소를 각하하는 주문을 낼 필요는 없을 것이다.[1367]

6) 상소심

병합청구와 관련된 상소의 이익, 상소불가분의 효력이 미치는 범위, 상소심의 심판범위 등에 대하여 항소심을 위주로 살펴본다.

가) 단순병합

단순병합된 수개의 청구에 대하여 하나의 1심판결이 선고된 경우에는 상소불가분의 원칙이 적용된다는 점, 당사자가 불복하는 범위에 한하여 상소심이 심판할 수 있다는 점은 상소절차에서 본 바와 같다.

나) 선택적 병합

(1) 1심에서 원고가 승소한 경우

1심에서 원고가 승소한 경우, 즉 선택적으로 병합된 청구들 중 하나가 인용된 경우, 피고만이 항소의 이익을 가진다. 피고가 항소한 경우 인용된 청구뿐만 아니라 다른 청구도 모두 이심되어 심판대상이 된다. 항소심은 1심판결이 정당한 경우 항소를 기각한다. 판례는 항소심이 1심에서 인용된 청구와 다른 청구를 인용하는 경우 내용이 동일하다고 하여 항소를 기각할 수 없다고 하였다. 나아가, 이 경우 1심판결을 취소하고 그 다른 청구를 인용하면 되는데, 항소심이 1심이 인용한 청구를 먼저 판단하여야 하는 것은 아니라고 하였다.[1368] 모든 청구가 이유 없는 경우 항소심은 1심판결을 취소하고, 모든 청구를 기각

1366) 福岡高等裁判所 平成 8. 10. 17. 판결(원고의 주위적 청구는 대여금청구, 예비적 청구는 기탁금청구인데, 원고가 각기 별도의 금원수수가 있었던 것을 전제로 위와 같이 청구한 사안에서, 두 청구는 독립적 청구들로서 단순병합하여야 하고, 예비적 병합은 허용되지 않는다고 하며, 주위적 청구는 기각하고 예비적 청구는 각하되어야 한다고 판시).

1367) 박재완, "병합형태의 착오," 일감법학 제56호, 건국대학교 법학연구소(2023. 12), 79면 이하, 98면 참조.

1368) 대법원 1992. 9. 14. 선고 92다7023 판결, 대법원 2006. 4. 27. 선고 2006다7587, 7594 판결. 위 판결들 중 후자와 같이 1심판결의 가집행선고가 실효되는 경우에는 1심이 인용한 청구가 아닌 다른 청구를 먼저 판단하는 것은 삼가는 것이 바람직할 것이다.

한다.

(2) 1심에서 원고가 패소한 경우

1심에서 원고의 모든 청구가 기각된 경우, 원고만이 항소의 이익을 가진다. 원고가 항소를 제기한 경우에는 모든 청구가 이심되나, 원고가 불복하는 청구만 항소심의 심판대상이 된다.[1369] 대법원은 항소심 법원이 어느 하나의 청구에 관한 항소가 이유 있다고 인정할 때에는 1심판결 전부를 취소하여야 한다고 하였다.[1370][1371][1372][1373][1374]

다) 예비적 병합

(1) 주위적 청구 인용

주위적 청구가 인용된 경우, 피고만이 항소의 이익이 있다. 피고가 항소한 경우 주위적 청구는 물론 예비적 청구도 이심되어 항소심의 심판대상이 된다.[1375]

항소심 역시, 1심이 인용한 주위적 청구가 이유 있다고 판단하는 경우 항

1369) 대법원 1998. 7. 24. 선고 96다99 판결.

1370) 대법원 1993. 12. 21. 선고 92다46226 전원합의체 판결(상고심 관련), 대법원 2017. 10. 26. 선고 2015다42599 판결(상고심 관련), 대법원 2018. 6. 15. 선고 2016다229478 판결(상고심 관련), 대법원 2023. 4. 27. 선고 2021다262905 판결(상고심 관련), 대법원 2024. 7. 25. 선고 2022다233874 판결(상고심 관련).

1371) 서울고등법원 재판실무개선위원회 편저, 개정판 민사 항소심 판결작성실무, 사법연구지원재단(2006), 114면.

1372) 인용하는 청구 부분과 다른 청구 부분은 취소의 근거와 효과 면에서 차이가 있을 수 있다.

1373) 대법원은 이러한 법리가 택일적 청구들을 예비적으로 병합한 부진정 예비적 병합에도 적용된다고 한다. 대법원 2025. 5. 15. 선고 2023다306014 판결, 대법원 2022. 3. 31. 선고 2017다247145 판결, 대법원 2014. 12. 24. 선고 2012다35675 판결 참조. 위 판결들 모두에서 대법원은 주위적 청구가 이유 있다고 판단하면서 예비적 청구 부분도 파기하였다. 주위적 청구가 이유 없고, 예비적 청구가 이유 있다고 판단되는 경우에까지 위 법리를 적용한다면 결국 각 사안에서 부진정 예비적 병합을 허용하지 않는 셈이 된다.

1374) 대법원 1993. 10. 26. 선고 93다6669 판결: 제1심에서 원고의 청구가 기각되어 원고가 항소한 다음 항소심에서 청구를 선택적으로 병합한 경우에는, [] 항소심 법원은 병합된 수 개의 청구 중 어느 하나의 청구를 선택하여 심리할 수 있고, 제1심에서 기각된 청구를 먼저 심리할 필요는 없으며, 어느 한 개의 청구[가] 이유 있다고 인정될 경우에는 원고의 청구를 기각한 제1심판결을 취소하고 이유 있다고 인정되는 청구를 인용하는 주문을 선고하여야 할 것이다.

1375) 대법원 2000. 11. 16. 선고 98다22253 전원합의체 판결, 대법원 2023. 12. 7. 선고 2023다273206 판결(주위적 청구를 인용한 1심판결에 대하여 피고가 항소하면 1심에서 판단하지 않은 예비적 청구까지 모두 이심되는바, 항소심이 주위적 청구를 배척하면서 예비적 청구에 관하여 판단하지 않은 것은 파기사유이고, 원고가 상고하면 예비적 청구부분도 상고심으로 이심된다. 주위적 청구에 관하여 상고기각, 예비적 청구 부분 파기환송).

소를 기각한다. 주위적 청구는 이유 없으나 예비적 청구가 이유 있다고 판단되는 경우에는 1심판결을 취소하여 주위적 청구를 기각하고, 예비적 청구를 인용한다. 주위적 청구도, 예비적 청구도 이유 없는 경우에는 1심판결을 취소하여 주위적 청구를 기각하고 예비적 청구도 기각한다.

(2) 주위적 청구 기각, 예비적 청구 인용

주위적 청구가 기각된 것과 관련하여 원고가, 예비적 청구가 인용된 것과 관련하여 피고가 각 항소의 이익을 가진다.

(가) 피고만 항소한 경우

피고만 항소하면 모든 청구가 이심되지만 예비적 청구만이 항소심의 심판대상이 된다. 항소심은 예비적 청구가 이유 있는 경우 항소를 기각하고, 예비적 청구가 이유 없는 경우 1심판결 중 예비적 청구에 대한 부분을 취소하고 예비적 청구를 기각한다.

주위적 청구는 심판대상이 아니므로 항소심이 주위적 청구가 이유 있고, 예비적 청구가 이유 없다고 판단하여도 주위적 청구에 대하여는 판단할 수 없고, 결국 심판대상인 예비적 청구만 판단하여 항소를 인용하여야, 즉 1심판결 중 예비적 청구에 대한 부분을 취소하고 예비적 청구를 기각하여야 한다.[1376] 이러한 항소심판결을 선고받은 원고가 비로소 주위적 청구를 인용받으려고 상고를 제기하면 각하된다. 주위적 청구에 대하여는 항소심의 심판대상이 아니어서 항소심의 판결이 없기 때문이다.[1377]

판례는 상고심판결 선고시에 상고심의 심판대상이 아닌 주위적 청구에 대한 항소심판결이 분리확정된다고 판시하였다.[1378] 이 입장에 선다면 주위적 청구를 기각하고 예비적 청구를 인용한 1심판결에 대하여 피고만 예비적 청구 부분에 대하여 항소하고 원고가 주위적 청구 부분에 대하여 항소하지 않은 경우 주위적 청구 부분은 항소심판결 선고시에 분리확정된다고 할 것이다. 다만, 주

1376) 대법원 1995. 2. 10. 선고 94다31624 판결, 대법원 2002. 12. 26. 선고 2002므852 판결, 대법원 2001. 12. 24. 선고 2001다62213 판결(상고심 관련).

1377) 대법원 1995. 5. 26. 선고 94다1487 판결, 대법원 1998. 5. 22. 선고 98다5357 판결, 대법원 2002. 2. 5. 선고 2001다63131 판결(항소심이 변경판결을 한 사안), 대법원 2003. 9. 26. 선고 2001다68914 판결(항소심이 변경판결을 한 사안), 대법원 2009. 10. 29. 선고 2007다22514, 22521 판결, 대법원 2017. 12. 28. 선고 2014다229023 판결 등. 특히 항소심이 변경판결을 한 경우 오해가 발생할 가능성이 있다.

1378) 대법원 2001. 12. 24. 선고 2001다62213 판결.

위적 청구와 예비적 청구가 모두 인용될 수 없다는 점에서 오는 제약은 생긴다. 지나치게 복잡해지는 느낌이 있다.

(나) 원고만 항소한 경우

원고가 항소를 제기하면 모든 청구가 항소심으로 이심된다. 주위적 청구가 이유 있으면 항소심법원은 1심판결을 취소하고, 주위적 청구를 인용한다. 예비적 청구에 대하여는 판단하지 않는다.[1379] 주위적 청구가 이유 없으면 항소심법원은 항소를 기각한다. 주위적 청구가 이유 없고 예비적 청구도 이유 없다고 판단되어도 예비적 청구는 심판대상이 아니므로, 항소심법원은 1심판결 중 예비적 청구에 대한 부분을 취소하여 예비적 청구를 기각할 수 없다.[1380] 항소심판결 선고시에 1심판결 중 예비적 청구에 대한 부분이 분리되어 확정되지 않는다.

(3) 주위적 청구 기각, 예비적 청구 기각

원고만이 항소의 이익을 가진다. 원고가 항소를 제기하면 모든 청구가 항소심으로 이심되나 원고가 불복한 부분만 심판대상이 된다.[1381]

라) 병합형태의 착오가 간과된 경우 이심의 범위(객관설과 주관설)

법원이 병합형태의 착오가 발생한 것을 간과하고 판결을 선고하였는데, 이에 대하여 상소가 제기되면 이심의 범위는 어떻게 되는 것일까? 이는 앞서 본 병합형태의 착오가 발생한 경우의 심판방법과는 다른 문제이다.

이에 관하여는 앞의 가), 나), 다)에서 본 일반적인 경우, 즉 병합형태의 착오가 없는 경우의 법리를 청구들의 성질을 기준으로 적용하는 입장과 원고의 의사를 기준으로 적용하는 입장이 있다. 병합형태의 착오가 발생한 경우의 심판방법에서의 법리와 혼동이 발생하는 것을 피하기 위하여, 전자를 객관설이라고 하고, 후자를 주관설이라고 한다.

대법원은 객관설을 취하고 있다. 판례는 우선, 원고가 단순병합을 하여야 하는 독립적 청구들에 대하여 선택적 병합을 하였고, 1심법원이 하나의 청구만 인용하고 나머지 청구에 대하여 판단하지 않았는데,[1382] 이에 대하여 피고만이

1379) 서울고등법원 재판실무개선위원회 편저, 개정판 민사 항소심 판결작성실무, 사법연구지원재단(2007), 111면.

1380) 불이익변경금지의 원칙의 적용이기도 하다.

1381) 대법원 1967. 9. 5. 선고 67다1323 판결.

1382) 법원이 병합형태의 착오를 간과한 것이 아니라면, 의사설에 따라 판단한 것일 수도 있는

항소한 사안에서, 법원이 병합형태의 착오를 간과하였다고 하여 청구의 병합형태가 선택적 또는 예비적 병합 관계로 바뀔 수는 없으므로, 1심법원이 인용한 청구만 항소심으로 이심되고, 나머지 청구들은 1심에 남아 있다고 판시하였다.[1383] 병합형태의 착오가 없을 때 단순병합된 청구 중 일부의 청구에 대한 판결이 누락된 경우와 같이 원고의 구제수단은 상소가 아니라 추가판결이 된다.[1384]

한편, 판례는 원고가 단순병합을 하여야 하는 독립적 청구들에 대하여 선택적 병합 혹은 예비적 병합을 하는 것은 허용되지 않지만, 그럼에도 불구하고 법원이 단순병합으로 보고 하나의 청구를 인용하고, 나머지 청구를 기각하였는데,[1385] 피고만이 상소를 제기하면, 모든 청구가 이심되지만 피고가 불복하는 부분만 상소심의 심판범위가 된다고 하였다.[1386] 이 경우는 위와 달리 모든 청구에 대하여 판결이 있었기 때문에, 법원이 성질설에 따라 청구취지 등을 정리하지 않고 선고한 것의 당부를 불문하고, 이심의 효과는 판결이 선고된 모든 청구에 미치는 것이다.

학설의 경우 대체로 이 논점에 관하여 별다른 논평 없이 위 대법원의 판례를 소개하는데, 객관설에 찬성하는 취지일 수도 있다. 그러나, 객관설을 취하면 처분권주의에 반하는 경우가 많고, 소송경제에도 반하므로 주관설이 타당하다.[1387] 주관설을 취하면 결국 이심의 범위는 일반적인 경우는 물론 병합형태

데, 이 경우도 같은 법리가 적용된다.

1383) 대법원 2008. 12. 11. 선고 2006다5550 판결, 대법원 2008. 12. 11. 선고 2005다51495 판결. 위 판결들은 1심법원의 조치와 관련하여 단순병합할 청구들을 선택적 병합으로 청구하는 것은 허용되지 않으므로 1심법원은 단순병합으로 병합형태를 보정하게 한 다음 심판하였어야 했다고 판시하였고, 위 2005다51495 판결은 나아가 항소심에서 원고가 한, 1심법원이 심판하지 않은 청구들을 예비적 청구로 추가하는 내용의 청구변경을 항소심법원이 허용하지 않은 것은 정당하다고 판시하였다.

위 판결들의 항소심의 이심범위에 관한 판시는 병합형태의 착오의 처리방법에 관하여 성질설을 취한 판례들(대법원 2014. 5. 29. 선고 2013다96868 판결, 대법원 2018. 2. 28. 선고 2013다26425 판결 등)과 같은 취지로 오해되기도 하나, 위 판결 자체에서 법원이 원고로 하여금 단순병합으로 보정하게 하여야 한다고 하고 있으므로 위 판결이 엄밀한 의미에서 성질설을 취한 것이라고 보기는 어렵다.

1384) 항소심에서 나머지 청구들을 추가하는 방법에 대하여는 청구의 변경쪽에서 본다.

1385) 법원이 병합형태의 착오를 인지한 것이다.

1386) 대법원 2008. 12. 11. 선고 2005다51471 판결, 대법원 2015. 12. 10. 선고 2015다207679 판결.

1387) 상세는 박재완, “병합형태의 착오를 간과한 경우의 효과”, 일감법학 제59호, 건국대학교 법학연구소(2024. 12), 520면 이하, 559~565면.

의 착오가 발생한 경우에도 청구취지에 기재되어 있는 원고의 의사만을 기준으로 판단하면 되므로, 병합형태의 착오가 발생하였는지는 고려할 필요가 없다.

몇 가지 유의할 점을 적어둔다. 경위를 불문하고 병합된 모든 청구에 대하여 판결이 선고된 경우에는 모든 청구가 이심된다. 이 점은 객관설과 주관설에 차이가 없다. 택일적 청구들을 예비적으로 병합하거나, 배타적 청구들을 선택적으로 병합한 경우에는 일부의 청구에 대하여 판결이 선고되지 않은 경우에도 모든 청구가 이심된다. 이 점 역시 객관설과 주관설에 차이가 없다. 만약 어떤 사안에서 부진정 예비적 병합이 허용된다고 본다면, 부진정 예비적 병합의 태양을 불문하고[1388] 모든 청구가 이심된다.[1389] 이 역시 객관설과 주관설에 차이가 없다. 객관설과 주관설의 차이는 독립적 청구들을 선택적으로 혹은 예비적으로 병합한 경우와, 택일적 청구들 혹은 배타적 청구들을 단순병합한 경우에 발생하고, 실제 발생하는 예는 대개 전자 중 일부의 청구에 대하여 판결이 선고되지 아니한 경우에 발생한다.[1390] 이 경우 객관설은 판결이 선고된 청구만 이심된다고 보고, 주관설은 모든 청구가 이심된다고 본다.

1388) 택일적 청구들을 예비적으로 병합한 경우, 독립적 청구들을 예비적으로 병합한 경우 및 본래의 급부청구와 대상청구를 예비적으로 병합한 경우를 모두 포함한다는 의미이다.

1389) 독립된 청구들에 대한 부진정 예비적 병합을 인정한 대법원 2021. 5. 7. 선고 2020다292411 판결과 대법원 2023. 3. 16. 선고 2022다279658 판결은 각 사안상 부진정 예비적 병합이 인정되므로 판결이 선고되지 않았던 청구도 이심된다고 하였다.

위 두 판결의 부진정 예비적 병합은 모두 항소심에서 발생하였는데, 만약 부진정 예비적 병합이 인정되지 않는다고 보면, 객관설은 판결이 선고된 청구만 이심된다고 볼 것이고, 주관설은 모든 청구가 이심된다고 볼 것이다. 특히 심판방법에서 각하설을, 이심의 범위에서 주관설을 취하면, 원고가 예비적 청구를 하였으므로 모든 청구가 대법원으로 이심되는데, 예비적 청구 부분은 조건부 청구로서 부적법하므로 대법원은 이를 파기하고, 그 부분 소를 각하하는 판결을 하였을 것이다.

1390) 후자의 경우는 병합형태의 착오가 간과되었다면, 원고가 단순병합으로 청구하였으므로, 대개 모든 청구에 대하여 판결이 선고될 것이다. 만약 간과에서 더 나아가 일부의 청구에 대하여 판결이 선고되지 않았다면, 의사설에 따르면 추가판결을 선고하여야 하는데, 원고가 단순병합으로 청구하였으므로, 처분권주의 위반 문제는 발생하지 않는다.

제74강 청구의 변경

1. 의 의

청구의 변경은 기존의 소의 3요소 중 청구, 즉 소송물을 변경하는 것을 말하는바, 외형적으로는 소장 중 청구 부분의 기재를 변경하는 것으로 나타난다. 이를 소의 변경이라고도 한다. 청구의 변경에서 청구는 소송물인 권리관계뿐만 아니라 구제형식(심판형식)까지 포괄하여 고찰된다.

예컨대, 갑이 을을 피고로 삼아 청구권 A(예컨대, 소유권에 기한 건물인도청구권)를 소송물로 하여 소를 제기하여 소송이 진행 중인데, 갑이 을에 대하여 청구권 B(예컨대, 건물의 차임상당 부당이득반환청구권)까지 갖고 있는 경우 갑이 을을 상대로 B를 소송물로 하여 다시 소를 제기하는 것, 즉 별소를 제기하는 것은 당연히 가능하다. 그러나 이 경우 A에 대한 사건과 B에 대한 사건은 서로 별도의 사건이 되어 별도의 소송절차에 의하여 심리가 진행되기 때문에, 특히 A와 B 사이에 어떤 관련성이 존재하여 소송자료에 공통점이 있는 경우, 소송불경제가 발생하게 된다.[1391] 현재 진행되고 있는 소송의 심판대상에 B를 추가하면, 즉 소송물을 원래의 'A'에서 'A+B'으로 변경하면 소송불경제를 피할 수 있다. 위와 같은 소송물의 변경은 소장의 기재내용을 기준으로 보면 당사자와 법원 부분은 그대로 두고 청구 부분, 즉 청구취지와 청구원인에 애초에 기재된 A에 관한 것에 추가하여 B에 관한 것도 기재하는 것으로 된다.

그런데, 과연 위와 같이 청구의 변경이 가능한가? 가능하다면 어떤 요건 하에서 가능한가? 변경 후의 심판은 어떻게 행해지는가? 청구의 변경은 이러한 문제를 다룬다.

1391) 각 사건별로 출석, 준비서면 등 서면의 작성·제출, 증거의 제출 등을 별도로 하여야 한다.

2. 형 태

1) 추가적 변경과 교환적 변경

가) 추가적 변경

청구의 변경에는 추가적 변경과 교환적 변경이 있다. 우선, 추가적 변경은 기존의 청구(구청구)를 유지하면서 새로운 청구(신청구)를 추가하는 것을 말한다. 위에서 든 예는 추가적 변경에 해당한다. 즉, 소송물을 'A'에서 'A+B'로 변경하는 것이 추가적 변경이다. 추가적 변경에 의하여 청구의 (후발적) 병합이 발생하므로, 청구의 병합의 요건을 갖추어야 한다.

추가적 변경에는 청구의 확장도 포함된다. 청구의 확장이라는 용어는 여러 가지 의미로 사용되는바, 가장 넓은 의미에서는 추가적 변경 일체를 의미하고, 가장 엄격한 의미에서는 청구의 양적 확장, 즉 단일하고 가분적인 실체법적 권리에 기하여 일부만 청구를 하였다가 나중에 잔부의 전부 또는 일부를 추가로 청구하는 것을 의미한다.

청구의 변경인지 여부를 소송물의 동일 여부로 판단한다면 청구의 양적 확장이 청구의 변경인지 여부는 엄밀하게는 일부청구의 소송물 식별의 기준에 따라 결정되어야 할 것이다.[1392][1393] 하지만 실제 학설은 다르게 전개된다. 즉, 명시 여부를 불문하고 청구의 양적 확장을 청구의 변경으로 보는 것이 통설이고, 판례도 같다. 우리나라의 민사소송법은 애초부터 청구의 변경을 허용하는 입장을 취하고, 청구의 확장을 청구의 변경과 대비되는 별개의 소송행위로 보지 않는 점, 청구의 변경을 소송물 식별에 관한 이론만으로 처리하는 것도 적절하지

1392) 예컨대, 명시설에 의하면 명시적 일부청구를 한 후 잔부청구를 추가하는 것은 청구의 변경에 해당하지만, 묵시적 일부청구였던 경우에는 청구의 변경이 아니라고 봐야 할 것이다.

1393) 청구의 확장은 연혁적으로는 청구의 변경이 아니라는 점에 그 중점이 주어져 있었다. 즉, 1877년의 독일 민사소송법이 원칙적으로 허용되지 않는 청구의 변경(피고의 동의가 있거나 법원의 허가가 있으면 가능)의 조문과 별도의 조문을 두어 일부청구 이후의 잔부청구의 추가 등을 허용하였고, 이를 모범으로 한 일본의 구 민사소송법(1926년 법개정 이전)도 청구의 확장을 청구변경과 별도의 소송행위로 보았다. 현재 독일 민사소송법은 아직 위 두 개념을 위와 같은 의미로 구별하고 있으나 일본 민사소송법은 구별하지 않고 있다(吉村徳重, 小島武司 編, 注釈民事訴訟法(5), 有斐閣(1998), 249~250면. 261면). 이러한 일본 민사소송법을 계수한 우리나라의 민사소송법(1960년 제정)은 애초부터 청구의 변경을 허용하는 입장을 취하고, 청구의 확장을 위와 같은 연혁적 의미에서 청구의 변경과 구별되는 별개의 소송행위로 보지 않았다.

않다는 점을 고려하여 통설·판례의 견해를 지지한다.

한편, 원고가 상환이행판결이나 조건부이행판결을 구하다가 단순이행판결을 구하는 경우도 청구의 확장으로 보고, 이를 위에서 본 가장 엄격한 의미의 청구의 확장인 청구의 양적 확장과 구별하여 청구의 질적 확장이라고 한다. 이 역시 청구의 양적 확장과 마찬가지로 취급하는 것이 일반적이다.

나) 교환적 변경

교환적 변경은 기존의 청구(구청구) 대신 다른 청구(신청구)를 심판하여 달라는 형태의 청구의 변경이다. 예컨대, 소송물을 기존의 A에서 B로 바꾸는 것이다(A → B).

교환적 변경의 성질에 관하여는, 교환적 변경을 신청구의 추가적 변경(신소의 제기)과 구청구의 취하가 결합된 것으로 보는 견해(복합행위설)와 교환적 변경을 민사소송법이 인정하는 별개의 소송행위로 보는 견해(독자유형설)의 대립이 있다. 전자가 통설이고, 판례의 입장[1394]이다. 두 설의 차이는 교환적 변경에 피고의 동의가 요구된다고 볼 것인지에 있다. 독자유형설은 교환적 변경에는 소의 취하가 포함되어 있지 않으므로 피고의 동의가 요구되지 않는다고 본다. 복합행위설은 다시, 교환적 변경이 복합행위라는 그 논리를 그대로 밀어 붙여 피고의 동의가 필요하다는 견해와 구청구와 신청구 사이에는 청구기초의 동일성이 인정되기 때문에 피고의 동의가 필요하지 않다는 견해로 나뉜다. 전자가 다수설인바, 이에 입각할 때 피고가 동의하지 않으면 교환적 변경은 결국 추가적 변경으로 귀착된다. 판례는 후자의 입장[1395]이다.

판례가 복합행위설을 취하고 있기 때문에 항소심에서 교환적 변경이 이루어지면 구청구에 대하여는 소취하로 인한 재소금지의 효과가 발생할 수도 있다. 예컨대, 원고가 A청구에 대하여 1심에서 본안판결을 받은 이후, 항소심에서 B청구로 교환적 변경을 하였다가, 마음이 바뀌어 다시 A청구로 교환적 변경을 하면 재소금지위반으로 소(A청구)가 각하된다.[1396][1397] 따라서 특별한 사정이 없

1394) 대법원 1987. 6. 9. 선고 86다카2600 판결: 소의 교환적 변경은 신청구의 추가적 병합과 구청구의 취하의 결합형태로 볼 것이다.

1395) 대법원 1962. 1. 13. 선고 4294민상310 판결.

1396) 대법원 1969. 5. 27. 선고 68다1798 판결, 대법원 1987. 6. 9. 선고 86다카2600 판결, 대법원 1987. 11. 10. 선고 87다카1405 판결.

1397) A청구를 추가하여도, A청구 부분이 소각하 대상인 점은 마찬가지이다.

는 한 항소심에서는 교환적 변경을 하지 않는 것이 좋다.

2) 변경의 방법

방법의 측면에서 볼 때 청구의 변경은 소장의 청구 부분, 즉 청구취지와 청구원인을 변경함으로써 하게 된다. 논의의 중점은 청구취지나 청구원인의 변경이 있을 때 과연 그것을 청구의 변경이라고 볼 수 있는지 여부이다. 청구의 변경에 해당한다면 청구의 변경의 요건을 갖추어야 한다.

가) 청구취지의 변경

(1) 일반론

청구취지의 변경에는 청구원인의 변경이 수반될 수도 있고 그렇지 않을 수도 있다. 청구취지를 변경하면 원칙적으로 청구의 변경이 된다. 예를 들어 청구취지가 '피고는 원고에게 1억 원을 지급하라'에서 '피고는 원고에게 1억 원을 지급하고, 별지 목록 기재 건물을 인도하라'로 변경된다면 추가적 변경에, '피고는 원고에게 별지 목록 기재 건물을 인도하라'로 변경된다면 교환적 변경에 해당한다. 청구의 목적물(예컨대, 인도대상 부동산)을 바꾸는 경우도 청구의 변경에 해당한다. 이상의 예는 모두 소송물인 권리관계가 변경되는 경우이다.

하지만 대여금확인청구를 대여금지급청구로 바꾸는 것과 같이 소송물인 권리관계가 바뀌지 않고 구제형식(심판형식)만 바뀌는 청구취지의 변경도 청구의 변경에 해당한다. 병합형태를 변경하는 것도 구제형식(심판형식)의 변경에 포함시킬 수 있으므로 청구의 변경에 해당한다.

다만, 청구취지의 불명확한 부분이나 오류가 있는 부분을 바로잡는 것, 예컨대 청구목적물인 부동산의 소재지 지번을 정정하거나 부실한 도면을 교체하는 것 등은 청구의 변경이 아니다. 이를 청구취지의 보충 내지 정정이라고 한다.

(2) 청구의 확장과 감축

(가) 청구의 확장

위에서 본 청구의 양적 확장과 질적 확장 모두 청구의 변경에 해당한다.

(나) 청구의 감축

청구의 감축 역시 다양한 의미로 사용되는 용어이나, 가장 엄격한 의미에서는 청구의 양적 감축, 즉 단일한 가분적 청구에 대한 애초의 액수 등을 줄이는 것을 의미한다. 이는 청구의 변경이 아니고, 소의 취하 아니면 청구의 포기에 해당하는데,[1398] 당사자의 의사가 분명하지 않으면 원고에게 보다 유리한 소의 취하라고 보는 견해가 통설·판례이다.[1399] 청구의 양적 감축을 소의 취하로 보는 경우에는 피고의 동의가 필요하고, 상고심에서도 청구의 양적 감축을 할 수 있다. 청구의 감축도 소의 취하가 아니라 독자적 제도로서 청구의 변경으로 보는 반대견해도 있다. 이에 입각하면 피고의 동의는 필요 없다.

단순이행청구에서 상환이행청구나 조건부이행청구로 바꾸는 것을 청구의 질적 감축이라고 한다. 청구의 질적 감축을 양적 감축과 함께 설명하는 것이 일반적이지만, 이를 소의 취하라고 볼 수 있을지는 의문이다.

나) 청구원인의 변경

(1) 일반론

여기서 말하는 청구원인의 변경은 청구취지는 그대로 두고 청구원인만을 변경하는 경우를 말한다. 청구원인에는 사실상 주장, 즉 사실관계에 관한 주장과 법률상 주장, 즉 실체법적 법률관계(권리)에 관한 주장이 기재되는바, 이러한 사실상의 주장이나 법률상의 주장의 변경이 청구의 변경에 해당되는 경우도 있다.

법률상 주장이나 사실상 주장의 애매한 부분을 명확하게 하고, 빠진 부분을 보충하는 것은 청구의 변경에 해당하지 않는다.

(2) 청구권 경합

청구권 경합의 경우, 구소송물이론은 청구취지가 동일하게 유지되어도 실체법적 권리의 변경이 있으면 청구의 변경에 해당한다고 보고, 신소송물이론 중 일지설은 청구취지가 동일하게 유지되는 이상 실체법적 권리의 변경은 언제나 청구의 변경이 아니라고 보는 반면, 이지설은 청구취지가 동일하게 유지되는 경우 실체법적 권리의 변경과 관계없이 사실관계가 변경되면 청구의 변경에 해당한다고 본다.

(3) 등기청구

말소등기청구나 이전등기청구의 소송물의 동일 여부에 관한 견해의 대립은 청구의 변경 여부를 판단할 때도 마찬가지로 적용된다.

1398) 일반적으로 이와 같이 설명하나, 양자 모두에 해당하지 않고 절차가 종료되는 경우도 있을 수 있다.

1399) 대법원 1983. 8. 23. 선고 83다카450 판결.

(4) 기 타

소유권확인소송에서 취득원인을 변경하는 것은 구소송물이론, 일지설, 이지설 중 예외설에 의하면 청구의 변경이 아니라고 보지만, 이지설 중 일관설에 의하면 청구의 변경이라고 본다. 사해행위취소소송에서 피보전권리를 변경하거나,[1400] 가등기에 기한 본등기청구에서 피담보채권을 변경하는 것[1401]은 공격방어방법의 변경에 불과하다.

3. 요 건

1) 민사소송법 262조 1항

> 제262조(청구의 변경) ① 원고는 청구의 기초가 바뀌지 아니하는 한도 안에서 변론을 종결할 때(변론 없이 한 판결의 경우에는 판결을 선고할 때)까지 청구의 취지 또는 원인을 바꿀 수 있다. 다만, 소송절차를 현저히 지연시키는 경우에는 그러하지 아니하다.

위 조항은 청구의 기초가 바뀌지 않을 것과 소송절차의 현저한 지연이 없을 것을 요구한다. 또한 법률심이자 사후심인 상고심에서는 청구의 변경이 불가능하므로 청구의 변경은 사실심 변론종결 이전에 하여야 한다. 차례로 설명한다.

가) 청구의 기초가 바뀌지 않을 것

청구의 기초가 바뀌지 않아야, 달리 말하면 청구기초의 동일성이 유지되어야 청구의 변경을 할 수 있다. 청구기초의 동일성의 의미에 관하여는 이익설,[1402] 사실설[1403] 및 병용설[1404]이 대립하고 있다. 어느 견해에 입각하여도 실제 도출되는 결론에 차이를 보이지는 않는다. 판례의 주류는 이익설에 입각하

1400) 대법원 2003. 5. 27. 선고 2001다13532 판결(피보전권리를 변경하기 전에 제척기간이 도과한 사안에서 피보전권리는 공격방어방법에 불과하므로 제척기간 도과는 문제되지 않는다고 한 사례).

1401) 대법원 1992. 6. 12. 선고 92다11848 판결.

1402) 청구를 특정한 권리의 주장으로 구성하기 이전의 사실적인 분쟁이익 자체가 공통되는 것을 의미한다는 견해이다.

1403) 소의 목적인 권리관계의 발생원인, 즉 근본적인 사회현상인 사실관계가 공통되는 것을 의미한다는 견해와 소송절차와 관련하여 각 청구의 사실자료 사이에 심리의 계속을 정당화할 정도의 공통성이 있는 경우를 의미한다는 견해로 나뉜다.

1404) 각 청구의 사실자료 및 사실적인 분쟁이익이 공통적인 것을 의미한다는 견해이다.

고 있다고 보는 것이 일반적이다.[1405] 위 기준을 실제 사안에 적용함에 있어서, 판례는 청구기초의 동일성을 넓은 범위에서 인정하고 있다. 예컨대, 동일한 매매계약에 기하여 계약의 유효를 전제로 한 이전등기청구에 계약의 실효를 전제로 한 계약금반환청구를 추가하여도 청구기초의 동일성이 유지된다고 보았다.[1406] 다만, 청구기초의 동일성이 사익적 요건이라는 견해와 공익적 요건이라는 견해의 대립이 있으나, 전자가 통설이며, 판례의 입장이기도 하다.[1407] 따라서 청구의 기초의 변경에 대하여 피고가 지체 없이 이의를 진술하지 아니하고 변경된 청구에 관한 본안의 변론을 한 때에는 피고는 책문권을 상실하여 다시 이의를 제기하지 못한다.

나) 소송절차의 현저한 지연이 없을 것

판례는 새로운 청구의 심리를 위해 종전의 소송자료를 대부분 이용할 수 있는 경우에는 소송절차의 현저한 지연이 있다고 할 수 없다는 기준을 제시한다.[1408] 판례는 이 요건에 대하여 매우 관대한 입장을 취하여, 아주 예외적인 경우에 한하여 청구의 변경을 불허한다.[1409] 이 요건은 공익적 요건이므로 피고의 동의 여부는 고려사항이 아니고, 또한 직권조사사항이라는 것이 통설이다.

다) 사실심 변론종결 전

청구의 변경은 소장부본 송달일부터 사실심 변론종결일 이전까지 가능하다. 소송절차의 현저한 지연과 관련한 위와 같은 판례에 입각하여, 실제 항소심에서도 청구의 변경이 거의 아무 제한 없이 행해지고 있다. 현저한 지연이 없을 것이라는 요건을 적절히 활용하여 항소심에서는 원칙적으로 청구의 변경을 허용하지 않는 것이 바람직하다. 상고심에서는 원칙적으로 청구의 변경이 허용되지 않으나 예외가 인정되는 경우도 있다.

2) 청구의 병합의 요건

교환적 변경은 추가적 변경을 개념요소로 포함하고 있으므로, 추가적 변경

1405) 대법원 1997. 4. 25. 선고 96다32133 판결, 대법원 1998. 4. 24. 선고 97다44416 판결, 대법원 2001. 3. 13. 선고 99다11328 판결, 대법원 2012. 3. 29. 선고 2010다28338, 28345 판결.
1406) 대법원 1972. 6. 27. 선고 72다546 판결.
1407) 대법원 1982. 1. 26. 선고 81다546 판결.
1408) 대법원 1998. 4. 24. 선고 97다44416 판결, 대법원 2009. 3. 12. 선고 2007다56524 판결.
1409) 대법원 1964. 12. 29. 선고 64다1025 판결.

뿐만 아니라 교환적 변경에서도 청구의 병합의 요건이 갖추어질 것이 요구된다. 즉, 신청구와 구청구가 같은 종류의 소송절차에 의하여 심판될 수 있어야 가능하다. 관할의 공통도 요구된다. 교환적 변경의 경우에도 관련재판적 규정의 적용이 있다.[1410]

청구병합의 요건과 각 청구별 소송요건은 별개이므로, 각 청구가 소송요건을 갖추는 것은 청구병합의 요건이 아니고, 따라서 청구변경의 요건도 아니다.

또한 추가적 변경의 경우 병합형태를 정하여야, 즉 단순병합, 선택적 병합 혹은 예비적 병합 중 하나를 선택하여야 한다. 병합형태를 잘못 선택하면 청구의 변경이 불허된다고 본 판례도 있으나,[1411] 병합형태를 적절하게 선택하는 것은 청구병합의 요건도 청구변경의 요건도 아니라고 보는 것이 타당하다.[1412]

3) 절차적 요건

민사소송법 262조 2항은 청구취지의 변경은 서면에 의하여야 한다고 규정하고 있다. 청구원인의 변경에 관하여는 견해가 갈려 있으나, 서면에 의할 필요가 없다는 견해가 통설이고, 판례는 구술로도 가능하다는 입장에 서있다고 알려져 있다.[1413] 판례는 서면에 의하지 아니한 청구취지 변경에 상대방이 지체없이 이의하지 않으면 소송절차에 관한 이의신청권을 상실한다고 하였다.[1414] 청구의 변경을 위하여 통상 '청구취지변경신청서' 또는 '청구취지 및 청구원인 변경신청서' 등의 제목을 붙인 서면을 제출하지만, 제목이 중요한 것은 아니다.[1415] 교환적 변경의 성격에 관하여 복합행위설을 취하면 구청구의 취하 부분에 대하여 피고의 동의가 필요한지가 문제되는바, 판례가 불요설을 취하고 있음은 앞서 보았다.

1410) 통설·판례가 취하는 복합행위설에 의하면, 교환적 변경은 신청구의 추가적 변경과 구청구의 취하가 결합된 것이다.

1411) 대법원 1982. 7. 13. 선고 81다카1120 판결, 대법원 2008. 12. 11. 선고 2005다51495 판결 참조.

1412) 상세는 박재완, "병합형태의 착오가 간과된 경우의 효과", 일감법학 제59호, 건국대학교 법학연구소(2024. 12. 31), 549면 이하, 568면 참조.

1413) 대법원 1965. 4. 6. 선고 65다170 판결을 거론하고 있으나 의문이 있다.

1414) 대법원 1990. 12. 26. 선고 90다4686 판결.

1415) 대법원 2009. 5. 28. 선고 2008다86232 판결.

4. 심판절차

1) 일반론

청구의 변경이 있는지 여부 및 그 적법 여부는 법원이 직권으로 조사한다. 청구의 변경이 부적법한 경우 민사소송법 263조에 따라 불허가결정을 하여야 한다.

> 제263조(청구의 변경의 불허가) 법원이 청구의 취지 또는 원인의 변경이 옳지 아니하다고 인정한 때에는 직권으로 또는 상대방의 신청에 따라 변경을 허가하지 아니하는 결정을 하여야 한다.

불허가결정은 별도의 중간적 재판으로 할 수도 있고, 종국판결에서 할 수도 있지만, 중간적 재판으로 한 경우 독립해서 불복할 수 없고, 종국판결에 대한 상소로만 다툴 수 있다.[1416] 항소심은 1심법원의 불허가결정이 부당하다고 판단하면 원심의 결정을 취소하고, 청구의 변경을 허용하여 변경된 청구에 대하여 심판할 수 있다.

청구의 변경이 적법한 경우에 이를 허가하는 명시적인 결정을 할 필요는 원칙적으로 없지만, 상대방이 다투는 경우에는 위 263조를 유추적용하여 별도의 결정 또는 종국판결에서 판단한다.

청구의 변경이 허가된 경우 이를 다툴 수 없다는 것이 다수설의 입장이다. 다수설은 판례도 같은 입장이라고 하면서 대법원 2011. 2. 24. 선고 2009다33655 판결 등[1417]을 거론한다. 이러한 판례들은 모두 사익적 요건인 청구기초의 동일성이 문제된 사안에 대한 것으로서 청구의 변경의 일반에 대한 것으로 보기에는 무리가 있다. 오히려 아래와 같은 판례도 있다.

> 대법원 1982. 7. 13. 선고 81다카1120 판결[1418]
> 피고 명의의 위 각 등기가 원인무효임을 이유로 그 말소를 구하는 청구와 그 등기가 유효한 명의신탁등기이나 신탁이 해지되었음을 이유로 소유권이전등기를 구하는 청구는 서로 양립할 수 없는 관계에 있으므로 … 선택적 병합에 의한 병합심리를 할 수 없다고 할 것이고, 따라서 이와 같은 선택적 병합으로 하는 청구의 변경은 직권으로 불허하여야 할 것임에도 불구하고 이를 그대로 받아들인 원심의 조처는 … 위법하다.

1416) 대법원 1992. 9. 25. 선고 92누5096 판결.

1417) 대법원 1982. 1. 26. 선고 81다546 판결, 대법원 1988. 12. 27. 선고 87다카2851 판결, 대법원 1992. 12. 22. 선고 92다33831 판결.

1418) 대법원 2014. 4. 24. 선고 2012두6773 판결도 같은 취지이다.

청구의 변경이 적법하면, 추가적 변경의 경우에는 신청구와 구청구 모두가, 교환적 변경의 경우에는 신청구가 심판의 대상이 된다. 다만 추가적 변경의 경우 병합태양에 따라[1419] 심판방법이 달라지는 것은 당연하다.

2) 청구의 변경의 간과

가) 추가적 변경의 간과

재판부가 추가적 변경을 간과하여 신청구를 판단하지 않고 구청구만 심판한 경우에는 청구의 병합에서 본 바와 마찬가지로 처리된다. 즉, 추가적 변경에 의하여 단순병합이 이루어졌던 경우에는 재판부의 추가판결이, 선택적 병합이나 예비적 병합이 이루어졌던 경우에는 상소가 구제수단이 된다는 것이 통설·판례의 입장이다.[1420]

나) 교환적 변경의 간과

교환적 변경을 간과하여 신청구에 대하여 심판하지 않고, 구청구에 대하여만 심판한 경우가 문제된다. 복합행위설은 구청구에 대한 판결은 소취하로 소송계속이 소멸된 청구에 대하여 행한 무효의 판결이고, 재판부는 신청구에 대하여 추가판결을 하여야 한다는 입장이다.[1421] 반면, 청구의 변경을 독자적 제도라고 보는 견해는 상소로서 구제받을 수 있고, 상소심은 원심을 취소하고, 신청구에 대하여 심판하여야 한다고 한다. 판례는 복합행위설을 취한다.[1422]

3) 항소심과 청구의 변경

가) 항소심에서의 가능성

청구의 변경에 관한 규정은 항소심에도 준용되므로(408조, 262조) 항소심에서도 청구의 변경이 가능하다. 항소심에서 청구의 변경이 있는 경우 변경된 청구가 항소심의 심판범위에 포함되나, 항소심법원이 이 부분에 대하여 판단할 때는 1심판결의 당부를 판단하는 것이 아니라 1심으로서, 즉 최초로 판단하는 것

1419) 단순병합, 선택적 병합, 예비적 병합인지에 따른다는 의미이다.

1420) 대법원 1989. 9. 12. 선고 88다카16270 판결.

1421) 또한 만약 구청구에 대하여 상소가 제기되어 상소심이 교환적 변경이 이루어진 사실을 발견한 때에는 소송종료선언을 하여야 한다고 한다.

1422) 대법원 2003. 1. 24. 선고 2002다56987 판결.

이다.[1423] 항소심이 파기환송심인 경우에도 마찬가지이다.[1424]

나) 항소의 이익, 부대항소와의 관련성

(1) 항소인인 원고의 청구의 변경

원고에게 항소의 이익이 있는 경우 적법하게 항소할 수 있고, 항소의 이익이 있는 원고는 청구의 변경도 할 수 있다. 하지만 1심에서 전부승소한 경우 원고는 청구를 변경하기 위하여 항소를 제기할 수 없다. 단, 묵시적 일부청구를 했던 경우와 같이 예외적으로 전부 승소한 원고에게 항소의 이익이 있는 경우는 다르다.[1425]

(2) 피항소인인 원고의 청구의 변경

판례는 피항소인의 청구의 확장을 포함한 추가적 변경을 위하여는 부대항소의 제기가 필요하되, 별도로 혹은 명시적으로 부대항소를 제기하지 않아도 부대항소를 제기한 것으로 의제된다고 본다.[1426] 또한 판례는 1심판결의 대상인 청구가 수개인 경우 부대항소는 항소인이 불복하는 청구가 아닌 청구에 대하여도 할 수 있고,[1427] 나아가 부대항소의 성격에 관하여 비항소설에 입각하여 1심에서 전부 승소한 피항소인도 추가적 변경을 할 수 있다고 한다.[1428]

통설도 판례와 같은 입장이나, 항소심에서 청구의 확장 등이 허용되는 것은 부대항소가 가능하기 때문이고, 이를 명확하게 하기 위하여 명시적으로 부대항소를 하여야 한다는 반대견해도 있다. 판례와 통설은 물론 위 반대견해도 피항소인의 청구의 추가적 변경을 부대항소로 본다는 점에 있어서는 같으므로,

---

1423) 항소심에서 청구병합의 형태를 변경하는 것도 가능하다. 대법원 2020. 10. 15. 선고 2018다229625 판결은 1심법원이 원고가 선택적으로 병합한 A, B 청구 중 B청구를 인용하였는데, 항소심에서 원고가 예비적 병합으로(A를 주위적 청구, B를 예비적 청구로) 병합형태를 변경하고, 주위적 청구인 A청구가 이유 있는 경우 항소심법원은 항소를 기각하여서는 안 되고, 새로이 A청구를 인용하는 주문을 선고하여야 한다고 하였다. B청구를 인용한 1심판결은 항소심에서 주위적 청구인 A청구가 인용됨으로써 당연히 실효된다고 본 것이다.

1424) 대법원 2013. 2. 28. 선고 2011다31706 판결(항소심이 파기환송심인 경우에도 교환적 변경이 가능하다. 다만, 위 판결의 위 판시는 타당하지만, 나머지 판시의 타당성에 대하여는, 환송판결(위 판결 전의 대법원 판결)의 타당성과 함께 검토가 필요하다), 대법원 2014. 6. 12. 선고 2014다11376, 11383 판결(환송 후 원심의 소송절차는 환송 전 항소심의 속행이므로 당사자는 원칙적으로 새로운 사실과 증거를 제출할 수 있음은 물론, 소의 변경, 부대항소의 제기뿐만 아니라 청구의 확장 등 그 심급에서 허용되는 모든 소송행위를 할 수 있고, 이러한 이유로 환송 전의 판결보다 상고인에게 불리한 결과가 생기는 것은 불가피하다).

1425) 대법원 1997. 10. 24. 선고 96다12276 판결.

1426) 대법원 1991. 9. 24. 선고 91다21688 판결, 대법원 2008. 7. 24. 선고 2008다18376 판결 등.

1427) 대법원 2003. 9. 26. 선고 2001다68914 판결.

1428) 대법원 1992. 12. 8. 선고 91다43015 판결.

이들은 모두 항소가 취하되거나 각하되면 추가적 청구의 변경, 반소제기도 원칙적으로 실효한다고 보게 된다.

교환적 변경의 경우, 판례는 부대항소 관련 문제는 전혀 제기되지 않는다고 본다.[1429] 판례의 입장에 대하여 비판적인 견해도 있다.[1430]

다) 심판방법

(1) 추가적 변경(청구의 확장 포함)

항소심의 추가적 변경이 있는 경우의 심판방법이나 일부의 청구에 대한 판단이 누락된 경우의 처리방법은 청구의 병합에서 본 바와 원칙적으로 같다. 그러나, 추가적으로 변경된 부분은 항소심이 1심으로서 처음 판단하는 것이기 때문에 1심판단의 당부를 판단하는 항소심의 통상의 주문의 기재방식과 달리 1심판결과 같은 방식으로 판단한다는 점에 유의하여야 한다.

예컨대, 원고가 1억 원의 대여금 중 5천만 원을 청구하여 1심에서 전부 인용되었는데, 피고가 항소하고, 원고가 항소심에서 잔부청구를 추가하였고, 항소심이 잔부청구까지 모두 인용하고자 하는 경우에는 "피고의 항소를 기각한다.[1431] 당심에서의 청구취지 확장에 따라 피고는 5천만 원을 지급하라"[1432]라고 판결하여야 한다. 위의 예에서 항소심이 원래의 일부청구뿐만 아니라 잔부청구까지 기각하고자 하는 경우에는 "원판결을 취소한다. 원고의 청구(당심에서 확장된 부분 포함)를 모두 기각한다"라고 판결하여야 한다.

추가되는 청구가 중복제소금지나 소취하로 인한 재소금지에 위반되는 것은 청구변경을 불허할 사유는 아니고, 추가되는 청구 부분의 소를 각하할 사유에 해당한다. 각 청구가 소송요건을 갖추는 것은 청구병합의 요건이 아니고, 따라서 청구변경의 요건도 아니기 때문이다.[1433] 이러한 경우는 반드시 항소심에서

1429) 대법원 1995. 1. 24. 선고 93다25875 판결(원고의 청구를 인용한 1심판결에 대하여 피고만 항소하였고, 항소심에서 원고가 교환적 변경을 한 이후 피고가 항소취하를 한 사안에서, 교환적 변경이 적법하게 이루어졌다면 구청구에 대한 1심판결은 실효되고, 항소심은 신청구에 대하여 사실상 1심으로서 심판하는 것이므로 피고의 항소취하는 그 대상이 없어 아무런 효력이 발생할 수 없다고 판시)

1430) 임호영, 항소심에서 청구의 교환적 변경이 이루어진 뒤에 한 항소취하의 효력, 재판과 판례 7집, 대구판례연구회(1998), 505면 이하, 511~513면. 이 견해는 위 93다25875 판결의 결론은 소송경제의 면에서 수긍 가는 점이 있지만 항소취하의 자유, 부대항소의 종속성 등과 부합하지 않는다고 한다.

1431) 1심에서 인용한 5천만 원의 대여금을 인용하는 것이 된다.

1432) 변경주문례는 "원판결을 다음과 같이 변경한다. 피고는 원고에게 1억 원을 지급하라"로 된다.

만 발생하는 것은 아니나, 1심보다는 항소심에서 더 자주 문제 된다.

(2) 청구의 감축

청구의 감축은 원칙적으로 소의 취하에 해당한다. 따라서 1심판결은 당연히 실효된다. 실효된 부분은 항소심의 판단대상이 될 수 없고, 항소심은 잔존부분에 대하여 항소심으로서 판단하면 된다. 소취하된 부분을 명확하게 하기 위하여 "피고의 항소를 기각한다. 원판결 주문 제1항은 당심에서의 청구의 감축에 의하여 다음과 같이 변경되었다. 피고는 원고에게 ○○○원(잔액)을 지급하라"와 같은 방식으로 주문에 표시하는 경우도 있다.

(3) 교환적 변경

판례는 복합행위설 및 동의불요설을 취하고 있으므로 항소심에서 청구의 교환적 변경 신청이 있으면, 다른 요건이 갖추어진 이상, 피고의 동의 없이 효력이 발생하고, 구청구에 대하여는 소의 취하로 인한 재소금지의 효과가 발생한다.[1434] 항소심법원은 신청구에 대하여 1심으로서 판단한다.

판례는 신청구가 소취하로 인한 재소금지위반 등으로 부적법하다면 원고의 의사가 명확하지 않은 경우에는 석명의무가 있다거나,[1435] 추가적 변경으로 보아야 한다고 판시한 경우도 있으나,[1436] 원고의 의사가 교환적 변경인 것이 명

1433) 대법원 2008. 12. 11. 선고 2005다51495 판결은 원고가 단순병합을 하여야 하는 독립적 청구들에 대하여 선택적 병합을 하고, 1심법원이 병합형태를 바로잡는 조치를 취함이 없이 A청구를 전부 인용하면서, A청구가 전부 인용된 이상 B청구는 판단할 필요가 없다는 이유로 B청구에 대하여 아무런 판단을 하지 않았는데, 피고만 항소를 제기한 사안에서, 이러한 경우 병합형태가 적법한 선택적 또는 예비적 병합 관계로 바뀔 수는 없으므로 A청구만이 항소심으로 이심될 뿐, B청구는 여전히 1심에 남아 있게 된다고 판시하고, 나아가 이를 전제로 B청구는 A청구와 서로 논리적으로 관련성이 없어 A청구에 예비적으로 병합할 수 없는 청구이므로 원고는 항소심에서 이심된 A청구에 B청구를 예비적으로 추가하는 청구변경은 허용되지 않는다고 판시하였다.

위 판결이 위와 같이 판시한 것은 항소심이 B청구에 대하여 아무런 판단을 하지 않은 것을 정당화하기 위한 것이다. 그런데, 병합형태를 적절하게 선택하는 것은 청구병합의 요건도 청구변경의 요건도 아니라고 보는 것이 타당하므로, 위와 같이 청구변경이 허용되지 않는다고 한 점은 의문이다. 위 판결은 병합형태의 착오가 간과된 경우의 이심의 범위에 관하여 객관설을 취하여 B청구가 1심에 잔류하고 있다는 보았는데, 이 경우, 항소심에서 B청구를 추가한 것은 중복제소에 해당한다. 이와 달리 주관설을 취하면 B청구가 항소심으로 이미 이심되어 있기 때문에 원고는 B청구를 추가할 필요가 없다. 이렇게 보는 경우 중복제소금지는 문제되지 않는다. 한편, 원고가 항소심에서 한 것은 B청구의 추가가 아니라 병합형태의 변경에 해당한다고 보는 것이 사안의 실제에 부합한다.

1434) 대법원 1987. 6. 9. 선고 86다카2600 판결, 대법원 1987. 11. 10. 선고 87다카1405 판결 등.

1435) 대법원 1987. 6. 9. 선고 86다카2600 판결.

확한 경우에는 교환적 변경으로 처리할 수밖에 없으므로, 법원은 신청구에 대하여만 판단하여 신청구에 대한 소를 각하하여야 한다. 신청구의 소의 적법성은 청구병합의 요건도 청구변경의 요건도 아니므로 법원이 청구변경을 불허하고 구청구를 심판할 수는 없다.[1437)]

라) 항소취하

청구의 변경이 없는 경우 항소인이 항소를 취하하면 1심판결이 확정되고, 항소심절차는 종료된다. 즉 항소취하로 모든 소송절차가 종료된다. 하지만 청구의 변경이 있은 후에는 위와 다르다.

추가적 변경 이후 항소가 취하되면, 구청구에 대한 1심판결이 확정되므로 항소심은 구청구에 대하여는 심판할 수 없다. 신청구의 운명은 신청구의 추가가 부대항소인지 여부에 따라 달라진다. 원고가 피항소인인 경우, 신청구의 추가는 부대항소이므로 항소취하로 신청구의 추가도 실효되어 항소심은 신청구에 대하여 심판할 수 없고, 항소심절차가 전체적으로 종료된다. 원고가 항소인인 경우 신청구의 추가는 부대항소가 아니므로 항소취하에 의하여 영향을 받지 않고, 결국 항소심은 신청구에 대하여 심판하여야 한다. 즉, 이 경우 항소심절차가 종료되지 않는다.[1438)]

교환적 변경이 있는 이후에는 항소취하가 불가능하다는 것이 판례의 입장이다. 즉, 구청구에 대하여는 소의 취하로 소송계속이 소멸하므로 항소심이 판단할 수 없고, 그에 대한 1심판결도 실효하므로 항소취하로 1심판결이 확정될 여지가 없다고 보는 것이다. 판례는 원고가 피항소인인 경우[1439)]와 원고가 항소인인 경우[1440)]를 구별하지 않는다. 항소인이 1심판결을 확정시키고 소송절차를 모두 끝내고자 하는 경우에는 화해나 조정을 이용하여야 한다. 이상은 복합

1436) 대법원 1975. 5. 13. 선고 73다1449 판결.

1437) 서울고등법원, 민사항소심 판결작성실무 제1판, 서울고등법원(1996), 105~107면, 서울고등법원 재판실무개선위원회 편저, 민사항소심 판결작성실무 개정판, 서울고등법원(2006), 104~105면 참조.

1438) 다만, 이 경우 원고의 진의가 항소취하로써 구청구에 대한 1심판결을 확정시키고, 신청구는 소의 취하를 함으로써 항소심절차까지 종료시키는 것일 가능성이 있으므로 법원이 석명권을 행사하는 것이 바람직한 경우도 있을 것이다.

1439) 대법원 1995. 1. 24. 선고 93다25875 판결.

1440) 대법원 2008. 5. 29. 선고 2008두2606 판결(다만, 이 판례는 항소취하가 실질적으로는 교환적으로 변경된 소의 취하에 해당하는 경우도 있을 수 있다고 하였다).

행위설에 입각하고 또 교환적 변경이 적법·유효하게 이루어진 경우를[1441] 전제로 한 설명이다. 교환적 변경을 독자적 행위로 보는 견해는 항소취하로 1심판결이 확정되고 항소심절차가 종료된다고 본다.

1441) 동의필요설에 선다면 피고의 동의까지 갖추어진 경우를 의미한다.

제 75 강 중간확인의 소

1. 의의 및 성격

> 제264조(중간확인의 소) ① 재판이 소송의 진행중에 쟁점이 된 법률관계의 성립여부에 매인 때에 당사자는 따로 그 법률관계의 확인을 구하는 소를 제기할 수 있다. 다만, 이는 그 확인청구가 다른 법원의 관할에 전속되지 아니하는 때에 한한다.

소송계속 중 쟁점이 된 법률관계에 대하여 위 조항에 기하여 동일한 소송절차 내에서 제기하는 확인의 소를 중간확인의 소라고 한다. 중간확인의 소가 제기되면 선결적 법률관계가 소송물이 되므로, 이에 기판력이 발생한다. 이것이 중간확인의 소의 기능이다. 중간확인의 소는 원고뿐만 아니라 피고도 제기할 수 있는바,[1442] 원고의 경우 청구의 추가적 변경의, 피고의 경우 반소의 성격을 갖는다.

중간확인의 소는 통상적인 확인의 소와 어떤 관계에 있는가? 우선, 기존의 소송절차와 별도로 선결적 법률관계에 대한 확인의 소의 제기가 가능한지에 관하여 견해가 대립하나, 가능하다고 보는 것이 통설이다.[1443]

또한 이행의 소를 제기할 때 애초부터 선결적 법률관계에 대한 확인의 소를 병합하여 제기할 수도 있는바, 이 경우 확인의 소는 중간확인의 소가 아니라 통상적인 확인의 소이다.

동일절차 내에서 선결적 법률관계에 대하여, 통상적인 확인의 소를 원고가 통상적인 추가적 변경으로 혹은 피고가 통상적인 반소로 제기할 수 있을까? 이 점을 언급하는 견해는 극히 드물지만,[1444] 이를 긍정하고 나아가, 청구의 변경

1442) 애초에는 "당사자는 청구를 확장하여 그 법률관계의 확인을 구할 수 있다"고 규정되어 있어 피고는 중간확인의 소를 제기할 수 없다는 견해도 제기되었으나, 1961년 법개정 때 피고도 중간확인의 소를 제기할 수 있음을 명백하게 하기 위하여 "청구를 확장하여" 부분을 삭제하였다.

1443) 통설도 실제 별도의 확인의 소가 제기된 경우에는 변론을 병합하는 것이 바람직하다고 본다.

1444) 일반적으로는 동일절차 내에서 선결적 법률관계에 대하여 확인을 구하는 것은 명칭 여하를 불문하고 중간확인의 소라고 보는 듯하다.

이나 반소제기의 요건이 완화되어 있는 우리나라 민사소송법 하에서 중간확인의 소를 별도의 제도로 인정할 실익은 별로 없고, 오히려 혼선만 불러일으킬 우려가 있다는 견해가 있다.[1445] 타당하다고 생각한다.

따라서 중간확인의 소의 운용을 통상적인 확인의 소의 그것과 같이 하여, 혼란을 줄이는 것이 바람직하다. 그리고 실제 소송계속 중 선결적 법률관계에 대한 확인의 소가 추가되고, 중간확인의 소라는 명시적인 표시가 없는 경우에는 이를 통상적인 확인의 소(의 추가)로 취급하여야 할 것이다.[1446]

2. 요 건

1) 확인의 대상

중간확인의 소의 대상은 "쟁점이 된 선결적 법률관계", 즉 계쟁성과 선결성이 있는 법률관계이다. 계쟁성은 다툼이 있다는 것을 의미한다. 선결성의 일반적인 의미는 어렵지 아니하나, 해당 소송에서 있어서 현실적으로 선결적 판단이 필요한 경우에 한하여 중간확인의 소가 인정되는지에 관하여는 견해가 대립한다. 즉, 본소청구가 취하·각하되거나 확인대상인 법률관계에 대한 판단을 하지 않고서 본소청구의 결론이 내려지는 경우, 예컨대 이자청구소송에서 이자약정이 없다는 이유로 청구가 기각되는 경우, 이론상 또는 추상적인 선결성으로 족하다는 견해와 현실적으로 그에 대한 판단이 소송의 결과를 좌우할 경우여야 한다는 견해가 대립하고 있다. 통설은 후자의 견해를 취하고, 나아가 위와 같은 의미의 선결성이 갖추어지지 않은 경우에는 중간확인의 소를 각하하여야 한다고 한다.[1447] 다만, 이 경우에도 일반적인 확인의 이익이 있다면 독립한 소로

1445) 이재성, "중간확인의 소", 민사재판의 이론과 실제 1권, 법조문화사(1976. 9), 228면 이하, 230~231면.

1446) 연혁적으로 볼 때 중간확인의 소는 청구의 변경이 엄격하게 금지되어 있던 시대의 독일 민사소송법이 선결적 법률관계에 대한 확인청구의 추가를 허용하기 위하여 만든 제도이고, 이러한 점에서는 청구의 변경에서 보았던 엄격한 의미의 '청구의 확장'과 마찬가지의 성격, 즉 금지되는 청구의 변경에는 해당하지 않는다는 성격을 갖고 있고, 독일 민사소송법은 현재도 원고는 '청구를 확장하여' 중간확인의 소를 제기할 수 있다고 규정하고 있다. 吉村德重, 小島武司 編, 注釈民事訴訟法(5), 有斐閣(1998), 282~283면.

1447) 대법원 2008. 11. 27. 선고 2007다69834, 69841 판결은 "재심의 소송절차에서 중간확인의 소를 제기하는 것은 재심청구가 인용될 것을 전제로 하여 재심대상소송의 본안청구에 대하여 선결관계에 있는 법률관계의 존부의 확인을 구하는 것이므로, 재심사유가 인정되지 않아서

취급하여야 한다는 견해도 있다.[1448] 중간확인의 소와 통상적인 확인의 소와의 간극을 줄이는 것이 필요하다는 차원에서 본다면, 선결성이 현실적일 것까지 요구할 필요는 없을 것이다.

법문상 중간확인의 대상이 '법률관계'로 한정되어 있으므로 서증의 진부는 중간확인의 소의 대상이 될 수 없다.

2) 사실심 변론종결 전

중간확인의 소는 상고심에서는 제기할 수 없으나 항소심에서는 가능하다. 항소심에서 중간확인의 소를 제기할 때, 다른 요건이 충족된다면 심급의 이익을 해하는 것이 아니라고 보아, 특히 피고가 제기하는 경우 상대방의 동의가 필요 없다고 보는 것이 통설이다. 통상적인 확인의 소를 항소심에서 추가 또는 반소로 제기하는 경우에도 통상적인 추가적 변경이나 반소제기의 요건을 대개는 충족할 것이다. 즉, 선결적 법률관계에 대한 확인을 구하는 것이기 때문에 청구기초의 동일성은 문제가 되지 않을 것이고, 같은 이유에서 본소청구 또는 방어방법과의 관련성도 문제되지 않을 것이고, 심급의 이익이나 현저한 절차 지연이 문제되는 경우도 드물 것이다.

3) 대상청구가 다른 법원의 전속관할에 속하지 않을 것

수소법원이 본래의 청구에 대한 관할권을 갖지 않아도 민사소송법 264조에 의하여 당연히 수소법원이 중간확인의 소에 대하여 관할권을 가지고, 이러한 법리는 토지관할뿐만 아니라 사물관할에 관하여도 마찬가지라고 하는 견해가 있으나, 위 조문은 관할에 관한 것이 아니라는 이유로 위 견해에 반대하는 견해도 있다. 후자를 지지한다. 이에 따르면 토지관할의 경우 일반적인 관련재판

재심청구를 기각하는 경우에는 중간확인의 소의 심판대상인 선결적 법률관계의 존부에 관하여 나아가 심리할 필요가 없으나, 한편 중간확인의 소는 단순한 공격방어방법이 아니라 독립된 소이므로 이에 대한 판단은 판결의 이유에 기재할 것이 아니라 종국판결의 주문에 기재하여야 할 것이므로 재심사유가 인정되지 않아서 재심청구를 기각하는 경우에는 중간확인의 소를 각하하고 이를 판결 주문에 기재하여야 한다"라고 판시하였다. 이는 재심소송에서라는 특수한 사안에 대한 것이기는 하나, 통설과 같은 입장을 취한 것으로 볼 수도 있는 판결이다.

1448) 청구병합의 요건이 갖추어지지 않은 청구를 독립한 별도의 사건으로 심판하여야 한다는 입장(분리심판설) 및 중간확인의 소가 통상적 확인의 소의 성격을 겸유할 수도 있다는 점을 전제로 한 것으로 판단된다.

적 규정이 본래의 청구와 중간확인의 소 사이에도 인정될 것이다. 그리고 본래의 청구가 단독사건이었으나 합의부 사건인 중간확인의 소가 제기되는 경우, 변론관할이 성립하지 않는 한 사건 전부를 합의부에 이송하는 것이 원칙인데, 이는 일반적인 관할의 법리가 그대로 적용된 결과이다.[1449] 본래의 청구가 합의부 사건인데, 단독사건인 중간확인의 소가 제기된 경우[1450] 중간확인의 소는 견련청구이므로 합의부가 심판할 수 있다.

중간확인의 소가 다른 법원의 전속관할에 속하는 경우에는, 중간확인의 소를 그 법원에 이송하여야 한다.

4) 같은 종류의 절차에 의할 것

본래의 청구가 민사사건인데, 중간확인의 소가 가사사건 또는 행정사건인 경우에는 중간확인의 소를 제기할 수 없다. 민사소송에서 행정처분의 무효확인을 구하는 중간확인의 소를 제기할 수 있는지 여부에 관하여는 견해가 대립하고 있다. 행정처분의 하자가 중대명백하여 무효인 경우에는 공정력이 없으므로 민사소송을 담당하는 법원이 선결문제로서 그 무효를 판단하고 나아가 이를 전제로 민사사건의 결론을 내릴 수도 있기는 하지만, 행정처분에 대한 무효확인소송은 항고소송이고 피고적격을 가지는 행정청 역시 민사소송의 당사자가 아니므로, 불가능하다고 보는 것이 옳을 것이다.[1451]

3. 절 차

1) 중간확인의 소의 제기

> 第264조(중간확인의 소)
> ② 제1항의 청구는 서면으로 하여야 한다.
> ③ 제2항의 서면은 상대방에게 송달하여야 한다.

중간확인의 소도 소의 제기에 해당하기 때문에 서면주의가 적용된다. 중간확인의 소의 서면은 상대방에게 송달하여야 한다. 청구의 변경은 일반수권사항

1449) 소가는, 원고가 제기한 경우에는 합산의 원칙의 예외로서 흡수의 원칙이 적용되고, 피고가 제기한 경우에는 아예 합산의 원칙이 적용되지 않는다.
1450) 확인의 소의 소가가 이행의 소의 소가보다 높으므로 실제 이러한 경우는 발생하기 어렵다.
1451) 대법원 1966. 11. 29. 선고 66다1619 판결은 긍정설의 논거가 되기 어렵다.

이기 때문에 원고의 소송대리인이 중간확인의 소를 제기하기 위하여 특별수권을 받을 필요가 없다. 반소의 제기는 특별수권사항이므로 피고의 소송대리인은 특별수권을 받아야 한다는 것이 통설이나, 중간확인의 소는 독자적인 제도이고 특별수권을 받도록 할 실익이 없다는 이유로 반대하는 견해도 있다.

소제기로 인한 시효중단의 효력 등이 중간확인의 소를 제기한 때 발생한다고 규정되어 있으나(265조), 시효중단의 효력은 소송물뿐만 아니라 선결적 법률관계나 파생적 법률관계에도 미치므로 이미 본래의 청구에 의하여 선결적 법률관계에 대한 시효가 중단되어 있는 경우가 대부분일 것이다.

2) 심 판

중간확인의 소의 심판은 청구의 추가적 변경 내지 반소제기에 준한다. 우선 병합요건을 심리하여 흠결된 경우에는, 독립한 소로 취급할 수 없는 한, 중간확인의 소를 각하하여야 한다는 것이 일반적인 견해이다. 통상적인 추가적 변경에서 병합요건이 갖추어지지 않은 경우에는 청구의 변경을 불허하는 것과 다르다. 통상적인 확인의 소가 추가된 경우 병합요건이 충족되지 않는다면 청구의 변경을 불허하게 될 것이나, 병합요건이 충족되지 않는 경우는 거의 없을 것이다.

병합요건이 갖추어진 경우 원칙적으로 단순병합이 이루어진다. 본래의 청구와 중간확인의 소를 분리하여 변론의 분리나 일부판결을 하는 것도 이론상 가능하지만 부적절하다. 중간확인의 소에 대한 판결은 중간판결이 아니라 종국판결이다.

제76강 반 소

1. 의 의

소송계속 중에 피고가 그 소송절차를 이용하여 원고에게 제기하는 소를 반소라고 한다. 부동산의 매수인이 매도인을 상대로 소유권이전등기청구의 소를 제기한 경우, 피고인 매도인이 매매대금을 지급받지 못한 경우에는 매매대금지급청구의 소를, 별소로 제기할 수도 있지만, 동일 절차 내에서 반소로 제기할 수 있다.

반소는 원고에게 청구의 변경이 가능한 것과의 균형을 맞추고, 관련 분쟁을 동일 절차로 처리함으로써 소송경제와 재판의 통일을 달성하기 위하여 인정된 것이다.

2. 형 태

본소청구의 인용 여부와 무관하게 반소청구에 대한 심판을 구하는 반소를 단순반소라고 한다. 통상 반소는 단순반소이다. 이 경우 본소의 결론과 무관하게 반소청구에 대하여 심판하여야 한다.

본소청구가 인용되거나 배척(각하·기각 등)되는 것을 해제조건으로 하여 반소청구에 대하여 심판을 구하는 경우의 반소를 예비적 반소라고 한다. 예비적 반소의 경우 해제조건이 성취되면 반소청구는, 심판청구가 실효되므로, 심판의 대상이 되지 않는다. 예컨대, 부동산 매수인이 매도인을 상대로 소유권이전등기를 청구하였는데, 매도인이 본소청구가 인용될 때를 대비하여 조건부로, 즉 본소청구가 배척되는 것을 해제조건으로 매매대금지급을 구하는 반소를 제기한 경우, 본소가 각하·취하되거나 본소청구가 기각되면 반소청구는 심판대상이 되지 않는다.[1452][1453] 본소청구가 인용되는 것을 해제조건으로 한 예비적 반소의

1452) 대법원 2006. 6. 29. 선고 2006다19061, 19078 판결: 피고의 예비적 반소는 본소청구가 인용될 것을 조건으로 심판을 구하는 것으로서 제1심이 원고의 본소청구를 배척한 이상 피고의 예비적 반소는 제1심의 심판대상이 될 수 없는 것이고, 이와 같이 심판대상이 될 수 없는 소

예로는 가지급물반환신청(215조 2, 3항)을 들 수 있다.[1454)]

피고가 원고 이외의 제3자를 추가하여 반소피고로 하는 반소는 원칙적으로 허용되지 아니하고, 다만 피고가 제기하려는 반소가 필수적 공동소송이 될 때에는 민사소송법 68조의 필수적 공동소송인 추가의 요건을 갖추면 허용될 수 있다.[1455)]

피고의 반소에 대하여 다시 원고가 재반소를 제기할 수 있는지에 관하여 통설은 이를 긍정한다. 판례도 같은 입장이라고 볼 수 있다.[1456)]

에 대하여 제1심이 판단하였다고 하더라도 그 효력이 없다고 할 것이므로, 피고가 제1심에서 각하된 반소에 대하여 항소를 하지 아니하였다는 사유만으로 이 사건 예비적 반소가 원심의 심판대상으로 될 수 없는 것은 아니라고 할 것이고, 따라서 원심으로서는 원고의 항소를 받아들여 원고의 본소청구를 인용한 이상 피고의 예비적 반소청구를 심판대상으로 삼아 이를 판단하였어야 한다.

1453) 대법원 2021. 2. 4. 선고 2019다202795, 2019다202801 판결(점유권에 기한 본소에 대하여 본권자가 본소청구 인용에 대비하여 본권에 기한 예비적 반소를 제기하고 양 청구가 모두 이유 있는 경우, 법원은 점유권에 기한 본소와 본권에 기한 예비적 반소를 모두 인용해야하고 점유권에 기한 본소를 본권에 관한 이유로 배척할 수 없다고 한 사례. 이 판결은 모두 인용된 본소판결과 반소판결의 집행절차에 대하여도 논하고 있다). 대법원 2021. 3. 25. 선고 2019다208441 판결(위 법리는 본권자가 그 점유회수의 소가 인용될 것에 대비하여 본권에 기초한 장래이행의 소로서 별소를 제기한 경우에도 마찬가지로 적용된다).

위 판결들의 판시와 대비되는 것으로는 사해행위취소에 관한 대법원 2019. 3. 14. 선고 2018다277785(본소), 2018다277792(반소) 판결이 있다. 위 판결은 원고의 본소 청구에 대하여 피고가 본소 청구를 다투면서 사해행위의 취소 및 원상회복을 구하는 반소를 적법하게 제기하였는데, 법원이 반소 청구가 이유 있다고 판단하여 사해행위의 취소 및 원상회복을 명하는 판결을 선고하는 경우, 반소 청구에 대한 판결이 확정되지 않았더라도 사해행위인 법률행위가 취소되었음을 전제로 원고의 본소 청구를 심리하여 판단할 수 있고, 이때 반소 사해행위 취소 판결을 이유로 원고의 본소 청구를 기각할 수 있다고 하였다. 위 판결의 반소는 예비적 반소가 아니다.

1454) 대법원 1996. 5. 10. 선고 96다5001 판결.

1455) 대법원 2015. 5. 29. 선고 2014다235042, 235059, 235066 판결.

1456) 대법원 2001. 6. 15. 선고 2001므626, 633 판결. 대법원은 본소 이혼청구를 기각하고, 반소 이혼청구를 인용하는 경우에도 재판부는 본소 이혼청구에 병합된 재산분할청구에 대하여 판단하여야 한다고 하면서 그 근거로, 원고가 반대의 의사를 표시하였다는 등의 특별한 사정이 없는 한, 원고의 재산분할청구 중에는 본소의 이혼청구가 받아들여지지 않고 피고의 반소청구에 의하여 이혼이 명하여지는 경우에도 재산을 분할해 달라는 취지의 청구가 포함된 것으로 봄이 상당하고, 이때 원고의 재산분할청구는 피고의 반소청구에 대한 재반소로서의 실질을 가진다고 하였다.

3. 요 건

> 제269조(반소) ① 피고는 소송절차를 현저히 지연시키지 아니하는 경우에만 변론을 종결할 때까지 본소가 계속된 법원에 반소를 제기할 수 있다. 다만, 소송의 목적이 된 청구가 다른 법원의 관할에 전속되지 아니하고 본소의 청구 또는 방어의 방법과 서로 관련이 있어야 한다.

1) 관련성

반소청구는 본소의 청구 또는 방어방법과 서로 관련성이 있어야 반소를 제기할 수 있다. 이러한 관련성은 청구의 변경에서 청구기초의 동일성에 대응하는 요건이나, 방어방법과 관련성이 있는 경우도 포함되기 때문에 외연이 더 넓다.

본소청구와의 관련성은 청구기초의 동일성과 같다고 볼 수 있다. 널리 분쟁의 대상이나 발생원인의 주된 부분이 공통되면 관련성이 인정될 수 있다.

방어방법과의 관련성은 반소청구가 본소청구의 항변사유와 대상, 발생원인에 있어서 사실상 또는 법률상 공통성이 있는 경우를 의미한다. 이러한 관련성에 근거한 반소의 예로는, 동시이행항변의 근거가 되는 채권의 이행을 청구하는 반소, 상계항변의 자동채권을 청구하는 반소 등을 들 수 있다. 관련성이 인정되기 위하여는 방어방법이 반소제기 당시에 현실적으로 또 적법하게 제출되어 있어야 한다. 실기한 방어방법으로 각하된 방어방법에 근거한 반소는 허용되지 않는다는 점에 이견이 없다. 나아가 방어방법이 실체법상 허용되어야 하는 것인지, 즉 실체법적으로 적법하여야 하는 것인지 여부에 관하여 견해가 대립하나 통설은 이를 긍정하여 상계금지채권을 수동채권으로 하는 상계항변에 근거한 반소는 허용되지 않는다고 한다.

민법 208조 2항과 관련하여 점유권에 기한 본소에 대하여 본권에 기한 반소가 가능한지에 대하여도 견해의 대립이 있다. 판례는 위 조항이 반소의 제기까지 금하는 것은 아니라고 본다.[1457)]

관련성은 청구기초의 동일성과 마찬가지로 사익적 요건이다.[1458)]

1457) 대법원 1957. 11. 14. 선고 4290민상454, 455 판결.
1458) 대법원 1968. 11. 26. 선고 68다1886, 1887 판결.

2) 소송절차를 현저히 지연시키지 않을 것

반소가 본소절차의 지연책으로 남용되는 것을 방지하기 위하여 1990년 민사소송법개정 때 추가된 요건이다. 이 요건은 공익적 요건으로 이의권의 포기나 상실의 대상이 되지 않는다.

3) 본소의 사실심 변론종결 이전

가) 사실심 변론종결 이전

반소는 본소의 사실심 변론종결 이전에만 제기할 수 있다. 법률심인 상고심에서의 반소제기는 불가능하지만, 사실심인 항소심에서는 가능하다.

> 제412조(반소의 제기) ① 반소는 상대방의 심급의 이익을 해할 우려가 없는 경우 또는 상대방의 동의를 받은 경우에 제기할 수 있다.
> ② 상대방이 이의를 제기하지 아니하고 반소의 본안에 관하여 변론을 한 때에는 반소제기에 동의한 것으로 본다.

위 조항들은 2002년 민사소송법개정 때 당시까지의 판례나 학설을 조문화한 것이다. 그 이전에는 "반소는 상대방의 동의를 얻어 제기할 수 있다"고 규정되어 있었다. 결국 위 법개정은 상대방의 동의가 있는 경우 외에 상대방의 심급의 이익을 해할 우려가 없는 경우에도 항소심에서 반소를 제기할 수 있도록 함으로써 반소제기를 활성화하고자 한 것이다.

기본적으로 항소심에서의 반소제기에 상대방의 동의를 요구하는 것은, 청구의 변경의 경우 항소심에서도 상대방의 동의를 요구하지 않는 것과 대비된다. 반소는 본소청구뿐만 아니라 방어방법과 관련성이 있는 경우에도 제기할 수 있으므로 청구의 변경의 허용범위보다 반소의 허용범위가 넓기 때문이다.

상대방의 심급의 이익을 해할 우려가 없는 경우로는 중간확인의 반소, 본소와 청구원인을 같이 하는 반소, 1심에서 이미 충분히 심리한 쟁점과 관련된 반소[1459] 등이 거론된다. 판례는 412조 2항의 '이의 없이 반소의 본안에 관하여 변론을 한 때'에 반소청구기각의 답변취지만을 진술한 경우는 포함되지 않는다

1459) 대법원 2005. 11. 24. 선고 2005다20064, 20071 판결, 대법원 2013. 1. 10. 선고 2010다75044, 75051 판결 등. 2002년 법개정 이전부터도 이러한 경우 상대방의 동의가 필요하지 않다는 판례가 축적되어 있었고, 통설도 같은 입장이었다.

고 본다.[1460]

나) 본소의 소송계속

반소가 제기된 이후에 본소가 취하되거나 각하되어도 통상적인 반소, 즉 단순반소의 심판청구는 실효되지 않으므로 법원은 이를 심판하여야 한다.[1461] 예비적 반소는 다르다.[1462]

4) 기 타

반소로 인하여 청구의 후발적 병합이 발생하기 때문에 청구병합의 일반적인 요건이 충족되어야 반소제기가 가능하다. 따라서 반소는 본소와 같은 종류의 소송절차에 의하여 심판될 수 있어야 하고, 반소가 다른 법원의 전속관할에 속하여서는 안 된다. 단독사건에 합의사건이 반소로 제기되는 경우 합의부로 이송하는 것이 원칙이나 변론관할이 성립되는 경우에는 그렇지 않다.

> 제269조(반소)
> ② 본소가 단독사건인 경우에 피고가 반소로 합의사건에 속하는 청구를 한 때에는 법원은 직권 또는 당사자의 신청에 따른 결정으로 본소와 반소를 합의부에 이송하여야 한다. 다만, 반소에 관하여 제30조의 규정에 따른 관할권이 있는 경우에는 그러하지 아니하다.

4. 절 차

1) 반소의 제기와 취하

반소는 방어방법이 아니라 독립한 소이기 때문에 소의 제기와 같이 취급된다.

> 제270조(반소의 절차) 반소는 본소에 관한 규정을 따른다.

따라서 반소 역시 반소장을 제출함으로써 제기하여야 하고, 반소장의 기재사항 등은 소장의 그것과 같다. 본소의 피고는 반소원고가 되고, 본소의 원고는

1460) 대법원 1991. 3. 27. 선고 91다1783, 1790(반소) 판결.

1461) 대법원 1970. 9. 22. 선고 69다446 판결: 일단 반소가 적법[하게] 제기되어 소송계속이 된 이상, 그 후에 본소가 소취하로 소송종료가 되었다고 하여 [] 반소의 소송계속에 아무런 영향을 미칠 수 없는 것이며, [] 진행중인 반소의 [] 소송절차에 있어서도 청구의 기초에 변경이 없는 한 청구의 교환적 변경을 할 수 있다.

1462) 대법원 2003. 6. 13. 선고 2003다16962, 16979 판결: 피고가 본소에 대한 추완항소를 하면서 항소심에서 비로소 반소를 제기한 경우에 항소가 부적법 각하되면 반소도 소멸된다.

반소피고가 된다.

본소가 취하된 경우 민사소송법 271조에 따라 피고는 원고의 동의 없이 반소를 취하할 수 있다. 위 조항은 본소가 각하된 경우에 유추적용되지 않는다.[1463)]

2) 심 판

가) 반소요건에 대한 판단

재판부는 반소요건이 갖추어졌는지 여부를 심리하여야 한다. 반소요건을 갖추지 못한 경우에 반소를 각하하여야 한다는 견해(각하설)와 독립의 소로서의 요건을 갖춘 경우에는 본소와 분리하여 심판하여야 한다는 견해(분리심판설), 1심에서는 분리하여 심판하고, 항소심에서는 각하하여야 한다는 절충적인 견해(절충설)[1464)]가 대립하고 있다. 분리심판설이 현재 다수설이다. 판례는 각하설이다.[1465)]

나) 본소와 반소에 대한 판단

(1) 반소에 대한 심판방법

본소와 단순반소는 단순병합 관계에 있다. 따라서 변론분리나 일부판결은 이론상 가능하나, 적절하지 않다. 반소가 있는 경우 본소와 반소 모두에 대하여 주문이 선고된다. 예컨대, 임대차목적물 인도청구에 대하여 임차인이 보증금반환청구권에 기한 동시이행의 항변과 반소를 제기한 사안에서 임차인의 인도의무와 임대인의 보증금반환의무가 동시이행관계에 있다고 판단되는 경우 다음과 같은 주문이 선고된다.

> 1. 피고(반소원고)는 원고(반소피고)로부터 제2항 기재 금원을 지급받음과 동시에 원고(반소피고)에게 별지 목록 기재 부동산을 인도하라.
> 2. 원고(반소피고)는 피고(반소원고)로부터 제1항 기재 부동산을 인도받음과 동시에 피고(반소원고)에게 1억 원을 지급하라.[1466)]

1463) 대법원 1984. 7. 10. 선고 84다카298 판결.

1464) 김홍엽(5판), 892~893면.

1465) 대법원 1965. 12. 7. 선고 65다2034, 2035 판결: 항소심에서 상대방의 동의 없이 제기한 반소는 그 반소자체가 부적법한 것이어서 단순한 관할법원을 잘못한 소제기와는 다른 것이므로 이를 각하하였음이 부당한 것이라 할 수 없다.

1466) 원고가 본소로 무조건 내지 즉시 이행을 구하였기 때문에 '원고의 나머지 본소청구를 기

1항은 본소청구(인도청구권)에 대한 주문이고, 2항은 반소청구(보증금반환청구권)에 대한 주문이다. 임차인이 반소를 제기하지 않았다면 판결에는 1항의 주문만 포함되고, 이 판결에 기하여는 임차인이 보증금반환청구권에 기하여 집행할 수 없다.

본소와 예비적 반소는 반소에 붙은 해제조건의 내용에 따라 반소에 대한 심판방법이 달라지는바, 구체적인 내용은 앞서 보았다.

(2) 반소와 소익

반소도 소익이 필요하다. 본소청구의 기각만을 구하는 내용의 반소는 소익이 없어 각하된다. 대여금청구에 대하여 대여금채무부존재확인을 구하는 반소가 그 예이다.

다) 항소의 효력

본소와 단순반소의 경우 단순병합으로 보고, 본소나 반소 중 어느 일방에 불복하는 항소가 제기된 경우에는 본소와 반소 전체가 확정이 차단되고, 이심된다고 보는 것이 일반적이고, 판례도 같다.[1467]

예비적 반소가 있는 경우 항소의 효력에 관하여는 예비적 병합에 준하여 처리하는 것이 타당할 것이다. 아래의 판례도 예비적 병합에 관한 판례[1468]를 참조로 하였는바, 타당하다고 생각된다. 학설은 찬반이 갈린다.

> 대법원 2006. 6. 29. 선고 2006다19061, 19078 판결
> 피고의 예비적 반소는 본소청구가 인용될 것을 조건으로 심판을 구하는 것으로서 제1심이 원고의 본소청구를 배척한 이상 피고의 예비적 반소는 제1심의 심판대상이 될 수 없는 것이고, 이와 같이 심판대상이 될 수 없는 소에 대하여 제1심이 판단하였다고 하더라도 그 효력이 없다고 할 것이므로, 피고가 제1심에서 각하된 반소에 대하여 항소를 하지 아니하였다는 사유만으로 이 사건 예비적 반소가 원심의 심판대상으로 될 수 없는 것은 아니라고

각한다'는 주문도 필요하다. 피고의 반소도 즉시이행을 구하는 것이었다면 마찬가지이다.

1467) 대법원 2008. 6. 26. 선고 2008다24791, 24807 판결, 대법원 2014. 6. 12. 선고 2014다11376, 11383 판결(원고의 본소청구 및 피고의 반소청구가 각 일부 인용된 환송 전 원심판결에 대하여 피고만이 상고하고 상고심은 이 상고를 받아들여 원심판결 중 본소 및 반소에 관한 각 피고 패소 부분을 파기환송하였다면 피고 패소 부분만이 각 상고되었으므로 위 상고심에서의 심리대상은 이 부분에 국한되었고, 환송되는 사건의 범위, 다시 말하자면 환송 후 원심의 심판 범위도 환송 전 원심에서 피고가 각 패소한 부분에 한정되는 것이 원칙이고, 환송 전 원심판결 중 본소에 관한 원고 패소 부분과 반소에 관한 피고 승소 부분은 각 확정되었다고 할 것이므로 환송 후 원심으로서는 이에 대하여 심리할 수 없다).

1468) 대법원 2000. 11. 16. 선고 98다22253 전원합의체 판결.

할 것이고, 따라서 원심으로서는 원고의 항소를 받아들여 원고의 본소청구를 인용한 이상 피고의 예비적 반소청구를 심판대상으로 삼아 이를 판단하였어야 한다.

제 4 장 복잡소송 667

제76강 반 소

제 2 절 당사자의 복수

제 77 강 당사자의 복수 개관

1. 주요내용

당사자의 복수에서는 공동소송(제1관), 당사자변경(제2관), 소송참가(제3관), 선정당사자(제4관)를 다룬다.

공동소송은 원고나 피고가 1명이 아니라 2명 이상인 소송을 의미한다. 공동소송은 복수의 권리자/의무자들 사이에 합일확정, 즉 소송결과의 합일확정이 필요한지 여부에 따라 합일확정이 필요하지 않은 통상공동소송과 합일확정이 필요한 필수적 공동소송으로 나뉜다. 필수적 공동소송은 다시 합일확정이 필요한 권리자/의무자가 모두 원고/피고가 되어야 하는지, 즉 소송공동이 필요한지 여부에 따라 고유필수적 공동소송과 유사필수적 공동소송으로 나뉜다. 2002년의 법개정으로 예비적·선택적 공동소송이 공동소송의 한 유형으로 추가되었다.

당사자변경은 애초의 원고나 피고가 다른 사람으로 변경되는 것을 의미한다. 변경에는 교체와 추가가 포함된다. 민사소송법은 원고나 피고의 실체법적 권리나 의무의 승계가 있는 경우에는 당사자변경을 인정하지만, 그렇지 않은 경우에는 원칙적으로 인정하지 않는다. 전자를 소송승계, 후자를 임의적 당사자변경이라고 한다. 소송승계에는 당연승계와 특정승계(소송물의 양도)가 있는바, 전자는 실체법적 권리·의무의 포괄승계가 있는 경우에 인정되고, 후자는 실체법적 권리·의무의 특정승계가 있는 경우에 인정된다. 민사소송법은 임의적 당사자변경 중에서 일정한 경우를 예외적으로 명문의 규정을 두어 인정하고 있는바, 피고경정, 필수적 공동소송인의 추가 등이 그 예이다. 당사자의 변경을 넓게 파악하면 소송참가 중 당사자참가까지 포함된다.

소송참가는 진행 중인 소송절차에 원래의 당사자가 아닌 자가 참가하는 것을 의미한다. 소송참가에는 제3자가 소송절차의 당사자로서 참가하는 당사자참가와 기존의 당사자를 보조하기 위하여 참가하는 보조참가로 나뉜다. 당사자참가는 제3자가 기존 소송의 원고 혹은 피고로 추가되는 공동소송참가와 원고도 피고도 아닌 당사자가 되는 독립당사자참가로 나뉜다. 보조참가는 통상적인 보조참가와 공동소송적 보조참가로 나뉘는데, 후자는 판결의 효력이 참가인에게 미치는 경우에 인정되는 것이다.

선정당사자는 2명 이상의 당사자, 즉 공동소송인들이 그들을 갈음하여 소송을 수행할 당사자로 자신들 중에서 선정한 자를 의미한다. 선정당사자 제도는 민사소송법이 명문으로 인정하는 임의적 소송담당에 해당하는데, 공동소송을 전제로 하는 제도이므로 당사자의 복수에서 다루는 것이 일반적이다.

아래에서 위 당사자의 복수에서 다루는 주요논점을 살펴보기로 한다. 망라적인 것은 아니다.

2. 주요논점

1) 공동소송

소를 제기하고자 하는 자의 입장에서 공동소송은 이 절의 맨 앞에서 본 제72강(복잡소송의 개요)의 질문 ③(A가 C의 연대보증을 받고, B에게 금전을 대여한 경우, A가 주채무자인 B와 연대보증인인 C를 모두 피고로 삼아 하나의 소를 제기할 수 있는가? 아니면 반드시 B와 C 모두를 피고로 삼아 하나의 소를 제기하여야만 하는가?)과 우선 관련된다. 소장에 기재될 사항과 관련하여 생각하면, ③-1(당사자 중 피고 부분에 B 1명이 아닌 B와 C 2명 모두를 기재할 수 있는가?[1469] 아니면 거꾸로 반드시 B와 C 2명 모두를 기재하여야 하는가?)에 관련된다.

위 질문에 대한 답은, 간략히 설명하자면, 전반부의 질문의 경우 B와 C의 관계[1470]가 함께 법원의 심판을 받을 만한 것인지에 따라 달라지고, 후반부의 질문의 경우 합일확정이나 소송공동이 필요한지 여부에 따라 달라진다. B와 C의 관계는 함께 법원의 심판을 받을 만한 것이지만, 합일확정 등이 필요하지는

1469) 두 명 모두를 피고로 기재하게 되면, 청구 부분은 당연히 두 명 모두에 관한 것으로 기재된다.

1470) 엄밀하게는 A의 B에 대한 청구권(대여금청구권)과 A의 C에 대한 청구권(보증채무이행청구권)의 관계를 의미한다.

않다. 따라서 A는 B, C 모두를 피고로 삼아 하나의 소를 제기할 수 있고, 이 경우 통상공동소송이 성립한다. 즉, A와 B 사이의 소송절차와 A와 C 사이의 소송절차는 통상공동소송 관계에 있고, B와 C는 통상공동소송인들이다.

한편, 공동소송에서는 공동소송인이 된 당사자들 사이의 관계[1471]가 문제되고, 이는 법원의 심리, 판결의 방법과 직결된다. 예컨대, 위의 예에서 A가 B, C 모두를 피고로 삼아 하나의 소를 제기하고, B는 자신이 A로부터 금전을 대여받은 사실을 자백하였는데, C는 B가 A로부터 금전을 대여받은 사실이 없다고 부인하는 경우, B의 자백은 C에게, C의 부인은 B에게 어떤 영향을 미치는가? 실체적인 진실은 B가 A로부터 금전을 대여받았거나 혹은 대여받지 않았거나 어쨌든 하나임을 생각하면, 상호 영향을 미치는 것으로, 예컨대 주채무자인 B가 자백하는 이상, 보증채무자인 C가 주채무에 관하여는 부인하지 못하도록 하는 것이 타당하다고 생각할 수도 있겠지만, 통상공동소송에서는 공동소송인들의 소송행위가 상호 영향을 주고받지 않는다는 공동소송인 독립의 원칙이 적용된다. 따라서 원칙적으로 B의 자백은 B에 대하여만, 즉 A와 B 사이에서만, C의 부인은 C에 대하여만, 즉 A와 C 사이에서만 효력이 있다. 법원의 심판도 이러한 법리에 따른다.

필수적 공동소송은 다르다. 예컨대, A가 조합체를 이루어 사업을 동업하는 B, C에게 동업자금으로 금전을 대여한 경우, B, C는 합일확정과 소송공동이 필요한 관계에 있으므로 A는 B, C 모두를 피고로 삼아 하나의 소를 제기하여야만 하고, 이때 (고유)필수적 공동소송이 성립한다. 소송진행 중 A로부터 금전을 대여받은 사실을 B는 자백하고, C는 부인하는 경우, B의 자백은 C는 물론 B 자신에게도 무효이고, C의 부인은 C 자신에게는 물론 B에게도 유효하다. 즉, 필수적 공동소송에서는 한 공동소송인의 소송행위는 어떤 경우에는 자신뿐만 아니라 다른 공동소송인에게도 효력이 있을 수도 있고, 또 어떤 경우에는 다른 공동소송인 때문에 자신에게조차 효력이 없을 수도 있는바, 그 기준은 해당 소송행위가 전체 공동소송인들에게 유리한지 불리한지 여부이다. 합일확정의 요구 때문이다. 법원의 심판도 이러한 법리를 따른다.

공동소송에서는 결국, 어떤 경우에 통상공동소송 혹은 필수적 공동소송이

1471) 엄밀하게는 어떤 공동소송인의 소송행위가 나머지 공동소송인들에게 미치는 영향을 의미한다.

성립하는지, 그리고 통상공동소송 혹은 필수적 공동소송에서 공동소송인들의 관계와 법원의 심판방법은 어떤 것인지, 상호 어떻게 다른지를 다룬다.

2) 당사자변경

당사자변경은 주로 기존의 당사자가 실체법적인 권리자 혹은 의무자가 아니어서 기존 당사자를 상대로 기존의 소송을 그대로 진행하는 것이 무의미한 상황에서 문제된다.

예컨대, 제72강의 질문 4를 다시 보면 다음과 같다. A가 B를 상대로 제기한 1억 원의 대여금청구소송이 진행되던 중, A가 위 대여금청구권을 G에게 양도하였다. G가 실체법적으로 A의 대여금청구권을 승계받음으로써, 혹은 A의 대여금청구권자의 지위를 승계받음으로써, 절차법적으로 A의 소송당사자(원고)의 지위를, ⓐ 당연히 승계하는가(원고가 당연히 A에서 G로 변경되는가)? ⓑ 당연히 승계하지는 않지만 승계할 수 방법이 있는가(원고를 A에서 G로 변경할 수 있는 방법이 있는가)? ⓒ 아니면 당연히 승계하지도 않고, 승계할 방법도 없는가(원고를 A에서 G로 변경할 방법이 없는가)?

만약 답이 ⓒ라면, 즉 기존 소송의 원고는 종전대로 A이고 변경할 방법도 없다면, 이미 A는 대여금청구권자가 아니므로 소송절차가 진행되면 결국은 원고인 A의 청구를 기각하는 판결이 선고되어 확정될 것이다. A는 어차피 권리자가 아니고, B는 어쨌든 승소한 것이고, G는 변론종결 전의 승계인이어서 위 판결의 효력을 받지 않으므로, 모두 불만이 없을 것도 같지만, G의 입장에서는 자신이 다시 B를 상대로 소를 제기하는 것보다는 기존 소송절차를 이용하여 판결을 받는 것을 선호할 수도 있고, B의 입장에서는 G가 다시 소를 제기하면 처음부터 다시 응소해야 하는 부담을 피하고 싶을 수도 있다.

민사소송법은 바로 이 같은 사정을 고려하여 G가 A의 지위를 승계받을 수 있는 방법으로 참가승계(81조)와 B가 G로 하여금 A의 지위를 승계하게 할 수 있는 방법으로 인수승계(82조)를 인정하고 있다. 즉, 답은 ⓑ이다.

> 제81조(승계인의 소송참가) 소송이 법원에 계속되어 있는 동안에 제3자가 소송목적인 권리 또는 의무의 전부나 일부를 승계하였다고 주장하며 제79조의 규정에 따라 소송에 참가한 경우 그 참가는 소송이 법원에 처음 계속된 때에 소급하여 시효의 중단 또는 법률상 기간준수의 효력이 생긴다.

> 제82조(승계인의 소송인수) ① 소송이 법원에 계속되어 있는 동안에 제3자가 소송목적인 권리 또는 의무의 전부나 일부를 승계한 때에는 법원은 당사자의 신청에 따라 그 제3자로 하여금 소송을 인수하게 할 수 있다.

그런데, 제72강의 질문 5(위 4의 사안에서 소송계속 중 G가 채권을 양수한 것이 아니라 A의 사망으로 상속받은 것이라면 어떻게 되는가?)의 답은 ⓐ이다. 즉, 5의 사안에서는 G가 실체법적으로 A의 대여금청구권을 승계받음으로써 절차법적으로 A의 소송당사자(원고)의 지위를 당연히, 즉 별도의 절차를 밟지 않아도, 승계한다. 4와 5의 차이는 실체법적 승계가 전자는 특정승계이고, 후자는 포괄승계라는 점이다. 실체법적으로 포괄승계가 있는 경우 절차법적으로 당사자지위가 당연히 승계되는지 여부는 민사소송법에 이를 적극적으로 밝힌 명문의 규정은 없으나, 당사자의 사망을 원인으로 한 소송절차의 중단 등에 관련된 규정(233조 등)은 당연승계를 전제로 한 것이라고 보는 것이 통설·판례이다.

이상과 같이 '소송계속 중 실체법적 승계가 있는 경우', 즉 애초에는 당사자가 실체법적 권리자 혹은 의무자였으나 소송계속 중 실체법적 승계가 일어난 경우, 절차법적으로 그에 수반한 당사자변경이 인정되고, 이를 소송승계라고 한다. 소송승계는 실체법적 포괄승계의 경우(5)에 인정되는 당연승계와 실체법적 특정승계(4)의 경우 인정되는 특정승계 또는 소송물의 양도로 나뉜다.

'소송계속 중 실체법적 승계가 있는 경우'가 아닌 경우에도 당사자변경이 가능할까? 예컨대, 위 질문 4, 5의 사안을 G가 A로부터 채권을 양도받거나 상속받은 시점이 A가 소를 제기하기 이전인 것으로 변경하면, 실체법적 승계가 있기는 하지만 그 발생시기가 소송계속 중이 아니므로 참가승계나 인수승계를 할 수 없다. 법이 소송계속 중 실체법적 승계가 있는 것을 요건으로 하고 있기 때문이다.

통설은 이러한 경우에도 당사자변경을 긍정하면서 이러한 당사자변경을 소송승계와 대비하여 임의적 당사자변경이라고 부른다. 결국 임의적 당사자변경은 실체법적 승계가 아예 없거나, 있어도 그 시기가 소송계속 중이 아닌 경우에 인정되는 당사자변경인 것이다. 임의적 당사자변경은 실체법적 승계를 간과하였거나[1472] 혹은 처음부터 당사자로 삼았어야 했던 실체법적 권리자·의무자를 누락한 경우[1473]에 대한 해결책으로 제시되는 것이다.

1472) 제소 전에 상속이 발생한 경우를 예로 들 수 있다.
1473) 고유필수적 공동소송의 원고나 피고를 누락한 경우를 예로 들 수 있다. 누락한 자는 포함

판례는 임의적 당사자변경을 인정하지 않는다. 판례에 의하면 위 문제에 대한 답은 ⓒ이다.[1474] 한편, 민사소송법은 임의적 당사자변경 중의 일부를 명문의 규정을 두어 허용하고 있다. 피고경정, 필수적 공동소송인의 추가 등이 그 예이다.

한편, 이혼소송과 같이 소송물이 일신전속적인 경우에는 실체법적 승계는 발생할 여지가 없으므로 소송계속 중 당사자가 사망하면 당사자대립구조가 소멸하여 소송이 종료한다.

3) 소송참가와 선정당사자

소송참가에서는 어떤 경우에 각 유형별 참가가 가능한 것인지가 우선 문제되고, 다음으로 참가 이후의 참가인과 기존 당사자 사이의 관계, 법원의 심판방법 등이 문제된다. 예컨대, 독립당사자참가는 원고의 청구와 양립되지 않는 권리를 주장하는 경우 등에 가능하고, 본소청구와 참가인의 청구는 합일확정이 필요하기 때문에 당사자들(원고, 피고, 참가인)의 소송행위의 효력이 확장되기도 하고 축소되기도 한다. 즉, 두 당사자 사이에서 행해지는 어떤 소송행위가 나머지 1인에게 유리한 경우에는 나머지 1인에게도 효력이 있을 수 있고,[1475] 나머지 1인에게 불리한 경우에는 두 당사자 사이에서도 효력이 없을 수 있다.[1476]

선정당사자에서는 선정당사자를 선정할 수 있는 요건, 선정자와 선정당사자 사이의 관계, 법원의 심판방법 등이 문제된다.

된 자의 실체법적 권리나 의무를 승계한 것이 아니다.

1474) 다만, 판례는 일정한 경우에 한하여 당사자변경이 아닌 다른 수단(당사자표시정정)으로 구제한다.

1475) 예컨대, 참가인의 주장사실을 원고가 다투면 피고도 다툰 것으로 된다.

1476) 예컨대, 참가인의 주장사실을 피고가 자백하여도 원고에게는 효력이 없다. 원고의 주장사실을 피고가 자백하여도 참가인에게는 효력이 없다.

제1관 공동소송

제78강 공동소송 일반론

1. 공동소송의 의의

하나의 소송절차의 원고 또는 피고가 복수[1477]인 소송형태를 공동소송이라고 한다. 청구의 병합을 소의 객관적 병합이라고도 하듯이 공동소송을 소의 주관적 병합이라고도 한다.

공동소송은 원시적으로, 즉 애초부터 원고 또는 피고가 복수인 경우, 즉 1명의 원고가 복수의 피고를 상대로 소를 제기하거나, 복수의 원고가 1명 또는 복수의 피고를 상대로 소를 제기함으로써 발생한다. 애초에는 공동소송이 아니었으나 당사자나 제3자의 행위(필수적 공동소송인의 추가, 예비적·선택적 공동소송인의 추가, 공동소송참가, 소송승계[1478] 등) 또는 법원의 행위(변론의 병합)에 의하여 후발적으로 공동소송이 발생하는 경우도 있다.

2. 공동소송의 유형

공동소송에는 통상공동소송, 필수적 공동소송, 예비적·선택적 공동소송이 있다. 필수적 공동소송은 소송결과의 합일확정이 필요하다는 점에서 통상공동소송과 다르고, 다시 소송공동이 강제되는지 여부에 따라 고유필수적 공동소송과 유사필수적 공동소송으로 나뉜다. 예비적·선택적 공동소송은 2002년 법개정 때 신설된 제도이다. 각 유형별로 공동소송의 요건,[1479] 심판방법[1480]이 다르다.

1477) 원고, 피고 양쪽 모두 복수인 경우를 당연히 포함한다.

1478) 당연승계의 경우 1인의 원고 혹은 피고를 수인의 상속인이 상속하는 경우를 예로 들 수 있다.

1479) 어떤 경우에 각 유형의 공동소송이 성립하는지의 문제를 말한다.

1480) 공동소송인들의 관계와 불가분의 관계에 있다.

3. 공동소송의 일반적 요건

1) 개 요

아래의 요건은 우선 원시적 통상공동소송의 요건이다. 하지만, 필수적 공동소송과 예비적·선택적 공동소송도, 다른 요건도 갖추어야 하지만, 이를 기본적으로 갖추어야 한다. 또한 유형을 불문하고 후발적 공동소송도 이를 기본적으로 갖추어야 한다. 이러한 의미에서 아래의 요건은 공동소송의 일반적 요건이다.

2) 주관적 요건

공동소송은 공동소송인으로 될 실체법적인 권리자 또는 의무자 상호간에 하나의 소송절차에 의하여 같이 심판받기에, 즉 공동심판을 받기에 적합한 관계가 있어야 가능하다. 위와 같은 관계를 공동소송의 주관적 요건이라고 부른다. 실체법적 권리자 또는 의무자의 상호 관계는 결국 그들의 권리 또는 의무의 상호 관계에 의하여 결정된다.

> 제65조(공동소송의 요건) 소송목적이 되는 권리나 의무가 여러 사람에게 공통되거나 사실상 또는 법률상 같은 원인으로 말미암아 생긴 경우에는 그 여러 사람이 공동소송인으로서 당사자가 될 수 있다. 소송목적이 되는 권리나 의무가 같은 종류의 것이고, 사실상 또는 법률상 같은 종류의 원인으로 말미암은 것인 경우에도 또한 같다.

위 조항은 ① 실체법적 권리나 의무가 공통되는 경우, ② 실체법적 권리나 의무의 발생원인이 동일한 경우 및 ③ 실체법적 권리나 의무가 동종이거나 동종원인에 의하여 발생한 경우에 공동소송이 성립할 수 있다고 규정하고 있다.

①의 경우 연대채권자들 상호간, 연대채무자들 상호간 등을 예로 들 수 있고, ②의 경우 동일한 교통사고로 인하여 피해를 입은 수인의 피해자 상호간, 주채무자와 보증채무자 상호간 등을 예로 들 수 있지만, 양자는 경계가 명확하지 않고, 중첩될 수도 있다. ③의 경우 동일 건물의 임대인이 수인의 임차인들을 상대로 제기하는 소송 등을 예로 들 수 있다. 65조 전문의 ①, ②와 후문의 ③이 달리 취급되는 경우가 있다. 예컨대, 관련재판적은 ①, ②에만 인정된다.

주관적 요건은 직권조사사항이 아닌 항변사항이라고 보는 것이 통설이다.

3) 객관적 요건

공동소송은 청구병합을 수반하므로 청구병합의 요건을 갖추어야 한다. 따라서 공동소송인들의 혹은 그들에 대한 청구는 같은 종류의 소송절차에 의하여 심판될 수 있어야 하고, 관할도 공통되어야 한다. 필수적 공동소송의 경우는 청구병합이 아니라고 볼 여지도 있으나 그 경우에도 청구병합에 준하여 처리하면 된다.

제79강 통상공동소송

1. 의의 내지 성립범위

통상공동소송은 공동소송인 사이에 소송결과의 합일확정이 필요하지 않은 공동소송을 말한다. 위 통상공동소송의 개념정의는 필수적 공동소송과의 경계에서 착안한 것인바, 소송결과의 합일확정에 대한 상세는 필수적 공동소송에서 설명한다. 통상공동소송이 가능한 경우와 불가능한 경우의 경계는 위에서 보았던 공동소송의 일반적 요건 중 주관적 요건이라고 할 수 있다.

2. 심판방법

1) 공동소송인 독립의 원칙

가) 조 문

> 第66조(통상공동소송인의 지위) 공동소송인 가운데 한 사람의 소송행위 또는 이에 대한 상대방의 소송행위와 공동소송인 가운데 한 사람에 관한 사항은 다른 공동소송인에게 영향을 미치지 아니한다.

위 조항은 통상공동소송의 공동소송인들이 상호 독립적이라는 점을 밝히고 있는바, 이를 공동소송인 독립의 원칙이라고 한다. 법원의 심판도 이 원칙에 따른다.

나) 내 용

(1) 소송자료의 불통일

통상공동소송에서 어떤 공동소송인의 소송행위는, 그 소송행위가 다른 공동소송인에게 유리한지 불리한지 여부를 묻지 않고 자신에게만 유효하고, 다른 공동소송인들에게는 아무런 효력을 미치지 않는 것이 원칙이다.

따라서 각 공동소송인의 소송자료의 제출, 즉 각 공동소송인의 주장과 증명은 자신에게만 유효하고 다른 공동소송인에게는 영향을 미치지 않는 것이 원칙이다. 다만, 아래에서 보는 바와 같이 원칙의 수정에 대한 논의가 있다.

자백, 소의 취하, 청구의 포기·인낙, 상소의 제기, 상소의 취하 등의 소송행위는 공동소송인들이 각자 유효하게 할 수 있고, 그 소송행위는 자신에게만 유효하고, 타인에게는 아무런 효력이 미치지 않는다.

예컨대, A가 C의 연대보증 하에 B에게 금전을 대여하였고, A가 주채무자인 B와 연대보증인인 C를 모두 피고로 삼아 하나의 소를 제기한 경우, B는 자신이 A로부터 금전을 대여받은 사실을 자백하였는데, C는 B가 A로부터 금전을 대여받은 사실이 없다고 부인하는 경우, B의 자백은 B에 대하여만, 즉 A와 B 사이에서만, C의 부인은 C에 대하여만, 즉 A와 C 사이에서만 효력이 있다. 실체법적으로는 진실은 하나이기 때문에 위와 같은 결론은 부당하다고 생각될 수 있으나, 사적자치의 원칙이 절차법적 영역에서도 적용되는 결과라고 보면 수긍할 수 있다. 법원의 심판도 이러한 법리에 입각하여 행해진다.

(2) 소송진행의 불통일

통상공동소송에서 어떤 공동소송인에게 발생한 사유는 다른 공동소송인에게 아무런 영향을 미치지 않는다. 어떤 공동소송인이 기일에 불출석하거나, 사망하여 소송이 중단되어야 하는 등의 사유는 다른 공동소송인에게는 아무런 영향을 미치지 않는다. 또한 공동소송인별로 변론분리가 가능하다. 물론 실제로는 병합심리되는 경우가 대부분이다. 통상공동소송인이라는 이유만으로 다른 공동소송인의 보조참가인이나 증인이 될 수 없는 것은 아니다.

(3) 판 결

통상공동소송에서도 모든 공동소송인들에 대한 청구에 대하여 하나의 전부판결을 하는 것이 일반적이지만, 공동소송인별로 일부판결을 하는 것도 가능하다. 판결의 결론이 모순되어도 무방하다. 즉, 바로 위의 예에서 법원은 A의 B에 대한 청구는 주채무가 인정된다는 이유로 인용하고, C에 대한 청구는 주채무가 인정되지 않는다는 이유로 기각할 수도 있다.

소송요건도 공동소송인별로 판단한다. 어떤 공동소송인과 관련하여 소송요건이 흠결된 경우 해당 공동소송인에 대한 부분만 부적법하게 되어 그 부분의 소만 각하되고, 다른 공동소송인에 대한 부분에는 아무런 영향을 미치지 않는다.

(4) 상 소

상소기간도 공동소송인별로 각각 진행한다. 공동소송인 간에 상소불가분의 원칙이 적용되지 않는다.

2) 원칙의 수정

가) 수정의 필요성

공동소송인 독립의 원칙이 적용된 결과, 판결결과가 공동소송인 상호간에 모순될 수도 있다는 점을 앞서 보았다. 이러한 점이 재판제도에 대한 신뢰성을 크게 훼손한다고 보면 공동소송인 독립의 원칙을 제한하거나 혹은 다른 방법을 동원하여 판결결과가 일치되도록 할 필요가 있다. 이러한 필요성에 입각한 대표적인 것이 증거공통의 원칙과 주장공통의 원칙이다. 판례는 전자를 받아들이고, 후자는 받아들이지 않고 있다.

나) 증거공통의 원칙

증거공통의 원칙은, 통상공동소송과 관련하여서는, 한 사람의 공동소송인이 제출한 증거는 다른 공동소송인의 원용이 없어도 그를 위한 유리한 사실인정의 자료로 삼을 수 있다는 원칙을 말한다. 통설은 증거공통의 원칙을 인정하고 있다. 법원의 실무도 마찬가지이다.[1481] 학설 중에는 공동소송인들 사이에 이해관계가 상반되는 경우에는 원용이 필요하거나 위 원칙의 적용이 없다는 견해가 있으나, 아래에서 보는 바와 같이 반대 당사자 사이에서도 증거공통의 원칙이 적용된다고 본다면 공동소송인들 사이의 이해관계를 굳이 따질 필요는 없을 것이다.

증거공통의 원칙은 반대당사자 사이에서도 문제되는데, 통설은 이를 인정하고 있다. 적어도 원용이 필요하다는 견해도 있으나, 원용을 요구한다는 것은 제출을 요구하는 것과 실제에 있어서는 거의 동일하므로 타당하지 않다. 판례는 통설과 같이 원용이 없어도 증거공통의 원칙이 적용된다고 한다.[1482]

다) 주장공통의 원칙

어떤 공동소송인이 다른 공동소송인에게도 유리한 주장을 한 경우, 다른 공동소송인도, 그가 원용하지 않아도, 같은 주장을 한 것으로 인정할 수 있는가? 이를 주장공통의 원칙이라고 하는바, 판결결과를 통일시키기 위하여 다른 공동소송인이 명시적으로 저촉되는 행위를 하지 않는 이상 이를 인정하여야 한

1481) 대법원 1959. 2. 19.자 4291민항231 결정을 인용하며 판례가 증거공통의 원칙을 부정하는 입장에 서 있다고 소개하는 경우도 있으나, 위 결정 중 관련이 있는 판시는 방론에 불과하므로, 위 결정을 근거로 판례가 증거공통의 원칙을 부정한다고 하기는 어렵다.

1482) 대법원 1978. 5. 23. 선고 78다358 판결, 대법원 2004. 5. 14. 선고 2003다57697 판결.

다는 한정적 긍정설과 공동소송인 독립의 원칙을 규정한 민사소송법 66조와 변론주의를 근거로 이를 부정하는 부정설이 대립하고 있다. 판례는 부정설을 취한다.[1483]

판례는 반대당사자 사이에 주장공통의 원칙이 적용된다는 취지로 판시한 바 있는데,[1484] 이는 어디까지나 예외적인 상황 하에서 요건사실 일부가 누락되거나 불명료한 점이 있는 경우 묵시적, 간접적 주장이 있다고 인정될 수 있다는 취지이다.

라) 다른 방법들

당연의 보조참가이론[1485]이나 준필수적 공동소송이론[1486]도 증거공통의 원칙이나 주장공통의 원칙과 마찬가지의 목표를 지향하는 이론들이다. 통설·판례 모두 이들을 인정하지 않는다.

3. 적용례

판례는 증거공통의 원칙은 인정하고 주장공통의 원칙을 부정한다. 공동소송의 대부분은 통상공동소송이므로 공동소송인 독립의 원칙의 적용이 자주 문제된다. 이해의 편의를 위하여 예제를 풀어본다.

1483) 대법원 1994. 5. 10. 선고 93다47196 판결.

1484) 대법원 2002. 2. 26. 선고 2000다48265 판결은 "계속적 보증계약 및 근저당권 설정계약을 해지한 사실은 법률효과를 발생시키는 실체법상의 구성요건 해당사실에 속하므로 법원은 변론에서 당사자가 주장하지 않는 이상 이를 인정할 수 없으나, 이와 같은 주장은 반드시 명시적인 것이어야 하는 것은 아니고 당사자의 주장 취지에 비추어 이러한 주장이 포함되어 있는 것으로 볼 수 있으면 족하며, 또한 반드시 주장책임을 지는 당사자가 진술하여야 하는 것은 아니고 소송에서 쌍방 당사자 간에 제출된 소송자료를 통하여 심리가 됨으로써 그 주장의 존재를 인정하더라도 상대방에게 불의의 타격을 줄 우려가 없는 경우에는 그 주장이 있는 것으로 보아 이를 재판의 기초로 삼을 수 있다"고 하였다. 대법원 1990. 6. 26. 선고 89다카15359 판결, 대법원 1996. 9. 24. 선고 96다25548 판결, 대법원 2008. 4. 24. 선고 2008다5073 판결, 대법원 2009. 6. 23. 선고 2007다26165 판결 등도 같은 취지이다.

1485) 공동소송인 간에 보조참가의 이익이 인정될 때에는 특히 신청이 없어도 당연히 보조참가관계가 인정되어 공동소송인 중 한 사람의 소송행위는 동시에 다른 공동소송인의 보조참가인의 행위로 취급되어야 한다는 견해.

1486) 필수적 공동소송은 아니지만 실질적으로 합일확정이 필요한 경우 필수적 공동소송과 마찬가지의 방법으로 심판하여야 한다는 견해.

1) 문 제

A는 B, C, D를 상대로 대여금청구의 소를 제기하였다. 소장에서 A는 자신이 C, D의 연대보증 하에 B에게 1억 원을 대여하였다고 주장하였다(다음 각 기일에 A는 모두 출석하였다).

[1회 기일의 경과]

B는 자신이 1억 원을 빌린 사실은 인정하지만 전부 변제하였다고 주장하였다. C는 소장을 받고도 아무런 답변서를 제출하지 않고 불출석하였다. D는 A가 B에게 1억 원을 빌려준 사실 자체가 없고, 연대보증을 한 바도 없다고 주장하였고, B가 변제하였다는 변제항변도 하지 않았다.

[2회 기일의 경과]

A가 신청한 증인 E는 법정에서 "A가 C, D의 연대보증 하에 B에게 1억 원을 빌려주고, 이후 B가 A에게 그중 5천만 원을 변제하는 것을 직접 보았다"고 진술하였다. B는 기존의 자백을 취소하면서 자신이 A로부터 위 일시에 돈을 빌린 사실 자체가 없다고 주장하였다(변제항변은 예비적으로 유지). C는 출석하여 청구원인사실을 부인하고, 예비적으로 전액이 (B에 의하여) 변제되었다고 항변하였다. D는 출석하지 않았다.

[3회 기일의 경과]

B와 C는 자신들의 변제항변에 관하여 아무런 증거를 제출하지 않았다. 다만, C만은 증인 E의 증언이 변제항변을 뒷받침한다고 주장하였다. D는 출석하지 않았다. 재판부는 변론을 종결하였다.

기록을 검토한 결과 재판부는 증인 E의 증언이 신빙성이 있다고 판단하였다. 아래의 각 질문에 대하여 청구원인 단계와 항변 단계를 구분하여 근거를 제시하라.

(a) B에 대한 청구 중 인용할 금액은 얼마인가?

(b) C에 대한 청구 중 인용할 금액은 얼마인가?

(c) D에 대한 청구 중 인용할 금액은 얼마인가?

2) 해 결

가) 판례의 입장에 따른 결론

(a) B에 대한 청구

A는 B에게 청구원인사실로 자신이 B에게 1억 원을 대여하였다고 주장하였는바, B가 1회 기일에서 자백하였다가 2회 기일에 자백을 취소하였다. 재판부는 E의 증언이 신빙성이 있다고 판단하고 있으므로 자백취소의 요건 중 반진실이 증명되지 않았다. 따라서 재판부는, B의 자백에 기하여, A가 B에게 1억 원을 대여하였다고 판단하여야 한다.

B는 대여금을 모두 변제하였다고 항변하였으나, 자신이 직접 증거를 제출하지는 않았다. 반대당사자 사이에서도 증거공통의 원칙이 적용되는바, 재판부는 E의 증언 중 B가 5천만 원을 변제하였다는 부분도 신빙성이 있다고 판단하고 있으므로, 비록 E는 A가 신청한 증인이지만 그의 증언을 B의 항변을 증명하는 데 쓸 수도 있다.

따라서 B에 대하여 청구인용할 금액은 5천만 원이다.

(b) C에 대한 청구

A는 C에게 청구원인사실로 자신이 B에게, C의 연대보증 하에, 1억 원을 대여하였다고 주장하였는바, 위 청구원인사실은 C가 답변서를 제출하지 않음으로써 자백간주되었다. 자백간주는 법원을 구속할 수 있으나 당사자인 C를 구속할 수 없고, 2회 기일에서 C가 이를 부인하였으므로 자백간주의 효력은 실효된다. 따라서 재판부는 증거에 의하여, 즉 E의 증언에 의하여 A가 B에게, C의 연대보증 하에 1억 원을 대여한 사실을 인정하여야 한다.

C가 2회 기일에서 변제항변을 하였고, E의 증언을 원용하였으므로 증거공통에 관한 어떤 견해에 의하더라도 재판부는 변제항변 중 5천만 원 부분을 인용하여야 한다.

따라서 C에 대하여 청구인용할 금액은 5천만 원이다.

(c) D에 대한 청구

A는 D에게 청구원인사실로 자신이 B에게, D의 연대보증 하에, 1억 원을 대여하였다고 주장하였는바, 위 청구원인사실을 D가 부인하였다. 재판부는 증거에 의하여, 즉 E의 증언에 의하여 A가 B에게, D의 연대보증 하에 1억 원을

대여한 사실을 인정하여야 한다.

D는 변제항변을 하지 않았고, 통상공동소송에는 주장공통의 원칙이 인정되지 않으므로, 재판부는 D에 대하여는 5천만 원이 변제된 사실을 인정할 수 없다.

따라서 D에 대하여 청구인용할 금액은 1억 원이다.

나) 당연의 보조참가이론 등의 적용

위 사안에 당연의 보조참가이론을 적용하면, B, C, D 중 1인이 나머지에게도 유리한 행위(상대방의 주장에 대한 부인, 항변 등의 제출, 증거의 제출 등)를 하면 이를 나머지의 보조참가인으로서 한 행위로도 보게 된다. 보조참가인은 본인에게 불리한 행위나 본인의 명시적 행위에 반하는 행위는 할 수 없다. 위 사안에 준필수적 공동소송이론을 적용하면, B, C, D 중 1인이 한 행위 중 나머지에게 유리한 행위는 나머지를 위하여도 당연히 효력이 있다. 공동소송인 중 1인의 불리한 행위는 본인은 물론 나머지에게도 효력이 없다.

어느 경우나 B, C, D 모두 동일하게 5천만 원을 변제할 책임이 있다고 인정되게 된다.

제80강 필수적 공동소송

1. 의 의

민사소송법 67조 1항의 '소송목적이 공동소송인 모두에게 합일적으로 확정되어야 할 공동소송', 즉 공동소송인 사이에 소송결과의 합일확정이 요구되는 소송을 필수적 공동소송이라고 한다. 공동소송인이 될 수 있는 권리자 혹은 의무자들이 모두 원고 혹은 피고가 되어야 하는지 여부, 즉 소송공동이 강제되는지 여부에 따라 고유필수적 공동소송과 유사필수적 공동소송으로 나뉜다.

2. 고유필수적 공동소송

1) 의 의

소송결과의 합일확정과 소송공동이 모두 필요한 공동소송을 고유필수적 공동소송이라고 한다. 고유필수적 공동소송에서 소송공동이 강제되는 것은 소송수행권이 수인의 권리자 혹은 의무자 전원에게 귀속되기 때문이고, 이는 다시 실체법적 관리처분권이 수인의 권리자 혹은 의무자 전원에게 귀속되기 때문이다. 따라서 고유필수적 공동소송은 실체법적 이유에 의한 필수적 공동소송이라고도 한다.

2) 성립범위

가) 개 관

고유필수적 공동소송의 근거로 거론되는 실체법적 규정들로는, 우선 민법의 채권편 중에서는 다수당사자의 채권관계 관련 규정, 조합계약 관련 규정, 물권편 중에서는 공동소유(공유, 합유, 총유) 관련규정들이 있다. 형성권이 공동귀속되는 경우에도 고유필수적 공동소송이 성립할 수 있다.[1487)]

1487) 대법원 2023. 7. 27. 선고 2020다263857 판결(집합건물법 제48조 제4항에서 정한 매도청구권은 위 규정에서 정하고 있는 매도청구권자(재건축결의에 찬성한 구분소유자와 찬성하지 않은 구분소유자 중 참가하기로 한 자) 각자에게 귀속되므로, 매도청구권행사에 기한 소유권이

나) 다수당사자의 채권관계

민법 채권편의 수인의 채권자 및 채무자 관련 규정(민법 408조 내지 448조)은 고유필수적 공동소송과 무관하다. 즉, 수인의 채권자·채무자 상호간에 합일확정은 물론 소송공동이 강제되지 않는다. 예컨대, 수인의 불가분채권자 모두가 공동원고가 되어 소를 제기할 필요가 없고, 채권자는 소를 제기할 때 수인의 연대채무자 모두를, 혹은 주채무자와 보증채무자 모두를 공동피고로 삼을 필요가 없다.

다) 조합계약

민법 채권편의 조합계약 관련 규정은 고유필수적 공동소송이 성립하는 주요한 근거가 된다.

> 민법 제704조(조합재산의 합유) 조합원의 출자 기타 조합재산은 조합원의 합유로 한다.

위 조항에 따라 조합의 재산은 적극재산이든 소극재산이든 조합원의 합유에 속하기 때문에, 조합의 재산에 관한 소송은 조합이 제기하는 능동소송이든 조합을 상대로 제기하는 수동소송이든 모두 고유필수적 공동소송이 된다.[1488]

다만, 조합에 대한 책임을 소구하는 것이 아니라 조합원의 조합채무에 대한 개인적 책임을 소구하는 소송은 고유필수적 공동소송이 아니다. 아래 조문은 조합원의 개인적 책임에 관한 규정이다.[1489]

> 민법 제712조(조합원에 대한 채권자의 권리행사) 조합채권자는 그 채권발생 당시에 조합원의 손실부담의 비율을 알지 못한 때에는 각 조합원에게 균분하여 그 권리를 행사할 수

전등기소송은 고유필수적 공동소송이 아니다).

1488) 대법원 1994. 10. 25. 선고 93다54064 판결(이 사건 토지는 원고와 참가인을 조합원으로 하는 동업체에서 매수한 것이라고 할 것이고, [] 합유재산에 관한 소는 이른바 [고유필수적] 공동소송이라 할 것이므로, 위 매매계약에 기하여 소유권이전등기의 이행을 구하는 소를 제기하려면 원고와 참가인이 공동으로 하지 않으면 안 된다).

1489) 대법원 2018. 4. 12. 선고 2016다39897 판결: 구 농어업경영체 육성 및 지원에 관한 법률[]은 영농조합법인의 실체를 민법상의 조합으로 보면서 [] 일정한 요건을 갖춘 조합체에게 특별히 법인격을 부여한 것이라고 이해된다. 따라서 영농조합법인에 대하여는 [위 법률] 등 관련 법령에 특별한 규정이 없으면 법인격을 전제로 한 것을 제외하고는 민법의 조합에 관한 법리가 적용된다. 그런데 [] 채권자가 조합원에 대하여 권리를 행사하는 경우에 관하여는 [위 법률] 등에 특별히 규정된 것이 없으므로 민법 중 조합에 관한 법리가 적용되고, 결국 영농조합법인의 채권자는 민법 제712조에 따라 그 채권 발생 당시의 각 조합원에 대하여 당해 채무의 이행을 청구할 수 있[고,] 조합채무가 특히 조합원 전원을 위하여 상행위가 되는 행위로 인하여 부담하게 된 것이라면 상법 제57조 제1항을 적용하여 조합원들의 연대책임을 인정함이 상당하다.

있다.

라) 공동소유

민법 물권편의 공동소유 관련 규정(민법 262조 내지 278조)은 주요한 고유필수적 공동소송의 근거가 된다. 공유, 합유, 총유를 개관하는 아래 표 중 음영 부분은 고유필수적 공동소송이 성립하는 부분이다.

	공 유	합 유	총 유
단체성	없 음	조 합	비법인사단
대상물 전체의 처분	ⓐ: 총원의 의사가 필요	ⓓ: 좌동	ⓖ: 좌동
지분의 처분	ⓑ: 지분이 있고, 지분권자가 단독으로 처분 가능	ⓔ: 지분이 있고, 지분의 처분에는 모든 조합원의 동의가 필요	ⓗ: 지분이 없음
보존 행위	ⓒ: 보존행위 규정 있음	ⓕ: 보존행위 규정 있음	ⓘ: 보존행위 규정 없음

공유, 합유, 총유 모두에서 대상물 전체의 처분에 해당하는 행위는 구성원 모두의 의사결정이 필요하므로 고유필수적 공동소송이 성립한다. 합유지분권의 처분에는 모든 조합원의 동의가 필요하므로 관련 소송은 고유필수적 공동소송이 된다. 공유지분권의 처분은 공유자가 각자 단독으로 할 수 있으므로 고유필수적 공동소송이 성립하지 않는다. 총유에는 지분이 없으므로 지분 관련 소송은 존재하지 않는다. 공유와 합유의 경우 보존행위는 구성원 각자가 할 수 있다는 명문의 규정이 있으므로 고유필수적 공동소송이 아니나, 총유의 경우에는 명문의 규정이 없으므로 고유필수적 공동소송이 성립한다.

공유, 합유, 총유별로 조금 자세히 살펴본다.

(1) 공유관계

판례는 대부분의 공유관계에 관한 소송을 ⓑ 또는 ⓒ에 해당하는 것으로, 또는 채권편의 다수당사자의 채권관계에 해당하는 것으로 처리하여 고유필수적 공동소송이 아니라고 한다. 예컨대, 공유자는 각자가 보존행위로서 제3자에게 공유물 전부에 대한 방해배제청구권(토지인도청구권, 소유권이전등기말소청구권 등)을 행사할 수 있다.[1490][1491]

판례에 따르면, 제3자가 공유자들에 대하여 방해배제청구권을 행사하는 경우도 고유필수적 공동소송이 아니다. 즉, 토지소유자가 수인이 공유하고 있는 건물의 철거를 청구하는 경우 각 공유자를 상대로 별소를 제기할 수 있다.

> 대법원 1969. 7. 22. 선고 69다609 판결[1492]
> 당원은 근래 여러 판결[]로서 공유물의 반환 또는 철거에 관한 소송을 필[수]적 공동소송이라고는 할 수 없으므로 그러한 청구는 공유자 각자에 대하여 그의 지분권 한도내에서의 인도 또는 철거를 구하는 것으로 보고 그 당부에 관한 판단을 할 것이라는 견해를 명시하였던 것인 즉, 그 판례에 반하는 위 판결의 견해를 위법이라 않을 수 없[다.]

수인이 공유하고 있는 토지에 대하여 취득시효완성을 이유로 소유권이전등기를 청구하는 경우도 고유필수적 공동소송이 아니다.[1493]

다만 판례는, 공유물 전체에 대한 소유권확인청구,[1494] 공동상속인 사이의

1490) 대법원 1993. 5. 11. 선고 92다52870 판결.

1491) 이는 그야말로 판례의 입장 중 일반론으로서, 방해배제청구권을 공유물 전부에 대하여 행사할 수 있는 근거에 대하여 견해 대립이 있고, 방해배제청구권의 유형(말소등기청구인지 인도청구인지)이나 상대방(제3자인지 다른 공유자인지)에 따라 다른 결론이 날 수도 있다는 점에 유의하여야 한다. 말소등기청구에 대한 판례의 법리만을 정리하면 아래와 같다.
수인의 상속인들(예컨대 A, B, C) 중 일부(A)가 나머지(B, C)의 동의 없이 상속받은 부동산 전부를 제3자에게 매도한 경우나, 상속인들의 일부(A)가 나머지 상속인(B, C)들을 배제하고 단독으로 소유권이전등기를 경료한 경우에는, A의 지분에 해당하는 부분은 실체관계에 부합하는 등기이므로 말소할 수 없다(대법원 2015. 1. 29. 선고 2014다49425 판결). 나아가, 위와 같은 경우 B가 제3자나 A를 상대로 B, C의 지분에 해당하는 등기의 말소를 구할 수 있지만, 만약 C가 자신의 지분에 해당하는 등기의 말소를 원하지 않는다면 B가 C의 지분에 해당하는 등기의 말소를 구하는 것은 C의 이해에 반하므로 보존행위로 될 수 없어 결국 불가능하게 된다(대법원 2015. 1. 29. 선고 2014다49425 판결).
진정명의회복을 위한 소유권이전등기청구는 말소등기청구와 법적 근거와 성질이 동일하므로 공유자 중 1인은 단독으로 자기뿐만 아니라 다른 공유자들에게 각 지분별로 진정명의회복을 위한 소유권이전등기절차를 이행할 것을 청구할 수 있다(대법원 2005. 9. 29. 선고 2003다40651 판결 및 원심판결 서울고등법원 2003. 6. 26. 선고 2002나50394 판결. 공동상속인 중 1인이 피상속인으로부터 소유명의를 신탁 받은 자로부터 신탁해지를 원인으로 한 소유권이전등기를 경료받은 사안).
한편, 대법원은 공유자의 지분이 등기부에 표시된 공유부동산에 관하여 자신의 지분이 침해되지 아니한 공유자가 원인 없이 마쳐진 다른 공유자의 소유지분에 관한 이전등기의 말소를 구하는 것은 보존행위에 속한다고 할 수 없다고 하였다(대법원 2010. 1. 14. 선고 2009다67429 판결).

1492) 대법원 1980. 6. 24. 선고 80다756 판결, 대법원 1993. 2. 23. 선고 92다49218 판결.

1493) 대법원 1965. 7. 20. 선고 64다412 판결, 대법원 1994. 12. 27. 선고 93다32880, 32897 판결.

1494) 대법원 1994. 11. 11. 선고 94다35008 판결.

상속재산확인청구,[1495] 공유물분할청구,[1496] 공유지에 대한 토지경계확정의 소 등은 고유필수적 공동소송이라고 본다(ⓐ).

(2) 합유관계

합유물의 처분은 물론 지분권의 처분도 합유자 전원에게 귀속되어 있다(ⓓ, ⓔ). 따라서 조합재산에 관한 소송은 능동소송이든 수동소송이든 보존행위에 해당하는 경우(ⓕ)가 아니면 고유필수적 공동소송에 해당한다.

조합재산 외에도 관리처분권이 합유적으로 귀속된다고 보는 경우가 많은바, 공동명의로 된 무체재산권(공동광업권, 지식재산권)·허가권·면허권 등의 경우, 신탁관계에서 수탁자가 수인인 경우, 도산절차에서 파산관재인이나 관리인이 수인인 경우를 그 예로 들 수 있다. 동일 선정자단에서 수인의 선정당사자가 선정된 경우에는 소송수행권이 합유적으로 귀속된다. 이는 수탁자가 수인인 경우에 대한 신탁법 규정이 유추적용되는 것이다.[1497]

(3) 총유관계

비법인사단의 경우 비법인사단 자체가 당사자가 되어 소송을 수행할 수 있다.

> 제52조(법인이 아닌 사단 등의 당사자능력) 법인이 아닌 사단이나 재단은 대표자 또는 관리인이 있는 경우에는 그 사단이나 재단의 이름으로 당사자가 될 수 있다.

이와 별도로, 판례는 구성원 전원이 당사자가 되어 소송을 수행할 수도 있는바, 이 경우에는 고유필수적 공동소송이 된다고 하였다(ⓖ, ⓘ).[1498][1499] 판례

1495) 대법원 2007. 8. 24. 선고 2006다40980 판결.

1496) 대법원 2014. 1. 29. 선고 2013다78556 판결은 공유물분할청구의 소송계속 중 변론종결일 전에 공유자 중 1인인 甲의 공유지분의 일부가 乙 및 丙 주식회사 등에 이전되었는데, 乙 및 丙 주식회사 등이 민사소송법 81조의 승계참가나 82조의 소송인수 등의 방식으로 변론종결 시까지 소송당사자가 되지 못한 경우 공유물분할청구의 소 전부가 부적법하다고 판시하였다.

1497) 신탁법 제50조(공동수탁자) ① 수탁자가 여럿인 경우 신탁재산은 수탁자들의 합유(合有)로 한다.

1498) 대법원 2005. 9. 15. 선고 2004다44971 전원합의체 판결(총유재산에 관한 소송은 법인 아닌 사단이 그 명의로 사원총회의 결의를 거쳐 하거나 또는 그 구성원 전원이 당사자가 되어 필수적 공동소송의 형태로 할 수 있을 뿐 그 사단의 구성원은 설령 그가 사단의 대표자라거나 사원총회의 결의를 거쳤다 하더라도 그 소송의 당사자가 될 수 없고, 이러한 법리는 총유재산의 보존행위로서 소를 제기하는 경우에도 마찬가지라 할 것이다).

1499) 대법원 2022. 8. 25. 선고 2018다261605 판결은 종중이 '정기 대의원회의가 총회를 갈음한다.'고 정한 규약에 따라 대의원회의의 의결을 거쳐 소를 제기한 경우, 위와 같은 규약은 종중의 본질이나 설립 목적에 크게 위배되지 않아 유효하고, 그에 따라 제기된 위 소도 유효하다는 이유로, 위 규약이 무효이므로 위 소가 적법한 사원총회의 결의 없이 이루어진 것[으로

는 애초에 총유물의 보존행위는 구성원이 각자 할 수 있다고 하였다가 견해를 바꾸었다.

마) 형성권의 공동귀속

형식적 형성의 소는 고유필수적 공동소송이다. 공유물분할청구를 하기 위하여는 분할을 구하는 공유자가 나머지 공유자 전원을 상대로 소를 제기하여야 한다.[1500] 토지경계확정의 소의 경우도 토지의 한편 또는 양편이 수인의 공유에 속하면 모든 공유자가 원고 또는 피고가 되어야 한다고 보는 것이 통설이다. 유사필수적 공동소송이라는 반대견해도 있다. 판례는 통설과 같다.[1501]

가사소송의 경우 관련되는 수인을 모두 피고로 삼아야 하는 경우가 있는바, 판례는 제3자가 친자관계부존재확인을 구할 때는 생존 부모 및 자 모두를 공동피고로 삼아야 한다고 하였고,[1502] 다음과 같이 가사소송법에 명문으로 규정된 경우도 있다.

> 가사소송법 제24조(혼인무효·취소 및 이혼무효·취소의 소의 상대방) ① 부부 중 어느 한 쪽이 혼인의 무효나 취소 또는 이혼무효의 소를 제기할 때에는 배우자를 상대방으로 한다. ② 제3자가 제1항에 규정된 소를 제기할 때에는 부부를 상대방으로 하고, 부부 중 어느 한 쪽이 사망한 경우에는 그 생존자를 상대방으로 한다.

회사 등 단체 관련 소송에서 이사 등 기관의 해임을 구하는 소는 단체와 기관 모두를 피고로 삼아야 된다.[1503]

바) 실제 자주 문제되는 경우

(1) 공유관계의 경우

실제 종종 발생하는 공유 관련 방해배제청구사건이나 불법행위에 기한 손

서] 부적법하다고 한 원심판결을 법률상 사항 지적의무 위반 등을 이유로 파기하였다.

1500) 대법원 2003. 12. 12. 선고 2003다44615, 44622 판결.

1501) 대법원 2001. 6. 26. 선고 2000다24207 판결(토지의 경계는 토지소유권의 범위와 한계를 정하는 중요한 사항으로서, 그 경계와 관련되는 인접 토지의 소유자 전원 사이에서 합일적으로 확정될 필요가 있으므로, 인접하는 토지의 한편 또는 양편이 여러 사람의 공유에 속하는 경우에, 그 경계의 확정을 구하는 소송은, 관련된 공유자 전원이 공동하여서만 제소하고 상대방도 관련된 공유자 전원이 공동으로서만 제소될 것을 요건으로 하는 고유[필수적] 공동소송이라고 해석함이 상당하다).

1502) 대법원 1970. 3. 10. 선고 70므1 판결.

1503) 대법원 1976. 2. 11.자 75마533 결정(청산인 해임의 소 관련). 대법원 2011. 6. 24. 선고 2011다1323 판결(집합건물의 소유 및 관리에 관한 법률 24조 3항에서 정한 관리인 해임의 소는 법률관계의 당사자인 관리단과 관리인 모두를 공동피고로 하여야 한다).

해배상청구/부당이득반환청구사건은 고유필수적 공동소송이 아니다.

	방해배제청구	손해배상·부당이득반환청구
공유자가 원고인 경우	공유자 중 1인이 상대방에 대하여 공유물 전체에 대하여 소 제기 가능 ∵ 보존행위	공유자 중 1인이 각자 상대방에게 청구 가능하나, 금액은 자신의 지분에 상응하는 부분에 한함 ∵ 보존행위가 아님
공유자가 피고인 경우	상대방이 각 공유자를 상대로 건물 철거 등을 구할 수 있음 ※ 지분한도 내에서의 책임	상대방이 각 공유자를 상대로 전액을 청구할 수 있음 ∵ 부진정연대채무 내지 불가분채무

방해배제청구는 이미 보았으므로, 손해배상청구 등에 대하여만 설명한다. A, B 공유의 토지를 C가 점유하는 경우 A와 B는 개별적으로 차임 상당의 손해배상이나 부당이득반환을 구할 수 있으나, 그 액수는 자신의 지분을 한도로 하므로, 예컨대 월 차임 상당액이 100만 원이면 각자 50만 원만 구할 수 있다. 반면 A의 토지를 B, C가 공동하여 점유하고 있는 경우 A는 B 또는 C 1인만을 상대로 차임 상당 손해배상이나 부당이득반환으로 전액을 청구할 수 있다.[1504)]

(2) 공동매수, 공동예금 등

부동산을 수인이 공동매수한 경우 공동매수인 각자가 지분이전등기청구를 할 수 있는지 여부에 대하여 판례는 공동매수인이 조합을 구성한 것인지 여부에 달려 있다고 판시하였다.[1505)] 수인이 공동명의로 예금한 경우에도 판례는 같은 기준을 제시한다.[1506)] 한편, 과거 판례는, 수인의 명의로 경료된 담보가등

1504) 다세대주택, 예컨대 아파트가 관련된 경우는 분할한 금액의 지급을 명한 판례가 있다.

1505) 대법원 2007. 6. 14. 선고 2005다5140 판결, 대법원 2006. 4. 13. 선고 2003다25256 판결, 대법원 2012. 8. 30. 선고 2010다39918 판결. 다만, 단순한 공동매수인에 불과하여 공동매수인 각자가 지분이전등기를 청구한 경우에도 계약내용 등에 비추어 매도인이 매매대금 전액의 지급과 동시이행하겠다는 항변이 가능한 경우가 있을 것이다.

1506) 대법원 1994. 4. 26. 선고 93다31825 판결, 대법원 2008. 10. 9. 선고 2005다72430 판결 등. 공동예금이 조합재산이 아닌 경우에는 하나의 예금채권이 분량적으로 분할되어 각 공동명의 예금채권자들에게 공동으로 귀속되고, 예금주 1인이 단독으로 예금반환청구의 소를 제기할 수 있지만, 예금채권자들이 공동하여 예금반환청구를 하기로 한 특약이 있었다면, 피고인 은행은 위 특약에 기하여 지급을 거절한다는 항변을 할 수 있다.

다만, 예금채권자의 1인에 대한 채권자가 압류추심명령을 받아 추심채권자로서 단독으로 예금반환을 청구한 경우 등에는 위와 같은 항변을 할 수 없다. 대법원 2005. 9. 9. 선고 2003다

기에 기한 본등기청구는 언제나 고유필수적 공동소송이라고 하고, 근거로 매매예약완결권이라는 형성권이 공동귀속되어 있는 경우라는 점을 제시하였으나, 매매예약의 내용에 따라 고유필수적 공동소송일 수도, 아닐 수도 있다는 쪽으로 입장을 변경하였다.[1507]

3. 유사필수적 공동소송

1) 의 의

유사필수적 공동소송은 공동소송인이 될 수 있는 권리자 혹은 의무자들 사이에 소송결과의 합일확정은 요구되나, 소송공동은 강제되지 않는 경우에 성립하는 공동소송을 말한다. 이 경우 수인의 권리자 혹은 의무자들은 반드시 전원이 원고 또는 피고가 되어야 하는 것은 아니지만, 그 전부 또는 복수의 일부가 일단 공동원고나 공동피고가 되면 그들 사이에서는 소송결과의 합일이 요구된다. 유사필수적 공동소송은 판결의 효력이 당사자 이외의 제3자에게 확장될 때 인정되므로 소송법상 이유에 의한 필수적 공동소송이라고도 한다.

2) 성립범위

판결의 기판력, 형성력 등이 미치는 경우에는 당연히 유사필수적 공동소송이 성립한다.[1508] 반사적 효력이 미치는 경우에도 유사필수적 공동소송이 성립

7319 판결 참조.

1507) 대법원 2012. 2. 16. 선고 2010다82530 전원합의체 판결: 수인의 채권자가 각기 채권을 담보하기 위하여 채무자와 채무자 소유의 부동산에 관하여 수인의 채권자를 공동매수인으로 하는 1개의 매매예약을 체결하고 그에 따라 수인의 채권자 공동명의로 그 부동산에 가등기를 마친 경우, 수인의 채권자가 공동으로 매매예약완결권을 가지는 관계인지 아니면 채권자 각자의 지분별로 별개의 독립적인 매매예약완결권을 가지는 관계인지는 매매예약의 내용에 따라야 하고, 매매예약에서 그러한 내용을 명시적으로 정하지 않은 경우에는 수인의 채권자가 공동으로 매매예약을 체결하게 된 동기 및 경위, 매매예약에 의하여 달성하려는 담보의 목적, 담보 관련 권리를 공동 행사하려는 의사의 유무, 채권자별 구체적인 지분권의 표시 여부 및 지분권 비율과 피담보채권 비율의 일치 여부, 가등기담보권 설정의 관행 등을 종합적으로 고려하여 판단하여야 한다.

1508) 청구를 기각하는 판결은 제3자에 대해 효력이 없지만 청구를 인용하는 판결은 제3자에 대해 효력이 있는 즉, 편면적 대세효가 있는 회사관계소송은 필수적 공동소송이라는 것이 대법원의 입장이다. 대법원 2021. 7. 22. 선고 2020다284977 전원합의체 판결(주주총회결의 부존재 또는 무효확인의 소) 참조.

한다는 견해가 있다. 판례가 반사적 효력 자체를 부정하는 점 및 학설이 반사적 효력이라고 하는 경우 중 일부를 판례는 기판력(의 확장)이라고 보는 점,[1509] 위 견해가 반사적 효력이라고 하고, 판례가 기판력이라고 하는 판결의 효력은 일반적인 반사적 효력과는 다르고 실질적으로는 기판력과 동일하다는 점에 유의하여야 한다.[1510]

판례가 유사필수적 공동소송이 성립한다고 한 경우로는, 수인의 채권자가 공동원고가 되어 대위소송을 제기한 경우,[1511] 동일한 특허권에 관하여 2인 이상의 자가 공동으로 특허의 무효심판을 청구한 경우[1512] 등이 있다.

4. 필수적 공동소송의 심판

1) 연합관계

통상공동소송의 공동소송인 사이에는 공동소송인 독립의 원칙이 적용되는 것에 반하여, 합일확정의 필요성 때문에 필수적 공동소송인들은 상호 연합관계에 있게 된다(67조). 고유필수적 공동소송과 유사필수적 공동소송 사이에 약간의 차이가 있다.

2) 소송자료의 통일

민사소송법 67조 중 1, 2항은 소송자료의 통일에 관하여, 공동소송인 중 1명이 상대방에게 한 소송행위와 상대방이 공동소송인 중 1명에게 한 소송행위를 나누어서 규정하고 있다.

가) 공동소송인 중 1명의 소송행위

공동소송인 중 1명이 상대방에게 한 소송행위의 효력에 관하여는 67조 1항이 규정하고 있다.

1509) 예컨대, 본인소송의 판결이 대위소송에 미치는 효력을 반사적 효력이라고 보는 학설이 있지만, 판례는 기판력이라고 본다.

1510) 상세는 박재완, "추심소송과 기판력의 확장", 법학논총 제39집 제4호, 한양대학교 법학연구소(2022. 12), 199면 이하, 207~209면.

1511) 대법원 1991. 12. 27. 선고 91다23486 판결(대위채권자인 원고 1명이 사망하여 여러 명이 상속인이 된 사안).

1512) 대법원 2009. 5. 28. 선고 2007후1510 판결.

제67조(필수적 공동소송에 대한 특별규정) ① 소송목적이 공동소송인 모두에게 합일적으로 확정되어야 할 공동소송의 경우에 공동소송인 가운데 한 사람의 소송행위는 모두의 이익을 위하여서만 효력을 가진다.

위 조항의 취지는 결국 공동소송인 중 1명의 소송행위가 자신을 제외한 다른 공동소송인들에게 유리한 것이라면 자신을 포함한 모두에게 효력이 있고, 불리한 것이라면 자신을 포함한 모두에게 효력이 없다는 것이다.

다른 공동소송인들에게도 유리한 소송행위에 주장, 부인, 항변, 증거의 제출, 답변서의 제출의무의 이행, 자백간주나 취하간주를 막기 위한 출석 등이 포함된다는 점에 이견이 없다. 다만, 유사필수적 공동소송의 경우 공동소송인 1명의 소의 취하가 가능하기 때문에, 공동소송인 1명의 출석으로 전원에 대하여 취하간주의 제재가 방지되는지 여부에 관하여 견해가 대립하나 이를 부정하는 견해가 통설이다.

다른 공동소송인들에게 불리한 소송행위에는 자백, 청구의 포기·인낙, 화해[1513]가 포함된다. 위와 같은 불리한 소송행위라도 공동소송인 전원이 하면 효력이 있다. 반대견해도 있지만, 고유필수적 공동소송의 공동소송인 1명의 취하는 여기에 포함된다는 것이 통설·판례의 입장이다.

대법원 2002. 1. 23.자 99스49 결정
상속인들이 상속재산의 분할을 구하는 상속재산분할심판의 소의 형태는 이른바 고유필요적 공동소송이라고 할 것이고, 고유필요적 공동소송에서 일부 청구인에 의한 소 취하의 효력을 인정하게 되면 그 소의 당사자로서 나머지 일부의 청구인들만이 남게 되어 부적법한 소가 되고, 그에 따라 나머지 청구인들의 소송수행의 이익을 해치게 되므로, 고유필요적 공동소송에서 일부 청구인이 소를 취하하더라도 그 효력은 생기지 않는다고 보아야 할 것이다.

유사필수적 공동소송의 공동소송인들은 각자 자신의 소를 취하할 수 있다.

나) 공동소송인 중 1명에 대한 소송행위

상대방이 공동소송인 중 1명에게 한 소송행위는 다른 공동소송인들에게 유리한지 불리한지를 묻지 않고 모든 공동소송인에 대하여 유효하다.

제67조(필수적 공동소송에 대한 특별규정)
② 제1항의 공동소송에서 공동소송인 가운데 한 사람에 대한 상대방의 소송행위는 공동소송인 모두에게 효력이 미친다.

1513) 화해의 경우 유사필수적 공동소송의 경우에는 허용된다는 견해도 있다.

위 조항은 상대방을 보호하기 위한 규정이고, 법원을 위한 규정은 아니다. 따라서 법원의 통지, 송달 등에는 그 적용이 없다는 것이 통설이다.

3) 소송진행의 통일

> 제67조(필수적 공동소송에 대한 특별규정)
> ③ 제1항의 공동소송에서 공동소송인 가운데 한 사람에게 소송절차를 중단 또는 중지하여야 할 이유가 있는 경우 그 중단 또는 중지는 모두에게 효력이 미친다.

위 조항은 소송절차의 중단 또는 중지를 예로 들어 필수적 공동소송의 소송진행이 통일되어야 함을 규정한다. 공동소송인별 변론분리는 허용되지 않는다.

4) 판 결

필수적 공동소송에서 판결의 결론은 단일하여야 한다. 다만, 아래에서 보는 바와 같이 유사필수적 공동소송에서는 일부 공동소송인에 관련된 소가 각하될 수도 있다. 일부판결은 허용되지 않는다. 일부 공동소송인에 대한 판결이 누락된 경우 추가판결이 아니라 상소에 의하여 구제받아야 한다.

소송요건의 경우 공동소송인별로 조사하는데, 일부 공동소송인에 대하여만 소송요건이 흠결되면, 고유필수적 공동소송이라면 소 전체를 각하하여야 하고, 유사필수적 공동소송이라면 해당 공동소송인이 관련된 부분만 각하한다.

유사필수적 공동소송에서 당사자의 누락은 문제되지 않지만, 고유필수적 공동소송에서 당사자 누락이 있는 경우 당사자적격이 흠결된 것이므로 소가 각하된다. 이 경우 흠결을 치유하는 방법으로는 필수적 공동소송인의 추가(68조), (누락된 당사자에 대한) 별소제기 후 변론병합이 있다. 공동소송참가(83조)가 고유필수적 공동소송에도 가능하다는 견해가 다수설이다.

5) 상 소

상소기간의 진행에 관하여는 공동소송인별로 각자 판결정본을 송달받은 때 상소가 진행되고, 개별적으로 만료된다. 자신의 상소기간이 만료된 공동소송인이 아직 다른 공동소송인에 대한 상소기간이 만료되지 않았다면 유효하게 상소를 제기할 수 있는지 여부에 대하여는 이를 긍정하는 견해(공동진행설)와 부정하는 견해(개별진행설)가 대립하고 있는바, 후자가 다수설이다.

어느 설에 의하든 모든 공동소송인에 대하여 상소기간이 만료되기 이전에는 판결이 확정되지 않고, 그 이전에 공동소송인 중 1명이 적법하게 제기한 상소는, 다른 공동소송인에게 유리한 행위이므로, 모든 공동소송인에게 유효하고, 판결은 모든 공동소송인에 대하여 차단되어 사건 전부가 상소심으로 이심된다. 공동소송인 중 1명에 대하여 상대방이 적법하게 제기한 상소도 모든 공동소송인에 대하여 유효하다.

다만, 상소를 제기하지 않은 공동소송인의 상소심에서의 지위에 대하여는 상소인이라는 견해, 상소한 공동소송인을 선정당사자로 선정한 선정자라는 견해, 합일확정의 필요에 의하여 소송관계가 상소심으로 이심된 단순한 상소심당사자라는 견해가 대립한다. 마지막 견해가 통설이고, 판례도 같다.[1514] 단순한 상소심당사자는 불복범위를 정하거나 상소취하를 할 수 없고, 소송비용도 원칙적으로 부담하지 않는다.

5. 준필수적 공동소송(이론상 합일확정소송)

실체법상 혹은 소송법상으로 합일확정이 요구되는 경우는 아니지만, 즉 통상공동소송인 경우이지만 합일확정이 실천적으로 요청되는 경우를 준필수적 공동소송(또는 이론상 합일확정소송)이라고 하고, 이러한 경우 소송결과를 일치시키기 위하여 필수적 공동소송의 심판방식을 적용하자는 견해가 있다. 위 견해는 준필수적 공동소송이 통상공동소송 중 권리·의무 자체나 그 발생원인이 공통되거나 상호 밀접한 관련성이 있는 경우에 성립한다고 하면서, 수인에 대한 소유권확인청구, 수인의 연대채무자에 대한 청구, 동일 사고의 수인의 피해자가 제기하는 손해배상청구, 수인의 피고를 상대로 순차 경료된 이전등기 또는 저당권설정등기의 말소청구 등을 그 예로 든다. 하지만 통설·판례는 위 주장에 동조하지 않는다.

1514) 대법원 1993. 4. 23. 선고 92누17297 판결, 대법원 1995. 1. 12. 선고 94다33002 판결.

제81강 예비적·선택적 공동소송

1. 의 의

미국에서 아래와 같은 일이 일어났었다.

> 일란성 쌍둥이와 같은 날에 성관계 아기 아빠 누구?[1515]
> 미주리주에 사는 A는 2003년 어느 날 로데오 경기장에서 만난 H라는 여성과 성관계를 가졌다. 그런데, H는 몇 시간 뒤 A의 일란성 쌍둥이 B의 집으로 가 성관계를 가졌다. 이날 임신을 하고 딸 W를 낳게 된 H는 B를 아버지로 지목했고, B는 친자관계부존재 확인소송을 냈다. … DNA 검사 A, B 모두 친부일 확률이 똑같이 99.9% 이상으로 나왔다. 일란성 쌍둥이였기 때문이다.

우리나라에서 H가 A, B 모두를 인지청구의 피고로 삼되, 주위적·예비적 청구병합처럼, 주위적으로 B가 자신의 딸이 그의 친생자임을 인지하고, B에 대한 청구가 인용되지 않으면, 예비적으로 A가 인지하라는 소송을 제기할 수 있을까?

이러한 소송형태를 소의 주관적 예비적 병합이라고 하는데, 과거에는 그 허용여부에 관하여 학설의 견해대립이 심하였고, 판례는 예비적 피고의 입장이 현저히 불안정하다는 것을 주된 이유로 하여 부정적인 입장이었다.[1516] 그러나, 2002년 법개정 때 예비적·선택적 공동소송이 인정됨으로써 위 논쟁은 일단 해결되었다.

> 제70조(예비적·선택적 공동소송에 대한 특별규정) ① 공동소송인 가운데 일부의 청구가 다른 공동소송인의 청구와 법률상 양립할 수 없거나 공동소송인 가운데 일부에 대한 청구가 다른 공동소송인에 대한 청구와 법률상 양립할 수 없는 경우에는 제67조 내지 제69조를 준용한다. 다만, 청구의 포기·인낙, 화해 및 소의 취하의 경우에는 그러하지 아니하다.
> ② 제1항의 소송에서는 모든 공동소송인에 관한 청구에 대하여 판결을 하여야 한다.

위 2항은 법원이 모든 공동소송인에 대한 청구에 대하여 판단하여야 한다

1515) http://news.chosun.com/site/data/html_dir/2007/05/23/2007052300009.html (2021. 2. 23. 마지막 방문).

1516) 대법원 1997. 8. 26. 선고 96다31079 판결.

고 함으로써, 현행법의 예비적·선택적 공동소송의 심판청구의 조건은, 과거에 논의되던 소의 주관적 예비적 병합의 심판청구의 조건과 다르다는 점에 유의할 필요가 있다. 위 2항은 부정설의 가장 큰 논거였던 예비적 피고의 지위의 불안정성을 제거하기 위한 규정이다.

위 1항의 규정에 따라, 현행법상 예비적·선택적 공동소송은 공동소송인 사이에 청구가 법률상 양립할 수 없는 경우에 성립하고, 소송결과가 모순되지 않도록[1517] 원칙적으로 필수적 공동소송과 같은 방식으로 심판한다. 아래에서 성립범위와 심판방식에 대하여 살펴보되, 현행법의 규정이 다소 과감하여 판례와 학설에 의하여 보충되어야 할 부분이 많은바, 적절한 범위 내로 한정한다.

2. 성립범위

1) 형 태

예비적·선택적 공동소송은 위 70조 1항의 문언과 같이 피고가 여러 명인 경우뿐만 아니라 원고가 여러 명인 경우도 있다. 또한 그 제목이 시사하는 바와 같이 공동소송인의 청구 또는 공동소송인에 대한 청구들의 관계가 주위적·예비적일 수도 있고, 선택적일 수도 있다. 또한 70조가 68조도 준용하고 있으므로, 예비적·선택적 공동소송은 원시적으로도 후발적으로도 발생할 수 있다.

> 제68조(필수적 공동소송인의 추가) ① 법원은 제67조 제1항의 규정에 따른 공동소송인 가운데 일부가 누락된 경우에는 제1심의 변론을 종결할 때까지 원고의 신청에 따라 결정으로 원고 또는 피고를 추가하도록 허가할 수 있다. 다만, 원고의 추가는 추가될 사람의 동의를 받은 경우에만 허가할 수 있다.

70조 1항의 '공동소송인 가운데 일부에 대한 청구'를 반드시 '공동소송인 가운데 일부에 대한 모든 청구'라고 해석할 근거는 없으므로 예비적 피고에 대한 청구가, 주위적 피고에 대한 주위적 청구와는 예비적·선택적 공동소송인 관계에 있고, 주위적 피고에 대한 예비적 청구와는 통상공동소송인 관계에 있는 경우도 발생할 수 있다.[1518]

1517) 예비적·선택적 공동소송에서 소송결과의 통일 등의 의미는 필수적 공동소송의 경우와는 다르고, 오히려 독립당사자참가의 경우와 더 비슷하다.

1518) 대법원 2009. 3. 26. 선고 2006다47677 판결, 대법원 2014. 3. 27. 선고 2009다104960,

2) 법률상 양립불가능성

판례는 법률상 양립불가능성을 넓게 파악하고 있다.

> 대법원 2007. 6. 26.자 2007마515 결정[1519)]
> 민사소송법 제70조 제1항에 있어서 '법률상 양립할 수 없다'는 것은, ⓐ 동일한 사실관계에 대한 법률적인 평가를 달리하여 두 청구 중 어느 한 쪽에 대한 법률효과가 인정되면 다른 쪽에 대한 법률효과가 부정됨으로써 두 청구가 모두 인용될 수는 없는 관계에 있는 경우나, ⓑ 당사자들 사이의 사실관계 여하에 의하여 또는 청구원인을 구성하는 택일적 사실인정에 의하여 어느 일방의 법률효과를 긍정하거나 부정하고 이로써 다른 일방의 법률효과를 부정하거나 긍정하는 반대의 결과가 되는 경우로서, 두 청구들 사이에서 한 쪽 청구에 대한 판단 이유가 다른 쪽 청구에 대한 판단 이유에 영향을 주어 각 청구에 대한 판단 과정이 필연적으로 상호 결합되어 있는 관계를 의미하며, 실체법적으로 서로 양립할 수 없는 경우뿐 아니라 ⓒ 소송법상으로 서로 양립할 수 없는 경우를 포함하는 것으로 봄이 상당하다.

판례는 법률상 양립불가능성을 위 밑줄 친 부분과 같이 두 청구들 사이에서 한 쪽 청구에 대한 판단 이유가 다른 쪽 청구에 대한 판단 이유에 영향을 주어 각 청구에 대한 판단 과정이 필연적으로 상호 결합되어 있는 관계라고 정의한 다음, 법률상 양립불가능한 전형적인 경우인 실체법 규정에 의하여 양립불가능한 경우(ⓐ)뿐만 아니라, 택일적 사실인정이 문제되는 경우(ⓑ)도 여기에 포함되고, 나아가 소송법상으로 서로 양립불가능한 경우(ⓒ)까지도 포함된다고 한다.

ⓐ의 예로는, 대리인의 대리권 유무가 다투어질 때 본인을 주위적 피고로 하여 계약상 채무의 이행을 구하고, 대리인을 예비적 피고로 하여 무권대리인으로서의 책임의 이행을 구하는 경우를 들 수 있다. 이러한 경우 예비적·선택적 공동소송이 성립한다는 점에 대하여는 이견이 없다.[1520)]

104977 판결, 대법원 2015. 6. 11. 선고 2014다232913 판결 등도 같은 취지이다.

1519) ⓐ 등은 필자가 추가하였다. 대법원 2008. 3. 27. 선고 2005다49430 판결, 대법원 2011. 9. 29. 선고 2009다7076 판결도 같은 취지이다.

1520) 대법원 2011. 9. 29. 선고 2009다7076 판결(주위적 피고를 상대로 한 이전등기청구, 예비적 피고를 상대로 한 주위적 피고의 이전등기불능을 원인으로 한 손해배상청구), 대법원 2009. 3. 26. 선고 2006다47677 판결(주위적 피고인 법인을 상대로 한 계약상 채무의 이행청구와 예비적 피고인 대표이사를 상대로 한 불법행위에 기한 손해배상청구), 대법원 2008. 3. 27. 선고 2005다49430 판결(채권자가 채무자를 대위하여 주위적 피고인 제3채무자에게 소유권이전등기의 말소를 구하고, 예비적 피고인 채무자에게 자신에 대한 소유권이전등기의무의 이행불능으로 인한 손해배상을 구하는 경우) 등 참조.

택일적 사실인정이 문제되는 경우(ⓑ)에도 예비적·선택적 공동소송이 성립한다고 할 수 있을지에 관하여는 견해가 대립한다. 부정설은 택일적 사실인정이 문제되는 경우도 결국은 사실상 양립불가능한 경우로서 이를 법률상 양립불가능한 경우에 포함시킬 수는 없다고 한다. 이를 긍정하는 견해도 사실인정이 문제되는 모든 경우에 예비적·선택적 공동소송의 성립을 긍정하는 것은 아니다.

실체법적으로 양립불가능한 경우뿐만 아니라 소송법적으로도 양립불가능한 경우(ⓒ. 예컨대, 당사자적격이 어떤 공동소송인에게 인정되면 다른 공동소송인에게는 부정될 수밖에 없는 경우)에도 예비적·선택적 공동소송이 성립할 수 있는지에 관하여도 견해가 대립하고 있다. 위 판례의 사안은 여기에 해당한다.[1521][1522] ⓒ를 ⓐ의 특수한 경우라고 볼 수도 있다.

학설 중에는 아예 어떤 의미에서건 양립불가능성이 없어도 무방하다는 견해도 있고, 이 견해는 양립불가능성이 없는 경우의 예비적·선택적 공동소송을 부진정 예비적·선택적 공동소송이라고 한다. 그러나 어떤 범위에서든지 양립불가능성이 필요하다고 보는 견해가 통설이다.

3. 심판방법

1) 개 요

위 민사소송법 70조는, 예비적·선택적 공동소송이 성립한 경우 판결을 할 때에는 모든 공동소송인에 관한 청구에 대하여 판결을 하여야 한다고 함과 아울러(2항), 예비적·선택적 공동소송의 심판방식에 관하여 필수적 공동소송의 심판방식에 관한 67조를 준용하고 있다(1항).

1521) 위 결정은 "법인 또는 비법인 등 당사자능력이 있는 단체의 대표자 또는 구성원의 지위에 관한 확인소송에서 그 대표자 또는 구성원 개인뿐 아니라 그가 소속된 단체를 공동피고로 하여 소가 제기된 경우에 있어서는, 누가 피고적격을 가지는지에 관한 법률적 평가에 따라 어느 한 쪽에 대한 청구는 부적법하고 다른 쪽의 청구만이 적법하게 될 수 있으므로, 이는 민사소송법 제70조 제1항 소정의 예비적·선택적 공동소송의 요건인 각 청구가 서로 법률상 양립할 수 없는 관계에 해당하는 것으로 봄이 상당하다"는 이유로 아파트동대표자지위 부존재확인의 소를 제기하면서 입주자대표회의 구성원인 동대표 개인들을 주위적 피고로 삼고, 입주자대표회의를 예비적 피고로 삼은 경우 예비적·선택적 공동소송이 성립한다고 하였다.

1522) 대법원 2008. 3. 27. 선고 2006두17765 판결(지방자치단체가 운영하는 예술단체의 단원이 주위적 피고인 지방자치단체를 상대로 해촉의 무효를, 예비적 피고인 단체장을 상대로 해촉처분의 취소를 구한 경우)도 같은 취지이다.

이는 공동소송인 사이에 소송결과가 모순되지 않게 하기 위함이다. 그런데, 예비적·선택적 공동소송은 그 본질이 통상공동소송이기 때문에 필수적 공동소송의 심판방식을 그대로 적용하기에는 무리가 따른다. 때문에 70조 단서는 청구의 포기·인낙, 화해 및 소의 취하에 관하여는 필수적 공동소송의 심판방식이 적용되지 않는 것으로 하고 있다.

아래에서 예비적·선택적 공동소송의 심판방식을 소송자료의 통일, 소송진행의 통일, 판결방법, 상소와의 관계의 순으로 살펴본다. 위 조문만으로 명확하게 해결되지 않는 부분이 많이 있다. 이를 보충하기 위하여 학설이 다기하게 대립하고 있다. 판례도 나오고 있으나, 아직은 부족한 상황이다.

2) 소송자료의 통일

가) 70조 1항 본문

민사소송법 70조 1항 본문은 앞서 본 바와 같이 예비적·선택적 공동소송에 필수적 공동소송의 소송자료의 통일에 관한 67조를 준용한다.

> 제67조(필수적 공동소송에 대한 특별규정) ① 소송목적이 공동소송인 모두에게 합일적으로 확정되어야 할 공동소송의 경우에 공동소송인 가운데 한 사람의 소송행위는 모두의 이익을 위하여서만 효력을 가진다.
> ② 제1항의 공동소송에서 공동소송인 가운데 한 사람에 대한 상대방의 소송행위는 공동소송인 모두에게 효력이 미친다.
> ③ 제1항의 공동소송에서 공동소송인 가운데 한 사람에게 소송절차를 중단 또는 중지하여야 할 이유가 있는 경우 그 중단 또는 중지는 모두에게 효력이 미친다.

준용의 범위에 관하여, 조문의 문언에 충실하게 소송진행의 통일에 관한 67조 3항뿐만 아니라 소송자료의 통일에 관한 67조 1항, 2항을 포함한 67조 전부가 준용된다는 전면적 준용설, 67조 중 3항만 적용되고, 1, 2항은 준용되지 않는다는 불준용설, 전부 준용되는 것이 원칙이나, 자백의 경우는 예비적·선택적 공동소송의 성격에 맞게 변경이 필요하다는 제한적 준용설의 대립이 있다.

특히 자백의 경우 공동소송인 1인이 한 자백의 효력을 인정할 것인지, 자백이 유효하다고 보면서도 청구를 기각할 수 있는지, 또 수인이 자백한 경우 어떻게 처리할 것인지에 관하여 견해가 다기하게 대립한다. 전면적 준용설에 의하면 1인의 자백은 무효이고, 따라서 수인의 자백의 처리도 문제되지 않는다.

그러나 불준용설이나 제한적 준용설을 취하면 달라진다. 주로 예비적 공동소송이 많이 논의되는데, 예컨대 예비적 피고만 자백하면 그 자백은 주위적 피고에 대한 청구가 기각될 때에만 자백이 유효하고, 주위적 피고와 예비적 피고가 모두 자백하는 경우 원칙적으로 먼저 주위적 피고에 대한 청구를 인용하고, 예비적 피고에 대하여는 자백에도 불구하고 청구를 기각하여야 한다는 견해가 있다.

판례와 이론이 좀 더 축적되기를 기다리는 것이 바람직한 상황이다. 일응 전면적 준용설이 명문의 규정에 부합하고, 특히 자백의 성립범위를 둘러싼 여러 문제점들을 피할 수 있는 장점이 있는 것으로 판단된다. 전면적 준용설에 의하면 필수적 공동소송에서의 소송자료의 공통에 관한 논의가 그대로 예비적·선택적 공동소송에 적용될 것이나,[1523] 소송관계의 실제와 법규정 사이에 간극이 있다.

나) 70조 1항 단서

70조 1항 단서와 관련하여 우선 소취하의 경우 별다른 문제가 없다. 공동소송인 중 일부가 소를 취하하거나 일부 공동소송인에 대한 소를 취하할 수 있고, 이 경우 소를 취하하지 않은 나머지 공동소송인에 관한 청구 부분은 여전히 심판의 대상이 된다.[1524] 청구의 포기·인낙, 화해의 경우, 전체적으로 고찰할 때, 조문의 문언에 충실하게, 통상공동소송에서와 같이 이들 소송행위가 언제나 유효하고 나머지 소송에 아무런 영향을 미치지 않는다는 견해와 조문의 문언에도 불구하고 예비적·선택적 공동소송의 특성상 통상공동소송과 다를 수 있다는 견해로 크게 나뉜다.

인낙의 경우를 보면, 전자의 견해는, 예컨대 예비적 피고의 인낙도 유효하고, 나아가 계속 소송이 진행되면 주위적 피고에 대한 청구인용판결을 하는 것도 가능하다고 본다(단일소송환원설). 반면 후자의 견해는 다시, 예비적 피고의 인낙을 무효로 보는 견해, 예비적 피고에 대한 인낙을 인정하면서 주위적 피고에 대한 청구를 기각하여야 한다는 견해, 심리를 진행하여 주위적 피고에 대한 청구가 기각되는 경우는 예비적 피고의 인낙이 유효하지만, 주위적 피고에 대

1523) 예컨대, 공동피고들에게 불리한 사항에 대한 주위적 피고·예비적 피고 1인의 자백은 효력이 없고, 67조 2항의 준용으로 상대방의 공동소송인 1인에 대한 소송행위는 유불리를 떠나 공동소송인 모두에게 효력이 미친다.

1524) 대법원 2018. 2. 13. 선고 2015다242429 판결.

한 청구가 인용되면 인낙에도 불구하고 예비적 청구를 기각하여야 한다는 견해로 나뉜다. 이 경우도 역시 명문의 규정에 충실하고, 주위적 피고에 대한 청구와의 관계에서 발생하는 문제점을 피할 수 있는 맨 처음의 견해를 일응 지지한다.

화해의 경우에도 복잡한 논의가 있다.

판례는 원고가 피고 A에 대한 청구는 포기하고, 피고 B로부터 전부 또는 일부 이행을 받는 내용의 화해권고결정이나 조정에 갈음하는 결정에 대하여 원고와 피고 A는 이의신청을 하지 않고, 피고 B만 이의신청을 한 경우 결정 자체에서 분리확정을 허용하지 않거나 결정의 내용에 비추어 볼 때 분리확정되면 형평과 민사소송법 70조 1항의 취지에 반하는 경우 분리확정되지 않는다고 하였다.[1525][1526]

3) 소송진행의 통일

예비적·선택적 공동소송에서 1명의 공동소송인에게 발생한 소송중단사유는 다른 공동소송인에게도 영향을 미치고, 공동소송인별 변론분리는 허용되지 않는다.

1525) 대법원 2008. 7. 10. 선고 2006다57872 판결(일부 공동소송인이 이의하지 않았다면 원칙적으로 그 공동소송인에 대한 관계에서는 조정에 갈음하는 결정이 확정될 수 있다. 다만, 조정에 갈음하는 결정에서 분리확정을 불허하고 있거나, 그렇지 않더라도 []그 결정에서 정한 사항이 공동소송인들에게 공통되는 법률관계를 형성함을 전제로 하여 이해관계를 조절하는 경우 등과 같이 결정 사항의 취지에 비추어 볼 때 분리확정을 허용할 경우 형평에 반하고 또한 이해관계가 상반된 공동소송인들 사이에서의 소송진행 통일을 목적으로 하는 민사소송법 제70조 제1항 본문의 입법 취지에 반하는 결과가 초래되는 경우에는 분리확정이 허용되지 않는다), 대법원 2015. 3. 20. 선고 2014다75202 판결, 대법원 2022. 4. 14. 선고 2020다224975 판결(화해권고결정에 관하여 같은 취지로 판시하고, 나아가 일부 공동소송인만이 이의신청을 한 후 그 공동소송인 전원이 분리확정에 대하여는 이의가 없다는 취지로 진술하였더라도 마찬가지라고 판시하였다. 원고의 이익, 소송관계의 명확성과 절차의 안정성이 중요한 점이 고려되었을 것이다).

1526) 실무상 예비적·선택적 공동소송의 화해권고결정 등은 거의 대부분 위와 같은 내용을 담고 있는데, 원고의 전체 소송에서의 이익을 고려하여 일부 피고만 이의신청을 하면 위 판결들의 설시와 달리 오히려 원칙적으로 분리확정되지 않고, 모든 피고들에 대하여 청구의 일부 포기가 들어간 결정의 경우도 마찬가지라는 견해가 있고(홍승면, 연도별 4개년 민사판례해설(2019. 7. 1.자 공보~2023. 6. 15.자 공보), 1947~1948면), 타당하다.

4) 판 결

민사소송법 70조 2항이 모든 공동소송인에 대하여 판결할 것을 요구하고 있으므로 공동소송인별로 분리하여 일부판결을 할 수 없다. 일부 공동소송인에 대한 판결이 누락된 경우 추가판결이 아니라 상소에 의하여 구제받아야 한다.[1527]

피고 측 예비적·선택적 공동소송에서는 주위적 피고에 대한 청구를 인용하는 경우에는 예비적 피고에 대한 청구를 기각하고, 선택적 피고 중 1인에 대한 청구를 인용하는 경우에는 나머지 피고들에 대한 청구를 기각하는 것이 원칙이나, 모든 피고들에 대하여 청구를 기각하는 것이 불가능한 것은 아니라고 보는 것이 일반적이다. 그러나 원고 측 예비적·선택적 공동소송에서 모든 공동소송인들에 관하여 청구인용판결이 선고되는 것은 불가능하다고 보는 것이 일반적이다.

5) 상 소

공동소송인 중 1인에 관하여 상소가 제기되면 모든 공동소송인들에 관한 청구가 확정차단되고 상소심으로 이심되어 심판대상이 된다.[1528] 상소가 제기되지 않은 공동소송인들에 관한 청구에는 불이익변경금지의 원칙이 작용하지 않는다.[1529][1530] 따라서, 예비적 병합에서 주위적 청구가 기각되고, 예비적 청구가 인용되어 피고가 항소한 경우 주위적 청구는 심판대상이 되지 않지만, 예비적·선택적 공동소송에서 주위적 피고에 대한 청구가 기각되고, 예비적 피고에 대한 청구가 인용되어 예비적 피고가 항소한 경우, 항소심은 주위적 피고에 대한 청구까지 모두 판단하여야 한다. 이때 항소심에서 주위적 피고에 대한 청구가 인용되고, 예비적 피고에 대한 청구가 기각되는 경우도 발생할 수 있다.

다만, 예비적·선택적 공동소송이 제기되기는 하였으나 실제 그 요건이 충

1527) 대법원 2011. 2. 24. 선고 2009다43355 판결, 대법원 2018. 12. 27. 선고 2016다202763 판결, 대법원 2022. 4. 14. 선고 2020다224975 판결.

1528) 대법원 2018. 12. 27. 선고 2016다202763 판결, 대법원 2022. 4. 14. 선고 2020다224975 판결(비록 제1심판결에서 예비적 피고에 대한 판단을 누락한 위법이 있더라도, 주위적 피고가 항소를 제기한 이상 예비적 피고에 대한 청구 부분도 원심에 이심되어 그 심판대상이 된다).

1529) 대법원 2011. 2. 24. 선고 2009다43355 판결, 대법원 2008. 3. 27. 선고 2006두17765 판결.

1530) 대법원 2011. 2. 24. 선고 2009다43355 판결은 또한 주위적 피고에 대한 청구가 기각되고, 예비적 피고에 대한 청구가 인용된 경우 주위적 피고에게는 상소의 이익이 없다고 하였다.

족되지 않은 경우, 예컨대 공동피고들이 부진정 연대채무자들인 경우에는 다르다.[1531)]

1531) 대법원 2012. 9. 27. 선고 2011다76747 판결, 대법원 2011. 9. 29. 선고 2009다7076 판결: 피고들 사이에는 민사소송법 제70조 제1항에 따라 민사소송법 제67조가 준용되는 진정한 의미의 예비적 공동소송의 관계가 있는 것이 아니므로 상소로 인한 확정차단의 효력도 당사자별로 따로 판단해야 하는데, 갑 법인 등이 제1심판결 중 공사에 대한 부분에 한하여 항소를 제기한 이상 공사에 대한 청구만이 항소심의 심판대상이 되고, 국가에 대한 제1심판결은 항소기간 만료일이 지남으로써 분리 확정되었[다.]

제 2 관 당사자의 변경

제 82 강 소송승계

1. 당사자변경의 개요

당사자변경은 애초의 원고나 피고가 다른 사람으로 변경되는 것을 의미한다. 변경에는 교체와 추가가 포함된다. 당사자변경은 원고나 피고의 실체법적 권리나 의무의 승계에 수반하는 것과 그렇지 않은 것으로 나눌 수 있는바, 전자를 소송승계라고 하고, 후자를 임의적 당사자변경이라고 한다.

민사소송법이 인정하는 당사자변경은 전자이다. 소송승계에는 당연승계와 특정승계(소송물의 양도)가 있는바, 전자는 실체법적 권리·의무의 포괄승계가 있는 경우에, 후자는 실체법적 권리·의무의 특정승계가 있는 경우에 인정된다.

민사소송법은 임의적 당사자변경에 해당하는 일정한 경우를 예외적으로 명문의 규정을 두어 인정하고 있는바, 피고경정, 필수적 공동소송인의 추가 등이 그 예이다. 당사자의 변경을 넓게 파악하면 소송참가 중 당사자참가까지 포함된다. 이번 강의에서는 소송승계를 살펴본다.

2. 소송승계의 의의

소송승계란 소송계속 중에 원고나 피고의 실체법적 권리나 의무의 승계가 있는 경우에 그에 수반되는 당사자변경을 의미한다. 실체법적 권리나 의무의 승계에는 사망으로 인한 상속, 합병 등의 포괄승계와 채권양도, 채무인수 등의 특정승계가 있는바, 당사자변경에도 실체법적 포괄승계에 수반하는 당연승계와 실체법적 특정승계에 수반하는 특정승계(소송물의 양도라고도 한다)가 있다. 당연승계의 경우 실체법적 승계가 있으면 아무런 조치 없이 소송법적으로 당사자가 변경되지만, 예컨대 피고가 사망하면 즉시 아무런 절차 없이도 상속인이 새로운 피고가 되지만, 특정승계의 경우 실체법적 승계가 있다고 하여 당사자가 변경되지 않고, 참가승계나 인수승계의 절차를 밟아야 당사자가 변경된다는 점에서 양자의 차이가 있다.

소장접수 전에 실체법적 권리나 의무의 승계가 있는 경우에는 소송승계가 인정되지 않는다. 소장접수 이전에는 실체법적 권리자나 의무자가 아직 원고나 피고가 되지 않았기 때문이다.[1532)]

소장접수, 즉 소제기 이후 소장부본 송달일까지의 기간에 대하여는 엄밀하게는 소장접수 이전과 같이 취급하여야 하지만 소송계속 이후와 같이 취급하자는 견해, 원고 측만 소송계속 이후와 같이 취급하자는 견해가 제시되고 있는바, 전자가 일반적 견해이다. 판례는 피고가 소제기 후 소장부본이 송달되기 전에 사망한 경우, 사망자인 피고의 상속인들에 의한 수계신청은 부적법하다는 입장이다.[1533)]

변론종결 이후에 실체법적 권리나 의무의 승계가 있는 경우에는 판결이 확정되기 전이라면 소송승계가 문제되고, 판결이 확정된 이후에는 기판력의 확장이 문제된다. 다만, 상고심에서 참가승계나 인수승계는 불가능하다.[1534)] 상고이유서 제출기간이 경과되기 이전 단계에서 당사자의 사망 등으로 소송절차가 중단된 경우 상고심법원은 판결을 할 수 없다.[1535)][1536)] 하지만, 위 기간이 도과된

1532) 다만 대법원 2016. 4. 29. 선고 2014다210449 판결은 소송을 위임한 자가 소제기 이전에 사망하였으나, 소송대리인이 이를 모른 채 소를 제기한 경우, 당사자가 소송계속 중 사망하였을 때 적용되는 소송수계에 관한 규정을 유추적용할 수 있다고 판시하였다. 당사자를 잘못 정한 것은 기본적으로 원고(측)의 잘못인 점, 원고로서는 피고(측)의 사정에 대한 정보가 불완전하므로 그 책임을 전적으로 부담시키는 것이 부당한 점, 소송대리인의 과실은 본인의 과실로 평가되는 것이 원칙인 점 등을 참작하면 위 판례는 그 타당성에 대하여는 의문이 있고, 대법원 2015. 1. 29. 선고 2014다34041 판결과도 균형이 맞지 않은 점이 있다.

1533) 대법원 2015. 1. 29. 선고 2014다34041 판결.

1534) 대법원 1995. 12. 12. 선고 94후487 판결, 대법원 1998. 12. 22. 선고 97후2934 판결, 대법원 2001. 3. 9. 선고 98다51169 판결, 대법원 2002. 12. 10. 선고 2002다48399 판결.

1535) 상고이유서 제출기간이 진행되지 않기 때문이다. 秋山幹男, 伊藤眞, 加藤新太郎, 高田裕成, 福田剛久, 山本和彦, コンメンタール 民事訴訟法 第2版 Ⅱ, 日本評論社(2007), 581면 참조(일본 최고재판소 평성 9. 9. 9. 판결).

1536) 대법원 2022. 10. 27. 선고 2022다241998 판결(채권자취소소송 진행 중 회생절차가 개시되어 관리인이 수계하고 청구를 변경하여 부인소송이 진행되다가, 상고심에서 상고이유서 제출기간이 지나기 전에 회생절차가 폐지되어 다시 채권자의 수계 및 그에 따른 채권자취소소송으로의 청구변경이 필요한 경우, 대법원은 수계를 허가한 다음 청구변경을 위하여 사건을 원심법원에 환송해야 한다. 이 경우 환송 후 항소심에서 채권자가 청구취지를 다시 채권자취소청구로 교환적으로 변경하는 것이 재소금지에 위반된다고 볼 수 없다).

이후에 사망 등의 사유가 발생하여 소송절차가 중단된 경우에는 상고심에서는 변론을 열 필요가 없으므로 상고심법원은, 만약 소송수계신청이 있었다면 이를 기각하고, 판결을 할 수 있다.[1537)]

3. 당연승계

1) 의의 및 원인

실체법적 포괄승계가 있는 경우 소송절차의 원고나 피고가 당연히 새로운 권리자나 의무자로 변경되는 것이 당연승계이다. 민사소송법에 명문의 규정은 없지만, 소송절차의 중단이나 수계에 관한 규정은 이를 전제한 것이라고 보는 것이 통설·판례의 입장이다. 반대하는 견해도 있다. 민사소송법은 당연승계의 원인인 실체법적 포괄승계 중 자연인의 사망을 233조에서, 법인의 합병을 234조에서 규정하고 있다.[1538)]

민사소송법은 나아가 신탁법에 의한 신탁관계에서 수탁자의 임무가 종료한 경우(236조), 일정한 자격에 기하여 당사자가 된 자가 자격을 상실하거나 사망한 경우(237조 1항),[1539)] 선정당사자 전원이 사망하거나 자격을 상실한 경우(237

1537) 대법원 2014. 2. 27. 선고 2012두27794 판결: 기록에 의하면, 상고이유서 제출기간이 경과한 후[에] 원고가 [] 회사를 분할하면서 이 사건 소송과 관련된 권리·의무도 원고로부터 소송절차수계신청인으로 이전되는 것으로 정한 사실을 알 수 있다. 그러나 상고심의 소송절차가 이와 같은 단계에 이르러 변론 없이 판결을 선고할 때에는 신설회사로 하여금 소송절차를 수계하도록 할 필요가 없다[]. 따라서 소송절차수계신청인의 소송절차수계신청은 이유 없다(수계신청기각).

대법원 2006. 8. 24. 선고 2004다20807 판결(파산선고), 대법원 2015. 2. 26. 선고 2012다89320 판결(회생절차개시), 대법원 2017. 3. 16. 선고 2014후1327 판결 등도 같은 취지이다. 대법원 2017. 11. 9. 선고 2014다49180 판결은 소송중단사유가 발생한 시점이 상고이유서 제출기간 경과 전인지 후인지 분명하지 않다.

1538) 대법원 2022. 1. 27. 선고 2020다39719 판결(법률에 법인의 지위를 승계하거나 법인의 권리의무가 새로 설립된 법인에 포괄적으로 승계된다는 명문의 규정이 없는 이상 새로 설립된 법인이 소송절차를 수계할 근거는 없다고 보아야 한다. 이와 같은 법리는 당사자가 법인격 없는 단체인 경우에도 마찬가지이다). 위 판결에서 관리비채권의 귀속주체인 대규모점포 등 관리자의 변경과 관련된 유통산업발전법의 조문들에 대한 해석이 쟁점이 되었었다.

1539) 위 조항의 적용범위에 대하여는 견해 대립이 있다. 대법원 2022. 5. 13. 선고 2019다229516 판결은 “집합건물의 관리비징수 업무를 위탁받은 위탁관리업자가 [] 관리비청구 소송을 수행하던 중 관리위탁계약이 종료되어 그 자격을 잃게 되면 [민사소송법 제237조에 의하여] 소송절차는 중단되고, 같은 자격을 가진 새로운 위탁관리업자가 소송절차를 수계하거나

조 2항), 파산절차의 개시 또는 종료(239, 240조)도 실체법적 포괄승계가 있는 경우와 마찬가지로 취급한다. 이러한 사유들에는 관리처분권이나 소송수행권의 포괄적 승계가 발생한 경우와 그렇지 않은 경우 모두가 포함되어 있다.

2) 소송절차의 중단과 수계

이에 관하여는 소송절차의 정지를 다룰 때 이미 보았다. 당사자가 사망한 경우만을 들어 개요만 다시 설명하면, 당사자가 사망하여 당연승계가 발생하면 원칙적으로 소송절차가 중단되고, 중단상태는 새로운 당사자나 그 상대방의 수계신청, 법원의 속행명령에 의하여 해소된다. 사망자에게 소송대리인이 있는 경우에는 소송절차가 중단되지 않는다.

4. 특정승계

1) 의 의

실체법적 권리나 의무의 특정승계에 수반하는 당사자변경을 특정승계 또는 소송물의 양도라고 한다. 특정승계에서는 당연승계와 달리 실체법적 승계가 있음을 원인으로 하여 참가승계나 인수승계라는 절차를 밟아야 당사자가 변경된다.

이러한 절차가 없는 한 원래의 당사자가 여전히 해당 소송절차의 당사자이고, 재판부는 그 소송절차를 계속 진행하여 판결을 하여야 하는데, 변론종결 당시 원고가 이미 권리자가 아니거나 피고가 의무자가 아니게 되었으므로 통상 청구기각판결이 선고된다.[1540] 이를 피하기 위하여는 참가승계나 인수승계절차를 밟아야 한다. 특히 피고 측 승계가 계속해서 일어나는 경우, 원고는 그때마다 빠짐없이 인수승계절차를 밟지 않으면 청구가 기각되거나, 청구인용판결을 받아도 판결의 집행이 불가능하게 될 수 있다. 처분금지가처분이나 점유이전금지가처분이 이러한 경우의 대비책이다.

새로운 위탁관리업자가 없으면 관리단이나 관리인이 직접 소송절차를 수계하여야 한다"고 하였다.

1540) 소송계속 중 원고의 소구채권에 대하여 추심명령이 발령된 경우 종전 판례에 의하면 원고가 원고적격을 상실하여 소각하판결이 선고되었으나, 대법원 2025. 10. 23. 선고 2021다252977 전원합의체 판결로 법리가 변경되어 원고는 원고적격을 상실하지 않는다.

2) 원 인

가) 실체법적 특정승계

특정승계의 원인이 되는 실체법적 특정승계는 사인 간의 법률행위에 한하지 않고, 법률의 규정, 행정처분, 집행절차일 수도 있다. 당연승계의 원인인 실체법적 포괄승계는 포함되지 않는다.

나) 태 양

(1) 개 요

특정승계는 다시 소송물인 실체법상 권리나 의무 자체의 승계에 수반하는 경우와 계쟁물에 대한 당사자적격의 승계에 수반하는 경우로 나뉜다. 특정승계의 성립범위 내지 기준을, 변론종결 후의 승계인의 성립범위 내지 기준과 같게 잡을 것인지(동일설), 아니면 다르게, 즉 더 넓게 잡을 것인지(비동일설)에 관하여 견해의 대립이 있다. 동일설이 종래의 통설이고, 판례도 같은 입장이다.[1541]

학설의 경우 현재는 오히려 비동일설이 다수설이다. 비동일설은 이른바 추가적 승계를 인정한다. 소송승계의 경우는 아직 소송절차가 진행 중이므로 이미 판결이 확정된 이후에 논의되는 변론종결 후의 승계인과 같이 엄격한 기준을 취할 필요가 없이 보다 완화된 기준을 취하는 것이 소송경제나 분쟁의 1회적 해결의 측면에서 바람직하다는 점을 근거로 한다. 비동일설 중에는 인수승계의 경우만 다르게 취급하여야 한다는 견해도 있다.

(2) 소송물인 실체법상 권리·의무가 승계된 경우

소송물인 실체법상 권리나 의무 자체가 승계된 경우의 예로는 대여금청구소송에서 대여금채권이 소송계속 중 제3자에게 양도된 경우,[1542] 소유자가 제기한 소유권확인청구의 소송계속 중 소유권이 제3자에게 양도된 경우 등을 들

1541) 대법원 1971. 7. 6.자 71다726 결정: 소송당사자가 [] 제3자로 하여금 그 소송을 인수하게 하기 위하여서는 그 제3자가 소송계속 중 그 소송의 목적된 채무를 승계하였음을 전제로 하여 그 제3자에 대하여 인수한 소송의 목적된 채무이행을 구하는 경우에 허용되고 [] 전혀 별개의 채무의 이행을 구하기 위한 경우에는 허용될 수 없다 할 것이므로 기록에 의하면 재항고인은 [] 신청의 이유로서 [] 소송의 목적된 채무인 본건 [] 건물의 철거채무와는 전혀 별개의 채무인 본건 건물에 관한 [] 상대방 등 명의로 경료된 각 등기의 말소채무의 이행을 구하기 위하여 본건 신청에 이르렀음이 뚜렷한 바이므로 본건 신청은 [] 부적법하[다.]

1542) 소송계속 중 승계 여부는 양도합의 성립시가 아니라 대항요건 구비시를 기준으로 판단한다(대법원 2019. 5. 16. 선고 2016다8589 판결, 대법원 2020. 9. 3. 선고 2020다210747 판결).

수 있다. 채무인수의 경우, 면책적 채무인수의 경우에는 소송승계에 해당한다고 보는데 이견이 없다. 병존적 채무인수의 경우 동일설은 소송승계가 아니라고 보지만, 비동일설은 소송승계에 해당한다고 본다.

(3) 계쟁물에 대한 당사자적격이 승계된 경우

여기서 말하는 당사자적격은 변론종결 후의 승계인의 경우와 같다. 즉, 통상 계쟁물, 즉 분쟁의 대상이 된 목적물에 대하여 어떤 소송이 제기되면 당사자가 될 지위를 의미하는 것으로서 당사자의 능력·자격에서 말하는 당사자적격과 일치하지 않는다. 예컨대, 피고 측을 보면, 예외가 없는 건 아니지만, 어떤 부동산에 대한 등기절차의 이행을 청구하는 경우에는 그 부동산의 등기명의인을, 어떤 물건의 점유의 이전을, 즉 인도를 청구하는 경우에는 그 물건의 점유자를, 어떤 건물의 철거를 구하는 경우에는 그 건물의 소유권자를 각 피고로 삼게 된다. 원고 측을 보면 소유권에 기한 방해배제청구권으로서 하는 등기말소청구소송, 인도청구소송 및 건물인도청구 등의 소송에서 소유권자가 원고가 된다.[1543)]

동일설에 의하면 계쟁물에 대한 당사자적격이 승계되어 소송승계가 인정되는 범위는 변론종결 후의 승계인이 인정되는 범위와 같다. 동일설을 취하는 판례는, 기판력의 경우와 마찬가지로, 소송물이 물권적 청구권인 경우에만 소송승계를 인정한다.[1544)] 변론종결 후의 승계인에서와 마찬가지로 위 판례의 판시에 반대하면서 채권적 청구권의 경우에도 소송승계를 인정하는 견해도 있다.

비동일설은 전자가 후자보다 더 넓다고 보고, 추가적 승계, 즉 소송계속 중 추가 내지 파생된 분쟁의 당사자적격자를 추가하는 소송승계가 가능하다는 입장이다. 예컨대, 토지소유자 A가 건물의 소유자 겸 점유자 B를 상대로 건물철

1543) 대법원 2023. 2. 23. 선고 2022다285288 판결은 부동산임의경매 사건의 채무자 겸 소유자인 원고가 배당이의를 한 경우 원고로부터 잉여금을 수령할 권리를 양수한 자는 승계참가신청을 할 수 없다고 하였다. 채권자가 배당이의를 한 경우와 달리 채무자나 소유자가 배당이의를 한 경우 배당이의의 소에서 원고인 채무자나 소유자는 피고의 채권이 존재하지 아니함을 주장·증명하는 것으로 충분하고, 원고가 잉여금을 수령할 권리는 배당이의의 소가 아니라 집행법원의 추가배당을 거쳐서 확정되는 것이므로 이 사건의 소송목적인 권리라고 할 수 없어서, 원고승계참가인이 잉여금 채권을 양도받아도 배당이의의 소의 당사자적격까지 이전받는 것은 아니기 때문인 점을 근거로 제시하였다.

1544) 대법원 1983. 3. 22.자 80마283 결정: 채권적 청구권에 기한 소유권이전등기청구의 소송계속 중 이전등기의무 자체를 승계함이 없이 소유권이전등기(또는 근저당권설정등기)를 경료한 자들을 상대로 그 등기의 말소를 구하기 위한 소송인수는 허용되지 않는다.

거청구를 하였는데, 소송계속 중 건물이 제3자 C에게 임대된 경우 소송승계를 인정하여 A는 C를 상대로 인수승계신청을 할 수 있다고 본다. A의 C에 대한 청구는 퇴거청구이고,[1545] 원래의 피고 B에 대한 청구는 건물철거청구이므로 두 청구는 소송물이 다른 별개의 사건이지만, 전자가 후자로부터 추가 내지 파생된 사건인바, 이러한 의미에서 C를 추가하는 것은 추가적 승계인 것이다.[1546]

'분쟁당사자지위'라는 용어가 사용되기도 하는바, 위 당사자적격과 같은 의미로도 사용되기도 하지만, 엄밀하게는 당사자적격을 '기존 사건의 기존 당사자의 본안적격'이라고 한정한 다음 이러한 의미의 당사자적격이 승계된 것이라고 보기 곤란한 경우들까지 아울러 칭하는 의미로 사용되기도 한다. 여기에 위 추가적 승계가 포함된다.

주의할 점은 동일설을 취하여도 일정한 범위 내에서 추가적 승계가 허용된다고 볼 경우가 있다는 점이다.[1547]

3) 승계의 방식과 절차

가) 개 요

기존 당사자는 실체법적 특정승계에도 불구하고 여전히 당사자이고, 승계인은 참가승계나 인수승계 없이는 당사자가 아니다. 예컨대 A가 B를 상대로 제기한 대여금청구소송 중 A의 대여금채권이 C에게 양도되어도 원래의 소송의

1545) 대법원 2024. 6. 13. 선고 2024다213157 판결(인도는 점유의 이전을 의미함에 반하여, 퇴거는 점유의 해제만을 의미하므로, 퇴거를 구함에도 인도를 명하면 처분권주의에 위반된다).

1546) 이 사안이 추가적 승계가 논의되는 대표적인 경우이다. 위의 사안과 달리 A가 제소하기 이전에 B가 C에게 건물을 임대한 경우, 통상 A는 B를 상대로 건물철거를, C를 상대로 퇴거를 병합청구하게 되는데(C에 대한 퇴거판결이 없으면 B에 대한 철거판결은 집행이 불가능하다), 만약 소송계속 중 임차인이 C에서 D로 바뀌면 동일설의 입장에서도 A는 D를 상대로 인수승계신청을 할 수 있다. 이미 기존소송의 소송물에 퇴거청구가 포함되어 있기 때문이다. 본문의 사안과 같이 건물의 소유자가 점유자인 경우에는 퇴거청구를 할 수 없다.

1547) 예컨대, 소유권에 기한 소유권이전등기말소청구의 승소판결이 확정된 경우, 변론종결 이후 피고로부터 소유권이전등기나 근저당권설정등기를 경료받은 자는 변론종결 후 승계인에 해당하는바, 동일설을 취한다면 소유권에 기한 소유권이전등기말소청구소송의 계속 중 소유명의가 이전되거나, 근저당권설정등기가 경료된 경우, 원고는 새로운 소유명의자와 근저당권자를 상대로 인수승계신청을 할 수 있다고 봐야 할 것이다. 이 경우 원고는 새로운 소유명의자에 대하여는 소유권이전등기말소청구를, 근저당권자에 대하여는 근저당권설정등기말소청구를 한다. 앞서 본 대법원 1971. 7. 6.자 71다726 결정의 표현에 따르면, 이 경우에는 청구들이 전혀 별개가 아닌 것이다.

원고는 그대로 A이고, A와 B 사이의 소송절차가 중단되는 일도 없이 그대로 진행된다. A는 더 이상 대여금채권자가 아니므로 그대로 소송절차가 진행되면 A의 청구는 기각된다. 하지만, C는 A가 이미 진행하고 있는 소송절차를 이용하여 자신이 승소판결을 받는 것이 더 좋을 수도 있고, B도 이왕 응소한 김에 현재의 채권자인 C를 끌어들여 C에 대한 승소(청구기각)판결을 받는 것이 더 좋을 수도 있다. 전자의 경우 C는 참가승계신청을 하면 되고, 후자의 경우 B는 (C를 상대로) 인수승계신청을 하면 된다. A는 B의 승낙이 있으면 소송절차에서 탈퇴할 수 있다.

채권양도의 경우 양도계약시가 아닌 대항요건 구비시가 원칙적인 기준이다.[1548][1549]

나) 참가승계

> 제81조(승계인의 소송참가) 소송이 법원에 계속되어 있는 동안에 제3자가 소송목적인 권리 또는 의무의 전부나 일부를 승계하였다고 주장하며 제79조의 규정에 따라 소송에 참가한 경우 그 참가는 소송이 법원에 처음 계속된 때에 소급하여 시효의 중단 또는 법률상 기간준수의 효력이 생긴다.

(1) 요 건

실체법적 특정승계가 있는 경우 승계인이 자발적으로 기존 소송절차에 참가하는 것을 참가승계라고 하는바, 조문에서 알 수 있듯이 권리가 승계된 경우뿐만 아니라 의무가 승계된 경우에도 할 수 있다. 사실심변론종결시까지만 가

1548) 대법원 2019. 5. 16. 선고 2016다8589 판결: [가압류의 피보전권리를 양수한 (피고측)] 승계참가인은 채권양도의 대항요건을 갖추기 전까지 채무자에 대하여 아무런 권리주장을 할 수 없음은 물론, 이 사건 배당절차에서도 [] 적법하게 배당을 받을 수 없다. 따라서 이 사건과 같이 배당이의 소송 제기 전에 채권양도가 있었고, 그 대항요건을 배당이의 소송계속 중에 갖추었다면, [] 채권양수인으로서는 배당이의 소송에 승계참가[할] 수 있다고 보아야 한다.

1549) 한편, 대법원 2008. 8. 11. 선고 2008다32310 판결(채권자가 집행권원에 기하여 압류 및 추심명령을 받은 후 그 집행권원상의 채권을 양도하였다고 하더라도 그 채권의 양수인이 기존 집행권원에 대하여 승계집행문을 부여받지 않았다면, 집행채권자의 지위에서 압류채권을 추심할 수 있는 권능이 있다고 볼 수 없다), 대법원 2019. 1. 31. 선고 2015다26009 판결(배당절차가 개시된 다음 집행채권이 양도되고 채무자에게 양도 통지를 했더라도, 양수인이 승계집행문을 부여받아 집행법원에 제출하지 않은 이상, 집행법원은 여전히 배당절차에서 양도인을 배당금채권자로 취급할 수밖에 없다. … 양수인이 집행채권 양수 사실을 집행법원에 소명하였다고 하더라도 마찬가지이다) 등의 판례에 유의할 필요가 있다.

능하므로 상고심에서는 할 수 없다.[1550)]

(2) 방 식

승계참가는 독립당사자참가의 방식에 따라서 원칙적으로 서면에 의하여 참가의 취지 및 이유를 명시하여야 한다(81조, 79조 2항, 72조). 위 조문의 '제79조의 규정에 따라'는, 참가승계를 독립당사자참가의 방식에 따라 신청한다는 것을 의미할 뿐 참가승계와 독립당사자참가는 별개의 제도이다. 현행 민사소송법에 의하면 독립당사자참가에서 편면참가가 가능하므로 참가인이 피참가인에 대한 청구까지 할, 즉 쌍면참가를 할 필요는 없다.

(3) 판 단

참가승계신청이 있는 경우에 승계인에 해당하는지 여부는 참가인의 주장만으로 판단하고, 이에 따라 승계인이 아닌 경우, 즉 주장 자체에 의하여 승계인이 아닌 경우에는 참가신청을 판결로 각하한다.[1551)] 주장에 의할 때는 승계인에 해당하여 참가승계신청이 적법하지만 심리결과 승계가 인정되지 않는 경우에는 참가승계인의 청구를 기각한다.

(4) 기 타

승계인이 별소를 제기한 경우와 참가승계를 한 경우는 다음과 같은 점에서 차이가 있다. 즉, 참가승계인은 피승계인이 이미[1552)] 수행한 소송상태를 그대로 인수하고, 이에 구속된다. 또한 참가승계신청으로 인한 시효의 중단 등은 조문상으로는 '소송이 법원에 처음 계속된 때'로 되어 있지만 본소의 제기시에 소급한다.[1553)]

1550) 대법원 1995. 12. 12. 선고 94후487 판결, 대법원 1998. 12. 22. 선고 97후2934 판결, 대법원 2001. 3. 9. 선고 98다51169 판결, 대법원 2002. 12. 10. 선고 2002다48399 판결.

1551) 대법원 2007. 8. 23.자 2006마1171 결정, 대법원 2012. 4. 26. 선고 2011다85789 판결. 후자는 참가신청각하판결을 본소에 대한 판결과 동시에 하여야 하는 것도 아니라고 판시하였다.

1552) 견해대립이 있고, 승계원인 발생 이전까지를 의미한다는 것이 통설이다.

1553) 대법원 2003. 2. 26. 선고 2000다42786 판결: 소송의 목적물인 권리관계의 승계라 함은 소송물인 권리관계의 양도뿐만 아니라 당사자적격 이전의 원인이 되는 실체법상의 권리 이전을 널리 포함하는 것이므로, 신주발행무효의 소 계속 중 그 원고 적격의 근거가 되는 주식이 양도된 경우에 그 양수인은 제소기간 등의 요건이 충족된다면 새로운 주주의 지위에서 신소를 제기할 수 있을 뿐만 아니라, 양도인이 이미 제기한 기존의 위 소송을 적법하게 승계할 수도 있다고 할 것이다. 승계참가가 인정되는 경우에는 그 참가시기에 불구하고 소가 제기된 당초에 소급하여 법률상의 기간준수의 효력이 발생하는 것이므로, 신주발행무효의 소에 승계참가하는 경우에 그 제소기간의 준수 여부는 승계참가시가 아닌 원래의 소 제기시를 기준으로 판

다) 인수승계

> 第82조(승계인의 소송인수) ① 소송이 법원에 계속되어 있는 동안에 제3자가 소송목적인 권리 또는 의무의 전부나 일부를 승계한 때에는 법원은 당사자의 신청에 따라 그 제3자로 하여금 소송을 인수하게 할 수 있다.
> ② 법원은 제1항의 규정에 따른 결정을 할 때에는 당사자와 제3자를 심문(審問)하여야 한다.
> ③ 제1항의 소송인수의 경우에는 제80조의 규정 가운데 탈퇴 및 판결의 효력에 관한 것과, 제81조의 규정 가운데 참가의 효력에 관한 것을 준용한다.

(1) 요 건

실체법적 특정승계가 있는 경우 기존 소송의 당사자, 즉 원고나 피고가 승계인을 기존 소송절차에 끌어들이는 것을 인수승계라고 한다. 이는 82조 1항의 문언에서 알 수 있듯이 피고가 권리승계자를 상대로 할 수도 있고, 원고가 의무승계자를 상대로 할 수도 있다. 또한 피승계인의 상대방뿐만 아니라 피승계인도 할 수 있는지 여부에 대하여는 반대견해도 있으나 가능하다고 보는 것이 다수설이다. 인수승계 역시 사실심변론종결시까지만 가능하다.

(2) 방 식

인수승계신청은 서면 또는 구술로 할 수 있다. 신청취지에는 '피인수신청인은 피고를 위하여 이 사건 소송을 인수한다'라고 기재하거나(교환적 인수), '피인수신청인은 피고를 위하여 다음을 청구취지로 하여 이 사건 소송을 추가적으로 인수한다(청구취지 기재 생략)'라고 기재한다(추가적 인수).

(3) 판 단

인수승계신청에 대하여는 허부를 불문하고 결정을 하여야 한다(82조 2항). 즉, 인수승계신청이 이유 없는 경우에는 기각결정을 하고, 이유 있는 경우에는 인용결정을 한다. 신청의 당부를 신청인의 주장만으로 판단하는 것은 참가승계에서와 같다. 위 기각결정에 대하여는 통상항고로 불복할 수 있으나, 인용결정에 대하여는 중간적 재판이기 때문에 독립된 불복이 불가능하다.[1554]

주장 자체에 의할 때는 승계인에 해당하여 인수승계신청에 대한 인용결정이 내려졌으나 심리결과 승계가 인정되지 않는 경우에는 인수승계인에 관하여 청구기각의 본안판결을 한다는 것이 통설이나, 인용결정을 취소하고 다시 기각

단하여야 한다.

1554) 대법원 1981. 10. 29.자 81마357 결정, 대법원 1990. 9. 26.자 90그30 결정.

결정을 하여야 한다는 반대견해도 있다. 판례는 통설과 같은 입장이다.[1555)]

(4) 기 타

인수승계인은 피승계인이 이미 수행한 소송상태를 유불리를 불문하고 그대로 인수하고, 이에 구속된다. 시효의 중단 등의 효력도 본소의 제기시에 소급한다(82조 3항, 81조).

라) 기존 당사자의 탈퇴

적법한 참가승계나 인수승계가 있으면[1556)] 피승계인은 80조의 규정에 의하여 탈퇴할 수 있다(80조, 82조 3항).[1557)] 기존 상대방의 승낙이 필요하다.

> 제80조(독립당사자참가소송에서의 탈퇴) 제79조의 규정에 따라 자기의 권리를 주장하기 위하여 소송에 참가한 사람이 있는 경우 그가 참가하기 전의 원고나 피고는 상대방의 승낙을 받아 소송에서 탈퇴할 수 있다. 다만, 판결은 탈퇴한 당사자에 대하여도 그 효력이 미친다.

피승계인이 위 조항의 본문에 따라 탈퇴하면 피승계인과 상대방 사이의 소송관계는 종료된다.[1558)] 위 조항 단서에 의하여 탈퇴한 당사자에 대하여도 미치는 '그 효력'은 기판력 등이라고 보는 것이 일반적이다.

적법한 참가승계나 인수승계가 있음에도 불구하고 피승계인이 승계를 다투면서 탈퇴하지 않거나, 피승계인이 승계에 다툼이 없어 탈퇴하려 하나 상대방이 승낙하지 않는 경우[1559)]에는 피승계인, 상대방 및 승계인이 모두 당사자가 되는데, 이 경우 소송형태가 어떻게 되는지가 문제된다.

우선, 승계에 다툼이 있는 경우에 대하여, 권리자가 누구인지 문제되는 경우에는 독립당사자참가가 있는 소송에 관한 79조를 적용·유추적용(이하, 이 항에서 '적용'이라고 한다)하고, 의무자가 누구인지 문제되는 경우에는 선택적·예비적

1555) 대법원 2005. 10. 27. 선고 2003다66691 판결.

1556) 대법원 2012. 4. 26. 선고 2011다85789 판결은 승계참가가 부적법한 경우에는 피참가인의 소송탈퇴는 허용되지 않고 피참가인과 상대방 사이의 소송관계가 유효하게 존속하므로, 1심 법원이 승계참가신청의 부적법함을 간과하였는데 항소심법원이 이를 알게된 경우, 피참가인과 상대방 사이의 소송은 여전히 1심에 계속되어 있으므로 항소심법원은 탈퇴한 피참가인의 청구에 관하여 심리·판단할 수 없다고 하였다.

1557) 대법원 2014. 10. 27. 선고 2013다67105, 67112 판결.

1558) 대법원 2011. 4. 28. 선고 2010다103048 판결.

1559) 이 경우 탈퇴를 거부당한 피승계인이 원고인 경우, 피승계인이 소를 취하할 수 있으나 상대방이 동의하여야 한다.

공동소송에 관한 70조를 적용한다는 견해,[1560] 언제나 79조를 적용한다는 견해,[1561] 언제나 70조를 적용한다는 견해,[1562] 참가승계의 경우 79조를 적용한다는 견해[1563] 등이 제시되고 있다. 이들의 공통점은 합일확정을 위하여 필수적 공동소송에 관한 67조[1564]가 적용될 필요성을 인정한다는 것이다. 판례는 명시적인 입장을 밝힌 바는 없으나, 실무는 권리를 승계하였다고 주장하는 자가 참가승계한 경우 독립당사자참가가 있는 소송과 같이 처리하고 있다.[1565]

다음으로 승계에 다툼이 없는 경우에 대하여 참가승계와 관련하여 독립당사자참가가 있는 소송과 같이 처리하여야 한다는 견해가 있으나,[1566] 통상공동소송이라고 보는 견해가 통설이다. 판례는 통설과 같은 입장이었으나,[1567] 권리를 승계하였다고 주장하는 자가 참가승계한 사안에서 필수적 공동소송에 관한 67조가 적용되어야 한다고 하여 입장을 변경하였다.[1568][1569]

1560) 이시윤(12판), 841면, 김홍엽, 민사소송법(제9판), 박영사(2020)(이하 '김홍엽(9판)'이라고 한다), 1167면.

1561) 한충수, 민사소송법(제2판), 박영사(2018), 796면.

1562) 김용진, 민사소송법, 피앤씨미디어(2016), 593면.

1563) 정동윤·유병현·김경욱(6판), 1091면.

1564) 독립당사자참가의 79조, 예비적·선택적 공동소송의 70조 모두 필수적 공동소송의 67조를 준용하고 있다.

1565) 대법원 2019. 10. 23. 선고 2012다46170 전원합의체 판결은 이러한 경우를 '권리승계형 승계참가'라고 부르면서, "피참가인이 [] 승계[를] 다투는 경우 [] 삼면소송관계가 성립되므로 법원은 독립당사자참가에 준하여 심리해 왔다. 이에 관하여 명시적으로 판시한 대법원 판례는 없지만 그와 같이 재판실무가 형성되었고, [] 민사소송 등 인지법 제6조 제2항은 이를 반영하여 [] 피참가인이 승계 여부를 다투는 경우에는 독립당사자참가소송에 관한 규정을 준용하여 인지를 붙이도록 정하고 있다"고 하였다. 이러한 실무는 대법원 1969. 12. 9. 선고 69다1578 판결, 대법원 1975. 11. 25. 선고 75다1257, 1258 판결 등이 판시한 법리의 반대해석에 기한 것으로 보인다.

1566) 정동윤·유병현·김경욱(6판), 1091면.

1567) 대법원 1969. 12. 9. 선고 69다1578 판결, 대법원 1977. 7. 26. 선고 77다503, 504 판결, 대법원 2004. 7. 9. 선고 2002다16729 판결.

1568) 대법원 2019. 10. 23. 선고 2012다46170 전원합의체 판결(승계참가에 관한 민사소송법 규정과 2002년 민사소송법 개정에 따른 다른 다수당사자 소송제도와의 정합성, 앞서 본 승계참가인과 피참가인인 원고의 중첩된 청구를 모순 없이 합일적으로 확정할 필요성 등을 종합적으로 고려하면, [] 제3자가 소송목적인 권리의 전부나 일부를 승계하였다고 주장하며 민사소송법 제81조에 따라 소송에 참가한 경우, 원고가 승계참가인의 승계 여부에 대해 다투지 않으면서도 소송탈퇴, 소 취하 등을 하지 않거나 이에 대하여 피고가 부동의하여 원고가 소송에 남아 있다면 승계로 인해 중첩된 원고와 승계참가인의 청구 사이에는 필수적 공동소송에 관한 민사소송법 제67조가 적용된다).

보충의견은 나아가 "법원은 [] 원고와 승계참가인으로 하여금 그들의 청구가 어떤 관계에 일부 승계가 있는 경우 승계와 무관한 부분이나, 추가 내지 파생된 분쟁의 발생으로 인한 추가적 승계가 인정되는 경우에는 피승계인, 상대방 및 승계인 사이에 통상공동소송 관계가 성립한다고 할 것이다.

있는지 분명히 하도록 석명하는 것이 바람직한[바,] 원고와 승계참가인이 자신들의 청구취지와 청구원인을 예비적·선택적 공동소송으로 변경하는 경우 예비적·선택적 공동소송 절차에 따라 소송을 진행하여야 [하고,] 그렇지 않은 경우에는 [] 편면적 독립당사자참가소송[에] 준하여 처리할 수 있을 것이다"라고 하였다.

1569) 위 판결에 대하여 반대하는 견해로는 한충수, 참가승계와 필수적 공동소송의 심리특칙, 법조 제69권 제2호(2020. 4), 531면 이하, 543~547면이 있고, 찬성하는 견해로는 김경욱, "2019년 민사소송법 중요 판례 분석," 안암법학 제60권(2020), 367면 이하, 410~412면이 있다.

제83강 임의적 당사자변경

1. 의의 및 인정 여부

원고나 피고의 실체법적 권리나 의무의 승계가 없는 경우에도 당사자가 변경될 수 있을까? 실체법적 권리나 의무의 승계에 수반하지 않는 당사자변경을 임의적 당사자변경이라 한다. 민사소송법은 예외적으로 일정한 경우 명문의 규정을 두어 이를 인정하고 있을 뿐, 임의적 당사자변경의 일반에 대하여는 아무런 규정을 두고 있지 않다.

학설은 반대견해도 있지만, 이를 인정하는 견해가 통설이다. 통설은 임의적 당사자변경을 인정할 현실적 필요성을 중시한다. 예컨대, 피고 측 고유필수적 공동소송에서 원고가 피고로 삼아야 할 자 중 일부를 누락한 경우, 누락된 자는 현재 피고들의 실체법적 의무를 승계한 자가 아니기 때문에, 그를 피고로 추가하는 것은 임의적 당사자변경에 해당한다. 이를 허용하지 않는 경우에는 원고가 누락된 자를 상대로 별소를 제기한 다음, 기존의 소송절차에 변론을 병합하여야 하는데,[1570] 이는 당사자나 법원 모두에 소송불경제를 초래한다는 것이다. 통설이 임의적 당사자변경이 인정되어야 할 근거로 제시하는 또 다른 중요한 상황으로, 당사자적격에 혼동을 일으켜 피고를 잘못 지정한 경우, 예컨대 법인을 피고로 삼아야 하는데, 법인의 대표자 개인을 피고로 삼은 경우가 있다.

임의적 당사자변경을 인정하는 견해는 그 법적성질에 관하여 다시, 소의 변경이라는 견해, 신소제기와 구소취하가 복합된 것으로 파악하는 견해(복합행위설) 및 독자적인 소송행위라는 견해(특수행위설)로 나뉜다. 복합행위설이 다수설이다.[1571]

1570) 이 방법이 가능하다는 점에 대하여는 견해가 일치한다(이마저 부정한다면 원고는 소를 취하하고 다시 전원을 상대로 소를 제기하여야 한다). 다만, 현재는 필수적 공동소송인의 추가가 가능하므로 이 방법은 예외적인 것이 되었다.

1571) 다수설(복합행위설)은 임의적 당사자변경이 구소취하의 성격을 가진다는 점과 관련하여 피고의 동의가 필요하고, 신소제기의 성격을 가진다는 점과 관련하여 1심에 한하여 가능한 것이 원칙이고, 변경된 당사자가 기존 당사자의 소송수행결과를 인수하지 않는다고 본다.

하지만, 판례는 임의적 당사자변경은 명문의 규정이 없는 한 인정할 수 없다는 입장이다.[1572] 유의할 점은 판례는 통설이 제시하는 상황들 중 일부에 대하여 당사자표시정정을 활용하여 당사자를 구제하고 있다는 점이다.

아래에서 민사소송법이 명문의 규정으로 인정하는 임의적 당사자변경, 즉 피고경정(1990년 법개정), 필수적 공동소송인의 추가(1990년 법개정), 예비적·선택적 공동소송인의 추가(2002년 법개정)를 차례로 살펴본다.

2. 민사소송법이 인정하는 경우

1) 피고경정

가) 요 건

피고경정은 민사소송법 260조가 인정하는 임의적 당사자변경이다.

> 제260조(피고의 경정) ① 원고가 피고를 잘못 지정한 것이 분명한 경우에는 제1심 법원은 변론을 종결할 때까지 원고의 신청에 따라 결정으로 피고를 경정하도록 허가할 수 있다. 다만, 피고가 본안에 관하여 준비서면을 제출하거나, 변론준비기일에서 진술하거나 변론을 한 뒤에는 그의 동의를 받아야 한다.

(1) 피고를 잘못 지정한 것이 분명한 경우

판례는 당사자능력이 없는 자를 피고로 삼은 경우, 예컨대 제소 전에 이미 사망한 자를 피고로 삼은 경우나 국가나 지방자치단체가 아닌 행정청을 민사소송의 피고로 삼은 경우에는 피고경정이 아니라 당사자표시정정을 이용하여 구제한다. 원고가 일단 당사자능력이 있는 자를 피고로 삼았으나 착오가 있는 경우 판례는 법리적 착오[1573]와 사실적 착오[1574]로 나누어 전자의 경우에만 피고의 경정을 인정한다.[1575]

1572) 대법원 1994. 10. 11. 선고 94다19792 판결.

1573) 아래 판례 중 위쪽 밑줄 친 부분을 의미한다. 법인격 유무에 착오를 일으켜 법인을 피고로 하여야 하는데 대표자 개인을 피고로 하거나 그 반대의 경우가 대표적이다.

1574) 아래 판례 중 아래쪽 밑줄 친 부분을 의미한다.

1575) 대법원 1997. 10. 17.자 97마1632 결정: <u>피고를 잘못 지정한 것이 명백한 때라고 함은 청구취지나 청구원인의 기재 내용 자체로 보아 원고가 법률적 평가를 그르치는 등의 이유로 피고의 지정이 잘못된 것이 명백하거나 법인격의 유무에 관하여 착오를 일으킨 것이 명백한 경우 등을 말한다</u> 할 것이고, 이 사건과 같이 원고가 공사도급계약상의 수급인은 그 계약 명의인인 피고라고 하여 피고를 상대로 소송을 제기하였다가 심리 도중 변론에서 피고 측 답변이

하지만 학설은 당사자능력이 없는 자를 피고로 삼은 경우에도 피고경정을 인정하여야 한다는 입장이 다수설이고, 나아가 당사자능력이 있는 자를 피고로 삼았으나 사실적 착오에 의하여 피고를 잘못 지정한 경우에 관하여는 찬반 양론이 대립한다. 또한 학설로는 원고의 지정이 잘못된 경우도 위 조문에 의하여 경정이 가능하다는 견해가 오히려 다수설이다.

유의할 점은 소제기로 인한 시효중단의 효과 등이, 당사자표시정정을 인정하는 경우에는 애초의 제소시에 발생하지만, 피고경정을 인정하는 경우에는 피고경정신청서를 제출한 때에 발생하므로, 판례의 입장이 학설보다 원고에게 더 유리하다는 점이다.[1576] 또한 위와 같은 경우에 인정되는 당사자표시정정은 일반적인 당사자표시정정과는 다른 점이 있다는 데에도 유의할 필요가 있다. 예컨대, 제소 전에 이미 사망한 자를 피고로 한 경우 상속인으로의 당사자표시정정은 1심에 한한다.

피고를 잘못 지정한 것이 요건이므로 경정 전후의 소송물은 동일하여야 한다.

(2) 1심 변론종결 전

학설은 항소심에서도 상대방, 즉 통상 피고의 동의가 있으면 가능하다는 견해가 다수설이다. 판례는 부정적이다.[1577] 가사소송과 행정소송의 피고경정은 다르다. 즉, 행정소송법 14조 1항은 피고경정의 시한을 명시하고 있지 않은데, 판례는 사실심 변론종결시까지 가능하다고 본다.[1578] 가사소송법 15조는 사실심변론종결시까지 피고경정이 가능하다고 규정하고 있다. 민사소송법, 행정소송법, 가사소송법은 뒤에서 보는 바와 같이 피고경정시 소제기의 효과의 발생시점도 다르게 취급하고 있다.

(3) 피고의 동의

260조 1항 단서에 따라 피고가 본안에 대한 방어를 한 경우에는 피고의 동의가 필요하다. 복합행위설의 근거가 되는 규정이다. 피고의 동의가 간주되는

나 증거에 따라 이를 번복하여 수급인이 피고보조참가인이라고 하면서 피고경정을 구하는 경우에는 계약 명의인이 아닌 실제상의 수급인이 누구인지는 증거조사를 거쳐 사실을 인정하고, 그 인정 사실에 터잡아 법률 판단을 하여야 인정할 수 있는 사항이므로, 위 법규정 소정의 '피고를 잘못 지정한 것이 명백한 때'에 해당한다고 볼 수 없[다.]

1576) 이는 물론, 판례에 의하든 학설에 의하든 원고가 구제되는 경우에 관하여 한정된 논의이다.

1577) 대법원 1991. 8. 27. 선고 91다19654 판결, 대법원 1996. 3. 22. 선고 94다61243 판결 등.

1578) 대법원 2006. 2. 23.자 2005부4 결정.

경우도 있다(260조 4항).

나) 절 차

피고경정신청은 서면으로 하여야 한다(260조 2항, 3항). 피고경정신청에 대하여는 법원이 허부를 결정한다. 허부결정은 261조 1항, 2항에 의하여 피고와 새로운 피고에게 송달된다. 신청을 허가하는 결정에 대하여는 원칙적으로 불복할 수 없으나 종전의 피고의 동의가 없었던 경우에는 즉시항고를 할 수 있다(261조 3항). 신청을 불허하는 결정에 대하여는 통상항고가 가능하다.[1579]

다) 효 과

피고경정이 허가되면 종전 피고에 대한 소는 취하된 것으로 본다. 이 역시 복합행위설의 근거가 된다.

> 제261조(경정신청에 관한 결정의 송달 등)
> ④ 신청을 허가하는 결정을 한 때에는 종전의 피고에 대한 소는 취하된 것으로 본다.

새로운 피고에 대한 시효중단 등의 효과는 피고경정신청서 제출시에 발생한다(265조). 이와 달리 행정소송법 14조 4항은 소제기의 효과가 애초의 제소시로 소급하는 것으로 규정하고 있고, 가사소송법 15조 2항은 신분에 관련된 사항에 한정하여 소제기의 효과가 애초의 제소시로 소급한다고 규정하고 있다. 이러한 행정소송법과 가사소송법 규정들은 민사소송법이 피고경정제도를 도입한 1990년 이전부터 있었으므로,[1580] 1990년 민사소송법 개정 당시 입법자가 행정소송법과 가사소송법의 규정들을 알고 있었을 것으로 보이는 점, 그럼에도 불구하고 민사소송법의 피고경정제도가 위 두 법과 달리 규정된 점은 피고경정제도와 이를 보완하는 당사자표시정정제도의 운용에 참작되어야 할 것이다.

2) 필수적 공동소송인의 추가

가) 요 건

필수적 공동소송인의 추가는 민사소송법 68조가 인정하는 임의적 당사자변경이다.

1579) 대법원 1997. 3. 3.자 97으1 결정.

1580) 상세는 박재완, "제소전 사망한 자를 피고로 한 소송에 관한 대법원 판례에 대한 고찰," 법학논총 34집 4호, 한양대학교 법학연구소(2017. 12), 432면 이하, 438면 각주 18, 19 참조.

제68조(필수적 공동소송인의 추가) ① 법원은 제67조 제1항의 규정에 따른 공동소송인 가운데 일부가 누락된 경우에는 제1심의 변론을 종결할 때까지 원고의 신청에 따라 결정으로 원고 또는 피고를 추가하도록 허가할 수 있다. 다만, 원고의 추가는 추가될 사람의 동의를 받은 경우에만 허가할 수 있다.

위 조항은 기본적으로 고유필수적 공동소송인이 일부 누락된 경우를 전제로 한 것이다.[1581] 유사필수적 공동소송에도 위 조항이 적용될 수 있는지 여부에 관하여는 견해가 대립하나 부정설이 다수설이다. 판례도 같다.[1582] 문언상, 피고의 추가는 물론 원고의 추가도 추가될 자의 동의가 있다면 가능하다. 항소심에서는 불가능하다는 견해와 신구당사자의 동의가 있다면 가능하다는 견해가 대립한다. 고유필수적 공동소송인 공유물분할청구소송에서 애초에는 공동소송인의 일부 누락이 없었으나 소송진행 중(사실심 변론종결 전) 공유지분의 이전 등으로 일부 누락이 발생한 경우에는 참가승계나 인수승계에 의하여 해결되어야 한다는 것이 판례의 입장이다.[1583]

1581) 대법원 1998. 1. 23. 선고 96다41496 판결은 회사의 대표이사가 개인 명의로 소를 제기한 다음, 1심 1회 변론기일 전 회사를 당사자로 추가하는 신청서를 제출하고, 1회 변론기일에서 소장 및 추가신청서를 진술한 후 개인 명의의 소를 취하하고, 피고가 당사자의 추가 및 소의 취하에 동의하여, 원고 회사와 피고 사이에 변론이 진행되어 1심에서 본안판결이 선고된 사안에서, [] 일반적으로 당사자표시정정신청을 하는 경우에도 실질적으로 당사자가 변경되는 것은 허용할 수 없고, [필수적] 공동소송이 아닌 사건에서 소송 도중에 당사자를 추가하는 것 역시 허용될 수 없으므로, [위와 같이 실질적으로] 당사자의 변경을 가져오는 당사자추가신청은 부적법한 것이[지만,] 위와 같은 경위로 1심절차에서 변론이 진행되어 [본안판결이 선고되었다면], 신의칙 등에 비추어 그 후에 새삼스럽게 당사자추가신청의 적법 여부를 문제삼는 것은 허용될 수 없다고 하였다.

1582) 대법원 2009. 5. 28. 선고 2007후1510 판결, 대법원 1993. 9. 28. 선고 93다32095 판결.

1583) 대법원 2014. 1. 29. 선고 2013다78556 판결(원심 소송계속 중 원심 변론종결일 전에 [공유지분의 일부가] 이전되었으므로 원심 변론종결 시까지 민사소송법 81조에서 정한 승계참가나 민사소송법 82조에서 정한 소송인수 등의 방식으로 그 일부 지분권을 이전받은 자가 이 사건 소송의 당사자가 되었어야 함에도 그렇지 못하였으므로 이 사건 소송 전부가 부적법하게 되었다), 대법원 2022. 6. 30. 선고 2020다210686(본소), 2020다210693(반소) 판결.

민사소송법은 당사자변경을 소송승계와 임의적 당사자변경으로 크게 구분하고 있으므로, 위 판례는 위와 같은 경우 임의적 당사자변경에 해당하는 필수적 공동소송인의 추가나 공동소송참가는 허용되지 않는다는 입장에 서 있다고 볼 수 있다. 나아가 판례는 소송승계의 허용범위와 기판력의 주관적 범위(변론종결 후의 승계인)를 같은 기준에 의하여 처리하므로, 위 판례가 위 사안에서 소송승계를 인정한 것은 공유지분의 이전이 변론종결 이후에 있었다면 기판력이 미친다고 보는 것인바, 공유물분할판결은 형성판결이므로 이를 수긍할 수 있다.

나) 절 차

필수적 공동소송인의 추가신청도 신소의 제기이므로 서면으로 하여야 한다. 신청이 있는 경우 법원은 허부결정을 한다. 허가결정은 68조 2항에 따라 송달하여야 한다.

허가결정에 대해서는 불복할 수 없으나, 예외적으로 추가될 원고의 동의가 없었던 경우에는 즉시항고를 할 수 있다. 기각결정에 대하여는 즉시항고가 가능하다.

> 제68조(필수적 공동소송인의 추가)
> ④ 제1항의 허가결정에 대하여 이해관계인은 추가될 원고의 동의가 없었다는 것을 사유로 하는 경우에만 즉시항고를 할 수 있다.
> ⑥ 제1항의 신청을 기각한 결정에 대하여는 즉시항고를 할 수 있다.

다) 효 과

피고경정의 경우와 달리, 추가된 당사자에 대하여 애초부터 소가 제기된 것으로 본다. 기존 소송상태도 유리한 범위 내에서 추가된 당사자에게 승계된다.

> 제68조(필수적 공동소송인의 추가)
> ③ 제1항의 규정에 따라 공동소송인이 추가된 경우에는 처음의 소가 제기된 때에 추가된 당사자와의 사이에 소가 제기된 것으로 본다.

3) 예비적·선택적 공동소송인의 추가

예비적·선택적 공동소송에 준용되는 필수적 공동소송에 관한 규정에는 필수적 공동소송인의 추가에 관한 민사소송법 68조도 포함된다(70조 1항 본문). 따라서 기존의 당사자와 예비적·선택적 공동소송인의 관계에 있는 자를 소송계속 중에 추가하는 것이 가능하다.

앞서 본 법리적 착오가 아니라 사실적 착오에 기하여 피고를 잘못 지정하였다면 피고경정은 불가능하지만, 판례가 예비적·선택적 공동소송의 성립을 인정하는 택일적 사실인정이 문제되는 경우라면 예비적·선택적 공동소송인의 추가는 가능하다.

제3관 소송참가

제84강 당사자참가

1. 소송참가의 개요

소송에 이해관계를 가진 제3자에게 소송에 참여하여 자신의 권리를 주장하거나 권리를 보호받을 수 있는 기회를 부여하기 위한 제도를 소송참가라고 한다.

소송참가는 제3자가 기존 소송의 당사자가 되는 당사자참가와 기존 소송의 당사자의 승소를 위한 조력자가 되는 보조참가로 나뉜다. 전자는 다시 원고도 피고도 아닌 별개의 당사자가 되는 독립당사자참가와 원고 혹은 피고 중 일방이 되는 공동소송참가가 있다. 후자는 다시 (보조)참가인이 기존 소송의 판결의 효력을 받는 공동소송적 보조참가와 그렇지 않은 일반적인 보조참가로 나뉜다.

당사자참가의 요건이 갖추어지는 경우 보조참가의 요건도 갖추어지는 것이 일반적인바, 이 경우 제3자는 당사자참가를 할지 보조참가를 할지 선택할 수 있다. 반면 보조참가가 일반적인 보조참가인지 공동소송적 보조참가인지는 당사자가 선택할 수 없고, 참가인에게 기존 소송의 판결의 효력이 미치는지 여부에 따른다.

소송참가에서는 어떤 경우에 각 유형별 참가가 가능한 것인지가 우선 문제되고, 다음으로 참가 이후 참가인과 기존 당사자 사이의 관계, 법원의 심판방법 등이 문제된다. 이번 강의에서는 당사자참가를 살펴본다.

2. 독립당사자참가

1) 의 의

제3자가 원고도 피고도 아닌 독립된 당사자가 되기 위하여 소송절차에 참가하는 것을 독립당사자참가라고 한다. 민사소송법 79조가 규정한다.

> 제79조(독립당사자참가) ① 소송목적의 전부나 일부가 자기의 권리라고 주장하거나, 소송결과에 따라 권리가 침해된다고 주장하는 제3자는 당사자의 양 쪽 또는 한 쪽을 상대방으로 하여 당사자로서 소송에 참가할 수 있다.

2002년 법개정 이전의 조문은 편면참가가 가능한지 여부를 명시하지 않았고, 판례는 참가인은 쌍면참가를 하여야 하는 것으로 보았으나, 현재의 조문은 위 밑줄 친 부분을 추가하여 편면참가도 가능함을 명문으로 밝히고 있다.

독립당사자참가에는 '소송목적의 전부나 일부가 자기의 권리라고 주장'하면서 하는 권리주장참가와 '소송결과에 따라 권리가 침해된다고 주장'하면서 하는 사해방지참가가 있다.

독립당사자참가가 있는 소송절차에는 필수적 공동소송에 관한 67조가 준용된다. 그 근거에 관하여, 과거 참가인이 쌍면참가를 하여야 하는 것을 전제로, 1개의 소송에서 원고, 피고, 독립당사자참가인이라는 3명의 당사자가 서로 대립·견제하기 때문이라고 보는 3면소송설과 원고와 피고 사이, 독립당사자참가인과 원고 사이, 독립당사자참가인과 피고 사이에 각 1개씩의 소송이 존재하고, 이 3개의 소송결과를 모순되지 않도록 하기 위하여 필요하다고 보는 3개소송병합설이 대립하고 있었는바, 3면소송설이 통설이고, 판례의 주류적 입장이었다. 편면참가가 가능하게 된 현행법 하에서 편면참가가 있는 경우에 관하여는 준3면소송설, 2개소송병합설로 학설이 나뉜다. 2인 간의 소송절차가 수개 병존하는 것을 전제로 하는 3개소송병합설이나 2개소송병합설이 현행법의 조문에 더 적합하고, 둘 이상의 독립당사자참가신청이 있는 경우에 적용하기도 더 적합하다고 생각한다.

2) 요 건

가) 참가이유

(1) 권리주장참가

권리주장참가는 참가인이 '소송의 목적의 전부나 일부가 자기의 권리임을 주장'하여 할 수 있는데, 여기서 자기의 권리는 본소 원고의 권리와 양립불가능한 것이어야 한다. 반대견해도 있지만, 양립불가능한지 여부는 참가인의 주장 자체[1584]에 의하여 판단한다는 것이 통설이다. 판례도 같다.[1585]

1584) 엄밀하게는 원고의 주장 자체와 참가인의 주장 자체의 대조를 말한다.

1585) 대법원 2007. 6. 15. 선고 2006다80322, 80339 판결, 대법원 2001. 9. 28. 선고 99다35331,

원고가 물권적 권리를 주장하는데, 참가인이 충돌하거나 우선하는 물권적 권리를 주장하는 경우는 양립불가능성이 인정된다. 원고가 피고에게 소유권확인이나 소유권에 기한 방해배제청구를 하고 있는데, 참가인이 자기가 진정한 소유자라고 주장하면서 소유권확인이나 소유권에 기한 방해배제청구를 하는 경우가 대표적인 예이다.

원고가 본소에서 채권적 권리를 주장하고, 참가인도 채권적 권리를 주장하는 경우에는 참가인의 주장의 내용과 채권자평등의 원칙을 아울러 고려하여 양립불가능성 여부를 판단하여야 한다. 이 점에 관하여 판례는, ① 이중매매의 경우, 각 매수인의 이전등기청구권은 양립가능하다는 것을 전제로 일반적으로 양립불가능성을 인정하지 아니하고,[1586] ② 이중매매에서 원고의 매매계약이 무효라고 주장하는 경우에도 양립불가능성을 인정하지 아니한다.[1587] 그러나 ③ 참가인이 이중매매를 주장하는 것이 아니라 자신이 원고가 주장하는 매매계약의 매수인이라고 주장하는 경우에는 양립불가능성을 인정하고,[1588] ④ 참가인이 원고의 채권을 양수하였다고 주장하는 경우에도 양립불가능성을 인정한다.[1589]

①에 대하여 지나치게 엄격한 것이라고 비판하면서 이중매매의 경우 양립불가능성을 인정하여야 한다는 견해도 있는데, 편면참가를 인정한 2002년 법개정을 근거로 제시하기도 한다.[1590] ④와 관련하여, 참가인이 원고로부터 소구채권을 특정승계받았다고 주장하는 경우에는 독립당사자참가가 가능한바, 승계의 시기는 본소의 계속 전후를 불문한다고 보는 데 이견이 없다. 소송계속 중 소

35348 판결.

1586) 대법원 2005. 10. 17.자 2005마814 결정 참조. 또한 원고가 매매계약에 기한 소유권이전등기청구를 하였는데, 참가인이 취득시효를 원인으로 한 소유권이전등기청구를 한 경우 양립불가능성이 없다고 한 것으로는 대법원 1982. 12. 14. 선고 80다1872, 1873 판결이 있다.

1587) 대법원 1981. 7. 28. 선고 80다2532, 2533 판결.

1588) 대법원 1988. 3. 8. 선고 86다148(본소), 149(반소), 150(참가), 86다카762(본소), 763(반소), 764(참가) 판결.

1589) 대법원 1992. 8. 18. 선고 90다9452, 9469(참가) 판결. 다만, 위 판례는 참가신청을 각하하였는바, 그 사안이 참가인의 주장 자체에 의하여 아직 채권양도의 통지가 이루어지지 않은 사안이었으므로, 판례는 참가인이 원고의 소구채권을 양도받고 채권양도의 통지나 승낙까지 한 경우에는 양립불가능성을 인정하는 입장이라고 할 수 있다. 위 판례의 사안 자체가 참가인의 주장 자체에서 양립불가능성이 인정되지 않는 경우에 대한 것이라고 볼 수 있다.

1590) 일본의 고등법원 판례와 다수설은 이 경우 독립당사자참가를 가능하다고 보고 있으나, 일본은 우리나라와 달리 물권변동에 관하여 대항요건주의를 취하고 있는 점을 참작하여야 할 것이다.

구채권을 특정승계 받은 경우 참가승계나 인수승계도 가능하다. 소송계속 중 포괄승계의 경우에는 당사자변경 중 당연승계가 문제되고, 독립당사자참가는 문제되지 않는다.

(2) 사해방지참가

'소송결과에 따라 권리가 침해된다고 주장'하는 경우의 의미에 관하여는 본소판결의 기판력 또는 반사적 효력이 미치는 경우라고 보는 견해(판결효설), 사실상 권리침해를 받는 경우도 포함한다는 견해(이해관계설), 원·피고가 소송을 통하여 참가인을 해할 의사가 있다고 인정되는 경우라고 보는 견해(사해의사설)가 대립하고 있는바, 사해의사설이 다수설이다.

판례는 사해의사와 권리침해의 염려가 객관적으로 증명되어야 한다는 입장이다. 양립불가능성은 요구되지 않는다.[1591] 다만, 판례는 원고의 소구채권이 채권자취소권의 대상이 되는 사해행위에 기하여 발생한 것이므로 채권자취소권을 행사한다는 것만으로는 사해방지참가의 요건을 충족시키지 못한다고 보았다.[1592][1593]

나) 다른 사람 사이에 소송이 계속 중일 것

본소 절차가 계속 중이어야 하는바, 상고심 단계에서 독립당사자참가가 가능한지 여부에 대하여 견해 대립이 있으나, 판례는 부정한다.[1594] 다만, 가능하다는 견해도 어디까지나 상고가 인용되어 사건이 환송되는 경우를 한도로 한

1591) 대법원 1990. 4. 27. 선고 88다카25274, 25281(참가) 판결, 대법원 1996. 3. 8. 선고 95다22795, 22801 판결, 대법원 1990. 7. 13. 선고 89다카20719, 20726(참가) 판결, 대법원 1991. 12. 27. 선고 91다4409, 4416 판결 등.

1592) 대법원 2014. 6. 12. 선고 2012다47548, 47555 판결. 원고는 피고에게 대물변제약정에 기한 소유권이전등기를 청구하고 있고, 독립당사자참가인이 대물변제약정이 사해행위에 해당한다는 이유로 원고에 대하여 사해행위취소를 청구하며 독립당사자참가신청을 한 사안이다.

1593) 甲 소유의 부동산과 채무자인 乙 소유의 부동산을 공동저당의 목적으로 하여 丙 은행 앞으로 선순위근저당권이 설정된 후 甲 소유의 부동산에 관하여 丁 앞으로 후순위근저당권이 설정되었는데, 甲 소유의 부동산에 관하여 먼저 경매절차가 진행되어 丙 은행이 채권 전액을 회수하였고, 이에 丁이 甲 소유의 부동산에 대한 후순위저당권자로서 물상보증인에게 이전된 근저당권으로부터 우선하여 변제를 받을 수 있다고 주장하며 丙 은행 등을 상대로 근저당권설정등기의 이전을 구하자, 甲이 乙에 대해 취득한 구상금 채권이 상계로 소멸하였다고 주장하며 乙이 丙 은행을 상대로 근저당권설정등기의 말소를 구하는 독립당사자 참가신청을 한 사안에서, 乙의 독립당사자 참가신청을 각하한 사례로는 대법원 2017. 4. 26. 선고 2014다221777, 221784 판결.

1594) 대법원 1961. 11. 23. 선고 4293민상717 판결, 대법원 1977. 7. 12. 선고 76다2251, 77다218 판결, 대법원 1994. 2. 22. 선고 93다43682, 51309 판결.

것이므로, 상고가 기각 또는 각하되는 경우에는 독립당사자참가가 각하된다고 본다. 강제집행절차, 제소전 화해절차 등에서는 독립당사자참가가 허용되지 않는다고 보는 것이 통설이다. 독촉절차에서는 이의신청이 있는 경우 판결절차로 이행한다는 점을 들어 독립당사자참가가 가능하다고 보는 것이 다수설이다.

다) 참가의 취지

참가인이 기존 원고와 피고 모두에게 청구를 하는 것을 쌍면참가, 일방에게만 청구를 하는 것을 편면참가라고 한다. 현행법에서는 편면참가도 가능하므로, 구법을 전제로 기존 당사자 일방에 대한 청구가 없거나 혹은 부적법하므로 독립당사자참가가 부적법하다고 판시한 판례들은 현행법상 유지되기 어렵다. 현행법이 편면참가를 허용한 것은 권리주장참가의 요건에서 양립불가능성을 배제하기 위한 것이라고 보는 견해도 있다. 사해방지참가의 경우 여전히 쌍면참가가 필요하다는 견해도 있지만, 편면참가가 가능하다는 것이 통설이다.

라) 기 타

독립당사자참가는 신소제기의 실질을 갖고, 그로 인하여 청구병합이 발생하므로 소송요건과 청구병합의 요건이 갖추어져야 한다. 참가하려는 소송에 수개의 청구가 병합되어 있는 경우 그 중 어느 하나의 청구라도 참가인의 주장과 양립되지 않는 관계에 있으면 그러한 본소청구에 독립당사자참가가 허용되지만,[1595] 독립당사자참가인이 수 개의 청구를 병합하여 독립당사자참가를 하는 경우에는 각 청구별로 독립당사자참가의 요건을 갖추어야 하고, 편면적 독립당사자참가가 허용된다고 하여, 참가인이 독립당사자참가의 요건을 갖추지 못한 청구를 추가하는 것은 허용되지 않는다는 것이 대법원의 입장이다.[1596]

1595) 대법원 2007. 6. 15. 선고 2006다80322, 80339 판결(원심이 원고의 주위적, 예비적 동산인도청구 중 주위적 청구만이 소유권에 기초한 독립당사자참가인의 주장과 양립하지 않는 관계에 있는데, 본안판단 결과 주위적 청구를 기각하게 된 이상 이 사건 참가가 부적법하게 되었다는 이유로 이를 각하한 것은 권리주장참가의 요건에 대한 법리를 오해하여 판결 결과에 영향을 미친 위법이 있[으므로,] 원심판결 중 합일확정을 필요로 하는 원고의 주위적 동산인도청구 부분 및 독립당사자참가인의 청구 부분을 파기하고, 이 부분 사건을 원심법원에 환송하며, 원고의 예비적 동산인도청구 부분에 관한 상고를 기각[한다.])

1596) 대법원 2014. 8. 26. 선고 2013다49404, 49411 판결, 대법원 2018. 5. 15. 선고 2018다350, 367 판결, 대법원 2022. 10. 14. 선고 2022다241608, 241615 판결.

3) 절 차

가) 신청방법

독립당사자참가는 서면에 의하여야 한다. 민사소송법은 독립당사자참가에 보조참가의 신청방법에 관한 규정(72조)을 준용하고 있다. 다만, 민사소송법 73조에 기한 이의신청은 보조참가와 달리 불가능하다는 것이 다수설이다.

어떤 제3자가 독립당사자참가를 한 이후 다른 제3자가 또 독립당사자참가를 할 수도 있다는 데 대하여는 이견이 없다. 독립당사자참가의 누적에 의하여 3면소송이 아닌 4면소송이나 그 이상의 다면소송이 성립될 수 있는지 여부에 대하여는 견해가 대립하고 있다.[1597)]

나) 본안심리

독립당사자참가가 있는 경우에는 79조 2항에 의하여 필수적 공동소송에 관한 67조가 준용된다. 필수적 공동소송에서는 공동소송인들 사이에 승패가 통일되어야 하기 때문에 67조가 적용되지만, 독립당사자참가가 있는 소송에서는 원고, 피고, 독립당사자참가인 사이에 소송결과가 모순되는 것을 방지하기 위하여 67조가 준용된다는 점에서 차이가 있다.[1598)]

67조가 준용되는 실제 범위에 관하여 통설은 다음과 같이 설명한다. 우선 소송자료의 통일에 관한 67조 1항, 2항이 적용되기 때문에, 원고, 피고, 독립당사자참가인 3인 중 2인 사이의 소송행위는, 만약 다른 1인에게 유리한 것이라면 모두에게 유효하다. 예컨대, 참가인의 주장사실을 원고가 다툰 경우에는 피고도 다툰 것으로 된다. 한편, 위 3인 중 2인 간의 소송행위가 남은 1인에게 불리한 것이라면 효력이 없다. 예컨대, 원고와 피고 사이의 청구의 포기·인낙, 화해, 자백, 상소취하는 효력이 없다. 남은 1인이 같이 하는 경우에는 효력이 있다.

이와 같은 통설의 태도는 원고에 대하여는 피고와 독립당사자참가인을, 피고에 대하여는 원고와 독립당사자참가인을, 독립당사자참가인에 대하여는 원고와 피고를, 각 필수적 공동소송인과 같이 처리하는 것으로서 67조의 준용범위

1597) 대법원 1963. 10. 22. 선고 62다29 판결은 여러 개의 3면소송이 병존하는 것으로 보아 4면 이상의 다면소송의 성립은 부정하였는바, 쌍면참가만 허용되던 구법을 전제로 참가인들 상호간에 청구가 없었던 사안에 대한 판결이었다.

1598) 이러한 차이에도 불구하고 필수적 공동소송에서와 마찬가지로 '소송결과의 합일확정을 위하여'라는 표현을 쓰기도 한다.

를 넓게 파악하는 것이다.[1599)]

판례는 당사자 중 2인 사이에서만 이루어진 화해,[1600)] 청구의 인낙[1601)], 자백[1602)] 등을 무효로 보았는바, 아래에서 보게 될 상소제기의 효력에 관한 입장까지 아울러 고려하면 통설과 같은 입장에 있다고 볼 수 있다.

다만, 본안에 대한 판단이 없는 본소만의 취하와 참가신청의 취하가 가능하다고 보는 데 이견이 없다. 동의와 관련하여서는 추가적 논의가 있는바, 본안에 대한 응소가 있은 이후의 본소의 취하에는 피고뿐만 아니라 독립당사자참가인도 동의하여야 하고,[1603)] 쌍면참가신청의 전부 취하에는 원·피고 모두의 동의가 필요하다는 점에는 이견이 없다. 그러나, 쌍면참가신청 후 참가인이 본소 당사자 일방에 대한 신청을 취하하는 경우에는 취하 상대방만의 동의만으로 족하다는 견해가 다수설이나, 본소 당사자 모두의 동의가 필요하다는 견해도 있다. 편면참가신청을 취하하는 경우에 대하여는 그 상대방의 동의만 필요하다는 견해가 있다.

소송진행의 통일에 관한 67조 3항도 준용되므로 변론의 분리가 불가능하고, 3인 중 1인에게 소송중단사유가 발생하면 결국 모든 소송절차가 중단된다.

1599) 통설의 입장은 소송결과의 모순방지를 각 당사자들의 실질적인 이익·불이익보다 우선시켜, 67조의 소송행위의 유·불리를 단지 그 소송행위 자체의 효과의 차원이 아니라, 세 당사자 사이에 기판력 있는 판결을 받을 기회까지 고려하여 판단하는 것인바, 결론적으로 독립당사자참가 이후에 사건이 분리되는 것을 최대한 막는다는 의미에서 소송관계가 단순해지는 효과를 거둘 수 있다. 한편, 대립·견제관계에 있는 당사자들 사이에서, 게다가 독립당사자참가신청이 있는 경우에 비로소 요구되는 소송결과의 모순방지는, 연합관계에 있는 필수적 공동소송에서 요구되는 소송결과의 합일확정과 다른 것이므로, 이를 당사자의 실질적인 이익·불이익을 무시하는 수준으로 관철할 필요가 있는지, 예컨대 원고·피고 간에 원고가 피고에 대하여 청구의 포기를 하는 경우와 같은 경우에는 이를 굳이 참가인에게 불리한 것으로서 무효로 볼 필요가 있는지에 대하여 의문을 표하는 견해가 있다(伊藤眞, 民事訴訟法(第3版補訂版), 有斐閣(2006), 623면 각주 108, 吉村徳重, 小島武司 編, 注釈民事訴訟法(2), 有斐閣(1993), 218면 참조).

1600) 대법원 2005. 5. 26. 선고 2004다25901, 25918 판결(독립당사자참가인이 화해권고결정에 대하여 이의한 경우, 이의의 효력이 원·피고 사이에도 미친다)

1601) 대법원 1964. 6. 30. 선고 63다734 판결.

1602) 대법원 2009. 1. 30. 선고 2007다9030, 9047 판결([피고의 준비서면에] 원고가 이 사건 아파트에 대한 관리업자의 지위에 있다는 점에 대하여 피고가 다투지 않는다는 취지로 기재되어 있다고 하더라도, 참가인이 원·피고에 대하여 이 사건 아파트에 대한 관리업자로서의 지위의 확인을 구하고 있으므로 [위와 같은] 진술은 그 효력이 없다.

1603) 대법원 1972. 11. 30.자 72마787 결정.

다) 판 결

참가요건이 갖추어지지 않은 참가신청에 대하여는 각하판결을 한다. 참가신청이 일반적인 소송요건을 갖추지 않은 경우는 참가요건을 갖추지 않은 것이 된다. 판례는 참가신청이 일반적인 소송요건을 갖추고 있어도 다른 참가요건을 구비하지 못한 경우에는 참가신청을 각하하여야 한다고 하였다.[1604] 이에 대하여 참가신청을 각하하지 않고 병합심판 등을 하여야 한다고 비판하는 견해도 있다.

본소에 대한 판결과 독립당사자참가신청에 대한 판결을 분리하여 하는 것은 불가능하고, 착오로 일부에 대한 판결을 하지 않은 경우에는 추가판결이 아닌 상소로 구제받아야 한다는 것이 통설이고, 판례[1605]도 같다.

라) 상 소

상소기간은 개별적으로 진행된다는 데 이견이 없다.

원고, 피고, 참가인에 대하여 본안판결만이 선고되는 대표적인 모습은 ① 원고의 청구가 인용되고, 참가인의 청구가 기각되는 경우(원고 승소, 피고－참가인 패소), ② 원고의 청구가 기각되고, 참가인의 청구가 인용되는 경우(참가인 승소, 피고－원고 패소), ③ 원고와 참가인의 청구가 모두 기각되는 경우(피고 승소, 원고－참가인 패소)로 나눌 수 있다.

위 각 경우 통설은 패소자 1인이 승소자를 상대로 상소하는 경우 상소의 효력은 나머지 패소자에게도 미치고, 그로 인하여 상소하지 않은 패소자에 관련된 청구를 포함한 모든 청구의 확정이 차단되고 상소심에 이심된다고 보고, 나아가 상소하지 않은 패소자에 관련된 청구까지 상소심의 심판대상이 되어, 즉 불이익변경금지의 원칙이 적용되지 않아, 경우에 따라서는 상소하지 않은 패소자에게 원심판결보다 유리한 판결이 선고될 수도 있다고 한다(이심설). 이에 대하여 상소하지 않은 패소자와 승소자 사이의 판결이 분리확정되어도 상소한 패소자에게 불이익하지 않은 경우에는 상소하지 않은 패소자에 관한 원심판결은 분리확정된다는 견해도 있다(제한적 이심설).[1606] 이 견해에 따르면 ③의 경우 항상 분리확정의 가능성이 있고, ①, ②의 경우 상소인이 누구인지에 따라서

1604) 대법원 1976. 12. 28. 선고 76다797 판결.
1605) 대법원 1991. 3. 22. 선고 90다19329, 19336 판결, 대법원 1995. 12. 8. 선고 95다44191 판결.
1606) 이재성, 이재성판례평석집(Ⅳ), 법조문화사(1982), 38~42면.

달라진다.[1607] 판례는 통설과 같은 입장이다.[1608][1609]

통설은 독립당사자참가인이 참가신청이 각하되었는데도 상소하지 않은 경우에는 독립당사자참가 부분의 분리확정을 인정하고, 판례도 같다.[1610] 판례는 또한 참가신청을 각하당한 독립당사자참가인만이 상소한 경우 언제나 상소하지 않은 당사자에 대한 원심판결을 유리하게 변경할 수 있는 것은 아니라고 하였다.[1611]

패소한 당사자 중 상소하지 않은 자의 상소심에서의 지위에 관하여는 상소인설,[1612] 피상소인설,[1613] 상대적 이중지위설, (상소인도 피상소인도 아닌) 단순한 상소심 당사자설의 대립이 있는데, 마지막 견해가 통설이고, 판례의 입장이다.[1614] 통설·판례에 따르면 상소하지 않은 당사자는 상소심에서 불복범위를

1607) 예컨대, ①의 경우 피고만 상소한 경우 분리확정 가능성이 있다.

1608) 대법원 2007. 10. 26. 선고 2006다86573, 86580 판결, 대법원 1981. 12. 8. 선고 80다577 판결, 대법원 1991. 3. 22. 선고 90다19329, 19336 판결, 대법원 2014. 11. 13. 선고 2009다71312, 71329, 71336, 71343 판결([상소하지 않은 패소자에 관련된 청구도 이심되고, 이 경우] 항소심의 심판대상은 실제 항소를 제기한 자의 항소 취지에 나타난 불복범위에 한정하되 [] 세 당사자 사이의 결론의 합일확정의 필요성을 고려하여 그 심판의 범위를 판단하여야 한다) 등.

1609) 대법원 2022. 7. 28. 선고 2020다231928 판결은 1심에서 본안판결만이 선고된 경우 중 ③ 즉, 원고와 참가인의 청구가 모두 기각된 사안에서, 참가인만이 항소해도 원고의 청구 부분까지 포함한 사건 전부가 확정차단되어 항소심에 이심된다고 하였다. 이 부분은 이심설을 취한 것으로 타당하다고 생각된다. 위 판결은 나아가 항소심법원이 참가인의 청구는 인용되고, 원고의 청구는 기각되어야 한다고 판단하는 경우, 원고의 청구 부분에 관하여는 1심판결을 취소할 필요가 없으므로 원고의 청구 부분에 대한 당부를 반드시 주문에서 선고할 필요가 없고, 이와 같이 항소 또는 부대항소를 제기하지 않은 당사자의 청구에 관하여 항소심에서 판결 주문이 선고되지 않고 독립당사자참가소송이 그대로 확정된다면, 취소되지 않은 원고의 청구 부분에 관한 제1심판결의 주문에 대하여 기판력이 발생한다고 하였다. 이 부분의 타당성에 대하여는 검토가 필요하다(실제 사안에서는 참가인이 항소심에서 일부 소취하를 하였다).

1610) 대법원 1992. 5. 26. 선고 91다4669, 4676 판결, 대법원 1972. 6. 27. 선고 72다320, 321 판결.

1611) 대법원 2007. 12. 14. 선고 2007다37776, 37783 판결: 원고승소의 판결에 대하여 참가인만이 상소를 했음에도 상소심에서 원고의 피고에 대한 청구인용 부분을 원고에게 불리하게 변경할 수 있는 것은 참가인의 참가신청이 적법하고 나아가 합일확정의 요청상 필요한 경우에 한한다고 할 것이다. [] 원고의 피고에 대한 청구를 인용하고 참가인의 참가신청을 각하한 제1심판결에 대하여 참가인만이 항소한 이 사건에서, 참가인의 참가신청이 부적법하다는 이유로 참가인의 항소를 기각하면서도, 제1심판결 중 피고가 항소하지도 않은 본소 부분을 취소하고 원고의 피고에 대한 청구를 기각한 원심의 판단에는 독립당사자참가소송에서 패소한 당사자 중 일부만이 항소한 경우의 항소심의 심판대상에 관한 법리를 오해하여 판결에 영향을 미친 위법이 있다.

1612) 67조 1항이 적용된다고 보는 것이다.

1613) 67조 2항이 적용된다고 보는 것이다.

정하거나 상소를 취하하는 등의 상소인의 행위, 부대상소를 한 피상소인의 행위를 할 수 없고, 상소비용을 부담하지 않는다.

4) 독립당사자참가소송의 해소

가) 본소의 취하, 각하

본소가 취하되거나 각하되면 독립당사자참가인이 종전 당사자를 상대로 제기한 소송이 남게 된다는 견해와 독립당사자참가인의 소를 포함한 전소송이 종료된다는 견해가 대립한다. 전자는, 쌍면참가만 인정되던 시절에는 독립당사자참가인의 원고와 피고를 상대로 한 공동소송이 남게 된다고 보았었고, 따라서 공동소송잔존설이라고 불렀다. 현재 전자가 다수설이고, 판례의 입장이기도 하다.[1615] 본소의 취하에는 피고는 물론 참가인의 동의까지 필요하다는 점은 앞서 본 바와 같다.

나) 참가의 취하, 각하

독립당사자참가신청이 취하되거나 각하되면 본소의 소송절차만 남게 된다. 본안에 대한 응소가 있은 이후의 취하에 대한 동의에 관한 논의는 앞서 보았다.

다) 소송탈퇴

본소의 원고나 피고는 소송절차에서 탈퇴할 수 있다.

> 제80조(독립당사자참가소송에서의 탈퇴) 제79조의 규정에 따라 자기의 권리를 주장하기 위하여 소송에 참가한 사람이 있는 경우 그가 참가하기 전의 원고나 피고는 상대방의 승낙을 받아 소송에서 탈퇴할 수 있다. 다만, 판결은 탈퇴한 당사자에 대하여도 그 효력이 미친다.

조문대로 권리주장참가에서만 탈퇴가 가능하다는 견해가 있으나, 다수설은 참가이유를 묻지 않는다. 상대방의 승낙 외에도 참가인의 승낙까지 필요하다는 견해도 있으나, 필요하지 않다는 것이 다수설이다.

1614) 대법원 1981. 12. 8. 선고 80다577 판결.

1615) 대법원 1991. 1. 25. 선고 90다4723 판결, 대법원 2007. 2. 8. 선고 2006다62188(참가) 판결(독립당사자참가소송에서, 본소가 피고 및 당사자참가인의 동의를 얻어 적법하게 취하되면 그 경우 3면소송관계는 소멸하고, 당사자참가인의 원·피고에 대한 소가 독립의 소로서 소송요건을 갖춘 이상 그 소송계속은 적법하며, 이 때 당사자참가인의 신청이 비록 참가신청 당시 당사자참가의 요건을 갖추지 못하였다고 하더라도 이미 본소가 소멸되어 3면소송관계가 해소된 이상 종래의 3면소송 당시에 필요하였던 당사자참가요건의 구비 여부는 더 이상 가려볼 필요가 없는 것이다).

탈퇴는 참가인과 자신의 상대방 사이의 소송결과에 전면적으로 승복하기로 하는 것이기 때문에 참가인과 자신의 상대방 사이의 판결의 효력은 탈퇴자에게도 미친다. 판결의 효력이 어떤 것인지에 관하여 참가적 효력설, 기판력설, 기판력 및 집행력설이 대립하고 있다. 마지막 견해가 통설이다.

3. 공동소송참가

1) 의 의

제3자가 현재 진행되는 소송의 원고 혹은 피고와 함께 공동소송인이 되기 위하여 소송절차에 참가하는 것을 공동소송참가라고 한다.

> 제83조(공동소송참가) ① 소송목적이 한 쪽 당사자와 제3자에게 합일적으로 확정되어야 할 경우 그 제3자는 공동소송인으로 소송에 참가할 수 있다.

2) 요 건

가) 합일확정

공동소송참가는 유사필수적 공동소송을 전제로 만들어진 제도이다. 따라서 위 조문의 '소송목적이 한 쪽 당사자와 제3자에게 합일적으로 확정되어야 할 경우'는 원칙적으로 유사필수적 공동소송이 성립하는 범위와 같다. 즉, 기판력이[1616] 당사자 이외의 자에게 확장되는 경우에 공동소송참가를 할 수 있다. 고유필수적 공동소송에서도 공동소송참가가 가능한지에 관하여는 견해가 대립하는바, 긍정하는 견해가 다수설이다. 하지만, 고유필수적 공동소송에서 당사자가 누락된 경우는 판결의 효력이 실제 미치는 경우가 아니라 미쳐야 하는 경우라는 점에서 유사필수적 공동소송에서 누락된 경우와 차이가 있다.

1616) 반사적 효력이 미치는 경우에도 공동소송참가가 가능하다는 견해가 있다. 일반적인 반사적 효력과 기판력은 그 효력의 내용에 차이가 있는데 위 견해가 공동소송참가의 근거로 작용한다는 반사적 효력의 내용은 일반적인 반사적 효력의 그것과 다르고 기판력의 그것과 실질적으로 동일한 점, 통상 일반적인 반사적 효력은 공동소송참가의 근거가 되지 않는 것으로 보는 점, 소송담당설에 입각한 판례는 위 견해가 공동소송참가의 근거로 작용한다는 반사적 효력을 기판력으로 보고 있다는 점에 유의할 필요가 있다. 불필요한 혼란을 피하기 위하여 이를 기판력이라고 부르는 것이 타당하다고 생각된다. 상세는 박재완, "추심소송과 기판력의 확장", 법학논총 제39집 제4호, 한양대학교 법학연구소(2022), 199면 이하, 207~210면 참조.

나) 당사자적격

공동소송참가를 하고자 하는 자는 스스로 적법하게 소를 제기할 수 있어야 한다. 이 점을 당사자적격을 갖추어야 한다고 표현하는 것이 일반적이나, 논의가 통상적 의미의 당사자적격에 한정되는 것은 아니다. 예컨대, 통상적인 의미의 당사자적격 흠결뿐만 아니라 제소기간도과, 중복제소금지위반 등이 모두 포함되어 논의된다. 이러한 의미의 당사자적격이 흠결된 경우 공동소송참가는 불가능하고 보조참가만 가능한데, 이 보조참가는 공동소송적 보조참가가 된다.[1617]

제3자 소송담당이 주로 문제되는바, 소송담당자의 소송에 본인이, 반대로 본인의 소송에 소송담당자가 참가할 수 있는지가 문제된다. 통상, ① 위 각 경우에 우선 기판력이 미치는 것인지 여부, ② 판결의 효력이 미친다면 통상적 의미의 당사자적격이 있는지 여부, ③ 중복제소금지위반인지 여부가 차례로 문제된다.

가장 논의가 많이 되는 논점은 채권자대위소송에 본인, 즉 채무자가 공동소송참가를 할 수 있는지 여부이다. 채권자대위소송을 법정소송담당이라고 보는 통설·판례의 입장에 서면 ①의 단계는 쉽게 충족된다. 채무자가 참가신청을 한다는 것은 당연히 채권자대위소송이 계속 중인 사실을 알고 있는 것을 전제로 하기 때문에 채무자의 지·부지도 문제될 여지가 없다. 법정소송담당설에 입각하는 견해들은 일반적으로 채무자의 원고적격은 부정하지 않는다. 따라서 이 입장에 입각하면 ② 단계도 충족된다. 하지만, 위 입장에 입각한 견해들은 다시 일반적으로 채권자대위소송 계속 중 본인이 공동소송참가를 하는 것은 중복제소에 해당된다고 본다. 즉, ③ 단계에서 공동소송참가의 요건이 충족되지 않는다고 한다. 이와 달리 채무자의 공동소송참가는, 단일 소송절차로 처리되므로 중복제소는 아니지만, 채권자가 먼저 대위소송을 제기한 사실을 알게 된 채무자가 원고적격을 상실한다고 보는 견해도 있다. 즉, 이 견해는 ② 단계에서 공동소송참가의 요건이 충족되지 않는다고 본다. 법정소송담당설에 입각하면서도 채무자가 원고적격을 상실하지 않고, 채무자의 공동소송참가가 중복제소가 아니라고 보는, 즉 채무자의 공동소송참가가 가능하다는 견해도 있다.

대법원은 채권자대위소송 중 다른 채권자가 공동소송참가할 수 있다고 판

1617) 판결의 효력이 참가인에게 미치기 때문이다.

시한 바 있다.

> 대법원 2015. 7. 23. 선고 2013다30301, 30325 판결
> 채권자대위소송이 계속 중인 상황에서 다른 채권자가 동일한 채무자를 대위하여 채권자대위권을 행사하면서 공동소송참가신청을 할 경우, 양 청구의 소송물이 동일하다면 민사소송법 제83조 제1항이 요구하는 '소송목적이 한쪽 당사자와 제3자에게 합일적으로 확정되어야 할 경우'에 해당하므로 참가신청은 적법하다. 이때 양 청구의 소송물이 동일한지는 채권자들이 각기 대위행사하는 피대위채권이 동일한지에 따라 결정되고, 채권자들이 각기 자신을 이행 상대방으로 하여 금전의 지급을 청구하였더라도 채권자들이 채무자를 대위하여 변제를 수령하게 될 뿐 자신의 채권에 대한 변제로서 수령하게 되는 것이 아니므로 이러한 채권자들의 청구가 서로 소송물이 다르다고 할 수 없다. 여기서 원고가 일부청구임을 명시하여 피대위채권의 일부만을 청구한 것으로 볼 수 있는 경우에는 참가인의 청구금액이 원고의 청구금액을 초과하지 아니하는 한 참가인의 청구가 원고의 청구와 소송물이 동일하여 중복된다고 할 수 있으므로 소송목적이 원고와 참가인에게 합일적으로 확정되어야 할 필요성을 인정할 수 있어 참가인의 공동소송참가신청을 적법한 것으로 보아야 한다.

대법원 2025. 10. 23. 선고 2021다252977 전원합의체 판결은 추심소송에 채무자가 공동소송참가를 할 수 있다고 하였는데, 추심소송을 병행형 소송담당으로 변경함으로써 당사자적격 요건이 충족되고, 단일절차로 처리되므로 중복제소금지는 문제되지 않는다고 본 것이다. 위 전원합의체 판결의 법리에 따르면 채권자대위소송에서도 채무자가 공동소송참가를 할 수 있다고 보게 될 것이다.

이상의 논의는 명문의 규정이 없는 경우의 해석론인데, 명문의 규정이 있는 경우도 있다. 집행정본이 있는 채권자들은 추심소송에 공동소송참가를 할 수 있다고 하는 민사집행법 249조, 주주대표소송을 법정소송담당이라고 본다면 회사의 주주대표소송에 대한 참가를 인정하는 상법 404조 1항이 이러한 예라고 할 수 있다.

다) 참가시기

공동소송참가는 항소심에서도 가능하다는 점에 이견이 없고, 판례도 같다.[1618] 상고심에서도 가능하다는 것이 다수설이나, 판례는 부정적이다.[1619] 고유필수적 공동소송에 대하여도 공동소송참가를 인정하여야 한다는 견해는 공동소송참가와 달리 고유필수적 공동소송인의 추가가 1심에서만 허용된다는 점을 강조하기도 한다.

1618) 대법원 1962. 6. 7. 선고 62다144 판결, 대법원 2002. 3. 15. 선고 2000다9086 판결.
1619) 대법원 2025. 10. 23. 선고 2021다252977 전원합의체 판결.

3) 절 차

공동소송참가는 신소제기의 실질을 가지므로 서면으로 하여야 한다. 또한 민사소송법은 공동소송참가에 보조참가의 신청방법에 관한 규정(72조)을 준용하고 있다. 하지만 73조에 기한 이의신청은 보조참가와 달리 불가능하다는 것이 통설이다.

공동소송참가신청이 있는 경우에는 법원은 직권으로 참가요건을 심사하고, 흠결이 있는 경우에는 판결로 각하한다. 또한 공동소송참가로 인하여 필수적 공동소송이 성립하므로, 당연히 필수적 공동소송의 심판방식이 적용된다.

제85강 보조참가

1. 의 의

타인간의 소송계속 중 그 소송결과에 관하여 이해관계가 있는 제3자가, 당사자가 아니라 기존 당사자 일방의 승소를 위한 조력자로서 그 소송에 참가하는 것을 보조참가라고 한다. 보조참가는 소가 아니고, 보조참가인은 당사자가 아니다. 민사소송법 71조가 이를 규정한다.

> 제71조(보조참가) 소송결과에 이해관계가 있는 제3자는 한 쪽 당사자를 돕기 위하여 법원에 계속 중인 소송에 참가할 수 있다. 다만, 소송절차를 현저하게 지연시키는 경우에는 그러하지 아니하다.

2. 요 건

1) 소송결과에 대한 이해관계(참가이유)

가) 소송결과

통설은 '소송결과'를 판결의 주문에 담긴 것, 즉 소송물인 권리관계의 존부를 의미하는 것으로 파악하고, 판결의 이유에서 판단되는 중요쟁점에 의하여 영향을 받는 것만으로는 참가할 수 없다고 한다. 반대견해도 있다. 통설에 입각하는 경우 ① 판결의 효력이 참가인에게 미치는 경우 혹은 ② 판결주문과 참가인의 지위 사이에 논리적 의존관계가 있는 경우에 보조참가를 인정한다. 판례는 기본적으로 통설과 같은 입장이다.

②의 대표적인 예로는 ⓐ 선결관계 내지 파생관계가 있는 경우와 ⓑ 참가인의 권리확보에 지장이 생기는 경우가 있다. ⓐ의 대표적 예로는 채권자와 보증채무자 사이의 소송에서 보증채무자가 패소하는 경우, 보증채무자가 주채무자에게 구상권을 행사할 수 있음을 이유로 하는 주채무자의 보조참가신청을 들 수 있다.[1620] ⓑ의 대표적 예로는 매수인이 매도인을 상대로 제기한 소유권이

1620) 주석 민사소송법(8판)(Ⅰ), 540면(장석조 집필부분).

전등기를 청구한 경우, 매도인이 패소하면 자신이 이전등기를 할 수 없음을 이유로 하는 다른 매수인의 보조참가신청을 들 수 있다.[1621][1622]

①의 경우 제3자는 공동소송참가 등 당사자참가를 할 수도 있고, 보조참가를 할 수도 있다. 양자는 선택의 문제이다. 보조참가를 선택한 경우 공동소송적 보조참가가 된다.

A가 B를 상대로 불법행위에 기한 손해배상청구를 한 경우, 같은 불법행위의 다른 피해자 C는 A를 위하여 보조참가할 수 없다. 이 경우 C는 A가 승소하면 판결에 기재되는 사고경위나 B의 고의·과실 등이 자신의 B에 대한 소송에서 유리하게 작용할 것이라고 주장하는 것이나, 이러한 사항들은 결국 판결의 이유에서 판단되는 사항이므로 바로 이 경우가 통설이 보조참가를 인정하지 않는 대표적인 예이다. 한편, 다른 가해자 D는 B를 위하여 보조참가할 수 있고, 위 ②의 ⓐ에 해당한다. 그런데, 판례는 D가 A를 위하여 보조참가할 수 있다고 판시한 바 있다.

> 대법원 1999. 7. 9. 선고 99다12796 판결
> 불법행위로 인한 손해배상책임을 지는 자는 피해자가 다른 공동불법행위자들을 상대로 제기한 손해배상 청구소송의 결과에 대하여 법률상의 이해관계를 갖는다고 할 것이므로, 위 소송에 원고를 위하여 보조참가를 할 수가 있[다.]

위 판례가 판결의 이유에 기재되는 사항에 근거한 보조참가의 이익을 인정하는 소수설에 입각하여 보조참가의 허용범위를 넓힌 것으로 보는 견해가 있다. ②의 ⓐ의 경우로 보는 견해도 있다.

나) 이해관계

위 조문의 '이해관계'는 법률상 이해관계를 의미한다. 사실상·경제적인 이유나 감정적인 이유만으로는 법률상 이해관계라고 할 수 없다. 이해관계가 있다고 하기 위하여는 소송결과로부터 직접적인 영향을 받아야 한다. 따라서 간접적인 영향을 받는 경우만으로는 보조참가가 인정되지 않는다. 간접적인 영향만 있는 경우의 대표적인 예로는 주식회사인 피고가 패소하면 주주인 참가

1621) 주석 민사소송법(8판)(Ⅰ), 540~541면(장석조 집필부분).

1622) 대법원 2021. 12. 10.자 2021마6702 결정(회생채권자가 제기한 채권자취소소송이 계속되어 있던 중 채무자에 대한 회생절차가 개시되어 관리인이 소송을 수계하고 부인의 소로 변경한 경우, 채권자취소의 소를 제기한 회생채권자가 보조참가를 할 수 있다고 한 예).

인의 이익배당이 줄어드는 것을 이유로 한 보조참가를 들 수 있다. 동일한 사건이 아니라 동종 사건에 관련되어 있다는 것을 이유로 한 보조참가도 마찬가지다.[1623)]

2) 타인간의 소송계속 중

보조참가는 상고심에서도 가능하다. 판결 선고 이후 상소를 하기 위한 보조참가, 판결 확정 이후 재심청구를 하기 위한 보조참가도 가능하다. 즉 보조참가와 동시에 상소 또는 재심청구를 할 수 있다(72조 3항). 통상공동소송에서는 자기의 공동소송인이나 그 상대방을 위하여 보조참가를 할 수 있다. 판결절차가 아니라도 독촉절차와 같이 판결절차로 전환될 수 있는 경우에는 보조참가가 가능하다는 점에 이견이 없다.

결정절차에 대하여는 실질적으로 대립당사자구조가 있는 경우에는 보조참가를 긍정하는 견해, 대립당사자구조가 없어도 널리 보조참가인의 법률상 이해관계가 관련되는 경우에는 보조참가를 긍정하는 견해의 대립이 있다. 가압류·가처분 명령절차에서 보조참가가 가능하다는 점에 대하여는 이견이 없다.[1624)] 판례는 매각허가결정과 관련하여 대립하는 당사자 구조를 가지지 못한 결정절차임을 이유로 보조참가를 불허한 바 있다.[1625)]

3) 소송절차를 현저하게 지연시키지 않을 것

소송지연 방지를 위하여 2002년 법개정 때 71조 단서에 추가된 요건이다.

3. 절 차

1) 신청 및 허부결정

보조참가신청은 소의 제기가 아니므로 구술로도 가능하다. 신청방식에 관

1623) 대법원 1997. 12. 26. 선고 96다51714 판결.

1624) 대법원 2004. 12. 10. 선고 2004다38921, 38938 판결은 '보전처분명령이 결정으로 이루어지는 경우에는 당사자대립주의는 통상의 판결절차에서와 같이 전면적이고 완전한 형태로 나타나지 않다가 보전처분에 대한 이의나 불복신청의 절차에서 비로소 분명한 형태로 나타나게 된다'고 판시하였다. 보전처분명령을 결정으로만 할 수 있는 현재도 마찬가지라고 할 것이다.

1625) 대법원 1973. 11. 15.자 73마849 결정, 대법원 1994. 1. 20.자 93마1701 결정.

하여는 72조가 규정하고 있다.

> 제72조(참가신청의 방식) ① 참가신청은 참가의 취지와 이유를 밝혀 참가하고자 하는 소송이 계속된 법원에 제기하여야 한다.
> ② 서면으로 참가를 신청한 경우에는 법원은 그 서면을 양쪽 당사자에게 송달하여야 한다.
> ③ 참가신청은 참가인으로서 할 수 있는 소송행위와 동시에 할 수 있다.

보조참가신청에 대하여 이의신청이 있는 경우 허부결정을 하는 것이 원칙이나 직권으로도 불허결정을 할 수도 있다. 허부결정은 종국판결에서 해도 무방하다. 이러한 허부결정에 대하여는 즉시항고가 가능하다.

> 제73조(참가허가여부에 대한 재판) ① 당사자가 참가에 대하여 이의를 신청한 때에는 참가인은 참가의 이유를 소명하여야 하며, 법원은 참가를 허가할 것인지 아닌지를 결정하여야 한다.
> ② 법원은 직권으로 참가인에게 참가의 이유를 소명하도록 명할 수 있으며, 참가의 이유가 있다고 인정되지 아니하는 때에는 참가를 허가하지 아니하는 결정을 하여야 한다.
> ③ 제1항 및 제2항의 결정에 대하여는 즉시항고를 할 수 있다.

상대방이 이의신청 없이 변론하면 이의신청권을 상실한다.

> 제74조(이의신청권의 상실) 당사자가 참가에 대하여 이의를 신청하지 아니한 채 변론하거나 변론준비기일에서 진술을 한 경우에는 이의를 신청할 권리를 잃는다.

2) 보조참가인의 지위

가) 제3자

보조참가인은 당사자가 아니라[1626] 제3자이므로 증인적격이 있다. 당사자가 아니므로 청구의 변경, 반소, 중간확인의 소 등의 제기는 할 수 없다. 피참가인의 상계, 계약취소권 등 사법상의 권리를 보조참가인이 행사할 수 있는지 여부에 관하여는 부정설이 다수설이나, 긍정설 및 피참가인의 이의가 없는 경우 묵시적 추인이 있는 것으로 보자는 절충설도 있다.

나) 독립성과 종속성

보조참가인은 당사자인 피참가인에 대하여 독립성과 종속성을 아울러 가진다. 우선 보조참가인은 당사자의 대리인이 아니므로 독자적으로 소송에 관여한

1626) 따라서 소송계속 중 보조참가인이 사망하여도 소송절차가 중단되지 않는다(대법원 1995. 8. 25. 선고 94다27373 판결).

다. 법원은 보조참가인에게 기일통지, 송달 등을 피참가인과 별도로 하는 등 독자적인 소송관여를 보장하여야 한다.[1627] 보조참가인은 원칙적으로 피참가인의 승소를 위하여 필요한 일체의 행위를 할 수 있다(76조 1항 본문). 하지만, 보조참가인은 피참가인의 조력자라는 점에서 일정한 제약이 따른다. 보조참가인은 76조 1항 단서, 2항이 규정한 행위 및 피참가인에게 불리한 행위를 할 수 없고, 하여도 무효이다.

> 제76조(참가인의 소송행위) ① 참가인은 소송에 관하여 공격·방어·이의·상소, 그 밖의 모든 소송행위를 할 수 있다. 다만, 참가할 때의 소송의 진행정도에 따라 할 수 없는 소송행위는 그러하지 아니하다.
> ② 참가인의 소송행위가 피참가인의 소송행위에 어긋나는 경우에는 그 참가인의 소송행위는 효력을 가지지 아니한다.

판례에 따르면, 위 1항의 단서의 예로는 피참가인의 상소기간 경과 후에 보조참가인이 상소한 경우,[1628] 피참가인의 상고이유서 제출기간이 지난 후에 보조참가인이 상고이유서를 제출한 경우,[1629] 피참가인이 사망한 이후 보조참가인이 재심을 청구한 경우[1630]를 들 수 있다.

위 2항의 예로는 피참가인이 상소를 포기한 뒤의 상소제기를 들 수 있다. 피참가인이 상소하지 않은 경우에 보조참가인이 상소하는 것은 해당하지 않는다. 피참가인이 자백한 사실을 보조참가인이 다투는 것은 위 2항에 반하지만, 피

1627) 대법원 2007. 2. 22. 선고 2006다75641 판결(보조참가인에게 기일통지서 또는 출석요구서를 송달하지 아니함으로써 변론의 기회를 부여하지 아니한 채 행하여진 기일의 진행은 적법한 것으로 볼 수 없지만, 이후 출석한 변론기일에서 아무런 이의제기를 아니한 사정 등을 감안하여 이의권의 포기 내지 상실이 인정된다고 한 사례).

1628) 대법원 2007. 9. 6. 선고 2007다41966 판결: 피고 보조참가인에 대하여 판결정본이 송달된 때로부터 기산한다면 상고기간 내의 상고라 하더라도 이미 피참가인인 피고에 대한 관계에 있어서 상고기간이 경과한 것이라면 [] 피고 보조참가인의 상고는 부적법하다.

1629) 대법원 1962. 3. 15. 선고 4294행상145 판결(주석 민사소송법(8판)(Ⅰ), 559면 각주 8에서 재인용). 한편, 보조참가인이 적법하게 상고를 제기하고 상고이유서 제출기간 내에 상고이유서를 제출하였던 이상, 상고를 제기하지 않은 피참가인의 상고이유서 제출기간이 도과된 것으로 인하여 그 상고이유서 제출이 부적법하게 되는 것은 아니다(대법원 2012. 11. 29. 선고 2001두30069 판결(주석 민사소송법(8판)(Ⅰ), 559면 각주 9에서 재인용)).

1630) 대법원 2018. 11. 29. 선고 2018므14210 판결: 판결 확정 후 재심사유가 있을 때에는 보조참가인이 피참가인을 보조하기 위하여 보조참가신청과 함께 재심의 소를 제기할 수 있다. 그러나 보조참가인의 재심청구 당시 피참가인인 재심청구인이 이미 사망하여 당사자능력이 없다면, 이를 허용하는 규정 등이 없는 한 보조참가인의 재심청구는 허용되지 않는다.

참가인이 명백히 다투지 아니하여 자백간주된 사실을 보조참가인이 다투는 것은 피참가인의 행위와 명백히 적극적으로 배치되는 것이 아니므로 가능하다.[1631]

피참가인에게 불리한 행위의 예로는 소의 취하, 청구의 포기·인낙, 화해, 자백, 상소의 포기나 취하 등을 들 수 있다. 또한 위 2항의 취지는 피참가인의 소송행위와 보조참가인의 소송행위가 어긋나는 경우 피참가인의 의사가 우선한다는 것이므로 피참가인은 보조참가인의 행위에 어긋나는 행위를 할 수 있고, 따라서 피참가인은 보조참가인이 제기한 항소를 취하하거나 항소권을 포기할 수 있다.[1632]

3) 판결의 참가인에 대한 효력

> 제77조(참가인에 대한 재판의 효력) 재판은 다음 각호 가운데 어느 하나에 해당하지 아니하면 참가인에게도 그 효력이 미친다.
> 1. 제76조의 규정에 따라 참가인이 소송행위를 할 수 없거나, 그 소송행위가 효력을 가지지 아니하는 때
> 2. 피참가인이 참가인의 소송행위를 방해한 때
> 3. 피참가인이 참가인이 할 수 없는 소송행위를 고의나 과실로 하지 아니한 때

위 조문의 '효력'의 의미에 관하여는 기판력설, 참가적 효력설, 신기판력설 등이 대립하고 있다. 참가적 효력설이 현재의 통설이고, 판례의 입장이다. 참가적 효력설에 따르면 위 '효력'은 피참가인이 패소하고 나서 뒤에 피참가인이 참가인을 상대로 소송을 하는 경우 그 소송에서 피참가인에 대하여 참가인이 원래의 소송의 내용이 부당하다고 주장할 수 없는 구속력을 의미한다.

위 참가적 효력설과 관련하여 특히 유의할 점은 첫째, 참가적 효력설은 위 '효력'을 참가인과 피참가인 사이의 것으로만 파악한다는 점이다. 신기판력설은 참가인과 피참가인의 상대방 사이에 관한 것으로도 파악하는 견해이다.[1633] 둘째, 판결의 주문뿐만 아니라 이유 중 피참가인의 패소사유가 된 사실상·법률상의 판단에도 구속력이 인정된다는 점이다.[1634] 다만, 전소 확정판결에 필수적인 요소가 아니어서 결론에 영향을 미칠 수 없는 부가적 또는 보충적인 판단이나

1631) 대법원 2007. 11. 29. 선고 2007다53310 판결.
1632) 대법원 2010. 10. 14. 선고 2010다38168 판결.
1633) 신기판력설은 참가인과 피참가인 사이에서는 참가적 효력이, 참가인과 피참가인의 상대방 사이에서는 기판력 또는 쟁점효가 생긴다고 보는 견해이다.
1634) 대법원 2020. 1. 30. 선고 2019다268252 판결.

방론 등에는 참가적 효력이 미치지 않는다.[1635]

통설에 입각하여 기판력과 참가적 효력을 비교하면 다음 표와 같다.

	기판력	참가적 효력
직권조사여부	직권조사사항	항변사항
주관적 범위	소송당사자	참가인 - 피참가인
객관적 범위	주문에만 한정	판결 이유 중 사실인정, 법률판단에도 미침
주관적 사정 고려 여부	없음	있음(참가효의 배제)

77조가 정하는 '효력'의 예외 사유를 보면 기판력설이나, 신기판력설은 채택하기 어렵다.

논란이 되었던 앞서 본 대법원 1999. 7. 9. 선고 99다12796 판결을 보조참가의 효력까지 고려하여 다시 보면, 사안에서 향후 예상되는 소송으로 피참가인인 원고의 참가인에 대한 손해배상청구소송과 피참가인의 상대방인 피고의 참가인에 대한 구상금청구소송을 상정할 수 있는바, 전자의 경우는 결국 판결의 이유에 기재된 사항이 보조참가의 이유가 되는 문제점이, 후자의 경우는 참가인과 피참가인 사이가 아닌 참가인과 피참가인의 상대방 사이에 보조참가의 효력이 미친다고 보아야 하는 문제점이 생기게 된다.

전소가 화해권고결정 등 확정판결이 아닌 사유로 종료된 경우에는 확정판결에서와 같은 법원의 사실상 및 법률상의 판단이 이루어졌다고 할 수 없으므로 참가적 효력이 인정되지 아니한다.[1636]

4. 공동소송적 보조참가

보조참가 중 참가인이 판결의 효력을 받는 경우를 공동소송적 보조참가라고 한다. 공동소송적 보조참가인에게는 필수적 공동소송인에 준하는 소송수행권이 부여된다. 해석론으로 인정되어 오다가 2002년 법개정 때 명문화되었다.

1635) 대법원 1997. 9. 5. 선고 95다42133 판결(협의취득에 따른 보상금지급청구권의 존부를 다투는 전소 확정판결 중 목적물인 토지의 포락 여부에 관한 판단에는 참가적 효력이 미치지 않는다).

1636) 대법원 2015. 5. 28. 선고 2012다78184 판결(화해권고결정).

> 第78조(공동소송적 보조참가) 재판의 효력이 참가인에게도 미치는 경우에는 그 참가인과 피참가인에 대하여 제67조 및 제69조를 준용한다.

'재판의 효력이 참가인에게 미치는 경우'는 유사필수적 공동소송과 공동소송참가의 성립범위와 동일하다. 소위 '당사자적격'이 인정되어 공동소송참가가 가능한 경우에는 참가인은 공동소송참가를 할지, 보조참가를 할지를 선택할 수 있다. 보조참가를 선택하면 그 성격은 공동소송적 보조참가가 된다. 당사자적격이 없는 경우에는 보조참가를 할 수밖에 없고, 그 성격은 역시 공동소송적 보조참가가 된다. 통상적인 보조참가와 공동소송적 보조참가는 참가인이 선택하는 것이 아니라 판결의 효력이 미치는지 여부에 의하여 객관적으로 결정된다.[1637)]

67조가 준용된다는 것은 보조참가인과 피참가인의 관계가 필수적 공동소송인처럼 대등해진다는 것을 의미한다. 따라서 보조참가인의 종속성에 관한 76조 2항은 적용되지 않는다. 그러나, 소송의 진행 정도에 따라 피참가인이 할 수 없는 행위를 할 수 없는 것은 공동소송적 보조참가인과 통상의 보조참가인이 같다(76조 1항 단서).[1638)]

보조참가인이 상소를 제기한 다음, 피참가인이 상소포기나 취하를 하여도 효력이 없고,[1639)] 청구의 포기·인낙, 화해는 피참가인이 단독으로 할 수 없다는 데에는 이견이 없다. 재심의 소에 공동소송적 보조참가인이 참가한 후 피참가인이 공동소송적 보조참가인의 동의 없이 한 재심의 소 취하는 무효라는 것이 판례의 입장이다.[1640)][1641)]

1637) 대법원 2013. 3. 28. 선고 2011두13729 판결(행정소송 사건에서 참가인이 한 보조참가가 행정소송법 16조가 규정한 제3자의 소송참가에 해당하지 않는 경우에도, 판결의 효력이 참가인에게까지 미치는 점 등 행정소송의 성질에 비추어 보면 그 참가는 민사소송법 78조에 규정된 공동소송적 보조참가이다).

1638) 대법원 2020. 10. 15. 선고 2019두40611 판결: 공동소송적 보조참가를 한 참가인은 상고를 제기하지 않은 채 피참가인이 상고를 제기한 부분에 대한 상고이유서를 제출할 수 있지만 이 경우 상고이유서 제출기간을 준수하였는지는 피참가인을 기준으로 판단하여야 한다. 따라서 상고하지 않은 참가인이 피참가인의 상고이유서 제출기간이 지난 후 상고이유서를 제출하였다면 적법한 기간 내에 제출한 것으로 볼 수 없다. 이러한 법리는 상고이유의 주장에 대해서도 마찬가지여서, 상고하지 않은 참가인이 적법하게 제출된 피참가인의 상고이유서에서 주장되지 않은 내용을 피참가인의 상고이유서 제출기간이 지난 후 제출한 서면에서 주장하였더라도 이는 적법한 기간 내에 제출된 상고이유의 주장이라고 할 수 없다.

1639) 대법원 1952. 8. 19. 선고 4285행상4 판결, 대법원 1970. 7. 28. 선고 70누35 판결,

한편, 피참가인이 소를 단독으로 취하할 수 있는지에 관하여는 견해의 대립이 있는바, 판례는 이를 긍정하고 있다.[1642)]

5. 소송고지

1) 의 의

소송계속 중에 당사자가 소송참가를 할 이해관계가 있는 제3자에게 그 소송계속의 사실을 통지하는 것을 소송고지라고 한다. 소송고지를 받은 제3자는 소송참가를 할지 여부 및 어떤 유형의 소송참가를 할지를 선택할 수 있지만, 소송참가를 하지 않아도 제3자에게는 참가적 효력이 발생하는바, 이 점이 소송고지의 목적이라고 할 수 있다.

2) 요건과 방식

소송고지의 요건은 84조에서 규정하고 있다.

> 제84조(소송고지의 요건) ① 소송이 법원에 계속된 때에는 당사자는 참가할 수 있는 제3자에게 소송고지(訴訟告知)를 할 수 있다.
> ② 소송고지를 받은 사람은 다시 소송고지를 할 수 있다.

특히, 피고지자의 범위가 중요한바, 보조참가를 할 수 있는 자뿐만 아니라 당사자참가를 할 수 있는 자도 포함되고, 참가승계와 인수승계를 할 수 있는

1640) 대법원 2015. 10. 29. 선고 2014다13044 판결: 재심의 소를 취하하는 것은 통상의 소를 취하하는 것과는 달리 확정된 종국판결에 대한 불복의 기회를 상실하게 하여 더 이상 확정판결의 효력을 배제할 수 없게 하는 행위이므로, 이는 재판의 효력과 직접적인 관련이 있는 소송행위로서 확정판결의 효력이 미치는 공동소송적 보조참가인에 대하여는 불리한 행위이다. 따라서 재심의 소에 공동소송적 보조참가인이 참가한 후에는 피참가인이 재심의 소를 취하하더라도 공동소송적 보조참가인의 동의가 없는 한 효력이 없다. 이는 재심의 소를 피참가인이 제기한 경우나 통상의 보조참가인이 제기한 경우에도 마찬가지이다.

1641) 행정소송에서의 판결에 대하여 보조참가인이 제기한 재심의 소를 피참가인이 취하하여도, 상소포기나 취하에 준하여, 효력이 없다는 취지의 판례로는 대법원 1970. 7. 28. 선고 70누35 판결이 있다.

1642) 대법원 2013. 3. 28. 선고 2011두13729 판결. 공동소송적 보조참가는 그 성질상 필수적 공동소송 중에서는 이른바 유사필수적 공동소송에 준한다 할 것인데, 유사필수적 공동소송에서는 원고들 중 일부가 소를 취하하는 경우에 다른 공동소송인의 동의를 받을 필요가 없[으므로,] 피참가인이 공동소송적 보조참가인의 동의 없이 소를 취하하였다 하더라도 이는 유효하다.

자도 포함된다.

소송고지는 85조의 방식으로 하여야 한다.

제85조(소송고지의 방식) ① 소송고지를 위하여서는 그 이유와 소송의 진행정도를 적은 서면을 법원에 제출하여야 한다.
② 제1항의 서면은 상대방에게 송달하여야 한다.

3) 효 과

가) 소송법적 효과

소송고지의 효과는 86조가 규정한다.

제86조(소송고지의 효과) 소송고지를 받은 사람이 참가하지 아니한 경우라도 제77조의 규정을 적용할 때에는 참가할 수 있었을 때에 참가한 것으로 본다.

피고지자는 참가 여부와 참가 형식을 자유로이 선택할 수 있다. 참가하는 경우에는 참가의 형식에 따라 소정의 효과가 발생하므로, 당사자참가의 경우에는 판결의 기판력을 받고, 보조참가의 경우에는 참가적 효력을 받게 된다. 하지만, 참가하지 않아도 피고지자에게 그가 보조참가할 수 있었을 때 보조참가한 것과 마찬가지의 효력, 즉 참가적 효력이 미친다. 보조참가를 실제로 한 경우와 균형을 맞추기 위하여 피고지자가 고지자와 공동이익으로 주장하거나 다툴 수 있었던 사항에 한하여 참가적 효력이 인정된다.[1643] 77조 소정의 참가적 효력이 배제되는 사유들도 적용된다.

나) 실체법적 효과

소송고지에 채무의 이행을 청구하는 의사가 담겨있는 경우에는 시효중단과 관련하여 최고로서의 효력이 있다는 것이 통설이고, 판례도 같다.[1644] 소송고지로 인한 시효중단의 효력은 소송고지서 제출시에 발생한다.[1645] 최고 후 6월 내에 재판상의 청구 등을 하지 않으면 시효중단의 효력이 소멸하는바(민법 174조), 소송고지의 경우 위 6월의 기간의 기산점은 당해 소송이 종료된 때이다.[1646]

1643) 대법원 1986. 2. 25. 선고 85다카2091 판결.
1644) 대법원 2009. 7. 9. 선고 2009다14340 판결.
1645) 대법원 2015. 5. 14. 선고 2014다16494 판결.
1646) 대법원 2009. 7. 9. 선고 2009다14340 판결. 당해 소송이 계속 중인 동안 최고에 의하여 권리를 행사하고 있는 상태가 지속되는 것으로 보기 때문이다.

제 4 관 선정당사자

제 86 강 선정당사자

1. 의 의

선정당사자는 2명 이상의 당사자, 즉 공동소송인들이 그들을 갈음하여 소송을 수행할 당사자로 자신들 중에서 선정한 자를 의미한다. 선정행위를 한 자들을 선정자라고 한다. 선정당사자는 민사소송법이 인정하는 임의적 소송담당에 해당하는데, 공동소송을 전제로 하는 제도이므로 당사자의 복수에서 다루는 것이 일반적이다.

선정당사자를 선정하면 소송대리인을 선임한 것과 유사하게 소송절차를 단순·간소하게 만드는 효과가 생긴다. 예컨대, 원고가 100명인 사건의 경우 원고들은 각자 법원에 출석하여야 하고, 법원도 원고들 각자에게 기일소환장을 보내야 한다. 이 경우 변호사를 선임하면 절차가 대폭 간소화되나, 선임비용이 든다는 점이 걸림돌이다. 이때 원고들이 자신들 중 한 명을 선정당사자로 선정하면, 이후에는 출석은 그 원고만 하면 된다. 원고 100명이 한 명의 변호사를 소송대리인으로 선임한 경우 변호사만 출석하면 되는 것과 유사해진다.

2. 요 건

> 제53조(선정당사자) ① 공동의 이해관계를 가진 여러 사람이 제52조의 규정에 해당되지 아니하는 경우에는, 이들은 그 가운데에서 모두를 위하여 당사자가 될 한 사람 또는 여러 사람을 선정하거나 이를 바꿀 수 있다.

1) 공동소송

선정당사자는 공동소송인들이 그들 중에서 선정하는 것이므로, 공동소송을 전제로 한다. 원고 측 공동소송이든, 피고 측 공동소송이든 불문한다. 학설은 비법인사단의 경우 선정의 여지가 없다고 보는 것이 일반적이나, 판례는 구성원 전원이 공동소송인이 될 수 있다고 하여 반대의 입장이다.[1647)]

2) 공동의 이해관계

위 조문은 공동의 이해관계가 있을 것을 요구하고 있는바, 이는 주요한 공격방어방법을 공통으로 하는 것을 의미한다. 공동소송의 근거규정인 65조 전문의 경우(권리·의무의 공통 또는 발생원인의 공통) 이 요건을 당연히 충족하나, 후문의 경우(권리·의무의 동종 또는 발생원인의 동종)는 공통된 쟁점이 있는 경우에 한한다.[1648)]

3) 선정의 시기, 방식

선정당사자의 선정은 소송수행권을 수여하는 소송행위이고, 원칙적으로 조건을 붙일 수 없다. 선정당사자의 선정은 소송계속 중에도 가능하지만, 소송계속 전에도 가능하다. 예컨대, 수인의 선정자가 선정당사자를 선정하여 소를 제기하는 것도 가능하다. 선정당사자의 선정은 다수결에 의하는 것이 아니다. 따라서 선정당사자의 선정에 반대하는 자에 대하여는 선정이 무효이고, 그 자는 선정자가 아니다. 공동소송인들 중의 일부만이 선정당사자를 선정할 수도 있다. 선정당사자의 자격에 관하여는 서면증명이 필요하므로 선정당사자를 선정할 때 선정서를 제출하는 것이 일반적이다(58조).

4) 선정당사자의 수

동일한 선정자단에서 수명의 선정당사자를 선정할 수 있는바, 이 경우 수명의 선정당사자들은 소송수행권을 합유하므로, 선정자들이 통상공동소송인들이라도, 선정당사자들은 필수적 공동소송인들이 된다. 수개의 선정자단에서 각기 선정한 선정당사자 상호간의 관계는 선정자단 상호간의 관계에 따른다.

1647) 대법원 1994. 5. 24. 선고 92다50232 판결.

1648) 65조 후문과 관련하여 대법원 1999. 8. 24. 선고 99다15474 판결은 주요한 공격방어방법이 공통된다는 이유로 선정요건이 갖추어져 있다고 한 예이고, 대법원 1997. 7. 25. 선고 97다362 판결, 대법원 2007. 7. 12. 선고 2005다10470 판결은 선정요건이 갖추어지지 않았다고 한 예이다.

3. 선정의 효과

1) 선정자와 선정당사자의 지위

가) 선정당사자의 지위

선정당사자는 대리인이 아니고 당사자이다. 선정당사자의 지위는 전체 소송절차를 통하여 유지되는 것이 원칙이다. 즉, 변호사 선임의 경우와 달리, 선정당사자의 선정은 원칙적으로 상소심절차까지 포함한 소송절차 전체에 효력이 있다. 심급을 한정하는 조건을 붙여 선정할 수 있는지 여부에 대하여는 견해의 대립이 있는바, 그러한 조건도 유효하다는 견해가 다수설이다. 판례도 같으나 그 조건이 명확하게 표시될 것을 요구하고 있다.[1649)][1650)]

한편, 선정자들이 선정당사자의 권한을, 조건을 붙이는 등으로, 제한할 수 없고, 제한하여도 무효이다. 특별수권사항과 같은 것도 없다. 선정당사자의 권한을 제한하는 합의도 무효이다. 단, 합의 위반은 손해배상책임의 근거가 될 수 있다.

나) 선정자의 지위

소송계속 전에 선정당사자가 선정되면 선정자는 애초에 당사자가 아니나, 소송계속 중 선정당사자가 선정되면 선정자는 소송에서 당연히 탈퇴한 것으로 본다.

> 제53조(선정당사자)
> ② 소송이 법원에 계속된 뒤 제1항의 규정에 따라 당사자를 바꾼 때에는 그 전의 당사자는 당연히 소송에서 탈퇴한 것으로 본다.

탈퇴 이후에 선정자가 당사자적격(소송수행권)을 상실하는지 여부에 관하여 견해가 대립한다. 당사자적격(소송수행권)이 유지된다고 보는 견해는, 예컨대 선정자가 선정당사자의 소송수행에 대한 경정권[1651)]을 행사할 수 있다고 본다.

1649) 대법원 2003. 11. 14. 선고 2003다34038 판결, 대법원 1995. 10. 5.자 94마2452 결정 등 참조. 대법원은 '제1심 소송절차에 관하여' 또는 '제1심 소송절차를 수행하게 한다'라는 문언이 기재되어 있는 경우라 하더라도, 특단의 사정이 없는 한, 그 기재는 사건명 등과 더불어 선정당사자를 선정하는 사건을 특정하기 위한 것에 불과하다고 보아야 한다고 판시하였다.

1650) 대법원 2001. 4. 10. 선고 99다49170 판결은 가처분신청 절차에서 이루어진 선정행위의 효력은 그에 기한 제소명령신청 사건에는 미치나, 가처분결정취소신청 사건에서는 그 선정의 효력이 미치지 아니한다고 하였다.

1651) 소송대리인에 대한 당사자의 경정권에 대한 94조의 유추적용을 인정하는 것이다. 이시윤(12판), 768면.

선정자는 당사자가 아니고 선정당사자도 소송대리인이 아니므로 선정자가 경정권을 행사할 수 있다고 보기는 어렵다.[1652] 다만, 판례는 선정당사자에게 변론을 금지하고 변호사선임명령을 한 경우에는 실질적으로 변호사선임권한을 가진 선정자에게 이를 알려주어야 한다고 판시한 바 있다.[1653]

나아가 선정자가 선정당사자를 선정하고도 별소로 소를 제기할 수 있는지도 문제되는바, 선정자의 당사자적격이 유지된다고 보는 견해는 선정자의 별소는 중복제소에 해당하여 부적법하다고 본다.[1654] 선정자가 당사자적격을 상실한다고 보는 견해는 선정자의 별소는 원고적격이 흠결되었을 뿐만 아니라 중복제소에도 해당한다고 한다.[1655]

2) 판 결

판결문의 당사자란에는 선정당사자를 기재하고, 선정자들은 판결문 말미에 첨부하는 선정자 목록에 기재한다. 주문에는 선정당사자를 표시하는 방식(포괄적 기재방식)과 선정자를 표시하는 방식(개별적 기재방식)이 있다. 예컨대, 금전지급청구를 인용하는 경우, 전자를 취하면 합산된 총금액을 선정당사자에게 지급하라는 주문이 선고되고, 후자를 취하면 선정자들에게 개별적으로 인용되는 금액을 지급하라는 주문이 선고된다. 실무에서는 후자가 주로 사용된다.

선정당사자가 받은 판결의 효력은 선정자에게도 미치고(218조 3항). 이 판결에 기하여 선정자에 대하여 혹은 선정자가 강제집행을 할 수 있다(민사집행법 25조). 이를 위하여 승계집행문이 필요하다(민사집행법 31조). 피고 측 선정당사자가 패소한 경우라도 선정당사자의 재산에 대하여 패소금액 전액에 관하여 강제집행을 할 수 없다고 할 것이고, 원고 측 선정당사자가 승소한 경우라도 선정당사자가 자기 이름으로 승소금액 전액에 관하여 강제집행을 할 수 없다고 할 것이다.[1656][1657]

1652) 같은 취지: 김홍엽, 민사소송법(제7판), 박영사(2018)(이하 '김홍엽(7판)'이라고 한다), 1016면.
1653) 대법원 2000. 10. 18.자 2000마2999 결정.
1654) 이시윤(12판), 768면.
1655) 김홍엽(7판), 1016면. 중복제소금지의 원칙이 더 일반적인 소송요건이 된다고 한다.
1656) 반대견해도 있다. 실무는 원고 측에서 선정당사자가 선정된 경우에는 선정당사자가 일괄하여 집행신청을 할 수 있다는 입장이다. 법원실무제요 민사집행[I], 법원행정처(2014), 216면.
1657) 판결주문에 "피고는 선정자 ○○○에게 소유권이전등기절차를 이행하라."는 내용의 기재가 있는 경우, 선정자 ○○○은 이 판결문을 첨부정보로서 제공하여 [] 소유권이전등기를 단

3) 상 소

상소에 관련된 권한도 선정당사자가 가진다. 선정자는 선정을 취소하면 자신이 직접 상소를 할 수 있다.

4. 선정당사자의 자격흠결

선정당사자의 자격 유무는 당사자적격의 문제이므로 법원이 직권으로 조사한다. 자격에 문제가 있는 경우 법원의 보정명령 등에 대하여는 민사소송법 61조에 의하여 소송능력 등의 흠결과 그 보정 및 추인에 관한 59, 60조가 준용된다.

선정당사자의 자격흠결을 간과한 판결은 상소로써 불복할 수 있지만, 재심을 제기할 수는 없다. 하지만, 선정당사자의 자격흠결을 간과한 판결은 확정되어도 선정자에 대하여는 효력이 없고, 이러한 의미에서는 무효의 판결이다.

다만, 판례는 공동의 이해관계가 없는데도 선정자가 스스로 선정당사자를 선정하였고, 그러한 사정이 간과된 채 선고되어 확정된 판결은 선정자에게 유효하고, 재심으로도 다툴 수도 없다고 하였다.[1658]

5. 선정당사자의 자격상실

1) 자격상실의 사유

선정당사자의 사망, 선정의 취소,[1659] 선정당사자의 사임이 있는 경우 선정

독으로 신청할 수 있으며, [] 승계집행문은 첨부정보로서 제공할 필요가 없다. 부동산등기선례 제201709-2호(2017. 9. 14.).

1658) 대법원 2007. 7. 12. 선고 2005다10470 판결은 1심에서는 공동의 이해관계가 있었으나 항소심에서는 공동의 이해관계가 소멸된 선정당사자가 항소심에서 인낙한 경우, 선정자가 스스로 선정행위를 하였다면 위 선정당사자 자격의 흠이 민사소송법 451조 1항 3호의 재심사유에 해당하지 않는다고 하였다.

1659) 대법원 2015. 10. 15. 선고 2015다31513 판결은 "당사자 선정은 언제든지 장래를 위하여 이를 취소·변경할 수 있으며, 선정을 철회한 경우에 선정자 또는 당사자가 상대방 또는 법원에 대하여 [] 철회 사실을 통지하지 아니하면 철회의 효력을 주장하지 못하지만(민사소송법 제63조 제2항, 제1항), 선정의 철회는 반드시 명시적이어야만 하는 것은 아니고 묵시적으로도 가능하다고 보아야 한다"고 한 다음, 1심판결에서 피고 중 선정당사자에 대한 청구는 전부 기각되고, 선정자들에 대한 청구는 일부 인용되었는데, 선정당사자는 항소하지 않고, 선정자

당사자가 소송수행권을 상실한다는 점에 대하여는 이견이 없다. 선정당사자에 대한 소송절차가 소의 취하 또는 판결의 확정 등으로 종료되는 경우에도 선정당사자는 소송수행권을 상실한다.1660)

이에 반하여 선정자가 일부 또는 전부 사망하거나 소송능력을 상실하여도 선정당사자는 소송수행권을 상실하지 않는다고 본다. 선정자가 소구채권을 양도하는 등으로 공동의 이해관계에서 이탈하는 것도 선정당사자의 소송수행권에 영향을 미치지 않는 것으로 보는 것이 일반적이다.

2) 자격상실의 효과

선정당사자 전원이, 즉 1명인 경우에 그가, 혹은 수명인 경우 전원이 자격을 상실하면 민사소송법 237조에 의하여 처리된다. 소송대리인이 있는 경우에는 절차가 중단되지 않는다.

> 제237조(자격상실로 말미암은 중단)
> ② 제53조의 규정에 따라 당사자가 될 사람을 선정한 소송에서 선정된 당사자 모두가 자격을 잃거나 죽은 때에 소송절차는 중단된다. 이 경우 당사자를 선정한 사람 모두 또는 새로 당사자로 선정된 사람이 소송절차를 수계하여야 한다.

하지만, 수인의 선정당사자 중 일부만 자격을 상실한 경우에는 54조에 의하여 처리된다.

> 제54조(선정당사자 일부의 자격상실) 제53조의 규정에 따라 선정된 여러 당사자 가운데 죽거나 그 자격을 잃은 사람이 있는 경우에는 다른 당사자가 모두를 위하여 소송행위를 한다.

들만이 선정취소 관련 서류를 제출함이 없이 자신들 명의로 항소장을 제출한 사안에서, 1심 판결에 의하여 선정당사자와 선정자들의 이해관계가 달라진 점 등을 고려하면 선정자들이 묵시적으로 선정을 취소하였다고 볼 여지도 있다는 이유로 항소를 각하한 원심판결을 파기하였다.

1660) 대법원 2006. 9. 28. 선고 2006다28775 판결은 1심 판결 중 선정당사자부분이 확정되어 자격을 상실한 선정당사자가 선정자에 관한 항소심판결에 대하여 선정당사자로서 제기한 상고를 각하하였다.

다만, 대법원 2014. 10. 15. 선고 2013다25781 판결은 선정당사자에 대한 판결 부분이 확정되었는지 여부는 소송비용부담의 재판에 대한 불복을 포함한 제반사정을 고려하여 판단하여야 한다고 하였다. 즉, 선정당사자가 본안에 대하여 불복을 하지 않고 소송비용부담에 대하여만 다투고 있는 경우, 선정당사자는 그의 항소의 인용여부를 불문하고 소송당사자로서의 지위 및 공동의 이해관계를 상실하는 것은 아니라고 판시하였다.

제 5 장 특수절차

제 87 강 소액사건심판절차와 독촉절차

1. 소액사건심판절차

1) 의 의

소액사건심판절차는 소액사건을 신속하게 처리하기 위한 간이한 절차를 말한다. 소액사건은 소액사건심판법 2조 1항의 위임에 따라 대법원규칙인 소액사건심판규칙이 정하는데, 현재 소가 3,000만 원 이하의 금전 기타 대체물이나 유가증권의 일정한 수량의 지급을 목적으로 한 제1심 민사사건을 의미한다(소액사건심판규칙 1조의2). 따라서 등기청구사건이나 부동산인도청구사건은 소액사건이 아니다. 청구의 변경으로 합산된 소가가 위 액수를 초과하는 경우에는 소액사건이 아니게 되지만, 법원이 변론병합한 경우에는 그렇지 않다.[1661] 소액사건심판절차를 받기 위한 목적으로 청구를 분할하는 것은 허용되지 않고, 이 경우 소가 판결로 각하된다(소액사건심판법 5조의2).

소액사건도 민사사건이므로 기본적으로 민사소송법이 적용되지만, 소액사건심판법에 신속한 진행을 위한 특칙들이 규정되어 있다. 아래에서 특칙들의 내용을 간략히 본다.

2) 1심절차

가) 관할법원

소액사건은 단독판사가 심판한다. 시군법원이 설치된 지역에서는 시군법원이 관할권을 가진다(법원조직법 33, 34조). 청구변경 등으로 사건이 소액사건이 아니게 된 경우 지방법원이나 지원으로 사건을 이송하여야 한다.

1661) 대법원 1992. 7. 24. 선고 91다43176 판결.

나) 소제기 방식

소액사건의 소는 구술로 제기할 수도 있다(소액사건심판법 4조).

다) 심 리

심리에 관하여는 다음과 같은 특칙이 있다. ① 당사자 쌍방이 임의로 법원에 출석하여 변론할 수도 있다(임의출석제). 이 경우 소제기는 구술로 한다(소액사건심판법 5조). ② 소장부본이나 제소조서등본은 지체 없이 피고에게 송달하여야 한다(소액사건심판법 6조). ③ 변론기일은 지체 없이, 즉 답변서의 제출을 기다리지 않고 지정하고, 1회만 여는 것을 원칙으로 한다. 법원은 필요한 경우 변론기일 이전에 증거신청을 하게 하는 등의 조치를 취할 수 있다(소액사건심판법 7조 1, 2항). ④ 필요한 경우 근무시간 외 또는 공휴일에도 기일을 열 수 있다(소액사건심판법 7조의2). ⑤ 배우자·직계혈족 또는 형제자매는 법원의 허가 없이 소송대리인이 될 수 있다(소액사건심판법 8조). ⑥ 판사의 경질이 있어도 변론의 갱신이 필요하지 않다(소액사건심판법 9조 2항). ⑦ 판사는 필요한 경우 직권증거조사를 할 수 있고, 증인은 판사가 먼저 신문하고, 증인·감정인의 신문에 갈음한 서면제출이 가능하다(소액사건심판법 10조). ⑧ 당사자의 이의가 없는 한, 판사의 허가가 있는 사항에 대한 조서의 기재를 생략할 수 있다. 다만, 자백, 청구의 포기·인낙, 화해 및 소의 취하는 그러하지 아니하다(소액사건심판법 11조).

라) 판 결

판결에 관하여 다음과 같은 특칙이 있다. ① 기록상 청구가 이유 없음이 명백한 경우에는 변론을 열지 않고 청구를 기각할 수 있다(소액사건심판법 9조 1항). ② 변론종결을 한 기일에서, 즉 선고기일을 지정하고 않고 바로 판결을 선고할 수 있다(소액사건심판법 11조의2 1항). ③ 판결선고시 이유의 요지를 구술로 알려주어야 한다(소액사건심판법 11조의2 2항). ④ 판결문에 이유를 기재하지 않을 수 있다(소액사건심판법 11조의2 3항).

3) 상소심절차

소액사건의 항소에는 별다른 특칙이 없다. 소액사건의 항소심은 지방법원 합의부(항소부)가 담당한다.

소액사건의 상고 및 재항고의 경우 그 사유가 제한된다.

> 소액사건심판법 제3조(상고 및 재항고) 소액사건에 대한 지방법원 본원 합의부의 제2심판결이나 결정·명령에 대하여는 다음 각호의 1에 해당하는 경우에 한하여 대법원에 상고 또는 재항고를 할 수 있다.
> 1. 법률·명령·규칙 또는 처분의 헌법위반여부와 명령·규칙 또는 처분의 법률위반여부에 대한 판단이 부당한 때
> 2. 대법원의 판례에 상반되는 판단을 한 때

주의할 대목은 '판결에 영향을 미친 경우'에 한하여 적법한 상고이유가 된다고 한 민사소송법 규정은 소액사건에도 적용된다는 점,[1662] 2호와 관련하여 선행 대법원판례가 없는 경우에도 하급심에 계속 중인 다수의 소액사건에서 엇갈린 법적 판단이 나타나는 등 법령해석의 통일이 특별히 요청되는 상황이라면 대법원이 직권으로 법령위반을 판단할 수 있다는 점,[1663] 2호는 구체적인 당해 사건의 사안에 적용될 법령의 의미에 대하여 대법원이 한 해석과 상반되는 해석을 하거나 이를 전제로 판단한 경우를 말하고,[1664] 원판결의 방론이나 가정적 판단은 이에 해당하지 않는 점[1665] 등이다.

상고·재항고이유서에는 위와 같은 사유만을 구체적으로 명시하여야 하고, 그 외의 사유를 기재한 때에는 기재하지 아니한 것으로 본다(소액사건심판규칙 2조). 따라서 일반 법령위반만을 기재하면 상고이유서 부제출로 상고가 기각된다.[1666] 위 2호의 사유를 주장하는 경우에는 문제되는 대법원 판례와 이에 상반된 원심판결 중의 판단을 구체적으로 기재하여야 한다.[1667]

소액사건에 대하여는 상고심절차에 관한 특례법의 적용이 없다고 보는 견해가 일반적이다.[1668]

1662) 대법원 2009. 6. 11. 선고 2009다11556 판결.

1663) 대법원 2004. 8. 20. 선고 2003다1878 판결, 대법원 2019. 5. 16. 선고 2017다226629 판결, 대법원 2019. 8. 14. 선고 2017다217151 판결, 대법원 2019. 12. 13. 선고 2018다287010 판결.

1664) 대법원 1982. 3. 9. 선고 81다897 판결, 대법원 2004. 8. 20. 선고 2003다1878 판결, 대법원 2006. 2. 24. 선고 2005다64132 판결, 대법원 2010. 12. 9. 선고 2010다62413 판결.

1665) 대법원 1990. 12. 11. 선고 90다5283 판결.

1666) 이시윤(9판), 947면.

1667) 대법원 1988. 2. 23. 선고 87다485 판결.

1668) 김홍엽(6판), 1171면; 이시윤(9판), 946면; 한충수, 민사소송법(초판), 박영사(2016)(이하 '한충수(1판)'이라고 한다), 805면.

4) 이행권고제도

가) 의 의

2001년 소액사건심판법 개정 때 이행권고제도가 도입되었다. 소액사건의 경우 대부분의 사건에서 피고가 다투지 않아 1회 변론기일에서 원고 전부승소 판결이 선고되는 현실을 반영하여 더욱 더 신속하고 간이한 절차의 진행을 도모하는 것이 제도의 목적이다.

나) 이행권고결정

법원은 소액사건심판법 5조의3 1항에 따라 피고에게 청구취지대로 이행할 것을 권고할 수 있다. 이행권고결정은 사법보좌관이 할 수 있다(법원조직법 54조 2항 1호, 사법보좌관규칙 2조 1항 3의2호).

> 소액사건심판법 제5조의3(결정에 의한 이행권고) ① 법원은 소가 제기된 경우에 결정으로 소장부본이나 제소조서등본을 첨부하여 피고에게 청구취지대로 이행할 것을 권고할 수 있다. 다만, 다음 각호 가운데 어느 하나에 해당하는 때에는 그러하지 아니하다.
> 1. 독촉절차 또는 조정절차에서 소송절차로 이행된 때
> 2. 청구취지나 청구원인이 불명한 때
> 3. 그 밖에 이행권고를 하기에 적절하지 아니하다고 인정하는 때

법원사무관 등은 이행권고결정서 등본을 피고에게 송달하여야 하는데, 공시송달이나 발송송달은 불가능하다(소액사건심판법 5조의3 3항).

다) 이의신청

소액사건심판법 5조의4는 피고의 이의신청에 관한 조항이다. 이에 따르면 피고는 이행권고결정서 등본 송달일로부터 2주의 불변기간 이내에 서면으로 이의신청을 할 수 있는데, 위 송달일 전에도 이의신청을 할 수 있다(1, 2항). 이의신청이 있는 경우 법원은 지체 없이 변론기일을 지정하여야 하고, 피고는 원고 주장사실을 다툰 것으로 본다(3, 5항). 피고는 이의신청을 1심판결 선고시까지 취하할 수 있다(4항). 사법보좌관이 이행권고결정을 한 경우에도 사법보좌관의 처분에 대한 이의신청을 거칠 필요 없이 위 소액사건심판법 5조의4에 따른 이의신청을 하면 된다(사법보좌관규칙 3조 1의2호).

라) 확정된 이행권고결정의 효력

소액사건심판법 5조의7은 이행권고결정의 확정에 관하여 규정하고 있다.

피고가 이의기간 내에 이의신청을 하지 않은 경우, 이의신청각하결정이 확정된 경우, 이의신청이 취하된 경우에 이행권고결정은 확정된다(1항). 확정된 이행권고결정은 확정판결과 같은 효력을 가지는데, 집행력 등은 있으나 기판력은 없다. 따라서 준재심의 대상이 될 수 없다.[1669] 법원사무관 등은 확정된 이행권고결정서 정본을 원고에게 송달하여야 한다(2항). 1심판결이 선고되면 확정되지 아니한 이행권고결정은 효력을 잃는다(3항).

확정된 이행권고결정서 정본에 기한 강제집행에 단순집행문은 요구되지 않는다(소액사건심판법 5조의8 1항).

2. 독촉절차(지급명령)

1) 의 의

민사소송법 462조 내지 474조에 규정되어 있는 독촉절차는 금전지급청구권 등에 대하여 통상의 심판절차를 거치지 않고 채권자의 신청에 의하여 집행권원을 얻게 하는 절차를 의미한다. 소의 제기, 변론, 판결 모두가 생략되고, 소명자료제출도 필요하지 않다.

2) 지급명령의 신청

가) 요 건

(1) 청구권 관련 요건

462조 본문이 정하는 금전 기타 대체물이나 유가증권의 일정 수량의 지급을 목적으로 하는 청구권에 해당하면 액수나 수량의 제한 없이 독촉절차의 대상이 된다. 현재(이의신청기간 경과 이전) 이행기가 도래한 청구권이어야 하므로, 기한부 청구나 정지조건부 청구는 허용되지 않는다. 상환이행청구나 해제조건부 청구는 가능하다.[1670] 선택적 청구는 가능하나 예비적 청구는 불가능하다.

1669) 대법원 2009. 5. 14. 선고 2006다34190 판결. 소액사건심판법 5조의8 3항이 판결에 대한 청구이의 사유를 변론종결 이후의 사유에 한하는 민사집행법 44조 2항의 적용을 배제하고 있다는 점이 근거로 제시된다.

1670) 대법원 2022. 6. 21.자 2021그753 결정(반대급부의 이행과 동시에 금전 등 대체물이나 일정한 수량의 유가증권의 지급을 명하는 지급명령도 허용된다. 이때 반대급부는 지급명령신청의 대상이 아니어서 민사소송법 제462조에서 정한 '금전 등 대체물이나 유가증권의 일정한

(2) 송달 관련 요건

지급명령을 국내에서 공시송달에 의하지 않고 송달할 수 있어야 한다(462조 단서). 다만, 은행 등의 대여금 등 청구권의 경우 예외가 인정된다(소송촉진 등에 관한 특례법 20조의2). 이 경우 청구원인의 소명이 필요하다(같은 조 2항).

나) 관 할

독촉절차는 단독판사가 처리한다. 토지관할의 경우 전속관할인데, 관할의 근거가 되는 재판적으로는 채무자의 보통재판적 및 근무지(7조), 거소지 또는 의무이행지(8조), 어음·수표지급지(9조), 사무소·영업소 소재지(12조), 불법행위지(18조)의 특별재판적이 있다(463조). 시군법원이 설치된 지역에서는 시군법원이 관할한다(법원조직법 33, 34조). 한편, 독촉절차는 사법보좌관이 처리할 수 있다(법원조직법 54조 2항 1호, 사법보좌관규칙 2조 1항 2호).

다) 신청방식

지급명령신청에는 그 성질에 어긋나지 아니하면 소에 관한 규정이 준용되므로(464조), 지급명령은 서면으로 신청하여야 하고, 지급명령신청서에는 청구취지와 청구원인을 기재하여야 한다. 청구권의 존재에 대한 소명자료 제출은 요구되지 않는다. 첩부할 인지는 통상 소송의 10분의 1이다. 지급명령신청시 시효중단의 효과가 생긴다.

3) 지급명령신청에 대한 심판

가) 각하결정

신청인의 청구권이 462조 본문의 금전지급청구권 등이 아닌 경우, 관할권이 없는 경우, 신청서 기재 자체로 청구가 이유 없음이 명백한 경우에는 지급명령신청을 각하한다(465조 1항). 462조 단서의 신청요건이 흠결된 경우에는 소제기신청 등에 의하여 처리되는 점, 관할권이 없는 경우도 이송이 아니라 각하하는 점에 유의하여야 한다. 각하결정에는 불복할 수 없다(465조 2항).

나) 지급명령

각하사유가 없으면 청구의 당부에 대하여 심리하지 않고 지급명령을 발한

수량의 지급을 목적으로 하는 청구'라는 제한을 받지 아니하고, 반대급부를 이행하여야 하는 자도 '지급명령의 신청인'에 한정되는 것은 아니다). 신청취지는 '채무자는 신청외인으로부터 별지 부동산을 인도받음과 동시에 채권자에게 금전을 지급하라'는 내용이었다.

다. 채무자에 대한 심문은 하지 않는다(467조). 지급명령은 양쪽 당사자에게 송달하여야 한다(469조 1항). 지급명령에는 468조에 따라 채무자가 이의신청을 할 수 있다는 점을 기재하여야 한다.

다) 지급명령을 하지 않는 경우

지급명령이 송달되지 않는 경우 법원은 주소보정을 명하게 되는데, 채권자는 주소보정을 하지 않고 소제기신청을 할 수 있다(466조 1항). 또한 462조 단서의 송달 관련 요건이 충족되지 않는 경우 법원은 직권에 의한 결정으로 사건을 소송절차에 부칠 수 있다(466조 2항). 이 결정에는 불복이 불가능하다(466조 3항). 과거에는 송달 관련 요건이 충족되지 않는 것이 각하사유였으나 소송경제를 위하여 2002년 위와 같이 법이 개정되었다.

4) 지급명령에 대한 이의신청

채무자는 지급명령을 송달받은 날로부터 2주의 불변기간 이내에 이의신청을 할 수 있다(469조 2항). 지급명령을 사법보좌관이 한 경우에도 사법보좌관의 처분에 대한 이의신청을 거칠 필요 없이 위 이의신청으로 불복한다(사법보좌관규칙 3조 1호). 기간도과 등으로 이의신청이 부적법한 경우 법원은 이의신청을 결정으로 각하하는데, 이에 대하여는 즉시항고로 불복할 수 있다(471조). 판사가 아니라 사법보좌관이 이의신청각하결정을 한 경우에는 사법보좌관의 처분에 대한 이의신청을 해야 한다(법원조직법 54조 3항, 사법보좌관규칙 4조).

대법원은 지급명령이 발령된 이후지만, 채무자에게 송달되기 이전에 한 채무자의 이의신청은 부적법하지만, 그 후에 채무자에게 지급명령이 적법하게 송달되면 그 하자는 치유된다고 하였다.[1671)]

이의신청이 적법한 경우 지급명령은 이의신청의 범위 내에서 효력을 잃고(470조), 채권자가 지급명령을 신청한 때에 소가 제기된 것으로 보고 법원은 사건을 소송절차로 이행시킨다(472조 2항). 이를 위하여 우선 지급명령을 발령한 법원은 채권자에게 상당한 기간을 정하여 통상의 소제기에 필요한 인지에 달하도록 인지를 추가하라는 보정명령을 내린다(473조 1항). 채권자가 이에 불응하는 경우 법원

1671) 대법원 2024. 6. 7.자 2024마5496 결정. 결론은 타당하지만, 대법원 2014. 10. 8.자 2014마667 전원합의체 결정, 대법원 2025. 7. 24.자 2021마6542 전원합의체 결정과의 이론적 정합성에는 의문이 있다.

은 결정으로 지급명령신청서를 각하한다. 각하결정에 대하여는 즉시항고가 가능하다(473조 2항 전문). 반면 채권자가 인지를 추가한 경우 법원은 사건을 관할법원으로 소송기록을 송부한다(473조 3항). 일단 이의신청을 적법하다고 판단하여 사건을 소송절차로 이행한 이후에 실은 이의신청이 부적법한 것이 밝혀진 경우 이의신청을 각하할 수 있는지 여부에 대하여 견해가 대립하나 부정설이 다수설이다.

이의신청각하결정 전 또는 소송절차 이행 전까지는 채무자가 이의신청을 취하할 수 있다는 견해가 다수설이다.[1672] 다수설에 입각한 대법원 예규는 채권자가 인지를 보정하기 전까지 취하가 가능하다는 입장이다.[1673]

2012년 민사조정법 개정으로 채무자가 이의신청을 하여 법원이 인지보정명령을 한 경우 채권자가 인지보정 대신 조정으로의 이행을 신청할 수 있게 되었다(민사조정법 5조의2, 5조의3).

5) 소송으로 이행 후의 절차

앞서 본 바와 같이 독촉사건은 채권자의 소제기신청(472조 1항, 466조 1항), 법원의 소송절차회부결정(472조 1항, 466조 2항), 채무자의 이의신청(472조 2항)에 의하여 소송으로 이행된다. 어느 경우나 지급명령신청시에 소가 제기된 것으로 간주된다(472조). 지급명령신청서나 이의신청서에 기재된 사유는 소송절차의 변론기일에 주장되어야 소송자료가 된다.[1674]

6) 확정된 지급명령의 효력

이의기간 내에 이의신청이 없거나, 이의신청각하결정이 확정되거나 혹은 이의신청이 취하된 경우 지급명령은 확정되고, 확정판결과 같은 효력을 가진다(474조). 따라서 지급명령이 확정되면 해당 청구권의 소멸시효기간은 일률적으로 10년으로 된다.[1675] 확정된 지급명령은 집행력이 있으므로 집행권원이 되고(민사집행법 56조), 그에 기한 집행에 단순집행문은 요구되지 않는다(민사집행법 58

1672) 대법원 1977. 7. 12. 선고 76다2146, 2147 판결은 소송절차 진행 중 이의신청의 취하는 불가능하다고 하였다.

1673) 독촉절차관련 재판업무처리에 관한 지침(재민 2002-4)(재판예규 제1543호, 2015. 8. 21. 개정) 10조.

1674) 대법원 1970. 12. 22. 선고 70다2297 판결.

1675) 대법원 2009. 9. 24. 선고 2009다39530 판결.

조 1항). 확정된 지급명령에 기판력은 없다. 따라서 확정된 지급명령에 대한 청구이의 사유에 확정판결의 경우와 같은 시적 제한이 없다(민사집행법 58조 3항).[1676]

1676) 대법원 2009. 7. 9. 선고 2006다73966 판결.

판례색인

사항색인

저자 약력

서울대학교 법과대학 사법학과 졸업(경제학 부전공)

사법시험 31회, 행정고시(재경직) 31회 합격

U.C. Berkeley LL.M.

서울민사지방법원, 서울형사지방법원, 전주지방법원 정읍지원, 서울지방법원 서부지원, 서울중앙지방법원 각 판사, 대법원 재판연구관

사법시험위원, 변호사시험위원, 부안군선거관리위원장, 법무부 도산법개정위원회 위원, 신용회복위원회 심사위원, 한국거래소 상장위원회 위원, 금융채권자조정위원회 위원, 대법원 회생파산위원회 위원장

East Asian Legal Studies at Harvard Law School, Freiburg University Visiting Scholar, Fulbright Senior Researcher Scholarship Award

현 한양대학교 법학전문대학원 교수

제 6 판

민사소송법강의

초판발행	2017년 4월 25일
제2판발행	2018년 8월 15일
제3판발행	2019년 7월 30일
제4판발행	2021년 3월 15일
제5판발행	2024년 3월 5일
제6판발행	2026년 3월 5일

지은이	박재완
펴낸이	안종만 · 안상준
편 집	이승현
기획/마케팅	조성호
표지디자인	이수빈
제 작	고철민 · 김원표
펴낸곳	(주) 박영사 서울특별시 금천구 가산디지털2로 53, 210호(가산동, 한라시 등록 1959. 3. 11. 제300-1959-1호(倫)
전 화	02)733-6771
f a x	02)736-4818
e-mail	pys@pybook.co.kr
homepage	www.pybook.co.kr
ISBN	979-11-303-9864-8 93360

정 가 47,000원